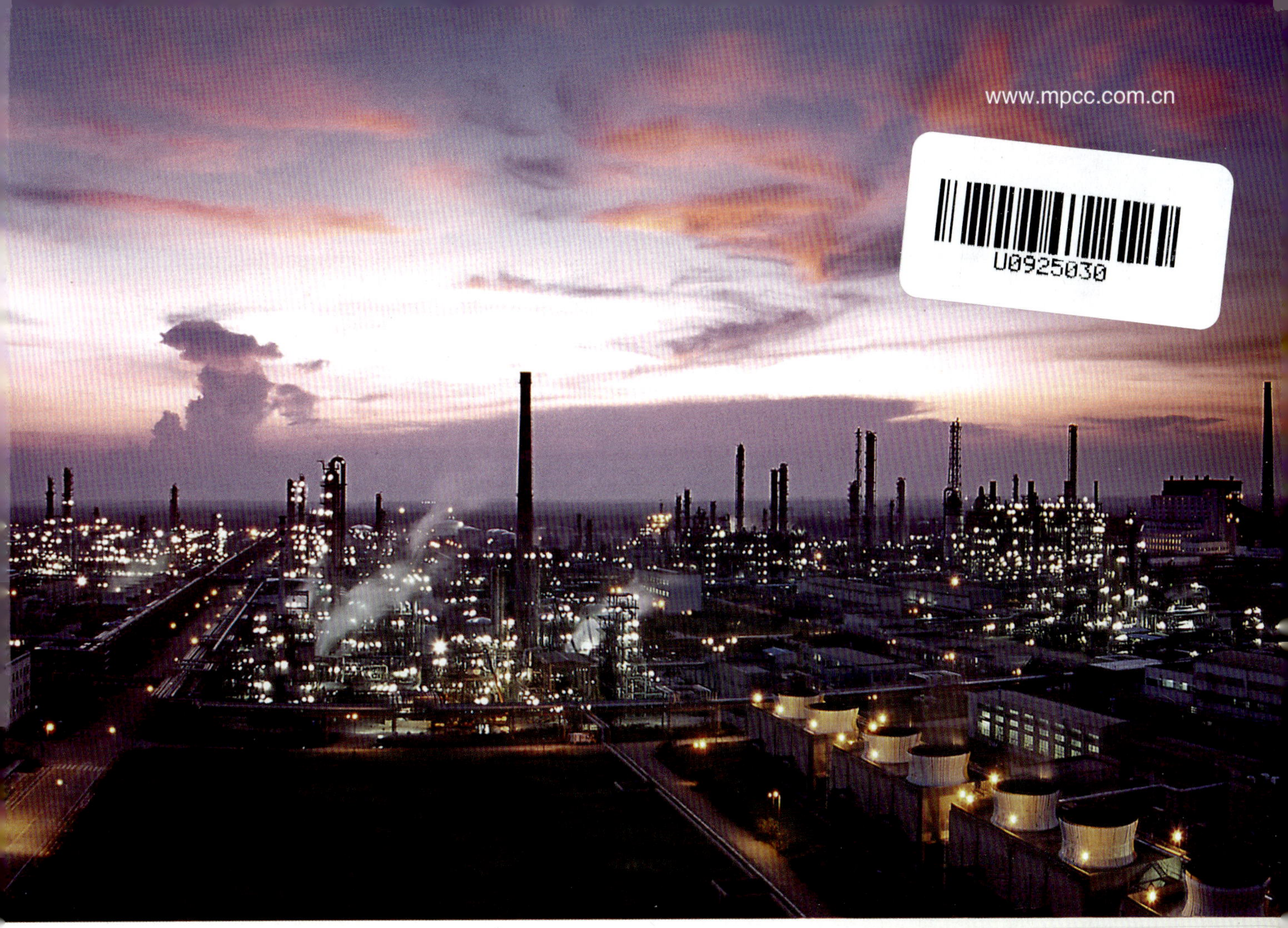

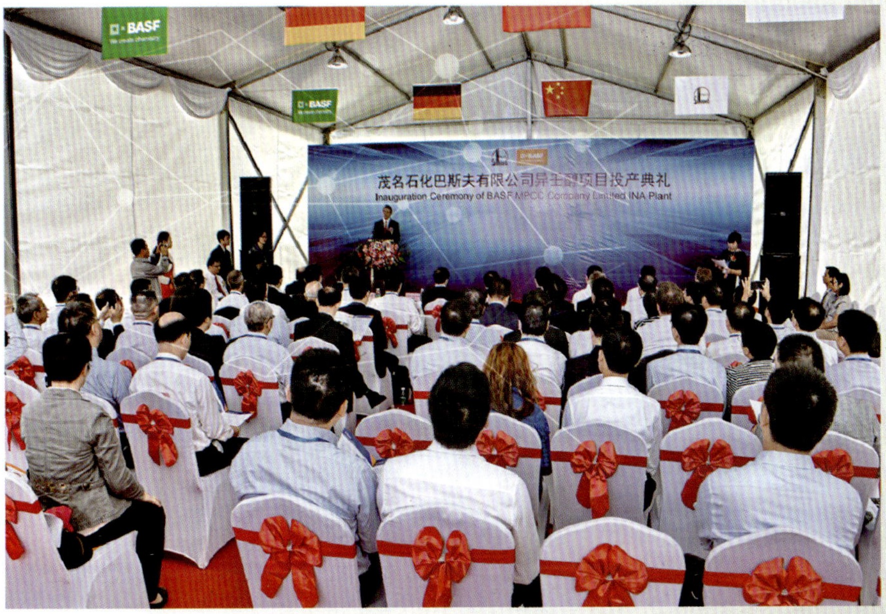

2015年10月12日，茂名石化与巴斯夫合资建设的异壬醇生产装置在茂名高新技术产业开发区正式投产。

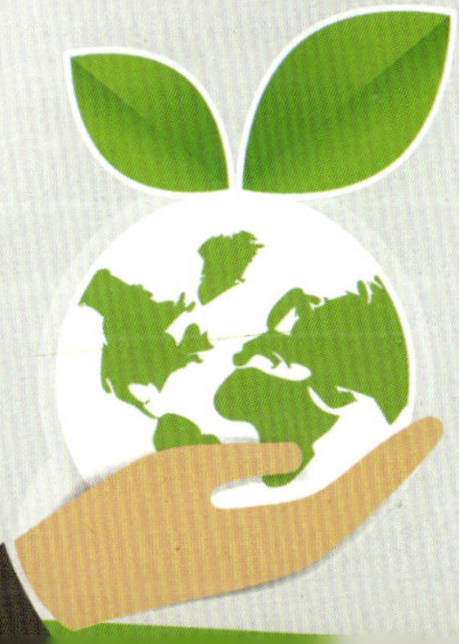

石油化工科学研究院

石油化工科学研究院（以下简称石科院）成立于1956年7月，是中国石油化工股份有限公司直属综合性科研开发机构，主要从事石油炼制和石油化工技术领域的科学研究与开发、技术许可、技术服务、技术咨询和技术培训。围绕中国炼油工业发展的技术需要，重点开展具有全局性、前瞻性和重大战略意义的关键课题研究。石科院学科完整，科研开发综合优势突出，业务领域涵盖了炼油工业技术全流程，拥有从原油评价到各项炼油工艺技术及催化剂开发，直到石油产品研制和评价的全炼油厂成套技术的开发实力和研发优势。石科院下设18个研究部门，拥有一支综合技术优势突出的科研队伍，目前职工总数为1231人，各类技术人员1093人。其中，中国科学院、中国工程院院士6人，教授级高级工程师123人，高级技术人员508人；博士268人，硕士281人。拥有近千

茂名石化

SINOPEC MAOMING COMPANY

企业要发展环保要先行

茂名石化，始建于1955年5月，位于粤西美丽的海滨城市——茂名。这座城市因茂名石化而生、而长、而兴，被誉为“南方油城”。

茂名石化，中国“一五”期间156个重点建设项目之一，也是广东省“一五”期间国家重点建设项目，它的建设结束了华南地区没有石油工业的历史，是国内较早原油加工能力达到千万吨级、乙烯生产能力达到百万吨级和第三家年原油加工能力超过2000万吨的石油化工企业。

茂名石化已经走过了60年的风雨，历经艰难曲折，创造了无比辉煌。近年来始终坚持“既要金山银山，更要绿水青山”的原则，建立完善环保管理体系，严格执行环保“三同时”制度，做好污染防治工作，推进清洁生产以及开展造林绿化工作，不仅在生产建设上实现了质的飞跃，而且在环境保护上取得了巨大成就，做到了增产减污，走上了可持续发展的良性循环之路，成为广东环境保护先进单位和全国造林绿化先进单位，被广东省指定为“工业观光旅游景点”。茂名石化作为中国石化炼化企业排头兵，“十一五”经济效益位居中国石化炼化企业之首，“十二五”期间，技术经济指标、经济效益保持我国炼化企业前列，并且年盈利额在中国石化炼油、化工板块利润总额中所占比例逐年提升。

套中小型炼油和石油化工试验装置及各种化学分析仪器，涉及炼油工艺、石油化工、精细化工和添加剂以及油品应用研究等领域。石科院下设炼油工艺与催化剂国家工程研究中心、石油化工催化材料与反应工程国家重点实验室、国家能源石油炼制技术研发中心、中国石化润滑油评定中心、中国石化水处理技术服务中心等机构。是全国石油产品标准化归口单位、是国家石油产品质量监督检验中心、中国石油学会石油炼制分会的挂靠单位，是《石油学报》、《石油炼制与化工》和英文版的《China Petroleum Processing and Petrochemical Technology》三个科技期刊的编辑、出版单位。石科院下设研究生部和博士后流动站，拥有化学工艺、应用化学专业博士学位、化学工艺、应用化学、工业催化和化学工程专业硕士学位的授予权。

中国石化上海石油化工研究院

中国石化上海石油化工研究院创建于1960年，在基本有机原料、芳烃、增产低碳烯烃、合纤单体、煤化工、高分子材料、油田化学品及精细化工等技术领域，形成了研发特色和技术优势。形成了甲苯歧化、乙苯脱氢、丙烯腈、精对苯二甲酸、异丙苯、裂解汽油加氢、醋酸乙烯、甲醇制烯烃、合成气制乙二醇等具有中国石化自主知识产权的成套技术或催化剂，成功应用于国内外大中型石化装置，保持了国际先进水平。

上海石化院在浦东新区和上海市化学工业园区分设两个基地，下设5家分院；目前职工总数691名，其中各类专业技术人员 626名，其中中国工程院院士1名，高级职称技术人员274人，博士 148人，硕士174人；设有基本有机原料催化剂国家工程研究中心、博士后工作站、全国标准化委员会石油化学分技术委员会、中国石化有机原料科技情报中心站、中国石化有机原料标准化中心、上海市石油化工产品质量监督检验站等依托机构。

截至2015年底，上海石化院累计获得科技奖励283项，其中国家科技进步特等奖1项、一等奖1项，中国石化科技进步特等奖2项。

中国石化武汉分公司

SINOPEC WUHAN COMPANY

中国石化武汉分公司（简称武汉石化）前身是武汉石油化工厂，始建于1971年，1977年投产，地处长江之滨，凤凰山麓，位于武汉市青山区，占地239公顷，共有32套主要生产装置，是中国石化旗下的大型炼化一体化企业。经过两期油品质量升级改造，炼油综合配套能力达到800万吨/年。

中韩（武汉）石油化工有限公司（简称中韩石化），即武汉80万吨/年乙烯工程，位于武汉化学工业区内，是我国中部地区一个大型乙烯生产企业，与武汉石化相距9.8公里。公司占地面积294.8公顷，共包括11套主要生产装置及相应的系统配套工程，其中8套装置采用自有技术，设备国产化率87%，乙烯“三机”及主要催化剂实现国产化。2012年底建成中交，2013年8月投产运行。2013年10月，中国石化与韩国SK合资成立“中韩（武汉）石油化工有限公司”，中韩双方股比为65：35，中国石化总部委托武汉石化行使大股东权利。

经过40多年的建设发展，武汉石化的规模和实力不断壮大。炼油部分从早期仅有的几套装置增加到现在的32套，主要生产汽油、柴油、航空煤油、聚丙烯等23种化工产品。自1977年建成投产以来，截至2015年底，累计加工原油1.82亿吨，实现工业总产值3443亿元，上缴利税680亿元，有力地支持了国家和地方的经济建设。2013年投产的武汉乙烯可为市场提供聚丙烯、聚乙烯、乙二醇等20多种、共计230万吨的化工产品，产品广泛应用于农业、医药、汽车、日用品等领域。

武汉石化催化原料加氢预处理装置

武汉石化厂区一隅

武汉石化加氢裂化装置

武汉石化
地址：湖北省武汉市青山区长青路特1号　　邮编：430080
电话：027-86595206　　传真：027-86595188

中韩（武汉）石油化工有限公司

SINOPEC-SK (WUHAN) PETROCHEMICAL COMPANY LIMITED

武汉80万吨/年乙烯工程的投产，结束了我国中部地区没有大型乙烯的历史，标志着中国石化自主开发全流程工艺技术及大型国产化关键装备工业化应用取得重大成功。武汉乙烯平均每年产生230亿元的销售额，可带动上、下游产业链发展，实现1200多亿元的产值，成为武汉新的“千亿元产业群”。

武汉石化、中韩石化始终践行“每一滴油都是承诺”的社会责任，坚持“绿色、低碳”发展，积极实施“碧水蓝天”行动，在为社会提供清洁产品的同时，自身也在不断实现着清洁生产。武汉石化投资数十亿元建成的油品质量升级炼油改造工程，使汽柴油生产全部达到了国Ⅳ标准，并且已经具备了生产国Ⅴ汽柴油的能力。武汉乙烯从设计、建设到运行，严格按照中国石化提出的科学、安全、环保、节能的和谐发展理念，始终坚持节能减排、绿色环保的生态理念。武汉乙烯环保投入约14亿元，占项目总建设投资的8.5%，清洁指标符合国家、地方和部门环保法规和标准规范。武汉石化、中韩石化累计开展“公众开放日”20余次，累计接待社会媒体人士、职工家属、学生团体等数千人次，乙烯厂区内嬉戏流连的白鹭、经过处理的外排污水池内尽情游弋的金鲤……都给来访人士留下了深刻的印象。

面向未来，武汉石化、中韩石化将继续秉承“责任炼就品质”的企业价值观和“精益生产、卓越运营”的工作理念，努力提升5S管理水平，忠实履行好企业所承担的政治责任、经济责任和社会责任，为中国石化的发展做出新的、更大的贡献。

中韩石化全景

中韩石化中央控制室

中韩石化乙烯裂解装置

中韩石化
地址：湖北省武汉化学工业区八吉府大街特1号　　邮编：430070
电话：027-86630023　　传真：027-86630049

SEG 中石化洛阳工程有限公司

Luoyang Petrochemical Engineering Corporation Ltd/SINOPEC

中石化洛阳工程有限公司成立于1956年，是国内能源化工领域集技术专利商与工程承包商为一体的高新技术企业，是国内率先授权实施工程总承包的全国基本建设管理体制改革试点单位。2013年5月23日，作为中石化炼化工程（集团）股份有限公司的全资子公司在这中国香港整体上市。

60年来，公司累计完成国内石油炼制、石油化工、天然气、医药及化工领域的工厂、装置、油库、长输管道及市政设施等大中型工程建设项目1000多项，创造了数十项全国纪录，在常减压、催化裂化、延迟焦化、加氢、重整、制氢、油气储运、煤化工、煤直接液化等领域形成了独具特色的先进工程技术，推动了中国炼油和石化工业的发展和技术进步；独立或与国内外工程公司合作完成海外设计、采购、总承包项目50余项，涉及亚、欧、非等国家和地区，与全球著名专利商、工程公司及业主有着良好的合作关系。

截至2015年底，该公司累计获国家科技进步奖和发明奖50项，石化行业科技进步和发明奖306项；获国家优秀设计奖24项，获多项国家优质工程奖，获全国优秀总承包金、银钥匙奖9项，拥有国内外有效授权专利746项（专利号：zl201310338193.7；zl201310095142.6等）。

目前，面临我国经济步入新常态、全球能源化工一体化的挑战，该公司正以建设世界一流工程公司为目标，以提升发展的质量与效益为中心，坚持实施四大发展战略，坚持贯彻“外抓市场，内抓管理”的工作思路，主动聚焦FMTA、MMTP、MTG、新型煤制乙二醇和大气、水、土壤治理等新兴领域研发，大力开拓国内国际两个市场，积极培育新的经济效益增长点，努力实现在新常态下的新发展。

2014年12月，中石化洛阳工程有限公司作为专利商和承包商承担的DMTO-II装置在陕西蒲城建成投产，再次验证了我国自主开发的甲醇制烯烃成套技术的先进性和可靠性，保持了我国在煤制烯烃领域的领跑者地位。

2012年12月，中石化洛阳工程有限公司与兄弟单位联合开发的甲苯甲醇甲基化装置在扬子石化建成投产，为我国对二甲苯的工业化生产开辟了新的技术路线。

2015年5月21日，中石化洛阳工程有限公司承担EPCC总承包的哈萨克斯坦阿特劳炼油厂催化裂化装置第一再生器吊装成功，标志着整个石油深加工项目进入施工高峰期。

2016年3月，陈院士将在郑州大学6年兼职所得报酬捐赠优秀学子，设立了陈俊武院士论文基金。图为陈院士为获得奖励的研究生颁奖。

中石化洛阳工程有限公司技术专家指导参加100万吨级甲醇制烯烃装置开车。

国家科学技术进步奖

证　书

为表彰国家科学技术进步奖获得者，特颁发此证书。

项目名称：石脑油催化重整成套技术的开发与应用

奖励等级：一等

获 奖 者：中国石化集团洛阳石油化工工程公司

证书号：2009-J-213-1-01-D01

石脑油催化重整成套技术与应用获2009年度国家科技进步一等奖。

国家技术发明奖

证　书

为表彰国家技术发明奖获得者，特颁发此证书。

项目名称：甲醇制取低碳烯烃（DMTO）技术

奖励等级：一等

获 奖 者：陈俊武（中石化洛阳工程有限公司）

证书号：2014-F-306-1-01-R04

甲醇制取低碳烯烃（DMTO）技术获2014年度国家技术发明一等奖。

国家科学技术进步奖

证　书

为表彰国家科学技术进步奖获得者，特颁发此证书。

项目名称：炼油分离过程大型化关键技术系统集成与节能

奖励等级：二等

获 奖 者：中国石化集团洛阳石油化工工程公司

证书号：2007-J-213-2-06-D03

炼油分离过程大型化关键技术系统集成与节能获2007年度国家科技进步二等奖。

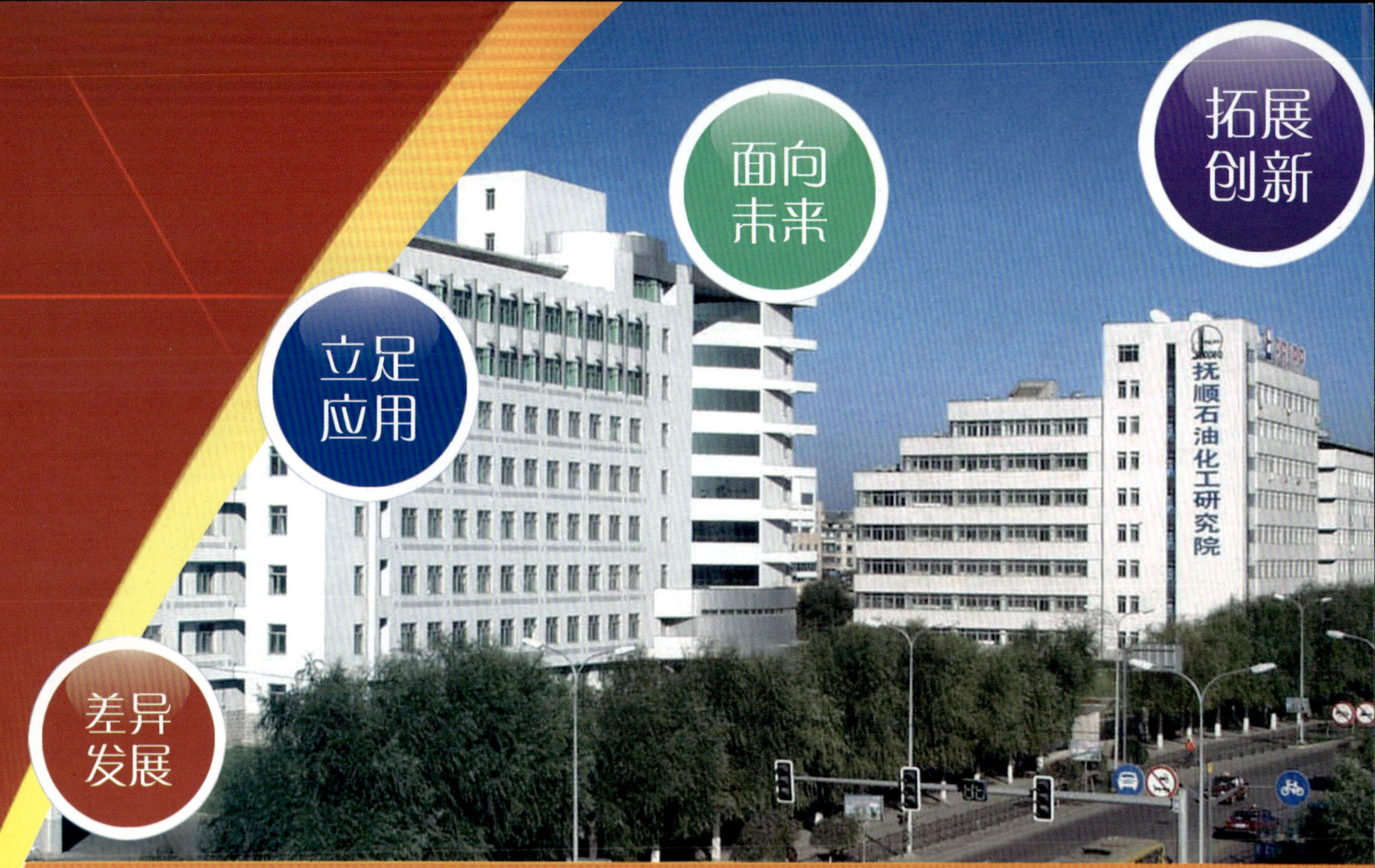

中国石油化工股份有限公司
抚顺石油化工研究院

抚顺石油化工研究院成立于1953年，是国内较早从事石油炼制研究的科研单位。主要研究领域是：以清洁汽柴油生产、重油高效转化、高附加值炼油产品开发为重点的清洁炼油技术研究；以新兴能源资源、生物质能源资源和非常规油品开发利用为重点的新兴能源资源技术研究；以水务与环保、装备与储运、节能与储能、智能电力为重点的公用技术研究，是我国油品质量升级、石化环保技术的重要支撑力量。

抚顺石油化工研究院现有职工720人，高级职称及以上员工占43%，其中工程院院士1人，享受政府津贴12人。设有博士后工作站、研究生工作站，是国家石油产品检验实验室、国家石蜡质量监督检验中心、中国石化环境监测总站以及辽宁省沥青材料工程中心、精细化工协同创新中心、环境保护工程研究中心等机构的挂靠单位。拥有炼油及化工实验装置200多套、各类大型分析测试仪器300余台。

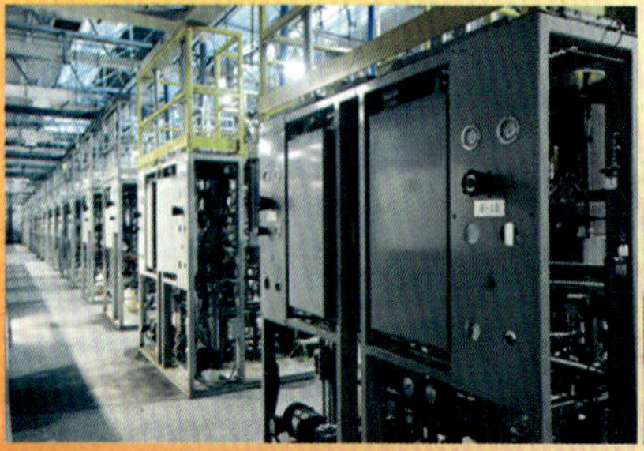
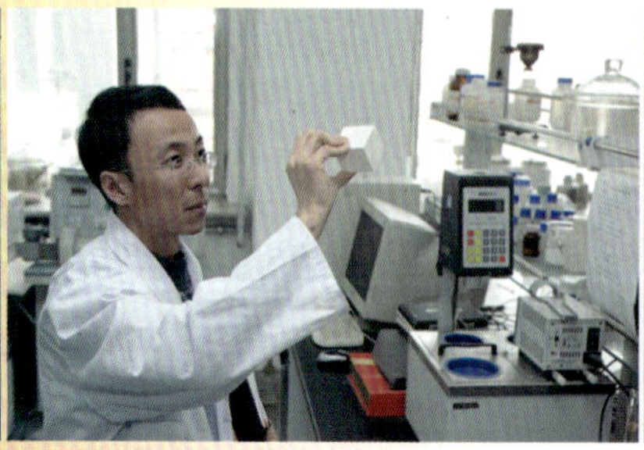
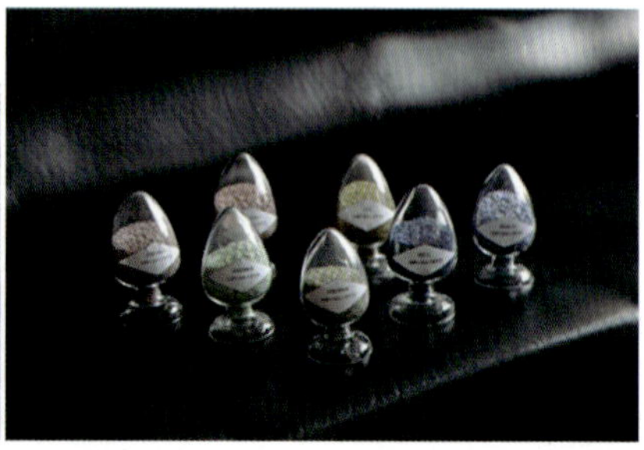

地址：辽宁省抚顺市望花区丹东路东段31号　　邮编：113001　　电话：024-56389234　　传真：024-56429551

中海石油炼化有限

中海石油炼化有限责任公司惠州炼化分公司（以下简称“惠州炼化”）位于广东省惠州市大亚湾开发区，是中国海洋石油总公司的全资子公司。公司生产设施主要包括已经投产的惠州炼化一期项目（1200万吨/年炼油）、建设中的二期项目（1000万吨/年炼油、100万吨/年乙烯）和相关配套项目。

惠州炼化一期项目是中国海洋石油总公司自主投资建设的一座大型炼厂，加工规模1200万吨/年，是中国海油完善产业链，平衡上下游，建设国际一流能源公司的重大战略举措。炼厂按照“差异化、清洁化、信息化和高价值”的目标建设和运营，引进国际领先的11项工艺专利技术，建有16套先进的生产装置和配套设施，生产汽油、航煤、柴油、苯、液化气、石油焦等15大类产品，是按照百分之百加工高酸重质原油设计建设的大型炼厂，也是目前国内单系列较大的炼油设施。项目于2009年4月一次成功投产，且当年投产当年创效，取得了“建设高标准、投产高水平、运营高效益”的良好业绩。投产以来，惠州炼化全力打造精品炼厂，努力树立行业标杆，经济技术指标行业领先，实现了清洁生产、安全生产、节约生产。惠州炼化先后荣膺IPMA国际卓越项目管理金奖、菲迪克工程项目优秀奖、国家科技进步二等奖、国家核心发明专利优秀奖等多项国内外荣誉，具有较高的社会影响力和知名度。

IPMA国际卓越项目管理金奖

国家科学技术进步二等奖

菲迪克国际工程项目优秀奖

中国专利优秀奖

长寿命非加氢芳烃精制催化剂

臭氧催化氧化催化剂

CDOS-FRCN技术生产国V汽油

责任公司惠州炼化分公司

正在建设的惠州炼化二期项目是在惠州炼化一期1200万吨/年炼油项目的基础上，新增1000万吨/年炼油和100万吨/年乙烯工程。项目按照“技术领先、卓越管理、精品工程”的建设目标，引进国际领先的17项工艺专利技术，建设15套炼油生产装置、12套化工生产装置、1套煤气化制氢联合装置，以及相关配套的辅助生产设施，生产20大类高端主流石化产品。

项目于2013年5月28日获得国家有关部门核准，2013年7月正式开工建设，计划2017年建成投产。惠州炼化二期项目的建设将进一步完善中国海油大亚湾石化基地产业链，实现原油结构、产品结构、装置结构“三大互补”和炼油-化工、公用工程“两个一体化”，对于打造大亚湾世界一流石化基地，促进广东省经济结构转型升级，保障国家清洁能源供应具有重要的战略意义。

到2017年，中国海油将在惠州大亚湾石化园区形成2200万吨/年炼油、200万吨/年乙烯、100万吨/年芳烃、30万吨/年ABS、20万吨/年丙烯酸及酯的下游产业链。并将继续充分利用国家七大石化产业基地的区位优势，科学规划建设,精心经营管理,实现炼化产业“集约化、差异化、规模化、一体化”的发展。

1200万吨/年常减压蒸馏装置

二期项目乙烯装置丙烯精馏塔吊装
（直径8.8米，高120.35米，吊装重量2550.6吨）

400万吨/年高压加氢裂化装置

地址：广东省惠州市大亚湾石化大道中302号　　电话：0752-3685888　　邮编：516086

中国石化塔河炼化有限责任公司

中国石化塔河炼化有限责任公司（简称塔河炼化公司）位于新疆库车县东城石化园区，是由中国石油化工股份有限公司与新疆阿克苏地区共同出资组建的石化企业，其前身是成立于2005年的中国石油化工股份有限公司塔河分公司（简称塔河分公司）。2012年6月，中国石化为落实中央新疆工作会议精神，推进“产业援疆”工作，将塔河分公司改制为塔河炼化公司。

塔河炼化公司现拥有炼油生产装置17套，原油加工能力500万吨/年，焦化处理能力340万吨/年，汽柴油混合加氢精制能力240万吨/年，航煤生产能力30万吨/年，催化重整能力75万吨/年，汽油异构化能力37万吨/年，A级沥青生产能力40万吨/年，硫黄生产能力8万吨/年。主要加工塔河油田的重质原油，可生产90号、93号、97号无铅汽油，0号、-10号、-20号、-35号普通柴油，0号车用柴油，符合交通部石油沥青标准JTG F40-2004、石化行业标准NB/SH/T 0522以及国家标准GB/T 15180的各牌号石油沥青，3号喷气燃料，化工轻油，石油液化气，石油焦，硫黄，工业纯苯等10余种产品。塔河炼化公司拥有自己的铁路专用线，产品可通过铁路直销全国各地。

塔河炼化公司自成立以来，高度重视环保工作，取得了“一控双达标”合格证，是新疆自治区较早的工业污染源主要污染物达标排放企业,先后荣获“重合同、守信用”企业、“综合治理先进集体”、“模范纳税企业”、自治区级“文明单位”等多项荣誉称号。

库车县 克孜尔尕哈烽火台

企地共建

炼油与石化工业技术进展

（2016）

本书编委会　编

中国石化出版社

内 容 提 要

本书以专题形式，按当前的热点问题分为综述、炼油工艺与产品、化工工艺与产品、三剂、装备技术与信息化、装置运行与管理、安全与环保、节能减排八个栏目。全书收录有代表性的文章100多篇，由中国石化、中国石油、中国海油等公司所属炼化企业、研究院所和国内其他石油化工相关企事业单位的200多位专家和工程技术人员撰写。

这些文章具有紧密联系企业生产实际，涉及众多当前炼化行业所关注的热点、难点问题的特点，对炼化企业从事生产经营和管理，以及科学研究的技术人员和管理人员有重要的参考价值。

图书在版编目（CIP）数据

炼油与石化工业技术进展. 2016 /《炼油与石化工业技术进展》编委会编. —北京：中国石化出版社，2016. 9

ISBN 978-7-5114-4266-6

Ⅰ. ①炼… Ⅱ. ①炼… Ⅲ. ①石油炼制-文集②石油化学工业-技术革新-中国-文集 Ⅳ. ①TE62-53 ②F426. 22-53

中国版本图书馆 CIP 数据核字（2016）第 215460 号

中国石化出版社出版发行

地址：北京市东城区安定门外大街 58 号
邮编：100011　电话：(010)84271850
读者服务部电话：(010)84289974
http://www.sinopec-press.com
E-mail：press@ sinopec.com
北京艾普海德印刷有限公司印刷
全国各地新华书店经销

*

880×1230 毫米 16 开本 44 印张 28 彩页 1252 千字
2016 年 9 月第 1 版　2016 年 9 月第 1 次印刷
定价：150. 00 元

《炼油与石化工业技术进展》
编　委　会

杨为民　中国石化上海石油化工研究院院长
吴长江　中国石化北京化工研究院院长
马　安　中国石油石油化工研究院副院长
孙丽丽　中国石化工程建设有限公司总经理
田建军　中石化第五建设有限公司总经理
王江义　中石化上海工程有限公司副总经理
丁智刚　中国石化塔河炼化分公司副总经理
周立新　中国石化巴陵分公司副总经理
孙振光　中国石化齐鲁分公司副总经理
赵　江　中国石化润滑油分公司副总经理
张忠安　中国石化仪征化纤股份有限公司副总经理
龚建华　中国石化南京工程有限公司总经理助理
魏治中　中国石油庆阳石化公司副总经理
谢崇亮　中国石油工程建设公司华东设计分公司总工程师
江瑞晶　中国石化南京化学工业有限公司党委副书记
罗万明　陕西延长石油(集团)有限责任公司总工程师
山红红　中国石油大学(华东)校长
徐春明　中国石油大学(北京)副校长
张清华　广东石油化工学院院长
黄志华　中国石化出版社副社长

前　言

为了及时反映国内和国际石油炼制和石油化工产业在生产经营、工程建设、技术改进与创新以及可持续发展等方面的成果，为炼化企业科技和管理人员提供一个技术与管理经验的交流平台，《炼油与石化工业技术进展》(2016)一书以专题形式，结合当前的热点问题，设立了综述、炼油工艺与产品、化工工艺与产品、三剂、装备技术与信息化、装置运行与管理、安全与环保、节能减排等栏目。全书收录有代表性的文章100多篇，由中国石化、中国石油、中国海油、延长石油、神华集团等公司所属炼化企业、研究院所和国内其他石油化工相关企事业单位的200多位专家和工程技术人员撰写。这些文章具有紧密联系企业生产实际，涉及众多当前炼化行业所关注的热点、难点问题的特点，对炼化企业从事生产经营和管理，以及科学研究的技术人员和管理人员有重要的参考价值。

为了加强对本书编写组织工作的领导，提高本书收录论文的水平，出版社和编辑部邀请了徐承恩、胡永康两位院士担任技术顾问，中国石化、中国石油、中国海油、延长石油等单位技术部门的有关负责人担任编委，同时特邀部分炼化企业和相关单位的技术负责人担任特邀编委。在此，谨向他们以及众多关心支持本书出版的各级领导、专家和一线的同志们表示衷心感谢!

按照本书的编制原则，编辑部将在2017年继续组织本书新版的编写出版工作。欢迎广大炼化企业、科研院所以及相关单位的科技人员、管理人员积极关注和支持，同时我们也会逐步扩大征稿范围，吸收更多炼油和化工企业的从业人员和相关大专院校专家、学者的优秀论文和科研成果，并注意适当引入国外先进技术和成果。真诚期望本书能够起到有利于为国内炼油和化工企业、科研设计单位搭起一座相互沟通交流的桥梁，以创新驱动为导向，为推进我国炼油与石化产业的技术进步和增强我国炼化产品国际竞争力多做贡献。

《炼油与石化工业技术进展》(2017版)投稿热线：
电话：010-84289921
邮箱：tianxi@ sinopec. com
地址：北京市东城区安外大街58号，中国石化出版社(100011)

目录

综述

炼油工艺与产品

化工工艺与产品

三　剂

装备技术与信息化

装置运行与管理

安全环保

节能减排

综　述

炼化产业科技成果转化的障碍与对策

张国相

（中海石油炼化有限责任公司科技信息部，北京 100029）

摘　要：通过对中国海油炼化产业科技成果转化的障碍分析，提出了促进炼化科技成果转化的5条具体措施：一是加强以科技需求为导向的企业行为，建立有利于成果转化的保障机制；二是正确引导，促使企业真正成为科技成果转化的主体；三是建立成果转化跟踪、评价机制及考核机制；四是实施科技项目“全生命周期”管理；五是完善科技成果转化的“媒体”链接方式。

关键词：炼化产业　成果转化　障碍　对策

1　前言

“科技成果转化”是科技发展的一个永恒主题，也是企业管理中的一个难点。近几年中国海油炼化板块科技成果的转化率不高，初步统计约60%，科技成果转化率持续低于中国海油平均水平。造成科技成果转化难的因素显然是多方面的，破解难题的途经和方法也无疑是多方面的，从不同的角度可以归纳出不同的原因和对策。在当前经济新常态发展背景下，有必要着眼于中国海油炼化科技成果转化的内在要求和外部环境的变化，从科技成果转化的基本过程和转化链的要素入手，来进一步审视分析这一命题的关键难点，梳理解题的思路和对策。

2　炼化产业科技成果转化存在的障碍

“转化”，通常是指从一种状态过渡或衍变到另一种状态的现象和过程。而科技成果向现实生产力的转化，是一个涉及不同阶段的发展过程，即科技成果逐步成熟、完善以适应产品化、产业化的全过程。宏观看，科技成果转化是一个由科技供给系统、科技转化系统、科技需求系统和科技环境系统构成的大系统，其良性运行要求建立、健全相关的动力机制、收益分配机制、约束机制、激励机制、调控机制等。微观看，科技成果的转化一般包括实验室研究、中间试验、工业性实验、工厂化生产等诸多环节，而不仅仅指从实验室到工厂车间这两点之间的“惊险一跳”。与此相联系，科技成果转化的链条，还可大致划分为创造和提供科技成果的“供体”（研发机构）、接纳并物化科技成果的“受体”（生产企业），以及沟通供求双方关系的“媒体”等三大环节。如果在上述运行过程中的某环节内部或相互之间的链接状态出现问题，便会造成整个转化过程的运行不协调甚至断链。因此，科技成果转化的真正涵义，就在于它必须动态地适应科技研发对市场的适应程度，市场对科技成果的需求、接纳程度，以及科技成果转移的环境支持程度等诸多因素的综合变化趋势。

基于上述认识，观察分析中国海油炼化板块的科技成果转化工作，显然还存在着“供体”活力不足、“受体”需求不旺、“媒体”链接状态不佳等诸多不尽人意之处。

中国海油炼化产业科研机构面向生产企业的研发能力不强，切合企业需求的成果不多。一些成果停留在论文发表、实验室成功、原理样机和研究报告通过的阶段，还是一种不能实际应用的单元技术或实验室技术，被鉴定“首创”、“领先”之后便束之高阁，无法被企业立即应用；另一方面，倡导科研单位自己搞成果产业化的做法，往往因其资金、技术、市场、经营能力等方面存在缺陷而事倍功半，同时这也在一定程度上有所违背科技成果的转移要在企业上下游部门之间建立密切分工协作关系的客观要求。

企业创新能力和有效需求不足，没能真正成为科技成果转化主体。炼化企业的技术市场需求不够成熟，有些企业对新技术和新成果不甚敏感，眼睛只盯着比较成熟的现有技术上，不愿为成果的转化承担过程性风险，有些企业则是技术力量薄弱，生产条件落后，投资资金不足，无力为成果的转化承担风险，因而在接受科技成果时经常困难重重。

在科技成果从形成到转化为现实生产力的全过程中，各个环节的科技活动往往都有着不同的目标、组织形式和工作方式，因而它们之间就客观存在着时间上和空间上的相对分离、分工和协作。科技成果形成与转化的不同环节，特别是炼化板块内部企业如果不能形成有效的协同、沟通、约束机制，科技成果转化的“媒体”也就没有发挥其应有的作用。

3 促进炼化产业成果转化的对策

既然炼化产业科技成果转化问题的症结主要在于科技成果转化的“供体”、“受体”和“媒体”等环节存在一些缺憾，从而科技研发对市场的适应程度、市场对科技成果的接纳程度、科技成果转化的环境支持程度等方面都存在不足，那么解决问题也就不妨从如何调动“供体”活力、激发“受体”动力、提升“媒体”链接状态等几方面来把握。

3.1 加强以科技需求为导向的企业行为，建立有利于成果转化的保障机制

科技成果从研发、生产到市场化、产业化过程的不同阶段，企业与市场、市场因素与非市场因素有着不同意义的作用。越是接近科技成果形成的源头，科技成果转化的强度与速度就越依赖于“媒体”作用的力度；越是接近科技成果转化的尽头——企业应用，企业调控作用的力度越要大。其中主要有：

(1) 优化完善企业科研项目运行模式。加强内部合作，建立、健全科技项目联合研发机制。研发单位、各炼化企业的技术人员要共同参与技术的研发、试验和应用过程，在项目研发的不同阶段，明确不同类型人员的分工与职责，加强彼此的协作。通过多学科、多部门科技人员的密切合作，促进科技研发与成果转化的良性循环。

(2) 鼓励和扶持原始创新。当前科技成果有效供给不足矛盾的主要方面，是创新能力的约束。要对原创特征明显、人员素质出色、有望取得自主知识产权的创新性科研项目，要通过严密、科学、规范的立项评估，在合理测算科研成本和加强过程管理的基础上，予以重点扶持，确保需求，全程服务，及时向相关企业推介，尽快抢占科技制高点。

(3) 明确成果转化依托工程。影响成果转化的一大障碍就是是否有依托工程，有时项目成果具有产业化潜力，基于找不到试验场所，或虽然找到试验田但试验成本很高而无法实现转化，这样的情况屡见不鲜。要建立炼化公司专业部门牵头的成果转化试验机制，生产要为科研保驾护航，要为科研创造条件，只有为科研成果提供必要的试验田，才能有力地促进成果的转化。

3.2 正确引导，促使企业真正成为科技成果转化的主体

炼化公司层面要建立与科技管理体制相匹配的技术创新组织模式，加强重大技术创新活动的一体化组织建设，实现基础研究、技术攻关(产品开发)、中试、工程化研究、产业化等的有效衔接，从组织上确保项目成果的转移和承接，加快研发成果向生产力转化的进程。试验是实现科技成果产业化，解决科技成果知识形态生产力转化为现实生产力的关键环节，通过对实验室成果的验证、补充、完善和提升，解决装备、工艺流程、操作参数、产品质量等问题，为规模化应用和生产提供保障。要加强核心技术力量建设，发挥炼化研究院(中心)的技术支撑作用，引导和扶持企业建立健全技术服务机构，充分发挥企业科技投入的主体作用；鼓励企业与科研单位联合，建立健全科研单位的中试基地和企业的技术依托单位；完善企业科技人才的吸引、培养和使用的机制建设。

要特别强化企业主动参加成果转化意识，加快自主创新步伐。企业要真正把握自己的命运，就不能仅仅限于被动地做科技成果的吸纳方，必须敢于挑战风险，把握市场先机，积极主动参加研发

和转化运用，主动联合科研单位成为科技成果的生产方乃至转让方，成为真正意义上的技术联合体。

3.3 建立成果转化跟踪、评价机制及考核机制

炼化公司层面、各企业要分级建立起科技成果转化的跟踪、评价机制，考虑的要素主要有：验收成果是否具备产业化条件、产业化前景、产业化周期、产业化主体确立、产业化资金、产业化依托工程等，并签写科研成果产业化目标责任书。转化结束后还要对产业化的效益进行全方位评价，成果转化效益好的单位和个人要重奖，转化不好的单位和个人要重罚，建立起科学、合理、规范的科技成果转化考核机制。本着目标明确、职责清晰的原则，做好科技成果转化工作的全生命周期管理，促进创新型科技企业的建设和发展。

3.4 实施科技项目“全生命周期”管理

结合炼化产业科技创新处于起步阶段的特点，由炼化公司牵头，专业部门、研发单位和生产企业配合，实行涵盖课题可研论证、技术研发、小试中试、推广应用、技术完善升级等“全生命周期”管理，将技术的商品化作为研发的重要组成部分，成果产业化贯穿研发项目的全过程。在科研项目立项时进行业务需求及研发成果转化前景的评估；在研发过程中制定相应的转化、推广应用方案；将技术转化与应用情况作为项目后评价的重要指标，根据后评估以及后续跟踪情况，不断完善前期成果，促进成果应用与完善。实施科技项目“全生命周期”管理，使科技成果转化及提升工作过程常态化、制度化。

3.5 完善科技成果转化的“媒体”链接方式

“媒体”链接是科技成果转移和扩散不可或缺的纽带，炼化产业要突出发展内部市场建设，建立企业和研发单位信息共享的服务体系，为炼化产业重大科技成果的推广应用提供全方位服务。要以规章制度的形式建立和完善科技成果转化的一系列管理措施，包括科技成果转化方式，成果共享分配原则，约束、激励和考核机制，效益分配措施等；通过扶植、培育和规范科技成果转化技术市场建设，为科技成果的转移提供诸如咨询、牵线搭桥、信息共享等一切便利条件，推进成果的转化和应用。

要明确科技成果的所有权、经营权、使用权、收益权等各项权能。科技成果的所有全归属于科技成果的投资方，科技成果提供方拥有对科技成果的经营权和对所拥有科技成果共享的收益权，科技成果应用方拥有科技成果的使用权，科技成果使用过程中的后续成果归属由成果提供方和应用方签订合同，约定双方应当享有的权利和承担的风险。要培养和扶持炼化产业内部中介机构的发展，发展管理规范、能提供技术作价评估、法律服务等多元化及纵深服务职能的现代化科技中介机构。

技术市场经营方式逐步多元化，技术市场的经营方式包括技术开发、技术转让、技术承包、技术咨询、技术服务、技术培训、技术入股等多种方式。

参考文献

[1] 刘振武，刘炳义等．企业技术创新与管理[M]. 2004. 北京：石油工业出版社．

[2] 刘振武，方朝亮等．大型企业技术创新能力提升之路——中国石油集团公司的实践[M]．北京：石油工业出版社，2014.

[3] 李孔岳．科技成果转化的模式比较及其启示[J]．科技管理研究，2006，1：88-91.

[4] 张江．国有企业科技成果转化与产业化存在问题的浅析[J]．商场现代化，2007，1：259-260.

C_4 馏分中异丁烷的利用方案研究

李　涛

(中国石化扬子石油化工有限公司南京研究院，江苏南京　210048)

摘　要：分析了 C_4 烃的来源、组成，探讨了目前国内 C_4 烃的加工利用流程和炼化企业 C_4 馏分中异丁烷的利用现状，针对炼化装置副产的异丁烷资源利用问题进行了具体方案研究分析，提出：(1)将异丁烷和丙烯共氧化制环氧丙烷，联产的叔丁醇可以和甲醇反应合成 MTBE，也可以将叔丁醇脱水制高纯异丁烯；(2)或将异丁烷和丁烯、戊烯等通过直接烷基化反应合成烷基化油，作为生产高辛烷值汽油的调和组分；(3)或将异丁烷脱氢制异丁烯，然后作为 MTBE 装置的原料，未来还可通过 MTBE 裂解制高纯异丁烯工艺来转产高纯异丁烯，或者将原有 MTBE 装置加以改造，采用间接烷基化工艺转产异辛烷或采用异丁烯与乙醇合成 ETBE。

关键词：C_4 烃　异丁烷　利用

1　前言

石化企业催化裂化装置、乙烯裂解装置和芳烃重整装置等均副产相当数量的 C_4 烃，其中的丁烷、丁烯和丁二烯等都是重要的有机化工原料。目前国内炼化企业对于 C_4 馏分中异丁烷的利用缺乏足够重视，大多作为普通燃料烧掉，造成资源的极大浪费。研究企业异丁烷的来源、数量和组成，对异丁烷的综合利用进行整体规划，可以提高产品的附加值，满足市场需求并为企业创造良好的经济效益。

2　C_4 烃的来源及组成分析

目前，世界上的 C_4 烃资源主要来自于裂解制乙烯装置和炼油厂的催化裂化等装置，其中约 82%来自炼油副产。

炼油厂的催化裂化装置(FCC)，减黏裂化装置、焦化装置和热裂化装置都能生产 C_4 烃，但以催化裂化装置生产的 C_4 烃最多，占 60%以上。催化裂化装置副产 C_4 烃数量又因裂化深度和催化剂而异，通常为新鲜进料的 10%~13%。催化裂化 C_4 馏分组成的特点是丁烷(尤其是异丁烷)含量高，不含丁二烯(或者含量甚微)，其中丁烯含量约占 50%。

裂解 C_4 烃收率除与苛刻度有关外，还与裂解原料有密切关系，若以石脑油为裂解原料时，C_4 烃的产量约为乙烯产量的 40%~50%。裂解 C_4 馏分组成的特点是：主要以烯烃(丁二烯、异丁烯、正丁烯)为主，尤其是丁二烯含量高，烷烃含量很低[1,2]。典型的催化裂化 C_4 馏分和蒸汽裂解 C_4 馏分的组成如表 1 所示。

表 1　催化裂化 C_4 馏分和蒸汽裂解 C_4 馏分组成比较

质量分数/%	催化裂化	蒸汽裂解	质量分数/%	催化裂化	蒸汽裂解
异丁烷	34	1	2-丁烯	28	11
正丁烷	10	2	丁二烯		48
异丁烯	15	22	炔烃		2
1-丁烯	13	14	合计	100	100

从表 1 中可以看出，催化裂化 C_4馏分与蒸汽裂解 C_4馏分两者的丁烯含量相近，催化裂化 C_4馏分富含烷烃，主要是异丁烷，可考虑加以利用，而裂解 C_4馏分中异丁烷含量很小，没有单独分离使用的价值。

3 异丁烷的利用技术现状分析

目前国内炼化企业的 C_4烃加工利用流程现状见图 1。

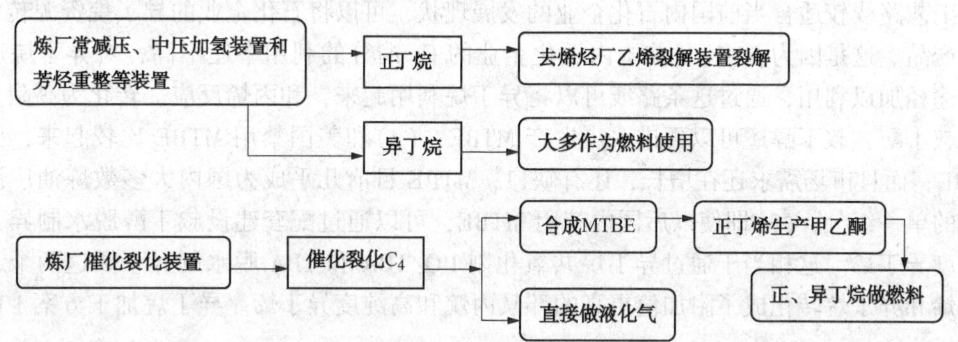

图 1 炼化企业 C_4烃加工利用流程现状分析

从图 1 可以看出，对来源于常减压装置、中压加氢装置和芳烃重整等装置的饱和 C_4 馏分，可以通过吸附分离等工艺将正构烷烃和异构烷烃加以分离，正丁烷通常作为乙烯装置裂解料使用，异丁烷大多作为燃料使用。对来源于催化裂化装置的 C_4 馏分，通常是先和甲醇醚化合成 MTBE，将其中的异丁烯组分加以利用，醚化后的 C_4 馏分含有较高浓度的正丁烯组分，可以生产甲乙酮，余下的丁烷组分做燃料，也有部分企业直接将催化裂化 C_4 馏分做液化气使用。

从当前国内外异丁烷的利用途径看，主要包括：(1)异丁烷和丁烯、戊烯等烯烃反应合成烷基化油。异丁烷烷基化技术比较成熟，目前世界各大型装置的生产路线基本仍以硫酸法和氢氟酸法为主。虽然液体酸烷基化工艺的烷基化油收率高、选择性好，但存在废酸排放量大，环境污染严重、生产设备腐蚀严重等问题；近年来，以固体酸和离子液体为催化剂的烷基化工艺也成为关注焦点。与液体酸烷基化工艺相比，固体酸烷基化工艺已经显现出一定的经济性，但能否在大型工业装置上稳定运行还有待考验[3]；(2)异丁烷/丙烯共氧化制环氧丙烷(PO)及联产叔丁醇(TBA)。目前工业化的异丁烷/丙烯共氧化工艺包括 Lyondell 公司技术和 Huntsman 公司技术，其技术不同主要在于催化剂的使用、产品的分离和 PO 提纯单元。Huntsman 公司的工艺特点是联产品 TBA 可直接和甲醇反应得到 MTBE，省略了 TBA 脱水制异丁烯的步骤。但在美国因 MTBE 污染地下水，已停止使用该方法。典型的异丁烷共氧化生产 PO/TBA 工艺中，原料丙烯与异丁烷的质量比约为 1∶2.4，产品 PO 与 TBA 质量比为 1∶(2.4~2.7)，联产的 TBA 可进一步加工成 MTBE；(3)异丁烷脱氢制异丁烯。目前工业化的异丁烷脱氢工艺有意大利 Snamprogetti 公司和俄罗斯 Yarintez 公司共同开发的 FBD-4 工艺、Lummus 公司的 Catofin 工艺、UOP 公司的 Oleflex 工艺、Phillips 公司的 Star 工艺以及 Linde AG 公司的 Linde 工艺等。在这几种工艺中，Snamprogetti-Yarsintez FBD-4 工艺所用催化剂对异丁烷脱氢原料要求不高，而且催化剂能够连续化生产，不需要再生，有利于生产装置的稳定操作和降低生产成本，是目前较好的生产工艺[4~9]。

4 异丁烷的利用方案研究

建议根据各自企业的原料来源、工艺技术、产品市场前景等实际情况，考虑采用以下三种方案：一是建异丁烷和丙烯共氧化制环氧丙烷装置，联产的叔丁醇可以和甲醇反应合成 MTBE，也可以配套建设叔丁醇脱水装置制高纯异丁烯；二是建一套直接烷基化装置，原料一部分可采用来源于炼油厂常减压、中压加氢装置和芳烃重整装置的异丁烷，一部分可采用来源于催化装置的 C_4 烃。

另外，如果有其他 C_3 ~ C_5 单烯烃馏分，也可以考虑做烷基化原料；三是建异丁烷脱氢制异丁烯装置，然后作为 MTBE 装置的原料。

4.1 利用异丁烷和丙烯共氧化制环氧丙烷

此方案是将异丁烷和丙烯共氧化制环氧丙烷，联产的叔丁醇可以和甲醇反应合成 MTBE，MTBE 也可以进一步脱水制高纯异丁烯。原料来自炼油厂或芳烃重整装置的异丁烷，和炼油厂催化裂化装置或乙烯裂解装置的丙烯。

这条工艺路线较适合当前国内石化企业的发展现状，可以将石化企业的异丁烷资源转化为附加值更高的产品。这是因为：(1)目前国内石化企业的 C_4 馏分的利用率还不高，对异丁烷还没有其他更好的途径加以利用，通过这条路线可以将异丁烷利用起来，和丙烯反应，转化为高附加值的环氧丙烷和叔丁醇，叔丁醇还可以再进一步生产 MTBE；(2)和美国禁用 MTBE 比较起来，国内尚未禁用 MTBE，而且市场需求还在增长，还有缺口，MTBE 目前几乎成为国内大多数炼油厂调节辛烷值所必需的单一组分；(3)即使以后国内禁用 MTBE，可以通过配套建设叔丁醇脱水制异丁烯装置转产高纯度异丁烯。这相当于通过异丁烷共氧化制 PO/TBA 和 TBA 脱水制异丁烯这两个工艺的结合，将丙烯和异丁烷转化成了附加值更高的环氧丙烷和高纯度异丁烯。异丁烷加工方案 1 的流程示意见图 2。

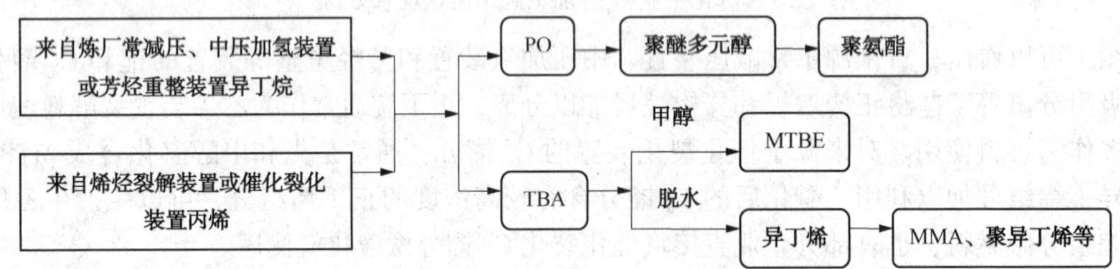

图 2 异丁烷加工方案 1 的流程示意

如图 2 所示，通过高纯度的异丁烯还可以进一步制备甲基丙烯酸酯(MMA)、聚异丁烯和丁基橡胶等多种有机化工原料和精细化学品，近几年，国内外对聚合级异丁烯有巨大的潜在需求。目前为止，工业上高纯异丁烯的生产方法主要有 2 种：甲基叔丁基醚(MTBE)裂解法和叔丁醇脱水法[10]。

MTBE 裂解法是 20 世纪 80 年代后世界各国普遍采用的工艺，产品纯度高，装置规模灵活性大，可以根据市场需求生产 MTBE 或异丁烯。缺点是由于醚化法副反应多，为获得高纯度异丁烯产品，分离精制工艺复杂，能耗较大。

叔丁醇脱水法也是获取高纯度异丁烯的重要途径，该方法流程简单，副反应少，分离精制容易，产品质量高，投资省，其投资比 MTBE 裂解法少 30%。另外，TBA 脱水法生产异丁烯的工艺中循环物流是水，而 MTBE 裂解法循环物流是甲醇，前者比后者更环保。但该工艺未能在国内得到推广的主要原因是缺乏廉价的叔丁醇原料以及叔丁醇脱水反应单程转化率偏低。前苏联雅罗斯拉夫合成橡胶单体研究院成功开发了叔丁醇脱水生产高纯度异丁烯技术，并进行了工业化生产，其制得的高纯度异丁烯工业品纯度不低于 99.95%。韩国松原公司投资 2000 万美元建设的 30kt/a 高纯度异丁烯装置于 2009 年投产。该装置是世界上最大规模的以叔丁醇为原料商业化生产异丁烯的装置。中国石油兰州化工研究中心也对叔丁醇脱水制异丁烯技术进行了小试和中试研究，相信未来国内工业化应用将成为可能。

据 Hydrocarbon Processing 报道，Huntsman 公司在 2011 年年底与烟台万华聚氨酯有限公司签署了一项 PO/MTBE(环氧丙烷/甲基叔丁基醚)生产许可证协议，根据协议，烟台万华将利用许可技术在山东烟台生产基地新建一座产 240ktPO 和 750ktMTBE 的世界规模的 PO/MTBE 工厂，新厂预定 2011 年年底动工建设，2013 年年底投产[11]。

4.2 利用异丁烷合成直接烷基化油

此方案是将来源于炼厂装置或芳烃重整装置的异丁烷以及丁烯原料，通过直接烷基化反应合成烷基化油加以利用。目前甲乙酮在我国已经供大于求，MTBE 由于环保问题在美国被禁用，从长远趋势看，国内 MTBE 可能会因为环保问题受到限制，因此，长远来看，合成 MTBE 和甲乙酮并不是催化裂化 C_4馏分利用的最好途径。而目前国内炼厂生产高标号清洁汽油，迫切需要大量高辛烷值汽油调和组分。烷基化油不但抗爆性能好，且蒸气压大大低于 MTBE，另外烷基化油不含苯和烯烃，且硫含量很低，因此具有理想的挥发性和清洁的燃烧性，是航空汽油和车用汽油的理想调和组分，随着环保要求的提高，烷基化油将是未来汽油的主要调和组分[12,13]。国外汽油组成中烷基化油占有相当大的比例，美国汽油烷基化油占 14%，我国汽油烷基化油只占 0.5%。因此，我国需要大力发展烷基化油生产技术。

直接烷基化是指异丁烷和 C_3~C_5 烯烃在强酸催化剂的作用下发生烷基化反应生成烷基化油的过程。从理论上讲，烷基化工艺对原料异丁烷和烯烃的比例(烷烯摩尔比)有一定要求，适当提高烷烯比可减少烯烃叠合、氧化等副反应的发生[13]。来自炼油厂的催化裂化 C_4馏分中，丁烯含量多于异丁烷含量，不太适合直接做烷基化油的原料，可以采用醚化-烷基化组合路线，先将其中的异丁烯组分进行醚化，另外，还可以将其中的 1-丁烯组分通过精馏分离出来，以保证较合适的烷烯比。

此方案以催化裂化的混合 C_4馏分为原料，将其中的以丁烯及异丁烷为主的组分加氢(双烯烃选择加氢成单烯烃)、异构(1-丁烯异构化为 2-烯烃)，然后通过烷基化反应生产高辛烷值的烷基化汽油[14,15]。异丁烷加工方案 2 的流程示意见图 3。

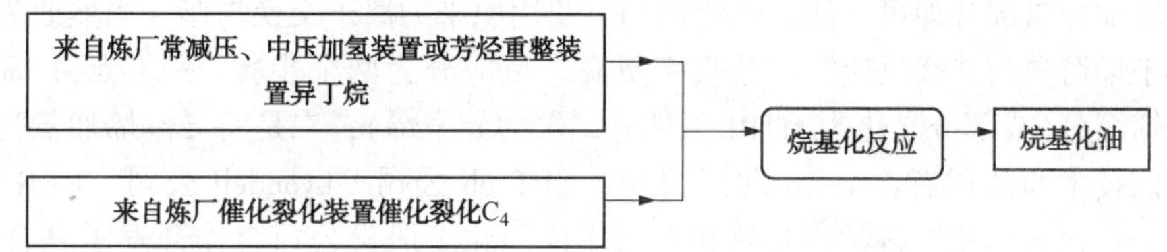

图 3　异丁烷加工方案 2 流程示意

工艺可采用美国 UOP 公司开发的 Alkylene 非均相固体酸烷基化工艺，该技术经过几年的中试研究，已即将进入工业化应用阶段，催化剂为球形，易于在反应器中循环，异丁烷与烯烃最佳摩尔比约为 5∶1~15∶1[16,17]。

另据报道，美国 CB&I 公司 2013 年 4 月 30 日宣布，世界上首套固体酸烷基化装置将在中国的炼油厂开始建设。CB&I 公司获得了山东汇丰石化有限公司的承包合同，并提供技术授权与工艺工程设计。该装置采用 AlkyClean 技术，烷基化油的产能为 100kt/a，预计 2014 年投产。AlkyClean 技术由 CB&I 公司、雅宝(Albemarle)公司和芬兰耐思特石油公司(Neste Oil)共同开发，由雅宝公司提供固体酸催化剂[18]。

4.3 异丁烷脱氢制异丁烯

目前，以异丁烯为资源的精细化工工业发展迅速，需求增长很快，异丁烷脱氢制异丁烯成为解决异丁烯短缺的主要方法之一。国内随着甲基丙烯酸甲酯、丁基橡胶和 MTBE 等异丁烯下游产业的快速发展，近年来异丁烯供应渐趋紧张，因此，异丁烷脱氢制异丁烯技术又引起人们的关注。

此方案是利用脱氢装置将来自炼厂催化裂化装置的催化裂化 C_4以及炼厂常减压、中压加氢装置或芳烃重整装置 C_4馏分中的异丁烷转变成高附加值的异丁烯，然后作为 MTBE 装置的原料。异丁烷加工方案 3 的流程示意见图 4。

如图 4 所示，未来，如果国内 MTBE 市场饱和或者禁用 MTBE，还可以通过 MTBE 裂解制高纯异丁烯工艺来转产高纯异丁烯，或者将原有 MTBE 装置加以改造，采用间接烷基化工艺转产异辛烷或采用异丁烯与乙醇合成乙基叔丁基醚(ETBE)。

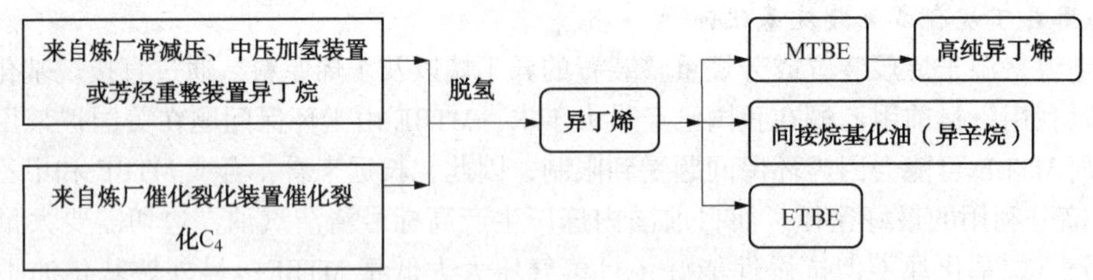

图4 异丁烷加工方案3流程示意

4.3.1 MTBE装置转产高纯异丁烯

MTBE裂解法的工艺过程是混合C_4在强酸性阳离子交换树脂的催化作用下，一定比例的异丁烯与甲醇在反应器中进行选择性的醚化反应，生成MTBE，然后经过进一步的催化精馏得到纯度≥98.5%MTBE。MTBE经裂解分离可得到高纯度的异丁烯。到目前为止，该法是国内外生产高纯异丁烯最主要的先进方法[19]。从化工利用角度看，该法可以为下游丁基橡胶、甲基丙烯酸甲酯，聚异丁烯、烷基酚等以异丁烯为基础的精细和专用化学品的发展提供廉价的异丁烯原料。从技术上来看，我国可自行设计并建设任何规模的大型MTBE生产装置，燕山石化公司研究院已开发出化工型MTBE合成及MTBE裂解制异丁烯的成套技术。

4.3.2 MTBE装置转产异辛烷

间接烷基化工艺是以异丁烯和2-丁烯为主要活性组分，并将1-丁烯异构化为2-丁烯，用于间接烷基化。目前，国外的MTBE装置纷纷将原有MTBE装置改造转产，采用间接烷基化工艺生产异辛烷，异辛烷作为高辛烷值的汽油调和组分使用。该方案的好处是投资小，大部分MTBE生产设备可利用，只要增加加氢部分即可，甚至催化剂仍可使用原来的离子交换树脂。当然改为固体磷酸催化剂，由于正丁烯可参与二聚反应，产品收率更高。反应分为两个步骤：一是异丁烯二聚为异辛烯，即二异丁烯馏分(或部分醚化为MTBE，部分二聚为异辛烯)；二是将异辛烯加氢为异辛烷。

国外拥有该技术的公司有：Axens北美公司、CDTech公司、Lyondell公司、KBR公司和UOP公司。国内中国石化石油化工科学研究院和石家庄炼油化工股份公司合作开发了叠合-醚化技术，以C_4馏分中异丁烯和甲醇为主要原料，通过调整进料的醇烯比实现纯醚化与叠合醚化方案之间的切换，灵活生产MTBE和异辛烯(异辛烯加氢成异辛烷)。

4.3.3 MTBE装置转产ETBE

将原有MTBE装置改造，以异丁烯和乙醇为原料，还可以合成乙基叔丁基醚(ETBE)。ETBE虽与MTBE同属一类，但其辛烷值较高、雷氏蒸汽压较低，且水溶性远较MTBE为小，还能被好氧性微生物分解。最吸引人的是使用生物ETBE混合物不需要改造汽车，并可直接用作汽油的替代品，可在炼油厂调入汽油。可避免使用乙醇所带来的汽油挥发性增高、水混入会发生相分离、要在销售点调合等许多问题。与乙醇相比，ETBE具有对汽车部件无腐蚀作用、使汽油更清洁燃烧、不会增加排气光化学烟雾等优点[20]。

目前，欧美正在迅速地转向乙醇型醚类，已有多套MTBE装置被转换生产ETBE，2004年第一套生产ETBE的生物醚类装置投产，2010年欧洲ETBE产量达到5.2Mt/a。2009年，利安德巴塞尔公司将其美国德克萨斯州的MTBE装置改造生产生物基ETBE，BP公司采用CDTech公司的CDEtbe技术，将其位于荷兰鹿特丹的炼油厂改造生产ETBE。CDEtbe被证明是一项具有灵活性和高转化率的技术，只需对原有装置进行少量改造即可实现转产。这种工艺采用催化精馏的技术，比其他工艺具有更高的转化率。日本也在将加快推行使用ETBE，自2010开始大规模推行调合ETBE的汽油，占到汽油销售总量的20%。日本石油公司2007年开始在某些零售市场开始出售渗有ETBE的汽油，并计划从2010年起在全国范围内销售ETBE掺合汽油。

国际上拥有ETBE生产技术的公司主要有法国石油学会(IFP)、美国催化蒸馏技术(CDTECH)公司、阿尔科化学技术(ARCO)公司、联合油品(UOP)公司、菲利浦石油(Phillips)公司，国内研究 ETBE 生产技术的单位不多，并且大多处于小试阶段。

5 结语

C_4 馏分中的异丁烷是一种重要的基本有机化工原料，具有很高的利用价值，应该引起国内炼化企业及相关研究单位的足够重视。建议国内炼化企业可以根据各自的实际情况，结合市场需求形势、技术来源等，考虑采用三条途径加以利用：

（1）将异丁烷和丙烯共氧化制环氧丙烷，联产的叔丁醇可以和甲醇反应合成 MTBE，也可以将叔丁醇脱水制高纯异丁烯；

（2）将异丁烷和丁烯、戊烯等通过直接烷基化反应合成烷基化油加以利用；

（3）将异丁烷脱氢制异丁烯，然后作为 MTBE 装置的原料，未来如果国内 MTBE 市场饱和或者禁用 MTBE，还可以通过 MTBE 裂解制高纯异丁烯工艺来转产高纯异丁烯，或者将原有 MTBE 装置加以改造，采用间接烷基化工艺转产异辛烷或采用异丁烯与乙醇合成 ETBE。

参 考 文 献

[1] 白颐．我国 C_4烃和芳烃及其下游产品发展机会分析[J]．化学工业，2009，27(1)：1-2.

[2] 程正载，王洋，陈攀等．混合碳四资源深加工综合利用[J]．精细石油化工进展，2012，13(8)：39-44.

[3] 耿旺，汤俊宏，孔德峰．异丁烷化工利用技术现状及发展趋势[J]．石油化工，2013，42(3)：352-356.

[4] 环氧丙烷的生产现状及市场分析[J]．石油化工技术经济，2012，28(3)：21-25.

[5] 李明辉．碳四烃的综合利用[J]．石油化工，2003，32(9)：808-814.

[6] 马冰洁，吴瑶庆，李建忠等．C_4烃资源的生产、利用及发展设想[J]．化工科技市场，2005，28(12)：8-13.

[7] 胥月兵，岳辉，陆江银等．碳四烃综合利用研究及评述[J]．新疆大学学报(自然科学版)，2007，24(4)：430-434.

[8] 刘洪洋．C_4综合利用及研究进展[J]．当代化工．2008，37(3)：257-260.

[9] 宋艳敏，孙守亮，孙振乾．异丁烷催化脱氢制异丁烯技术研究[J]．精细与专用化学品．2006，14(17)：10-12，19.

[10] 申建华，周金波，王艳飞．聚合级异丁烯生产技术的研究进展[J]．合成橡胶工业，2011，34(3)：239-245.

[11] Huntsman Corp. has signed a license agreement with Yaitai Wanhua for the production of propylene oxide and methyl tertiary butyl ether[J]. Hydrocarbon Processing，2011，90(7)：32.

[12] 毕建国，烷基化油生产技术的进展[J]．化工进展，2007，26(7)：934-939.

[13] 谷涛，王永虎，田松柏．异丁烷与烯烃烷基化工艺研究进展[J]．石化技术与应用，2005，23(2)：133-137.

[14] Catalytic Distillation Technologies. Process for the Utilization of Refinery C_4 Streams [P]. US Pat Appl, US 6849773. 2005.

[15] Catalytic Distillation Technologies. Process for the Utilization of Refinery C_4 Streams [P]. US Pat Appl, US 6919016. 2005.

[16] UOPLLC. Alkylation Process Operating at High Recycle Ratios[P]. US Pat Appl，US 6835862. 2004.

[17] UOPLLC. Alkylation Process Using UZM-8 Zeolite[P]. US Pat Appl，US 7268267. 2007.

[18] Global Refining& Fuels Report. CB&I to Debut Solid - Acid Alkylation for China Gasoline Refiner[EB/OL]. [2013-05-01]. http：//www. worldfuels. com/archives/Global-Refining-Fuels-Today/5/83/CBI-Debut-Solid-Acid-Alkylation-China-Gasoline-Refiner_ 63638.

[19] 吴海霞．MTBE 裂解法工业生产高纯度异丁烯技术[J]．洛阳师范学院学报，2008(2)：73-74.

[20] 王建国．甲基叔丁基醚装置改造为乙基叔丁基醚装置的技术分析[J]．石油化工，2009，38(12)：1302-1306.

中国甲醇产业链现状分析及发展趋势

薛金召[1,2]　廖有贵[1]　马亚斌[2]　肖宜春[1]　汪希领[2]　王先锋[2]

(1. 湖南石油化工职业技术学院石化技术工程系，湖南岳阳 414012；
2. 中国石化西安石化分公司煤气一体化转型发展项目部，陕西西安 710086)

摘　要：介绍了我国甲醇市场的生产和消费情况以及下游产品的产业发展趋势。指出：经历过高速增长期后，我国甲醇产能扩张趋于放缓，装置规模化和产业集中度明显提升；甲醇下游呈多元格局，传统消费领域甲醇需求趋于平稳增长，甲醇燃料渐成规模，甲醇制烯烃成为新兴的主力消费市场，甲醇制芳烃、甲醇制汽油、甲醇蛋白等高附加值产品领域消费潜力凸显。认为我国甲醇市场要保持平稳向好的发展态势，仍需延伸产业链条，发展有竞争力的衍生物产品，同时要加快甲醇下游衍生物标准化体系建设，推动先进技术产业示范进程。

关键词：甲醇产业链　供需状况　多元化　标准体系化建设

1　前言

甲醇是重要的化学工业基础原料和清洁能源，用途十分广泛[1,2]。发展甲醇产业不仅可解决能源高效、清洁、低碳利用问题，解决了煤炭直接燃烧、焦化、干馏、热解等带来的环境的问题，而且开辟了一条不依靠原油发展的能源化工新路线，各种产业耦合新体系，实现了无氧燃料向有氧燃料的转变，甲醇消费方式的变革正成为绿色清洁能源化工现代化建设的重要引领。目前，面对我国甲醇需求增长及供大于求的市场格局，如何延伸产业链条，提升甲醇装置的盈利水平进而推进产业调整升级，已成为甲醇行业的重要课题。

2　中国甲醇产业供需状况

近十年来，中国甲醇产能发展迅速。2005 ~ 2010 年产能和表观消费量年均增幅分别高达 51.2%和 42.8%左右，成为全球最大的甲醇生产和消费大国。2010 年后，甲醛、二甲醚、MTBE 等传统消费领域甲醇需求增速放缓，而以甲醇制烯烃/芳烃/汽油等新型下游产业的兴起，甲醇产能及消费增速虽有下降但仍发展强劲，2014 年甲醇产能及表观消费量分别达 68605kt、40990kt，增幅仍高居 22.7%、24.7%。2015 年由于全球经济甲醇产能增幅仅 1.68%，为历年最低水平。但随着大批项目的建成投产，2016 年将新增甲醇产能约 7850kt，近年来甲醇供需情况见表 1。

表 1　近年来我国甲醇市场供需状况

项　目	2010	2011	2012	2013	2014	2015 年
产能/kt	37565	45430	51491	55902	68605	69765
产量/kt	15753	22269	26405	28785	37407	40105
进口量/kt	5190	5732	5001	4859	4332	5539
出口量/kt	12	44	67	773	749	163
表观消费量/kt	20929	27957	31338	32871	40990	45481
产能年增长率/%	383	209	133	86	227	16
消费年增长率	263	336	121	49	247	110
开工率/%	419	490	513	515	545	579

甲醇开工率呈逐年提高态势，2015 年达到 57.9%，较 2010 年提高了 16.0 个百分点。甲醇产业虽面临阶段性供过于求的局面，但需求强劲的下游新兴市场对其起着巨大的支撑和推动作用。随着煤制烯烃/芳烃行业的快速发展，甲醇产业区域布局处于调整阶段。目前甲醇生产企业主要分布在具有资源优势的西部地区，内蒙古、山东、宁夏、陕西等地产能占比较大，消费市场主要集中在东部沿海地区，而传统运输方式能力不足，长距离管道运输在经济性上存在一定的变数，因此东部地区每年进口中东、北美地区廉价的天然气/页岩气甲醇补充供应缺口。从甲醇生产工艺来看，逐渐形成了以煤炭大型装置为主力，焦炉气中小型装置迅速发展，天然气装置逐渐淘汰的格局，2015 年我国煤、焦炉煤气、天然气制甲醇的产能占比分别为 70.2%、16.5%、13.1%。国内 400kt/a（含）和百万吨以上装置占比分别由 2012 年的 58.7%、22.7%提高到 67.2%、33.1%。从未来发展情况看，行业集约化、规模化、一体化趋势更加明显，煤经甲醇及其下游产品的产能和产量仍继续向资源区发展，部分沿海企业还将尝试走进口甲醇制烯烃、芳烃及有机原料的发展道路，以提高原料多元化水平。

3　甲醇下游产业发展概况

原料甲醇充足、廉价，我国自主研发的二甲醚、甲醛、醋酸生产技术国际领先，近年来，其产能及产量均呈现快速增长趋势，但由于宏观上缺乏正确的引导和统一规划，下游产品需求领域拓展速度远远低于产能的扩张速度，均面临不同程度的产能过剩、负荷低位、产品单一、需求不旺的局面。我国甲醇下游产品市场情况见表 2。

表 2　我国甲醇下游产品市场情况

项目名称		2009 年	2010 年	2011 年	2012 年	2013 年	2014 年	2015 年
醋酸	产能/kt	4490.4	6682	6936	7674	9221	10120	10120
	净进口量/kt	233	-159	-649	-309	-162	-164	-340
	消费量/kt	3202	3679	3596	3994	4137	5208	5530
	开工率/%	661	574	612	561	466	553	580
甲醛	产能/kt	24892	26130	29920	31570	35730	37850	38450
	净进口量/t	-4645	-3173	-2121	-1101	-878	-478	-103216
	开工率/%	636	652	653	672	678	660	527
MTBE	产能/kt	5159	6010	6744	8203	11820	13295	15375
	净进口量/kt	584	689	538	128	308	288	180
	消费量/kt	3686	4680	4850	5290	6460	5026	6901
	开工率/%	601	662	640	628	520	528	460
二甲醚	产能/kt	9378	10228	11760	12118	12899	10908	10958
	产量/kt	2368	2848	3500	4550	4866	4786	2457
	开工率/%	253	278	298	375	377	439	224

《液化石油气二甲醚混合燃气标准》和《液化石油气二甲醚混合燃气钢瓶标准》缺失，国家现行政策下，明确规定二甲醚只能纯烧。自 2009 年起，行业整体开工率在三四成间徘徊。国内醋酸进出口趋势从 2010 年开始出现大幅逆转，醋酸基本满足自用，且有大量出口。今后几年，仍有多套醋酸及醋酸乙烯、聚酯装置建成投产，预计到 2018 年，我国醋酸产能及下游需求量将分别达到 12Mt 和 5.8Mt，产需失衡将更加明显。甲醛方面，因房地产行业持续低迷，甲醛最主要下游产品三醛树脂胶在建材领域的需求增速明显回落，甲醛类产品受环保安全因素制约在纺织行业的市场份额逐步萎缩，尽管 1，4-丁二醇、戊二醇产能密集投放，但对甲醛需求量有限。

提高汽油辛烷值最经济的手段就是添加 MTBE，我国 90%以上的 MTBE 消费都流向汽油添加剂，国家油品升级步伐的加快大幅提高了对 MTBE 的需求，带动了大量产能扩张。2015 年 MTBE 产能达到 15375kt/a，较 2009 年增长 198%。年内还有金陵亨斯迈(74.2 万吨/年)、齐翔腾达(350kt/a)、新启元(300kt/a)、安瑞佳(300kt/a)等 MTBE 装置投产。从 2015 年以来新增产能来看，未来 MTBE 生产工艺将以异丁烷/混烷脱氢以及 PO/MTBE 为主，且单套装置产能较大。目前，国内 MTBE 市场持续处于供应短缺的局面，但从长远来看，并不利用 MTBE 的发展：一是我国汽车工业由高速增长转为微增长，成品油市场已基本饱和；二是随着我国汽油标准的继续提升，性能更为优异的的烷基化汽油和醇醚燃料代替 MBTE 作为汽油调和组分的比例会逐步增大。三是 MTBE 对于环境和人类健康具有潜在威胁，今后限制甚至禁止 MTBE 的应用或势在必行。预计到 2019 年我国将转为 MTBE 净出口国。

4 甲醇产业未来发展方向

4.1 甲醇制烯烃/甲醇制丙烯(MTO/MTP)

乙烯、丙烯是重要的平台化合物，最大的用途是生产聚乙烯(PE)、聚丙烯(PP)，其次为环氧乙烷、乙二醇、环氧丙烷、丙烯腈等产品。近年来因下游市场需求旺盛，烯烃供需关系日益紧张。2009~2015 年，(乙烯+丙烯)/(PP+PE)产量由 24299/15991kt 增加 40004/29117kt，年均增长率为 10.8%/13.7%，其消费量由 26821/27456kt 增长到 44291/42380kt，新增产能远填补不了巨大的新增市场缺口，(乙烯+丙烯)/(PP+PE)自给率一直维持在和 90.1%/64.5%左右，年均净进口量仍以 11.6%/1.7%的速度攀升。2015 年，PP、PE 和乙烯、丙烯单体总净进口量已达到为 17115kt。从需求端看，未来几年国内乙烯、丙烯及衍生物需求仍将持续增长。预计到 2018 年，我国(乙烯+丙烯)当量需求达 77100kt。近年来(乙烯+丙烯)/(PP+PE)市场供需情况见表 3。

表 3　2009~2015 年(乙烯+丙烯)/(PP+PE)供需状况

年　份	产量/kt	净进口量/kt	表观消费量/kt	自给率/%
2009	24299/15991	2522/11465	26821/27456	906/582
2010	27689/19815	2339/10985	30028/30800	922/643
2011	29149/20463	2815/10734	31964/31197	912/656
2012	30378/21522	3569/11483	33947/33002	895/652
2013	33070/23321	4345/11225	37415/34546	884/675
2014	35687/23914	4545/12366	40232/36280	887/659
2015	40004/29117	4287/12828	44291/42380	903/687

MTO/MTP 技术的进步、巨大的原料成本优势及市场前景，使 MTO/MTP 异军突起[16~20]。截至 2015 年底，全国共有神华包头、神华宁煤、大唐多伦、中原石化等 21 套装置投产，合计产能 8435kt/a，下游终端产品多以 PP、PE 为主，部分涉及乙二醇、环氧乙烷等精细化工品，局部以直接销售烯烃单体为主。按照 3：1 的消耗关系，将消耗 2015 年甲醇产能的 35.5%，已成为甲醇下游第一大消费市场，除部分一体化设计配套的 15450kt 甲醇产能外，还需外购甲醇 1297 万吨。2010 年以来 MTO/MTP 投产情况见表 4。

表 4　2010 年以来 MTO/MTP 产能情况

年份	数量/个	烯烃产能/kt	聚丙烯产能/kt	聚乙烯产能/kt	乙、丙烯产能/kt	配套甲醇产能/kt	外购甲醇/kt
2010	2	1120	820	300	0	3470	0
2011	2	660	560	100	0	1680	600
2013	2	895	400	0	495	300	2400
2014	8	3670	2200	1200	270	8600	5100
2015	7	2090	690	600	800	1400	4870
合计	21	8435	4670	2200	1565	15450	12970

2016 年将有中煤蒙大、中天合创、神华新疆等 MTO/MTP 装置合计 3670kt 烯烃产能投放。按照《能源发展战略行动计划(2014~2020 年)》，到 2020 年规划 MTO/MTP 产能达 24Mt/a，届时可消耗甲醇约 72Mt。新兴的 MTO/MTP 已成为拉动国内甲醇需求量和产量快速增长的主动力，极大地改善甲醇市场的供求格局。

4.2 甲醇燃料

甲醇燃料是利用工业甲醇或燃料甲醇，加入变性醇添加剂，与国标汽/柴油成品油按照一定比例混合，经调配制成的新型清洁燃料。由于环保性好、性价比高、技术成熟等优越性能，甲醇燃料已成为首选车用替代燃料。按照甲醇加入比例，甲醇汽油有 M5(甲醇含量为 15%的汽油)、M10、M15、M20、M30、M50、M85 及 M100 多种规格，甲醇柴油有 M15、M20 及 M25 等规格。

甲醇汽油技术成熟，具备全国推广条件[3]。天津大学开发的“柴油甲醇二元燃料燃烧技术”突破了在柴油机上燃用甲醇的技术障碍，实现了 35%甲醇对柴油的高比例替代，满足国四、国五排放标准要求[4]。甲醇柴油双燃料国 V 重卡经过 7000 公里道路试验和性能测试，形成了产业化应用，并 2015 年 6 月 26 日通过工信部组织的科技成果鉴定。

我国政府推进能源(特别是交通燃料)多元化的战略进一步明确，为醇醚燃料行业带来政策利好。《车用燃料甲醇》、《车用甲醇汽油(M85)》国家标准，已分别于 2009 年 11 月 1 日、12 月 1 日起实施。国家在山西、陕西、上海、甘肃、贵州等四省一市开展甲醇汽车试点；已有吉利、陕汽、一汽靖烨等 6 家车企的 20 款甲醇汽车进入车辆国家公告；汽柴油/甲醇双燃料内燃机试点等一系列扶持政策相继出台；《车用甲醇汽油添加剂》标准已于 2014 年 7 月完成了全部试验检测；《车用甲醇汽油(M15)》国标正处于审批阶段；《甲醇汽油中甲醇含量的检测方法》将于 2015 年 10 月 1 日实施；《车用甲醇燃料加注站建设规范》和《车用甲醇燃料作业安全规范》已于 2015 年 6 月 26 日通过工业和信息化部组织的评审，并于 10 月底发布。成熟的产业化技术与利好政策将推动甲醇燃料快速发展。

4.3 甲醇制汽油(MTG)

MTG 技术可将粗甲醇直接转化为无硫、无氮、低烯烃、低苯、高辛烷值的清洁汽油，直接销售或与常规的炼厂汽油相调合，并且对环保及发动机都没有影响。消耗比为 2.64t 甲醇/t 汽油，由该工艺过程生产的汽油产率约为 89%，LPG 产率约为 10%，燃料气约为 1%。与煤直接液化、煤间接液化相比，MTG 具有流程短、装置规模灵活、投资少见效快等优势，同时有助于消减甲醇过剩产能，推进产业调整升级。

固定床 MTG 技术已经成熟[5]，埃克森美孚公司开发的“两步法甲醇制汽油技术”，中科院山西煤化所与赛鼎工程联合开发的“一步法甲醇转化制汽油技术”[6]、中石油昆仑工程和中海油天津院合作开发的“两步法甲醇制稳定轻烃第一代技术”、洛阳科创开发的“一步法甲醇裂解制丙烯和高清洁汽油技术”[7]及麦森河北能源开发的具有自主知识产权的“FCP 甲醇制国 V 标准汽油技术(两步法)”[8]于 2009 年后相继实现了工业化应用；江苏煤化工程研究设计院利用分子设计、混床催化及定向反应理念开发的“千吨级低能耗甲醇烃化混合固定床制备高辛烷值稳定轻烃(CMTG)工业化试验项目技术”[9]于 2014 年 10 月通过了石化联合会组织的 72h 运行考核，150kt/a 产业化装置已开始建设；另外中国石化与埃克森美孚正合力开发新型流化床 MTG 技术。截止 2016 年 1 月，共 15 套 MTG 装置合计 1720kt 产能投产，预计 2020 年，MTG 产能将达到 5Mt/a。MTG 产能投放情况见表 5。

表 5　2009 年以来 MTG 产能投放情况

项目名称	甲醇消耗量/kt	技术来源	投产
晋煤天溪 100kt/a 煤基合成油	260	埃克森美孚 MTG-Ⅱ	2009.6
庆华内蒙古 2×100kt/a 甲醇制芳烃	600	中科院山西煤化所、赛鼎工程 MTG	2012、2013

续表

项目名称	甲醇消耗量/kt	技术来源	投产
广州天乙 100kt/a 甲醇裂解制汽油和丙烯	300	洛阳科创石化 MTPG-Ⅰ	2013.8
新疆新业 100kt/a 甲醇制汽油	300	中科院山西煤化所、赛鼎工程 MTG	2013.10
云南先锋 200kt/a 甲醇转化制汽油	530	中科院山西煤化所、赛鼎工程及云南解化 MTG	2014.3
唐山境界 200kt/a 甲醇合成高清洁燃料	530	中科院山西煤化所、赛鼎工程 MTG	2014.8
河北玺尧一期 100kt/a 甲醇制汽油	260	麦森河北能源 FCP-MTG	2014.5
成都天成碳一化工 60kt/a 甲醇制汽油	180	成都天成碳一 MTG	2014.5
内蒙古三维 140kt/a 甲醇制稳定轻烃	336	中科院山西煤化所、赛鼎工程 MTG	2014.11
沈阳石蜡 120kt/a 甲醇裂解制汽油和丙烯	380	洛阳科创石化 MTPG-Ⅰ	2015.1
山东瑞昌 100kt/a 甲醇裂解制汽油和丙烯	300	洛阳科创石化 MTPG-Ⅱ	2015.1
内蒙古丰汇一期 100kt/a 甲醇制稳定轻烃	260	中国石油昆仑工程、中海油天津院 MTG-Ⅰ	2014.11
浙能嘉兴 100kt/a 甲醇制清洁汽油	260	中科院山西煤化所、赛鼎工程 MTG	2015.7
陕西宝氮 100kt/a 甲醇制清洁汽油	260	中科院山西煤化所、赛鼎工程 MTG	2016.1

4.4 甲醇制聚甲氧基二甲醚

DMM_{3-8}是目前国际上公认的降低油耗和减少烟气排放的新型环保柴油调合组分，柴油中添加10%~20%，能够大幅减少尾气固体微粒物、NO_x 和 CO 的排放。DMM_{3-8} 十六烷值达 76，闪点 65.5℃，沸点 160℃，其物性与柴油相近，调和到柴油中使用不需要对在用车辆进行任何改动。中国车用柴油分别于 2015 年 1 月 1 日和 2017 年 1 月 1 日起全面强制执行国四和国五排放标准，对油品质量的升级势在必行。围绕 D10(指 10%的 DMM_{3-8}与石油柴油调和而成的柴油)行业标准开展的试验方法、技术指标和性能测试、包装、运输和储存、安全等一系列工作正在制定，计划 2016 年发布。2014 年中国柴油消费量 173Mt，如果全部按 10%比例调和，年消费 DMM_{3-8}将达 17.3Mt。合成 DMM_{3-8}的主要原料是甲醇，其消耗量约为 1.4t 甲醇/t DMM_{3-8}。

中国石化联合会已将“DMM_{3-8}产业化及应用技术”列入《我国石油和化工行业“十三五”关键技术研发方向目录 2015》。目前我国 DMM3-8 合成技术国际领先[10]。中科院兰州化物所“离子液体催化剂及再生工艺合成 DMM_{3-8}”[11]百吨级中试试验于 2012 年 12 月通过了甘肃省科技厅组织的技术成果鉴定，建成的全球首套全流程万吨级“甲醇-甲醛、三聚甲醛-DMM_{3-8}”工业装置于 2013 年 7 月一次投料试车成功，并于 2015 年 12 月通过石化联合会组织的课题验收，这预示着万吨级甲醇合成 DMMn 装置已完成示范。中国石油大学与北京东方红升新能源联合开发的“高十六烷值柴油组分 DMM_{3-8}合成技术”[12]、北京旭阳化工开发的“甲醇法合成 DMM_{3-8}的环保工艺”[13]相继完成千吨级工业试验及 72h 连续运行考核。清华大学以自有固体酸催化剂和气-液-固三相流化床多级反应器技术为基础开发的“DMM_{3-5}合成技术”[14]及中国石油大学与润成科技等研发团队开发的“甲醇工业化合成 DMM_{3-4}成套技术(MTCD 技术)”[15]万吨级工业装置先后开车成功。另外，中石化上海石油化工研究院、华东理工大学、中国海油天津化工研究设计院等单位也围绕 DMM_{3-8}课题开展了大量工作。目前 DMM_{3-8}现有产能约 160kt，在建产能 2200kt 左右。

DMM_{3-8}万吨级工业化技术的开发及成功投产，不仅有利于降低柴油质量升级投资，还为甲醇发展带来新的市场空间。

4.5 甲醇制芳烃

芳烃为大宗基础有机化工原料，最重要的是苯、甲苯和二甲苯，主要用于合成树脂、合成橡胶、合成纤维等产品。由于聚酯工业发展迅速，对芳烃产品尤其是对二甲苯(PX)的需求急剧增加。2015 年我国 PX 对外依存度增长至 55.9%，并呈现进一步扩大的态势。近年来我国 PX 供需状况见表 6。

表 6 近年来我国 PX 供需状况

项　目	2009 年	2010 年	2011 年	2012 年	2013 年	2014 年	2015 年
产能/Mt	725.3	825.3	883.8	883.8	1110.8	1231.5	1391.5
产量/Mt	505.2	601.1	668.8	621.0	738.8	848.6	910.4
进口量/Mt	370.5	352.7	498.7	628.2	905.3	997.3	1164.9
出口量/Mt	33.3	21.0	34.8	19.2	18.1	10.4	12.01
表观消费量/Mt	842.4	932.9	1132.7	1230.0	1626.0	1835.5	2063.3
自给率/%	59.9	64.4	59.1	50.5	45.4	46.2	44.1

目前，国内97%以上的芳烃依赖于石油原料，石油资源短缺，2014 年对外依存度高达 59.6%，获取成本越来越高。与芳烃缺口形成鲜明对比的是甲醇的产能过剩。国内甲醇制芳烃技术世界领先，1t 芳烃约消耗 3t 甲醇。中国石化“200kt 级固定床甲苯与甲醇甲基化制取 PX(MTX)”[21]、中科院大连化物所百吨级循环流化床“甲苯与甲醇烷基化制 PX 联产低碳烯烃”[22]、清华大学 3 万吨级双段环流化床“甲醇与 $C_5 \sim C_6$ 非芳共炼生产芳烃(FMTA)”[23]等试验项目，先后完成了各种工况的标定和各项技术指标的考核，并通过了相关部门组织的技术鉴定，中石油乌鲁木齐分公司正在利用 200kt/a 半再生重整装置开展“苯与甲醇烷基化”生产芳烃[24]工业应用试验。“十三五”期间将完成一批“百万吨级的甲醇制芳烃”工业化示范装置。甲醇制芳烃的工程技术可行性、经济性及良好的市场前景，可有效缓解我国原油短缺的现状，解决高端化工原料来源单一的现状[25]。

4.6 甲醇-醋酸制乙醇

乙醇作为基础化工原料及稀释剂供需市场已趋于饱和，作为清洁、绿色、高辛烷值的汽油添加剂，近年来发展迅速。E10(添加 10%乙醇的汽油)已经在 11 个省份全部或部分区域进行了试点运行，《可再生能源发展“十二五”规划》和《可再生能源中长期发展规划》提出，到 2015 年和 2020 年，燃料乙醇年利用量要分别达到 4Mt 和 10Mt，而截至 2014 年年底，燃料乙醇产能仅为 3.1Mt，产量为 2.27Mt。目前，我国燃料乙醇以粮食为主要原料，第二代纤维素乙醇制备上存在技术瓶颈，且成本较高[26]。根据财政部《关于调整定点企业生物燃料乙醇财政政策的通知》，国家已于 2015 年 1 月 1 日起恢复了对以粮食为原料生产用于调配车用乙醇汽油的变性燃料乙醇恢复征收 5%的消费税，同时 2016 年以后取消对以粮食为原料的燃料乙醇的财政补贴。

我国甲醇、醋酸原料富足，乙醇制备技术逐步成熟[27]。上海浦景化工自主开发的 300 吨/年醋酸直接加氢制乙醇中试项目于 2013 年 5 月通过中国石化联合会组织的 72h 现场考核，单程醋酸转化率达 99%以上，乙醇选择性大于 97%，装备实现 100%国产化。利用该技术及催化剂建成的全球首套万吨级煤基乙醇酸甲酯工业化示范装置(设计规模为 6000t/a)于 2015 年 6 月一次性成功开车。中国石化以雷尼铜催化剂及醋酸加氢制乙醇单管试验为基础，针对醋酸介质，通过流程优化研究，开发了降低醋酸腐蚀的反应工艺和乙醇三塔分离流程。另外，上海戊正、丹化集团分别独立开发的间接法醋酸加氢制乙醇催化剂和工艺技术均已完成中试，取得了较好的效果，具备了开展相关规模产业化示范的能力。

4.7 甲醇-甲醛制丙烯酸(酯)

丙烯酸(酯)用途较广，能自聚或和其他单体共聚，是制造胶粘剂、合成树脂、特种橡胶和塑料的单体。丙烯两段氧化法是现在工业上生产丙烯酸(酯)最常用的方法，其生产能力占总产能的 95%以上。目前该技术主要由国外垄断，并且原料成本交高。北京旭阳化工利用自主开发的催化剂反应—再生流化床耦合系统和特殊分离技术[28]，利用新型复合功能催化剂，以醋酸甲酯和甲醛为原料合成丙烯酸甲酯，填补我国在此技术领域的空白。中科院过程所以醋酸和三聚甲醛/多聚甲醛为原料，开发了酯化-羟醛缩合-酯交换三步反应制备丙烯酸(酯)的新工艺[29]。与现有丙烯氧化法相比，吨丙烯酸甲酯产品成本降低 1000~1600 元，有巨大经济优势，该技术正在进行中试。

4.8 甲醇蛋白

甲醇蛋白是通过单细胞生物发酵而得到的菌体蛋白质，主要用作猪、鸡、牛和鱼等畜禽饲料蛋白。与其他饲料蛋白如鱼粉、大豆等天然动植物蛋白质相比，优势明显。甲醇蛋白在国内具有较大的市场潜力和广阔的发展前景。2014 年我国饲料总产量 197Mt，当年我国大豆和鱼粉进口总量分别为 71.4Mt 和 1.039Mt，对外依存度高达 85.41%和 69.8%，且供求关系日趋紧张。每吨甲醇蛋白可节省粮食 3.5t，对解决我国养殖业及食品工业蛋白质短缺问题和粮食问题具有重大的战略意义。2012 年 5 月义煤集团利用自有技术建成的甲醇蛋白中试装置，成功产出合格产品，不仅开辟了甲醇研究与开发的新领域，还填补了我国大规模甲醇蛋白生产的技术空白，也使我国成为继俄罗斯、英国之后第三个拥有该项技术的国家。随后建成世界首条 1000t 甲醇蛋白→脂肪酶→木聚糖酶→蛋白纤维完整的高附加值产业链，2014 年 1 月成功投产。为扩大产业规模，义煤集团一期 20kt/a 甲醇蛋白联产酶制剂项目已于 2014 年 10 月在青海正式开工建设，计划于年内投产。

5 结语

我国甲醇的产能和需求还将继续大幅度增长，甲醇产能过剩的局面将得到有效缓解，甲醇市场将保持平稳向好的发展态势。甲醇传统消费领域产能过剩问题突出，在潜在市场尚未释放的前提下，项目规划和审批需格外谨慎，未来几年的主要工作将是开发有竞争力的下游衍生物产品。同时，为更好地发挥甲醇经济的活力，需加快甲醇下游高附加值产品标准化体系建设，推动先进技术产业示范进程。

参 考 文 献

[1] George A. Olah，lain Goeppert，G. K. Surya Prakash 著．夏磊，胡金波等译．跨越油气时代：甲醇经济[M]第 2 版．北京：化学工业出版社，2011.

[2] 冯向法编著．甲醇经济[M]．北京：化学工业出版社，2014.

[3] 穆仕芳，尚如静，魏灵朝，等．我国甲醇汽油的研究与应用现状及前景分析[J]．天然气化工，2012，37(1)：62-66.

[4] 刘军恒，姚安仁，姚春德，等．柴油/甲醇双燃料车辆道路运行特性[J]．中国公路学报，2015，28 (6)：120-126

[5] 庞小文，孟凡会，卢建军，等．甲醇制汽油工艺及催化剂制备的研究进展[J]．化工进展，2013，32(5)：1014-1019.

[6] 李文怀 张庆庚 胡津仙．一种甲醇一步法制取烃类产品的工艺：中国，CN1923770 [P]．2006-9-15.

[7] 洛阳市科创石化科技开发有限公司．一种利用甲醇生产丙烯和高辛烷值汽油的方法：中国，CN102351629A [P]．2012-2-15.

[8] 麦森能源科技有限公司．甲醇制汽油的反应系统及甲醇制汽油的方法：中国，CN105038838A [P]．2015-1-11.

[9] 江苏煤化工程研究设计院有限公司．甲醇经混合固定床生产油品及联产丙烯的工艺方法：中国，CN102618316A [P]．2012-8-1.

[10] 刘康军，张朝峰，李瑞丰．聚甲氧基甲缩醛的最新研究进展[J]．化工进展，2013，32(11)：2593-2630.

[11] 中国科学院兰州化学物理研究所．离子液体催化合成聚甲氧基二甲醚的工艺过程：中国，CN102249869A [P]．2011-11-23.

[12] 北京东方红升新能源应用技术研究院有限公司；中国石油大学(华东)．一种合成聚甲氧基甲缩醛的方法：中国，CN103664550A [P]．2014-3-26.

[13] 北京旭阳化工技术研究院有限公司．制备聚甲氧基二甲醚的系统：中国，CN201420208600.2 [P]．2014-9-10.

[14] 清华大学．一种由高凝聚甲氧基二甲醚组分 DMM_{6+} 和甲缩醛 DMM 制 DMM_{3-5} 的方法：中国，CN105152882A [P]．2015-12-16.

[15] 东营市润成碳材料科技有限公司，中国石油大学(华东)．一种制备聚甲氧基二甲醚的组合工艺：中国，CN103360224A[P]．2013-10-23.

[16] 刘中民．甲醇制烯烃基础研究及工业化进展[A]．第十七届全国分子筛学术大会会议论文集[C]，2015.
[17] 吴秀章．煤制低碳烯烃工业示范工程最新进展[J]．化工进展，2014：33(4)：787-794.
[18] 琨德荣，何琨．MTO 与 MTP 工艺技术和工业应用的进展[J]．石油化工，2015：44(1)：1-10.
[19] 项东；彭丽娟；杨思宇，等．石油与煤路线制烯烃过程技术评述[J]．化工进展，2013：32 (5)：959-970.
[20] 王垚；狄佐星；李玉新，等．用于甲醇制烯烃的非均相催化反应器评述[J]．化工学报，2014：65 (7)：2474-2484
[21] 杨为民．分子筛催化剂创制及芳烃生产新技术的开发[A]；中国化学会第 29 届学术年会[C]，2014.
[22] 曹劲松，许磊，刘中民，等．甲苯甲醇烷基化制 PX 技术的开发优势[J]．石油化工技术与经济，2010：26 (1)：8-10.
[23] 骞伟中，苏倡，魏飞．甲醇与 C_5-C_6 非芳共炼生产芳烃技术[A]；中国化工学会年会论文集 [C]，2015.
[24] 徐亚荣，董志新，徐新良，等．苯与甲醇烷基化反应动力学[J]．化学反应工程与工艺，2014：30 (2)：188-192.
[25] 孔德金，杨为民．芳烃生产技术进展[J]．化工进展，2011：30 (1) ：16-25.
[26] 刘海军；李琳；白殿国，等．我国燃料乙醇生产技术现状与发展前景分析[J]．化工科技，2012：20 (5)：68-72.
[27] 丁云杰编著．煤制乙醇技术[M]．北京：化学工业出版社，2014.
[28] 赵立红，闫捷，魏灵朝等．以醋酸为原料合成丙烯酸(酯)的研究进展[J]．现代化工，2015：35(6)：44-49.
[29] 杨学萍．国内外丙烯酸及酯生产技术进展及市场分析[J]．石油化工技术与经济，2015：35(5)：24-29.

设计院在石油化工智能化建设中的作用

张香玲　林洪俊　沈香男　张敬敏

（中国石油工程建设公司华东设计分公司，山东青岛　266071）

摘　要：介绍了全球石油化工行业面临的共同挑战、石油化工智能工厂建设情况以及目前我国石油化工企业的现状，重点阐述了设计院在新常态下加强技术和管理创新，明确了设计院在智能化工厂的新建及改建、提升增效方面发挥的独特作用。

关键词：炼化产业　智能工厂　成果转化　障碍　对策

1　前言

目前，企业的盈利能力是石油化工行业面临的共同挑战。降低成本、提高收益是基本手段。受到市场容量的限制，扩大生产能力已经不是摊薄成本、提高收益的主要手段，而充分挖掘企业资产的能力应是主要手段。通过生产操作自动化、经营管理信息化、生产管理与过程控制管控一体化，实现企业从原油选择、采购、生产加工过程到石油化工产品出厂全过程的智能化将是有效手段。而从工厂工程设计、建设物资采购、工厂安装施工、工厂运行维护、装置技术改造的全生命周期无缝链接的数字化链路将是智能化工厂的重要基础。

2　智能化石油化工厂模式

工业和信息化部联合出台了原材料工业两化深度融合推进计划(2015~2018 年)，并对石油化工厂智能工厂做出了定义。智能工厂是指生产装备智能、生产过程智能、生产经营智能，能有效提高企业劳动生产率、安全运行能力、应急响应能力、风险防范能力和科学决策能力。石油化工智能工厂的构建，需要加强专业智能工厂软件的研发和设计，围绕生产管控、供应链管理、设备管理、能源管理、HSE 管理、战略管理 6 个方面开展智能化应用，建设信息物理融合系统(CPS)，实现企业生产运营的数字化、集成化、模型化、可视化、自动化。

石油化工智能工厂充分运用物联网、大数据等信息技术，突破一批石油化工智能制造关键技术，全面提升石油化工企业感知、预测、协同、分析、控制和优化能力。通过建立新型的生产和营运管理模式，实现基于价值链的供应链优化，提高资源配置和物流管理水平；通过生产过程智能化的优化控制，提升操作自动化和实时在线优化水平；通过能源生产和消耗的在线优化，提高节能减排水平；通过对可燃气体、有毒有害物质存储、运输以及废气、废水等污染物排放的自动监控、自动报警，提升安全环保水平；通过关键设备的到期预警与预防性维修，提高资产全生命周期管理水平；运用大数据分析技术进行关联性分析与预测分析，显著提高生产管理精细化、智能决策科学化水平，最终使石油化工实现工厂卓越运营目标。

3　石油化工企业现状

随着企业资源计划(ERP)、制造执行系统(MES)、分散控制系统(DCS)、安全仪表系统(SIS)等信息技术在石油化工企业广泛使用，信息技术对石油化工的快速健康发展发挥了重要作用。石油化工企业信息化整体解决方案覆盖管理层、执行层、控制层，各个应用系统主要以单项运行，不同层次的信息系统不仅满足企业管理层次的业务需求，相互之间也实现简单集成，以满足信息共享和各种集成应用的需要，实现实时、可视化、智能化监控要求。石油化工企业信息化整体解决方案主要包括三层结构、一个信息安全保障体系(见图1)。

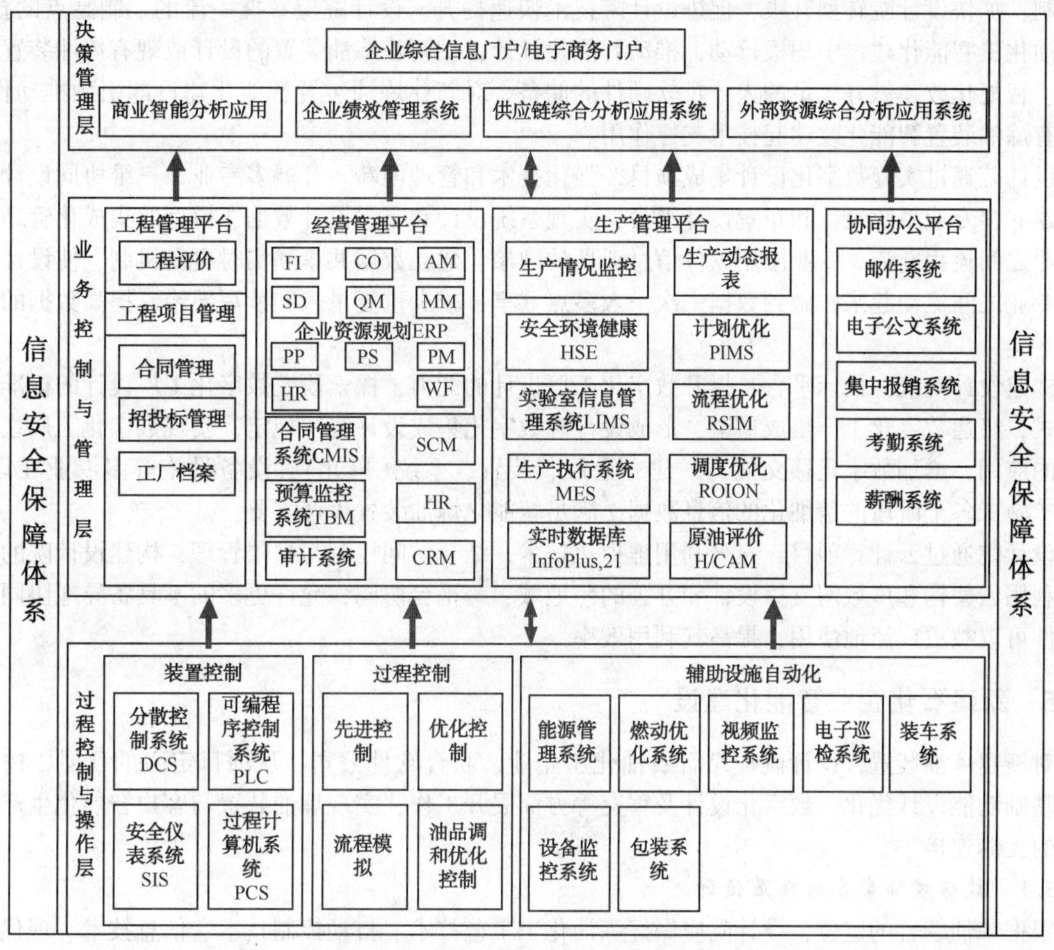

图1 石油化工企业信息化建设总体架构

石油化工企业两化融合开始由单项应用向综合集成提升、整合创新阶段迈进，企业信息化在集团管控一体化、统一信息集成平台、网络应用等方面取得了显著的成绩。智能工厂建设是近期石油化工行业推进两化深度融合的一项重点工作，正在完成从理论到实践的跨越，尽快建成一批智能工厂，引领整个行业两化深度融合。加速推动以智能工厂为重点的两化深度融合，对于石油化工行业重塑产业优势、实现转型升级、提升综合竞争力意义重大。中国石化、中国石油等特大型企业正逐步向智能化转型。

4 加强队伍建设，为智能化炼油装置建设提供支持

随着石油化工生产技术不断进步，石油化工企业正朝着大型化、一体化、智能化和清洁化方向发展，中国石油工程建设公司华东设计分公司(以下简称设计院)主要从事炼油化工、油气储运和建筑工程的规划设计、可行性研究、工艺设计、基础设计和详细设计，拥有国家石油天然气行业工程设计、工程勘察、工程总承包、工程咨询、工程造价咨询、工业与民用建筑设计、环境影响评价、废水治理、劳动安全卫生评价9个甲级资格证书，具有压力管道设计和一、二、三类15个品种的压力容器设计资格，是全国百强设计院，中国石油集团设计院炼油行业指导设计院、中国石油勘探开发设计院的技术支持单位和中国石油股份设计院炼油板块技术开发支持单位。在新常态发展背景下，设计院紧紧抓住《中国制造2025》和《工业和信息化部原材料工业两化深度融合推进计划(2015~2018年)》发展新机遇，在传统的石油化工生产过程控制系统的设计理念发生了巨大改变的

情况下，设计院应根据石油化工智能化生产技术发展趋势，紧紧抓住石油化工行业推进两化深度融合，积极推进智能工厂建设的大好局面。通过持之以恒的自主技术创新、灵活高效的发展体制和运行机制，加快设计院转型升级，促进设计院技术快速提升。设计院应掌握一流的、制高点的技术，在石油化工智能化建设中积极行动，推动智能化设计，在新建炼油装置的设计或现有炼油装置的数字化、智能化改建做好充足的人才及软硬件的储备。对新建炼油装置智能化建设起引领推动作用，对现有炼油装置智能化改建起技术支撑作用。

设计院通过实施数字化设计集成项目，强化技术和管理创新。开展多专业二三维协同设计的研究，建立多专业系统设计和布置设计平台，实现系统设计和布置设计数据、模型的集成化管理。打破专业之间流程断流、专业应用软件信息孤岛的现象，建立数据共享和实时更新机制，使设计数据在各专业之间流动起来，做到数据一次录入多点共享，减少重复录入和读写差错，提高数据的使用效率。

构建设计院统一设计平台，提升数字化工厂设计的能力，探索研究数字化工厂设计的标准和检验方式，打通数字化工厂集成通道，形成设计院数字化集成设计统一规定，实现数字化工厂在设计阶段的应用，增加数字化移交能力。建立全厂、装置、系统(单元)、设备设施等多专业在设计、采购、施工各个阶段的精细化的信息数据，满足智能化炼油装置生产需要。

设计院通过云计算项目，充分利用虚拟化技术，结合访问控制与权限管理，构建设计院的私有云。利用云架构和广域网支撑设计和办公的跨地域、跨平台协同，允许更多的不具备异地协同工作的软件可以被更广泛地使用，提高其利用效率。

5 新建石化企业智能化建设

对新建炼油装置，设计院应结合石油化工企业，联合软件公司，从项目定义的顶层、构架设计、基础功能设计优化、数字化设计及移交等方面展开工作，实现炼油装置与客户智能化生产整体构架的无缝连接。

5.1 做好炼油装置的顶层设计

根据炼油装置的定位，设计院应做好炼油化工工艺技术、自动控制技术、信息技术、现代管理技术和智能技术等关键技术的选择和实施方案。为形成高度集成、模型驱动、协同共享、安全高效的信息化体系，搭建好基础框架体系。进而为实现企业从原油选择、采购、生产加工到产品出厂全过程的智能化生产及管理，为企业适应复杂环境下的安全可靠、绿色低碳、经济高效的可持续发展提供基础设施建设方案。

5.1.1 企业信息化整体规划

参照国家和行业相关标准，设计院应确定信息化建设范围，支撑企业战略发展、经营管理、生产运行及生产操作的优化控制等日常业务的相关应用系统的建设；支撑企业智能决策、敏捷生产的集成应用的建设；支撑应用系统运行的网络、数据中心等基础设施的建设；保障企业信息资源安全交换和共享的安全体系建设；为信息化建设工作全面提供机制保障的IT组织架构的建设等相关内容。

参照炼油厂工程设计阶段划分的原则及信息化建设的特征，设计院应结合设计的不同阶段，完成好信息化建设的相关的任务一般包括规划、设计、实施、运行维护、持续提升等。

在前期工程预研的基础上进行信息化专业的可行性研究，内容至少应包括：确定总体目标、基本构成和基本功能、投资估算、效益分析，为决策提供依据。在可行性研究阶段做到以下内容：

(1) 对现状和需求进行调研、分析，论证项目建设的必要性。

(2) 确定项目的建设目标、建设范围、建设任务和建设原则。

(3) 提出可能选择的多种建设方案。

(4) 综合比选论证，确定项目建设方案。

(5) 提出建设与运行管理方案。

(6) 说明建设方案的软硬件配置及相应的配套，估算项目投资。

(7) 从技术、经济、管理和社会条件等方面论证项目的可行性。

在可行性研究的基础上进行信息化专业的基础设计，完成设计规定、设计说明、规格书、软硬件列表、系统架构、系统及其子系统功能概要设计、系统配置及部署、实施策略及计划、系统安全及组织保障要求等。基础设计阶段做到以下内容：

(1) 明确信息化设计范围，明确划分涉及多专业项目的界面。

(2) 说明各系统及其构成部分(子系统、设备等)的逻辑架构、功能概要、性能接口等要求。

(3) 确定系统间的接口和集成方法。

(4) 说明相关基础设施和配套设备的选用原则、主要性能、环境要求。

(5) 提出系统运维模式及组织、岗位和定员。

(6) 提出概算条件。

在初步设计的基础上进行详细设计，详细设计宜分系统由项目实施方完成。设计内容至少应包括：整体架构、模块功能、功能实现的详细描述等。详细设计阶段做到以下内容：

(1) 功能配置、部署、施工/实施的具体方案、方法和施工图与说明。

(2) 系统及其子系统、详细模块实现方法设计等。

最后配合业主信息管理部门在项目实施、运维阶段收集和处理用户日常使用问题，为智能化运维提供支持。

5.1.2 企业信息化集成

在信息化规划过程中，设计院应统一考虑将石油化工炼油装置中的分散控制系统(DCS)、安全仪表系统(SIS)、可编程序控制系统(PLC)、过程计算机系统(PCS)、过程数据采集系统(SCADA)、企业资源计划(ERP)、制造执行系统(MES)、智能预警系统、流程工业模型系统(PIMS)、实验室检测系统(LIMS)、调度辅助决策系统(Aspen ORION)，通过CPS形成一个智能网络，从而实现横向、纵向和端对端的高度集成。

设计院应梳理业务流程，解决石油化工企业不同层次的信息系统孤岛的问题，解决石油化工企业内部的集成。除了满足石油化工企业不同管理层次的业务需求，还要实现相互之间、不同层次集成，集成经营决策、生产调度、优化控制为一体，达到满足信息共享和各种集成应用的需要，实现所有环节信息无缝链接，使石油化工企业具有自动化、实时化、模型化、可视化、集成化的智能工厂。

借助私有云、公有云等信息技术，搭建企业大数据平台，实现石油化工企业间提供实时产品与服务，推动企业间研产供销、经营管理与生产控制、业务与财务全流程的无缝衔接和综合集成；实现生产过程中的信息流、资金流、物流无缝链接与有机协同；最终实现产品开发、生产制造、经营管理等在不同的企业间的信息共享和业务协同。

5.2 做好炼油装置设计的基础优化

设计院应做好石油化工企业设计的基础优化，从而使每吨原油产生最大的价值。落实流程优化、装置优化、系统优化等基础优化工作。通过精细化建模“识别”进料，确定不同加工过程精细的产品收率，实现“宜油则油、宜芳则芳、宜烯则烯”。

5.2.1 设计合理的总加工流程

石油化工总工艺加工流程的选择没有绝对固定的模式，一般应根据原油的性质、产品要求、转化率、产品价格、投资、技术经济和环境保护等综合考虑，同时要有一定的适应性，以满足进口原油多样化的需要。总工艺加工流程安排中要发挥特色产品或生产高附加值产品，尽量避免产品雷同，实现特色产品错位竞争。

通过方案比选借助线性规划软件LP模型对生产总工艺流程进行初步优化，在设计过程中逐步深入建立装置仿真模型，对流程进行升级。并将这些模型随着炼油装置的交付一并移交给客户。

实现过程优化操作流程模拟，建立过程模型是石油化工流程工业综合自动化智能化的关键。过程操作优化是石油化工适应市场原料和产品需求变化，使生产具有柔性的关键。由于工艺技术复杂，不同的装置机理不同，有些复杂的反应过程机理尚不清楚，而且建模涉及工艺机理和信息处理技术、是跨学科的，因此建立工业应用的过程稳态数学模型是极为困难的。

生产计划调度的科学化是石油化工生产过程实现一定限度的生产柔性的关键。由于石油化工生产具有高度复杂性的特点，必须将生产工艺机理建模与系统工程理论紧密结合起来，去寻找解决这一问题的办法。基于全流程模拟，结合应用线性规划、非线性规划或动态规划的办法建立计算机辅助生产计划、调度系统，是实现优化排产、优化调度的有效途径。

5.2.2 全厂氢气系统优化

随着国家汽柴油产品质量标准的升级，清洁燃料生产技术、含硫原油加工、重油深度加工技术、高档润滑油和高等级沥青生产技术，以及生产过程的优化技术已经越来越引起人们的重视，氢作为一种资源就成为上述技术能否实现的瓶颈，因此，在全厂加工方案的优化、选择的过程中对氢气的研究就不应该仅限于平衡，而应就如何对氢气资源进行管理开展方案论证，考虑如何降低氢气的生产成本。进行氢夹点分析建立氢气系统优化模型，氢源是指在氢网络中可以给网络提供氢气的流股，如制氢、氢回收装置等，氢阱是网络中耗氢的流股。对于一套加氢装置，它既是氢源又是氢阱，反应器入口是氢阱，而高、低分气，干气，循环氢排放气均可作为氢源。提高氢气利用率，优化、控制氢的生产与消耗。实现氢气的梯级利用，做到氢气系统的优化。炼油装置制氢或氢提纯装置的规模可由氢夹点分析来确定。

5.2.3 全厂燃料系统和油气回收系统优化

随着石油化工企业 $C_2 \sim C_{10}$ 的综合利用，可以预计企业的燃料供应将面临严重的问题，因此，研究全厂加工方案必须考虑燃料如何解决，建议以保证装置长、满、优操作作为前提，通过方案对比探讨、讨论燃料的解决方案。燃料消耗和油气回收效率是影响炼油装置盈利的方面之一。选择合适的燃料形式是炼油装置设计、运营重点考虑点，将燃料系统的优化纳入流程优化统一考虑。

通过对工艺装置和各单元的排放参数进行分析、计算，对其安全性和经济性进行对比分析，优化炼油厂油气放空及回收系统设计参数和模型。

5.2.4 蒸汽系统优化

系统参数、等级应根据工艺蒸汽负荷、参数、汽动机泵和副产蒸汽等设计条件，贯彻执行能量梯级利用的原则，结合石油化工生产各种工况的要求，并兼顾动力设备参数经技术经济比较后确定。根据石油化工企业蒸汽系统的经济、合理需求，确定工艺装置中的余热利用方式及途径。根据系统中余热性质、温位高低和数量大小，确定利用方式是用来加热锅炉给水或产生什么等级的蒸汽，并建立蒸汽系统优化模型，做到充分利用能源。

在蒸汽方案选择的过程中应绘制全厂汽电平衡图或全厂蒸汽平衡图。当全厂设自备电厂，基本满足全厂供电或向外送电时，宜绘制汽电平衡图，当只是以汽定电，供汽为主时，宜绘制蒸汽平衡图。落实各装置(单元)蒸汽负荷、汽轮机拖动负荷的基础上进行。在蒸汽平衡的基础上适时调整汽轮机的型式。

蒸汽平衡系统的优化是以降低投资和提高能量利用率为目标。影响蒸汽系统投资的主要因素是锅炉和汽轮机的选型，而影响能量利用率的因素则为汽轮机的冷凝量、减温减压蒸汽量、蒸汽放空量。优化的蒸汽系统应在降低投资的基础上，使各种工况下减温减压蒸汽量和蒸汽放空量达到最小值，从而降低化工装置的能耗。

5.2.5 建立全厂的三维模型

建立全厂的三维(PDMS或PDS)模型，内嵌模拟模型，实现三维的开、停车操作仿真，稳态操作仿真，负荷改变和扰动仿真，故障发生仿真等。为实现炼油装置的可视化，提供条件。

通过设计，设定好开工、停工、工作工况的流程和控制方案，在人工干预尽可能少的情况下，达到开工、停工、工作工况的智能切换。安全作为重中之重，应当将SIS和DCS有机整合到智能工厂，以便紧急情况下，采取保护措施和人工干预。

5.2.6 强化安全环保

设计院以《石油炼制工业污染物排放标准》(GB 31570—2015)大气污染达标排放，从VOCs治理、硫磺回收装置达标、催化烟气治理、工艺加热炉等6个方面，找出石油化工企业气、水、渣等多方面存在的差距和问题，结合华东设计的技术基础和优势，提出了相应的技术措施和方案。

5.3 做好设计的数字化移交

为了理想化的数字化移交，需要保持工程数据的一致性、准确性、完整性和关联性，详细规划数字化移交的总体目标，阶段性目标和分阶段实施移交的计划。

5.3.1 确定数字化移交目标

理想的数字化移交是移交一个在计算机系统中智能关联的虚拟工厂模型。该虚拟工厂模型能够指导设计院制定工程材料采购计划及用于工程材料施工管理，指导现场与仓储管理，提高现场施工建造的管理能力，进一步缩减施工建设周期，提高工程效率，节省工程成本。业主运行商采用该虚拟工厂模型能够用于运行维护，安全管理，模拟仿真及系统培训。

通过数字化移交，从设计环节提交的数字文件，要求是可视化的设计成品，各成品之间相互关联，并要求各种来源之间的数据一致、没有冲突。

5.3.2 制定数字化移交规范

传统的工程竣工移交包括来自工程设计院的各个专业的竣工图、数据表、计算书，来自供应商的设备资料，以及来自施工单位的现场预制图纸等资料。所以阶段性移交给业主运行商的通常是每个版本的施工图，最终竣工移交内容以竣工图为主，移交形式多为纸质资料或扫描版PDF文档。

真正的数字化移交要求业主运行商在项目初始阶段考虑周全，明确工程数据的移交范围和移交内容，与工程设计院制定移交原则、相关方职责，确定分阶段移交方式，确定移交里程碑。双方制定的移交规范，作为合同附件，具有合同同等的法律效力。

为了实现数字化移交，需要对工程设计数据有明确的规范定义，并且对设计交互的通用结构进行规范和要求，从整体工程信息管理的角度来满足今后工程数据服务于工厂的运营。

5.3.3 制定数字化移交内容

数字化的移交范围是移交工程设计、采购、施工过程中涉及到工程文档、工程数据以及工程模型这三项内容，这是一个非常宽泛的范围，从传统的管理模式来分析似乎是个不可能完成的任务。在项目初始阶段就制定以设计院为工程数据汇总中心，搭建工程信息平台，制定阶段性移交工程数据的收集和管理策略，所有分包商在项目执行过程中，在项目逐步推进的过程中，就能够将每个阶段产生的各类工程数据收集起来，最终由设计院将工程信息平台作为一个数字包移交给业主运行商，实现数字化移交。

6 现有炼油装置智能化建设

围绕“优化生产、智能运营、节能减排、集中集成”四个方面，设计院应以优化生产和节能减排为核心开展技术支撑工作。

6.1 协助企业做好基础模型的搭建

设计院协助企业构建工艺装置的Petro-sim模型和全厂的PIMS或RPMS等生产优化模型，流程模拟模型，在装置内实施RTO实时优化控制系统进行设备预知性维修系统的建设。

建立或完善提升装置流程模拟模型，实现整体操作方案优化。设定基准方案，完成离线测试；其次，开环试运行，根据数据整定与优化情况调整模型；最后，闭环试运行与投用，执行在线优化，与APC、DCS全面联接。

协助企业建设开发三维模拟操作培训系统，模拟装置真实的现场环境和DCS操作环境，进行操作培训搭。

6.2 生产优化和能源优化管理系统

要充分利用新技术，实现企业电、汽、热、水和废气、废料等综合利用；要更加注重价值管理，使同样的资源发挥出更大的效益；要与物联网等新技术相结合，为智能工厂的建设提供支撑。

(1) 基于知识库，建立用能需求预测模型，集成生产、工艺和设备数据，预测用能需求。

(2) 能源生产计划优化，建立公用工程系统严格模拟模型，并通过与生产计划和调度工具的联合使用，形成一个对应于生产计划的包括公用工程的采购、生产和输转的最佳计划。

(3) 建立装置能源监控，实时计算并在操作台展示，自下而上、遍及全厂形成能源实时监控多级体系。

(4) 通过对用能过程的模拟计算和智能分析，实现装置(及设备)的基准能耗计算功能；装置实际能耗与基准能耗对比功能；装置能耗向设备介质分解。

(5) 能源管网优化，采集有关工艺单元能量需求和公用工程设备性能的实时数据，建立蒸汽优化模型，提出优化建议。建设能源规范化管理支撑体系，对能源生产、输转、分配、消耗和平衡进行统一的数据采集和管理。

7 结语

设计院应根据自身的有利条件，充分发挥自身优势，为石油化工企业的智能化建设、提质增效发挥独特作用，从而实现自身价值的提升。

国内外悬浮床渣油加氢技术发展现状

陈 龙 万士良 纪世雄

（中国石油兰州石化公司研究院，甘肃兰州 730060）

摘 要：介绍了国内外几种较为先进的悬浮床渣油加氢技术的工艺特点、反应流程、应用进展。

关键词：悬浮床 渣油加氢 现状

1 前言

现阶段，能源匮乏是世界范围内的重要问题，原油劣质化、重质化趋势加剧，原油加工难度增大，重油的高效加工和充分利用正成为全球炼油业关注的焦点。作为一种重油深加工技术，渣油加氢工艺可以在氢气及催化剂作用下，对常压或减压渣油进行脱硫、脱氮、脱金属处理，以最大限度地获取轻质油品。

2 悬浮床加氢技术概述

渣油加氢技术按照反应器型式可分为固定床、移动床、沸腾床及悬浮床4种工艺。其中固定床是技术最成熟、工业应用最多的工艺；移动床工艺是在固定床基础上改进并发展而来的，在实际应用中主要与固定床工艺联用；沸腾床工艺可用于处理高金属含量和高残炭的劣质原料，在近年来的劣质重油改质项目中应用较多，发展很快；悬浮床加氢裂化技术由于原料适应性强，适合于高金属含量、高残炭、高硫含量、高酸值、高粘度劣质原料的深加工，与当前其他重油加工技术比较，具有轻油收率高、产品质量好、加工费用低等优点，具有很好的应用前景。渣油特别是重质、超重质原油的劣质渣油的悬浮床加氢裂化技术已成为当今炼油工业的发展热点，代表了世界炼油技术的发展趋势。

悬浮床（又称浆态床）重油（渣油）加氢裂化是指重油（渣油）馏分在临氢与充分分散的催化剂共存条件下于高温、高压下发生热裂解与加氢反应的过程。该技术最早由Friedrich Bergius发明并因此获得了1931年的诺贝尔奖。由于该技术的一次转化率可以达到95%甚至更高，原料可以是极其劣质的渣油甚至是煤和渣油的混合物，而处理所得产品是硫含量很低的石脑油、柴油、蜡油等，且总液体收率大于100%，因此该技术在高油价时代的今天，成为资源利用率最大化的绝佳选择而得到了快速发展。

3 国内外悬浮床渣油加氢技术发展情况

20世纪80年代以来，国外石油公司和科研机构竞相开展研究，目前已有部分技术完成了工业试验，正向大规模工业化应用转变，可以说该技术已处于大规模工业应用的前夜。

3.1 意大利ENI公司的EST技术

ENI公司90年代开始，在实验室和中型装置上进行了大量研发工作，开发了渣油几乎完全转化并改质的悬浮床加氢裂化工艺—EST技术，可以将非常规原油（如加拿大油砂等）转化成馏分油，或改质为比重低的合成原油，该过程不产生残渣副产品。EST技术被视为渣油转化和非常规原油改质的一项重大技术创新。EST技术概念流程图如图1。

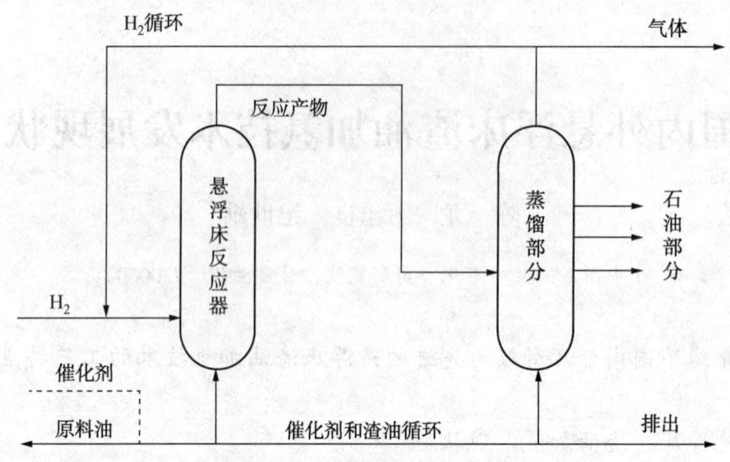

图1 EST减压渣油悬浮床加氢裂化概念流程

该技术的核心是悬浮床反应器。减压渣油于悬浮床反应器中，温度400~425℃，压力16MPa的操作条件下在钼基催化剂作用下进行加氢裂化，转化为轻产品。已转化的油进入分离系统，以回收气体、石脑油、中馏分油和催化原料油。气相产物在分出轻产品后进入胺洗部分，清洁气体经过再次压缩和补充氢气后循环回反应部分，从液相产物中回收馏分油。未转化的尾油与分散的催化剂一道循环返回反应器。

EST减压渣油悬浮床加氢裂化技术有较好的原料适应性和灵活性，可使减压渣油近全部转化为轻、中、重馏分油，排出尾油很少，特别是能得到高质量的柴油和低硫、低芳烃的催化裂化/加氢裂化原料油，通过催化裂化或加氢裂化可进一步转化为汽油和柴油；能确保近完全脱金属，很好地脱残炭和脱硫，一定程度的脱氮。脱金属率大于99%，脱残炭率大于97%，脱硫率大于85%，脱氮率大于40%，产品的体积收率比新鲜原料油多10%以上。

ENI公司在其意大利的炼油厂建设两套EST减压渣油悬浮床加氢裂化装置：其中一套建在意大利Tarant炼油厂，加工能力是700Kt/a，利用原有设备进行改造；另一套建在意大利Sannazzaro炼油厂，加工能力是1.15Mt/a。

3.2 委内瑞拉石油公司的HDHPIus/SHP技术

从80年代开始委内瑞拉石油研究及技术支持中心(INTEVEP)与德国Veba公司合作，将Veba公司的VCC煤液化技术应用于委内瑞拉重质原油加工研究，并进行了多次中试试验后，开发出了HDHPIus技术，在此基础上，Axens公司、INTEVEP和法国石油研究院联合开发了HDHPIus/SHP技术。该技术的主要工艺流程：氢气与原料油混合送入原料加热炉加热后，与经氢气加热炉加热的另外一股氢气混合，一起送入反应器底部。减压塔塔底出来的未转化尾油经金属回收单元回收金属后与原料油混合继续进行加氢反应，进而实现渣油的近乎完全转化。反应流出物和直馏减压瓦斯油进入连续加氢处理(SHP)部分进行加氢裂化，与HDHPIus技术相比具有更高的石脑油和中馏分油收率。HDHPIus/SHP技术工艺流程如图2。

HDHPIus/SHP技术的工艺操作条件缓和，反应温度为440~470℃、反应压力为17~20MPa，空速0.4~0.7h^{-1}。催化剂采用廉价的含镍、钒的天然矿物细粉，加入量为渣油进料量的2%~5%，粒径大小可灵活调整。典型的运转结果(对新鲜原料)是：减压渣油转化率85%~92%，沥青质转化率80%~85%，气体产率8%~9%(质量分数)，馏分油收率或大于110%(体积分数)。

2006年委内瑞拉石油公司宣布与法国Axens公司合作在EI Palito炼油厂及Pueo La Cruz炼油厂的两套加工减压渣油的装置上进行工业应用。EI Palito炼油厂的装置规模为2.30Mt/a。Pueo La Cruz炼油厂的装置规模为2.50Mt/a。

3.3 美国Chevron公司的VRSH技术

VRSH技术是Chevron公司在其渣油固定床加氢处理和沸腾床加氢裂化成套技术的基础上于

2003 年开始研发的减压渣油悬浮床加氢裂化技术。VRSH 技术采用一种立式悬浮床反应器，减压渣油、氢气和催化剂在上行的过程中进行转化。该工艺基于原料油全部转化这一目标，采用多级反应器串联的方式，依靠分步反应/分离实现原料中轻重组分的分步转化，降低反应的苛刻度；在第二个反应器中引入减压瓦斯油，提高了反应原料的胶体稳定性，抑制结焦，延长装置的运转周期；蒸馏塔底油一部分返回到第一反应器继续进行反应，较重部分经溶剂脱沥青后对其残渣中的催化剂进行再活化循环使用。反应压力 14～21MPa，反应温度 413～454℃，渣油转化率可以达到 100%。由于在转化过程中进行加氢，所以产品的体积收率可以达到 115%～120%，产品主要是柴油和石脑油，还有一部分液化气和减压瓦斯油。催化剂与加氢裂化生成油分离以后连续再生并循环使用，保持工艺性能不变。

由于工业示范装置的建设被推迟，大型工业装置的建设计划也没有透露。

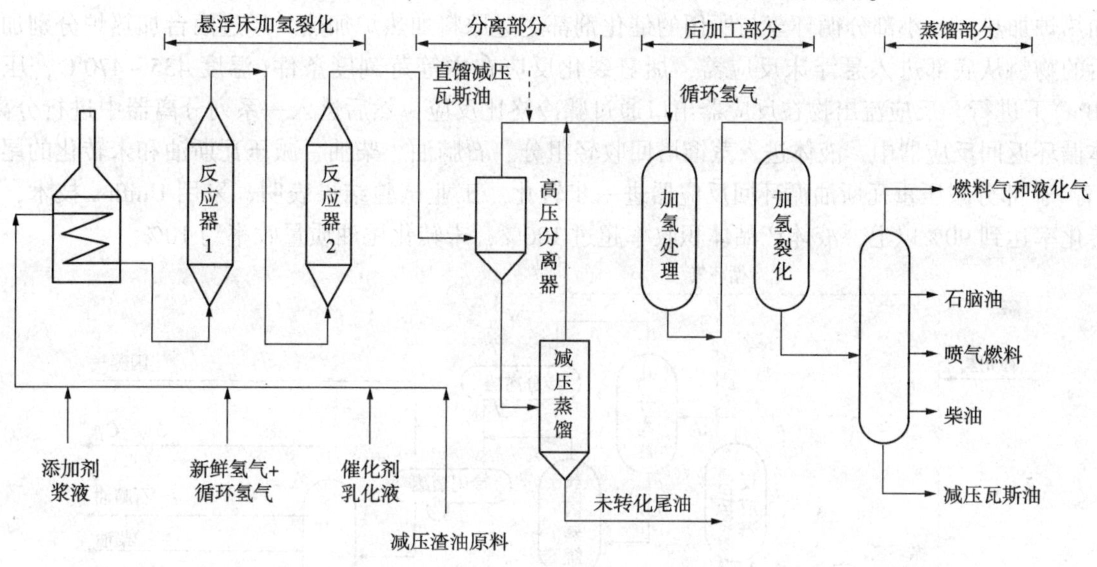

图 2　HDHPlus/SHP 技术工艺流程图

3.4　BP VCC 减压渣油悬浮床加氢裂化技术

BP VCC 技术是在 2002 年 BP 公司收购德国 Veba 公司后，在德国 Veba 石油公司 20 世纪 50 年代开发的 VCC 渣油悬浮床加氢裂化技术的基础上，进行了一系列技术改进，形成了 BP VCC 技术。BP VCC 技术工艺流程见图 3。

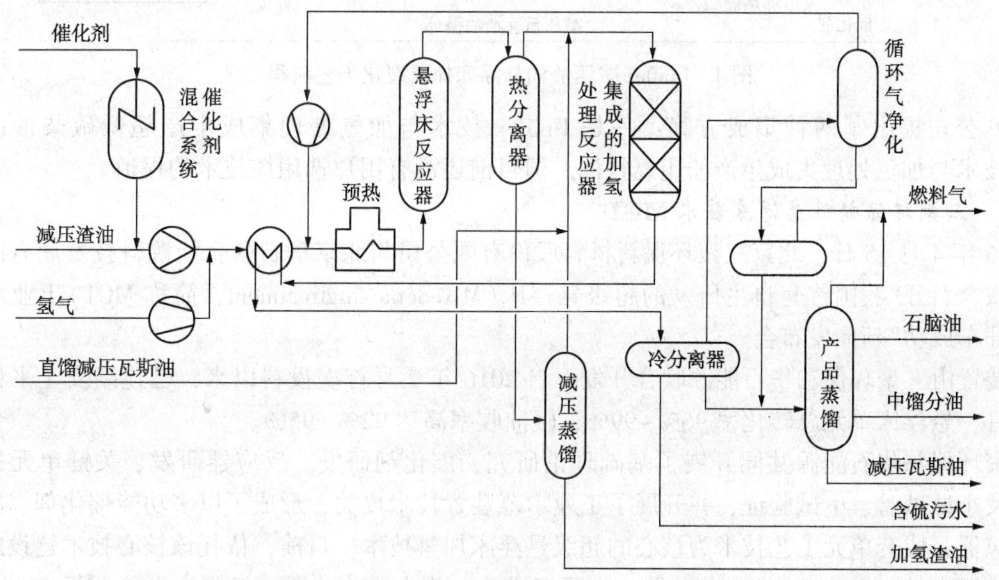

图 3　BP VCC 减压渣油悬浮床加氢裂化工艺流程

BP VCC 技术的反应系统采用几台反应器串联的形式，以克服返混的不利影响，直馏减压瓦斯油循环进入集成的加氢处理反应器。含有催化剂、金属和未转化渣油的尾油可以用作焦化原料，也可以用作水泥厂燃料或气化原料。通常反应系统的操作压力较高(18~23MPa)，反应温度在440~470℃。BP VCC 工业示范装置的最高转化率是95%，要排出5%以上的尾油。BP 公司最近的报告称，当原料油转化率为95%时，沥青质转化率为90%。

为加速 BP VCC 技术的工业应用，BP 与美国 KBR 公司合作进行工程设计，并在全球进行技术转让服务。目前在中国延长石油集团引进建设450kt/a VCC 中试评价装置，2014 年6 月完成单元建设，开始调试试验。

3.5 UOP 公司的 UniflexSHC 技术

Uniflex 减压渣油悬浮床加氢裂化工艺流程如图 4 所示。主要特点是原料油与循环氢经过不同的加热炉加热，一小部分循环氢与所用的催化剂都送进原料加热炉加热。经过两台加热炉分别加热以后的物料从底部进入悬浮床反应器，加氢裂化反应在中等苛刻度条件(温度435~470℃，压力14MPa)下进行。反应流出物在反应器出口通过骤冷终比反应，然后进入一系列分离器中进行分离。气体循环返回反应器中，液体进入蒸馏塔回收轻组分、石脑油、柴油、减压瓦斯油和未转化的尾油(沥青)，部分减压重瓦斯油循环回反应器进一步转化。工业试验结果表明，采用 Uniflex 技术，原料转化率达到90%以上，液体产品体积收率超过100%，未转化尾油质量收率约10%。

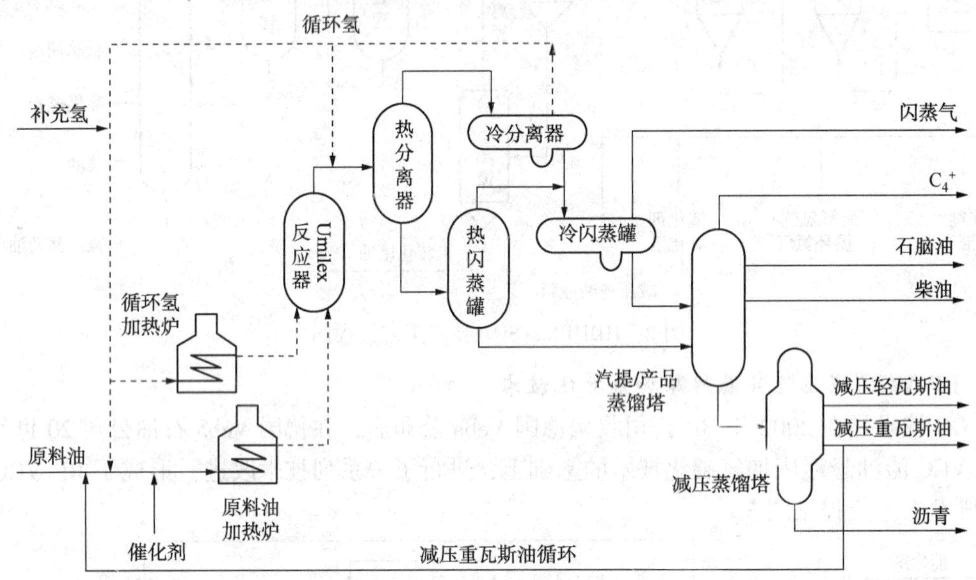

图4 Uniflex 减压渣油悬浮床加氢裂化工艺流程

UOP 公司提出了两种集成方案：一是 Uniflex 技术与加氢处理集成生产超低硫柴油；二是 Uniflex 技术与加氢处理集成生产船用燃料油。但目前还没有用户选用该技术的报道。

3.6 三聚环保超级悬浮床技术 MCT

2016 年4 月15 日，北京三聚环保新材料股份有限公司与北京华石联合能源科技发展有限公司在北京联合召开“我国首套自主研发的超级悬浮床(Mixedcrackingtreatment，简称 MCT)工业示范装置一次开车成功”新闻发布会。

该装置由三聚环保和华石能源联合开发，自 2016 年 2 月首次投料以来，已连续安全平稳运行近两个月，悬浮床单元总转化率96%~99%，轻油收率高达92%~95%。

三聚环保与华石能源共同开展了基础理论研究、催化剂研发、反应器研发、关键单元技术研发，以及小试试验、中试验证，并开展了工业示范装置技术攻关，形成了以多功能催化剂、超级悬浮床反应器、成套单元工艺技术为核心的超级悬浮床加氢技术。目前，依托该核心技术建设的位于河南省鹤壁市的158kt/a 工业示范装置一次开车成功，截止目前装置已经安全平稳运行 1300 小时。

悬浮床单元总转化率96%~99%，轻油收率92%~95%，相较传统工艺，该技术可使汽柴油收率提高20%以上，经济意义重大。目前示范项目已成功停工，停工前试验正常，过程顺利，无结焦现象。项目前期主要以加工煤焦油为主，接下来将在今年10月左右开工，主要测试常压渣油、减压渣油及其他非常规油品。

4 结语

悬浮床加氢裂化的渣油原料转化率和轻油收率相对于延迟焦化和沸腾床加氢裂化要高很多，产品质量更好，对于加工重质原油和超重原油的炼厂而言，优势更加突出。尽管目前悬浮床加氢裂化技术在建的工业化装置不多，在工业化过程中也还会出现一些问题。相信随着工艺的不断成熟与完善，悬浮床加氢裂化技术作为先进的重油和渣油加工技术，将在应对原油劣质化趋势加剧、重油深度加工能力扩大、提高重油转化率和轻油收率等方面发挥更为重要的作用。

参 考 文 献

[1] 方向晨．国内外渣油加氢处理技术发展现状与趋势[J]．化工进展，2011，30(1)；95-104.
[2] 王建明，江林．减压渣油悬浮床加氢裂化技术——当代炼油工的前沿技术[J]．中外能源．2010.15(6)：63-76.
[3] 吴青．悬浮床加氢裂化——劣质重油直接深度高效转化技术[J]．炼油技术与工程，2014，44(10)：1-8.
[4] 李雪静，任文坡．国内外渣油悬浮床加氢裂化技术进展[J]．石化技术，2012，19(1)：65-70.
[5] 王军．刍议思考悬浮床加氢裂化(VCC)工艺技术经济[J]．化工管理，2014.10：240-241.

长炼沥青产业技术创新之路

周本岳

(中国石化长岭分公司，湖南岳阳 414012)

摘 要：详细介绍了长岭沥青产业的发展过程，重点介绍了改性沥青、乳化沥青等技术创新成果，并对长炼未来沥青产业的发展方向提出建议。

关键词：沥青 改性沥青 技术创新

1 前言

五年来，长炼沥青产业从零起步，实现了较快的发展，目前沥青中转能力达到200kt/a，SBS类改性沥青生产能力60t/h，年生产能力达100kt，乳化沥青生产能力50t/h，年生产能力达80kt以上。长炼已成为中国石化改性沥青产能最大的生产基地，在中南地区乃至国内工厂化生产改性沥青领域占有一席之地，拥有国内第一套生产高铁专用乳化沥青的装置，填补了国内空白。

长炼沥青厂锁定中高端产品市场，继成功生产改性沥青、乳化沥青等主导产品后，相继研发了橡胶沥青、彩色沥青、高黏度改性沥青、应力吸收层专用改性沥青等新产品，对于近年流行和即将流行的温拌沥青、高端微表处乳化改性沥青等新产品的开发，也已提上日程，并组织研发力量抓紧攻关。组织开发的催化油浆改质制道路沥青技术，为新建200kt/a催化油浆改质制道路沥青生产装置提供了技术支持，为满足今后中西部地区道路建设对沥青日趋增长的市场需求创造了条件。开发针对新原料的改性、乳化沥青等深加工技术，提高了原料基质沥青的适应性、实用性。

长炼沥青厂在科研开发、生产试制，以及在沥青重大应用领域，取得了一个又一个的创新成果，对促进中石化沥青板块乃至国内高端沥青产品应用发展作出了贡献。

2 沥青产业的主要技术创新

2.1 改性沥青及其生产技术

改性沥青生产技术是高端沥青产品的核心技术。随着技术的不断发展和改性沥青需求量的不断增加，传统的“三罐式”生产方式已经不能满足市场的需要，2007年5月长炼沥青厂引进了一套美国道维施公司的胶体磨用于生产SBS改性沥青，同年9月试车投产一次成功。

改性沥青装置主要由五部分组成：胶体磨机组部分、添加剂螺杆输送系统、原料加热系统、溶胀发育及储存部分、装车出厂系统等。其生产工艺特点是：基质沥青经换热器加热后进入预混罐，与螺杆计量器输送来的SBS改性剂、化学稳定剂在预混罐内充分混合。混合物料通过加压泵加压后进入胶体磨，在胶体磨高度剪切、高速研磨的作用下，SBS改性剂被粉碎成1~5μm的颗粒并被均匀地分散到基质沥青中，从胶体磨出来的SBS改性沥青直接送到中间罐，在中间罐发育一定时间后进行分析检验，合格后可由中间罐直接出厂，也可用泵将SBS改性沥青产品送入成品罐后出厂。其生产工艺流程见图1。

胶体磨法SBS改性沥青生产工艺主要特点有：

(1) 生产成本低：由于胶体磨剪切研磨效果好，可直接使用SBS进行生产，降低了生产成本，另一方面，由于研磨细，SBS颗粒均匀，达到一定质量水平需加入的SBS量少，生产成本进一步降低。

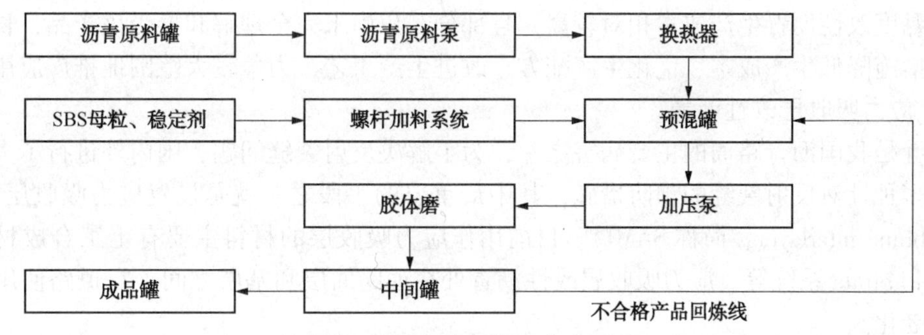

图1 改性沥青生产工艺流程图

(2) 连续式生产，产量大：胶体磨生产为连续式生产，处理量大，一次性完成研磨，大大节省了生产时间，能够满足工程项目连续施工的供料要求。

(3) 安全性能与自动化水平高：胶体磨机组部分对液位、压力、温度等关键控制指标都设置了报警和联锁，生产工艺安全性能高、自动化水平高。

2.1.1 奥运鸟巢专用改性沥青

奥运鸟巢专用改性沥青是中国石化赞助北京2008年奥运会的献礼项目。根据设计要求，产品指标在常规指标基础上，提高了对膜前、膜后延度的要求，而且对软化点、黏度等指标的要求也十分严格。为了满足施工建设单位的技术要求，长炼成立了技术攻关小组，通过筛选优质的以中东原油生产的基质沥青，采取优化生产配方、调整工艺参数、加大过程控制力度、增加馏出口跟踪分析频次等方法，实现了生产投用一次成功，得到了建设单位的一致好评。

2.1.2 机场跑道专用改性沥青

与普通沥青混合料相比，机场跑道专用改性沥青更具有抗高温、抗拉裂、抗车辙、抗老化和抗磨损等特点。针对设计要求，长炼研究开发了机场跑道专用SBS改性沥青，通过筛选基质沥青原料、调整SBS和添加剂掺量等措施，优化了生产配方和工艺参数，其5℃延度和薄膜烘箱后性能的常规指标完全符合设计单位严苛的要求，同时该产品突出的高、低温性能和抗老化性能，完全满足客户的使用要求。

2.1.3 高黏度改性沥青

为了提高高速公路行车的安全性，20世纪70年代欧美许多国家研究开发了多孔性的排水路面(Draining Asphalt)，以提高路面的抗滑性。这种多孔性路面还具有降低噪声的功能，故也称之为低噪声路面(Low Noise Asphalt)。初期修建排水性路面，多采用一般道路沥青或改性沥青，结果发现这种路面在车辆作用下孔隙容易变小，不能持久。于是逐渐使用黏度较高的沥青结合料。日本首先采用高黏度沥青，并专门开发出一种名叫TPS的添加剂，可以直接加入拌缸中与沥青混和，达到提高结合料黏度的目的。高黏度沥青是一种聚合物改性沥青，但与一般SBS改性沥青还是有所不同，其60℃黏度要求达到20000Pa·s以上，实际使用甚至要求达到30000~60000Pa·s，是一般道路沥青的100~300倍。

高黏度改性沥青生产流程：基质沥青、相容剂、改性剂、稳定剂、增黏剂等原料及制剂，按一定比例加入到配料罐中，在一定温度下搅拌均匀后，通过转料泵加入到溶胀罐中，搅拌溶胀一定时间，再泵入剪切机的入口，在胶体磨中充分剪切、分散后，进入成品罐中保持一定温度继续发育，直到产品合格。生产工艺流程见图2。

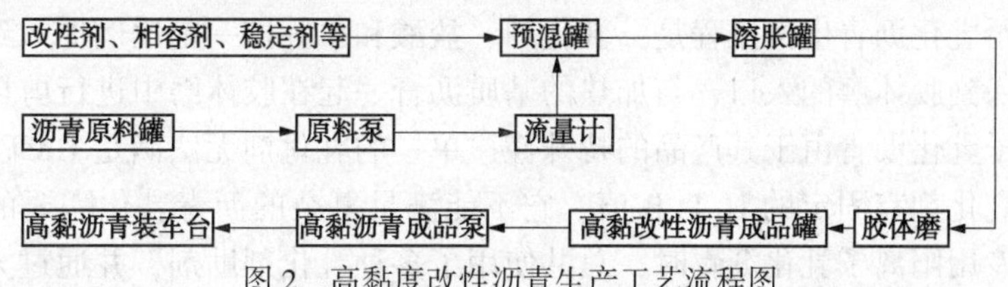

图2 高黏度改性沥青生产工艺流程图

由于高黏度改性沥青生产成本相对较高，且部分客户尚未完全理解和接受该产品，长炼应通过行之有效的措施降低生产成本、优化生产配方、改进生产工艺，力争较大范围地推广应用。

2.1.4　应力吸收层改性沥青

反射裂缝是我国沥青路面的主要病害之一，为了解决反射裂缝问题，国内外进行了大量试验研究，提出了多种针对反射裂缝的预防措施，其中最重要的手段之一就是设置应力吸收层(stress absorbing membrane interlayer，简称SAMI)。目前用作应力吸收层的材料主要有土工合成材料、聚合物改性沥青和Strata系统等。应力吸收层改性沥青处在道路面层和基层之间，在道路使用过程中主要经受热氧老化。

针对该沥青产品的技术特点，虽然原则生产工艺流程没有变化，但是与普通改性沥青相比，其生产配方变化较大。我们通过反复研究，更换了基质沥青原料，同时结合该产品针入度、软化点相对“双高”的要求，适量调整了改性剂、添加剂的掺量。通过热氧老化试验、物理性能测试和力学性能测试，完全达到了预期效果。

2.2　乳化沥青及其生产技术

乳化沥青生产装置引进了美国道维施CM-10S型改性/乳化沥青组合站，配套设施主要包括：乳化沥青成品罐、热交换系统、输送泵、流量计等，可生产乳化沥青、改性乳化沥青、SBS聚合物改性沥青等，与同类设备相比效率更高。

组合站以高剪切胶体磨为核心，包括一次性剪切研磨合格胶体磨系统、沥青输送系统、聚合物输送系统、液体添加剂系统、稳定剂添加系统、控制系统、皂液系统、胶乳系统等八大系统。

依托原有基质沥青罐、改性沥青罐、导热油加热系统等其他设施，新增配套生产设施包括：成品罐、热水罐、皂液罐、U形管式换热器、循环水塔、沥青原料泵、装车泵、盐酸泵、乳化剂泵、循环水泵、热水泵、提升机等。

乳化沥青生产流程分为沥青配制、皂液(乳化剂水溶液)配制、沥青乳化和产品储存等四个主要环节：

(1) 沥青配制　为了保证稳定的基质沥青温度，并连续地供给胶体磨使用，一般采用换热器对胶体磨入口处的基质沥青温度进行控制。

(2) 皂液配制　采用分批作业的皂液配制方式，一批皂液用完后，再进行下一次的掺配，生产流程分批进行。

(3) 沥青乳化　沥青乳化流程是生产出合格乳化沥青的关键步骤。道维施组合站直接将沥青和皂液经管路泵入胶体磨，靠流量计指示流量，本流程优点是不易混入空气，便于自动控制，而且生产工艺调节速度快、运行平稳、调节精度高，适合连续大量生产。

(4) 产品储存　在乳化沥青产品存放时，一般有正常的分层或轻微的破乳现象。为此，我们采取了以下方法：一是采用密封容器，减少水分蒸发。二是在成品罐上加装搅拌装置，定期进行搅拌。三是产品装车时尽量采用自流方式。

2.2.1　高铁专用阳离子乳化沥青

高铁乳化沥青执行标准执行中国铁道部《客运专线铁路CRTS Ⅰ型板式无砟轨道水泥乳化沥青砂浆暂行技术条件》(科技基【2008】74号文)。

生产高铁专用阳离子乳化沥青所用原料：镇海炼化专门生产的高铁专用基质沥青AR-2(Q/H PRD283-2009)。中国铁道科学研究院提供的复配乳化剂。

高铁专用阳离子乳化沥青生产流程是：乳化剂、盐酸和水等按一定比例加入到皂化罐中，配制后的皂液通过泵加入到胶体磨的入口，与加热的基质沥青一起在胶体磨中进行剪切、分散而生产。

高铁专用阳离子乳化沥青由于其产品的特殊性，单一的乳化剂无法满足CA砂浆对沥青乳液的要求，因为单一的乳化剂有固定的H.L.B值，它不能满足复杂的沥青乳化需要的H.L.B的范围。因此，在生产高铁专用阳离子乳化沥青时，总共使用了多种乳化剂助剂，并通过大量的实验，摸索出了助剂投放的固定顺序。通过乳化剂复配，可以起到复合增效的作用，一方面提高了界面膜的强度，另一方面进一步降低了界面张力，使产品的双电层结构更加稳定。

2.2.2　高铁专用阴离子乳化沥青

高速铁路专用阴离子乳化沥青(客运专线铁路CRTS Ⅱ型板式无砟轨道专用阴离子乳化沥青)不同于普通公路沥青，生产条件、技术指标等要求非常严格，由于长炼沥青厂是国内第一套成功采用自主知识产权技术生产高速铁路专用乳化沥青的企业，因此在生产过程中遇到并解决了一系列难题。

在生产应用过程中，我们遇到了一些新问题，如：产品技术指标检测均合格，但在施工现场的拌合却达不到预期效果。铁科院专家多次现场指导调整生产配方，也还是没有解决问题。针对这一难题，我们不畏难、不气馁，主动和铁科院、中国石化股份公司炼油事业部以及上海沥青销售分公司的专家一起反复研究，不断进行配方调试、小批量生产，前后经过数十次的试制，终于首次生产出了满足施工要求的产品，确保了武广客运专线专用乳化沥青供货的顺利完成，并通过了铁道部组织的联合验收，使我国成为继德国、日本以后第三个拥有成套生产应用技术的国家，实现了为国争光、为中国石化添彩的梦想。

2.2.3　透层乳化沥青

在沥青路面结构中，半刚性基层作为主要承重层，它的重要性是不言而喻的，而沥青结构层与半刚性基层结合的质量，也是影响沥青路面使用寿命的重要因素之一。因此，一般在半刚性基层上面设计透层，用来解决层间松散问题。

透层是为使沥青面层与非沥青材料半刚性基层结合良好，在半刚性基层上喷洒液体石油沥青、乳化沥青、煤油沥青而形成的透入基层表面一定深度的薄层。透层油对于在非沥青材料基层上铺筑沥青面层是必须的。

长炼沥青厂经过半年多的研究、试验、分析，试制成功的PC-2、PA-2等透层乳化沥青产品，具有以下特点：①通过试验和现场应用，可以渗透5mm以上，并具有封水作用，完全满足交通部对透层乳化沥青的质量要求。②针对煤油稀释沥青做透层油，透层乳化沥青环境污染小，且节约资源。③由于长炼较为先进的生产设备和熟练的操作技术，产品的颗粒粒径、刚度较小，有利于在基层表面的下渗，与上部的沥青相互扩散，固结作用强。

2.2.4　粘层乳化沥青

粘层乳化沥青又称粘层油，其主要作用是使上下沥青层或沥青层与构造物完全粘结成一个整体。粘层油宜采用快裂或中裂型乳化沥青、改性乳化沥青，也可采用快、中凝液体石油沥青，目前国内广泛采用的粘层油材料是乳化沥青。按交通部规范JTG F40—2004《公路沥青路面施工技术规范》，常用的粘层乳化沥青是PC-3型阳离子乳化沥青。

在生产PC-3型阳离子乳化沥青时，固含量、储存稳定性等指标较难控制。一般在生产开始时每10min采样分析固含量一次，直至符合要求，合格后1h取样分析1次。为了有效保证其储存稳定性，在原有乳化剂的基础上，增加了部分乳化沥青稳定剂，确保了产品稳定性和产品质量。

2.2.5　稀浆封层乳化沥青

SBR改性乳化沥青稀浆封层是冷拌冷铺技术，与热沥青筑路相比，稀浆封层每公里造价仅为热沥青的1/2左右，它能延长施工季节1~2个月，改善施工条件，降低劳动强度，减轻环境污染。此技术若在砂石路面养护中使用，可以避免晴天扬尘、雨天泥泞，治愈砂石路面病害，提高路面营运能力，降低运输成本，节约常年养路费用及大量砂石料。

随着高等级公路网络建设的不断完善，我国大量早期建设的公路已逐步进入维修养护期。目前在沥青路面养护中应用最多的是稀浆封层工艺，主要使用SBR改性乳化沥青。由于国内生产稀浆封层乳化沥青的企业不多，而且质量不稳定，所以国内市场大部分被外国公司所占据。

由于生产设备比较先进，因此在生产过程中，质量指标一直保持稳定。通过试验，筛选了进口

SBR胶乳作为改性剂，不但能保证产品质量，还能有效降低成本，提高经济效益。今后主要任务是寻求与省级高速公路等养护单位合作，扩大市场份额。

2.2.6 微表处乳化沥青

国内外的研究和实践证明，在路面病害刚开始出现而未造成严重破坏时，使用聚合物乳化改性沥青对路面进行预防性养护，是维持路面使用性能最为经济和有效的方法。与热拌和沥青混合料筑路和养护施工方法相比，微表处乳化沥青具有节约能源、改善施工条件、减轻环境污染、延长施工季节等优点，在欧洲、美国、日本等公路交通发达的国家和地区得到了广泛推广和应用。

长炼沥青厂通过对基质沥青、改性剂、乳化剂、助剂、改性和乳化工艺进行系统设计，研制出性能优良的SBS乳化改性沥青产品。通过改变工艺条件，对乳化沥青的破乳速度进行调整，生产出满足不同场合和用途的快、中、慢裂型微表处乳化改性沥青，并在邵永高速公路等重大工程项目上得到了广泛应用。

2.3 稀释沥青

稀释沥青的主要用途是作为主要的透层材料，在无机结合料基层和沥青混合料面层间起到处治作用，使高速公路路面多层组合体具有更好的结构承载力、耐久性和抗水害能力，提高路面质量和增加路面使用寿命。

传统的稀释沥青生产一般在现场完成：即将基质沥青缓慢加入到稀释剂中，经过充分搅拌，形成均匀的稀释沥青产品。2009年，根据湖南省邵永高速公路施工需要，长炼沥青厂开发了煤油稀释沥青新产品及其生产技术，并采用一个改性沥青成品罐实现了工业化生产，通过在改性沥青罐增设变频控制搅拌器、循环泵、沥青计量加料泵等系列措施，充分保证了煤油稀释沥青产品的质量，采用工厂化生产能够同时为多条高速公路施工提供合格的煤油稀释沥青产品。

2.4 橡胶沥青

橡胶沥青发源于20世纪50年代，是一种用于多种类型柔性路面施工中的黏结剂。根据ASTM的定义，橡胶沥青是由基质沥青、回收的废旧轮胎橡胶屑和特种添加剂在专用设备中进行物理化学反应，其中至少有占混合物总重15%的橡胶成分，橡胶颗粒在沥青中充分反应并发生溶胀。在这个过程中橡胶屑与沥青在高温条件下会发生明显的物质交换。橡胶颗粒部分裂解，胶粉的某些成份通过界面交换进入沥青，这些物质的进入可以改善沥青的温度敏感性，提高抗老化性能和改善沥青与矿料的粘结作用；另一方面，沥青中的轻质组分被橡胶粉吸收，使沥青的黏度大大增加。沥青和橡胶粉的界面逐渐模糊，形成一种高弹性的凝胶状物质，该物质的的整体性能明显优于基质沥青。

影响橡胶沥青产品性能的因素主要有四个方面：搅拌温度、搅拌时间、橡胶粉的剂量以及添加剂剂量等。通过大量的试验筛选，重点解决了添加剂的问题。添加剂的关键作用是作为一种中介，把沥青与胶粉紧密地结合在一起，改善胶粉与基质沥青的相容性，从而改善胶粉粒子与基质沥青的界面结合性能。添加剂的含量对改性沥青性能影响较大。添加剂的加入量小于0.5%时，对胶粉粒子的浸润作用不足，影响胶粉粒子与基质沥青之间的界面结合，对改善沥青的延度和针入度不利；当添加剂的含量大于3%时，沥青在外力作用下发生相对滑移增大，使沥青的软化点和延度下降。因此添加剂的加入量应控制在1%～2%较好。

2.5 彩色沥青

彩色沥青生产途径主要有两种：普通沥青脱色和人工制备的胶结料。沥青脱色是利用适当溶剂将石油沥青中沥青质组分脱去，剩下颜色较淡的组分，并配以适当改性材料配置得到，但该生产工艺复杂，主要是沥青脱色存在一定难度，资金和设备投入大，且污染较严重，目前已经很少使用。彩色胶结料是利用石油化工产品经人工配置而成，采用高分子聚合物、树脂、填充油和其他外加剂，经高温高速剪切所聚合而成，该技术原理简单，可操作性强。

随着近年石化产品价格的不断攀升，使得摊铺厚度约2～3cm的树脂类胶结料的彩色沥青混凝土成本已经难以接受，从而影响了彩色沥青路面的广泛地采用。从彩色沥青混凝土的有机胶结料开发着手，研制了新型树脂类胶结料，既适应了彩色混凝土超薄层摊铺施工方法的要求，又在保障彩色层抗磨耗性能的同时，进一步减小摊铺厚度，减少材料成本、降低施工难度，使彩色沥青路面技术具有更好的适用性。

3 沥青产业展望

据报道，中国公路通车总里程60年增长了48倍，截止至2010年底，中国公路通车总里程达到398.4万公里，比新中国成立初期的8.07万公里增长了48倍。自1988年中国开始建设高速公路以来，中国高速公路建设得到了高速发展。从“十五”到“十一五”十年中，中国高速公路通车里程从1.6万公里发展到7.4万公里，年均通车5800公里，创造了世界瞩目的中国速度。

进入2011年以来，尽管国内高速公路通车里程或会有所减少，但华中等地区的高速公路建设仍将维持在较高的水平，全国通车里程预计仍会保持在10000公里左右，未来两年，中国的高速公路总里程将有望超越美国，位列世界第一。加上一些其他公路项目的扩建、养护或者改造，国内沥青需求有望继续维持小幅增长，预计2011年的沥青需求量在20~21Mt，2013年前后，新建高速公路等项目将迎来集中的通车高峰，中国沥青需求量有望保持在较高的水平。

随着中西部地区市政工程和二、三级公路建设大量增加，以及水泥路面实施沥青化改造的步伐加快，70号道路沥青需求量呈现快速增长趋势。目前中西部地区(湖南、湖北、江西、重庆、四川、贵州)所使用的70B道路沥青主要由茂名分公司和中海油高富提供。长炼地处我国中部，紧邻长江、107国道、G4高速、京广线等交通要道，具有明显的区域销售优势，与武汉工程大学、抚顺石化研究院等单位合作共同开发的催化油浆改质制道路沥青技术，可生产出质量稳定的70B道路沥青，且符合JTG F40—2004规范要求，可提供中西部地区高速公路和一级公路下面层、二级及以下公路各层次用基质沥青，以及生产改性沥青、乳化沥青、改性乳化沥青、稀释沥青等，可以满足市场需求。

在现有沥青储存、中转设施以及改性沥青、乳化改性沥青生产基础上，中国石化拟在长炼沥青厂建设100kt/a以上沥青储存设施，并用催化油浆生产基质沥青，新建沥青生产装置、高强度沥青混凝土改性添加剂装置。逐步将长炼沥青产业建成中南地区最大沥青生产基地，形成沥青产业集群，见图3。

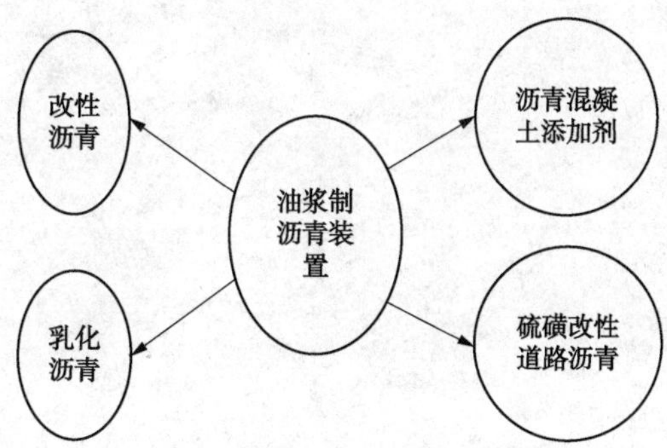

图3 沥青产业平台示意图

根据市场需求以及长炼目前实际，未来几年将重点做好如下技术创新工作。

(1) 抓好催化油浆改质制道路沥青技术工业试验

2005年催化油浆综合利用技术开发项目由中国石化长岭分公司、抚顺石油化工研究院和武汉工程大学共同承担。自立项以来，有关单位做了艰苦细致的试验研究，2008年完成了小试，2009年2月通过了中国石化科技开发部组织的技术评议。2009年7月建成中试装置并完成了中试研究和路用性能评价，2010年7月通过总部中试评审。2010年11月200kt/a工业装置工艺包通过总部审查，2010年12月可行性研究报告通过审查。随着200kt/a催化油浆改质制道路沥青装置建成投产，长炼沥青产业“三步走”的发展战略目标有望实现。

(2) 抓好SBS乳化改性沥青生产与应用

我国公路养护高峰期已经来临，乳化改性沥青受到市场的青睐。目前，SBR改性乳化沥青在市场已经普及。SBR改性乳化沥青采用SBR乳胶为改性剂，产品低温抗裂性能好，生产过程较为简单。但SBR胶乳价格较贵，成本较高，高温稳定性及弹性改善不显著，因此在一定的程度上制约了SBR改性乳化沥青的应用与发展。我国大部分地区气温较高，对沥青路面粘结料高温稳定性要求较高，SBR改性乳化沥青不能完全满足要求。SBS乳化改性沥青是以SBS改性沥青为基础进行乳化，不仅具有良好的高温稳定性、低温柔和性，而且抗疲劳、抗老化、抗水害性能优于其他各种乳化改性沥青，且价格相对便宜，深受市场欢迎，已被广泛用于高速公路的养护。

(3) 加快高黏度沥青技术开发

高黏度改性沥青不仅可以应用于排水性路面，还可以应用于大桥桥面铺装、特重交通通道等重要工程。随着我国高速公路网建设的发展，为满足东部沿海一些大城市周边高速交通的需要，以及机场高速公路的建设需要，预计排水性路面将随着高黏度沥青材料的出现而逐渐扩大应用。正是在这种情况下，新颁布的公路沥青路面施工技术规范，要求修建排水性路面使用高黏度沥青，因此将积极组织进行高黏度沥青的研究与应用。

参考文献

[1]交通部．公路沥青路面施工技术规范[M]．北京：人民交通出版社，2004.
[2] 孙艳霞．透层、粘层、封层的作用及施工工艺要求[J]．2006(12)：197-200.
[3] 王利泉，谢素琴．彩色沥青胶结料的研究与应用[J]．市政技术，2003，02.
[4] 沈金安．沥青及沥青混合料路用性能[M]．北京：人民交通出版社，2001.
[5] 马爱群等．废胶粉改性沥青的机理研究[J]．公路工程与运输，2008，12.

炼油工艺与产品

中国石油国Ⅴ汽油质量升级技术的研发及应用

兰玲　钟海军　鞠雅娜　赵秦峰　吕忠武

（中国石油石油化工研究院，北京　102206）

摘　要：基于催化裂化(FCC)汽油中含硫化合物和烯烃的分布规律及催化转化行为，成功研制了全馏分 FCC 汽油预加氢催化剂、重汽油选择性加氢脱硫催化剂、加氢后处理催化剂及辛烷值恢复催化剂，根据不同 FCC 汽油性质及产品目标的差异，成功开发并应用了两类 FCC 汽油加氢处理工艺——FCC 汽油选择性加氢脱硫工艺(DSO 技术)及 FCC 汽油选择性加氢脱硫-加氢改质组合工艺(GARDES、M-DSO 技术)，且均已实现规模化工业应用。工业标定结果表明：按照国Ⅴ标准清洁汽油生产方案，采用上述技术处理硫含量为 90.5~101.0μg/g、烯烃体积含量为 34.6%~40.5 %的 FCC 汽油，产品研究法辛烷值损失 0.6~1.0 个单位，具有原料适应性强、脱硫活性高、选择性好等特点，实现了 FCC 汽油脱硫、降烯烃和保持辛烷值的目标，可满足中国石油汽油质量升级的需要。

关键词：催化裂化汽油　国Ⅴ汽油质量升级　加氢脱硫　加氢改质　工业应用

1　前言

通过汽油质量升级降低汽车尾气污染物排放是国家的迫切需要。我国汽油质量升级步伐显著加快，要求从 2017 年 1 月 1 日起全面执行国Ⅴ车用汽油标准[要求将汽油中的硫含量和烯烃含量分别降至 10mg/kg 和 24%(体)以下]，国Ⅵ车用汽油标准的出台执行也指日可待。车用汽油质量标准正在向低硫、低烯烃的方向发展，国家强制推行车用汽油新标准，攻克汽油质量升级技术成为国家重大需求[1-2]。

我国车用汽油中 70%以上组分是催化裂化(FCC)汽油，其具有硫含量高、烯烃含量高的特点，因此汽油质量升级的关键是降低 FCC 汽油中的硫含量和烯烃含量[3]；但烯烃是汽油辛烷值的主要贡献者，采用常规的加氢脱硫降烯烃技术将大幅损失汽油的辛烷值。如何实现既脱硫、降烯烃，又能保持辛烷值，全面满足汽油质量升级的需求，成为迫切需要解决的重大技术难题。

中国石油 FCC 汽油平均硫含量为 192mg/kg，烯烃含量为 39%(体)，研究法辛烷值(RON)为 90.0，各炼厂 FCC 汽油硫、烯烃含量和辛烷值差异很大，对脱硫、降烯烃、保持辛烷值的需求不同，在保持辛烷值前提下，部分炼厂为脱硫、降烯烃，部分炼厂为脱硫。根据不同 FCC 汽油性质及产品目标的差异，中国石油成功开发并应用了两类 FCC 汽油加氢处理工艺：FCC 汽油选择性加氢脱硫工艺(DSO 技术)，主要适用于以降低 FCC 汽油硫含量为主要需求的炼厂；FCC 汽油选择性加氢脱硫-加氢改质组合工艺(GARDES、M-DSO 技术)，主要适用于既有脱硫又有降烯烃需求的炼厂。目前两者均已实现规模化工业应用，成为支撑中国石油国Ⅴ汽油质量升级的主体技术。

2　工艺路线设计及特点

2.1　FCC 汽油含硫化合物和烯烃组成分布及其加氢反应规律

经深入研究发现，在全馏分 FCC 汽油中的含硫化合物主要包含硫醇、硫醚和噻吩类含硫化合物，烯烃主要包含二烯烃、单烯烃和环烯烃；轻汽油(约占 30%，<70℃)仅含全馏分汽油不足 10%的硫(主要为小分子硫醇)，但富集了全馏分汽油约 60 %的烯烃(主要为高辛烷值 $C_5^=$、$C_6^=$)；重汽

油(约占70%，70~200 ℃)富集了全馏分汽油近90%的硫(主要为大分子硫醚、噻吩类含硫化合物)，但烯烃含量相对较低，如图1、图2所示。

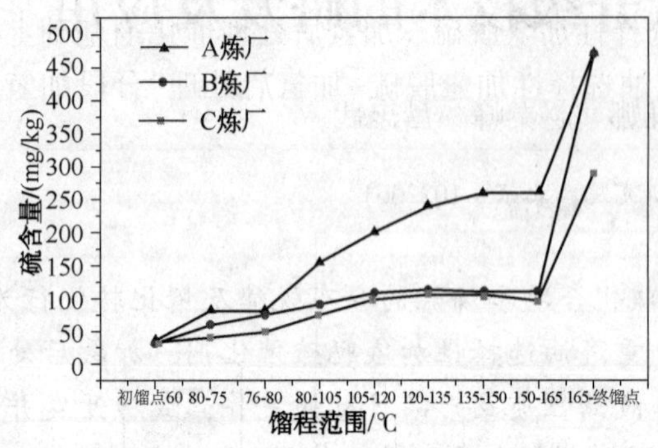

图1　FCC 汽油窄馏分硫含量分布

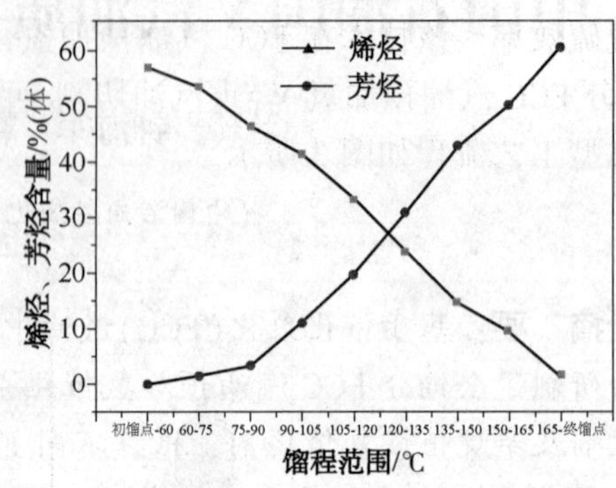

图2　FCC 汽油窄馏分烃族组成分布

直接对全馏分FCC汽油进行加氢脱硫容易导致$C_5^=$、$C_6^=$的加氢饱和，引起较大的辛烷值损失。减小辛烷值损失的有效途径是将全馏分FCC汽油在适当温度下切割为轻、重汽油分别进行处理。对轻汽油，需要将其中的小分子硫醇和易缩合结焦导致催化剂失活的二烯烃同时脱除；而对重汽油，其中所含硫醚、噻吩类含硫化合物可通过加氢脱硫催化剂脱除，但要求催化剂具有极高的选择性，否则容易引起单烯烃饱和造成较大的辛烷值损失；加氢脱硫过程生成的H_2S极易与烯烃重新结合成硫醇，使得产物硫醇含量不合格，需重复脱硫。依据FCC汽油中不同含硫化合物和烯烃的分布特点及催化转化特性，设计高选择性的加氢脱硫系列催化剂，对不同的含硫化合物在不同的反应条件下分段脱除，是实现FCC汽油深度脱硫、避免烯烃加氢饱和的有效途径。

2.2　FCC汽油选择性加氢脱硫改质系列催化剂

FCC汽油中的不同含硫化合物对催化剂性质、工艺操作条件具有不同要求，围绕加氢脱硫与辛烷值保持核心问题，通过设计催化剂关键制备技术，研制催化剂新型载体材料，筛选活性金属，创新催化剂合成方法，制备出用于不同含硫化合物脱除的高选择性脱硫系列催化剂[4]。

(1) 预加氢催化剂　对全馏分FCC汽油进行预加氢处理，将易生焦的二烯烃选择性加氢为单烯烃，保障后续加氢脱硫单元催化剂长周期运行；通过二烯硫醚化反应将轻汽油中低沸点硫醇转移至重汽油中，使得轻汽油硫含量满足调和要求。该催化剂具有较高的加氢活性、选择性和稳定性，硫醇脱除率达到90%以上，双烯饱和率不小于50%，双烯加氢的选择性不小于95%，加氢产品的辛烷值不损失。

(2) 加氢脱硫催化剂　对重汽油进行选择性加氢脱硫，在烯烃较少被加氢饱和情况下，将汽油中以噻吩类为主的含硫化合物高选择性深度脱除。该催化剂通过添加助剂改善活性金属与载体的结合力，增加有利于提高脱硫选择性的金属活性相的生成，使催化剂具有高脱硫活性、高脱硫选择性及稳定性，反应条件缓和，辛烷值损失小。

(3) 加氢后处理催化剂　对重汽油加氢脱硫产物进行加氢后处理，在保证烯烃极少被加氢饱和的同时进一步脱除重汽油在脱硫过程中再生成的硫醇、硫醚等残余小分子硫化物，使重汽油产品满足调和要求。该催化剂具有适度的脱硫活性和较高的脱硫选择性，与加氢脱硫催化剂组合后，能显著降低加氢脱硫单元反应苛刻度，降低烯烃饱和，减少辛烷值损失，有利于长周期稳定运行。

(4) 辛烷值恢复催化剂　对重汽油或重汽油加氢脱硫产物进行改质处理，通过烯烃在催化剂上发生异构化和芳构化反应，生成高辛烷值组分以弥补汽油辛烷值损失，此技术还兼具脱除重馏分油中硫醇、硫醚等小分子含硫化合物的作用。该催化剂采用独特的分子筛合成技术，并引入改性助剂对分子筛进行改性，使催化剂具有更好的活性和稳定性，与加氢脱硫催化剂组合后，可同时达到脱硫、降烯烃、保辛烷值的目的。

2.3 FCC 汽油加氢脱硫技术工艺过程

2.3.1 FCC 汽油选择性加氢脱硫技术

DSO 技术核心理念是在加氢脱硫的同时尽可能减少烯烃饱和，以最低的辛烷值损失达到最高的加氢脱硫效率。该技术在 FCC 汽油预加氢、选择性加氢脱硫、加氢后处理催化剂基础上，构建了"全馏分 FCC 汽油预加氢-轻重汽油切割-重汽油选择性加氢脱硫-加氢后处理"分段加氢脱硫新工艺，典型工艺流程如图 3 所示。

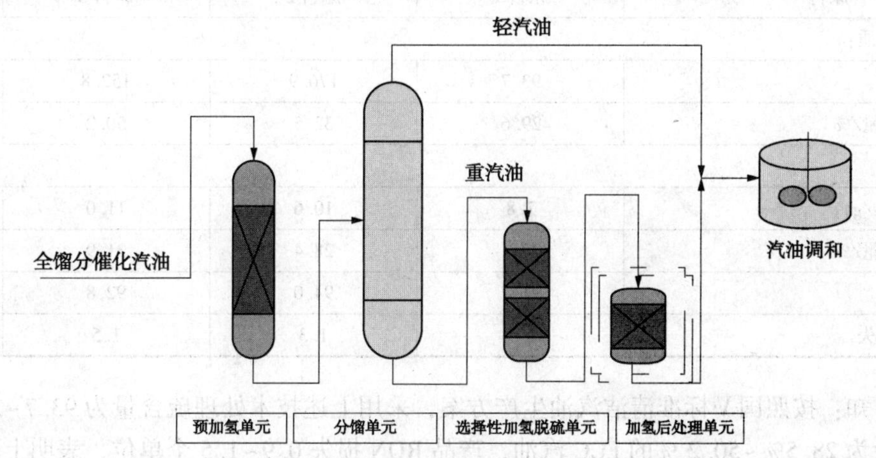

图 3　FCC 汽油选择性加氢脱硫技术(DSO)工艺流程

首先对全馏分 FCC 汽油进行预加氢处理，再选取适宜切割点对预加氢产品进行轻、重馏分切割，然后采用"选择性加氢脱硫-加氢后处理"的流程处理重汽油馏分，最后将轻汽油与重汽油加氢产品进行调和。该工艺实现了 FCC 汽油中不同类型含硫化合物的高选择性脱除，确保深度脱硫的同时有效抑制烯烃饱和，具有反应条件缓和、脱硫活性高、辛烷值损失小、能耗低、液收基本不损失等特点[5]。

2.3.2 FCC 汽油选择性加氢脱硫-加氢改质组合技术

GARDES、M-DSO 技术有机地将 FCC 汽油中含硫化合物的脱除和烯烃的定向转化相结合，在降低 FCC 汽油硫含量的同时，通过烯烃异构/芳构化等提升辛烷值的反应弥补加氢脱硫过程中烯烃饱和造成的辛烷值损失。该技术在 FCC 汽油预加氢、选择性加氢脱硫、辛烷值恢复催化剂基础上，构建了"全馏分 FCC 汽油预加氢-轻重汽油切割-重汽油选择性加氢脱硫-加氢改质"工艺，典型工艺流程如图 4 所示。

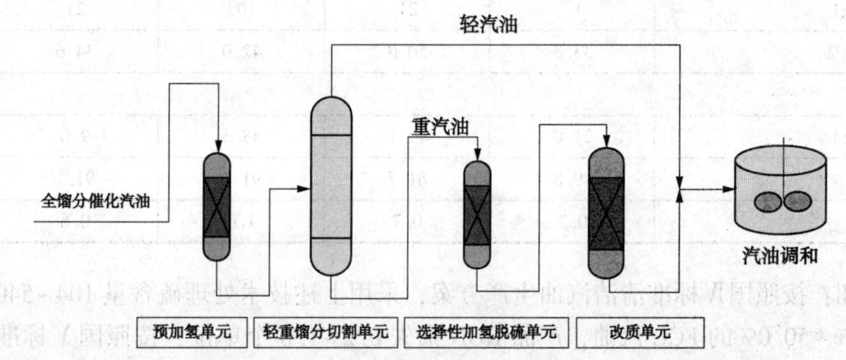

图 4　FCC 汽油加氢脱硫-加氢改质组合技术(GARDES、M-DSO)工艺流程

即采用加氢改质单元代替了 DSO 工艺中的加氢后处理单元，在大幅度脱硫降烯烃的同时显著降低辛烷值损失。该工艺可灵活选择"重汽油先加氢脱硫再加氢改质"或"重汽油先加氢改质再加氢脱硫"的工艺流程，具有脱硫活性高、辛烷值保持能力强、操作灵活等特点。

3 生产国Ⅴ汽油的中试研究

采用上述技术对中国石油典型 FCC 汽油原料 1~原料 4 进行了生产国Ⅴ汽油的中试研究。表 1 列出了中试评价结果。

表 1 中国石油 FCC 汽油加氢脱硫技术中试评价结果

原料	原料 1	原料 2	原料 3	原料 4
FCC 汽油进料性质:				
硫含量/(μg/g)	93.7	176.9	152.8	254.4
FIA 烯烃体积含量/%	29.6	32.5	50.2	28.5
评价结果:				
产品硫含量/(μg/g)	7.8	10.6	11.0	9.2
FIA 烯烃体积含量/%	27.1	28.4	31.9	17.3
脱硫率/%	91.7	94.0	92.8	96.4
研究法辛烷值损失	0.9	1.3	1.5	0.9

由表 1 可知：按照国Ⅴ标准清洁汽油生产方案，采用上述技术处理硫含量为 93.7~254.4μg/g、烯烃体积含量为 28.5%~50.2 %的 FCC 汽油，产品 RON 损失 0.9~1.5 个单位，表明上述技术原料适应性强，具有优异的脱硫活性和选择性，辛烷值损失等指标达到同类技术领先水平，可满足企业国Ⅴ清洁汽油的生产需求。

4 工业应用结果

DSO、GARDES 和 M-DSO 技术已在中国石油 17 套装置推广应用，典型应用成果如表 2 所示。

表 2 中国石油 FCC 汽油加氢脱硫技术典型工业标定结果

企业	企业 1	企业 2	企业 3	企业 1	企业 4
装置规模/(kt/a)	150	40	80	150	120
标定方案		国Ⅳ		国Ⅴ	
FCC 汽油进料性质:					
硫含量/(μg/g)	104.0	256.8	540.0	101.0	90.5
硫醇硫含量/(μg/g)	17	21	103	21	20
FIA 烯烃体积含量/%	33.3	50.0	42.0	34.6	40.5
标定结果:					
产品硫含量/(μg/g)	21.0	47.1	48.3	9.0	14.0
脱硫率/%	79.8	81.7	91.1	91.1	84.5
研究法辛烷值损失	0.2	0.7	1.0	0.6	1.0

由表 2 可知：按照国Ⅳ标准清洁汽油生产方案，采用上述技术处理硫含量 104~540μg/g、烯烃体积含量 33.3%~50.0%的 FCC 汽油，产品 RON 损失 0.2~1.0 个单位；按照国Ⅴ标准清洁汽油生产方案，采用上述技术处理硫含量为 90.5~101.0μg/g、烯烃体积含量为 34.6%~40.5 %的 FCC 汽油，产品 RON 损失 0.6~1.0 个单位。

5 结论

中国石油通过 DSO、GARDES、M-DSO 等技术的开发，成功解决了深度脱硫、降低烯烃含量和保持辛烷值这一制约 FCC 汽油清洁化的重大技术难题，上述技术已成为中国石油国Ⅴ及未来国Ⅵ汽油质量升级的主体技术。该系列技术的成功开发，极大地推动了我国石油炼制技术的进步，有力支持了国家油品质量升级工程和“大气污染防治行动计划”实施，从源头上减少了汽车尾气污染物的排放，为减少雾霾、助力我国蓝天工程做出了重要贡献。

参 考 文 献

[1] Williams B. Refiners’ future survival hinges on updating to changing feedstocks, product specs [J]. Oil Gas J, 2003, 101: 20-34.

[2] 郭莘. 汽油标准与排放法规的发展及我国清洁汽油生产技术趋势[J]. 石油商技, 2012, 03: 5-13.

[3] 冯翠兰，曹祖宾，徐贤伦，等. 催化裂化汽油降烯烃工艺研究进展[J]. 抚顺石油学院学报, 2002, 22 (2) : 25-28.

[4] 兰玲，钟海军，鞠雅娜，等 . FCC 汽油选择性加氢脱硫系列催化剂[J]. 石油科技论坛, 2015(增刊): 206-208.

满足国Ⅳ/Ⅴ汽油质量升级 GARDES 技术介绍

李自夏　常晓昕　巩红光

(中国石油石油化工研究院兰州化工研究中心，兰州　730060)

摘　要：GARDES 技术由中国石油兰州化工研究中心和中国石油大学联合开发，该工艺由预加氢、分馏塔、加氢脱硫和辛烷值恢复多个反应器及梯级催化剂体系组成，通过串联加氢脱硫和烯烃定向转化耦合可以生产高质量的清洁汽油。针对炼厂实际开工情况，本文对加氢脱硫和辛烷值恢复串联工艺的匹配进行了优化，考察了在加氢脱硫阶段不同的脱硫率下，辛烷值恢复过程中补充脱硫及烯烃定向转化情况，并进一步考察了不同含硫化合物以及不同碳数烯烃对总硫脱硫率、总烯烃转化率的影响。

关键词：FCC 汽油　GARDES 技术　串联加氢脱硫　烯烃转化

1　前言

为解决汽车尾气引起的日益严重的大中城市空气污染问题，我国加快了油品质量升级的步伐，从 2014 年 1 月 1 日起全面实行相当于欧Ⅳ标准的国Ⅳ清洁汽油标准[硫≤50μg/g，烯烃≤28%(体)，芳烃≤35%(体)]。根据炼油厂结构的组成，汽油池主要包括重整汽油、异构化油和催化裂化汽油等，重整和异构化油经过加氢预处理后含有少量或者没有含硫化合物[1]，而 FCC 汽油来自于常压渣油装置或真空蒸馏装置，含有大量的含硫化合物，因此，FCC 汽油是汽油池中硫的主要贡献者。在欧美国家的车用汽油池中，FCC 汽油占比大约三分之一，我国车用汽油中 70%以上组分是 FCC 汽油[2]，其具有高硫、高烯烃的特点，因此中国石油汽油质量升级的关键在于 FCC 汽油的清洁化，而如何实现 FCC 汽油脱硫、降烯烃并保持其辛烷值就成为我国车用汽油清洁化迫切需要解决的难题。

加氢脱硫是被广泛认可的生产清洁化汽油的工艺技术，在炼油厂已经成功应用的有两种技术路线[3,4]，一种路线是选择加氢脱硫，可以脱除硫的同时，尽量减少烯烃的损失典型的例子是由 ExxonMobile 公司开发的 SCANfing 工艺、由 IFP 开发的 Prime G+工艺以及由中国石油石油化工研究院开发的 DSO 工艺。另一种路线是将深度加氢脱硫和通过辛烷值恢复后处理方式如裂化、异构化和烷基化等耦合，典型的代表是由 ExxonMobile 公司开发的 Oct-Gain 工艺、UOP 公司开发的 ISAL 工艺、以及中国石油兰州化工研究中心和中国石油大学(北京)联合开发的 GARDES 工艺。

继 2010~2011 年 GARDES 工艺技术在大连石化、湖北金澳、浙江美福完成首批工业应用后，2012~2013 年，助力宁夏石化、辽河石化、抚顺石化、大庆石化、独山子石化、呼和浩特石化、格尔木炼厂 7 家企业实现油品质量从第三阶段标准到第四阶段标准升级。范煜对 GARDES 工艺选择性加氢脱硫和辛烷值恢复反应器的匹配进行了系统的研究，主要针对总硫在两个反应器梯级脱除，总的烃类化合物的转化规律进行了报道。不同硫化物脱除难易程度差异较大，烃类分子芳构化、异构化活性不一，本文系统研究了加氢脱硫阶段不同的脱硫率下，辛烷值恢复过程中补充脱硫及烯烃定向转化情况，并进一步考察了不同含硫化合物以及不同碳数烯烃对总硫脱硫率、总烯烃转化率的影响，期望对 GARDES 工艺在炼厂实际应用中工艺优化条件起到较好的指导。

2　实验部分

催化剂采用中国石油兰州化工研究中心工业生产加氢脱硫催化剂(GDS-30)、辛烷值恢复催化剂(GDS-40)，原料采用兰州石化 FCC 汽油，评价采用多通道评价装置。

3 结果与讨论

3.1 加氢脱硫

首先考察了在不同温度下，加氢脱硫催化剂 GDS-30 对 FCC 汽油原料脱硫率和烯烃转化率之间的关联，以及不同含硫化合物的加氢脱硫活性和不同碳氢化合物包括 C_4~C_9 烯烃转化率。

如图 1 所示，总硫脱硫率、烯烃转化率均随着反应温度的升高而增加，不同的是脱硫率在高温时缓慢增加，而烯烃转化率急剧增加。因此针对加氢脱硫反应器，需要选择适当的脱硫率，使烯烃损失最小化。

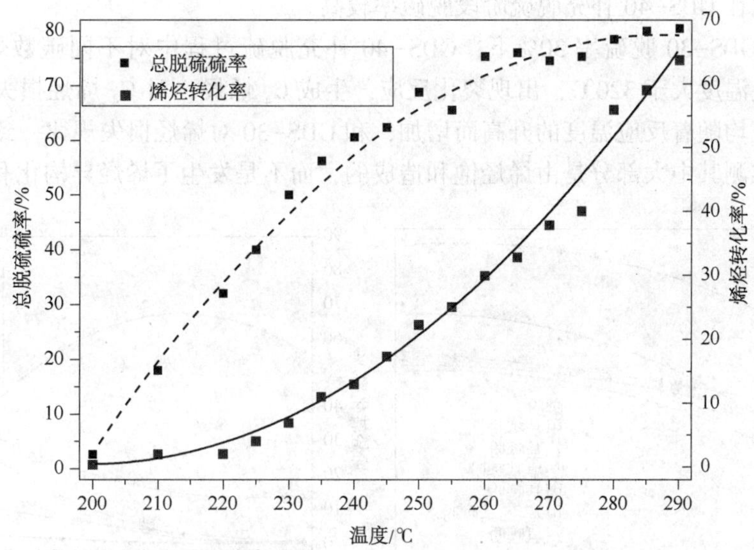

图 1 GDS-30 总硫脱硫率、烯烃转化率随反应温度的变化

图 2 为 FCC 汽油中不同含硫化合物脱硫率随反应温度的变化，总体看来，所有含硫化合物的脱硫率均随反应温度的升高而增加，其中 FCC 汽油中苯并噻吩最容易被脱除，在反应温度 190℃时，苯并噻吩脱硫率已达到 100%，2-乙基噻吩脱硫率仅为 25%。不同含硫化合物的脱硫率排序如下：苯并噻吩>四氢噻吩>3-甲基噻吩>二甲基噻吩>噻吩>2-甲基噻吩>2-乙基噻吩。这应该和噻吩类硫化物的分子结构相关，苯并噻吩中苯环和噻吩中 S 原子高度共轭，电子云密度升高，增加了加氢脱硫活性。

图 2(b)是 FCC 汽油中不同碳数烯烃随反应温度的变化，由图可知，和图 1 结果一致，脱硫率

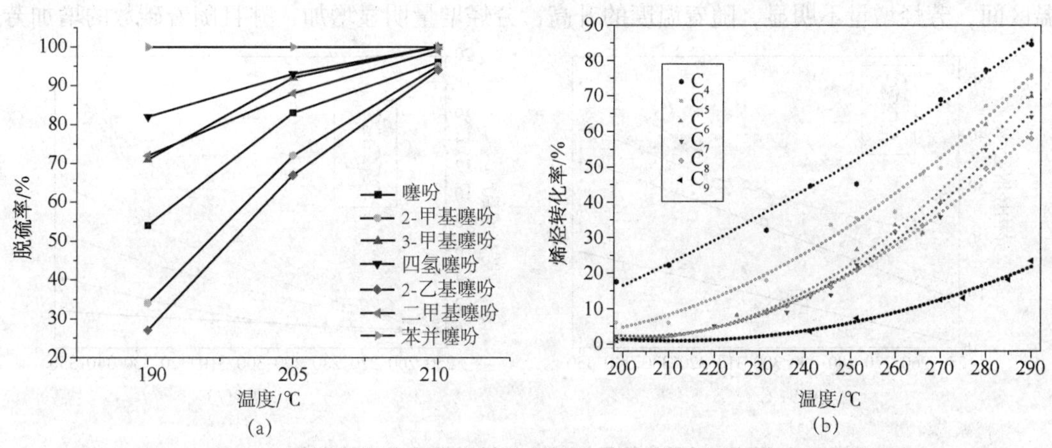

图 2 GDS-30 不同含硫化合物的脱硫率以及不同碳数烯烃转化率随温度变化

高时，烯烃损失也高。总体来看，随着碳数的增加，烯烃损失降低，C_4 烯烃损失最大，当碳数达到 C_9 以上时，烯烃损失很小，烯烃损失主要发生在 $C_4 \sim C_8$ 碳氢化合物。

3.2 辛烷值恢复

考察了 GDS-40 对 FCC 汽油中不同含硫化合物脱硫率和不同碳数烯烃定向转化随温度的变化。

图 3 是在 GDS-30 脱硫率 30%下，GDS-40 对不同含硫化合物的脱硫率的影响。总体看来，所有含硫化合物的脱硫率随温度的升高均增加，和图 2GDS-30 对不同含硫化合物脱硫率的排序不同，GDS-40 对不同含硫化合物脱硫率排序如下：甲基-乙基噻吩>乙基噻吩>二甲基噻吩、三甲基噻吩、丙基噻吩>甲基噻吩>噻吩，大分子的甲基-乙基噻吩最容易被脱除，而小分子噻吩最难被脱除，二甲基噻吩、三甲基噻吩和丙基噻吩脱硫率相当，另外由于在 GDS-30 加氢脱硫阶段，未被脱除的乙基噻吩较多，因此在 GDS-40 补充脱硫阶段脱硫率较高。

图 3(b)是在 GDS-30 脱硫率 30%下，GDS-40 补充脱硫过程中对不同碳数烯烃损失的影响。由图所示，当反应温度大于 320℃，出现裂化反应，生成 C_4 烯烃，对 C_4 烯烃损失有些补偿。其余不同碳数烯烃损失均随着反应温度的升高而增加，和 GDS-30 对烯烃损失规律一致，碳数越低，烯烃转化率越大，推测其中大部分是由烯烃饱和造成的，而不是发生了烯烃异构化和芳构化。

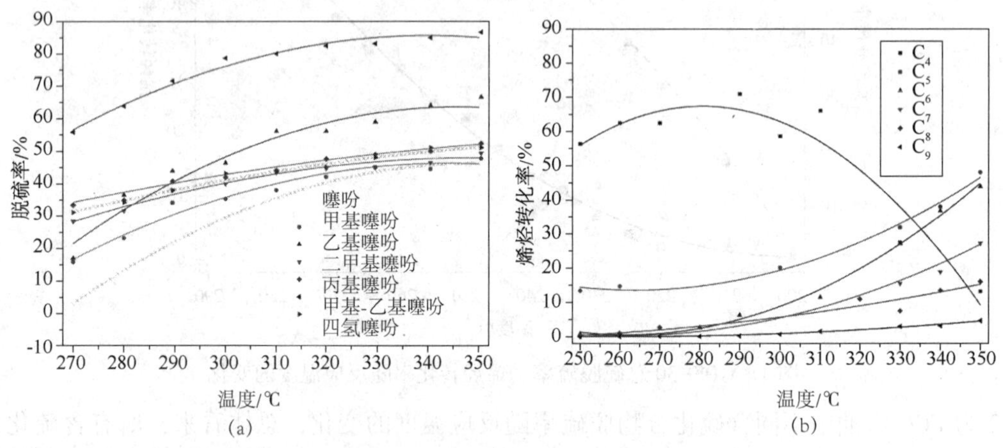

图 3　不同含硫化合物的脱硫率及不同碳数烯烃转化率随温度的变化

图 4 是烯烃定向转化过程中不同碳数异构烃、芳烃增量随温度的变化。总体看来异构烃和芳烃增量均随着碳数增加而增加，这也说明了图 3 中碳数低的烯烃转化率主要是由于烯烃饱和造成的。如图所示，由于异构烷烃可由异构烯烃饱和生成，也可在 GDS-40 催化剂作用下，由烯烃异构化生成，因此异构烃增量随着温度的升高呈递增趋势，$C_6 \sim C_8$ 异构烃增量随着碳数的增加而增加。图 4(b)是芳烃增量随温度的变化，如图所示，高温有利于芳构化已得到普遍认可，因此反应温度在低温区间，芳烃增量不明显，随着温度的升高，芳烃增量明显增加，并且随着碳数的增加芳烃增

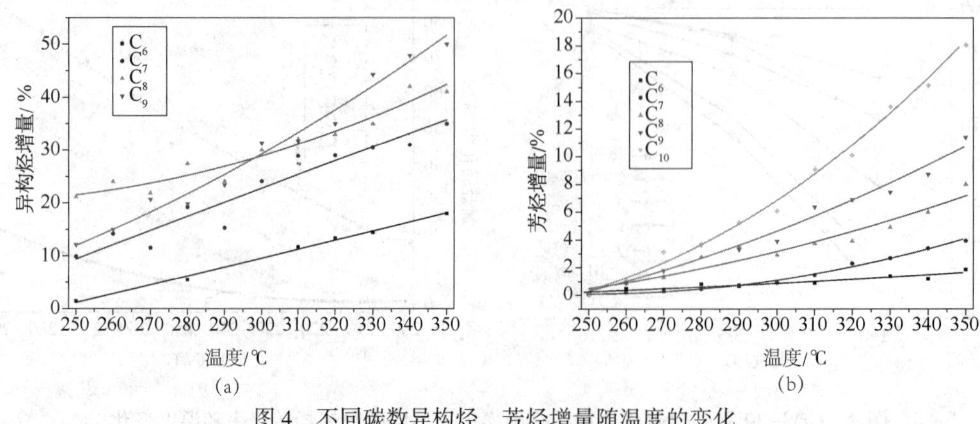

图 4　不同碳数异构烃、芳烃增量随温度的变化

量增加，其中，C_6 芳烃几乎没有增加。

3.3 串联加氢脱硫与辛烷值恢复

收集加氢脱硫阶段脱硫率为 30%、50%和 70%的 FCC 汽油产品，分别用于辛烷值恢复催化剂 GDS-40 的评价，考察了脱硫率及烯烃转化率随空速和反映温度的变化。

由图 5 所示，脱硫率和烯烃转化率均随着空速的增大而减小，这是由于高空速缩短了 FCC 汽油中含硫化合物和碳氢化合物在催化剂上的停留时间，降低了脱硫率和烯烃转化率，并且较长的停留时间更有利于烯烃异构化和芳构化反应。由图可知，当空速为 $5h^{-1}$ 时，脱硫率明显低于其他空速，当空速为 $1h^{-1}$，烯烃转化率又明显高于其他空速。另外随着反应温度的升高，脱硫率和烯烃转化率也随之增大，并且高温时对脱硫率缓慢增加，而烯烃转化率急剧上升。

如图 5 所示，随着 GDS-30 加氢脱硫阶段脱硫率的增加，GDS-40 补充脱硫阶段脱硫率随之增加，由于剩余的烯烃含量随之减小，因此对 GDS-40 阶段烯烃定向转化影响相对比较复杂。图 6 结果显示 GDS-30 脱硫率为 30%时异构烃和芳烃增量最大，GDS-30 脱硫率为 70%时，异构烃和芳烃增量最小，意味着烯烃异构化和芳构化性能随着原料中烯烃的减少被削弱。而图 5 烯烃转化率结果显示，在 GDS-30 脱硫率为 30%时，烯烃转化率最小，在 GDS-30 脱硫率为 50%和 70%时烯烃转化

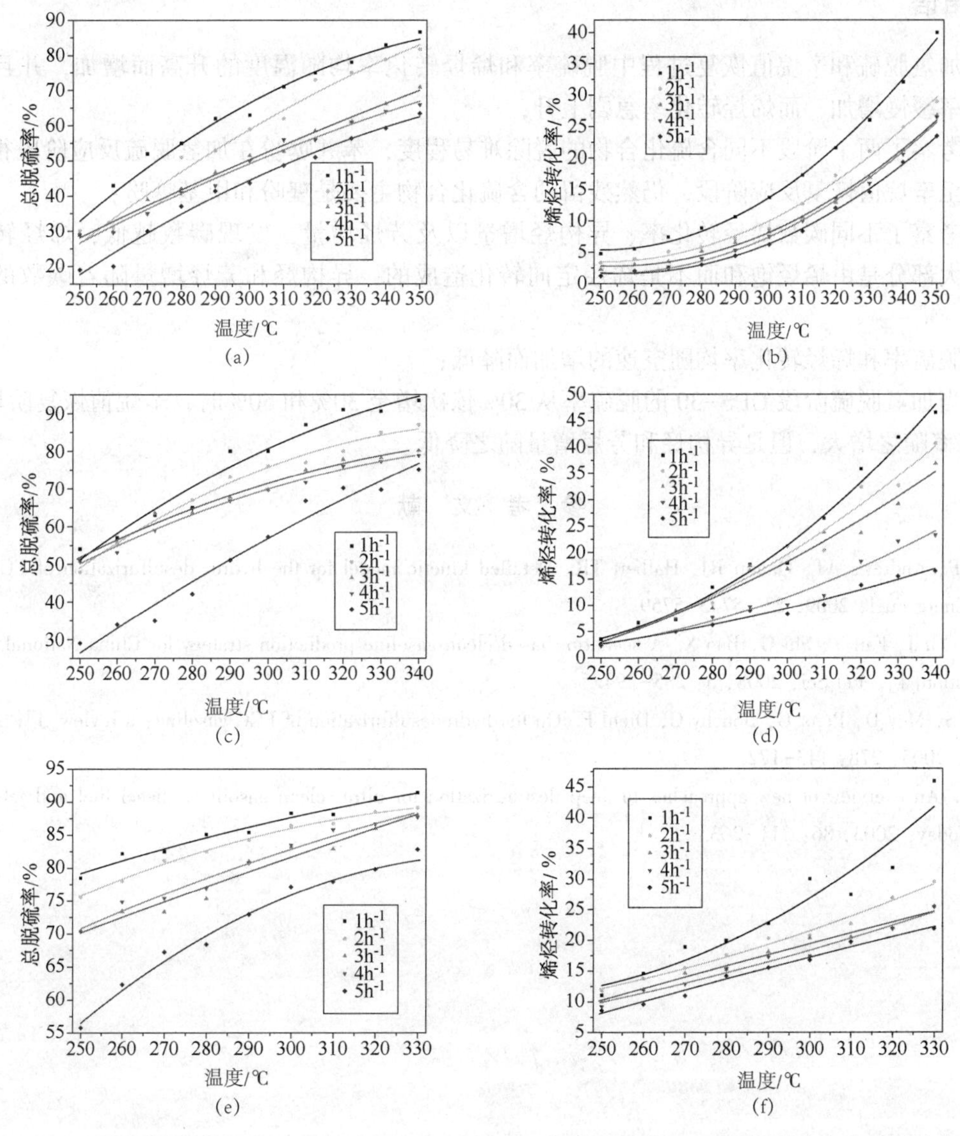

图 5　在 GDS-30 脱硫率分别为 30%、50%和 70%下，空速、反应温度对 GDS-40 的脱硫率及烯烃转化率的影响

大部分是由于烯烃饱和造成的，而不是由于烯烃发生了异构化和芳构化反应，这和脱硫率的规律一致，脱硫率越大，烯烃饱和程度越大。

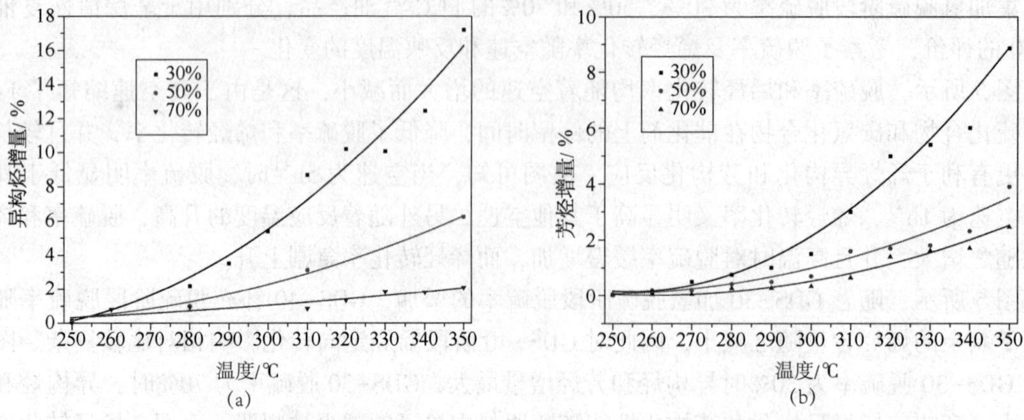

图6 在 GDS-30 脱硫率 30%、50%及 70%下 GDS-40 的异构烃、芳烃增量

4 结语

（1）加氢脱硫和辛烷值恢复过程中脱硫率和烯烃转化率均随温度的升高而增加，并且在高温时，脱硫率缓慢增加，而烯烃转化率急剧上升；

（2）考察了两个阶段不同含硫化合物的脱除难易程度，苯并噻吩在加氢脱硫反应阶段很容易全部脱除，至辛烷值恢复反应阶段，仍然残留的含硫化合物主要是噻吩和甲基噻吩；

（3）考察了不同碳数烯烃转化率、异构烃增量以及芳烃增量，发现碳数越低，烯烃转化率越高，其中大部分是由烯烃饱和而不是烯烃定向转化造成的；异构烃和芳烃增量随着碳数的增加而增加；

（4）脱硫率和烯烃转化率均随空速的增加而降低；

（5）当加氢脱硫阶段 GDS-30 的脱硫率从 30%依次增至 30%和 50%时，辛烷值恢复阶段 GDS-40 的脱硫率随之增大，但是异构烃和芳烃增量随之降低。

参 考 文 献

[1] Ghosh P, Andrews AT, Quann RJ, Halbert TR. Detailed kinetic model for the hydro-desulfurization of FCC naphtha[J]. Energ Fuel, 2009, 23: 5743-5759.

[2] Liu H, Yu J, Fan Y, Shi G, Bao X. A scenario-based clean gasoline production strategy for China National Petroleum Corporation[J]. Pet Sci, 2008, 5: 285-294.

[3] Brunet S, Mey D, Pérot G, Bouchy C, Diehl F. On the hydrodesulfurization of FCC gasoline: a review[J]. Appl Catal A Gen, 2005, 278: 143-172.

[4] Song C. An overview of new approaches to deep desulfurization for ultra-clean gasoline, diesel fuel and jet fuel[J]. Catal Today, 2003, 86: 211-263.

RSDS-溶剂抽提组合工艺在汽油升级首次应用

黄志鸿

（中国石化清江石油化工有限责任公司汽油加氢车间，江苏淮安　223002）

摘　要：介绍了淮安清江石油化工有限责任公司利用石油化工科学研究院RSDS-溶剂抽提组合工艺完成国Ⅴ汽油升级，溶剂抽提装置开工后，通过轻重汽油切割比调整，既保证了装置国Ⅴ汽油硫含量指标的稳定性，又有效减少成品汽油辛烷值损失，辛烷值较之前少损失1.7个点左右。

关键词：抽出油　抽余油　辛烷值　环丁砜

1　前言

淮安清江石油化工有限责任公司300kt/a汽油选择性加氢装置，该装置采用石油化工科学研究院开发的催化裂化汽油选择性加氢脱硫技术RSDS-Ⅱ，目标产品为满足国Ⅲ标准要求的汽油产品，即硫含量不大于150μg/g。装置于2010年6月建成投产，经过2013年改造，硫含量已经低于50μg/g，达到国Ⅳ标准。随着我国油品标准的不断升级，国Ⅴ汽油标准在全国范围内逐步实施。国Ⅴ汽油要求硫含量不大于10μg/g，为保证装置达到国Ⅴ标准以及最佳经济性，对现有的300kt/a汽油选择性加氢装置需要进行改造，新建150kt/t溶剂抽提装置以满足国Ⅴ汽油生产要求并减少辛烷值损失。

2　环丁砜抽提蒸馏工艺技术简介

溶剂抽提装置采用环丁砜抽提蒸馏工艺技术（石油化工科学研究院专有技术）。该工艺原本用于苯提纯，在汽油升级装置为首次应用，全馏分催化汽油（FCCN）进入装置后，首先经过轻重汽油切割部分将催化汽油切割为轻、重两个馏分。轻馏分（LCN）先进入碱抽提脱硫醇单元进行碱抽提脱硫醇，然后再进入溶剂抽提脱噻吩单元，得到的含噻吩和少量芳烃的抽出油与重馏分（HCN）混合去反应器中脱除绝大部分的杂质硫，加氢精制后的重馏分与溶剂精制后的轻馏分混合作为满足国Ⅴ汽油标准要求的汽油产品送出装置，如图1所示。使用该装置主要有以下特点：

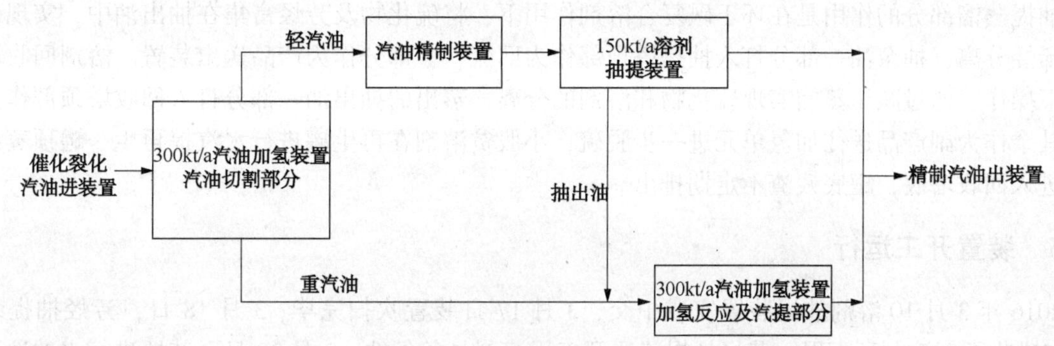

图1　环丁砜抽提蒸馏工艺技术

（1）改造流程简单，工业化风险小，环丁砜选择性好，需要溶剂少，操作条件缓和，操作简单可靠。本装置利用溶剂对原料中各组分相对挥发度影响的不同，通过萃取精馏实现噻吩类硫化物和芳烃与非芳烃的分离。溶剂和催化裂化轻汽油在抽提蒸馏塔内接触形成气液两相，由于溶剂与噻吩类硫化物和芳烃的作用力更强，使非芳烃富集于气相中并于塔顶排出；噻吩类硫化物和芳烃富集于液相中并于塔底排出。富集噻吩类硫化物和芳烃的液相进入溶剂回收塔，进行噻吩类硫化物和芳烃与溶剂的分离，回收的溶剂循环使用。

(2) 减少汽油中烯烃饱和，提高辛烷值。在本公司汽油中烯烃对辛烷值的贡献度较大，汽油中烯烃大部分在轻组分中，为减少烯烃饱和，需要将汽油中轻组分切割比例提高，以减少重组分加氢反应烯烃饱和，而轻组分切出比例加大，组分中少量的噻吩硫将不能被碱抽提去除，利用溶剂抽提装置有效的解决了噻吩硫。

3 原料性质

抽提原料的烃类组成及硫形态分布见表1、表2。

表1 抽提原料烃组成

碳数	正构烷烃	异构烷烃	烯烃	环烷烃	芳烃	汇总
3	0	0	0	0	0	0
4	0.66	0.34	3.6	0	0	4.6
5	2.68	19.74	22.66	0.16	0	45.24
6	1.86	17.26	15	2.8	0.86	37.78
7	0.61	4.42	3.74	1.97	1.64	12.38
8	0	0	0	0	0	0
汇总	5.81	41.76	45.00	4.93	2.50	100.00

表2 抽提原料中硫含量及硫形态

项　目	数值	项　目	数值
硫含量/(μg/g)	201	噻吩类硫/(μg/g)	199
硫醇硫含量/(μg/g)	2		

从表中看汽油组分按5∶5切割，轻组分中烃类主要是C_4~C_7，99%的噻吩硫主要在2.5%的芳烃中。

4 工艺描述

溶剂抽提装置原料为经过碱洗脱硫醇后的轻汽油，过程包括抽提蒸馏、溶剂回收与再生两部分。

抽提蒸馏部分的作用是在环丁砜复合溶剂作用下，将硫化物及芳烃富集在抽出油中，实现硫化物与烯烃分离，抽余油一部分打入抽提塔顶部作为回流，一部分作为产品送出装置。溶剂回收塔在减压下操作，通过减压蒸馏实现硫化物和溶剂的分离，蒸出的抽出油一部分打入回收塔顶部作为回流，其余作为副产品送往加氢单元进一步脱硫，小股贫溶剂在再生罐进行水汽提再生，罐顶蒸出的气相进入回收塔底，罐底残渣不定期排出。

5 装置开工运行

2016年3月10溶剂抽提装置完成中交，3月17日装置吹扫完毕；3月18日，芳烃抽提装置V-205罐收新鲜溶剂环丁砜，芳烃抽提装置开工用溶剂具备条件；3月20日，装置进行水冲洗、水联运、流程贯通；3月23日，芳烃抽提装置气密、抽真空试验；3月25日，装置氮气置换合格；3月26日，芳烃抽提装置进环丁砜开始冷热溶剂循环；3月28日，脱硫醇轻汽油进溶剂抽提装置开始油循环，3月29日芳烃抽提装置开工正常。

5.1 装置操作条件及物料平衡

本装置在2016年3月份开工投产，开工后实际运行数据见表3。

表3 运行数据

塔名	项目	设计值	实际操作
抽提蒸馏塔	进料量/(t/h)	17.86	11
	塔顶压力/kPa(G)	50	50
	贫溶剂进塔温度/℃	73	58
	溶剂比(S/F)	2.7	2.5
	塔顶回流比(R/D)	0.2	0.2
	进料温度/℃	78	63
	塔顶温度/℃	77	62
	塔底温度/℃	167	158
溶剂回收塔	塔顶压力/kPa(G)	-30	-25~-35
	塔顶温度/℃	62	64
	塔底温度/℃	168	157
	塔顶回流比(R/D)	1.9	2.0
	汽提水比(SW/S)	0.022	0.02
溶剂再生罐	溶剂流量/(t/h)	0.3	0.3
	汽提水SW/(t/h)	1.05	0.8
	再生温度/℃	168	163

因蒸汽压力达不到设定值，装置开工后，抽提塔、回收塔热源不足。

5.2 装置成本及能源消耗(见表4、表5)

表4 装置能耗

项目	消耗量	能耗系数	能耗	单耗
蒸汽/t	120	76	9120	34.55
电/(kW·h)	2500	0.23	575	2.18
循环水/t	1100	0.1	110	0.42
合计/kgEO	9805			
单耗/(kgEO/t)	12.97			
加工量	催化裂化稳定汽油：756t/d			

表5 装置加工费用

项目	消耗量	价格	费用/元
蒸汽	120t	104元/t	12480
电	2500(kW·h)	0.75元/(kW·h)	1875
循环水	1100t	0.35元/t	385
合计/元			14740
单位加工费/(元/t)			48.8
加工量	催化裂化稳定汽油：302t		

5.3 产品质量

表6 开工前后质量对比

记录次数	第一组	第二组	第三组
时间	抽提开工前	抽提开工后	
LCN与HCN切割质量比例	20/80	40/60	45/55
抽提前轻汽油硫含量/(mg/kg)	12.9	115	188
抽提前轻汽油硫醇硫含量/%	0.00027	0.00068	0.00056
国五抽余油硫含量/(mg/kg)	—	7.7	8.1
国五抽余油硫醇硫含量/%	—	0.00036	0.00052
汽油加氢原料硫含量/(mg/kg)	318	366	479.1
汽油加氢原料烯烃/%(体)	31	28.3	27.2
汽油加氢原料辛烷值/RON	91.2	89.6	90.4
精制混合汽油硫含量/(mg/kg)	8.4	8.7	8.9
精制混合汽油硫醇硫含量/%	0.00060	0.00029	0.00042
精制混合汽油烯烃/%(体)	19.6	25.1	23.5
精制混合汽油辛烷值/RON	87.7	87.6	88.6
精制重汽油硫醇硫含量/%	0.00044	0.00022	0.00035
精制重汽油硫含量/(mg/kg)	7.3	8.9	9.4

从表6可以看出溶剂抽提装置开工前后，烯烃损失由11.4%减少到3.3%，因此大幅减少了产品辛烷值的损失，辛烷值从损失3.5减少到损失1.8，有效地提高了产品经济效益。

6 结语

RSDS-溶剂抽提组合工艺仍存在以下问题：

(1) 在实际生产中抽出油因产出量只有0.3t/h，如果要进重汽油加氢反应进料泵进口，容易造成进料泵气蚀，该产品后改为进催化提升管回炼。

(2) 因蒸汽压力不能满足，所以装置整体热源不能满足，抽提塔、回收塔塔底和塔顶都不能达到设定值。

溶剂抽提装置开工后，通过轻重汽油切割比调整，既保证了装置国Ⅴ汽油硫含量指标的稳定性，又有效地减少了成品汽油辛烷值损失，辛烷值减少损失1.7个点左右。

压减柴油-降低柴汽比系列加氢技术开发与应用

彭 冲 杜艳泽 吴子明 曾榕辉

（中国石化抚顺石油化工研究院，辽宁抚顺 113001）

摘 要：介绍了压减柴油-降低柴汽比系列加氢技术，灵活调整产品分布的加氢裂化技术可以通过调整产品的馏程范围及更换化工型加氢裂化催化剂有效压减柴油，降低柴汽比；中压加氢改质技术可以生产约10%～35%的高芳潜的石脑油作为优质的催化重整原料；FD2G催化柴油加氢转化技术将劣质柴油馏分转化为收率50%以上的高辛烷值汽油产品；FDHC柴油中压加氢裂化技术、FD2J直馏柴油中压加氢裂化技术可以将柴油馏分转化收率40%～50%的优质喷气燃料。

关键词：压减柴油 柴汽比 加氢技术

1 前言

柴汽比是炼油企业的重要技术经济指标，用来衡量炼油厂的产品是否能满足市场需求结构[1]。近年来，中国柴油消费增速明显放缓，消费柴汽比自2005年达到2.3的高峰后不断下滑。2014年中国成品油表观消费量为298Mt，2000～2010年年均增长8.3%，2010～2014年年均增长4.9%，增速明显回落。分品种看，随着收入增长，汽车进入家庭，汽油消费年均增速由2000～2010年的7.6%提高至2010～2013年的9.7%。受宏观经济增长放缓，大宗商品公路运输需求下降的影响，加之铁路运输及LNG替代增长，2010～2013年柴油消费年均增速由2000～2010年的8.7%回落至2.0%。2014年中国柴油表观消费量为172Mt，汽油表观消费量为105Mt，喷气燃料表观消费量为23Mt，消费柴汽比为1.65[2~5]。

未来五年，中国消费柴汽比将下降到1.1～1.2，将对中国炼油装置结构调整带来挑战[6]。为应对国内汽油、喷气燃料和化工原料市场需求的增长和柴油市场的萎缩，平衡重整料、化工原料之间矛盾，进一步降低炼化一体化企业柴汽比，抚顺石油化工研究院利用加氢技术优势，开发了一系列柴油加氢转化技术，在实现降低柴油总量的同时，生产高附加值产品[7~13]。

2 灵活调整产品分布的加氢裂化技术

加氢裂化是现代炼油厂重油轻质化的重要工艺之一，是生产低硫柴油、高烟点喷气燃料等优质燃料油及化工原料的重要工艺。具有原料适应性强、产品质量好、液体收率高且工艺操作灵活性大等优点，通过改变工艺操作条件和产品切割方案等，可以灵活实现多产石脑油、多产柴油等生产目的。通过加氢裂化技术降低柴汽比的途径主要有两个方面：调整产品切割点，更换化工型加氢裂化催化剂。

2.1 调整产品切割点

加氢裂化柴油馏分十六烷值高、硫氮含量低，是非常优质的清洁柴油调和组分。用作乙烯原料时，因为加氢裂化柴油产品经过了深度加氢反应，芳烃含量一般小于10%，链烷烃含量一般大于40%，但由于柴油馏分一般是由多环芳烃加氢饱和与浅度开环转化生成或者由原料油中的直馏柴油馏分加氢饱和反应生成，环烷烃含量较高，BMCI值通常在18～25，可以作为乙烯原料，乙烯与三烯收率低于相应的加氢裂化尾油产品。加氢裂化喷气燃料馏分通常是加氢裂化稠环芳烃反应生成，且反应深度较深，馏分中富集环状烃组分，因此BMCI值高，通常在25~35，不适合作乙烯原料。因此，将小于280℃的喷气燃料馏分切除，必要时将280~320℃部份轻柴油切除，可明显改善尾油裂解性能。不同尾油窄馏分切割数据得到BMCI值随馏程变化情况及关联乙烯收率见图1。

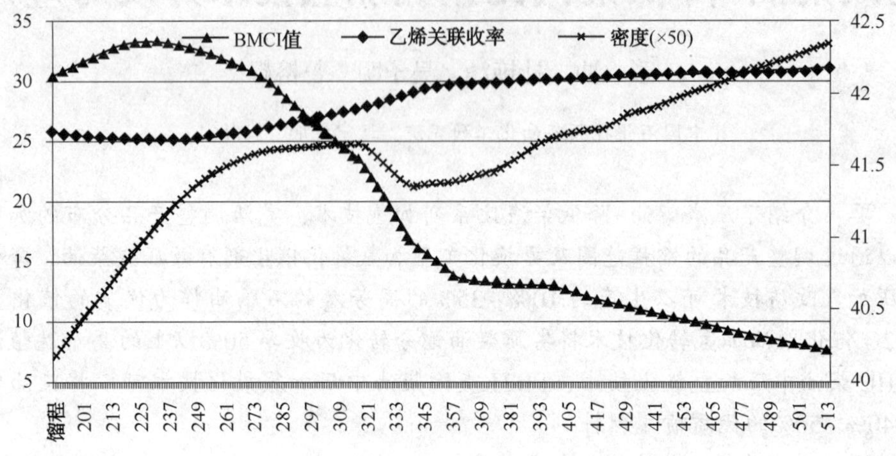

图1　加裂尾油窄馏分切割的BMCI值与密度

基于窄馏分切割的尾油组成数据，运用SPYRO软件在P/E5.6、COP180kPa条件下评价各馏分裂解性能，得到三烯收率与BMCI形成对应关系，210~230℃喷气燃料组分三烯收率最低，为34.2%；之后，三烯收率随馏程上升，290~310℃三烯收率为39.6%，在390~450℃三烯收率趋于平稳，收率达到最高值44.2%。在P/E6.0、COP170kPa下测算三烯收率要高5至9个百分点。将320~360℃加裂重柴组分并入加裂尾油后，BMCI为12.2，三烯收率与>360℃尾油相比仅低0.2个百分点；280~320℃加裂重柴组分并入加裂尾油后，BMCI为14.6，三烯收率与>320℃尾油相比低1.4个百分点。尾油初馏点从320℃降至300℃，每降低10℃，尾油BMCI值约提高0.593；从300℃降至280℃，每降低10℃，尾油BMCI值约提高0.635。测算尾油280、300、320、340℃~干点的BMCI值分别为14.61、13.37、12.26、11.34。综上所述，降低尾油初馏点，将重柴油并入尾油做乙烯原料是可行的，BMCI值提高对三烯收率影响有限，因而以尾油BMCI值≯15进行控制柴油干点，可以最大量将重柴并入尾油做乙烯原料。

加氢裂化最大量生产喷气燃料受限指标主要是密度与烟点。现有加氢裂化装置生产柴油的10%馏出温度一般在221℃至290℃之间，加氢裂化柴油产品中均含有喷气燃料组分，因此，可通过优化调整分馏塔操作，在保证产品质量合格的前提下，提高喷气燃料的干点温度，增产喷气燃料，降低柴油产量。

2.2　更换化工型加氢裂化催化剂

工业上常用的加氢裂化催化剂，按组成和功能主要分为：无定形加氢裂化催化剂、单段加氢裂化催化剂、轻油型加氢裂化催化剂、灵活型加氢裂化催化剂、高中油型加氢裂化催化剂和润滑油型加氢裂化催化剂。统计工业应用结果可得：催化剂类型与大于280℃组分收率关系明显。大于280℃柴油+尾油的平均收率大小为：轻油型加氢裂化催化剂<灵活型加氢裂化催化剂<中油型加氢裂化催化剂。对典型催化剂进行了活性评价，结果见表1。由加氢裂化催化剂典型产品分布及性质可知，尾油BMCI值：灵活型加氢裂化催化剂FC-32≈轻油型加氢裂化催化剂FC-52>高中油型加氢裂化催化剂FC-50>润滑油型加氢裂化催化剂FC-80，大小相差1个单位；尾油收率：灵活型加氢裂化催化剂FC-32<润滑油型加氢裂化催化剂FC-80≈轻油型加氢裂化催化剂FC-52<高中油型加氢裂化催化剂FC-50，因而性能上FC-80、FC-52、FC-50水平相当，灵活型加氢裂化催化剂FC-32在收率略有差距。对于期望更换催化剂实现调整产品分布的企业，可以选择FC-80、FC-52、FC-50等类型的加氢裂化催化剂，最大限度压减柴油，生产优质加氢尾油。

表 1　加氢裂化催化剂典型产品分布及性质

催化剂	3973	FC-28	FC-52	FC-32	FC-50	FC-80
催化剂类型	无定形	单段	轻油型	灵活型	高中油型	润滑油型
原料						
密度/(g/cm³)	0.9049	0.9024	0.9054	0.9164	0.913	0.9054
馏程/℃	277~548	321-528	292~515	328~531	336~542	292~515
S/N/%	1.5/0.17	1.01/0.1138	1.71/0.12	1.4/0.1475	1.59/0.1700	1.71/0.12
BMCI 值	41.5	40.4	45.5	48.2	45.9	45.5
工艺条件						
反应总压/MPa	15.7	15.7	15.7	15.7	15.7	14.7
体积空速/h^{-1}	0.92	0.92	1.5	1.38	1.5	1.8
反应温度/℃	415	400	356	375	391	374
产品分布和性质						
重石脑油产品	82~138℃	82~138℃	65~177℃	65~165℃	82~132℃	79~140℃
收率/%	8.01	9.2	20.5	24.2	9.03	13.3
喷气燃料产品	138~249℃	138~249℃	177~260℃	165~260℃	132~282℃	140~220℃
收率/%	21.35	24.64	22.8	24.58	33.85	19.4
烟点/mm	21	25	26	25	25	25.8
芳烃/%(体)	15.4	6.2	4.6	5.9	6.9	—
BMCI	—	30.43	32.57	27.72	29.32	—
柴油产品	249~371℃	249~371℃	260~320℃	260~350℃	282~370℃	220~370℃
收率/%	36.98	28.9	12.6	13.76	19.32	30.6
密度/(g/cm³)	—	0.8314	0.8328	0.8156	0.8325	—
十六烷值	57.1	58	—	—	64	—
BMCI	—	22.79	26.46	19.9	21.1	—
尾油产品	>371℃	>371℃	>320℃	>350℃	>370℃	>370℃
收率/%	27.37	31.05	40.6	29.83	31.28	30.2
密度/(g/cm³)	—	0.8401	0.8285	8.315	0.8306	0.8315
芳烃/%	—	—	0.7	3.1	2.4	2.6
链烷烃/%	—	—	57.3	48.1	49.3	51.8
BMCI 值	9.1	10.1	9.9	10.1	9.5	8.9

3　中压加氢改质技术

针对不同的原料和技术要求，抚顺石油化工研究院开发了劣质柴油中压加氢改质的 MHUG 技术。该技术用于加工劣质催化柴油或催化柴油与直馏轻蜡油的混合油，在总体积空速 0.8~1.5 h^{-1}，反应压力 6.0~12.0MPa 的操作条件下，可以生产约 10%~35%的高芳潜的石脑油作为优质的催化重整原料，同时生产清洁柴油，硫含量小于 10μg/g，柴油十六烷值较原料增加 10~25 个单位。MHUG 技术选用高加氢性能精制催化剂和高破环性能的加氢改质催化剂级配体系，使原料发生加氢脱硫、脱氮、芳烃饱和及开环反应，可生产硫含量小于 10μg/g，燃烧性能大幅改善的清洁柴油，柴油收率可达 80%。同时副产部分高芳潜的石脑油直接作为优质催化重整原料。该技术原料适用范围更广，可加工催化柴油和直馏轻蜡油的混合油，装置操作压力等级相对低，装置的建设和操作费用相对低，已在国内多套加氢装置成功应用，技术成熟、可靠。MHUG 技术典型结果见表 2。MHUG 技术在燕山石化分公司 1.0Mt/a 柴油加氢装置工业应用结果见表 3。

表 2　FRIPP 中压加氢改质技术的典型结果

原料油	大庆 LCO	大庆 AGO/催柴	辽河 LCO/AGO	鲁宁 LCO/AGO
密度/(g/cm³)	0.8614	0.8575	0.8900	0.8554
馏程/℃	195~351	185~418	201~380	169~462(89%)

续表

原料油	大庆 LCO		大庆 AGO/催柴	辽河 LCO/AGO	鲁宁 LCO/AGO
氮/(μg/g)	897		416	882	532
十六烷值	37.1		34.5(BMCI)	32.6	
裂化段操作条件					
操作方式	单程通过		单程通过	单程通过	单程通过
反应氢分压/MPa	6.4		6.4	6.9	8.5
$LHSV/h^{-1}$	2.0		2.0	1.5	2.1
产品收率与性质					
LPG：收率/%	2.4		—	3.37	3.28
轻石脑油：收率/%	2.6		8.2	8.28	5.71
重石脑油：收率/%	15.1		27.2	30.55	30.20
芳潜/%	63.8		59.0	73.7	63.7
柴油：收率/%	79.7(>180)	60.5	38.6	59.21(>180)	31.03
十六烷值	48.2	41.5	50	43	45
凝点/℃	-6	-50	-17	-12	<-50
尾油：收率/%	—	19.2(>300)	26.0(>320)		30.5
BMCI 值		10.8	2.4		12.5

表 3 燕山石化 1.0 Mt/a 柴油加氢装置工业应用结果

项目	数值		
工况条件			
原料油	大庆减二、重油催化柴油混合油		
入口氢分压/MPa	8.0		
体积空速(精制/裂化)/h^{-1}	1.01/1.30		
平均反应温度(精制/裂化)/℃	365/360		
工业应用结果			
原料油：			
密度/(g/cm^3)	0.8560		
馏程范围/℃	243~480		
硫/(μg/g)	930		
氮/(μg/g)	810		
加氢产品：	石脑油	轻柴油	尾油
产率/%	18.6	45.1	30.4
芳潜/%	63.5		
硫/(μg/g)	<0.5	<10	<10
十六烷值		47.1	
BMCI 值			6.2

4 催化柴油加氢转化技术(FD2G)

近年来随着原油质量的逐年变差，催化裂化装置所加工的原料日趋重质化和劣质化，加之许多企业为了达到改善汽油质量或增产丙烯的目的，对催化裂化装置进行了改造或提高了催化裂化装置的操作苛刻度，导致催化裂化柴油的质量更加恶化。某些企业所生产的催化柴油的芳烃含量甚至达到了~80%，十六烷值通常<20。针对这部分性质较为特殊的催化柴油，抚顺石油化工研究院开发了催化柴油加氢转化的 FD2G 技术，目的旨在充分利用催化柴油中富含的芳烃，将其部分转化并富集在石脑油馏分中，从而可以生产高附加值的汽油调和组分和清洁柴油调和组分，实现减少劣质柴油总量，增加高附加值产品的目的。

高芳烃含量催化柴油加氢转化生产高辛烷值汽油或轻芳烃的 FD2G 技术加工高芳烃含量的催化

柴油，在总体积空速 0.6~1.0h^{-1}，反应压力 8.0~10.0MPa 的操作条件下，可以将高芳烃含量的柴油转化为高辛烷值汽油调和组分，由于这部分馏分中 C_6~C_9 轻芳烃含量超过了 50%，也可以考虑作为芳烃抽提原料来直接生产轻芳烃。工业装置的应用结果表明，采用 FD2G 技术，处理密度 0.92~0.95g/cm^3 催化柴油，<210℃汽油馏分收率 30%~50%，辛烷值(RON) 91~94，硫含量<10μg/g，可作为国Ⅴ汽油调和组分；与柴油原料相比，改质柴油密度降低 0.07g/cm^3左右，十六烷值(指数)提高 10 个单位以上，硫含量<10μg/g，FD2G 技术典型工业应用结果见表 4。

表 4　金陵石化 1.0Mt/催化柴油转化装置的应用结果

项　目	标定结果				
原料油					
密度(20℃)/(g/cm^3)	0.9480				
馏程范围/℃	181~357				
硫/(μg/g)	4201				
氮/(μg/g)	952				
十六烷值	17.0				
质谱组成/%					
链烷烃	18.9				
总环烷	16.0				
总芳烃	65.1				
主要操作条件					
反应入口总压/MPa	10.7				
加氢转化空速/h^{-1}	1.33				
平均反应温度/℃	393.9				
装置氢耗/%	4.31				
产品					
馏分范围/℃	轻石脑油	重石脑油	165~210℃ 重汽油	65~210℃ 混合汽油	柴油组分
收率/%	6.70	20.70	23.55	44.25	33.16
密度(20℃)/(g/cm^3)		0.7903	0.8554	0.8248	0.8721
硫/(μg/g)		5.0	0.7	2.4	16.3
RON		91.1	97.1	94.6	
十六烷值					31.0
十六烷值增幅					+14.0
BTX		41.94		27.27	

5　柴油中压加氢裂化技术(FDHC)

据宏观数据显示，中国柴油消费已进入阶段性平台区，需求量维持在 170Mt/a 左右，相对于原油加工能力和实际原油加工量的逐年增长，必然需要将部分过剩柴油馏分转化为汽油产品、喷气燃料产品、催化重整原料和蒸汽裂解制乙烯原料，在实现压减柴油产量的同时，生产部分市场需求旺盛的汽油和喷气燃料产品，同时还可以提供部分优质的催化重整和乙烯装置原料，优化企业炼化一体化发展。

中国石化抚顺石油化工研究院(FRIPP)针对直馏柴油和焦化柴油原料开发了 FDHC 柴油中压加氢裂化技术，可以生产优质喷气燃料、优质催化重整原料和蒸汽裂解制乙烯原料等产品，从而进一步降低炼油企业柴汽比，满足炼油企业调整产品结构的迫切需求。该技术通过开发加氢裂化-补充精制反序串联工艺流程，解决了中压加氢裂化喷气燃料馏分烟点偏低和装置运行末期产品质量下降等难题，通过优化原料构成、催化剂体系和操作参数，在增产优质喷气燃料产品的同时，还可生产部分富含链烷烃的优质乙烯裂解原料和高芳烃潜含量的重整进料，有效压减柴油，降低柴汽比。

以直馏柴油为主要原料，在反应氢分压6.0~8.0MPa、总体积空速0.5~1.5h^{-1}等工艺条件下，喷气燃料收率40%~50%，烟点26~31mm，可以直接生产优质3#喷气燃料；重石脑油收率12.6%~21.8%，芳潜49.2%~53.4%，硫氮含量均低于0.5μg/g，是优质催化重整进料；未转化柴油收率15.1%~32.7%，BMCI值8.0~11.9，链烷烃含量70.3%~76.6%，十六烷值64.9~69.0，既可作为优质蒸汽裂解制乙烯原料，也可作为国Ⅴ标准车用柴油调和组分。该技术适用于利旧现有8.0MPa压力等级柴油加氢装置或更高压力等级中压加氢裂化装置适应性改造，加工以直馏柴油为的原料，灵活增产优质喷气燃料产品、重整原料和乙烯原料，未转化柴油乙烯裂解性能不低于未转化尾油。表5列出了不同柴油原料中压加氢裂化产品分布和产品性质变化的典型中试结果。

表5 不同原料油工艺条件、主要产品分布及性质

原料油	上海常三	燕山直柴	茂名焦柴
反应氢分压/MPa	6.4	8.0	6.4
入口氢油体积比	700∶1	700∶1	700∶1
总体积空速/h^{-1}	0.80	0.92	0.62
裂化温度/℃	364	367	374
C_{5+}液收/%	98.78	96.10	97.08
化学氢耗/%	1.57	1.61	2.38
65~132℃收率/%	16.54	12.64	16.71
密度(20℃)/(g/cm^3)	0.7338	0.7306	0.7350
馏程/℃	71~160	75~149	68~144
S/(μg/g)	<0.5	<0.5	<0.5
N/(μg/g)	<0.5	<0.5	<0.5
芳潜/%	53.4	53.1	61.7
132~260℃收率/%	43.56	45.23	41.82
密度(20℃)/(g/cm^3)	0.7995	0.7867	0.8018
馏程/℃	138~258	142~267	140~254
S/(μg/g)	<1.0	<1.0	<1.0
闪点/℃	41	41	43
冰点/℃	-53	-51	-52
烟点/mm	26.6	28.1	24.5
芳烃/%(体)	7.5	7.1	8.8
萘系烃/%(体)	0.12	0.12	0.19
>260℃收率/%	32.71	31.06	32.74
密度(20℃)/(g/cm^3)	0.8056	0.8026	0.8201
馏程/℃	266~336	259~333	275~361
S/(μg/g)	<2.0	<2.0	<2.0
十六烷值	67.8	64.9	64.2
BMCI值	11.9	11.9	17.0
链烷烃/%	74.3	70.3	61.1
环烷烃/%	22.8	26.5	35.8
芳烃/%	2.9	3.2	5.1

表5表明，燕山直柴在控制与上海常三相同的转化深度时，喷气燃料收率基本相当，但是喷气燃料馏分主要产品质量明显提高，烟点提高1.5个单位，未转化柴油产品质量基本相当。由于焦化柴油原料硫氮杂质含量高，其加氢裂化苛刻度明显增加，在控制与直馏柴油相同转化深度时，加氢裂化产品分布基本相当，但是主要产品质量明显降低，其中，喷气燃料馏分烟点降低2个单位以上，BMCI值升高至17.0，乙烯裂解性能降低，但是其链烷烃含量较高，特殊情况仍然可以作为乙烯原料。因此，采用FDHC中压加氢裂化技术生产优质3#喷气燃料和优质乙烯原料，需在产品质量有富余的情况下，才可以考虑掺炼部分焦化柴油原料。

6 直馏柴油中压加氢裂化技术(FD2J)

我国现有喷气燃料生产技术主要是直馏喷气燃料加氢精制技术和加氢裂化技术，喷气燃料产品与柴油或汽油产品相比利润上更有优势，极大促进了各大炼油企业增产喷气燃料产品，但其产量受到加工原油性质和两种喷气燃料生产技术特点制约而不能满足市场需求。通常常压直馏柴油馏分因冰点高和烟点低等原因无法通过常规加氢精制工艺来生产质量合格的喷气燃料产品。为进一步扩大喷气燃料产品产量，FRIPP 适时创新开发了 FD2J 常压直馏柴油加氢转化生产喷气燃料产品技术，以满足未来市场对优质喷气燃料的需求。该技术通过合理选择加氢精制催化剂、加氢改质异构降凝催化剂和临氢降凝催化剂等催化剂级配体系，使催化剂级配体系具有适宜的精制、异构和裂化功能，在适宜的工艺条件下，加工直馏柴油，通过适度加氢转化，能够有效降低喷气燃料产品冰点，提高喷气燃料产品烟点，生产出质量合格的喷气燃料产品。典型中试结果见表 6。

表 6 窄馏分直馏柴油加氢转化产品性质

产 品	直馏柴油	石脑油	喷气燃料
密度(20℃)/(g/cm^3)	0.8346	0.7111	0.8077
馏程/℃			
初馏点/10%	228/248	48/71	145/168
30%/50%	259/266	85/96	193/222
70%/90%	273/281	103/127	246/267
95%/EBP	285/294	155/166	274/285
闪点/℃	104	<25	54
凝点/℃	-25		-58
冰点/℃	-18.6		-49
烟点/mm	18.6		22.8
萘系烃/%(体)			0.41
芳烃/%(体)			
芳潜/%		38.00	

从表 6 中数据可以看出，采用 FD2J 技术，可将窄馏分直馏柴油加氢转化为喷气燃料和石脑油产品。喷气燃料产品收率为 62.86%，密度 0.8077g/cm^3，馏程 145~285℃，闪点 54℃，冰点-49℃，烟点 22.8mm，萘系烃体积含量 0.41%。喷气燃料产品主要性质均满足 3#喷气燃料质量指标要求，可生产合格的 3#喷气燃料产品。以窄馏分直馏柴油为原料，经过加氢转化后，生成油只需将石脑油切出，即可获得喷气燃料产品，工艺流程简单，装置建设投资和运行能耗较低。

7 结语

通过加氢裂化技术降低柴汽比的途径主要有两个方面：调整产品切割点，更换化工型加氢裂化催化剂。可以将尾油的初馏点前移至 280℃，必要时将 280~320℃部份轻柴油切除，可获 BMCI 值合适的蒸汽裂解制乙烯原料，同时可通过优化调整分馏塔操作，在保证产品质量合格的前提下，提高喷气燃料的干点温度，增产喷气燃料，降低柴油产量。

劣质柴油中压加氢改质的 MHUG 技术可以生产约 10%~35%的高芳潜的石脑油作为优质的催化重整原料，同时生产清洁柴油，硫含量小于 10 μg/g，柴油十六烷值较原料增加 10~25 个单位。FD2G 技术<210℃汽油馏分收率 30%~50%，辛烷值(RON)91~94，硫含量<10μg/g，可作为国Ⅴ汽油调和组分。

FDHC 柴油中压加氢裂化技术以直馏柴油为主要原料，可以直接生产优质 3#喷气燃料，喷气燃料收率 40%~50%，烟点 26~31mm，有效压减柴油，降低柴汽比；FD2J 直馏柴油中压加氢裂化技术可以进一步降低喷气燃料冰点，提高喷气燃料收率。

参 考 文 献

[1] 张振．柴汽比问题综述与对策探讨[J]．石油炼制与化工，1995，26(5)：54-58.
[2] 张成．优化生产方案增产汽油措施分析与应用[J]．石油炼制与化工，2012，43(4)：5-9.
[3] 张成，钟湘生．降低柴汽比潜力分析与措施[J]．炼油技术与工程，2013，43(6)：22-25.
[4] 田景惠．2011 年我国成品油市场回顾及 2012 年展望[J]．国际石油经济，2012，20(1)：77-82.
[5] 田景惠．2012 年我国成品油市场回顾及 2013 年展望[J]．国际石油经济，2013，21(4)：70-75.
[6] 简建超，黄丽．应用炼油全流程优化技术降低柴汽比[J]．化工技术与开发，2014，43(8)：69-72.
[7] 黄新露．重芳烃高效转化生产轻芳烃技术[J]．化工进展，2013，32：2263-2266.
[8] Chong Peng, Xinlu Huang, Tao Liu, et al. Improve diesel quality through advanced hydroprocessing[J]. Hydrocarbon Process., 2012, 91: 65.
[9] Chong Peng, Rong Guo, Xiangchen Fang. Improving ultra-deep desulfurization efficiency by catalyst stacking technology [J]. Catalysis Letters, 2016, 146 (3): 701-709.
[10] Chong Peng, Xinlu Huang, Xuezhi Duan, et al. Direct production of high octane gasoline and ULSD blend stocks by LCO hydrocracking[J], Catalysis Today, DOI: 10. 1016/j. cattod. 2015, 11: 049.
[11] Chong Peng, Xiangchen Fang, Ronghui Zeng et al. Commercial analysis of catalytic hydroprocessing technologies in producing diesel and gasoline by light cycle oil[J], Catalysis Today, DOI: 10. 1016/j. cattod. 2016, 01, 017.
[12] Chong Peng, Ronghui Zeng, Xiangchen Fang. Chapter 4. Research and Development of Hydrocracking Catalysts and technology[C], Catalysis Vol. 28, Royal Society of Chemistry. 2016, 86-118.
[13] Chong Peng, Xuejing Yang, Xiangchen Fang, et al. Development of Light Cycle Oil (LCO) Hydrocracking Technology over a Commercial W-Ni Based Catalyst[J]. China Petroleum Processing and Petrochemical Technology, 2015, 17 (4): 30-36.

页岩油加氢生产清洁燃料技术及工业应用

宋永一　刘继华

（中国石油化工股份有限公司抚顺石油化工研究院，辽宁抚顺　113001）

摘　要：针对页岩油密度较大，氧含量、氮含量、芳烃含量、金属等杂质以及残炭含量高的特点，FRIPP 开发了中压加氢处理工艺生产合成原油或重质燃料油技术、高压加氢处理工艺生产车用燃料和部分催化裂化、乙烯裂解原料技术以及加氢精制-裂化两段工艺、加氢裂化-加氢精制反序一段串联工艺生产清洁车用燃料油技术。产品中清洁石脑油馏分硫、氮含量低，可以满足重整原料要求，柴油馏分密度低、硫含量小于 10μg/g、十六烷值高达 60 以上，既可满足国Ⅴ车用柴油标准，又可作为高十六烷值车柴的调和组分。多种技术的开发，使得企业可以根据产品质量要求来选择最适合的技术和催化剂体系，为我国页岩油能源的清洁、高效利用提供了有力的技术支撑。

关键词：页岩油　合成原油　加氢精制　加氢裂化　催化剂　清洁柴油

1　前言

目前世界经济发展迅速，对液体燃料油品的需求越来越多，而且对燃料质量的要求也越来越严格[1]。液体燃料油品绝大多数都是由石油获得，但是世界原油已经探明的储量按现在的开采量估算，只能维持百余年的持续使用，石油原料的短缺迫在眉睫。因此，开发和利用可替代能源具有重要的现实意义和长远意义[2]。

世界油页岩资源很丰富，储量约相当于 400Gt 页岩油，远远超过天然石油总储量[3]。我国是油页岩资源比较丰富的国家之一。根据国家和各省地质部门的勘探资料统计，已探明油页岩保有储量在 31.5Gt 以上，分别分布在十四个省（区）。而辽宁省油页岩保有储量约 3.7Gt，平均含油按 7% 计，折合页岩油近 0.26Gt。页岩油与天然石油相似，是最适宜替代天然石油的重要能源之一，但比天然石油含有更多的不饱和烃以及氧、氮和硫等非烃化合物[4,5]。

抚顺石油化工研究院（以下简称 FRIPP）从 20 世纪 50 年代建院初期就开始进行页岩油加氢的研究[6]，经过 50 多年的不懈努力，相继开发成功了种类齐全、系列配套的加氢催化剂及中压加氢精制工艺生产合成原油或重质燃料油技术、高压加氢精制工艺生产车用燃料和部分催化裂化、乙烯裂解原料技术、加氢精制-裂化两段工艺和加氢裂化-加氢精制反序串联工艺生产清洁车用燃料油技术。整体达到了国际同类技术的先进水平，为我国石油化学工业的发展和进步提供了强有力的技术支撑。

2　页岩油加氢处理技术

2.1　页岩油低压加氢处理生产合成原油或重质燃料油技术

页岩油低压加氢处理生产合成原油或重质燃料油技术是以全馏分页岩油为原料油，在反应压力 6.0~8.0MPa、体积空速 1.5~2.0h^{-1}、反应温度 350~380℃、氢油体积比 600：1~800：1 下，选用 FRIPP 开发的 FZC 系列加氢保护剂和 FF 系列加氢精制催化剂，产品为优质合成原油或重质燃料油。

典型工艺条件和结果列于表 1，从表 1 可见，以全馏分页岩油为原料，加氢处理后精制油的密度降低至0.8600 g/cm³，硫含量为240μg/g，氮含量为5000μg/g。同时，酸值、残炭和灰分明显下降，产品满足一级合成原油指标或作为重质燃料油调和组分。

表1　页岩油低压加氢处理生产合成原油或重质燃料油技术典型结果

项　目	数　据	
工艺条件		
压力/MPa	6.0~8.0	
反应温度/℃	350~370	
体积空速/h^{-1}	1.5~2.0	
氢油体积比	600~800	
油品名称	页岩油原料	产品
密度(20℃)/(g/cm³)	0.8980	0.8600
馏程(ASTM-D7169)/℃		
10%/50%	220/370	201/342
90%/95%	525/560	496/531
硫含量/%	0.35	240
氮含量/(μg/g)	12300	5000
氧含量/%	1.75	0.015
残炭/%	1.60	0.10
灰分/%	0.03	0.002
酸值/(mgKOH/g)	0.55	0.01

2.2　页岩油高压加氢处理生产车用燃料油技术

页岩油高压加氢处理生产车用燃料油技术是以全馏分页岩油为原料油，在反应压力12.0~15.0MPa、体积空速0.8~1.5h^{-1}、反应温度360~390℃、氢油体积比800：1~1200：1下，选用FRIPP开发的FZC系列加氢保护剂和FF系列加氢精制催化剂，产品为优质车用燃料油及部分精制蜡油。

典型工艺条件和结果列于表2，从表2可见，以全馏分页岩油为原料，高压加氢处理后<165℃石脑油馏分收率为3.5%~5.0%，密度为0.7650g/cm³，硫含量小于3.0μg/g，氮含量小于2.0μg/g,芳潜为大于55.0%，可作为优质的汽油调和组分或重整预加氢原料；165~350℃柴油馏分收率为55.0~65.0%，密度0.8340g/cm³，硫含量小于8.0μg/g，氮含量小于42.0μg/g，十六烷值60.0~65.0，可以生产优质国Ⅴ柴油或作为高十六烷值柴油调和组分；>350℃加氢蜡油收率为30.0%~40.0%，密度为0.8710g/cm³，硫含量小于12.0μg/g，氮含量小于500.0μg/g，总芳烃含量21.4m%，胶质含量仅为0.2m%，是优质的加氢裂化原料、催化裂化原料或乙烯裂解原料。

表2　页岩油高压加氢处理生产优质车用燃料技术典型结果

项　目	数　据			
工艺条件				
压力/MPa	12.0~15.0			
反应温度/℃	360~390			
体积空速/h^{-1}	0.8~1.5			
氢油体积比	800~1000			
油品名称	页岩油原料	精制石脑油	精制柴油	精制蜡油
收率/%	100	3.5~5.0	55.0~65.0	30.0~40.0
密度(20℃)/(g/cm³)	0.8980	0.7650	0.8340	0.8710
馏程(ASTM-D7169)/℃				
10%/50%	220/370	111/132	218/273	378/431
90%/95%	525/560	158/165	333/346	525/551
硫含量/(μg/g)	3500	<3.0	<8.0	<12.0

续表

项　目	数　据			
氮含量/(μg/g)	12300	<2.0	<42.0	<500.0
芳烃潜含量/%		>55.0		
芳烃/%			9.5	21.4
胶质/%			0.001	0.2
十六烷值			60.0~65.0	
BMCI				20.1

3　页岩油加氢裂化技术

3.1　页岩油加氢精制-加氢裂化两段生产清洁车用燃料油技术

页岩油中含有氧元素，在加氢精制过程中生成水，加氢裂化催化剂中含有分子筛，水可使加氢裂化催化剂受到损害，很难保持长周期活性稳定。因此，FRIPP 开发了加氢精制和加氢裂化两段技术来处理页岩油。精制段以全馏分页岩油为原料，在高压条件下，选用 FF 加氢精制催化剂，进行加氢精制，切割出<165℃轻石脑油馏分、165~350℃柴油馏分和>350℃蜡油馏分。裂化段以精制段切割的>350℃蜡油为原料油，选用 FF 加氢精制催化剂/FC 加氢裂化催化剂，控制单程转化率70%，将加氢裂化段产品石脑油馏分、柴油馏分与加氢精制段产品石脑油馏分、柴油馏分混合，得到最终产品。典型工艺条件、产品性质列于表 3。可以看出：在反应总压 15.7MPa，精制段体积空速 1.0~1.2h^{-1}，反应温度 360~390℃、氢油体积比 800：1~1000：1，裂化段体积空速 0.8~1.0h^{-1}，反应温度 370~400℃、氢油体积比 1000：1~1200：1 等条件下加氢产品中<165℃石脑油馏分收率为 18.0~23.0%，密度为 0.7174g/cm^3，硫含量小于 3.0μg/g，氮含量小于 1.0μg/g，芳潜大于 50.0m%，可作为优质的汽油调和组分或重整预加氢原料；柴油馏分收率为 75.0~80.0%，密度 0.8280g/cm^3，硫含量小于 6.0μg/g，氮含量小于 10.0μg/g，十六烷值 62.0~68.0，凝点为-30~-40℃，可以生产优质低凝点国Ⅴ柴油或作为高十六烷值柴油调和组分。

表 3　页岩油加氢精制-加氢裂化两段加氢技术典型结果

项　目	数　据		
工艺条件	精制段		裂化段
压力/MPa	15.7		15.7
反应温度/℃	360~390		370~400
体积空速/h^{-1}	1.0~1.2		0.8~1.0
氢油体积比	800~1000		1000~1200
油品名称	页岩油原料	石脑油产品	柴油产品
收率/%	100	18.0~23.0	75.0~80.0
密度(20℃)/(g/cm^3)	0.8980	0.7174	0.8280
馏程/℃			
10%/50%	220/370	111/128	210/269
90%/95%	525/560	156/164	333/344
硫含量/(μg/g)	3500	<3.0	<6.0
氮含量/(μg/g)	12300	<1.0	<10.0
芳潜/%		>50.0	
凝点/℃			-30~-40
十六烷值			62.0~68.0

3.2　页岩油加氢裂化-加氢精制反序一段串联生产清洁燃料油技术

根据页岩油等非常规原料高含氮、含氧的特征，FRIPP 开发了加氢裂化-加氢精制(FHC-FHT)反序一段串联工艺技术。加氢裂化-加氢精制(FHC-FHT)反序一段串联工艺，克服了由于页岩油中氧含量高，加氢精制生成油中高含量的水对裂化催化剂性能的影响，保证了工业装置的长周期运转。

以全馏分页岩油为原料，采用一段反序串联工艺，在反应总压15.0MPa，精制体积空速0.5~0.8h^{-1}，循环油体积空速0.8~1.0h^{-1}，反应器的入口氢油体积比分别为800：1~1000：1等条件下，典型结果列于表4。可见，加氢产品中<165℃石脑油馏分收率为15.0%~20.0%，密度0.7276 g/cm^3，硫含量小于2.0μg/g，氮含量小于1.0μg/g，芳潜大于55.0m%，可作为优质的汽油调和组分或重整预加氢原料，165~350℃柴油馏分收率为78.0%~83.0%，密度0.8334 g/cm^3，硫含量小于4.0μg/g，氮含量小于2.0μg/g，十六烷值为58.0~65.0，可以生产优质国Ⅴ柴油。

表4　页岩油加氢裂化-加氢精制反序串联技术典型结果

项　目	数　据		
工艺条件			
反应器	裂化	精制	
压力/MPa	15.7	15.7	
裂化/精制反应温度/℃	370~400	360~390	
新鲜原料体积空速/h^{-1}		0.5~0.8	
循环油体积空速/h^{-1}	0.8~1.0		
氢油体积比	800~1000	800~1000	
油品名称	页岩油原料	石脑油	柴油
收率/%	100	15.0~20.0	78.0~83.0
密度(20℃)/(g/cm^3)	0.8980	0.7276	0.8334
馏程(ASTM-D7169)/℃			
10%/50%	220/370	115/129	210/272
90%/95%	525/560	156/167	332/345
硫含量/(μg/g)	3500	<2.0	<4.0
氮含量/(μg/g)	12300	<1.0	<2.0
芳烃/%			
芳潜/%		>55.0	
十六烷值			58.0~65.0

4　页岩油加氢技术的工业应用

抚顺矿业集团有限责任公司页岩油厂采用FRIPP页岩油高压加氢处理技术建设一套50万吨/年页岩油加氢装置，加工油页岩干馏生产的页岩油全馏分原料，生产清洁石脑油、车用柴油和加氢尾油，加氢尾油作为催化裂化装置的原料，装置已建成。目前该厂页岩油直接销售，装置尚未开工。

5　结语

FRIPP成功开发了页岩油中压加氢处理生产优质合成原油或重质燃料油技术、高压加氢处理生产车用燃料和部分催化裂化、乙烯裂解原料技术以及加氢精制-裂化两段工艺、加氢裂化-加氢精制反序串联工艺生产清洁车用燃料油技术。产品中清洁石脑油馏分硫、氮含量低，可以满足重整原料要求，也可作为乙烯裂解原料。柴油馏分密度低、硫质量分数小于10μg/g、十六烷值高达60以上，既可满足国Ⅴ车用柴油标准，又可作为高十六烷值车柴的调和组分。多种技术的开发，使得企业可以根据产品质量要求来选择最适合的技术和催化剂体系，为我国页岩油能源的清洁、高效利用提供了有力的技术支撑。

参考文献

[1] 孙贤，陈冬青，王莹．车用油标准：炼油企业新挑战[J]．中国石化，2011(04).
[2] 张绍波．“页岩油革命”：呼唤廉价石油时代回归[J]．中国石油企业，2012(08).
[3] 曾蓬，杜喜研，魏永聚．页岩油工业现状及页岩干馏工艺发展概况[J]．当代化工，2006(03).
[4] 宋岩．抚顺页岩油性质及其加工方案探讨[J]．煤炭加工与综合利用，2004(04).
[5] 张晶，周彦文，陈维思．抚顺页岩油加工方案初步研究[J]．当代化工，2009(06).
[6]钱鸿业，田会元．抚顺页岩油新加工方案[J]．石油学报(石油加工)，1989(01).

国内外固定床渣油加氢技术进展

袁胜华　杨旭　关月明

(中国石油化工股份有限公司抚顺石油化工研究院，辽宁抚顺　113001)

摘　要：重点介绍了国内外在固定床渣油加氢工艺、工程以及催化剂上的技术进展，探讨了未来固定床加氢技术的发展趋势。

关键词：渣油加氢　固定床　技术进展　发展趋势

1　前言

近年来，世界范围内原油开采难度逐年加大，常规原油资源已显著减少，开采出来的原油越来越重，质量越来越差。炼油技术发展的总趋势是：随着对轻质清洁燃料需求的增加，渣油深度转化将成为炼油业长期追求的目标，采用的深度加工技术路线将呈现多样化的发展趋势。但是，从未来生态环境保护和原油价格回暖的总体趋势看，加氢技术路线具有优质液体产品收率高、投资回报率高等优势，已经成为了目前国内外炼油技术研究的重点。

渣油加氢技术按照反应器类型主要分为固定床、沸腾床、移动床和悬浮床。渣油沸腾床加氢技术能够加工高硫、高残炭、高金属的劣质渣油，相较于固定床加氢处理技术具有较高的转化率，但存在装置投资大、操作技术复杂等问题。相比之下，渣油悬浮床加氢技术由于原料适应性强，适合于劣质渣油的深加工，具有转化率高、产品质量好等优点，但其经济效益尚不济其他工艺加工常规重油[1]。移动床可以实现催化剂的在线加入和排出，催化剂利用率高，装置运转周期长，但装置投资相对较高，操作难度较大。

固定床渣油加氢处理技术是比较成熟的渣油加工技术。相较于其他渣油加氢技术，固定床渣油加氢技术的投资和操作费用低、运行安全简单，是目前渣油加氢技术的首选技术，也是目前工业应用最多的渣油加氢技术，主要用于催化裂化原料的加氢预处理。在未来几年渣油加氢装置的建设中，这种固定床渣油加氢技术占据主导地位的格局仍不会有太大的改变[2]。

2　工艺技术进展

国外固定床渣油加氢处理技术主要有Chevron公司的RDS/VRDS工艺、UOP公司的RCD Unionfining工艺、ExxonMobil公司的Residfining工艺、Shell公司的HDS工艺、Axens公司的Hyval技术等。目前，Chevron公司的RDS/VRDS工艺和UOP公司的RCD Unionfining工艺是工业应用最多的专利技术。国内在渣油固定床加氢处理技术的研究和应用方面虽起步较晚，但已经达到了国际先进水平，目前中国石化集团公司(以下简称中国石化)拥有自己的渣油加氢技术，具有自主设计、建设大型固定床渣油加氢装置的能力和业绩[3]。国内固定床渣油加氢处理技术主要有中石化抚顺石油化工研究院(FRIPP)开发的S-RHT技术以及中石化石油科学研究院(RIPP)开发的RHT技术。近年来，国外炼油技术开发机构在固定床渣油加氢技术的研发方面取得了一些新进展。

固定床反应器前加上UFR和PRS保护反应器技术，是固定床渣油加氢技术的重要进展。由于固定床加氢反应器的第一个床层容易堵塞，产生压力降，影响装置操作周期。为了克服固定床对原料要求较高的缺点，通常会在主反应器前加设PRS可切除、可切换保护反应器或上流式反应器(Up Flow Reactor，UFR)[4]。CLG公司的UFR工艺和IFP公司的Hyval。工艺提高了固定床对原料的适应性，可加工杂质含量较高的原料油，大大延长了操作周期。UFR 工艺是一种上流式固定床加氢技术，反应物流自下而上，使催化剂床层轻微膨胀，从而解决了常规固定床反应器初末期压力降变化大的问题，2000 年首次实现工业化。目前采用 UFR 技术的工业装置有 3 套，总加工能力达 19. 35Mt/a[5~6]。Hyval 工艺（图 1）采用一个互换式保护反应器系统（permutable reactor system，PRS），可以处理金属含量达 350μg/g 的原料油。两台带有连锁装置的保护反应器可以轮换操作，并可以快速装卸催化剂。通过特殊的高压切换阀，可以使这两个保护反应器在装置运转中变换操作方式，如单独、串联（或并联）使用。当一台保护反应器内的催化剂失活后，可在运转中切换至另一台保护反应器，而装置无需停工。韩国双龙炼油厂的渣油加氢装置是最早、也是最具代表性的采用 PRS 技术的渣油加氢装置，该技术可加工 100%减压渣油，装置已成功运行 10 余年，并且进行过超过 10 次的催化剂切换工况。目前有 7 套采用 Hyvahl 技术的工业装置在运转，处理量为 18. 50Mt/a，还有 3 套装置在设计建设中，规模约为 4. 0Mt/a[7]。

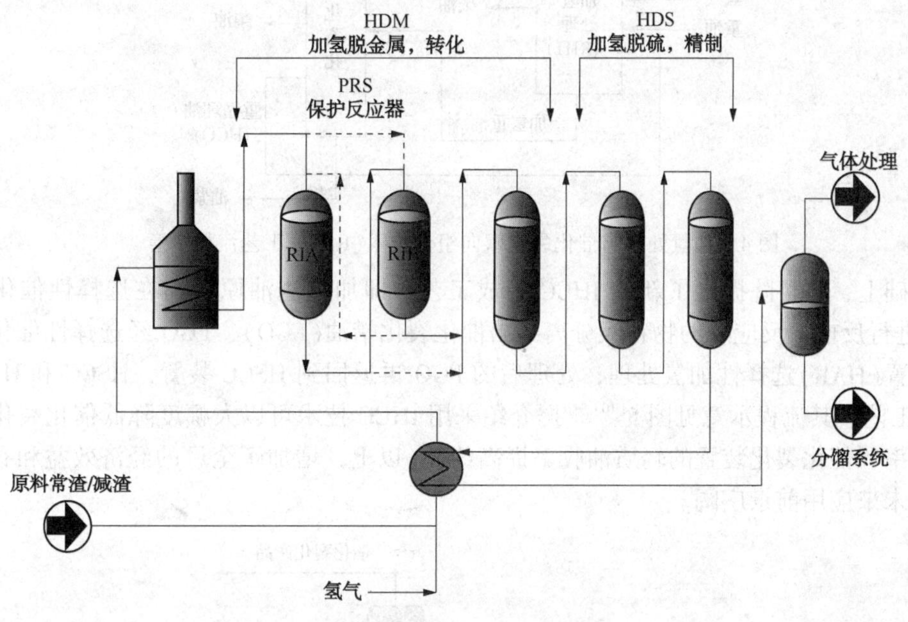

图 1　Hyvahl 工艺流程图

UOP 公司的固定床加氢技术在保护反应器与主反应器之间增设旁路，如图 2 所示，旁路上的阀图 2 带旁路的保护反应器示意门可以控制保护反应器的流量，确保其温度高于脆化温度[7]。UOP 公司对高杂质含量原料的固定床加氢处理技术使用两床层保护反应器；其内部气体旁路如图 3 所示，可最大限度利用保护床层的催化剂、最大限度减小压力降的增加；与保护反应器催化剂替换系统相比更有效，且更具有经济性[8]。

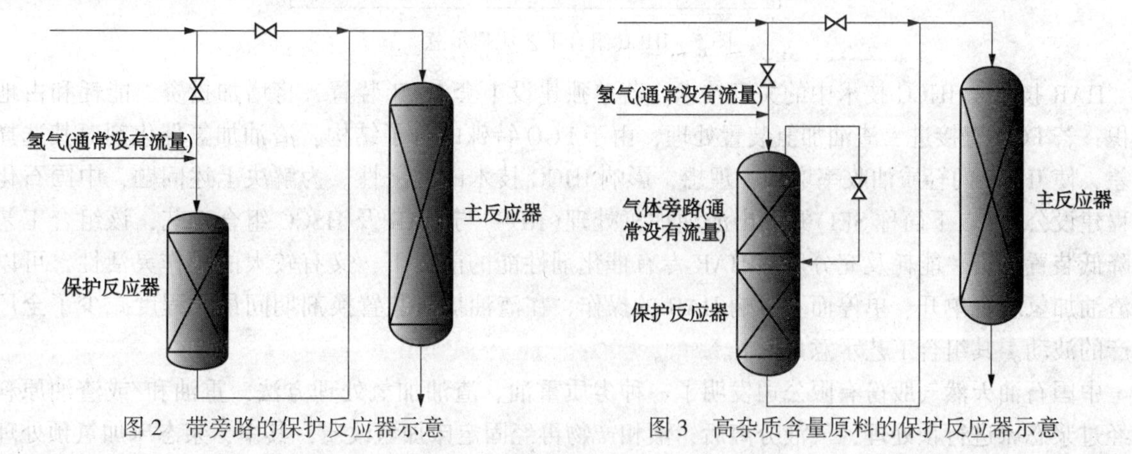

图 2　带旁路的保护反应器示意　　图 3　高杂质含量原料的保护反应器示意

中国石化石油化工科学研究院(以下简称石科院)开发了高效的重油加氢处理技术(RHT)及其与催化裂化双向组合新技术(RICP)。RICP技术利用常规重油加氢与催化裂化组合工艺的便利条件，通过改变HCO的循环方式，如图4所示，将催化裂化原来自身回炼的HCO改为循环到重油加氢装置，与重油原料一起加氢后再返回催化裂化装置进行转化，使HCO在重油加氢和催化裂化两套装置间循环。该技术方案以最简捷方式，有效并且低成本地解决了传统重油加氢与催化裂化组合工艺存在的技术难题。中试结果表明，采用RICP技术，在重油加氢原料中加入20%HCO，可降低加氢催化剂上积炭量，提高加氢催化剂整体性能，有效促进重油加氢脱杂质反应，为下游催化裂化提供更优质进料，从而使催化裂化总液体产品(汽油+柴油+液化气)收率提高3个百分点[9]。

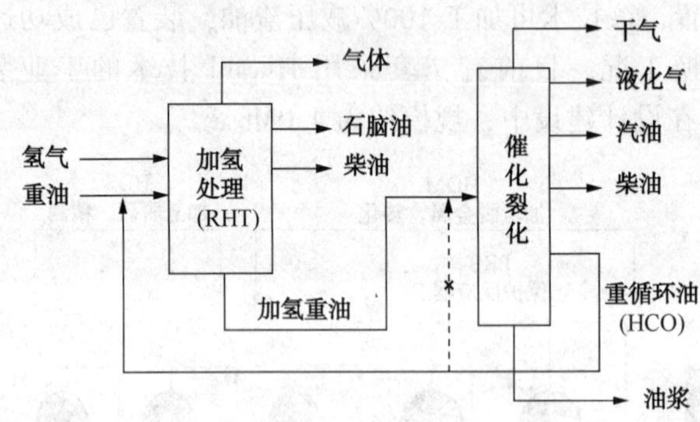

图4 加氢处理与催化裂化双向组合技术(RICP)工艺流程示意

在此基础上，石科院提出了新的IHCC集成工艺，即加氢渣油原料油在选择性催化裂化装置(HSCC)上进行反应，反应后的物料经分离分出催化裂化蜡油(FGO)，FGO经选择性催化裂化蜡油加氢处理装置(HAR)选择性加氢处理，处理后的FGO再返回到HSCC装置，HSCC和HAR工艺集成为IHCC工艺，其流程示意见图5[10]。据介绍采用IHCC技术可以大幅度降低催化裂化装置的干气和焦炭产率，催化裂化装置的轻质油收率提高约8%以上，增加了全厂的经济效益和石油资源的利用率，其未来应用前景广阔。

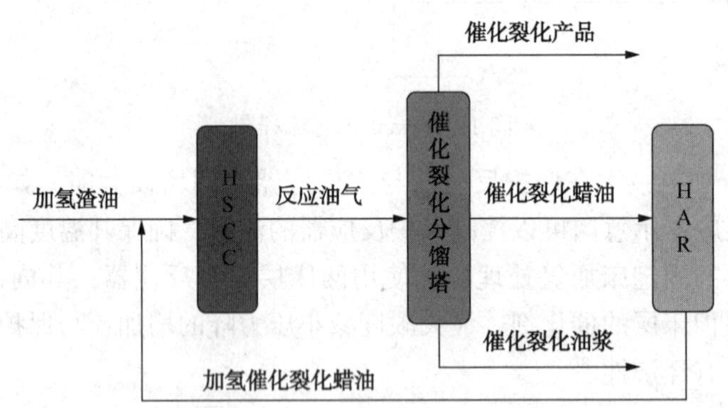

图5 IHCC组合工艺流程示意

HAR技术是IHCC技术中的关键技术。若单独建设1套HAR装置，将增加投资、能耗和占地面积；若FGO直接进入渣油加氢装置处理，由于FGO特殊的分子结构，渣油加氢催化剂对其选择性差，使IHCC的轻质油收率增加不理想，影响IHCC技术的经济性。为解决上述问题，中国石化工程建设公司(以下简称SEI)开发出渣油加氢处理(RDS)与HAR及HSCC组合工艺，该组合工艺在降低装置投资、能耗及充分发挥HAR专有催化剂性能的前提下，又有较大的操作灵活性，可以使渣油加氢装置单开、单停而不影响HAR的操作，在渣油加氢装置换剂期间最大程度减少了全厂生产的波动。其组合工艺示意见图6。

中国石油天然气股份有限公司发明了一种劣质重油、渣油加氢处理方法，重油和/或渣油原料先经过浆态床进行预处理，气液分离后，液相产物再经固定床加氢改质，其中，浆态床加氢预处理

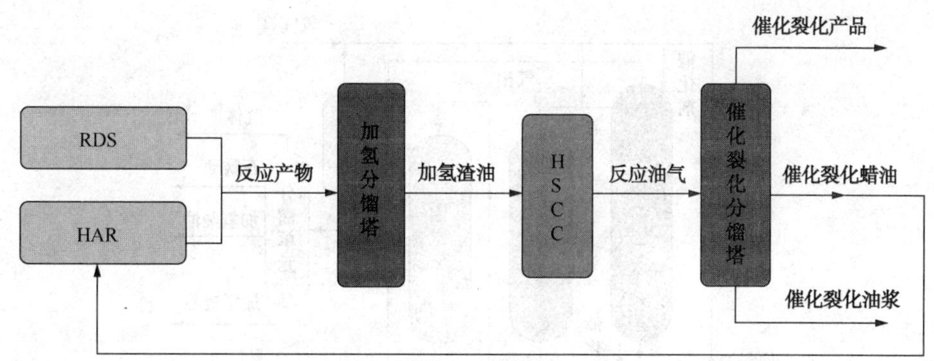

图 6　RDS 与 HAR 及 HSCC 组合工艺示意

部分包括一个直筒式浆态床预处理反应器和浆态床加氢催化剂；固定床加氢改质部分所用反应器按先后次序主要包括：两个并联的上流式脱铁脱钙反应器，一个上流式脱金属反应器，一个固定床脱硫反应器，一个固定床脱氮反应器。这种方法既能提高催化剂加氢脱杂质能力，又延长装置运行周期。这种方法可以处理高硫、高金属含量、高沥青质的劣质重油、渣油，转化率在 30%～80%，能够有效减缓反应器压降的上升速度，从而实现装置的长周期运转。其组合工艺示意见图 7[11]。

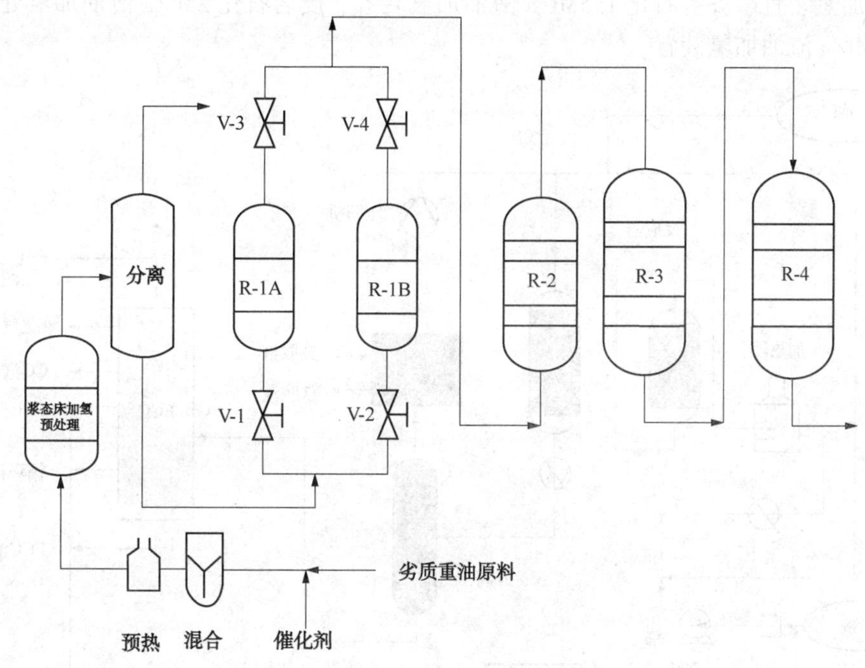

图 7　浆态床-固定床组合工艺流程示意图

抚顺石油化工研究院开发出一种沸腾床渣油加氢与固定床渣油加氢组合技术，其组合工艺示意见图 8，该技术可以明显改善固定床进料性质，大幅度降低杂质含量，大大改善固定床操作，同时可以扩大可加工的原料范围，延长操作周期。中试数据表明，加工金属钒和镍质量分数分别为 118μg/g，33μg/g、残炭质量分数分别为 15.7%，21.1%的劣质渣油，沸腾床与固定床组合工艺均可稳定操作，所得加氢渣油金属质量分数分别为 10.6μg/g，7.8μg/g，残炭质量分数分别为 5.6%，5.2%，可以直接作为催化裂化装置原料，从而实现劣质渣油的高效转化。通过技术特点和技术经济分析，并与单独的固定床方案对比，发现沸腾床与固定床组合渣油加氢处理新技术具有更好的盈利能力，并可实现 3 年稳定运转，从而与下游装置相匹配，实现同步开停工[12]。

抚顺石油化工研究院开发出渣油加氢与催化裂化深度组合的新工艺(SFI)，其组合工艺见图 9。该工艺其特征之一是渣油加氢装置不设产品分馏系统，加氢装置热低分油和冷低分油直接外送供做下游催化裂化装置进料；其特征之二是催化裂化装置取消催化裂化回炼油和油浆在装置内直接回炼

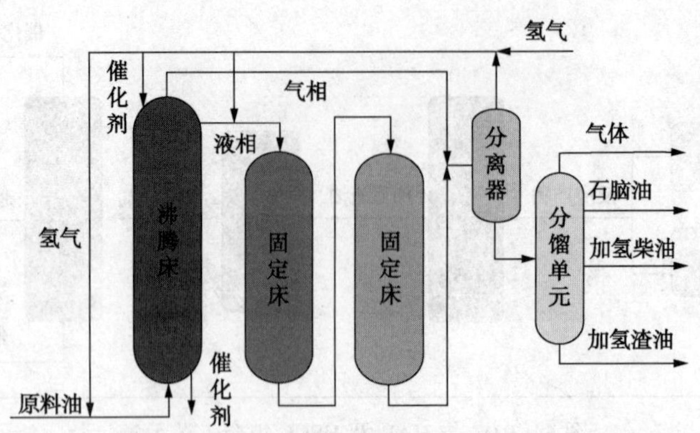

图 8 沸腾床-固定床组合工艺流程示意图

操作，催化裂化重柴油、回炼油和油浆外循环到渣油加氢装置，和新鲜渣油一起，在高压氢气及加氢催化剂存在下，在适宜氢油体积比、体积空速、反应温度等条件下进行加氢处理。SFI 渣油加氢与催化裂化深度组合技术工艺流程简单，装置建设投资和操作费用较低，提高了催化剂的使用寿命，增加了高价值的汽油产率[13]，技术应用于金陵石化公司 1. 8Mt/a 渣油加氢处理装置、扬子石化 2Mt/a 渣油加氢装置、齐鲁石化 1. 5Mt/a 渣油加氢装置、茂名石化 2Mt/a 渣油加氢处理装置及石家庄炼化 1. 5Mt/a 渣油加氢装置。

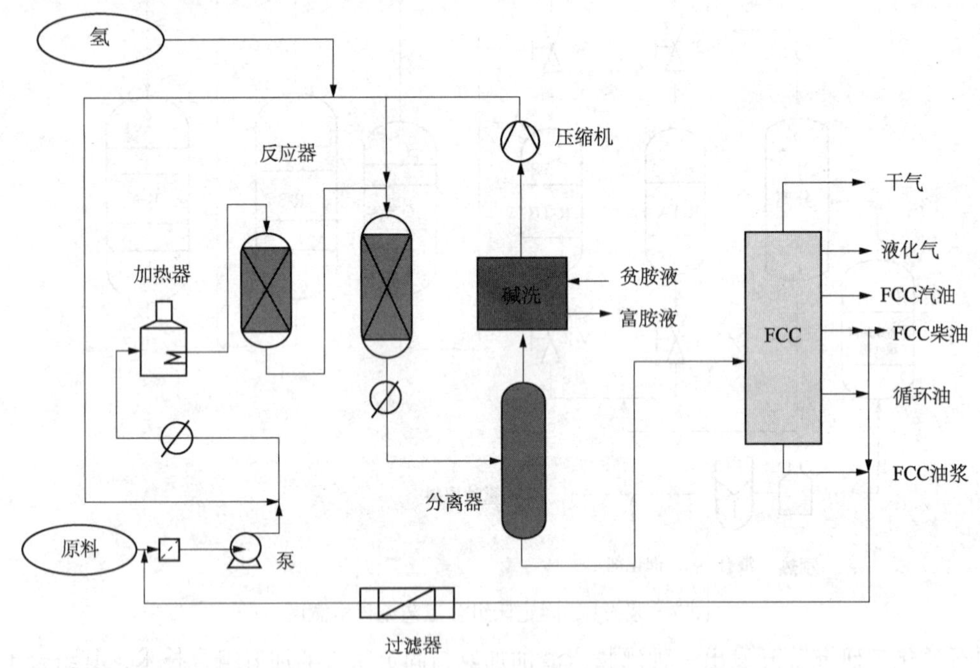

图 9 SFI 渣油加氢与催化裂化深度组合技术原则工艺流程图

3 工程技术进展

固定床渣油加氢装置单系列大型化无疑会降低能耗和节省投资，一些国内外公司在装置大型化上取得重要进展。

CLG 公司将在科威特国家石油公司建设世界上最大的 3 套渣油加氢处理装置，每套装置能力达到 11 万桶/d。这 3 套装置将采用 UFR 技术，每套装置采用两个反应器，共用一个分馏装置，相当于单个反应器的能力达到 5. 5 万桶/d[14]。出于投资方面的考虑，单系列最大加工能力是各国外专利商的追求目标。单系列最大处理能力取决于工艺流程设置、高压静设备机加工水平和装置能耗指标。CLG 公司采用炉前混氢两相流换热流程，反应进料加热炉采用两路对称自然分配方案。由于加热炉炉管压降的限制，单系列最大处理能力为2.4~2.5Mt/a。在处理量较大的装置中，UOP公司采用单相换热、混相反应进料加热炉，各炉管流量靠调节阀调节，炉管可采用4路，因而解决了炉管压降过高的问题，其单系列最高处理量为2.8~3.0Mt/a，但该方案增加了高压换热器的台位数和总面积。

Genoil公司开发加氢转化改质(GHU)技术。GHU技术克服了传统固定床反应器传质和传热不充分的缺点，使用专利混合设备使烃原料与氢气混合，实现较低温度和压力下的高转化率。CHU工艺使用固定床反应器，缓和操作条件，其操作费用低于其他加氢转化工艺。该技术已经进行工业演示。在加拿大Alberta省Genoil重油改质装置的试验结果已达到生产合成原油的要求。试运转结果表明脱硫率达到91.6%，脱氮率达到45.9%，脱金属率达到86.4%。

固定床内构件入口扩散器、气液分配盘、积垢篮筐、冷氢箱、出口收集器、催化剂支撑和液体再分配盘等技术不断完善。反应器大型化以后，内构件的先进适用性将更加重要。国外各大石油公司最近几年在加氢反应器内构件的研究改进和完善方面都取得了一些重要进展。Shell公司开发的加氢反应器内构件可提高装置处理能力30%~40%，高效HD分配盘使反应器床层顶部物流分布均匀性由10%~20%提高到80%；超平流挡板(UFQ)占用空间小，使反应温度分布更均匀。Shell反应器内构件目前已用于350多套新建或改造的炼油装置。Topsøe公司加氢反应器内构件可使反应器顶部床层温差控制在<±5°F，急冷段下游床层入口处径向温差<±1°F。Topsøe公司的反应器内构件已用于全球240套以上的加氢装置。UOP公司开发了UltraMix™加氢反应器内构件。UltraMixT™降低了床层径向温差，降低了对床层水平度的要求，保证气/液分布均匀，减少零部件数量，方便维修，改善急冷混合状况，降低内构件高度及提高催化剂利用率和装填量；床层径向温差可控制在<3℃，馏分油收率提高2%。目前已用于300多套工业装置。CLG公司开发了新型ISOMIX©系列反应器内构件[15]，采用设计独特的混合箱，可使催化剂床层之间的物料更加完全地混合、急冷和平衡，防止温度或者浓度分布不均，高效喷嘴可在催化剂表面形成更加均一的气液分布，在气-液喷雾状态良好的条件下，催化剂达到完全浸湿所需的床层厚度有所减小，催化剂利用率提高，同时增强了分配盘的耐用性，避免其在运行过程中出现非正常状况。

根据国内机械加工水平，SEI开发了一系列渣油加氢单系列处理量最大化的技术[3]，针对渣油加氢单位高度催化剂床层温升较低的特点，减少催化剂床层数量可有效降低反应器的总质量及操作的复杂度。SEI在气液混合理论分析和CFD模拟计算基础上，创新开发了针对渣油加氢特点的反应器内构件技术，强化了混合效果，有效改善了反应器的径向温差分布，提高了催化剂的利用率，在满足分配均匀的前提下单床层催化剂高度最高可达19m，从而减少了反应器的尺寸及催化剂用量。SEI还开发出高压部分的换热器并联设置方案，混氢及原料经调节阀分别分成两路进料，两路进料再靠对称分配进入四路炉管，反应产物对称分配成两路去换热器。此方案在目前成熟的加热炉两路自然对称分配的基础上发展而成，克服了加热炉四路靠完全对称分配的风险，解决了制约渣油加氢装置大型化所带来的高压换热流程的问题，该方案在反应系统同等压降的前提下比国外某公司的方案节省换热面积约30%。SEI优化的高压空冷配置方案——高压空冷器靠自然对称分配，其配置数量应是2的指数。装置大型化后，虽然空冷器设置16片在理论上可行，但从投资及操作可靠性上考虑，每组空冷器设置最多不宜超过8片。渣油加氢高压空冷器的材质一般选用INCOLOY825，因此装置大型化后减少空冷器的数量对节省投资十分关键。开发出了两组空冷器串联布置再分离方案、两组空冷器之间分离方案以及上述两种方案的组合方案，减少高压空冷器4~6片，大大减少了高压空冷器的面积。

4 催化剂技术进展

国外为固定床渣油加氢处理技术提供催化剂的专利商主要有Advanced Refining Technologies公司(简称ART)、Axens公司、Albemarle公司、Haldor Topsoe公司、Criterion公司(简称CRI)及JGC

Catalysts and Chemicals 公司等。国内则以中国石化集团公司下属的抚顺石油化工研究院(FRIPP)和石油化工科学研究院(RIPP)为主，另外中国石油化工研究院也在大连石化渣油加氢装置实现首次工业应用。

ART 公司推出 ICR 系列固定床渣油加氢处理催化剂。所有 ICR 系列催化剂应用于处理常减压渣油，为焦化、FCC、HT、RFCC 等过程提供原料。该系列催化剂的特点：1）催化剂载体孔分布和酸分布集中；2）主催化剂的颗粒较小，可减小反应物的扩散阻力，提高反应活性；3）保护剂空隙较小，在处理高金属含量渣油时，床层压差增速较快[16]。ART 公司生产的固定床渣油加氢处理催化剂品种较多，可根据原料性质、操作条件等因素，确定各类催化剂的装填比例，以达到最佳的渣油处理效果。

Albemarle 公司和日本凯金公司合作，拥有独特的固定床渣油加氢处理催化剂专利技术，开发了 KFR 系列催化剂。KFR 系列催化剂注重孔结构和表面活性的设计，可根据原料性质、操作条件、周期长度和产品性质要求等条件，选择不同催化剂进行合理级配。Albemarle 公司表示 KFR 系列催化剂在世界范围内已经成功地进行了多次工业应用[17]。

法国 Axens 公司为 IFP 公司和 Procatalyse 公司炼制催化剂分部的合资企业，开发了 HM/HMC/HT/HF 系列常压及减压渣油加氢精制催化剂。Axens 的催化剂技术核心是：脱金属剂必须优先转化胶质和沥青质(因为大部分金属存在于其中)，并且容纳金属的能力要远远大于精制催化剂，其金属沉积量应高于 60%[18]。Axens 公司目前的渣油加氢处理催化剂体系为 HF858、HM848、HMC868、HT438、HT404、HT454[19]。采用 HMC868/HF858/HM848/HT438 组合催化剂体系，可以防止催化剂因金属中毒而失活。同时最大限度地脱除金属及沥青质，获得最低硫、氮及残炭含量的渣油产品，并延长运转周期。

Criterion 公司生产的固定床渣油加氢处理催化剂主要为 RM/RN 系列，该系列催化剂组合较简单，并注重催化剂的孔分布，催化剂单位装填体积的孔容和比表面积较大[20]。Criterion 公司认为，适用于不同的原料性质是催化剂有效使用的关键。此外，操作条件、反应过程的制约因素和配置方式，会对固定床渣油加氢处理深度产生影响。

Topsoe 提供了一系列固定床渣油加氢催化剂。Topsoe 认为该公司出品的加氢脱金属和加氢脱硫催化剂，具有卓越的容金属能力和加氢活性，可以确保延长循环时间和最大限度保护下游催化剂。该公司开发的第二代，也是最新一代固定床渣油加氢催化剂共有 5 个牌号，分别是 TK-719、TK-733、TK-743、TK-753、TK-773[21]；按照功能可以分为 HDM 催化剂、过渡催化剂和 HDS 催化剂三类，这三类催化剂的设计理念如下：HDM 催化剂可保护下游催化剂免于受到因镍和钒过量而造成的快速失活影响。HDM 催化剂专门用于保护反应器和/或反应器序列的第一部分，此时原料中的金属浓度较高。HDM 催化剂独有的孔隙系统可确保金属深入积聚在孔隙中，带来较高的 HDM 活性和优越的耐受性及金属沉积能力。过渡催化剂被投放到反应器序列的中间部分，用于优化保护 HDS 催化剂避免因原料中的金属而导致失活。过渡催化剂在加氢活性、金属提取能力和金属抗性方面的性能界于 HDM 和 HDS 催化剂之间。HDS 型催化剂在渣油加氢处理催化剂系统中，用于脱除硫、氮以及残炭。

JGC C&C 公司在第五届中日韩石油技术国际交流会上，报道了该公司新开发的 CDS-RS 系列渣油加氢脱金属催化剂。对于脱金属催化剂 CDS-RS110、CDS-RS210 以及过渡剂 CDS-RS420，从载体结构出发，大幅度提高了在 20~100nm 的孔径范围的孔容比例，提高载体孔容和催化剂压碎强度。从载体酸性上，对于脱金属催化剂 CDS-RS110，增加弱酸性位，削减强酸性位，阻止焦炭形成。最新的渣油加氢脱金属和过渡催化剂体系为反应器内装填 RS-110/RS-210/RS-420 各站 20%[22]。

国内的固定床渣油加氢处理催化剂技术主要以 FRIPP 开发的 FZC 系列渣油加氢处理催化剂和 RIPP 开发的 RHT 系列渣油加氢处理催化剂为主。两种催化剂技术的应用情况列于表 1(FRIPP)及

表2(RIPP)[23]。另外中国石油化工研究院也在大连石化渣油加氢装置实现首次工业应用。

表1 FRIPP开发的FZC系列催化剂的工业应用情况

渣油加氢装置类型	装置所在企业	加工量/(Mt/a)	催化剂使用周期
UFR/VRDS	齐鲁石化公司胜利炼油厂	1.50	15
ARDS	大连西太平洋石油化工有限公司	2.00	4
S-RHT	茂名石化公司	2.00	10
S-RHT	海南炼油化工有限公司	3.10	3
ARHDM	印尼国家石油公司	3.50	1
S-RHT	金陵石化公司	1.80	1
S-RHT	扬子石化公司	2.00	2
S-RHT	石家庄石化公司	1.50	1
UFR/VRDS	四川石化公司	3.00	1

表2 RIPP开发的RHT系列催化剂的工业应用情况

装置所在企业	渣油加氢装置类型	加工量/(Mt/a)	催化剂使用周期数
中国石化齐鲁分公司	UFR/VRDS	1.50	9
中国石化茂名石化公司	RDS	2.00	4
中国石化海南炼油化工有限公司	RDS	3.10	6
台湾中油公司桃园炼油厂	RDS	0.75	3
中国石化长岭分公司	VRDS	1.70	3
台湾中油公司大林炼油厂	RDS	1.50	1
中国石化上海石油化工股份有限公司	RDS	3.90	2
中国石化安庆分公司	RDS	2.00	1
中国石化金陵分公司	RDS	1.80	1

抚顺石油化工研究院新开发成功S-Fitrap催化剂体系，该技术形成毫米级—微米级—几百纳米级—几十纳米级孔道结构组合的高效保护剂和脱金属催化剂体系，其中，泡沫陶瓷材料保护剂 功能：脱除FeS、碳粒和机械杂质等垢物拦截。其特点是有85%以上的内部孔隙率，特殊的内孔结构产生的盘旋路径，容易捕获垢物。可提高反应器的利用率，有效地控制床层压降。微米级尺度孔道结构的保护剂以脱除适量沥青质、金属和铁等功能为主。双峰孔保护剂，形成扩散通道和反应通道，进一步脱除沥青质和金属，该保护剂具有较大的孔容、孔径，比表面积适宜，活性过渡合理。还开发了高性能的脱硫和脱残炭催化剂，实现了催化剂容金属量和脱残炭性能的平衡，有效延长的渣油加氢处理装置的运转周期。2015年12月应用于四川石化3Mt/a渣油加氢装置，其沥青质脱除能力强，反应器压降比参比列低0.3~0.4MPa，说明该体系垢物拦截能力强。该技术也应用于2015年11月扬子石化公2Mt/a渣油加氢处理装置第二周期，2016年4月应用于茂名石化公司2Mt/a的渣油加氢处理装置，还将于2016年6月应用于中化泉州石化公司3.3Mt/a的渣油加氢处理装置。

5 结语

近年来，国内外炼油技术开发机构在固定床渣油加氢处理技术的研究方面不断投入研发资源，持续取得了一些新进展。国内炼油企业也应积极应对挑战，关注渣油固定床加氢技术的开发，充分利用石油资源来生产优质运输燃料和化工用原料，为石油石化行业的可持续发展作出自己的贡献。

在重油和渣油加氢技术中，固定床渣油加氢技术无疑是最成熟、可靠和应用最广泛的技术，在未来10~20年仍将是渣油加氢的主流工业应用技术。未来的研究发展趋势大体归纳为如下几个方面：

(1) 根据原料性质及产品方案，充分发挥不同类型渣油加氢技术的特点和优势，通过与催化裂化、焦化、溶剂脱沥青等重油加工工艺的优化组合，必将显著提高炼厂的轻油收率和经济效益；

(2) 开发新型内构件以及开发单系列大型装置无疑会降低能耗和节省投资。随着加氢技术的日益成熟，加氢催化剂的不断改进和创新，加氢反应器设计水平的不断提升成为加氢技术发展的主要方向。

(3) 开发更高性能、低成本的催化剂。渣油加氢催化剂是固定床渣油加氢技术的核心，为了适应原料油的重质化和劣质化，催化剂专利商会在新型催化材料的开发、优化催化剂的制备技术等方面深入研究，进一步改善催化剂的性能，降低成本，并适用于处理更加劣质的原料和固定床渣油加氢装置的长周期运转。

参 考 文 献

[1] 夏恩冬，吕倩，王刚，等．国内外渣油加氢技术现状与展望[J]．精细石油化工进展，2008，9(8)：42-46.

[2] 方向晨．国内外渣油加氢处理技术发展现状及分析[J]．化工进展，2011，30(1)：95-104.

[3] 李浩，范传宏，刘凯祥．渣油加氢工艺及工程技术探讨[J]．石油炼制与化工，2012，43(6)：31-38.

[4] Ronald Birkhoff, Matti Nurminen. Refining Processes Handbook. Hydrocarbon processing[M]. Gulf Publishing Company, 2006：195-201.

[5] 石亚华．石油加工过程中的脱硫[M]．北京：中国石化出版社，2009：428-430.

[6] Threlkel Rich, Dillon Chris, Singh Udayshankar G. Increase flexibility to upgrade residuum using recent advances in RDS/VRDS-RFCC process and catalyst technology [J]. Journal of the Japan Petroleum Institute, 2010, 53 (2)：65-74.

[7] Jean Pau, Margotin. Conversion options for clean fuel production[C]//Refining Challenges & Way Forward, New Delhi, April 16-17, 2012.

[8] Shishtari Jalil M. Raising the performance bar for atmospheric resid hydroconversion units[C]//NPRA Annual Meeting, Amsterdam, The Netherlands, 2005, AM-05-54

[9] 聂红，杨清河，戴立顺，等．重油高效转化关键技术的开发及应用[J]．石油炼制与化工，2012，43(1)：1-6.

[10] 许友好，戴立顺，龙军，等．多产轻质油的FGO选择性加氢工艺与选择性催化裂化工艺集成技术(IHCC)的研究[J]．石油炼制与化工，2011，42(3)：7-12.

[11] 张志国，赵愉生，赵元生，等．一种劣质重油、加氢处理组合工艺：，CN103540350A[P]．2014.

[12] 杨涛，刘建锟，耿新国．沸腾床-固定床组合渣油加氢处理技术研究[J]．炼油技术与工程，2015，45(5)：24-27.

[13] 蒋立敬．渣油加氢反应动力学及组合工艺研究[D]．大连理工大学，2011

[14] 边钢月，张福琴．渣油加氢技术进展[J]．石油科技论坛，2010(6)：13-18.

[15] Sumanth A, Gavin M, Kris P, et al. Impact of flow distribution and mixing on catalyst utilization and radial temperature spreads in hydroprocessing reactors[C]//AFPM：AFPM Annual Meeting. San Antonio, 2013：AM-13-13.

[16] 夏恩冬，吕倩，董春明，等．固定床渣油加氢处理催化剂发展现状[J]．精细石油化工进展，2014，15(2)：41-45.

[17] Fixed-bed Resid STAX Catalytic Loading Diagram Optimizer. Albemarle brochure [R]. Catalysts Courier. 2014, 83：13-15.

[18] 王雷．渣油加氢催化剂的研究和应用[J]．辽宁化工，2005，34(2)：71-77.

[19] Resid Hydrotreating. Axens IFP Group Technologies company website. http：//www.axens.net/our-offer/product-selector.html(2016.4.11)

[20] Hydrocarbon Publishing Company. Worldwide Refinery Processing Review, Third Quarter [R]. 2015：223.

[21] Hydrotreating. Haldor Topsoe company website. http：//www.topsoe.cn/node/924? p=1368(2016.4.6).

[22] The 5th China-Japan-Korea Petroleum Technology Congress. Advanced Resid Hydroprocessing Catalyst and Resid Upgrading Strategy [R]. dalin, china, Sept. 4. 2012.

[23] 刘涛，邵志才，杨清河，等．延长渣油加氢装置运转周期的RHT技术及其工业应用[J]．石油炼制与化工，2015(7)：43-46.

[24] 渣油加氢技术暨系列催化剂工业应用研讨会会议资料．2013，海口．

STRONG 沸腾床渣油加氢技术进展

杨　涛　孟兆会　葛海龙　刘建锟　方向晨

（中国石化抚顺石油化工研究院，辽宁抚顺　113001）

摘　要：介绍了 STRONG 沸腾床渣油加氢技术的研发历程及技术特点，总结了中国石化金陵分公司 50kt/a 工业示范装置运行试验情况。示范试验结果表明：加工残炭 23.73%，硫含量 6.00%，总金属（镍和钒）含量 210.8μg/g 的劣质渣油，脱残炭率达 83.5%，脱硫率达 87.6%，脱金属率达 97.3%，540℃+转化率达 78.6%。生成油全馏分中残炭为 4.36%，硫含量 0.83%，总金属（镍和钒）含量 6.35μg/g，试验达到了预期效果；所研制的催化剂，所开发的工艺流程、工程技术、关键设备、体系稳定性监控方法能够满足 STRONG 沸腾床示范装置的运行要求；并且能够在保证装置稳定运转的前提下实现劣质渣油的高效转化。

关键词：STRONG 沸腾床　渣油加氢　示范装置

1　前言

随着世界经济的快速发展对运输燃料和化工原料需求的日益强劲，以及环保法规对油品质量要求的日益严格，渣油的深度加工技术已经成为炼油工业开发的重点。在目前的渣油加工技术中，加氢技术因具有优质液体产品收率高、投资回报率高等优势而受到越来越广泛的青睐及应用。其中，渣油沸腾床加氢技术具有原料适应性强、反应器内温度均匀、运转周期长及装置操作灵活等优点，对于解决固定床渣油加氢空速低、催化剂失活快、系统压降大、易结焦、运行周期短等问题，具有明显的优势。综合来看，国内外企业及研究机构近年来对沸腾床渣油技术的关注程度及研发投入都在不断上涨。

STRONG 沸腾床渣油加氢技术是抚顺石油化工研究院（FRIPP）、中国石化金陵分公司以及洛阳工程公司在中石化支持下联合攻关开发的新型沸腾床技术，与国外 LC-Fining 及 H-oil 沸腾床技术相比有很大的差别，是一项具有自主知识产权的渣油加氢技术，其成功研发对于促进国内炼油技术进步及打破国外技术垄断有重要意义。经过多年的项目攻关，STRONG 沸腾床渣油加氢技术目前已经完成了 50kt/a 示范装置运行试验和 2Mt/a 工业装置的工艺包编制。

2　STRONG 沸腾床技术的特点

STRONG 沸腾床渣油加氢技术的核心是采用一种带三相分离器的沸腾床反应器（图 1）。其工作原理是气液两相从反应器底部经特殊设计的分配器均匀分配后进入反应区，催化剂在气体和液体的搅拌和携带下通过三相分离器的中心管提升到反应器顶部，分离出气体后的液体和催化剂折流进入三相分离器的

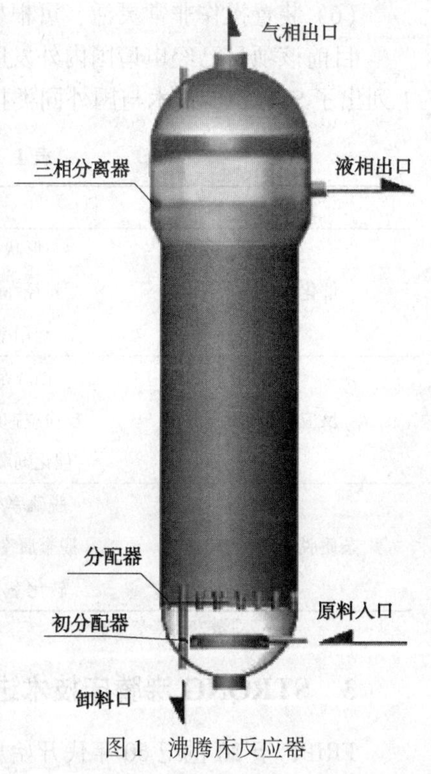

图 1　沸腾床反应器

中间环管，使提升上来的催化剂与大量的液体一同返回反应区，一部分液体产品经三相分离器的外环管澄清催化剂颗粒后由溢流口离开反应器。

在反应器结构及催化剂方面，STRONG沸腾床技术与国外沸腾床技术具有较大的差别，STRONG沸腾床技术采用小尺寸微球型催化剂，而国外技术则使用大尺寸条形催化剂，相比条形催化剂，小尺寸微球型催化剂更易流化，且利用率更高；STRONG沸腾床技术采用气液流速携带实现催化剂在反应器内的返混，而国外技术则采用高温高压循环油泵实现催化剂在反应器内的膨胀；在催化剂分离方面，国外技术采用长条形催化剂，反应器内具有清晰的料面，而STRONG沸腾床反应器内气液固呈现全返混状态，借助自主开发的三相分离器实现气液固的有效分离[1-5]。STRONG沸腾床技术独特的反应器结构赋予了STRONG沸腾床渣油加氢工艺一系列优越的技术特点：

(1) 取消了高温高压热油循环泵，提高了系统的稳定性；

(2) 取消了循环油杯，有利于反应区气液固混合均匀，提高了反应器的利用率；

(3) 使用微球催化剂，不但提高了催化剂利用率，且方便了催化剂的加排过程；

(4) 催化剂床层不需要控制料面，省去了复杂的固体料面控制系统，而且提高了反应器的空间利用率。

与固定床渣油加氢工艺相比，STRONG技术有着固定床技术所不可比拟的突出优势：

(1) 由于反应器在沸腾状态下操作，基本不存在因反应器系统结焦而产生堵塞的问题，具有较好的原料适应性；

(2) 反应器系统的压力降较低，且稳定，避免了固定床工艺往往因床层压降过高导致装置停工的问题；

(3) 反应器内强化了传质和传热过程，温度均匀，避免了固定床工艺易发生的因局部过热而产生的飞温现象；

(4) 可以直接加工纯减压渣油或黏度大的重油，而不必像固定床装置那样必须在原料中加入一定数量的蜡油，从而为炼厂总流程设计过程中在设备投资和产品结构优化方面提供了更多的选项；

(5) 采用微球催化剂较好地解决了催化剂的扩散控制问题，大大提高了催化剂的利用率；

(6) 装置操作非常灵活，可根据原料变化和目的产品要求灵活调整反应参数。

目前该项目已经申请国内外发明专利160余件，是一项具有独立自主知识产权的成套技术。表1列出了STRONG技术与国外同类技术的技术参数对比。

表1　STRONG技术与国外同类技术的区别

项　目		STRONG技术	国外技术
催化剂	形状	微球	圆柱条
	粒径/mm	0.2~0.6	0.8~1.2
	利用率	高	低
反应器	循环泵	无	有
	反应空速/h^{-1}	0.2~1.0	0.2~1.0
	催化剂藏量	高	低
杂质脱除率	脱硫率/%	60~90	60~90
	脱金属率/%	60~95	60~90
	转化率/%	40~85	40~85

3　STRONG沸腾床技术进展

FRIPP于20世纪60年代开始从事沸腾床渣油加氢相关技术研究，积累了大量数据及经验，为下一步技术再研发及完善奠定了基础。2011 年，在中石化总部支持下，成立由 FRIPP、金陵分公司、洛阳工程公司及华东理工大学组成的攻关组，形成了产学研一体的攻关模式，并定期举行攻关会进行研讨。攻关期间完成了 50kt/a 沸腾床渣油加氢技术工艺包编制并开发了相应的催化剂，工艺包及催化剂先后通过了中石化科技开发部组织的评议；针对沸腾床反应系统内设备受温度压力交变影响显著的特点，攻关团队还与天津大学等高校合作开发了专用设备；针对沸腾床加氢工艺流程及反应特点，攻关团队经过多次讨论制定了详细的试验方案；金陵分公司结合自身情况，联合攻关组其他成员单位制定了应急预案，并定期进行应急演练，确保试验顺利安全开展。在多方支持及攻关团队共同努力下，2014 年 2 月 28 日 50kt/a 沸腾床渣油加氢示范装置在金陵分公司建成中交，2015 年 7 月示范装置具备开工条件，并按照计划陆续开展试验。

4 STRONG 沸腾床示范装置试验

50kt/a 沸腾床示范装置作为 STRONG 沸腾床技术由实验室走向工业化装置的必要环节，起着承上启下的作用，承载着重要的科研验证及再研发任务。示范装置试验结果证实了示范装置试验开展的必要性，对于技术的完善及工业装置的设计起到了至关重要的作用。攻关团队在克服可供借鉴操作经验少等不利条件下，精心操作，保证了试验任务的顺利完成，完成了对催化剂、工艺、工程技术及设备等方面的考察及验证。

4.1 STRONG 沸腾床工业示范装置原则流程介绍

作为中石化重点支持的科研项目之一，攻关团队在规划 50kt/a 示范装置之初，就秉持“高标准、严要求”设计原则，结合 STRONG 沸腾床技术自身特点，设计了如图 2 所示的 STRONG 沸腾床工艺流程。

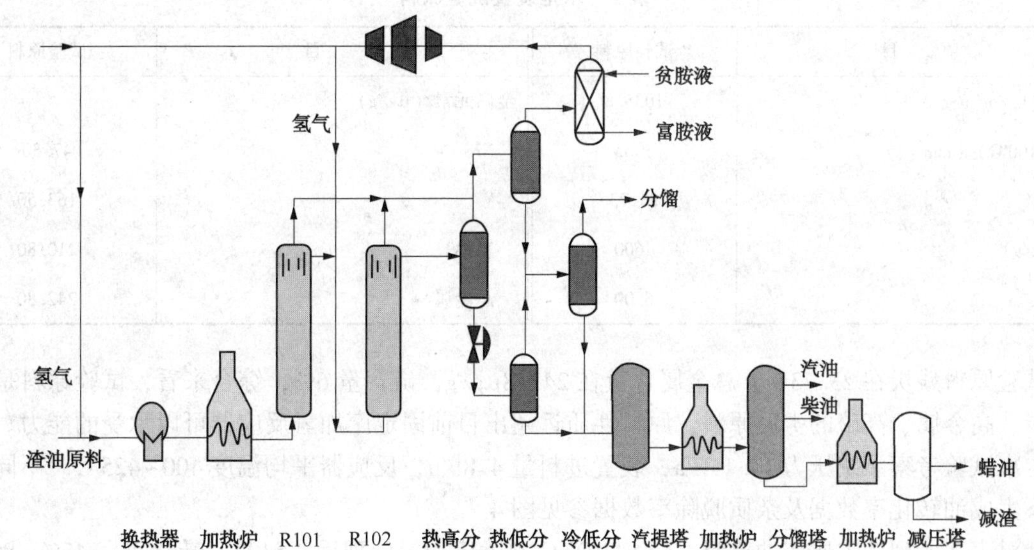

图 2 STRONG 沸腾床 50kt/a 示范装置原则流程简图

4.2 催化剂性能考察

微球型催化剂是 STRONG 沸腾床技术区别于国外沸腾床技术的重要特点之一。攻关团队从催化剂流化性能及利用率角度出发，考察了多种形状及尺寸范围的催化剂，综合比较，最终确定了 0.3~0.5mm 的微球型催化剂。

催化剂工业生产结果表明：工业生产催化剂大小均匀、颗粒圆整且无催化剂粉末，说明目前催化剂制备工艺技术路线可靠，产品质量稳定。

经过 4 个多月连续工业运转试验，通过对热低分生成油、分馏塔底泵、减压塔底泵等处过滤器截留物采样分析均未发现催化剂颗粒及粉末；此外，结合外排剂与新剂粒径分布分析发现：外排剂与新剂的粒径分布基本重合，参见图3；说明微球型催化剂抗磨损性能强，即使在高温高压经历长时间连续运转后，仍能保持很高的机械强度及颗粒集中度。

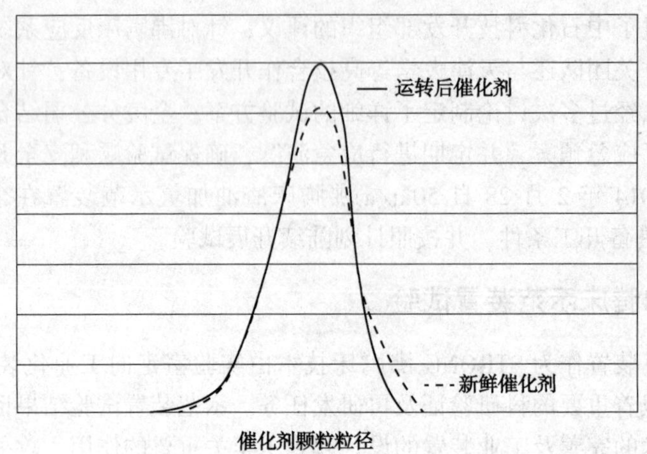

图3　催化剂粒径分布范围对比

4.3　渣油加氢转化

渣油加氢试验是本次示范装置试验的重要环节，也是操作难度及操作风险相对较大的环节。在试验过程中，攻关团队时时跟踪装置运转情况，及时分析，及时总结，确保渣油加氢试验安全顺利开展。本次试验以金陵分公司提供的减压渣油作为试验原料，其性质参见表2。

表2　示范装置试验原料

项　　目	试验原料	项　　目	试验原料
密度/(kg/m^3)	1035.8	金属元素/(μg/g)	
黏度(100℃)/(mm^2/s)	3063	Ni	47.30
残炭/%	23.73	V	163.50
N/(μg/g)	4600	Ni+V	210.80
S/%	6.00	总金属	242.80

试验原料残炭在23.73%，总金属含量在242.8μg/g，硫含量6%，综合来看，试验原料是一种高残炭、高金属、高硫的劣质原料，原料性质远超出目前固定床加氢反应器可以承受的能力。

本次试验考察系统压力14.1MPa，装置进料量4.8t/h，反应器平均温度400~425℃。不同考察条件下生成油转化率数据及杂质脱除率数据参见图4。

针对表2所列的劣质渣油原料，经STRONG沸腾床加氢处理后，540℃+转化率在45%~80%。

由图4可见，随着转化率升高，杂质脱除率呈上升趋势。在加氢转化率较低时，金属脱除率已经维持在相对较高的水平，这与第一反应器中装填了以脱金属性能为主的催化剂有关；脱硫率在整个过程中呈现稳步上升的趋势，残炭脱除率初期维持相对较低水平，表明在初期低温操作条件下难以脱除渣油中的胶质、沥青质等重组分，随着温度升高，催化剂活性增强，稠环芳烃加氢饱和及开环能力增加，胶质、沥青质含量减少，残炭脱除率随之升高。

在示范装置上，不同转化深度下各窄馏分收率数据变化参见图5。由图5可见，随着转化率提高，生成油中汽柴油馏分比例增大，蜡油馏分收率下降，即轻质油收率增加。这一变化规律与实验室小试装置得到的试验结果相符，侧面验证了实验室结果的可靠性(图5中实点●为示范装置数据，虚点○为实验室数据)。

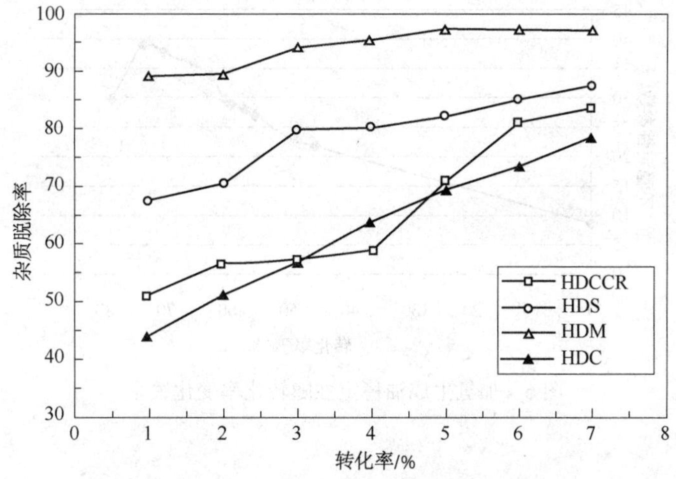

图 4　杂质脱除率随生成油转化率变化(由左及右转化率逐步升高)

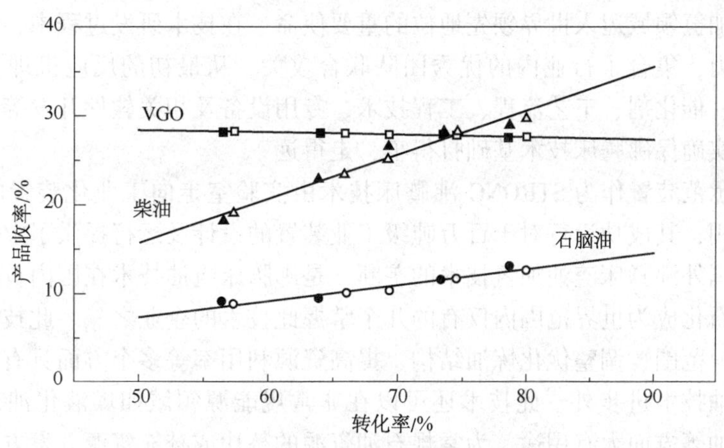

图 5　工业运转数据与中试数据对比

4.4　渣油加氢体系稳定性监控

针对渣油加氢过程中稳定性的影响因素、变化趋势及改善措施，FRIPP 在实验室内做了大量工作。先后考察了斑点实验、胶体稳定性指数、*P* 值、不稳定性参数等方法在判断渣油体系稳定性方面的准确性及可靠性，经过大量试验考察及对比，选定不稳定性参数法作为判断及预测体系稳定性的方法。

示范装置开工过程中，FRIPP 高度重视装置的安全稳定操作，专门从单位携带仪器至现场对加氢生成油的稳定性进行跟踪分析。开工过程中加氢生成油的稳定性随加氢转化深度的变化如图 6 所示。

从图 6 可以发现，随着体系转化率升高，体系稳定性呈下降趋势。当转化率达到 70%时，不稳定性参数临近反应体系轻重组分分相的敏感区域，但体系仍相对稳定；随着转化率进一步提高，体系分相加剧，当转化率达到~80%时，渣油体系稳定性遭到破坏，轻重组分分相明显，此时对应体系稳定性出现“变好”的假象。如果反应体系长时间维持此状态下操作，后续分馏分离系统可能出现一些问题，如分馏塔、减压塔等处结焦。从装置长周期稳定运转角度考虑，不推荐装置在此深度下操作。当装置出现上述情况时，应及时调整工艺参数，避免体系稳定性进一步恶化，确保装置安全运转。研究结果表明，加入 5%~20%的催化重循环油(或催化油浆)有助于提高体系的稳定性；而采用未转化尾油循环方式，可以将转化率提高到 85%~90%。

示范装置试验结果表明：所建立的渣油不稳定性测定方法可以用于监测和指导工业生产，为百万吨级工业装置长周期运行提供指导。

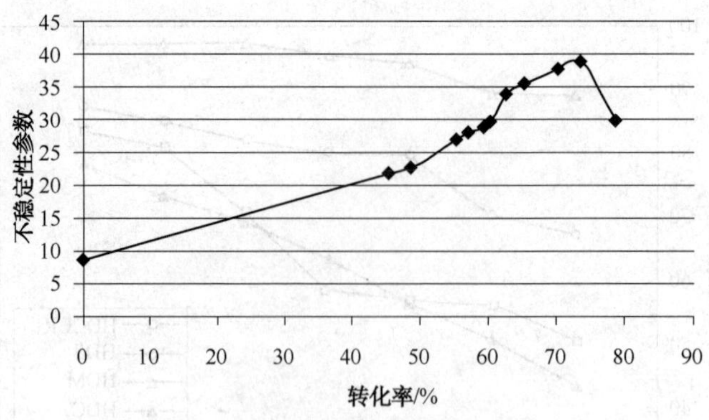

图 6　加氢生成油稳定性随转化率变化关系

5　结语

STRONG 沸腾床渣油加氢技术作为中石化开发的具有完全自主知识产权的渣油加氢技术，其寄托了中石化在渣油加氢领域迈入世界领先地位的重要使命。在技术研发过程中，中石化投入了大量的人力、物力、财力，集合了行业内的优秀团队联合攻关，从最初的反应机理、流体力学、动力学、反应器内构件、催化剂、工艺流程、工程技术、专用设备及相关软件开发等各个方面进行全方位的细致研究，切实确保沸腾床技术基础打得牢，走得远。

50kt/a 沸腾床示范装置作为 STRONG 沸腾床技术由实验室走向工业化装置的必要环节，起着承上启下的重要作用，其成功运行对于百万吨级工业装置的设计及运行提供了宝贵经验。本次试验的成功运行打破了国外沸腾床渣油加氢技术的垄断，是沸腾床渣油技术在国内首次实现真实意义上的工业应用，使中石化成为世界范围内仅有的几个掌握此技术的企业之一。此技术的成功研发对于中石化拓宽加工原料范围、调整优化炼油结构、提高资源利用率等多个方面具有重要意义；除在传统渣油领域促进炼油技术进步外，此技术还可以在非常规能源领域如煤液化油、超重油、油砂沥青、煤焦油、页岩油等方面大有用途，为常规石油资源的替代或补充资源开发方面做出贡献。

参 考 文 献

[1] 贾丽 杨涛 胡长禄．国内外渣油沸腾床加氢技术的比较[J]．炼油技术与工程，2009，4(39)：16-19.

[2] 杨涛，方向晨．STRONG 沸腾床渣油加氢技术的研究．2014 年中国石化炼油加氢技术交流会论文集，2014.

[3] S. Kressmann，C. Boyer，J. J. Colyar. Improvement of Ebullated-Bed Technology for Upgrading Heavy Oils. Oil&Gas Science and Technology-Rev. IFP，Vol. 55(2000)，No. 4，pp. 397-406.

[4] 杨涛，方向晨．STRONG 沸腾床渣油加氢技术研究概况及发展趋势．2011 年全国炼油加氢技术交流会论文集，2011.

[5] Joan Marques，Simon Maget. Improvement of Ebullated-Bed Effluent Stability at High Conversion Operation. Energy Fuels 2011，25，3867-3874.

PHF 国 IV/V 柴油质量升级技术

王 丹 温广明[1] 张文成[1] 张志华[1] 申宝剑[2]

(1. 中国石油石油化工研究院大庆化工研究中心，黑龙江大庆 163714；2. 中国石油大学(北京)，北京 102249)

摘 要：针对国 IV/V 柴油质量升级，中国石油石油化工研究院与中国石油大学(北京)联合攻关，成功开发出 PHF 超低硫柴油加氢精制催化剂。PHF 催化剂具有原料适应性好，脱硫活性高，活性稳定的特点，先后在中国石油 10 套柴油加氢精制装置进行工业应用，完全满足装置生产硫含量小于 50 或 10μg/g 清洁柴油的生产需要。

关键词：加氢精制 超低硫 柴油 超低硫

1 前言

随着环保法规的日益严格，我国柴油质量升级步伐逐年加快，目前我国已全面实施硫含量小于 50μg/g 的国Ⅳ车用柴油质量标准，北京、上海、广州等地区已开始实施硫含量小于 10μg/g 的国Ⅴ车用柴油质量标准，生产超低硫柴油是我国炼油行业需要解决的主要问题之一。

针对超低硫柴油的生产，最有效的方法是采用高活性柴油加氢精制催化剂，在实现对硫化物超深度脱除的同时，适当改善柴油的十六烷值并保障装置柴油收率的最大化。当前国际上主要超低硫柴油加氢技术供应商如 Albemarle 公司、Criterion 公司、Topsøe 公司和 Axens 公司通过采用专有的高活性催化剂活性中心制备技术[1~3]，开发出多种世界先进的柴油超深度脱硫催化剂。

根据我国炼厂柴油加氢精制装置生产超低硫柴油的技术需要，中国石油石油化工研究院和中国石油大学(北京)联合攻关，开发出 PHF 超低硫柴油加氢精制催化剂，满足企业国 IV/V 柴油质量升级需要。该催化剂在进行超深度脱硫的同时，实现了对氮化物和芳烃的有效脱除，原料适应性强，活性稳定性好，可满足不同装置生产硫含量小于 10μg/g 的超低硫柴油生产需要，催化剂技术水平国际先进。

2 实验室研究结果

柴油组分主要分布在 C_{10}~C_{20}，其中硫化物种类繁多、结构复杂。柴油中的硫物种除少量硫醇、硫醚及噻吩衍生物以外主要为苯并噻吩及其衍生物，二苯并噻吩及其衍生物，其中在 4 和 6 位均有烷基取代的烷基二苯并噻吩因其具有较大的空间位阻，在加氢脱硫过程最难脱除[4]。因此对这类硫化物的深度脱除是生产硫含量小于 10μg/g 超低硫柴油的关键。空间位阻类硫化物的加氢脱硫过程遵循芳环首先加氢饱和后进行硫化物脱除的先加氢后脱硫的反应历程，这要求催化剂的活性中心同时具有较高的加氢活性和氢解活性。

PHF 超低硫柴油加氢精制催化剂开发过程中采用“规整结构载体制备技术”，将含有 TiO_6、SiO_4两种结构单元的钛硅催化材料和含有 $AlPO_4$结构单元的磷铝催化材料引入催化剂载体中，在实现对载体改性的同时，避免了常规改性过程对催化剂载体孔道和比表面的不利影响。同时利用钛硅和磷铝两种材料的协同催化作用，在进行超深度脱硫的同时实现对氮化物和芳烃的有效脱除。

PHF 超低硫柴油加氢精制催化剂物化性质见表 1。

表1　PHF超低硫柴油加氢精制催化剂物化性质

项　　目	指标	项　　目	指标
金属组成	W-Ni	长度/mm	3~8
形状	三叶草	自然堆积密度/(g/cm^3)	0.75~0.85
径向压碎强度/(N/cm)	>150	比表面积/(m^2/g)	>160
直径/mm	D1.3~1.7	孔容积/(cm^3/g)	>0.3

2.1　原料适应性评价

分别采用直馏柴油、二次加工柴油以及直馏柴油和二次加工柴油的混合油对PHF超低硫柴油加氢精制催化剂进行原料适应性评价，评价结果见表2~表4。

表2　直馏柴油加氢评价结果

原料油	俄油直柴			中东直柴		
产品硫含量方案		<50μg/g	<10μg/g		<50μg/g	<10μg/g
工艺条件						
反应温度/℃		基准	基准+10		基准	基准+8
氢分压/MPa		6.0	6.0		6.0	6.0
氢油体积比		350	350		400	400
体积空速/h^{-1}		2.0	2.0		1.5	1.5
油品性质	原料油	精制柴油Ⅰ	精制柴油Ⅱ	原料油	精制柴油Ⅰ	精制柴油Ⅱ
密度(20℃)/(g/cm^3)	0.8363	0.8305	0.8267	0.8419	0.8341	0.8304
馏程范围/℃	180~367	179~361	177~360	202~373	197~363	195~362
硫含量/(μg/g)	2920	31	5	7200	23	7
氮含量/(μg/g)	57	1.1	0.5	91	5.1	1.0
多环芳烃/%	11.3	4.2	3.3	15.2	4.4	3.8
十六烷值	50.0	52.4	53.1	49.7	52.9	53.3

表3　催化柴油加氢评价结果

原料油	大庆催柴			中东催柴		
产品硫含量方案		<50μg/g	<10μg/g		<50μg/g	<10μg/g
工艺条件						
反应温度/℃		基准	基准+10		基准	基准+10
氢分压/MPa		6.4	6.4		6.4	6.4
氢油体积比		500	500		500	500
体积空速/h^{-1}		1.5	1.5		1.3	1.3
油品性质	原料油	精制柴油Ⅰ	精制柴油Ⅱ	原料油	精制柴油Ⅰ	精制柴油Ⅱ
密度(20℃)/(g/cm^3)	0.9041	0.8612	0.8570	0.9024	0.8601	0.8554
馏程范围/℃	170~360	166~353	164~352	180~376	174~372	172~370
硫含量/(μg/g)	1300	34	8	3664	31	9
氮含量/(μg/g)	935	92	64	726	54	13
多环芳烃/%	39.1	10.8	9.3	37.1	10.7	8.7
十六烷值	<30	35.1	36.2	30.7	37.1	38.8

表4 混合柴油加氢评价结果

原料油	大庆催柴-焦柴-焦汽（质量比4：4：2）			中东直柴-催柴（质量比1：1）		
产品硫含量方案		<50μg/g	<10μg/g		<50μg/g	<10μg/g
工艺条件						
反应温度/℃		基准	基准+8		基准	基准+10
氢分压/MPa		6.4	6.4		6.4	6.4
氢油体积比		500	500		500	500
体积空速/h^{-1}		2.5	2.0		1.8	1.5
油品性质	原料油	精制柴油Ⅰ	精制柴油Ⅱ	原料油	精制柴油Ⅰ	精制柴油Ⅱ
密度(20℃)/(g/cm^3)	0.8387	0.8442	0.8431	0.8718	0.8523	0.8504
馏程范围/℃	67~367	180~364	180~362	189~369	187~365	184~361
硫含量/(μg/g)	1360	37	7	5270	43	7
氮含量/(μg/g)	965	72	52	361	11	6
多环芳烃/%	14.3	5.7	4.1	23.9	10.2	9.4
十六烷值	48.4	50.9	51.6	41.2	44.3	45.2

从评价结果看，PHF 催化剂加工干点达373℃的中东直馏柴油时，可以满足生产硫含量小于50μg/g或10μg/g的清洁柴油，满足国Ⅳ、国Ⅴ柴油对硫含量的要求。在加工催化柴油时可满足干点达到376℃，多环芳烃含量达到39%以上的劣质催化柴油生产硫含量和多环芳烃满足国Ⅳ、国Ⅴ柴油标准要求的清洁柴油。加工直馏柴油时可将柴油十六烷值提高2~3个单位，加工催化裂化柴油时可将十六烷值提高6个单位以上。通过上述评价表明PHF催化剂具有良好的原料适应性。

2.2 参比剂对比评价

分别采用中东直馏柴油和中东直馏柴油与催化柴油的混合油作为原料，对PHF柴油加氢催化剂与目前国内外应用较多的两种参比催化剂进行加氢活性对比评价，评价结果见表5、表6。

表5 参比剂直馏柴油加氢评价结果

原料油	中东直柴					
产品硫含量方案	<50μg/g			<10μg/g		
催化剂	PHF	参比剂1	参比剂2	PHF	参比剂1	参比剂2
工艺条件						
反应温度/℃	基准	基准+7	基准+10	基准	基准+10	基准+12
氢分压/MPa		6.0			6.0	
氢油体积比		400			400	
体积空速/h^{-1}		1.5			1.5	
油品性质						
密度(20℃)/(g/cm^3)	0.8341	0.8352	0.8328	0.8304	0.8294	0.8291
硫含量/(μg/g)	23	30	26	7	6	8
氮含量/(μg/g)	5.1	6.2	5.5	1.0	1.0	1.2
十六烷值	52.9	52.0	52.2	53.3	53.1	53.2

注：原料油性质见表2。

表6　参比剂直馏柴油—二次加工柴油混合油加氢评价结果

原料油	中东直柴-催柴(质量比1∶1)					
产品方案	<50μg/g			<10μg/g		
催化剂	PHF	参比剂1	参比剂2	PHF	参比剂1	参比剂2
工艺条件						
反应温度/℃	基准	基准+11	基准+6	基准	基准+7	基准+5
氢分压/MPa	6.4			6.4		
氢油体积比	500			500		
体积空速/h^{-1}	1.8			1.5		
油品性质						
密度(20℃)/(g/cm^3)	0.8523	0.8510	0.8517	0.8504	0.8492	0.8490
硫含量/(μg/g)	43	40	44	7	8	7
氮含量/(μg/g)	11	20	27	6	10	14
十六烷值	44.3	43.7	44.1	45.2	44.6	44.8

注：原料油性质见表5。

从评价结果看，以直馏柴油为评价原料时，在脱硫深度相当的情况下，PHF催化剂反应温度较参比剂1低7℃，较参比剂2低10℃；在以直馏柴油和催化柴油混合油为评价原料时，在脱硫深度相当的情况下，PHF催化剂的反应温度较参比剂1低11℃，较参比剂2低6℃。此外PHF催化剂与两种参比剂相比对柴油十六烷值的改善效果更明显。

3　工业应用结果

PHF超低硫柴油加氢精制催化剂自2010年9月在大庆石化1.2Mt/a柴油加氢装置工业应用以来，到2015年年底PHF超低硫柴油加氢精制催化剂先后在乌鲁木齐石化2Mt/a柴油加氢、辽阳石化1.2Mt/a柴油加氢、大港石化2.2Mt/a柴油加氢等10套柴油加氢装置工业应用，装置加工能力合计17Mt/a。此外，还有多套大型柴油加氢装置将采用PHF超低硫柴油加氢精制催化剂。工业应用装置加工原料包括全部为直馏柴油，全部为二次加工柴油，直馏柴油与二次加工柴油混合油以及掺炼焦化汽油的情况，涵盖了国内柴油加氢精制装置的各种原料油构成。工业应用结果表明，PHF超低硫柴油加氢精制催化剂加氢性能优良，原料适应性好，完全可以满足装置生产硫含量小于50μg/g或10μg/g超低硫柴油的生产需要，对于现有按照国Ⅳ柴油生产方案设计的柴油加氢精制装置可以通过优化原料构成或调整装置工艺条件实现生产硫含量小于10μg/g超低硫柴油的生产需要，如表7所示。

表7　PHF超低硫柴油加氢精制催化剂工业应用情况

序号	应用企业	应用时间	装置规模(万吨/年)
1	大庆石化	2010.9	120
2	乌鲁木齐石化	2011.11	200
3	辽阳石化	2013.9	120
4	大港石化	2014.9	220
5	大庆石化	2014.10	130
6	大庆炼化	2014.11	170
7	玉门炼化	2014.11	70
8	吉林石化	2014.11	160

续表

序号	应用企业	应用时间	装置规模(万吨/年)
9	兰州石化	2015.4	300
10	大连石化	2015.4	200
11	乌鲁木齐石化	2015.10(装剂未开工)	180
12	乌鲁木齐石化	2016	80
13	兰州石化	2016.9	300
14	云南石化	2016	280
15	塔西南石化	2016	30
16	庆阳石化	2016	40

3.1 柴油硫含量满足国Ⅳ标准生产标定

PHF 催化剂应用过程在大庆石化 1.2Mt/a 柴油加氢完成加工原料全部为二次加工油的柴油硫含量符合国Ⅳ标准的生产标定，和在乌鲁木齐石化 2Mt/a 柴油加氢完成加工原料以直柴为主掺炼二次加工油的柴油硫含量符合国Ⅳ标准的生产标定。标定结果见表 8、表 9。

表 8　大庆石化 1.2Mt/a 柴油加氢精制装置标定数据

应用企业	大庆石化				
标定时间	2011 年 4 月(夏季方案)		2011 年 11 月(冬季方案)		
工艺条件					
反应器入口温度/℃	293		306		
反应器出口温度/℃	360		365		
反应器平均温度/℃	336		340		
反应器入口压/MPa	6.9		7.1		
氢油体积比	510		560		
体积空速/h^{-1}	2.5		2.3		
循环氢纯度/%(体)			91		
原料油构成/%	催化柴油：焦化柴油：焦化汽油=38.0：46.0：16.0		催化柴油：焦化柴油：焦化汽油=37.1：45.3：17.6		
油品性质	原料油	精制柴油	原料油	精制0#柴油	精制低凝柴油
密度(20℃)/(g/cm^3)	0.8337	0.8459	0.8362	0.8491	0.8174
馏程(D86)/℃					
初馏点	72	191	65	215	151
50%	255	269	246	282	208
终馏点	357	354	359	365	309
硫含量/(μg/g)	1242	43	1019	22	9
凝点/℃	—	—	-8	0	-36
十六烷值(柴油馏分)	43	48.4	42	47.7	40
十六烷值增加		5.4		5.7	

大庆石化 1.2Mt/a 柴油加氢精制装置分冬/夏两种运行方案，冬季生产方案通过分馏塔侧线采出轻柴油作为低凝柴油调和组分，分馏塔底的重柴油作为 0#柴油调和组分。

表 9　乌鲁木齐石化 2Mt/a 柴油加氢精制装置标定数据

应用企业	乌鲁木齐石化			
标定时间	2012 年 3 月		2014 年 5 月	
工艺条件				
反应器入口温度/℃	318		327	
反应器出口温度/℃	354		375	
反应器平均温度/℃	343		357	
反应器入口压力/MPa	7.8		7.9	
氢油体积比	380		340	
体积空速/h^{-1}	2.1		2.0	
循环氢纯度/%(体)	89		80	
原料油构成/%	直馏柴油：催化柴油：焦化柴油：焦化汽油=57.7：16.1：18.5：7.7		直馏柴油：催化柴油：焦化柴油：焦化汽油=34.2：27.4：23.5：14.9	
油品性质	原料油	精制柴油	原料油	精制柴油
密度(20℃)/(g/cm^3)	0.8275	0.8281	0.8445	0.8489
馏程(D86)/℃				
初馏点	—	172	—	161
50%	283	284	290	287
终馏点	361	363	—	—
硫含量/(μg/g)	1778	26	2285	35
氮含量/(μg/g)	471	9	784	72
碱性氮含量/(μg/g)	183	7	561	60
多环芳烃/%	11.4	4.0	21.2	5.2
十六烷值(柴油馏分)	55.7	59.9	51.2	55.0
十六烷值增加	—	4.2	—	3.8

硫含量满足国Ⅳ柴油标准要求的工业装置标定结果表明，PHF 催化剂具有良好的活性、原料适应性和活性稳定性，催化剂体积空速在 2.0~2.5h^{-1}，乌鲁木齐石化 2Mt/a 柴油加氢装置两次国Ⅳ柴油标定时间间隔 26 个月，且第二次标定时原料性质变差，催化剂平均反应温度与第一次相比提高 14℃，催化剂年平均失活温度小于 7℃。

3.2　柴油硫含量满足国Ⅴ标准生产标定

为考察 PHF 超低硫柴油加氢精制催化剂生产硫含量满足国Ⅴ标准要求的清洁柴油生产情况，分别在乌鲁木齐石化 2Mt/a 柴油加氢和大港石化 2.2Mt/a 柴油加氢装置进行柴油硫含量满足国Ⅴ标准生产标定，标定结果见表 10。

表 10　硫含量满足国Ⅴ柴油标准要求工业装置标定数据

应用企业	乌鲁木齐石化	大港石化
装置规模/(Mt/a)	2	2.2
标定时间	2012 年 3 月	2014 年 12 月
工艺条件		
反应器入口温度/℃	328	309
反应器出口温度/℃	370	364
反应器平均温度/℃	358	347
反应器入口压力/MPa	7.8	7.1

续表

应用企业	乌鲁木齐石化		大港石化	
氢油体积比	470		480	
体积空速/h^{-1}	1.8		1.5	
循环氢纯度/%(体)	90		95	
原料油构成/%	直馏柴油：催化柴油：焦化柴油：焦化汽油=49.5：18.0：23.4：9.1		直馏柴油：催化柴油：焦化柴油：焦化汽油=58.9：16.4：18.7：6.0	
油品性质	原料油	精制柴油	原料油	精制柴油
密度(20℃)/(g/cm^3)	0.8241	0.8274	0.8469	0.8459
馏程(D86)/℃				
初馏点	—	180	—	175
50%	275	278	265	268
95%			351	354
终馏点	360	358	—	—
硫含量/(μg/g)	1904	4.8	1242	5.5
氮含量/(μg/g)	481	3.8	997	42
多环芳烃/%	12.6	3.7	10.5	4.7
十六烷值(柴油馏分)	55.2	59.3	44.5	48.9
十六烷值增加	—	4.1	—	4.4

3.3 国Ⅴ柴油长周期运行

辽阳石化1.2Mt/a柴油加氢精制装置于2007年建成投产，按照生产硫含量满足国Ⅳ标准的清洁柴油进行设计。2013年9月更换PHF超低硫柴油加氢精制催化剂，在不对装置进行改造的情况下进行生产硫含量满足国Ⅴ标准清洁柴油的工业试验，截至2015年4月装置已连续运行19个月，装置运行平稳，精制柴油硫含量一直满足国Ⅴ柴油标准要求，工业试验部分数据见表11。

表11 硫含量满足国Ⅴ柴油标准要求工业试验数据

应用企业	辽阳石化							
装置规模/(Mt/a)	1.2							
时间	2013年10月		2014年1月		2014年8月		2014年12月	
工艺条件								
反应器入口温度/℃	317		305		327		309	
反应器出口温度/℃	345		330		350		333	
反应器平均温度/℃	335		320		341		324	
反应器入口压力/MPa	7.0		7.0		7.0		7.0	
氢油体积比	680		630		660		520	
体积空速/h^{-1}	1.4		1.4		1.2		1.5	
循环氢纯度/%(体)	91		89		89		88	
循环氢中硫化氢/%(体)	0.8		0.8		1.0		0.9	
原料油	直馏柴油							
油品性质	原料油	精制柴油	原料油	精制柴油	原料油	精制柴油	原料油	精制柴油
密度(20℃)/(g/cm^3)	0.8191	0.8072	0.8145	0.8076	0.8228	0.8117	0.8099	0.8012
馏程(D86)/℃								
初馏点	160	156	162	170	170	171	174	172
10%	192	189	193		190	189	193	191

续表

应用企业	辽阳石化							
50%	246	235	238	232	263	260	237	233
95%	350	343	300	294	368	261	294	291
硫含量/(μg/g)	2690	<1	1526	<1	2822	3	1475	<1
氮含量/(μg/g)	85	2.0	32	<1	101	2.4	26	<1
十六烷值	46.8	50.1	47.1	52.0	46.7	51.4	47.0	51.2
十六烷值增加		3.3		4.9		4.7		4.2

4 结论

(1) PHF超低硫柴油加氢催化剂采用钛硅和磷铝两种具有规整结构单元的新型催化材料对氧化铝载体进行改性，避免了常规钛、硅、磷元素改性过程中对载体比表面和孔结构造成的不利影响，同时利用两种催化材料的协同催化作用在超深度脱硫的过程中实现了对氮化物和芳烃的有效脱除。

(2) PHF催化剂具有良好的脱硫、脱氮活性，优于国外同类参比催化剂。

(3) 原料适应性评价表明，PHF催化剂对多种原料油均表现出良好的脱硫、脱氮活性，可满足各种原料生产超低硫柴油的需要。

(4) 工业应用结果表明，PHF超低硫柴油加氢精制催化剂完全可以满足炼厂生产硫含量小于50μg/g或10μg/g超低硫柴油的生产需要，工业装置长周期运行结果表明PHF超低硫柴油加氢催化剂具有良好的活性稳定性。

参考文献

[1] Hydrotreating and XTL. Worldwide Refinery Processing Review[M]. Hydrocarbon Publishing Company, 2011, 02.

[2] Desai P H, Gerritsen L A. Low Cost Production of Clean Fuels with STARS Catalyst Technology[G]. NPRA Annual Meeting, San Antonio, Texas, USA, 1999.

[3] Henrik Topsoe, Cooper B H, Kim Gron Knudsen, et al. ULSD with BRIMTM Catalyst Technology[G]. NPRA Annual Meeting, San Francisco, California, USA, 2005.

[4] Shyamal K. Bej, Samir K. Maity, et al. Turaga § Search for an Efficient 4, 6-DMDBT HydrodesulfurizationCatalyst: A Review of Recent Studies. Energy & Fuels, 2004, 18(5): 1227-1237.

塔河炼化柴油质量升级总体方案的探讨

吴振华

(中国石化塔河炼化有限责任公司，新疆库车 842000)

摘　要：对全厂柴油生产现状、原料构成、装置加工流程、生产瓶颈、装置改造预测等方面进行论述；重点分析了当前加氢能力不足、原料十六烷值低和加氢深度不够的问题，并提出了具体的解决方案，包括优化2[#]加氢装置原料，增加一台反应器，并更换适宜的催化剂，采用加氢精制技术，直接生产出满足国Ⅴ标准的车用柴油产品；1[#]加氢进行MHUG技术改造，新增一台反应器，增加精制剂和改质剂，生产出满足国Ⅴ标准的车用柴油产品，并且具备调和航煤组分的能力。

关键词：柴油　质量升级　十六烷值　MHUG　加氢

1　前言

随着汽车保有量快速增长，汽车尾气排放对大气污染的影响日益增加，中国面对雾霾天气的困扰加剧，故加快油品质量升级的步伐，事关每个人赖以生存的环境。

国家发展改革委 2015 年 5 月 7 日印发《加快成品油质量升级工作方案》的通知(发改能源[2015]974 号)，国Ⅴ标准车用汽、柴油供应时间提前，2016 年 1 月 1 日起，东部地区 11 个省市全面供应符合国Ⅴ标准的车用汽油、车用柴油。2017 年 1 月 1 日起，全国全面供应符合国Ⅴ标准的车用汽油、车用柴油，同时停止国内销售低于国Ⅴ标准车用汽、柴油。

2016 年 1 月 1 日起，开始在东部地区重点城市供应与国Ⅳ标准车用柴油相同硫含量的普通柴油；2017 年 7 月 1 日，全国全面供应国Ⅳ标准普通柴油，同时停止国内销售低于国Ⅳ标准的普通柴油。2018 年 1 月 1 日起，全国供应与国Ⅴ标准车用柴油相同硫含量的普通柴油，停止国内销售低于国Ⅴ标准普通柴油。

近日，国务院召开常务会议，确定加快成品油质量升级措施，将全国供应国Ⅴ标准车用汽柴油的时间由原定的 2018 年 1 月，提前至 2017 年 1 月。中国石化更是要求旗下炼厂加快国Ⅴ标准车用汽柴油节奏，所属东部地区炼厂将在 2015 年 10 月 1 日前完成，所属其他地区炼厂将在 2016 年 10 月 1 日前全部完成，普通柴油硫含量不大于 10μg/g(相当于国Ⅴ标准)的质量升级项目在 2017 年 10 月 1 日前完成。

本文对中国石化塔河炼化有限责任公司(简称塔河炼化)柴油质量升级的现状和未来规划进行分析探讨，重点从全厂柴油生产现状、原料构成、装置加工流程、生产瓶颈、装置改造预测等方面进行论述。

2　全厂柴油生产现状

塔河炼化原油加工能力 5Mt/a，加工原油品种单一，为塔河劣质稠油。塔河炼化现有两套加氢装置，均采用汽柴油混合加氢工艺，其中 1[#]加氢装置处理量 1Mt/a，2[#]加氢装置处理量 1.4Mt/a。

当前原油加工规模为 4.4Mt/a，1[#]加氢装置硫含量小于 350μg/g 的普通柴油，2[#]加氢装置生产国Ⅳ车用柴油。另外，受航煤销量影响，1[#]及 2[#]常一线油经过航煤加氢装置处理后，每月除生产少量航煤产品外，其余常一线油经航煤加氢装置处理后，作为柴油产品的调和组分。当前柴油加工流程见图1。

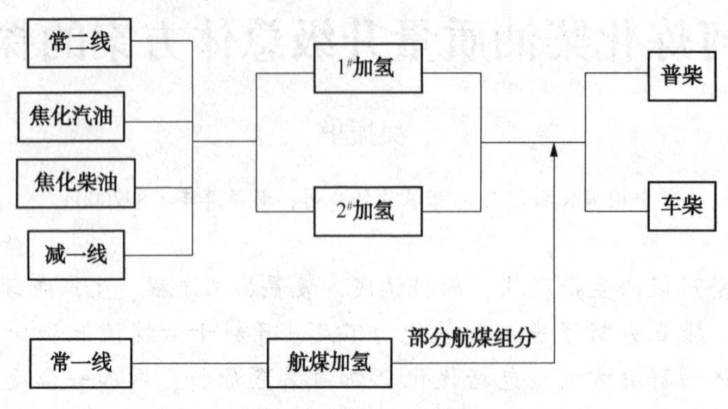

图1 柴油加工流程

两套加氢装置原料构成为：1#常二线油、2#常二线油、1#焦化柴油、2#焦化柴油、1#焦化汽油、2#焦化汽油、2#减一线油，上述原料在当前5Mt/a加工流程下的加工比例及组分性质见表1、表2。

表1 改造前5Mt/a加工流程下全厂加氢原料量分布

装置	常二线/t	减一线/t	焦化汽油/t	焦化柴油/t
1#加氢	190690	—	229920	458230
2#加氢	487130	23220	458080	846860
总量	677820	23220	688000	1305090

表2 改造前5Mt/a加工流程下组分性质及加工比例

项 目	焦汽	常二	焦柴	减一
加工量/(kt/a)	688	678	1305	23
密度(20℃)/(g/cm³)	0.7404	0.8537	0.8871	0.8964
硫含量/(μg/g)	8000	7407	13454	8000
氮含量/(μg/g)	60	100	1000	100
闪点/℃	—	97	86	149
十六烷值	—	51	41	44
十六烷指数	—	50.5	41.5	43.3
多环芳烃/%	—	7.5	18.4	—
馏程/℃				
50%	142.0	293.2	304.8	304.8
90%	212.8	355.2	350.2	351.2
95%	224.0	373.2	360.1	361.6

由表1、表2可以看出，在全厂原油加工规模为5Mt/a的情况下，主要存在以下问题：

2.1 加氢装置加工能力不足

两套汽柴油混合加氢总加工能力为2.4Mt/a，而在全厂原油加工规模为5Mt/a时，需要加氢处理的汽柴油原料将达到2.7Mt/a。

2.2 加氢超深度脱硫能力不够

塔河炼化加氢装置加工的原料主要特点是焦化柴油比例高，氮含量高，深度脱硫难度大，为了2#加氢装置生产国Ⅳ车柴，采取的办法是适当优化装置原料，降低焦柴比例；降低空速；提高加氢反应器入口温度，维持出口温度；国Ⅳ车柴成品出厂前，少量添加十六烷值改进剂。但是将来国Ⅴ车柴质量升级时，仅靠降低处理量来降低空速不可行，因为全厂物料不平衡，而且4，6-二甲基二苯并噻吩需要较高的加氢反应深度，才能有效脱除。

2.3 加氢原料十六烷值过低

按照表2的数据分析，混合柴油馏分的十六烷值在43左右，要达到51以上的国五车用柴油产品指标需要提高8个单位以上。同时需要考虑的是，现有300kt/a航煤加氢装置生产的航煤产品大部分需要作为柴油调和组分出厂，即使航煤加氢装置可以将硫含量降低至10μg/g以下，产品的十六烷值仅为44左右，需要调和才能满足车用柴油的产品指标，预计加氢后柴油十六烷值要达到53以上，才能满足调和航煤的需要。

3 柴油质量升级技术方案

3.1 产品目标要求(表3)

表3 国Ⅴ车用柴油产品的主要性质指标

项　目	国Ⅴ	项　目	国Ⅴ
20℃密度/(g/cm^3)	0.810~0.850	多环芳烃质量分数/%	≯11
十六烷值	≮51	硫含量/(μg/g)	≯10

若两套汽柴油加氢装置均采用加氢精制技术，不能保证全部柴油产品达到国Ⅴ车用柴油质量标准的要求。此时的柴油产品存在十六烷值偏低，密度偏高的问题。

3.2 两套加氢装置质量升级总体改造方案

若两套柴油加氢装置均采用加氢精制技术，不能保证全部柴油产品达到国Ⅴ车用柴油质量标准的要求。此时的柴油产品存在十六烷值偏低，密度偏高的问题。

按照项目投资经济性考虑，首先考虑加氢规模较大的2#加氢装置不作大的改造，适当优化原料，增加十六烷值高的常二线比例、降低氮含量高的焦柴比例，在核算分馏塔和反应压降的情况下降低焦汽比例，另外降低空速并采用加氢精制技术，从而达到国Ⅴ车用柴油质量升级的目的。

在当前加氢装置加工原料中，二次加工油比例很高，焦化汽柴油比例偏高，氮含量偏高，生产超低硫柴油难度很大。装置初始设计生产国Ⅲ柴油，主催化剂体积空速2.0h^{-1}以上，为达到产品质量升级目的同时保证装置长周期运转，需要增加一台反应器，降低主催化剂体积空速；为保证催化剂深度脱硫的效果，保持反应器内较高的氢分压，需要尽量减少焦化汽油加工量。该装置计划采用高活性、加氢性能强柴油加氢催化剂，在满足脱除杂质要求的同时，提高芳烃饱和能力，降低柴油密度，最大限度提高柴油的十六烷值。

1#汽柴油加氢改质装置的原料油构成为焦化柴油和焦化汽油，其比例为3∶1，即焦化柴油加工量0.9Mt/a，焦化汽油加工量300kt/a，总加工量1.2Mt/a。拟采用石科院中压加氢改质MHUG技术进行改造，同2#加氢改造一样，也是增加1台反应器，不过在后1台反应器中段装填具有裂化性能的改质剂。改造后全厂加氢原料分布见表4。

表4 改造后5Mt/a加工流程下全厂加氢原料量分布

装　置	常二线/t	减一线/t	焦化汽油/t	焦化柴油/t
1#加氢	0	—	300000	900000
2#加氢	677820	23220	388000	405090
总量	677820	23220	688000	1305090

4 改造后两套加氢装置操作及产品预测

4.1 2#加氢改造后预测(表5~表8)

表5 改造后2#汽柴油混合加氢装置进料构成及性质

项 目	常二线	焦化柴油	焦化汽油	减一线	混合进料
加工量/(t/a)	677820	405090	388000	23220	1494130
加工比例/%	45.37	27.11	25.97	1.55	100.00
密度(20℃)/(g/cm^3)	0.8537	0.8871	0.7212	0.8964	0.8154
硫含量/(mg/g)	7407	13454	~8000	~8000	9124
氮含量/(mg/g)	~100	<1000	~60	~100	~265
十六烷值	51.6	~41	—	~44	—
十六烷指数	50.3	42.1	—	43.3	47
馏程/℃					
50%	295.8	304.8	109	304.8	240
90%	357.4	350.2	155	351.2	351
95%	375.3	360.1	175	361.6	368

表6 改造后2#汽柴油混合加氢装置主要工艺参数预测

项 目	数据	
处理量/(Mt/a)	1.5	
反应器入口氢分压/MPa	≮6.5	
体积空速/h^{-1}		
保护剂体积空速/h^{-1}	~10.0	
主精制剂体积空速/h^{-1}	≯1.0	
	初期	末期
第一反应器入口温度/℃	~320	~356
一反/二反平均反应温度/℃	350/360	385/390
一反/二反催化剂温升/℃	65/13	62/15
总平均温度	355	388
总氢油比/(Nm^3/m^3)	≮350	
催化剂运转周期	第一连续运转周期3年，催化剂总寿命不小于6年	

表7 改造后2#汽柴油混合加氢装置运转初/末期物料平衡数据

项 目	初期	末期	项 目	初期	末期
入方/%			NH_3	0.04	0.04
原料油	100	100	C_1+C_2	0.06	0.11
化学氢耗	0.81	0.79	C_3+C_4	0.08	0.18
合计	100.81	100.79	C_5~165℃	28.3	28.9
出方/%			>165℃	71.36	70.59
H_2S	0.97	0.97	合计	100.81	100.79

表 8　改造后 2#汽柴油混合加氢装置运转初/末期主要产品性质

运转时间	初期		末期	
产品	石脑油	柴油	石脑油	柴油
馏分范围/℃	<165	>165	<165	>165
密度(20℃)/(g/cm³)	0.723	0.843	0.721	0.845
S 含量/(μg/g)	<1	<10	<1	<10
N 含量/(μg/g)	<1	<10	<1	<10
芳烃潜含量/%	~35	—	~35	—
多环芳烃含量/%	—	<6	—	<8
十六烷值	—	≮51.5	—	≮51.0

从预测结果分析，2#加氢装置通过原料优化及装置改造，并更换适宜的催化剂，可以直接生产出满足国Ⅴ标准的车用柴油产品。

4.2　1#加氢改造后预测(见表 9~表 12)

表 9　改造后 1#汽柴油混合加氢装置进料构成及性质

项　　目	焦化柴油	焦化汽油	混合进料
加工量/(t/a)	900000	300000	1200000
加工比例/%	75.00	25.00	100.00
密度(20℃)/(g/cm³)	0.8871	0.7212	0.8154
硫含量/(mg/g)	13454	~8000	9124
氮含量/(mg/g)	<1000	~60	~265
十六烷值	~41	—	—
十六烷指数	42.1	—	47
馏程/℃			
50%	304.8	109	—
90%	350.2	155	—
95%	360.1	175	—

表 10　改造后 1#汽柴油混合加氢装置主要工艺参数预测

项　　目	数据	
处理量/(Mt/a)	1.2	
反应器入口氢分压/MPa	≮6.4	
体积空速/h⁻¹		
保护剂体积空速/h⁻¹	10	
主剂(精制剂/改质剂)体积空速/h⁻¹	0.9(1.38/2.57)	
后精制剂	10	
	初期	末期
精制/改质平均反应温度/℃	349/352	385/385
精制/改质总温升/℃	99/19	96/17
总氢油比/(Nm³/m³)	≮500	≮500
催化剂运转周期	第一连续运转周期 3 年，催化剂总寿命不小于 6 年	

表11 改造后1#汽柴油混合加氢装置运转初/末期物料平衡数据

项 目	初 期	末 期
入方/%		
原料油	100	100
化学氢耗	1.33	1.3
合计	101.33	101.3
出方/%		
H_2S	1.27	1.27
NH_3	0.09	0.09
C_1+C_2	0.16	0.2
C_3+C_4	0.66	0.85
C_5~165℃	25.85	26.33
>165℃	73.3	72.56
合计	101.33	101.3

表12 改造后1#汽柴油混合加氢装置运转初/末期主要产品性质

运转时间	初期	末期	运转时间	初期	末期
产品	石脑油	柴油	产品	石脑油	柴油
馏分范围/℃	<165	>165	馏分范围/℃	<165	>165
密度(20℃)/(g/cm^3)	0.733	0.832	密度(20℃)/(g/cm^3)	0.734	0.834
S含量/(μg/g)	<1.0	<10	S含量/(μg/g)	<1.0	<10
N含量/(μg/g)	<0.5	<1	N含量/(μg/g)	<0.5	<1
芳烃潜含量/%	~35	—	芳烃潜含量/%	35	—
多环芳烃含量/%	—	<5	多环芳烃含量/%	—	<5
十六烷值	—	53	十六烷值	—	52.5

从预测结果分析，1#加氢装置采用石科院开发的柴油加氢改质MHUG技术改造后，通过新增一台反应器，可以生产硫含量小于10μg/g、十六烷值51以上，满足国V排放标准的清洁柴油产品。同时具备与航煤组分调和，使混合柴油产品性质满足国V柴油标准的需要。

5 结语

为了满足车用柴油产品质量升级的需要，中国石化塔河炼化有限责任公司对全厂柴油生产现状、原料构成、装置加工流程、生产瓶颈、装置改造预测等方面进行论述；重点分析了当前加氢能力不足、原料十六烷值低和加氢深度不够的问题，并提出了具体的解决方案，包括优化2#加氢装置原料，增加1台反应器，并更换适宜的催化剂，采用加氢精制技术，直接生产出满足国V标准的车用柴油产品；1#加氢进行MHUG技术改造，新增一台反应器，增加精制剂和改质剂，生产出满足国V标准的车用柴油产品，并且具备调和航煤组分的能力。

参 考 文 献

[1]柳荣．柴油产品质量升级技术方案的探讨[J]．炼油技术与工程，2012，43(2)：38-40.
[2]李大东．加氢处理工艺与工程[M]．北京：中国石化出版社，2004：962-990.

中国石化生物航煤技术工业示范生产与应用

渠红亮　方胜良[2]　陶志平[1]　聂红[1]

（1. 中国石化石油化工科学研究院，北京 100083；
2. 中国石化杭州石化有限责任公司，浙江杭州 310015）

摘　要：介绍了中国石化石油化工科学研究院开发的油脂加氢法生物航煤生产技术，该技术成功进行了工业示范生产，生物航煤产品通过了国际民航局的适航审定，获得了生产许可。中国石化的生物航煤完成了国内第一次商业飞行。

关键词：生物航煤　加氢　SRJET 技术　适航审定　商业飞行

1　前言

为了减少气候变化给人类生存环境带来的负面影响，降低二氧化碳排放量已在人类社会达成共识。2015 年巴黎气候大会通过的《巴黎协议》要求所有国家参与应对行动，以期更快地减少全球温室气体排放。航空运输业是最具国际化的行业之一，航空业的 CO_2 排放量约占全球排放量的 2%，航空煤油在飞行器中燃烧产生的二氧化碳基本排放在大气的平流层中，产生了很强的温室效应，因此航空业面临着严峻的二氧化碳减排的压力。为了应对所面临的挑战，国际航空运输协会在 2009 年制定了极具挑战性的 CO_2 减排计划：从 2009~2020 年，平均每年提高燃油效率 1.5%，2020 年实现碳排放零增长，2050 年碳排放量较 2005 年降低 50%。航空业实现二氧化碳减排的主要手段是使用可持续航空燃料。

全生命周期研究表明，使用生物质燃料可以显著降低 CO_2 排放量。生物喷气燃料的技术的开发已引起许多国家的高度重视[1,2]。自 2008 年起，全球已开展了多次验证飞行和商业飞行，飞行所使用的生物航煤多为以油脂为原料通过加氢工艺制备[3]。目前有国际社会已经认证的可持续航空燃料有三种：①生物质气化/F-T 合成/加氢改质法生产的航煤（FT-SPK）；②油脂加氢法生产的航煤（HEFA-SPK）；③生物质发酵生成糖，再经加氢生产的异构烷烃（SIP）。其中，前两种航煤可以与石油基按照最高 50%的比例调合使用，而第三种燃料与石油基航煤的最大调合比例为 10%。

在国内，2011 年 10 月，中国石油与中国国航、波音公司及霍尼韦尔 UOP 公司合作，在波音 747 客机上进行了中国首次生物航煤试飞[4]。中国石油与霍尼韦尔 UOP 公司计划在四川建设一套 60kt/a 生物航煤的生产装置[5]。中国石化于 2009 年启动以油脂为原料的生物航煤生产技术开发，2011 年 9 月将下属杭州石化的一套加氢装置改造成亚洲第一套生物航煤工业示范生产装置，先后以棕榈油和餐饮废油为原料生产出合格的生物航煤[6]。2013 年 4 月，中国石化生产的生物航煤在东方航空公司空客 320 客机进行了试飞。

2　中国石化生物航煤技术的开发

2.1　生物航煤反应过程中的主要化学反应

油脂加氢法生产生物航煤的技术主要包括加氢处理和加氢转化 2 个步骤。加氢处理过程主要包含双键饱和、加氢脱氧、加氢脱羧基和加氢脱羰基反应，副反应有裂化、异构化和甲烷化等反应[7]，如图 1 所示。动植物油脂加氢处理一般使用负载型硫化态金属催化剂，在比较缓和的条件下将动植物油脂加氢处理转化成长链正构烷烃。

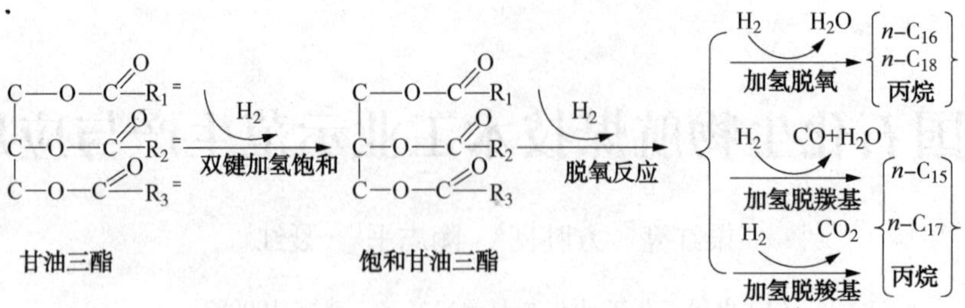

图1 甘油三酯转化为烷烃的反应路径

加氢转化是对加氢处理得到的正构烷烃进行选择性裂化，以便使冰点和碳数分布符合喷气燃料的要求。正构烷烃异构化过程通常伴有裂化反应，正构烷烃首先异构化生成单支链异构体，单支链异构体在扩散过程中进一步异构化生成多支链异构体。异构烷烃可能来源于两种方式：一是多支链异构产物的裂解；二是正构烷烃裂解产物的异构化。随着转化率的提高，多支链异构产物的裂解反应和正构烷烃裂解产物的异构化反应将发生得更多[8]。

2.2 SRJET技术的开发

中国石化石油化工科学研究院采用分子炼油的理念，通过对原料和产品的分子结构分析以及对反应化学网络的深入认识，优选出适合的反应途径，并进行了催化剂、工艺和反应工程的创新，成功开发出油脂类原料加氢生产生物航煤的成套技术(简称SRJET技术)。其工艺流程简图如图2所示。以动植物油脂、微藻油、餐饮废油为原料时，原料首先需进行预处理脱除其中的金属、氯等杂质，以降低这些杂质对加氢催化剂和反应设备的危害，实现催化剂的长寿命和装置的长周期稳定运转。然后进行加氢处理和加氢转化，最后分离得到石脑油、生物航煤和柴油产品。根据原料和目标产物的不同，加氢法的催化剂级配和操作条件也有所不同。

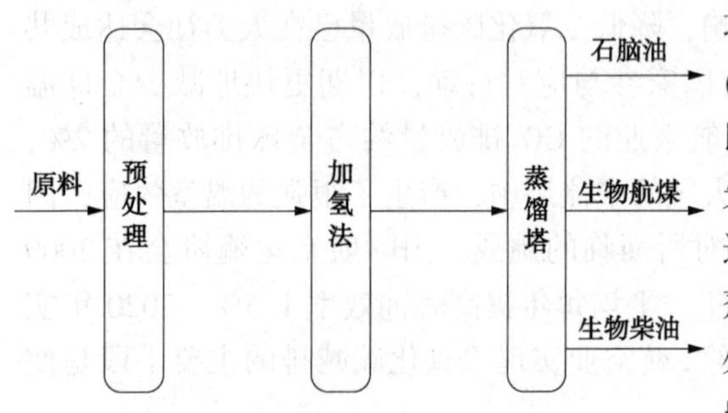

图2 SRJET技术的工艺流程简图

3 生物航煤生产技术的工业示范应用

根据SRJET技术要求，中国石化将杭州石化的一套工业加氢装置改造为生物航煤工业示范生产装置，先后以棕榈油和餐饮废油为原料，生产出了满足ASTM D7566标准中有关源自加氢的酯和脂肪酸的合成石蜡煤油(HEFA-SPK)标准要求的生物航煤。该工业示范装置生产使用原料的主要性质见表1。工业生产的生物航煤调合组分的主要性质和组成见表2。

表1 原料的主要性质

项目	棕榈油	餐饮废油
密度(20℃)/(kg/m³)	915.1	918.6
凝点/℃	24	22
总酸值/(mgKOH/g)	0.19	5.53
氧质量分数/%	11.4	12.0
其他杂质质量分数/(μg/g)		
S	<2.0	5.5
N	<2.0	59.0
Cl	<2.0	14.4
金属	<2.0	12.0

表 2　工业示范装置生产的生物航煤的主要性质

项　　目	HEFA-SPK	生物航煤 1①	生物航煤 2①
总酸值/(mg KOH/g)	≯0.015	<0.001	<0.001
闪点/℃	≮38	55.0	49.0
密度(15℃)/(kg/m^3)	730~770	767.3	767.7
冰点/℃	≯-40	-55.2	-59.3
实际胶质质量浓度/(mg/100mL)	≯7	2	1
脂肪酸甲酯/(μg/g)	≯5	<4.5	<4.5
热安定性(325℃，2.5h)			
压力降/kPa	≯3.3	0	0
管壁评级/级	≯3	0	0
烃类组成/%			
环烷烃	≯15	1.5	2.8
芳烃	≯0.5	0	0
碳和氢	≮99.5	99.97	99.87
非烃类组成/(mg/kg)			
氮	≯2	<0.3	<0.3
水	≯75	8	10
硫	≯15	0.3	0.6
金属②/(mg/kg)	≯0.1	<0.1	<0.1
卤素/(mg/kg)	≯1	<0.5	<0.5

① 生物航煤 1：以棕榈油为原料；生物航煤 2：以餐饮废油为原料。

② 以下每种金属含量：铝、钙、钴、铬、铜、铁、钾、镁、锰、钼、钠、镍、磷、铅、钯、铂、锡、锶、钛、钒、锌。

从表 2 可以看出，采用 SRJET 技术，以棕榈油和餐饮废油为原料生产的生物航煤调合组分达到 ASTM D7566 标准的要求。

采用 SRJET 生物航煤工艺示范装置生产的生物航煤调合组分与镇海炼化分公司生产的石油基 3 号喷气燃料的调合燃料按照体积比 50∶50 调合生产的生物航煤称为中国石化 1 号生物航煤。调合后的 1 号生物航煤各项理化性质满足 3 号喷气燃料要求。

4　中国生物航煤的适航审定

为了推动生物航煤的商业应用，美国材料与试验协会(American Society for Testing and Materials，ASTM)颁布了含合成烃的航空涡轮燃料规范(ASTM D7566)。2011 年 7 月，ASTM D7566-11 增加了源自加氢的酯和脂肪酸的合成石蜡煤油的规格要求，多达 50%的生物航煤组分可调合到传统的喷气燃料中。2005 年中国民用航空局(简称 CAAC)颁布了《航空油料适航管理规定》(CCAR-55)规范了航油的适航管理，保证加注到飞机上油品符合标准要求。

2011 年 12 月，中国石化向中国民航局提交了生物航煤的适航审定申请。2012 年 2 月 28 日，民航局正式受理了中国石化的适航审定申请，将生物航煤命名为中国石化 1 号生物航煤。审查组按照国际通行惯例，以不低于国际技术标准制定了中国特色的技术标准规定 CTSO-2C701 作为本次审查的审定基础，审查包括设计、生产两个部分，历时两年，对生物航煤的工艺评审、产品理化性能、特定性能试验以及生产质量体系评审，并进行了发动机台架验证和试飞验证。

2013 年 4 月 24 日，加注了中国石化 1 号生物航煤的东方航空空客 320 型飞机圆满完成了 85min 的飞行验证。2014 年 2 月 12 日，中国民用航空局正式向中国石化颁发了 1 号生物航煤技术标准规定项目批准书(CTSOA)。2015 年 3 月 21 日，中国石化以餐饮废油为原料生产的生物航煤完成了第一次商业飞行，我国生物航煤也因此正式迈入产业化和商业化阶段。

5 结语

中国石化石油化工科学研究院成功开发了 SRJET 生物航煤生产技术，并成功进行了工业示范生产。生产的生物航煤通过了中国民航局的适航审定，取得了中国第一张生物航煤生产许可证，并成功进行了商业飞行。我国的生物航煤正式迈入产业化和商业化阶段。

参 考 文 献

[1] 姚国欣. 加速发展我国生物航空燃料产业的思考[J]. 中外能源，2011，16(4)：18-26.

[2] 李毅，张哲民，渠红亮，等. 生物喷气燃料制备技术进展[J]. 石油学报(石油加工)，2013，29(2)：359-367.

[3] 胡徐腾，齐泮仑，付国兴，何皓，黄格省，李顶杰. 航空生物燃料技术发展背景与应用现状[J]. 化工进展，2012，31(8)：1625-1629.

[4] 杨智渊，夏祖西，郭强. 中国航空生物燃料首次试飞用油适航评审[J]. 中国民用航空，2012，133(1)：39-41.

[5] 董平，佟华芳，李建中，何玉莲. 加氢法制备生物航煤的现状及发展建议[J]. 石化技术与应用，2013，31(6)：461-465.

[6] 聂红，孟祥堃，渠红亮，张哲民. 适应多种原料的生物航煤生产技术的开发[J]. 中国科学：化学，2014，45(1)：46-54.

[7] Laurent E，Delmon B. Study of the hydrodeoxygenation of carbonyl，carboxylic and guaiacyl groups over sulfide CoMo/γ-Al_2O_3 and NiMo/γ-Al_2O_3 catalysts I catalytic reaction schemes[J]. Applied Catalysis，1994，(1)：77-96.

[8] 黄卫国，李大东，石亚华，等. 分子筛催化剂上正十六烷的临氢异构化反应[J]. 催化学报，2003，24(9)：651-657.

炼化一体化企业提高催化汽油产量措施分析

王 伟

(中国石化武汉分公司,湖北武汉 430082)

摘 要:在炼油化工一体化生产形势下,结合汽柴油质量升级要求和新的催化烟气排放标准,采取了优化生产流程、选择汽油加氢工艺路线和优化CO锅炉操作等措施,提高了催化汽油产量。2015年在原油加工量同比下降181kt的情况下,催化原料增加63kt,催化汽油产量增加6.4kt,催化柴油减少194.4kt,加氢柴油增加78.1kt,经济效益3683.1万元。

关键词:炼油化工一体化 催化装置 汽油 产量

1 前言

武汉分公司炼油改造二期工程和800kt/a乙烯工程于2013年8月建成投产,实现了炼油乙烯一体化。炼油加工能力达到8Mt/a,完成了从燃料型炼厂向燃料化工型炼厂的转变。2013年10月和2014年10月,汽油和柴油分别实现了国Ⅳ质量标准升级。2014年12月建成投产了催化再生烟气脱硫脱硝装置,执行新的烟气排放标准。

无论是燃料型炼厂还是燃料化工型炼厂,催化装置是炼厂效益主要来源的格局没有改变。催化汽油占汽油池的70%~80%,催化柴油占柴油池15%~30%,汽油调和组分MTBE和烷基化油以及聚丙烯原料90%来源催化液态烃。

因此,在炼油化工一体化生产形势下,结合汽柴油质量升级要求和新的催化烟气排放标准,优化催化装置生产、提高汽油产量是提高炼厂经济效益的主要手段。

2 现状分析

2.1 蜡油和渣油平衡

炼油改造二期工程建成投产后,蜡油和渣油加工流程发生了较大的变化。减二线为轻蜡油,作加氢裂化装置原料,生产的尾油占乙烯原料的30%。减三线为重蜡油,与焦化蜡油一并作催化原料加氢原料,减四线直接作为催化原料,减压渣油作为焦化原料。由于加氢裂化装置的投产,加氢蜡油只有1.55Mt/a,仅占催化加工负荷78%,掺炼减四线或减压渣油成为提高催化负荷率、提高炼厂效益的重要措施。2014年蜡油和渣油平衡见表1,催化原料性质见表2。

表1 2014年蜡油和渣油平衡 kt

装置	减二线	减三线	减四线	减压渣油	焦化蜡油	精制蜡油	合计
加氢裂化	1662.7						1662.7
催化原料加氢		1048.7			532.3		1581.0
焦化				1957.9			1957.9
催化			541.4			1555.8	2097.2

表2 催化原料构成及性质

项 目	精制蜡油	减四线	减压渣油
密度/(kg/m^3)	912.5	955.8	1062.1
硫含量/%	0.091	1.35	1.75
残炭/%	0.6	10.5	20.3
饱和烃/%	67.73	25.68	12.00
芳烃/%	27.10	50.63	46.87
胶质/%	4.98	21.83	38.02
沥青质/%	0.19	1.86	3.11
Ni/(μg/g)	0.9	33.6	38.6
V/(μg/g)	1.3	10.4	16.8

2.2 催化装置的适应性

两套催化设计加工能力均为1Mt/a。其中，1#催化为石伟技术，高低并列，两段再生，自热平衡；2#催化为高低并列，重叠式两段再生，带外取热器。根据装置特性，1#催化和2#催化原料密度在0.910~0.925kg/m^3、1#催化原料残炭在1.5%~2.5%、2#催化原料残炭在2.5%~3.5%，装置生产在加工能力和产品分布优化方面可以兼顾。

2.3 汽油选择性加氢工艺的适应性

降低催化汽油硫含量是汽油国Ⅳ质量标准升级的关键，采用的是催化原料加氢(前加氢)和汽油选择性加氢(后加氢)工艺路线。控制催化原料硫含量既是降低催化汽油辛烷值损失的关键因素，也是经济上的要求。原则上，控制稳定汽油硫含量不大于0.03%，轻重汽油切割点不低于70℃、切割比例不低于4∶6，汽油辛烷值损失不大于2个单位，才能保证汽油选择性加氢工艺的经济性。另一方面，催化原料经过加氢后，在掺炼一定比例减四线或减压渣油的条件下，原料和稳定汽油硫含量的传递系数大约为15，由此可以推出催化原料硫含量应不大于0.45%。

2.4 脱硫脱硝装置对催化装置生产的影响

催化CO锅炉烟气脱硫脱硝装置投产后，催化原料的硫含量可以放宽到1.0%，有利于提高催化原料的适应性。脱硫脱硝工艺对催化装置生产的影响主要体现在两个方面，一是烟机背压增加3~5kPa，降低了烟机做功能力；二是脱硝工艺SCR(选择性催化还原)存在氨逃逸现象，在操作温度低于300℃的高低省煤器上容易产生硫酸氢铵盐，引起锅炉压降上升，导致炉膛压力超标，从而影响催化处理能力或掺渣比。

2.5 加氢裂化尾油作催化原料的可行性

2014年6月以来，国际原油价格从每桶100美元一路下滑至40美元，国内饱和轻烃和石脑油价格低迷，为乙烯原料选择和优化提供了机会。同时，低油价下加裂尾油作为乙烯原料的边际效益低于饱和轻烃和拔头油，为尾油作催化原料提供了机会。事实上，加裂尾油是良好的催化原料[1]。

3 措施及效果

2014年以来，国内炼油能力过剩，汽油和航煤消费年增长8%，柴油需求量开始下降。提高催化汽油产量，降低催化柴油产量，不仅可以降低柴汽比，而且可以提高车用柴油比例，是提高炼厂效益的主要措施。催化装置生产优化的目标是，加工能力最大化和汽油收率最大化，即汽油产量最大化。

3.1 优化生产流程，提高催化加工负荷

提高催化加工负荷率是提高催化汽油产量直接有效的措施。首先，由于减四线作催化原料，两套常减压装置采用适度减压深拔模式，控制减压炉出口温度不低于396℃，减压塔顶压力不大于2.5kPa(a)，提高减三线收率，2015年减三线收率同比提高0.23个百分点。其次，由于减三线和焦化蜡油仅占催化原料加氢装置原料78%，催化原料加氢装置加工能力有较大富余，将2#催化轻

柴全部进催化原料加氢装置回炼，同时降低蜡油和柴油切割点，将柴油95%点控制至310℃，增加精制蜡油产量，提高催化原料量，增加了催化原料量，提高了汽油产量，降低了催化柴油产量。第三，为了满足乙烯原料轻质化要求，增加了外购饱和轻烃和拔头油，将部分加裂尾油进1#催化作原料。2015年在原油加工量下降181kt的情况下，催化原料增加63kt。催化原料加氢装置和催化装置原料平衡见表3。

在提高催化原料量的同时，改善了催化原料性质。由于1#催化掺炼约10%加裂尾油，顶替出来的精制蜡油作为2#催化原料，改善了两套催化原料性质，为多产汽油创造了条件。与2014年同比，两套催化原料性质饱和烃含量上升5~6个百分点，芳烃、胶质和沥青质以及硫含量、氮含量和残炭均有所下降，有利于提高汽油收率。催化原料性质见表4。

表3 催化原料加氢装置和催化装置原料平衡 kt

项目	2014年	2015年	增量
原油加工量	7883.0	7702.0	-181.0
催化原料加氢装置原料			
减三线	1061.0	1048.1	-12.9
焦化蜡油	532.3	508.9	-23.4
2#催化柴油	18.1	198.3	180.2
合计	1611.0	1755.3	144.3
催化装置原料			
精制蜡油	1555.8	1625.6	69.8
减四线	541.4	377.6	-163.8
加裂尾油		156.9	156.9
合计	2097.2	2160.2	63.0

表4 催化原料性质

项目	1#催化		2#催化	
	2015年	2014年	2015年	2014年
密度/(kg/m³)	910.9	908.0	927.4	927.3
硫含量/%	0.180	0.233	0.345	0.417
氮含量/%	0.178	0.236	0.162	0.220
残炭/%	1.05	1.468	2.65	2.920
饱和烃/%	53.27	49.28	52.57	47.43
芳烃/%	32.72	36.04	33.84	39.46
胶质/%	13.92	14.52	13.07	12.67
沥青质/%	0.087	0.155	0.516	0.435
Ni/(μg/g)	3.115	3.384	8.473	7.806
V/(μg/g)	1.549	1.707	4.365	3.684

3.2 根据稳定汽油硫含量，调整汽油加氢工艺

为了满足汽油国Ⅳ质量标准升级，提高催化原料的适应性，2013年5月将汽油加氢OCT-M工艺改造为OCT-MD工艺，2013年8月~2014年8月正常运行一年后，由于生产波动，2#催化稳定汽油胶质含量超标，导致汽油加氢保护器压降上升较快。为了确保汽油加氢装置长周期生产，2015年4月份投用2#催化轻汽油抽提工艺流程，6月份将1#催化汽油脱硫醇改为OCT-M流程，确保汽油加氢装置的长周期运行。实际上，在稳定汽油硫含量不大于200μg/g情况下，采用OCT-M工艺

与采用OCT-MD工艺，汽油辛烷值损失基本一致。目前两套催化稳定汽油加氢后RON损失均小于1.5个单位。

2015年，由于催化原料的优化，1#催化稳定汽油加氢脱硫率、烯烃饱和率和RON损失分别为42.45%、12.88%和0.05，同比分别下降30.19个百分点、10.16个百分点和1.05个单位；2#催化稳定汽油加氢脱硫率、烯烃饱和率和RON损失分别为80.75%、32.69%和0.99，同比分别下降7.82个百分点、上升8.28个百分点和下降0.42个单位，如表5所示。

表5 催化稳定汽油和精制汽油性质

项目	1#催化		2#催化	
	2015年	2014年	2015年	2014年
稳定汽油				
密度/(kg/m³)	741.9	740.5	736.9	737.2
馏程/℃				
HK	35.6	35.3	34.84	37.0
KK	203.0	202.6	202.0	203.7
S/(μg/g)	91.22	159.1	160.5	291.8
RON	91.10	91.50	91.80	92.25
烷烃/%	47.70	50.2	42.6	44.10
烯烃/%	25.94	26.1	31.6	31.75
芳烃/%	26.36	23.6	25.7	24.20
精制汽油				
密度/(kg/m³)	738.8	739.1	727.7	732.0
S/(μg/g)	52.5	43.53	30.90	33.34
RON	91.05	90.40	90.81	90.84
烷烃/%	51.81	57.3	55.07	52.75
烯烃/%	22.60	20.08	21.27	24.00
芳烃/%	25.59	25.23	23.66	23.25
脱硫率/%	42.45	72.64	80.75	88.57
烯烃饱和率/%	12.88	23.07	32.69	24.41
RON损失	0.05	1.1	0.99	1.41

3.3 加强CO锅炉生产管理，消除催化生产瓶颈

脱硫脱硝装置投产后，对锅炉生产提出了两个新的要求。首先，脱硝SCR反应器设置于上下蒸发段之间，工艺上要求反应器温度在320~420℃，温度过低和过高将影响催化剂活性和寿命，因此水保护段和过热段取热温差必须保持相对稳定，否则会导致反应器超温。其次，由于脱硝反应器存在氨逃逸，高低省煤器结盐问题将影响锅炉压降，有可能导致炉膛压力超标，同时烟气流量的变化显著影响炉膛压力，控制好氨逃逸及省煤器压降直接影响催化烧焦能力的提高。锅炉水保护段、过热段、蒸发段和省煤器均设置有激波吹灰器，蒸发段还设置有蒸汽吹灰器。加强吹灰管理，是CO锅炉长周期生产的主要手段。表6对比了锅炉在正常操作工况和异常操作工况下，水保护段、过热段和蒸发段取热温差，结果表明，通过提高取热效率，保持适当的温降分布，可以确保脱硝反应温度不大于420℃。另外，根据实际测量，脱硝反应器压降0.80kPa，省煤器段及脱硫入口水封罐压降分别为3.5 kPa和0.65kPa，高低省煤器段设计压降为0.54 kPa，因此加强省煤器段吹灰，可以确保炉膛压力不大于8.5kPa。目前两套催化加工量为125~132t/h，主风流量分别为

76000Nm³/h 和 91000Nm³/h，1[#]炉和 3[#]炉炉膛压力均小于 8.5kPa，满足了催化提高处理能力的要求。

表 6 锅炉正常工况和异常工况对比

项 目	1[#]锅炉		3[#]锅炉	
	正常工况	异常工况	正常工况	异常工况
催化处理量/(t/h)	125.9	125.8	132.5	126
主风流量/(Nm³/h)	74490	76405	90904	85178
一再 CO 含量/%	10.43	10.71	6.99	5.60
烟机出口温度/℃	491.1	491.2	533.1	558.9
炉膛压力/kPa	5.76	6.90	8.37	8.03
炉膛温度/℃	907.3	901.6	882.4	898.2
高温过热器入口温度/℃	760.6	772.2	720.5	700.5
低温过热器入口温度/℃	650.2	667.7	660.4	953.0
蒸发段上温度/℃	581.8	604.6	639.3	606.5
脱硝反应温度/℃	379.5	440.3	380.1	425.1
高温省煤器入口温度/℃	277.5	297.9	271.5	281.9
蒸汽压力/MPa	3.68	3.71	3.73	3.68
蒸汽温度/℃	442.7	442.5	448.6	448.3
蒸汽流量/(t/h)	42.0	39.1	47.1	51.4

3.4 优化效果

根据催化原料加氢装置及两套催化装置总物料平衡，即扣除催化柴油回炼量，只考虑催化新鲜原料量，2015 年总原料量 2108.6kt，同比减少 38.1kt，催化液化气产量 342.3kt，同比减少 18.6kt，催化汽油产量 1054kt，同比增加 64.5kt，催化柴油实际产量 255.9kt，同比减少 194.4kt，加氢柴油 102.7kt，同比增加 78.1kt，合计同比减少柴油产量 122kt。总物料平衡见表 7。

表 7 催化原料加氢装置及两套催化装置总物料平衡及效益分析

项 目	单价/(元/t)	原料或产量/kt			成本或产值/万元		
		2014 年	2015 年	增量	2014 年	2015 年	增量
原料							
减三线	2355	1061.0	1048.0	-13.0	249865.5	246804.0	-3061.5
焦化蜡油	2186	532.3	508.9	-23.4	116360.8	111245.5	-5115.2
减四线	1950	541.4	377.6	-163.8	105573.0	73632.0	-31941.0
加裂尾油	2259		156.9	156.9		35436.9	35436.9
氢气	11000	11.9	17.2	5.3	13143.9	18937.6	5793.7
合计		2146.6	2108.6	-38.1	484943.2	486056.1	1112.9
产品							
低分气	720	6.3	6.0	-0.3	454.8	432.3	-22.5
加氢酸性气	922	5.3	6.4	1.1	487.0	588.1	101.1
催化酸性气	922	8.6	7.3	-1.3	789.5	673.6	-115.9
加氢干气	720	1.9	5.9	4.0	138.4	422.9	284.5
催化干气	720	49.4	56.2	6.8	3558.5	4047.9	489.4
催化液化气	3354	360.9	342.3	-18.6	121046.2	114799.7	-6246.5
加氢石脑油	2378	9.0	20.0	11.0	2139.0	4745.8	2606.8
催化汽油	2988	990.4	1054.9	64.5	295917.2	315189.2	19272.0
加氢柴油	2576	24.6	102.7	78.1	6341.6	26448.3	20106.7

续表

项目	单价/(元/t)	原料或产量/kt			成本或产值/万元		
		2014年	2015年	增量	2014年	2015年	增量
催化柴油	1655	450.3	255.9	-194.4	74531.6	42354.1	-32177.5
催化油浆	707	97.5	105.5	8.0	6893.9	7457.8	563.9
加氢污油	707	2.4	1.4	-0.9	167.0	100.9	-66.1
催化烧焦		135.6	139.5	3.9			
损失		4.5	4.7	0.2			
合计		2146.7	2108.6	-38.1	512464.6	517260.6	4796.0

4 经济效益

2015年武汉分公司原油平均价格2536元/t，其余中间产品按中国石化内部价格体系测算或根据实际销售价格折算获得。2015年原料价格同比增加1112.9万元，产品价格增加4796.0万元，净效益3683.1万元，见表7。

5 存在问题及今后计划

2015年催化装置优化生产存在两个问题，一是汽油加氢工艺的限制，以及脱硫脱硝装置投产后对锅炉炉膛压力的影响，影响了催化加工量的进一步提高；二是液化气收率下降，影响了炼厂的经济效益。

2016年炼油生产将有两个变化，一是份将执行国Ⅴ汽油质量标准，投产1.5Mt/a S Zorb装置；二是4~5月份将进行全厂大检修，期间将实施催化柴油LTAG(催化柴油加氢回炼)工艺改造，提高催化汽油产量，降低催化柴油产量，同时CO锅炉省煤器将增加蒸汽吹灰器，确保CO锅炉和脱硫脱硝的长周期运行。另外，根据催化原料性质的变化，调变催化剂性质，增产液化气特别是丙烯，增加聚丙烯产量。以上措施将为催化的优化生产提供条件。因此，2016年两套催化装置将在新的条件下，进一步优化生产，提高汽油产量，提高炼厂经济效益。

6 结论

（1）在炼油化工一体化生产形势下，结合汽柴油质量升级要求和新的催化烟气排放标准，优化生产流程、选择汽油加氢工艺路线和优化CO锅炉操作，是提高催化汽油产量的主要手段；

（2）2015年在催化净加工量降低38.1kt条件下，催化汽油产量1054kt，同比增加64.5kt，减少加氢柴油和催化柴油产量122kt，经济效益3683.1万元；

（3）Szorb装置建成投产、催化柴油LTAG改造以及CO锅炉省煤器增加蒸汽吹灰器，将成为进一步提高催化汽油产量的措施。

参考文献

[1] 赵丽萍，田松柏，田辉平，等．加氢裂化尾油窄馏分催化裂化转化规律研究[J]．石油炼制与化工，2015，46(9)：52-57.

FRIPP 国Ⅴ柴油生产技术及工业应用

郭　蓉　段为宇

（中国石油化工股份有限公司抚顺石油化工研究院，辽宁抚顺　113001）

摘　要：通过对直馏柴油、催化柴油及焦化柴油的硫化物分布、硫形态及芳烃等组成分析，针对不同原料油性质及其反应途径的不同，开发了分别适合不同原料油超深度脱硫的 FHUDS 系列催化剂；通过对反应器不同床层在运转过程的工况条件和反应特点，结合不同类型催化剂在不同条件下超深度脱硫时的优缺点，开发了 S-RASSG 柴油超深度脱硫级配技术；通过利用油品中的溶解氢来满足加氢反应的需要，以油品中氢浓度的梯度变化作为反应的推动力，开发了低能耗的 SRH 柴油液相循环加氢技术；针对现有部分装置空速高、难以实现超深度脱硫目标的现状，开发了 FSDS 串联反应器超深度脱硫技术；针对高芳烃催化柴油十六烷值低、芳烃含量高、密度大，影响柴油质量升级的问题，开发了 FD2G 高芳烃催化柴油加氢转化生产高辛烷值汽油或芳烃抽提原料等高附加值产品技术。FRIPP 开发的 FHUDS 系列柴油深度加氢脱硫催化剂及工艺技术已在国内外 60 多套大型柴油加氢装置成功应用，总体上已达到了当前国内外同类技术领先水平，满足了炼油企业长周期生产国Ⅴ标准清洁柴油的需要。

关键词：国Ⅴ柴油　超深度脱硫　催化剂　脱硫工艺　工业应用

1　前言

随着国民经济的快速发展，市场对石油化工产品需求量不断增加，使得我国进口含硫原油加工量呈逐年上升的趋势。伴随着环保法规的日趋严格，对汽柴油产品质量的要求也越来越苛刻，尤其是对汽柴油中硫含量、十六烷值及多环芳烃含量的要求更为严格。柴油的低硫化及大量进口高硫油，使得有更多原来用于调合的轻直馏柴油需要进行加氢脱硫处理，才能满足柴油质量升级的要求。

此外，我国炼油能力的不断增加，使得重质燃料油产量也逐年增加，为了节约有限的石油资源，需要尽可能把增加的燃料油等重质油品转化为市场需求的轻质石油化工产品。重质油品深度加工技术的发展意味着需要加氢精制的二次加工柴油如催化柴油及焦化柴油的比例将不断增加。也使得柴油原料中的硫、氮及胶质等杂质含量增加。二次加工柴油必须经过深度加氢精制才能满足高规格的柴油质量指标要求。

柴油的低硫化，使加氢精制技术显得越来越重要。尽管可以通过提高反应温度、降低反应空速、改建或新建装置增加反应器体积、增加循环氢脱 H_2S 装置、降低馏分切割点及采用更高活性催化剂等方式来提高脱硫深度，但提高反应温度会增加能耗和缩短催化剂使用寿命，降低反应空速会降低处理量，改建或新建装置会增加装置投资及催化剂用量，相比之下，最经济和简便的方法是根据装置工况条件选择最适合的高活性柴油深度加氢脱硫催化剂及工艺。

在柴油加氢精制催化剂研发领域，近几年世界各开发机构相继采用新技术推出了高活性的柴油深度脱硫催化剂。研发的催化剂主要有两种类型：Mo-Co 型和 Mo-Ni 型。其中，Mo-Co 型催化剂主要用于低压装置及以直馏柴油为主原料油的深度脱硫，而 Mo-Ni 型催化剂主要用于以二次加工柴油为主原料油的加氢精制及超深度脱硫。如 Albemarle 公司 1998 年采用“超Ⅱ型活性中心（STARS）”技术推出的 KF-757、KF-767 及新推出的 KF-770 Mo-Co 催化剂，KF-846、KF-848 及新推出的 KF-860Mo-Ni 型催化剂。Tops фe 公司采用其专有 BRIM™ 技术开发了 Mo-Co 型 TK-574 及 TK-576 催化剂，Mo-Ni 型 TK-559、TK-575TK-607 及 TK-609 等催化剂。其中，Mo-Ni 型催化剂主要用于劣质柴油及高压装置的超深度加氢脱硫。Criterion 公司开发了 CENTINEL GOLD 和 ASCENT 两类新催化剂。CENTINEL GOLD 是一类Ⅱ型 Co-Mo-S 和 Ni-Mo-S 活性中心催化剂，典型的催化剂有 DN-3330 及 DN-3636 等 Mo-Ni 催化剂和 DC-2118、DC-2318 等 Mo-Co 催化剂。ASCENT 是用改进的载体制备方法和专用的浸渍技术制备的一类新催化剂。氧化铝表面积得到优化，活性金属的分散度很高，Ⅰ型和Ⅱ型活性中心的混合得到优化，其代表催化剂为 DC-2531 和 DN-3551，比 CENTINEL 催化剂活性高 20%。这些新技术满足了生产超低硫柴油(ULSD)的需要。

为了满足加工更多高硫直馏柴油及性质更差的二次加工柴油生产符合欧Ⅲ、欧Ⅳ及欧Ⅴ排放标准低硫柴油的要求，抚顺石油化工研究院(以下简称 FRIPP)加快了开发柴油深度加氢脱硫催化剂及工艺的开发步伐。通过改性氧化铝载体、优化载体孔道、优化活性组分组合、改进活性金属分散技术及金属与载体相互作用的深入研究，自 2005 年以来，分别针对混合柴油、直馏柴油/二次加工柴油等原料油，相继开发了 FH-UDS、FHUDS-2、FHUDS-3、FHUDS-5、FHUDS-6 及 FHUDS-8 等系列柴油深度加氢脱硫催化剂。通过对反应器不同床层在运转过程的工况条件和反应特点，结合不同类型催化剂在不同条件下超深度脱硫时的优缺点，开发了 S-RASSG 柴油超深度脱硫级配技术；通过利用油品中的溶解氢来满足加氢反应的需要，以油品中氢浓度的梯度变化作为反应的推动力开发了低能耗的 SRH 柴油液相循环加氢技术；针对现有部分装置空速高、难以实现超深度脱硫目标的现状，开发了 FSDS 串联反应器超深度脱硫技术；针对高芳烃催化柴油十六烷值低、芳烃含量高、密度大，影响柴油质量升级的问题，开发了 FD2G 高芳烃催化柴油加氢转化生产高辛烷值汽油或芳烃抽提原料等高附加值产品技术。

FRIPP 近年来开发的 FHUDS-5 催化剂及 S-RASSG 级配技术得到了国内外的一致好评。特别是 2009 年开发的 FHUDS-5 催化剂，在国外市场竞争中通过了挪威 STATOIL、法国 TOTAL、匈牙利 MOL、英国 BP、意大利 ENI 等国外著名石油公司评价体系的性能测试，表现出了较强的性能优势。FHUDS-5 催化剂于 2009 年在英国 BP 公司测试中心与世界一流催化剂进行了对比性能测试，在主要性能相当的情况下，FHUDS-5 体现出更好的超深度脱硫活性；单独 FHUDS-5 及 FHUDS-2/FHUDS-5 组合的 S-RASSG 技术于 2011 年 8~9 月在匈牙利 MOL 公司的性能测试结果也得到高度认可，尤其是 S-RASSG 技术的 FHUDS-2/FHUDS-5 组合体现出很好的超深度脱硫活性和稳定性，可以很好地满足该公司提出的技术要求，被评为顶级(Top tier)；单独 FHUDS-5 还被挪威 STAROIL 公司评为顶级。FHUDS-3 催化剂在印度 IOCL 公司与国外托普索、雅宝、标准等知名公司同台竞标中成功中标，于 2011 年 5 月工业应用，在总压 5.6MPa、体积空速 2.0h^{-1}等条件下实现了长周期稳定生产欧Ⅳ标准柴油的工业应用，其使用效果得到用户的高度认可。FHUDS-5 催化剂已在捷克 Paramo 炼厂与国外托普索、雅宝、标准等知名公司同台竞争中标，并成功实现低压下长周期稳定生产硫含量<10μg/g 超低硫柴油的工业应用，其活性也优于上两个周期使用的国外同类型催化剂。

FRIPP 与洛阳工程公司合作开发的 SRH 柴油液相循环加氢技术，催化剂床层处于全液相、反应温度接近等温操作，反应效率高、目的产品收率高。具有装置高压设备少、热量损失小、催化剂利用率高、操作能耗及装置投资和操作费用均较同等规模滴流床加氢装置低等特点，于 2009 年率先在长岭分公司利用现有装置改造建成国内第一套 2Mt/a 液相循环加氢工业示范装置成功应用，相继在九江分公司建成 1.5Mt/a 柴油液相循环加氢装置、在湛江东兴建成 2Mt/a 柴油液相循环加氢装置及在胜利石化总厂建成 1Mt/a 液相加氢装置并投入工业应用。

针对部分加氢装置设计空速高、不能满足超深度脱硫要求或掺炼加工含硅焦化石脑油影响装置运行周期的现状，开发了 FSDS 串联反应器超深度脱硫技术，采用两个反应器串联技术增加装置容硅等杂质能力，或在现有加氢装置反应器前或后串联一台反应器，降低空速实现超深度脱硫和长周期运行目标。该技术工艺流程简单易行，投资或改造费用低，已在中海油惠州炼化、中石化上海石化、青岛炼化及天津分公司等企业实现工业应用。

此外，针对高芳烃催化柴油十六烷值低、芳烃含量高、密度大，影响柴油质量升级的问题，开发了 FD2G 高芳烃催化柴油加氢转化生产高辛烷值汽油或芳烃抽提原料等高附加值产品技术，于 2013 年 9 月底在金陵分公司加氢裂化装置实现工业应用，柴油馏分十六烷值提高 10 个单位以上，可生产 40%左右辛烷值大于 91 的清洁汽油调合组分，在提高柴油质量的同时，经济效益显著，为企业加工劣质催化柴油提供了一条经济合理的加工路线。金陵分公司催化柴油转化装置因整体检修停工前单次运行周期达到 30 个月。

FRIPP 柴油深度加氢脱硫催化剂及工艺技术在国内外 60 多套大型柴油加氢装置成功应用，总体上已达到了当前国内外同类技术领先水平。

2 FRIPP 柴油深度加氢脱硫催化剂进展

以往加氢脱硫分加氢和直接脱硫两种途径，当进行深度脱硫时，面临的是脱除柴油馏分中结构相对复杂且有位阻效应的硫化物(如 4，6-二甲基二苯并噻吩及 2，4，6-三甲基二苯并噻吩类)，根据原料油的组成、装置的操作条件不同而有主次之分。例如，以直馏柴油为主原料油的深度脱硫，主要遵循直接脱硫途径；而催柴、焦柴等劣质原料油由于多环芳烃及氮含量高，除了深度脱硫外还有芳烃饱和及十六烷值提高等要求，主要遵循加氢后再脱硫的反应途径。因此，不同原料油的深度脱硫应设计不同活性组分的加氢脱硫催化剂，才能在最为经济合理的条件下加工不同原料油满足生产低硫柴油的企业需要，“量体裁衣”地为企业提供合适的催化剂体系。

FRIPP 通过对 4，6-二甲基二苯并噻吩(4，6-DMDBT)类具有空间位阻的硫化物各种反应历程的研究，认为烷基位置转移消除空间位阻效应后再氢解脱硫是更科学经济的脱硫途径，尚未见有系统性实际应用研究报道。

2.1 FHUDS 系列柴油深度加氢脱硫催化剂的设计思路

为了指导新催化剂的设计和开发，对不同柴油进行了硫结构及质谱等详细分析表征。芳烃质谱分析数据见表 1，硫含量及硫化物分析数据见表 2 及图 1。

从表 1 及图 1 可见，在常二、常三、焦柴及催柴四种柴油中，常二线轻柴油中硫、多环芳烃含量相对低，含取代基的二苯并噻吩类难脱除的硫化物含量仅为 13.4μg/g，只占总硫含量的 0.3%；常三线柴油中硫含量是常二线柴油的二倍，而催柴及焦柴中硫含量接近常二线柴油的 4 倍，需要脱除的硫化物大幅度增加；此外，从图 1 硫结构分析结果看，尽管常三线柴油中硫含量没有焦柴高，但结构复杂的硫化物的含量高于焦柴中含量，表明常三线柴油生产超低硫柴油时的脱硫难度甚至会高于焦化柴油。

表 1　不同柴油芳烃含量对比数据

油品名称	常二线柴油	常三线柴油	焦化柴油	茂名催化柴油
总芳烃/%	22.0	28.2	39.2	63.6
单环芳烃/%	12.7	13.5	19.7	12.9
二环芳烃/%	8.9	12.5	16.2	42.6
三环以上芳烃/%	0.4	2.2	3.3	8.1
多环芳烃比例/%	42.3	52.1	49.7	79.7

表 2　不同柴油硫含量及硫化物分析数据

油品名称	常二线柴油	常三线柴油	焦化柴油	茂名催化柴油
硫含量/%	0.45	0.96	1.61	1.71
4，6-DMDBT/(μg/g)	4.2	192	154	210
C_3DBT/(μg/g)	0	506	790	920
DMDBT 总量/(μg/g)	13.4	4817	13900	15000
DMDBT 比例/%	0.30	50.17	86.37	87.85

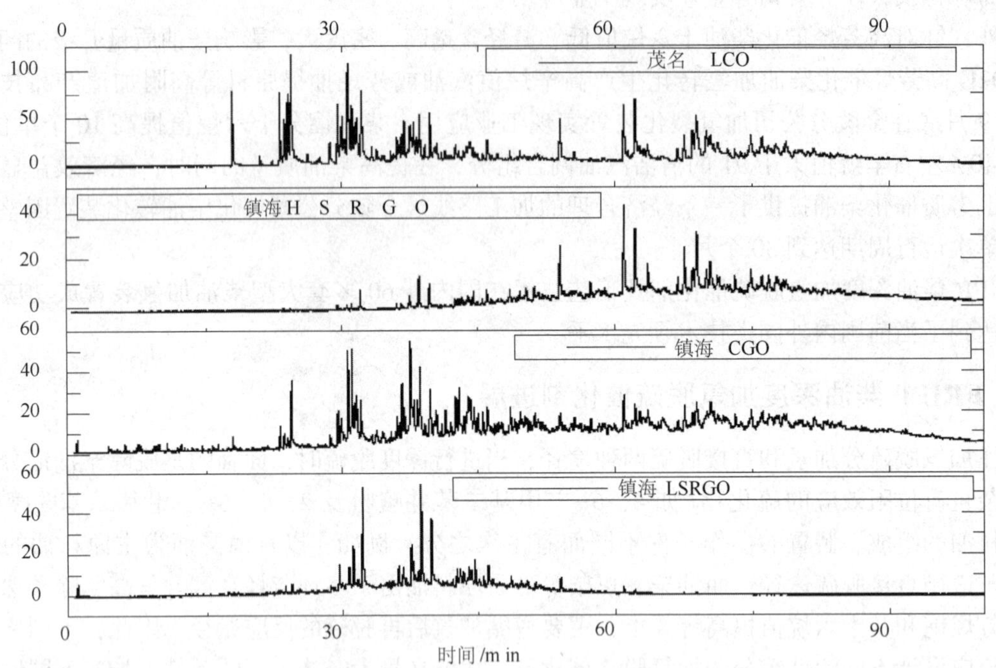

图1 不同原料油所含硫化物的硫结构图

此外，从表1还可看出，直馏柴油中芳烃含量低于30%，常二线轻柴油中以单环芳烃为主，但常三线直柴中多环芳烃含量超过总含量的50%，焦化柴油芳烃含量明显高于直馏柴油，多环芳烃约占总含量的50%，而催化柴油中芳烃含量高达63.6%(MIP催柴芳烃含量甚至超过75%)，多环芳烃占79.7%。可见，与直柴相比，焦化柴油及催化柴油芳烃含量大幅度增加，尤其是多环芳烃含量增加更为明显，深度脱硫时位阻效应影响更显著，增加了超深度脱硫的难度。

因此，对于直馏柴油为主的原料油的深度脱硫，应设计直接脱硫活性好的氢耗低的催化剂，而焦柴、催柴等劣质柴油超深度加氢脱硫催化剂则需要重点提高催化剂的加氢活性和脱氮活性，同时催化剂的孔结构应更适合结构复杂的大分子硫化物的脱硫反应。

FRIPP针对不同原料油深度脱硫的反应特点，在成功开发FH-5、FH-98、FH-DS等催化剂的基础上，通过载体孔结构调变、助剂改性调变载体表面性质、活性金属优化组合及负载方式的改进等多种措施，进一步提高了活性中心数及其本征活性，开发了FHUDS系列5个牌号的催化剂。即：针对直柴及二次加工柴油混合油的深度脱硫，2005年开发了W-Mo-Ni-Co型FH-UDS催化剂，针对加工催柴、焦柴等劣质柴油满足生产硫含量<10μg/g无硫柴油的需要，开发了W-Mo-Ni型FHUDS-2和Mo-Ni型FHUDS-6催化剂；针对直馏柴油的深度脱硫，开发了直接脱硫活性好、氢耗低、具有烷基转移功能的Mo-Co型FHUDS-5催化剂，可有效减少高温下加氢途径受热力学平衡影响，在较高的加权平均床层温度下操作，使产品硫含量达到10μg/g以下。

2.2 FHUDS-5低氢耗柴油深度加氢脱硫催化剂

FRIPP为了实现烷基转移脱硫，从微观层面控制催化材料结构，使得载体酸性质得以突破，以满足烷基转移反应要求。

为了减少分子直径较大的大分子硫化物等反应物进出催化剂孔道时扩散效应的影响，FRIPP在载体制备方面提出了新的创新思路：

(1)适当增加了载体孔径，增加了适合大分子反应的直通圆柱形孔道的比例，增加了催化剂有效活性中心及其本征活性，并解决了孔径增加与比表面积降低的矛盾。采用创新方式制备的氧化铝的吸附曲线与脱附曲线的斜率以及吸附量明显高于传统载体，而吸附和脱附曲线间差距则低于传统载体，说明创新方法制备的载体中便于大分子进出的圆柱形孔道更多，相对而言，则不利于大分子进出的墨水瓶形孔道得以减少，因而提高了催化剂有效活性中心及其本征活性。

⑵通过活性金属分散技术的改进与载体制备技术相结合，开发了脱硫选择性好、氢耗低、高温下具有烷基转移功能的 Mo-Co 型 FHUDS-5 催化剂。

在 200mL 引进装置上以直柴、催柴及搀兑体积分数 10%VGO 的混合油为原料油，国外 Mo-Co 型催化剂为参比剂，进行处理含重组分原料的深度脱硫对比，结果见表 3。

表 3　FHUDS-5 处理含 VGO 混合油时的活性水平

催化剂		FHUDS-5	国外参比剂	FHUDS-5	国外参比剂
氢分压/MPa		8.0		8.0	
体积空速/h^{-1}		1.0		1.0	
氢油体积比		400		400	
平均反应温度/℃		360		380	
油品名称	原料油（60v%直柴+30v%催柴+10v%VGO 混合油）	精制油	精制油	精制油	精制油
密度(20℃)/(g/cm^3)	0.8699	0.8467	0.8493	0.8416	0.8435
馏程范围(D7213)/℃	100~493	112~484	113~485	101~467	101~475
硫含量/(μg/g)	10670	30.0	74.3	10.0	43.0
氮含量/(μg/g)	570	3.0	7.8	1.2	1.8
HDS 相对体积活性		184	100	262	100
总芳烃/%	43.2	30.6	32.8	27.1	31.7
多环芳烃/%	23.6	4.2	4.6	3.3	6.3

从表 3 可见，FHUDS-5 催化剂的加氢脱氮、芳烃饱和及超深度脱硫活性明显优于国外参比剂，达到相同脱硫深度，反应温度比国外同类型催化剂低 20℃以上，相对脱硫活性比国外参比剂提高 84%~162%，说明 FHUDS-5 更有利于大分子硫化物的脱除。

2.3　FHUDS-6 高活性柴油深度加氢脱硫催化剂

FRIPP 于 90 年代初期开发了 FH-5 催化剂，于 1998 年底开发了 FH-98 催化剂，于 2008 年开发了 FHUDS-2 催化剂。对于催柴、焦柴等劣质柴油的加氢精制，由于其硫、氮及多环芳烃含量高，安定性差，在提高加氢脱硫活性的基础上还需要重点提高催化剂的加氢脱氮和芳烃饱和活性。针对加工高硫氮含量的劣质柴油满足生产硫含量<10μg/g 超低硫柴油的需要，抚顺石油化工研究院在成功开发 FH-5、FH-98、FH-UDS、FHUDS-2 和 FHUDS-5 等催化剂的基础上，通过优化活性金属、制备有利于大分子吸附的有效孔道比例较高的新型载体、改进活性金属负载方式等多种措施，增加了催化剂活性中心数及其本征活性，提高了催化剂脱除大分子硫化物的活性，开发出 Mo-Ni型 FHUDS-6 柴油超深度加氢脱硫催化剂。与 FHUDS-2 、FHUDS-5 催化剂的对比结果见表 5、表 6，评价用原料油性质见表 4。

表 4　评价用原料性质

原料油	青岛混合油（含焦柴 14.4%、催柴 16.0%）	催化柴油
密度(20℃)/(g/cm^3)	0.8431	0.9326
馏程/℃		
初馏点/10%	79/202	197/237
30%/50%	231/258	263/291
70%/90%	291/347	326/356
95%/终馏点	354/366	368/374
硫含量/(μg/g)	11500	13560
氮含量/(μg/g)	290	1250

表 5　FHUDS-6 处理青岛混合油时的活性对比

催化剂	FHUDS-2	FHUDS-2	FHUDS-6
氢分压/MPa	6.4	6.4	6.4
体积空速/h^{-1}	2.5	2.5	2.5
氢油体积比	350	350	350
反应温度/℃	基准	基准+10	基准
油品名称	精制油	精制油	精制油
硫含量/(μg/g)	31.4	8.0	7.3
氮含量/(μg/g)	1.0	1.0	1.0
多环芳烃/%	3.5	4.1	3.1

表 6　FHUDS-6 处理催化柴油时的活性水平

催化剂	FHUDS-2	FHUDS-6	
氢分压/MPa	6.4	6.4	
体积空速/h^{-1}	1.5	1.5	
氢油体积比	500	500	
反应温度/℃	基准+10	基准	基准+20
油品名称	精制油	精制油	精制油
硫含量/(μg/g)	71.2	68.7	37.5
氮含量/(μg/g)	14.5	4.1	9.9
多环芳烃/%	7.5	5.4	6.5

从表 5~表 6 中试评价结果表明：处理直柴搀兑部分二次加工油品混合油时，FHUDS-6 催化剂反应温度比 FHUDS-2 催化剂低 10℃；处理催化柴油生产硫含量<50μg/g 低硫柴油时，其反应温度比 FHUDS-2 催化剂低 10℃。可见，FHUDS-6 催化剂可更好地满足催化柴油等氮含量及芳烃含量高的二次加工油品的超深度脱硫。

2.4　FHUDS-8 低成本高活性柴油深度加氢脱硫催化剂

为了提高国产催化剂的市场竞争力，FRIPP 鉴于 FHUDS-6 催化剂性能已处于国际领先行业，在保证新一代催化剂性能达到或优于现有催化剂水平的基础上，通过新型助剂调变金属浸渍液及改进活化方式，提高了活性中心数及其本征活性，降低了催化剂装填密度，开发出活性略优于 FHUDS-6 催化剂、装填密度降低 20%左右的 Mo-Ni 型 FHUDS-8 柴油超深度加氢脱硫催化剂。

以镇海炼化的高干点常三线直馏柴油为原料油，在引进中试装置上与 FHUDS-6 及国外参比催化剂进行了活性对比，原料油性质及其活性评价结果见表 7。

表 7　FHUDS-8 催化剂处理镇海常三的活性水平

催化剂		FHUDS-6	国外参比剂		FHUDS-8
工艺条件					
压力/MPa			6.4		
体积空速/h^{-1}			1.5		
氢油体积比			500		
温度/℃		基准 A	基准 A	基准 A+10	基准 A
油品性质	原料油	精制油	精制油	精制油	精制油
硫含量/(μg/g)	14700	8.7	26.0	5.0	8.0
氮含量/(μg/g)	360	1.0	1.0	1.0	1.0
密度(20℃)/(g/cm^3)	0.8598	0.8339	0.8393	0.8390	0.8376
馏程/℃					
初馏点/10%	189/282	172/261	189/266	167/261	193/263

续表

催化剂		FHUDS-6	国外参比剂		FHUDS-8
30%/50%	305/320	294/312	296/312	294/311	294/312
70%/90%	334/357	328/352	328/353	327/352	328/352
95%/终馏点	368/376	365/372	365/373	365/376	365/372
芳烃/%	27.7	16.2	18.3	17.2	16.8
多环芳烃/%	12.4	1.3	2.7	2.2	1.1

从表7中可以看出，新研制的FHUDS-8催化剂在处理镇海常三线柴油时的活性水平略优于FHUDS-6催化剂，明显优于国外同类型催化剂。

3 满足国Ⅴ柴油生产工艺技术介绍

3.1 S-RASSG催化剂级配技术

FRIPP通过对反应器不同床层在运转过程的工况条件和反应特点，结合不同类型催化剂在不同条件下超深度脱硫时的优缺点，开发了S-RASSG柴油超深度脱硫级配技术。研究表明：在较高的氢分压、较低的空速条件下，W-Mo-Ni(或Mo-Ni)催化剂的加氢活性优势明显，加氢产品中总芳烃、单环芳烃以及多环芳烃量随着反应温度升高而降低，且都低于Mo-Co催化剂的加氢产品。但是反应温度过高(>370℃)，W-Mo-Ni(或Mo-Ni)催化剂芳烃加氢饱和热力学平衡效应显现，芳烃含量增加，因而也会导致深度脱硫效率下降。而Mo-Co催化剂加氢产品受热力学影响较小。

中压加氢装置反应器上床层温度相对较低、氢分压较高、硫化氢和氨浓度低，其反应条件更适合芳烃饱和，有利于发挥Mo-Ni型催化剂的加氢活性。反应器下床层氢分压相对较低、硫化氢浓度高、特别是运转中后期反应温度高容易受热力学平衡限制，不利于催化剂加氢活性的发挥，反而是Mo-Co型催化剂在此条件下更易实现超深度脱硫。将加氢活性高的W-Mo-Ni(或Mo-Ni)催化剂装在反应器上床层，有效降低有机氮化物对烷基转移的抑制作用，建立了适于烷基转移的反应环境；下部高温区装填高温稳定性好的、具有烷基转移功能的Mo-Co型FHUDS-5催化剂，以便更好地发挥不同类型催化剂的优势，并有效降低高温下热力学限制带来的超深度脱硫难度，实现了4,6-DMDBT的高效脱除，较使用单一催化剂反应效率提高30%。

FRIPP在中试装置上考察了不同类型催化剂及级配装填对不同性质原料油深度脱硫效果的影响，分别以直馏柴油、焦化柴油及直柴掺兑40%二次加工油品混合油为原料油，考察了不同级配方式对超深度脱硫效果的影响，其结果见表8~表10。

表8 加工直柴时催化剂级配方式对柴油超深度脱硫效果的影响

催化剂类型		Mo-Co	W-Mo-Ni	级配方式1	级配方式2
氢分压/MPa		6.4	6.4	6.4	6.4
氢油体积比		400	400	400	400
体积空速/h^{-1}		1.5	1.5	1.5	1.5
油品名称	原料油	精制油	精制油	精制油	精制油
硫含量/(μg/g)	18100	6.5	23.0	19.0	10.0
氮含量/(μg/g)	137	1.0	1.0	1.0	1.0

表9 加工焦化柴油时催化剂级配方式对柴油超深度脱硫效果的影响

催化剂类型		Mo-Co	W-Mo-Ni	级配方式1	级配方式2
氢分压/MPa		6.4	6.4	6.4	6.4
氢油体积比		400	400	400	400
体积空速/h^{-1}		1.0	1.0	1.0	1.0
油品名称	原料油	精制油	精制油	精制油	精制油

续表

催化剂类型		Mo-Co	W-Mo-Ni	级配方式1	级配方式2
硫含量/(μg/g)	21200	18.5	10.0	13.6	38.0
氮含量/(μg/g)	847	16.0	1.8	2.0	2.5
多环芳烃/%	16.8	5.9	3.6	4.3	4.8
十六烷值	46.0	50.6	52.7	52.3	51.5

表10 加工直柴掺兑二次加工油品混合油时催化剂级配方式对柴油超深度脱硫效果的影响

催化剂类型		Mo-Co	W-Mo-Ni	级配方式1	级配方式2
氢分压/MPa		6.4	6.4	6.4	6.4
氢油体积比		400	400	400	400
体积空速/h^{-1}		1.5	1.5	1.5	1.5
油品名称	原料油	精制油	精制油	精制油	精制油
硫含量/(μg/g)	12238	37.0	49.0	14.0	32.0
氮含量/(μg/g)	734	1.0	7.0	1.0	1.0

从表8~表10中试研究结果表明：对于不同性质的原料油，应采用不同类型催化剂或级配体系；对于直馏柴油，无需级配，单独使用FHUDS-5类Mo-Co型催化剂更适合在低氢耗下实现超深度脱硫；对于硫氮含量高的焦化柴油，也无需级配，单独使用加氢性能好的W-Mo-Ni(或Mo-Ni)型FHUDS-2及FHUDS-6催化剂具有更好的超深度脱硫活性和十六烷值增幅；而对于直柴掺兑部分二次加工油品混合油的超深度脱硫，级配方式1比单独使用一种类型催化剂具有更好的超深度脱硫效果。采用加氢活性高的W-Mo-Ni(或Mo-Ni)型催化剂与直接脱硫活性高的Mo-Co型催化剂级配装填有利于发挥不同类型催化剂的优势，S-RASSG级配技术比采用单一催化剂具有更好的深度脱硫活性并对原料油具有更好的适应性。

3.2 SRH柴油液相循环加氢技术

FRIPP开发的SRH柴油液相循环加氢技术，反应部分不设置氢气循环系统，依靠液相产品大量循环时携带进反应系统的溶解氢来提供新鲜原料进行加氢反应所需要的氢气，以油品中氢浓度的梯度变化作为反应的推动力。该技术反应器采用与滴流床相近结构反应器，催化剂床层处于全液相、反应温度接近等温操作，反应效率高、目的产品收率高。该技术的优点是可以消除催化剂的润湿因子影响。由于循环油的比热容大，从而大大降低反应器的温升，提高催化剂的利用效率，并可降低裂化等副反应。具有装置高压设备少、热量损失小、催化剂利用率高、装置投资和操作费用均较同等规模滴流床加氢装置低等特点。是低成本实现油品质量升级的较好技术。

用加氢难度很大的镇海混合柴油原料，进行了SRH液相循环加氢与常规气相循环加氢对比试验。对比试验结果见表11。

表11 SRH液相循环加氢与常规气相循环加氢对比试验结果

工艺条件		常规工艺	组合工艺		二次混氢工艺	
		气相循环	液相循环	气相循环	液相循环	液相循环
反应压力/MPa		5.5	5.5	5.5	5.5	5.5
反应温度/℃		375	360	365	360	365
体积空速/h^{-1}		0.8	3.2	1.6	3.2	2.0
氢油体积比		350	—	350	—	—
油品性质	原料油	精制油	精制油	精制油	精制油	精制油
密度(20℃)/(g/cm^3)	0.8557	0.8352	0.8430	0.8350	0.8430	0.8349
馏程范围/℃	168/374	163/371	168/370	163/369	168/370	163/367
硫/(μg/g)	11700	13	1008	9	1008	8
氮/(μg/g)	1026	18	386	9	386	9
十六烷指数	49.4	56.2	54.6	56.9	54.6	57.0

由表11对比试验结果可见，处理难度非常大的镇海混合柴油时，采用组合工艺(即在常规加氢装置上增设SRH液相循环加氢单元)，在总体积空速1.1h^{-1}条件下可以生产硫含量小于10μg/g的精制柴油。采用二次混氢的SRH液相循环加氢工艺，在总体积空速1.2h^{-1}条件下就可以生产硫含量小于10μg/g的精制柴油。采用原来工艺流程，将体积空速降至0.8h^{-1}，反应温度提高至375℃，精制柴油硫含量才为13μg/g，也没有达到小于10μg/g。SRH液相循环加氢技术具有良好反应效果，在较高空速下即可实现深度加氢精制目的。

3.3 FD2G催化柴油加氢转化生产高辛烷值技术

近年来，随着催化柴油的质量逐年变差，催化柴油已成为炼油企业柴油质量升级主要矛盾。针对催化柴油改质，FRIPP通过系统研究催化柴油的反应性能，基于炼化结合和芳烃综合利用的理念，依托现有非贵金属加氢催化剂体系开发了催化柴油加氢转化生产高辛烷值汽油FD2G技术。

图2是一种典型的以中东原油减压蜡油和渣油为原料生产的催化裂化柴油中芳烃的分布情况。从图2中可以看出，催化裂化柴油中富含了大量的芳烃，其芳烃的分布具有以下特点：总体而言，馏分中以二环芳烃居多，催化裂化柴油中二环芳烃含量可达到50%以上。随着催化裂化柴油馏分逐渐变重，组分中单环芳烃逐渐减少，多环芳烃所占比例逐渐增加，三环芳烃则主要集中在大于290~300℃以上的馏分中。

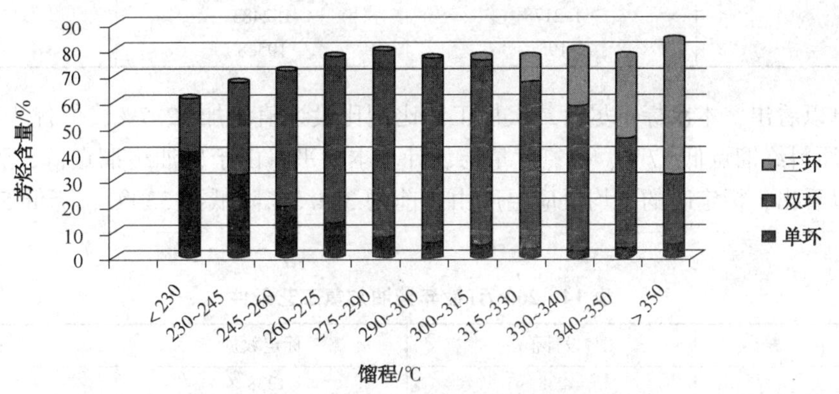

图2 催化裂化柴油中芳烃分布

催化柴油中富集了如此多的芳烃，导致其密度大、十六烷值很低。FD2G技术通过催化剂和工艺技术的优化组合，实现对加氢转化过程的控制，亦即对原料中重质芳烃进行选择性加氢，将催化柴油中的多环、重质芳烃加氢转化为单环芳烃保留在石脑油馏分中，生产高辛烷值汽油调和组分。这样不但可以避免过度的氢气消耗、增产了高附加值产品，同时还减少了催化柴油的总量，大幅降低了炼油企业柴油调和难度。

金陵分公司在2012年12月工业试验基础上，于2013年9月在1#加氢裂化装置进行工业应用。2014年1月工业装置标定结果见表12。由表12可以看出，通过对催化裂化柴油加氢转化过程的有效控制，实现了将催化裂化柴油中的重芳烃部分转化为轻芳烃的目的。

表12 FD2G技术典型标定结果

项目	金陵分公司催化柴油加氢转化装置		
油品名称	原料油	汽油	柴油
收率/%	100	37~51	33~47
密度(20℃)/(g/cm^3)	0.9480	0.8248	0.8721
馏分范围/℃	181~357	79~204	210~365
硫含量/(μg/g)	4200	2.4	8.6
氮含量/(μg/g)	952	<0.5	
RON		94.6	
十六烷值增幅			10~14

4 FRIPP 国Ⅴ柴油生产技术应用总结

4.1 天津分公司长周期生产国Ⅴ柴油技术应用

天津石化新建 2Mt/a 柴油加氢装置采用 FHUDS-6 催化剂，加工直馏柴油、催化柴油及焦化柴油混合原料油，自 2014 年 9 月底开工后一直连续稳定生产国Ⅴ标准车用柴油。

装置于 2015 年 4 月 20 日至 4 月 22 日进行了为期三天的满负荷标定。标定中原料主要由直馏柴油、焦化汽柴油以及少量的催化柴油组成。由于标定是利用 2#柴油加氢装置停工的时间进行的，3#柴油加氢装置还加工了 2#焦化装置的焦化汽柴油，因此在二次加工油比例和焦化汽油量上均与设计有较大的偏差，设计原料二次加工油比例 32.7%，本次标定原料二次加工油比例 45.4%，二次加工油比例大于设计值，另外焦化汽油量达到了 21%，高于设计值。标定期间原料油性质见表 13，工况条件及产品性质分别见表 14 和表 15。

表 13 原料油性质

项　目	设计值	标定值	正常原料
密度(20℃)/(g/cm^3)	829.8	0.8029	0.847
馏程范围/℃	55~368	48~351	67~368
硫含量/%	1.2178	1.2483	1.24
氮含量/(μg/g)	195	195.8	209

从表 13 可以看出，本次标定尽管二次加工油比例比设计值增加 12.7%，但优于原料终馏点较设计值和正常原料终馏点低 17℃，硫氮含量与设计基本持平，由于柴油终馏点低，脱硫难度降低，从表 14 中可以看出，标定时的平均反应温度由之前的 344.5℃降低到 339℃，降低 5.5℃，也比设计值降低 15℃。

表 14 200 万吨/年柴油加氢工艺条件

项　目	设计值	标定数据	标定前
进料量/(t/h)	238	238	238
体积空速(主剂)/h^{-1}	1.7	1.63	1.63
冷高分入口压力/MPa	7	6.5	6.5
反应器入口氢油比(体积比)	350	436	430
反应温度/℃			
入口温度/℃	325	312	320
出口温度/℃	374	365	369
平均反应温度/℃	354	339	344.5

表 15 精制柴油产品主要性质

标定时间项目	设计值	4/20	4/21	4/22
密度 d_4^{20}/(kg/m^3)	0.8446	0.8194	0.8207	819.8
馏程：初馏点/℃	255	226.0	230.0	233.0
终馏点/℃	364	340.0	345.0	350.0
总硫/(μg/g)	9	3.1	1.5	1.0
氮/(μg/g)		0.9	1.5	0.5
凝点	-6	-18	-20	-17
十六烷值	53.0	56.8	57.9	58.2

从表 15 可以看出，柴油产品质量满足国Ⅴ柴油指标要求，在平均反应温度只有 339℃条件下，柴油产品硫含量仅为 1.0~3.1μg/g。

自 2014 年 9 月开工以来截止到 2016 年 4 月底，装置已经连续稳定生产国Ⅴ车用柴油 19 个月。连续稳定运转生产国Ⅴ标准车用柴油结果见图 3。

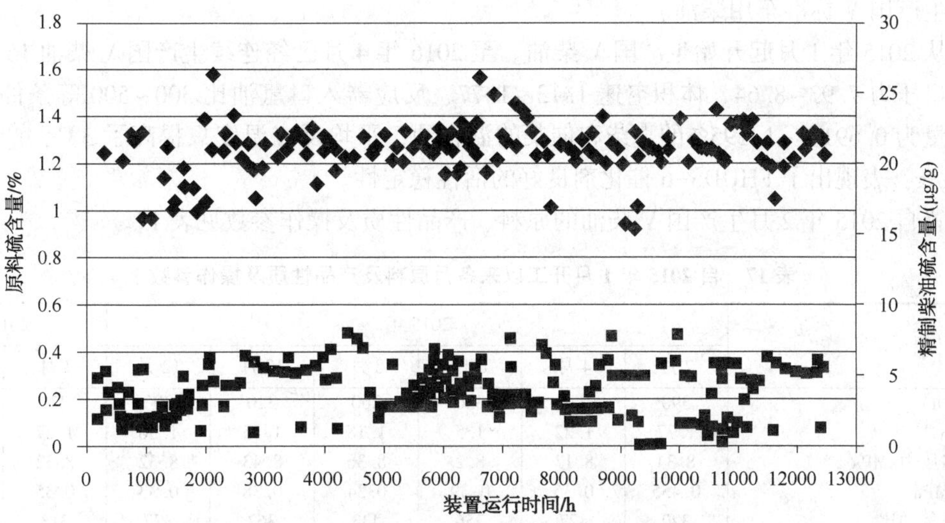

图 3　连续稳定生产国Ⅴ标准车用柴油原料油及产品硫含量

从装置 4 月底标定后，装置加工的原料组成主要由 64%直柴搀兑 27.7%焦化汽柴油及 8.3%催化柴油混合油，在 1.0~1.4h^{-1}等条件下生产国Ⅴ标准车用柴油。表 16 列出自 2014 年 9 月开工以来，每个月原料及产品性质及操作参数。

表 16　自 14 年 10 月开工以来各月原料及产品性质及操作参数

项目	2014 年		2015 年						2016 年	
	10 月	12 月	1 月	3 月	4 月	6 月	9 月	12 月	1 月	2 月
进料量/t/h	175	190	170	179	238	180	157	182	155	145
体积空速/h^{-1}	1.20	1.30	1.16	1.23	1.63	1.23	1.08	1.25	1.06	
冷高分压力/MPa	6.25	6.25	6.25	6.30	6.5	6.70	6.00	6.18	6.11	6.11
床层压降/MPa	0.33	0.33	0.33	0.37	0.33	0.36	0.31	0.20	0.15	0.19
反应器入口氢油比	715	688	765	721	430	460	660	544	563	574
反应温度/℃										
入口温度	312	310	310	318	320	328	332	338	332	332
出口温度	359	358	354	367	369	376	378	384	380	384
平均反应温度	336	334	332	343	345	352	355	361	356	360
温升	47	48	44	49	49	48	46	46	48	52
原料										
密度 d_4^{20}/(kg/m^3)	0.830	0.830	0.830	0.8468	0.847	0.833	0.832	0.838	0.837	0.823
馏程：初馏点/℃	63	63	63	68	67	67	57	64	69	62
终馏点/℃	357	357	357	366	368	371	369	370	355	358
硫/%	1.26	1.26	1.26	1.24	1.24	1.30	1.27	1.31	1.28	1.31
氮/(μg/g)	204	204	204	209	209	204	248	245	199	240
产品										
平均硫含量/(μg/g)	4.33	4.33	4.33	6.39	3.69	4.86	4.29	3.09	3.07	2.81

从原料性质可以看出，自 2015 年 3 月特别是 6 月份加工卡斯蒂利亚原油后，混合加氢原料干点增加 10℃左右，使得反应温度有明显的增加(反应温度需要提高 8℃左右)。

装置自 2014 年 10 月至 2016 年 2 月，反应器入口温度提高 20℃，平均反应温度提高 24℃，扣除原料油干点上升 14℃左右带来的反应温度需要提高 8℃的提温要求，折算后运行 17 个月平均反应温度大约提高 13℃，相当于催化剂失活速率为 0.8℃/月。

4.2　茂名分公司长周期生产国Ⅴ柴油技术应用

中国石化茂名分公司新建 3Mt/a 柴油加氢装置采用 FHUDS-6 催化剂，以直柴和催柴的混合油为原料，生产国Ⅴ标准车用柴油。

装置从2015年1月起开始生产国Ⅴ柴油。至2016年4月已经连续生产国Ⅴ柴油15个月。在反应器入口压力7.93~8.64、体积空速1.13~1.77、反应器入口氢油比300~500等条件下，主要处理硫含量为0.691%~1.195%的直柴和催柴的混合油，平均反应温度只提高了3℃，产品硫含量控制<8μg/g，表现出了FHUDS-6催化剂良好的活性稳定性。

该装置自2015年2月生产国Ⅴ柴油的原料、产品性质及操作参数见表17。

表17 自2015年1月开工以来各月原料及产品性质及操作参数

项 目	2015年						2016年	
	2月	4月	6月	8月	10月	12月	1月	2月
进料量/(t/h)	390	270	330	260	320	300	279	349
体积空速/h^{-1}	1.77	1.22	1.5	1.18	1.45	1.36	1.27	1.59
反应器入口压力/MPa	8.34	8.13	8.2	8.36	8.43	8.32	8.32	8.4
床层压降/MPa	0.455	0.36	0.39	0.34	0.38	0.33	0.35	0.39
反应器入口氢油比	322	427	356	433	363	377	313	304
反应温度/℃								
入口温度/℃	325	329	332	328	331	327	326	334
出口温度/℃	374	370	376	377	379	372	360	372
平均反应温度/℃	350	350	354	353	355	350	343	353
温升/℃	49	51	44	49	48	45	34	38
原料								
密度 d_4^{20}/(kg/m^3)	856.4	858.3	847.8	864.1	852.2	849.2	837.3	839.1
馏程：初馏点/℃	204	214	173.5	184	189	175.5	198.5	184.5
95%点/℃	357	349	359.5	347.0	355.5	354.5	351.5	345.5
硫/%	0.917	0.691	1.148	1.195	0.983	1.087	0.713	0.743
精制柴油硫含量/(μg/g)	8.0	1.1	2.2	1.0	1.9	1.2	4.7	2.4

4.3 金陵分公司长周期生产国Ⅴ柴油技术应用

中国石化金陵分公司新建3Mt/a柴油加氢装置于2014年年底建成中交，采用抚顺石油化工研究院开发的加氢精制催化剂FHUDS-8和FHUDS-5组合装填工艺技术。装置于2015年六月底，开始正常生产。反应进料调整为满负荷运行，进料量为360t/h(体积空速1.6h^{-1})，催化柴油比例为10%，焦化汽柴油比例为20%，其余为直馏柴油。

自2015年9月份开始3Mt/a柴油加氢装置可正常生产满足国Ⅴ车用柴油标准的清洁柴油。自2015年6月底恢复正常生产至2016年4月底，已连续运行10个多月，反应器入口温度只提高了2℃，反应器床层差压基本保持在140 kPa左右，充分体现了良好的长周期运行的稳定性。生产满足国Ⅴ标准车用柴油的典型结果见表18。

表18 生产国Ⅴ柴油典型工业应用结果

装置规模/(Mt/a)	3	
入口压力/MPa	8.7	
LHSV/h^{-1}	1.49	
H_2/Oil(体积比)	479	
入口温度/℃	320	
平均反应温度/℃	360	
原料油构成	直柴、催柴及焦化柴油混合油	
油品名称	原料油	精制柴油
馏程范围/℃	193~360	205~359
50%/℃	282	347
终馏点/℃	360	359
硫含量/(μg/g)	12400	4.2~5.4
氮含量/(μg/g)	442	<1.0

从表18中可以看出，精制柴油质量良好，完全满足国Ⅴ柴油质量标准。

4.4 长庆石化1.4Mt/a液相循环加氢装置连续生产国Ⅴ柴油技术应用

长庆石化1.4Mt/a液相循环加氢装置采用FHUDS-5催化剂，统计2014年11月开工以来至2015年10月装置运行满12个月的结果列于图4，装置在12个月当中，一直满负荷或超负荷运行，全部生产硫含量小于10μg/g的清洁柴油。

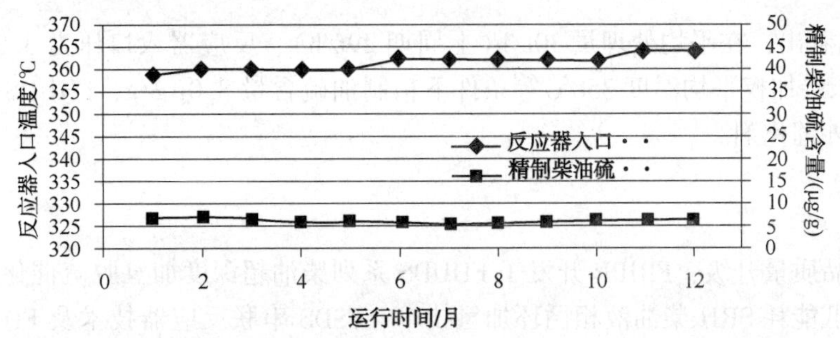

图4 连续稳定生产国Ⅴ标准车用柴油反应器入口温度及产品硫含量

（注：装置设计压力为10.0MPa，新鲜进料空速1.3h^{-1}，原料油为直柴掺兑18%催柴混合油。）

2015年9月装置运行近一年后，进行了为期三天的满负荷标定。结果列于表19。

表19 标定原料油及产品数据

装置规模/(Mt/a)	1.4	
入口压力/MPa	9.5	
LHSV/h^{-1}	1.36	
反应温度/℃	365	
原料油构成	催柴/直柴混合油(17.86/82.14)	
油品名称	原料油	精制柴油
馏程/℃		
T50%/℃	272	347
T90%/℃	349	
T95%/℃	365	359
硫含量/(μg/g)	600	7.0
氮含量/(μg/g)	442	<1.0

从表19可以看出，装置在满负荷运行近一年后，精制柴油硫含量仍然小于10μg/g。充分体现装置连续生产国Ⅴ柴油的良好稳定性。

4.5 FHUDS-5在国外生产欧Ⅴ柴油技术应用

捷克Paramo炼厂柴油超深度脱硫装置压力低(总压3.7MPa)、原料油重、产品硫含量要求<8μg/g、单次运转周期为10个月。上两个周期国外公司的催化剂，其结果均不能令人满意。使用FHUDS-5催化剂后，装置处理量比使用国外催化剂时提高10%以上，在相同脱硫深度时反应温度明显低于国外催化剂，显示了FHUDS-5催化剂超深度脱硫时的优势。装置长周期生产欧Ⅴ柴油14个月，FHUDS-5催化剂和上周期催化剂在该炼厂工业应用典型结果见表20。

表20 FHUDS-5催化剂在捷克Paramo炼厂生产欧Ⅴ标准清洁柴油结果

日期	2010	2011
催化剂型号	上周期国外催化剂	FHUDS-5
工艺条件		
进料量/(t/h)	29	30
入口压力/MPa	3.8	3.8
入口温度/℃	359	352

续表

日期	2010	2011
出口温度/℃	369	366
床层加权平均温度/℃	364	358
加氢产品 S/(μg/g)	8.0	8.0

从表 20 可以看出，在平均处理量 30t/h(上周期 29t/h)、反应器入口压力 3.8MPa 下、入口反应温度 352℃、床层加权平均温度 358℃等条件下精制油硫含量 8.0μg/g，FHUDS-5 催化剂活性明显高于上周期国外催化剂。

5 结语

针对柴油产品质量升级，FRIPP 开发了 FHUDS 系列柴油超深度加氢脱硫催化剂、S-RASSG 催化剂级配技术、低能耗 SRH 柴油液相循环加氢技术、FSDS 串联反应器技术及 FD2G 催化柴油加氢转化等技术，已在国内外 60 多套柴油加氢装置成功应用。工业应用结果表明：针对不同原料油、不同加氢装置工况条件而设计开发的 FHUDS 系列催化剂，真正做到了为用户提供“量体裁衣”式的最适合的催化剂体系，实现了长周期稳定生产国Ⅴ柴油的工业应用；FRIPP 柴油深度加氢脱硫催化剂及工艺技术总体上已达到了当前国内外同类技术领先水平。为炼油企业柴油产品质量升级到国Ⅴ标准提供了重要的技术支撑。

催化柴油提质升值的分子工程研究

吴青[1]　吴晶晶[1]　臧甲忠[2]　于海斌[2]

（1. 中海石油炼化有限责任公司，北京 100029；
2. 天津中海油天津化工研究设计院，天津 300131）

摘　要："分子工程"是立足某一特定需要，从原子或分子结构特征出发的材料设计与研制。催化柴油的分子工程研究立足于柴油品质提升和资源价值最大化，基于柴油馏分的组成分析，采用高效分离手段，将催化柴油中的饱和烃组分和芳香烃组分进行分离，其中十六烷值较高的组分可直接用于国Ⅴ、国Ⅵ清洁柴油的生产，而十六烷值较低的重芳烃组分则通过轻质化技术，生产轻质芳烃或高辛烷值汽油。柴油加氢精制和加氢裂化、柴油芳烃吸附分离、重芳烃轻质化等技术的前期研究，证明了催化柴油提质升值分子工程的可行性。

关键词：催化柴油　分子工程　吸附分离　清洁柴油　芳烃轻质化

1　前言

随着柴油消费量的逐年增长以及日益严格的环保要求，我国柴油品质提升步伐加快，要求2016年东部11省市升级至国V标准，并在2017年全国范围内普及，限制硫含量<10μg/g，多环芳烃含量<11%，十六烷值>51。更加苛刻的国VI柴油标准正在制定当中，要求多环芳烃含量进一步降低至7%。我国的原油二次加工以催化裂化为主，催化柴油占到了柴油总量的20%左右，由于密度大、硫含量高、芳烃含量高（45%~90%）、十六烷值低（15~35），对催化柴油的改善已成为提高柴油品质的关键。目前芳烃加氢饱和与加氢裂化是脱除芳烃、提高十六烷值的主要方法，但芳烃加氢饱和对于提高中间馏分油的十六烷值有限，而加氢裂化在生产高十六烷值混合物的同时，也产生小分子物质，从而降低了柴油的产量。因此，单纯依靠加氢工艺很难满足国Ⅴ、国Ⅵ柴油的生产[1]。

对此，本文提出了催化柴油提质升值过程中的分子工程研究，基于柴油馏分的族组成和结构族组成分析，以高效分离技术为手段，区分适合用于高品质柴油的组分与不适合做柴油的组分，并开发了相应的加工工艺即将工业化，在促进柴油品质提升的同时，实现资源价值最大化。

2　基本概念

2.1　关于分子工程

A. Von Hippel[2]于1956年最早提出了分子工程的概念，之后概念几经发展[3~5]。有别于传统概念上的既定材料的制取以及基于其宏观性质的工程应用设计，分子工程是立足某一特定目标，从原子或分子结构特征出发的材料设计与研制，重点在于功能、结构与合成三者之间关系原理的探索。芝加哥大学认为，分子工程就是要把演绎于物理、化学、生物学中的分子水平的科学，转化为对解决人类社会重大问题具有重要意义的新技术和新方法，并持续促进分子水平科学的创造性应用。

2.2　石油资源的分子工程

石油资源分子工程是以石油及其馏分的分子水平表征为基础，以分子信息与反应性的关联为核心，建立相关模型，开展催化剂与工艺的开发、原料的优化以及结构的调整，从分子水平认识石油资源、利用石油资源并用好石油资源，实现石油资源的绿色、低碳、高效和高选择性转化[6]。主要分为四个方面：(1)利用先进分析仪器和表征手段，获得石油资源的分子水平性质和组成信息；(2)石油资源性质、组成、结构与反应性关系的认识，对加工过程中的化学问题进行细致研究；(3)基于石油资源分子组成结构特征的新转化技术与工艺开发；(4)资源、资源流向及能量配置的整体优化。

催化柴油的分子工程就是以产品质量提升、产品结构转型和提升资源价值为目标，基于催化柴油族组成和结构族组成的催化剂与工艺开发、加工方案优化等。与原来从馏分性质出发的加工工艺相比更加的精细化和精准化，可以有效提高产品质量、生产效率以及经济效益等。

3 催化柴油的分子信息

3.1 催化柴油分子水平表征

现代分析化学，特别是质谱技术的发展，实现了对柴油馏分从元素组成，到族组成及结构族组成，再到代表性化合物的认识[7, 8]。表1是某典型催化柴油与直馏柴油的族组成信息。进一步研究芳烃在催化柴油窄馏分中的分布，可以得到表2所示信息。

表1 典型催化柴油与直馏柴油的烃类组成 %

项目	链烷烃	环烷烃	总饱和烃	单环芳烃	二环芳烃	三环芳烃	总芳烃
直馏柴油	49.7	16.8	76.5	18.1	4.9	0.5	23.5
催化柴油1	16.9	23.8	40.7	18.6	32.0	7.8	58.4
催化柴油2	9.0	7.4	16.4	25.1	48.9	9.6	83.6

表2 催化柴油窄馏分的芳烃分布

馏程/℃	单环芳烃		二环芳烃		三环芳烃		总芳烃 wt%
	碳数	组成/%	碳数	组成/%	碳数	组成/%	
<220	$C_9 \sim C_{12}$	44.1	C_{10}	19.4			63.5
220~240	$C_{11} \sim C_{13}$	29.7	C_{11}	31.3			61.0
240~280	$C_{12} \sim C_{16}$	23.0	$C_{11} \sim C_{16}$	39.4	$C_{14} \sim C_{18}$	2.5	64.9
280~300	$C_{15} \sim C_{18}$	15.5	$C_{13} \sim C_{18}$	41.8	$C_{16} \sim C_{18}$	5.0	62.3
300~320	$C_{16} \sim C_{20}$	10.4	$C_{14} \sim C_{19}$	39.3	$C_{15} \sim C_{18}$	9.6	59.3
>320	$C_{17} \sim C_{22}$	6.7	$C_{15} \sim C_{21}$	13.0	$C_{16} \sim C_{18}$	20.3	40.0

3.2 分子信息与宏观物性及反应性的关联

催化柴油的宏观物理性质如表3所示。

表3 催化柴油的主要性质

密度(20℃)/(g/cm³)	硫含量/%	十六烷指数	总芳烃/%	多环芳烃/%
0.87~0.95	0.1~2.0	15~35	45~90	30~65

如图1所示，柴油十六烷值与其烃类族组成及碳数密切相关。一般来说，烷烃的十六烷值最大，芳香烃最小，环烷烃和烯烃则介于两者之间，并且对于芳香烃来说，环数越多，十六烷值越低[9, 10]。因此，从根本上实现催化柴油品质提升的方法是提高十六烷值较高的烃类组分的相对含量，降低不利于十六烷值的芳香烃组分的相对含量，特别是含量较高而十六烷值更低的二环芳烃(萘系物)的脱除。

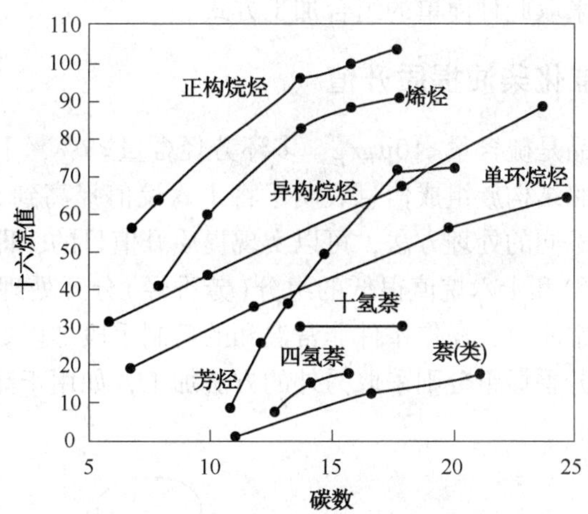

图 1　烃类型与十六烷值的关系

萘(系物)的加氢转化反应路径如图 2 所示。

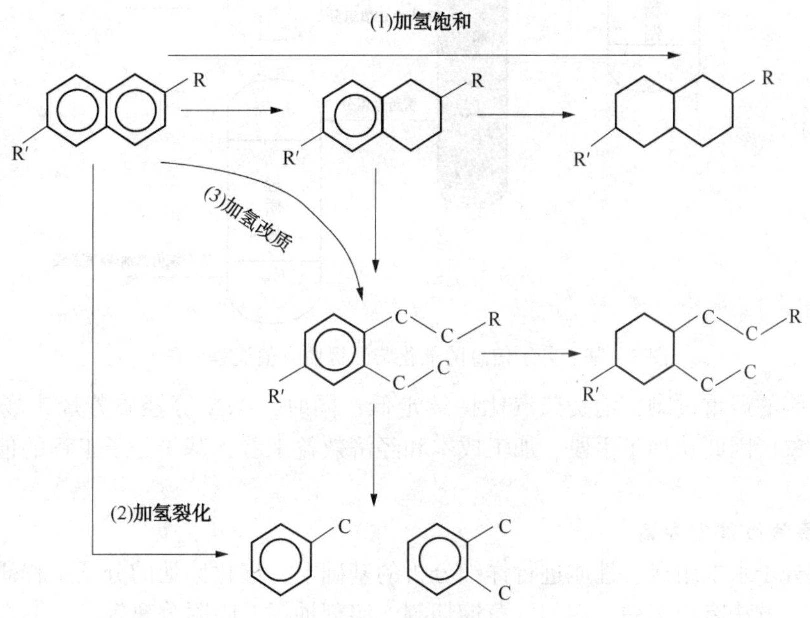

图 2　多环芳烃加氢转化路径图

(1) 在加氢精制条件下，萘加氢饱和变成四氢萘，进一步饱和可生成十氢萘，仍在柴油馏分中，但十氢萘的十六烷值也只有 30，加氢精制过程最多能提高 5 个单位的十六烷值，对于十六烷值在 15~35 的催化柴油来说，其产品根本无法满足国Ⅴ、国Ⅵ标准。

(2) 在中压加氢裂化条件下，催化柴油中的萘系物非选择性地裂化为甲苯、二甲苯及低碳烷烃等，并从柴油馏分中消失，从而达到提高十六烷值的目的。但同时也容易造成链烷烃和环烷烃的裂化反应，生成小分子物质，从而导致柴油收率的下降。

(3) 萘加氢饱和生成四氢萘、十氢萘以及之后的转换：四氢萘通过选择性加氢开环，可以得到带长侧链的单环芳烃，并留在柴油馏分，从而提高柴油的十六烷值，但此时十六烷值的提高量大约为在 8~15 个单位，这对于生产国Ⅴ、国Ⅵ标准仍然有一定的困难，特别是对于用十六烷值低于 20 的劣质催化柴油为原料的情况。如果四氢萘进一步芳烃饱和成十氢萘并开环，将其转化为十六烷值较高的带侧链的单环烷烃，需要更加苛刻的条件，并消耗更多的氢气，加工成本很高。另外，如果催化柴油加氢使得二环芳烃部分饱和(如萘加氢饱和生成四氢萘)、完全饱和(如萘加氢饱和生成十氢萘)之后，回到催化裂化加工而不调整原来催化剂的话，由于在催化裂化条件下脱氢反应远远胜过开环裂化反应，因此不可采取此种简单的组合加工方式。

4 基于分子信息的催化柴油提质升值

催化柴油加工的目标产品是硫含量<10μg/g，多环芳烃含量<7%，十六烷值>51的超低硫清洁柴油，而催化柴油的族组成和结构族组成信息表明了将十六烷值提高到51的难度与途径：将十六烷值不同的烃类化合物采取不同的处理方法，可以实现提质升值目的，即，将催化柴油中十六烷值较高的组分(链烷烃、环烷烃)和十六烷值很低的组分(芳香烃)分开处理。其中，高十六烷值的链烷烃和环烷烃组分可采用非常简单、操作条件非常温和的精制手段加以处理，从而大大降低生产运行成本；而十六烷值很低的芳香烃组分则采取另外的方法加工，如用于高辛烷值汽油或轻质芳烃的生产。流程简图如图3所示。

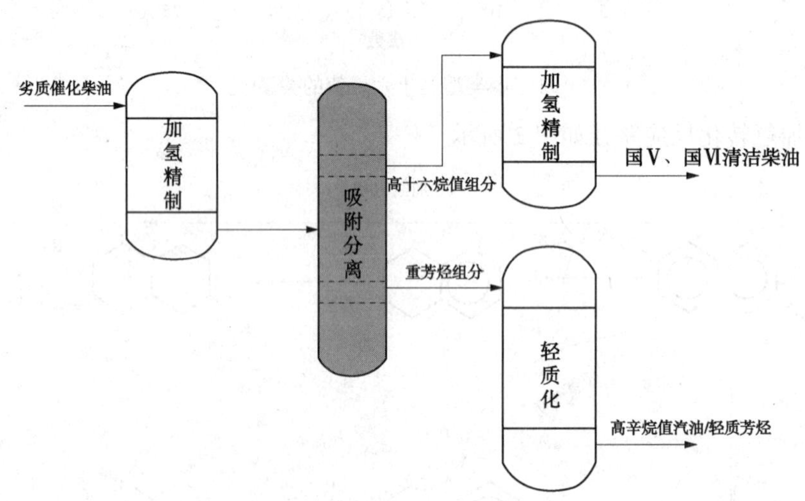

图3 基于分子信息的催化柴油提质升值流程简图

随着柴油产能的严重过剩，消费柴汽比持续走低；同时，BTX等轻质芳烃市场缺口较大，出现了供不应求现象，因此从加工手段、加工成本和经济效益来看，基于分子工程的催化柴油提质升值更具竞争力。

4.1 催化柴油的组分分离

在对原料油分子水平组成、性质进行详细分析的基础上，催化柴油的分子工程研究需要对原料油进行组分分离，方法有很多种，例如，蒸馏切割、溶剂抽提、吸附分离等。

蒸馏切割是以宏观物理性质为基础的分离方法，从化学组成来看，催化柴油各窄馏分中的总芳烃含量基本一致(见表2)，只是芳烃的结构组成有所不同，单环芳烃主要集中在低馏分中，三环及以上的芳烃主要集中在高馏分，二环芳烃的分布相对较均匀并以中间馏分居多。因此蒸馏切割的方法很难实现催化柴油中高十六烷值组分与低十六烷值组分的分离。

溶剂抽提法可以实现对催化柴油中的芳烃进行分离利用，并达到改善柴油质量的目的。溶剂抽提法的芳烃抽出率在65%~95%，随着抽提程度的加深，抽余油中的芳烃浓度相应减少，质量得到提高但收率显著降低。溶剂抽提法的主要缺点在于溶剂的分离回收及其较高的能耗与操作成本。

吸附分离法采用某些优先吸附目标芳烃的固体分子筛吸附剂，进行吸附再加以脱附，从而达到芳烃的选择性分离。中海油开发的柴油芳烃吸附分离技术(SAA)，以加氢精制柴油为原料，选择性吸附分离其富含的多环芳烃和四氢萘等低十六烷值芳烃组分，同时进一步深度脱除其中的大分子硫化物，可提高柴油十六烷值10~20个单位，并得到芳烃含量大于90%的重芳烃组分。图4为原料各组分的脱附曲线，在低温低压，并满足原料要求(硫含量<50μg/g，碱氮含量<1μg/g，胶质<0.5mg/100mL)的条件下，芳烃脱除率大于80%，吸附剂的使用寿命达到2年以上。

采用组合分离技术，如蒸馏-抽提、蒸馏-吸附等，还可进一步对其中的芳烃组分进行细分，

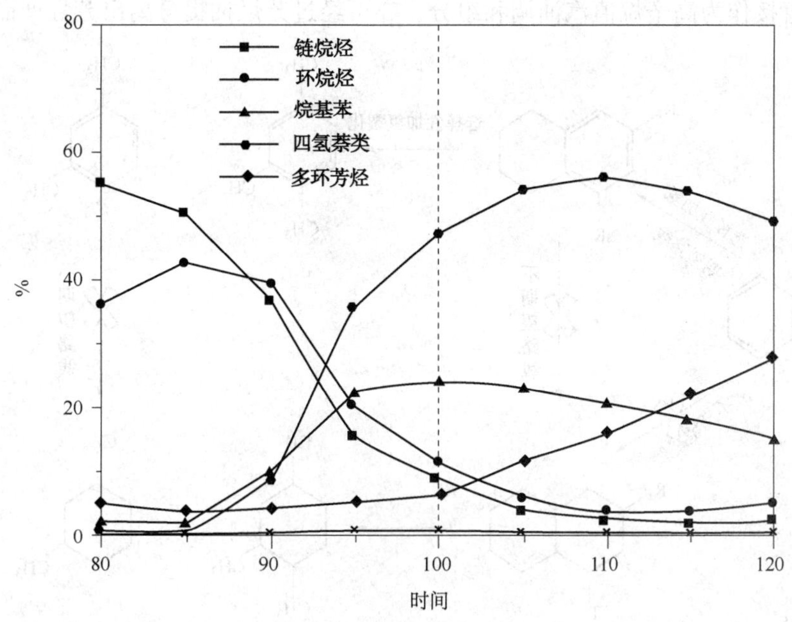

图 4　SAA 技术原料各组分的脱附曲线

得到富含单环芳烃的轻组分和二环芳烃含量在 80%以上的重组分。

4.2　高十六烷值组分的加工

表 4　加氢柴油深度吸附分离的高十六烷值组成分析

组成	含量/%	组成	含量/%
总饱和烃	57.9	总芳烃	42.1
链烷烃	26.7	单环芳烃	37.0
环烷烃	31.2	多环芳烃	5.1

催化柴油经加氢精制后，采用中海油自主开发的芳烃连续吸附脱附分离技术，可以直接得到或经过一段非常温和的精制处理后得到，硫含量<5μg/g、多环芳烃含量<5%、十六烷值>51 的满足国 VI 标准的清洁柴油。柴油收率在 50%左右，组成分析见表 4，并可根据市场情况调整工艺参数，控制芳烃的脱除深度，实现柴油收率和品质的灵活调控。

4.3　芳烃组分的加工

加氢柴油吸附分离出高十六烷值组分后，得到大量的芳烃组分，性质与 C_{10}^+ 重整重芳烃相似，加工利用难度较大，如果返回加氢改质或加氢裂化装置转化率相对较低、循环量大，不适合装置负荷较高的企业。表 5 是加氢柴油深度吸附分离后的芳烃组成分析。

表 5　加氢柴油深度吸附分离的芳烃性质与组成分析

项　　目	分析结果	项　　目	分析结果
密度/(g/cm^3)	0.93	烷基苯类	11.2
硫含量/(μg/g)	75	四氢萘类	50.1
族组成/%		多环芳烃	30.3
链烷烃	3.1	总芳烃含量/%	91.6
环烷烃	5.3		

针对吸附分离后芳烃的组成、性质，中海油成功开发了芳烃轻质化技术，经过选择性加氢饱和、开环、烷基转移或侧链断裂等过程，将芳烃高效转化为轻质芳烃或高辛烷值汽油馏分，即最大可能地将稠环芳烃转化为 C_6～C_9 单环芳烃组分。技术路线见图 5。以深度吸附后的芳烃组分为原料，中试结果表明，汽油馏分的收率可以达到 86.7%，其中芳烃含量≥70%，且硫、氮含量均≤

1μg/g，即可以直接作为高辛烷值汽油调和组分，亦可经过芳烃抽提分离出芳烃产品出售。

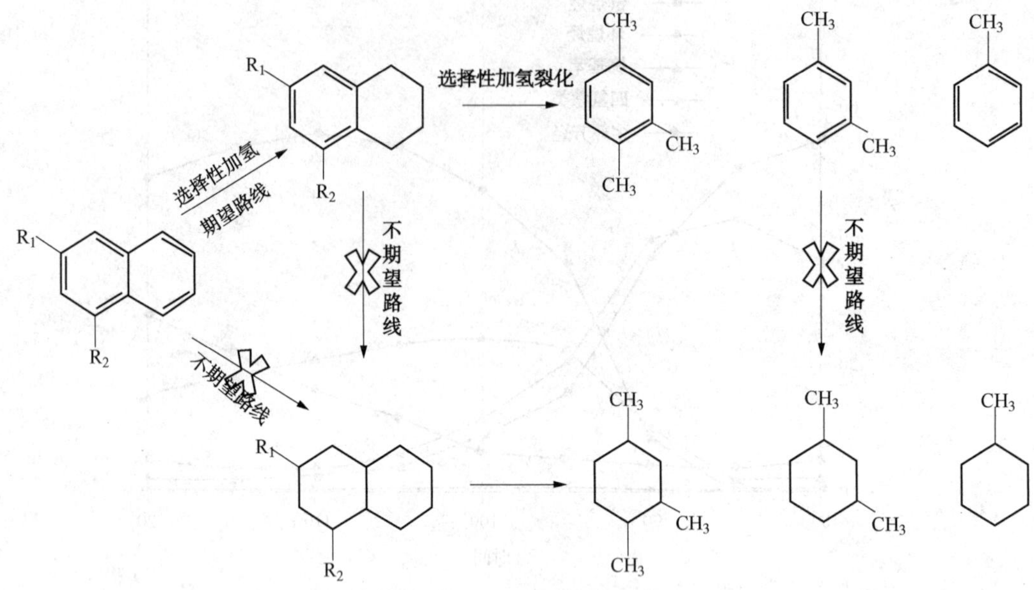

图5　芳烃轻质化技术路线

5　结语

(1) 基于催化柴油的族组成和结构族组成，将不利于十六烷值提高的芳香烃组分分离出去，用于生产轻质芳烃或高辛烷值汽油，而链烷烃和环烷烃组分则适用于高十六值清洁柴油的生产。

(2) 柴油芳烃吸附分离技术(SAA)可选择性吸附分离多环芳烃和四氢萘等低十六烷值芳烃组分。加氢后的催化柴油经芳烃吸附分离，可以得到饱和烃含量约58%的高十六烷值组分和芳烃含量大于90%的芳烃组分。

(3) 吸附分离的高十六烷值组分可用于国Ⅴ、国Ⅵ清洁柴油生产，芳烃组分经轻质化过程，可以高效转化为轻质芳烃或高辛烷值汽油馏分，汽油收率达到86%以上，其中芳烃含量≥70%，且硫、氮含量均≤1μg/g。

参　考　文　献

[1] 王丽景．浅谈柴油质量升级到国Ⅵ、国Ⅴ的技术对策[J]．中国石油和化工，2014(11)：67-70.

[2] A. Von Hippel. Molecular Engineering[J]. Science，1956，123 (3191)：315-317.

[3] K. Eric Drexler. Molecular engineering：An approach to the development of genenral capabilities for molecular manipulation[J]. Chemistry，1981，78(9)：5275-5278.

[4] 唐有祺．分子工程学学科建设刍议[J]．科学，1996，(6)：82-86.

[5] 胡英，刘洪来．分子工程和化学工程[J]．化学进展，1995，7(3)：235-249.

[6] 吴青，吴晶晶．石油资源分子工程及其管理[J]．原油评价及加工第十六次年会，2016，广西南宁．

[7] 毛安国，龚剑洪．催化裂化轻循环油生产轻质芳烃的分子水平研究[J]．石油炼制与化工，2014，45(7)：1-6.

[8] 王乃鑫，刘泽龙，祝馨怡，田松柏．气相色谱-飞行时间质谱联用仪测定柴油烃类分子组成的馏程分布[J]．石油炼制与化工，2015，46(1)：89-96.

[9] 迟克彬，赵震，阎立军，刘坚．Pt基催化剂上正十四烷的加氢异构反应性能[J]．石油化工，2015，44(4)：429-435.

[10] 迟克彬，赵震，田志坚，刘坚．Pt/USY催化剂上FCC柴油加氢改质反应性能[J]．化工进展，2015，34(5)：1-7.

催化柴油进加氢裂化改质工艺探讨

李双平

（中国石化武汉分公司，湖北武汉　430022）

摘　要：对催化柴油进行改质是各炼油企业面临的实际问题，武汉分公司根据企业自身的特点，结合目前加氢裂化装置生产能力富裕，临时增加了催化柴油进加氢裂化流程。实际生产结果表明：催化柴油进加氢裂化，不仅催化柴油符合国Ⅴ清洁燃料的质量要求，而且还有一定的经济效益。较好地达到解决企业柴汽比高、调节产品结构的目的。

关键词：催化柴油　加氢裂化　柴油改质　清洁燃料

1　前言

随着车用燃料的质量要求越来越高，生产环境友好的清洁燃料，满足日益苛刻的市场要求，已成为炼油企业当前亟待解决的课题。催化柴油组分具有密度大、多环芳烃多、硫含量高，十六烷值低的特点，不能直接满足车用燃料质量要求。炼油企业亟需为高密度、高芳烃含量和低十六烷值的催化柴油找到一条经济出路。对于催化柴油占柴油池比例较少的企业，加氢是一种较好的选择。但对十六烷值矛盾比较突出的企业，必须对其改质才能达到清洁燃料的要求。随着国内清洁燃料结构变化趋势，私家车拥有量快速增加，汽油需求量明显快于柴油量的增涨，2015 年 1~10 月汽油消费量增长 5.4%，柴油消费量下降 3.2%。如何降低柴汽比也是企业面对市场必须考虑的问题之一，催化柴油进加氢裂化是对柴油进行改质有效手段，既可以降低柴汽比，调整产品结构；又有利于产品质量的升级，满足清洁燃料的要求。

2　武汉分公司生产现状

武汉分公司现有综合原油加工能力在 8Mt/a，配套 0.8 Mt/a 乙烯，乙烯原料不足的部分由沿江企业供应，实现沿江企业的互补。武汉分公司柴油收率约占原油 34%，柴汽比为 1.78(设计柴汽比为 3.01)，高于集团公司平均水平 0.55 个单位。柴汽比高是与装置的结构和加工流程密切相关。武汉分公司一次加工能力和二次加工能力不匹配，导致催化和加氢裂化原料严重不足。为了确保乙烯原料，优先安排加氢裂化生产，导致催化装置负荷受到影响。加上重整加工能力(0.4 Mt/a)偏低，造成柴汽比高，影响企业效益。二次加工能力存在放空，为了进一步增加加氢裂化装置负荷，增加了催化柴油进加氢裂化临时流程来确保乙烯原料，实现炼油和化工效益最大化，同时降低柴汽比，多产国Ⅳ柴油。

3　催化柴油进加氢裂化分析

3.1　催化柴油的特点和加工难点

3.1.1　催化柴油芳烃含量高，加氢难度大

催化柴油特别是重油催化芳烃含量高达 50%~75%，而芳烃以双环芳烃为主，占芳烃含量 60% 以上，双环芳烃十六烷值低，加氢开环难度大。武汉分公司 1#催化柴油组成如表 1。

因各类形式的加氢反应难度遵循以下规律[1]：

(1) C—C 键断裂比 C—O、C—S 及 C—N 键的断裂更困难；

(2) 芳烃加氢>加氢脱氮>加氢脱氧>加氢脱硫；

(3) 芳烃加氢>烯烃加氢>环烯烃加氢；

(4) 单环芳烃加氢>双环芳烃加氢>多环芳烃加氢。

所以各类物质总的加氢反应难度为：芳烃饱和>脱氮>脱硫>单烯烃饱和>脱氧>二烯烃饱和>脱金属。

表1　催化柴油烃类组成 %

组成	链烷烃	总环烃	单环芳烃	双环芳烃	多环芳烃
含量	21	17.30	23	33.60	4.1

根据上述规律，催化柴油多环芳烃改质难度大。选择催化剂既要具备加氢活性，又要具备裂化活性。柴油加氢装置使用的Co-Mo系催化剂，芳烃饱和能力受限。最佳路线是催化柴油多环芳烃改质，双环烃以上环烃选择性开环。强化多环芳烃开环和选择性开环裂化，通过改变烃类组成和结构来来降低多环芳烃含量。而加氢裂化催化剂Ni-Mo系催化剂，加入Y分子筛后，具有芳烃饱和能力强。

3.1.2　催化柴油密度大，改质难度大

1#催化柴油密度达到962kg/m^3，柴油密度也与芳烃含量息息相关，催化柴油改质必须尽可能脱除多环芳烃[1]，才能有效地降低催化柴油的密度。加氢精制段能有效控制芳烃饱和程度，尽可能保留烷基苯、四氢萘等单环芳烃。加氢裂化段控制四氢萘等单环芳烃的异构、开环，烷基苯等单环芳烃的烷基侧链断裂，有效将柴油馏分中的烷基苯等单环芳烃转化为汽油馏分中的苯、甲苯、二甲苯等高辛烷值组分，从而达到生产高辛烷值汽油或芳烃原料的目的。两段加氢裂催化剂具有双环芳烃开环和选择性开环裂化功能，通过改变烃类组成和结构来降低密度降低柴油密度。

3.1.3　催化柴油十六烷值低，十六烷值在20左右

一般来说柴油十六烷值有如下规律：正构烷烃和烯烃的十六烷值最高，并随碳数增加而增加；异构烷烃和带侧链的单环环烃十六烷值居中；多环环烷烃和多环芳烃的十六烷值最低。柴油的正构烷烃较多时，其低温流动性较差，而烯烃过多使柴油的安定性变降低。柴油理想组分是低环数、长侧链、带分支结构[2]的烃类。要提高催化柴油十六烷值最有效方法是必须改变烃类组成结构，降低芳烃和环烷烃含量，特别是多环芳烃和多环环状烃含量。通过改变烃类组成和结构来提高十六烷值。研究结果表明催化柴油进加氢裂化后十六烷值提高率可达到61.54%[3]。

3.2　催化柴油对加氢裂化操作、产品及效益的影响

2014年2月15日加氢裂化开始掺炼催化柴油，初始掺入量按4.4t/h控制，2月26日掺炼催柴量提到8t/h，逐步提量至10t/h。

3.2.1　掺炼催化柴油对反应温度的影响

催化柴油富含芳烃及非烃化合物，在加氢裂化过程中精制反应放热量大，通常会导致床层温升大幅度上升，使加氢精制床层出口温度升高，因此在催化柴油进反应器之前分别降低加氢反应器入口温度、下床层入口温度，综合各掺炼催化柴油加氢裂化装置的经验每提高5~8t/h催化柴油降低精制反应器R6101入口温度4~5℃，由于下床层催化剂装填量较大，下床层入口温度要降低更多。

催化柴油总氮含量较高，对精制催化剂脱氮提出了更高的要求，加上温升较大，所以对催化柴油掺炼量要严格控制，若掺炼量波动大，或混合不均匀，将对加氢精制反应温度带来大幅波动，甚至会带来二反飞温。因此若出现较大温升，应及时降低掺炼量，掺炼催化柴油比上限按10%控制，要求严格控制好催化柴油比例。

3.2.2　掺炼催化柴油对氢耗的影响

催化柴油在加氢精制及裂化催化剂的作用下，会发生非烃化合物的分解反应、多环芳烃加氢饱和、开环反应、部分大分子烃裂解等反应，大量消耗氢气，单炼催化柴油重量氢耗会达到4%，体

积氢耗为450m³/t催柴。掺炼催化柴油使加氢裂化总氢耗增加，一般增加量为25~30m³/t（原料），总氢耗达到290~305m³/t。掺炼催化柴油前后操作条件对比见表2。

表2 掺炼催化柴油前后操作条件对比

参数名称	掺炼催柴前	掺炼催柴
反应总进料/(t/h)	189.5	197.3
精制反应器温度/℃		
一床层(入口/出口)	352.5/378.2	351/380.3
二床层(入口/出口)	368.5/390	369.2/395.9
R6101总温升	47.9	58
R6101平均温度	371.9	374.5
精制反应器空速/h^{-1}	0.96	1
裂化反应器温度/℃		
一床层(入口/出口)	373.8/381.7	373.8/382.5
二床层(入口/出口)	373.5/381.5	372.7/380.3
三床层(入口/出口)	372.1/383.7	374.2/384.5
四床层(入口/出口)	372.3/383.9	375/385.6
R6102总温升	39.1	39
R6102平均温度	377.9	379.0
裂化反应器空速/h^{-1}	1.647	1.70
冷高分压力/MPa	15	15
新氢总量/(Nm^3/h)	41969	51079
精制反应流出物氮含量/(mg/kg)	4.5	4
总氢耗/(Nm^3/t)	241	258.9
转化率/%	72.30%	73.79%

3.2.3 掺炼催化柴油对产品质量的影响

对比掺炼催柴前后航煤组分分析，随着掺炼量增加，航煤密度也随之升高。为了保证航煤烟点合格，要提高转化率，保证产品质量，经过调整航煤烟点达到26mm。对柴油组分分析，随着掺炼量增加，柴油密度也随之升高。十六烷值降低，但还能满足国Ⅴ柴油的要求，柴油十六烷值达到58左右。对尾油组分分析，随着掺炼量增加，尾油密度也随之升高，BMCI值增大1.5个单位。

掺炼催化柴油前后主要产品性质比较见表3。

表3 主要产品性质对比

参数名称	掺炼前	掺炼后
原料密度/(kg/m³)	904.4	904[注]
硫含量/%	0.664	0.592
氮含量/(mg/kg)	591.2	968
产品		
航煤		
密度/(kg/m³)	807.7	809.5
冰点/℃	<-60	
烟点/mm	26	26
银片腐蚀/级	1b	1b
柴油		
密度/(kg/m³)	832.2	826.4
十六烷值	58	58
总硫/(mg/kg)	2	1.8

注：掺炼前后轻蜡油性质变化较大。

3.2.4 掺炼催柴对产品分布的影响

对比掺炼催柴前后物料平衡可以看出，掺炼催化柴油后，氢耗增加。从产品分布来看，（轻石

+重石)收率增加0.17%，航煤收率增加0.61%，柴油收率提高1.25%，尾油收率降低1.93%，说明催化柴油有部分组成发生了裂化反应，变成较轻组分。为了多产柴油，转化率有所提高，并将尾油中轻组分多拔出到柴油中去。掺炼催化柴油比为4%，对数据进行统计，前后物料平衡见表4。

表4　掺炼前后产品收率变化情况

项　目		掺炼催柴前		掺炼催柴 8t/h		差值/%
		加工量/t	收率/%	加工量/t	收率/%	
入方	蜡油	18276	98.04	19072	97.99	
	氢气	359	1.96	385	2.01	
	合计	18635	100.00	19471	100.00	
出方	酸性气	150	0.76	146	0.72	-0.04
	干气	143	0.77	150	0.77	0
	液态烃	566	3.04	592	3.02	-0.02
	轻石脑油	767	4.17	915	4.70	0.53
	重石脑油	2889	15.50	2938	15.09	-0.41
	航煤	4338	23.28	4651	23.89	0.61
	柴油	5082	27.26	5553	28.57	1.31
	尾油	4679	25.10	4502	23.12	-1.98
	合计	18613	99.88	19448	99.88	0.00
	物料损失	22	0.12	23	0.12	

3.2.5　催化柴油进加氢裂化对效益的影响。

对掺炼8t/h催化柴油前后的物料平衡数据进行效益测算，每吨原料效益增加结果见表5。掺炼催化柴油后，产品收入增加。如果单独经加所氢外卖普柴每吨2604元(扣税费和变动费用，由武汉分公司财务处提供)。所以每吨催化柴油进加裂效益为：2905.41-2.01%×9355-71.58×4%-2604=110.51元(71.58元/t为加氢裂化单位操作费用，氢气9355元/t)。增加效益110.51元/t(以2015年10月21日价格进行测算)。

表5　催化柴油进加氢裂化装置效益测算

项　目	价格/元 (扣税净价)	掺炼前		掺炼 8t/h 催化柴油后	
		收率/%	收入/元	收率/%	收入/元
干气	2400	0.0077	18.48	0.0077	18.48
酸性气	847	0.0076	6.44	0.0072	6.10
液化气	3177	0.0304	96.58	0.0302	95.95
裂化轻脑油	2896	0.0417	120.76	0.047	136.11
裂化重脑油	2896	0.1550	448.88	0.1509	437.01
裂化煤油	2922	0.2328	680.24	0.2389	698.07
裂化柴油	3072	0.2726	837.43	0.2857	877.67
裂化尾油	2751	0.2510	690.50	0.2312	636.03
损失		0.12		0.12	
合计		100	2899.31	100	2905.41

4　结语

(1)武汉分公司在目前没有加氢改质装置，在要求生产国Ⅴ柴油情况下，催化柴油进加氢裂化是改善催化柴油质量的有效手段。催化柴油进加氢裂化对部分多环芳烃开环有利于柴油十六烷值提高，催化柴油十六烷值提高约12.5个单位，是增产车柴的重要手段。经测算每吨催化柴油进加氢裂化增加效益 110.51 元，为催化柴油找到一条经济合理的加工途径。

（2）技术路线简单、成本低，对加氢裂化有富裕的装置，利用现有装置可以实现。

（3）扩大加氢裂化原料的来源，实现炼化效益一体化。

参 考 文 献

[1] 杨军，等．柴油深度脱烃 Pd-Pt/USY 催化剂的 EXAFS 研究[J]．高等学校化学学报，2002，23(4)：712-714.
[2] 常树瑞．柴油的发展状况及前景[J]．天然气与石油，2002，18(2)：25-28.
[3] 许雪茹．低、中、高压催化柴油加氢工艺探讨[J]．齐鲁石油化工，2005，33(2)：83-84.

关于柴油质量升级新问题的探讨

李 斐

(沧州信昌化工股份有限公司，河北沧州 61000)

摘 要：新标准"国Ⅴ"柴油中的细菌快速繁殖，影响油品质量；其分泌物的 pH 值在 3~3.5 腐蚀性极强；大量添加杀菌剂会影响柴油质量并且只能解决部分问题，新型柴油质量优化添加剂可从根本上解决这类问题，提高柴油整体经济效益。

关键词：国Ⅴ低硫柴油 微生物污染与腐蚀 油污 处理与控制

1 前言

随着我国 2016 年 1 月 1 日率先在东部发达地区开始实行国(Ⅴ)汽柴油新标准，并于 2017 年 1 月 1 日全国实行该新标准，我国境内的柴油产品质量将跃上一个新台阶，必将对我国的碧水蓝天工程起到极大的推动作用。还蓝天白云于眼前，将不再是我们奢侈的期盼。

2 国Ⅴ柴油质量升级及新问题

2.1 柴油升级向低含硫量的趋势发展

随着汽车保有量快速增长，汽车尾气排放对大气污染的影响日益增加，而油品质量是影响汽车尾气污染的直接原因。面对环境污染的困扰，各国政府都选择严苛了的油品质量标准。发达国家燃油清洁化步伐较快。我国随着雾霾天气的加剧，也加快了油品质量升级的步伐。柴油从国Ⅲ升级到国Ⅴ，指标变化的比较见表 1。

表 1 柴油质量升级变化指标比较

项 目	国Ⅲ						国Ⅳ						国Ⅴ					
	5#	0#	-10#	-20#	-35#	-50#	5#	0#	-10#	-20#	-35#	-50#	5#	0#	-10#	-20#	-35#	-50#
硫含量(质量分数)/% ≯	350						50						10					
运动黏度(20℃)/(mm^2/s)	3.0~8.0		2.5~8.0		1.8~7.0		3.0~8.0		2.5~8.0		1.8~7.0		2.5~7.5		2.0~7.5		1.3~6.5	
十六烷值≮	49		46		45		49		46		45		51		49		47	
十六烷指数≮	46		46		43		46		46		43		46		46		43	

注：表中的柴油项目指标仅列出升级前后有变化的指标，其他不变指标未列出。

表 1 可见，从国Ⅲ升级到国Ⅴ：柴油的蒸发性、安定性抗爆性各项指标，没有变化。流动性的指标凝点、冷滤点没变化，20℃时的运动黏度仍按不大于 8.0mm^2/s 要求。柴油的抗爆指标十六烷值，分别从 49、46、45 提升至 51、49、47，变化也很小。柴油的腐蚀性指标即硫含量从 350μg/g 降至 10μg/g 以下。

硫含量的降低能够减弱柴油车对大气污染程度，尾气中的硫化物、PM2.5 颗粒含量将大幅度降低，尾气污染物的排放量也大幅下降，油品质量的提升对降低空气污染效果显著。

油品中的硫含量，是决定油品质量最为关键的因素，提高油品质量的核心就是控制降低油品中的硫含量。油品质量的升级事关每个人赖以生存的环境，升级的趋势必将进一步向低硫化和超低硫方向发展。

2.2 低硫柴油的新问题

油品中的含硫量降低会给油品带来各方面的影响，硫在燃料中是天然的杀菌剂，也是润滑剂。硫含量的降低不但会降低柴油的润滑性，还会促进燃料中细菌生长，增加微生物的活性。润滑性的降低可以通过添加柴油润滑添加剂(即抗磨剂)来弥补，这是简单、成熟且行之有效的方法。本文仅探讨由于杀菌性降低引起的问题。

当油品中的硫含量低于10μg/g时，硫的杀菌作用明显降低。柴油本身就是细菌的高级营养品，此时，细菌会以几十倍、上百倍的速度快速繁殖。这类细菌分泌物质的pH在3~3.5，具有很强的腐蚀性，因此也增加了燃油的腐蚀性。当我国的国Ⅴ柴油广泛应用，特别是当油罐、加油站、汽车油箱、油路等，长时间存放、使用高标准柴油后，由于细菌快速繁殖所带来的负面影响，将给我们的生产、储存、销售和使用带来意想不到的麻烦！

2.2.1 微生物污染——形成油污和污泥

柴油中自然存在细菌，通过通风装置或水分也可入侵燃料中。燃料底层水中的化学物质，会在固体表面形成膜，这个过程在燃料进入油罐后几钟就会发生。这层膜可以让燃料中的细菌附着在固体的表面，到一定阶段，这些细菌开始分泌一种淀粉状的物质，这种物质将整个细菌紧密连在一起。不同种类的细菌微生物群，聚集在一起形成复杂的环境，从而形成细菌菌群——通常被称为油污或污泥。一旦污泥开始形成，即使使用杀菌剂，也很难控制甚至消除。随着油污的不断生长，一部分油污会脱离原来的地方，随着燃料流动，游离到燃料的下游，从而存在于事个燃料系统中，形成肉眼可见的污染，见图1。

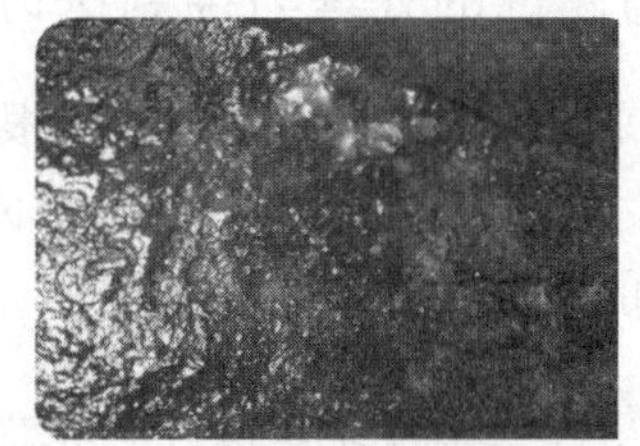

图1 燃油产品中微生物的油污污染

2.2.2 油品质量问题

细菌菌群有大量的各种细菌，有些细菌通过燃料变质来生产食物，降低燃料自身的稳定性，细菌菌群形成的污泥及细菌的分泌物，也会使油品变得浑浊，从而导致油品质量不合格！

2.2.3 微生物的腐蚀

有些细菌会分泌产生有机酸，燃料酸值升高，因此也增加了燃油的腐蚀性。这类细菌分泌物的pH值在3~3.5，具有很强的腐蚀性，对金属有腐蚀作用，造成点状腐蚀。我们发现只有在油污存在的地方才会发生点状腐蚀现象。大多数的油罐破损都与点状腐蚀有关，细菌分泌物将使罐底、汽车油箱和油路快速腐蚀而穿孔，也会对滤网、管道、过滤器、泵产生腐蚀。有细菌活动的油污附着到金属表面形成非常高的腐蚀率。见图2。

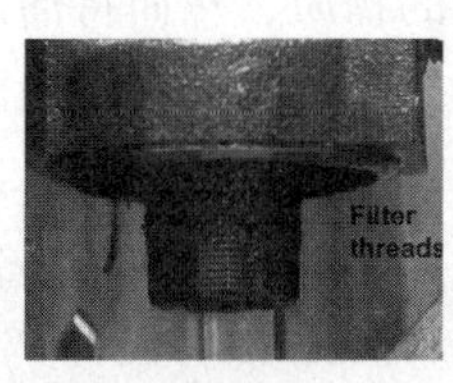

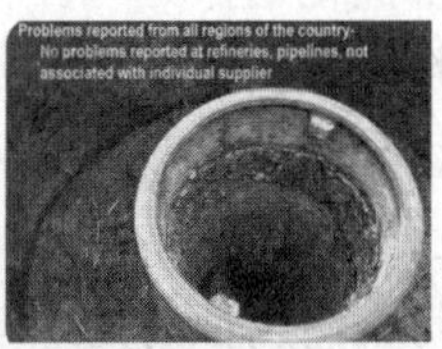

图2 微生物腐蚀案例

2.2.4 油罐及设备影响

油污的存在对油罐及设备产生腐蚀与污染，必须进行清污，过度的酸性废弃物也带来产品罐及管线等的使用问题，维护成本提高。腐蚀与污染样例见图3。

2.2.5 滤油器堵塞

有些油污附着在滤油器上时，油污就会开始生长，并慢慢覆盖整个过滤器，堵塞滤芯，最后完全阻止燃料的流动，导致过滤器堵塞。细菌尸体沉积在汽车发动机喷油嘴周围，最后堵塞喷油嘴，见图4。在欧美国家刚开始使用"欧Ⅴ"标准柴油时，曾经频繁出现过汽车发动机只轰鸣，无动力的情况。

图3 钢质燃油储罐及管线腐蚀样例

图4 燃油系统滤网和过滤器

2.2.6 影响发动机性能

发动机对燃油的污染有很低的容忍度，污泥导致发动机性能降低和发动机组件的过早破损，造成柴油机喷油器结垢，引起的主要问题：

(1) 电力损失6%~12%；

(2) 燃油消耗增加；

(3) 污染排放增加；

(4) 发动机启动和操控性有问题。

3 微生物污染与腐蚀的处理与控制探讨

对于柴油燃油系统来说，通常的预防维护是根据使用时间定期更换过滤器，如果过滤器过早的发生堵塞现象(发动机发出警告)更换的频率会非常快。进一步的处理措施包括机械清理燃油，使用杀菌剂，或使用全新的柴油质量优化添加剂。

3.1 机械清理

机械清理油箱中的燃油经常被称作燃油"燃油清洁"。将燃料在一个过滤系统中循环过滤杂质和油污，将颗粒和水分分离出去，使漆黑浑浊的燃料变清澈透亮。

3.2 杀菌剂的使用

杀菌剂是一种燃油添加剂，可以杀死燃油中的细菌，但杀菌剂很难穿透细菌分泌的物质，接触到细菌本身去杀死细菌，对已形成的油污更难有效果。所以会继续产生油污问题及腐蚀现象。油罐中加入杀菌剂，需要对油罐进行彻底清理，清除掉残存油污，清理结束后再加入杀菌剂进行清理，且难有持续的防护效果。

3.3 添加柴油质量优化剂

柴油质量优化剂作为一种腐蚀抑制剂，可以分解将细菌连在一起的物质，从而将油污包裹的水和变质的燃料释放到原料之中，通过燃料系统被安全的燃烧掉。形成的膜会除掉之前细菌用于附着而形成的生物膜，阻止新的油污产生，而且可优化燃料系统。

3.4 处理与控制方法的对比

微生物污染与腐蚀的处理与控制方案对比见表2。

通过表2对比可见，每一项处理措施都有其优势，也有一定的局限性。最好的办法是将这些方法综合起来使用，使用清洁油罐及燃料清洁措施将燃油系统中的水去除，同时还能除掉一部分的油污和杂质，出现自由游离的微生物时可以使用杀菌剂，再使用柴油质量优化剂来最终清洁燃油系统，并保持长久的清洁状态。如果只能使用一种方式的话，那么添加柴油质量优化剂是最为经济、最为持久的处理措施。

表2 微生物污染与腐蚀的处理与控制方法对比

序号	处理办法	优点	缺点	结果
1	机械燃油清洁	油箱中大多数水都可以被清理掉	①价格昂贵 ②清洁人员有受污染的风险， ③油罐中还有许多固态的油污，燃油系统恢复工作后会迅速的生长	暂时的解决油污问题
2	杀菌剂	①不需要系统停止工作 ②对于游离的微生物引起的个别细菌或真菌问题会有很好的效果 ③油罐中加入杀菌剂，需要对油罐进行彻底清理，清除掉残存油污，在清理结束后再加入杀菌剂清理	①对身体健康有害 ②只对浮游细菌有作用，而对附着细菌没有用 ③对油污/微生物腐蚀无作用 ④经常使用效果越来越差，细菌会发生变异，从而杀菌剂不起作用 ⑤防护效果非常有限 ⑥价格昂贵	防护效果非常有限，还会继续产生油污问题及腐蚀现象
3	添加柴油质量优化剂	①价格较低，成本低廉， ②使用方便，处理过程较为安全环保， ③不需要燃油系统停止工作， ④定期使用不会降低效果，处理频率可以降低很多， ⑤提高油品的润滑性，防止金属磨损， ⑥有清洁效果，长期使用可以清除发动机、油箱和油路的污垢，提高发动机的效率和使用寿命，改善发动机性能，机器运行更稳定， ⑦使油品充分燃烧，减少有害气体和固体颗粒物的排放， ⑧碱性，可将储存过程中燃料变质形成的酸性产物中和，燃料的稳定性得到极大提高， ⑨防止腐蚀细胞的形成， ⑩显著节约油品消耗	处理过程中产生的水和变质燃料颗粒需作进一步处理	最经济，最持久

4 柴油质量优化剂的应用及优势

4.1 产品机理

在抑制细菌生长及微生物腐蚀专业领域大量研究，发现了微生物污染的致命弱点。利用生物膜的形成机理，取代杀菌剂，消除燃油中的微生物污染，防止沉淀污染物的形成，去除微生物腐蚀，优化发动机性能，改善储罐的应用性能。

4.2 应用的广泛性

4.2.1 应用于多种燃料油

可应用于煤油(1#燃油)、柴油(2#燃油)、燃料油(2#燃油)、汽油、IFO航运油等。

4.2.2 全过程应用

柴油质量优化剂增值效应从炼油厂一直延伸到燃油的最终用户，即燃油储存和供应开始，到燃油过滤和运输最终再到发动机性能的全过程都可应用。

4.3 柴油质量优化剂的优势

4.3.1 柴油质量优化剂的效果

4.3.1.1 溶解微生物的污染群——处理油污和污泥

柴油质量优化剂能溶解任何燃料系统的溶解微生物污染群。污泥，抑制新污泥的形成。传统方式能适度的改进柴油性能，不能真正解决柴油问题，对于柴油中污泥形成的防护没有影响。柴油质量优化剂使用及测试三周的比较见图5。

图5 使用及测试三周的比较图

4.3.1.2 抑制微生物腐蚀

微生物腐蚀是生物质在污染的燃料中存在的直接结果。菌膜污泥中含有分泌有机酸的厌氧细菌，使污泥呈酸性，为阳极腐蚀的形成提供了一个很好的环境。柴油质量优化剂在污泥和自由积水之间形成一个保护膜，防止菌膜污泥的形成和阳极腐蚀的发生。

微生物腐蚀与油箱的加速腐蚀和过早的油箱破损有关。油箱破损影响周围环境，包括地下水源。根据油箱破损的大小，清理成本会过高。

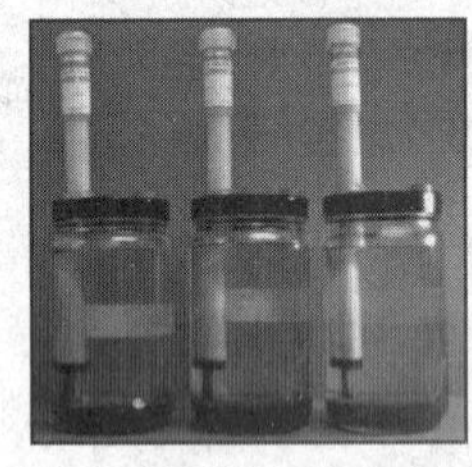
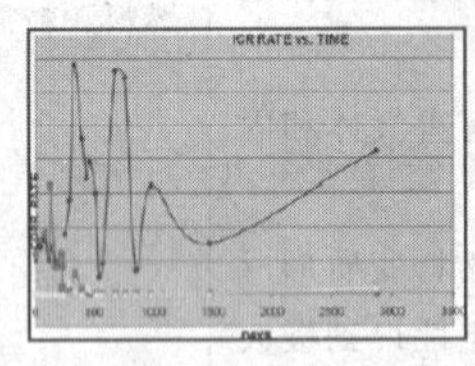
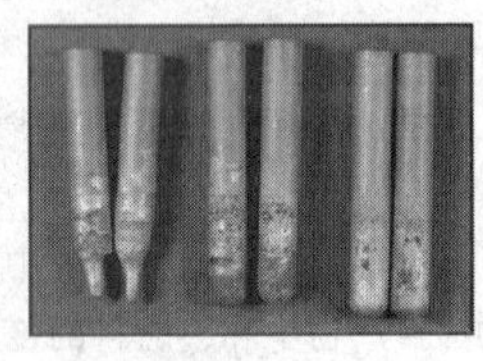

图6 防腐效果对比图

图6中从左至右，瓶1和瓶2在9个月内未经处理，允许污泥在探针上生长，产生腐蚀。9个月后，显示腐蚀率比较稳定，在瓶2每月加入柴油质量优化剂，根据腐蚀图所示，5日内，腐蚀速率降至零，尽管在此期间，污泥积累没有显著地消散。在测试剩余的时间内，处理过的广口瓶的腐蚀利率保持在零。柴油质量优化剂的在污泥存在并且未受损的情况下抑制腐蚀的发生。

瓶2和瓶3继续持续了7个月，每月更换3个瓶内的燃料，但不对瓶内燃料做任何处理。在瓶2或瓶3中没有发生可测量的腐蚀。

4.3.1.3 清洁滤芯和喷嘴使用

柴油机滤芯器使用情况及清洗过的喷油器对比效果，可以看出柴油质量优化剂效果，见图7。

图7 使用柴油质量优化剂的滤芯和清洗过的喷油器对比

4.3.1.4 对发动机性能的改进

石油公司对柴油质量优化剂优化发动机性能比较结果见表3。

表3 石油公司对柴油质量优化剂优化发动机性能比较结果

货车型号	无添加	添加	改进情况
YXB 6534 SCANIA 141 440 HP，12.800cc	2，04	2，28	12%
IEE 2501 MITSUBISHI CANTER 140 HP，3.908cc，EURO 3	5，16	5，7	10%
IEE 2669 MAN L82 15.250，6.871cc，EURO 3	3，81	4，67	23%
IEE 2823 MAN L82 15.250，6.871cc，EURO 3	3，88	4，35	12%
IEE 2971 MAN L82 15.250，6.871cc，EURO 3	3，57	4，18	17%
IEB 8986 MAN TGA HO9 480 HP，12.816cc，EURO 3	2，82	3，16	12%
IBN 2129 MAN TGA HO9 480 HP，12.816cc，EURO 3	3，10	3，4	9%
平均里程改进			13.6%

4.3.1.5 柴油质量优化剂的其他效用

(1) 防止燃油管路低温冻结；

(2) 提高润滑性，减少金属磨损泵和喷嘴；

(3) 稳定燃料，适合长期燃料存储的应用。

4.3.2 柴油质量优化剂与其他产品的对比

柴油质量优化剂是目前市场上可用的最好的燃油系统处理剂。通过对比实验已得到证实，与业内多种竞争产品进行测试，效果突出。和传统的杀菌剂及其他药剂的部分对比实验见图8。

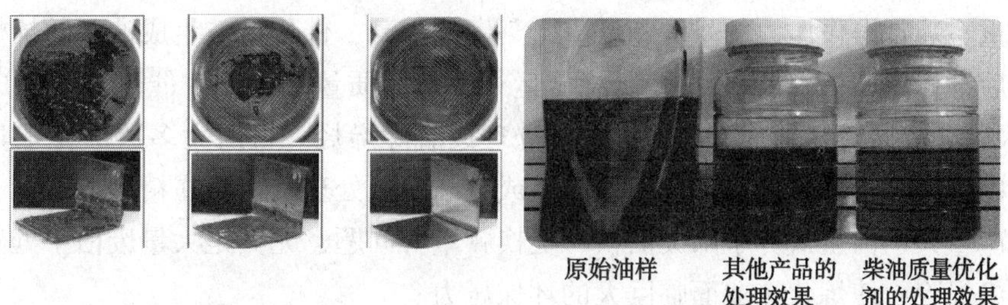

图8 柴油质量优化剂的和传统的杀菌剂及其他药剂的对比实验效果图

5 结语

本文初步探讨了柴油升级后的微生物污染与腐蚀的问题，以及油污的形成和对燃料系统造成的影响及处理方式。柴油燃料系统中的菌落形成是一个非常复杂的问题，低硫柴油的广泛应用后即将面临这一新问题，国内石化行业既没有经验，也没有进行过预研究，还需大量研究。欧美国家早在2009年已经开始执行相当于我国“国五”标准的“欧Ⅴ”汽柴油标准，这个领域的研究是非常深入的。经验和实验充分证明，使用目前最为先进的柴油质量优化剂是防止细菌危害、解决油污及微生物腐蚀问题最为经济的方法。

参考文献

[1] 车用柴油(Ⅴ). GB19147—2013.

[2] 王从岗. 储运油料学[M]. 北京：石油大学出版社，2009.

FHDO 催化重整生成油选择性液相加氢脱烯烃技术

崔国英　崔　哲　关明华

(中国石化抚顺石油化工研究院，辽宁抚顺　113001)

摘　要：根据催化重整生成脱烯烃的市场需求，FRIPP 创新开发出了一种流程简单、操作简便、装置建设投资小、运行费用低的 FHDO 催化重整生成油选择性液相加氢脱烯烃工艺技术。该技术采用 HDO-18 专用贵金属加氢催化剂和上流式固定床反应器，以重整生成油中的溶解氢为主要氢源，根据产品质量要求适度补充新氢，在脱戊烷塔进料正常操作条件下，对重整生成油进行液相加氢，选择性脱除进料中的烯烃。加氢产品溴指数显著降低，能够很好满足后续芳烃抽提/吸附分离装置对进料的质量要求。装置氢耗为 1~6Nm³/t 重整生成油。该技术成熟、先进、可靠，完全可以替代现有白土或分子筛处理工艺。

关键词：催化重整　液相加氢　脱烯烃　溴指数

1　前言

随着催化重整装置操作压力的降低和反应苛刻度的提高，催化重整生成油中的烯烃含量显著增加，严重影响后续芳烃抽提/吸附分离装置稳定运行和产品质量。因此，催化重整生成油在进入下游芳烃抽提/吸附分离装置之前通常需要进行预处理以脱除烯烃。目前大多数催化重整和芳烃联合装置仍然采用白土或分子筛预处理工艺。但白土或分子筛预处理工艺存在精制深度低、产品质量不稳定、重组分产量大、白土或分子筛失活快、更换频繁等问题，尤其是大量废白土处置工作存在着严重的环境污染风险，使炼化企业面临巨大的环保压力。

中国石化抚顺石油化工研究院(FRIPP)针对催化重整生成油脱烯烃的市场需求，并结合连续重整装置流程特点，创新开发出了一种 FHDO 催化重整生成油选择性液相加氢脱烯烃工艺技术。该技术可以在缓和的工艺条件下，对催化重整生成油全馏分进行液相加氢，选择性脱除进料中的烯烃，使加氢后的催化重整生成油溴指数显著降低，能够很好满足下游芳烃抽提/吸附分离装置对进料的质量要求。

2　FHDO 催化重整生成油选择性液相加氢脱烯烃技术介绍

2.1　反应原理

催化重整生成油通常含有少量烯烃。由于烯烃容易聚合和氧化生成胶质，严重影响下游芳烃生产装置稳定运行和产品质量，因此催化重整生成油通常需要先经过白土或分子筛预处理，降低其烯烃含量，而后再送去芳烃抽提/吸附分离装置加工。

白土或分子筛预处理工艺是利用白土或分子筛中酸性中心的催化作用[1]，促使催化重整生成油中的烯烃与芳烃发生烷基化反应，生成高沸点的重芳烃产品，从而使 BTX 三苯馏分中的烯烃含量显著降低，满足下游芳烃抽提/吸附分离装置对进料的质量要求。但在处理过程中，白土或分子筛极易因重芳烃和胶质吸附以及进一步缩合生焦积炭而失去活性，而这不仅需要频繁更换白土或分子筛，而且也影响生产过程中的产品质量长期稳定问题。

FHDO 技术则是采用选择性液相加氢的办法脱除催化重整生成油中的烯烃[2]。在缓和的液相加氢条件下，Pt-Pa 贵金属加氢催化剂具有很高的烯烃加氢饱和活性、选择性和稳定性[3]，能够将催化重整生成油中的各类烯烃加氢转化生成对应的烷烃，并把苯乙烯加氢转化为乙苯，使加氢产品溴指数显著降低，满足下游芳烃抽提/吸附分离装置对进料的质量要求。在加氢过程中，不会生成新的重芳烃产物。催化剂也不会因缩合生焦积碳而失去活性。

2.2 工艺流程描述

在常规催化重整装置内，在重整生成油脱戊烷塔(或称稳定塔)前增设一台管道式气液静态混合器和一台固定床反应器。该反应器装填 HDO-18 专用催化剂，在脱戊烷塔进料正常操作条件下，对重整生成油进行选择性液相加氢，脱除重整生成油中的烯烃。加氢后的重整生成油直接进入脱戊烷塔，脱戊烷塔塔底油再送去原有的产品分馏和芳烃分离系统加工，如图 1 所示。

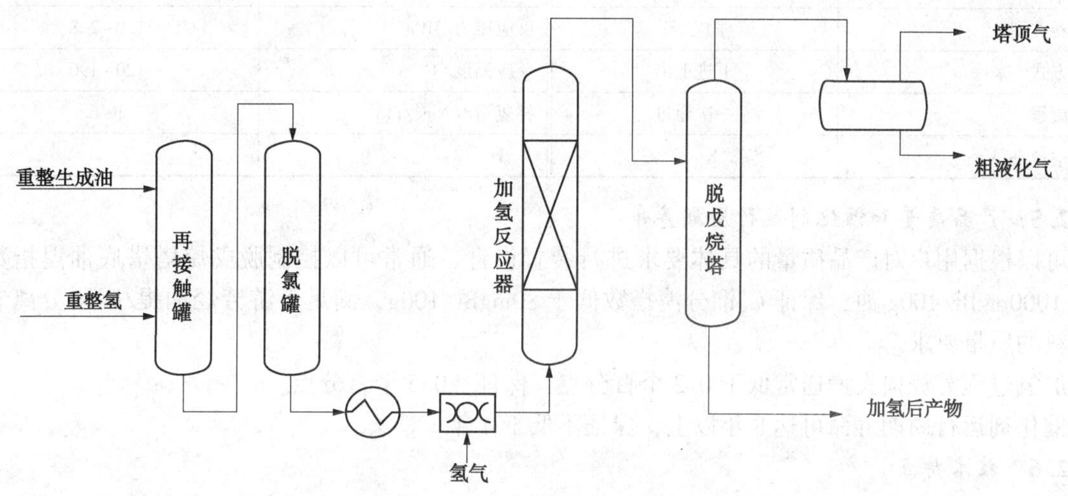

图 1　FHDO 技术原则工艺流程

2.3 HDO-18 专用催化剂

FHDO 催化重整生成油选择性液相加氢脱烯烃技术要求所用催化剂具有很高的烯烃加氢饱和活性、选择性和稳定性，能够将催化重整生成油中的各类烯烃加氢转化生成对应的烷烃，并把苯乙烯加氢转化为乙苯，使加氢产品溴指数显著降低，满足下游芳烃抽提/吸附分离装置对进料的质量要求。除此之外，还要求催化剂在催化重整生成油液相加氢过程中不能促进生成新的重芳烃产物，不能促进发生裂化副反应而生产低分子烃，更不能促进发生芳烃饱和副反应而显著降低芳烃产率，并要求催化剂在液相加氢条件下能够有效抑制缩合生焦积碳副反应发生而保持活性长期稳定。

按照上述技术要求，FRIPP 在广泛深入系统研究的基础上，成功开发出了以齿球型改性氧化铝为载体、以 Pt-Pd 贵金属为活性组分、采用特殊浸渍技术制备、活性金属在载体颗粒表面呈蛋壳型分布的 HDO-18 高性能专用催化剂。实验室研究、性能评价、工业放大、工业生产和工业应用结果表明，该催化剂制备重复性很好，产品质量稳定，催化性能优异，能够很好满足 FHDO 催化重整生成油选择性液相加氢工艺技术要求。

该催化剂装填简便，颗粒间空隙大小均一，能够有效避免出现沟流现象，显著提高催化剂在液相加氢环境下的有效利用率，大幅提高工业加氢装置实际生产运行效果。

HDO-18 催化剂主要物化性质如表 1 所示。

2.4 主要操作条件

FHDO 催化重整生成油选择性液相加氢脱烯烃工艺技术操作条件缓和，可以根据催化重整装置液相脱氯罐和脱戊烷塔进料设计条件及加氢产品溴指数质量指标要求合理选择操作条件范围。表 2 给出了 FHDO 工艺典型操作条件范围。

表1 HDO-18催化剂物化性质

项　目	质量指标	项　目	质量指标
载体	改性 Al_2O_3	颗粒直径/mm	2.0~3.0
活性金属组分	Pt+Pd	孔容/(cm^3/g)	≥0.45
活性金属含量/%	≥0.26	比表面积/(m^2/g)	≥180
活性金属形态	还原态	耐压强度/(N/粒)	≥35
外观颜色	黑灰色	堆积密度/(g/cm^3)	0.72~0.80
外观形状	齿球	装填密度/(t/m^3)	0.64~0.68

表2 FHDO技术操作条件

项　目	操作条件范围	项　目	操作条件范围
反应器类型	固定床	反应压力/MPa	1.0~2.8
进料方式	下进上出	反应温度/℃	120~190
工艺流程	一次通过	补氢量/(Nm^3/t)	1~6
体积空速/h^{-1}	8~12		

2.5 产品质量和催化剂运行周期寿命

可以根据用户对产品质量的具体要求进行装置设计，通常可以控制脱戊烷塔塔底油溴指数在100~1000mgBr/100g油，保证C_8^+馏分溴指数低于80mgBr/100g，满足下游芳烃抽提/吸附分离装置对进料的质量要求。

加氢过程芳烃损失量通常低于0.2个百分点，保证≯0.5个百分点。

催化剂运行周期寿命可达8年以上，保证不低于4年。

2.6 技术特点

与常规加氢、白土或分子筛预处理等技术相比，FHDO催化重整生成油选择性液相加氢脱烯烃技术具有以下非常突出的技术特点：

① 工艺流程简单，操作非常简便；

② 设备台数很少，建设投资很低；

③ 没有增加动设备，运行能耗很低；

④ 在液相加氢环境下催化剂利用率显著提高，所需催化剂装填量很少；

⑤ 产品溴指数显著降低，芳烃产品质量明显改善；

⑥ 液相加氢过程不会生成新的重芳烃，有利于改善重芳烃馏分产品质量和利用价值；

⑦ 催化剂稳定性很好，使用寿命可达8年以上，在生产运行期间产品质量非常稳定，不会随装置运行时间延长因缓慢结焦积碳而引起催化剂性能恶化并导致产品质量变差；

⑧ 生产过程清洁，且不产生废白土等危险固体废弃物。

2.7 技术竞争力分析

2.7.1 装置建设投资及催化剂费用估算

以一套1.5Mt/a连续重整装置增设FHDO液相加氢单元为例进行估算：

需要新增1台气液静态混合器、1台反应器及部分管阀件，预计建设项目工程投资约为350万元。需要一次装填HDO-18催化剂15t，单价约为100万元/t(其中加工费用约为26万元/t)，共需催化剂购买费用1500万元。另外，可以考虑向催化剂公司租赁Pt和Pd贵金属，这样可以大幅降低催化剂一次购买费用。使用多年后报废的催化剂可以委托专业公司回收贵金属，并重新用于制备新催化剂。

2.7.2 其他脱烯烃技术预处理剂费用情况

如果使用白土预处理工艺，每年白土使用量约1000t，单价按4000元/t计算，每年仅白土购买费用一项就达 400 万元。

如果使用白土与分子筛复合预处理工艺，分子筛处理剂通常需要 3~5 个月进行一次再生，总寿命为 12~16 个月。按分子筛处理剂年平均使用量 30~50t、单价 17 万元/t 计算，每年仅分子筛处理剂购买费用一项就达 510 万~850 万元。

3 工业应用情况

扬子石化有限公司 2#催化重整装置设计加工能力 1.5Mt/a，于 2014 年 3 季度建成投产。为了降低该装置催化重整生成油中的烯烃含量，扬子石化有限公司在该装置建成投产时即开始启动采用 FHDO 技术对装置进行的改造工作，并于 2015 年 1 月中旬完成装置全部工程改造工作。改造后装置新增设的 FHDO 单元于 2015 年 1 月底正式投入工业生产。至今，FHDO 单元装置已平稳运行一年多。

工业装置运行结果表明，该技术成熟、先进、可靠，装置氢耗仅为 1~6Nm^3/t 重整生成油，加氢后重整生成油溴指数能够降低到 1000mgBr/100g 以下，C_8^+馏分溴指数能够降低到 80mgBr/100g 以下，芳烃损失量低于 0.1 个百分点，能够很好满足下游芳烃抽提/吸附分离装置对进料的质量要求。

FHDO 单元投产后，下游芳烃装置所产芳烃产品质量得到了明显提高。重芳烃产品干点和胶质含量也显著降低，可以直接用于调和生产清洁车用汽油产品，为扬子石化有限公司创造了可观的经济效益。

图 2 和图 3 给出了扬子石化有限公司 2#催化重整装置 FHDO 单元进料和加氢后 C_8^+馏分溴指数分析数据。

由图 2 和图 3 可以看出，催化重整生成油原料溴指数最高达 4000mgBr/100g 左右，加氢后 C_8^+馏分溴指数均远小于 80mgBr/100g。

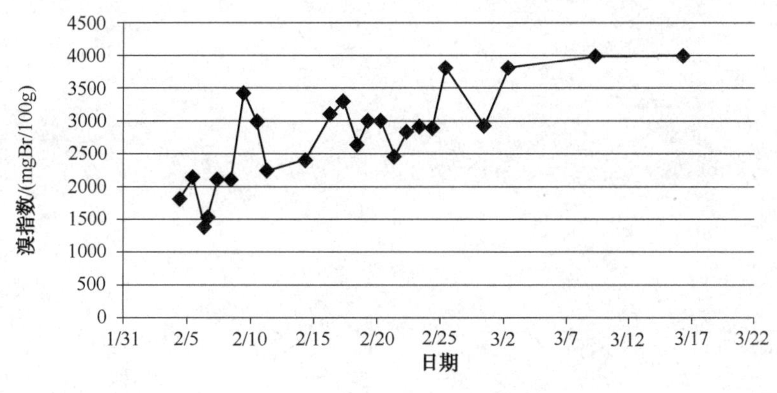

图 2 重整生成油溴指数

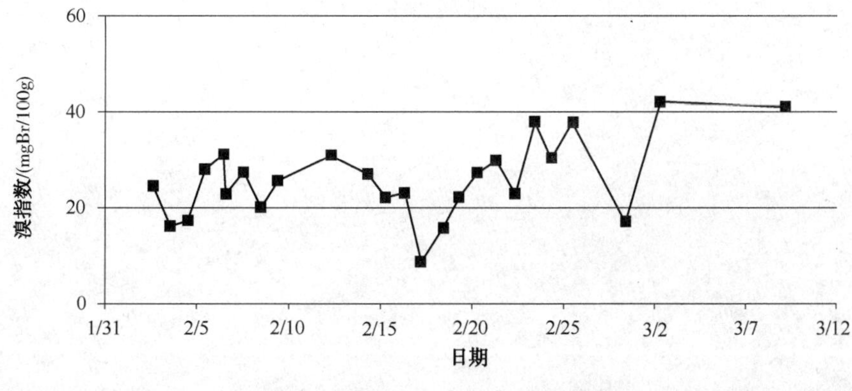

图 3 加氢后 C_8^+ 馏分溴指数变化

4 结语

(1) 根据催化重整生成油脱烯烃的市场需求，FRIPP创新开发出了一种流程简单、操作简便、装置建设投资小、运行费用低的FHDO催化重整生成油选择性液相加氢脱烯烃工艺技术。该技术采用HDO-18专用贵金属加氢催化剂和上流式固定床反应器，以重整生成油中的溶解氢为主要氢源，再根据产品质量要求适度补充新氢，在脱戊烷塔进料正常操作条件下，对重整生成油进行液相加氢，选择性脱除进料中的烯烃。加氢产品溴指数显著降低，能够很好满足后续芳烃抽提/吸附分离装置对进料的质量要求。

(2) 扬子石化有限公司2#催化重整装置FHDO单元工业运行结果表明，FHDO技术成熟、先进、可靠，装置氢耗仅为1~6Nm^3/t重整生成油，加氢后重整生成油溴指数能够降低到1000mgBr/100g以下，C_8^+馏分溴指数能够降低到80mgBr/100g以下，芳烃损失量低于0.1个百分点，能够很好满足下游芳烃抽提/吸附分离装置对进料的质量要求。

(3) FHDO单元投产后，下游芳烃装置所产芳烃产品质量得到了明显提高。重芳烃产品干点和胶质含量也显著降低，可以直接用于调和清洁车用汽油产品，为扬子石化有限公司创造了可观的经济效益。

(4) FHDO技术是一项有很强市场竞争力的、“环境友好”的催化重整生成脱烯烃新技术，完全可以替代现有白土或分子筛处理工艺。

高桥石化炼油厂 8.0MPa 氢气管网改造优化与应用

郭诗锋

（中国石化上海高桥分公司，上海 200129）

摘 要：通过对高桥炼厂现有重整氢、制氢氢和膜分离氢三种产氢装置产氢量和氢纯度的分析，对柴油加氢、蜡油加氢等三套加氢装置用氢氢源、氢纯度、氢压力及新氢增压机能力的分析，说明三套加氢装置用氢来源基本相同(为重整氢和制氢氢)，氢纯度一致(为92~93%)，装置系统压力一致(为7.2MPa)，且新氢增压机有余量。据此提出，在炼厂相同压力等级的三套加氢装置之间，建立一套8.0MPa氢气管网。具体做法：将装置新氢增压机出口原新氢管线上接出新增管线并相互连通，根据氢气平衡和节能最大化原则，停用某套装置的一台新氢增压机，节约电耗，同时减少了泄漏耗氢。新氢网投用与否，受装置处理量和产品质量平衡的制约，新氢网投用不影响原生产装置操作及其产品质量。日常生产数据表明，优化后的氢气管网运行稳定，操作简单，年创效益450万元。

关键词：加氢 制氢 氢气管网 改造节能 效益

1 前言

至2013年，中国石化上海高桥分公司炼厂(简称高桥炼厂)拥有炼油能力12.5Mt/a，拥有二次加工装置加氢设计处理能力为12.85Mt/a，占原油处理能力的102.8%，加氢能力富余。炼厂现有各类用氢装置13套，用氢来源于制氢氢、重整氢和膜分离氢。产氢装置分别为制氢装置3套，重整装置2套，膜分离1套。氢气作为决定加氢装置产品质量的重要原料，是炼厂产品升级换代的关键，但用氢成本过高是影响高桥炼油板块经济效益提升的一个重要因素，因此，合理利用氢气资源，降低用氢成本，是生产经营活动的长期方向。

目前，系统分析和优化炼厂氢气网络的研究工作非常广泛，氢气网络集成管理方法[1]被国内外学者所认可，其利用质量集成中的超结构方法，将氢气网络中的装置分为氢源和氢阱，在氢源和氢阱之间建立超结构连接，以总的供氢费用最小为目标，综合考虑氢气流量、纯度、压力和有害杂质等因素，求得最优的氢气供应方式。但这种方法对于已经成熟的炼厂氢气网络优化而言，需要全厂进行大范围调整生产结构和增加投资，对于高桥炼厂而言，不具备实用性。因此，本文只从供氢费用最小的角度，讨论在高桥炼厂现有氢气网络基础上，通过优化氢气路线配置，降低用氢成本，提高企业经济效益。

2 优化项目来源及概况

现有用氢装置中，1Mt/a蜡油加氢装置(简称2号加氢)、800kt/a柴油加氢装置(简称3号加氢)为炼厂老装置，3Mt/a柴油加氢装置(简称4号加氢)为新装置，于2008年4月17日投产。

高桥石化8.0MPa氢气管网(简称8.0氢网)的概念最初于2008年初在4号加氢建设过程中产生。2号、3号和4号加氢三套装置系统压力均为7.2MPa，装置地理位置相对集中，为邻近装置；装置所用新氢氢源基本相同，为重整氢+制氢氢(4号加氢另有一路膜氢)；装置均配备两台新氢增压机，正常生产时一开一备，根据装置实际运行情况，每套装置的新氢增压机均有一定的富余量，长期靠调节增压机出口返回量控制反应的耗氢量，造成一定的电能浪费。由于三套装置氢源基本相同、系统压力相同和增压机有余量，并同属一个作业部管理，据此提出新建8.0氢网设想。三套装置优化氢气管网的共同点见表1。

表1　三套装置优化氢气管网共同点

项　　目	装置共同点	项　　目	装置共同点
氢气来源	重整氢+制氢氢或膜氢	地理位置	紧邻装置
装置系统设计压力	均为7.2MPa	行政管理	同属一个作业部管理
新氢增压机出口流量	有一定富余量		

项目立项后，由安庆实华工程设计公司设计，于2008年8月施工，次年3月8日完工交付，三套装置立即协同对管网进行吹扫及试压。2009年3月12日，根据生产计划安排，该管网具备投用条件并正式投用。停用2号加氢新氢增压机。

3　优化改造可行性分析

3.1　氢气来源分析

目前高桥炼厂氢气资源主要有三种：①重整氢，产氢装置分别为2007年扩能至800kt/a的连续重整装置和2011年投产的新800kt/a连续重整装置；②制氢氢，产氢装置分别为40000m^3/h(标准)、25000m^3/h(标准)和20000m^3/a(标准)制氢装置，目前前2套正常开工；③膜氢，产氢装置为10000m^3/h(标准)膜分离回收装置，见表2。

表2　高桥炼厂氢气资源情况

装置名称	产氢量(标准)/(m^3/h)	设计氢气纯度/%(体)	实际氢气纯度/%(体)	氢网压力/MPa	开工负荷率/%
800kt/a重整	32000	93	91~94	1.6~1.8	100
800kt/a重整(新)	32550	93	92~94	1.6~1.8	100
40000m^3/h(标准)制氢	35000	99.9	99	1.6~1.9	87.5
25000m^3/h(标准)制氢	23000	99.9	99	1.6~1.9	92
10000m^3/h(标准)膜分离	8000	>93	88~94	0.9~1.2	80

3.2　氢源分配分析

根据产氢来源，炼厂现建有三套氢管网，分别为重整氢、制氢氢和膜氢管网。作为氢气终端用户的三套加氢装置用氢来源基本相同，即来自于重整氢和制氢氢管网。此外，4号加氢还有一路来自于膜氢管网。由于膜分离回收装置是4号加氢的配套装置，膜氢只有一路管网单供4号加氢。在流程上，每套装置新氢罐都接至重整氢和制氢氢管网。根据炼厂对氢气资源利用的安排和多用重整氢、少用制氢氢的原则，以降低产氢成本，三套装置重整氢管网来氢不做用量控制(膜氢也不控制)，全部吃进，制氢氢管网来氢作为新氢不足的补充，并由其管路上的控制阀控制新氢罐压力，以控制制氢氢补充量。三套装置用氢来源、纯度和新氢罐压力见表3。

表3　三套装置用氢来源、纯度和氢罐压力

装置名称	氢　源	设计氢气纯度/%(体)	实际氢气纯度/%(体)	氢罐压力/MPa
2号加氢	重整氢	93	91~93	1.5~1.7
3号加氢	重整氢+制氢氢	93	92~93	1.5~1.7
4号加氢	重整氢+制氢氢+膜氢	97	92~93	1.5~1.7

2号加氢建设较早，原用氢纯度按重整氢设计，现在与3号加氢一样可使用重整氢+制氢氢。由表3可知，虽然三套装置设计氢纯度稍有不同，4号加氢用氢要求高于另两套装置，但实际用氢来源基本相同，氢纯度相同，新氢罐控制压力也相同。

3.3 装置耗氢量和增压机能力分析

三套装置独立设计，增压机都有一定的余量。将4号加氢作为三套装置的主供氢装置是否可行，取决于装置耗氢和增压机压缩能力。三套装置耗氢量及增压机出口排量见表4。

表4 三套装置耗氢量及增压机出口排量

装置名称	增压机型号	电机功率/kW	机出口排量(标准)/(m^3/h)		装置耗氢量(标准)/(m^3/h)	
			设计值	实际值	设计值	实际值
2号加氢	4M25-17.5/20-90-BX	1500	14681	20000	15000	10000
3号加氢	4M25-14.6/17-88-BX	980	11155	14000	10000	9600
	M-15.2/17-88	1100	13800	12000①		
4号加氢	4M50-30/20-91-BX	2500	34500	40000	35000	30000
合计	—	—	60336~	72000~	60000	49600

注：①设计原因造成排量不达标。

由表4可以看出，三套装置增压机出口新氢实际排量能力最小为72000m^3/h(标准)，新氢总耗量实际为49600m^3/h(标准)，停运2号或3号加氢装置中的任一台增压机后，增压机出口新氢流量至少可以达到52000m^3/h(标准)，仍能满足三套装置正常运行。故实际操作中可根据装置的总耗氢量，停用2号或3号加氢任一台增压机即可。

综上所述，从高桥炼厂各产氢装置的产氢量、氢纯度、氢压力以及三套装置的耗氢量、氢纯度、氢压力等分析可知，三套装置氢源基本相同，氢纯度相同，装置系统压力相同，停用一台增压机后，其他增压机仍能保证装置正常用氢，改造优化可行。

4 优化改造内容与流程

在三套装置之间新建一套8.0氢网，新增氢气管线分别从三套装置新氢增压机出口单向阀后接出并相互连通，管网的压力由4号加氢作为主控制。在保证三套装置总氢耗量的前提下，根据氢气平衡和节能最大化原则停用2号或3号加氢的一台增压机，减少增压机的运行数量，达到节电的目的。实际操作中，管网投用，停用2号加氢增压机，3号、4号加氢提供3套装置的用氢。

4号加氢增压机K1101/A、B出口新氢一路与本装置循环机出口循环氢混合后，至本装置反应系统；另一路经过孔板流量计(FT-1208)后至8.0氢网，2号加氢和3号加氢新氢增压机出口也分别新接管线至8.0氢网，三套装置增压机出口新氢经8.0氢网而相互连通。2号加氢和3号加氢既可从8.0氢网取氢，也可向8.0氢网供氢。若2号或3号加氢任一套装置停工，4号加氢仍可向另一套装置供氢，实现一台增压机供两套装置氢，即无论两台增压机向三套装置还是一台增压机向两套装置供氢都可实现，从而形成装置之间新氢互供格局，流程灵活性较强，可据生产安排，灵活安排某装置增压机开停。8.0氢网流程示意图如图1所示。

8.0氢网投用后，三套装置系统压力按不低于5.5MPa控制。2号或3号加氢增压机按满负荷向管网供氢。4号加氢作为该管网的压力，或者说三套装置系统压力的主要操作者进行调节。操作方法为调节4号加氢新氢返回控制阀PV-1201的开度来调整系统压力：关小则减少新氢返回量，提高装置系统压力；反之，开大则增加新氢返回量，降低装置系统压力。

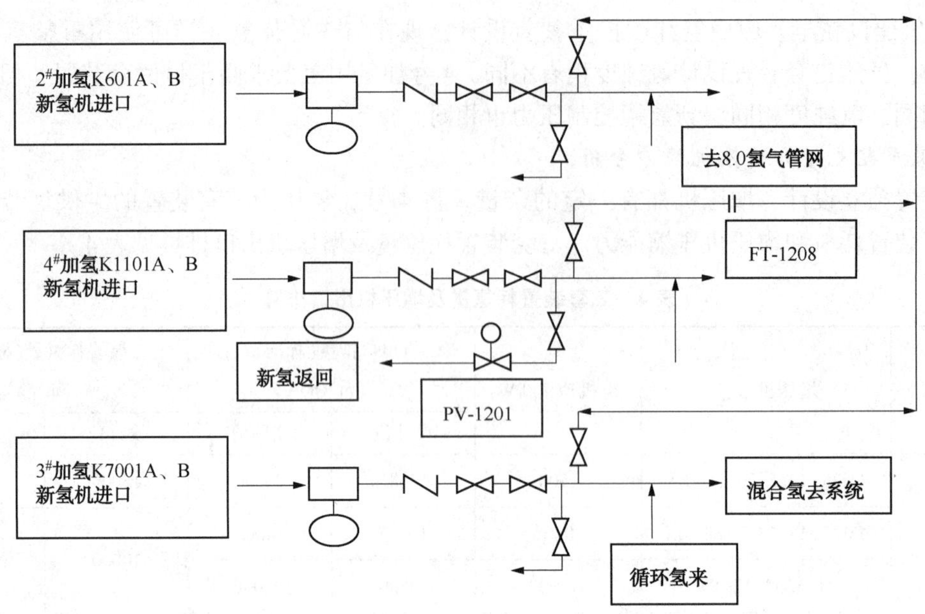

图1　8.0氢网流程示意图(粗线为新增)

5　氢网投用的影响与效果

5.1　氢网投用影响因素

根据生产实际，8.0氢网投用与否主要取决于以下几点：①装置加工量。由于耗氢量取决于加工量，三套装置，特别是4号加氢加工量较低时，新氢富余量较大。②产品质量。4号加氢可生产国Ⅲ或国Ⅳ标准柴油，生产国Ⅲ柴油时，新氢富余量较大。③耗氢量稳定。2号、3号加氢处理量波动不大、原料性质近似时，2号、3号加氢耗氢分别约为10000m^3/h(标准)和9600m^3/h(标准)，耗氢量比较稳定。

4号加氢属于三套装置中增压机能力最大，用氢量最大的用户，当4号加氢处于低于300t/h的低炼量(最大炼量为375t/h)时，装置耗氢小于30000m^3/h(标准)，新氢富余较大时，可投用氢网。

5.2　氢网投用对产品质量影响

不同加氢装置对氢气品质要求不一样，由表3可知，4号加氢设计氢纯度为97%，高于另外两套装置，但实际生产中氢源基本相同，氢压相同，4号加氢作为主供氢气装置，和2号或3号加氢一起供应三套装置氢气，其氢气品质可满足另两套装置的要求，亦对其产品质量无影响。

5.3　氢网投用减少氢损失

加氢装置的一个特点是耗氢，新鲜氢气主要消耗在化学反应、溶解损失、设备漏损和废气排放损失四个方面，其中设备漏损也不容忽视。8.0氢网建成投用，停用了2号加氢增压机，不仅可每小时节电1500kW，还可降低机间氢气泄漏，降低泄漏耗氢约300m^3/h(标准)，从而降低加氢成本，增加效益。

5.4　氢网投用安全性

在安全性方面，新建8.0氢网设计压力高于装置新氢系统压力，没有增加动设备，即不会额外增加能源消耗，新增的阀门、管道等材质等级与原新氢系统相同，并管线接口位置都在增压机单向阀后，防止高压氢气逆行进入增压机前的低压系统。管网投用后，对三套装置原操作没有影响，用氢量平稳，操作简单，易于控制。

5.5　投用效果

该优化改造投资金额为150万元。管网长期投用，按2号加氢装置新氢机功率1500kW计算，每天可以节电3.6×10^{4}kW·h，按内部核算价0.35元/(kW·h)计算，每年可以节约电费459.9万元。8.0氢网投用时间及效益见表5。

表5　8.0氢网投用时间及效益

投用年份	投用时间/d	投用效益/万元
2009年	244.0	307.44
2010年	267.5	337.05
2011年	309.0	389.34
2012年	356.5	449.19
2013年	221.0	278.46
合计(均/累)	279.6/1398.0	352.30/1761.48
自然年	365.0	459.90

由表4可知，投资当年收回，投用后年均获效益352.30万元，年度最大效益可达459.9万元，至2013年，累计实现效益1761.48万元。

6　结语

① 日常生产表明，8.0氢网优化改造是成功的，可以长期投用，每小时节电1500 kW。

② 8.0氢网安全性强，无额外能源消耗，操作简单，灵活性强。从投资和收益来看，8.0氢网优化改造对原装置系统改造小、影响小，不影响其产品质量，可当年收回投资成本。

③ 8.0氢网的投用受装置处理量和产品质量指标，特别是4号加氢处理量和产品质量影响较大，只有处理量和质量达到一个平衡，且在新氢富余较大时，才可投用氢网。总之，氢网的投用取决于总的生产安排。这也是该氢网的不足之处。

参考文献

[1] 张毅，阳永荣，刘军，等．炼油厂氢气网络集成管理[J]．石油学报(石油加工)，2004，20(1)：58-62.

MTBE 产品脱硫技术的工业应用

钟东文　叶小舟

(中国石化茂名分公司科技发展部，广东茂名　525000)

摘　要：介绍了 MTBE 产品脱硫技术在中国石化茂名分公司工业应用的情况，应用结果表明，MTBE 蒸馏技术应用效果良好，MTBE 产品硫含量达到小于 10μg/g 的指标要求。

关键词：MTBE 产品　脱硫　技术　应用

1　前言

汽油是中国需求量较大的石油产品之一，随着国民经济的发展和环保意识的增强，国家对车用汽油排放标准的要求日益严格。按照 2013 年 2 月 6 日国务院常务会议制定的油品质量升级线路图的安排，2018 年 1 月 1 日起在全国范围内供应第五阶段车用汽油(国Ⅴ汽油)。其后，2013 年 9 月 23 日，国家发改委又发布《关于油品质量升级价格政策有关意见的通知》，鼓励各方、各地加快汽柴油的质量升级步伐。2013 年 12 月 18 日，国家质检总局、国家标准委发布了第五阶段车用汽油新标准(国Ⅴ汽油标准)，其中规定了汽油中硫含量应由目前的 50μg/g 降低至 10μg/g。汽油新标准的实施，有助于减少机动车排放污染物，对于保护环境，改善空气质量具有重要意义。

中国石化茂名分公司共有三套 MTBE 装置，总体产能达到 210kt/a，其中炼油拥有一套 40kt/aMTBE 装置，2001 年 7 月 17 日建成中交，2001 年 9 月 1 日投产成功，后扩能改造至 67kt/a；化工拥有两套 MTBE 装置，一套是 40kt/aMTBE 装置，1996 年 5 月建成中交，1996 年 9 月投料试车成功，另外一套是 100kt/aMTBE 装置，2014 年 9 月 23 日建成中交，同年 10 月 1 日产出合格产品。化工分部 40kt/aMTBE 装置已经达到了 MTBE 产品硫含量降低至 10μg/g 以下的要求，而炼油分部 67kt/aMTBE 装置和化工分部 100kt/aMTBE 装置原料为外购甲醇和炼油气分装置的混合碳四(气分装置进料为脱 H_2S 及脱硫醇后的液化气)，预计 MTBE 产品总硫在 150μg/g 左右，最高 600μg/g。图 1 是以炼油混合碳四为原料的加工原则流程图。为了满足汽油质量升级为国Ⅴ汽油，MTBE 产品总硫需要降至 10μg/g 以下，炼油 67kt/aMTBE 装置和化工 100kt/aMTBE 装置需要增设产品脱硫系统来实现 MTBE 硫含量降低至 10μg/g 以下的要求，满足汽油质量升级为国Ⅴ的市场需求。

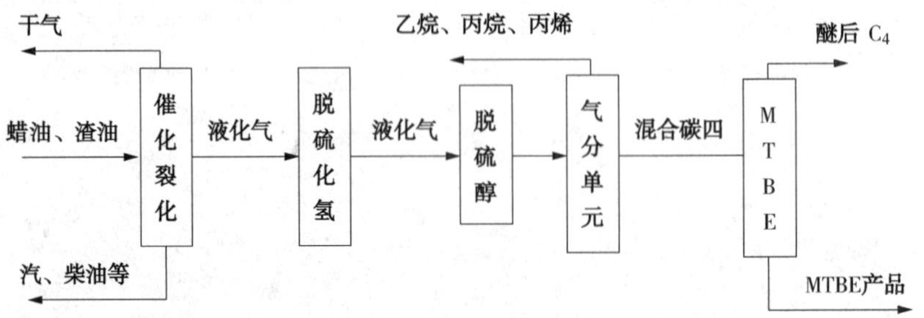

图 1　混合 C_4 加工原则流程图

2　MTBE 产品含硫的原因分析

甲基叔丁基醚简称 MTBE，是一种无色、透明液体，分子量 88.15，沸点 55.3℃，少量用于化工原料，主要是生产无铅、高辛烷值、含氧汽油的理想调合组分，作为汽油添加剂已经在全世界范围内普遍使用，它不仅能有效提高汽油辛烷值，而且还能改善汽车性能，降低排气中 CO 含量。

MTBE 由甲醇与异丁烯在酸性催化剂作用下加成反应形成，工业上主要以炼油或化工液化气的混合碳四组分为原料，与甲醇作用生产 MTBE 产品。

（1）主反应是异丁烯和甲醇反应生成 MTBE

$$CH_2=C(CH_3)_2+CH_3OH \longrightarrow (CH_3)_3OCH_3$$

（2）副反应主要是甲醇聚合生成二甲醚、异丁烯自身发生齐聚反应生成二聚或多聚异丁烯和异丁烯和水反应生成 TBA（叔丁醇）

$$2CH_3OH \longrightarrow CH_3OCH_3+H_2O$$

$$2CH_2=C(CH_3)_2 \longrightarrow [CH_2-C(CH_3)_2]_n$$

$$CH_2=C(CH_3)_2+H_2O \longrightarrow CH_3-C(CH_3)_2OH$$

由于炼油碳四组分中含有一定的硫含量，以炼油混合碳四为原料生产的 MTBE 产品的硫含量较高，一般低的也在 100~200μg/g，高的可达 2000~3000μg/g。甲醇中一般硫含量低于 5μg/g，MTBE 中硫含量主要来源于混合碳四。在 MTBE 的生产过程中，MTBE 与反应剩余的碳四（简称醚后碳四）通过分馏实现分离。由于 MTBE 比碳四烃对硫化物有更高的溶解性，以及绝大部分硫化物的沸点较碳四烃的沸点高，所以，进料碳四中的硫化物，绝大部分被富集到 MTBE 产品中。根据原料碳四中异丁烯含量的比例，一般进料碳四与 MTBE 产量比在 4~6，最高可达到 8 倍，富集导致 MTBE 产品中的硫含量比原料碳四中的硫含量高出许多。

3 MTBE 产品脱硫技术比选

经研究，目前 MTBE 产品脱硫技术主要有两种，一种是 MTBE 萃取再蒸馏技术，另外一种是 MTBE 络合法深度脱硫技术。

3.1 MTBE 萃取再蒸馏技术

新建一座脱硫萃取塔及相关配套系统，对 MTBE 实施萃取再蒸馏，低硫的 MTBE 从塔顶蒸出，高硫馏分在塔底循环，高度富集了含硫化合物的副产物部分从塔底抽出，可作为加氢装置的原料。为了提高脱硫效果，降低 MTBE 损失，防止塔底发生缩聚和结焦反应，采用加入萃取防胶剂的方式进行再蒸馏，得到了满意的效果和数据，在优化工艺技术的基础上，提出该项 MTBE 产品萃取再蒸馏专利技术。采用该专利技术可生产硫含量小于 10μg/g 的 MTBE 产品，产品收率达到 99%以上；适当降低收率时，硫含量可小于 5μg/g。既可满足国Ⅴ清洁汽油的调合，也可以满足作为化工原料的要求。图 2 为 MTBE 萃取再蒸馏技术工艺流程图。

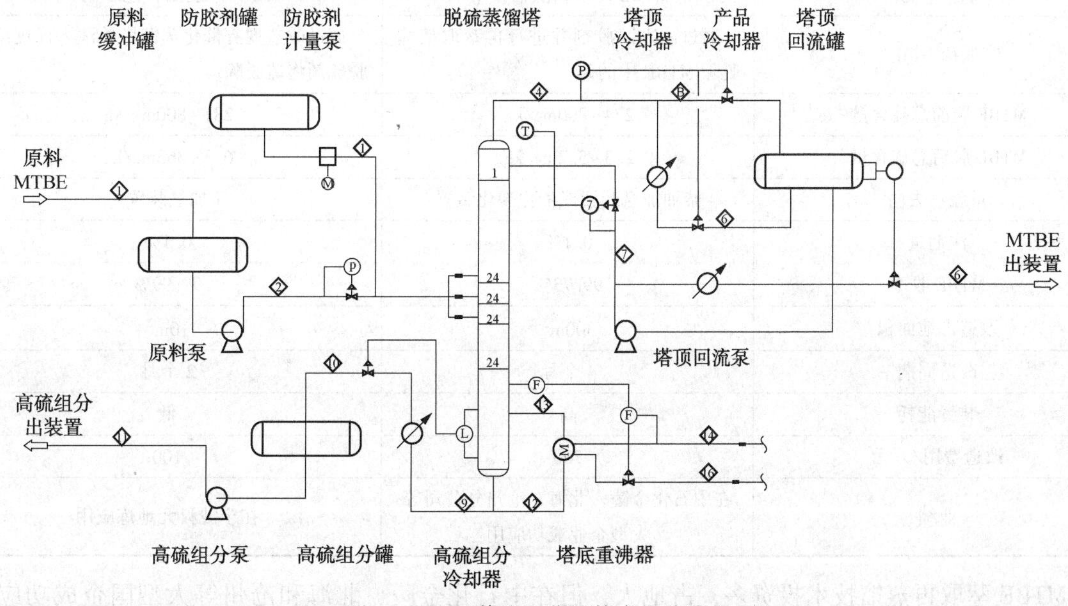

图 2 MTBE 萃取再蒸馏技术工艺流程

3.2 MTBE 络合法深度脱硫技术

对催化蒸馏塔重新开孔，MTBE 产品改由塔下部抽出，塔底出重硫组分，可以将 MTBE 中的硫含量从最高 1000μg/g，脱除至 20μg/g 以下，只须通过对 MTBE 催化蒸馏塔进行简单改造，加入络合的高效脱硫剂后，脱硫剂与各种形态硫发生络合作用，将硫保持在塔底，产品从塔顶馏出，从而将硫脱除，不影响产品纯度及产量，对能耗也没有太大影响。图 3 为 MTBE 络合法深度脱硫技术工艺流程图。

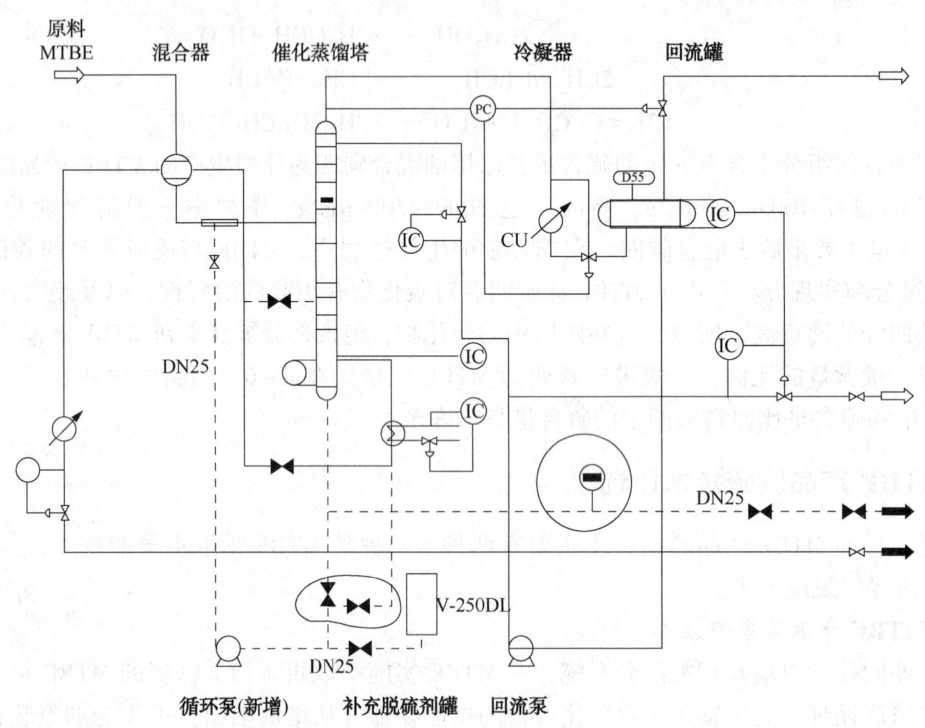

图 3　MTBE 络合法深度脱硫技术工艺流程图

3.3 工艺技术选择

MTBE 萃取再蒸馏技术和 MTBE 络合法深度脱硫技术对比见表 1。

表 1　MTBE 萃取再蒸馏技术和 MTBE 络合法深度脱硫技术对比

名　　称	MTBE 萃取再蒸馏技术	MTBE 络合法深度脱硫技术
脱硫方式	通过注入防胶剂并进行再萃取精馏脱除 MTBE 中的硫	通过改造现有催化蒸馏塔并注入深度络合脱硫剂将硫脱除
MTBE 脱前总硫含量	274~800mg/kg	281~800mg/kg
MTBE 脱后总硫含量	2.3~5.2mg/kg	6.3~363mg/kg
重硫物去向	柴油加氢装置或催化裂化装置	加氢装置
注剂量	0.1%	0.1%
MTBE 收率	99.73%	99.99%
改造占地面积	300m²	10m²
改造周期	4 个月	2 个月
装置能耗	高	低
改造费用/万元	700	100
业绩	在中石化金陵、北海、沧州分公司等大型企业成功应用	在宁波科元地炼应用

MTBE 萃取再蒸馏技术投资多，占地大，但在中石化金陵、北海和沧州等大型国企成功应用，

运行稳定，MTBE 产品脱硫均脱除至 10μg/g 以下。MTBE 络合法深度脱硫技术投资少，占地小，在宁波科元地炼应用，MTBE 产品脱硫效果不是十分稳定。通过对两种技术进行分析比选，并结合本厂实际情况，茂名分公司决定采用 MTBE 萃取再蒸馏技术，进行技术改造，在炼油建设一套 67kt/aMTBE 产品脱硫装置，在化工建设一套 100kt/aMTBE 产品脱硫装置。

4 实施效果

中国石化茂名分公司炼油 67kt/aMTBE 产品脱硫装置于 2014 年 7 月 15 日开工建设，2015 年 1 月 13 日完成建设，进行投产运行。原料 MTBE 从装置的催化蒸馏塔底出来直接进本单元，注入约 0.1%的防胶剂后，进入脱硫塔的提馏段，根据原料硫含量可适当调整进料板位置，塔底由重沸器供热。69℃塔顶馏出物经塔顶冷凝器冷凝冷却至 40℃进入塔顶回流罐。回流泵从塔顶回流罐抽出冷凝液，一部分作为塔的回流打入塔顶，其余部分作为低硫 MTBE 产品出装置。塔底部馏出物为高硫组分，温度约 102℃，依靠塔的压力压出，经冷却器冷至 40℃后，再经泵送至三号常减压装置并柴油线后去柴油加氢装置。MTBE 产品中硫含量降低明显，总硫含量均小于 10μg/g，达到国Ⅴ标准，经济效益每年增加约 1400 万元。

中石化茂名分公司化工分部 100kt/aMTBE 产品脱硫装置于 2014 年 10 月 15 日开工建设，2015 年 5 月 18 日完成建设，进行投产运行。原料 MTBE 进本单元注入约 0.1%的防胶剂后，进入脱硫塔的提馏段，根据原料硫含量可适当调整进料板位置，塔底由重沸器供热。69℃塔顶馏出物经塔顶冷凝器冷凝冷却至 30℃进入塔顶回流罐。回流泵从塔顶回流罐抽出冷凝液，一部分作为塔的回流打入塔顶，其余部分作为低硫 MTBE 产品出装置；塔底部馏出物为高硫组分，温度约 110℃，依靠塔的压力压出，经冷却器冷至 40℃后，送至储运车间丁二烯二聚物罐。经过脱硫后的 MTBE 产品中硫含量降低明显，总硫含量均小于 10μg/g，达到国Ⅴ标准，经济效益每年增加约 1500 万元。

5 结语

中国石化茂名分公司采用 MTBE 萃取再蒸馏技术对炼油和化工两套 MTBE 装置进行产品脱硫改造，改造后装置运行平稳，应用效果良好，MTBE 产品硫含量达到小于 10μg/g 的指标要求。

参 考 文 献

[1] 刘成军，温世昌，王玮瑶，潘万群．降低 MTBE 产品硫含量的探讨[J]．炼油技术与工程，2011，41(12)：14-18.
[2] 吴基荣，雷朝海，郝生荣．液化石油气脱硫研究进展[J]．化学工业与工程技术，2009，30(3)：36-39.
[3] 缪希平．纤维液膜接触器在液化石油气脱硫工艺中的应用[J]．炼油技术与工程，2007，10(5)：38-39.
[4] 徐国庆，肖梅．固定床脱除液化石油气中的硫醇[J]．工业催化，2002，10(5)：23-25.

连续重整反应进料加热炉工程设计优化

魏学军 栗雪云 董 罡 杨亦斌

(中国石油工程建设公司华东设计分公司，北京 100101)

摘 要：对两种常用炉型的优缺点进行了详细对比分析，重点论述了连续重整反应进料加热炉工艺设计参数确定、炉管材料选择、燃烧器选型布置、火焰长度与炉型尺寸匹配等关键优化设计技术；对于燃料气中含硫量较低及全厂蒸汽平衡不存在问题的情况，重整反应进料加热炉可以采用取消对流余热锅炉省煤段并增设空气预热器的设计方案，与常规设计相比不仅可将加热炉计算热效率提高到93%以上，还可大大节省燃料气用量，以达到节能减排的目的。

关键词：催化重整 反应进料加热炉 炉型 工程设计 优化 热效率

1 前言

催化重整是以石脑油为原料，在一定的温度、压力和临氢状态下，在装有催化剂的反应器内将原料中的大部分环烷烃和部分烷烃转化成芳烃的反应过程。催化重整反应是吸热反应，需要将原料在管式炉内加热到重整反应所需温度后再送入反应器进行化学反应。常规连续重整装置一般需要设置四个串联的反应器才能达到理想的芳烃产率，这样原料进每个反应器之前都需要设置一台反应进料加热炉，为节省设备投资通常将这四台加热炉在炉体结构上设计为有四个辐射室的一台加热炉，即所谓的“四合一”重整加热炉。近几年加工量在1.5Mt/a以上的大型重整装置的反应进料加热炉，因炉体庞大，通常拆分为两个“二合一”加热炉。

反应进料加热炉是连续重整装置的主要设备之一，对重整装置的操作及效益有着重大影响。连续重整反应进料加热炉的主要特点是：工艺介质为纯气相的石脑油和循环氢气混合物，操作压力较低(约为0.5~0.3MPa)，炉出口温度较高(约520~560℃)，工艺介质体积流量较大，允许压降小(一般均在17~30kPa)，上述工艺操作特点决定了工艺介质加热盘管必须采用多管程并联结构才能满足要求，这也是连续重整反应进料加热炉与其他装置加热炉主要区别之处。

2 常用炉型

目前，连续重整反应进料加热炉主要有端烧∪形管箱式炉和底烧∩形管箱式炉两种炉型，这两种炉型基本上用于处理量为400kt/a以上的连续重整装置(见图1、图2)，表1为两种炉型技术对比情况。

2.1 端烧∪形管箱式炉

端烧∪形管箱式炉辐射室为长方体箱形结构，辐射管(多路并联∪形管)布置在辐射室的中间，并与进出口集合管相连，进出口集合管位于辐射室顶部(炉外)，集合管与炉外弹簧吊架连接，将辐射盘管整体悬吊在炉体钢结构上，炉管受热后向下膨胀；各炉用中间火墙隔开(也可采用钢结构分隔为独立的辐射室)，在辐射室两个端墙布置自然通风燃烧器水平对烧，辐射管可为单面辐射也可为双面辐射；辐射室上部的对流室设置有余热锅炉，出对流室余热锅炉的冷烟气由烟囱排入大气。

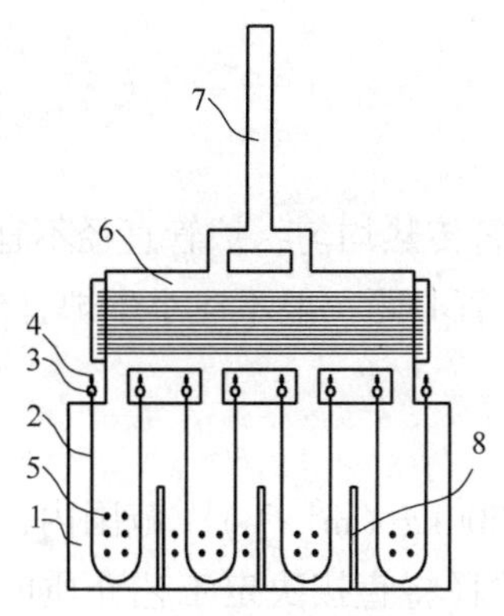

图1　端烧∪形管箱式炉示意图

1—辐射室；2—辐射管；3—集合管；4—弹簧吊架；5—燃烧器；6—对流室；7—烟囱；8—中间火墙

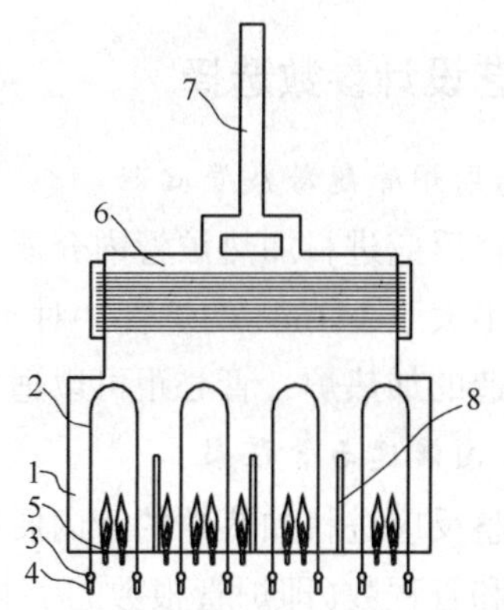

图2　底烧∩形管箱式炉示意图

1—辐射室；2—辐射管；3—集合管；4—集合管支撑件；5—燃烧器；6—对流室；7—烟囱；8—中间火墙

表1　两种常用炉型技术对比

	优　点	缺　点
端烧∪形管炉型	1. 炉管系统稳定性较好，炉管长度方向增高不会出现失稳问题； 2. 燃烧器检修、维护较为方便	1. 由于燃烧器为水平对烧，辐射室内烟气为从两端墙下部燃烧器处向炉膛中心流动，然后在炉膛中心会合后再向上流动，因此辐射室内存在烟气内回流区，使得烟气温度及辐射管热强度分布不均匀，容易造成管内工艺介质出现偏流、局部管壁温度超温等现象，炉管使用寿命缩短，增大了装置操作费用及设备维修费用； 2. 火焰长度对辐射室内长度方向管壁热强度分布有着较大的影响，火焰长度太长时会造成两面对烧的火焰相互碰撞而发散到两侧炉管处，造成炉管局部超温；火焰太短会造成辐射室中间部位的炉管热强度及管壁温度偏低，而两端的炉管热强度及管壁温度偏高。当重整反应进料加热炉操作工况改变时，燃烧器发热量及火焰长度会发生变化，因此在各种工况下都达到最优化的火焰长度难以实现； 3. 采用自然通风燃烧器时，由于炉膛负压沿炉膛高度方向逐渐变小，上下排布的燃烧器所对应的炉膛负压值不同，造成燃烧器进空气量的不同，影响燃烧器的稳定燃烧； 4. 炉膛长度（火焰燃烧方向）一般不得超过15m，否则会导致炉内温度场不均匀性过大，因此该炉型用于大型化重整反应进料加热炉时就会受到限制，对于单台炉需要设置2个并联加热盘管，导致投资增大
底烧∩形管炉型	1. 克服了端墙对烧炉型的缺点； 2. 燃烧器检修、维护方便	1. 由于炉管为下支撑结构，炉管长度过大时会出现失稳现象，因此对于大型化重整加热炉来说炉管长度方向的增长就受到了限制； 2. 由于该种炉型集合管布置在炉底，对于采用叠置式重整反应器的重整装置将导致加热炉至反应器的转油线长度增加，造成管线压降过大，因此该炉型一般只能用于并列式布置反应器的重整装置

2.2　底烧∩形管箱式炉

底烧∩形管箱式炉炉辐射室为长方体箱形结构，辐射管（多路并联∩形管）布置在辐射室的中间并与进出口集合管相连，进出口集合管位于辐射室底部（炉外），辐射盘管整体靠集合管支撑在炉底滑动支座上，炉管受热后向上膨胀；各炉用中间火墙隔开（也可采用钢结构分隔为独立的辐射室），在辐射室底部布置自然通风燃烧器向上燃烧，辐射炉管可为单面辐射也可为双面辐射；辐射室上部的对流室设置有余热锅炉，出对流室余热锅炉的冷烟气由烟囱排入大气。

3 工艺设计参数选择

3.1 辐射炉管规格及管心距

连续重整反应进料加热炉管内介质为纯气相，为保证炉管传热均匀，炉管直径不宜过大，一般应选择外径不大于 141mm 的炉管。对于新设计加热炉，炉管管心距一般不应小于炉管外径的 2 倍，对于扩能改造的加热炉，管心距可以适当缩小。

3.2 管内流速与管程数

连续重整反应进料加热炉的管内质量流速一般均在 90~200kg/(m^2·s)[1]范围内，该值可在确定炉管规格和管程数(即炉管根数)后计算得出。管内流速选择将直接决定工艺介质的压降，因此需要在确定辐射盘管结构后核算管内压降是否满足工艺要求，否则需要重新调整管程数或炉管规格。

3.3 辐射管平均热强度及管壁温度

单面辐射重整反应进料加热炉辐射平均热强度设计范围一般可按 20000~33000W/m^2[1]进行设计，对于双面辐射加热炉，可以按单面辐射炉热强度值的 1.5 倍设计。根据选定的辐射管平均热强度可以计算出需要的辐射排管面积，然后在根据确定的炉管规格和管程数计算出需要的炉管总受热长度。辐射平均热强度的确定还受到最高管壁温度的制约，对于连续重整反应进料加热炉常用的 9Cr1Mo 材质炉管来说，计算出的最高管壁温度不宜超过 630℃。

3.4 集合管流通面积

为确保工艺介质在各管程流量分布的均匀性，集合管管内流通面积与各支管流通面积之和的比值应控制在 0.9~1.5[1]范围内，且进出口集合管应按同侧进出设计。如果采用流体力学模拟计算软件，确定集合管流通面积时应能保证各分支炉管的偏流量不大于 3%。

3.5 其他

底烧∩形管箱式炉炉膛内辐射管直段长度宜在 6~11m 范围内，且∩形弯管半径宜在 1.8~2.2m 范围内；∪形管箱式炉∪形弯管半径宜在 1.5~2.2m 范围内，对于端烧∪形管箱式炉，为保证炉膛温度分布的均匀性，其炉膛长度(火焰燃烧方向)不宜大于 15m。

4 机械设计

4.1 炉管系统材质选择与壁厚计算

由于连续重整反应进料加热炉工艺介质出炉温度最高可达 560℃，炉管最高壁温已超过 600℃，因此炉管材质应选用 9Cr1Mo，该种材质炉管的最高使用温度为 650℃[2]，可以满足连续重整反应进料加热炉工艺操作要求。炉管壁厚应按弹性设计和断裂设计[3]两种方法进行计算，并取其中的较大值。

进出口集合管通常选用 1.25Cr0.5Mo 材质无缝钢管，集合管与炉管多采用厚壁管上拔制凸缘法对焊连接。当集合管外径大于 406.4mm 时也可选用纵向焊缝的焊接钢管，纵向焊缝不应位于集合管支撑及与炉管连接区域，当纵向焊缝焊接钢管需要对接焊时，两段钢管的纵向焊缝应错开 180°。集合管壁厚计算较为复杂，如果没有成熟的工程经验，应采用压力容器分析计算方法进行详细应力分析计算以确定可靠的设计壁厚。集合管采用热拔口型式时，应考虑拔口部位成形壁厚对主管壁厚的要求。

4.2 辐射管系悬吊式支撑方式

无论是∪形辐射管还是∩形辐射管，整个辐射管系(包括集合管)的支撑受力都是作用在集合管上面，所不同的是∪形辐射管采用恒力弹簧将整个辐射管系悬吊起来，而∩形辐射管则采用滑动或滚动支座对整个辐射管系进行支撑。

对于∪形辐射管，通常每组辐射管系采用4~8个恒力弹簧吊架，其选型需要对整个辐射管系及外部配管统一进行应力计算后才能确定，应力计算需要模拟多个工况(如冷态、开车、正常、停车等工况)，计算出集合管吊点处对弹簧吊架的最大作用力及该处在3维空间的最大位移量。∩形辐射管滑动或滚动支座的选用和∪形辐射管恒力弹簧吊架选型类似，但支撑点位移可仅考虑平面2个方向即可。

4.3 燃烧器

为比较精确地控制工艺物料进入反应器的温度，连续重整反应进料加热炉通常需要采用稳定可靠的气体燃烧器，尤其是对于端烧∪形管箱式炉，不应采用烧油或油气混烧的燃烧器，原因是燃烧器油枪喷出的未燃油滴可能会降落在底部炉管表面二次燃烧，造成炉管损坏。

燃烧器产生的火焰长度与燃烧器类型及发热量有关，确定单个燃烧器发热量时需要考虑燃烧器火焰长度与炉膛尺寸相匹配的问题。为保证辐射室炉管受热的均匀性，对于底烧∩形管箱式炉或顶烧∪形管箱式炉炉型，燃烧器设计条件下的火焰长度宜为炉膛高度30%~70%，而对于端墙对烧∪形管箱式炉炉型，炉膛长度应至少比燃烧器设计条件下火焰长度的2倍大1.2m[4]，并且火焰长度宜为炉膛长度的30%~40%。对于U型炉应根据燃烧器布置位置的高低差，精确设计燃烧器进风口尺寸，以保证燃烧器进风量相同。

5 提高连续重整反应进料加热炉热效率

连续重整装置中所有加热炉的能耗约占装置能耗的80%[2,5]，个别炼油厂甚至达到90%以上[6]，而反应进料加热炉是重整装置中能耗最大的设备，其燃料气用量约为装置加热炉燃料气总用量的65%以上。国内目前绝大多数连续重整反应进料加热炉均采用设置对流段余热锅炉来回收辐射段的高温烟气热量，由于余热锅炉省煤段进水温度通常控制在120℃左右，因此对流段排烟温度很难降到160℃以下，导致此种常规设计的加热炉计算热效率均在91%以下，因此进一步提高重整反应进料加热炉热效率对降低装置能耗以及炼油厂节能减排有着极其重要的意义。

当燃料气中H_2S含量能控制在20mg/m^{3}以内时，可以通过设置烟气余热回收系统加热燃烧空气将重整反应进料加热炉计算热效率提高到93%以上[7]，通常可按下述2种方案进行设计：

方案1. 在原常规设计基础上增设空气预热器，将对流段排烟温度约160~180℃降低到120℃以下。由于空气预热后温度仅比环境空气温度提高了约50~70℃，尽管加热炉热效率提高到了93%以上，但所节约的燃料量不大，因此所增加的设备投资回收期一般较长，该方案一般用于现有重整反应进料加热炉的改造[8]。

方案2. 对于新设计的重整反应进料加热炉，可以取消对流余热锅炉的省煤段，将烟气出对流段温度提高到300℃以上，然后再引入空气预热器加热空气，排烟温度控制在120℃以下。该方案空气预热后温度可比环境空气温度提高约210℃以上，不仅加热炉热效率提高到了93%以上，所节约的燃料量也相当可观。由于取消了余热锅炉省煤段，锅炉给水将直接进入汽包，因此余热锅炉蒸发段、过热段以及汽包的设计和常规设计相比存在较大的变化，另外采用此种方案会导致余热锅炉产汽量大幅度降低，这将直接影响到重整装置甚至全厂的蒸汽平衡，这也是采用此方案时必须要考虑的重要问题之一。

表2为某厂600kt/a连续重整装置四合一反应进料加热炉两种设计方案的主要计算数据对比情况。从计算结果可以看出，与常规无空气预热设计方案相比，采用空气预热方案后燃烧空气温度从13℃提高到258℃，加热炉排烟温度由161℃下降到120.5℃，计算热效率由91.2%提高到93.2%，燃料量节省了15.72%，对流余热锅炉产生的过热蒸汽流量降低了40.28%。

表 2　某厂重整反应进料加热炉两种设计方案计算数据对比表

项　　目	常规无空气预热方案	增设空气预热方案
辐射段工艺介质热负荷/MW	36.62	36.62
对流段余热锅炉热负荷/MW	19.391	11.579
燃料气用量/(kg/s)	1.4336	1.2082
燃料气低热值/(kJ/kg)	42807	42807
烟气出辐射段平均温度/℃	775.3	772.9
烟气出对流段温度/℃	161	326.1
加热炉排烟温度/℃	161	120.5
空气进燃烧器温度/℃	13	258
全炉计算热效率/%	91.2%	93.2%
对流段余热锅炉过热蒸汽量/(kg/s)	6.777	4.047

注：对流段余热锅炉过热蒸汽出口温度为427℃，压力为4.185MPa(g)。

6　结语

重整反应进料加热炉管内加热的工艺介质为纯气相的石脑油和循环氢气混合物，具有操作压力低、温度高、体积流量大、允许压降小的特点。尽管其操作压力不高，但工艺介质出炉温度在所有炼油装置的各类加热炉中是比较高的，因此炉管系统的安全优化设计尤为重要，不仅需要考虑管内外的操作条件，还需要考虑外部配管对炉管系统造成的应力和位移的影响。对于新设计的项目，当全厂蒸汽平衡不存在问题时，采用增设余热回收系统的方案来提高重整反应进料加热炉热效率是可行的，但还需要考虑烟气露点腐蚀的问题，不可盲目地降低排烟温度。

参　考　文　献

[1] 徐承恩．催化重整工艺与工程[M]．北京：中国石化出版社，2005：724-726.
[2] 钱家麟．管式加热炉(第二版)[M]．北京：中国石化出版社，2003：272-280.
[3] 中国石化集团洛阳石油化工工程公司．SH/T 3037-2002，炼油厂加热炉炉管壁厚计算．北京，中国石化出版社，2003：5-7.
[4] 中国石化工程建设公司．SH/T3036-2012，一般炼油装置用火焰加热炉，北京，中国石化出版社，2013：34-35.
[5] 张方方，大型化连续重整装置的节能设计[J]．石油炼制与化工，2009，40(5)：53-56.
[6] 陈国栋，纪传佳，马兴亮．惠炼重整装置能耗分析及优化[J]．广州化工，2013，41(17)：180-184.
[7] 李文辉．炼油装置加热炉节能途径与制约因素[J]．中外能源，2009，14(10)：85-91.
[8] 杜博华，刘建军，蒋志军，等．连续重整装置四合一加热炉余热回收节能改造[J]．齐鲁石油化工，2010，38(1)：6-9.

脱油沥青制备的硬质沥青流变特性研究

陈　松　裴晓光　李福起

（中海油（青岛）重质油加工工程技术研究中心有限公司，山东青岛　266500）

摘　要：用不同比例的脱油沥青与直馏沥青调和制备了硬质沥青，利用动态力学分析方法分别评价了调和沥青以及直馏沥青的流变特性。结果表明：采用调和工艺得到的硬质沥青高温性能略优于直馏沥青；两种工艺生产的硬质沥青低温性能差别不大。

关键词：硬质沥青　脱油沥青　流变特性　动态力学分析

1　前言

溶剂脱沥青是重油加工的一项重要技术，主要用于重油的预处理，脱除对二次加工有害的沥青质和金属，起到脱碳、脱金属的作用，得到的脱沥青油可为催化裂化等后续工艺提供原料。随着重油加工深度的提高，为得到更高的脱沥青油收率，采用了戊烷等重质烃为溶剂，得到了富含沥青质的高软化点、低针入度脱油沥青。这种脱油沥青不符合道路沥青等相关沥青产品的技术规范要求，无法直接使用，因而如何合理利用这部分资源也是溶剂脱沥青工艺发展过程中需要考虑的问题[1,2]。目前人们对脱油沥青的应用研究主要集中在沥青调和、生产燃料油、制备气化原料、碳素材料等方面[3,4]。沥青调和工艺流程简单、成本低，能够有效提高脱油沥青的经济效益，所以本文将主要针对脱油沥青调和制备道路沥青进行研究。

随着国家经济的发展，高速公路交通流量激增，特别是重载车的增加以及高压轮胎的使用，使得车辙成为一种最常见的路面损坏形式，严重影响行车舒适性以及安全性。研究发现，车轮荷载作用下所产生的最大剪应力位于距表面6~8cm中面层的位置，同时沥青混凝土路面最高温度出现在表层下4~5cm处，也就是说中、下面层对沥青混凝土路面结构的抗车辙性能有着非常大的影响。为此，很多高速公路项目采用高温性能更好的SBS改性沥青来代替70号沥青作为中、下面层的胶结料，目的是提高路面整体的抗车辙性能，延长使用寿命，但是这一做法无疑大大提高了路面的工程造价。20世纪60年代起，法国等一些欧洲国家，开始陆续着手硬质沥青以及硬质沥青混合料的研究工作，经过多年来的工程实践，在提高沥青路面的高温抗变形能力方面得到了良好的收效[5~7]。在我国，硬质沥青也被称为低标号沥青，包括50号沥青、30号沥青等产品。从加工工艺角度来看，硬质沥青的生产主要包括直馏、氧化等工艺，若要得到针入度低，软化点高的硬质沥青，均需要对原油加工工艺条件进行改变，增加生产成本[8]。

本文利用高软化点的戊烷脱油沥青与直馏70号沥青进行调和，得到针入度等级为30 0.1mm、50 0.1mm的硬质沥青，通过动态力学分析方法对其流变特性进行考察，并与直馏30号、50号沥青流变特性进行了比较。

2　实验

2.1　原材料

中海油36-1直馏沥青（70号、50号、30号），指标见表1。

脱油沥青，软化点153.0℃，25℃针入度（0.1mm）为4。

表 1 中海油 36-1 直馏沥青技术指标

试验项目	70 号沥青	50 号沥青	30 号沥青
针入度(25℃, 5s, 100g)/0.1mm	70	54	27
软化点/℃	47.0	50.5	59.0
延度(5cm/min 10℃)/cm	86	14	4
延度(5cm/min 15℃)/cm	>100	>100	17
TFOT(薄膜烘箱后)			
质量变化/%	0.01	-0.12	-0.01
残留针入度比/%	73	72	78
延度(5cm/min, 10℃)/cm	11	5	—
延度(5cm/min, 15℃)/cm	>100	56	6

2.2 实验仪器

Petrotest DDA3 自动沥青针入度测定仪;

Normalab 沥青软化点测定仪;

Flouko 实验室高剪切乳化机;

TAAR2000ex 动态剪切流变仪。

2.3 制备方法

按比例(外掺 6%、18%)将脱油沥青加入到温度为(160±5)℃的 70 号直馏沥青中,然后用高速剪切机在 4000r/min 的条件下高速搅拌 30min,后将转速降低为 500r/min,低速搅拌 15min,以排出气泡使其均匀稳定。

2.4 实验方法

针入度、软化点等沥青常规性能指标按照 JTG E20-2011 公路工程沥青及沥青混合料试验规程中的方法进行测试。

黏弹性力学指标通过动态力学分析(Dynamic Mechanical Analysis)方法进行考察。沥青路面在车轮载荷作用下将承受类似于正弦波形式的力,并且呈一定时间周期重复作用,通常人们将这种荷载产生的应力称为周期性交变应力。在这样的交变应力作用下,沥青这种黏弹性材料具有复杂的力学响应。近年来,由于研究手段和材料科学与技术的进步,采用振动荷载研究与分析黏弹性材料的力学响应成为越来越重要的方法与手段,通常称这类研究方法为黏弹性材料的动态力学分析[9]。

本文对直馏沥青与调和沥青在高温条件下动态模量的测试是利用动态剪切流变仪完成的,采用 DMA 方法对沥青样品进行动态频率扫描、温度扫描,试验过程中通过空气驱动施加交变正弦剪切荷载,选择应变控制模式,试验结果中得到的复数剪切模量 G^*,由式(1) 计算得到。

$$G^* = \frac{\tau_{max} - \tau_{min}}{\gamma_{max} - \gamma_{min}} \tag{1}$$

式中 τ_{max}、γ_{max} 的表达式为 $\tau_{max} = \frac{2T_{max}}{\pi r^3}$, Pa; $\gamma_{max} = \frac{\delta_{max} r}{h}$,%;

τ_{max}、τ_{min}——最大剪应力和最小剪应力, Pa;

γ_{max}、γ_{min}——最大剪应变和最小剪应变,%;

T_{max}——加载的最大扭矩(力), Pa;

r——试件的半径, mm;

δ_{max}——最大滞后相位角, r;

h——试件的有效高度, mm。

通过对试样进行温度扫描、频率扫描等典型的流变测试，得到了不同频率、不同温度下的动态黏弹性力学数据，并将试样对于不同频率、不同温度的响应表现为频率谱或温度谱的形式，考察较宽频率范围或温度范围内材料的黏弹性力学行为。

对于低温性能的评价，采用的是 SHRP(美国高速公路战略研究计划)中沥青低温性能评价试验——弯曲梁蠕变试验。该试验以长期老化后样品为测试对象，测量沥青胶结料在路面最低设计温度下的蠕变劲度 S 和蠕变速率 m 来反映其抵抗低温开裂的特性。

3 结果与讨论

3.1 常规性能分析(见表 2)

表 2 调和沥青与直馏沥青常规性能比较

试验项目	70 号	50 号		30 号	
	直馏	直馏	调和	直馏	调和
针入度(25℃，5s，100g)/0.1mm	70	54	52	27	29
软化点/℃	47.0	50.5	53.0	59.0	59.0

从表 2 可以看出，随着脱油沥青的加入，调和沥青针入度降低、软化点升高，表明高温稳定性得到了提高。脱油沥青富含沥青质，与直馏沥青调和后破坏原有胶体平衡体系，使得新体系向着凝胶态转变，黏稠度升高，高温性能得到改善，调和后的沥青与同等针入度等级下的直馏沥青相比，其常规高温性能指标非常接近。

3.2 温度扫描

沥青的力学行为受温度条件的制约，通过温度扫描可以得出连续温度条件下，沥青流变性能的规律。温度扫描试验中的温度测试范围为 46~88℃，根据 SHRP 规范，采用直径为 25mm 的平行金属板作为夹具，试样厚度为 1mm，荷载作用频率为 10r/s，应变为 10%，得到了复数模量(G^*)、相位角(δ)等一系列流变学参数随温度变化的曲线。G^* 是材料重复剪切变形时总阻力的度量，由弹性(可恢复)部分 G' 和黏性(不可恢复)部分 G'' 组成，是材料抵抗变形的综合物理量。δ 是反映沥青黏弹比例的物理量，介于 0~90°，弹性体 $\delta=0°$，理想流体 $\delta=90°$。SHRP 规范将两者的组合 $G^*/\sin\delta$ 定义为车辙因子，用来评价沥青的高温性能。三种直馏沥青、两种调和沥青的车辙因子随温度变化曲线如图 1 所示。

从图 1 可以看出，整个测试温度范围内，沥青样品的车辙因子随着温度的升高而迅速降低，抵抗高温永久变形的能力逐渐减弱。在相同的试验温度下，针入度低的沥青具有较高的车辙因子，也就说硬质沥青具有比常规沥青更好的高温抗变形能力。在 70 号直馏沥青中外掺高软化点的脱油沥青能够明显提高其高温性能，并且与同等针入度等级下的直馏沥青相比，调和沥青车辙因子也有所提高，说明经过调和得到的硬质沥青其高温抗变形能力高于直馏沥青。

道路工程中认为，沥青在铺设到路面之前经历过储存、运输、拌和以及摊铺等长时间的高温过程，所以研究人员都非常重视老化后沥青的性能。我们采用旋转薄膜烘箱，在 163℃ 条件下进行了沥青模拟老化的试验，并将老化后的沥青试样进行了温度扫描，如图 2 所示。

从图 2 可以看出，在试验温度范围内经过短期老化后的沥青车辙因子随温度的变化与原样沥青车辙因子随温度的变化规律相一致，同时，老化后的样品车辙因子均高于原样沥青，可见经过老化，沥青的高温性能得到了提高。

按照 SHRP 规范，对于短期老化后沥青车辙因子大于 2.2kPa 时所对应的温度为沥青路面最高设计温度，所以对于所考察的五种沥青，其最高路面设计温度分别为：直馏 70 号沥青 58℃、直馏 50 号沥青 64℃、直馏 30 号沥青 70℃、调和 50 号沥青 70℃、调和 30 号沥青 76℃。

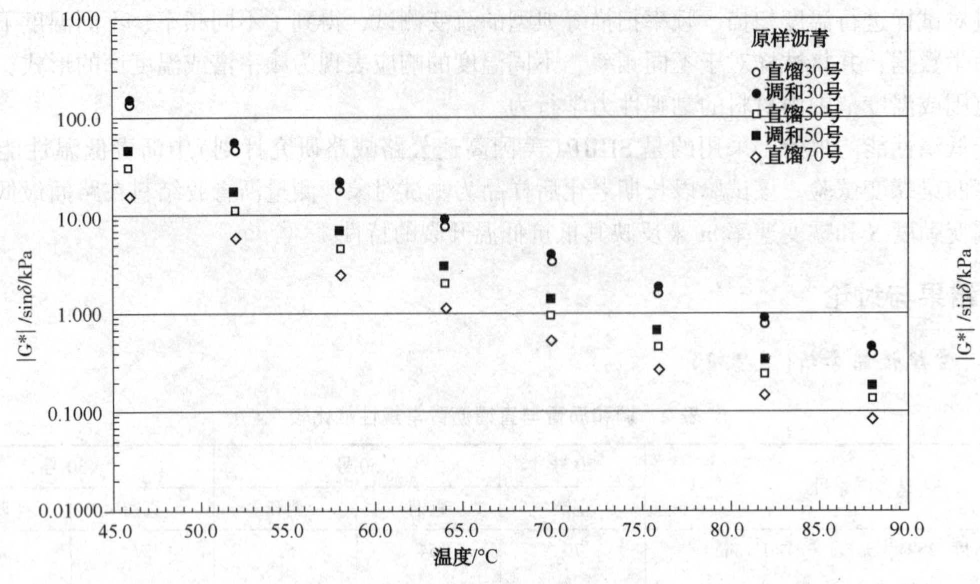

图1 原样沥青温度扫描曲线

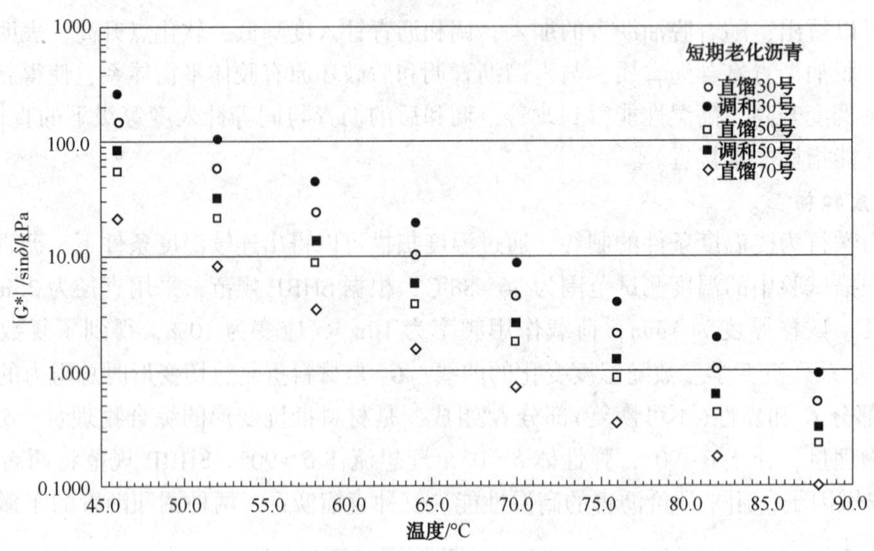

图2 短期老化后温度扫描曲线

3.3 频率扫描

沥青是典型的黏弹性材料，其力学行为不仅受温度的影响，也受加载频率的影响，也就是说，它在路面上表现出来的特性受车辆行驶速度的影响。因此，对沥青试样进行频率扫描，考察加载频率对沥青流变特性的影响。频率扫描试验中频率测试范围为0.1~100Hz，温度范围为30~80℃，根据SHRP规范，当测试温度在30~40℃时，采用直径为8mm的平行金属板作为夹具，试样厚度为2mm，应变为1%；当测试温度在50~80℃时，采用直径为25mm的平行金属板作为夹具，试样厚度为1mm，应变为10%，得到不同温度条件下，动态模量的频率扫描曲线，如图3~图7所示。

从图3~图7可以看出，沥青材料的动态模量随着加载频率的增大而增大，相同加载频率下，动态模量随着温度的升高而降低，这是由于对于沥青这种具有黏弹特性的材料而言，温度与加载时间(加载频率的倒数)对其力学性能具有较大的影响，升高温度或者延长作用时间会使动态模量降低，表现出粘性特征，抗高温变形能力减弱。比较不同针入度等级的三种直馏沥青与两种调和沥青可以看出，随着沥青的针入度降低，在测试频率范围内，动态模量增大，抗高温变形性能提高，并且五种沥青变化规律一致。

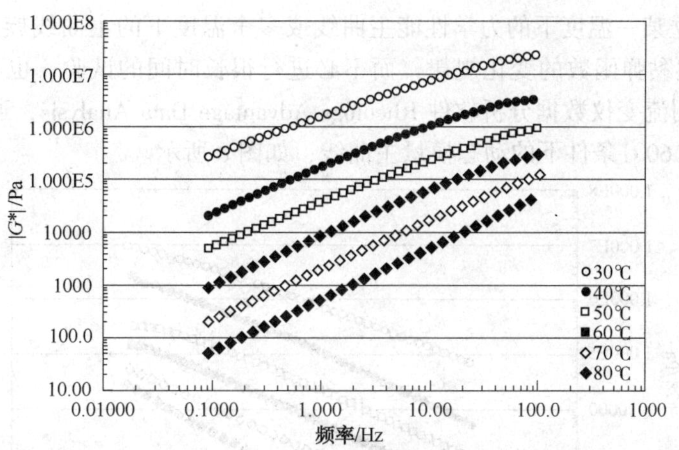

图 3　直馏 30 号沥青频率扫描

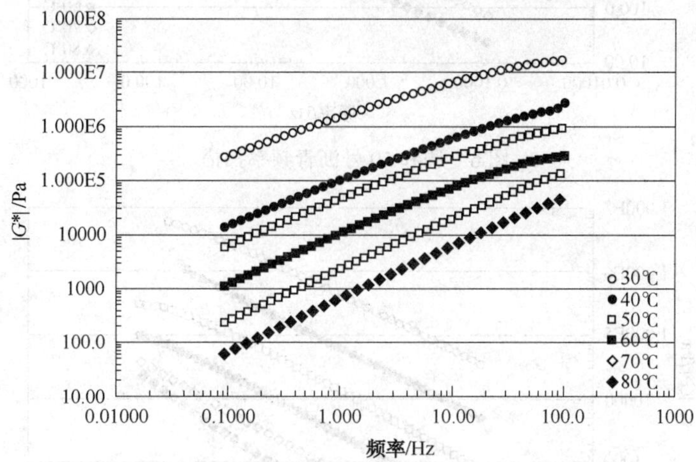

图 4　调和 30 号沥青频率扫描

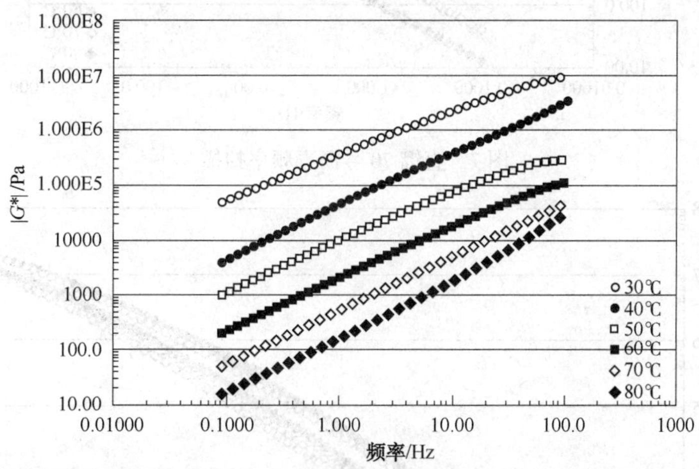

图 5　直馏 50 号沥青频率扫描

3.4　动态模量主曲线

沥青的力学性质受温度和荷载作用频率的影响很大，同样的力学性质可以在高温-高荷载频率或低温-低荷载频率下得到，也就是说时间和温度对黏弹性材料的力学松弛过程的影响具有某种等效的作用。在交变应力作用时，作用时间相当于作用频率的倒数，那么降低频率相当于增加了作用力时间，也能使本来跟不上响应的力学松弛表现出来。可见延长时间（或降低频率）与升高温度对黏弹性材料的力学行为是等效的，因此可以利用“时间-温度”等效（Time-Temperature Superposition，简称 TTS)原理，建立某一温度下的力学性能主曲线或多个温度下的主曲线族，以获得更广阔的时间(频率)范围内描述黏弹函数的变化规律，而不必进行很长时间的试验，也不必受制于仪器设备的限制[10]。本文采用流变仪数据分析软件 Rheology Advantage Data Analysis，通过 WLF 方程进行计算得到了五种沥青在60℃条件下的动态模量主曲线，如图8所示。

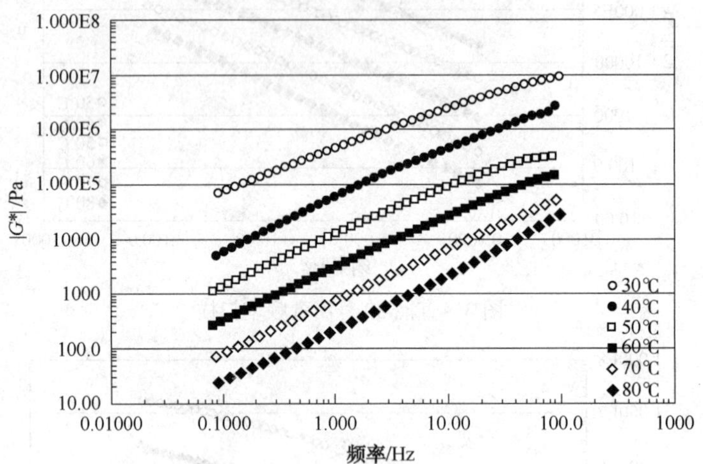

图6　调和50号沥青频率扫描

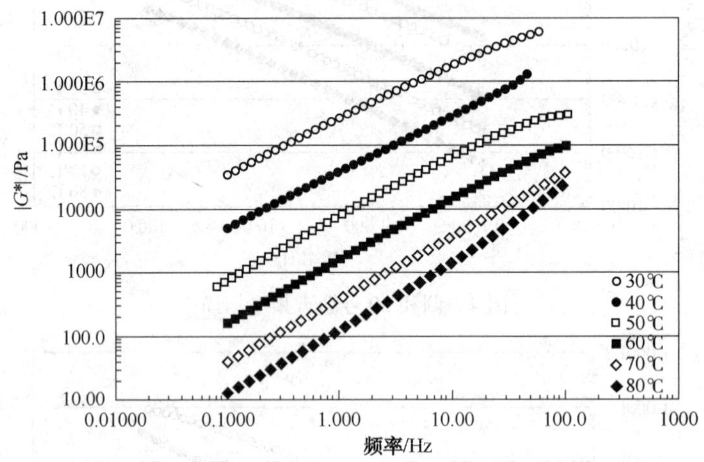

图7　直馏70号沥青频率扫描

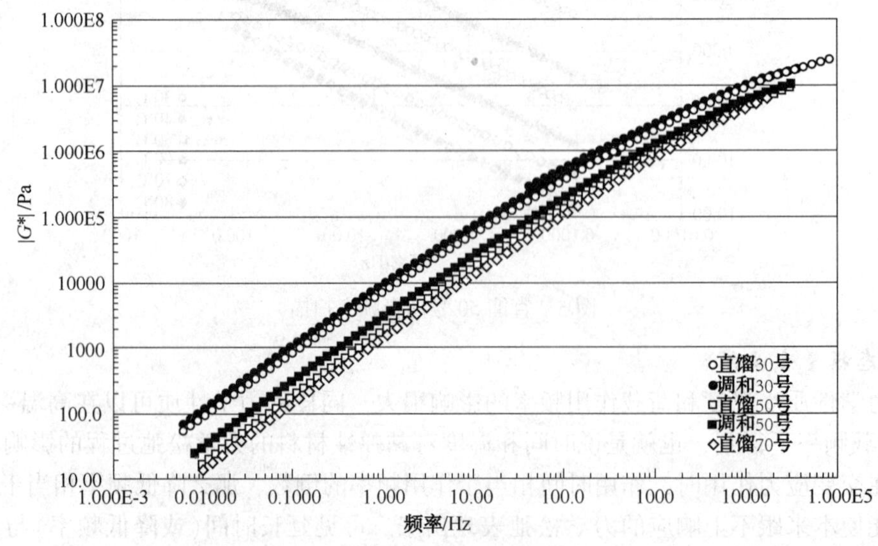

图8　60℃动态模量主曲线

从图 8 可以看出，动态模量主曲线频率跨度为 8 个数量级，通过主曲线的建立，在更宽的频率范围内考察了动态模量随加载频率的变化趋势，随着频率升高，动态模量增大，其高温抗变形能力提高。相同加载频率条件下，针入度等级较低的沥青，动态模量较高，高温性能较好，尤其是在 10^{-2}Hz 附近的低频区，该规律更加明显。直馏沥青调和脱油沥青后能够明显提高其高温抗变形性能，与同针入度等级的直馏沥青相比，动态模量也有提高，可见调和后的硬质沥青更加适合应用于高温、强剪切等重交通路段。

3.5 低温性能

SHRP 规范采用弯曲梁蠕变试验评价沥青的低温性能，通过测量沥青材料在路面最低设计温度下的蠕变劲度 S 和蠕变速率 m 来反映沥青的抗低温开裂的性能。对三种直馏沥青和两种调和沥青进行弯曲梁蠕变试验，结果见表 3。

表 3 弯曲梁蠕变试验测试结果

沥青	-6℃		-12℃		-18℃	
	S/MPa	m	S/MPa	m	S/MPa	m
直馏 70 号	75.2	0.424	199	0.347	480	0.253
直馏 50 号	100	0.396	258	0.316	547	0.235
调和 50 号	107	0.393	241	0.316	428	0.267
直馏 30 号	186	0.338	440	0.261	572	0.165
调和 30 号	183	0.323	380	0.266	522	0.180

从表 3 可以看出，相同针入度等级的直馏沥青与调和沥青具有相同的低温等级。按照 SHRP 规范，沥青路面应用最低温度为材料蠕变劲度小于 300MPa、蠕变速率大于 0.3 时的温度减去 10℃，所以对于所考察的五种沥青，其最低路面设计温度分别为：直馏 70 号沥青-22℃、直馏 50 号沥青-22℃、直馏 30 号沥青-16℃、调和 50 号沥青-22℃、调和 30 号沥青-16℃。

4 结语

（1）脱油沥青的加入能够明显降低直馏沥青的针入度、提高软化点，增加沥青的黏稠度，调和后与相同针入度等级的直馏沥青相比，软化点相差不大；

（2）利用动态剪切流变仪对两种调和沥青与三种直馏沥青进行温度扫描，在测试范围内，车辙因子随着温度的升高而降低，五种沥青变化规律相同。同一试验温度下，调和沥青车辙因子略高于同针入度等级的直馏沥青，具有更好的高温抗变形性能；

（3）对五种沥青进行频率扫描，并利用“时间—温度”等效原理合成了 60℃下的动态模量主曲线，在更宽的频率范围内（$10^{-3}\sim10^{5}$Hz），随着加载频率的降低，沥青动态模量降低。相同加载频率下，针入度低的沥青具有较高的动态模量，因此硬质沥青具有更好的高温抗变形性能。调和沥青与同等针入度等级下的直馏沥青相比具有更高的动态模量，并且随着加载频率的降低，两者差值增大，可见利用脱油沥青调和得到的硬质沥青更适用于低速、重载交通路段；

（4）通过弯曲梁蠕变试验对五种沥青进行低温性能的检测，相同针入度等级的调和沥青与直馏沥青具有相同的 SHRP 低温等级。

参考文献

[1] 徐春明，赵锁奇，卢春喜等．重质油梯级分离新工艺的工程基础研究[J]．化工学报，2010，09：2393-2400.
[2] 孙显锋，孙学文，许志明等．辽河稠油减渣深度戊烷脱沥青的研究[J]．燃料化学学报，2010，05：565-570.
[3] 龙军，王子军，黄伟祈等．含硫渣油脱油沥青的利用[J]．石油沥青，2004，03：32-36.
[4] 刘智强．脱油硬沥青的利用途径[J]．石油沥青，1994，01：58-67.

[5] 王亚明，雷勇．中海 50 号硬质沥青性能评价与工程应用[J]．石油沥青，2009，04：54-57.
[6] 朱浩然，杨军．硬质沥青抗车辙性能的比较分析[J]．中外公路，2006，06：214-216.
[7] 梁春雨，刘峰．30#硬质沥青及沥青混合料的性能研究[J]．中外公路，2006，06：185-188.
[8] 刘延军，张玉贞．直馏和氧化工艺制备硬质沥青性能对比分析[J]．石油沥青，2010，04：12-15.
[9] 张肖宁．沥青与沥青混合料的粘弹性力学原理及应用[M]．北京：人民交通出版社，2006：139-157.
[10] 赵延庆，吴剑，文健．沥青混合料动态模量及其主曲线的确定与分析[J]．公路，2006，08：163-167.

改性乳化沥青的研究进展

李艳红[1]　刘东辉[1]　宁门翠[2]　刘思琴[1]　槐苑楠[1]

(1. 昆明理工大学化学工程学院，昆明　650500；2. 云南省煤炭地质勘查院，昆明　650218)

摘　要：介绍了三种改性乳化沥青的制备工艺，指出应根据自身设备情况选用合适的制备工艺，现行的指标不一定适合于改性乳化沥青，应加强改性乳化沥青性能评价指标的研究，粒径和形貌对其性能影响较大。提出反应性聚合物改性沥青和纳米复合材料改性沥青是未来的发展方向，能解决现行的聚合物改性沥青的缺点。

关键词：改性乳化沥青　性能　研究进展

1　前言

改性乳化沥青是采用乳状液高分子聚合物即胶乳对乳化沥青进行改性或者将高分子聚合物改性沥青进行乳化所得到的产品，是水包油型 O/W 乳状液。近年来改性乳化沥青得到迅速发展，广泛用于碎石封层技术和微表处技术。微表处(Micro-surfacing)是由聚合物改性乳化沥青、集料、填料、水和外加剂按合理配比拌合并摊铺到原路面上的薄层结构。SBS 改性乳化沥青是板式无砟轨道结构中充填层的关键工程材料。改性乳化沥青集乳化沥青和改性沥青的优点于一体，而且弥补了两者的不足，其具有以下优点：提高了高温稳定性、改善了低温抗裂性、改善了感温性、增强了黏附性、提高了混合料的黏结力和耐磨耗能力[1]。从狭义来讲，改性沥青乳化一般是指聚合物改性乳化沥青(polymer modified asphalt emulsion，PME)。SBS 是苯乙烯与 1，3-丁二烯的嵌段共聚物，由于沥青和 SBS 改性剂的分子量相差很大，其对乳化剂配方和乳化工艺要求较高，中国在改性乳化沥青方面，远远滞后于国外，难以生产 SBS 质量分数大于 3.0%而且性能满足储存稳定性要求的改性乳化沥青，主要由国外公司或其代理机构提供[2]。因此，制备高品质的改性乳化沥青势在必行。

2　生产工艺

改性乳化沥青的制备主要对沥青进行改性和乳化，根据改性和乳化的先后顺序不同可以分为先乳化后改性、先改性后乳化和一步法工艺[3-4]。对于第一种方法，如图 1 所示[4]，乳化沥青的制备比较简便，目前工业应用不多，但美国采用该技术较多，需要很好的控制胶乳的形貌。对设备要求不高，实验室应用较多，但缺点是改性剂只能采用胶乳改性剂，该工艺因此又称为后添加工艺。胶乳的制备工艺比较复杂，成本较高。胶乳和沥青相当于物理混合，对沥青的性能改善不明显，并且存在密度差，容易发生分层。乳化剂和改性剂胶乳的匹配非常关键，目前 SBS 胶乳的稳定性与沥青的相容性是研究的主要方向。Forbes 等[5]认为由于改性胶乳没有经历过高温，所以制备的改性乳化沥青质量较好。第二种方法，如图 2 所示[4]，又称为聚合物乳化。国外应用较多，该技术为法国的首选技术，是我国科研人员的研究热点，改性沥青的制备工艺较为成熟，成本相对低一些。但是对乳化设备及乳化剂的要求很高[6-7]，存在难以乳化、储存稳定性较低和泵送时容易堵塞问题，因此制约着其推广和应用，制备时需加入稀释剂，工程放大时最好要经过实验室验证。由于改性沥青的黏度大，制备时需要较高的温度使得改性沥青的黏度在 200mPa 以下。改性沥青的流变性与基质沥青不同，破乳时难以变形。与乳化沥青相比较，改性沥青的粒径对产品质量影响较大，乳化 SBS 改性沥青相对困难，因两相难以分布均匀，颗粒较大，采用快凝型乳化剂更加困难，需要多添加表面活性剂，也有人建议表面活性剂不添加到水溶液乳化液中而添加到改性沥青中更好些。SBS 含量在 3%以下的改性沥青能很好乳化，当在 3%～5%时能够乳化，但是效果不是很好，存储稳定性很难达到要求。为了提高 SBS 的含量，需要把 SBS 制备成胶乳，即采用先乳化后改性方式。改性沥青中 SBS 的颗粒应被剪切至粒径 5μm 以下，聚乙烯段和聚丁二烯段的嵌段比、分子构型非常关键[3]。用改性沥青生产的乳化沥青，改性剂分布在沥青颗粒内部，当乳化沥青破乳后无法形成连续的空间网络结构[4]。美国道维施 Dalworth 公司的“内齿型”高剪切胶体磨同时具有剪切和研磨功能。最小乳化细度可以达到 1μm，平均乳化细度可以达到 1～5μm。其他常用的品牌德国希佛尔 SIEFIR 公司或伯聂哈分(BENNINGHOVEN)公司的胶体磨。EVA 改性沥青比基质沥青黏度小，乳化相对容易。第三种方法，将改性剂胶乳掺配到乳化剂水溶液中，然后与热沥青同时进入胶体磨进行乳化，又称为前添加或者共乳化工艺，如图 3 所示[4]，图 3 的上部又称为二次热混合法，实际应用较多，但缺点是工艺流程长、能耗高[8]，图 3 下部又称为一次热混合工艺，采用较少。胶乳和乳化剂应同为阳离子型或同为阴离子型，否则容易产生沉淀。以上三种方法，具体选择哪种应根据自身设备情况选用不同的改性工艺。如图 4[9] 所示，以上三种制备工艺中，聚合物乳化称为单相改性乳化沥青，胶乳改性沥青称为双相改性乳化沥青。

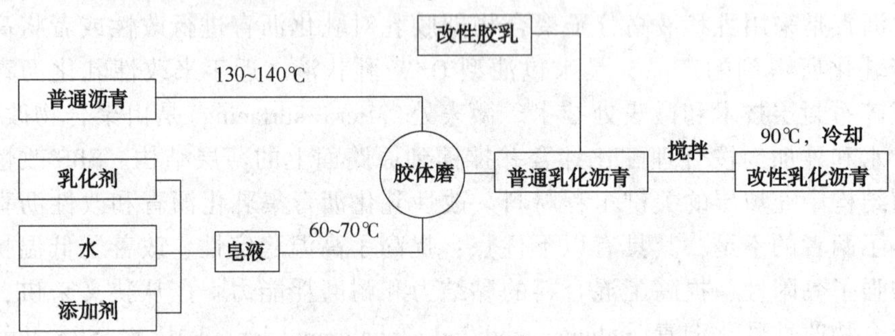

图 1　先乳化后改性法生产改性乳化沥青示意图[4]

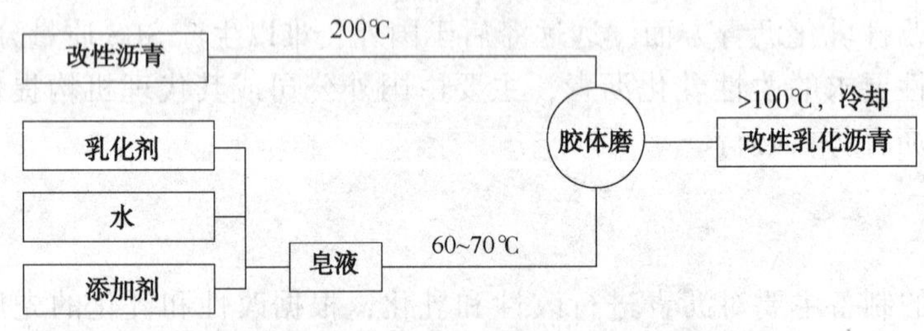

图 2　先改性后乳化法生产改性乳化沥青示意图[4]

3　改性乳化沥青的性能评价指标

我国现行标准中用 60℃动力黏度和软化点反映沥青的高温稳定性，也可用当量软化点 T_{800} 表示高温稳定性。SBS 改性沥青的软化点会随着混合过程的变化和时间的延长而出现复杂的变化，测试改性沥青软化点时，选择合适测试时间显得非常关键[1]。美国 SHRP 沥青使用性能规范中用动态剪切流变仪(Dynamic shear rheometer)测定复合模量 G^* 和相位角 δ，用车辙因子 $G^*/\sin\delta$ 表征沥青的高温性能，车辙因子主要针对基质沥青，但改性沥青的车辙因子与沥青混合料的高温抗车辙能力相关性较差。零剪切黏度 ZSV(剪变率接近于零时的黏度)比车辙因子更好地区分改性沥青的高温性能[1]。也有学者认为，车辙因子($G^*/\sin\delta$)和 ZSV 与沥青混合料抗车辙性能评价指标相关性较小，用来评价改性沥青高温性能不合适，多应力蠕变恢复实验 MSCR 是近几年提出的动态剪切流变方法，该方法测出的不可恢复蠕变柔量 J_{nr} 和恢复率 R 可以更好地评价改性乳化沥青的高温性能[10,11]。低于软化点时，沥青的感温性一般用针入度指数(PI)来表示，其值越大，表明沥青的温度敏感性越低，受温度变化的影响越小。高于沥青软化点时，常用针入度黏度指数(PVN)表示，黏度-温度敏感性指数(VTS)也常采用[1]。改性乳化沥青洒布或拌合后，水分蒸发，乳液聚并破乳，最终留在路面的是基质沥青、乳化剂、改性剂和其他添加剂所组成的混合物。因此，残留物的性质是影响道路质量的重要因素。残留物的黏韧性及韧性指标越高，微表处混合料低温抗裂性能越好，弹性恢复能力越强，动力黏度越大，微表处混合料的抗车辙能力越强。用5℃的延度来评价沥青的低温抗裂性[4]，肖晶晶等[12]建议将弹性恢复、动力黏度、粘韧性、韧性等技术要求逐步列入相关规范。

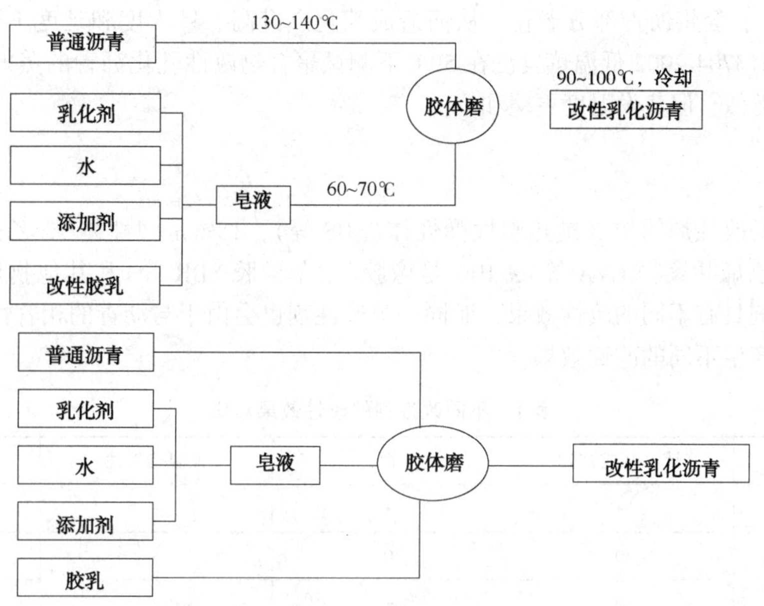

图3　边乳化边改性法生产改性乳化沥青(一步生产法)示意图[4]

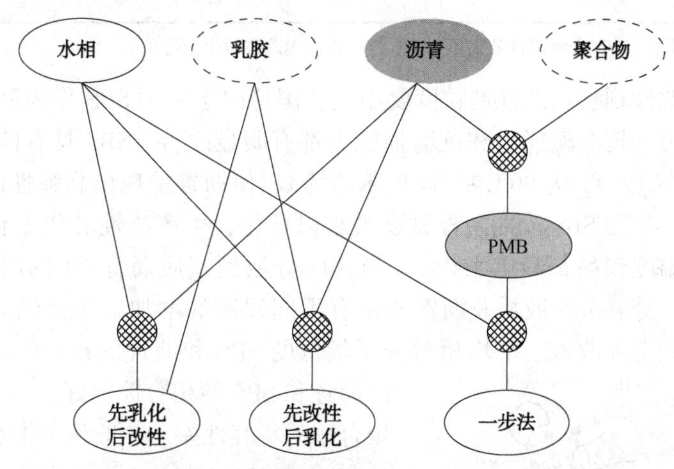

图4　三种改性乳化沥青的制备工艺[9]

我国现行标准用薄膜加热实验(TFOT)或旋转薄膜加热实验(RTFOT)前后的质量变化、25℃残留针入度比、10℃残留延度、15℃残留延度表征沥青的耐老化性能，来评价改性前后的抗老化性能，老化后针入度降低、软化点升高、延度减少、黏度增大、沥青质明显增加。也可以采用压力老化实验PAV(Pressure Aging Vessel)，但这些指标是建立在普通沥青基础上。SBS改性沥青混合料的施工温度比普通沥青混合料施工温度高10～15℃，对于改性沥青是否使用，还有待研究[1]。我国现行标准中没有直接反映沥青疲劳性能的指标与试验方法，美国SHRP沥青规范中采用疲劳因子

$G^* \cdot \sin\delta$ 表示[1]。聚合物改性沥青的相容性可以通过荧光显微镜获得其形态进行研究，富聚合物相和富沥青相有不同的紫外激发响应。扫描电镜和原子力显微镜研究聚合物改性沥青较多，共聚焦激光扫描显微镜 CLSM 可用来研究改性乳化沥青中聚合物分布、网络形成、相容性等[5]。乳化沥青的 ξ 电位越大，乳化沥青微粒之间的相互排斥越大，乳化沥青越稳定。《公路沥青路面施工技术规范 JTG F40-2004》规定了微表处用改性乳化沥青的技术要求。乳化沥青残留物实验可分为蒸发法和蒸馏法，测试温度各不相同，我国推荐 163℃下测定，《NB/SH/T0890—2014 低温蒸发回收乳化沥青残留物试验法》2014 年 11 月开始实施。刘国祥等[13]认为测定改性乳化沥青的残余物最好使用 ASTM D7403 推荐的低温减压蒸馏法，该法是在 60min 内定量测定乳化沥青 135℃下蒸馏残余物的含量。秦永春等[14]认为 ASTM D7497 在 60℃测定 24h 不能有效的把水分蒸发掉。田尚斌等[15]认为由于测试时间 24h，会将沥青部分老化，从而造成软化点升高、针入度和延度下降。McNally 则[9]推荐采用欧洲 EN13704 2002 低温蒸发法在 50℃下测试聚合物改性乳化沥青的蒸发残留物，此方法与 ASTM D7497 类似，但蒸发温度更缓和。

4 改性剂

工业上采用的改性剂约 75%是热塑性弹性体(SBS 等)，15%是塑性体(聚乙烯为 PE、聚丙烯 PP 和乙烯-醋酸乙烯共聚物 EVA 等)，10%是橡胶(丁苯橡胶 SBR 等)和其他物质。如表 1 所示，不同种类的改性剂具有不同的改性效果，而同一类改性剂也会由于与沥青的相容性、用量、粒度分布等因素的差异产生不同的改性效果。

表 1 不同改性剂的改性效果对比

改性剂品种	针入度指数 PI	高温稳定性	低温抗裂性	弹性恢复性
SBS	+	+	+	+
SBR	0	0	+	+
PE	0	+	-	-
EVA	0	-	0	+

注：“+”表示改性效果明显，“0”表示改性效果不明显，“-”表示无改性效果或降低。

改性乳化沥青的改性剂要求改性剂粒度要小，我国趋向于采用 SBS 作为沥青改性剂。其对高、低温性能、抗老化能力、抗车辙能力和抗磨损能力都有明显改善。SBS 具有两个玻璃化温度，Tg_1 为-80℃左右(聚丁二烯)，Tg_2 为 90℃左右(聚苯乙烯)，使沥青呈现出高弹性的特点，在高温下不软化，低温下不发脆。星型 SBS 改性沥青黏度大难以乳化，生产改性乳化沥青时宜采用线型结构的 SBS。但 SBS 乳化温度较高，高于 150℃。当 SBS 分散到基质沥青中时引起沥青组分的重新分配，饱和分明显减少，芳香分、胶质及沥青质都有不同程度的增加，从而建立起新的胶体结构体系，使沥青的性能得到全面改善。平均相对分子量低的 SBS 和沥青的相容性较好，芳香分含量高的沥青和 SBS 的相容性较好，沥青质含量大的沥青与聚合物的相容性差。一般认为饱和分 8%~12%，芳香分和胶质 85%~89%，沥青质 1%~5%时沥青与聚合物的相容性较好[3]。荧光显微镜获得的改性沥青的形态对选择最佳改性剂用量和基质沥青帮助很大[16]。热塑性弹性体一般为硬-软-硬三嵌段共聚物，嵌段都处于无定形状态，硬和软分别指操作温度在玻璃化转变温度之下和之上。理想的改性条件是如图 5 所示[17]，沥青分子主要膨胀聚合物的软基质部分，使

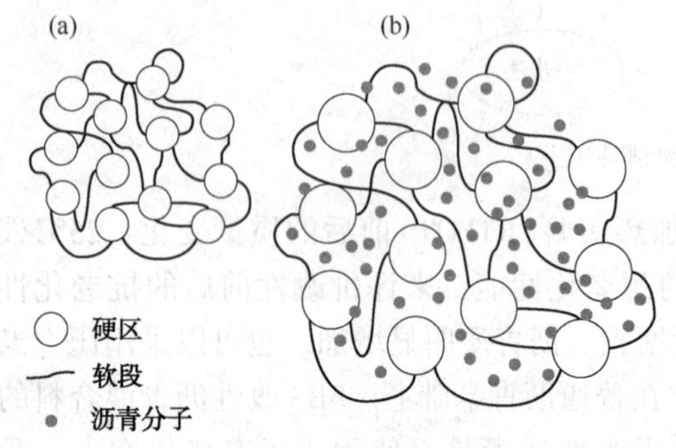

图 5 (a)嵌段共聚物；(b)溶胀的共聚物

体积增大，仅仅轻微的膨胀硬区。由于聚合物的溶解度较低，使得改性沥青很难形成稳定的结构，储存稳定性不好。SBS改性沥青制备一般包括改性剂的溶胀、磨细分散、发育三个阶段。每一阶段的加工温度和时间是关键因素，一般溶胀温度、分散温度、发育温度为165～175℃、175℃、165℃，加工时间视加工工艺及技术质量控制确定。生产方法主要有三种：搅拌法、胶体磨法和高速剪切法，目前高速剪切法应用最为广泛。

传统的聚合物改性沥青是通过搅拌、剪切等物理方法将聚合物均匀地分散于沥青中，在储存过程中容易发生相分离。反应性聚合物改性沥青是通过加入稳定剂、交联剂等添加剂使聚合物与沥青之间发生交联、接枝等化学反应，从而形成网络化整体结构，不仅解决了其热储存稳定性等问题，而且可大幅提高改性沥青的性能。但其研究仍处于探索阶段，还没有成功应用的工程实例。Carrera等[18]采用聚丙二醇(PPG)和4，4′-二苯甲烷二异氰酸酯(MDI)合成的聚氨酯(PPG-MDI)作为改性剂，添加量为1%～4%，然后在80～90℃下加入阳离子乳化剂乳化改性沥青，控制pH值在2。该工艺改性为化学改性，乳化时产生CO_2使沥青膨胀形成沥青泡沫。添加多聚磷酸(polyphosphoric acid，PPA)到沥青中，可以增加沥青的软化点，但对低温抗裂性影响不明显。PPA和聚合物一起进行改性沥青，可以起到协同作用。加入后可以改善沥青的储存稳定剂，也可以降低SBS和沥青的反应时间。Rossi等[19]采用DSR、动态热机械分析DMA、扫描电镜SEM和时域核磁共振TD-NMR(测自旋-自旋弛豫时间T_2)技术研究SBS-PPA改性沥青，结果表明PPA可以降低胶束的团聚。现有的聚合物改性技术存在成本高、抗老化能力差、储存稳定性差等问题，饱和、硫化、添加增容剂、抗氧化剂(受阻酚类、亚磷酸盐、有机锌化合物等)和疏水的粘土、采用功能化改性剂(添加或嫁接一些功能官能团到沥青改性剂上使其与沥青的组分反应)和反应聚合、开发新型改性剂可能解决这些问题，聚合物改性沥青的发展方向为增加和骨料的黏合性、提高长期性能和可再利用性，采用便宜的聚合物改性剂，例如废轮胎、废塑料、生物质聚合物[20]，功能化改性剂现在多局限于解决聚合物改性沥青的相容性问题。现行的聚合物改性沥青再生技术除了加入再生剂和基质沥青外，还未有广泛接受的技术，聚合物改性沥青的老化机理和再生机理还未定论，实验室检测手段比如压力老化PAV试验和现场试验的相关性如何，这些都是未来需要解决的问题[20]，降低成本和提高性能的折中办法比如将顺丁烯酸酐MAH接枝到废塑料上、聚乙烯包装废物和疏水性黏土矿物质复合改性剂等方法也值得关注[21]，解决聚合物改性沥青缺点的各种方法法的优缺点如表2[20]所示。纳米复合材料改性沥青是最近十年的研究热点，虽说现在还未能进行工业化应用，但可能是未来的发展方向[22]。如表3所示[20]，新型改性剂需要和聚合物改性沥青的性能联系起来，胶乳的制备也是改性乳化沥青的研究热点。

表2 解决聚合物改性沥青缺点的各种方案的优缺点[20]

方　法	优　点	缺　点
饱和化	增强抗热性、氧化性、抗紫外线性	成本高；存在相分离问题
硫化	提高储存稳定性；高温性好	仅适合不饱和聚合物沥青，比如SBS；对氧化老化和动态剪切灵敏性强；释放硫化氢；再利用性差
加入抗氧化剂	降低氧化	成本高
疏水性粘土矿物	提高储存稳定性；抗车辙性好；抗老化性强	低温性能改善不明显，延度和弹性恢复差；难于剥离
功能化	提高相容性；提高其他功能	成本高；生产不可控制性
反应聚合	提高相容性；提高高温性能	低温性能改善不好；凝胶化问题

表3 改性剂的要求与聚合物沥青的性能[20]

聚合物改性沥青特性	聚合物改性剂需要具备的功能
高温时硬，低温时软	低的温度敏感性
和骨料黏结性强	改性后沥青对骨料黏结性强
切实可行	在沥青中分散性好或溶解度合适
储存稳定性好	和沥青相容性好
耐用(抗老化和抗疲劳性强)	热稳定性强、对时间响应稳定
可再利用性	最终产品可回收性强
经济效益好	成本低
环境友好	生产和使用中对环境影响破坏少

5 乳化剂和作用机理

阴离子乳化剂由于与矿料排斥，目前应用较少，阳离子乳化剂应用较多，两性离子乳化剂也受到人们的关注，非离子型乳化剂主要用于和其他类型的乳化剂复配。沥青乳化剂是表面活性剂的一种，评价乳化剂的乳化能力是其亲水亲油平衡(Hydrophile and Lipophile Balance，HLB)值[23]，其应在8~18。在乳化剂溶液中添加无机或有机酸，调整pH值[24]，对沥青的乳化、破乳和乳液的性能常常产生一定的影响，乳化剂的用量对乳化沥青的流变性质影响较大。

沥青乳化剂的分子结构可形象的描述为极性头(亲水基团)加非极性尾(亲油基团)，形成一端明显亲水，另一端明显亲油的不对称结构。加入乳化剂后，乳化剂的两个基团产生定向排列，将油水两个界面连接起来，从而防止它们之间的相互排斥的作用，搅拌分散后，沥青可以以微粒形式稳定地分散于水中。当乳化剂浓度适当增加时，乳化剂分子聚集到水表面上，从而使表面张力下降。当达到临界胶束浓度(critical micelle concentration，CMC)时，形成亲油基向里、亲水基向外的胶束或胶团。此时再继续增加乳化剂浓度，表面张力不再下降，乳化剂分子趋于合并靠拢，使乳液中的胶束数不断增加。乳化沥青只是使用过程中的一种暂有形式，若要使沥青乳液在路面上发挥结合料的作用，一定要使沥青从水相中分离出来，许多微小的沥青颗粒相互聚结，成为连续整体薄膜，由于离子电荷的吸附和水分的蒸发产生分解破乳，其过程图6所示[1]。如图7所示，胶体磨产生的沥青液滴被胶乳粒子包围，以阻止沥青团聚。水相蒸发后破乳，胶乳粒子团聚进而形成连续的薄膜，包裹着沥青液滴[5]。

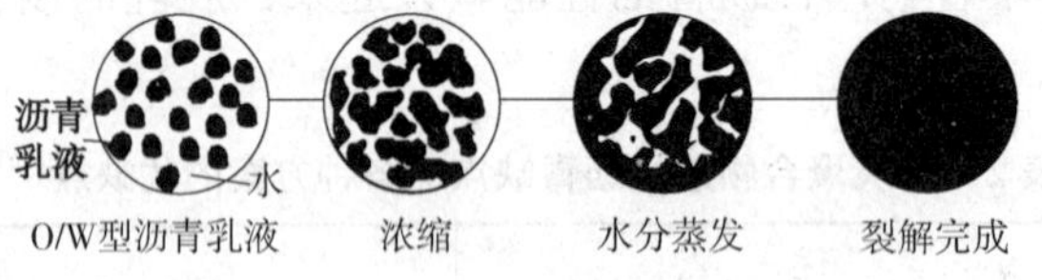

图6 沥青乳液的破乳过程[1]

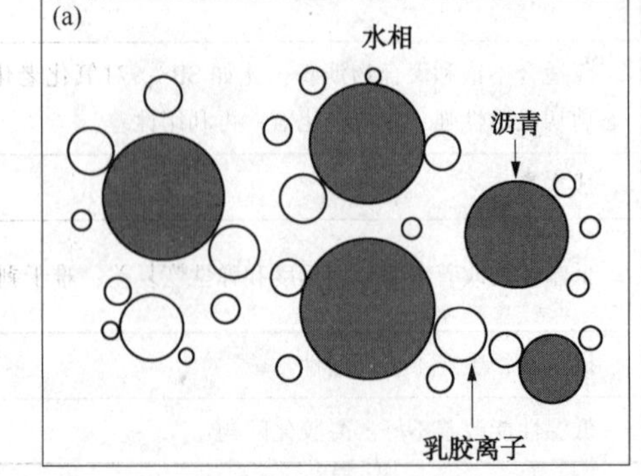

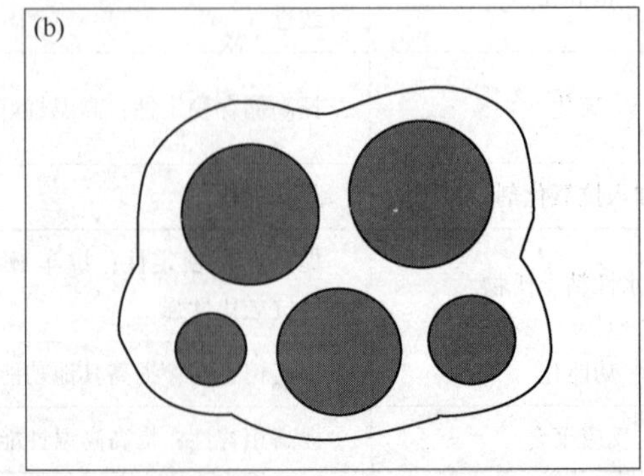

图7 改性乳化沥青的结构和破乳过程[5]

6 改性乳化沥青的研究进展

Zhou 等[25]将废橡胶进行微波预处理，然后加入 3%FCC 油浆制备废橡胶改性乳化沥青(废橡胶 6%)，可以使改性乳化沥青的黏度下降、延度增加、针入度下降。王红等[2]认为胶体磨间隙不大于 1.0mm、胶体磨转速不小于 2400r/min，乳化液皂液 pH 在 2~4、改性沥青质量分数在 3.0%~3.5%时，制备的改性乳化沥青储存稳定性较好，并开发了乳化剂的配方。改性沥青的颗粒粒径和乳液的恩氏黏度对改性乳化沥青的储存稳定性影响明显。SBS 和 SBR 价格较高，孙思萌等[26]采用改性与乳化同时进行的工艺，采用纳米蒙脱土将乳化沥青进行改性，乳化剂采用阴离子十二烷基苯磺酸钠和辛基苯酚聚氧乙烯醚(OP-10)构成的复配乳化剂，提高了储存稳定性。刘宝举等[27]认为搅拌速度大于 1000r/min 时，对稳定性的影响较大，甚至出现破乳现象，pH=4 时储存稳定性最优。聚丁烯胶乳和有机蒙脱土构成的复合改性剂也可以用于制备改性乳化沥青，稳定剂可以采用磷酸钠。王长安等[28]采用丁苯胶乳为改性剂(SBR)，采用转相法低温低温制备改性乳化沥青。高铁用特制乳化沥青的生产工艺极为复杂，技术含量很高，生产难度大，对设备的要求较高。中石化长岭炼化购进了美国道维施 Dalworth 公司的改性沥青/乳化沥青组合设备，同一台设备可以生产高铁用的聚合物改性沥青和乳化沥青、改性乳化沥青。也有学者认为蜡含量小于 3%的基质沥青生产改性乳化沥青比较好。储存稳定度实验评价改性乳化沥青的稳定性比较直观，但费时，粒度分布状态与储存稳定度实验的关联性很好。储存稳定性良好的改性乳化沥青产品，其粒度分布应趋向于单峰态分布，即使是双峰态的分布，其 Mode 及 D[4，3]这两个条件下的差值应小于 30μm，Mode 表示曲线中最高峰处对应的粒径即最频值，D[4，3]表示当粒子数达到总粒子数的 3/4 时所对应的粒径[29]乳化沥青的粒径对其性质的影响十分显著，如果实验室胶体磨生产的改性乳化沥青粒径明显大于生产用的乳化沥青，实验结果对实际生产施工失去指导意义，造成施工困难和盲目，这些问题应引起施工单位的重视[30]。

沥青的组成和胶体结构决定其物理性质和流变性，沥青的胶体结构可以分为溶胶型、凝胶型和溶胶-凝胶型[1]，溶胶型时沥青质胶束全部分散在连续相中，相互之间不发生作用，符合牛顿性流体特征。但凝胶型沥青沥青质胶束之间相互作用，符合非牛顿流体特征。Lesueur[31]认为沥青的溶胶-凝胶型结构，不一定正确，因为在道路沥青中没有观察到凝胶结构的屈服应力特征。沥青的组成、聚合物的类型和量、制备条件对获得稳定性好的聚合物改性沥青非常重要。混合时间应尽可能短，因为高温和高剪切混合容易使得沥青老化。如图 8 所示[17]，黏度出现最大值，代表着即将到来的老化。两步法制备工艺是一个很好的解决办法，(1)为了使聚合物均匀分布在沥青中，在有限的时间内，高温、高剪切速率下进行混合；(2)惰性气氛下，低剪切速率下混合直到达到产品的性能。这种思想被许多改性沥青工厂采用，第 2 段在储槽中低剪切速率和低的搅拌速率下发育。改性乳化沥青制备过程中，聚合物的类型和数量、沥青和聚合物的相容性都应该很好的设计。Khadivar 等[32]的研究表明 SBR 和天然橡胶制备的改性乳化沥青与基质沥青相比，软化点都增加、25℃针入度都下降，而 4℃延度天然橡胶下降、SBR 增加。Babagoli 等[33]的研究表明，SBS 改性乳化沥青可以增加马歇尔稳定性，使永久变形下降。聚醋酸乙烯酯胶乳用于改性阳离子快凝乳化沥青后，混合料的抗压强度提高 31%[34]。Sabbagh 等[35]的研究表明粒径和形貌都影响改性乳化沥青的稳定性，粒子的形貌对聚乙烯改性乳化沥青的稳定性影响较大，泪珠型(teardrop)粒子不稳定，球形粒子比较稳定。机械性质则与形貌无关，主要取决于聚乙烯的含量。Cai 等[36]认为乳化剂加入 1%时改性乳化沥青的性能最好，SBS 胶乳加入基质沥青后针入度下降，软化点和 5℃延度增加。

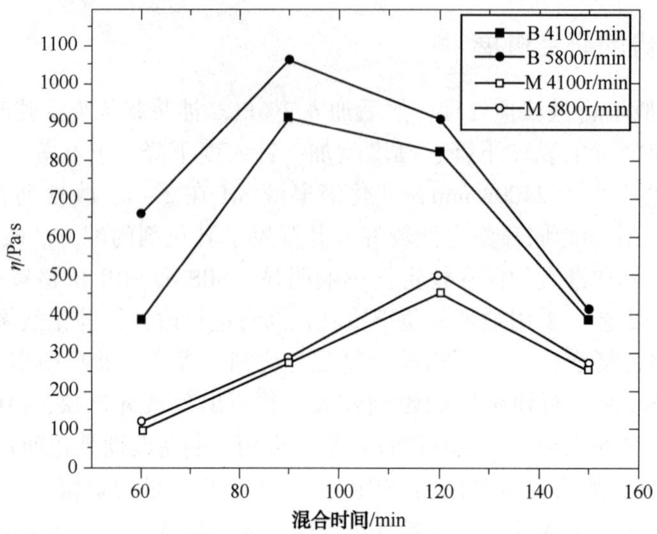

图 8 SBS改性沥青的黏度随时间的变化关系图[17]

参考文献

[1] 编委会. 沥青生产与应用技术手册[J]. 北京：中国石化出版社，2010.

[2] 王红，王子军，王翠红，等. SBS改性乳化沥青储存稳定性研究[J]. 石油学报(石油加工)，2013，29(6)：1009-1014.

[3] 张芹芹. SBS改性沥青的乳化对其应用性能影响的研究[D]. 中国石油大学(华东)，2012.

[4] 黄颂昌，徐剑，秦永春. 改性乳化沥青与微表处技术[M]. 北京：人民交通出版社，2010.

[5] Forbes A，Haverkamp RG，Robertson T，et al. Studies of the microstructure of polymer-modified bitumen emulsions using confocal laser scanning microscopy[J]. Journal of Microscopy，2001，204(3)：252-257.

[6] Zhang Q Q，Fan W Y，Wang T Z，et al. Influence of emulsification on the properties of styrene-butadiene-styrene chemically modified bitumens[J]. Construction and Building Materials，2012，29：97-101.

[7] Zhang Q Q，Fan W Y，Wang T Z，et al. The Influence of Emulsifier Type on Conventional Properties，Thermal Behavior，and Microstructure of Styrene-butadiene-styrene Polymer Modified Bitumen[J]. Petroleum Science and Technology，2014，32(10)：1184-1190.

[8] 李桂钊，吕玉超，张玉贞. 改性乳化沥青的生产与应用[J]. 石油沥青，2016，30(1)：68-72.

[9] McNally T. Polymer Modified Bitumen Properties and Characterisation[M]. Woodhead Publishing Limited，2011：25-42.

[10] 杜晓博，彭坤，张宏超. 采用动态流变剪切方法评价改性乳化沥青高温性能的研究[J]. 华东交通大学学报，2014，31(4)：1-5.

[11] Khadivar A，Kavussi A. Rheological characteristics of SBR and NR polymer modified bitumen emulsions at average pavement temperatures[J]. Construction and Building Materials，2013，47：1099-1105.

[12] 肖晶晶，蒋玮，王振军. 改性乳化沥青残留物性能检验与评价体系研究[J]. 武汉理工大学学报，2010，32(14)：70-74.

[13] 刘国祥，张小英，孔宪明. ASTM测定与回收乳化沥青残余物试验方法[J]. 石油沥青，2011，25(2)：69-71.

[14] 秦永春，徐剑，李福普，等. 微表处用改性乳化沥青残留物获取方法及相关指标的确定[J]. 石油沥青，2003，17(增刊)：21-24.

[15] 田尚斌，牛晓伟. 乳化沥青残留物获取方法浅析[J]. 上海公路，2014，1：61-63.

[16] Sun D Q，Lu W M. Phase Morphology of Polymer Modified Road Asphalt[J]. Petroleum Science and Technology，2006，24(7)：839-849.

[17] Polacco G，Filippi S，Merusi F，et al. A review of the fundamentals of polymer-modified asphalts：Asphalt/polymer interactions and principles of compatibility[J]. Advances in Colloid and Interface Science，2015，224：72-112.

[18] Carrera V，Cuadri A A，Garcia-Morales M，et al. The development of polyurethane modified bitumen emulsions for

cold mix applications[J]. Materials and Structures，2015，48：3407-3414.

[19] Rossi C O，Spadafora A，Teltayev B，et al. Polymer modified bitumen：Rheological properties and structural characterization[J]. Colloids and Surfaces A：Physicochem. Eng. Aspects，2015，480：390-397.

[20] Zhu J Q，Birgisson B，Kringos N. Polymer modification of bitumen：Advances and challenges[J]. European Polymer Journal，2014，54：18-38.

[21] 高莉宁，李廷，夏慧芸，等. 接枝 SBS 的研究进展及其在改性沥青中的应用[J]. 化工进展，2014，33(7)：1773-1779.

[22] Fang C Q，Yu R E，Liu S L，et al. Nanomaterials Applied in Asphalt Modification：A Review[J]. Journal of materials science & technology，2013，29(7)：589-594.

[23] Al-Sabagh A M. The relevance HLB of surfactants on the stability of asphalt Emulsion[J]. Colloids and Surfaces A：Physicochemical and Engineering Aspects，2002，204：73-83.

[24] Mercado R A，Salager J L，Salager J L，et al. Breaking of a cationic amine oil-in-water emulsion by pH increasing：Rheological monitoring to modelize asphalt emulsion rupture[J]. Colloids and Surfaces A：Physicochem. Eng. Aspects，2014：458：63-68.

[25] Zhou X L，Wang F W，Yuan X L，et al. Usage of slurry oil for the preparation of crumb-rubber-modified asphalt emulsions[J]. Construction and Bulding Materials，2015，76：279-285.

[26] 孙思萌，李晓林，郑广宇，等. 纳米蒙脱土改性乳化沥青的制备与性能研究[J]. 材料导报 B：研究篇，2015，29(1)：129-132.

[27] 刘宝举，陈欢，宁少英. 乳化剂外掺对 SBS 改性沥青乳液储存稳定性的影响[J]. 铁道科学与工程学报，2011，8(5)：26-30.

[28] 王长安，吴育良，许 凯，陈鸣才. 转相法低温丁苯胶乳改性乳化沥青的制备[J]. 合成橡胶工业，2006. 29(2)：100-103.

[29] 韩冬，王京东，余玉成. 评价改性乳化沥青稳定性的新方法[J]. 石油沥青，2003，17(增刊)：17-20.

[30] 马卫民. 改性乳化沥青微观结构与使用性能的关系[J]. 石油沥青，2003，17(增刊)：7-8.

[31] Lesueur D. The colloidal structure of bitumen：Consequences on the rheology and on the mechanisms of bitumen modification[J]. Advances in Colloid and Interface Science，2009，145：42-82.

[32] Khadivar A，Kavussi A. Rheological characteristics of SBR and NR polymer modified bitumen emulsions at average pavement temperatures[J]. Construction and Building Materials，2013，47：1099-1105.

[33] Babagoli R，Ameli A，Shahriari H. Laboratory evaluation of rutting performance of cold recycling asphalt mixtures containing SBS modified asphalt emulsion[J]. Petroleum Science and Technology，34(4)：309-313.

[34] Chavez-Valencia L E，Alonso E，Manzano A，et al. Improving the compressive strengths of cold-mix asphalt using asphalt emulsion modified by polyvinyl acetate[J]. Construction and Building Materials，2007，21：583-589.

[35] Sabbagh A B，Lesser AJ. Effect of Particle Morphology on the Emulsion Stability and Mechanical Performance of Polyolefin Modified Asphalts[J]. Polymer engineering and science，1998，38(5)：707-715.

[36] Cai H M，Wang T，Zhang J Y，et al. Preparation of an SBS Latex-Modified Bitumen Emulsion and Performance Assessment[J]. Petroleum Science and Technology，2010，28(10)：987-996.

高档润滑油基础油生产技术及工业应用

姚春雷　全　辉

(中国石油化工股份有限公司抚顺石油化工研究院，辽宁抚顺　113001)

摘　要：介绍了抚顺石油化工研究院开发的加氢法生产润滑油基础油和白油的工艺技术

关键词：加氢 润滑油基础油 白油

1　前言

润滑油是由基础油和添加剂组成的。基础油是润滑油中的主要成分，其含量在润滑油中一般为85%~99%。因此，基础油质量的高低将直接影响到润滑油产品的性能。

美国石油学会(API)对内燃机润滑油使用的基础油进行了分类，并得到世界范围内认可。美国石油学会在API 1509内燃机润滑油登记及认证系统中将润滑油基础油按照饱和烃含量、硫含量和黏度指数分成API Ⅰ、Ⅱ、Ⅲ、Ⅳ和Ⅴ等5类基础油，见表1。API Ⅰ类基础油一般由溶剂精制、溶剂脱蜡、白土补充精制或加氢补充精制等传统“老三套”工艺生产。API Ⅱ类基础油一般由加氢工艺或加氢与传统溶剂精制和/或溶剂脱蜡组合工艺生产。API Ⅲ类基础油一般由加氢工艺生产。API Ⅳ类基础油为聚α烯烃油。API Ⅴ类基础油为以上四类以外能够用于生产内燃机油的其他所有基础油。

表1　API基础油分类

基础油类别	饱和烃含量/%	硫含量/%	黏度指数
Ⅰ	<90	和/或>0.03	80~<120
Ⅱ	≥90	≤0.03	80~<120
Ⅲ	≥90	≤0.03	≥120
Ⅳ	聚α烯烃油(PAO)		
Ⅴ	以上四类以外的所有其他基础油		

加氢法生产润滑油基础油技术在20世纪90年代开发成功，并在本世纪初得以完善和工业应用。目前加氢法生产润滑油基础油代表性的国外技术是Chevron和Exxon Mobil公司。

抚顺石油化工研究院(FRIPP)自90年代开始进行加氢法生产润滑油基础油研究工作，先后在各种新型催化材料上做了大量的工作，开发出了石蜡烃择形异构化(WSI)技术及配套的催化剂(FIW-1)，其具有较高的直链烷烃异构化活性和选择性，在相似的反应条件和产品质量条件下，综合性能达到目前国际先进水平。异构脱蜡工艺及配套催化剂等方面的创新技术内容申请了国内外30余件专利，其中授权专利20余件，具有自主知识产权。FRIPP异构脱蜡技术于2005年首次工业应用，加氢裂化尾油异构脱蜡技术的成功工业应用，实现了全氢法生产润滑油基础油关键技术的突破，为全氢法生产润滑油基础油、白油和其他特种油品的技术开发奠定了基础。在异构脱蜡技术的基础上，为满足生产高品质润滑油基础油的生产需要，FRIPP开发出加氢法生产润滑油成套工艺技术，达到国际先进水平。

2　加氢法生产API Ⅱ/Ⅲ类润滑油基础油技术

为适应汽车、机械工业的飞速发展和严格的环保要求，润滑油产品升级换代速度明显加快，润滑油加氢工艺生产的Ⅱ/Ⅲ类基础油需求不断增加。FRIPP 加氢法生产 API Ⅱ/Ⅲ类润滑油基础油技术具有原料适应性强、工艺流程灵活的特点，原料油可以是减压馏分油、轻脱油和蜡下油等重质馏分油，也可以是加氢裂化尾油。

2.1 含蜡馏分油生产 API Ⅱ/Ⅲ类润滑油基础油技术

加氢法生产优质润滑油基础油技术是以异构脱蜡催化剂为核心，配以加氢处理和补充精制的全氢工艺技术，采用加氢处理-异构脱蜡-补充精制高压两段加氢工艺过程生产Ⅱ/Ⅲ类基础油。工艺流程见图 1。

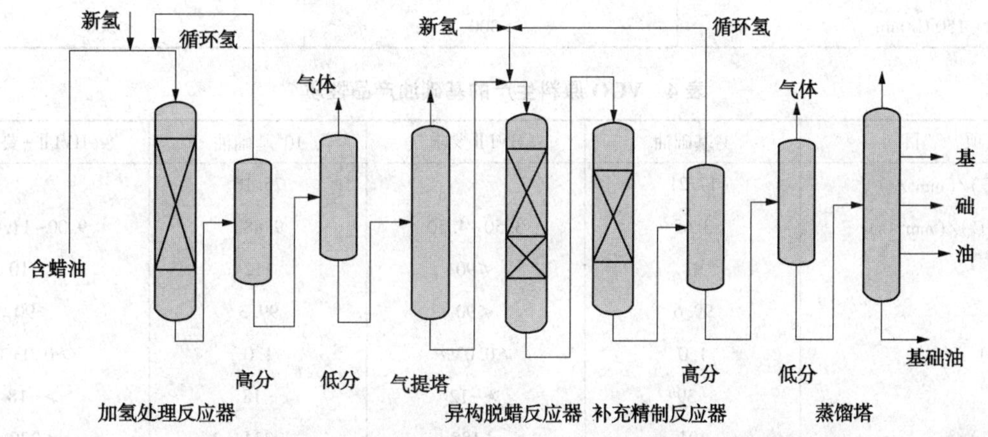

图 1　含蜡馏分油高压两段加氢生产 API Ⅱ/Ⅲ类润滑油基础油技术

加氢处理催化剂为专用润滑油加氢处理催化剂，通过多环芳烃加氢开环转化成黏度指数较高的少环多侧链的环烷烃。异构化催化剂采用新型催化材料为载体，活性组分为贵金属的双功能催化剂。补充精制催化剂为贵金属催化剂。选择几种高蜡含量馏分油作原料，其性质列于表 2。

表 2　原料油性质

分析项目	蜡下油	VGO 馏分油	轻脱油
硫/(μg/g)	868	18100	19100
氮/(μg/g)	56.4	1272	820
凝点/℃	32	34	>50
黏度(100℃)/(mm^2/s)	6.737	12.72	28.35
含蜡量/%	48.2	15.85	20.17

蜡下油中蜡含量较高，因此是加氢法生产非常高黏度指数(VHVI)润滑油基础油的极好原料。

经过加氢处理-异构脱蜡-补充精制后，产物的性质分别列入表 3~表 5。由表中数据可见：以蜡下油为原料，可得到能满足中国石化 HVI Ⅲ类润滑油基础油协议标准的 6#基础油；以 VGO 馏分油为原料，可得到能满足 HVI Ⅱ类协议标准的 3#基础油和满足 HVI Ⅱ+类技术要求的 10#基础油；以轻脱馏分油为原料，可得到能满足 HVI Ⅱ类协议标准的 10#基础油和满足 HVI Ⅱ+技术要求的 20#(90BS)基础油。

表 3　蜡下油生产的基础油产品性质

项　　目	6#基础油	HVIⅢ类技术要求
黏度(40℃)/(mm^2/s)	32.78	
黏度(100℃)/(mm^2/s)	5.967	5.50~6.50
黏度指数	129	≮120
饱和烃/%	99.6	≮90

续表

项　　目	6#基础油	HVIⅢ类技术要求
硫/(μg/g)	1.0	≯0.03%
倾点/℃	-18	≯-18
闪点(开口)/℃	213	≮200
颜色(D1500)/号	<0.5	≯0.5
赛氏颜色/号	+30	
氧化安定性 150℃/min	>300	≮300

表 4　VGO 原料生产的基础油产品性质

项　　目	3#基础油	HVIⅡ要求	10#基础油	HVIⅡ+要求
黏度(40℃)/(mm^2/s)	17.21		75.16	
黏度(100℃)/(mm^2/s)	3.65	3.50~4.50	9.883	9.00~11.00
黏度指数	91	≮90	112	≮110
饱和烃/%	99.6	≮90	99.3	≮90
硫/(μg/g)	1.0	≯0.03%	1.0	≯0.03%
倾点/℃	-39	≯-12	-18	≯-18
闪点(开口)/℃	191	≮185	234	≮230
颜色(D1500)/号	<0.5	<0.5	0.5	≯0.5
赛氏颜色/号	+30		+30	
氧化安定性，150℃/min	>300	≮250	>300	≮250

表 5　轻脱油原料生产的基础油产品性质

项　　目	10#基础油	HVIⅡ要求	20#基础油	HVIⅡ+要求
黏度(40℃)/(mm^2/s)	84.49		232.95	
黏度(100℃)/(mm^2/s)	10.25	9.00~11.00	21.85	17.0~22.0
黏度指数	103	≮90	113	≮110
饱和烃/%	99.25	≮90	99.3	≮90
硫/(μg/g)	1.0	≯0.03%	1.0	≯0.03%
倾点/℃	-18	≯-12	-12	≯-12
闪点(开口)/℃	241	≮230	282	≮265
颜色(D1500)/号	<0.5	<0.5	0.5	≯1.5
赛氏颜色/号	+30			
氧化安定性 150℃/min	>300	≮250	>300	≮250

2.2　加氢裂化尾油生产 API Ⅱ/Ⅲ类润滑油基础油技术

加氢裂化尾油具有颜色浅、硫氮杂质少、芳烃含量低等特点，是异构脱蜡生产Ⅱ/Ⅲ类基础油特别是高黏度指数Ⅲ类基础油的最好原料。根据原料的特点和应用厂家实际工况，开发出以下两种工艺流程，生产 API Ⅱ/Ⅲ类润滑油基础油。

2.2.1　高压一段串联技术

该工艺设置两台串联反应器，R1 装填贵金属加氢异构催化剂，用于降低加氢裂化尾油的凝点；R2 反应段装填高加氢脱芳活性的贵金属加氢补充精制催化剂，用于异构脱蜡产物的深度芳烃饱和，其原则工艺流程见图 2。

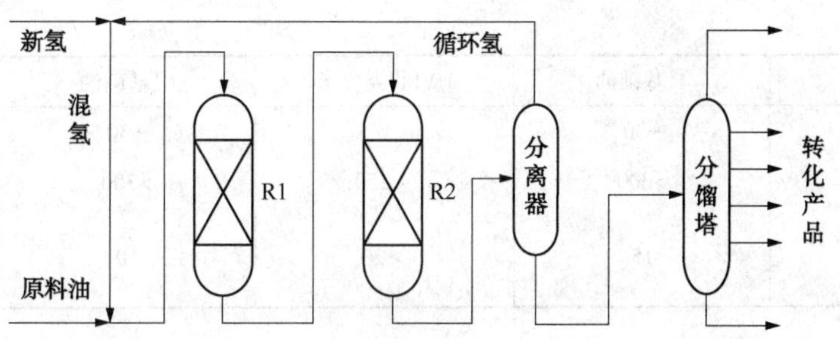

图 2 高压一段串联工艺流程

2.2.2 加氢裂化与尾油异构脱蜡-补充精制组合工艺技术

FRIPP 开发了加氢裂化-尾油异构脱蜡组合工艺技术，其原则工艺流程见图 3。该工艺包括加氢裂化和尾油异构脱蜡两个单元，加氢裂化单元的尾油直接供给尾油异构脱蜡单元做原料。新氢一次通过尾油异构脱蜡单元，其尾氢直接返回给加氢裂化单元做补充氢。由于两个单元实现深度联合，装置的建设投资和操作费用明显降低。

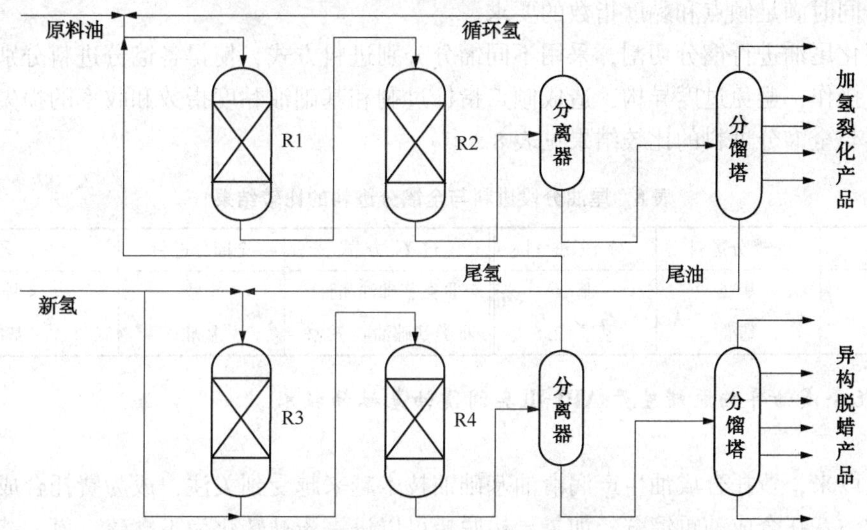

图 3 加氢裂化与尾油异构脱蜡-补充精制组合工艺流程图

加氢裂化尾油及基础油性质分别列于表 6 和表 7。由表 7 可见，生产的 3#基础油符合中国石化 HVI Ⅱ类协议标准，生产的 6#基础油符合中国石化 HVI Ⅲ类协议标准。

表 6 加氢裂化尾油性质

原料油	加氢裂化尾油	原料油	加氢裂化尾油
密度/(kg/m³)	835.6	硫/(μg/g)	6.0
馏程/℃	380~510	氮/(μg/g)	1.0
黏度(100℃)/(mm²/s)	4.596	残炭/%	0.01
凝点/℃	37	蜡含量/%	23.48

表 7 高压一段串联加氢生产的润滑油基础油性质

产品名称	4#基础油	HVIⅡ类要求	6#基础油	HVIⅢ要求
黏度(40℃)/(mm²/s)	15.95		31.62	
黏度(100℃)/(mm²/s)	3.59	3.50~4.50	5.68	5.50~6.50
黏度指数	106	≮90	121	≮120
倾点/℃	-39	≯-12	-18	≯-18

续表

产品名称	4#基础油	HVIⅡ类要求	6#基础油	HVIⅢ要求
赛氏颜色/号	+30		+30	
旋转氧弹/min	>300	≮250	>300	≮300
蒸发损失/% (Noack 法 250℃, 1h)	15	≯20	10	≯11

2.2.3 加氢裂化尾油分段进料的异构脱蜡-补充精制生产Ⅲ类基础油技术

节能、环保促使高档车用内燃机油配方中对 API Ⅲ类 4 号和 6 号低黏度基础油的需求增加。API Ⅲ类 4 号油和 6 号油生产的难点是解决蒸发损失、低温性能以及粘温性能之间的关系。以加氢裂化尾油全馏分作为异构脱蜡进料生产基础油时，当重质润滑油组分倾点合格时，轻质润滑油组分的黏度指数损失较大，难以生产黏度指数大于 120 的 API Ⅲ类轻质基础油产品；而当轻质润滑油组分倾点合格，黏度指数保持较高时，重组分的倾点将不合格。因此难以同时使轻质润滑油组分和重质润滑油组分同时满足倾点和黏度指数的要求。

对加氢裂化尾油进行馏分切割，采用不同馏分分别进料方式，使得各馏分进料分别在各自适宜的工艺条件下操作，避免过度异构，造成倾点指标过剩和基础油黏度指数和收率的损失。加氢裂化尾油分段进料与全馏分进料的比较结果见表 8。

表 8 尾油分段进料与全馏分进料的比较结果

进料方式	全馏分进料	分段进料	进料方式	全馏分进料	分段进料
液体收率/%	基准	基准	Ⅲ类基础油品种	5 号	4 号和 6 号
基础油收率/%	基准	基准+2.5	Ⅲ类基础油收率/%	基准	基准+28

2.3 费托合成油异构脱蜡生产 API Ⅲ类润滑油基础油技术

二十世纪以来，费托合成油生产润滑油基础油技术越来越受到关注，成为费托合成产品利用的一个重要领域。费托合成油重馏分经加氢异构脱蜡可以进一步被转化为不含硫、氮、芳烃、金属杂质的润滑油基础油，这些产品饱和烃含量非常高，具有非常高的黏度指数，纯度几乎可与聚 α-烯烃媲美，但生产成本却比聚 α-烯烃低得多，正好与润滑油基础油的低硫、低氮、低芳烃及高黏度指数的发展方向想吻合，预示费托合成润滑油基础油具有良好的发展前景。

FRIPP 针对费托合成油高含蜡的特点，选用异构脱蜡催化剂级配技术和复合进料方式，在适宜的反应条件下，制备的基础油产品性质见表 9。表中数据表明，4 号和 6 号基础油产品黏度指数高达 150 以上，倾点分别为-30℃和-24℃，赛氏颜色均为+30，饱和烃含量均大于 99.5%，旋转氧弹均在 370 分钟以上，蒸发损失分别为 14.5 和 10.2，均为优质的 API Ⅲ类润滑油基础油产品，实现了从费托合成油生产优质 API Ⅲ类润滑油基础油的目的。

表 9 费托合成油生产的润滑油基础油产品性质

润滑油基础油牌号	2 号	4 号	6 号
馏分范围/℃	320~370	>320	>370
黏度(100℃)/(mm^2/s)	2.212	4.328	6.033
黏度指数	132	156	158
倾点/℃	-48	-30	-24
赛氏颜色/号	+30	+30	+30
闪点(开口)/℃	148	192	205

续表

润滑油基础油牌号	2号	4号	6号
硫含量/(μg/g)	<1.0	<1.0	<1.0
饱和烃/%	99.5	99.6	99.7
蒸发损失/%	—	14.5	10.2
氧化安定性(旋转氧弹法，150℃)/min	390	390	400
CCS黏度(-30℃)/cp	—	1010	2940

2.4 加氢法生产API Ⅱ/Ⅲ类润滑油基础油技术工业应用

2.4.1 含蜡馏分油生产API Ⅱ/Ⅲ类润滑油基础油技术

FRIPP含蜡馏分油生产API Ⅱ/Ⅲ类润滑油基础油技术即加氢处理-异构脱蜡-补充精制高压两段加氢工艺过程生产Ⅱ/Ⅲ类基础油工艺技术于2013年5月在河北某企业首次工业应用，表10和表11列出了工业运转的初期结果。表10中减三线油倾点-18℃，黏度指数135，满足Ⅲ⁺ 6号润滑油基础油产品要求。

表10 原料油性质

项目	减三、减四线混合油
密度(20℃)/(kg/m³)	923.2
馏程/℃	
IBP/10%/30%/50%/70%/90%/95%/98%	378/431/454/465/481/511/524/546
硫/(μg/g)	9654
氮/(μg/g)	265
黏度(100℃)/(mm²/s)	6.156
凝点/℃	27
蜡含量/%	36.73

表11 工业应用结果

项目	产品性质	项目	产品性质
减一线(5号白油)		凝点/℃	-24
闪点(开口)/℃	120	减三线(6号Ⅲ类基础油)	
黏度(40℃)/(mm²/s)	4.7	闪点(开口)/℃	206
赛氏颜色/号	+30	黏度(40℃)/(mm²/s)	25.32
倾点/℃	-30	黏度(100℃)/(mm²/s)	5.132
减二线(2号Ⅱ类基础油)		黏度指数	136
闪点(开口)/℃	149	赛氏颜色/号	+30
黏度(40℃)/(mm²/s)	7.03	凝点/℃	-18
赛氏颜色/号	+30	氧化安定性(旋转氧弹)150℃/min	>300

2.4.2 加氢裂化尾油生产API Ⅱ/Ⅲ类润滑油基础油技术工业应用

FRIPP低压异构脱蜡技术于2005年1月在中国石化金陵分公司100kt/a异构脱蜡装置实现工业化，生产的产品达到了API Ⅱ类基础油标准，该装置平稳超过运转8年。2008年4月，该技术在中国石化齐鲁分公司200kt/a装置第二次工业化也取得较好效果。2011年1月加氢裂化尾油异构脱蜡-补充精制一段串联技术在海南某230kt/a润滑油加氢装置上首次工业应用成功，表12中列出了工业运转的初期结果。加氢裂化尾油生产API Ⅱ/Ⅲ类润滑油基础油技术在2013年10月、2014年月6月以及2015年10月分别在一套400kt/a、一套100kt/a以及一套150kt/a的加氢裂化尾油异构脱蜡装置工业应用。4000kt/a 加氢裂化尾油异构脱蜡-补充精制装置的初期运行结果见表 13。

表 12　海南某企业加氢裂化尾油异构脱蜡工业应用初期基础油产品主要性质

产　品	变压器油	5#基础油	6#基础油	8#基础油
黏度(40℃)/(mm^2/s)	9.981	25.56	38.72	60.17
黏度(100℃)/(mm^2/s)		4.71	6.118	8.271
黏度指数		102	103	106
闪点(开口)/℃	170	210	234	256
倾点/℃	<-47	<-20	<-20	<-20
赛氏颜色/号	+30	+30	+30	+30
饱和烃/%	>99	>99	>99	>99
旋转氧弹/min		>250	>250	>250

表 13　加氢裂化尾油异构脱蜡工业应用原料及产品主要性质

项　目	原料	产品			
液体收率/%		97			
基础油收率/%		79			
产品牌号		10#白油	4#基础油	8#基础油	12#基础油
黏度(100℃)/(mm^2/s)	5.37	2.572	4.281	7.693	12.83
黏度指数	127	102	107	115	115
倾点/℃	+42(凝点)	-42	-30	-21	-15
颜色(D1500)/号	<3.0	<0.5	<0.5	<0.5	<0.5
氧化安定性(旋转氧弹)/min		375	355	340	335

3　加氢法生产环烷基润滑油

环烷基馏分油富含环烷烃和芳烃，由于环烷烃既有饱和环状碳链结构，环上又连接着饱和支链，这种结构使环烷基油兼具了芳香烃和直链烷烃的双重性质，这种特性使其能满足多个领域的特殊用途，有着不可替代的市场地位。

环烷基油是人们公认的生产电器用油的最佳原料。所得产品在绝缘性能、冷却性能和稳定性能诸多方面都能满足电器用油的质量要求。环烷基油还是生产橡胶填充油、冷冻机油和高黏度低倾点润滑油等特种工业用油的理想原料。作为橡胶填充油，对其主要的质量要求是：与橡胶有很好的互溶性，而且不具有芳香烃的毒性，尤其是用于生产与人体接触的橡胶制品。在互溶性与安全性上环烷基油可谓是生产橡胶填充油最理想的原料，尤其是经过高压加氢生产的橡胶填充油质量更好。环烷基馏分油是生产工业特种油品最理想的原料，应加以充分合理的应用。

3.1　一段串联加氢生产环烷基润滑油技术及工业应用

为充分利用环烷基油资源，创造更大的经济效益和社会效益，满足市场和环保的双重需求，FRIPP 开发了高凝点、高硫、高氮和高芳烃的环烷基稠油组合加氢生产环烷基特种产品技术，该技术将加氢处理、临氢降凝和补充精制三种工艺组合在一起，通过催化剂级配组合、优化和适宜的工艺条件，保证装置实现长周期运转。一段串联加氢生产环烷基润滑油技术工艺流程见图 4。环烷基馏分油经加氢处理深度脱硫、脱氮，及部分芳烃加氢饱和后的生成油，无需分离出氨气，直接进入临氢降凝反应器进行降凝反应，然后补充精制获得高质量产品。环烷基油一段串联加氢组合工艺技术既简化了加工流程，又减少了投资，具有先进性及经济合理性。环烷基馏分油组合加氢生产特种油品技术于2009年10月在一套200kt/a装置工业应用，以进口高硫和高凝点环烷基馏分油为原料，生产出低凝环烷基特种产品。该装置初期运行结果见表14~表16。

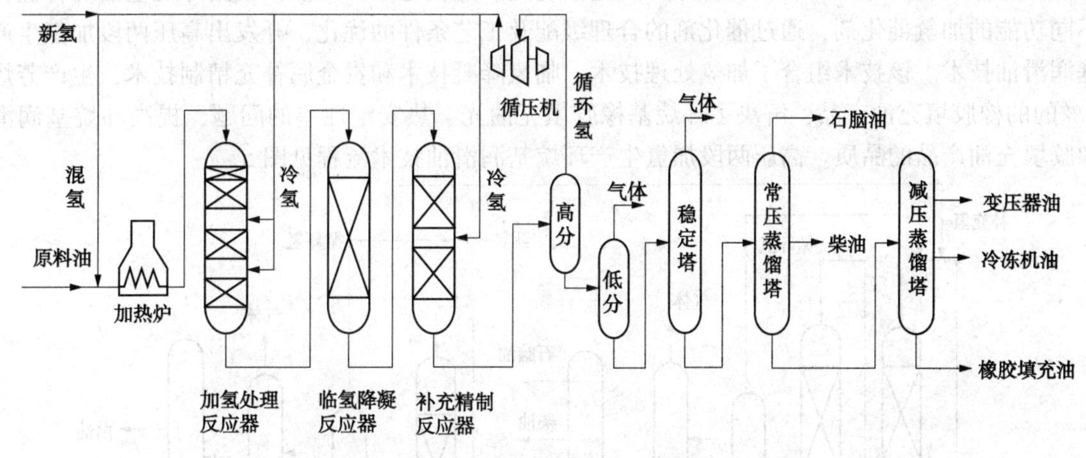

图4　一段串联加氢生产环烷基润滑油工艺流程

表14　装置初期标定原料油性质

项　　目	数　据	项　　目	数　据
密度(20℃)/(kg/m^3)	942.7	氮含量/(μg/g)	1883
馏程/℃		倾点/℃	5
IBP/10%/30%/50%	302/395/415/426	酸值/(mgKOH/g)	3.66
70%/90%/95%/EBP	443/462/472/497	质谱组成/%	
黏度(100℃)/(mm^2/s)	10.34	链烷烃/环烷烃/芳烃/胶质	7.5/47.4/42.6/2.5
硫含量/(μg/g)	5526		

表15　装置初期标定产品性质

项　　目	45号变压器油料	45号变压器油产品指标	22号冷冻机油料	22号冷冻机油产品指标
密度(20℃)/(kg/m^3)	893.2	≯895		—
黏度(40℃)/(mm^2/s)	9.677	≯11	23.93	19.8~24.2
黏度(100℃)/(mm^2/s)			4.62	
闪点(开口)/℃	149	≮135	175	≮160
凝点/℃	<-50	≯-45		
倾点/℃			-45	≯-35
颜色(D1500)/号			<0.5	≯1.0
赛氏颜色/号	>+30		>+30	
硫含量/(μg/g)	1.0		2.1	≯0.03%

表16　初期标定产品性质

项　　目	46号冷冻机油料	46号冷冻机油指标	10号橡胶填充油料	10号橡胶填充油指标
黏度(40℃)/(mm^2/s)	50.35	41.4~50.6	133.8	—
黏度(100℃)/(mm^2/s)	5.969		9.267	9~11
闪点(开口)/℃	187	≮170	215	220
凝点/℃				28
倾点/℃	-38	≯-30	-27	≯-15
颜色(D1500)/号	<0.5	≯1.0		
赛氏颜色/号	>+30		+30	≮+28
硫含量/(μg/g)	3.2	≯0.03%		

3.2 高压两段加氢生产环烷基润滑油技术及工业应用

为提高橡胶填充油的品质，改善橡胶填充油的光、热安定性，FRIPP 根据环烷基油的特性，优选不同功能的加氢催化剂，通过催化剂的合理级配及工艺条件的优化，开发出高压两段加氢生产环烷基润滑油技术。该技术组合了加氢处理技术，临氢降凝技术和贵金属补充精制技术，生产芳烃小于1%的的橡胶填充油产品，解决了环烷基橡胶填充油光、热安定性差的问题，提高环烷基润滑油和橡胶填充油产品的品质。高压两段加氢生产环烷基润滑油技术流程见图5。

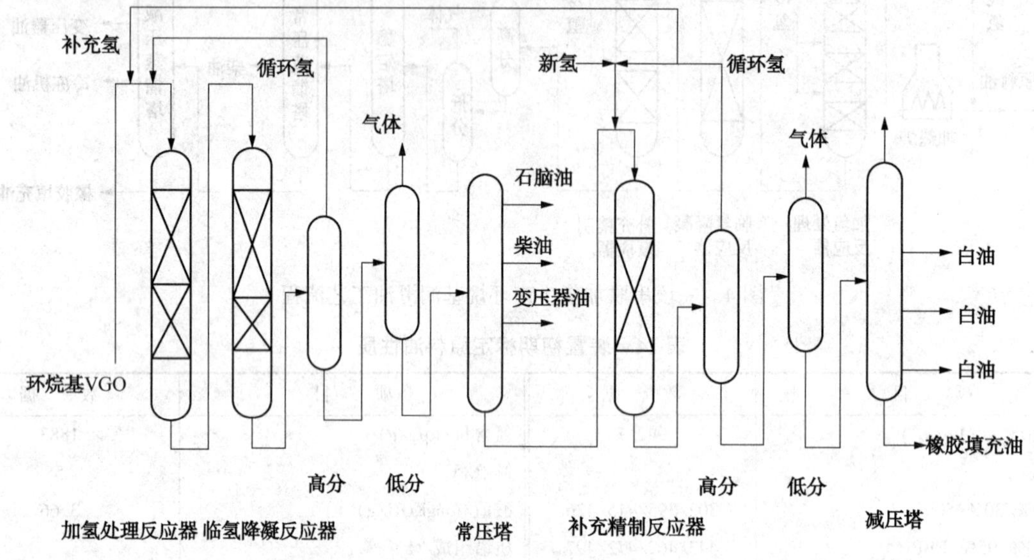

图5 高压两段加氢生产环烷基润滑油工艺流程

高压两段加氢生产环烷基润滑油技术于2015年5月在江苏一套50kt/a特种油加氢装置上首次工业应用成功，表17和表18中列出了工业运转的初期结果。

表17 装置初期运行原料油性质

项 目	数 据	项 目	数 据
密度(20℃)/(kg/m^3)	943.1	氮含量/(μg/g)	1674
馏程/℃		倾点/℃	0
IBP/10%/30%/50%	311/355/379/397	酸值/(mgKOH/g)	4.18
70%/90%/95%/EBP	417/443/455/474	质谱组成/%	
黏度(100℃)/(mm^2/s)	11.58	链烷烃/环烷烃/芳烃/胶质	4.9/53/42.1/0
硫含量/(μg/g)	2900		

表18 装置运行初期产品性质

分析项目	3号白油	变压器油	15号白油	4号橡胶油	8号橡胶油
黏度(40℃)/(mm^2/s)	3.557	7.896	16.02	31.97	73.88
黏度(100℃)/(mm^2/s)		2.138	3.102	4.609	8.207
光安/号	3	3~4	3~4	4~5	5~6
热安/号	22	25	18	17	13
倾点/℃	<-60	-51	-36	-24	-21
赛氏颜色/号	+30	>+30	>+30	>+30	+30
碳型组成/%					
$C_A/C_N/C_P$		1/42/57		0/44/56	0/42/58

针对环烷基原料高氮、高芳烃和高凝点的变化趋势，FRIPP 开发了环烷基油加氢处理-异构脱蜡-贵金属补充精制组合加氢工艺技术。利用异构脱蜡催化剂在过程液收和目的产品收率方面的优势以及贵金属补充精制催化剂的优良加氢性能，在比较缓和的工艺条件下，改善产品低温性能，深度饱和芳烃。该组合技术解决了环烷基油产品光、热安定性差的问题，提高环烷基特种产品的品质，拓宽了环烷基原油的来源。环烷基油加氢处理-异构脱蜡-贵金属补充精制组合加氢工艺技术流程示意图见图 6。

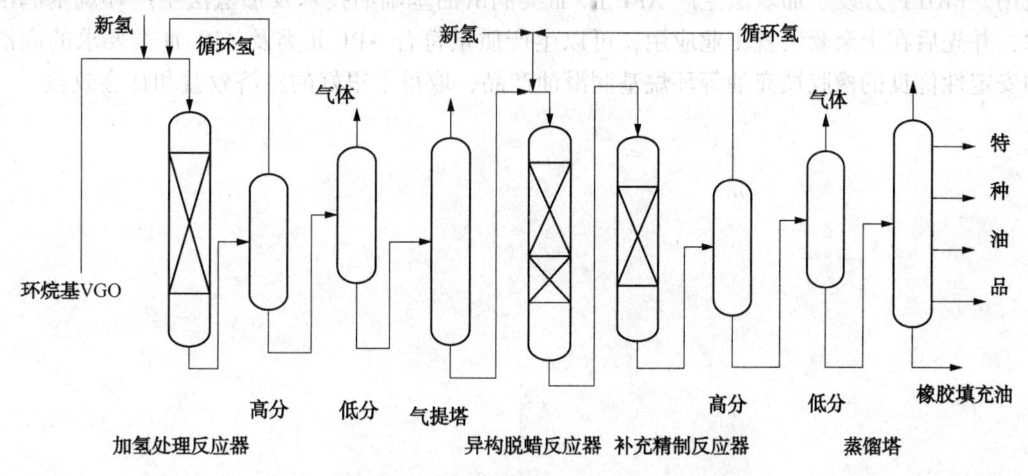

图 6　环烷基油组合加氢工艺技术流程示意图

环烷基油加氢处理-异构脱蜡-贵金属补充精制组合加氢工艺技术于 2015 年 5 月在辽宁一套 200kt/a 环烷基油加氢装置上首次工业应用成功，表 19 和表 20 中列出了工业运转的初期结果。

表 19　原料油性质

项　　目	减二、减三混合油
密度(20℃)/(kg/m^3)	937.7
馏程/℃	
IBP/10%/30%/50%/70%/90%/95%/EBP	359/401/416/432/447/464/473/486
黏度(100℃)/(mm^2/s)	9.167
硫含量/(μg/g)	6800
氮含量/(μg/g)	2395
倾点/℃	15
酸值/(mgKOH/g)	1.96
质谱组成/%	
链烷烃/环烷烃/芳烃	4.6/50.9/40.3/4.2

表 20　装置运行初期产品性质

分析项目	变压器油	15 号白油	6 号橡胶油	10 号橡胶油
黏度(100℃)/(mm^2/s)	7.72	13.21	6.25	9.85
光安/号	2~3	2~3	3	3~4
热安/号	25	24	23	22
倾点/℃	-54	-48	-27	-18
赛氏颜色/号	>+30	>+30	>+30	>+30
碳型组成/%				
$C_A/C_N/C_P$	0/44/56		0/45/55	0/46/54

4 结语

随着汽车、机械工业的飞速发展和环保要求的日益严格，润滑油产品升级换代速度明显加快，由传统的润滑油基础油生产工艺制得的 API Ⅰ类基础油需求正在减少，润滑油加氢工艺生产的Ⅱ/Ⅲ类基础油需求不断增加。为了满足不断增长的润滑油基础油质量要求，润滑油加氢技术得到更加广泛应用。FRIPP 开发了加氢法生产 API Ⅱ/Ⅲ类润滑油基础油技术及加氢法生产环烷基润滑油工艺技术，并先后在十余套装置工业应用，可以生产质量符合 API Ⅱ类及 API Ⅲ类要求的润滑油基础油和安定性优良的橡胶填充油等环烷基润滑油产品，取得了很好的经济效益和社会效益。

原油中有机氯化物的转移脱出技术研究

刘 哲

（沧州信昌化工股份有限公司，河北沧州 61000）

摘 要：随着油田二采、三采原油的劣质化，原油中的有机氯化物含量逐渐增大，由于电脱盐的原理所限，电脱盐只能脱除无机氯离子，对于有机氯化物则无能为力，而原油中的有机氯化物在蒸馏过程中，在高温与水蒸气的共同作用下水解或热解出氯离子，生成腐蚀性极强的氯化氢，对设备造成了严重的腐蚀，同时，极易引起后续装置催化剂的中毒。在借鉴了现有其他领域有机氯化物脱除方法的基础上，并根据原油的特点和适用条件，对通过向原油中加入氯转移剂进行转移脱氯的方法进行了研究。

关键词：原油 氯化物 分布 脱氯

1 前言

原油中含有的氯元素一般以两种形式存在，一种是以氯代烷烃结构存在的有机氯，另一种是与碱土金属形成的无机氯化物。随着炼油技术的发展，运用电脱盐工艺已经可以将原油中的无机氯盐含量降低在3mg/L以下，但是氯对炼油装置设备腐蚀和催化剂中毒现象却仍然十分严重。

随着油田二采、三采原油的劣质化，国外以及我国辽河油田、冀东油田等开采的原油，由于在开采过程中加入了一定量的含氯化学助剂，如SP1692破乳剂、AR8802解堵剂、JS-1清蜡剂等，使原油中的有机氯化物含量逐渐增大，由于电脱盐的原理所限，电脱盐只能脱除无机氯离子，对于有机氯化物则无能为力，而原油中的有机氯化物在蒸馏过程中，在高温与水蒸气的共同作用下水解或热解出氯离子，因而使常减压装置常压塔顶和减压塔顶冷却水中氯离子含量高，造成设备的腐蚀，同时极易引起后续装置催化剂的中毒[1]。

随着目前原油中总氯含量的增加，尽管电脱盐后原油中的盐含量较低，但原油中的有机氯含量及常减压塔顶中的氯离子含量仍然很高，这表明常规的脱氯工艺措施已很难满足工业化生产装置防腐蚀的要求，因此脱除原油中有机氯化物的技术开发迫在眉睫。有机氯在生物、水处理、废旧塑料回收等领域的脱除方法有很多种，主要包括催化、电化学、吸附、生物等方法，但是尚未有脱除原油中有机氯化物的方法报道[2]。本文所阐述的原油转移脱氯方法是在借鉴了现有其他领域有机氯化物脱除方法的基础上，并根据原油的特点和适用条件而进行的研究。

2 实验部分

2.1 实验装置

蒸馏装置为实沸点蒸馏装置，抚顺石油化工研究院生产。

2.2 实验方法

对辽河石化总厂提供的电脱盐前原油、电脱盐后原油以及在实验室实沸点蒸馏装置上进行蒸馏所得的各馏分进行总氯含量、无机氯含量、有机氯含量的分析，研究原油中氯的分布情况。

通过对加注原油氯转移剂前后原油的实验分析，对比加剂前后塔顶冷凝水中氯离子含量的变化，判断原油氯转移剂的效果。

2.3 分析方法

(1) 有机氯含量测定按电量法。

测定原理：用微量注射器将试样注入裂解管入口段，试样汽化后随载气进入燃烧段与氧混合燃烧，试样中有机氯转化为氯化氢，再由载气带入滴定池同银离子反应，致使银离子浓度降低，通过WK-1型微库仑滴定仪测定银离子浓度降低这一变化，由法拉第电解定律计算试样中的有机氯含量。

(2) 无机氯含量测定按银量法

测定原理：试样在溶剂和破乳剂的存在下，在规定的抽提器中用水抽提，抽出液经加硝酸银煮沸脱出硫化物后，用银量法测定卤化物含量。

3 实验结果及讨论

3.1 原油中氯的分布情况

3.1.1 电脱盐脱水前后原油氯含量的变化情况

对电脱盐脱水之前和之后的原油进行了无机氯含量和有机氯含量的测定，结果见表1。

表1 辽河石化总厂电脱盐脱水前后原油中的氯含量

有机氯/(μg/g)		无机氯/(μg/g)	
电脱盐脱水之前	电脱盐脱水之后	电脱盐脱水之前	电脱盐脱水之后
12.0	11.5	43.2	0.7

从表1可见，原油经过电脱盐脱水之后，其中的无机氯(主要是氯化钠、氯化镁、氯化钙等)可以被几乎完全除去，而有机氯化物则留在原油中。这些有机氯化物在原油经过常减压蒸馏时，由于高温和水蒸气的作用，会分解生成氯化氢，进入蒸馏塔顶，引起塔顶冷凝水中氯离子含量升高，造成对馏出管线及冷换设备的腐蚀。

3.1.2 电脱盐后原油各窄馏分的氯含量

对电脱盐脱水后原油进行实沸点蒸馏，切取不同的窄馏分，再对每个窄馏分进行氯含量分析，结果见表2。

表2 辽河石化总厂电脱盐后原油各窄馏分的氯含量

馏程/℃	收率/%		氯含量/(μg/g)		
	每馏分	累积	无机	有机	总氯
初馏点-90	1.6		0.05	18.4	18.45
90~150	8.2	9.8	0.05	19.2	19.25
150~200	5.6	15.4	0.05	19.8	19.85
200~250	6.5	21.9	0.1	16.3	16.4
250~300	7.9	29.8	0.1	15.2	15.3
300~350	10.2	40.0	0.3	14.1	14.4
≥350	59.5	99.5	1.1	5.3	6.4
损失	0.5	100			

从表2可见，有机氯化物主要分布在沸点小于350℃的轻馏分中，沸点大于350℃的重油中有机氯化物含量较低。在沸点低于300℃的各轻窄馏分中基本不含无机氯化物，电脱盐脱水未被脱净的少量无机氯化物主要残留在重油里边。

3.2 原油氯转移剂脱氯效果

3.2.1 加剂前后原油脱水中氯含量的对比

以辽河石化总厂提供的电脱盐脱水之后的原油为实验油样，考虑原油氯转移剂在进行工业应用时，与破乳剂一起加入，在原油电脱盐脱水的同时，将其中的有机氯转移进入水相而脱除。参照电脱盐脱水的温度和停留时间，将实验油样与水按比例 90∶10 混合，再加入原油氯转移剂，三者在一起搅拌反应温度为 90～120℃，反应时间为 30min。分水后，测定水中氯离子含量，并与空白实验(不加氯转移剂)进行对比，由于加入氯转移剂后，原油中的有机氯转移进入水中，故水中氯离子含量增加，结果见表 3。

表 3 脱氯后排水中的氯含量

氯转移剂加入量/(μg/g)	排水中氯含量/(μg/g)	氯转移剂加入量/(μg/g)	排水中氯含量/(μg/g)
0	0	50	96
10	20	100	98
20	38		

从表 3 可见，每加入 10 的 μg/g 氯转移剂，排水中氯离子含量增加大约 20μg/g，相当于原油氯离子减少 2μg/g，当氯转移剂加入量达到 50μg/g 后，原油中的有机氯几乎被完全转化为无机氯进入排水中，脱氯反应趋于平衡，再增加氯转移剂用量对提高脱氯效果并不明显。

3.2.2 加剂前后塔顶冷凝水中氯含量的对比

将上述脱氯后的原油在实沸点蒸馏装置上，进行蒸馏实验，切取沸点小于 200℃ 的汽油馏分，塔顶注水量为汽油馏分的 10%，在不加氯转移剂(空白)和加氯转移剂的情况下，分别测定塔顶冷凝水中的氯离子含量，实验结果见表 4。

表 4 塔顶冷凝水中的氯含量

氯转移剂加入量/(μg/g)	塔顶冷凝水中氯含量/(μg/g)	脱氯率/%
0	187	
10	114	39.0
20	84	55.1
50	28	85.0
100	22	88.2

从表 4 可见，在加氯转移剂 20μg/g 时，可将塔顶冷凝水中的氯离子含量降低 55%，加氯转移剂 50μg/g 时，可将塔顶冷凝水中的氯离子含量降低 85%，表明该氯转移剂的脱氯效果比较明显。

4 结语

原油中的有机氯化物只依靠电脱盐脱水是不能除去的，通过在电脱盐脱水的同时注入原油氯转移剂，将有机氯转移至水相，可有效地将其脱除，从而降低塔顶低温系统氯离子含量，减轻对塔顶低温系统的腐蚀。

目前，对脱除原油中有机氯化物的研究很少，对于此种在原油中添加氯转移剂的方法，今后还要继续开展一系列完善工作：

(1) 通过借助多种分析手段鉴别出原油中有机氯化物的存在状态及其分子结构；

(2) 根据原油中有机氯化物的存在状态及其分子结构，并结合原油性质，进行更广泛的实验，开发出适应性更强、应用更广泛的原油氯转移剂，进而从源头上解决原油中的氯对生产带来的一系列危害。

参 考 文 献

[1] 徐长福. 原油中有机氯化物的危害及新型轻防蜡剂的开发[J]. 石油炼制，1993，24(8)：33-35.

[2] 樊秀菊，朱建华. 原油中氯化物的来源分布及脱除技术研究进展[J]. 炼油与化工，2009，20(1)：8-9.

惠州炼化油品质量升级对策研究思路

李燕妹

（中海石油炼化有限责任公司惠州炼化分公司技术中心，惠州　516086）

摘　要：本文针对国家环保要求的大趋势以及我国对油品质量升级的迫切需求，分析了惠州炼化油品质量现状，提出了惠炼应对国Ⅵ汽柴油质量标准升级的对策和研究思路。

关键词：油品升级　对策　研究

1　前言

车用汽柴油的品质与我们的生活息息相关。人的一生要“行”掉数吨甚至数十吨的汽柴油。车辆行驶所“吃”掉的汽柴油，是一个非常惊人的数量，据统计，2013 年，我国的汽油消费量达 87.21Mt，柴油消费量达 154Mt。汽柴油已成为现代人日常生活中不可缺少的重要物质。

随着汽车保有量快速增长，汽车尾气排放对大气污染的影响日益增加。与 1980 年相比，机动车保有量增加了 30 倍，尾气排放总量增加了 14 倍。最新数据显示，我国大城市中 22%～34%的细颗粒物排放和 30%的氮氧化物排放均来自机动车。机动车排放氮氧化物、细颗粒物(PM2.5)、一氧化碳、挥发性有机物等多种污染物，成为影响城市空气质量的主要污染来源，也是形成雾霾的重要原因。

为加快油品质量升级，国务院会议决定第五阶段车用汽、柴油标准(硫含量不大于 10μg/g)过渡期均至 2017 年年底。过渡期内，国家将加强油品有害物质和环保指标的监管，结合机动车污染防治需求，推动过渡期内尽快大范围实施油品升级。目前，国家正在启动汽柴油国Ⅵ标准制定工作，预计 2016 年年底前颁布，2019 年实施，主要目标是降低烯烃、芳烃和苯的含量。烯烃对 PM2.5 贡献较大，但烯烃是保证油品辛烷值达标的主要成分，降烯烃将对企业带来巨大压力。中国国Ⅳ及以上标准汽油的生产量约每年 2.20Mt，仅占总产量 3%，绝大多数地区所用汽柴油仅能满足国Ⅲ标准和普通柴油标准，北方及西南部分地区甚至还在使用国Ⅱ标准柴油。目前全国大多数地区实施的还是“国Ⅱ”柴油标准，面临“跳级”挑战。

中国石油和中国石化两大石油公司正在提前布局国Ⅵ油品升级计划，加大技术和资金投入加快油品升级。作为国家“三大桶油”之一，中海油也要加快油品升级生产技术方案研究，按时完成炼油企业升级改造，确保按照汽、柴油标准升级实施时间如期供应合格油品。

2　惠州炼化油品质量现状

惠州炼化一期目前汽油全部按国(Ⅴ)汽油生产，产能为 1.255Mt，主要以 92#国(Ⅴ)汽油为主，其中蒸汽压指标按广东省要求 45～60kPa 控制(国家标准要求冬季 45～85kPa，夏季 40～65kPa)。柴油全部按生产国(Ⅴ)柴油生产，产能为 4.52Mt。二期投产后国Ⅴ汽油产能达到 3.71Mt，国Ⅴ柴油产能达到 8.35Mt。产品指标如表 1、表 2。

表 1　惠州炼化汽油主要指标

项　目	RON	硫含量/(mg/kg)	蒸汽压/kPa	烯烃/%(体)	芳烃/%(体)	苯/%(体)
国Ⅴ标准	≮92	≯10	45～60	≯24	≯40	≯1
实际数值	92.3	7.6	52.3	8.8	26	0.3

表 2　惠州炼化柴油主要指标

调合组分	十六烷值	硫含量/(mg/kg)	多环芳烃/%	凝点/℃	冷滤点/℃	密度/(g/m^3)
国Ⅴ标准	>51	<10	<11	<0	<4	810~850
蜡油加氢裂化	61~67	<1	2.2	1~8	8~11	808~822
煤柴油加氢裂化	54~64	<1	1.2	-14~-5	-8~-2	806~817
汽柴油加氢	52~61	5.2	7.7	-5~5	0~1	826~843

3　国Ⅵ汽柴油质量标准升级情况

6 月 23 日，能源局发布关于征求第六阶段《车用汽油》和《车用柴油》国家强制性标准(征求意见稿)意见的通知。征求意见稿编制说明显示，标准中提出的国Ⅵ阶段车用汽柴油在主要技术指标上已经达到了欧洲现阶段车用汽柴油的质量要求，在个别技术要求上已经优于现行的欧盟标准。

具体来看，第六阶段车用汽油标准中芳烃含量由 40%降低至 35%，烯烃含量由 24%降低至 18%(a)或 15%(b)，苯含量由 1.0 降至 0.8，T50 温度由 120℃适度降低至 110℃，硫含量限值与第五阶段标准相同。在车用柴油方面，鉴于降低多环芳烃含量有助于减少车辆污染物排放，标准将车用柴油中的多环芳烃质量分数由原来的不大于 11%降低为不大于 7%，还增加了车用柴油中总污染物含量的技术要求和检测方法，并提高了 5 号、0 号、-10 号车用柴油的闪点指标限值。国Ⅵ汽柴油标准将于 2016 年底发布，2019 年 1 月正式实施。

4　对策研究思路

在大气污染整治的严峻形势和社会各界的密切关注下，油品质量升级驶入快车道。开展国Ⅴ、国Ⅵ汽柴油升级生产技术方案研究，有利于中海油在国家炼化行业整体处于过剩状态下，有意识地用市场手段淘汰落后产能，根据惠州炼化的生产瓶颈和实际，一次性完成改造方案的制定，提前布局，积极采用先进技术及装备，提高能量利用效率，优化全厂加工流程，提高油品质量的同时实现轻烃等资源高效利用，确保北上广深等城市提前实施国Ⅵ油品的需要，排除被市场淘汰的风险。

惠州炼化迫切需要同时开展 2 个专题任务：

1）开展炼化产品出口方案研究

调研港澳台、东南亚等地区炼油化工行业现状和发展趋势，了解其燃料油、化工产品质量及标准信息、市场动态，针对惠州炼化炼油化工产品海外贸易开展专题研究，提出炼油化工产品出口建议方案。

2）开展油品升级生产技术方案研究

及时跟踪国Ⅵ汽柴油标准信息，调研炼化各单位产品质量现状、生产运营情况及存在问题，调研中石油、中石化企业现状及生产设备能力，研究油品质量升级先进技术及最佳实践经验，提出总体技术方案为炼化各单位油品升级提供技术支持。

为了更好地完成惠炼国Ⅵ油品升级任务，惠州炼化成立了油品质量升级工作小组，组织召开油品升级专题会议，着手开展油品升级前期研究工作，力争自主研发满足生产国Ⅵ汽柴油的催化剂，加大节能减排、能量系统优化、清洁化生产等新技术及新设备的研发利用，吸取系统内外各企业油品升级成功经验。在惠炼一、二期流程优化、装置技术调整、技改技措项目实施过程中，统筹考虑惠炼产品结构、能耗、物耗和环保排放问题，尽全力推进油品升级工作，确保以最小的代价实现惠炼产品、生产过程清洁化。同时开展港澳、东南亚等地区油品质量标准的专题研究，为惠州炼化的油品进军海外市场提供技术支持。现制定惠州炼化油品质量升级总体研究方案如下图：

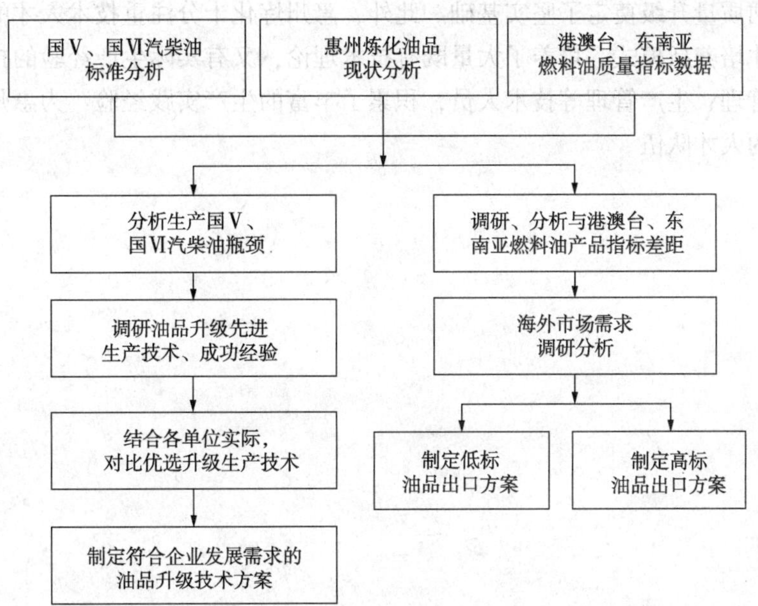

惠州炼化现已开发了全馏分催化汽油选择性加氢脱硫工艺技术(CDOS-FRCN)并建设了一套50万吨/年催化汽油加氢装置成功实现了国Ⅴ汽油升级；焦化汽柴油加氢精制装置采用抚研院开发的深度加氢脱硫催化剂FHUDS-6实现了国Ⅴ柴油升级。二期将采用SEI创新开发的S Zorb技术新建一套240万吨/年催化汽油脱硫装置，将汽油中的硫降低至10mg/kg以下；柴油方面，将采用DU-PONT技术新建一套340万吨/年柴油加氢装置以实现国Ⅴ柴油升级。在以上所述装置基础上，为满足国Ⅵ汽柴油升级，惠州炼化汽油加氢装置仍需采用改进的双催化剂脱硫反应体系的国Ⅴ汽油生产技术，增加脱硫醇反应器，确保脱硫效果和装置长周期运行，此外，还需结合MTBE、烷基化等装置技术改进、新型改性剂实现国Ⅵ汽柴油升级。

5 现有的技术条件和能力

近年来，惠州炼化围绕重大关键技术组织攻关，开发形成了一批核心专利技术。

2011年与北京海顺德钛催化剂有限公司合作开发了拥有自主知识产权的全馏分催化汽油选择性加氢脱硫工艺技术(CDOS-FRCN)，2012年该成果在惠州炼化成功进行了工业化应用，2014在现有CDOS-FRCN工艺基础上，又开发了由单一催化剂脱硫反应体系改进为双催化剂脱硫反应体系的国Ⅴ汽油生产技术，于2015年1月在海南东方石化成功应用，该技术以惠炼催化汽油为原料，经此工艺处理后，硫含量降低至10μg/g，辛烷值损失小于1.0个单位，硫醇硫降低至1~3μg/g，达到了世界先进水平。目前该项技术又成功推广到惠州炼化、东方石化等单位。

目前，惠州炼化围绕市场对高性能清洁油品的急迫需求，正在加大清洁燃料生产技术研发力度，重点开发脱硫、降低烯烃、提高辛烷值和十六烷值等技术，并重视技术的优化组合，突破2~3项清洁油品关键技术，开发出符合国Ⅵ汽油和柴油排放标准的清洁汽、柴油生产成套技术。现已开发了一种负载型柴油加氢催化剂及一种非负载型柴油加氢催化剂，催化剂创新采用了催化剂复配浸渍技术及后处理技术，大幅提高传统加氢精制催化剂对于氮化物脱除能力，同时该项目开发出一种新型液相循环加氢工艺技术，并建造一套100mL液相循环加氢试验评价装置，完成催化剂工艺条件考察及1000h稳定性运转试验。试验结果表明，选择合适的工艺条件，以惠炼焦化柴油为原料在全液相加氢条件下，产品硫含量小于10μg/g，加氢脱硫率>99%，加氢脱氮率>90%，精制柴油产品质量满足国Ⅴ乃至国Ⅵ清洁柴油质量标准。

按照国家油品质量升级要求，惠州炼化大力推进二期22Mt/a炼油改扩建及1Mt/a乙烯工程项目，为国Ⅵ汽柴油质量升级奠定了坚实基础。此外，惠州炼化十分注重技术人才的培养，建立了产学研相结合的人才培养新模式，培养了大量既有技术理论，又有实际生产经验的技术队伍。标准化管理、油品质量管理、生产管理等技术人员，积累了丰富的生产实践经验，为惠州炼化油品质量升级组建了强有力的人才队伍。

高效原油调和先进解决方案

Tal Cohen　魏桃树

（阿斯派克 AI 有限公司，北京　100041）

摘　要：NMR 原油在线分析仪器能够测定粘稠和不透明原油介质的化学组成和物理属性。为不同产地原油调和获得满足生产装置的原油特性提供了一个快速检测工具，结合原油调和优化和线性管理软件，实现真正意义上的原油调和。核磁共振技术实时在线快速原油评价，可以提高原油的管理水平，并摆脱对原油产地的依赖，降低原油的采购成本。

关键词：核磁共振　实时 在线分析　原油调和

1　前言

过去，炼油企业可以根据常用和已知的原油蒸馏数据进行生产。而现在经济形势完全不同，原油价格持续变化，市场对馏分要求也在不断改变，炼油企业不得不将高价值的原油和品质较差的重油进行调和，或者购从现货市场上采购成本较低的调和原油，以减少生产原料的成本。

原油调和是一种常见的做法，可以减少炼油企业的原料成本。不同产地、不同品质的原油有效调和，能够最大限度的保证炼油毛利。不同的原油调合后，能提高精炼余量，不影响高附加值馏分的产能。

传统的罐内原油调和运行成本高，调和时间长，需要在罐内不同深度频繁采样和分析，以证实罐内原油分布均匀，避免把质量不匀的原油供给给下游装置。在线调和在这些方面，表现出了一个极大的改进，它的运行成本低，调和时间短，能密切跟踪调和原油质量是否稳定在预先定义的原油质量设定点，并实时控制。直接从源头降低原料成本，提高炼油生产利润。

认识到全世界对原油高效混合的实际需求。ASPECT AI 公司开发了 AI-60 原油在线分析仪器，用于工艺装置对介质实时在线分析，见图 1。结合专用的监测和优化软件，提高了对不同品质和采购成本的原油进行调和的效率和精度，降低加工原油不必要的质量盈余。

图 1　NMR 原油调和解决方案的主要硬件配置

2　原油调和战略和成本考虑

原油调和战略包括几个参数，每个参数都会影响到进入蒸馏装置原油原料的最终整体成本，进而影响到炼油的盈利：

（1）CDU 装置工程设计限制，不能加工所有类型的原油。

（2）原油原产地不同，成本就不同，不同原产地的原油化学和物理性质也不同。对非常规原油加工能力的提高，会导致炼油企业盈利能力的提高，从而提高炼油生产的利润。

（3）从汽油到柴油，市场对产品需求的不确定。过去的几十年内，欧洲市场对柴油燃料需求的增长，导致了炼油企业以牺牲汽油的收率为代价，提高了柴油的收率。

(4) 高黏原油，特别是重质原油，影响原油在管道输送过程中的流动性。这种类型的原油需要和降粘液或者传统原油进行调和，以降低黏度，提高和改善它的流动性。

炼油厂的建造是不一样的，世界上大多数炼油厂的工程设计的建筑用材料，对加工的原油品种都是有限制的。过去，炼油厂可以从一个固定的产地采购原油，原油的化学和物理性质都是明确的。更重要的是，很多炼油厂是按照加工轻油和低硫原油进行设计的。

炼油企业的主要运营成本，是采购原油的价格，据估计，原油的采购成本占到现金流的80%到90%。如果能够降低原油成本，又不改变高价值馏分的分布范围和产能，就能够提高了炼油毛利，提高整个炼油厂的生产利润。

原油价格由原油的品质决定，轻质原油的价格较高，重质原油的价格较低。通常，炼油厂喜欢加工低硫原油，不喜欢加工含酸原油和高硫原油。因为轻质原油不易腐蚀设备，预防性维护工作量也低。

全球政治和经济形势的变化，使炼油厂不得不改变它们的原料来源。过去炼油厂加工的原油来自一个单一的地方，现在，炼油厂的盈利，直接取决于它们对高价原油和低成本原油的调和能力，使高成本的原油用量最小，低成本的非常规原油用量最大，非常规原油有重油和超重原油、含酸原油和从油砂中提取的沥青。然而，调和也需要保证调和后的原油，物理和化学性质在工艺要求的范围之内，以确保常减压蒸馏装置以最低的成本连续平稳运行。

根本上来讲，原油可以分为4个主要类型，这些类型和它们的相关成本费用如下：

a. 轻质低硫原油(°API 30~40, S ≤ 0.5%)；　　　　高成本原油

b. 轻质含硫原油(°API 30~40, S=0.5%~1.5%)；

c. 重质高硫原油(°API 1~30, S =1.5%~3.1%)；

d. 超重高硫原油(°API=15, S ≥ 3%)；　　　　低成本原油

这些信息说明，对高品质原油和低品质原油调和，生产上的价值和意义。调和中各组分的比例控制，受生产高附加值馏分产能最大化时的物性要求约束，以及调和工艺设备的结构和材料的限制。

原油价格每天都在波动，重油和轻油、低硫原油和含酸原油的价格都是不同的。

正因为如此，炼油厂有义务购买他们性价比最好的原料。而调和为炼油企业采购最便宜的原料提供了可能。

在调和过程中，线性规划(LP)模型广泛用于：

(1) 预测用于参与调和的各个组分之间的比例。

(2) 提供调和原油的物性，使调和原油在加工过程中，对目标馏分能获得最佳收率。

然而，LP是建立在参与调和的组分原油化验数据的基础之上，化验数据的任何变化都会影响到LP的预测。为了核实调和后原油的实际物性，费时和成本高昂的实验室分析化验必须得做。如果调和的目标没有达到，就得再继续调和一次，直到调和目标达到为止。

原油调和工艺在线监测 有以下优点：

(1) 它避免了调和后的原油达不到炼油装置的加工要求。因此，它提高了原油调和的盈利能力。

(2) 它消除了2%~5%的调和误差，每年给企业减少了数以百万计美元的损失。

不同产地的原油调和，特别是那些非常规原油的调和，可能会导致沥青质的沉淀，这样就会在管线和工艺装置中结垢。沥青质溶于极性芳烃，如甲苯，不溶于石蜡基非极性溶剂。

酸值高在重质高硫原油和机会原油中特别常见，由于它能对装置造成灾难性的腐蚀，它是CDU装置能否加工这种类型原油的一个关键。最大限度的加工这些类型的原油，会给炼油企业带来巨大的经济效益。实时监测调和组分原油和调和原油的酸值，对避免设备腐蚀至关重要。可大大减少设备维护和非预期修理成本，避免不必要的生产停车及由此带来的数以百万美元的连带损失。原油组分中的硫含量也很重要，可以使用AI-60在线原油分析仪器进行检测。原油中硫含量高，会增加设备的敏感度。它的存在还会影响到馏分的脱硫处理成本，并且满足环境法规要求。

3 原油调和理念

有多个不同的方案，可以把非常规的原油调和成高附加值的合成原油。所有的这些解决方案集成在计划好的原油自动调和包里面。由于重油中氢含量不足，污染物的含量高，如硫，氮，有机酸，钒，镍，硅和沥青质。通过调和是改善低成本重油品质的方法，具体操作就是用富氢的高质轻质原油或者富氢的稀释剂，稀释这些重油，以提高 H/C。

原油调和工艺有两个橇，一个调和橇，共接受三股液体物流，一个仪表橇，它配制优化软件，样品处理和分析仪器。分析仪器提供调和组分和调和产品介质的在线检测数据。

这些数据发送给优化软件，通过计算和优化，优化软件会制订调和方案，以最小的成本、最低的质量盈余和最小的单个原料配方偏差，得到最优化调和产品。这个目标的实现就要求优化系统配套有在线分析仪器，能够持续不断的接收调和后产品的数据反馈。使用在线分析仪器的数据输入，优化系统即可以进行原料前馈控制，又可以根据从原油调和头后样品的瞬态质量数据，执行原料反馈控制。控制过程示意图参考图 2。

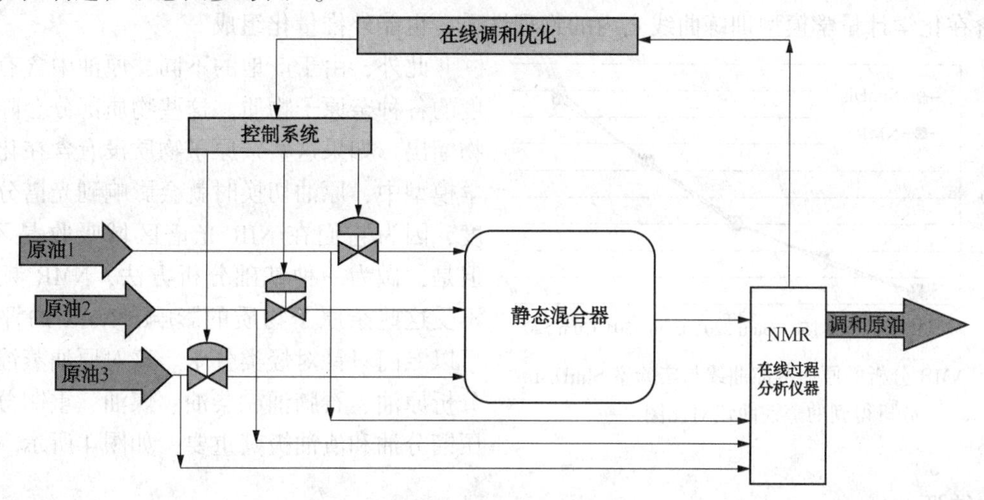

图 2 原油调和示意图

4 AI-60 在线原油分析仪器

配套和使用合适的在线分析仪器，对调和原油的品质有效在线跟踪至关重要。基于核磁共振技术的第三代在线分析仪器，是目前能够监测黑色和不透明介质化学结分和物理性质上最有效的工具。

核磁共振波谱的好处，就在于原油组分分子中的氢原子，与表示组分间化学性质存在着明显区别的化学位移，存在着线性关联关系。化学计量学算法把谱仪测量的信号，通过数值解析，换算成介质的物性，这些性质就是组分原油和调和原油的物性。这种技术能实时提供调和工艺中原油的物理化学性质数据和信息。根据实时分析数据，及时调整不同调和组分原油的比例，得到满足目标物理性质的调和原油。

将 AI-60 在线原油分析仪器与专用的优化软件结合起来，能够提高不同价格和品质原油间调和的效率和精度，减少不必要的质量盈余。无疑这一点有利于提高炼油利润和整个炼油生产的盈利能力。

核磁共振技术本质上是一种电磁效应，是处于磁场中的磁性原子核在一个特定的共振频率下，吸收和释放电磁能量。共振频率的大小取决于磁场强度。这种物理现象可以提供碳氢化合物的成像或者波谱信号，用来监测化合物的物性。

AI-60 在线原油分析仪器在原油调和工艺中的应用，呈现了最新 NMR 技术和它的专属应用。

NMR 技术能够准确的识别分子结构和所涉化学键的特性。通过频谱信号对氢原子的量化，使分子结构的定量和定性评估具有高度准确性。结合 NMR 信号的线性响应，化学计量学能够准确的关联出样品的频谱数据与物性，如图3所示。

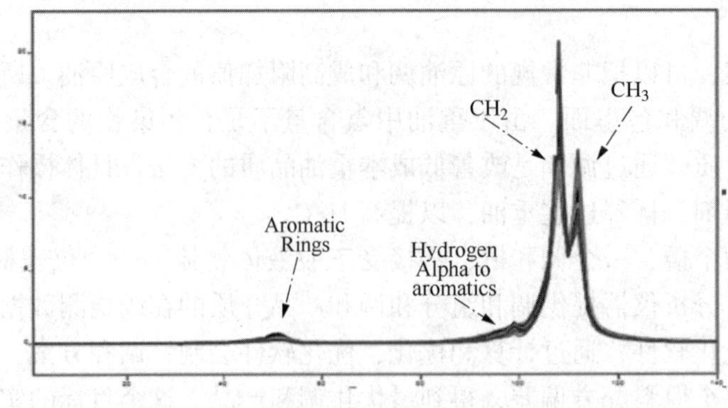

图3　典型的碳氢化合物波谱-60MHz ^{1}H NMR

基于“指纹”特征和缺乏线性响应的光谱分析方法，要对光谱数据和量化样品的物理性质进行关联，就需要化学计量学模型把所有可能的变量都包含进来。NMR频谱是线性响应，能实现外推量化未含在化学计量学模型训练曲线之内的物理性质，也能外推量化组成。

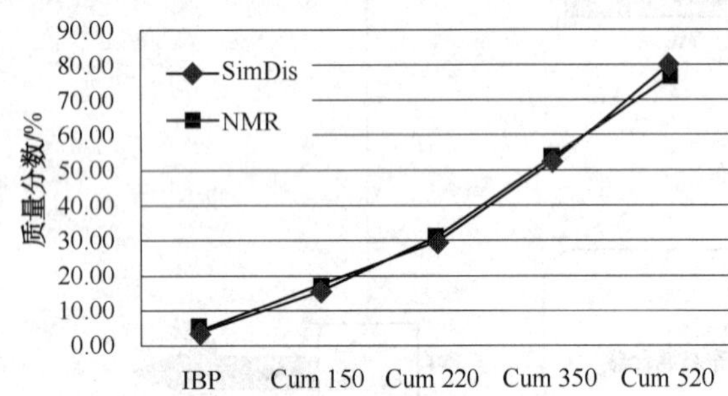

图4　NMR分析的原油蒸馏曲线与实验室SimDist分析得到的蒸馏曲线对比图

此外，由于产地的不同，原油中含有不同浓度的各种杂原子物质。这些物质部分会随蒸馏产物馏出。如果这些杂原子物质没有含在化学计量学模型中，原油切换时就会影响到光谱分析准确度，因为它们在NIR光谱区域吸收是不同的。但是，做为一种基础分析方法，NMR频谱精度不受这些杂原子物质的影响，NMR的评估分析可以专门只针对烃类分子。这对原油蒸馏应用中分析原油、石脑油、柴油、煤油、重馏分油、减压馏分油和渣油极其重要，如图4所示。

5　结语

AI-60NMR在线分析仪器，能够实时在线提供稳定、准确的原油物性分析数据，对原油的高效调和方案成功实施至关重要。它解决了原油调和方案中基础数据快速检测问题，为原油调和工艺过程补偿控制提供了有效依据。

核磁共振技术实时在线快速原油评价，可以提高原油的管理水平，并通过原油调和，摆脱对原油产地的依赖，降低原油的采购成本。它是原油调和解决方案成功实施的一个关键。通过原油调和，炼油企业能够实现单元生产装置复杂的排产计划，为炼油生产企业的做大做强提供了一个有力的信息支撑。

参考文献

[1] Giammatteo, Paul J., Edwards John C., Cohen Tal. Integrated analyses and control to enhance clean fuel production. ISA 54th Analysis Division Symposium, 2009.

[2] Shahnovsky, Gregory. Innovation in Petroleum Process Analyzers Technology. ISA 53th Analysis Division Symposium, 2008.

[3] McMahon, Terrence K. Process Analytical Technology. John Wiley & Sons, Inc, 2005.

[4] Clevett, Kenneth J., Process Analyzer Technology, John Wiley & Sons, Inc, 1986.

[5] Giammatteo, Paul J. More from the Barrel-On-line NMR Increased Diesel Production and Quality. presented to the NMR symposium at the Eastern Analytical Symposium in Somerset New Jersey, November 12-15, 2007 (www.nmr-automation.com).

催化一中油进渣油加氢装置回炼增产车柴的技术应用

王　强

（中国石化长岭分公司炼油第二作业部，湖南岳阳　414012）

摘　要：催化柴油收率高，罐区车柴调和普柴耗量大，调和成本高。为了降低催化柴油，最大限度出车用柴油。考虑将催化一中油中80%的柴油组分改进渣油加氢原料罐来降低催化柴油，本文通过一中油馏程变化对催化柴油收率、产品分布、产品性质的变化影响，进而对此项目做一评价，以期长期投用。

关键词：一中油　十六烷值　反应深度　催化剂

1　前言

2.8Mt/a催化裂化采用石科院研制的MIP-DCR工艺，2014年5月大检修后投入运行，汽油收率较之前MIP工艺提高到48%，提高了近4个点，柴油收率也相应提高至22%。根据当前市场对车用柴油紧需、普柴过饱和、车柴调和成本高的现状，必须大幅降低催化柴油收率。结合渣油加氢装置对原料要求偏重的苛刻度，考虑投用催化一中油（含部分回炼油组分的重柴）进渣油加氢来降低催化柴油。本文通过投用一中油对催化装置的影响，做一简要评价，以确定是否今后长期投用此流程。

2　催化一中油改进渣油加氢过程

5月25日15：00：开始投用一中油至渣油加氢装置，初始量5t/h；

5月26日11：00：一中油流量提至10t/h；

5月27日12：00：一中油流量提至15t/h；

5月28日12：00：一中油流量提至20t/h；

5月31日22：00：渣油加氢进料泵故障，一中油停进渣油加氢装置；

6月1日6：00~至今：一中油提量至20t/h。

自5月25日开始按每天5t/h流量，由一中泵出口新加流程，通过常压过汽化油专线改进渣油加氢原料罐，每次提量必须在前一天操作稳定前提下，逐步提至6月1日的20t/h。5月31日夜间因渣油加氢原料泵故障，暂停一中油回炼，8h候后继续恢复至最大流量20t/h。

3　催化一中油性质分析（表1）

表1　投用新流程后催化一中油性质

分析项目	5/28	6/1	6/4	6/8	6/11	6/18
	16：00	8：00	8：00	8：00	8：00	8：00
密度/(kg/m^3)	966.6	1016.7	1016.3	1024.1		1007.5
初馏点/℃	164.5	178	159.5	154.5	163.5	158
5%/℃	232.5					
10%/℃	250	274.5	271.5	273	282	281

续表

分析项目	5/28	6/1	6/4	6/8	6/11	6/18
	16：00	8：00	8：00	8：00	8：00	8：00
50%/℃	302	332	334	331	333.5	333
90%/℃	341					
95%/℃	349.5					
363℃馏出量/mL	98	87.5	85.5	87	86	88
全馏/%	98					
硫含量/(mg/kg)	3825.8	7874.5	6615		7206.2	7530.5
氮含量/(ng/μL)	767					
残炭/%		0.02	0.01	0.01		0.01

对投用过程及投用一中油提量至20t/h后进入稳定期的一中油做性质分析，从表中可以看出：5月28日第一次采样一中油98%为柴油组分，自6月1日开始，一中油中柴油组分降低至85%~88%之间，有近15%的回炼油组分，密度较调整流量期间的密度大，最高到8日的1024kg/m^3，后期363℃馏出量稳定在85%~88%。

3 原料油性质分析(表2)

表2 投用新流程前后原料油性质

分析项目	2015/5/18~5/22	5/25	5/26	6/2	6/9	6/16	6/23
		8：00	8：00	8：00	8：00	8：00	8：00
密度/(kg/m^3)	918.7	917.9		922.7	925.87	925.57	926.67
残炭/%	2.65	2.55		2.68	2.76	2.62	2.57
初馏点/℃	269		272	278	280	283	295
10%/℃	378		374	377	378	386	381
20%/℃	405		405	409	405	412	410
30%/℃	430		430	433	425	432	432
40%/℃	450		451	453	449	452	449
50%/℃	469		471	473	469	472	465
60%/℃	491		492	497	490	496	491
70%/℃	520		522	529	519	529	522
350℃含量/mL	4		5	4.5	4.5	3	3.5
500℃含量/mL	64		63.5	62	64.5	62	64
520℃含量/mL	70		69.5	68	70.5	68	69.5
538℃含量/mL	75		74.5	73	74.5	72	74
硫含量/%	0.47		0.37	0.41	0.48	0.43	0.47
碳/%	86.85	87.22		86.81			
氢/%	12.32	12.4		12.47			
钙/(μg/g)	12.5	6.96		2.49	3.18	7.88	
铜/(μg/g)	0.02	<0.01		<0.01	<0.01	0.01	
铁/(μg/g)	12.1	6.91		1.47	3.17	2.94	
钠/(μg/g)	0.32	0.34		0.02	0.62	4.08	

续表

分析项目	2015/5/18~5/22	5/25 8：00	5/26 8：00	6/2 8：00	6/9 8：00	6/16 8：00	6/23 8：00
镍/(μg/g)	9.02	3.47		2.9	2.41	2.23	
钒/(μg/g)	4.86	1.64		0.96	0.97	0.87	
饱和烃含量/%				62.48		62.51	
芳烃含量/%				28.5		28.35	
胶质含量/%				7.67		7.5	
沥青质含量/%				1.19		0.23	
正庚烷不溶物含量/%				0.15		0.14	

投用一中油进渣油加氢装置后原料油密度、初馏点变大，残炭略有提高，碳、氢含量及四组成前后变化不大，说明一中油进加氢回炼后原料油性质略有变差。

4　操作条件(表3)

表3　投用一中油进渣油加氢前后操作条件

项　　目	5/18~5/22	5/25~6/1	6/1~6/24
第一反应区出口温度/℃	515.979	514.218	515.069
提升管出口温度/℃	503.542	500.267	498.397
原料油预热温度/℃	224.851	216.265	216.46
反应器顶压力/kPa	247.167	252.058	260.317
再生器顶压力/kpa	270.524	273.381	285.862
沉降器再生器差压/kPa	32.24	29.417	32.975
进提升管原料油量/(t/h)	209.916	214.797	228.162
回炼油量/(t/h)	20.107	9.636	3.336
回炼轻污油量/(t/h)	0	5	5
终止剂量/(t/h)	/	8.042	10.007
剂油比	7.51	6.82	6.57
烟气集合管温度/℃	703.542	702.282	705.661
再生器二密相上温度/℃	691.164	691.26	696.435
再生器一密相中温度/℃	674.036	675.958	681.017
主风出口流量/(kNm^3/h)	284.77	286.294	294.891
V401A产汽量/(t/h)	36.114	34.636	40.066
V401B产汽量/(t/h)	35.344	34.427	40.949
V404产汽量/(t/h)	5.248	8.463	5.988
催化剂活性/%	61	62.20	62.34
一中油至渣油加氢/(t/h)	4.58	15.853	20.878
一中抽出温度/℃	290.936	275.402	291.029
柴油抽出温度/℃	201.753	199.632	197.787
柴油出装置流量/(t/h)	35.886	32.316	38.873
外甩油浆量/(t/h)	9.464	8.958	12.566
稳定汽油量/(t/h)	105.644	112.909	119.811
液态烃量/(t/h)	34.185	37.669	37.728
干气出装置流量/(t/h)	7.08	7.115	8.297

表 3 分三个阶段：第一阶段为投用之前、第二阶段为投用过程中、第三阶段为投用操作稳定后的催化操作条件。原料油预热温度在第二、三阶段下降至 216℃，主要是油浆系统原料油与油浆换热器 E212AB 改为 E212CD 后取热变差。反应器顶及再生器顶压力提高，主要原因是外取热取热能力下降，再生器出现频繁尾燃，为了提高烧焦罐烧焦能力，提高再生器顶压，相应的关小烟机入口蝶阀开度。进入六月份后，按调度处要求，提高催化处理量。轻污油回炼自终止剂进提升管从 5 月 25 日至 5 月 31 日每小时 5t，6 月 18 日至 24 日每小时 5t 注入，全部按调度指示不定期进轻污油。6 月份以来催化主风量不断提高接近 90%、再生器超温频繁。提高一反温度，提高剂油比容易带来再生器超温，导致剂油比较 5 月份下降较多。一反温度提高后带来再生器超温。柴油抽出温度、一中抽出温度控制较低。自 4 月底催化开工后，加大新鲜剂注入量提高三器藏量，使平衡剂活性不断提高。总体来看，操作条件较投用之前 5 月份，变得苛刻，对总体产品分布有一定影响，低的一反温度使柴油收率提高。

5 平衡剂性质(表 4)

表 4 投用一中油前后平衡剂性质

分析项目	5/18~5/22	6/1~6/24
碳含量/%	0.05	0.05
0_20/%	0.35	0.28
0_40/%	11.29	12.0575
0_80/%	58.15	58.15
0_105/%	78.59	78.235
0_149/%	95.58	95.1475
>80/%	41.85	41.85
D(V, 0.5)/μm	72.41	72.625
活性指数/%	61	61.675
表面积/(m^2/g)	110	111.75
孔体积/(mL/g)	0.202	0.2
表观松密度/(g/mL)	0.87	0.87
干基/%	100	99.8625
二氧化硅/%	47.83	48.1525
三氧化二铝/%	48.3	47.6175
氧化稀土含量/%	2.86	2.925
硫酸根含量/%	0.12	0.12
五氧化二磷/%	0.97	0.6525
氯离子/%	0.06	0.085
晶胞常数/埃	24.36	24.3475
铜/(ug/g)	16	17.1
铁/%	0.4	0.425
钠/%	0.35	0.375
镍/%	0.44	0.465
锑/%	0.01	0.01
钒/%	0.24	0.25
微孔面积/(m^2/g)	49.8	49.875
微孔体积/(mL/g)	0.023	0.02275

从表中可以看出：投用一中油后，调整新鲜剂加入频率使平衡剂活性有所提高，晶胞常数由24.36降低至24.3475，有利于提高汽油辛烷值。其他数据在投用前后无太大区别。

6 产品分布(表5)

表5 投用一中油前后三个阶段产品分布对比

项　目	5/18~5/22		5/25~5/31		6/1~6/24	
	产量	收率	产量	收率	产量	收率
加氢蜡油	12156.5	59.20	16945.50	51.74	63596.25	44.06
减压蜡油	5724.5	27.88	14038.00	42.86	71719.25	49.69
罐区蜡油	0	0.00	151.25	0.46	820.00	0.57
轻污油	0	0.00	0.00	0.00	0.00	0.00
减渣	0	0.00	0.00	0.00	0.00	0.00
焦化液态烃、富丙烯干气、轻烃回收气等	2654	12.92	1615	4.93	8195.35	5.68
合计	20535	100.00	32749.75	100.00	144330.85	100.00
干气	921.203	4.49	1342.25	4.10	5335.30	3.70
液化汽	3462.75	16.86	5412.44	16.53	21925.69	15.19
汽油	10049.75	48.94	15487.75	47.29	66231.00	45.89
柴油	3445.25	16.78	4365.00	13.33	21446.50	14.86
一中油	0	0.00	2209.79	6.75	11536.71	7.99
油浆	908.063	4.42	1246.59	3.81	6938.41	4.81
焦炭	1718.29	8.37	2636.42	8.05	10700.25	7.41
损失	30.14	0.16	50.09	0.16	217.00	0.15
轻收	16957.75	82.58	27474.98	83.89	121139.90	83.93
液收	13495.00	65.72	19852.75	67.37	87677.50	68.74

比较投用一中油进渣油加氢之前、投用过程中及投用后产品分布可以看出：总轻收、液收都有所提高，其中柴油收率较投用前降低了近两个点，主要是一中油回炼占产品分布中7.99%，而干气、液化汽、汽油、焦炭收率均有所降低。油浆收率增加主要与6月初发现催化外取热存在泄漏，导致油浆固含量超标，加大油浆外甩量来降油浆固含量有关。

7 主要产品性质

7.1 柴油性质(表6)

表6 投用一中油前后柴油性质对比

分析项目	5/18~5/22	5/25~5/31	6/1~6/24
色度/号	<1.5	<1.5	<1.5
硫含量/(mg/kg)	4185.025	4485.8	4467.4
闪点(闭口)/℃	83.75	82	80.5
密度/(kg/m^3)	948.42	939.8	931.97
初馏点/℃	189.11	192.96	190.41
10%/℃	220.86	219.29	219.64

续表

分析项目	5/18~5/22	5/25~5/31	6/1~6/24
50%/℃	259.18	251.75	251.85
90%/℃	314.82	311.38	310.52
95%/℃	328.93	332.63	331.79
终馏点/℃	341.75	350.32	350.59
全馏量/%	98	98	98
十六烷值计算值	20.54	20.21	21.68

计算十六烷值指数[1]：$C1=431.29-1586.88\rho20+730.97(\rho20)^2+12.392(\rho20)^3+0.0515(\rho20)^4-0.554B+97.803(\lg B)^2$(其中 B 为50%馏出温度、$\rho20$ 为20℃密度)。从柴油十六烷值计算值数据看出，回炼一中油后，十六烷值有所提高但幅度不大，总体还是很低。主要是渣油加氢装置回炼一中油后，产品中的加氢重油进催化原料罐，使催化原料油性质发生了一定变化，但不足以影响柴油十六烷值的大幅提高。

投用一中之前从5月初开始柴油按外销柴油方案执行，初馏点、密度、干点控制很低，终馏点按外销方案≯350℃。反应在产品分布上，部分汽油组分与柴油组分重叠、柴油组分与油浆组分重叠，导致汽油收率、油浆收率下降。

与表1催化一中油性质对比，可以看出：开始回炼一中油后，约86%的一中油为柴油组分，进入渣油加氢回炼后，使柴油收率降低。

从图1中可以看出：5月24日之前尽量提高柴油初馏点，分离柴油中的汽油组分。6月1日至10日期间，为了提高汽油收率、降低油浆收率，操作上提高柴油抽出温度、提高柴油初馏点，但柴油收率明显提高、瞬时收率接近20%，一中油组分主要为回炼油组分，达不到降低柴油收率的目的。6月10日之后又开始降低柴油抽出温度、柴油初馏点下降，一中油回炼组分88%为柴油组分，使柴油收率下降。

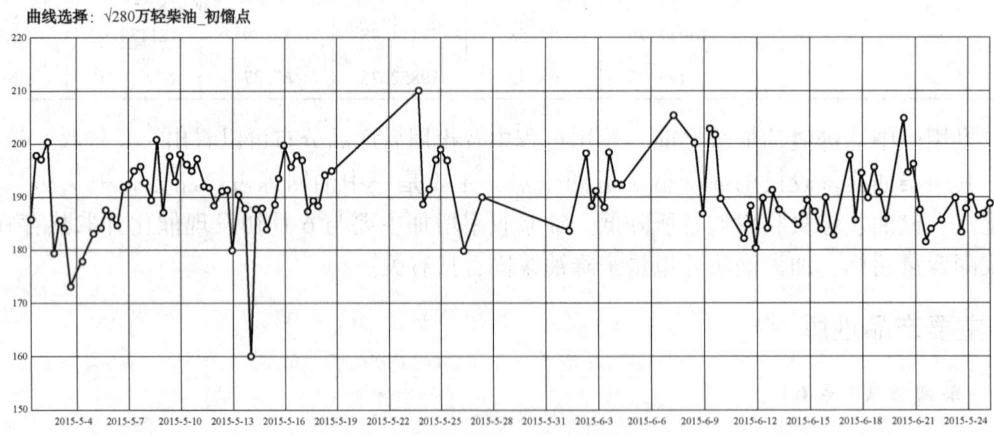

图1 催化柴油初馏点控制趋势图

7.2 汽油性质(表7)

表7 投用一中油前后汽油性质对比

分析项目	5/18~5/22	5/25~5/31	6/1~6/24
初馏点/℃	32.71	33.37	33.66
10%/℃	48.97	50.19	50.61
50%/℃	95.06	93.34	94.62

续表

分析项目	5/18~5/22	5/25~5/31	6/1~6/24
90%/℃	171.90	172.68	172.89
终馏点/℃	195.55	197.49	196.94
全馏量/%	96.97	97.43	97.32
硫含量/(mg/kg)	259.47	224.50	277.85
蒸气压/kPa	62.72	60.91	60.68
氯含量/(μg/g)	0.40	0.40	0.40
芳烃含量/%	—	—	24.35
烯烃含量/%	—	—	20.35
硫醇硫/%	0.01	0.01	0.0043
研究法辛烷值	91.20	91.00	90.81
马达法辛烷值	80.87	80.50	80.65
溴值/(gBr/100g)	68.86	45.92	51.84
实际胶质/(mg/100mL)	1.00	1.00	1.50

从表7中可以看出：回炼一中油后，汽油性质变化不大，研究法辛烷值降低主要与反应终止剂回炼罐区轻污油有关，实质为加快了二反氢转移速度，汽油中烯烃含量降低，导致汽油辛烷值降低。

8 催化柴油的调和

催化柴油部分进入柴油加氢装置生产车柴，部分通过罐区调和普柴。为了降低车柴耗量及普柴调和成本，尽可能多降低催化柴油收率。普柴调和配比如下：

项　目	催化柴油	焦化柴油	标柴	车柴
比例%	40	23	20	17

按照目前280万催化处理量6500t/d，柴油收率降低3%则柴油减少195t/d，相应调和用车柴减少83t/d。-10号车柴市场价5956元/t，降催柴后增加的车柴收益49.43万元/d。

9 结语

通过5月25日至今一中油进渣油加氢回炼效果来看，保证一中油中柴油组分在85%~90%、一中油流量20t/h，基本完成降低催化柴油收率达到3%~5%，有效提高了车柴出装置产量。但是，低控柴油初馏点、一中油抽出温度，使部分汽油与柴油重叠、柴油与油浆重叠。必须通过调节冷回流提高汽油干点、提高二中取热负荷降低一中抽出温度来减少馏程重合。必然又带来一中油柴油组分偏低，达不到降柴油目的。

下一步考虑回炼部分柴油进催化提升管，能适当降低柴油收率，但对汽油辛烷值的提高有一定影响。

参 考 文 献

[1] 陈俊武. 催化裂化工艺与工程[M]. 第二版. 中国石化出版社，2005：893.

航煤管式液相加氢工艺开发与应用

李　华　贺晓军　江　磊

(中国石化长岭分公司，湖南岳阳　414012)

摘　要：管式液相加氢工艺成功应用于航煤加氢领域并实现了工业化，提升了反应效率、降低了投资、能耗和操作成本。

关键词：管式液相加氢　　航煤加氢　工业应用

1　前言

无论是油品质量升级还是环保排放要求，加氢过程在石油炼制总流程中的地位日益突出[1~10]。

中国石油化工股份有限公司长岭分公司和湖南长岭石化科技开发有限公司成功开发了管式液相加氢工艺(简称 FITS 加氢工艺，Flexible and Innovative Tube reactor with Selective liquid-phase hydrogenation technology)并在重整生成油加氢选择性脱烯烃领域得以成功应用。FITS 加氢工艺核心就是将微孔分散技术和管式固定床反应器相组合，提高加氢反应效率。相比传统的滴流床加氢和液相(循环)加氢工艺而言，FITS 加氢工艺具有以下特点：

① 流程简单、投资省；

② 反应效率高，同等条件下反应空速可提高 3 倍以上；

③ 无氢循环和油循环系统，能耗低，本质安全性高；

④ 运行成本低。

航煤主要用作喷气发动机飞机的专用燃料，原料主要来源于石油常压蒸馏的常一线和部分加氢裂化馏分油，近年来生物航煤的开发开辟了新的原料来源[11]。由于其特殊的应用场所和环境，使得对航空煤油的性能要求十分苛刻。不仅要求其具有良好的低温流动性能、较大的净热值和密度、较快的燃烧速度，燃烧完全，而且更要具有良好的安定性，包括储存安定性和热氧化安定性。随着社会经济和航空技术的高速发展，对航煤的需求量日益增加，同时对产品质量的要求也更趋于严格。航煤是石油产品中控制指标最多、质量要求最严的产品之一。

航煤精制的主要目的有两个方面：一是选择性脱除航煤原料中的硫醇性硫，而保留一部分其他含硫物质，这样既能解决航煤腐蚀的问题，又保留了航煤中的部分天然抗磨和抗氧化物质，二是脱除航煤原料中的氮化物和酸性物，解决航煤颜色稳定性的问题[12~15]。目前国内外航煤精制的主要工艺路线分为非临氢碱洗和加氢精制两类，其中非临氢精制主要是碱洗和氧化两种工艺，由于其工艺繁杂、污染物排放较多、对环境不友好，已越来越不能适应现有航煤精制的要求，加氢精制是目前航煤精制工艺的发展方向，而条件缓和的低压临氢脱硫醇工艺是加氢工艺的发展趋势。但目前的加氢工艺存在建设投资、运行成本和操作复杂性较高的缺点。中国石油化工股份有限公司长岭分公司和湖南长岭石化科技开发有限公司将 FITS 加氢工艺应用于航煤加氢领域并成功实现工业化，大幅度提高了航煤加氢的经济性。

2　航煤 FITS 加氢工艺的工业应用

2.1　工业应用

中国石油化工股份有限公司北海分公司(简称“北海分公司”，下同)和长岭分公司应用 FITS 加氢工艺分别建设了一套500kt/a和600kt/a的航煤FITS加氢工业装置，并于2014年4月21日和6月12日一次开工成功，生产出了合格产品。装置原则工艺流程如图5所示。

北海分公司500kt/a和长岭分公司600kt/a航煤FITS加氢装置均采用商用催化剂(RSS-2)，设计开工时数为8400h/a、空速为8~10.0h^{-1}、氢油比为3~5：1。装置操作条件下产品质量分别见表1、表2。

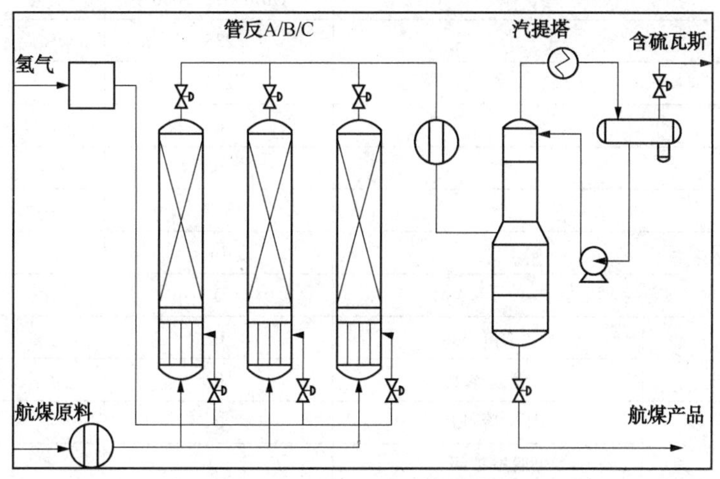

图1　航煤FITS加氢工业装置流程示意图

表1　北海分公司500kt/a航煤FITS加氢工业装置数据

项　　目	原　　料	航 煤 产 品	GB 6537—2006
密度/(kg/m)	794.9	794.0	775~830
总硫/(μg/g)	1171	707	≯2000
硫醇/(μg/g)	122	6.0	≯20
酸值/(mgKOH/g)	0.04	0.001	≯0.015
芳烃/%(体积)	16.6	16.3	≯20
烯烃/%(体积)	0.7	0.3	≯5

①装置操作条件：反应温度250℃，反应压力3.0MPa，体积空速10h^{-1}，氢油比5。

②航煤产品其他性质均符合GB 6537—2006标准。

表2　长岭分公司600kt/a航煤FITS加氢工业装置数据

项　　目	原　　料	航 煤 产 品	GB 6537—2006
密度/(kg/m)	799.3	799.0	775~830
总硫/(μg/g)	512	230	≯2000
硫醇/(μg/g)	41	6	≯20
酸值/(mgKOH/g)	0.11	0.01	≯0.015
芳烃/%(体)	15.8	15.6	≯20
烯烃/%(体)	0.7	0.5	≯5

①装置操作条件：反应温度250℃，反应压力3.0MPa，体积空速10h^{-1}，氢油比5。

②航煤产品其他性质均符合GB 6537—2006标准。

两套工业装置的运行数据表明航煤FITS加氢工艺在较缓和的反应条件下能生产出符合国家标准GB 6537—2006的精制航煤产品。

2.2　高标准航煤的工业试生产

为满足特殊领域的要求，航煤在一些应用领域提出了高于国家标准GB 6537—2006的产品要求，如采用俄罗斯综合鉴定法评定静态安定性、提高航煤动态安定性破点等。为达到这些更加严苛的产品要求，长岭分公司与湖南长岭石化科技开发公司研究了加氢过程影响航煤安定性的反应因素，认为提高加氢深度可有效增加航煤安定性，并组织了高标准航煤产品的 FITS 加氢试生产。分别生产国家标准 GB6537-2006 和高标准航煤时的装置操作条件、产品质量对比如表 3 所示。

表 3　航煤产品不同标准的装置操作条件、产品质量对比

项　目		GB 6537—2006	高标准航煤
温度/℃		235	255
压力/MPa		2.5	3.0
空速/h^{-1}		6	5
氢油比/(体积)		6	8
碱氮/(μg/g)		3.7	2.2
铜片腐蚀(100℃，2h)/级		1a	1a
银片腐蚀(50℃，4h)/级		0	0
热氧化安定性(260℃，2.5h)	压力降/kPa	0	0.01
	管壁评级	0	0
热氧化安定性(290℃，2.5h)	压力降/kPa	0	0
	管壁评级	>4	0
静态安定性(150℃)/(mg/100mL)		11	7.2

3　结语

航煤管式液相加氢工艺具有低氢油比、高空速、反应器制造安装简单等特点，与传统工艺相比具有流程简单，低耗高效的优点，并通过提高加氢深度可有效生产高标准航煤。

FITS 加氢工艺在航煤加氢领域的工业应用验证了其实施有效和安全可控。

参　考　文　献

[1] 李大东．21 世纪的炼油技术与催化[J]．石油学报(石油加工)，2005，21(3)：17~23

[2] 曹志涛．我国炼油工业技术现状及发展趋势[J]．炼油与化工，2010，2：1~3

[3] 张德义．进一步加快我国加氢工艺技术的发展[J]．炼油技术与工程，2008，38(5)：1~8

[4] 边思颖，边钢月，张福琴．炼油行业发展清洁燃料面临的形势分析[J]．中外能源，2010，(7)：73~77

[5] J. Grootjans，C. Olivier. An improved process for the production of environmentally friendly diesel fuels. Studies in Surface Science and Catalysis，1997，106，17-26

[6] J. K. Minderhoud，J. A. R. van Veen，A. P. Hagan，Hydrocracking in the year 2000：a strong interaction between technology development and market requirements. Studies in Surface Science and Catalysis，1999，127，3-20

[7] Song C. New Approaches to Deep Desulfurization for Ultra-Clean Gasoline and Diesel Fuels：An Overview[J]. Fuel. 2002，47(2)，439-445

[8] Jorge A.，Mohan S. R.，Edward F. Hydroprocessing of heavy petroleum feeds：Tutorial，Catalysis Today，2005，109(1-4)，3-15

[9] T. C. Ho，Hydroprocessing kinetics for oil fractions，Studies in Surface Science and Catalysis，Volume 127，1999，Pages 179-186

[10] 李大东．加氢处理工艺与工程[M]．北京：中国石化出版社，2004

[11] 聂红，孟祥堃，张哲民，渠红亮．适应多种原料的生物航煤生产技术的开发[J]．中国科学，2014，44(1)，46~54

[12] 王利．航煤生产精制技术进展及前景[J]．现代化工，2006，26(2)：14~17

[13] 杨庆伟．高空速低压航煤加氢技术的应用[J]．茂名石油化工，2004，3：10~14

[14] 刘范平．800kt/a 航煤加氢装置标定[J]．辽宁化工，2010，39(9)：935~938

[15] 方志明．航煤质量特性相关性研究[J]．石油化工技术与经济．2010，26(4)，12~15

化工工艺与产品

甲苯歧化与烷基转移技术及工业应用

李经球　孔德金

（中国石化上海石油化工研究院，上海　201208）

摘　要：基于甲苯歧化与烷基转移反应机理的分析，介绍了国内外相关催化技术研究进展。重点介绍了中国石化S-TDT甲苯歧化与烷基转移工艺及最新工业化催化反应性能，并简要分析国外其他工艺技术的特点。根据目前的市场需求，阐述了今后的技术发展趋势。

关键词：歧化　烷基转移　甲苯　重芳烃　进展

1　前言

二甲苯作为重要的工业化学品的原料，在现代化学工业中有着重要的地位。对二甲苯是最重要的二甲苯异构体，主要作为生产聚酯的原料。近年来对二甲苯市场需求维持高速增长。而邻二甲苯及间二甲苯则主要用来制备相应的苯二甲酸酐以及其他医药、香料、染料中间体等。

在工业生产中，直接通过石脑油催化重整生成油和蒸汽裂解副产物裂解汽油（HSCN）过程得到的芳烃产品不足以满足市场需求，尤其是用于生产对二甲苯的 C_8芳烃资源不足，而甲苯和 C_9^+芳烃资源却相对过剩。因此，需要通过芳烃之间的相互转化（即芳烃转化技术），实现增产 C_8芳烃的目的，解决市场供需矛盾。

歧化与烷基转移技术即是利用甲苯或苯与 C_9^+芳烃为原料，反应生成二甲苯的芳烃转化技术。歧化与烷基转移单元是芳烃联合装置的重要组成部分，提供了联合装置中50%左右的混合二甲苯。根据反应原料的不同，歧化与烷基转移技术可分为：（1）甲苯歧化与烷基转移技术，主要以甲苯和 C_9^+芳烃为反应原料，生产二甲苯和少量苯；（2）苯和 C_9^+芳烃烷基转移技术，以苯和 C_9^+芳烃为原料，生产二甲苯和甲苯。通过歧化与烷基转移技术可有效调节苯（B）、甲苯（T）、二甲苯（X）等主要芳烃产品间的供需矛盾，对增产二甲苯、提高装置生产灵活性具有重要意义。

近年来，芳烃生产技术的进步与创新主要体现在催化剂性能的提高及新型反应工艺的开发与应用。歧化与烷基转移技术呈现的发展趋势体系在：（1）适应高空速、低氢烃比反应工况，以实现企业的扩能改造或节能降耗；（2）提高重芳烃处理能力，优化产品结构；（3）降低副反应，提高反应经济性。在基础研究领域，一方面是注重分子筛材料的创新；另一方面是开展改性金属组分的可控调变，提高催化剂稳定性及反应活性。

2　反应机理

歧化与烷基转移反应的实质是芳烃侧链烷基在芳环之间的移动和重排。理论上，反应原料中芳烃侧链烷基的种类及与苯环的比例是决定反应产物组成的最主要因素。对于甲苯歧化与烷基转移反应，其主反应包括甲苯歧化反应、甲苯与 C_9^+芳烃烷基转移反应、C_9^+芳烃侧链脱烷基反应等。其中，甲苯歧化反应生成一摩尔苯及一摩尔二甲苯，是生成苯的主要来源，而通过甲苯与三甲苯的烷基转移反应可实现甲基的重排，生产二甲苯。另外，C_9^+芳烃可经由脱烷基反应脱除侧链的乙基、丙基或丁基，生成苯、甲苯或 C_8芳烃产物，也是实现 C_9^+芳烃转化和利用、增产二甲苯的另一个重要反应途径。

除此之外，烷基转移反应网络中还包括 C_9^+芳烃歧化反应、芳环加氢裂解及缩合等副反应。这些副反应的进行会导致苯环损失、二甲苯收率降低以及催化剂的加速失活。尤其是强放热的芳烃加氢过程(如图 1 所示)，会增大反应氢耗及环损率。

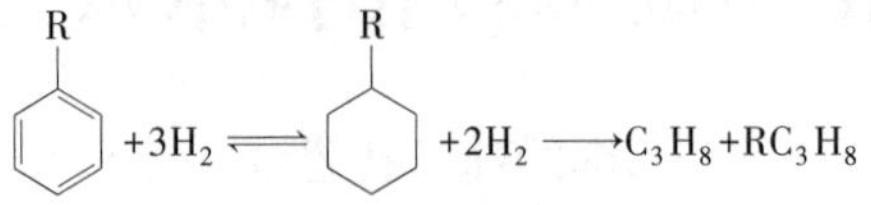

图 1　芳烃加氢反应路径

对于烷基转移反应，通常认为其遵循正碳离子反应机理[1]，包括基于单分子反应模型的甲基迁移机理和双分子反应机理[2]。其中，双分子反应机理认为歧化与烷基转移过程涉及生成一个反应中间物(图 2)。因此，一些较大尺寸的反应中间物因受分子筛孔的空间限制而不能生成，抑制了反应的进行。与甲基迁移机理不同的是，基于这种模型能更好解释分子筛孔道尺寸对反应选择性的影响。

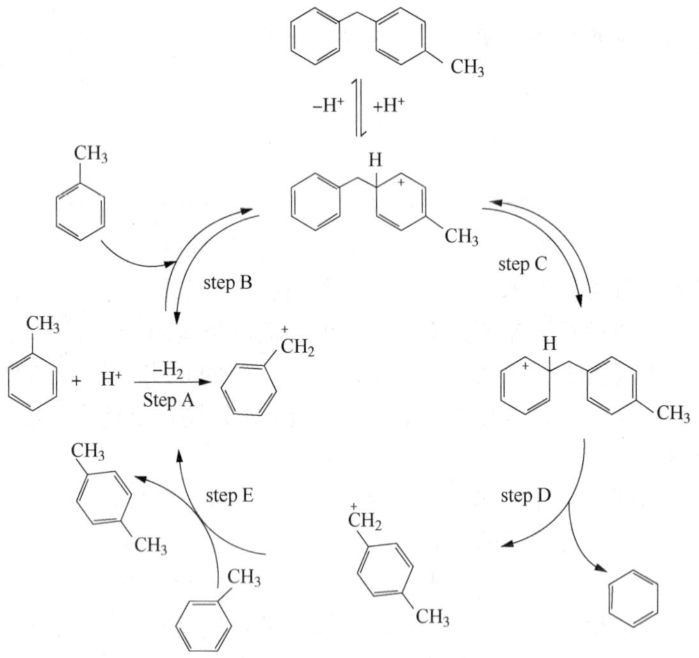

图 2　甲苯歧化双分子反应机理[2]

3　催化剂技术研究进展

如前所述，烷基转移反应所涉及的反应单元多属于酸催化行为，因此主要采用酸性沸石分子筛为代表的固体酸作为催化剂，如 ZSM-5 及具有十二元环通道的丝光沸石等。近年来，随着新型分子筛的合成及应用，β 分子筛、ZSM-12、NU-87、SSZ 等分子筛用作甲苯歧化与烷基转移催化剂活性组分的研究也有报道[3~5]。而催化剂研究则主要集中于分子筛结构和酸性质及金属改性工艺等方面。

3.1　分子筛结构的影响及优化

分子筛孔结构对反应性能的影响主要体现在两个方面：(1)分子筛孔道尺寸影响反应原料及产物分子扩散速率；(2)分子筛孔道尺寸的空间效应影响反应中间物及其状态。

图 3 比较了不同芳烃分子在不同孔径分子筛中的扩散系数。对于相同分子筛孔径，随着反应分子尺寸的增大，分子扩散阻力增大，扩散系数减小。因此，当反应体系中涉及到 C_9^+芳烃等较大分子时，分子筛的孔道扩散阻力是重要的考量因素。显然，从物料扩散的角度，具有 MOR、BEA、MAZ 及 FAU 结构的大孔分子筛更有利于 C_9^+芳烃的处理。

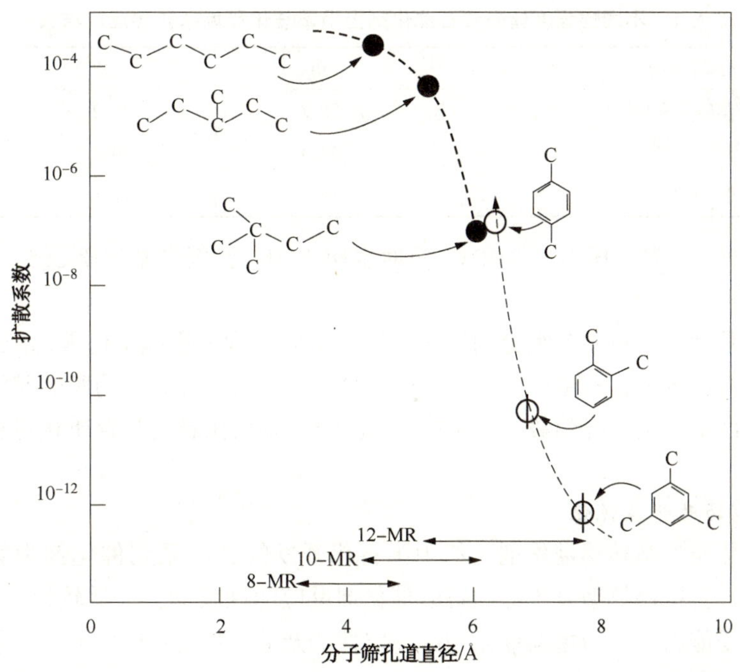

图 3　烷烃和芳烃分子在 8-MR，10-MR 和 12-MR 分子筛中的扩散系数[6]

另一方面，由于与分子筛孔道尺寸不匹配或尺寸较大的分子在孔道中难以生成，甚至是不能生成(或者即使在局部生成了，却无法顺利通过孔口逸出)，因此不同分子筛在甲苯歧化与烷基转移反应中表现出不同的产物择形性。例如，由于孔径对反应中间物的空间限制，ZSM-5 分子筛孔道内甲苯和三甲苯烷基转移反应及三甲苯自身的歧化反应受到抑制，而遵循单分子反应机理的甲乙苯及丙苯的脱烷基反应发生的几率增大；相反，在 β 分子筛孔道内，甲苯和三甲苯的烷基转移反应优先进行[7]。

此外，分子筛晶粒尺寸也是影响其活性及稳定性的重要因素。一般情况下，小晶粒分子筛具有更丰富的外表面，其晶粒之间可形成的丰富二次孔，有利于 C_9^+ 芳烃大分子与酸性位的接触，提高其反应转化率。同时，由于小晶粒分子筛的孔道短，生成的二甲苯产物能较快扩散出去，不易发生深度脱甲基反应，从而提高了目的产物选择性，并在一定程度上抑制催化剂的结焦失活。

3.2　分子筛酸性的影响及优化

分子筛上有两类酸中心，一类是 B 酸中心，通式为 Si-OH-M(M 通常为 Al 或其他金属原子)；另一类为 L 酸中心。一般认为 B 酸中心是甲苯歧化与烷基转移反应活性中心。因此，分子筛酸强度及酸密度(酸量)是影响催化剂反应行为的主要因素。分子筛酸性受分子筛骨架结构、骨架 Si/Al 比、骨架金属种类、阳离子交换等因素的影响。通过分子筛的二次处理(如酸处理、水蒸汽处理等)也可用于调变其酸性。

研究表明，随着硅铝比增大，分子筛酸密度下降，甲苯/三甲苯转化率及二甲苯收率均出现显著下降[8]。因此，保持合适的分子筛硅铝比是提高烷基转移反应性能的重要因素之一。而在一定温度下，低硅铝比(酸密度更高)分子筛的失活速率要快于高硅铝比分子筛，但随着反应温度提高，酸量对活性的影响作用减弱，且失活速率也呈现减小趋势。

根据反应活化能的不同，不同反应所需求的酸强度也有所差异。对甲苯歧化反应所需酸强度进行定量分析，发现对甲苯歧化反应，只有当酸强度 $H_0 \leqslant +2.27$ 的酸中心才起到活化作用，酸强度 $H_0 \leqslant -3.0$ 的酸中心容易被积炭覆盖，起主要活性作用的酸中心强度在 $-3.0 \leqslant H_0 \leqslant 2.27$ 的酸性位。

不同酸强度丝光沸石催化剂上甲苯歧化和烷基转移反应结果如表 1 所示。

表1　不同酸强度丝光沸石催化剂上甲苯歧化和烷基转移反应结果

丝光沸石酸强度	弱	中	强
甲苯转化率/%	38.3	35.2	33.5
C_9芳烃转化率/%	57.4	60.7	65.1
C_{10}芳烃转化率/%	15.1	27.6	48.2

反应条件：温度 385℃，压力 3.0MPa，重时空速 2.5h^{-1}，氢烃摩尔比 3.5，甲苯：C_9A：$C_{10}A$ =55：40：5(质量)。

丝光沸石的酸强度对原料中各组分的转化率均有不同程度的影响，C_9及C_{10}芳烃的转化率均随丝光沸石酸强度增加而升高，这主要是由于强酸位增强了C_9及C_{10}芳烃的脱烷基活性，甲苯的转化率随3分子筛酸强度增加呈下降趋势，这是由于C_9和C_{10}芳烃在脱烷基轻质化过程中会生成一定量的甲苯。

3.3　金属助剂的改性及优化

传统的甲苯歧化与烷基转移催化剂，如中国石化开发的ZA-系列催化剂为氢型丝光沸石催化剂，不含金属助剂。直接用氢型分子筛制备的催化剂反应活性较低，失活较快，同时C_9^+芳烃处理能力不足，杂质耐受能力差。为提高催化剂的稳定性能及C_9^+芳烃处理能力，一般都需对分子筛进行金属改性，Pt、Re、Mo、Ni等加氢组分均被用作金属改性剂，研究多集中于金属种类选择、金属加氢活性调变、产品质量改善等方面的内容。甲苯歧化与烷基转移催化剂的技术关键在于实现分子筛酸性与金属加氢性能的合理匹配。

酸性分子筛上引入金属可改善催化剂性能，其优势主要包括：

(1) 加氢金属对积炭前驱物进行加氢饱和，减缓了积炭速率，从而改善催化剂的稳定性能；

(2) 加氢金属可加快C_9^+芳烃脱烷基反应，提高C_9芳烃/C_{10}芳烃的转化率，此外也可承受一定的稠环化合物。

另一方面，加氢金属组分的引入也会产生以下问题：

(1) 芳烃加氢饱和。芳烃在金属位上催化加氢生成非芳烃，增加反应氢耗，并伴随强放热。一般而言，芳烃的加氢速率随着芳环侧链烷基的增多而减弱，加氢速率按从快到慢的顺序有：苯>甲苯>C_8芳烃>C_9^+芳烃。其中苯、甲苯容易加氢饱和生成环己烷、甲基环戊烷、二甲基环戊烷等沸点与苯非常接近的非芳烃，工业上很难通过蒸馏办法将其进行分离，金属的引入将降低产物苯的纯度。

(2) 芳烃深度加氢脱甲基。加氢金属能促进C_9^+芳烃的脱烷基反应，生成C_5^-小分子。发生深度脱烷基使大量侧链甲基被脱除，将降低反应系统的甲基/苯环比，从而在热力学上将减少二甲苯的收率，增加苯和甲苯收率。

为了提高金属催化剂整体性能，一般需对金属加氢活性进行控制，避免芳烃加氢饱和及芳烃深度加氢脱甲基副反应的发生。常采用的办法有：i. 优化加氢金属种类及用量；ii. 添加第二金属助剂，抑制活性金属加氢性能；iii. 加氢金属预硫化，减弱金属加氢性能；iv. 催化剂预积炭处理，降低初期活性。另外，采用双床层反应工艺也可改善催化反应性能：上床层为负载金属的分子筛催化剂，用于脱烷基与烷基转移反应，下床层为酸性催化剂用于非芳烃的选择性裂解，达到最大化增产二甲苯的同时提高苯质量的目的。

4　甲苯歧化与烷基转移工艺及工业应用

国内外主要的烷基转移工艺及催化材料包括：中国石化的S-TDT工艺及HAT系列催化剂、UOP公司的Tatoray工艺及TA系列催化剂、Exxonmobil公司的TransPlus工艺及EM系列催化剂、SK & Zeolyst公司的ATA系列催化剂等。

4.1 S-TDT 工艺流程

中国石化自主开发的S-TDT工艺流程如图4所示，采用轴向固定床反应器，反应产物经过两个气液分离罐进行冷却冷凝、气液分离(冷、热高分)，降低了能耗。

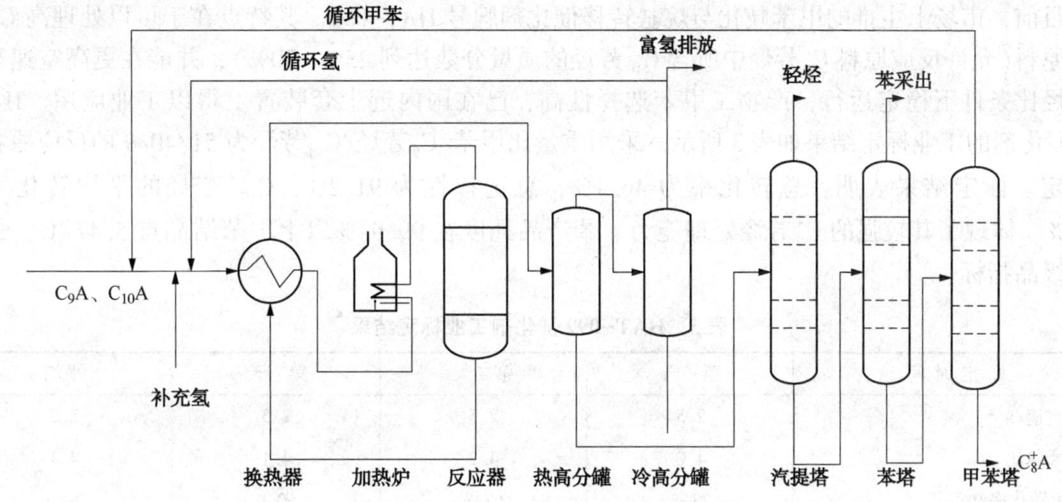

图4 甲苯和C_9^+A烷基转移工艺流程图

甲苯歧化与烷基转移单元过程包括了原料与反应产物的热交换、加热器、催化反应器、反应产物气液分离和产物分离等操作步骤。供给歧化与烷基转移单元的甲苯原料来自苯/甲苯分馏系统；C_9/C_{10}芳烃来自重芳烃分馏部分。

歧化与烷基转移单元的反应产物与反应原料进行换热后经热高分进行气液分离，热高分顶富氢气体经进一步冷却后进入冷高分进行气液分离，冷高分顶富氢气体进行循环，冷、热高分液体产物混合后送至汽提塔，经汽提塔分离出轻组分后，送至苯/甲苯分馏系统，分离出苯、甲苯和C_8及其以上芳烃馏分。其中，甲苯作为原料循环至歧化与烷基转移单元，而C_8及其以上芳烃馏分被送至二甲苯分馏单元进行分离，C_9/C_{10}芳烃再循环至歧化与烷基转移单元。

4.2 S-TDT 工业应用

中国石化以HAT催化剂为核心，开发的S-TDT工艺包集合了热集成技术、固定床反应器大型化技术及流场优化，采用冷热双级高分技术进一步实现了节能降耗。自1997年首次工业化以来，已经在国内外实现多次应用，装置规模也日趋大型化。工业应用范例如表2所示。

表2 S-TDT 工艺应用经验

	装置规模/(kt/a)	投产年份
抚顺石化	400	1997
伊朗 BSPC	870	2004
镇海石化	1000	2004
金陵石化	1400	2008
福建炼化	1250	2008
上海石化	1130	2009
辽阳石化	1380	2010
乌鲁木齐石化	1800	2010
海南炼化	900	2013

4.3 工业催化剂及应用

中国石化于1972年开始甲苯歧化催化剂的研究工作，第一代ZA-3甲苯歧化催化剂于1987年首先在天津石化应用，随后又研发出 ZA 系列、HAT 系列催化剂及 MXT-01 催化剂并工业应用成功。截至 2015 年，国内在运行的甲苯歧化及烷基转移生产装置约 20 套。其中大部分采用中国石化开发的 HAT 系列歧化与烷基转移催化剂。

目前，市场上主推的甲苯歧化与烷基转移催化剂牌号 HAT-099。其特点在于可以处理高 C_{10} 芳烃的原料(允许反应原料 C_9 芳烃中所含 C_{10} 芳烃的质量分数达到 25%~30%)，并能在更高空速和更低氢烃比条件下稳定运行，产物二甲苯选择性高，已在国内近十套装置上得以工业应用。HAT-099 催化剂的工业标定结果如表 3 所示。采用重量比甲苯/C_9 芳烃/C_{10} 芳烃为 51/40/9 的反应原料进行标定。标定结果表明：总转化率为 46.1%，总选择性为 91.2%，C_{10}^+ 芳烃的平均转化率为 70.1%，体现了其较强的 C_9^+ 芳烃处理能力。苯产品纯度在 99.94%以上，苯结晶点 5.47 ℃，达到了优级品指标。

表 3　HAT-099 催化剂工业标定结果

标定时间	第一天	第二天	第三天	平均
重时空速/h^{-1}	2.5	2.5	2.5	2.5
氢烃摩尔比	4.0	4.2	4.1	4.1
C_{10}^+A 转化率/%	73.5	67.8	69.0	70.1
总转化率/%	46.2	46.1	45.9	46.1
选择性/%	91.3	91.2	91.1	91.2
苯产品结晶点/℃	5.47	5.47	5.47	5.47

中国石化最新开发的 HAT-300 催化剂可适用于更高空速、更低氢烃比的工况，适应的原料范围更广，适合装置的扩能改造及大型芳烃联合装置。

在相同原料条件下，HAT-300 与 HAT-099 反应性能如表 4 所示。

表 4　HAT-300 与 HAT-099 催化剂反应性能比较

催 化 剂	HAT-300	HAT-099
进料空速/h^{-1}	4	2.5
氢烃摩尔比(mol/mol)	2	3
总转化率/%	46.3	46.9
C_8A 选择性/%	71.8	70.6

与 HAT-099 相比，HAT-300 催化剂可适用于更高空速、更低氢烃比工况，具有更高的 C_8 芳烃选择性。

4.4　国外甲苯歧化与烷基转移技术进展

UOP 公司的 Tatoray 技术在 1969 年就实现了工业化，采用气固相绝热固定床反应器。Tatoray 的工艺流程与 S-TDT 基本相同。所使用的 TA 系列的催化剂主体是丝光沸石，原料可以是纯甲苯及甲苯和 C_9 芳烃混合物。UOP 公司研发了新一代的金属加氢脱烷基 TA-20 催化剂，提高了催化剂的重芳烃处理能力，与原先的 TA 系列催化剂相比，TA-20 催化剂的长周期稳定性也得到了改善。

TransPlus 是由美国 Exxonmobil 公司与我国台湾中国石油公司联合开发成功的，于 1997 年实现工业化。其特点是可适应较低压力、低氢烃比操作工况，采用双层复合床反应工艺。催化剂含有贵金属组分，反应产物中二甲苯收率较高。

SK &Zeolyst 公司开发的 ATA-11 催化剂自 1999 年首次实现商业化以来。ATA 系列催化剂具备高甲苯/C_9^+ 芳烃转化活性、二甲苯中乙苯含量低以及高稳定性的优点。2002 年开发的 ATA-12 催化剂可适于更宽的原料组成及较高的进料空速。

甲苯歧化与烷基转移主要工艺对比如表 5 所示。

表 5　甲苯歧化与烷基转移主要工艺对比

项　　目	反应工艺		
	S-TDT	Tatoray	Transplus
C_9^+A 最大含量/%	70	70	100
C_9^+A 中 $C_{10}A$ 含量/%	10~25	10~25	10~25
反应条件			
反应器类型	固定床	固定床	固定床
反应温度/℃	330-450	350-480	380-480
反应压力/MPa	2.5-3.0	2.5-3.0	2.0-2.5
氢烃摩尔比(mol/mol)	3-4	3-4	1-3
重量空速/h^{-1}	2-3.5	2-4	2.5-3.5

5　结语

目前，我国对二甲苯市场仍呈现供不应求局面，甲苯歧化与烷基转移技术仍是增产二甲苯的主要单元技术。技术发展以实现装置大型化、节能降耗及产品结构优化为主要目标。对于现有的歧化与烷基转移技术，核心是通过催化剂技术的创新升级来实现经济效益最大化及节能降耗目的，一是通持续提高低品质原料的处理能力、提高装置经济效益；二是进一步提高进料空速和降低氢烃比等以降低操作成本；三是通过反应过程的强化，进一步抑制副反应，降低能耗物耗。此外，实现芳烃联合装置工艺流程的重构，达到生产原料多样化、产品结构灵活化的目的也将是未来重点研究的技术领域。

参　考　文　献

[1] Čejka J, Wichterlová B. Acid-catalyzed synthesis of mono-and dialkyl benzenes over zeolites: Active sites, zeolite topology, and reaction mechanisms [J]. Catalysis reviews, 2002, 44: 375-421.

[2] Csicsery S M. Shape-selective catalysis in zeolites [J]. Zeolites, 1984, 4: 202-213.

[3] 王昕，翁惠新，孔德金，等. Hβ 负载磷钨酸催化剂上甲苯和均三甲苯烷基转移与歧化反应 [J]. 华东理工大学学报：社会科学版，2009，6：814-818.

[4] 吴伟，黄娟，吴维果. ZSM-12 分子筛研究进展 [J]. 化工进展，2007，26：921-926.

[5] Al-Khattaf S, Musilová-Pavlačková Z, Ali M, et al. Comparison of activity and selectivity of SSZ-33 based catalyst with other zeolites in toluene disproportionation [J]. Topics in Catalysis, 2009, 52: 140-147.

[6] Tsai T C, Liu S B, Wang I. Disproportionation and transalkylation of alkylbenzenes over zeolite catalysts [J]. Applied Catalysis A: General, 1999, 181: 355-398.

[7] Serra J M, Guillon E, Corma A. Optimizing the conversion of heavy reformate streams into xylenes with zeolite catalysts by using knowledge base high-throughput experimentation techniques [J]. Journal of Catalysis, 2005, 232: 342-354.

[8] KrejČí A, Al-Khattaf S, Ali M A, et al. Transalkylation of toluene with trimethylbenzenes over large-pore zeolites [J]. Applied Catalysis A: General, 2010, 377: 99-106.

MTX 甲苯甲醇甲基化技术及工业应用

邹　薇[1]　贺来宾[1]　郑均林[1]　祁晓岚[1]　孔德金[1]　谢在库[2]

(1. 中国石油化工股份有限公司上海石油化工研究院，上海　201208；2. 中国石油化工股份有限公司，北京　100728)

摘　要：介绍了中国石化 200kt/a 甲苯甲醇甲基化制二甲苯(MTX)工业示范装置率先实现了将甲醇引入芳烃联合装置，该技术的工业实施有效提高了原有芳烃联合装置中的甲基和苯环的比例，扩展了芳烃来源，为芳烃装置的增产扩能和结构调整提供了技术支撑。工业运行结果表明，甲苯单程转化率 32.5%，二甲苯选择性 81.4%，$EB/C_8A=0.5\%$，可有效提高 PX 的产能，有利于降低二甲苯回路的能耗物耗。操作过程安全可靠，产品二甲苯中乙苯含量低，为优质二甲苯，产品质量可满足吸附分离进料要求，三废排放满足环保要求。

关键词：甲苯　甲醇　二甲苯　甲基化　芳烃联合装置

1　前言

对二甲苯是重要的基本有机原料，广泛用于生产聚酯、化纤等产品，与国民经济发展及人们的衣食住行密切相关。在现代石油化工业，对二甲苯的生产主要是通过石脑油催化重整和乙烯蒸汽裂解获得，在中国及发展中国家用于生产对二甲苯的 C_8芳烃资源不足，不能满足市场需求。因此，可最大化增产 C_8芳烃(特别是对二甲苯)的生产技术受到了人们的广泛关注。

在目前的芳烃联合装置中，受重整单元进料干点的限制，石脑油经催化重整后重整生成油中甲基和苯环的比例往往小于 2。因此，重整生成油经芳烃间的烷基转移、二甲苯异构化和芳烃分离等单元获得 PX 的同时，会联产一定量的苯产品。如果歧化单元进料中重芳烃含量较少，且异构化单元又采用脱乙基型催化剂，芳烃联合装置在生产 PX 时，会显得甲基不足。为充分利用芳环，最大化增产 PX，需要向芳烃联合装置适当引进甲基。

甲苯甲醇甲基化制二甲苯(MTX)技术是利用芳烃联合装置内甲苯或外购甲苯为原料、以甲醇为甲基化试剂，一分子甲苯可以直接转化为一分子的二甲苯，同时，副产多甲基苯，循环至甲苯歧化与烷基转移单元，从而进一步提高芳烃联合装置的 C_8A 产量，最终实现 PX 产量增加，因此，MTX 技术向芳烃联合装置中引入甲基，一定程度上缓解芳烃联合装置的甲基不足现状。

鉴于该技术的突出优势，从 20 世纪 70 年代起，国内外多家机构开展了甲苯甲基化技术的研发工作。由于催化剂稳定性差、甲醇利用率低、含氧化合物引入芳烃联合装置后对相关单元的潜在风险等问题，迄今没有甲苯甲基化技术的商业化运行报道。

2012 年底，中国石化通过克服催化剂和工艺的相关难点，解决了技术工业化进程中的关键性问题，形成了具有自主知识产权的成套技术，实现了 MTX 技术工业应用，装置一次投料开车成功并实现满负荷运转。本文报道了 200kt/aMTX 成套技术工业应用的简要结果。

2　反应原理

2.1　化学反应及热力学分析

甲苯甲基化反应过程主要包括甲苯甲基化主反应和甲醇自转化等副反应[1]。

甲苯甲基化反应主要包括以下反应过程：

$$Tol+CH_3OH \rightleftharpoons PX+H_2O \tag{1}$$

$$\text{Tol} + CH_3OH \rightleftharpoons \text{OX} + H_2O \qquad (2)$$

$$\text{Tol} + CH_3OH \rightleftharpoons \text{MX} + H_2O \qquad (3)$$

当460℃时，计算得到式(1)～式(3)的ΔH，分别为-69.9 kJ/mol、-67.3 kJ/mol和-70.52 kJ/mol。

表1所示为不同温度下甲苯甲基化生产二甲苯反应的Gibbs自由能。由表1可知，所有反应的$\Delta_r G_m^\Theta$均小于0，且随着温度升高而不断增大，表明在热力学上反应能够自发进行。

表1　甲基化反应的Gibbs自由能值$\Delta_r G_m^\Theta$与温度的关系

反　应	温度/K				
	300	500	700	900	1000
(1)	-66.96	-63.63	-60.97	-58.25	-56.87
(2)	-66.01	-63.08	-61.21	-59.42	-58.53
(3)	-69.25	-67.03	-65.62	-64.19	-63.49

甲醇自身的转化过程主要包括甲醇脱水生成二甲醚(DME)、MTO、MTP和甲醇自分解等过程。通常，甲醇先在L酸位上转化为二甲醚，随后在B酸位上反应转化为烃类等，甚至导致催化剂结焦，降低了甲醇的利用率，是甲苯甲基化反应的关键不利因素。据文献报道[2]，甲醇转化反应的反应历程如图1所示。此外，还有少量的甲醇分解反应，生成一些不凝气体，以CH_4、H_2、CO和CO_2为主。

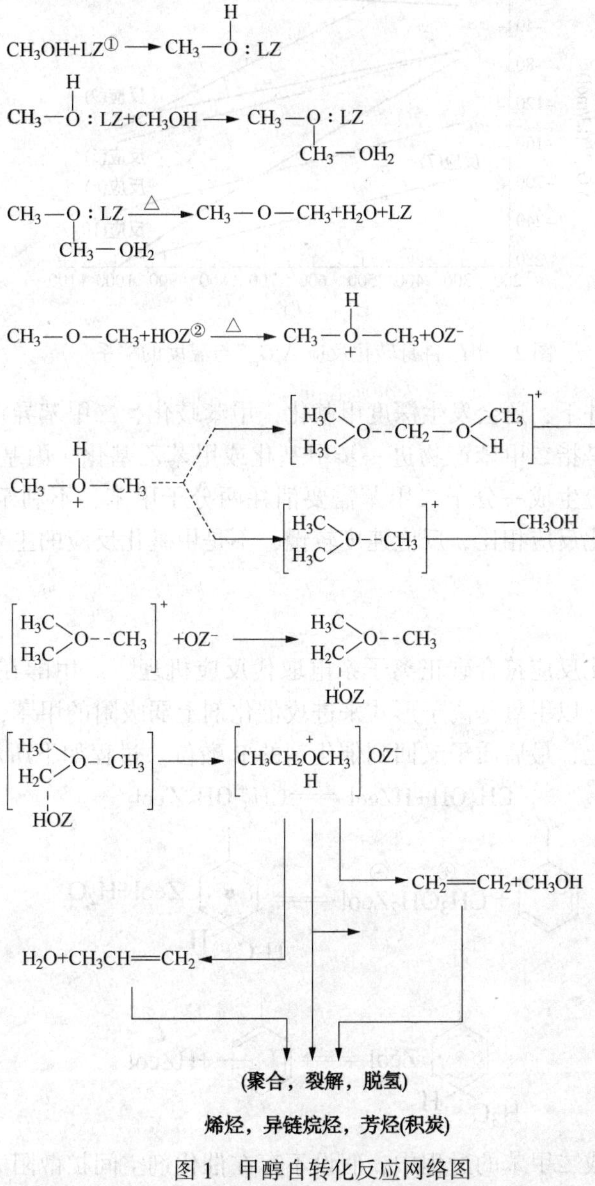

CH_3OH+LZ① → $CH_3-\overset{H}{O}:LZ$

$CH_3-\overset{H}{O}:LZ+CH_3OH$ → $CH_3-O:LZ$（O上连 CH_3-OH_2）

$CH_3-O:LZ$（O上连 CH_3-OH_2）$\xrightarrow{\triangle}$ $CH_3-O-CH_3+H_2O+LZ$

CH_3-O-CH_3+HOZ② $\xrightarrow{\triangle}$ $CH_3-\overset{H}{\underset{+}{O}}-CH_3+OZ^-$

$CH_3-\overset{H}{\underset{+}{O}}-CH_3$ → $[(H_3C)(H_3C)O--CH_2-O(CH_3)(H)]^+$；$[(H_3C)(H_3C)O--CH_3]^+$ $-CH_3OH$

$[(H_3C)(H_3C)O--CH_3]^+ + OZ^-$ → $(H_3C)(H_2C(HOZ))O--CH_3$

$[(H_3C)(H_2C(HOZ))O--CH_3]$ → $[CH_3CH_2\overset{+}{O}CH_3(H)]OZ^-$

→ $CH_2=CH_2+CH_3OH$

→ $H_2O+CH_3CH=CH_2$

(聚合，裂解，脱氢)

烯烃，异链烷烃，芳烃(积炭)

图1　甲醇自转化反应网络图

$$2CH_3OH \Longrightarrow CH_3OCH_3 + H_2O \tag{4}$$

$$2CH_3OH \Longrightarrow C_2H_4 + 2H_2O \tag{5}$$

$$3CH_3OH \Longrightarrow C_3H_6 + 3H_2O \tag{6}$$

$$4CH_3OH \Longrightarrow C_4H_8 + 4H_2O \tag{7}$$

$$CH_3OH \Longrightarrow CO + 2H_2 \tag{8}$$

$$CH_3OH \Longrightarrow C + H_2O + H_2 \tag{9}$$

$$2CH_3OH \Longrightarrow CO_2 + 4H_2 + C \tag{10}$$

甲醇自身转化反应在不同温度下的 Gibbs 自由能如图 2 所示。由图 2 可知，甲醇脱水生成二甲醚的 $\Delta_r G_m^{\ominus}$ 趋向于 0，且随温度变化不大；甲醇脱水生成乙烯、丙烯和丁烯的反应，其 $\Delta_r G_m^{\ominus}$ 远小于 0，且随着温度上升而快速下降；甲醇自分解生成 CO、C 和 CO_2 反应的 $\Delta_r G_m^{\ominus}$ 随着温度的升高呈持续下降趋势。这表明甲醇脱水形成二甲醚的过程受温度影响不大，为快速平衡反应；反应温度升高有利于烯烃生成和甲醇分解和积炭，因此为了避免甲醇自身副反应和催化剂上的积炭失活，可适当降低反应温度。

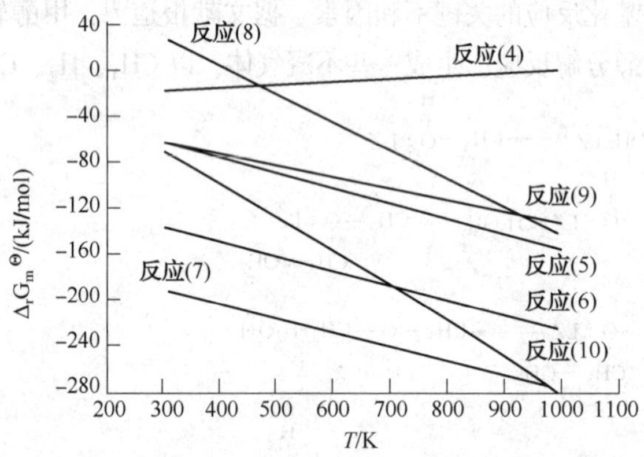

图 2 甲醇自身转化反应 $\Delta_r G_m^{\ominus}$ 与温度的关系

在甲苯甲基化反应条件下，还会发生深度甲基化、甲苯歧化、二甲苯异构化和甲醇自转化等副反应。其中，深度甲基化是指二甲苯产物进一步甲基化或甲苯乙基化、丙基化等，生成 C_9 及以上芳烃的反应；甲苯歧化反应生成一分子二甲苯需要消耗两分子甲苯，不利于甲苯高效转化为二甲苯；甲苯歧化反应与甲基化反应相比，反应速度较慢，不是甲基化反应的主要竞争者，其主要的竞争反应是甲醇自转化反应。

2.2 反应机理

一般认为，甲苯甲基化反应符合碳正离子亲电取代反应机理[3]。甲醇在催化剂的 B 酸位质子化，生成相应的碳正离子，以甲氧基离子形式来进攻催化剂上弱吸附的甲苯，在苯环上甲基的诱导作用下，甲基转移到苯环上，最后质子又回到催化剂的 B 酸位。过程如下所示：

$$CH_3OH + HZeol \rightleftharpoons CH_3^{\oplus}OH_2Z^{\ominus}eol \tag{11}$$

$$\text{(甲苯)} + \overset{\oplus}{C}H_3OH_2\overset{\ominus}{Z}eol \rightleftharpoons \text{(} H_3C\text{、}H\text{ 取代的甲苯碳正离子)}\ Zeol + H_2O \tag{12}$$

$$\text{(} H_3C\text{、}H\text{ 取代的甲苯碳正离子)}\ Zeol \rightleftharpoons \text{(二甲苯)} + HZeol \tag{13}$$

在甲苯甲醇烷基化生成二甲苯的过程中，假设不存在催化剂空间扩散阻力，形成邻二甲苯的活化能最低，而形成间二甲苯的活化能最高，因此，亲电取代反应的难易顺序为：邻位>对位>间位。由于二甲苯异构化反应主要发生在分子筛表面的 B 酸位上，且甲苯甲基化生成的二甲苯在催化剂表面可以迅速异构化得到热力学平衡的二甲苯产物分布，该过程即为 MTX 甲苯甲基化技术反应过程。

3 工艺简介

图 3 为甲苯甲醇烷基化技术的工艺流程示意图。原料甲苯、甲醇等混合，进入固定床反应器进行反应。

供给甲苯甲基化单元的甲苯原料来自界外罐区，甲醇外购。汽化后的甲苯原料在甲苯预热器里被甲苯塔顶循环回来的甲苯进一步加热。新鲜甲醇经甲醇缓冲罐去甲醇汽化器汽化。甲基化反应器反应产物依次经过反应进出料换热器等换热器进行换热，回收反应热。然后进反应产物换热器、反应产物水冷器冷却。冷却液进行油水分离。分出的油相送至反应产物换热器换热后进入汽提塔分离。油水分离器，水相去污水汽提塔，塔釜的工艺水达排放要求后排出界外；油相经汽提塔分离出轻组分后，轻组分去燃料气管网，甲苯由甲苯塔顶分离出，甲苯塔塔釜得到的 C_8^+A 产品送出界外。

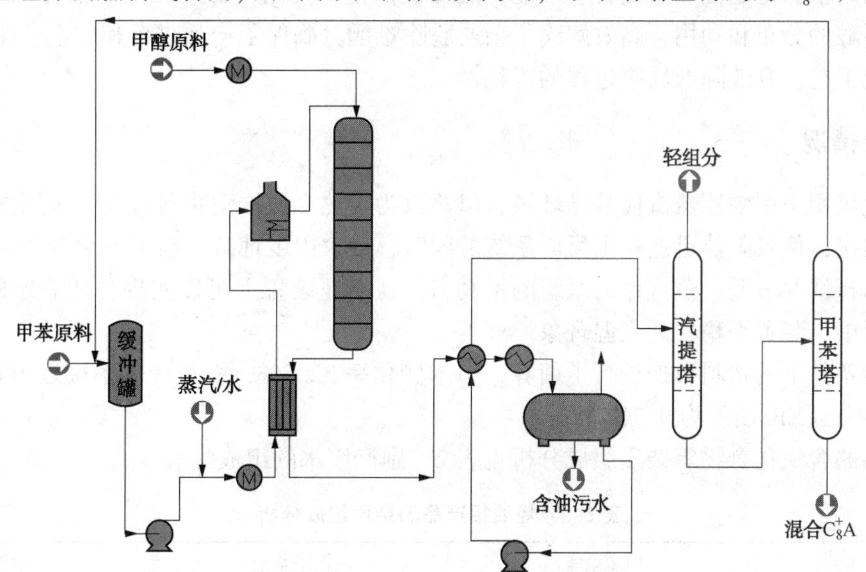

图 3 甲苯甲醇烷基化技术工艺流程示意图

在换热流程的设置上采用了热夹点技术对界区内冷热物料进行统一考虑，采用热集成技术，充分回收反应热和精馏塔顶气的热量，从而达到节能的目的。

由于甲醇性质活泼，在很低的温度下就可以发生副反应，在反应区间内还会发生烃化反应，MTO、MTA 等反应，这些副反应在降低了甲醇的烷基利用率，使甲基引入量不足，经济性下降的同时，烯烃还极易在催化剂上发生结焦，使催化剂易失活，稳定性差；此外，由于甲基化反应过程生成大量水，且反应是在较高温度下进行，因此在高温水热条件下极易发生分子筛骨架脱铝，并导致催化剂永久性失活。

中国石化通过对催化剂进行改性后处理，开发了有高水热稳定性、高反应活性、高选择性和高容碳能力的 MTX-1000 催化剂，使反应过程中副反应，尤其是生成小分子烃反应得到显著抑制，提高了甲醇的烷基化率，实现了甲醇在芳烃联合装置中的有效引入。同时，该催化剂具有高容碳能力，从而提高了催化剂的稳定性。

甲醇作为甲基化试剂，使反应物中不可避免地夹带含氧化合物。工业上，芳烃联合装置中生成的 C_8芳烃往往通过吸附分离单元来来获得 PX 产品，由于含氧化合物为强极性物质，会在 PX 吸附剂上优先发生强吸附，使 PX 吸附剂不可逆失活，从而可能会造成巨大的经济损失，这也是阻碍甲苯甲基化技术工业化进程的难点之一。

由于主反应和甲醇各类副反应均是中强放热反应，在反应温度范围内，其 ΔH 多在-45 ~-120kJ/mol，相对于目前国际上常见的芳烃联合装置歧化单元，其反应放热较大，在反应投料和运行过程中，装置的稳定操作都面临挑战；即使在反应器设计比较周全的条件下，催化剂床层仍然存在一定温升，这就使得温度对反应的影响被放大，因此，开车过程中，反应温度的控制成为甲苯甲醇甲基化反应控制的关键因素之一。为了更好地预防反应过程中“飞温”现象出现，中国石化采用独特的开工工艺及热集成技术，使装置运行安全平稳，并充分利用了反应热，节能效果明显。

通过对催化过程、反应工程及产品质量控制的系统研究，MTX 技术在分子筛材料、催化剂和反应工艺方面进行创新。

在分子筛材料方面，通过采用复合模板剂并基于晶体生长诱导机理，开发了一种高结构稳定性、介孔丰富的纳米 ZSM-5，有效提高了催化剂活性及容碳能力。在催化剂研发过程中，通过应用酸性调变技术，优化调整了催化剂的酸性质，强化了甲基化主反应、抑制了甲醇副反应，有效提高了二甲苯选择性及产品质量，减缓了催化剂上的积炭；开发了一种分子筛骨架铝稳定技术，大幅提高了催化剂的水热稳定性和重复再生性能，延长了催化剂使用寿命。在反应器方面进行了创新，显著提高了甲醇的分布和利用，高效解决了杂质脱除难题，确保了产品收率和质量。此外，开发了高效的热集成工艺，有效降低反应过程的能耗。

4 生产情况

本次工业应用采用中压蒸汽代替循环氢，以蒸汽为传热介质推动物料流动，采用先甲苯再甲醇投料的开工程序，使吸附热迅速移出反应系统的同时，最大限度地减少新鲜催化剂初次投料的飞温风险。装置运行情况表明，蒸汽作为系统的推动力，在工业装置上可以实现自压系统的正常运转。整个投料过程中，装置平稳，无飞温现象。

对满负荷条件下的物料数据进行了衡算，甲苯转化率 32.5%，甲醇转化率接近 100%，二甲苯选择性为 81.4%，EB/C_8A 为 0.5%。

芳烃油品的含氧化合物等杂质组成分析见表 2，副产废水的组成见表 3。

表 2 芳烃油相产品的杂质组成分析 mg/kg

项 目	甲苯塔釜液	汽提塔釜液	汽提塔顶液
二甲醚	—	—	—
乙醛	—	—	—
甲醇	—	—	1.4
乙醇	—	—	—
丁酮	—	—	—
异丙醇	—	—	—

表 2 数据表明，反应产物芳烃油品中杂质含量低，符合生产要求，所产二甲苯及以上芳烃完全满足芳烃联合装置的质量要求，因而开车初期产品即引入芳烃联合装置，直接并入下游二甲苯精馏单元。

表 3 副产工艺废水的杂质组成分析 mg/kg

项 目	废水汽提塔顶液	废水汽提塔釜液
二甲醚	77	0.8
乙醛	—	—
甲醇	41	0.9

续表

项目	废水汽提塔顶液	废水汽提塔釜液
乙醇	17	0.4
丁酮	16	—
异丙醇	47	—

由表 3 数据可见，副产的工艺废水达到了排放标准，较好地解决了工艺废水的环保问题。

MTX 技术的主要产品为 C_8芳烃，现有工业 C_8芳烃往往来自于乙烯裂解汽油、催化重整、歧化与烷基转移。表 4 为 MTX 甲苯甲基化工艺产 C_8芳烃与工业主要 C_8芳烃来源的典型组成对比。

表 4　主要来源的 C_8 芳烃典型组成　　%

来源	EB	PX	MX	OX	X	EB/C_8A
乙烯裂解汽油	42.3	11.4	29.6	16.7	57.7	42.3
催化重整	17.6	18.6	39.4	24.4	82.4	17.6
歧化及烷基转移	2.0	23.1	52.8	22.1	98.0	2.0
甲苯甲基化	0.50	24.1	52.1	23.4	99.5	0.50

一般而言，同样规模的 PX 装置，如 EB/X 比例较低，则吸附分离、异构化和二甲苯分馏装置规模也可相应减小，从而降低装置的整体能耗物耗。从表 4 可以看出，歧化及烷基转移工艺和甲苯甲基化工艺所反应生成的 C_8芳烃均具有 EB 含量较低，PX 含量较高等特点；其中甲苯甲基化生成的 C_8芳烃中的 EB 含量最低，为 0.50%，产品质量优良。

5　结语

MTX 技术作为一种扩张芳烃资源的新技术，将会改变芳烃联合装置的产品构成，通过与传统歧化，重芳烃轻质化等工艺的组合，最大程度的生产 C_8芳烃，实现有效增值。目前，中国石化正在 MTX 的基础上，研究开发新的技术，使得甲醇的利用和芳烃的生产更加多元和有效。

(1) 采用价廉易得的甲醇作为甲基化试剂，向芳烃联合装置引入甲基，增产二甲苯，实现了煤化工与石油化工的有机结合。

(2) 催化剂具有较高的甲醇的烷基化利用率和较强的含氧化合物处理能力，产品为乙苯含量低的优质二甲苯，同时，反应产物芳烃油品中杂质含量低，生成的二甲苯及以上芳烃完全满足芳烃联合装置和下游吸附分离进料的质量要求，可引入芳烃联合装置，产品直接并入下游二甲苯精馏单元。

(3) 以中压蒸汽为传热介质推动物料流动，实现自压系统的正常运转；采用独特的开停工技术，避免开停车情况下，水介质对催化剂可能造成的物理性和结构性等不可逆破坏。

(4) 设置了废水汽提塔，回收废水中的油或甲醇，降低了物耗；副产工艺水达到了国家排放标准。

参考文献

[1] 葛欣，王文月，沈俭一. 改性 ZSM-5 分子筛催化甲苯、甲醇苯环烷基化反应的研究进展[J]. 无机化学学报，2001，17(1)：17-26.

[2] 王莉，朱景利，李华宝，等. 甲苯和甲醇甲基化反应热力学分析与计算[J]. 化学工程，2008，36(10)：48-51.

[3] 曾昭槐. 择形催化[M]. 北京：中国石化出版社，1994：179-233.

芳烃装置原料优化效益分析

李世伟

(中国石化上海石油化工股份有限公司，上海 200540)

摘　要：介绍了中国石化上海石油化工股份有限公司芳烃装置的生产工艺情况，针对原料和产品的市场价格变化，应用芳烃模拟软件，不断进行测算制定生产方案。结合芳烃装置的生产实际情况，石脑油原料馏程优化空间较大，裂解 C_8 芳烃资源相对也较富裕，通过测算优化生产方案使其芳烃装置效益最大化。

关键词：芳烃装置　原料　优化

1　前言

中国石化上海石油化工股份有限公司(以下简称上海石化)对二甲苯生产能力共为 835kt/a，1 套是 1985 年建造的 235kt/a，另 1 套是 2009 年建造的 600kt/a，工艺技术路线采用了传统的 BTX 芳烃生产路线，以石脑油为原料，由连续重整—芳烃抽提—歧化/烷基转移—异构化—二甲苯精馏—吸附分离等典型工艺组成的芳烃联合装置。

近几年原油价格波动对以石脑油为原料的芳烃装置效益造成了较大的影响。因此，上海石化根据芳烃生产装置的经济效益，对芳烃装置运行方式和原料结构进行优化，对于 235kt/a 的芳烃老装置，综合能耗约 800kg(标油)/t，生产成本较高，边际效益较差，2015 年装置芳烃下游装置(歧化、异构化、吸附分离及二甲苯装置)一直处于停车状态，为实现芳烃装置经济效益的最大化，对 600kt/a 的芳烃装置进行原料结构优化，根据石脑油、混合二甲苯、对二甲苯市场价格变化，以及芳烃装置实际生产情况，利用芳烃软件系统实时对不同原料进行测算，调整原料种类，使其芳烃装置效益最大化。

2　芳烃装置原料结构来源

上海石化以石脑油为原料的连续重整装置共有 3 套装置，处理能力共为 2500kt/a，1 套是 500kt/a 重整装置为 235kt/a 芳烃装置提供重整生成油，1 套 1000kt/a 重整装置为 600kt/a 芳烃装置提供重整生成油，另外 1 套 1000kt/a 重整装置属于汽油型，重整生成油作为汽油调和组分。重整装置产生的重整生成油 BTX 芳烃，经芳烃抽提分离出苯和甲苯，甲苯和 C_9^+ 芳烃通过甲苯歧化/烷基转移工艺和甲苯选择性歧化工艺生产苯和二甲苯。苯作为产品直接外卖，二甲苯混合物通过吸附分离生产高纯度对二甲苯，剩余的其他二甲苯异构体通过 C_8 芳烃异构化工艺，重新得到富含对二甲苯的 C_8 芳烃。2 套芳烃联合装置流程图见图 1 和图 2。

3　芳烃装置原料优化效益分析

3.1　重整装置原料石脑油馏程优化分析

生产芳烃的重整工艺目的是要得到苯、甲苯和二甲苯等轻质芳烃。从重整反应过程中进行的化学反应和有关单体烃的沸点来看，重整装置原料的馏程不需要产生重芳烃，所以终馏点要低，尽可能把 C_9^+ 去除，生产 $C_6 \sim C_8$ 芳烃的适宜馏程是 60~145℃[1]，具体馏程见表 1，而其中的 130~145℃属于喷气燃料的馏程范围，对于有生产喷气燃料的装置可进一步优化石脑油的馏程，另外，要求最大量生产二甲苯并配建有歧化装置的芳烃，原料油终馏点可达165℃。因此，重整原料馏程对芳烃装置的有效负荷起到关键作用。

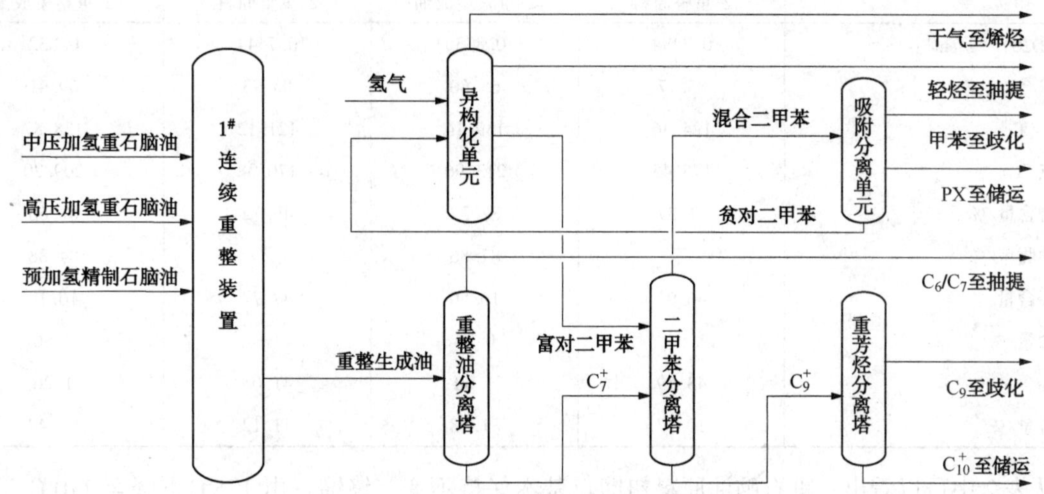

图1　235kt/a芳烃联合装置简要流程

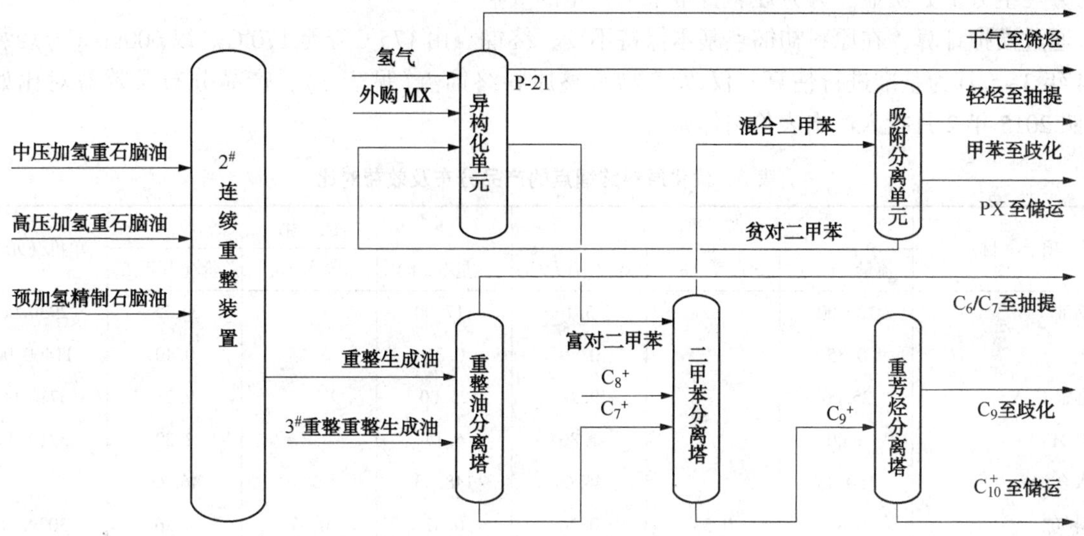

图2　600kt/a芳烃联合装置简要流程

表1　生产各种芳烃的适宜馏程

目的产物	适宜馏程/℃	目的产物	适宜馏程/℃
苯	60~85	二甲苯	110~145
甲苯	85~110		

从600kt/a芳烃联合装置简要流程中看出：2#重整装置作为600kt/a芳烃联合装置的上游装置，石脑油原料来自加氢裂化装置。2014年600kt/a芳烃装置参加中国石化绩效评价，通过对绩效数据分析比较，2#重整石脑油原料在10套芳烃绩效评价中属于较差，原料中C_9^+含量高达40.15%，生成油中的BTX收率最低，为46.32%。因此，针对上海石化原油加工品种和芳烃装置实际生产情况，2014年对加氢裂化装置和2#重整装置整体进行优化，降低石脑油原料终馏点，增产航煤，优化前后数据对比见表2。

表 2 2#重整装置原料及重整生成油优化对比

项目	2014 年 3~5 月		2014 年 10~12 月	
	2#重整原料	2#重整生成油	2#重整原料	2#重整生成油
密度(D20)/(g/cm^3)	0.7484	0.8335	0.7444	0.832
初馏点/℃	85.17	65.60	85.93	69.41
50%点/℃	124.36	139.14	121.12	138.87
终馏点/℃	175.45	213.96	170.38	209.20
芳烃潜含量/%	51.37	82.32	49.72	82.66
生成油收率/%		87.86		84.88
链烷烃含量/%	46.01	16.50	47.77	16.10
烯烃含量/%		0.84		0.86
环烷烃含量/%	43.19	1.00	41.06	1.26
芳烃含量/%	10.77	81.38	11.12	81.47

从表 2 中可以看出：重石脑油原料初馏点基本保持不变，终馏点由 175℃下降至 170℃，生成油中 C_6~C_8芳烃含量由 47.79%上升至 49.67%，C_{10}^+芳烃含量由 11.34%下降至 9.67%。重整生成油的芳烃组分上升明显，为芳烃装置带来了一定的效益。

通过模拟计算，在原料初馏点基本保持不变，终馏点由 175℃降至 170℃。以 600kt/a 芳烃装置 2014 年 3~5 月为基准进行估算，仅改变 2#重整原料终馏点(见表 3)，产品分布及效益对比如下(按照 2015 年 2 月投入产出表价格体系)。

表 3 优化原料终馏点的产品分布及效益对比

项目	基准			优化			单价/(元/t)
	流量/(t/h)	收率/%	总价/(万元/h)	流量/(t/h)	收率/%	总价/(万元/h)	
石脑油	120.00		35.16	117.00		34.28	2930.00
纯氢	0.35		0.40	0.36		0.40	11400.00
3#重整 C_8^+A	25.00		9.28	25.00		9.28	3710.00
补充 MX	5.00		1.86	6.17		2.29	3710.00
投入合计	150.35		46.69	148.53		46.25	
燃料气	0.87	0.58	0.26	0.85	0.57	0.26	3032.31
炼化干气(送乙烯)	8.47	5.63	3.18	8.01	5.40	3.01	3762.08
液化气	3.88	2.58	1.46	3.78	2.55	1.42	3762.08
重整 C_5	3.67	2.44	1.03	3.58	2.41	1.01	2812.80
抽余油	18.82	12.51	5.51	18.24	12.28	5.34	2930.00
苯	18.85	12.54	8.02	19.62	13.21	8.35	4253.90
产品 PX	75.19	50.01	35.84	75.19	50.63	35.84	4766.47
重芳烃	9.72	6.46	2.80	8.62	5.80	2.48	2881.20
重整氢	7.75	5.16	5.17	7.54	5.08	5.03	6671.00
歧化氢	2.59	1.72	1.16	2.55	1.72	1.14	4464.00
异构化氢	0.54	0.36	0.23	0.54	0.36	0.23	4301.00
产出合计	150.35	100.00	64.68	148.53	100.00	64.12	
产出-投入/(万元/h)			17.98			17.87	

从表 3 中可以看出，在保持芳烃装置对二甲苯产量不变的情况下，为了满足对二甲苯产量，外

补混二甲苯原料，单看芳烃联合装置运行效益下降约 1000 元/h。但降低了石脑油终馏点后，减少的石脑油量切割至航煤中，按照航煤产品计，航煤单价 3240 元/t，则可产生效益 9700 元/h。

3.2 外购二甲苯原料优化分析

石脑油是连续重整制芳烃(或重整汽油)的原料，同时也是蒸汽裂解制乙烯的主要原料[2]，根据上海石化生产装置物料平衡关系，上海石化 600kt/a 芳烃装置石脑油资源比较缺乏，为使芳烃装置满负荷运行，原料需要补充部分的外购二甲苯。目前外购二甲苯有裂解 C_8芳烃和异构级 C_8芳烃，裂解 C_8芳烃中乙苯含量较高(约 25%)，异构级 C_8芳烃乙苯含量较低(约 15%)，两股物料具体组成见表 4。

表 4 外购裂解 C_8芳烃和异构级 C_8芳烃组成

组　　成	裂解 C_8芳烃	异构级 C_8芳烃	差值
非芳烃/%	4.4783	0.7182	3.7601
苯/%	0.02	0.0145	0.0055
甲苯/%	1.9367	0.2764	1.6603
乙苯/%	25.17	15.422	9.7480
对二甲苯/%	14.795	19.3215	-4.5265
间二甲苯/%	34.5967	41.5444	-6.9477
邻二甲苯/%	17.4133	22.6172	-5.2039
C_9芳烃/%	1.585	0.0845	1.5005

由于裂解 C_8芳烃和异构级 C_8芳烃组分差异较大，根据芳烃异构化装置(脱乙基型)转化原理，产品的收率主要表现为苯产品量增加，对二甲苯产量降低。应用芳烃模型进行投入产出测算，见表 5。

表 5 外购裂解 C_8芳烃和异构级 C_8芳烃转化产品分布

原　　料	投入量/(kg/h) (裂解 C_8芳烃)	投入量/(kg/h) (异构级 C_8芳烃)	差值
石脑油	121000.00	121000.00	
3#重整氢	8940.00	8940.00	
补充 MX	10000.00	10000.00	
脱 C_7供料	22000.00	22000.00	
投入合计	161940.00	161940.00	
产品	产出 kg/h	产出 kg/h	
燃料气	855.58	855.58	0
炼化干气(送乙烯)	8407.41	8761.96	354.55
液化气	3357.29	3357.29	0
重整 C_5	2488.88	2488.88	0
抽余油	20119.45	20495.48	376.03
苯	19348.63	20067.67	719.04
产品 PX	79658.43	78227.09	-1431.34
重芳烃	9981.18	9983.68	2.5
纯氢	6775.20	6737.54	-37.66
4#PSA 尾气	10947.95	10964.84	16.88
产出合计	161940	161940	0
燃动能耗/(元/h)	123303.25	122666.20	-637.05

由表5中可以看出：若补料为裂解 C_8芳烃，较之异构级 C_8芳烃产品组成中抽余油的量增加376.03kg/h，苯增加719.04kg/h，PX减少1431.34kg/h。因此，补料采用何种外购二甲苯使芳烃装置效益最优，需要根据两股物料的市场价格要不断的进行测算优化，选用裂解 C_8芳烃和异构级 C_8芳烃作为补料对芳烃装置效益的影响，见表6。

表6　裂解 C_8芳烃和异构级 C_8芳烃作为补料效益对比

原　料	原料量	单价差值(裂解 C_8芳烃-异构级 C_8芳烃)	总价
MX	10000.00kg/h	676 元/t	6760.00 元/h
产品	产品差值(赛科 MX-外购 MX)/(kg/h)	单价(不含税)/(元/t)	总价/(元/h)
炼化干气(送乙烯)	354.55	4，160.00	1474.91
抽余油	376.03	5，265.00	1979.81
苯	719.04	7，265.00	5223.80
产品 PX	-1431.34	7，216.00	-10328.53
重芳烃	2.5	5，385.00	13.47
纯氢	-37.66	13，000.00	-489.60
4#PSA 尾气	16.88	2，940.00	49.63
能耗差值/(元/h)			637.05
合计			5320.54
每吨 MX 增加效益/元			532.0

从表6中的测算结果可以看出：若补料为裂解 C_8芳烃，虽然对二甲苯产量下降较多，亏143.9元/t，但由于裂解 C_8芳烃每吨价格较之异构级 C_8芳烃便宜676元，故使用裂解 C_8芳烃替代异构级 C_8芳烃，将会产生每吨532元的效益。根据裂解 C_8芳烃和异构级 C_8芳烃的差价，以使得所得到的边际效益相近，通过测算，当比异构级 C_8芳烃单价低150元/t左右时，两种原料得到的边际贡献相近。如果不考虑能耗因素，效益持平，则裂解 C_8芳烃应比异构级 C_8芳烃单价低208元左右。总体上讲，芳烃补料何种混二甲苯合算取决于苯与二甲苯的价格，若苯的价格高加工裂解 C_8芳烃产生的效益比较明显。

4　结论

由于苯、甲苯和对二甲苯化工产品受原料价格的影响较大，使其上海石化芳烃装置效益最大化，根据原料、产品市场价格的变化，利用芳烃模拟软件实时进行测算，优化原料结构，制定生产方案。

(1) 结合上游加氢裂化装置优化原料石脑油馏程，石脑油终馏点由175℃下降至170℃，生成油中 C_6～C_8芳烃含量由47.79%上升至49.67%，馏程170～175℃的物料切割至航煤，效益增加明显。

(2) 根据苯和对二甲苯的市场价格，利用芳烃模拟软件测算，选用外购二甲苯的种类，当裂解 C_8芳烃比异构级 C_8芳烃单价低150元/t左右时，两种原料得到的边际贡献相近。

参 考 文 献

[1] 徐承恩．催化重整工艺与工程[M]．北京：中国石化出版社，2014：117-122.
[2] 戴厚良．芳烃技术[M]．北京：中国石化出版社，2014：2-9.

PX 结晶分离技术与应用分析

陈　亮　宗弘元

（中国石油化工股份有限公司上海石油化工研究院，上海　201208）

摘　要：对 PX 结晶分离技术的基本原理、技术特点、发展历程、技术进展以及最新的工业应用情况进行了综述，重点介绍 PX 悬浮结晶分离技术及其工艺流程，并分析了多种工业应用方案，指出了 PX 结晶分离技术是一项绿色节能且易于大型化的 PX 生产技术，应用实施方案也十分灵活，既可用于现有 PX 吸附生产装置的扩能改造，也可以用于新建 PX 生产装置，是支撑我国 PX 行业快速发展的一项重要技术。对 PX 结晶分离技术未来的发展重点提出了展望，如晶体洗涤塔技术、吸附提浓与结晶分离组合工艺技术、膜提浓与结晶分离组合工艺技术。

关键词：对二甲苯　结晶分离　深冷结晶　组合工艺　吸附提浓

1　PX 结晶分离技术简介

PX 结晶分离是利用 C_8 芳烃中各组分熔点的差异，通过冷却结晶分离 PX 的技术，是模拟移动床吸附分离技术出现之前工业上生产 PX 的唯一方法，目前仍然是工业上生产 PX 的重要方法。

与模拟移动床吸附分离技术相比，PX 结晶分离技术具有以下显著优点：①产品纯度高。C_8 芳烃属于简单低共熔体系[1]，结晶过程中只有 PX 结晶析出，所得 PX 晶体理论上纯度接近 100%，最终的产品纯度主要取决于后续的固液分离与洗涤效果。通常，对 PX 晶体进行简单洗涤，便可得到纯度大于 99.8% 的 PX 产品。②不使用三剂，生产过程中也不产生三废，属于绿色工艺。③能耗低。PX 结晶热仅为汽化热的 1/2。④对原料的杂质含量要求低。结晶原料中的乙苯(EB)和重芳烃(C_9^+)对 PX 结晶过程的产品纯度几乎没有影响，即 PX 结晶分离对于二甲苯精馏塔的分离精度要求很低，从而使二甲苯精馏塔的操作能耗与投资大幅下降。⑤全部采用定型设备，设备投资较省，大型化容易。⑥操作和控制简单，主要是温度的控制，开停车简便。

但是，PX 结晶分离技术也存在一些不足，主要体现在：①回收率受到低共熔点限制。②动设备较多，如结晶器和离心机等。③低温操作，制冷能耗较大。特别是在分离低浓度 PX 原料(指 C_8 芳烃中 PX 浓度为热力学平衡组成，一般低于 24%，如来自催化重整、异构化和甲苯歧化与烷基转移等)时，结晶温度要降至 -60℃ 以下，即便如此，结晶过程的最大回收率也只能达到 65% 左右。④多级结晶操作。为兼顾结晶过程的产品纯度与回收率，一般至少采用两级结晶操作，需要对一次结晶析出的 PX 晶体进行熔化，然后再重结晶，能耗较大。

尽管 PX 结晶分离技术存在上述不足，但在模拟移动床吸附分离技术尚未工业应用之前，它一直是工业上 PX 生产的唯一方法，最早于 20 世纪 50 年代开始工业应用，这一时期，国外许多公司均开发了各自的 PX 结晶分离技术，比如美国 Amoco 公司、Chevron 公司、Exxon 公司、Arco 公司、Phillips 公司(采用重力型晶体洗涤塔)、德国 Krupp 公司、日本丸善(Maruzen)公司、法国 IFP 公司等。这些 PX 结晶分离技术的工艺流程基本相同，区别主要在于制冷剂、制冷方式、结晶器和固液分离设备的不同[2]。

自模拟移动床吸附分离技术工业应用以后，由于其高 PX 回收率的优势(回收率不受低共熔点限制，可达到 97%)，此后新建的 PX 装置大都采用吸附分离技术。但是，并没有完全取代 PX 结晶分离技术。特别是近些年，出现了高浓度的 PX 原料(C_8 芳烃中 PX 浓度大于热力学平衡组成，比如来自甲苯择形歧化，甲苯择形甲基化，甲醇芳构化技术等)。对这类高浓度 PX 原料进行分离，目前全部都采用结晶法进行分离，因为在相同的结晶温度下，PX 回收率由于原料浓度的提高而得到了大幅提高。比如，对于 PX 浓度为 80%的 C8 芳烃原料，结晶温度为-30℃时，便可达到 90%回收率。另一方面，由于当前工业自动化控制水平和设备制造水平的提高，使得 PX 结晶过程的装置稳定性和大型化得到显著提高，从而进一步提高了 PX 结晶分离技术的经济性，比如 GTC 公司的 CrystPX 结晶技术，已经成功应用于韩国 LG-Caltex 公司位于 Yosu 的 PX 结晶装置上，PX 产能为 40 万吨/年[3]。即使分离低浓度 PX 原料，结晶分离技术目前也已经可以与 PX 吸附分离技术相竞争，比如阿尔及利亚 Sonatrach 公司采用 GTC 公司的 CrystPX 结晶技术，对其 Skikda 炼厂进行改造和扩能，已于 2013 年 12 月份开始投产，PX 产能为 22 万吨/年[4]。

近些年，PX 结晶分离技术又有了新的发展，比如 BP 公司的 PX 结晶分离技术，利用打浆操作代替 PX 重结晶过程，进一步降低了 PX 生产能耗，即使是分离低浓度 PX 原料，据称其 PX 的生产成本能比吸附法还低。比如印度 Reliance Industries 和韩国 GS Caltex 分别于 2012 年和 2013 年宣布采用 BP 的 PX 结晶分离技术建设百万吨规模的 PX 结晶生产装置[5~6]。另外，PX 结晶分离技术的其他研究进展还包括 BP 公司利用低温热开发了氨吸收制冷技术，可代替传统的丙烯/丙烷压缩制冷[7]，UOP 和 Raytheon、Niro 联合开发了低能耗的 PX 晶体洗涤塔(机械型)技术[8]，可替代离心分离设备等。

PX 结晶分离技术属熔融结晶技术领域，根据 PX 晶体生长环境的不同，可以分为悬浮结晶和层式结晶两类，前述 PX 结晶分离技术均属于悬浮结晶技术。层式结晶技术主要分离高浓度 PX 原料，根据结晶层周围母液的流动状态，又可分为动态层式结晶(以降膜结晶为主，如 Sulzer 公司的结晶工艺[9])和静态层式结晶(如 Fives Chemtec 公司的 Proabd MSC 结晶工艺[10])两种。

中国石化上海石油化工研究院(简称上海院)自 2004 年开始进行 PX 结晶分离技术的研发工作，已成功开发了 PX 悬浮结晶分离技术，可用于不同浓度 PX 原料的分离，目前已完成工业侧线试验以及 100kt/a、600kt/aPX 结晶分离工艺包的开发，并完成了相关可行性研究[11]。

2 PX 悬浮结晶分离技术

目前工业上大型的 PX 结晶生产装置均采用悬浮结晶分离技术，因为悬浮结晶过程工艺流程简单，易于实现大型化连续生产，而且不需要使用专有的结晶设备，如降膜结晶器和静态结晶器等。

PX 悬浮结晶分离工艺的典型流程如图 1 所示。结晶过程通常分为两级，第一级结晶过程为 PX 回收段(低温结晶段)，侧重提高结晶过程 PX 的回收率，一般采用乙烯间接制冷，所得晶体细小，采用沉降过滤式离心机进行固液分离，得到的一级结晶母液送入异构化单元，所得滤饼由于含湿量较高，只能得到纯度为 85%~90%的粗 PX 晶体，不能作为产品抽出，通常将这些粗 PX 晶体熔化后送入第二级结晶过程进行重结晶。第二级结晶过程为 PX 提纯段(高温结晶段)，侧重提高产品纯度，一般采用丙烷或丙烯间接制冷，所得晶体较大，过滤比较容易，可采用推料式离心机进行固液分离，二级结晶母液返回到一级结晶过程继续回收其中的 PX，所得滤饼经 PX 产品洗涤后，熔化得到纯度大于 99.8%的 PX 产品。

对于高浓度 PX 原料，结晶过程同样也分为两级，只是 PX 原料先进入高温结晶段。由于两级结晶过程的操作温度都比较温和，因此均可采用丙烯或丙烷间接制冷，所得 PX 晶体也都比较大，均可采用推料式离心机进行固液分离。

上海院的 PX 结晶分离技术对上述工艺流程进行了改进，取消了一级滤饼熔化和重结晶步骤，使用高浓度物料对 PX 粗晶进行打浆洗涤和升温老化，既保障了产品纯度，又降低了分离能耗，工业侧线试验的运行结果表明，该工艺流程简洁，产品纯度高，在 PX 浓度为 85%，C_9^+重芳烃含量为 5.8%的原料条件下，通过结晶分离得到的 PX 产品纯度均大于 99.8%。

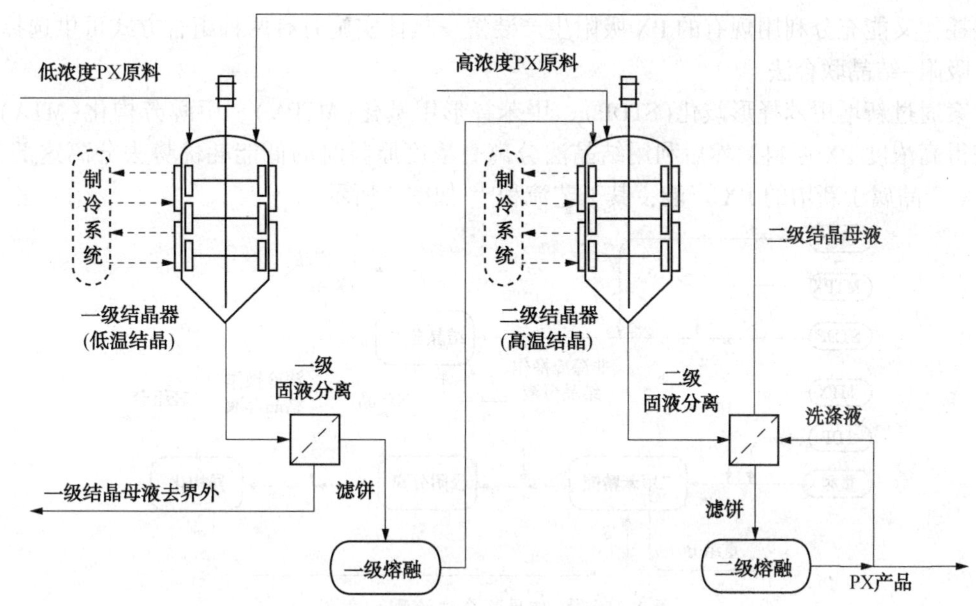

图1 典型的PX结晶分离工艺流程

3 PX结晶分离技术的应用分析

我国既是PX生产大国，也是消费大国，近些年由于下游需求快速增长，使得PX供需缺口不断加大，2015年我国PX进口量达到11.6Mt，进口依存度上升至57%。另一方面，我国PX产业的发展受到多种因素制约，增长缓慢。可以预期，随着消费需求持续快速增长，未来的PX供需缺口还将继续扩大。长此以往，中国将丧失PX定价话语权，对聚酯产业链的发展会产生重大的负面影响。

未来，我国应加快发展PX产业，可采取的措施包括：新建PX装置或者对现有PX生产装置进行扩能改造，增加PX产能，以提高自给率；通过新技术的应用，降低PX生产能耗，提高企业的竞争力。

PX结晶作为一项绿色节能的生产技术，对增加PX产能、降低PX生产能耗，均能发挥重大作用，且在实际应用中，具有相当的灵活性，有多种实施方案可供选择。

3.1 单独采用PX结晶分离技术

对于新建的PX生产装置，单独采用PX结晶分离技术时，可充分利用结晶法对原料中杂质含量的要求低的特点，对二甲苯精馏单元进行优化，通过降低分离精度，进而减少设备投资和降低生产能耗。结晶单元为了提高回收率，最低结晶温度仍然在低共熔点附近，结晶母液最后送至异构化单元进行处理。

对于已有的PX吸附生产装置，也可以考虑单独采用PX结晶分离技术生产PX或者进行扩能，比如在吸附剂到达换剂周期时，停用吸附分离装置，将节省的吸附剂换剂费用用于新建PX结晶装置。采用这种方案，在新建结晶单元时，只需增加结晶器数量便能大幅增加原生产企业的PX产能，若继续采用吸附法生产PX，则受原吸附塔尺寸的限制，仅通过更换吸附剂来提高PX产能，其扩能的幅度将会受限。该方案的不足是原有的吸附塔将会闲置，未得到充分利用，但是对于老旧的PX生产装置，特别是小型的PX吸附装置，若吸附塔本身已经不能满足生产要求了，则该方案仍然是很好的选择。

3.2 采用吸附-结晶分离组合工艺

目前，我国的PX生产全部采用吸附分离法，从能耗水平和实施难度的角度考虑，将结晶分离与现有的吸附分离进行组合将是最好的应用方案，既能充分发挥两种分离方法各自的优势进一步降低生产能耗，又能充分利用现有的PX吸附生产装置，具体实施时有两种组合方式可供选择。

(1) 吸附-结晶联合法

该方案通过新增甲苯择形歧化(STDP)、甲苯择形甲基化(MTPX)、甲醇芳构化(MTA)等反应单元，获得高浓度PX原料，然后利用结晶法分离高浓度原料时的低能耗优势去分离这部分原料，获得的PX产品属于新增的PX产能，其工艺流程[12]如图2所示。

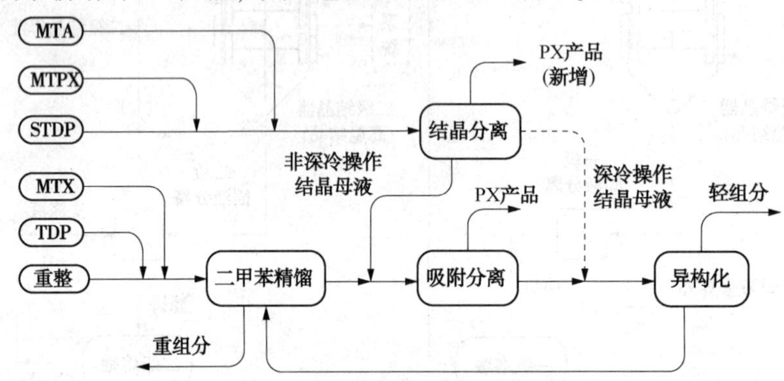

图2　吸附-结晶联合法流程示意图

结晶单元为了提高回收率可以在低共熔点附近进行深冷结晶，此时结晶母液可以直接送至异构化单元。为充分利用组合工艺的技术优势，结晶单元一般无需深冷结晶，在获得足够高的回收率后，结晶母液可以送至现有的吸附装置进一步分离剩余PX，从而减少结晶单元的制冷能耗。

采用这种方案，吸附和结晶单元相对独立，其中结晶单元属于新建，可根据扩能幅度灵活决定建设规模，另外，在PX结晶装置建设期间，原PX吸附生产装置不会受到影响。

(2) 吸附-结晶耦合法

该方案对现有PX吸附装置中的两台吸附塔进行适应性改造，使其由串联操作改为并联操作，由生产PX产品改为提浓PX原料，从而大幅降低吸附能耗并且使其处理能力翻番。然后，再利用结晶法分离这部分高浓度PX原料，以获得高纯度PX产品，而结晶母液又返回到吸附单元继续提浓，其工艺流程[13]如图3所示。

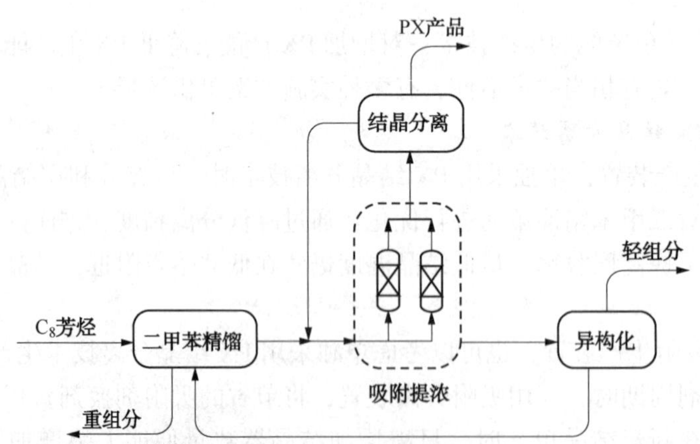

图3　吸附-结晶耦合法流程示意图

该方案不仅能充分发挥结晶法产品纯度高、吸附法回收率高的优势，并且能利旧现有的PX吸附塔，在不更换吸附剂的前提下就能实现PX产能翻番，不足之处是原生产装置的改造会比较大，比如吸附塔自身的工艺管线与操作参数、上下游单元的设备扩能与管线改造等。

上述方案中，原吸附单元的吸附剂、解析剂和分离工艺是针对PX产品分离而设计的，若有针对性的开发PX提浓专用的、便宜的吸附剂和解析剂以及吸附分离工艺，则更能体现该组合工艺的技术优势。

4 结论与展望

对 PX 结晶分离技术的基本原理、技术特点、发展历程、技术进展以及最新的工业应用情况进行了综述，指出了 PX 结晶分离不再是高能耗的生产技术，而是可以与吸附分离相媲美的绿色节能且易于大型化的生产技术。针对国内 PX 产业现状，提出了 PX 结晶分离技术的灵活应用方案，既可以单独应用，又可以与吸附法进行组合，对 PX 扩能改造和降低能耗均能发挥重大作用。

PX 结晶分离技术未来的发展，一方面要考虑采用低能耗的固液分离设备，比如机械型晶体洗涤塔，另一方面要考虑与其他分离技术进行组合，充分发挥其分离高浓度 PX 原料时的低能耗优势，当前主要考虑由反应单元获得高浓度 PX 原料，或者通过吸附分离对 PX 原料进行提浓，未来可考虑开发更低能耗的膜分离技术进行 PX 提浓。

参 考 文 献

[1] 陈亮，肖剑，谢在库，等. 对二甲苯结晶过程的固液相平衡研究[J]. 聚酯工业，2009，22(1)：7-11.

[2] 陈亮，肖剑，谢在库，等. 对二甲苯结晶分离技术进展[J]. 现代化工，2009，29(2)：10-14.

[3] Oil & Gas Journal. LG-Caltex chooses new paraxylene technology [EB/OL]. (2001-06-18)[2016-04-11]. http://www.ogj.com/articles/print/volume-99/issue-25/processing/lg-caltex-chooses-new-paraxylene-technology.html.

[4] GTC Technology Corporation. Sonatrach GTC ready PX plant for start-up [EB/OL]. (2013-12-10) [2016-4-11]. http://www.gtctech.com/sonatrach-gtc-ready-px-plant-start/.

[5] Hydrocarbon Processing. Reliance picks CB&I for paraxylene technology on India aromatics project[EB/OL]. (2012-07-03) [2016-04-11] http://www.hydrocarbonprocessing.com/Article/3055341/Reliance-picks-CB-I-for-paraxylene-technology-on-India-aromatics-project.html.

[6] Hydrocarbon Processing. GS Caltex selects CB&I as technology provider for new Korea paraxylene unit [EB/OL]. (2013-10-18) [2016-04-11]http://www.hydrocarbonprocessing.com/Article/3268065/GS-Caltex-selects-CB-I-as-technology-provider-for-new-Korea-paraxylene-unit.html.

[7] Amelse Jeffrey A. Process for recovering paraxylene utilizing ammonia absorption refrigeration: The United States, US7405340 [P]. 2008-07-29.

[8] UOP LLC. Crystallization[EB/OL]. Des Plaines: UOP LLC, 2006 [2016-04-11]. http://www.uop.com/objects/badger niro cryst.pdf.

[9] Sulzer Chemtech AG. Fractional crystallization [EB/OL]. 2006 [2016-04-11]. http://www.sulzerchemtech.com/portaldata/11/resources/brochures/mtc/fractional_ crystallization-e.pdf.

[10] Parry Ray Dhillon. Old process new PX tricks [EB/OL]. (1996-01-06) [2016-04-11]. http://www.icis.com/Articles/1996/01/06/43394/old-process-new-px-tricks.html.

[11] 宗弘元，陈亮. 对二甲苯装置节能与扩能技术探讨[J]. 石油化工，2015，44(5)：529-535.

[12] 肖剑，钟禄平，孔德金，等. 芳烃生产中增产对二甲苯的组合方法：中国，200910057826.0[P]. 2014-01-22.

[13] 肖剑，郭宏利，钟禄平，等. 芳烃联合生产的方法：中国，200910056895.X[P]. 2013-06-05.

实时优化技术在乙烯裂解炉的实施及应用

吴　剑

（中国石化镇海炼化分公司生产处，浙江宁波　315207）

摘　要： 阐述了镇海炼化通过采用先进控制及实时优化技术，将信息化和工业化进行两化融合，使裂解炉的离线优化时代成功迈入了在线实时优化时代，将裂解炉始终保持在高效益点运行。重点介绍了镇海炼化乙烯装置实时优化项目一期中裂解炉的建设内容、实施效果及配套完善工作。

关键词： 先进控制　裂解炉　实时优化

1　前言

近年来生产过程优化逐渐在炼油化工企业中兴起。所谓生产过程优化是指及时把最优化技术最优操作参数应用于生产过程控制中去，通过测算寻找一组最优操作参数，使目标函数达到最优，同时又满足各项生产技术指标，在不修改工艺流程、不增加或减少生产设备的情况下，仅通过调整操作参数，使生产过程处于最佳运行状态的方法。最优操作参数一般指关键控制系统的设定值。根据优化结果的输出形成的不同，过程优化可以分为离线优化和在线优化。其中，将最优的计算结果直接作为控制器的设定值，并由控制系统来实现，称之为在线优化。镇海炼化乙烯裂解装置于 2013 年底启动了实时优化项目，一期主要对裂解炉、急冷单元和压缩区两塔进行 APC&RTO 建设，项目由石化盈科承接采用 Invensys 技术，本文着重介绍项目中裂解炉实时优化是如何建设和实现的。

2　镇海乙烯裂解炉介绍

乙烯作为石油化工的重要基础原料，生产能力和技术水平成为衡量一个国家化工行业的重要标志。乙烯裂解炉作为乙烯裂解的核心单元，其运行状况直接影响到乙烯装置的关键产品分布及下游整体经济效益。裂解炉运行能耗也不容小视，其能耗占整个乙烯裂解装置总能耗的 65%左右。研究裂解炉的先进控制系统，提高关键过程变量运行的平稳率，提高裂解炉的操作弹性和安全性能，是裂解炉实现实时优化的基础，对于企业节能优化和降本增效具有重要意义。目前国内大型乙烯装置都开始开展裂解炉乃至乙烯装置的先进控制建设工作，也在不断探索实时优化技术的应用，取得了良好的控制效果及经济效益。

镇海炼化乙烯裂解装置共有裂解炉 11 台，均采用 Sinopec-Lummus 技术，共分为 4 种炉型：SL-Ⅰ型乙烷炉、SL-Ⅰ型轻油炉、SL-Ⅰ型重油炉、SL-Ⅳ型轻油炉。具体如表 1 所示。

表 1　裂解炉基本情况

炉　型	炉　号	规　模	原料种类
SL-Ⅰ型乙烷炉	BA-101	12 万吨	循环乙烷，循环丙烷
SL-Ⅰ型轻油炉	BA-102/103/104	10 万吨	石脑油，液化气，富乙烷气
	BA-109/110	10 万吨	石脑油，轻石脑油
SL-Ⅰ型重油炉	BA-105/106/107/108	10 万吨	加裂尾油，石脑油
SL-Ⅳ型轻油炉	BA-111AB	15 万吨	石脑油，轻石脑油

3 实时优化技术介绍

实时优化技术(RTO, Real Time Optimization)是集离线分析、实时优化、数据调理、在线性能监控等多种功能于一身的先进优化控制技术。它的“what-if”模拟分析方法，可以对假定的各种变化因素进行分析，给生产计划和调度提供最优的决策；它的实时优化功能将决策信息快速用于生产干预，解决企业快速响应市场问题；它实现了根据实时数据库进行有关数据的持续调校，不断更新模型中的数据，使模型中的数据与生产实际同步运行；它与生产调度和生产计划优化相辅相成，在生产操作管理和控制过程中强力配合，使优化效果达到最佳。所以它实现了管理目标与生产技术指标的综合控制，大大提高了生产管理水平。

由于PID控制存在着动态响应时间滞后、变量不能在线测量、动态响应非线性、干扰相互偶合、约束、大的外部干扰等特性，导致控制效果不佳。而随后发展起来的先进控制(APC, Advanced Process Control)，可以改善过程动态控制的性能，减少过程变量的波动幅度，使生产装置在接近其约束边界的条件下运行(卡边操作)。先进控制可以保证该控制环节稳定运行在给定工况，但先进控制不能确定装置的最优工况及对应的生产参数。先进控制可以保证该控制环节稳定运行在给定工况，但先进控制不能确定装置的最优工况及对应的生产参数。针对该问题，在先进控制的基础上，进一步研发出针对整个装置的在线、闭环实时优化技术。实时优化是模拟和控制的紧密结合，在装置稳态模型的基础上，通过数据校正和更新模型参数，根据经济数据与约束条件进行模拟和优化，并将优化结果传送到先进控制系统，通过先进控制系统对装置进行操作，达到优化操作的目的。

4 先进控制系统建设

先进控制系统能够增强装置生产的抗干扰能力和约束处理能力，降低生产工艺的波动，充分挖掘装置的工艺和设备能力，进而实现卡边操作，得到可观的经济效益回报。通过对生产过程中所有被控变量进行监测和控制，先进控制系统能够增强生产的稳定性，降低操作人员对生产的监测和干预强度。

本项目采用Invensys公司的Connoisseur(CNSR)先进控制系统，可以自动地生成鲁棒而精确的多变量控制器，在闭环控制情况下，还可在线识别过程模型。拥有实时的自适应控制能力，控制系统能在线自动与工况进行相适应，保证控制效果，降低日常维护工作量。在限定的操作约束范围内，最大可能地提升工艺过程的潜能。

在过程模拟方面，CNSR可定量的反应CV-MV-DV(被控变量-操纵变量-干扰变量)之间的因果关系，精确地显现过程特性，为控制问题的分析及解决提供更好的支持。

乙烯裂解炉实时优化项目利用CNSR软件和充分借鉴兄弟企业的成功建设案例及生产实践中的操作优化经验形成了具有镇海乙烯特色的建设方案。乙烯裂解装置的11台裂解炉共建设了16台APC控制器，被控变量、操作变量和干扰变量全面涵盖了重要操作参数，如：裂解深度、稀释比、进料量、氧含量、炉膛负压、排氧温度、风机转速等。

先进控制器的主要任务是配合RTO机理模型进行优化，因此设置了优化被控变量(CV)。这些CV的目的是把RTO机理模型的优化目标执行到DCS中，所有被控变量(CV)和操作变量(MV)的设置一一对应，详见表2。

5 实时优化系统建设

ROMeo软件是Invensys与壳牌Shell公司联合开发的新一代具有开放式应用架构的在线优化系统——Rigorous On-line Modeling with equation based optimization，开发工作始于1995年，并于1998年推出ROMeo产品。该产品结合了Invensys在热力学和单元过程等方面的优势，以及壳牌公司在数学建模和优化算法方面的领先技术，是当今世界为数不多的在线实时优化系统。ROMeo 同时支持在线优化和离线分析，且两者共用同一个模型和同一个人机界面的商品化过程优化软件。ROMeo 以物理化学平衡机理模型作为建模的基础，采用基于方程的开放式求解算法，高度集成了离线分析、在线优化、数据调理、在线性能监测等多种功能。

表 2　裂解炉先进控制变量表

被控变量(CV)	操作变量(MV)	干扰变量(DV)
裂解深度		
COT	COT	
TMT		
总进料流量	进料流量	
平均稀释比	各炉管稀释比	燃气压力
氧含量		
排烟温度		
风机转速	炉膛负压	
减温水阀位		

5.1　机理模型的搭建

本项目采用 Invensys 的 ROMeo 软件对 11 台裂解炉进行详细的机理建模，将 SPYRO-online 模块作为裂解反应的重要组件融入到模型当中，并根据乙烯裂解 PID 流程图设置增加测量点，并与实时数据库 PHD 进行连接，将 DCS 测量数据传输至 ROMeo 软件用于实时模拟测算。

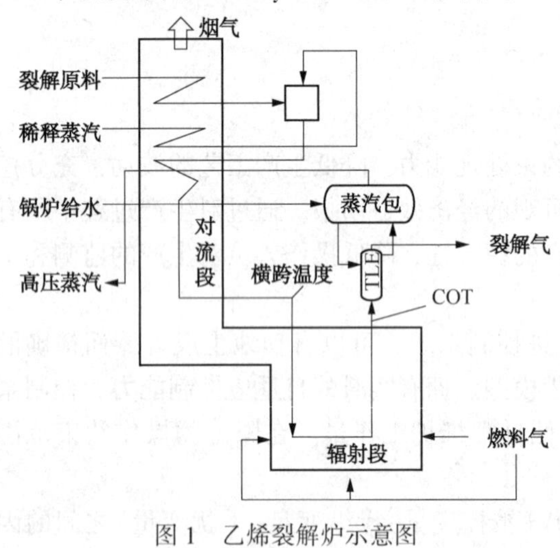

图 1　乙烯裂解炉示意图

裂解炉反应部分的核心模块采用 Technip 的 SPYRO-Online 模块，嵌套于 ROMeo 软件之中进行结合。建立乙烯全装置机理模型是实时优化系统最重要的实施部分，以乙烯裂解炉机理模型开发为例，裂解炉的基本结构如图 1 所示，结构主要分为对流段和辐射段，根据乙烯裂解炉的结构、工艺过程和优化方案，可将裂解炉的主要工艺简化为功能设计图。然后，根据功能设计图、实时操作数据和乙烯裂解炉设计数据等信息，建立乙烯裂解炉的严格机理模型(如图 2 所示)，并利用多工况数据对裂解炉机理模型进行数据整定，使之与实际生产情况相符合。

5.2　优化运行工作原理

稳态实时优化系统是通过工艺实时数据，经 PHD 实时数据库与 ROMeo 实时优化系统相连接。

实时优化 ROMeo 软件首先对装置各相关运行参数进行稳态检测，当判断装置运行进入稳定状态后，控制系统启动实时系统对过程优化系统的逻辑控制，实时系统控制过程优化系统执行数据输入、数据整定、优化计算和数据输出等操作。当完成优化计算后，ROMeo 实时优化系统将优化结果经实时数据库返回 DCS 控制系统，优化结果作为先进控制受控变量的设定值，然后利用先进控制对乙烯裂解装置进行优化控制操作，最终使装置达到最优操作状态，如图 3 所示。

ROMeo 实时优化系统完成 1 个周期的优化运算大约需要 1h 的时间。

5.3　优化变量的设置

本项目在每台裂解炉都设置了优化变量，分别是裂解深度、稀释比、进料流量等。在 ROMeo

优化运行过程中，软件会利用 SPYRO-online 模块核算出裂解气中的产物分布，并进行灵敏度分析。在灵敏度分析过程中将利用阶跃方式，通过改变各裂解炉的 COT(+1℃)、稀释比(+0.01)、进料流量(+1t/h)，进行模拟运算出多工况装置总效益，经过多轮模拟优化测算，寻找在设定的上下限范围内的最优参数，并将最优的操作参数下达到先进控制器进行执行，达到提高装置经济效益的目的。

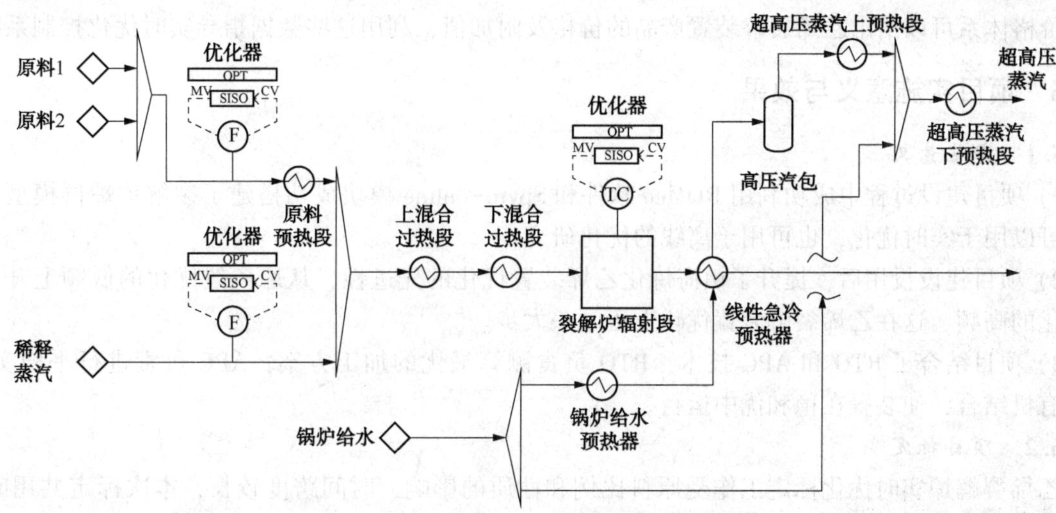

图2　乙烯裂解炉机理模型图(局部)

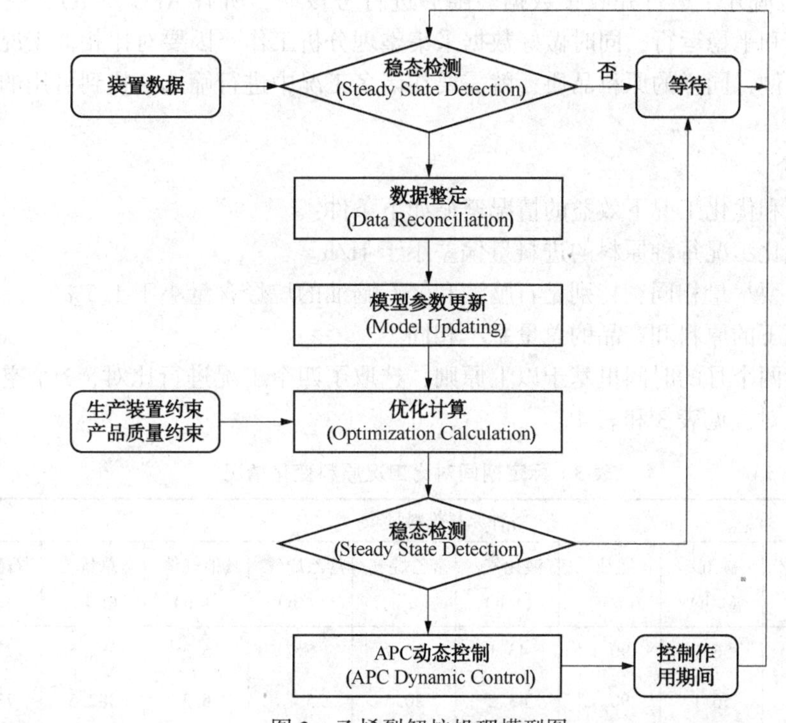

图3　乙烯裂解炉机理模型图

5.4　优化目标函数

在线优化的主要效益是使得装置以较大的时间百分比，在卡边约束下运行，创造最有效益的产品以及能耗最低。由 ROMeo 计算获得设定点的优化结果，由 APC 或操作员下载设定点，将装置的操作尽可能地保持在优化的目标值上。

$$效益=\sum C_{p,i}-\sum C_{f,j}-\sum C_{u,k}$$

式中　$C_{p,i}$——产品 i 的价值；

$C_{f,j}$——原料 j 的价值;

$C_{u,k}$——公用工程 k 的价值。

5.5 价格体系融合

为了更好地体现乙烯裂解装置及下游的整体效益，在长期离线优化的经验基础上，建立了符合镇海乙烯上下游生产链的价格体系。通过价格体系可以定期地对各乙烯装置的产品进行价值延伸。通过价格体系可以给出乙烯裂解装置产品的价格及附加值，利用这些数据指导实时优化控制系统。

6 项目实施意义与效果

6.1 实施意义

1）项目建设过程中成功利用 ROMeo 软件和 Spyro-online 模块成功搭建了裂解炉炉群模型。该模型可以用于实时优化，也可用于离线的优化研究。

2）项目建设投用后，提升了镇海炼化乙烯装置优化的先进性，从原离线优化的低频上升为实时优化的高频，这在乙烯裂解装置优化上迈了一大步。

3）项目结合了 RTO 和 APC 技术，RTO 负责测算最优的加工方案，APC 负责进行平稳实施，两者有机结合，使装置在稳和优中运行。

6.2 项目标定

乙烯裂解炉实时优化标定工作受原料比例和性质的影响，时间跨度较长，本次标定共用时 50 天时间，标定工作分为空白工况和优化工况。首先进行空白工况，利用 2 周的时间将所有项目新建的 APC 控制器完全脱开，运行并收集数据。随后进行考核期，所有 APC 及 RTO 控制器及变量投用，保证高投用率和平稳运行，同时做好数据采集整理分析工作。因要对比相似工况，同样的进料量，同样的原料比例，同样的原料品质，就需要在诸多工况中进行筛选，找到可用的对比数据进行对比。

6.3 效果评价

评价空白工况和优化工况下效益的情况遵循如下条件：

（1）空白与优化工况每种原料的进料量偏差小于 1t/h。

（2）原料品质要尽量相同，特别是石脑油和轻石脑油的烷烃含量小于 1.5%。

（3）每种工况下的原料和产品的总量基本相同。

在标定为期近两个月的时间里基于以上原则，选取了四个工况进行比对，2 个空白工况和 2 个标定工况进行了比对，见表 3 和表 4。

表 3　标定期间对比工况原料变化情况

原　料	各种原料投料量								烷烃含量	
	石脑油/(t/h)	碳五/(t/h)	尾油/(t/h)	液化气/(t/h)	富乙烷气/(t/h)	富乙烯气/(t/h)	其他气体/(t/h)	总量/(t/h)	石脑油/%	碳五/%
空白Ⅰ	161.5	56.1	90.1	43.1	20.7	5.7	5.3	382.5	73.39	90.64
优化Ⅰ	161.6	56.1	90.1	43.2	20.5	5.7	5.3	382.5	73.25	90.25
差值Ⅰ	0.1	0.0	0.0	0.1	-0.2	0.0	0.0	0.0	-0.14	-0.39
空白Ⅱ	161.76	56.14	89.96	42.78	20.66	5.7	5.3	382.3	73.45	90.53
优化Ⅱ	162.07	56.22	89.62	43.25	19.62	5.4	5.3	381.5	72.28	90.85
差值Ⅱ	0.31	0.08	-0.34	0.46	-1.03	0.3	0.0	-0.83	-1.17	0.33

表 4　标定期间对比工况产品产量变化情况

产品	乙烯/(t/h)	丙烯/(t/h)	混合碳四/(t/h)	汽油/(t/h)	裂解燃料油/(t/h)	氢气/(t/h)	裂解柴油/(t/h)	甲烷/(t/h)	总量/(t/h)
空白Ⅰ	133.89	63.07	38.72	71.62	14.20	5.77	1.72	55.58	384.57
优化Ⅰ	134.40	63.86	38.81	70.76	14.2	5.77	1.96	55.24	384.99
差值Ⅰ	0.51	0.79	0.09	−0.86	0	0	0.24	−0.34	0.42
空白Ⅱ	134.2	64.0	39.1	71.0	14.6	5.72	1.8	55.22	385.5
优化Ⅱ	133.0	63.6	39.1	70.7	13.3	5.72	2.6	55.35	383.4
差值Ⅱ	−1.15	−0.4	0.0	−0.32	−1.30	0	0.87	0.13	−2.11

通过目标函数对 4 个工况的测算比对，最终得到项目投用后可获得吨乙烯效益 26.34 元，折合 3000 余万元/年。

7　结语

通过对乙烯裂解装置裂解炉建设 RTO&APC，提升了裂解炉操作的平稳性和经济性，可实现随原料品质变化市场价格变化，在一定优化周期内灵活调节裂解炉的操作参数，如稀释比、裂解深度和 COT。此外，在提高裂解炉热效率方面可实现氧含量的稳定控制，起到节能的目的，项目通过标定得到了可观的经济效益，提升了镇海乙烯的综合竞争力，为下一步全装置实时优化奠定了坚实的基础。

上海石化乙烯原料的选择与优化

张　弓　陈锡政　唐仁花

（中国石化上海石油化工股份有限公司烯烃部，上海　200540）

摘　要： 上海石化乙烯装置依托炼油改造项目，对乙烯原料结构进行调整和优化，双烯、高附收率以及其他技术经济指标有显著提高。但与此同时，由于原料结构大幅调整后，乙烯原料与装置原设计偏差较大，造成系统的不适应，给生产运行带来困难。着重阐述上海石化乙烯原料结构调整情况以及调整后装置运行存在的问题及解决措施。

关键词： 乙烯　原料优化　SPYRO 软件

1　前言

近年来，受中东油田乙烷气、北美页岩气、国内 MTO/MTP 等其他制烯烃工业路线的冲击，传统石脑油蒸汽裂解生产乙烯装置盈利开始变得困难，许多装置都面临亏损的困扰。因此，传统乙烯行业在完成了“做大”的历史使命后，面临着“做强”的现实任务，提高装置竞争力已成为整个行业迫在眉睫的必须手段。其中原料占乙烯装置成本比例达 80%以上，乙烯原料成本的高低将直接影响到整个石化企业的总体经济效益。因此，原料的的选择和优化成为乙烯行业的重要课题。

2　上海石化乙烯原料现状与特点

2.1　资源条件

2012 年 12 月，上海石化 16Mt/a 炼油改造项目投产，次年 11 月份上海石化 1 号乙烯装置永久性停役。至此，上海石化形成了大炼油、小乙烯的格局，乙烯裂解原料趋于多元化、轻质化。

上海石化 2012 年完成 16Mt/a 炼油改造后，新增 3. 5Mt/a 催化、3. 9Mt/a 渣油加氢等二次加工装置，原油综合处理能力提高到 16Mt/a，为乙烯、芳烃提供了丰富的资源。重整能力有所扩大，直馏石脑油不再全部用作乙烯裂解料，而是通过 2 套常减压装置进一步切割，其中 C_5 ~ 85℃的轻石脑油馏分作为乙烯裂解原料，85 ~ 175℃馏分预加氢后作为重整预加氢原料。轻石脑油与石脑油相比，双烯收率更高而价格更低，具有更好的裂解效益。此外，新增 2#催化裂化精制丙烷、芳烃干气改造项目完工以及炼油富乙烯气的引入又提供了众多的优质气相裂解原料。虽乙烯原料总量上升不多，但常压轻石脑油全部为 85℃以下 C_5组分，链烷烃含量超过 85%，对提升乙烯高附加值极为有益，同时加氢尾油增加 140kt/a，给乙烯原料结构调整提供了更大空间，为乙烯原料的选择和优化创造了有利条件。

具体的乙烯料组成见表 1。

表 1　乙烯料组成　　kt/a

组　成	数　量	组　成	数　量
直馏石脑油(C_5 ~ 85℃)	849. 9	丙烷	36. 0
加氢精制石脑油	413. 0	抽余油	273. 4
加氢裂化轻石脑油(正构 C_5 ~ C_6)	93. 7	C_2回收	80. 0
常减压蒸馏装置饱和 LPG	165. 4	焦化 LPG	34. 4
加氢裂化尾油	811. 0	合计	2756. 8

2.2 乙烯原料呈现特点

2012~2015年上海石化乙烯原料结构对比见表2。

表2 2012~2015年上海石化乙烯原料结构对比

乙烯原料组成	2012年		2013年		2014年		2015年	
	t	%	t	%	t	%	t	%
石脑油	1291336	45.24	830317	28.84	670323	28.17	533298	21.64
轻石脑油	551554	19.32	818752	28.44	716462	30.11	675321	27.41
加氢尾油	614321	21.52	721432	25.06	500912	21.05	660182	26.79
气相料	277664	9.73	360949	12.54	376821	15.84	449583	18.25
常压中油	91978	3.22	78823	2.74	45604	1.92	81544	3.31
富乙烯气	0	0.00	38421	1.33	44575	1.87	37049	1.50
其他	27708	0.97	30375	1.06	24492	1.03	27118	1.10
合计	2854561	100.00	2879069	100.00	2379189	100.00	2464095	100.00

2.2.1 总体趋向轻质化

炼油改造投产后的原料结构与改造前的2012年相比，石脑油占原料比重大幅下降，轻石脑油及气相原料投料比重相应上升。2012年轻质原料投料比重仅为29.05%，至2015年已升至45.66%，乙烯原料总体趋向轻质化。

2.2.2 总量具有可调配性

2013年11月，设计年乙烯产量145kt的1号乙烯联合装置永久性停役，上海石化乙烯原料总体需求减少400kt/a。在炼油装置满负荷运行时，产出的乙烯原料有所盈余，给乙烯原料的选择和优化提供了调节空间。

2.2.3 局部存在重质化

上海石化2号乙烯装置为700kt乙烯装置，分为新、老区2条生产线，老区设计能力为年产乙烯400kt，新区设计能力为年产乙烯300kt。其中新区4台CBL-Ⅲ型裂解炉，不能投重质裂解原料。因而在实际生产运行中，2号乙烯阶段性安排老区4台裂解炉投重质原料油，包括加氢尾油和常压中油，以消化占乙烯原料比重30%的重质原料，造成老区原料呈现阶段性重质化状态，见表3。

表3 上海石化2号乙烯装置裂解炉炉型及原料适应性

2号乙烯装置	裂解炉位号	炉型	可投原料
老区（400kt）	BA-101	GK-Ⅵ	HVGO、AGO、NAP
	BA-102	GK-Ⅵ	HVGO、AGO、NAP
	BA-103	SRT-Ⅲ	NAP、LNAP
	BA-104	SRT-Ⅲ	NAP、LPG、C_2、LNAP
	BA-105	GK-Ⅵ	HVGO、AGO、NAP
	BA-106	GK-Ⅵ	HVGO、AGO、NAP
	BA-107	SRT-Ⅲ	NAP、LPG、C_2、LNAP
	BA-108	SRT-Ⅲ	NAP、LPG、C_2
	BA-110	GK-Ⅵ	HVGO、AGO、NAP
	BA-111	GK-V	NAP、LNAP

续表

2号乙烯装置	裂解炉位号	炉型	可投原料
新区 (300kt)	BA-2101	CBL-Ⅲ	C2、LPG、NAP
	BA-2102	CBL-Ⅲ	C2、LPG、NAP
	BA-2103	CBL-Ⅲ	NAP、LNAP
	BA-2104	CBL-Ⅲ	NAP、LNAP

3 乙烯装置原料的选择与优化

3.1 发挥炼化一体化优势，调整原料结构

在1600万吨/a炼油改造原定设计中，将1号常减压和2号常减压老线直馏石脑油分离出C_5~65℃馏分的轻石脑油为乙烯原料，65~175℃馏分预加氢后作为重整预加氢的原料，2号常减压新线的石脑油C_5~175℃馏分全部作为乙烯原料。此设计中C_5~175℃馏分并未得到最有效利用。公司利用原有催化裂化装置的轻重汽油分离塔将常减压新线的石脑油进行分离，并将常减压装置全部轻石脑油的干点提高至85℃，在保证链烷烃摩尔分数大于85%的，得到优质的乙烯裂解原料。根据原油性质常减压装置可生产265万吨/年的石脑油，优化后可得到C_5~85℃馏分的轻石脑油约85万吨/年，85~175℃馏分的石脑油约180万吨/年去石脑油预加氢后作为催化重整原料，真正做到“宜烯则烯、宜芳则芳”。

3.2 通过SPYRO软件测算，评估原料价值

借鉴国内同类装置的“分子管理”理论，进一步做细原料优化工作，让“每一个分子价值最大化”。乙烯裂解料杂多：石脑油包含9种物料、气相轻烃包含9种物料、轻石脑油包含6种物料、加氢尾油包括2种物料。经过梳理，利用SPYRO软件分别进行产品收率分布和效益测算，并按双烯收率、高附收率、经济效益进行排序。在物料平衡的基础上，供给乙烯装置优质裂解原料，实现按不同的分子结构决定物料的流程流向(见表4)。

表4 各种原料裂解产物收率和效益情况

原料名称	来源	双烯收率/%	高附收率/%	效益/(元/t)
石脑油	3#芳烃1Mt/a连续重整C_6非芳	49.43	62.05	280
	3#芳烃3#抽提装置抽余油	47.35	60.69	227
	3#芳烃2#抽提装置抽余油	47.62	59.95	192
	1#炼油2#常减压石脑油	46.51	58.91	148
	3#炼油重整预加氢装置产品分馏塔	41.95	56.19	75
	1#炼油3.3Mt/a柴油加氢装置	41.72	55.75	35
	3#炼油2#柴油加氢装置	41.43	55.49	24
	6#炼油渣油加氢装置	35.04	49.70	-198
	2#炼油1#加氢装置粗汽油	32.11	45.49	-364
轻石脑油	1#芳烃石脑油预加氢装置	50.65	63.97	318
	3#炼油中压加氢裂化装置	49.16	60.94	215
	1#炼油3#常减压装置	51.01	62.14	170
	2#芳烃高压加氢裂化	47.42	58.29	108
	2#芳烃液化气回收脱丁烷塔釜	44.20	57.91	86
	3#芳烃2#连续重整戊烷	44.80	60.15	882

续表

原料名称	来　　源	双烯收率/%	高附收率/%	效益/(元/t)
轻烃	4#芳烃 2#异构化脱庚烷塔顶气	67.51	74.96	1255
	4#芳烃 1#甲苯歧化装置汽提塔顶气	63.67	70.78	1065
	4#芳烃 2#甲苯歧化装置汽提塔顶气	63.69	70.92	1084
	4#芳烃 1#异构化装置	58.29	65.98	837
	2#炼油产品精制装置	51.12	61.59	827
	5#炼油气体分馏装置	55.14	62.40	797
	1#炼油 3#柴油加氢常减压脱硫轻烃	51.08	60.29	760
	3#芳烃 2#连续重整脱丁烷塔顶 LPG	47.88	58.00	697
	2#芳烃高压加氢裂化 LPG	40.24	51.14	471
尾油	2#芳烃高压加氢裂化	47.05	59.41	330
	3#炼油中压加氢裂化	44.46	56.68	274
煤柴油	3#炼油航煤临氢脱醇装置	42.22	54.88	574
富乙烯气	5#炼油 C_2 回收装置	43.91	44.11	261

注：分析数据及效益测算价格采用 2013 年 2 月数据。

根据 SPYRO 软件测算，6#炼油渣油加氢装置石脑油和 1#加氢装置粗汽油虽同为石脑油馏分，但相较其余 7 种石脑油馏分双烯收率、高附收率都比较低，所获经济效益也较低。经对这两种石脑油馏分组分分析，其芳烃含量偏高，原料中芳烃含量高易增加裂解炉炉管结焦速率，不利于裂解炉长周期运行。根据 SPYRO 测算的结果以及"宜烯则烯、宜芳则芳"的原料优化思路，目前上海石化已将 6#炼油渣油加氢装置石脑油和 1#加氢装置粗汽油改送至预加氢装置，不再作为乙烯装置裂解原料(见图 1)。

另外，对同一裂解原料不同操作条件下的产品分布进行测算。裂解炉出口温度 COT 是影响产品分布的最重要参数之一，通过定期测算裂解炉不同 COT 条件下的产品分布，结合产品市场价格得出裂解产物价值，对测算的数据进行归纳整理，找出效益最大点，指导装置调整操作参数，最终实现裂解产物价值最大化。

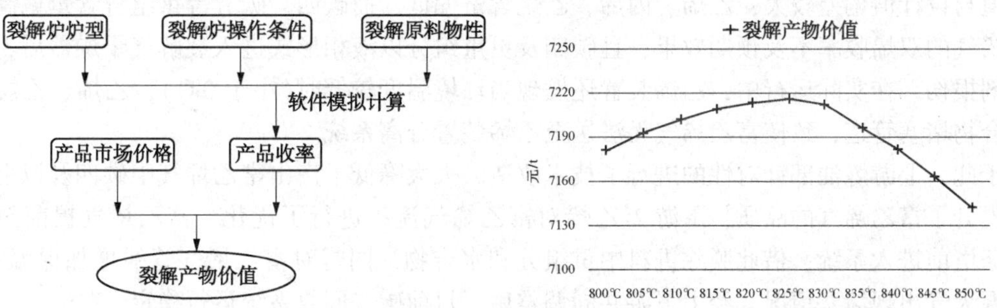

图 1　SPYRO 软件测算指导裂解炉 COT 调整工作流程

3.3　深挖内部资源，探索优质乙烯原料

充分发掘企业自身气相原料资源，抓好碳二、碳三组分的优化利用。芳烃部 2#芳烃胺处理与液化气回收装置脱丁烷塔塔顶气和碳三碳四分馏塔塔顶气、4#芳烃 1#/2#甲苯歧化装置歧化汽提塔塔顶气和 1#/2#异构化装置脱庚烷塔塔顶气这 6 股塔顶气相料，原先是作为低价值燃料气使用，经对组分分析，这 6 股气相物料直链烷烃含量高，且甲烷、氢气含量低，非常适合作为乙烯的裂解原料，且可取得较佳的经济效益(见表 5)。为发挥上下游一体化的优势，上海石化实施了"芳烃干气送 2 号烯烃装置作裂解原料"项目，优化了轻烃资源的配置。芳烃干气直送 2#乙烯装置后，正常每天可送 2#乙烯装置 240t 以上，2014 年 2#乙烯裂解炉芳烃干气累计投料量 85049t，占乙烯裂解原料

比例3.57%，顶替出部分低经济效益的石脑油原料，降低了乙烯原料成本。

表5　芳烃干气各组分分析数据

项　　目	DA-901塔顶气	DA-911塔顶气	DA-501塔顶气	DA-702塔顶气	C-501塔顶气	C-701塔顶气
氢气/%(体)	6.96	1.09	6.43	9.28	6.43	5.53
甲烷/%(体)	6.87	3.50	4.00	12.62	2.94	1.26
碳二/%(体)	17.55	34.43	46.16	30.18	40.26	70.53
丙烷/%(体)	23.81	60.07	35.90	20.69	41.69	14.03
丙烯/%(体)	0.05	0.12	0.01	0.03	0.02	0.02
异丁烷/%(体)	29.53	0.24	3.35	14.77	3.67	1.97
正丁烷/%(体)	14.26	0.28	3.26	8.04	3.97	4.30
异戊烷/%(体)	0.41	0.13	0.58	2.90	0.64	1.10
正戊烷/%(体)	0.23	0.08	0.22	1.17	0.28	1.06
碳四烯烃/%(体)	0.24	0.04	0.04	0.24	0.05	0.10
碳六及以上/%(体)	0.09	0.04	0.04	0.10	0.05	0.12
双烯收率/%	49.18	53.83	57.34	45.55	55.14	63.12
高附加值收率/%	58.38	61.12	64.80	53.76	62.68	71.87

注：采样分析为2013年11月，选用COT 860℃ SRT-Ⅲ型炉SPYRO模拟计算。

4　原料结构调整后装置运行存在问题

4.1　优化富乙烯气流程，消除管线冻堵

2012年上海石化炼油改造新建了180kt/a碳二回收装置，该装置主要以两套焦化装置和新建的3.5Mt/a催化裂化装置产生的干气为原料，通过净化精制处理分离出富含乙烯、丙烯、乙烷等高附加值组分的富乙烯气。项目投用后，富乙烯气直接送入$2^{\#}$乙烯装置老区分离系统，可等效替代部分裂解原料，且富乙烯气流程中无需裂解气压缩机增压，降低了压缩机的负荷。

2013年1月碳二回收管线启用，但在碳二回收装置开车初期运行较不稳定，导致富乙烯气组分实际值与设计值偏差较大，乙烯、丙烯、乙烷含量偏低，而碳四、碳五等重组分含量偏高，这使得富乙烯气的双烯收率不及预期效果，且碳四及更重组分以液相形式进入裂解气干燥器后，可能导致干燥剂损伤。在实际运行中，乙烯装置还发现当环境温度较低时(小于0℃)，乙烯、乙烷与水可形成水合物堵塞管道，致使富乙烯气无法送至乙烯装置分离系统。

鉴于此，上游炼油部针对性的进行了技术改造，大大降低了产出富乙烯气中碳四及以上重组分含量，提升了富乙烯气的品质；下游$2^{\#}$乙烯对富乙烯气流程进行了优化，富乙烯气提前至干燥器进料洗涤塔前进入系统，借此脱除进料中重组分和水合物，同时对富乙烯气管线增加保温和伴热，防止低温天气出现堵塞情况。经上下游共同调整后，目前碳二回收系统运行稳定。

改造前后富乙烯气分析数据及双烯收率对比见表6。

表6　炼油部改造前后富乙烯气分析数据及双烯收率对比　　%(体)

项目	甲烷	乙烷	乙烯	丙烷	丙烯	碳四及碳五以上	双烯收率	备注
含量	11.73	30.76	26.88	0.87	2.82	28.00	42.02	2013.3月均值
含量	9.73	39.98	37.99	1.04	3.48	5.53	72.62	2013.7月均值

鉴于此，上游炼油部针对性的进行了技术改造，大大降低了产出富乙烯气中碳四及以上重组分含量，提升了富乙烯气的品质；下游$2^{\#}$乙烯对富乙烯气流程进行了优化，富乙烯气提前至干燥器进料洗涤塔前进入系统，借此脱除进料中重组分和水合物，同时对富乙烯气管线增加保温和伴热，

防止低温天气出现堵塞情况。经上下游共同调整后，目前碳二回收系统运行稳定。

4.2 原料轻质化下急冷系统运行困难

乙烯原料总体呈现轻质化后，乙烯装置双烯收率大幅度提高，能耗有所下降，但是由于2号乙烯装置设计主要使用常压中油和石脑油原料，原料轻质化造成急冷区循环重质裂解汽油和急冷油产量不足、急冷油塔塔釜温度持续偏低、顶部温度偏高等情况，其中裂解气中的重质馏分减少导致急冷油塔热量上移，塔的热量平衡偏离设计值，设计急冷油塔塔顶温度为105℃，但实际操作中往往超过110℃。而急冷油塔塔釜温度时常低于控制指标的185℃，并且出现过175℃的低温情况。较高的顶温容易导致汽油干点不合格，较低的塔釜温度使塔釜的轻组分不能被大量蒸出，导致急冷水塔内冷凝下来的汽油减少，甚至出现没有油水界面的情况，严重影响急冷系统的正常操作和运行。

2号乙烯装置不断摸索，通过提高燃料油汽提塔的顶部温度、增加急冷油塔侧线柴油采出、以及增加稀释蒸汽压力等手段提高急冷油塔顶温；通过通过调整塔顶汽油回流的温度及回流量控制急冷油塔顶温；向急冷系统阶段性补入 $C_6 \sim C_{10}$组分，确保急冷水塔的油水界面稳定。

4.3 原料局部重质化运行困难

由于2#乙烯新区裂解炉无法匹配重质原料，为消化700kt/a以上的重质原料，老区阶段性安排4台裂解炉投重质原料油模式运行。加氢尾油的乙烯焦油的收率为9.07%，远高于石脑油的乙焦收率4.85%，老区的原料重质化导致重质馏分增加，急冷油黏度上升，急冷油塔釜温升高等问题。装置通过减少急冷油塔侧线采出、补入裂解汽油减黏等手段维持急冷系统运行。

相比于石脑油，加氢尾油属于重质油，分子链长，黏度和相对密度更大，两者不同馏分汽化所需的温度不同，原料油汽化的同时伴随着活性硫的分解，这就可能在裂解过程中造成活性硫的局部偏聚而导致腐蚀。GK-Ⅵ裂解炉在操作说明中规定，在投用加氢尾油前必须投用先投用7天以上石脑油，利用石脑油的氧化性对裂解炉炉管表面进行镀膜，防止后续投用加氢尾油时对炉管产生的腐蚀。但是在实际生产运行中，受到原料库存平衡的限制，一些GK-Ⅵ型裂解炉仅投用2~3天后就改用加氢尾油，出现裂解炉炉管断裂泄漏的情况，不得不安排进行停炉检修。

5 结语

上海石化乙烯装置依托16Mt炼油改造，通过炼化一体化总体调配优化乙烯原料结构，气相料和轻石脑油等轻质原料比重大幅增加，乙烯装置的双烯、高附收率以及其他技术经济指标有显著提高。但与此同时，由于原料结构大幅调整后，乙烯原料与装置原设计偏差较大，造成系统的不适应，给生产运行带来困难。本文着重阐述上海石化乙烯原料的优化与选择手段，并列举乙烯原料调整后给装置运行造成的不利影响和解决措施，为同类装置提供参考借鉴。

参 考 文 献

[1] 李鸿根．上海石化炼油总流程优化方案探讨[J]．石油化工技术与经济，2013，29(2)．

[2] 李慷．降低吨“乙烯”原料成本措施及实施效果[J]．石油化工技术与经，2014，30(4)．

[3] 王哲．原料轻质化对裂解系统的影响及应对措施[J]．乙烯工业，2015(4)．

国产化乙烯分离技术进展

刘 罡

(中国石化工程建设有限公司，北京 100101)

摘 要：对LECT技术的的总体技术思路进行了介绍，并对新建装置中LECT技术所采用的急冷系统方案、“三机”国产化技术、冷分离系统流程、新型分离技术应用等主要的技术特点进行了说明。同时对其在中韩武汉石化800kt/a新建乙烯装置和福建联合石化1100kt/a改造乙烯装置上的工业化应用情况进行了介绍。在武汉装置中，装置能耗达到543.8kg标油/吨乙烯，能耗指标及乙烯装置产量、产品回收率、产品质量等各方面均达到或优于保证值。在福建装置中，成功实现了一次性扩能38%的成果。

关键词：乙烯 分离技术 LECT

1 前言

乙烯、丙烯等低碳烯烃是重要的基本有机化工原料，其来源主要是经由烃类蒸汽裂解获得，随着社会经济的发展，需求量越来越大。中国石化是中国最大的石油产品和主要石化产品的生产商和供应商，乙烯和丙烯的生产在其主业中占有重要的位置。

乙烯装置裂解原料经裂解炉裂解后获得包含各种烃类物质的裂解气，裂解气经过分离系统分离精制后，获得乙烯、丙烯、C_4、汽油、柴油及燃料油产品。这其中分离顺序的选择是分离系统设计的一个重要问题，对流程影响巨大。基于化学工程基本原理及工业实践，目前的分离顺序设计包括试探法、调优法及最优化法三种[1]，一般在进行分离系统设计时会三种方法结合使用。

之前国内的乙烯装置的分离系统全部或大部分工段是采用引进的技术，要交高昂的专有技术费，同时设备的国产化也受国外专利商的制约，装置投资偏高，市场竞争力较弱。进入21世纪以来，国内乙烯分离技术取得了长足的进展，发展出了以中石化LECT技术为代表的国产化乙烯分离技术，这其中中韩武汉石化800kt/a新建乙烯装置及福建联合石化1100kt/a改造乙烯装置为LECT技术应用的典型代表，本文现对上述两套装置的情况做简要介绍。

2 中韩武汉800kt/a新建乙烯装置

2.1 分离系统总体思路

武汉乙烯装置设计规模为800kt/a，裂解原料为加氢尾油、混合石脑油、C3及LPG。针对此液体原料为主的裂解装置，专利商中国石化工程建设有限公司(下称SEI)采用了拥有自主知识产权的低能耗乙烯分离(下称LECT)技术，主分离流程为前脱丙烷前加氢流程，包括下列6个系统：急冷系统、压缩及前脱丙烷前加氢系统、冷箱及脱甲烷系统、碳二分离系统、热分离系统、制冷系统[2]。总流程图如图1所示。

2.2 主要技术特点

在工艺流程方面，主要的技术特点包括：

2.2.1 急冷系统设计

武汉乙烯装置将常规设计中的急冷油塔两个取热段改为三个，避免了塔内温度分布不合理，塔釜温度低、塔顶温度高。有效地回收裂解气中中间温度的热量，使该塔的控制和运行更加稳定。急冷水塔的急冷水热源，在考虑热量分级利用的同时，结合武汉乙烯实际的设备布置，对急冷水用户进行分配利用，设置大小两条支路既考虑了急冷水热量的充分利用，又兼顾了设备布置，从而减少了投资。同时减少了系统的阻力，操作费用也相应地降低。

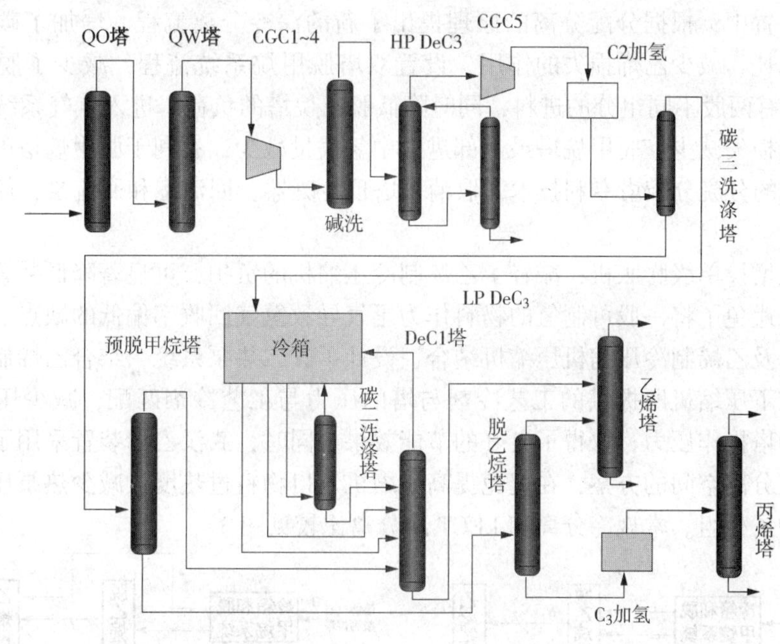

图1　武汉乙烯分离系统总流程图

武汉乙烯减黏方案选用裂解气混合闪蒸法，一部分急冷油与高温裂解气首先混合，然后进入闪蒸塔，急冷油中的中间组分和轻组分和裂解气一起返回急冷油塔，重组分自闪蒸塔釜排出。气液的混合在急冷器和管道中完成，中间组分被汽化，闪蒸塔塔内不设置气液接触内件，最大限度地降低了堵塞的可能性，具有一定的优越性。武汉乙烯装置选择此方案作为减黏方案，并取得了良好效果。

2.2.2　“三机”首次完全国产化

乙烯装置“三机”[裂解气压缩机(图2)、丙烯制冷压缩机、乙烯制冷压缩机]被称为乙烯装置的心脏，在武汉乙烯装置中，首次实现了“三机”由流程至模拟再至工程设计的完全自主化。

武汉乙烯装置在进行裂解气压缩机设计时，对于压缩机段数选择进行了深入分析研究，针对装置的原料结构，因此最终选取了五段压缩方案。在涉及氮气工况、空气工况这样的非正常工况时，常规设计方案很难满足工艺要求，经设计人员与制造厂反复讨论研究后，选择结合现场操作手段来满足非正常工况下压缩机四段和五段流量要求。

图2　裂解气压缩机组

国内大型乙烯装置引进的压缩机系统停车过程中曾出现转子反转导致设备损坏的情况，武汉乙烯装置在设计过程中，借助SEI自主研发的压缩机紧急停车动态模拟系统[3]，结合装置具体的配管、设备情况，对机组紧急停车时的各段压力平衡情况进行了模拟分析，分析不仅给出了各机组压力平衡相应的动态结果，并对原始设计方案提出了优化建议。

2.2.3　创新的冷分离流程

乙烯装置冷分离流程是各家专利商在设计乙烯装置流程时所应考虑的核心内容，LECT 技术在武汉乙烯装置上结合装置实际情况，创新了冷分离系统，并在工程实践中取得了良好效果。

在武汉乙烯装置中，根据分配分离的原理提出了新的深冷分离流程，增加了碳三和碳二洗涤塔，起到了降低能耗、减少乙烯损失的作用。设置双塔脱甲烷系统流程，减少了脱甲烷塔的负荷40%以上，乙烯塔有两股不同组分的进料，同时降低脱乙烷塔的负荷。进入氢气系统的乙烯的含量大幅度降低，乙烯损失减少；脱甲烷塔最上部进料中氢气量减少，有利于脱甲烷塔的操作。碳二洗涤塔采用 SEI 自有的分凝分馏塔专利技术，取消了塔顶冷凝器、回流罐和回流泵，简化了设备，降低了操作维护难度。

脱甲烷塔塔顶增设单级膨胀机，减轻了乙烯制冷压缩机的负担，可显著降低装置能耗，资与运行成本较低，同时避免了将一股可制氢的物料作为尾气导致氢气回收率偏低的缺点。

将乙烯产品塔及乙烯制冷压缩机压缩机结合，设计了碳二热泵系统，结合乙烯制冷压缩机国产化，考虑热泵工艺下压缩机所提供的工艺冷剂与塔的压力与工艺冷剂匹配，减少压缩机的开口数量，选定了合适的塔操作压力，取得了良好的节能效果。同时，武汉乙烯装置采用了增加乙烯制冷压缩机段间罐气液分离空间的方案，在避免提高压缩机入口物料过热度、减少热泵压缩机的功率的同时，有效地保护了机组。常规冷分离和 LECT 冷分离比较见图 3。

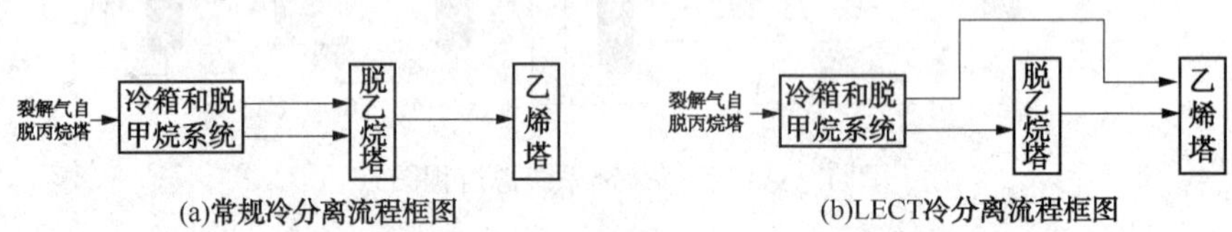

图 3　LECT 技术冷分离系统与传统冷分离系统比较

2.2.4　新型国产化分离技术

武汉乙烯装置的超大型塔设备急冷油塔直径达到了 11.5m，采用了 SEI 与北洋精馏合作开发的具有抗堵、压降低、加工方便优势的 SFV(SEI Fixed Valve)固阀塔板技术，具有高效率、低压降、大通量等塔板特性，且压降更低、雾沫夹带量更小，气液通量更大，是综合性能优良的塔板，如图 4 所示。

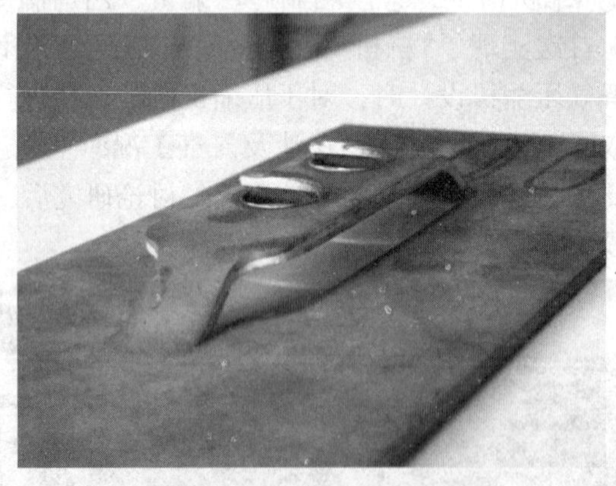

图 4　SFV 固阀塔板样板图

随着乙烯装置的大型化，急冷油系统脱焦粒的技术难度也随之增大，SEI 和航天十一所联合进行技术攻关，借助 CFD 模拟技术与实验相结合，打破国外技术的垄断，开发了拥有自主知识产权的旋液分离技术。在武汉装置应用后，设备能够将内部的焦粒基本全部清除，分离效果令人满意，详见图 5。

2.3　分离系统运行情况

武汉 800kt/a 乙烯装置于 2013 年 8 月 12 日 10 点 58 分投料裂解炉投料，2013 年 8 月 13 日 18：30乙烯产品合格，实现了安全、环保、经济一次开车成功。在仅开车三个月后，武汉乙烯装置就进行了装置性能考核，主要考核指标如表 1 所示。

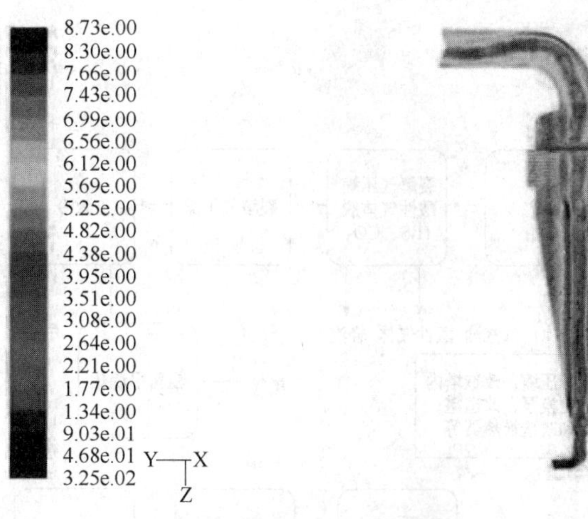

图 5 旋液分离器 CFD 模拟结果

表 1 装置考核指标

考核内容	考核指标	保证值	考核值
1. 产品产量	乙烯产量/(t/h)	100.0	101.2
	丙烯产量/(t/h)	50.0	50.7
2. 产品质量	乙烯纯度/mol%	99.95	99.97
	丙烯纯度/mol%	99.6	99.74
3. 回收效率	乙烯回收率/%	99.7	99.9
4. 综合能耗	吨乙烯能耗/kgEO	562.6	543.8

考核及运行情况显示，乙烯装置产量、产品回收率、产品质量、装置能耗等各方面均达到或优于保证值。

3 福建联合石化 1100kt/a 改造乙烯装置

3.1 分离系统总体思路

福建联合石油化工有限公司(FREP)是由福建炼化有限公司、沙特阿美中国公司和埃克森美孚中国石油和石油化工有限公司组建的合资企业。乙烯装置是福建联合石化的主生产装置，原生产能力为 800kt/a，分离系统的工艺包由美国 LUMMUS 公司提供，主分离流程为顺序分离。

为了进一步挖掘装置潜力，优化产品结构，消除某些瓶颈，根据福建联合石化公司的规划，乙烯装置进行扩能改造，确定改造工艺技术采用中石化 LECT 技术，乙烯装置的规模由 800kt/a 乙烯改造到最大生产能力为年产聚合级乙烯 1100kt/a，乙烯装置能力的增幅约为 38%。

与新建装置不同，改造方案在原 800kt 乙烯装置主装置区内进行，原则上尽量维持原工艺流程不变以利于操作和管理，不新增占地和定员。由于工期紧和设备布置限制，尽量利用原设备壳体和其基础，减少改造的工程量，缩短改造需要的时间。其各部分改造内容如图 6 所示。

3.2 主要技术特点

3.2.1 压缩机改造

原装置的 3 台关键压缩机(裂解气压缩机、丙烯制冷压缩机、二元制冷压缩机)均为引进，本次改造 3 大压缩机需要更换转子，润滑油、干气密封等辅助系统利旧，3 台压缩机的透平也改造，仍选用原制造商日本 ELLIOTT 公司的技术和设备，3 大压缩机组的原润滑油、干气密封等辅助系统利旧。低压甲烷压缩机电机驱动，需要更换压缩机和电机以满足改造后负荷要求，润滑油、干气密封等辅助系统利旧，有效降低了投资并缩短了改造工期。改造总流程图和压缩机转子如图 6、图 7 所示。

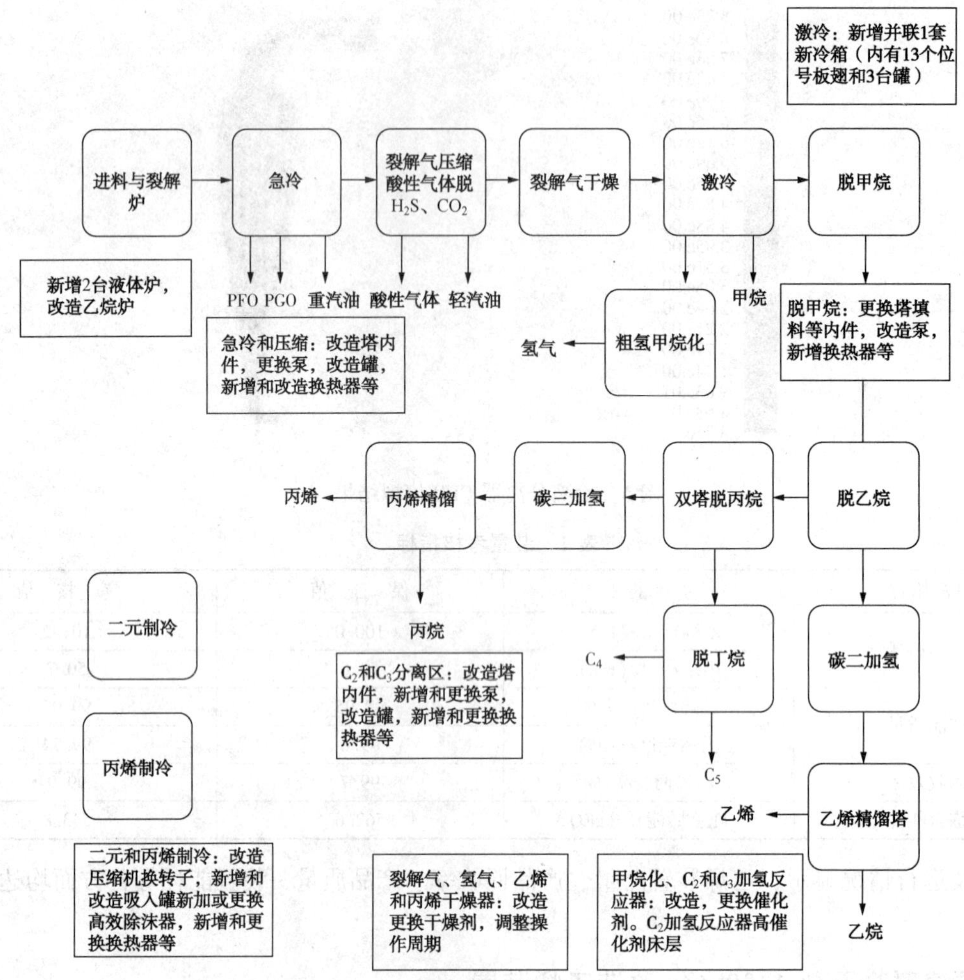

图6　福建乙烯分离系统改造总流程图

图7　压缩机转子

3.2.2　高效塔内件技术应用

福建乙烯改造项目中大量应用了新型塔内件技术。其中，汽油分馏塔、急冷水塔更换新型液体分布器及部分填料，脱乙烷塔、乙烯精馏塔、丙烯精馏塔更换了高效的 MD/ECMD 塔板，以满足改造后负荷和效率提高的要求，同时尽量减少改造的施工难度和工程量。

这其中，脱乙烷塔板的改造过程充分体现了改造项目的技术特点，脱乙烷塔原设计采用 70 块浮阀塔板，初始的方案需全部更换为新型浮阀塔板，经审查后认为此方案处理量虽可以达到1100kt/a的处理能力，但已达到处理能力上限，且脱乙烷塔为低温碳钢设备，改造内件时与塔壁焊接后需要全塔热处理，改造施工难度大，改造费用高。因此结合现场实际，决定采用处理能力大、施工安全可靠的MD/ECMD塔板，以保证脱乙烷塔的处理能力，在检修期限内完成施工任务和装置后续安全运行取得了良好的改造效果。

3.2.3　冷区流程改造

深冷系统是本次改造的难点和重点。原冷区的设备布置紧，原冷箱和单台板翅式换热器不可能拆分改造，因此本次深冷分离新增并联1套裂解气深冷系统，相应二元制冷和丙烯制冷系统改造以满足新的冷负荷要求。在改造过程中。结合现场运行情况，对原装置进行流程模拟，模清了每台设备原设计的余量和不足情况。随后就新工况做了整体模拟和新老冷箱的负荷分配调整优化措，以确保实际操作过程中关键物流的操作条件可控。

新增大冷箱(PA30301N)含12个位号的板翅，新增深冷分离相关罐的3台新罐操作温度低于-140℃、尺寸较小，因此设计为放于冷箱内部，有利于新增冷箱和深冷分离相关设备的布置和减少冷损。

3.2.4　反应系统改造

乙炔加氢反应器原设计是两台反应器，一开一备，每台反应器均为三段床。对于反应器的改造，在生产负荷提高，反应器出口乙炔浓度<1μg/g的技术要求下，催化剂厂家给出技术方案，是壳体不动，将每床反应器下部格栅下移来加高床层，同时对加氢系统其他设备进行相应改造。其中，乙炔转化器进出料换热器更换2台，1号段间冷却器和后冷却器壳体不动，更换换热管；2号段间冷却器换新；C_2绿油分离罐更换高效捕沫网。同时，为脱除乙炔加氢反应中生产的绿油，避免下游乙烯干燥器系统因积聚绿油而影响干燥器的性能，增加4台段间绿油收集罐。

对于碳三加氢系统，采用国产化催化剂，反应器壳体不动，仅更换新型高效催化剂，反应器出口MAPD的含量指标与原装置的碳三加氢实际控制指标相同。同时，相应换热器及容器进行改造。更换MAPD转化器进料加热器MAPD，MAPD转化器流出物分离罐再沸器，转化器流出物分离罐再沸器管口扩口，以适应新的工况要求。

3.3　分离系统运行情况

本次改造自2011年8月启动工艺包设计，至2013年5月工程设计结束，2013年10月装置停车检修开始，2013年12月18日乙烯装置完成改造，并顺利产出合格产品，一次投料开车成功。2014年9月17日开始乙烯装置10台炉全部在线进行高负荷标定测试，标定期间裂解炉最大投油量达到470t/h，分离系统乙烯塔达到最大乙烯产量146t/h(合1160kt/a)，1100kt高负荷标定超额圆满完成任务。

4　结语

随着国内乙烯行业的发展和长期的技术积累，中国石化自主开发了低能耗乙烯分离技术(LECT技术)，并对其中的主要系统进行了流程工艺、设备参数、新型分离技术等多方面的深入研究。在中韩武汉石化800kt/a新建乙烯装置和福建联合石化1100kt/a改造乙烯装置中，LECT技术成功实现了在新建装置和改造装置上的工业化。与同类技术相比，LECT技术流程简单、操作方便、安全稳定、回收率高、能耗低。它的成功应用，打破了国外乙烯专利商长期垄断的局面，标志着中国的乙烯成套技术步入产业化，对中国石化行业具有十分重要的战略意义。

参 考 文 献

[1] 王振维，盛在行．乙烯分离技术选择及前脱丙烷技术[J]．乙烯工业，2008，20(4)：52-58.

[2] 王子宗，王振维，何细藕．国产化乙烯装置建设及运行[J]．乙烯工业，2015，27(1)：11-15.

[3] 刘罡，盛在行，王振维，等．乙烯装置压缩机紧急停车系统压力动态模拟初探[J]．乙烯工业，2013，25(1)：35-41.

中国石化200kt/a丙烷脱氢制丙烯成套技术及催化剂的开发

王振宇　张淑梅　乔　凯　周　峰

(中国石油化工股份有限公司抚顺石油化工研究院，辽宁抚顺　113001)

摘　要：FRIPP研制出用于低碳烷烃脱氢的FPDH系列Pt基催化剂，并与LPEC合作开发了200kt/a丙烷脱氢制丙烯成套技术(MPDH)。该工艺技术可靠，拥有自主知识产权，填补国内技术空白，具备工业化条件和良好的经济效益和应用前景。FPDH系列催化剂除拥有良好的丙烷转化率和丙烯选择性，还具有良好的耐硫性能和液时空速耐受性能。新一代低铂催化剂正在研制中。

关键词：丙烷　脱氢　催化剂　移动床

1　前言

早在20世纪30年代烷烃直接脱氢制取烯烃的技术就已经实现工业化，但由于二战以后炼油技术的发展，蒸汽裂解副产的丙烯足够满足市场需求，导致烷烃脱氢这一技术路线未受到重视。70年代，石油危机爆发，人们重新开始关注烷烃脱氢技术[1]。目前，低碳烷烃脱氢制烯烃已成为生产低碳烯烃的主流技术，全球众多的公司和科研机构致力于这一技术的研发，如巴斯夫、壳牌、法国石油化工研究院、陶氏化学等。迄今，在低碳烷烃脱氢领域申请专利数量最多的10个公司排序见表1。

虽然从事低碳烷烃脱氢领域研究的机构众多，但实现工业化的却只有国外的五种技术：UOP公司的Oleflex工艺、Lummus公司的Catofin工艺、康菲(Uhde)公司的Star工艺、Snamprogetti/Yarsintz1公司的FBD-4工艺以及林德/巴斯夫公司的PDH工艺[1~4]。占据国际市场的主要是UOP公司的Oleflex工艺和Lummus公司的Catofin工艺，分别采用$Pt-Sn/Al_2O_3$催化剂体系和Cr_2O_3/Al_2O_3催化剂体系。我国已投产和在建的丙烷脱氢装置见表2[5~10]。

表1　全球主要专利申请人及申请量

专利申请人	申请量	专利申请人	申请量
巴斯夫(BASF SE)	357件	英国石油公司(BP plc)	126件
霍尼韦尔(Honeywell UOP)	272件	中国石化(China Petroleum & Chemical Corporation)	118件
壳牌(Royal DutchShell Group of Companies)	208件	埃克森美孚(Exxon Mobil Corporation)	115件
法国石油研究院(InstitutFrancais Du Petrole)	146件	康菲石油(Conoco Phillips)	109件
陶氏化学(The Dow Chemical Company)	137件	埃尼公司(SnamprogettiS. p. a.)	77件

表2　我国已投产和在建的烷烃脱氢装置情况

企业名称	项　目	技术路线	生产能力/(kt/a)	投产年份
天津渤海化工集团	丙烷脱氢	Lummus-Catofin	600	2013
浙江卫星能源有限公司	丙烷脱氢	UOP-Oleflex	450	2014
宁波海越新材料有限公司	丙烷脱氢	Lummus-Catofin	600	2014

续表

企业名称	项目	技术路线	生产能力/(kt/a)	投产年份
浙江绍兴三锦石化有限公司	丙烷脱氢	UOP-Oleflex	450	2014
张家港扬子江石化有限公司	丙烷脱氢	UOP-Oleflex	600	2015
烟台万华化学集团有限公司	丙烷脱氢	UOP-Oleflex	750	2015
山东京博石油化工有限公司	混合烷烃脱氢	UOP-Oleflex	250	2015
山东神驰石化有限公司	混合烷烃脱氢	UOP-Oleflex	415	2015
宁波福基石化有限公司	丙烷脱氢	UOP-Oleflex	660	在建
福建美得石化有限公司	丙烷脱氢	UOP-Oleflex	660	在建
山东齐翔腾达化工有限公司	混合烷烃脱氢	UOP-Oleflex	450	在建

截止到2015年年底，我国丙烯总产能已到达26Mt/a。“十二五”期间，我国丙烯产能的平均增长率为10.1%，已超过了同期丙烯消费的平均增长率(8.5%)。丙烯产能增长主要来自于2013年开始的MTO/MTP项目扩能和新建丙烷脱氢装置的集中投产。截止到2015年底，国内共计已开工6套丙烷脱氢装置和2套混合烷烃(丙烷+异丁烷)脱氢装置，丙烯总产能已达3.73Mt/a。

2 中国石化200kt/a丙烷脱氢制丙烯技术(MPDH)

FRIPP于2006年开展低碳烷烃脱氢技术研发工作。2009年年底，第一代低碳烷烃脱氢催化剂(FPDH-1)通过院内学委会评议，并于2010年完成催化剂工业放大。2014年11月，FRIPP与LPEC合作完成200kt/a丙烷脱氢制丙烯成套技术工艺包，并通过了中国石化总部审查。审查意见认为整体技术达到国际同类技术先进水平。该技术目前拥有90余件发明专利，其中48件已授权。2014年底，完成催化剂领域专利侵权分析，未发现侵权专利。

2.1 MPDH工艺流程

MPDH工艺采用了贵金属催化剂及移动床工艺路线，装置工艺设计范围包括反应、产物分离和催化剂再生三个部分。装置规模以丙烯年产量计为200kt/a，主装置占地为175m×100m。主装置投资(包含催化剂费用)为95196万元，其中工程费用为73150万元。该工艺实现反应-再生连续化，装置操作平稳，工艺装置物料平衡见表3。

MPDH工艺采用牌号为FPDH-1的Pt系脱氢催化剂，催化剂一次装量为42.85t，年消耗量为0.96t，催化剂预期寿命为4年。

表3 MPDH工艺装置物料平衡

项目		组成/%	kg/h	kt/a
进料	丙烷	99.21	31088	248.7
	PSA纯氢	0.79	249	2.0
	合计	100.00	31337	250.7
出料	燃料气	11.40	3573	28.6
	丙烯	79.78	25000	200
	C_4组分	0.37	117	0.9
	含氢气体(其中纯氢)	8.45(4.02)	2647(1259)	21.2(10.1)
	合计	100.0	31337	250.7

2.1.1 MPDH工艺反应-分离系统流程

MPDH反应-分离流程简图见图1。新鲜丙烷(丙烷原料要求见表3)与循环丙烷组成的混合原料经换热器与反应产物换热后，进入加热炉加热至反应所需温度，再进入第一反应器。物流径向通过反应器内的环形内外网与连续向下移动的催化剂接触，在临氢条件下进行反应。由于强吸热反应使温度降低，故反应产物经中间加热炉继续升温至反应温度，再进入第二反应器。最终反应产物从第四反应器流出后与混合丙烷原料换热，然后经增压，进入深冷分离工段，分离出含氢气体和液相产物。含氢气体大部分作为循环氢与反应进料混合，少部分作为提升氢送至再生部分，剩余气体作为副产氢气(副产氢气组成见表4)送出装置。液相产物直接进入脱乙烷塔分离出乙烷；塔底液进入精丙烯塔分离出丙烯产品(丙烯产品组成见表5)；塔底液再进入脱丙烷塔分离出未反应的丙烷作为循环丙烷进料，塔底流出物 C_4 组分。

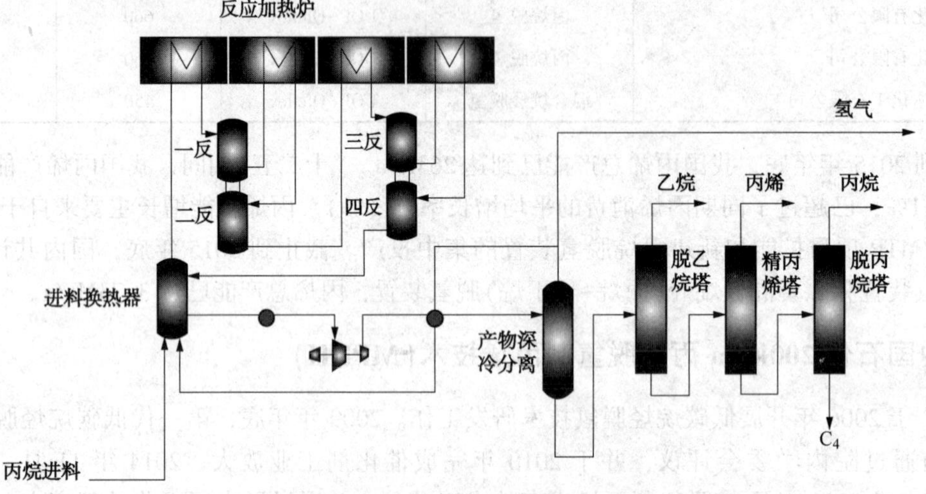

图1 反应-分离系统流程简图

表4 丙烷原料组成

组 分	含 量	组 分	含 量
乙烷	≤ 1mol%	H_2O	≤ 10 μg/g
丙烷	≥ 97mol%	H_2S	≤ 70 μg/g
丁烷	≤ 2mol%	RSH	≤ 15 μg/g
总丁烯	≤ 1mol%	COS	≤ 15 μg/g
CO_2	≤ 0.05mol%	总硫	≤ 100 μg/g

表5 丙烯产品组成

项 目	优等品指标	标准方法
丙烯体积分数/%	≥ 99.6	GB/T 3392
烷烃体积分数/%	余量	GB/T 3392
乙烯含量/(mL/m^3)	≤ 50	GB/T 3392
乙炔含量/(mL/m^3)	≤ 2	GB/T 3395
甲基乙炔+丙二烯含量/(mL/m^3)	≤ 5	GB/T 3392
氧含量/(mL/m^3)	≤ 5	GB/T 3396
一氧化碳含量/(mL/m^3)	≤ 2	GB/T 3394
二氧化碳含量/(mL/m^3)	≤ 5	GB/T 3394
丁烯+丁二烯含量/(mL/m^3)	≤ 5	GB/T 3392
水含量/(mg/kg)	≤ 10	GB/T 3727
甲醇含量/(mg/kg)	≤ 10	GB/T 12701

表6 副产氢气组成

组 分	氢气	甲烷	乙烷	乙烯	丙烷	丙烯
含量/mol%	89.20	9.55	0.55	0.15	0.35	0.20

2.1.2 MPDH工艺催化剂反应-再生系统流程

MPDH工艺催化剂反应-再生系统流程简图见图2。反应部分的含焦碳催化剂(简称待生剂)在第四反应器底部下部料斗内，先经氮气置换出所携带的烃类。再由氮气提送待生剂依次进入四反提升器、再生器上部的分离料斗和闭锁料斗。由逻辑控制系统通过压力平衡进行闭锁料斗的等待、加压、卸料、降压和装料五个步骤，以控制催化剂的循环量。催化剂由次进入再生器中，自上而下经过烧焦、再加热和焙烧后出再生器。由氢气提送至第一反应器顶部的还原室，经氢气还原和钝化处理后进入第一反应器进行下一周期的反应。

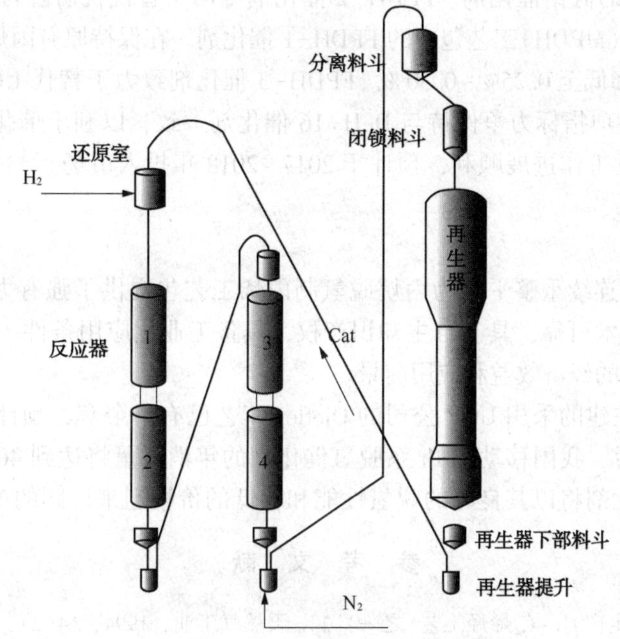

图2 反应-再生系统流程图

2.2 国内外同类技术对比

表7 MPDH工艺与国外主流技术对比

工艺	Oleflex	Catofin	MPDH
工艺路线	Pt系催化剂移动床工艺	Cr系催化剂固定切换床工艺	Pt系催化剂移动床工艺
反应温度/℃	620~650	590~600	610~650
反应压力/MPa	0.20~0.30	-0.045	0.25~0.30
液时空速/h^{-1}	1~2		1.68~5.04
氢烃比/mol	0.6	无	0.6~1
丙烷单程转化率/mol%	33~36	48~53	30~40
丙烯选择性/mol%	82~84	87	86~92
总收率/%	82~85	86	82~86
单耗MT/MT	1.18~1.22	1.16	1.18~1.23

MPDH工艺与固定床工艺相比，产品分布更优化，收率更稳定，装置运转率更高；与流化床工艺相比，催化剂生焦速率低，磨损及消耗也更低。与国外主流技术对比见表7。

由此可见，MPDH 工艺在丙烷单程转化率和丙烯选择性方面比同为 Pt 系催化剂移动床技术的 Olelex 工艺略高，并且丙烷液时空速也较高，装置处理能力较大。此外，由于催化剂本身特点，反应产物中没有二烯烃生成，因此 MPDH 工艺中省却了选择性加氢工段。

3 FRIPP 开发的低碳烷烃脱氢系列催化剂

MPDH 工艺采用了由 FRIPP 开发的牌号为 FPDH-1 的第一代低碳烷烃脱氢催化剂。该催化剂通过对 Pt 颗粒的尺寸进行可控合成，制备出有利于 C-H 键的活化的 Pt 颗粒尺寸，Pt 含量约为 0.5%。FPDH-1 催化剂不但具有优越的丙烷脱氢性能，还具有较高的液时空速耐受性和较强的耐硫性能，丙烷原料中的总硫含量可达 100μg/g。

2015 年，FRIPP 开始了第二代低铂含量丙烷脱氢催化剂的研发工作，计划研发出 FPDH-2 和 FPDH-3 等两种不同牌号的低铂催化剂。FPDH-2 催化剂专用于替代抚研院自主研发并用于 200kt/a 丙烷脱氢制丙烯成套技术(MPDH)工艺包中的 FPDH-1 催化剂。在保持原有丙烷脱氢技术指标的基础上，将催化剂的 Pt 含量降低至 0.25%~0.30%。FPDH-3 催化剂致力于替代 UOP 开发的第六代 DeH-16 催化剂，催化剂的各项指标力争保持与 DeH-16 催化剂一致，以利于催化剂的直接替代。目前这两种型号的催化剂研发工作进展顺利，预计于 2017~2018 年投入市场。

4 结论

成熟的移动床国产化连续重整平台为丙烷脱氢制丙烯工艺包提供了强有力的技术支持。200kt/a 丙烷脱氢制丙烯工艺包技术可靠，具有自主知识产权，具备工业化应用条件。经测算，200kt/a 丙烷脱氢制丙烯装置具有良好的经济效益和应用前景。

目前国内已投产和在建的采用 UOP 公司的 Oleflex 工艺已有十余套，预计在“十三五”期间，已开工建设装置如期投产后，我国移动床 Pt 系脱氢催化剂的年消耗量将达到 400t 以上。由 FRIPP 开发的 FPDH 系列脱氢催化剂将以其良好的脱氢性能和较低的价格迎来广阔的市场应用前景。

参 考 文 献

[1] 肖锦堂. 烷烃催化脱氢生产 C_3~C_4烯烃工艺(之一)[J]. 天然气工业，1994，14(2)：64-69.
[2] 肖锦堂. 烷烃催化脱氢生产 C_3~C_4烯烃工艺(之二)[J]. 天然气工业，1994，14(3)：69-73.
[3] 肖锦堂. 烷烃催化脱氢生产 C_3~C_4烯烃工艺(之三)[J]. 天然气工业，1994，14(4)：72-77.
[4] 肖锦堂. 烷烃催化脱氢生产 C_3~C_4烯烃工艺(之四)[J]. 天然气工业，1994，14(6)：64-67.
[5] 庞晓华. 2014 年中国 5 套丙烷脱氢制丙烯装置将集中投产[J]. 石化技术与应用，2014，32：360.
[6] 李军，王君，马占华，等. Pt 系异丁烷脱氢催化剂研究进展[J]. 现代化工，2013，33(10)：24-27.
[7] 姚耀富. 扬子江石化开建丙烷脱氢制丙烯项目[J]. 合成树脂及塑料，2014，31：28.
[8] 丙烷脱氢成为投资新热点. 江苏氯碱[J]，2013，6：22.
[9] 扬子江石化 60 万吨丙烷脱氢制丙烯开建. 宁波化工[J]，2013，4：27.
[10] 渤化集团 60 万吨丙烷脱氢制丙烯项目开工. 天津化工[J]，2011：25(4)：3.

国内聚丙烯市场供需分析及前景展望

迟洪泉

（中国石油化工股份有限公司齐鲁分公司，山东淄博　255408）

摘　要： 通过对市场历史数据的分析，重点介绍了国内近年聚丙烯行业发展状况、现有生产装置、消费结构、开工率、盈利状况，根据目前在建及拟建装置的项目进展情况，对未来国内市场的供需态势进行了预测。

关键词： 聚丙烯　产能　需求　利润　市场　预测

1　前言

聚丙烯(POLYPROPYLENE，CAS No. 9003-07-0)，是一种热塑性树脂。根据分子结构的不同，有无规聚丙烯、等规聚丙烯和间规聚丙烯三种。聚丙烯是一种性能优良的热塑性树脂，具有密度小、无毒、易加工、抗冲击、抗挠曲以及电绝缘性好等优点，在汽车工业、家用电器、电子、包装、建材、家具、地毯、医疗及其他工业等领域应用广泛。

2　国内聚丙烯产能统计

2014年国内新增聚丙烯产能约3700kt，同比增幅超过20%，中国成为全球最大的聚丙烯生产国。2015年，随着蒲城清洁能源(400kt/a，煤制烯烃)、东华能源(400kt/a，丙烷脱氢)，榆林神华能源有限责任公司(300kt/a，煤制烯烃)新装置的投产，国内聚丙烯总产能增至17.78Mt/a。生产能力方面，传统企业的代表中石化所占比例由2013年的35%下滑至2015年的28.9%，而新型煤制烯烃及甲醇制烯烃企业产能总计由2013年的14%增长至2015年的26%，增幅在86%。煤制聚丙烯成为2014年以来的主要扩能贡献力量，而且在未来仍然是扩能的主要贡献群体。原料来源方面，2015年传统的油制工艺占比为65.07%，同比下降了4.33个百分点，煤制工艺占比为20.58%，同比增长2.88%，丙烷脱氢占比为5.06%，同比增长2.36%，见表1。

表1　2015年中国聚丙烯主要生产企业及产能统计　kt/a

序号	生产厂家	生产能力	序号	生产厂家	生产能力
1	神华宁煤	1000	16	中国石化上海石化公司	400
2	中国石油独山子石化公司	690	17	中国石化广州分公司	400
3	中国石化福建炼化有限公司	670	18	中国石化武汉石化公司	400
4	中国石化茂名石化公司	670	19	宁波禾元化学有限公司	400
5	中国石油大庆炼化公司	600	20	蒲城新能源	400
6	浙江绍兴三圆石化有限公司	600	21	中煤陕西榆林能化	300
7	延长中煤榆林能化	600	22	宁夏宝丰能源	300
8	中国石化镇海炼化公司	500	23	河北海伟	300
9	大唐国际多伦煤化工公司	460	24	中化泉州	200
10	中沙(天津)石化有限公司	450	25	石家庄炼化	200
11	中国石油兰州石化公司	450	26	山东神达	170
12	台塑工业(宁波)有限公司	450	27	东华能源	400
13	中国石化四川石化	450	28	榆林神华	300
14	中国石化燕山石化公司	440		其他	5160
15	中国石化扬子石化公司	420		合计	17780

2013~2015 年短短三年间，我国聚丙烯产能自 13220kt/a 扩张至 17780kt/a，累积增加 4560kt，增幅达 34.5%。而产量方面，2015 年聚丙烯产量较 2013 年增幅在 23.9%。从表 2 可以看出，中国聚丙烯行业产能及产量均呈正增长趋势，但由于产量增速要明显低于产能增速，于是造成了国内石化企业开工率一路下行的趋势。预计在未来二到三年内，此趋势暂时难以发生改变。

表 2　2013~2015 年国内聚丙烯产能按企业性质统计　　kt/a

企业性质	2013 年	2014 年	2015 年
中国石化	35%	30%	28.9%
中国石油	26%	24%	22.3%
地方及合资企业	25%	24%	19.8%
煤制烯烃	10%	19%	23.9%
甲醇制烯烃	4%	3%	3%
产能总计	13220	16680	17780
产量	12385	13739	15342

3　供需平衡状况分析

近几年我国聚丙烯产量及表观消费量持续增加，2015 年国内产量达到 1534kt，表观消费量 18573kt，同比增长约 7.3%。随着国内供应量的增加，近 6 年国内聚丙烯的进口依赖度呈现整体下滑态势。2010~2014 年进口数据基本维持在 3600~3900kt 的水平，2015 年以来进口量下降较为明显，同比去年减少 235.8kt，降幅在 6.5%。随着国内聚丙烯产能的快速扩张，国内聚丙烯原料的自给率大幅提升，挤压进口料的市场份额，进口占比逐年下降，2015 年进口依赖度下降至 17%的水平，创历史新低，见表 3。

表 3　2010~2014 年中国聚丙烯供需状况统计　　kt

年份	产量	进口量	出口量	表观消费量	自给率/%
2010	9170	3868	83	12955	70.8
2011	9805	3778	166	13417	73.1
2012	11216	3909	163	14959	74.3
2013	12385	3593	147	15831	78.2
2014	13739	3633	126	17246	79.7
2015	15342	3397	166	18573	82.6

4　国内消费结构分析

通过对 2013~2015 年国内聚丙烯下游制品消费结构分析可以看出，传统塑编、注塑、管材等消费领域呈现明显下降趋势，但塑编仍是国内聚丙烯最大的下游消费领域，2015 年占比在 42%左右，注塑占比 21.83%左右，两者占比超过一半。增长趋势最明显的是无纺布、BOPP 膜及医用透明领域，尤其是无纺布从 2013 年 9.44%增长到 2015 年 14.1%，未来随着国内消费观念的提升及二孩政策的全面实施，无纺布仍将保持两位数以上的增速。对比 2013 年和 2015 年，2015 年较 2013 年纤维增幅在 58%；透明料的增幅在 63%。拉丝、管材和和其他专用料同比下降，其中拉丝小幅下跌，管材降幅达 24%；其他专用料降幅最大在 50%。2015 年聚丙烯市场整体供应量同比涨幅 22.69%，而下游制品平均增长率为 4.37%，明显看出供应增长速度大于需求增长速度，分别见图 1~图 3。

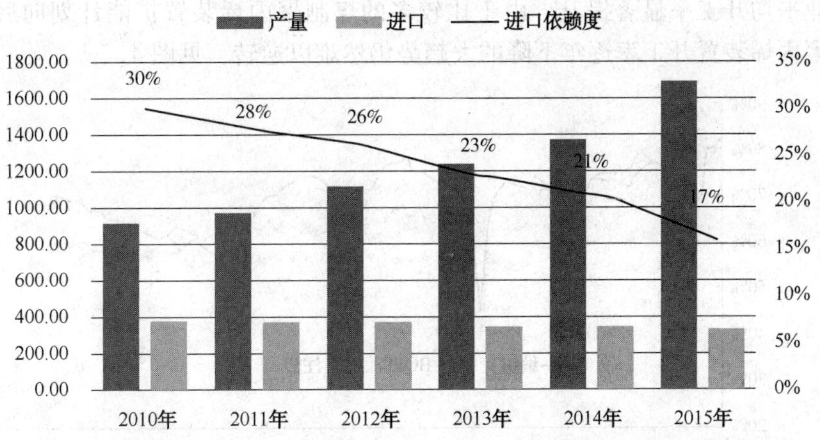

图 1　2010~2015 年中国聚丙烯产量、进口量、进口依存度统计表

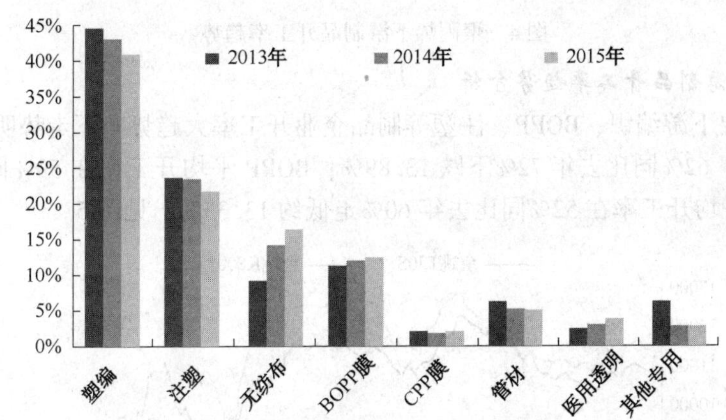

图 2　2013~2015 年聚丙烯下游制品结构分析

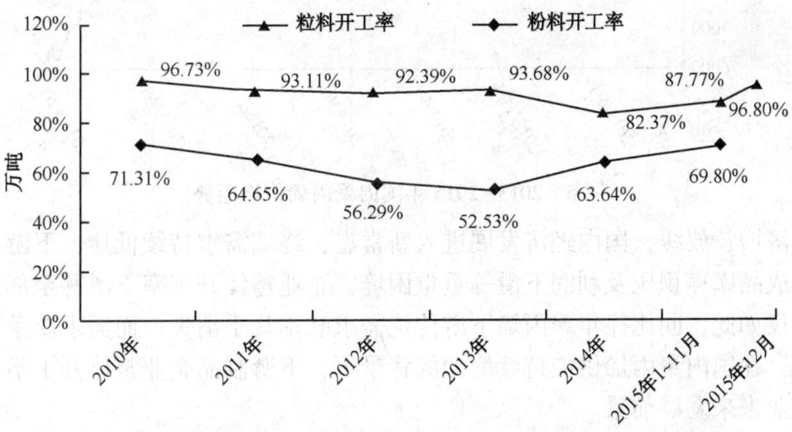

图 3　2010~2015 年聚丙烯装置平均开工率走势

5　开工率情况分析

5.1　聚丙烯置开工率趋势分析

由于国内需求增速远远赶上不上产能扩张速度，所以国内聚丙烯装置平均开工率在 2010~2014 年呈现出了明显的下降态势。而 2015 年是一个非常特殊的年份，因为自 2014 年四季度国际油价暴跌以来，国内油制聚丙烯原料生产企业成本竞争力大幅增强，而煤制聚丙烯企业成本竞争力不断下降的同时，产能扩张速度也明显放缓。油制聚丙烯生产企业负荷大幅提升，因此 2015 年国内聚丙

烯原料生产企业平均开工率显著提升。由于比较多的煤制聚丙烯装置扩能计划向后推迟至明后两年，所以国内聚丙烯装置开工率逐年下降的大趋势仍然难以逆转，见图4。

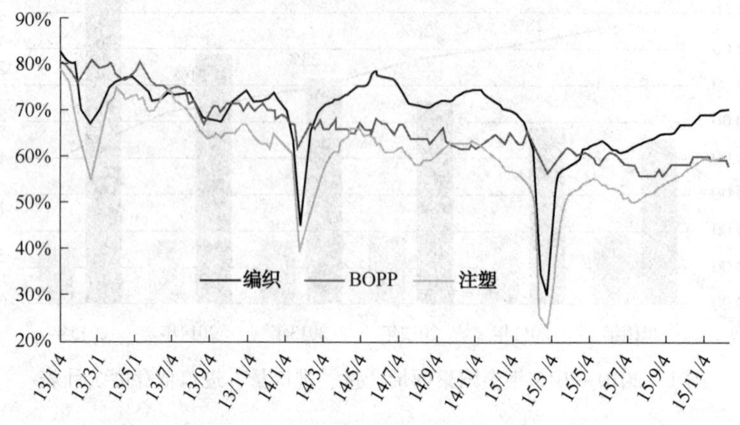

图4　聚丙烯下游制品开工率趋势

5.2　聚丙烯下游制品开工率趋势分析

国内聚丙烯主要下游编织、BOPP、注塑等制品企业开工率大趋势向下走势明显，其中2015年编织企业平均开工率62%同比去年72%下跌13.89%；BOPP平均开工率在59%同比去年65%下跌9.23%；注塑企业平均开工率在52%同比去年60%走低约13.33%，见图5。

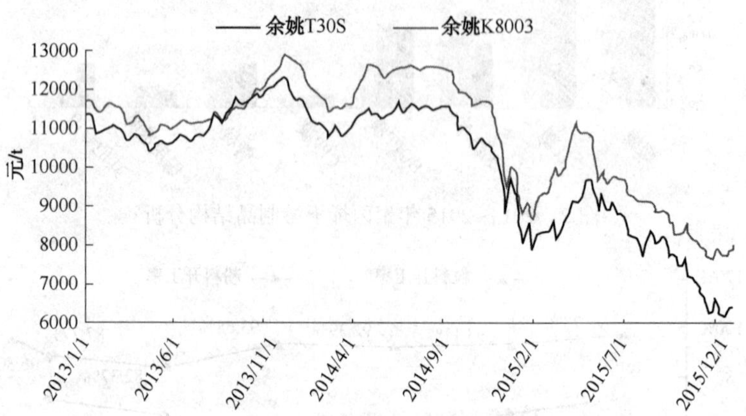

图5　2013~2015年国内聚丙烯价格走势

由于全球经济增长放缓，国内经济发展进入新常态，终端需求持续低迷，下游工厂面临订单不足、资金短缺、成品库存积压及利润下滑等重重困境，企业整体开工率下滑甚至部分中小企业被迫停工或倒闭。不仅如此，同比往年聚丙烯下游传统需求旺季几乎消失，而需求淡季却更加清淡已成为常态化。因此，在国内聚丙烯供应持续增加的背景下，下游制品企业整体开工不足是硬伤，并直接制约聚丙烯行业未来发展前景。

6　国内聚丙烯市场价格趋势

近三年来，国内聚丙烯市场价格呈现逐年下跌的趋势，2013年T30S年均价在11237元/t；2014年平均价格在11049元/t；2015年平均价格跌至8105元/t，同比2014年下跌2944元/t，累计跌幅达26.64%。除油价下跌的成本因素外，近年来聚丙烯新产能快速增长，而需求增速放缓使得供需压力逐年递增。

2015年5月份以来，国内聚丙烯市场行情“一泻千里”，价格跌跌不休，余姚T30S从9700元/t一度下跌至6200元/t，累计下跌3500元/t，跌幅达36.08%。与此同时，国内聚丙烯生产企业并未因此而停产或降低生产负荷，2015年全年平均开工率达到94%左右，见图6。

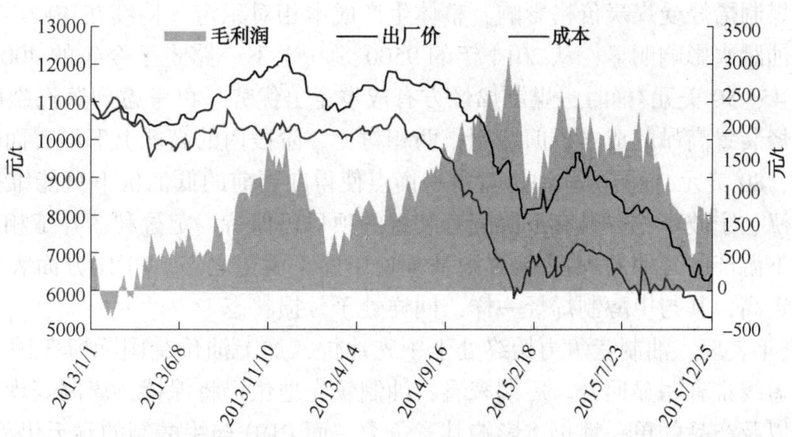

图6 2013~2015年国内聚丙烯生产企业毛利润走势

7 国内聚丙烯生产企业毛利润分析

从上图可见，虽然2013~2015年国内聚丙烯生产企业出厂价及生产成本不断下滑，尤其是2015年以来，成本和出厂价不断创出近年来的低位。但随着2014年6月份国际油价大幅下跌，生产企业成本下滑速度快于出厂价下滑速度，聚丙烯生产企业毛利润大幅改善。原油、丙烯及煤价的走低给予生产企业更多的利润空间，虽然新产能不断投产导致企业间价格竞争加剧，但成本下降幅度远大于企业出厂价降价力度，企业毛利润增长趋势明显。

2013年上半年国内聚丙烯生产企业毛利润偶有倒挂现象出现，而随着下半年出厂价的走高，企业盈利得到明显改善，全年平均毛利润为765元/t。2014年生产企业毛利呈现逐年走高趋势，尤其是下半年伴随国际油价暴跌，企业生产成本大幅走低，毛利润一度从472元/t上涨至2908元/t，涨幅高达516%，而全年平均毛利润在1476元/t，同比2013年涨幅在92.94%。国内聚丙烯生产企业在2015年真正开启“暴利”模式，全年平均毛利润在1794元/t，同比去年走高约21.54%，全年最高毛利一度达到3193元/t。

值得一提的是，原油价格持续走低的情况下，国内煤制聚丙烯仍有相当的竞争力。

如图7所示，煤制聚丙烯拉丝货源竞拍底价与中油拉丝出厂价的价差主流区间在100~300元/t。目前，煤制聚丙烯拉丝在全国各地市场已经成为最主流的货源，尤其是华北市场，以大唐多伦、神华宁煤、神华包头为代表的煤化工原料，持续存在于市场。而且煤化工企业的拉丝货源仍然在以低价优势继续抢占着拉丝市场份额。2016年计划投产的聚丙烯装置，仍有大半是煤制烯烃企业，届时低价的煤制烯烃资源，将继续影响市场。

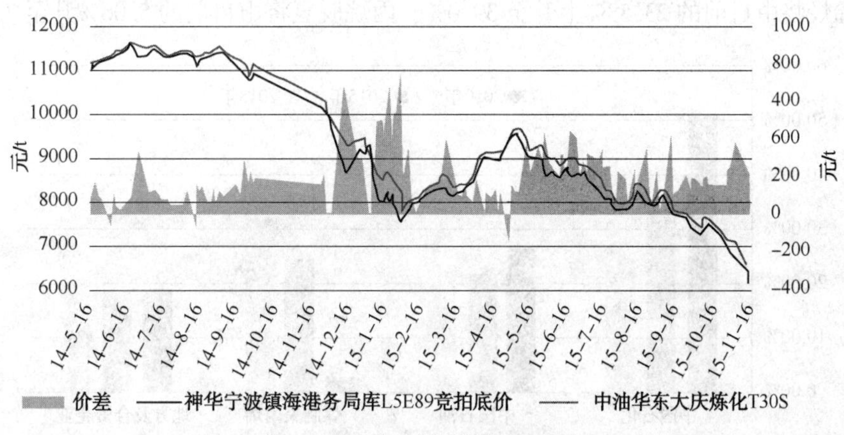

图7 煤、油制聚丙烯毛利对比

数据显示，煤制烯烃受煤炭价格影响，整体生产成本相对稳定，持续在4000~6000元/t波动。而油制烯烃受原油跳水影响明显，从2014年的9500元/t上下一路走至今年的4000元/t上下。据测算，当油价在45~50美元/桶时，煤制烯烃方有成本竞争优势，再考虑到蒸汽裂解装置丰富的产品产出和煤制烯烃装置高昂的成本折旧费用，两相对比，阶段内的高低上下不言而喻。而甲醇制烯烃更是苦不堪言，80美元/桶的国际油价竞争平衡点使得在当前的低油价下只能维持保守的操盘方式。诸如山东联泓、宁波富德等具有下游配套装置的项目仍保持一定盈利，开工相对稳定。然而山东东营几套缺乏下游产品延伸的MTP装置则基本处于停工观望之态。PDH方面表现一般，伴随着丙烷价格的不断走高，其与甲醇制烯烃一样，同样处于亏损状态。

纵观2015全年表现，油制竞争力始终处于领先地位，加上油价受国际博弈因素以及基本面供大于求的影响，短线难有明显回升。后期来看，油制领先地位仍将保持，煤制表现可圈可点，但煤制巨额折旧费用以及产品的单一性仍将影响其竞争力，而PDH与甲醇制的春天仍需时间的等待。

8 前景预测

未来，我国仍将有新建或者扩建多套聚丙烯装置生产装置。2016~2018年我国聚丙烯装置新建或者扩建项目预计新增产能合计5750kt，其中2016年新增产能为2950kt，见图8。

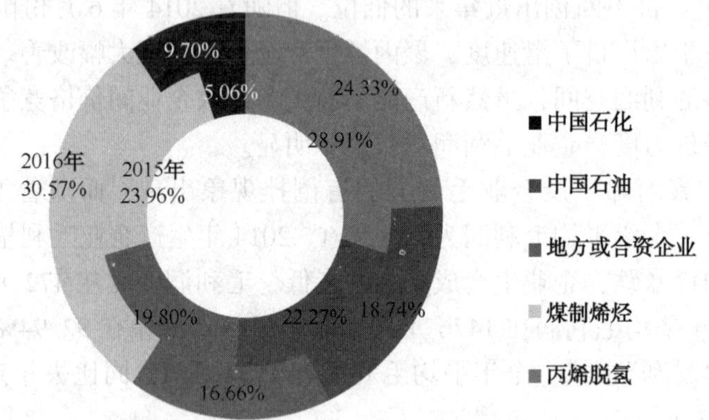

图8 国内聚丙烯供应结构变化

8.1 供应结构发展趋势

2015年，国内聚丙烯的供应中，中国石化占比仍在第一位，煤制烯烃超越中石油排名第二。预计到2016年底，PP供应结构仍将发生较大变化，其中变化最明显的将是煤制烯烃的占比将超越中国石化，位居第一名，中国石化将退居第二名。丙烷脱氢占比也将由2015年的5.06%升至2016年的9.7%。聚丙烯原料多元化竞争将成为趋势，预计2020年，油制烯烃的占比将由目前的65.07%降至45.7%，煤制烯烃将由目前的23.58%上升至39.0%，丙烷脱氢将由目前的5.06%升至7.3%。

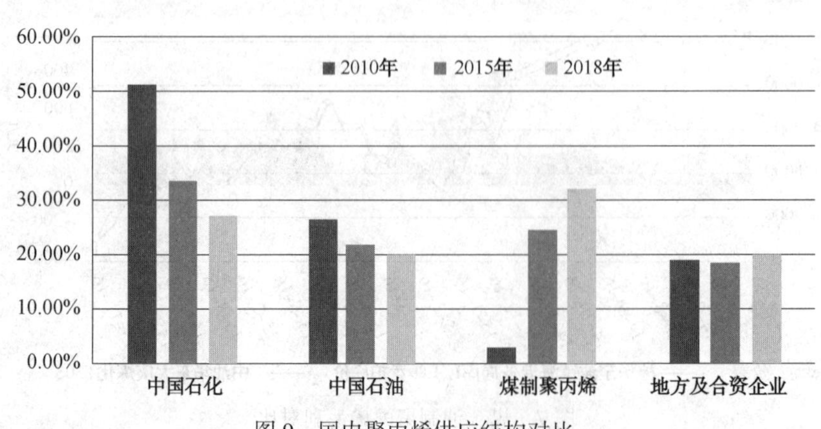

图9 国内聚丙烯供应结构对比

表 4　2010~2020 年国内聚丙烯产能与原料来源变化

产能	2010 年	2012 年	2014 年	2015 年	2020 年
聚丙烯/kt	9530	12140	16680	17780	27500
原料来源占比/%					
油制	90.0	81.0	69.4	65.07	45.7
煤制	3.1	10.4	17.7	20.58	39.0
外购甲醇制	—	0.8	4.2	3.94	5.5
外购丙烯制	6.8	7.8	6.0	5.34	2.5
PDH	—	—	2.7	5.06	7.3

8.2　下游消费结构发展趋势

通用拉丝仍是聚丙烯最大的消费领域。编织制品在我国目前的消费比例为 42%，而发达国家编织制品仅 13%左右。近年来，国内聚丙烯消费市场日渐成熟，聚丙烯注塑制品和包装膜的发展逐步改变了聚丙烯的消费结构，虽拉丝制品仍占聚丙烯树脂消费的最大份额，但其所占比例呈逐年下降趋势，预计到 2016 年所占比例将下降到 35%。

注塑领域缺口大。在世界聚丙烯消费结构中注塑产品占主要份额 33.4%，目前我国聚丙烯消费市场中注塑产品只占了 22%的份额，在聚丙烯消耗量中占第 2 位，主要用于硬包装、运输、日常消费用品及医疗器械等，是今后聚丙烯需求潜力最大的专用料领域之一，预计 2016 年所占比例将增加到 24%。

BOPP、CPP、普通包装薄膜市场稳步发展。目前该领域所占比例为 16%。我国 BOPP 薄膜产品发展趋势为：平膜的需求量仍最大；合成纸市场前景良好；消光膜、珠光膜、烟膜有稳定的需求；热封膜、金属化膜产品需求目前仍有发展前景；镭射膜仍供不应求，只有少数企业能够生产；标签膜、防雾滴膜的需求开始启动。CPP 凭借其优良的机械强度、更好的尺寸稳定性、高热封强度和低生产成本的优点，在过去的几年中，CPP 薄膜的平均年增长率保持在 20%以上，成为高速发展的包装材料之一；三元共聚热封层专用料向低温和超低温方向发展。预计 2016 年所占比例将增加到 17%。

纤维制品将是聚丙烯发展潜力较大的品种。目前我国纤维制品占聚丙烯消费量的 14%，尤其产业用丙纶是最活跃的市场。随着对工程质量的重视，聚丙烯无纺布在道路、水库、堤坝建设等方面的应用将迅速增加。此外，在医疗及卫生材料方面的消费增长也很快。近几年无纺布市场利润率很高，企业大部分满负荷生产。预计 2016 年纤维制品所占比例将达到 16%。

聚丙烯管材具有耐高温、管道连接方便、可回收使用等特点，主要应用于农田输水系统、建筑物给水系统、采暖系统以及化工管道系统等。目前占聚丙烯消费量的比例为 4%。预计在今后几年间聚丙烯管材仍将会得到高速发展，2016 年所占聚丙烯消费总量比例将达到 5%。

8.3　2016 年聚丙烯市场走势预测

综合国内外经济现状及国内供需等基本面分析，2016 年聚丙烯市场的系统性风险不大，聚丙烯价格自 2015 年 5 月份以来长期下跌，低价可令市场风险下降，有利于再库存，后期的跌价风险也不断释放。预计 2016 年聚丙烯价格以低位宽幅震荡行情为主，而油价能否上涨以及上涨高度是决定聚丙烯市场能否具备底部长期反弹的决定因素。总体看价格运行区间要大幅低于 2015 年，预计 2016 年国内聚丙烯颗粒拉丝价格区间在 5500~8000 元/t，国内聚丙烯粉料价格区间在 5200~7500 元/t。

8.4　未来供需预测

在全球经济增速放缓及中国经济进入“新常态”的大背景下，国内几乎所有的行业都面临不同程度的过剩，而聚丙烯也未能幸免，目前结构性过剩矛盾突出。

表 5 2015~2020 年国内聚丙烯供需预测

年份	产能	需求
2015	1778	1857
2016	2073	1997
2017	2245	2309
2018	2613	2482
2020	2750	2669

由表 5 可以看出，目前，我国聚丙烯总产能在 17780kt，同比 2010 年产能平均增长速度在 13. 28%。经过 2010 年开始的聚丙烯经历扩能高峰期，虽然未来几年扩能步伐有所放缓，但 2015~2020 年产能平均增速预计在 9. 11%，即使按最保守的估计也仍将保持在 8. 15%左右，而需求以最乐观预测仅为 7. 52%左右，随着需求缺口的减少，聚丙烯行业产能全面过剩仅仅是时间问题。据不完全统计，2017 年国内聚丙烯产能将达到 22450kt，预计 2020 年产能将达到 27500kt，而同期的需求量分别为 23090kt 和 26690kt，产能过剩的问题在 2017 年后会渐渐完全凸显，在不考虑现有技术规模、技术水平的情况下，一味进行产能扩张难免会带来不少问题，能耗增大，产业机构不合理、技术落后、质量不达标等问题将会一一显现。

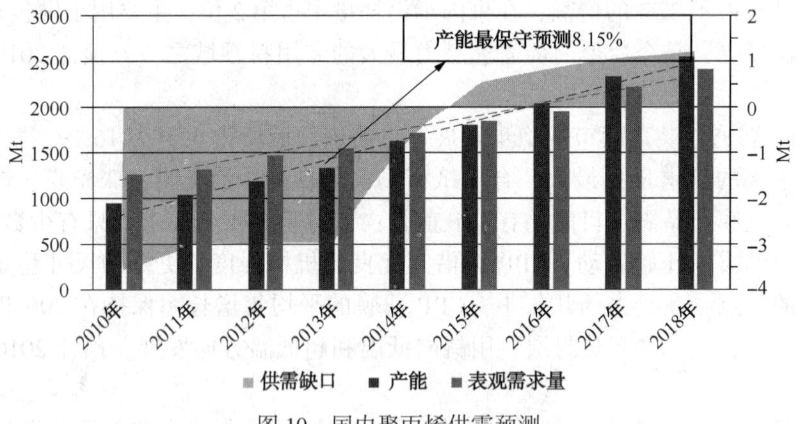

图 10 国内聚丙烯供需预测

参 考 文 献

[1] 葛骞，左琳，石媛媛，等 . 2014 年我国聚丙烯生产现状与 2015 年展望[J]. 当代石油石化，2015(5)：44.
[2] 杨涛，刘玉欢 . 国内聚丙烯市场分析[J]. 天津化工，2015(11)：8.
[3] 中国石油和化工大宗产品年度报告(2015 版)[R]. 中国化工经济技术发展中心，798-805.
[4] 经济数据快报之《产量分册》[J]. 中国石油和化学工业联合会，2015(1) .
[5] 进出口数据库 . 聚丙烯 . 卓创资讯塑料网，http：//ie. sci99. com/.
[6] 曲岩松，高春雨 . 2012 年我国五大合成树脂市场回顾及 2013 年展望[J]. 当代石油石化，2013(1)：8.
[7] 钱文臣 . 我国聚丙烯树脂的供需现状及发展前景[J]. 合成树脂及塑料，2012，29(5)：79.

粗异戊烯临氢异构的工艺研究

王 萍 黄 勇

(中国石化上海石油化工股份有限公司，上海 200540)

摘 要：以甲基叔戊基醚醚解后粗异戊烯为原料，通过临氢异构化反应将2-甲基-1-丁烯异构成2-甲基-2-丁烯。试验结果表明：以QSH-06为异构化催化剂，采用适宜的工艺条件：反应温度为20~25℃，氢烃比为3、反应压力为0.4~0.6MPa、液时体积空速为$5h^{-1}$左右。在此条件下2-甲基-2-丁烯选择性维持在95%以上，2-甲基-2-丁烯与2-甲基-1-丁烯的比值在8.5以上。

关键词：异戊烯 临氢异构 2-甲基-2-丁烯 2-甲基-1-丁烯

1 前言

异戊烯是一种重要的化工原料，用于生产频哪酮，进而生产高效三唑类杀菌剂和植物生长调节剂、除草剂等，还用作许多香料、农药中间体，也可用作紫外线吸收剂、照相感光材料和混凝土分散剂等。异戊烯通常是2-甲基-2-丁烯和2-甲基-1-丁烯的混合物，由于对大多数反应仅2-甲基-2-丁烯为活性成份，故异戊烯的2-甲基-2-丁烯含量越高应用价值也越高。

异戊烯[1]主要存在于催化裂化汽油的碳五馏份或石脑油裂解制乙烯副产的碳五馏份中，由于这些碳五物料中含有许多沸点十分接近的化合物，异戊烯从中分离并不容易。目前最多采用的分离方法是甲基叔戊基醚裂解法[2-4]，即碳五馏份与甲醇反应生成甲基叔戊基醚，然后精制得到高纯度甲基叔戊基醚，再高温裂解获得异戊烯。由此得到的异戊烯中2-甲基-2-丁烯/2-甲基-1-丁烯通常为(1~5)/1，2-甲基-2-丁烯含量相对较低。因此通常需将异戊烯再进行异构化反应，使其中的2-甲基-1-丁烯转化为2-甲基-2-丁烯，以提高2-甲基-2-丁烯的含量。

目前提高异戊烯中2-甲基-2-丁烯的含量的方法[5,6]主要是将异戊烯通过磺酸基阳离子交换树脂固定床催化剂床层进行异构化反应，将异戊烯中2-甲基-2-丁烯与2-甲基-1-丁烯的质量比由(1~5)提高至(7~14)/1，但是，在异构化反应进行的同时，2-甲基-2-丁烯以及2-甲基-1-丁烯各自或相互间都很容易发生二聚反应，导致产物得率的降低和能耗的增加。另一方面，二聚物的沉积会缩短催化剂使用寿命的下降，更严重时将导致设备管线的堵塞。

综上所述，开发新的催化剂[7,8]及探索新的异构工艺是解决上述问题的主要方向。本文采用选择加氢催化剂来作为临氢异构的催化剂，重点对临氢异构工艺条件进行了考察，确定了合理的工艺条件，在确保异戊烯技术指标达到要求的同时，最大限度的提高产品的收率。

2 实验部分

2.1 *原料及试剂*

(1) 异戊烯：来自精细化工部异戊烯装置的醚解产物，含量大于99%，组成如表1所示。

表1 异戊烯的组成

组分名称	2-甲基-1-丁烯	2-甲基-2-丁烯	TAME	其他	2MB2/2MB1
含量/%	24.72	74.61	0.34	0.33	3.02

(2) 催化剂 QSH-06：ϕ 为 3~5mm 的 0.3%的大颗粒 $Pd/\gamma-Al_2O_3$，来自中国石油化工股份有限公司齐鲁分公司研究院。

2.2 试验评价装置

试验流程如图 1 所示。原料罐(4)中的液体原料(异戊烯)通过计量泵(5)；而氢气由氢气钢瓶(1)经减压阀(2)，再经质量流量计(3)计量后，与环戊烯混合，一同进入反应器(6)(反应前在反应器中预先装填好一定量的催化剂)。反应温度由油浴加热器(7)控制，反应压力由稳压阀(8)控制。反应产物经冷凝器(9)和气液分离器(10)后，通过液相减压阀即时取样分析。

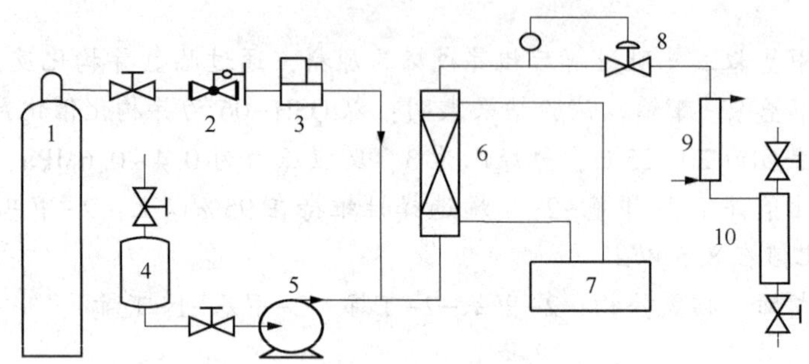

图 1 临氢异构装置工艺流程

1—氢气瓶；2—减压阀；3—气体质量流量计；4—原料罐；5—计量泵；6—反应器；7—油浴加热器；8—稳压阀；9—冷凝器；10—气液分离器

2.3 试验原理

临氢异构是在氢气存在下的双键转移反应，本次试验采用的催化剂是 $\gamma-Al_2O_3$ 负载的钯，载体具有一定的酸性，在一定条件下 2-甲基-2-丁烯(2MB1)会发生一定程度的异构生成 2-甲基-1-丁烯(2MB2)。同时，体系还会发生异戊烯的加氢副反应。

2.4 样品分析

异戊烯的定性分析采用色谱-质谱分析仪确定。定量分析仪器为 HP-6890 气相色谱仪，配置氢火焰离子检测器(FID)，色谱柱为 AP-1 毛细管色谱柱 50m×0.20mm×0.50μm，柱温由 50℃程序升温至 240℃。采用面积归一化方法进行计算。

2.5 计算方法

$$\text{2MB1 转化率}=\frac{\text{原料中 2MB1}-\text{产品中 2MB1}}{\text{原料中 2MB1}}\times 100\ \%$$

$$\text{2MB2 选择性}=\frac{\text{产品中 2MB2}-\text{原料中 2MB2}}{\text{原料中 2MB1}-\text{产品中 2MB1}}\times 100\ \%$$

3 实验结果与讨论

异构化试验选用 QSH-06 型催化剂，考察了反应温度、反应压力、氢烃比和液时体积空速(反应接触时间)对反应的影响。

3.1 反应温度对异构化反应的影响

实验在氢烃比 $n(H_2)/n(CPD)=3$、反应压力为 0.4MPa、液相体积空速为 $5.0h^{-1}$的条件下考察了温度对异构化反应的影响，结果见图 2 所示。

从图 2 可以看出：

(1) 当温度在 15~25℃时，随着温度的升高，2MB1 的转化率增加，2MB2/2MB1 比值逐渐增大，而 2MB2 选择性也逐渐增大，说明在此温度范围内，2MB1 以异构化反应为主，其随温度的增加速率快于加氢速率。

(2) 当温度超过 25℃时，2MB2 选择性随温度的升高而迅速降低，使得 2MB2/2MB1 比值迅速

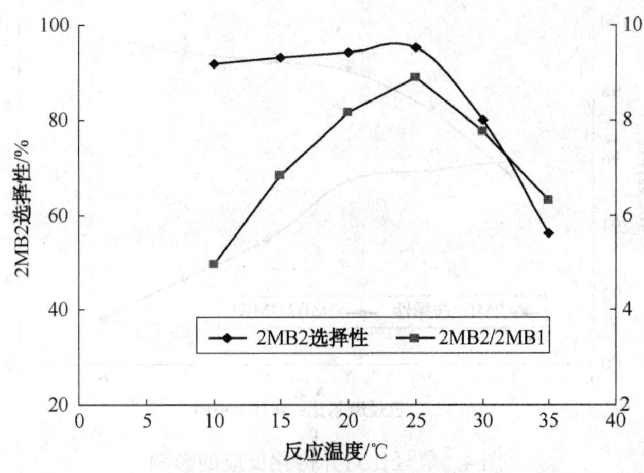

图2　温度对异构化反应的影响

变小，经分析是副产物异戊烷明显增加，说明温度超过25℃以后加氢速率的增加快于异构化速率。

综上所述，温度对异构化反应影响较为明显，异戊烯的异构化是一种受平衡限制的反应，低温有利于平衡向2MB2转移。当温度在20~25℃时，2MB2/2MB1的比值大于8.5，符合生产的要求，因此适宜的温度为20~25℃。

3.2　压力对异构化反应的影响

实验在氢烃比 $n(H_2)/n(CPD)=3$、进口温度为25℃、液相体积空速为 $5.0h^{-1}$ 的条件下考察了压力对异构化反应的影响，结果见图3所示。

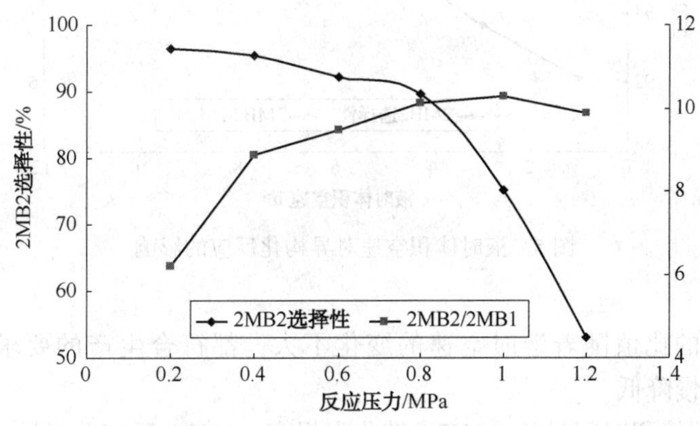

图3　压力对异构化反应的影响

从图3可以看出：

（1）虽然压力从0.2MPa升高到0.8MPa时，2MB2的选择性缓慢降低，但2MB2/2MB1的比值炔逐渐增大，当压力超过0.4MPa时，2MB2/2MB1的比值大于8.5，因此，在一定范围内，增加压力有利于异构化反应的进行。

（2）当反应压力大于0.8MPa时，反应选择性迅速下降，副产物异戊烷迅速增多，即压力高对加氢反应有利。因此，为了低加氢反应的影响，应保证反应压力在0.4~0.6MPa。

3.3　氢烃比（氢/异戊烯摩尔比）对异构化反应的影响

实验在反应压力为0.4MPa、进口温度为25℃、液相体积空速为 $5.0h^{-1}$ 的条件下考察了氢烃比对异构化反应的影响，结果见图4。

从图4可以看出：随着氢烃比的增大，2MB1的转化率增加，2MB2/2MB1逐渐提高，但选择性逐渐降低。当氢烃比大于3后，2MB2/2MB1的比例大于8.5，符合生产的要求。因此，为了提高产物异戊烯中2MB2的含量，应保证氢烃比大于3。

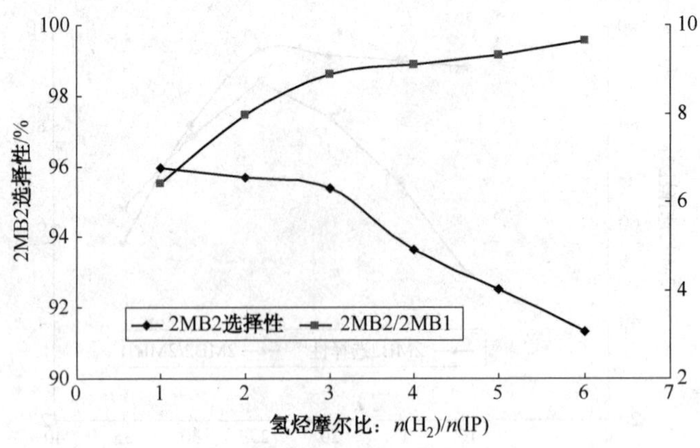

图4　氢烃比对异构化反应的影响

3.4　空速对异构化反应的影响

实验在氢烃比 $n(H_2)/n(CPD)=3$、反应压力为 0.4MPa、进口温度为 25℃的条件下考察了对液时体积空速对异构化反应的影响，结果见图5。

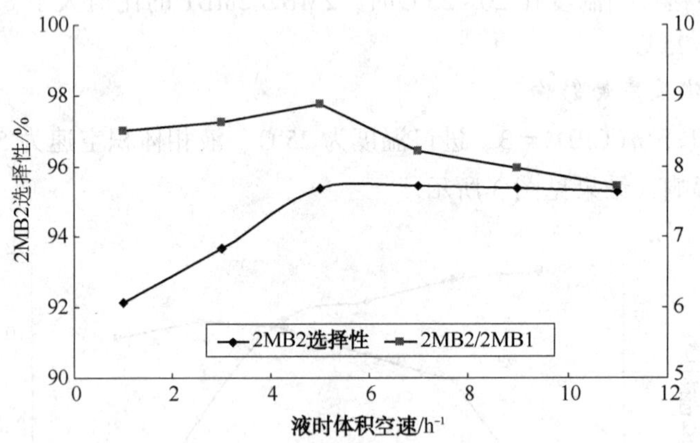

图5　液时体积空速对异构化反应的影响

从图5可以看出：

(1) 2MB2/2MB1 的比值随着液时空速的变化不大，都符合生产的要求。当空速大于5后，2MB2/2MB1 的比值缓慢降低。

(2) 空速过低，即停留时间过长，2MB1 转化率提高，2MB2 反应选择性下降，2MB1 除大部分异构为 2MB2 外，少量发生副反应生成 C_{10}二聚物等高沸点副产物，因此综合考虑，较为适宜的液时空速为 $5h^{-1}$左右。

4　结语

(1) 开发了一种反应温度较低的临氢异构化工艺，可以解决现有工艺存在反应温度高、原料适应性差、生产连续性差、操作成本高及产物中二聚物含量较高等问题。

(2) 以 QSH-06 为异构化催化剂，确定了较为适宜的临氢异构化工艺条件：反应温度为 20~25℃，氢烃比 $n(H_2)/n(CPD)=3$、反应压力为 0.4~0.6MPa、液时体积空速为 $5h^{-1}$左右。在此条件下 2-甲基-2-丁烯选择性维持在 95%以上，2MB2/2MB1 的比值在 8.5 以上。

参　考　文　献

[1] 魏文德．有机化工原料大全[M]．北京：化学工业出版社，1997：42-43.

[2] CarstenOost，etal. Synthesi of Tertiary Amyl Methyl Ether(TAME)：Equilibrium of the Multiple Reactions，Chem.

Eng. Technol，1995，18：110-117.

[3] 许惠明，范存良，徐泽辉．高品质异戊烯产品的工业生产[J]．现代化工，2015(4).

[4] 熊廷祁．碳五生产异戊烯工业化的可行性分析[J]．甘肃科技．2005(4).

[5] Kuhlmann，et al. Skeletal isomerization of n-pentenes to isopentene on pretreated，US 5，463，160，1995.

[6] Nakatomi，et al. Method for producing isopentene，US，943，186，1976-05-09.

[7] 安源，朱岳中，刘华婷，季小民．由甲基叔戊基醚制备高含量 2-甲基-2-丁烯的异戊烯方法[P]，CN01105415.8，2001.

[8] 孔国祥．异戊烯的制备方法[P]，CN 200410065355.5，2004.

聚合级双环戊二烯及其 RIM 聚合技术研究进展

姚亚娟

(中国石化上海石油化工股份有限公司，上海 200540)

摘 要：综述了原料聚合级双环戊二烯的生产研究现状及其反应注塑成型工艺的生产研究现状。

关键词：聚双环戊二烯 反应注塑成型 聚合级双环戊二烯

1 前言

聚双环戊二烯(简称 PDCPD)是以聚合级双环戊二烯单体(DCPD>99%)为原料，采用反应注射成型工艺(RIM)，在金属卡宾类催化剂的作用下发生易位开环聚合反应(ROPM)而得到的适度交联的热固性工程塑料。

PDCPD 制件具有机械平衡性好、低温特性好、药品耐受性好、涂饰性卓越、低密度轻巧、环境友好等优点[1~3]，且其加工工艺和最终的制品均具有显著的环境友好性。PDCPD 制品的加工过程能耗极低，PDCPD-RIM 可制成各种大型/超大型、可涂装、有优良冲击性能的制件，主要应用于耐化学品容器、汽车零部件以及其他体育用品、医疗设备、银行 ATM 机器的耐用零件。在国外的氯碱行业中，聚双环戊二烯材质已经被应用于制造氯碱设备和管道。在工程机械及交通领域的应用。

2 聚合级双环戊二烯的生产研究现状

2.1 粗双环戊二烯的国内外生产概况

双环戊二烯沸点 170℃，熔点 31.5℃，密度 0.979g/cm^3，主要来源于石油裂解制乙烯的副产物 C_5 馏分，其中的环戊二烯(CPD)加热二聚成双环戊二烯，通常可以得到纯度为 65%~85%左右的粗双环戊二烯。通过加热二聚后再萃取精馏，可以得到纯度在 85%以上的 DCPD。美国的 Equistar 公司、西欧 Shell、Chevron Phillips、加拿大 NOVA、韩国 Kolon 公司生产较低纯度的双环戊二烯产品，主要用于合成树脂。美国的 Texmark 、Cymetech(>97%)、Nisseki 公司、日本的瑞翁、JSR、MaruzenPetrochemical、JX Nippon oil&Energy 公司主要生产较高纯度的双环戊二烯[4]。在美国和欧洲高纯度 DCPD 主要生产三元乙丙橡胶、亚乙基降冰片烯(ENB)和乙烯基降冰片烯(VNB)。在日本，高纯度 DCPD 主要用于生产精细化学品，包括 DCPD-RIM、油漆和油墨用氯化聚烯烃树脂(CPR)、环烯烃聚合物(COP)等。国内双环戊二烯产量较大，但基本上都是低纯度和中等纯度的产品，主要用来生产不饱和树脂等。高纯度双环戊二烯单体生产困难，且价格昂贵。国内杭州杨利石化和浙江恒河石化可以工业化生产，以含量为 65%~85%的双环戊二烯为原料经过精馏提纯制成的，其双环戊二烯纯度可达到 99%。天津鲁华化学采用 C_9 为原料生产 96%以上的 DCPD，但目前这些都没有用于 PDCPD 行业。上海浦东新区海科(集团)公司宣称拥有高纯度双环戊二烯生产技术. 产品纯度可以达到 99.99%，但目前还没有工业化生产。

2.2 聚合级双环戊二烯精制工艺

RIM 过程对双环戊二烯纯度要求很高(>99%)。单体中双环戊二烯含量的高低可决定聚合反应能否发生. 因为在粗双环戊二烯中常存在一些阻聚剂，如醇类、环氧化物等。为了精制得到聚合级的双环戊二烯(纯度不小于 99.7%),常用的方法有蒸馏、吸附及化学处理。中国石化上海石油化工股份有限公司和浙江工业大学进行了高纯度双环戊二烯生产工艺的研究[5],并申请了专利,其是以石油裂解的 C_5 馏分为原料,首先将 C_5 馏分二聚,脱除轻组分得到粗 DCPD;再以无机载体负载的酸性物质为催化剂,粗 DCPD 在 100~200℃进行催化解聚得高纯度 CPD;最后由 CPD 二聚后脱除轻组分得纯度>99%的 DCPD。刘威廉等[6]以粗双环戊二烯为原料,在解聚过程加入稀释剂,双环戊二烯与稀释剂按 0.5~5 的比例混合后进入解聚精馏塔;在常压下,解聚温度为 160~200℃,回流比为 0.5~5,解聚时间为 1~3h。塔顶获得高纯度的环戊二烯,再经一管式反应器,反应温度为 40~120℃,反应压力为 0.1~1.5MPa,停留时间为 4~10h,最终获得纯度 99%以上的双环戊二烯。胡竞民等[7]开展了裂解 C_5 馏分分离中反应精馏技术的开发研究。其研究结果表明:由于反应精馏工艺能有效地抑制除环戊二烯二聚反应外的其他聚合反应的发生,因而脱除环戊二烯的效果及进一步制取双环戊二烯的质量均优于现有技术。因此既提高了产品双环戊二烯的质量,又减少了双烯的损失。同时,采用反应精馏工艺,能简化工艺流程和减少过程的以能耗,从而降低了生产成本[8]。江华等[9]研究了吸附法精制粗双环戊二烯的方法,并申请了专利,将粗双环戊二烯与吸附剂在 30~120℃下充分接触,经吸附出去杂质后得精制双环戊二烯。吸附剂以一种无机化合物如氧化铝、陶瓷、二氧化钛等为载体,负载酸性化合物如硫酸、盐酸、硝酸等。该方法工艺过程比较简单,所需的能耗很低用于对共二聚物质量分数小于 5%粗 DCPD 的精制提纯能取得非常理想的效果,得到的精 DCPD 纯度能达到 99.5%。陈明衍等[10]研究了双环戊二烯的脱硫精制系统,可以得到纯度为 99.80%~99.85%的双环戊二烯和含硫有机化合物。

3 PDCPD-RIM 的生产研究现状

RIM 是集聚合与加工于一体的聚合物加工方法,最大特点是高效快速,成型周期短[1]。它既可生产小至不足 lg 的制品,也可生产大至 150kg 的制品[2]。近年来,RIM 工艺发展速度非常快,现已成为主要的塑料加工方法之一。尤其适于制备结构较复杂的制品[3]。DCPD 聚合物体系具有反应速度快、单体黏度低、聚合反应开始时间可调节等特点,完全满足 RIM 工艺要求,这使它特别适合于 RIM 成型。在 PDCPD-RIM 体系中,催化剂种类对 PDCPD-RIM 产品的结构有较大的影响,与线型 PDCPD 相比交联型 PDCPD 性能更好。目前主要有两大类催化体系,即经典移位催化体系、金属卡宾和次烷基化合物催化体系[10]。工业生产中一般采用双组分催化体系。在成型过程中,将原料分为 A、B 两组分,A 组分包括 PDCPD、助催化剂、调节剂、添加剂,B 组分包括 D 四 D、主催化剂、调节剂、添加剂 . 精确汁量后,将 A 液、B 液在混合头中快速混合均匀,注入预热好的模具,在极短的时间内引发聚合反应,生产出大型的或形状复杂的制件。除催化剂的关键影响外,反应条件的影响也是不容忽视的,这些条件主要和工艺参数主要有原料温度、注射压力、模温、充模时间。另外,使用添加剂都可以用来进一步改进 PDCPD-RIM 产品的性能,如添加玻纤、无机填料等来改善其强度,添加各种弹性体如天然橡胶、丁基橡胶等来改善其冲击强度,添加位阻酚类抗氧化剂防止产品中保留的不饱和双键被氧化。通过加入添加剂自由地控制聚合反应的起始时间在 PD-CPD-RIM 过程中很重要 . 它可使反应液在填充模具的时间内不反应,保持低黏度状态。一旦充满模具后聚合开始,马上产生交联。瞬间内完成聚合模塑成型,因此适用于制造大型的形状复杂的模塑制品[11]。

目前,国外 PDCPD-RIM 工艺已经成熟,其市场需求逐渐上升,尤以美国、日本和欧洲等国家与地区应用最广,主要技术拥有方是美国 Metton 公司和日本瑞翁株式会社(Zeon Corporation)。美国 Metton 公司开发的技术最早,将双组分反应料液在 RIM 机混合头中撞击混合后,注入模具内进行快速聚合和模塑,制成形状复杂的 RIM 制品。该技术目前已有较大的发展。美国另一家公司 Cymetech正在开发用钌催化剂取代通常的钼和钨催化剂生产聚双环戊二烯(PDCPD)制品,新催化剂的活性寿命长,对“中毒”源(添加剂和强化剂)不敏感,而且可以得到更高的强度、冲击强度或者热变形温度最高可达2000℃。另外，Cymetech还在研究其他模制方法。如低压浇注、离心注塑以及带玻璃和碳纤维的泡沫和结构件。Cymetech计划将这种技术在美国推广。日本主要是瑞翁和帝人株式会社有生产，专利技术请参见JP61120814、JP58129013。日本只有RIMTEC公司生产PD-CPD-RIM产品。该公司销售产品的名称为Pentam和Metton。另外一些较有名的制造商包括美国的Paramont公司、美国俄州GI-Plastek公司、英国LMC-Technik等等，这些公司的产品主要包括ATM机柜、邮箱、危险废品容器、制造农用车和拖拉机等重型车的部件等等。目前PDCPD-RIM双压工艺设备生产商也全部分布于国外，主要设备生产商为德国克劳斯玛菲公司、美国GRACO-GUSMER等。

我国对于这方面的研究尚在起步阶段，还没有市场化。主要研发机构有湘潭大学、天津大学、黎明化工研究院、河南科技大学、中油海科燃气有限公司和西北工业大学，但现仍处于技术不成熟阶段。河南洛阳黎明化工研究院是国内聚氨酯RIM技术的主要研发单位，也对PDCPD加工成型进行了研究，但目前仍然处于研究阶段。蓝星(北京)化工机械有限公司于2008年开始引入PDCPD—RIM技术，率先在国内进行PDCPD制品在离子膜电解槽中的应用试验，目的在于取代氯碱行业所采用的传统的耐腐蚀结构材料，并准备在此基础上进一步拓展PDCPD制品的品种和应用领域。廊坊森辉新材料有限公司是目前国内惟一的PDCPD模制造商，主要生产工程机械覆盖件产品、驾驶室顶棚、挡泥板、工具箱体、农业机械产品、汽车配件等。另有两家企业计划上马聚双环戊二烯项目，分别是中油新兴能源产业集团和广西玉林开元公司。开元集团主要生产小型挖掘机、收割机等小型挖掘机械，公司规划成立小挖产业群，包括上马PDCPD项目以制造PDCPD覆盖件。但还没有具体计划。美国有大约10个PDCPD产品制造商，欧洲和日本则各有15~20个。PDCPD-RIM还存在一定的困难，主要表现为原料价格贵、成型过程温度控制、操作事务导致缺陷次品、原料不可再生、脱模较困难、原料的严格存管等问题。

4 结语

综上所述，PDCPD制件优越的机械性能和物理特性预示着其广阔的应用前景。国内应用的PDCPD材料多依赖进口，且价格非常昂贵。随着我国经济快速发展，国内对PDCPD-RIM材料的需求将日益增加，因此，尽快开发完善我国的RIMPDCPD技术，使PDCPD材料国产化，摆脱国外的技术束缚，满足我国相关行业的要求，对我国经济建设有着非常重要的意义。

参 考 文 献

[1] 黎华明，陈红飙．新一代反应注射模塑料——聚双环戊二烯 [J]．高分子材料，1992(4)：51-53.
[2] Charles A Harper．现代塑料手册[M]．焦书科，周彦豪等译．北京：中国石化出版社，2003. 239.
[3] 应圣康，罗宁戒国反应注射成型研究新进展[J]．中国科学基金，1998(1)：38-41.
[4] 马捷．双环戊二烯的市场分析及预测 [J]．化学工业．2012，30(7)：17-20.
[5] 慎炼，江华，葛银华等．一种高纯度双环戊二烯的生产工艺．CN 1304341C [P]：2005-09-21.
[6] 刘威廉，郭世卓，周飞等．一种制备高纯度双环戊二烯的方法．CN 103664472A [P]：2012-09-25.
[7] 胡竞民，徐宏芬，李雪等．裂解碳五馏分中的反应精馏技术[J]．石油化工设计，1999，16(2)：9-11.
[8] 朱茂电．双环戊二烯及其在有机合成中的应用现状[J]．江苏化工，2007，35(2)：15-19.
[9] 江华，高继虎，慎炼，等．一种制备高纯度双环戊二烯的方法．CN 1248996C [P]：2006-04-05.
[10] 陈明衍，孙津生，陈来锁，等．一种双环戊二烯的脱硫精制系统．CN 203530173 U [P]：2013-11-04.
[11] 宣美福．聚双环戊二烯RIM制品的加工与应用[J]．黎明化工．2005，45：37-38.

1-己烯成套技术开发与应用

王亚丽　王斯晗　王力搏　王秀绘　蒋　岩

（中国石油大庆化工研究中心，黑龙江大庆　163714）

摘　要：中国石油石油化工研究院开发了具有自主知识产权、集“催化剂-设备-工艺”于一体、基于釜式反应器的乙烯三聚合成1-己烯成套技术。作为中国石油炼化领域首个重大科技专项，分别在大庆石化公司和独山子石化公司建成工业生产装置，生产出纯度大于99.2%的高品质聚合级1-己烯产品，并在下游聚乙烯装置上进行成功应用。

关键词：1-己烯　聚合级　共聚单体　乙烯三聚　四元铬系催化剂　釜式反应器　共聚聚乙烯

1　前言

我国聚乙烯产能已突破14Mt/a，占世界第二，但中高端聚乙烯仍然依赖进口。1-己烯是合成高端聚乙烯的主要共聚单体，其提供的较长的侧链赋予聚乙烯片晶间更强的结合力，与丁烯共聚聚乙烯相比，能够显著提高聚乙烯树脂的拉伸强度、抗冲、透明、耐环境应力开裂性能等，可用于生产高档食品级包装膜、耐压的大中空容器等，广泛用于农业、包装、建筑等行业[1]。长期以来，高品质1-己烯资源匮乏、进口价格昂贵严重地制约了我国高附加值、高性能聚乙烯产业发展，因此开发自主品牌的1-己烯技术并实现产业化，对于打破国外技术垄断、优化聚乙烯产品结构、增强自主创新能力具有重要意义。

2　1-己烯技术开发

1-己烯工业生产主要有两类[1]：一类是乙烯齐聚法，通过乙烯齐聚反应得到宽分布 α-烯烃（C_4~C_{30}），再将其分离得到1-己烯，选择性一般<50%；另一类是专门针对1-己烯生产的乙烯三聚法，1-己烯选择性>80%，其产品纯度高、工艺流程短，是目前最经济的1-己烯生产技术。国外Chevron-Phillips公司[2]采用铬系催化剂开发了环管乙烯三聚反应工艺，并建成了世界上第一套选择性乙烯三聚生产1-己烯的工业装置。随后Sumitomo[3]、BASF[4]、Idemitsu Kosan[5]、中国石油[6]和中国石化[7]等也相继开发了各自的1-己烯催化剂。石油化工研究院在国内率先创新地开展了 α-烯烃合成技术，开发了基于釜式反应器的、集“催化剂、工艺、设备”于一体的乙烯三聚合成1-己烯成套技术，形成三大系列八项特色技术，并实现成套技术工业化，技术产业化应用后，生产出纯度大于99.2%的高品质聚合级1-己烯产品，整体技术水平达到国际先进。

2.1　1-己烯催化剂开发

催化剂是1-己烯技术的核心，关键是提高催化活性及选择性、降低乙烯单耗及产品的成本，减少副产物的生成。催化活性和选择性存在互逆效应，二者俱佳的催化剂开发难度大。项目组创新性地开发了具有适宜空间位阻的配体和给电子体的四组分铬系催化剂，克服了传统催化剂的选择性和活性难以兼顾的问题：通过优化催化剂空间位阻结构，促进主金属配合物与乙烯的配位能力，缩短活性中心诱导周期，加快反应引发速率，提高催化剂活性至700kg/(gM/h)以上；通过调节电子给予体的诱导效应改善活性中心的电子云密度，控制乙烯在配位空轨道上发生插入及 β-H 消除的反应速率，抑制副反应，提高1-己烯选择性达到92%以上。

2.2 工业反应器的开发

乙烯三聚反应放热量大，反应速率受气-液传质过程控制，釜式反应器气-液混合能力和分散效果好，可最大限度地发挥液相催化剂效能，克服环管反应器传质效能不理想的问题。因此，石油化工研究院进行了釜式反应器的开发，通过优化反应器结构、内构件型式，提高反应器传质强度和撤热能力，首次开发出适用于乙烯三聚的具有强制取热特性的高传质釜式工业反应器。

2.3 全流程连续生产工艺的开发

由于乙烯三聚合成1-己烯反应具有“三高一挂”特性，反应副产物包括少量的低聚物，易在换热器表面挂胶，降低撤热能力，影响装置长周期运行。项目组开发了聚合物抑制技术和自溶胶技术等专有技术，使得聚合物降低至10^{-6}级别，解决装置运行中出现的堵塞问题，实现装置长周期运行。

3 1-己烯技术应用

采用石油化工研究院研发的1-己烯成套技术，2008年，在大庆石化公司建成投产了5kt/a 1-己烯工业试验装置；2014年，在独山子石化公司建成投产了20kt/a 1-己烯工业生产装置，生产出高品质聚合级1-己烯，产品纯度可达到99.6%，内烯烃低于0.5%，氯等杂质含量低于1mg/kg，1-己烯质量可以满足聚乙烯装置中Z-N、茂金属和铬系多类型催化剂共聚工艺要求。该1-己烯产品已经在大庆石化公司和独山子石化多套线性低密度和全密度聚乙烯装置上进行了成功应用，已生产铬系、茂金属及Z-N等系列的数十种高附加值1-己烯共聚聚乙烯，性能和国外同类产品综合性能相当，可以替代进口产品，以大庆石化生产的HPR18H10AX和HPR18H20DX为例，见表1。

表1 大庆石化mLLDPE分析检测结果

项目	HPR18H10AX	Exxon™ 1018	HPR18H20DX	Exceed™ 2018EB
熔体流动速率/(g/10min)	0.93	0.91	1.8	2
密度/(g/cm^3)	0.918	0.92	0.92	0.919
屈服强度/MPa	9.7	12.1	8.3	10
断裂强度/MPa	35.2	36.5	31.5	33
伸长率/%	931	997	1001	988
雾度/%	18	25	7	6
落镖冲击强度/g	885	840	658	648

4 结语

石油化工研究院1-己烯产品的成功开发及应用，对炼化企业新技术开发和推广应用具有引领作用，使中国石油拥有1-己烯自主技术品牌，1-己烯成为拳头产品，每年可为企业节约原料采购成本2.2亿元以上，成果效益获得双丰收，彻底改变我国1-己烯长期依靠进口的局面，节省外汇储备，保障了高端聚乙烯产品扩产的共聚单体需求，提升了聚乙烯产品档次，提高了企业竞争力，对促进我国高端聚乙烯产品的快速发展起到重要作用。

参考文献

[1] 崔小明.1-己烯共聚聚乙烯的生产现状及发展前景[J].塑料制造，2008.5：80-84.

[2] John T. Dixon，Mike J. Green，et al. Advances in selective ethylene trimerisation - a critical overview，Journal of Organometallic Chemistry 689(2004)3641-3668.

[3] Tamura M，Uchida K，Ito Y，Icanaga K et al. Process for producing olefins having a terminal double bond：EP

0614865(Sumitomo Chemical Company)[P].1994.
[4] Maas H, Mihan R, Kohn R, Seifert G, Tropsch J. Oligomerisation Catalyst: WO, 058319[P].2000.
[5] Sato H, Nakajima H. Production of olefin oligomer: JP06329562(Idemitsu Chemical Company)[P].1994.
[6] 王刚，谢明和，王斯晗，等．一种乙烯齐聚制1-己烯的催化剂及其应用：CN，1294109[P].2001.
[7] 隋军龙，杜向东，栗同林．乙烯三聚制1-己烯的研究[J]．合成树脂及塑料，2001，18(2)：23.

中国石化费托合成技术进展

徐 润 牛传峰 夏国富 胡志海 聂 红

(中国石化石油化工科学研究院, 北京 100083)

摘 要: 中国石化在费托合成催化剂开发、工艺过程控制优化、合成油产品的加工和综合利用、废水处理、工程化等方面开展技术开发, 分别完成了固定床费托合成技术和浆态床费托合成技术的开发, 并进行了3kt/a规模的中试验证, 完成多种规模工艺包编制, 形成完整的合成油技术路线。固定床RFT-2催化剂和相关工艺性能优良、过程可靠, 在原料气总转化率高于93%的情况下, C_5^+液体烃产品选择性高于86%, CO_2 生成选择性仅为0.13%, 每千克催化剂 C_5^+烃时空收率近170g/h。浆态床SFT-2催化剂选择性高、固液分离技术效果优异、催化剂再生工艺简便, 在原料气总转化率高于90%的情况下, C_5^+液体烃产品选择性达到87%, CO_2 生成选择性为0.42%, 每千克催化剂 C_5^+烃时空收率超过300g/h。

关键词: 费托合成 固定床 浆态床 中试

1 前言

通过费托合成反应(Fischer-Tropsch Synthesis)可以将煤炭、生物质、天然气、页岩气、煤层气等含碳资源转化为清洁燃料和高附加值化学品, 这条技术路线不仅可以作为石油产业的有益补充, 也可以为含碳资源的清洁利用提供新途径[1~3]。许多大型能源化工企业开发了以费托合成技术为核心的制取液体燃料技术, 例如Shell、Sasol、BP、Conoco-Phillips、Exxon-Mobil、Statoil、Rentech、Syntro1eum、JNOC等, 到2015年全球已经建成的合成油工厂达到10座以上。

目前已经在工业应用的费托合成技术有三种反应器形式[4], 分别为固定床、浆态床和流化床, 其中固定床和浆态床反应器主要用于生产清洁燃料和蜡产品, 流化床反应器主要用于生产烯烃。固定床反应器特点是有操作简单、产物易于收集、催化剂与重质烃易于分离, 催化性能受合成气净化程度影响较小, 催化剂可原位再生等。其不足之处是反应管中存在轴向和径向的温度梯度, 容易产生热点导致反应过程恶化, 催化剂装填工作量大, 床层压降大等[5]。Shell公司经过多年的开发, 在固定床费托合成技术(SMDS)处于领先地位, 较好地解决了固定床传热和规模化问题, 他们单台固定床反应器可以达到10000~15000桶/天的产能, 催化剂经过再生可以使用长达5年[6]。Shell公司在卡塔尔Pearl合成油项目规模达到7Mt/a, 该项目是目前全球最大的合成油项目。浆态床反应器的优点在于器内传热效果好、温度均匀分布, 反应器压降小, 催化剂可在线更换。其缺点是操作复杂, 催化剂和产品分离困难, 催化剂活化和再生需要离线操作, 反应器放大效应明显[5]。Sasol公司攻克了催化剂和产品分离的难关, 1993年实现了浆态床费托合成技术(SSPD)的工业化, 单台反应器产量100kt/a, 2006年采用SSPD技术的1700kt/a合成油厂在卡塔尔Oryx投产, 单台反应器产能达到600kt/a[7]。

在我国原油对外依存度逐年提高和富煤少油的资源背景下, 国内近年来形成了一股替代能源技术开发和应用的热潮, 其中煤基费托合成制油技术是重点之一, 具有代表性的技术有中科合成油公司(源自中国科学院山西煤炭化学研究所)的高温浆态床费托合成技术、兖矿集团浆态床费托合成技术、神华集团浆态床费托合成技术、金巢集团固定床费托合成技术等。

中国石化把煤化工作为战略发展方向之一，充分发挥集团综合优势，积极开展了合成油技术开发，从合成气制备的关键设备、费托合成催化剂开发和生产、工艺过程控制和强化、合成油产品的改质和综合利用、废水处理和回用等方面进行了全方位的深入研究。2004 年开始，中国石化组织相关科研、工程、炼化等单位对固定床费托合成技术联合攻关，在 3kt/a 固定床费托合成中试装置上应用 RFT-2 催化剂并完成相关工艺研究，获取了大量的试验数据，完成了工业装置工艺包编制[8]。为了加快浆态床费托合成技术的开发，中国石化于 2008 年购买了美国 Syntroleum 公司的浆态床费托合成技术，建设一套 3kt/a 合成油的浆态床费托合成的示范装置，在此基础上开发了更为先进的催化剂和费托合成工艺[9]。中国石化成为掌握固定床和浆态床两种费托合成工艺以及催化剂生产技术的公司，本文对中国石化两种费托合成技术进行介绍。

2 固定床费托合成技术

中国石化固定床费托合成技术是通过自主研发完成，包含了新型催化剂开发、催化剂工业化制备、费托合成反应工艺、过程控制、工程设计、生产实践等全过程。催化剂和工艺技术由石油化工科学研究院开发，3kt/a 中试装置由中国石化宁波工程公司设计建设，依托中国石化镇海炼化分公司现有物资基础和公用工程条件，中试装置可以进行工程数据收集、发现并解决工程放大过程中的问题，为工业装置提供成套设计数据。

2.1 工艺流程简介

中国石化 3kt/a 固定床费托合成中试装置设立在镇海炼化分公司化工部厂区内，主要工艺流程见图 1。如图所示，气化装置单元提供合成气作为原料气，气化单元为化工部原有装置。粗合成气进入精制单元以去除合成气中的杂质，以达到催化剂的要求，主要设备为低温甲醇洗涤塔。费托合成反应单元采用列管式固定床反应器，通过特殊的强化传热设计，具有良好的传热效果。汽包循环水系统提供反应温度的精确控制，副产蒸汽可以进入厂区公共热力管线。分离单元将费托合成产品分离出来，得到轻油、蜡、废水、气相物料。轻油和蜡进入储运单元，废水进入水处理单元，气相进入压缩机单元。废水经过处理后可以外排，低碳混合醇得到回收。气相部分经压缩机循环回反应器入口，部分作为尾气排放。

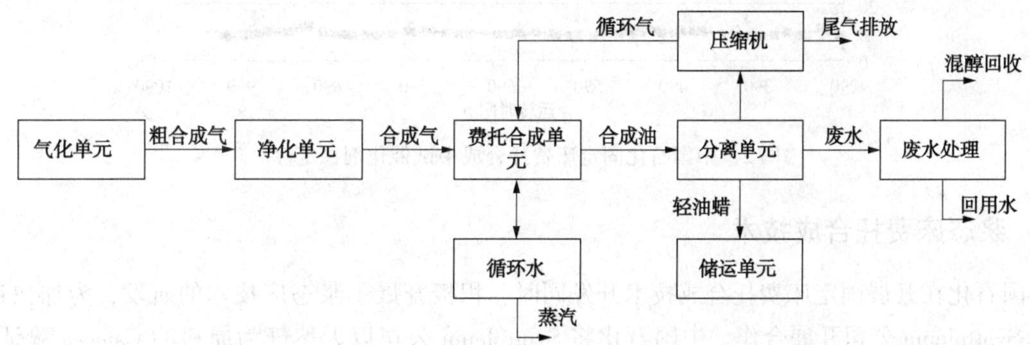

图 1　中国石化固定床费托合成中试工艺流程

2.2 RFT-2 催化剂反应性能

石油化工科学研究院围绕固定床费托合成反应移热和改善目的产品选择性两大关键难题，开展了费托合成催化剂制备和反应过程优化等方面的系统研究。成功开发了高效移热及高目的产品选择性的非均匀分布的钴基固定床费托合成催化剂 RFT-2，并完成了 RFT-2 催化剂配套工艺研究，形成固定床费托合成反应过程控制方法等系列专有技术，包括列管式反应器装填技术、催化剂活化技术、过程控制技术、超温预警和控制技术、催化剂再生技术等。2010 年由石油化工科学研究院开发、中国石化长岭催化剂分公司生产的 RFT-2 催化剂在 3000 吨/年中试装置上进行了应用。在新鲜原料气空速 750~800h^{-1}的工况下进行了 RFT-2 催化剂中试反应性能考察，结果见表 1。由表 1

可见，在原料气总转化率高于93%的情况下，C_3^+高价值产品总选择性超过90%，C_5^+液体烃产品选择性高于86%，CO_2生成选择性仅为0.13%，每公斤催化剂C_5^+烃时空收率近170g/h，催化剂具有较好的整体性能。

表1 RFT-2催化剂在中试装置的反应性能

项　目	数据	项　目	数据
标定主要条件		CO_2摩尔选择性/%	0.13
新鲜气空速/h^{-1}	764	C_1~C_2摩尔选择性/%	9.29
系统压力/MPa	3.0	C_3~C_4摩尔选择性/%	3.81
新鲜气氢碳摩尔比	2.13	C_5^+摩尔选择性/%	86.77
标定主要结果		油收率/(g/m^3)	180.74
CO转化率/%	92.80	C_5^+烃时空收率/(g/kgCat/h)	169.53
H_2转化率/%	94.14		

生产的合成轻油和蜡由正构烃类组成，不含硫、氮、芳烃等杂质，经过处理和切割，可以得到石脑油、溶剂油、高十六烷值柴油、润滑油基础油和蜡产品。

在工业装置典型的运转工况下，对RFT-2催化剂进行了1000h的稳定性考察，见图2。在整个稳定性考察过程中，反应条件没有发生变化。考察期间原料气转化率稳定在93%，C_1~C_2产品摩尔选择性稳定在10%左右，C_5^+摩尔选择性稳定在86%左右，催化剂活性、选择性未见明显降低，合成油性质保持稳定，RFT-2催化剂整体运转稳定性良好。

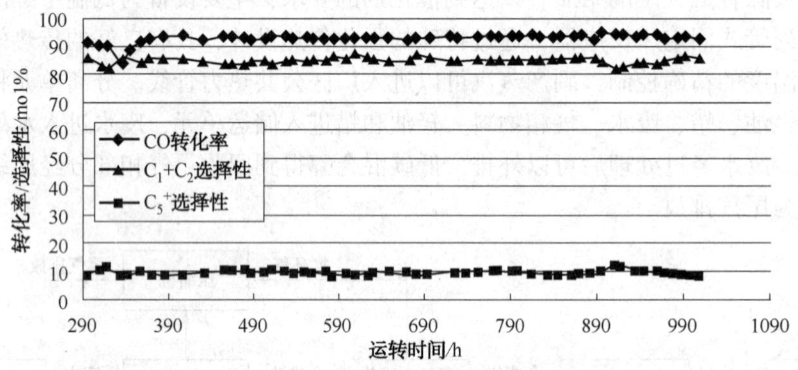

图2 中国石化固定床费托合成中试催化剂稳定性

3 浆态床费托合成技术

中国石化在开展固定床费托合成技术开发同时，积极开展了浆态床技术的研发，为加快进展，与美国Syntroleum公司开展合作。中国石化将Syntroleum公司以天然气为原料的Catoosa验证装置运回国内，经过改造后建成3kt/a的中试装置，安置在镇海炼化分公司。石油化工科学研究院在此基础上开展以煤基合成气为原料的浆态床费托合成成套技术研究，包括浆态床新型催化剂、新型高效反应工艺、固液分离技术、催化剂再生技术、废水处理技术、设备腐蚀控制技术，以及工程放大模型，形成具有中国石化自主知识产权的浆态床费托合成成套技术，为建设工业装置提供设计数据和运转经验。

3.1 工艺流程简介

3kt/a的中试装置主要工艺流程见图3。其基本流程与固定床费托合成相似，主要不同是包括有催化剂还原再生单元和蜡分离单元。气化装置单元提供合成气作为原料气，气化单元为化工部原有装置。粗合成气进入精制单元以去除合成气中的杂质，减少对催化剂的影响，主要设备为低温甲醇洗涤塔。费托合成反应单元采用浆态床反应器。汽包循环水系统提供反应温度的精确控制，副产蒸汽可以进入厂区公共热力管线。分离单元将费托合成产品分离出来，得到轻油、蜡、废水、气相物料。轻油和蜡进入储运单元，废水进入水处理单元，气相进入压缩机单元。废水经过处理后可以外排，低碳混合醇得到回收。气相部分经压缩机循环回反应器入口，部分作为尾气排放。蜡分离单元不仅包括一套过滤分离设备，还有一套石油化工科学研究院新开发的磁分离设备，可实现连续高精度固液分离。还原再生单元可以独立运行，可以方便的为反应器提供活化或者再生后的催化剂。

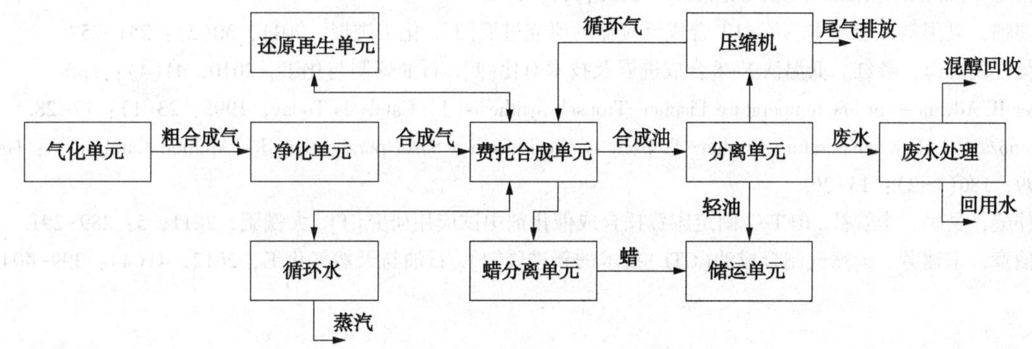

图 3 中国石化浆态床费托合成中试工艺流程

3.2 浆态床费托合成性能

2011 年中试装置投入运转，石油化工科学研究院、宁波工程公司、镇海炼化分公司的技术开发团队解决了多项技术难题，实现长周期连续运转。石油化工科学研究院开发的 SFT-2 催化剂表现出良好的性能。在新鲜原料气空速 $2500h^{-1}$的工况下进行了 SFT-2 催化剂中试反应性能考察，结果见表 2。由表 2 可见，在原料气总转化率高于 90%的情况下，C_5^+液体烃产品选择性达到 87.7%，CO_2 生成选择性仅为 0.42%，每公斤催化剂 C_5^+烃时空收率超过 300g/h，催化剂具有较好的整体性能。催化剂进行了 6000h 长周期运转测试，而且可以通过再生过程恢复活性。新开发的磁分离技术、催化剂再生技术均通过了验证，获取较多的工程数据，形成了不同规模等级的工艺包。

表 2 SFT-2 催化剂在中试装置的反应性能

项　目	数据	项　目	数据
标定主要条件		CO_2 摩尔选择性/%	0.42
新鲜气空速/h^{-1}	2500	C_1～C_2 摩尔选择性/%	7.81
系统压力/MPa	2.7	C_3～C_4 摩尔选择性/%	4.07
新鲜气氢碳摩尔比	2.10	C_5^+摩尔选择性/%	87.60
标定主要结果		油收率/(g/m^3)	182.21
CO 转化率/%	90.37	C_5^+烃时空收率/(g/kgcat/h)	305.8
H_2 转化率/%	92.70		

4 结语

中国石化通过自主研发和引进再开发分别完成了固定床费托合成技术和浆态床费托合成技术的中试研究，完成了规模为 100kt/a、700kt/a、2Mt/a 的煤制油(天然气制油)工艺包编制。两种技术在不同方面体现出各自的优点，固定床工艺简单、产品杂质含量低、催化剂使用寿命长，浆态床烃收率高、传热性能好、单台反应器产能高。小型合成油工厂例如小型气田利用、焦炉气煤气利用或者化肥厂改造等项目，固定床技术工艺简单、投资相对低应该是优选路线。对于大型合成油工厂采用浆态床技术可以减少反应器个数，不仅可以降低投资，在一定程度上还降低了多反应器操作带来的不便。综上所述，鉴于两种技术的各有其技术特点，工业项目技术选择要根据装置规模、产品需求、操作特点等因素来确定。

参 考 文 献

[1] Anderson R B. The Fischer-Trospch Synthesis[M]. New York: Academic Press, 1984.
[2] 张碧江. 煤基合成液体燃料[M]. 太原:山西科学技术出版社, 1993.
[3] Fleisch T H, Sills R A, Brescoe M D. 2002-Emergence of the gas-to-liquid industry: A review of global GTL development[J]. Journal of Natural Gas Chemistry, 2002, 11: 1-4.
[4] 候朝鹏,夏国富,李明丰,等. FT 合成反应器的研究进展[J]. 化工进展, 2011, 30(2): 251-257.
[5] 吴昊,胡志海,聂红. 低温法 F-T 合成进展及技术对比[J]. 石油炼制与化工, 2010, 41(4): 1-5.
[6] Jager B. Advances in low temperature Fischer-Tropsch synthesis[J]. Catalysis Today, 1995, 23(1): 17-28.
[7] Espinoza R L. Low temperature Fischer-Tropsch synthesis from a Sasol perspective[J]. Applied Catalysis A: General, 1999, 186(1-2): 13-26.
[8] 严仲彪,吴昊,李管社. RFT-2 固定床费托合成催化剂中试应用研究[J]. 大氮肥, 2011, 5: 289-291.
[9] 钱伯章,朱建芳. 天然气制合成油(GTL)技术的新进展[J]. 石油与天然气化工, 2012, 41(4): 399-404.

可持续发展的绿色化工产品
——双氧水的制备与应用技术新进展

杨秀娜　齐慧敏　阮宗琳　姜　阳　王昊辰

（中国石油化工股份有限公司抚顺石油化工研究院　辽宁抚顺）

摘　要：综述了近几年来过氧化氢的研究进展，系统地介绍了国内外蒽醌法、氢氧直接合成法、$O_2/CO/H_2O$ 催化合成法等合成过氧化氢的方法，提出了当前需要解决的问题，并对今后的研究工作进行了展望。

关键词：绿色产品　双氧水　制备　应用

1　前言

过氧化氢是一种重要的无机化工原料和“绿色环保”产品，由于其氧化产物为水，对环境不产生二次污染，被誉为“最清洁”的化学品，生产和使用均符合国家可持续发展战略的要求。随着上世纪80年代，TS-1分子筛的发现以及其在以过氧化氢为氧化剂的选择氧化反上，其优异催化性能给过氧化氢带来了非常广泛的潜在应用，所以近一二十年来，对于工业化价值的 H_2O_2 合成体系的研究工作逐渐成为研究热点。H_2O_2 的合成方法主要有电解法、氧阴极还原法、异丙醇法、蒽醌法、氢氧直接合成法、燃料电池法、$O_2/CO/H_2O$ 贵金属直接催化合成法等，其中前种方法由于能耗大、产品质量差、成本高等原因已被淘汰；蒽醌法是国内外生产 H_2O_2 最主要、大规模实现工业化的方法；其他几种方法有的因产品提纯费用高、选择性和收率低、工艺不成熟等原因均未实现大规模工业生产。但近年来，国内外在新型 H_2O_2 制备方法进行了较多的研究，取得了一系列的成果。本文综述了近年来国内外在 H_2O_2 制备领域的主要研究进展。

2　蒽醌法制备双氧水技术进展

目前，过氧化氢的主要生产工艺是蒽醌法，该方法是以蒽醌衍生物(主要是2-烷基蒽醌)作为催化剂载体，在催化剂存在下，用氢气将溶于适当有机溶剂中的2-烷基蒽醌(AQ)氢化，生成相应的2-烷基氢蒽醌(HAQ)，然后用空气或者富氧气体对其进行氧化，生成 H_2O_2 的同时HAQ又复原为AQ。蒽醌法[1~3]虽然已经大规模得到了工业应用，但 H_2O_2 制备工艺仍存在以下问题：

2.1　氢源和电耗

在蒽醌法生产过氧化氢过程中，主要消耗的是氢气，从经济效益考虑，用氯碱工业副产氢、石油化工产业副产氢、合成氨弛放气回收氢及其他化工生产回收氢来生产过氧化氢，经济效益较好。而用甲醇深度裂解则会消耗掉宝贵的化工原料；采用水煤气变压吸附制氢也要消耗较多的能量，因此经济效益相对差一些。预计一批生产能力小且氢源不合理的厂家最终要被淘汰，只有拥有廉价的副产氢气，在竞争中才有可能占有一席之地。

2.2　工作液

工作液主要分为溶剂和工作载体两个部分。溶剂的选择是关键技术，一般使用两种溶剂组成的混合溶剂，一种主要作为蒽醌的溶剂，目前一般使用石油工业的C9~C11高沸点混合芳烃，或选用甲基萘；另一种主要作为氢蒽醌的溶剂，多选用醇类和酯类，如磷酸三辛酯(TOP)、二异丁基甲醇(DIBC)等。目前在工业上均采用。2-烷基蒽醌作工作载体，其中使用最多的是2-乙基蒽醌

(EAQ)，也可以采用混合蒽醌作为工作载体，但是混合蒽醌最好具有最低共熔点。

2.3 氢化催化剂

蒽醌法使用的催化剂主要有镍催化剂和钯催化剂两种。镍催化剂主要是雷尼镍，遇到空气易自燃，易被氧和过氧化氢毒化，失效后难以再生，这样就极大限制了镍催化剂的使用，镍催化剂逐渐被钯等贵金属加氢催化剂所取代。为了提高金属利用率，通常将钯负载在大比表面积载体上，制备出高分散度的催化剂，但比表面积过大又容易造成降解。近年来的研究热点[4~5]是将催化剂制成非均布蛋壳型，这种催化剂载钯层厚度可以达到微米级，通过该技术可以减薄催化剂活性层，避免蒽醌在孔道中停留时间过长而深度加氢。另外，将催化剂制成特定形状如圆柱整体和蜂窝状也是近年来的研究热点。Eka Nobel公司研制的固定床催化剂，是由若干一定厚度的催化剂块构成，每个催化剂块又是由许多薄壁垂直平行通道结合在一起构成，每个通道的截面与长度均相同。这种催化剂可以大大提高氢化器的生产能力，而且便于放大，且放大过程中床层的生产能力无明显降低。除固定床外，氢化还可以在悬浮床中进行。用于悬浮床氢化的钯系催化剂一般是杜邦公司研制的催化剂。这种催化剂可以用 Al_2O_3(粉状)或者 SiO_2(粉状)作载体，也可以是无载体(钯黑)催化剂。在催化剂中加入合适的助剂可明显提高催化剂的活性和选择性，减少有效蒽醌的损失。文献报道在 Pd/Al_2O_3 催化剂中，加入 Fe 、Co 和 Ni 等过渡金属元素，能够使 Pd 均匀分散在载体表面，也起到了隔离微晶、防止晶粒长大和抗烧结的能力，使结构更加稳定。但是加入过渡金属元素的质量分数一般小于 2%。

3 氢氧直接合成双氧水技术

由氢气和氧气直接催化合成过氧化氢的方法，是一种理想的原子经济性反应，该法投资比蒽醌法减少近一半，具有极大的吸引力。氢气与氧气直接合成 H_2O_2 的主要化学反应见表 1，其过程中一共存在 4 种化学反应，有三个副反应，所有反应都是热力学有利的反应，反应放出热量。

表 1 氢氧合成双氧水的化学反应

反应	焓变 Δ/(kJ·mol)	标准吉布斯自由能变 Δ/(kJ/mol)
$H_2+O_2 \rightarrow H_2O_2$	136	-120
$H_2+0.5O_2 \rightarrow H_2O$	242	-237
$H_2O_2 \rightarrow H_2O+0.5O_2$	106	-117
$H_2O_2+H_2 \rightarrow 2H_2O$	212	-345

目前，国内外在氢氧直接合成法合成 H_2O_2 的研究主要着眼于以下三方面的改进：(1) 催化剂的改进。包括对催化剂的组成、结构、助催化剂、载体及表面修饰方法的研究，以提高催化剂的活性和选择性。研究对象主要是负载型的贵金属 Pd、Pt、Au 催化剂，载体主要有 Al_2O_3、SiO_2、炭材料及沸石等。(2) 溶剂及添加剂的改进。目前主要采用低碳醇等有机物与水的混合液为溶剂，加入少量无机酸及溴等卤素促进剂，以提高 H_2O_2 的生成速率及催化剂的稳定性。(3) 反应系统的改进，控制反应体系的氢氧配比和充入惰性气体稀释，利用选择性透 H_2 的有机或无机膜催化反应装置来防止氢氧混合气发生爆炸，提高系统操作的安全性。氢氧直接合成法生产技术情况见表 2。

表 2 氢氧直接合成法生产技术情况

研究机构	生产技术	H_2O_2 浓度/%
Du Pont	温度：0~25℃；压力：2.86~17.34MPa；Pt-Pd/C 催化剂，溴化物为助催化剂	13~25
MGC	温度：10℃；压力：10MPa；Pd/C 催化剂，氨基酸为助催化剂	3.4
Interox	Pd/ZrO_2 为催化剂反应介质中含 H_3PO_4 及 NaBr	4~6.7

续表

研究机构	生产技术	H_2O_2 浓度/%
Atomic Energy of Canada	温度：25℃；压力：0.1MPa；Pt-Pd 载于苯乙烯二乙烯基苯共聚物为催化剂	0.3
三井化学	温度：14~16℃；氢分压：0.1MPa；反应介质为含 HCl 的水溶液，金为催化剂	11.2
Halcon S D Group	温度：10℃；压力：5.1MPa；反应介质盐酸的水溶液，Pd/C 为催化剂	19.5
Kerr-Mcgee	温度：10~20℃；压力：0.8MPa；反应介质水，Pd/C 为催化剂	20
昭和电工	以 Pd 载于铌氧化物(Nb_2O_3)上为催化剂	4~18

3.1 氢氧直接反应的溶剂

氢氧直接合成法合成 H_2O_2 属于典型的气液固三相反应，H_2 和 O_2 首先溶入溶剂液相反应介质中，然后与液相中悬浮分散的催化剂接触，并在催化剂表面进行反应，其中最典型的液相反应介质是水。Krishnan 等研究不同有机溶剂作为反应介质的实验结果表明，以低元醇，特别是甲醇作为溶剂，可显著提高反应速率。研究还发现，H_2 和 O_2 在乙醇中的溶解度分别是在水中的 5 倍和 8 倍，可见选择适当的溶剂，即选用对反应物(H_2 和 O_2)溶解度更高的溶剂作为液相介质，对于提高反应速率有显著作用。Fan 等通过对不同溶剂的比较发现，以甲醇、乙醇及丙酮作溶剂时，H_2O_2 的选择性很接近，反应介质中生成的 H_2O_2 的浓度相当；而以水作溶剂时，H_2O_2 的选择性几乎为零。Landon 等选用超临界 CO_2 作为液相介质，由于 H_2 与超临界 CO_2 完全互溶，因此希望通过消除 H_2 扩散的限制来提高反应速率及 H_2O_2 收率。但实验结果表明，H_2O_2 的收率很低，这是由于 CO_2 的超临界温度较高(31.3℃)，促进了 H_2O_2 的分解，因此没达到理想的效果。Teresa Moreno 等在用临界状态下 CO_2或类似状态下 N_2加压的水中(不用有机溶剂)，由 H_2、O_2合成 H_2O_2。在压力高至 16.7 MPa、温度为 10~45℃范围内，采用质量分数 5% Pd/C 催化剂，在其他不同反应条件下，H_2O_2收率为 11.9%~82.6%；H_2O_2质量分数为 0.74%~4.01%。

3.2 氢氧直接反应的助剂

氢氧直接合成 H_2O_2 中通常需加入助剂，加入的助剂主要分为三类：(1) 添加催化剂毒物减少水反应，而提高催化剂对过氧化氢的选择性，一般添加溴化物和氯化物；(2) 加入酸，有报道说可以用硫酸或者磷酸，阻止过氧化氢的分解；(3) 加入甲醇、乙氰或丙酮等，这些物质的加入可以增加 H_2 在溶剂中的溶解度，从而增加转化率，提高选择性。Samanta 等[6]研究了反应介质中添加不同的卤素离子对过程的影响：不同卤素离子中，Br^-作用最明显，使 H_2O_2 的选择性、H_2 的转化率都有所提高，而且能够抑制 H_2O_2 的分解反应和氢化反应的发生。文献[7,8]也考察了各种卤素离子对 H_2O_2 选择性的影响，Cl^-、Br^-、I^-、F^-作为促进剂，能够有效的提高 H_2O_2 的选择性，其中 Br^- 的效果最好。由于 H_2O_2 的分解速率随着介质碱性的提高而加快，所以当反应介质中的酸浓度增大时，H_2O_2 的选择性也相应的增大。

3.3 氢氧直接反应的催化剂

Pd 和 Au 催化剂是氢气和氧气直接合成过氧化氢过程中研究报道最多的，主要分为以下几种催化方法：

3.3.1 Pd 直接催化合成法

范双双[9]等对常压下，氢、氧直接合成过氧化氢过程用贵金属催化剂进行了研究，指出以 Al_2O_3 为载体，其中 Pd 与载体的质量比为 2.7%，催化剂用量 0.5g，36mL 溶剂，氢、氮混合器流量 22mL/min(其中 H_2 占 5%)和氧气流量 28mL/min，反应 3 小时后溶液中 H_2O_2 的质量分数仅为 0.27%。Burch 等考察了不同溶剂中钯催化下氢氧直接合成 H_2O_2 的反应。在研究中发现，水与甲苯或已烷组成的混和溶剂体系能够显著增强氢的溶解性及转化率，但是 H_2O_2 的选择性很低。而水与已腈组成的混和溶剂体系与钯催化剂协同作用能够明显抑制水的生成反应从而获得了很高的 H_2O_2 选择性。还发现 NaBr 能够毒化催化剂中生成水的活性中心。而 H_3PO_4 在溶剂中作为过氧化氢稳定剂。Beckman[10] 等以二氧化碳作溶剂用钯做催化剂合成 H_2O_2，此方法的特点为：氢气和氧气在二氧化碳中是完全互溶的，从而根除了氢气和氧气的溶解性问题；用二氧化碳做溶剂减小了气液界面的传质阻力，从而增大了反应速率；并且不存在产品污染问题；此方法生产的 H_2O_2 与丙烯等烯烃容易耦合进行环氧化反应且具有很高的环氧化选择性。但是采用此法时如不把产生的 H_2O_2 从二氧化碳中及时萃取出来会引起 H_2O_2 的催化分解。

3.3.2　Pd 膜直接催化合成法

在氢氧直接合成 H_2O_2 的方法中使用膜催化剂可使反应物分开，从而避免因氢氧直接接触而可能发生的爆炸。Choudhary[10] 等系统地研究了用 Pd 膜催化剂合成过氧化氢的情况，其合成体系的特点为氢气和氧气在液相中被膜催化剂所隔离，从而避免爆炸问题；只有 H_2 能够通过膜催化剂与液相中的氧分子发生反应，氢的转化率最高可达 100%。研究发现，在此体系中过氧化氢的选择性和氢气的转化率比在搅拌釜中用相应的催化剂要高的多。并且还发现，当将经过氧化的钯薄膜用憎水的高聚物膜覆盖后，过氧化氢的选择性还能得到微度提高。虽然钯膜体系可避免因氢氧直接接触而可能发生的爆炸，但是这种体系却存在严重的传质阻力，对于工业应用来说，其生产过氧化氢的速率太小。

3.3.3　Au 直接催化合成法

Philip Landon 和 Hutchings[11] 等研究了金催化下合成 H_2O_2 的反应：以 CH_3OH/H_2O 溶液为溶剂，Au/Al2O3 做催化剂在 2℃下获得 53%的 H_2O_2 选择性，还发现 Au-Pd(1∶1)催化剂和 Au 催化剂相比较能够获得更高的 H_2O_2 收率，此结果说明 Au 和 Pd 之间存在催化协同作用。他们还考察了循环液温度对 H_2O_2 产率的影响，随着循环液温度升高，氢气的转化率增大，但 H_2O_2 选择性迅速下降，因此过氧化氢收率降低。这主要是因为温度升高会加速 H_2O_2 分解和氢的燃烧反应。

总之，安全隐患及 H_2O_2 选择性成为制约氢氧直接合成法制过氧化氢的主要因素，对生产工艺以及设备的要求很苛刻，最终难以达到大规模生产。Degussa 和 Heedwaters 曾于 2004 年 10 月联合建厂，利用氢气和氧气直接合成过氧化氢，并通过这种方法合成的过氧化氢和丙烯环氧化进行集成生产环氧丙烷。由于反应是在甲醇水溶液中进行，具有高选择性、高产能、高稳定性，采用非均相纳米级贵金属/载体催化剂，所得 H_2O_2 甲醇水溶液可直接用于丙烯环氧化等化学合成中。如要获得 H_2O_2水溶液商品，需进行甲醇分离(可循环使用)和进一步浓缩。但后来的工业化情况未见报道。

4　O_2/CO 与 H_2O 反应制备 H_2O_2

O_2/CO 与 H_2O 反应制备 H_2O_2 也为符合原子经济的 H_2O_2 生产技术，其中 O_2/CO 与 H_2O 反应制备 H_2O_2 可以在很大程度上降低反应的危险性，即 O_2 和 CO 在操作条件下形成比较安全的混合气体，无爆炸隐患。是一种相对简单和直接的路线，其反应原理如下式所示：

$$CO+O_2+H_2O \longrightarrow CO_2+H_2O_2$$

该反应的吉布斯自由能为-134.2kJ/mol，从热力学角度看对反应十分有利。该反应可以利用均相催化和多相催化两种条件下进行，只是对于均相催化方面的研究报道稍多些。一般情况下均相催化采用 Pd 的各种配合物作催化剂，而多相催化剂可以利用 Cu、Ni、Co、Fe、Ru、Au、Pd 等负载型固体催化剂，但是反应是在均相体系中进行时，催化剂不易与产物分离，损失量较大。

4.1　O_2/CO 与 H_2O 催化反应制备 H_2O_2

4.1.1　均相催化

均相催化的反应体系主要由催化剂、有机溶剂、水及助剂组成，催化剂溶于有机溶剂中，反应在有机相中发生，水既要参加反应，还可以萃取出 H_2O_2。Bianchi[13]等曾使用其他金属（如 Fe、Ru、Co、Rh、Ir、Ni、Pt、Cu、Ag 等）作为催化剂，但这些金属的催化效果并不理想，或者是在反应条件下不稳定。

国内外学者开展了大量的研究工作，发现配体结构、协同阴离子以及溶剂的性质等对 Pd 络合物催化剂的活性以及稳定性都起着重要作用。Zudin 等首先发现三苯膦钯配合物可以催化 O_2/CO 与 H_2O 反应生成 H_2O_2，但结果发现反应过程中催化剂活性较低，*TON* 值（Turnover Number，每摩尔 Pd 产生的过氧化氢摩尔数）小于 5，明显不适用于实际应用。另外由于在反应时发现有机磷配体发生了氧化，继而导致 Pd（Ⅱ）被还原为 Pd^0 溶胶而析出，使催化剂迅速失活。通过采用更稳定的三苯基砷作为有机配体，反应的 TON 值得到明显的改善，TON 值达到 $78molH_2O_2/(mol^{As})$。但是以砷的有机物作为配体，也不适于应用。但研究表明氮配位体在许多同类的反应中能够有效地代替传统的磷配位体，氮配位体在反应过程中不易被氧化，使用量也大大降低。Bianchi 等进一步考察了 Pd 的催化活性，在有机相中加入钯盐（如醋酸钯、硝酸钯、硫酸钯等，多使用醋酸钯）及配位体形成钯配合物催化剂；另外加入一种阴离子对金属只有微弱定位作用的酸作为助催化剂，促使形成型如 LmMXn 的配合物，这样可以提高催化剂的活性，使用的助催化剂主要有硫酸全氟酸（$C_nF_{2n+1}COOH$，$n=5\sim9$）等。总之，Zudin 等对 O_2/CO 与 H_2O 反应制备 H_2O_2 进行了深入研究，在催化剂及配位体助催化剂有机溶剂和助溶剂等的选择及其存在形式等方面作了大量的工作。

4.1.2　多相催化

目前对于多相催化进行 O_2/CO 与 H_2O 反应制 H_2O_2 的研究报道很少，某文献曾经提到了使用固体催化剂，以 1（wt）%Pt/石墨作为催化剂，在 25 下反应 8h 后工作液中含 0.02mol/L H_2O_2，以 5（wt）%Pd/$CaCO_3$ 和 1（wt）%Ru/石墨也能得到同样的催化效果，但并没有进行深入地研究。Wei 等分别考察了以 Cu/Al_2O_3、Ni/Al_2O_3、Co/Al_2O_3、Fe/Al_2O_3、Ru/Al_2O_3、Au/Al_2O_3、Pd/Al_2O_3 作为催化剂对 O_2+H_2O+CO 反应生成 H_2O_2 反应的影响，结果表明以 Cu/Al_2O_3 作催化剂时 H_2O_2 的合成效率最高。

Ma Zhong Long[14]等报道了一种用氧化铝负载的镍催化剂催化合成 H_2O_2 的方法。研究发现催化剂中添加少量镧有助于提高催化剂的寿命，但催化活性有所降低，还发现水能导致催化剂中毒失活，通过催化剂表征证实，在水存在下具有表面活性的 Ni 物种转化为 $Ni(OH)_2$ 从而引起催化剂失活。

4.2　O_2/CO 与 H_2O 制备 H_2O_2 的溶剂

有机溶剂与水不互溶或者微溶形成两相系统，催化剂以配合物的形式溶于有机相，而反应生成的过氧化氢溶于水相，这样就减少了配位体与过氧化氢接触的机会，降低了配位体被氧化的可能性；而且通过倾析法就可以将催化剂从产物中分离出来，溶剂要求能够溶解钯配合物，其使用量由溶解催化剂的能力而定，选用适当的有机溶剂也可以抑制过氧化氢的分解，可以用作溶剂的有机物有苯、甲苯、氯苯二氯甲烷、氯仿三氯苯等。

5　结语

在 H_2O_2 的制备方法中，氢氧直接合成 H_2O_2 和 $O_2/CO/H_2O$ 催化合成 H_2O_2 两种方法由于工艺简单、成本低、污染少，具有良好的应用前景，但由于均为液相反应，因此存在以下待解决的问题：反应气体在溶液中的溶解度低；反应气体在气液界面上的传质阻力大；H_2O_2 溶液需浓缩、净化等操作；H_2O_2 在催化剂上的分解以及与氢气发生燃烧反应引起 H_2O_2 选择性下降。到目前为止，虽然上述两种方法取得了一些技术进展，但是工艺还不成熟且，仍有相当的问题存在争议或未能得到合理的解释，有待进一步探索研究。

除上述提到的 H_2O_2 的制备方法外，还有光催化法、微生物法，其中光催化多数研究集中在 TiO_2 和紫外光体系；微生物法的优点是选择性高，但是酶的选择优化以及酶在较高浓度过氧化氢中难以存活等问题，因此两种方法局限性限制了其在工业上的发展及应用。

参 考 文 献

[1] 游贤德．国内过氧化氢发展现状与前景[J]. 无机盐工业，1997，(2)：14-16.

[2] 周茑．过氧化氢的生产及应用[J]. 化学工业与工程技术，1999，20(3)：15.

[3] 胡长诚．国内外过氧化氢制备与应用研发新进展[J]. 化学推进剂与高分子材料，2011，9(1)：1-10.

[4] Santacesaria E，Serio M D，Russo A. Kinetic and catalytic aspects in the hydrogen peroxide production via anthraquinone [J]. Chemical Engineering Science，1999，54：2799-2806.

[5] 丁彤．蒽醌法生产双氧水氢化催化剂的研究[D]. 天津：天津大学，2002.

[6] Samanta C. Direct synthesis of hydrogen peroxide from hydrogen and oxygen：An overview of recent developments in the process[J]. Applied Catalysis A，2008，350(2)：133-149.

[7] Dissanayake D P，Lunsford J H. Evidence for the Role of Colloidal Palladium in the Catalytic Formation of H_2O_2 from H_2 and O_2. J Catal，2002，206：173-176.

[8] Chinta S，Lunsford J H. A Mechanistic Study of H_2O_2 and H_2O For mation from H_2 and O_2 Catalyzed by Palladium in an Aqueous Medium. J Catal，2004，225：249-255.

[9] Han Yifan，Lunsford J H. Direct Formation of H_2O_2 from H_2 and O_2 over a Pd/SiO_2 Catalyst：the Roles of the Acid and the Liquid Phase. J Catal，2005，230：322-325.

[10] Gaikwad A G，Sansare S D，Choudhary V R. Direct Oxidation of Hydrogen to Hydrogen Peroxide over Pd Containing Fluorinated or Sulfated Al_2O_3，ZrO_2，CeO_2，ThO_2，Y_2O_3 and Ga_2O_3 Catalysts in Stirred Slurry Reactor at Ambient Conditions. J Mol Catal A：Chem，2002，181：143-149.

[11] Choudlary V R，Sansare SD，Gaikwad A G. DirectOxidation of H_2 to H_2O_2 and Decomposition of H_2O_2 over Oxidized and Reduced Pd Containing Zeolite Catalysts in AcidicMedium. Catal Lett，2002，84：81-87.

[12] Burch R，Ellis P R. An Investigation of Alternative Catalytic App roaches for the Direct Synthesis of Hydrogen Peroxide from Hydrogen and Oxygen. Appl Catal，B，2003，42：203-211.

[13] Bianchi Daniele，Bortolo Rossella，D Aloisio Rino，etal. A novel palladium catalyst for the synthesis of hydrogen peroxide from carbon monoxide，water and oxygen[J]. Journal of Molecular Catalysis A：Chemica，1999，150(1-2)：87-94.

[14] Ma Zhong long，Jia Rong li，Liu Chang jun，etal. Production of hydrogen peroxide from carbon monoxide，water，and oxygen over alumina supported amorphous Ni catalysts[J]. Chem. Lett，2002，31(9)：884.

丁二烯装置高炔烃尾气加氢技术进展

廖丽华　李　琰　李春芳　李东风

（中国石化北京化工研究院，北京　100013）

摘　要：开发了丁二烯尾气选择加氢和全加氢工艺技术。在选择加氢工艺中丁二烯尾气经过压缩、冷凝、稀释、增压、加氢等工艺得到富含1-丁烯和异丁烯的产品。选择加氢工艺的优化条件为：反应器入口温度35~65℃，反应压力1.6~3.0MPa，在此条件下得到的最终产品中炔烃、二烯烃含量小于30μg/g。在全加氢工艺中丁二烯尾气经过压缩、冷凝、稀释、增压、加氢等工艺得到富含正丁烷的产品。全加氢时优化条件为：反应器入口温度35~65℃，反应压力1.6~3.0MPa，在此条件下得到的最终产品中烯烃含量小于5%。

关键词：丁二烯尾气　选择加氢　全加氢　1-丁烯 正丁烷

1　前言

丁二烯是重要的石油化工基础原料，主要用于生产各种合成橡胶，在国民经济中占有重要地位。目前丁二烯生产的主要方法是从乙烯裂解副产品 C_4 馏分中抽提丁二烯，工业上丁二烯的抽提工艺主要有乙腈(ACN)法、二甲基甲酰胺(DMF)法和N-甲基吡咯烷酮(NMP)法[1]。丁二烯抽提装置通常包括一、二两段萃取精馏和一、二两段普通精馏。抽提装置二萃系统排放的尾气(简称丁二烯尾气)中炔烃浓度较高，直接排放火炬管网时较危险，需用 C_4 抽余液稀释，造成大量 C_4 烃的浪费。随着国内乙烯工业的快速发展，生产丁二烯的裂解 C_4 资源随乙烯产量的增长同步增长，每年排放的高炔烃尾气十分可观，如将其合理利用，将会产生很大的经济效益。

由于丁二烯装置尾气存在易爆炸的危险[2,3]，虽然有很多公司对丁二烯尾气回收及利用进行了开发，但结果尚不够理想，主要是直接排火炬烧掉，或将此尾气和全厂火炬气一起回收用作燃料，或液化后作燃料用。

北京化工研究院根据国内丁二烯尾气使用现状，开发了丁二烯尾气选择加氢和全加氢技术，并得到工业应用[4~6]。丁二烯尾气选择加氢技术，可将尾气中碳四炔烃、双烯烃全部加氢成为单烯烃，选择性生成1-丁烯，加氢产物作为MTBE/1-丁烯装置原料，从而增产MTBE和1-丁烯产量。丁二烯装置炔烃尾气全加氢技术，可将尾气中碳四炔烃、双烯烃、单烯烃全部加氢成为烷烃，加氢后碳四产品中烯烃含量可小于5%，加氢产物返回裂解炉作裂解原料，拓宽了乙烯的原料来源。丁二烯尾气加氢技术能提高 C_4 资源的综合利用，有效降低生产成本，是提升企业经济效益的重要途径之一，有良好的工业应用前景。

2　丁二烯尾气组成

某丁二烯装置排放的高炔烃尾气组成见表1。

表1　丁二烯尾气组成

组成	%	mol%	组成	%	mol%
正丁烷	0.10	0.09	1，3-丁二烯	41.13	40.62
异丁烷	0.05	0.04	1，2-丁二烯	1.67	1.65

续表

组成	%	mol%	组成	%	mol%
1-丁烯	0.90	0.86	丁炔	9.78	9.66
顺-2-丁烯	3.25	3.09	乙烯基乙炔	42.21	43.29
反-2-丁烯	0.07	0.06	碳五	0.85	0.63

3 选择加氢工艺

3.1 流程概述

装置流程示意图如图 1 所示。

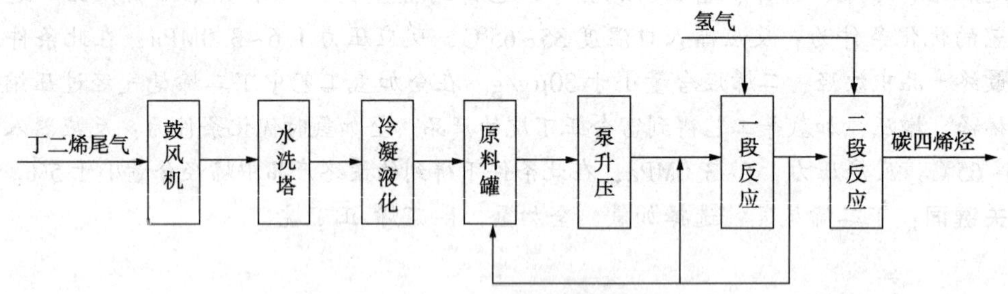

图 1 丁二烯尾气选择加氢流程示意图

来自 DMF 抽提丁二烯装置的尾气经鼓风机升压至 0.18MPa(A)，经过水洗塔将原料中的 DMF 脱除。水洗塔顶的碳四经过冷凝器被冷凝为液相，进入碳四原料罐，用来自一段加氢产物稀释后经泵增压至 1.6~3.0MPa，然后和来自一段加氢产物的循环碳四物流混合，配入氢气送入一段加氢反应器。一段加氢后产物进入一段出口分离罐，液相分成三部分，一部分稀释碳四原料，一部分稀释一段加氢反应器入口物料，剩余的碳四配入氢气后送入二段加氢反应器，二段出口物料即为富含 1-丁烯的碳四烯烃产物。

3.2 反应原理及特点

主反应方程式如下：

$$C_4^{==}+H_2 \longrightarrow 1-C_4^=$$

$$C_4^{\equiv}+H_2 \longrightarrow 1-C_4^=$$

$$VA+2H_2 \longrightarrow 1-C_4^=$$

同时发生的副反应有丁二烯、炔烃加氢生成 2-丁烯、正烷烃等。

选择加氢工艺特点：

(1) 采用选择加氢技术不仅增加了 1-丁烯 、异丁烯产量，而且炔烃、二烯烃含量低，产品质量高；
(2) 加氢反应在液相中进行，反应条件温和，能耗低，易于操作；
(3) 催化剂选择性高，操作周期长，寿命长；
(4) 控制气相物料中乙烯基乙炔浓度和分压，装置安全性高。

3.3 性能指标

加氢后的碳四物料中丁二烯含量≤30μg/g，乙基乙炔含量≤5μg/g，乙烯基乙炔含量≤5μg/g。

选择加氢催化剂为钯系催化剂，催化剂寿命：4 年，催化剂运行周期：1 年。

3.4 操作条件

升高反应温度可以提高催化剂的加氢活性，但高温下易发生聚合反应，造成催化剂表面结焦，缩短催化剂的使用周期和寿命。反应末期，聚合物逐渐沉积，覆盖了催化剂表面的活性位，造成催化剂活性下降，需要适当升高反应温度来提高活性。结合综合考虑，比较适宜的温度是：反应器入口 35~65℃，反应器温升 20~30℃。

选择加氢反应在液相中进行，在保证加氢反应处于液相状态时，压力的变化对反应影响不大。反应压力在 1.6~3.0MPa 时可保证反应物料处于液相状态。

优化的反应工艺参数见表 2。

表 2　反应工艺参数

项目	第一段反应器	第一段反应器
入口温度/℃	35~65	35~65
反应压力/MPa	1.6~3.0	1.6~3.0
空速/h^{-1}	10~80	2~10
H_2/炔烃+二烯烃/(mol/mol)	0.8~2.0	2.0~4.0

4　全加氢工艺

4.1　流程概述

装置流程示意图如图 2 所示。

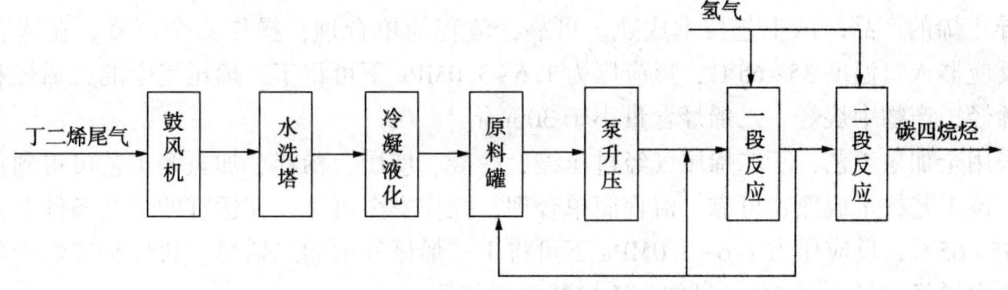

图 2　丁二烯尾气全加氢流程示意图

来自 DMF 抽提丁二烯装置的尾气经鼓风机升压至 0.18MPa(A)，经过水洗塔将碳四原料中的 DMF 脱除。水洗塔顶的碳四经过冷凝器被冷凝为液相，然后进入碳四原料罐，用来自二段加氢产物稀释后经泵增压至 1.6~3.0MPa，然后和来自二段加氢产物的循环碳四物流混合，配入氢气送入一段加氢反应器。一段反应出口物料冷却后配入氢气送二段加氢反应器。二段加氢后产物进入二段出口分离罐，液相分成三部分，一部分稀释碳四原料，一部分稀释一段加氢反应器入口物料，剩余的碳四作为产品送出界区。

工艺特点：

(1) 采用全加氢技术可生产正丁烷，产物中烯烃含量低，作为裂解原料质量高；

(2) 加氢反应在液相中进行，反应条件温和，能耗低，易于操作；

(3) 催化剂活性高，操作周期长，寿命长；

(4) 控制气相物料中乙烯基乙炔浓度和分压，装置安全性高。

4.2　反应原理

装置主反应有：

$$C_4^{=}+H_2 \longrightarrow C_4^0$$

$$C_4^{\equiv}+2H_2 \longrightarrow C_4^0$$

$$VA+3H_2 \longrightarrow C_4^0$$

4.3　性能指标

碳四原料进行加氢后，剩余总烯烃<5%；

全加氢催化剂为钯系催化剂，催化剂寿命：4 年，催化剂运行周期：1 年。

4.4　操作条件

比较适宜的温度是：反应器入口 35~65℃，反应器温升 20~30℃；

全加氢反应在液相中进行，在保证加氢反应处于液相状态时，压力的变化对反应影响不大。反应压力在1.6~3.0MPa时可保证反应物料处于液相状态。

优化的反应工艺参数见表3。

表3　反应工艺参数

项目	第一段反应器	第一段反应器
入口温度/℃	35~65	35~65
反应压力/MPa	1.6~3.0	1.6~3.0
空速/h^{-1}	20~80	20~80
H_2/炔烃+二烯烃+烯烃/(mol/mol)	1.1~1.6	1.1~1.6

5　结论

通过对丁二烯尾气氢工艺的研究，得出以下结论：

(1) 采用选择加氢工艺，丁二烯尾气经过压缩、冷凝、增压、稀释、加氢等工艺可得到富含1-丁烯和异丁烯的产品。该工艺技术成熟、可靠，流程简单合理，操作安全可靠。在适宜的工艺条件下：反应器入口温度35~65℃，反应压力1.6~3.0MPa下可将丁二烯尾气中的二烯烃和炔烃选择加氢成烯烃，产物中炔烃、二烯烃含量小于30ppm。

(2) 采用全加氢工艺，丁二烯尾气经过压缩、冷凝、增压、稀释、加氢等工艺可得到富含正丁烷的产品。该工艺技术成熟、可靠，流程简单合理，操作安全可靠。在适宜的工艺条件下：反应器入口温度35~65℃，反应压力1.6~3.0MPa下可将丁二烯尾气中的二烯烃、炔烃和烯烃全部加氢成烷烃，产物中烯烃含量小于5%，可作为乙烯装置裂解原料。

(3) 采用丁二烯尾气选择加氢和全加氢工艺，不仅可以减少尾气排放，还可以有效降低生产成本，是提升企业经济效益的重要途径之一，具有良好的工业应用前景。

参 考 文 献

[1] 张爱民．丁二烯抽提技术的比较和分析[J]．石油化工，2006，35(10)：907-918.

[2] 侯霞晖．丁二烯生产的危险因素分析[J]．石油化工设计，2013，30(2)：14-16.

[3] 高健翼．丁二烯生产过程的危险要素和安全措施[J]．金山油化纤，1992，2：50-53.

[4] 朱警，李正琪．C_4抽余液加氢精制脱除二烯烃和炔烃催化剂的研制[J]．石油化工，1993，22(2)：71-76.

[5] 徐立英，朱警，朱云仙等．碳四抽余液脱除二烯烃催化剂的工业应用[J]．化工进展，2007，26(9)：1343-1346.

[6] 中国石油化工股份有限公司；中国石油化工股份有限公司北京化工研究院．碳四烃物流中炔烃和二烯烃的选择加氢方法：中国，102249835A [P]．2011-11-23.

三　剂

附 三

多产丙烯和异丁烯催化裂化助剂 FLOS 的研制与应用

陈蓓艳[1]　陈　胜[2]　欧阳颖[1]　朱根权[1]　朱玉霞[1]

(1. 中国石化石油化工科学研究院，北京　100083；2. 中国石化巴陵分公司，湖南岳阳　414000)

摘　要：分析了 FCC 过程增产丙烯、异丁烯的烃类反应化学以及催化材料的孔道结构特点，提出增产丙烯、异丁烯的催化裂化助剂的设计思路及实施技术方案。实验室评价结果表明，助剂中添加 ZSM-5 分子筛可以提高丙烯产率及其在液化气中的质量分数，添加 BETA 分子筛可以提高异丁烯产量及其在液化气中的质量分数。在巴陵分公司 MIP-CGP 装置上的工业应用结果表明，助剂占系统催化剂质量分数达到 6%时，液化气产率增加 2.98 百分点，丙烯产率增加 1.04 百分点，异丁烯产率增加 0.54 百分点。

关键词：重油催化裂化　丙烯　异丁烯　助剂

1　前言

丙烯、异丁烯都是重要的有机化工原料。丙烯是许多高分子聚合物的单体，异丁烯衍生产品众多，上下游产业链丰富。丙烯除大量用于生产聚丙烯外，还可以用于生产丙烯腈、环氧丙烷、丙酮、异丙醇等多种重要有机化工原料、生成合成树脂、合成橡胶及多种精细化学品。异丁烯的化工利用分两种途径，一种途径是直接利用混合 C_4(已抽提丁二烯)馏分，另一种途径是先以混合 C_4 为原料制备高纯度异丁烯，然后再利用。前者主要用于生产甲基叔丁基醚(MTBE)、叔丁醇、甲基丙烯酸甲酯、对叔辛基酚、异戊二烯、聚丁烯、低活性聚异丁烯等；后者主要用于生产丁基橡胶、高活性聚异丁烯、甲代烯丙基氯、三甲基乙酸、叔丁酚、叔丁胺等。MTBE 尽管在美国已经禁用，但是鉴于其较高的辛烷值，在汽车工业迅猛发展的亚洲仍然有很大的市场。丙烯和异丁烯主要来源于蒸汽裂解和催化裂化工艺，前者由于能耗高，原料利用率低等原因，正在逐步缩小规模，因此催化裂化成为生产低碳烯烃的主要工艺。助剂是催化裂化工艺普遍采用的一种灵活便捷迅速调节产品分布的手段。

2　多产丙烯异丁烯助剂 FLOS 设计思路

催化裂化是基于正碳离子的链式反应，仲正碳离子连续的 β 位断裂直到不能再生成 C_3 或略大于 C_3 的碎片为止，正碳离子脱附成较小的烯烃分子如丙烯等。丙烯在酸中心上可以发生叠合-裂化反应。在 FCC 过程中增产丙烯需要促进烯烃的一次裂化，提高烯烃裂化的单分子反应比例，抑制生成的丙烯发生双分子反应。FCC 过程中异丁烯可能的来源途径包括以下 3 条：①汽油馏分内较大的正碳离子异构成叔正碳离子，单分子裂化成异丁烯；②较小的烃类遵循双分子反应机理，即二聚(或多聚)、异构再裂化；③正丁烯直接骨架异构成异丁烯。从烃分子的裂化途径可以推测，己烯的裂化产物以丙烯为主，庚烯的裂化产物中丙烯和丁烯的摩尔比接近 1∶1，辛烯的裂化产物中丁烯较多，丙烯和戊烯的摩尔比基本为 1∶1。原料的支链化程度高更易于生成异丁烯。因此，FCC 过程中增产丙烯异丁烯需要考虑汽油馏分烃分子尺度效应。烯烃分子在 L 酸中心上可以形成含双键的正碳离子，进一步发生环化、氢转移反应直至生成芳烃。这类反应降低了低碳烯烃的产率。

FAU、ZSM-5、BETA 是目前可用于 FCC 过程的几种分子筛，其有着各具特色的拓扑结构。FAU 是 FCC 过程最常使用的分子筛，其骨架结构是沸石中最开放的，擅长将重油大分子转化成高价值的汽柴油馏分内的小分子。ZSM-5 分子筛自问世以来广泛用于各类择形催化反应，是 FCC 过程增产丙烯必不可少的活性组元。BETA 分子筛特有的拓扑结构已使其发展成为一种新型的催化材料，表现出了广泛的应用和发展前景。经改性或负载某些稀土元素、金属元素、磷等杂原子后的 BETA 分子筛，可用于流化催化裂化、FCC 轻汽油醚化、加氢裂化、临氢异构、丙烯水合醚化、异丁烯水合醚化等石油化工过程中。将上述三种分子筛的孔道维数归纳见表 1[1]。其中相互连接的孔道用双箭头↔分开，* 的个数表示孔道体系的维数。

表 1 几种分子筛的结构特点

分子筛		结构特点
MFI	ZSM-5	(100)100. 51nm×0. 55nm ↔(010)10 0. 53nm×0. 56nm ***
BEA	BETA	(100)120. 66nm×0. 67nm ** ↔(010)12 0. 53nm×0. 56nm *
FAU	Faujasite	(111)120. 74nm×0. 74nm ***

基于烃分子反应化学、催化材料化学，设计 FCC 过程增产丙烯和异丁烯助剂。核心思想：促进 C_6~C_8 仲正碳离子、叔正碳离子的单分子裂化，进而提高 LPG 中丙烯、异丁烯的选择性。关键技术：①选用 ZSM-5 分子筛，通过择形催化提高丙烯的选择性；②选用 BETA 分子筛，通过增加汽油烯烃度提高异丁烯选择性。

3 多产丙烯异丁烯催化裂化助剂 FLOS 的实验室评价结果

3.1 ZSM-5 分子筛的作用

RIPP 已开发出适用于 FCC 过程增产丙烯的 ZSM-5 分子筛，命名为 ZSP 系列。本工作的重点是提高单位 ZSP 分子筛的活性。对于相同工艺合成的 ZSP 分子筛，引入相同种类数量的改性组元，通过制备工艺的优化，提高了 ZSP 颗粒的完整性，改善了分子筛的结晶保留度，增大了分子筛裸露的外表面，进而提高了分子筛的活性中心数量及可利用率。工艺优化前后的 ZSP 分子筛形貌见图 1[2]。

(a)优化工艺前

(b)优化工艺后

图 1 工艺优化前后 ZSP 分子筛形貌比较

ZSP 分子筛经过水热老化处理后容易脱除骨架铝，生成的非骨架铝成为 L 酸中心，而 L 酸中心不利于低碳烯烃的生成。因此通过优化改性元素含量抑制水热过程的脱铝反应，调变不同种类活性中心的比例。从图 2 的 ^{27}Al NMR 谱可以看出，较低改性元素含量的 ZSP 分子筛水热老化后骨架铝(δ=55)基本消失，而高改性元素含量的分子筛水热老化后在化学位移 55 处有一明显的肩峰，说明水热老化后骨架铝仍有部分保留，水热老化后仍保留了部分 B 酸中心。

在 ACE 装置上考察了 ZSP 分子筛对 FCC 过程丙烯、异丁烯产率及选择性的影响。主剂 FLOS-C 与含 ZSP 的助剂分别经 800℃、100%水蒸气老化 17h 后，按一定重量比混合后评价。评价条件及结果见表 2。助剂质量分数 1~5 表示助剂的添加量以 x 为基本单元按倍数逐渐增加。从表 2 的数据可以看出，随着 ZSP 助剂添加量的增加，总液收略有增加，干气的增量基本等于乙烯的增量。汽油产率逐渐减少。LPG 产率逐渐增加，随之带来的是丙烯明显增加，异丁烯也有所增加。进一步比

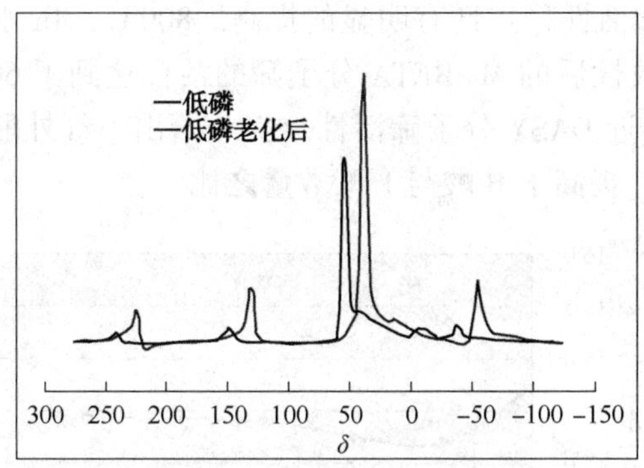

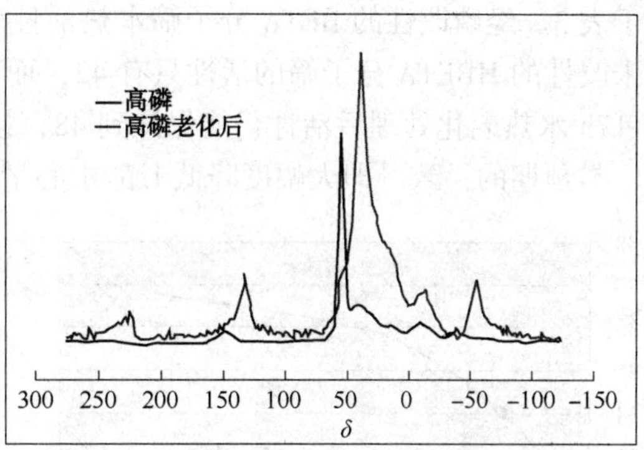

图 2　不同磷含量 ZSP 水热老化前后^{27}Al NMR 谱

较 LPG 中丙烯异丁烯质量分数的变化，结果见图 3、图 4。从图中曲线可以看出，随着助剂量的增加，LPG 中丙烯质量分数增加，异丁烯质量分数与主剂相比略有降低，基本不随助剂量改变。

表 2　ZSP 助剂增产丙烯异丁烯的性能

助剂质量分数/x	/	1	2	3	5
评价条件	原料油为 QD-HVGO；温度为 500℃；m_C/m_O 为 4.02				
质量产率/%					
干气	0.75	0.86	0.96	1.05	1.18
LPG	16.16	18.53	20.13	21.05	22.59
焦炭	1.06	1.13	1.16	1.16	1.15
汽油	44.78	43.45	42.11	40.99	40
LCO	20.14	19.75	19.7	19.65	19.51
重油	17.11	16.17	15.92	15.83	15.79
转化率/ %	62.75	64.21	64.38	64.45	64.48
气体质量组成/%					
氢气	0.06	0.07	0.06	0.07	0.07
甲烷	0.24	0.25	0.25	0.24	0.25
乙烷	0.18	0.18	0.17	0.18	0.18
乙烯	0.27	0.38	0.47	0.54	0.64
丙烷	0.52	0.67	0.77	0.82	0.95
丙烯	5.14	6.31	7.15	7.68	8.17
正丁烷	0.46	0.53	0.56	0.59	0.64
异丁烷	3.08	3.5	3.65	3.78	3.91
1-丁烯	1.28	1.35	1.4	1.47	1.49
异丁烯	2.38	2.63	2.87	3.03	3.26
顺-2-丁烯	1.43	1.53	1.61	1.65	1.71
反-2-丁烯	1.87	2.01	2.12	2.17	2.26

3.2　BETA 分子筛的作用

分子筛的水热稳定性是对 FCC 过程催化材料的基本要求，而 HBETA 的水热稳定性不是很理想。HBETA 在水热失活过程中也会生成大量的非骨架铝。引进改性元素改善其水热稳定性。将改性前后的分子筛样品，连同一种 USY 分子筛(DASY)，分别在固定床老化装置上经 800℃、100%水蒸气老化 4h 和 17h，然后在 WFS-1D 自动微反活性装置上测定轻油微反活性(反应温度 460℃)，结果列于表3。经磷改性的BETA分子筛水热活性和活性稳定性有明显的提高。800℃、4h水热处理后，未改性的HBETA分子筛的活性只有42，而改性后的M-BETA分子筛的活性达到了60，经800℃、17h水热老化处理后活性仍能保持到48，接近DASY分子筛活性。表4给出了红外酸性表征结果，与预期的一致，即大幅度降低L酸中心量，提高了B酸与L酸数量之比。

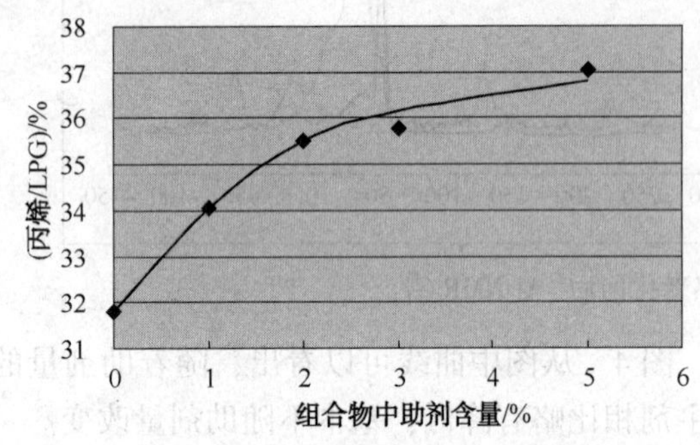

图3 助剂对LPG中丙烯质量分数的影响

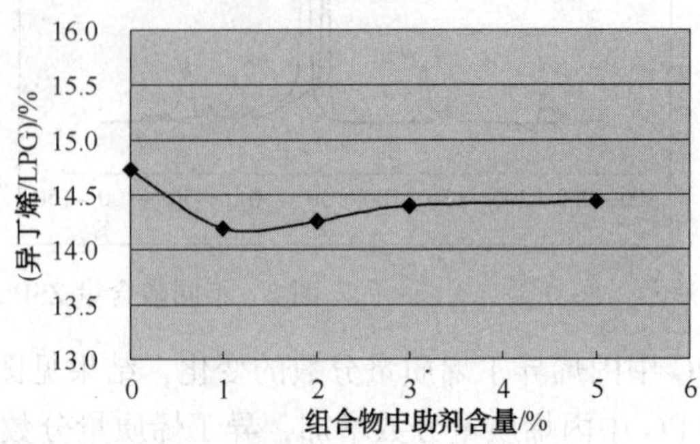

图4 助剂对LPG中异丁烯质量分数的影响

表3 改性BETA分子筛的水热活性稳定性

分子筛	MA	
	800℃，4h	800℃，17h
DASY	62	51
HBETA	42	34
M-BETA	60	48

表4 BETA分子筛改性前后的红外酸性 吸光度/(g/cm^2)

样品名称	200℃			350℃		
	L酸	B酸	B酸量/L酸量	L酸	B酸	B酸量/L酸量
HBETA	378.58	280.19	0.74	223.51	295.17	1.32
M-BETA	191.57	216.87	1.13	106.02	216.87	2.05

优化后的M-BETA分子筛命名为HSB，以其为活性组元制备助剂。在ACE装置上评价，考察助剂对FCC过程增产异丁烯及丙烯的影响。主剂FLOS-C与HSB助剂分别经800℃、100%水蒸气老化17h后，按一定重量比混合后评价。助剂质量分数1~5表示助剂的添加量以y为基本单元按倍数逐渐增加。评价条件及结果见表5。从表5的数据可以看出，助剂添加量的增加并未影响催化剂组合物的重油转化能力，而且重油略有减少，总液收略有增加。这与HSB分子筛通畅的大孔道及较多的二次孔有关。以QD-HVGO为原料，添加HSB助剂后焦炭产率有所增加，这可能是因为HSB与Y型分子筛相比含有更多的L酸，更易于使加氢后的原料环化脱氢生焦。LPG逐渐增加，汽油略有减少，但变化幅度远远小于含ZSP助剂的催化剂组合物。进一步比较LPG中丙烯异丁烯质量分数的变化，结果见图5~图8。从图中曲线可以看出，随着助剂量的增加，LPG中丙烯质量分数与主剂相比略有降低，随助剂加入量的增加变化不明显；LPG中异丁烯质量分数、丁烯中的异丁烯质量分数均随助剂加入量的增加呈线性增长。表征氢转移反应的异丁烷与异丁烯之比，仅仅在助剂加入量最高，才有明显降低，可见增加的异丁烯产率并不是主要来源于抑制氢转移反应得到的。可以推测，增加的异丁烯部分来源于正丁烯的异构化，另一部分应该是源于汽油中较大的叔正碳离子的单分子直接裂化。

表 5 HSB 助剂增产丙烯和异丁烯的性能

HSB 助剂质量分数/y	/	1	2	3	4	6
评价条件	原料油为 QD-HVGO；温度为 500℃；m_C/m_O 为 4.02					
质量产率/%						
干气	0.75	0.77	0.77	0.77	0.82	0.83
LPG	16.16	17.31	17.9	18.37	18.93	19.58
焦炭	1.06	1.15	1.17	1.19	1.26	1.33
汽油	44.78	44.85	44.17	43.41	43.93	43.56
LCO	20.14	19.61	19.4	19.52	18.9	18.3
重油	17.11	16.32	16.6	16.74	16.16	16.4
转化率/ %	62.75	64.07	64	63.74	64.94	65.3
气体质量组成/%						
氢气	0.06	0.06	0.06	0.06	0.06	0.06
甲烷	0.24	0.25	0.24	0.25	0.25	0.25
乙烷	0.18	0.18	0.17	0.17	0.19	0.18
乙烯	0.27	0.29	0.29	0.29	0.32	0.34
丙烷	0.52	0.58	0.59	0.60	0.63	0.64
丙烯	5.14	5.43	5.63	5.78	5.97	6.21
正丁烷	0.46	0.53	0.54	0.56	0.58	0.6
异丁烷	3.08	3.36	3.44	3.5	3.6	3.62
总丁烯	6.96	7.41	7.7	7.92	8.15	8.5
1-丁烯	1.28	1.31	1.36	1.37	1.4	1.42
异丁烯	2.38	2.59	2.77	2.9	3.04	3.29
顺-2-丁烯	1.43	1.51	1.54	1.57	1.6	1.63
反-2-丁烯	1.87	1.99	2.03	2.07	2.11	2.16

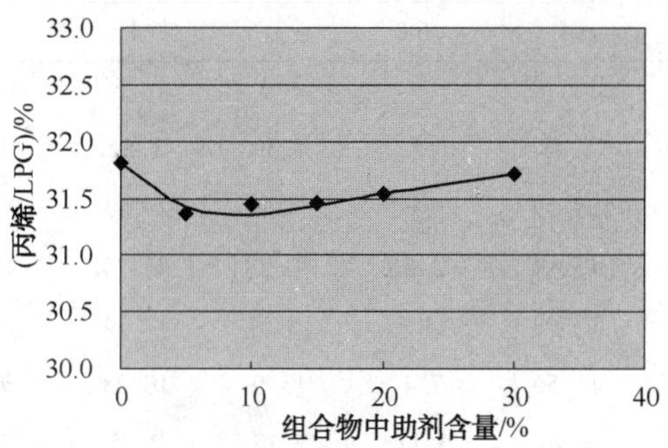

图 5 助剂对 LPG 中丙烯质量分数的影响

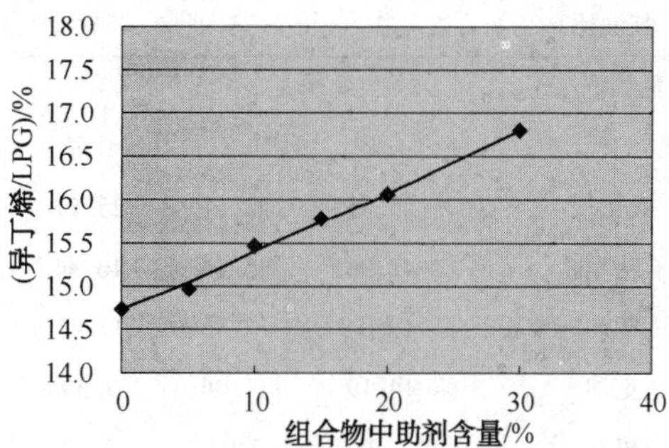

图 6 助剂对 LPG 中异丁烯质量分数的影响

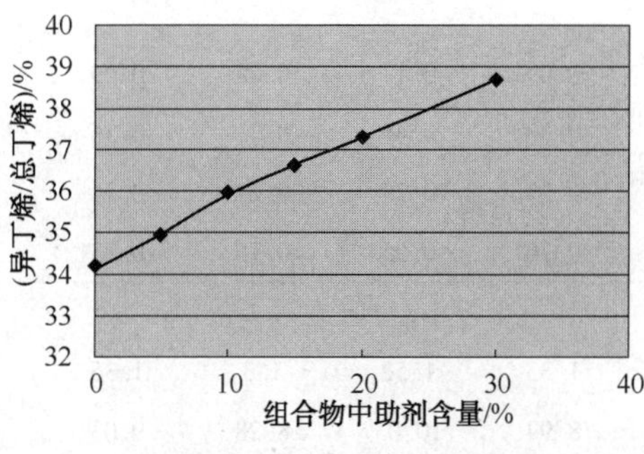

图 7 助剂对丁烯中异丁烯质量分数的影响

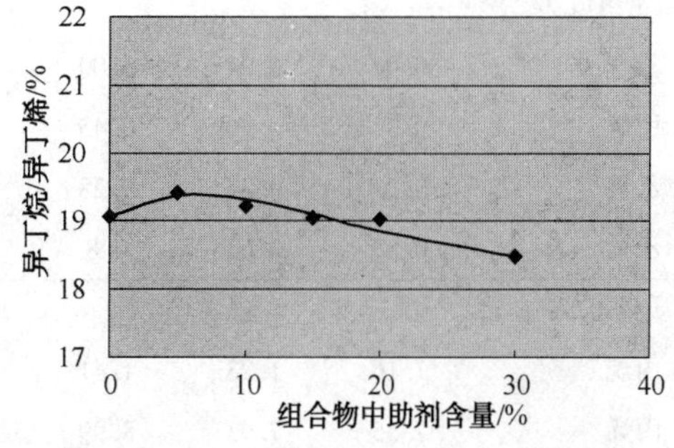

图 8 助剂对异丁烷/异丁烯的影响

3.3 助剂性能考察

将改性后的 ZSM-5 分子筛(命名为 ZSP)、BETA 分子筛(命名为 HSB)以及基质材料按一定比例混合制成 FCC 过程增产丙烯和异丁烯助剂 FLOS-1、FLOS-2，物理性质见表 6。

表 6 FLOS 助剂的主要物化性质

样品	FLOS-1	FLOS-2	样品	FLOS-1	FLOS-2
磨损指数/(%/h)	1.2	1.5	水滴法孔体积/(mL/g)	0.28	0.29
堆密度/(g/mL)	0.78	0.75	比表面积/(m^2/g)	319	336

助剂 FLOS-1、FLOS-2 和主剂 FLOS-C 分别经 800℃、100%水蒸气 12h 老化混兑后，在 FFB 装置上评价，评价条件及结果见表 7。评价结果表明掺混助剂后，催化剂组合物的重油转化能力相当，产物分布略有变化。以同时小幅减少汽油和柴油实现液化气的增加，这符合炼厂高产汽油的需求；干气增加 0.1~0.35 个百分点，这主要是乙烯增量带来的；与主催化剂相比，FLOS-2 的加入基本不增加焦炭，仅由于干气增加，使得总液收减少 0.2~0.7 个百分点；而 FLOS-1 的加入使焦炭产率略有增加，加之干气的影响，总液收则减少 0.8~1.5 个百分点。高转化率时，液收损失量减少。

分析 FLOS 助剂对低碳烯烃的影响，见图 9~图 12。图 9、图 10 说明加入助剂后，在相同转化率下丙烯、异丁烯产率有所提高，FLOS-2 增幅较大。图 11、图 12 表明在相同 LPG 产率下，丙烯少量增加，异丁烯明显增加。控制一定的转化深度，两种助剂均可已达到研发指标，即：LPG 增加不大于 3 个百分点时，丙烯增加 1 个百分点，异丁烯增加 0.5 个百分点。若炼厂不限制 LPG 增幅，FLOS-2 可以大幅高丙烯、异丁烯产率。

表 7 FLOS 助剂 FFB 评价结果

评价条件	原料油为 QD-HVGO；反应温度为 500℃；空速为 $16h^{-1}$								
催化剂	主剂			主剂+FLOS-1			主剂+FLOS-2		
剂油比	3	4	6	3	4	6	3	4	6
质量产率/%									
干气	1.19	1.31	1.62	1.28	1.48	1.81	1.39	1.52	1.98
液化气	20.85	22.57	25.77	22.52	25.29	29.02	23.11	25.13	32.82
C5 汽油	42.96	45.16	46.84	40.32	42.14	43.86	40.98	43.73	40.85
柴油	19.04	17.86	15.41	17.77	17.08	14.8	18.51	17.14	14.28
重油	14.19	11.06	7.59	15.68	11.56	7.4	13.9	10.23	7.09
焦炭	1.78	2.04	2.77	2.44	2.46	3.11	2.12	2.25	2.97
转化率/%	66.77	71.08	77.01	66.55	71.36	77.8	67.6	72.63	78.63
干气质量组成/%									
氢气	0.06	0.07	0.09	0.09	0.09	0.11	0.08	0.09	0.12
甲烷	0.33	0.36	0.45	0.33	0.38	0.46	0.33	0.36	0.47
乙烷	0.23	0.24	0.28	0.23	0.25	0.29	0.22	0.24	0.31
乙烯	0.57	0.63	0.8	0.64	0.76	0.95	0.75	0.83	1.08
液化气质量组成/%									
丙烷	1.16	1.23	1.41	1.18	1.33	1.52	1.3	1.35	1.76
丙烯	7.35	7.93	8.99	7.97	8.94	10.03	8.28	9.03	11.79
正丁烷	0.69	0.75	0.87	0.74	0.82	0.98	0.76	0.81	1.05
异丁烷	4.72	5.27	6.31	4.86	5.76	6.92	5.03	5.63	7.35

续表

评价条件	原料油为 QD-HVGO；反应温度为500℃；空速为 $16h^{-1}$								
催化剂	主剂			主剂+FLOS-1			主剂+FLOS-2		
剂油比	3	4	6	3	4	6	3	4	6
丁烯-1	1. 27	1. 35	1. 48	1. 37	1. 51	1. 67	1. 35	1. 46	1. 91
异丁烯	2. 46	2. 58	2. 8	2. 89	3. 11	3. 41	2. 96	3. 11	4. 06
顺-丁烯-2	0. 99	1. 08	1. 23	1. 09	1. 18	1. 41	1. 06	1. 16	1. 51
反-丁烯-2	2. 21	2. 38	2. 69	2. 42	2. 64	3. 08	2. 37	2. 59	3. 38

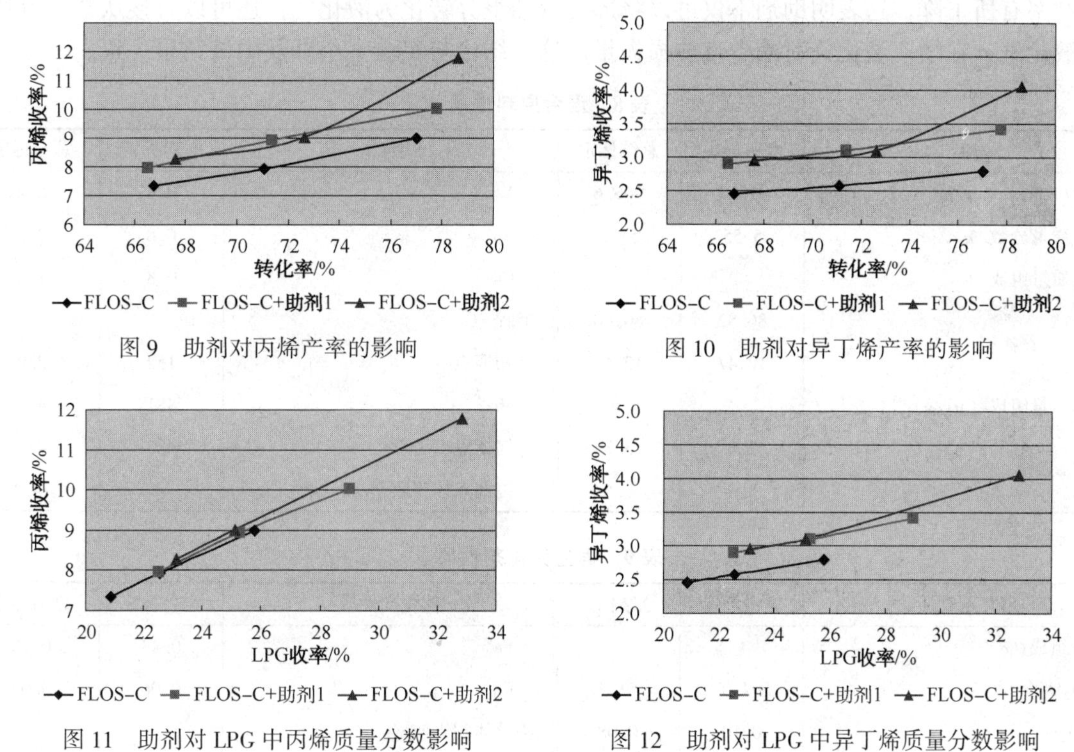

图 9　助剂对丙烯产率的影响

图 10　助剂对异丁烯产率的影响

图 11　助剂对 LPG 中丙烯质量分数影响

图 12　助剂对 LPG 中异丁烯质量分数影响

4　多产丙烯异丁烯助剂 FLOS 的工业应用结果

4.1　工业应用标定结果

多产丙烯与异丁烯催化裂化助剂 FLOS 开发的技术经济目标为：所开发的 FCC 多产丙烯和异丁烯助剂，加入量≤15%（占系统催化剂藏量），在液化气产率增加 3. 5 个单位左右的情况下，增产丙烯 1 个单位，同时增产异丁烯 0. 5 个单位以上。FLOS 助剂在巴陵分公司烯烃事业部 MIP-CGP 装置进行工业试验。FLOS-III 助剂于 2012 年 7 月加入系统，助剂采用两种添加方式：主要采用助剂与主剂按一定比例混合，从新鲜剂罐加入系统；同时根据试用情况，通过 CO 助燃剂罐补充少量助剂，进行微量调整。平稳运行五个月后，助剂占系统藏量质量分数达到 6%，进行了联合总结标定[3]。

标定的混合原料油性质比较见表 8。由表 8 可知，总结标定时原料的密度稍有降低，氢含量较，高残炭稍高，钠含量增加，其他性质基本相当。

标定的催化剂性质见表 9。添加助剂后，平衡剂组成中 P_2O_5 质量分数有所增加，是由于助剂中 P_2O_5 含量明显高于主剂造成的；Al_2O_3 质量分数有所降低，这归因于助剂中的活性组元是高硅分子筛。粒度分布没有明显变化，说明助剂的物理性质与主催化剂相匹配，不影响主剂的正常使用。

标定的主要操作参数见表 10，与空白标定时相比，新鲜进料量基本相当。根据装置产品分布情况、加工原料性质，适当降低了一反出口温度。

标定的物料衡算见表 11、气体组成见表 12。总结标定和空白标定相比，干气质量产率增加了 0.13 个百分点；轻质油质量产率(汽油产率+柴油产率)虽然降低了 2.51 个百分点，但总液体产品质量产率(液化气质量产率+轻质油质量产率)增加了 0.17 个百分点。液化气质量产率增加了 2.68 个百分点，其中丙烯产率增加 1.01 个百分点，异丁烯增加 0.54 个百分点，达到了本研究课题的技术开发目标。和空白标定相比，总结标定时，$C_3 \sim C_4$ 中丙烯质量分数由 32.86%提高到 33.18%，提高了 0.32%；异丁烯质量分数由 12.44%提高到 13.01%，提高了 0.57%。因此，使用助剂后不仅仅提高了丙烯异丁烯的产率，而且 $C_3 \sim C_4$ 组分中丙烯和异丁烯质量分数均有所增加。比较两次标定物料平衡数据，发生变化的主要是液化气、汽油及柴油产率，其中液化气产率增加，而汽油、柴油产率有所下降。这表明助剂不仅可以将部分汽油组分转化为液化气，还可以直接从柴油得到较多的液化气，在增产液化气时减少汽油损失量。这一结论与实验室小试及中试结果一致。

表 8　混合原料性质

项目	空白标定	总结标定	项目	空白标定	总结标定
密度(20℃)/(kg/m^3)	915.4	906.6	V	0.4	0.46
残炭质量分数/%	5.55	5.72	Na	0.8	2.0
元素质量组成/%			Ca	0.8	1.8
C	86.82	86.60	馏程/℃		
H	12.47	12.60	初馏点	152	239
金属质量组成/(μg/g)			50%	481	479
Fe	2.0	3.8	终馏点	483	450
Ni	8.0	7.5	终馏点体积收率/%	–	74.1

表 9　再生催化剂性质

催化剂性质	空白标定	总结标定	催化剂性质	空白标定	总结标定
质量组成/%			Fe	0.43	0.56
Al_2O_3	54.0	51.2	Ca	0.06	0.06
Na_2O	0.10	0.08	筛分体积组成/%		
P_2O_5	0.35	1.01	0~20μm	0.4	0.0
总比表面积/(m^2/g)	146	136	0~40μm	16.1	11.9
总孔体积/(mL/g)	0.162	0.154	0~80μm	65.0	60.0
金属含量(质量分数)/%			0~149μm	96.8	95.8
Ni	0.66	0.64	APS/μm	65.0	70.8
V	0.04	0.05			

表 10　标定期间装置主要操作条件

项目	空白标定	总结标定	项目	空白标定	总结标定
原料进料量/(t/h)	103	102	二反藏量/t	3.8	3.5
原料进料温度/℃	181	188	主风量/(Nm^3/min)	1877	1546
沉降器压力(表)/MPa	0.112	0.111	再生取热产汽量/(t/h)	42	29
再生器压力(表)/MPa	0.158	0.132	再生器密相温度/℃	700	692
一反温度/℃	527	519	再生器稀相温度/℃	697	700
二反温度/℃	497	495			

表 11 物料衡算

项目	空白标定	总结标定	项目	空白标定	总结标定
产品分布(质量分数)/%			焦炭	9.88	9.63
干气	3.02	3.15	损失	0.46	0.45
液化气	27.79	30.47	合计	100.00	100.00
汽油	43.23	42.81	轻质油产率/%	56.03	53.52
柴油	12.80	10.71	总液体产率/%	83.82	83.99
油浆	2.82	2.78			

表 12 气体组成

产物分布(质量分数)/%	空白标定	总结标定	产物分布(质量分数)/%	空白标定	总结标定
H_2S	0.06	0.05	丙烯	9.10	10.11
$H_2 \sim C_2$	2.96	3.10	异丁烷	5.57	5.93
氢气	0.18	0.13	正丁烷	1.14	1.26
甲烷	1.08	1.10	1-丁烯	2.14	2.34
乙烷	0.80	0.80	异丁烯	3.43	3.97
乙烯	0.90	1.07	反-2-丁烯	2.69	2.80
$C_3 \sim C_4$	27.79	30.47	顺-2-丁烯	2.06	1.98
丙烷	1.66	2.08			

4.2 工业应用统计数据

为全面考察 FLOS 助剂的使用情况，对助剂使用期间生产操作、产物分布及主要产品性质进行跟踪分析。统计数据取自烯烃事业部调度早报以及日常生产分析数据。图 13 显示了助剂使用期间原料油密度变化趋势，8 月份原料密度略高，原料性质略差，9 月份后，原料密度略低，原料性质略有所变好。图 14 是助剂使用期间装置总液体收率变化趋势，保持在 80%~86%，助剂试用后总液体产品收率略有上升。

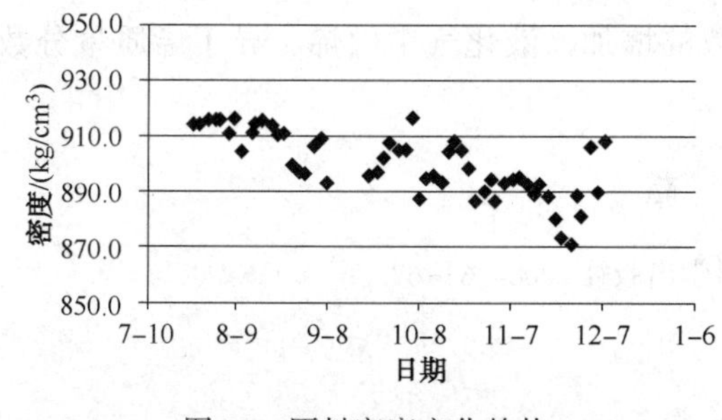

图 13 原料密度变化趋势

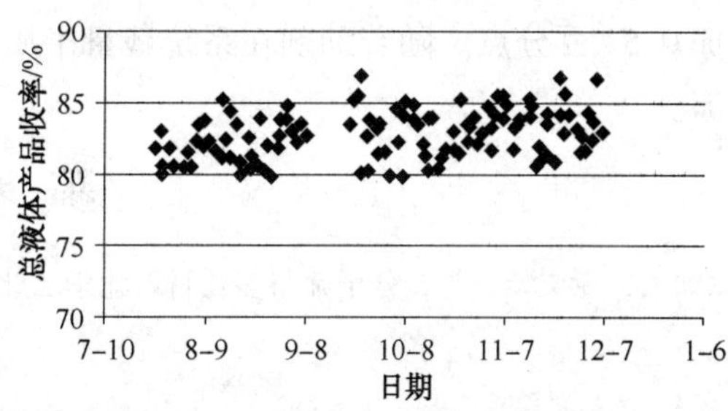

图 14 总液体产品收率变化趋势

液化气、丙烯、异丁烯产率是此次工业试验考察目标。图 15 显示，随着助剂加入系统时间的增长，助剂占系统催化剂的质量分数逐渐增加，液化气产率有所增加，但增加的幅度不会对装置生产造成影响。

从图 16 看出，随着助剂占系统催化剂的质量分数的增加，丙烯产率逐渐增加。根据图 17，可以看出异丁烯产率也随助剂占系统催化剂的质量分数增加而增加。

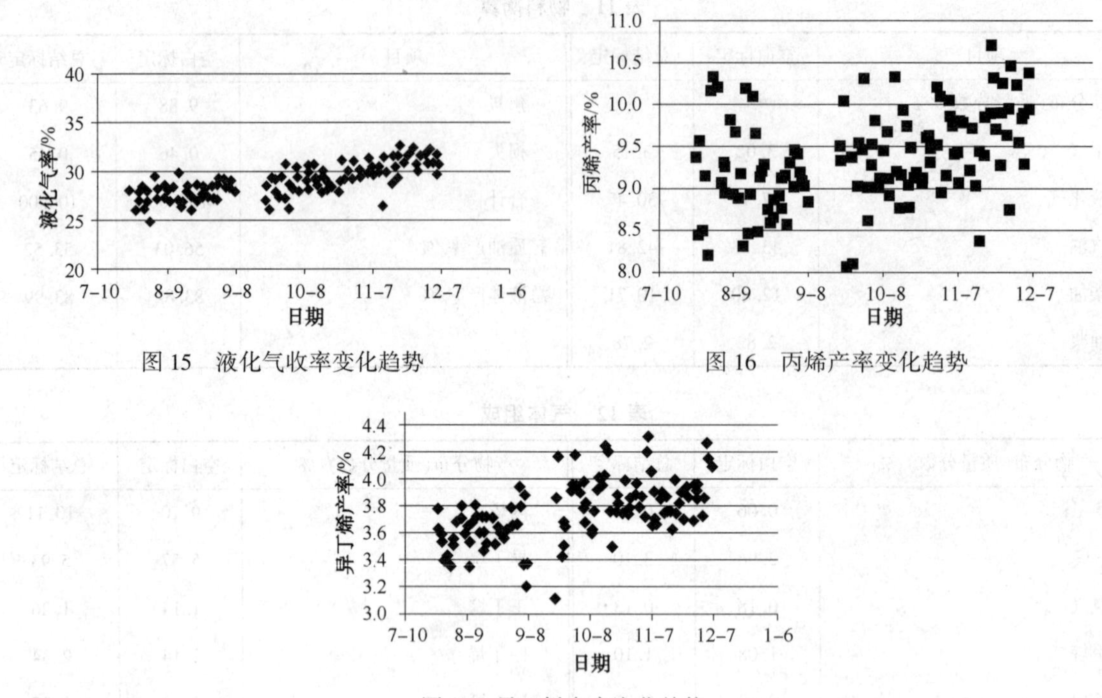

图 15　液化气收率变化趋势　　　图 16　丙烯产率变化趋势

图 17　异丁烯产率变化趋势

5　结语

(1) 以烃类反应化学、催化材料化学为基础，提出了增产丙烯异丁烯催化裂化助剂的设计思路。

(2) 优化 ZSM-5 分子筛的制备工艺开，发出高单位分子筛活性的 ZSP 分子筛；BETA 分子筛通过多种改性方法提高了分子筛的水热稳定性，开发出 HSB 分子筛；两种分子筛酸性质的调变控制了烃类反应路径的选择性。ACE 装置上考察了活性组元 ZSP、HSB 对增产丙烯、异丁烯的贡献。FFB 评价结果表明，FLOS 助剂在 LPG 产率增幅不大于 3 个百分点时，丙烯产率增加超过 1 个百分点，异丁烯产率增加超过 0.5 个百分点，达到了研发目标。

(3) 在巴陵分公司烯烃事业部 MIP-CGP 装置上完成工业试验。标定结果表明：在 FLOS 系统催化剂质量分数达到 6%时，液化气产率增加 2.98 百分点，丙烯产率增加 1.04 百分点，异丁烯产率增加 0.54 百分点。随着助剂在系统藏量中质量分数的增加，液化气中丙烯、异丁烯质量分数略有增加。

参　考　文　献

[1] 徐如人，庞文琴，等．分子筛与多孔材料化学．北京：科学出版社．2004. 63-67.

非完全再生 FCC 烟气脱硝助剂的研制及工业应用

齐文义　郝代军　李小苗　黄延召　王懿洛　杨金辉

(中石化炼化工程(集团)股份有限公司洛阳技术研发中心，河南洛阳　4710030)

摘　要：非完全再生 FCC 再生烟气中氮化物主要以 NH_3 和 HCN 的形式存在，NO_x 含量很低，NH_3 和 HCN 在经过 CO 锅炉后会部分或全部转化成 NO_x，因而排放到大气中的烟气中的 NO_x 也需要加以治理。完全再生和非完全再生 NO_x 控制策略区别很大，前者是控制 NO_x 的生成，后者是抑制 NH_3 和 HCN 的产生。研究开发的一种降低非完全再生 FCC 烟气 NO_x 助剂，实验室评价性能良好。工业应用试验中，在装置中加入 2.0%~2.5%的脱硝助剂，烟气中 NO_x 脱除率可以达到 50%~60%，能够完全满足目前的排放要求。加剂前后装置产品分布和产品性质基本稳定，表明助剂对产品分布和产品性质没有不良影响。

关键词：非完全再生　FCC　烟气　脱硝剂　NH_3　HCN　工业应用

1　前言

流化催化裂化(简称 FCC)装置既是现代炼油厂重要的重油轻质化装置之一，也是炼厂 NO_x、SO_x 等污染物的主要来源。据统计，催化裂化装置排放的 NO_x 约占到炼厂总 NO_x 排放的 50%[1]。随着新的《石油炼制工业污染物排放标准》的实施，原本 NO_x 排放相对较低的非完全再生催化裂化装置也开始面临环保压力。研究开发适应非完全再生 FCC 装置特点的脱硝技术也变得越来越迫切，而适应非完全再生 FCC 烟气的脱硝助剂被认为是解决这类装置 NO_x 超标排放的有效措施之一。

2　非完全再生过程中氮化物的转化及赋存形式

FCC 烟气中的 NO_x 主要源于原料中的氮化物。原料中的这些氮化合物可分为四类：胺、吡啶衍生物、吡咯衍生物、酰胺。其中大数胺类和吡啶类化合物被认为是碱性的，碱性氮化合物更容易被吸附到催化剂的酸性位上，以芳香环的形式存在于的焦炭中，而中性和酸性氮化合物则被认为进入产品中。尽管碱性氮化物是焦炭中氮化物的主要贡献者，但更多人认为[2,3]，一些非碱性氮化物可能也有贡献，原料中 30%~50%的氮最终沉积在催化剂的焦炭中[4]，在完全再生装置中只有不到 10%转化成 NO[5]，其余被转化成 N_2。典型的完全再生烟气中 NO_x 水平在 100~500μg/g。FCC 装置的氮平衡如表 1 所示[6]。

表 1　FCC 典型氮平衡数据

产品	氮分布/%	产品	氮分布/%
裂化气 NH_3 或 HCN	5~15	重循环油/塔底油(油浆)	25~35
汽油	1~5	焦炭	35~60
轻循环油/柴油	10~20		

与存在于 FCC 催化剂焦炭中的硫化物不同，氮化物在 FCC 催化剂中的存在和转化形式要复杂得多。到目前为止，人们对于焦炭氮如何在 FCC 再生器中转化成 NO_x/N_2 的确切化学机理并没有完全搞清楚。但较为统一的认识是，在催化裂化催化剂再生过程中，焦炭中的氮化物首先转化成 NH_3

和 HCN 等中间物种，NH_3 和 HCN 的形成与原料的氮化物类型和碱性有关[7]；在常规的 FCC 再生床层温度下，HCN 具有热力学不稳定性，容易在再生器中被水蒸气进一步水解生成 NH_3，NH_3 是 HCN 水解的二次产物[8]。Yaluris 等[9]研究认为，NH_3 有两种生成途径，一是焦炭中的氮化物通过裂化或热解生成 HCN，HCN 通过氢解生成 NH_3；二是焦炭中的氮化物在 FCC 催化剂中 Al_2O_3 催化作用下首先热解生成异氰酸酯中间体，中间体再在 FCC 催化剂表面瞬时水解生成 NH_3 和 CO_2。反应过程如图 1 所示。

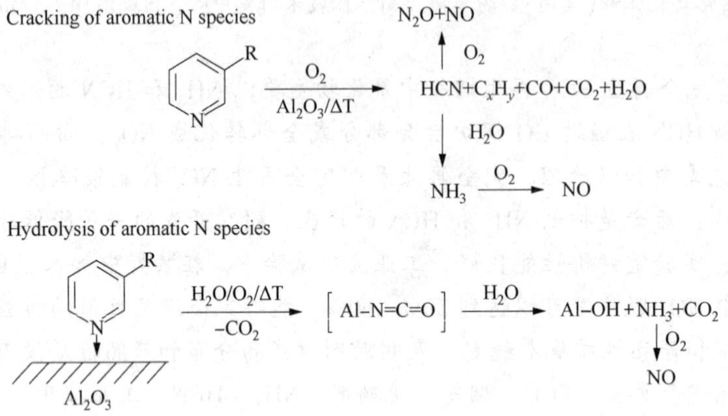

图 1　FCC 再生器中氮氧化物中间物种(HCN 和 NH_3)的产生机理

在典型的完全燃烧再生器中，由于可以得到更多的氧气，HCN 和 NH_3 被氧化成 NO 和 N_2O，其中 NO 占到 95%以上。然而对于非完全再生装置，由于再生器密相床缺乏足够的 O_2，NH_3 和 HCN 氧化程度较低，烟气中的氮化物不是以 NO 的形式释放，而是以 NH_3 和 HCN 的形式存在[2]。据报道，低温模拟部分燃烧再生器热力学平衡条件下，NH_3 的浓度超过 1%[10]。CO 锅炉在非完全再生过程中常被用于促进烟气中 CO 转化，烟气中的 NH_3 和 HCN 进入 CO 锅炉会全部或部分传化成 NO_x，CO 锅炉成为 NO 的主要排放源。由于 CO 锅炉的火焰中心温度较高，通常会有少量的“热 NO”产生。据统计，燃煤锅炉中“热 NO”对总 NO_x 的贡献约为 20%[11]。表 2 列出了国内两套非完全再生装置的“热 NO”衡算结果，由表 2 可以看出，“热 NO”对总 NO_x 的贡献在 10%左右。这样在非完全再生装置中，烟囱中的 NO_x 有两个来源，一是源于催化原料中的氮化物，二是源于 CO 焚烧炉的“热 NO”，但燃料 NO_x 仍然是构成烟气中总 NO_x 的主体，因此降低这部分 NO_x 对于降低烟气 NO_x 排放具有重要意义。图 2 为非完全再生装置 NO_x 生成及转化所涉及的主要反应网络，蓝线和红线分别表示的是在再生器和 CO 锅炉中发生的主要反应。

表 2　FCC 装置烟囱烟气中的 NO 构成

项目		构成/%
装置 A	燃料 NO	87.82
	热 NO	12.18
装置 B	燃料 NO	89.26
	热 NO	10.74

注：假定三旋出口烟气中的 NH_3 和 HCN100%转化成 NO。

表 3 为国内四套非完全再生 FCC 装置三旋出口和烟囱烟气中 NH_3、HCN、NO_x 分析数据。其中 NH_3、HCN 采用吸收滴定方法，NO_x 数据为装置在线仪表测定数据。由表 3 可以看出，三旋出口烟气中的氮化物主要以 NH_3 和 HCN 的形式出现，而经过 CO 焚烧炉后，NH_3 和 HCN 并不是全部而是只有部分转化成 NO_x，转化率的高低不仅与三旋出口烟气中的氮化物的类型和含量有关，而且可能还取决于 CO 焚烧炉的型式和操作条件等；NO_x 中，NO 仍是其主要构成。

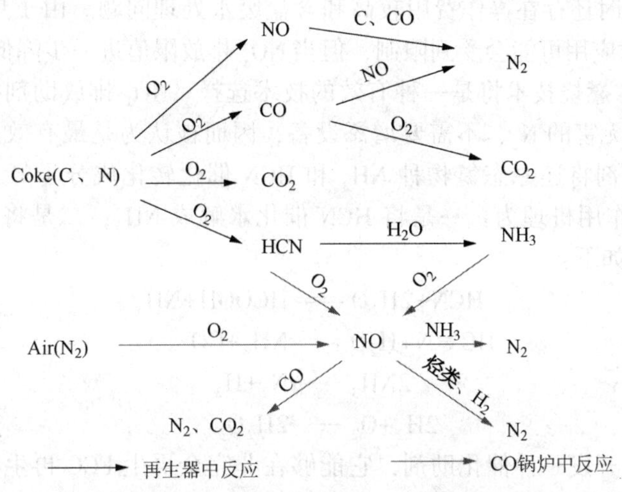

图 2 非完全再生 FCC 装置 NO_x 生成及转化网络

表 3 FCC 再生烟气氮化物的测定

项 目		NH_3 含量/(mg/m^3)	HCN 含量/(mg/m^3)	NO_x/(mg/m^3) NO	NO_2
装置 A	CO 锅炉前采样口	245.4	112.1	16	8
	烟囱采样口	0	0	385	35
装置 B	三旋出口	120.2	56.6	0	0
	CO 锅炉后采样口	0	0	156	5
装置 C	三旋出口	42.6	86.2	17	0
	CO 锅炉后采样口	0	0	138	12
装置 D	三旋出口	1259.1	57.8	3	0
	洗涤塔入口	0	0	426	23

3 非完全再生 FCC 烟气脱硝助剂的设计原则

与完全再生 FCC 装置烟气相比，非完全再生 FCC 装置烟气中 NO_x 呈现以下特点：一是烟气中 NO_x 含量相对较低，这是由于烟气中有大量的 CO 和催化剂上焦炭的存在，可以大大降低 NO 排放。二是烟气 NO_x 中有一部分是热 NO_x。因此，非完全再生装置烟气 NO_x 控制更为复杂，不仅要考虑对“燃料型 NO_x”的控制，而且对“热 NO_x”也要适当加以控制。

有三种主要技术用于减少非完全再生 FCC 装置 NO_x 排放：一是控制或减少 NH_3 和 HCN 生成。主要包括调整操作条件，降低 CO/CO_2 的比值，控制 NH_3 和 HCN 生成；使用具有脱 NH_3 和 HCN 功能的催化助剂，降低烟气中 NH_3 和 HCN 含量。二是，一旦 NO_x 生成，将 NO_x 还原成 N_2，主要技术包括：选择性催化还原(SCR)、选择性非催化还原(SNCR)和臭氧氧化洗涤(LoTox)。三是低 NO_x 燃烧技术。

研究认为，对于非完全再生装置，烟气中的 CO/CO_2 比值降低，焦炭中氮化物转化成 NH_3 和 HCN 气体的量也随之降低[12]，但一般装置调节余地不大，这主要受装置平稳操作和后部能量回收系统操作限制。SCR 具有 NO_x 脱除率高、运行周期长的特点，但需要较高的投资和操作费用，同时装置对颗粒物敏感。在 SNCR 工艺过程中，NO_x 在高温条件下与 NH_3 或尿素反应生成 N_2，但除需要在 CO 锅炉有足够的停留时间外、还存在 NO_x 脱除率相对较低和 NH_3 逃逸等问题。LoTox 技术是通过 NO_x 与臭氧反应，将难溶于水的 NO 或 NO_2 氧化成易溶于水的 N_2O_5，然后洗涤脱除，但需要安装烟气洗涤器、同时还存在操作费用较高和含盐废水处理问题。由于热 NO_x 占总 NO_x 的份额较低，低 NO_x 燃烧技术应用可能会受到限制，但当 NO_x 排放限值进一步降低或CO过度燃烧形成的热 NO_x 过高时，低 NO_x 燃烧技术将是一种有效的技术选择。NO_x 排放助剂技术由于是在再生器中将NO的前身物转化成无害的 N_2、不需要增添设备，因而被认为是最有效的方法之一。其原理是在再生器中利用特殊助剂将还原态氮物种 NH_3 和HCN催化转化成分子氮，避免这些氮化物进入CO锅炉转化成 NO_x。作用机理为：一是将HCN催化水解成 NH_3；二是将 NH_3 催化分解成 N_2 和 H_2O。所涉及到的反应如下：

$$HCN+2H_2O = HCOOH+NH_3$$

$$HC\equiv N+H_2O \rightleftharpoons NH_3+CO$$

$$2NH_3 \longrightarrow N_2+H_2$$

$$2H_2+O_2 \longrightarrow 2H_2O$$

本文研究的重点是开发一种催化助剂，它能够在非完全再生FCC再生器条件下，将烟气中的HCN催化水解成 NH_3，然后选择性地将 NH_3 催化分解成 N_2，达到降低烟气中 NO_x 排放的目的。由于在催化裂化再生条件下HCN容易水解成 NH_3，因此，本研究的重点为助剂的脱 NH_3 功能。

研究开发的脱硝助剂应满足以下要求：(1) 助剂本身具有较高的 NH_3、HCN脱除活性；(2) CO助燃活性尽可能的低；(3) 助剂本身应具有良好的水热稳定性和抗磨损性能；(4)助剂应具有良好的流化性能，保证它与FCC主催化剂混合后能良好地流化；(5)助剂应不会增加其他污染物的排放，也不会对裂化产品分布和性质产生不利影响。

4 非完全再生FCC烟气脱硝助剂的研制

4.1 脱硝助剂的制备与评价

4.1.1 活性组合物材料的制备

将镁盐、铝盐、锌盐、锑盐和稀土盐等按照不同配比组合配置成不同的混合盐类溶液，同时配制氢氧化钠与碳酸钠混合溶液。在65~70℃，剧烈搅拌条件下，将混合盐类溶液和氢氧化钠与碳酸钠混合溶液同时滴加到盛有一定量去离子水的三颈烧瓶中，滴加过程中使浆液pH值控制在10左右，滴加时间保持在1h左右。滴加完后继续搅拌2.5h，75℃静态晶化16h，冷至室温，抽滤，洗涤至滤液呈中性，120℃烘干，600℃活化焙烧4.5h，制得四个不同活性材料组合物。

4.1.2 脱硝助剂的制备

在烧杯中加入一定量去离子水、成型活性组合物和活性载体，搅拌均匀后，再加入一定量的粘结剂，继续搅拌，得均匀胶体。然后在炉内温度350~400℃、出口温度大于130℃、压力4~6MPa的条件下，在喷雾成型装置中喷雾干燥成型，再经焙烧、活性金属浸渍、二次焙烧制得脱硝助剂样品。

4.1.3 实验装置与评价方法

活性组合物和助剂的评价以及主要工艺条件对助剂性能影响研究是在实验室微型评价装置上进行的，装置的原则流程如图3所示。微型评价装置为固定床，反应器规格 ϕ8mm×1mm，催化助剂装填量为1.0g，反应温度为680℃，气体质量流量控制器进行控制气体流量，采用智能温控仪控制反应温度。试验气体是由北京普莱克斯实用气体有限公司生产的标准气体，各气体的组成为：一氧化碳混合气CO 15%、Ar 85%；氧气混合气 O_2 5.0%、Ar 95%；NH_3 混合气3000μg/g、Ar 99.7%。用M-NH_3 便携式氨逃逸分析仪进行在线检测，测定反应尾气中 NH_3 含量。NH_3 脱除率定义为：

$$X_{NH_3} = \frac{C_{NH_{30}} - C_{NH_3}}{C_{NH_{30}}} \times 100\%$$

式中：X_{NH_3} 为活性组元的 NH_3 脱除率，%；C_{NH_3} 为反应尾气中 NH_3 的含量，μg/g；$C_{NH_{30}}$ 为反应前混合气中 NH_3 的含量，μg/g。

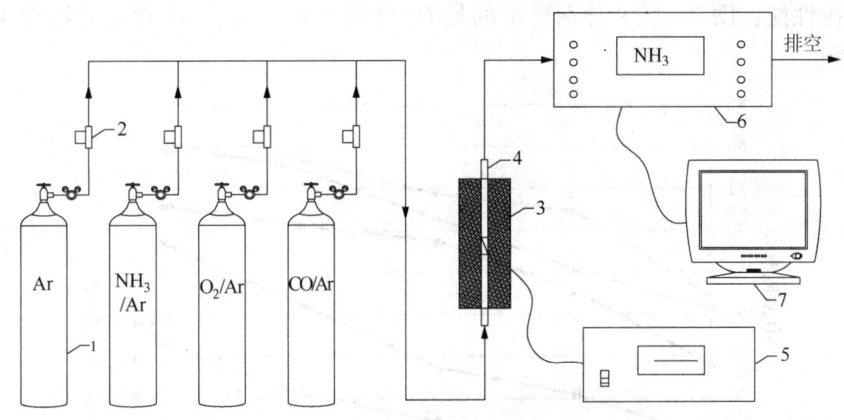

图 3 实验室评价装置原装流程示意图

助剂对 FCC 催化剂活性和产品分布的影响分别是在标准的 FCC 催化剂微反活性评价装置和美国 Kayser 公司生产的 ACE 小型 FCC 固定流化床装置上进行的，ACE 装置所用的催化剂和原料油均采自中石油兰州分公司 3.0Mt/a 重油催化装置。

4.2 结果与讨论

4.2.1 活性组合物的筛选

图 4 显示的是实验室制备的四个不同活性组合物的脱 NH_3 性能。评价条件为：反应温度 690℃、空速 $6000h^{-1}$、混合气组成 $NH_3$700μg/g、CO6.5%(体积分数)、$O_2$0.25%(体积分数)。表 4 为不同活性组合物对催化剂活性的影响。

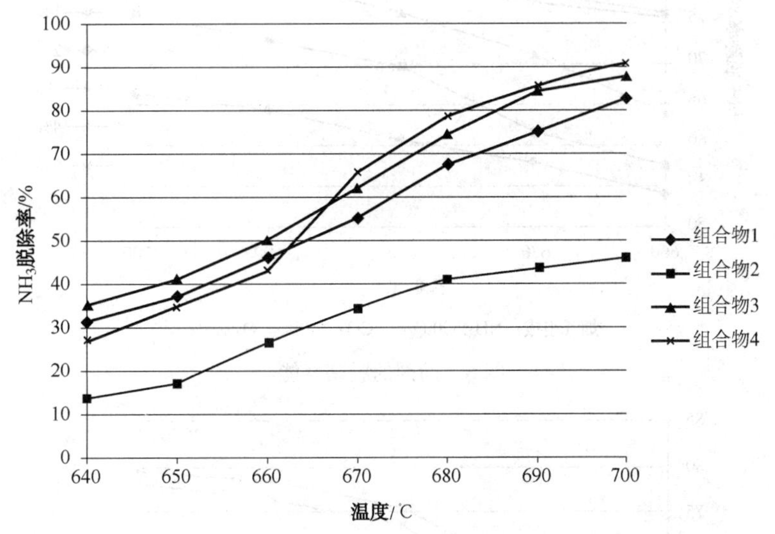

图 4 不同活性材料组合物的脱氨性能

表 4 组合物对催化剂活性的影响

项目	空白	1#	2#	3#	4#
微反活性/%	64.25	65.11	62.26	63.84	60.67

由图 4 可以看出，四个活性组合物中组合物 3#和 4#脱 NH_3 性能较好，结合表 4 微反活性数据，活性组合物 3#最为合适。

4.2.2 脱硝剂的性能研究

在实验室微型评价装置上分别考察了温度、CO 含量、O_2 含量以及助剂含量对脱 NH_3 性能的影响，结果如图 5~图 8 所示，其中图 5、图 6 分别显示的是 O_2 含量为 0、CO 含量分别为 4.5%和

6.5%助剂的脱硝性能；图7、图8分别显示的是 O_2 含量为0.25%、CO含量分别为4.5%和6.5%助剂的脱硝性能。

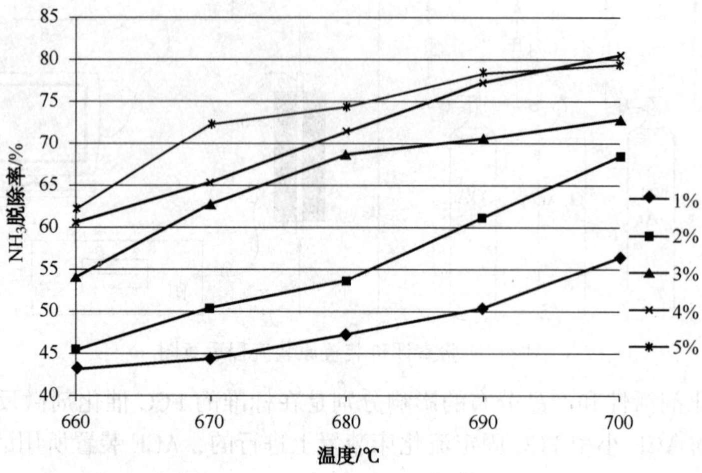

图5 助剂的脱硝性能

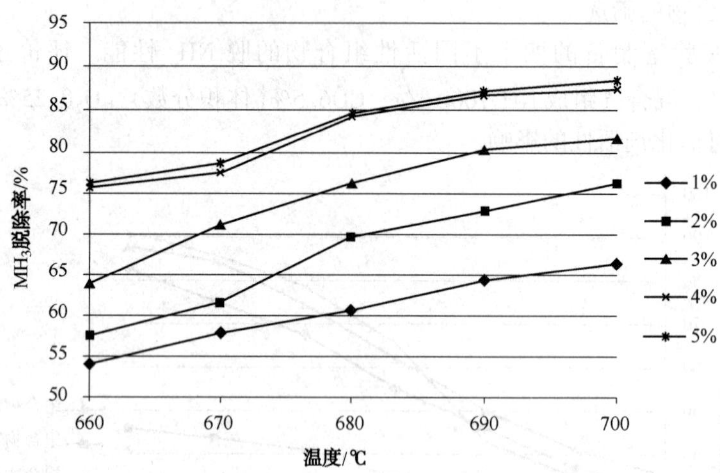

图6 助剂的脱硝性能

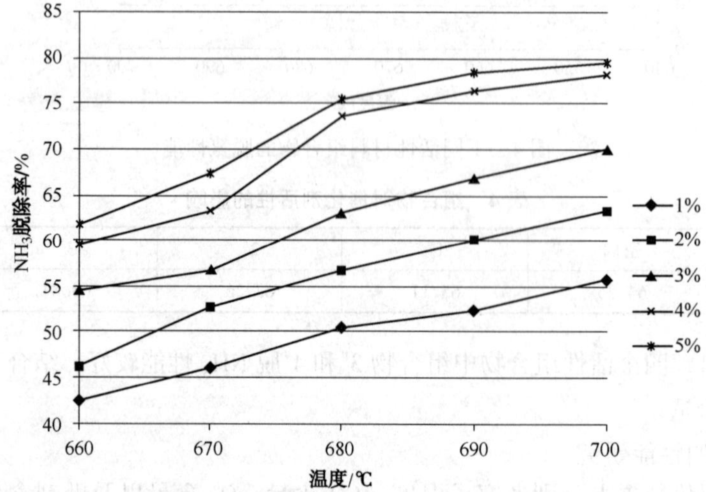

图7 助剂的脱硝性能

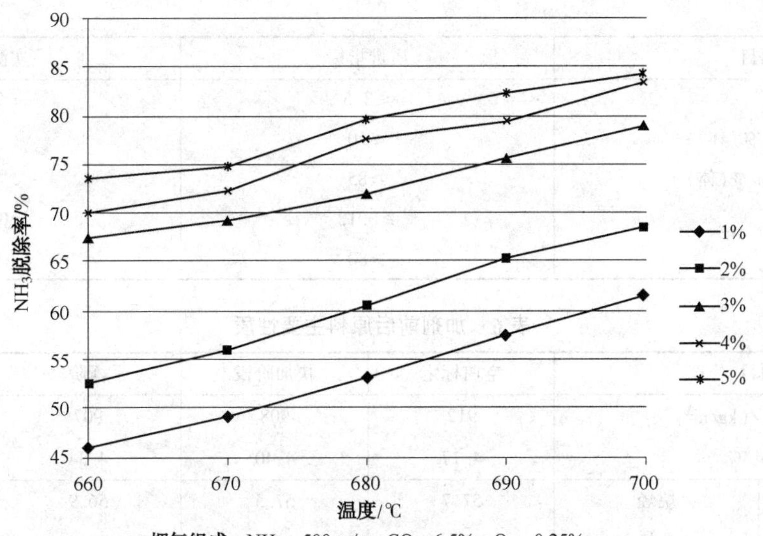

图8 助剂的脱硝性能

由图5~图8可以看出，随着温度的升高，助剂的NH_3脱除率提高，这是由于NH_3分解是一个吸热反应，温度提高，有利于反应的进行。烟气中CO含量提高，有利于NH_3的脱除，这可能是由于CO含量提高，反应的还原性气氛加强，易于助剂中游离态活性金属的生成，而游离态活性金属含量的高低，对助剂的活性至关重要。氧含量的提高对助剂的脱NH_3性能不利，这是由于氧含量提高，反应的氧化气氛提高，不利于游离态活性金属的生成。

5 非完全再生FCC烟气脱硝助剂的工业应用试验

5.1 中石油兰州石化公司工业试验

5.1.1 装置概况

中国石油兰州石化分公司助剂工业应用试验是在其3.0Mt/a催化裂化装置上进行的。装置再生型式采用重叠式两段再生，两个再生器重叠布置，一段再生器位于二段再生器之上。一再贫氧再生、CO部分燃烧，二再含过剩氧再生、CO完全燃烧。助剂工业应用试验期间，装置主催化剂型号为LVR-60R，催化剂总藏量700吨，催化剂单耗1.98kg。原料主要为蜡油掺炼渣油，掺渣比大于40%。烟气脱硫采用EDV湿法烟气洗涤技术，没有安装脱硝设施。

5.1.2 工业应用试验方案

试验分空白试验、快速加注、平衡加注阶段和优化加注阶段进行。空白试验的主要目的是确定加剂前装置一再烟气和洗涤塔入口NH_3、HCN、NO_x含量。快速加注阶段的目的是在短时间内使助剂在装置中达到一定的含量，根据装置的催化剂藏量，将14t脱硝助剂通过原有的CO助燃剂小型加注系统，每天1000kg加入到再生器内。平衡加注阶段的每天加剂量按催化剂单耗的2.0%，将420kg助剂补入再生器。优化加注阶段主要是根据装置洗涤塔入口NO_x含量的变化，每天向装置加入150kg助剂。

由于试验期间原料氮含量变化并不大，脱硝助剂性能主要以加剂前后洗涤塔入口烟气中NO_x含量的变化来评价。助剂的主要物理性能指标见表5，试验期间原料油主要性质、装置主要操作条件和平衡剂性质分别见表6~表8。

表5 助剂主要物理性能指标

项目	质量指标	实测数据
外观	淡蓝色微球	合格
堆积密度/(g/mL)	0.75~0.95	0.90

续表

项目	质量指标	实测数据
磨损指数/%·h^{-1}	≤3.5	2.0
粒度分布　0~40μm/%(体)	≤20	2
0~149μm/%(体)	≥85	98
孔容/(mL/g)	≥0.12	0.25
比表面积/(m^2/g)	≥80	150

表6　加剂前后原料主要性质

项目		空白标定	快加阶段	平衡阶段	优化阶段
密度20℃/(kg/m^3)		912	908	907	907
残炭/%		4.77	4.40	4.34	4.12
族组成/%	烷烃	57.7	57.5	56.9	58.8
	芳烃	35.1	35.1	32.6	32.5
	胶质+沥青质	7.2	7.4	10.5	8.7
重金属含量/(μg/g)	Ca	2.14	6.12	9.75	3.08
	Ni	3.52	7.54	6.63	6.21
	V	4.90	15.03	12.53	7.34
	Fe	1.81	4.25	9.70	2.71
元素组成/%	碳	86.04	85.66	86.60	86.39
	氢	12.34	12.48	12.79	12.12
	氮	0.24	0.22	0.28	0.23

表7　助剂加注前后装置主要操作条件

项目	空白标定	快加阶段	平衡阶段	优化阶段
反应温度/℃	502.5	503.2	504	504.2
一再稀相温度/℃	671	675.3	673.5	672.2
一再密相温度/℃	697.9	706.8	690.7	691.6
二再稀相温度/℃	698.5	709.8	705.0	703.6
二再密相温度/℃	668.4	683.7	681.2	670.6
一再稀密相温差/℃	-25.8	-31.5	-19.2	-20.2
二再稀密相温差/℃	32.1	28.4	30.6	33.4
原料预热温度/℃	205	202.4	203	202
一再烟气CO含量/%(体)	4.7	4.4	4.1	4.5
一再烟气O_2含量/%(体)	0	0	0	0

表8　平衡剂主要性质

日期		空白标定	快加阶段	平衡加注阶段	优化加注阶段
比表面/(m^2/g)		113	113	115	117
孔体积/(mL/g)		0.14	0.14	0.15	0.15
微活/%		63	63	65	66
化学组成/%	Na_2O	0.3	0.3	0.3	0.3
	Al_2O_3	48.3	49.2	48.7	48.4
	Re_2O_3	3.7	3.9	4.0	4.2

续表

日期		空白标定	快加阶段	平衡加注阶段	优化加注阶段
重金属/(μg/g)	Ni	4102	4672	5130	4636
	V	5779	6222	5587	5205
	Fe	3906	3840	3481	3104
	Na	1952	2115	1875	1714
	Sb	1079	1529	2417	1837

由表 5~表 7 可以看出，助剂工业应用试验期间，原料性质尤其是原料氮含量基本稳定，氮含量在 0.22~0.28%，装置主要操作条件和平衡剂性质相对稳定。

5.1.3　试验结果与讨论

（1）洗涤塔入口烟气中 NO_x 含量的变化

由于脱硝助剂工业应用试验期间原料性质变化不大，原料中氮含量维持在 0.22%~0.28%，故以加剂前后洗涤塔入口烟气中 NO_x 含量的变化来评价助剂的脱硝性能。脱硝助剂工业应用试验期间洗涤塔入口烟气中 NO_x 含量的变化如图 9 所示。

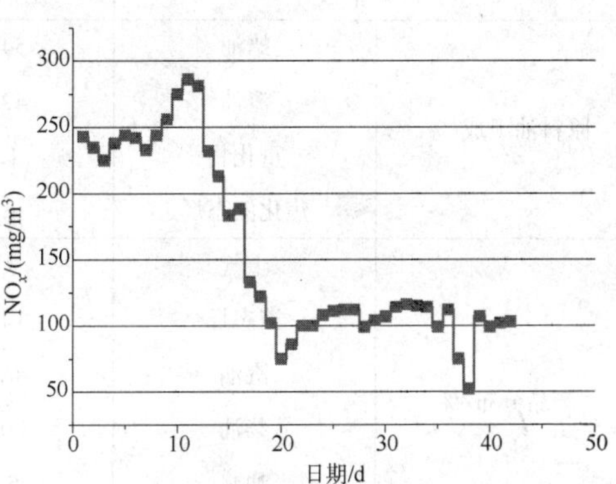

图 9　助剂加注前后洗涤塔入口烟气 NO_x 含量的变化

由图 9 可知，洗涤塔入口烟气中 NO_x 含量由加剂前的 240~300mg/m^3，降低到加剂后的 100~120mg/m^3，NO_x 平均脱除率达到 50%以上。

（2）三旋出口烟气氮化物的变化

脱硝助剂空白试验和快加阶段用吸收滴定和便携式烟气分析仪对三旋出口烟气中氮化物类型和含量进行了分析，分析结果见表 9。

表 9　加剂前后三旋出口烟气氮化物分析结果

监测时间	NH_3	HCN	NO	NO_2	NO_x
加剂前	503.2	20.6	3	0	5
	1658.1	30.1	2	0	3
	1492.5	156	4	0	6
	987.2	13.9	5	0	8
	720.7	61.7	0	0	0
	970.3	30.4	2	0	3
	1456.5	4.7	1	0	2
	1259.6	57.6	3	0	5
	1012.5	13.3	0	0	0
	933.3	111.2	1	0	2
加剂后	769.0	1.43			
	429.7	50.1			
	325.0	86.0			
	577.2	53.1	5	0	8
	529.5	33.2	5	0	8
	339.8	49.9	1	0	2
	693.1	69.6	0	0	0
	497.6	46.8	0	0	0
	503.8	87.6	0	0	0

由表8可以看出，三旋出口烟气中氮化物主要以NH_3和HCN的形式存在，NO_x含量很低。加剂后烟气中的NH_3含量明显下降，HCN含量变化不大，表明助剂对NH_3的转化能力较强、HCN的转化能力稍弱。从氮平衡的角度看，比较加剂前后三旋出口烟气中的NH_3、HCN和洗涤塔入口烟气中NO_x含量，可以看出，进入CO锅炉的NH_3和HCN并不是全部转化成NO_x，它们转化成NO_x分率的高低可能与CO锅炉的操作条件有关，如果CO锅炉温度比较高、氧化气氛浓，NH_3和HCN转化成NO_x的分率就会高；如果CO锅炉的还原气氛比较浓，NH_3和HCN转化成NO_x的分率就会低。

(3) 脱硝助剂对产品分布的影响

脱硝助剂对产品分布的影响如表10所示。

表10 脱硝助剂对产品分布的影响

项目		空白标定	快加阶段	平衡阶段	优化阶段
原料油组成/%	蜡油	54.18	54.18	54.68	60.04
	渣油	42.78	43.77	43.61	37.52
	重化物	1.62	0.54	0.20	1.35
	焦化液态烃	1.42	1.51	1.52	1.09
产品分布/%	干气	3.88	3.50	3.47	3.48
	液态烃	14.75	16.32	15.57	16.33
	汽油	46.83	45.11	46.89	47.12
	柴油	20.56	20.90	20.93	19.79
	油浆	5.23	5.89	4.93	5.14
	焦炭(含损失)	8.55	8.29	8.22	8.14
总液体收率/%		82.14	80.33	83.39	84.24

由表9可以看出，在装置掺渣率变化不大、原料性质基本相近的情况下，加剂前后装置的产品分布基本稳定，表明助剂对产品分布没有负面影响。

5.2 中国石油宁夏石化公司工业试验

5.2.1 装置概况

中国石油宁夏石化公司助剂工业应用试验是在其2.6Mt/a重油催化裂化装置上进行的。装置反应部分采用MIP工艺，再生部分采用用耗风指标较低的重叠式两段再生，一段再生器位于二段再生器之上，一再贫氧再生，二再富氧再生。试验期间原料油为长庆常压渣油，催化剂型号为LDC-200，催化剂单耗0.88kg。烟气脱硫采用EDV湿法烟气洗涤技术，没有安装脱硝设施。

5.2.2 装置概况

试验分空白试验、快速加注、平衡加注阶段和优化加注阶段进行。快速加注阶段结束，助剂占系统催化剂藏量的2.5%，平衡加注阶段的加剂量为催化剂单耗的2.5%。助剂加入量加剂前后装置的主要操作条件及原料油性质如表11、表12所示。助剂的加注流程如图10所示。

表11 助剂加注前后装置主要操作条件

项 目	加剂前	加剂后
处理量/(t/h)	260	262
反应温度/℃	492	495
一再密相温度/℃	680~695	660~685
二再密相温度/℃	640~650	640~650

续表

项　目	加剂前	加剂后
沉降器压力/MPa	0.20~0.22	0.20~0.22
再生器压力/MPa	0.23~0.25	0.23~0.25
原料预热温度/℃	210	210
一再主风量/(Nm^3/min)	1750	1750
二再主风量/(Nm^3/min)	1350	1350

表12　加剂前后原料油主要性质

性　质		加剂前	加剂后
密度(20℃)/(kg/m^3)		897.1	892.3
氮含量/(μg/g)		2120	2240
残炭/%		4.6	4.7
总硫/%g		0.14	0.13
流程	初馏点/℃	212	213
	10%/℃	356	393
	30%/℃	431	455
	50%/℃	475	497
	500℃/%	59	51.5
金属含量	Fe/(μg/g)	11.7	12.8
	Ni/(μg/g)	9.5	8.9

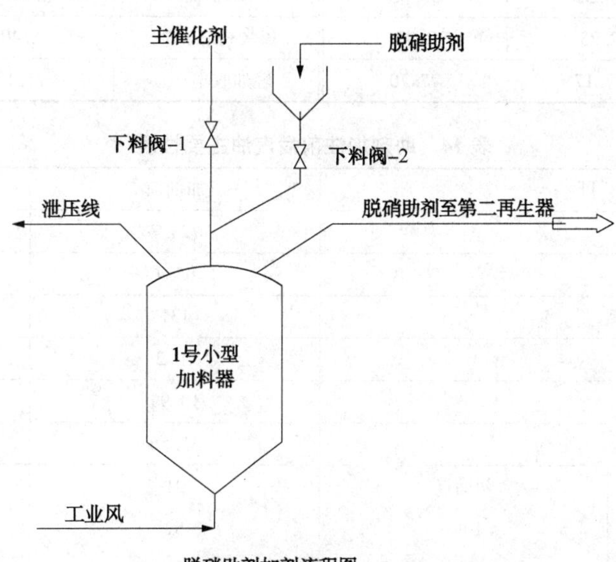

图10　助剂加注流程示意图

由表11、表12可知，助剂加注前后原料油主要性质和装置主要操作条件基本稳定，尤其是原料油氮含量相对稳定，故以加剂前后洗涤塔入口烟气中NO_x含量的变化来评价助剂的脱硝性能。

5.2.3　试验结果与讨论

(1) 洗涤塔入口烟气中NO_x含量的变化

助剂加注前后洗涤塔入口烟气NO_x含量的变化如图11所示。

由图11可以看出，洗涤塔入口烟气中NO_x含量随着助剂浓度的增加而降低，助剂含量达到

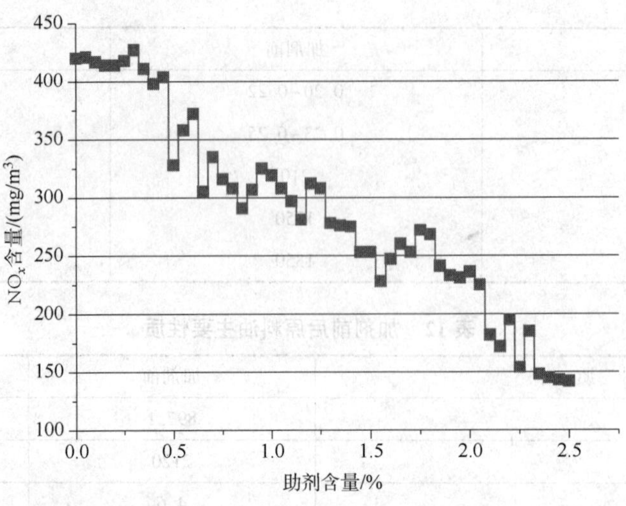

图 11　助剂含量与烟气中 NO_x 含量的关系

2.5%时，烟气中 NO_x 含量由加剂前的 420mg/m^3 左右，降低到 150mg/m^3 左右，NO_x 脱除率达到 60.5%，达到了 GB 31570—2015《石油炼制工业污染物排放标准》的排放要求。

(2) 助剂对产品分布和产品性质的影响

助剂加入前后，装置的产品分布和产品性质分别如表 13、表 14 所示。

表 13　助剂加注前后装置的产品分布

项目	加剂前	加剂后	项目	加剂前	加剂后
干气/%	2.74	2.86	液化气/%	15.46	15.49
汽油/%	50.50	50.85	柴油/%	20.60	19.88
油浆/%	2.23	2.42	焦炭+损失/%	8.40	8.31
转化率/%	77.17	77.70	轻油收率/%	71.10	70.73

表 14　助剂加注前后汽油主要性质

项　目		加剂前	加剂后
密度(20℃)/(kg/m^3)		724.7	716.1
硫含量/(μg/g)		65.4	62.8
氮含量/(μg/g)		131	129
辛烷值 RON		90.2	90.5
芳烃/%(体)		13.99	13.41
烯烃/%(体)		35.56	33.34
馏程/℃	初馏点	31	31
	10%	52	52
	50%	105	98
	70%	171	172
	终馏点	199	200

由表 13、表 14 可以看出，助剂加注前后装置的产品分布、汽油主要性质变化不大，表明助剂对产品分布、产品性质影响不大。

6　结语

(1) 非完全再生 FCC 再生器烟气中的氮化物的存在型式与完全燃烧模式下 FCC 再生器烟气中

的氮化物型式明显不同，前者主要以 NH_3 和 HCN 的形式存在，后者以 NO_x 的形式存在，因而控制措施主要是抑制 NH_3 和 HCN 在再生器中的生成。

（2）实验室研究结果表明，所研究开发的助剂具有较高 NH_3 脱除性能。升高温度或提高烟气中 CO 含量，有利于提高助剂的脱 NH_3 性能；O_2 含量提高，对助剂的脱 NH_3 性能有不良影响。

（3）助剂的工业应用试验结果表明，在催化裂化催化剂中加入 2.0%~2.5%的脱硝助剂，可以使烟气中的 NO_x 脱除率达到 50%~60%。三旋出口烟气中 NH_3 含量明显降低。加剂前后装置产品分布、产品性质基本稳定，表明助剂对产品分布、产品性质没有不良影响。

参考文献

[1] I. V. Babich, K., Seshan, L., Lefferts. Nature of nitrogen specie in coke and their role in NO_x formation during FCC catalyst regeneration[J]. Applied Catalysis B: Environmental. 2005, 59: 205-211.

[2] Zhao X., Peter A. W., Weatherbee G. W. Nitrogen Chemistry and NO_x Control in Fluid Catalytic Cracking Regenerator [J]. Ind. Eng. Chem. Res., 1997, 36: 4535-4542.

[3] 于道永，徐海，阙国和．催化裂化催化剂再生过程中的氮化学进展[J]．化工进展，2009，28(12)：2146-2151.

[4] John Sawyer, Ray Fletcher, Hanif Lakhani, et al. An alternative to FCC flue gas scrubbers. NPRA annual meeting AM-09-38.

[5] Alan Kramer, Chris Kuehler. New Technology Provides Opportunities in FCC Regenerator Emissions Control. AM-09-37.

[6] Xuhua Mo, Aart de Graaf, Paul Diddams. HCN emission in fluid catalytic cracking. AFPM annual meeting, March 17-19, 2013, AM-13-19.

[7] Iliopoulou E F, Efthimiadis E A, Vasalos I A, et al. Development and evaluation of Ir-based catalytic additive for the reduction of NO emission from the regenerator of a fluid catalytic cracking unit[J]. Ind. Eng. Chem. Res., 2004, 43(23): 7476-7483.

[8] J. O. Barh, A. Jentys, J. A. Lercher. Elementary reactions and intermediate species formed during the oxidative regeneration of spent fluid catalytic cracking catalysts. Ind. Eng. Chem. Res, 2004, 43, 3097.

[9] A. W. Peters, G. Yaluris, G. W. Weatherbee. Realistic evaluation of the performance of FCCU regenerator additives in the laboratory. 2nd International Conference on Refining Processes, AICHE Spring National Meeting. Houston, 1999.

[10] Mcarthur, D. P., Simpson, H. D., Baron, K. Catalytic control of FCC SOx emission looking good. Oil Gas J, 1981, 79(2), 56-59.

[11] 姜涌，夏明明，覃绍亮，陈振宇．热力型 NO_x 的抑制[J]．电站系统工程，2005，29(2)：25-26.

[12] Ray Fletcher, Martin Evans. Preventing the Most Common Environmental Excursions on the FCC. 2011, AM-11-38.

FRIPP加氢裂化预处理催化剂的开发及新进展

杨占林　姜　虹　唐兆吉　温德荣　王继锋　彭绍忠

(中国石化抚顺石油化工研究院，辽宁抚顺　113001)

摘　要：重点介绍FRIPP在加氢裂化预处理催化剂方面的研究进展及工业应用情况。

关键词：加氢裂化预处理　催化剂　研究进展　工业应用

1　前言

加氢裂化技术具有原料适应性强、生产操作和产品方案灵活性大、产品质量好等特点，能够将各种重质劣质进料直接转化为市场急需的优质喷气燃料、柴油、润滑油基础料以及化工石脑油和尾油蒸汽裂解制乙烯原料等，已成为现代炼油和石油化学工业中最重要的重油深度加工工艺之一，在国内外获得了日益广泛的应用。进入21世纪，随着经济的高速发展，石油产品的需求快速增长，2012年中国石油消耗量达到467Mt，居世界第二位。与此同时，我国加氢裂化加工能力也获得迅猛的发展，总处理能力已经达到60.0Mt/a，占原油一次加工能力的近12%，远高于世界平均水平。

加氢裂化技术的核心是催化剂，包括预处理催化剂和裂化催化剂。国外许多大公司都一直十分重视新催化剂的研制开发工作。Albemarle公司基于STARS技术开发了KF-848催化剂之后，先后推出了KF-860和KF-868催化剂[1]，KF-860催化剂是专门针对劣质原料开发的，可有效减小因结焦和金属杂质沉积导致催化剂失活的影响，KF-868催化剂结合了KF-860的载体开发技术，并通过控制酸性组成改进脱氮性能，在活性和稳定性上均有所提高；美国Criterion催化剂公司在上个世纪末推出了DN-3100、DN-3120和DN-3330催化剂，近期通过CENTERA技术制备出活性更好的DN-3630催化剂；丹麦TOPSOE公司利用BRIM™技术推出了TK-605和TK-607催化剂；AXENS公司通过ACE™技术推出了HR-538、HR-548和HRK-558催化剂。

FRIPP(抚顺石油化工研究院)经过多年技术攻关，目前其加氢预处理催化剂技术处于国际同类催化剂领先水平。截止到2015年，FRIPP不同牌号的加氢预处理催化剂累计生产达万余吨，这些催化剂用在不同的工业加氢装置上，创造了巨大的经济效益和社会效益。

根据国外公司催化剂报价得知，目前国外预处理催化剂价格在10万~12万元/t，而国产催化剂价格在18万~20万元/t。国产催化剂价格过高，对催化剂在国内应用及出口都受到了不同程度的限制，大大降低了催化剂的市场竞争能力。随着炼油事业逐步与世界接轨，为了能够保持本领域的地位以及应具备一定的竞争能力与国外的催化剂进行抗衡，制备低成本、高活性的催化剂具有重要意义。本文重点介绍FRIPP在加氢预处理催化剂开发与新进展方面的情况。

2　加氢处理催化剂的技术背景

HDN反应机理与HDS反应机理不同。一般来说，C—S键可以直接断裂，而C—N键只有在相邻芳环饱和的条件下才能断裂，因而HDN比HDS困难。芳环的加氢反应发生在催化剂表面加氢中心上，C—N的氢解反应发生在催化剂表面酸性中心上。因此，要提高催化剂的HDN活性，关键在于提高催化剂的加氢活性，这一点对HDN和深度HDS尤为重要。同时具备适当数量的L酸中心和相对较弱的B酸中心，使加氢活性中心与酸性中心应合理匹配。此外，在加氢裂化原料脱硫、脱氮和多环芳烃饱和反应中，以HDN反应进行得最慢，并且受扩散控制影响，因此要求HDN催化剂孔结构合理，即具有适中的平均孔径和较高的比表面，以满足重质馏分油分子扩散和反应的需要。

原料油中有机氮化物绝大多数是杂环化合物，这些杂环化合物大致可分为碱性氮化物和非碱性氮化物两类[2]。碱性有机氮化物的氮原子处于六元芳环中，非碱性有机氮化物的氮原子多处于五元芳环中。

典型有机氮化物在分解过程中，有三种类型的反应[3]：含氮杂环的加氢、苯并芳环的加氢、C—N 键的断裂(氢解)。

前两种反应发生在催化剂加氢中心上，第三类氢解反应发生在催化剂的酸性中心上。所以，要提高催化剂的加氢脱氮性能，必须提高其加氢活性。因此，HDN 催化剂在物化性质方面主要特征是比表面积大、孔结构适宜、酸性相对较弱、加氢活性强。孔径要根据原料油性质特别是馏程来确定，一般要求孔径集中在 4.0~10.0nm，最好集中在 4.0~8.0nm 内。

对于反应物分子较小的轻质油或中间馏分油，加氢脱氮反应受扩散控制影响较小，孔径范围大小不会对催化剂的脱氮活性构成主要影响。但是，重馏分油和渣油的加氢脱氮则不然，因为反应物分子较大，适宜的载体孔径十分重要。加氢处理催化剂对载体孔分布的要求与原料油的馏程有关，若孔径过小，可能导致扩散限制，反之，会降低催化剂的比表面，从而降低催化剂的活性。催化剂的孔分布是由载体决定的，因而研制合适的载体也是研制催化剂的关键因素。

3 FRIPP 加氢裂化预处理催化剂

图 1 给出 FRIPP 近年来加氢裂化预处理催化剂的进步情况，早期开发的催化剂主要通过调节载体的性质来改善催化剂的性能，而近期开发的 FF-46 和 FF-56 催化剂，进一步优化了活性位及载体的作用方式，催化剂性能得到大幅度提升，下面进行详细介绍。

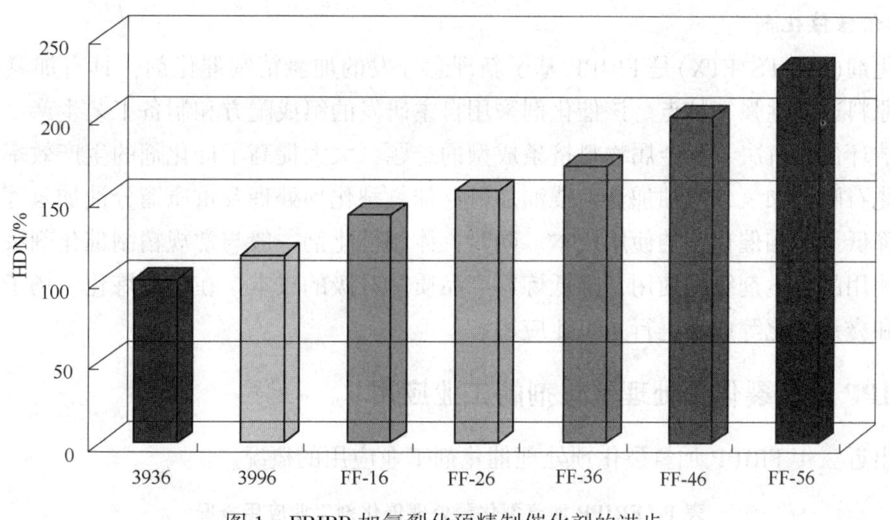

图 1　FRIPP 加氢裂化预精制催化剂的进步

3.1 早期开发的加氢裂化预处理催化剂

自 20 世纪 90 年代初以来，FRIPP 相继开发了 3906、3926、3936、3996、FF-16、FF-26、FF-36 等催化剂[4~7]。其中 3936 为第一个达到国际先进水平的重质馏分油加氢处理催化剂，在制备催化剂过程中，载体在浸渍金属溶液之前，采用预浸工艺，达到了改变载体表面电化学性质、增加载体表面羟基数目、改善载体与金属相互作用的效果，使金属分布更加均匀。3996 催化剂与 3936 催化剂相比较，制备技术上除保持了 3936 催化剂孔分布集中、异型条成型、金属分布均匀、孔容较大、强度高等特点外，在以下几个方面有所改进：优化了化学组成；催化剂表面积提高了 10%；催化剂的堆积密度提高约 7%；降低成本，制备条件更趋缓和。FF-16 是 FRIPP 进入 21 世纪开发的第三代重质馏分油加氢处理催化剂，FF-16催化剂具有孔容和比表面较大、堆积密度适中、酸性质好等特点，催化剂金属易于硫化且硫化完全。FF-26是FRIPP开发的第四代重质馏分油加氢处理催化剂，该催化剂使用改性氧化铝为载体，具有堆积密度大、孔分布集中等特点。FF-36催化剂选用廉价氧化铝为原料，用复合助剂对其进行改性制备载体，以钼、镍为活性金属组分，采用合理的负载技术和工艺流程制备催化剂。

以上催化剂有一个共同点，通过无机助剂改善催化剂性能，并采用高温热处理技术对催化剂进行活化处理。

3.2 FF-46加氢裂化预处理催化剂

FF-46加氢裂化预处理催化剂，以Mo-Ni为催化剂活性金属组分，制备工艺简单。采用合适的助剂和加入方式对载体进行改性，降低载体表面的强酸含量，减缓结焦反应导致的催化剂失活，增强催化剂的稳定性。采用专有技术在分子水平上调节活性中心结构，降低活性金属与载体的相互作用，从而促进活性金属的完全硫化，生成更多的高活性相中心，使之具有高加氢脱氮活性[8]。

与早期开发的催化剂最大不同点在于，在FF-46的制备过程中，低温热处理催化剂，避免高温焙烧，这有利于高活性相中心的生成，使催化剂具有较高的加氢活性。

3.3 FF-56加氢裂化预处理催化剂

在FF-46催化剂的基础上，FF-56催化剂[9]通过预浸渍技术，改善催化剂孔结构，使孔分布向大孔方向偏移；FF-56催化剂采用Mo-Ni为催化剂活性金属组分，表面Ni的分散度明显高于参比催化剂；FF-56催化剂活性金属与载体的相互作用适度增加，大于7层MoS_2片晶数明显少于FF-46催化剂，长周期运转稳定性得到增强。FF-56催化剂解决了FF-46催化剂对加氢装置操作开工条件的限制；FF-56催化剂以大孔径氧化铝载体制备催化剂，物化性质更优，单位体积催化剂成本下降，这些使FF-56催化剂工业应用更有竞争优势。

3.4 体相法催化剂

体相催化剂(FH-FS/FTX)是FRIPP基于新理念开发的加氢精制催化剂，具有加氢活性高，稳定性好、对原料适应性强等特点。该催化剂采用自主研发的组成配方和制备工艺生产，制备过程简单可靠，清洁环保；解决了高金属物料挤条成型的难题，大大提高了催化剂的生产效率。体相催化剂适用于焦化石脑油加氢、煤油加氢、柴油加氢、加氢裂化预处理及重质馏分油加氢等工艺，可以再生使用，降低了体相催化剂的使用成本。同时，体相催化剂一般与常规精制催化剂级配使用，还可以与降级使用的再生剂级配使用，降低炼厂产品质量升级的成本。在镇海炼化、扬子石化、中海油舟山石化和鑫泰石化等成功进行了工业应用。

4 FRIPP加氢裂化预处理催化剂的工业应用

表1给出近三年FRIPP加氢裂化预处理催化剂工业应用的概况。

表1 FRIPP加氢裂化预处理催化剂工业应用概况

催化剂	应用时间	应用地点	装置类型	规模/(kt/a)
FF-36	2013	辽阳	高压加氢裂化/单段	1000
	2013	南京	催柴加氢转化	800
	2013	葫芦岛	柴油加氢改质	1000
	2014	茂名	催柴加氢转化	800
	2014	锦州	高压加氢裂化/单段	1300
	2015	茂名	高压加氢裂化	1000
	2015	青岛	高压加氢裂化	2000

续表

催化剂	应用时间	应用地点	装置类型	规模/(kt/a)
FF-46	2013	茂名	高压加氢裂化/单段串联	2400
	2013	淄博	高压加氢裂化/单段	560
	2013	南京	焦化全馏分加氢处理	700
	2013	武汉	高压加氢裂化/单段串联	1800
	2013	舟山	中压加氢裂化/单段串联	800
	2013	广州	高压加氢裂化/单段串联	1200
	2013	盘锦	柴油加氢改质	1200
	2013	海口	高压加氢裂化/单段串联	1500
	2013	泉州	高压加氢裂化/单段串联	2380
	2014	葫芦岛	高压加氢裂化/单段串联	1500
	2014	漳州	高压加氢裂化/两段全循环	3160
	2014	格尔木	中压加氢改质	800
	2014	淄博	高压加氢裂化/单段	560
	2015	舟山	馏分油加氢	170
FF-56	2013	宁波	高压加氢裂化/单段串联	1200
	2014	南京	高压加氢裂化/单段串联	2000
	2014	宁波	高压加氢裂化/单段串联	1500
	2014	南京	高压加氢裂化/单段串联	2000
	2014	上海	高压加氢裂化/单段串联	1400
	2015	宁波	高压加氢裂化/单段串联	1200
	2015	武汉	高压加氢裂化/单段串联	1800
	2015	九江	高压加氢裂化	2400
	2015	淄博	高压加氢裂化/单段	560
FTX	2013	南京	焦化全馏分加氢处理	700
	2014	南京	柴油深度加氢	3700
	2014	新泰	高压加氢裂化	30

表 2~表 4 给出 FF-46 在某炼化 150 万吨/年加氢裂化装置上的工业应用结果[8]。其中精制反应器 R1001 装填 FF-36 再生剂和 FF-46 新剂，装填量分别为 89.88 吨和 83.33 吨，而 2007 年标定时则完全是 FF-36 新剂。从表中数据分析看，与 2007 年标定数据比较，此次标定 R1001 入口温度要略低，而 R1001 出口温度和一床层温升明显下降，说明一床层中再生剂 FF-36 的活性比新鲜 FF-36 活性要差；R1001 二床层温升相应有所上升，但精制床层总温升比 2007 年标定要低，主要是由于再生剂 FF-36 占了精制剂总量的一半多，一床层基本是再生剂 FF-36，导致一床层催化剂活性偏低、温升不足，二床层上部也有部分再生剂 FF-36，再生剂量偏多，影响了 R1001 反应器催化剂的整体活性。与 2007 年标定比较，此次精制反应总温升要低约 5℃，而精制油性质相近，一方面是由于原料油硫氮含量下降，另一方面也说明此次精制剂再生 FF-36 与 FF-46 级配脱氮性能与上周期相当，同时也表明了 FF-46 催化剂反应活性及脱氮性能要优于 FF-36 催化剂。

表 2 原料油性质

原料油性质	条件 1	条件 2	2007 年标定数据
密度(20℃)/(g/cm^3)	0.9051	0.9099	0.9097
馏程/℃			

续表

原料油性质	条件 1	条件 2	2007 年标定数据
10%	387	387	381
50%	436	437	439
90%	510	511	509
终馏点	545	545	543
残炭/%	0.23	0.23	–
硫/%	1.36	1.36	1.82
氮/(μg/g)	813	978	1381

表 3　R1001 主要操作参数

项　目	条件 1	条件 2	2007 年标定数据
VGO 进料量/(t/h)	179.4	178.4	179.1
R1001 入口气油比	790.0	818.4	803.9
高压分离器压力/MPa	13.5	13.5	13.5
R1001 入口温度/℃	359.5	358.3	360.6
R1001 一床层出口温度	389.4	388.6	404.7
一床层温升/℃	30.6	30.3	41.3
二床层温升/℃	16.0	17.5	12.1
床层总温升/℃	46.6	48.5	53.4
R1001 平均温度/℃	389.4	389.5	388.1

表 4　R1001 精制油性质分析

项　目	条件 1	条件 2	2007 年标定数据
密度/(kg/m^3)	867.6	876.7	874.1
馏程/℃			
10%	336	335	324
50%	417	415	420
90%	493	488	490
KK	525	523	523
总氮/(mg/kg)	9.9	14.0	12
总硫/%	<0.015	<0.015	<0.04
残炭/%	0.02	0.01	0.04
凝固点/℃	+34	+36	+33

2013 年 9 月 FF-56 催化剂在某炼化 1.2Mt/a 加氢裂化装置上进行了工业应用。装置转入正常生产后，满负荷生产，即进料为 140t/h。表 5 为 FF-56 与 FF-46 催化剂活性对比。在原料油性质相近的情况下，从反应温度来看，使用 FF-56 催化剂，反应器入口温度为 338.3℃，对应的精制油氮含量为 9.5mg/kg。而 2010 年开工后，使用 FF-46 催化剂(新剂)，反应器入口温度为 349.6℃，精制油氮含量为 10.8mg/kg。相对 FF-46 催化剂，FF-56 催化剂的反应器入口温度低了 11.3℃，平均温度低了 3.1℃，对应的精制油氮含量也低，说明 FF-56 比 FF-46 有更好的脱氮效果。

表 5 FF-56 与 FF-46 催化剂活性对比

催化剂	FF-56	FF-46
冷高分压力/MPa	15.2	
体积空速/h^{-1}	1.22	
进料量/(t/h)	140	
反应器入口温度/℃	338.3	349.6
平均温度/℃	370.2	373.3
精制油 ω(N)/(mg/kg)	9.5	10.8

通过图 2 反应器入口温度一年半多的变化曲线可以看出，在原料性质接近的情况下，反应器入口温度没有大的变化，说明催化剂具有良好的活性稳定性，能够满足工业装置长周期运转的需要。

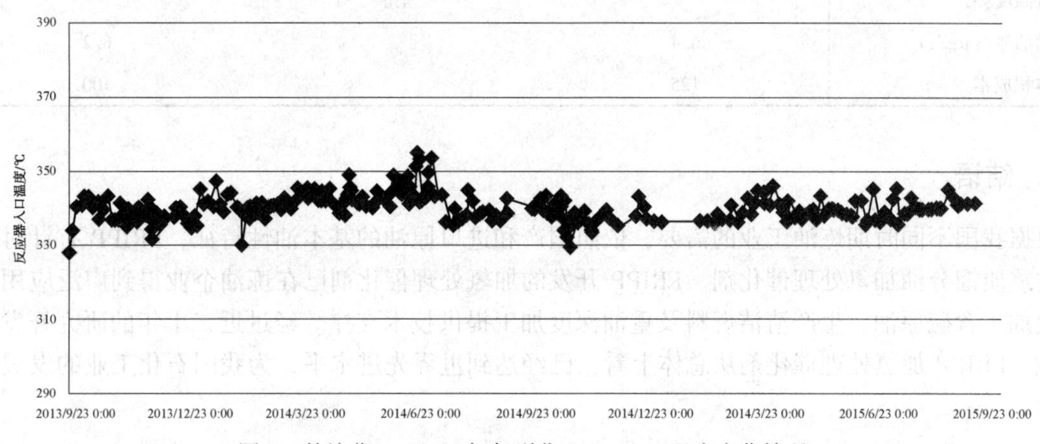

图 2 某炼化 1.2Mt/a 加氢裂化 R301 入口温度变化情况

5 FRIPP 加氢裂化预处理催化剂的新进展

催化剂的使用性能及成本是决定其推广应用的两个关键因素。为提高催化剂的使用性能，在催化剂开发的技术方面，根据文献的调研，能够发现，加氢处理催化剂的开发可以分为两个典型：其一是以 Akzo Nobel 公司推出的 STARS™ 催化剂制备技术为代表，催化剂含有有机添加剂，不经过焙烧过程，硫化充分，MoS_2 的叠层数较多，每个活性中心的本征活性高；其二是以 Criterion Catalyst 公司 ASCENT 技术为代表，催化剂经过焙烧过程，更加强调活性位高分散度。为了提高催化剂的活性，研究中应将这两种技术的优点结合起来，提高活性位的分散度和本征活性，并与载体上的酸性位更好的匹配，提高反应物加氢后原位 C—N 键断裂性能。

为了降低催化剂成本，可以从以下几方面着手，在原材料方面，氧化铝干胶粉和加氢活性金属是催化剂的主要成分，例如通过用国产的廉价氧化铝原料代替一些特种氧化铝；在活性金属方面，通过制备技术改进，降低金属用量而不影响活性的条件下，也可降低吨催化剂原材料成本。在催化剂制备工艺方面，简化催化剂的制备步骤，减少生产流程，如将多次浸渍法优化为一次浸渍法，并通过生产设备的规模化及自动化，提高生产效率，避免生产设备的切换次数，可降低动力成本及人工成本。

新一代 FF-66 加氢裂化预处理催化剂的开发，在保证高性能的同时，注重成本的降低，大幅度降低炼厂的催化剂采购成本。采用新技术制备的 FF-66 催化剂，在小型加氢装置上，以伊朗 VGO 为原料油，在反应压力 14.7MPa、氢油体积比 1000：1、体积空速 1.0h^{-1} 等条件下，FF-66 催化剂与 FF-56 催化剂活性相当，但其堆积密度与 FF-56 催化剂相比，降低了 20%。表 6 给出了催化剂的原材料成本情况，以 FF-66 催化剂成本为基础进行比较，从相对体积成本上看，FF-66 催化剂成本优势较大，比 FF-56 催化剂低 25%左右，大幅度降低单位体积催化剂的采购成本，提升了催化剂在国内和国际市场的竞争力。

表 6　小型装置催化剂的活性评价结果

催化剂	FF-56	FF-66
原料油	伊朗 VGO1	
堆积密度/(g/cm³)	基准	基准-20
工艺条件		
反应氢压/ MPa	14.7	
体积空速/ h^{-1}	1000 : 1	
氢油体积比	1.0	
反应温度/℃	基准	
精制蜡油氮/(μg/g)	6.4	6.2
相对体积成本	125	100

6　结语

根据我国不同时期炼油工业的需要，依照国产和进口原油的基本油性特征，FRIPP 有针对性地开发出重质馏分油加氢处理催化剂。FRIPP 开发的加氢处理催化剂已在炼油企业得到广泛应用，可为企业加工含硫原油、生产清洁燃料及重油深度加工提供技术支撑。经过近二十年的研究开发和工业实践，FRIPP 加氢处理催化剂从总体上看，已经达到世界先进水平，为我国石化工业的发展作出了贡献。

参　考　文　献

[1] Mayo Steve, Burns Louis, Anderson George. Increase Your Hydrocracker's Robustness to Handle Challenging Feeds and Operations: NPRA Annual Meeting, AM-10-155[C]. Phoenix, AZ, USA, 2010.
[2] 钱鸿业 . 90 年代炼油技术论文集(第三集)[J]. 抚顺：辽宁省石油学会，1992：346.
[3] G. Perot, Catalysis Today 10(1991): 447.
[4] 王继锋，梁相程，温德荣，等 . 重质馏分油加氢精制催化剂的研制、生产和应用[J]. 石油化工高等学校学报，2001(14), 1: 42-46.
[5] 彭绍忠，魏登凌 . FF-16 高活性加氢预处理催化剂的开发[J]. 石油炼制与化工 2004，35(4)：14-17.
[6] 温德荣，俞正南，梁相成，等 . FF-26 加氢裂化预处理催化剂的研制及工业放大[J]. 石油炼制与化工，2005，36(6)：6-8.
[7] 魏登凌，彭绍忠，王刚，等 . FF-36 加氢裂化预处理催化剂的研制[J]. 石油炼制与化工，2006，37(11)：40-43.
[8] 杨占林，彭绍忠，姜虹，等 . FF-46 加氢裂化预处理催化剂的开发与应用[J]. 石油炼制与化工，2012，43(1)：11-15.
[9] 杨占林，姜虹，唐兆吉，等 . FF-56 加氢裂化预处理催化剂的制备及其性能[J]. 石油化工，2014，43(9)：1008-1013.

CT6-11 低温加氢催化剂在塔河硫黄回收装置的应用

田满宏　党占元

（中国石化塔河炼化有限责任公司，新疆库车　842000）

摘　要：介绍了 CT6-11A 和 CT6-11B 低温加氢催化剂在中国石化塔河炼化 1#硫黄回收装置尾气加氢处理单元的应用情况，分析了标定期间催化剂的操作运行参数及催化剂更换前后对硫黄回收装置能耗及烟气中 SO_2 排放质量浓度的影响，并对其使用情况进行了总结。

关键词：硫黄回收　Claus 尾气　低温　加氢催化剂　CT6-11

1　装置概况

中国石化塔河炼化 1#硫黄回收装置是塔河劣质稠油改扩建工程与各生产装置配套的环保装置，由洛阳石化工程公司总承包，2004 年 9 月 30 日建成中交，同年 11 月 19 日一次开车成功。装置设计规模为 20kt/a，采用部分燃烧法 + 二级转化克劳斯制硫工艺[1]，过程气采用来自酸性气燃烧炉的高温气进行掺合的加热方式，制硫反应器 R5501 和 R5502 装填的催化剂为 CT6-4。尾气处理采用“SSR”还原-吸收工艺[1]，加氢反应器 R5503 装填催化剂为 CT6-5。2012 年 6 月在装置第三周期大检修期间将加氢反应器 R5503 的催化剂更换为低温催化剂 CT6-11，此种催化剂可在有还原性气体 H_2 存在的前提下，将尾气中的 S_x、SO_2、COS、CS_2 还原并水解为 H_2S，从而保证总硫回收率达到 99.8%以上，2012 年 9 月，塔河炼化对该催化剂进行了标定，目前为止运行工况良好。

2　工艺流程简介

装置尾气处理部分采用“SSR”工艺，经捕集硫雾后的硫黄尾气在气-气换热器（E-5507）中与加氢反应后的尾气换热至 180℃，再经电加热器（E-5508）加热至 230℃后与外补 H_2 混合进入加氢反应器（R-5503）。在 CT6-11 低温催化剂的作用下，尾气中的 SO_2、COS、CS_2 及液硫、气态硫等均被转化为 H_2S。反应后尾气在急冷塔（T-5501）内用循环急冷水降温冷却至 40℃，尾气离开急冷塔顶进入尾气吸收塔（T-5502），用质量浓度为 30%的甲基二乙醇胺溶液吸收尾气中的 H_2S，同时吸收部分 CO_2。吸收塔底富液用富液泵（P-5502A/B）送至干气脱硫部分，作为半贫液进一步吸收干气中的 H_2S 及 CO_2，以减少溶剂处理负荷。从塔顶出来的净化尾气进入尾气焚烧炉（F-5502）焚烧，由燃料气体积流量控制炉膛温度；焚烧所需要的空气由焚烧炉鼓风机（C-5502A/B）供给，尾气中残留的 H_2S 及其他硫化物完全转化为 SO_2。焚烧后的尾气经尾气焚烧炉余热锅炉（E-5506）冷却至 200～300℃后进 80m 高的烟囱（S-5501）排放至大气，工艺流程如图 1 所示。

3　CT6-11 催化剂性能

3.1　主要特点

CT6-11 是一种新型硫黄回收尾气加氢催化剂，是由 CT6-11A 和 CT6-11B 两种催化剂组合而成。适用于各种类型的还原吸收类尾气处理工艺，如 SCOT、RAR、HCR、SSR 等工艺过程[2]。它具有低温活性好，操作弹性强的特点。在反应器入口温度高于 220℃的条件下，CT6-11 催化剂可将克劳斯尾气中除 H_2S 以外的硫化物加氢水解为 H_2S：

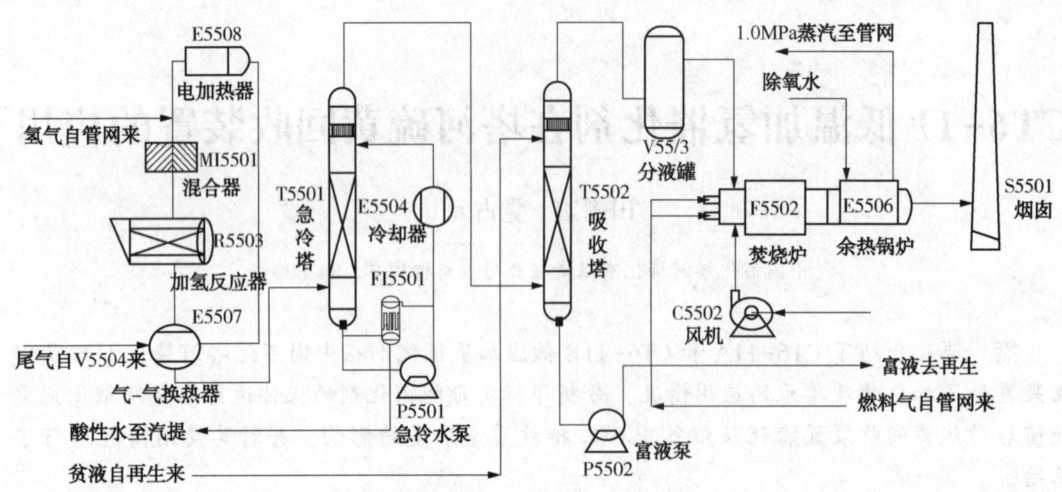

图1　硫黄回收尾气加氢工艺流程图

$$SO_2+3H_2\longleftrightarrow H_2S+2H_2O+Q_1$$

$$S_x+xH_2\longleftrightarrow xH_2S+Q_2(x=1\sim8)$$

$$COS+H_2O\longleftrightarrow H_2S+CO_2+Q_3$$

$$CS_2+2H_2O\longleftrightarrow 2H_2S+CO_2+Q_4$$

生成的 H_2S 经过选择性吸收，汽提再生返回硫黄回收装置制硫，可使总硫回收率提高至99.9%以上，而排放尾气中总硫的体积分数则小于 200×10^{-6}。

3.2　技术参数

项　目	CT6-11A	CT6-11B
外观	蓝色条形	白色球形
外形尺寸/mm	$\Phi3\times(5\sim10)$	$\Phi4\sim6$
压碎强度 N/cm/(N/颗)	≥130	≥150
堆积密度/(kg/m^3)	0.65~0.75	0.60~0.70
比表面积/$m^2\cdot g$	≥240	≥260
尾气加氢/水解后除 H_2S 外总硫含量/(μg/g)		≤200

CT6-11A 和 CT6-11B 低温催化剂的外形见图2、图3。

图2　CT6-11A 催化剂外形图

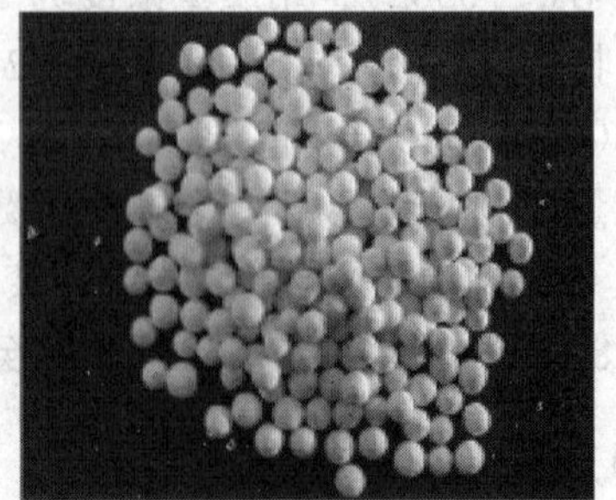
图3　CT6-11B 催化剂外形图

3.3　适用范围

CT6-11 催化剂装填于尾气加氢反应器中，适用于各种类型的还原吸收 SCOT 类尾气处理工艺。其使用条件为：

催化剂床层入口温度：220~320℃；

空速：500~1500h^{-1}；

压力(表压)：≥15kPa；

加氢量：应保证加氢后尾气中含有1%~3%的H_2。

3.4 催化剂装填方案

2012 年 6 月，CT6-11 低温水解加氢催化剂在塔河分公司 1#硫黄回收装置上进行了首次装填，装填量为 7.20t。

装填方法：先在反应器底部铺上两层不锈钢丝网，型号分别为 GF1W3.56/1.5(下层)和 GF1W8.63/1(上层)，丝网上堆放 100mm 高摊平的 Φ10 瓷球，下部装填 CT6-11B 催化剂，上部装 CT6-11A 催化剂。然后在催化剂上方再堆放 100 mm 高摊平的 Φ10 瓷球，顶部铺两层型号分别为 GF1W3.56/1.5(上层)、GF1W8.63/1(下层)的不锈钢丝网。尾气加氢催化剂装填示意图见图 4。

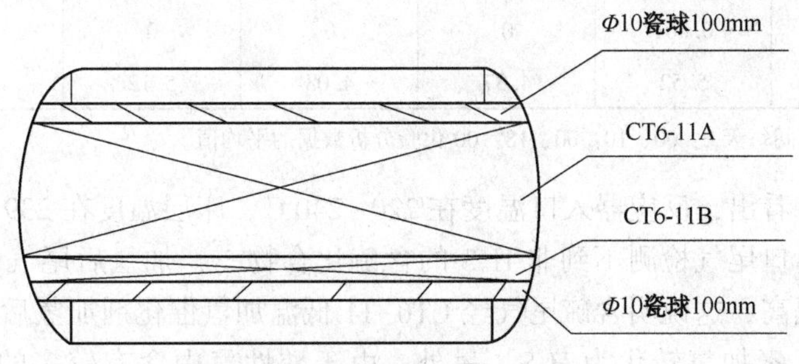

图 4　尾气加氢催化剂装填示意图

4　运行情况分析

4.1　运行参数及催化剂性能分析

2012 年 6 月，CT6-11 低温水解加氢催化剂在塔河分公司 1#硫黄回收装置上进行了首次应用，并于 2012 年 9 月 24 日 11：00~2011 年 9 月 29 日 11：00 对其性能进行了标定考核，其标定运行参数及化验分析数据见表 1~表 3。

表 1　标定期间加氢反应器床层温度及急冷水 pH 值

项目	时间	R5503 反应器入口温度/℃	R5503 反应器床层温度/℃	R5503 反应器出口温度/℃	温升/℃	急冷水 pH 值
换剂前	2012-3-15	308	312	324	16	7.3
	2012-3-16	306	311	328	22	7.4
	2012-3-17	312	318	332	20	7.3
	2012-3-18	304	317	328	24	7.3
	2012-3-19	309	313	324	15	7.5
	2012-3-20	310	317	325	15	7.7
换剂后	2012-9-24	227	243	257	30	7.4
	2012-9-25	230	251	256	26	7.3
	2012-9-26	228	240	261	33	7.3
	2012-9-27	230	243	263	33	7.5
	2012-9-28	225	245	256	31	7.7
	2012-9-29	220	239	250	30	7.5

从表 1 可以看出，换剂后尾气加氢反应器入口温度在 220~240℃，一般控制在 230℃左右。加氢反应器入口温度由原来的 310℃降低至 230℃，降低了 80℃。在此温度下，床层温升在 26~33℃，

急冷水 pH 值没有降低的现象。因此，SO_2 的穿透能力已低至可以忽略不记的程度，说明 CT6-11 加氢低温水解催化剂抗 SO_2 的穿透能力非常强。

表 2　标定期间 R5503 反应器进出口气体组成化验分析数据

项目		24 日	25 日	26 日	27 日	28 日	29 日
R5503 反应器进口	$y(H_2S)/\%$	1.25	0.86	0.77	0.82	0.79	0.91
	$y(SO_2)/\%$	0.18	<0.02	0.07	<0.02	<0.02	0.04
	$y(COS)/\%$	0.24	0.35	0.37	0.26	0.21	0.31
	$y(H_2)/\%$	7.66	7.32	7.63	7.63	7.63	7.63
R5503 反应器出口	$y(H_2S)/\%$	2.7	1.98	2.02	1.82	1.64	1.87
	$y(SO_2)/\%$	0	0	0	0	0	0
	$y(COS)/\%$	0.001	0	0	0	0	0
	$y(H_2)/\%$	5.52	4.37	4.08	5.12	4.73	6.02

注：表 2 中数据为标定期间每天 2：00、10：00、18：00 化验分析数据的平均值。

从表 2 中数据可以看出，反应器入口温度在 220~240℃，床层温度在 239~251℃，使用常规色谱仪检测加氢反应器出口尾气检测不到非 H_2S 的含硫化合物[3]，加氢后尾气中 H_2S 的含量与入口尾气相比有大幅度的提高，这说明含硫尾气经 CT6-11 低温加氢催化剂加氢后，除 SO_2 加氢和 COS 水解外，还有部分 S 元素加氢转化为 H_2S。另外，由于酸性气中含有较多的烃类(体积分数约为 3%)，导致过程气中 COS 含量较高，但经 CT6-11 低温水解催化剂加氢水解后，使用常规色谱仪检测加氢反应器出口尾气检测不到 COS 存在，说明 CT6-11 低温加氢水解催化剂具有良好的低温有机硫水解活性。

表 3　净化后尾气 SO_2 排放情况(化验现场采样烟气数据)

分析项目	9 月 24 日 11 时	9 月 25 日 12 时	9 月 26 日 12 时	9 月 27 日 15 时	9 月 28 日 13 时	9 月 29 日 14 时	平均值
SO_2 质量浓度/(mg/m³)	246.3	232.7	223.8	246.3	232.7	223.8	234.27
O_2 体积分数/%	2.2	1.8	3.1	2.1	2.6	1.9	2.28
CO 质量浓度/(mg/m³)	68	28.8	24	32.6	29.7	31.8	35.82
NO_x 质量浓度/(mg/m³)	36.4	53.2	34.1	42.7	38.6	33.8	39.80

从表 3 可见，净化后排放尾气中 SO_2 质量浓度低于装置设计的 SO_2 排放指标 602mg/m³，排放尾气中 SO_2 质量浓度平均值在 234.27mg/m³ 左右，远远低于 960mg/m³ 的国家环保标准，表明 CT6-11 低温加氢水解催化剂在低温条件下具有很好的加氢还原性，其低温性能完全能满足装置的使用要求。

4.2　能耗分析

装置自 2004 年开工后总体运行平稳，装置能耗经后期优化操作后达到设计指标，但能耗仍然落后于同行业先进水平，本次检修更换低温加氢催化剂后能耗降低较为明显，换剂前后能耗对比情况见图 5。详细数据见表 4 和表 5。

表 4　加氢反应器入口温度和电加热器电量消耗对比

换剂前		换剂后		电量差值/(kW/h)
R5503 入口温度/℃	电加热器耗电量/(kW/h)	R5503 入口温度/℃	电加热器耗电量/(kW/h)	
305	172	220	80	92
310	180	225	86	94

续表

换剂前		换剂后		电量差值/(kW/h)
R5503 入口温度/℃	电加热器耗电量/(kW/h)	R5503 入口温度/℃	电加热器耗电量/(kW/h)	
320	195	230	90	105
330	210	240	107	103

表 5　2012 年能耗数据

时间	3 月	4 月	5 月	6 月	7 月	8 月	9 月
能耗/(MJ/t 硫黄)	-4138.23	-4701.36	-4364.32	检修	-4285.61	-5713.73	-5846.45

注：7 月份装置开工烘炉，燃料气消耗量较其他月份大，故能耗较高。

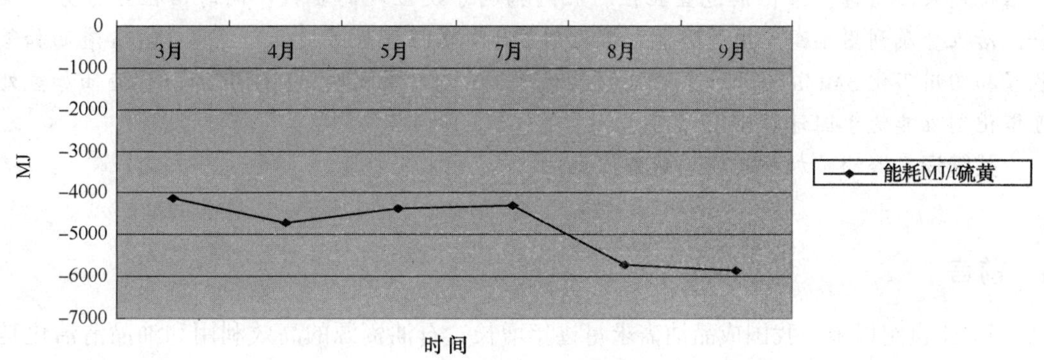

图 5　换剂前后能耗对比折线图

结合表 2、表 4 和表 5 可以看出，更换低温催化剂后尾气加氢反应器入口温度在 220~240℃，一般控制在 230℃左右。加氢反应器入口温度由原来 310℃降低至 230℃，降低 80℃。装置能耗由原来的-4 396.14MJ/t 硫黄左右下降至-5 562.21MJ/t 硫黄，与常规加氢催化剂相比可降低能耗大约 1256 MJ/t 硫黄。

5　效果评价

（1）CT6-11 低温加氢催化剂在本次标定过程中，总体性能较好，能够满足硫黄回收装置大负荷运行的需要，加氢、水解率等关键指标能满足工况要求，烟气中 SO_2 排放的质量浓度远远低于国家环保排放标准。

（2）为了能够使有机硫充分水解，常规尾气加氢催化剂一般要求离开催化剂床层的温度在 310~330℃之间，从而保证有机硫 COS、CS_2 水解率达到 90%~95%。但是 CT6-11 低温加氢催化剂床层温度在 245℃左右时，就能表现出非常优秀的低温水解能力。

（3）从标定结果来看，使用 CT6-11 低温加氢催化剂 Claus 尾气加氢反应器入口温度可降低至 230℃左右，最低可降至 220℃，较常规尾气加氢催化剂降低 80℃，节能降耗效果显著(与常规加氢催化剂相比可降低能耗大约 30kg 标油/t 硫黄。

参　考　文　献

[1] 王者顺．向守源．周志明．硫磺回收装置操作工[M]．北京：中国石化出版社，2008.4，12-26.
[2] 陈赓良，肖学兰，高立新，等．克劳斯法硫磺回收技术[M]．北京：石油工业出版社，2007.
[3] 师彦俊．镇海炼化分公司硫磺回收生产实践[J]．硫酸工业，2008，(6)：42-48.

FRIPP 渣油加氢处理催化剂研究新进展及工业应用

杨刚　王志武　隋宝宽　张　成　耿新国　袁胜华　蒋立敬

(中国石油化工股份有限公司抚顺石油化工研究院，辽宁抚顺　113001)

摘　要：主要介绍了抚顺石油化工研究院(FRIPP)固定床渣油加氢催化剂的研究最新进展及工业应用。新一代催化剂采用改进的载体制备技术和新的活性金属负载方法，改善了催化剂表面结构，催化剂适宜孔径、孔结构利于反应物的扩散；同时活性组分分散性好，活性金属利用率高、用量降低，催化剂整体加氢性能显著提升。茂名2Mt/a渣油加氢装置和四川石化3Mt/a渣油加氢装置的最新工业应用结果表明，FRIPP新一代渣油加氢处理催化剂性能优于国外参比催化剂。

关键词：渣油　加氢处理　新型催化剂

1　前言

进入到21世纪以来，我国成品油需求量逐年增长，石油资源的高效利用和油品清洁化是石化行业要面临的严峻挑战。渣油加氢技术不但能够高效充分利用石油资源，增产高品质的轻质油品，同时还能脱除原油中的金属、硫、氮等杂质，因此，在环保法规要求日益严格的今天发展迅速。[1]目前国内(包括台湾)已经工业应用的渣油固定床加氢处理装置18套，加工能力达到39.85Mt/a。预计到2020年前，国内(大陆)新建渣油固定床加氢处理装置40多套，加工能力达到116.1Mt/a，则总加工能力将突破150Mt/a。按照掺渣比例70%计，每年加工减压渣油10500万吨。

中国石化抚顺石油化工研究院(FRIPP)先后开发研制出FZC系列渣油固定床加氢处理催化剂60多个牌号，并在中国石化齐鲁分公司0.84Mt/a VRDS装置(2001年扩能为1.5Mt/a UFR-VRDS)、大连WEPEC 2.0Mt/a ARDS渣油加氢处理装置、茂名2.0Mt/a S-RHT渣油加氢处理装置、海南炼化公司3.1Mt/a RFCC原料预处理装置、金陵1.8Mt/a渣油加氢装置、扬子2.0Mt/a S-RHT渣油加氢处理装置和石家庄1.5Mt/a S-RHT渣油加氢处理装置进行了40余个周期的工业应用，取得预期使用效果。

由于渣油固定床加氢处理装置催化剂使用量大、运转周期短且催化剂不可再生，开发研制具有更高性价比的渣油加氢处理催化剂是目前亟待解决的问题。FRIPP在对相关先进技术研究的基础上，结合FZC系列渣油固定床加氢处理催化剂研发及工业应用实践，开发了新一代固定床渣油加氢处理催化剂及级配技术。通过创新的催化剂设计和制备理念，形成具有自主知识产权的技术产品。新一代渣油固定床加氢处理催化剂具有性价比高、原料适应性强的特点，新催化剂级配方案有效促进催化剂组合体系整体性能发挥，更好满足工业生产需要。

2　催化剂研发思路

FRIPP基于“进得去，脱得下、容得下”的研发思路，从改善渣油内扩散传质，提高活性金属利用率入手，开发了新一代固定床渣油加氢处理催化剂体系。

固定床渣油加氢处理催化剂体系通常分为保护剂、脱金属剂、脱硫剂以及脱残炭转化(脱氮)催化剂。其中保护剂和脱金属剂位于催化剂体系前部，在抑制床层压降快速上升的同时，脱除大部分金属以及易脱除硫、氮等杂质，并有针对性地提高渣油中沥青质等大分子转化能力，有利于保护下游催化剂能够充分发挥应有的作用。渣油加氢脱硫及脱残炭催化剂处于催化剂体系中部和后部，主要发生深度脱硫、脱氮及残炭加氢转化反应。此类催化剂更注重深度脱硫和残炭的转化能力。

基于渣油原料的反应特性，渣油加氢反应过程是受扩散控制的反应，较大的孔径有利于渣油分子在催化剂颗粒内的扩散传质，有利于渣油分子扩散到催化剂颗粒内部进行反应，使更多的活性位与渣油分子接触并发生加氢反应，脱除重金属、硫、氮等杂质。同时，催化剂具有较集中的孔分布有利于提高催化剂孔道利用率。

2.1 优化孔结构，改善催化剂扩散性能

原油中各种杂原子大多以油溶性化合物形式富集在渣油中，尤其是胶质和沥青质中。沥青质是重油中分子最大、结构最复杂、加氢反应性最低的组分，原油中的大部分有机金属化合物都存在于沥青质中。沥青质加氢过程中极易造成催化剂孔口阻塞和积碳失活。重油加氢反应受内扩散控制，对于沥青质等大分子的转化，催化剂的物理性质(尺寸、形状和孔隙率等)甚至比化学组成更重要[2~4]。

FRIPP 有针对性的设计开发了专门用于捕集铁、钙等物种的保护剂。由于含铁、钙物种反应活性较高，通常倾向于沉积在催化剂颗粒表面及近表面，甚至是颗粒间，装置运转至一定时间后，金属及焦炭沉积导致催化剂孔口堵塞，催化剂表观活性下降，并且引起催化剂床层堵塞，最终导致压力降上升。

图 1 为新开发保护剂压汞法孔分布。新催化剂具有明显的双峰孔结构特点，在 15nm 和 100nm 附近具有两个明显特征峰，并且小于 10nm 范围内的孔明显少于参比剂，大孔比例显著增加，孔结构优于参比剂的单峰孔结构。催化剂具有多峰结构，较大孔道能够为反应物提供畅通的扩散通道，较小孔道则提供更多的反应活性位，从而实现扩散与反应的统一。大颗粒催化剂利用率得到提升。

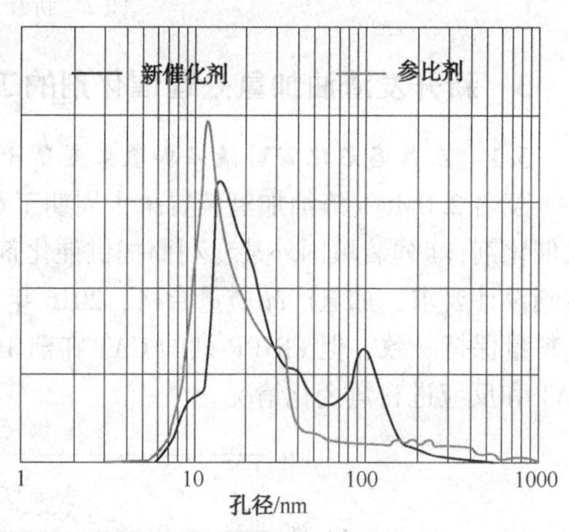

图 1　催化剂压汞法孔分布

新开发脱硫和脱残炭催化剂孔结构性质见表 1。对于高活性的脱硫和脱残炭转化催化剂而言，催化剂孔径分布集中在 6~15nm 范围内，能够实现扩散与反应表面之间平衡，有利于提高胶质及芳香分的加氢反应效率。同时，小孔比例的大幅度减少，有利于减少过多的活性金属在微孔(孔径<4nm)中负载，从而提高活性金属利用率。

表 1　新开发催化剂孔结构

项目	脱硫/脱金属过渡剂	脱硫剂	脱残炭转化剂
孔容/(cm^3/g)	0.567	0.489	0.484
比表面积/(m^2/g)	159	179	181
孔分布/%			
>15nm	13.87	13.42	13.53
<6nm	2.44	6.31	7.11
6~15nm	83.68	80.27	79.37

2.2 改进活性金属负载技术，提升催化剂反应性能

催化剂活性组分负载于载体表面时会与载体产生相互作用力，这种相互作用力与载体表面性质、助剂、浸渍溶液酸碱度(pH 值高低)及负载方法和热处理方法等都有密切的关系。这种相互作用力的存在使得载体与活性组分之间形成相互作用复合物。当相互作用力较强时，复合物的反应活

性降低，影响催化剂的活性。而相互作用力太弱时，则不利于活性中心的分散。活性金属聚集时，会降低活性金属的利用率。

传统浸渍法制备催化剂通常是采用酸性较强和/或碱性较强的溶液浸渍负载活性金属组分，容易带来活性金属组分在颗粒内部分布不均匀现象。渣油大分子在颗粒外表面及近表面发生加氢反应几率多，容易造成催化剂颗粒表面积炭结焦，堵塞孔口，降低活性金属整体利用率。新开发渣油加氢处理催化剂采用新技术负载活性金属组分，见图2。通过调整浸渍液化学性质，有效改善活性金属在载体表面的分散状态，使得渣油大分子能够容易进入催化剂颗粒内部进行反应并沉积，从而提高了催化剂活性金属利用率及加氢性能。对于渣油加氢脱硫/脱残炭催化剂来说，由于催化剂颗粒较小，采用新技术负载活性金属组分，可以明显改善活性金属的分散状态。

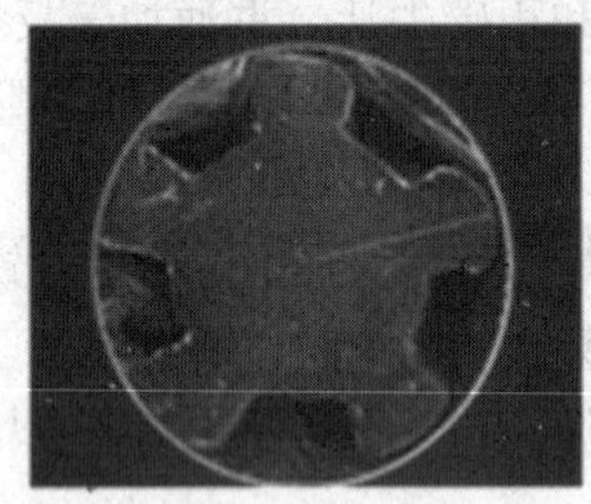

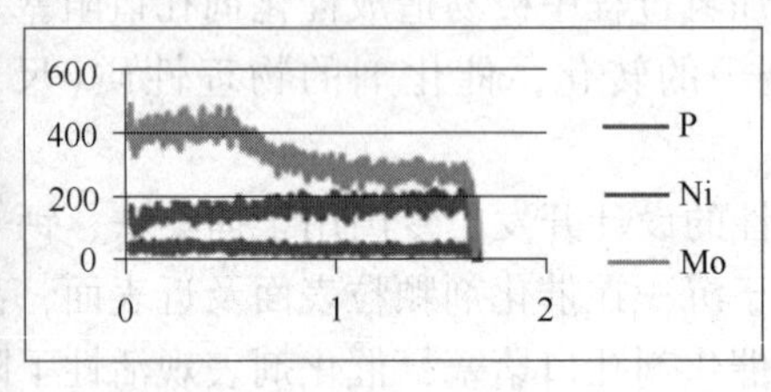

图2　新开发保护剂金属组分分布

3　新开发渣油加氢处理催化剂的工业应用

3.1　在茂名石化公司渣油加氢装置第十周期的工业应用情况

茂名2.0Mt/a渣油加氢装置第十周期工业运转Ⅱ列采用FRIPP开发的新一代FZC系列渣油加氢催化剂，I列装填国外某专利商提供催化剂。工业装置2015年1月16日进料量和渣油比例基本达到设计要求，加氢产品质量合格，2016年3月17日停工，卸剂，运行14个月。本周期两个系列进料量保持一致，但FRIPP列的CAT在前10个月一直较参比列低4~6℃。图3列出第十周期两列CAT和反应进料量变化情况。

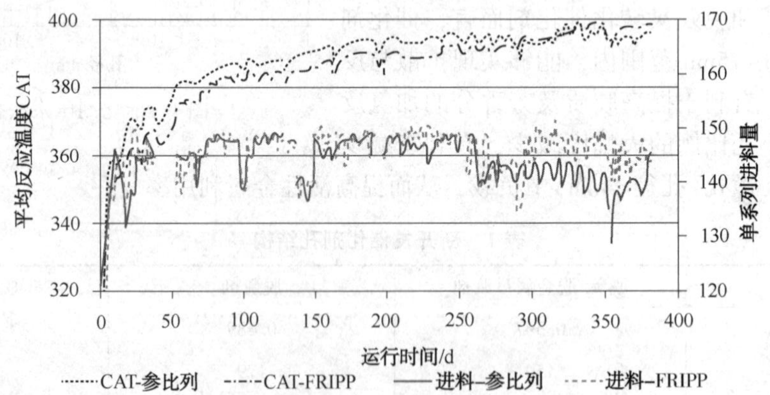

图3　茂名2.0Mt/a渣油加氢装置第十周期CAT和反应进料量变化情况

从图3两列的反应温度可以看出，在前300天内，Ⅱ列(FRIPP)一直以低于Ⅰ列3~5℃的温度下操作，但到了300天以后，Ⅰ列提温困难，为了补偿加氢常渣性质，Ⅱ列不断提温，以满足加氢常渣性质满足催化裂化装置进料要求。从图3可以看出，由于Ⅰ系列提温困难后期进行了降量处理，装置两系列总进料在290t/h左右，其中Ⅱ列处理量高于Ⅰ列10t/h左右。

2015年4月9日至10日，茂名2Mt/a渣油加氢装置进行本周期首次标定，此时装置已经运行84天。标定期间主要操作条件、进料及热高分油性质列于表2~表5。

表 2　初期标定反应系统主要操作条件

反应系列	Ⅰ列(参比列)	Ⅱ列(FRIPP)	反应系列	Ⅰ列(参比列)	Ⅱ列(FRIPP)
原料油流量/(t/h)	148.4	148.7	四反平均温度/℃	398.0	392.7
总反应平均温度/℃	385.6	382.2	五反平均温度/℃	396.8	395.4
一反平均温度/℃	364.8	359.9	冷氢量/(Nm^3/h)	36555	44642
二反平均温度/℃	376.0	369.8	循环氢流量/(Nm^3/h)	76951	73533
三反平均温度/℃	381.5	382.0			

表 3　标定期间进料性质

分析项目/采样时间	2015-4-9	2015-4-10	分析项目/采样时间	2015-4-9	2015-4-10
密度(20℃)/(kg/m^3)	982.0	1009.4	Fe	8.28	10.18
黏度(100℃)/(mm^2/s)	128.7	113.4	Ca	2.06	2.07
硫/%	3.250	3.462	Na	2.31	3.19
氮/(μg/g)	2712	2742	四组分/%		
残炭/%	15.16	16.60	饱和烃	35.03	34.76
酸值/(mgKOH/g)	0.146	0.300	芳香烃	41.25	41.28
金属/(μg/g)			沥青质	1.66	1.61
Ni	35.45	31.94	胶质	22.06	22.35
V	72.15	83.71			

表 4　加氢常渣性质

项目	4月9日	4月10日	项目	4月9日	4月10日
密度(20℃)/(kg/m^3)	950.0	949.4	Fe	2.78	5.27
硫/%	0.397	0.437	Na	1.54	0.75
氮/(μg/g)	2166	1825	Ca	1.30	1.08
残炭/%	7.29	7.21	四组分/%		
黏度(100℃)/(mm^2/s)	44.89	42.51	饱和烃	61.42	63.47
金属/(μg/g)			芳香烃	27.11	27.29
V	13.29	15.72	沥青质	1.01	0.92
Ni	10.24	8.09	胶质	10.46	8.32

表 5　两列热高分油性质

项目	2015-4-9		2015-4-10	
	Ⅰ列(参比列)	Ⅱ列(FRIPP)	Ⅰ列(参比列)	Ⅱ列(FRIPP)
密度(20℃)/(kg/m^3)	946.8	945.0	947.4	944.2
黏度(100℃)/(mm^2/s)	34.10	32.57	29.22	27.70
硫/%	0.439	0.392	0.463	0.401
氮/(μg/g)	2012	1641	1813	1658
残炭/%	7.16	6.76	7.71	7.00
四组分/%				
饱和烃	62.28	64.24	60.07	67.26
芳香烃	27.60	24.99	29.75	22.66
沥青质	0.86	0.87	0.80	0.79
胶质	9.26	9.90	9.38	9.29
金属/(μg/g)				
Na	0.90	0.82	0.97	0.94
Fe	1.63	2.11	3.44	5.32
Ni	9.71	8.04	7.40	7.75
V	13.13	12.84	11.16	15.57
Ca	0.91	0.62	0.84	0.84

由表5中4月9日和10日标定结果可见，两列热高分油性质差异明显。

在标定的条件下，I列(参比列)和Ⅱ列(FRIPP)CAT分别为385.6℃、382.2℃，两列热高分油的硫、残炭、含氮和金属含量相比：一列比二列的硫含量高470μg/g，氮含量高371μg/g，残炭含量高0.4百分点。两列热高分的四组分变化相比：饱和烃转化二列优于一列，芳烃转化一列优于二列，沥青质和胶质转化两列相当。

总的来说，在原料劣质化、进料高负荷的操作条件下，两系列渣油加氢催化剂表现出良好脱硫、脱氮、脱金属及残炭加氢转化能力，能够为下游催化裂化装置提供更优质进料。通过日常分析及初期标定Ⅰ、Ⅱ列热高分油取样分析结果可以看出：Ⅱ列FZC系列催化剂在较低的反应温度下加氢脱硫、加氢脱残炭、加氢脱氮和加氢饱和能力都要优于Ⅰ列催化剂。Ⅰ、Ⅱ列的脱金属能力和胶质及沥青质转化能力互有高低，基本相当。

3.2 在四川石化公司渣油加氢装置第三周期的工业应用情况

四川石化300万吨/年渣油加氢装置采用CLG公司UFR/VRDS技术设计建造，分为两个平行的反应系列。设计加工南疆、北疆及哈萨克斯坦混合渣油，加氢渣油作为下游催化裂化装置原料。装置第三周期Ⅱ列采用FRIPP开发的FZC系列渣油加氢催化剂，I列采用国外专利商催化剂。FRIPP系列于2015年12月30日换进渣油开始正常运转；国外系列于2016年1月23日换进渣油。按加工渣油天数计，截止2016年3月31日，FRIPP系列运行90天，国外系列运行66天。三周期两系列的反应温度见图4。装置开工后不同阶段的脱残炭率列于表6。

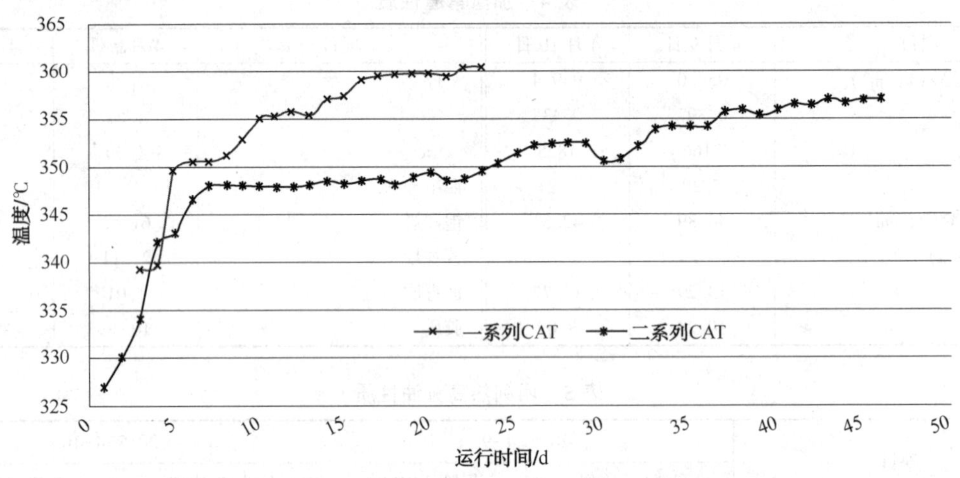

图4 四川石化渣油加氢装置三周期两系列的反应温度

表6 四川石化渣油加氢装置开工后不同阶段的脱残炭率

阶段	统计日期	平均脱残炭率/%	阶段描述
第一阶段	1月6日~1月22日	42.7	FRIPP列开工阶段
第二阶段	1月28日~2月4日	35.3	两系列开工稳定，相同操作模式
第三阶段	2月6日~2月14日	38.6	ART列反应温度不变，FRIPP列提温

表6中第一阶段为二系列开工后到一系列开工前这一阶段，此阶段加氢常渣全部为二系列产品；第二阶段为一系列开工平稳后到二系列前后反应器操作温度交叉操作前，此阶段两系列产品已经混合进分馏；第三阶段为二系列前后反应器操作温度交叉操作后，此阶段两系列均处于调整后稳定期。第一阶段，即二系列单独开工阶段，平均脱残炭率为42.7%，且此阶段操作温度低，加工处理量较后期高10%。第二阶段，一系列产品掺入，脱残炭率下降至35.3%，且此阶段处理量低，操作温度高于一阶段，同时还在不断提温，常理推断二系列性能不会下降，因此脱残炭率较第一阶段大幅降低说明一系列催化剂低温活性偏低，产品与二系列混合后导致脱残炭性能总体表现下降。

第三阶段，脱残炭性能有所提高，脱残炭率提升到了 38.6%，是由于提高了二系列高活性催化剂部分的操作温度。

四川石化渣油加氢装置三周期两系列的压降情况见图 5。两系列的新氢及循环氢列于表 7。

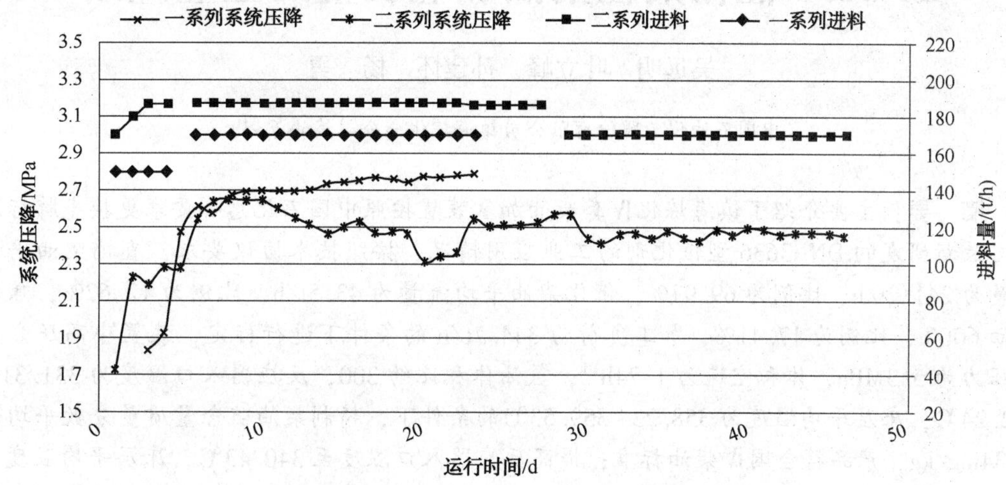

图 5　四川石化渣油加氢装置三周期两系列的压降

通过四川石化前两个周期多次的停工处理及撇头过筛和更换中间床层催化剂等操作我们已经认识到，在原料组成和其他外部条件不变情况下，延缓压降上升才是确保本周期长稳运转的关键。FRIPP 列比参比列反应器压降低 0.35MPa 左右，为装置长周期运转奠定了良好的基础。

表 7　四川石化渣油加氢装置三周期两系列的新氢及循环氢

项目	氢气量/(Nm^3/h)		循环氢组成/%				
	补充新氢	去膜分离	H_2	C_1	C_2	C_3	C_4
参比列	26200	5514	90.95	5.31	2.29	0.88	0.32
FRIPP 列	26596	4566	92.19	4.81	2.03	0.09	0.05

从表 7 可以看出，FRIPP 系列操作温度低温升低，但氢耗高、排放低、小分子烃产率低，说明加氢有效性高，加氢常渣催化裂解性好。

4　结语

（1）采用新技术制备载体及负载活性组分制备新一代渣油加氢处理催化剂体系，其物化性质得到优化，催化剂性能显著提高，性价比高。

（2）新开发催化剂体系在茂名石化和四川石化最新工业应用结果表明，FRIPP 开发的 FZC 系列渣油加氢处理催化剂性能优于国外参比催化剂。

参　考　文　献

[1] 方向晨主编．加氢精制[M]．北京：中国石化出版社，2006.

[2] Dai，P. S. E.，Sherwood，D. E.，and Matrin，B. R. Effect of diffusion on resid hydrodesulfurization activity. Chem. Eng. Sci. 1990；45，2625.

[3] Ruckenstein，E. and Tsai，M. C. Optimum pore size for the catalytic conversion of large molecules. AICHE J. 1981；27，697.

[4] Pfeiffer. J. P. Saal，R. N. Asphaltic bitumen as a colloid system. L Phys. Chem. 1990；44，139.

DN3636 催化剂在柴油加氢装置的工业应用

吴远明　叶立峰　孙建怀　杨　勇

(中国石油化工股份有限公司镇海炼化分公司炼油五部)

摘　要：主要介绍了镇海炼化Ⅳ套柴油加氢装置按照中国石化总部要求更换壳牌标准公司最新研发的 DN-3636 型催化剂的工业应用情况。按照技术协议要求，直馏柴油平均流量为 241.2t/h，比例为 69.97%，催化柴油平均流量为 43.5t/h，比例为 12.62%，焦化柴油 60t/h，比例为 17.41%，加工负荷为 344.7t/h 的条件下进行标定，装置冷高压分离器压力为 5.3MPa，体积空速为 1.74h^{-1}，氢油体积比约 300，反应器入口温度为 331.31～332.24℃，床层平均温度为 358.23～359.53℃的条件下，精制柴油硫含量质量分数平均值为 34mg/kg，产品符合国Ⅳ柴油标准；提高反应器入口温度至 340.43℃，床层平均温度为 367.05℃的条件下，精制柴油硫含量小于 10mg/kg，达到国Ⅴ柴油标准。标定结果表明，DN-3636 具有较高的脱硫、脱氮、烯烃饱和能力，满足生产国Ⅳ和国Ⅴ柴油的工业应用要求。

关键词：柴油加氢　DN-3636 催化剂　国Ⅳ柴油　国Ⅴ柴油　工业应用

1　装置概况

镇海炼化Ⅳ套柴油加氢装置规模为 3.0Mt/a，原料由直馏柴油、催化裂化柴油、焦化柴油组成，其中直馏柴油比例为 70%左右，装置设计操作压力较低，系统压力为 5.3MPa，为适应柴油质量升级的要求，达到生产国Ⅳ、国Ⅴ排放标准柴油，中国石化决定镇海炼化Ⅳ套柴油加氢装置首次引用国外催化剂和反应器内构件，经过最终选择，2014 年 6 月份更换壳牌标准公司最新研发柴油超深度加氢脱硫催化剂 DN-3636。

2　DN-3636 催化剂

CENTERA 技术是标准公司于 2009 年引入市场的最新催化剂技术，CENTERA 催化剂也比其他二类活性相的催化剂有更高的稳定性，并对不同的装置和操作有更好的适应性。CENTERA® DN-3636 是标准公司的采用 CENTERA 技术于 2013 年开发的镍钼催化剂，代表了原 CENTINEL GOLD 和 ASCENT 技术平台最佳元素的结合，以及研发的最新突破，使得催化剂活性金属中心的形态得到更好的控制，具有更高的金属分散度，从而提高了催化剂的脱硫、脱氮活性。

Ⅳ加氢装置压力低，空速高，主催化剂选择脱硫、脱氮活性高的 DN-3636，有利于在装置条件存在限制的情况下实现超低硫柴油的生产，催化剂性质见表 1。

表 1　催化剂性质

催化剂类型	OptiTrap [Medallion]	OptiTrap [Macroring]	OptiTrap[Ring]	DN-140	DN-3636
化学组成	氧化铝	Ni/Mo、氧化铝	Ni/Mo、氧化铝	Ni/Mo、氧化铝	Ni/Mo、氧化铝
尺寸/mm	16	8	4.8	2.5	1.3
形状	奖章	空心圆柱	空心圆柱	三叶草	三叶草
压碎强度/(N/cm)	—	147	40	180	250
磨损指数/%		85	90		99

3 装置开工过程

3.1 催化剂的装填

Ⅳ套柴油加氢装置直径 4.6m，分为上下两个床层，床层间设冷氢箱。本次升级改造更换壳牌专利反应器预分配器、再分配器、冷氢箱，提高催化剂装填量和利用率。

2014 年 6 月 22 日开始进行催化剂装填。装填工作由专业装剂公司完成。装填过程严格按照标准公司提供的方案进行操作，并经过装剂公司、标准公司专业人员、装置主管技术人员共同确认，直至6 月 27 日完成催化剂装填工作，总计装填 DN-3636 催化剂 303 吨，平均装填密度为 1.321t/m^3。

反应器顶部级配系统是多种保护剂级配装填系统，包括 OptiTrap [Medallion]，OptiTrap [MacroRing] 和 OptiTrap [Ring]催化剂。当组合使用时，这些保护剂能够对主精制剂起到很好的保护作用，防止一床层顶部结焦，达到容垢、脱金属的目的。

因装置掺炼焦化柴油比例较大，主剂 DN-3636 上部装填 DN-140 具有高加氢性能和容硅能力的三叶草型催化剂，活性金属为镍和钼，脱除原料中的硅和简单硫化物。

3.2 催化剂的预硫化

所采用主催化剂 DN-3636、脱硅剂 DN-140，以及保护剂 OptiTrap [Medallion] 16mm、OptiTrap [MacroRing] 8.0mm、OptiTrap [Ring] 4.8mm 均为氧化态，在开工时需对其进行硫化。本次催化剂硫化方法采用湿法硫化。

反应系统氢气置换、气密合格后，将反应系统压力降至 4.0MPa，催化剂床层最高温度小于 150℃，以 270t/h 引入直馏柴油，确保催化剂充分润湿，直至低分油不带明细颗粒杂质后建立反应循环，然后逐步提高反应温度至 205℃，开始引入硫化剂(SZ-54)。

按照标准公司提供的硫化曲线进行升温，期间调整硫化剂注入量，维持循环氢硫化氢浓度在要求范围内，催化剂床层温度最终维持在 315℃恒温，至循环氢中硫化氢浓度保持稳定不降低，高分水位不再变化或变化不明显，硫化结束。

整个硫化过程反应器的最高点温度控制不高于 345℃。从注入硫化剂开始计算，共计时间 16h，消耗硫化剂(SZ-54)66.1t。硫化过程用时短，升温、恒温以及硫化氢浓度控制平稳。

硫化结束后，进行加工直馏柴油的 72h 初活稳定，然后转入正常生产。

4 催化剂性能标定

2014 年 9 月 18 日至 22 日，对Ⅳ套柴油加氢装置进料满负荷标定。操作调整在 17 日进行，18、19 日标定的目标产品为硫含量小于 50mg/kg 的精制柴油，22 日标定的目标产品为硫含量小于 10mg/kg 的精制柴油，21 日为两种目标产品间的过渡调整时间。

4.1 原料性质

标定期间，Ⅲ套常减压装置加工的油种为：炼伊轻：巴士拉(2:1)混合原油，掺炼荣卡多 110t/h，Ⅲ常二线、常三线、减一线直供Ⅳ加氢装置，平均流量为 241.2t/h(比例为 69.97%，其中常二线 78.88t/h、常三线 121.67t/h、减一线 40.67t/h，比例分别为 22.88%、35.30%、11.80%)，Ⅰ催化柴油直供Ⅳ加氢装置，平均流量为 43.5t/h(比例为 12.62%)，掺炼罐区焦化柴油 60t/h(比例为 17.41%)，加工负荷为 344.7t/h。

标定原料的主要性质平均值见表 2。标定原料与设计原料相比，混合原料中二次加工油比例均在设计原料要求的比例之内。原料组成硫含量最高值 1.17%，小于设计指标 1.2%；密度最高值 864.0kg/m^3，小于设计值 865.0kg/m^3；95%馏点最高值 363℃，小于设计值 365℃；但是混合原料十六烷值平均值为 46.65，小于设计值 48，总氮含量平均值 435mg/kg，小于设计值 439mg/kg，但仍有超标现象：溴价平均值为 16.67gBr/100g，超设计值 6gBr/100g。新氢各项指标均在设计值范围之内，甲烷平均含量为1.25%，小于设计指标<1.5%。

表2　标定期间混合原料的分析数据

项目	混合原料	催化柴油	焦化柴油
密度(20℃)/(kg/m^3)	861.8	940.6	877.4
馏程/℃			
初馏点	205	198	189
10%	244	230	252
50%	292	283	296
90%	349	353	347
95%	363	372	360
硫/%	1.08	0.802	2.25
总氮/(mg/kg)	493	545	857
酸度/(mgKOH/100mL)	21	0.9	2.8
溴价/(gBr/100g)	16.12	28.98	44.64
凝固点/℃	-13	-18	-8
十六烷值	46.6	27.9	44.9
Cl含量/(mg/kg)	1	0.8	1
比色	4	1.5	5.5
多环芳烃/%	18.6	53.8	18.6
总芳烃/%	36.3	79.4	39.9

4.2　主要操作参数

标定期间的主要操作参数见表3。

表3　主要操作参数

项目	2014-09-19	2014-09-21	技术协议值
反应进料流量/(t/h)	347.28	344.06	357.14
直馏柴油流量/(t/h)	244.31	241.60	246.14
焦化柴油/(t/h)	60	60	65
催化柴油/(t/h)	42.97	42.46	46
循环氢压缩机入口流量/(Nm^3/h)	116 221.34	123 879.74	
新氢补入量/(Nm^3/h)	27 480.45	29 948.56	
体积空速/h^{-1}	1.74	1.74	1.77
氢油体积比	298.21	291.75	
反应器入口温度/℃	331.31	340.43	
反应器入口压力/MPa	6.06	6.09	
反应器入口氢分压/MPa	5.30	5.36	
反应器床层压降/MPa	0.52	0.51	
反应器床层平均温度/℃	358.23	367.05	
反应器总温升/℃	41.92	39.65	
反应器出口温度/℃	373.23	380.08	
冷高压分离器压力/MPa	5.3	5.3	5.3
粗汽油外排量/(t/h)	17.70	18.04	
精制柴油外排量/(t/h)	330.48	329.72	

4.3 产品质量

标定期间的主要产品性质见表4、表5。

表4 标定期间的主要产品性质

项目	2014-09-19	2014-09-21	项目	2014-09-19	2014-09-21
原料			总氮/(mg/kg)	5.5	2.0
硫/%	1.05	1.07	石脑油		
总氮/(mg/kg)	470.5	426.0	硫/(mg/kg)	14.0	9.0
柴油			总脱硫率/%	98.81	99.78
硫/(mg/kg)	34.7	8.0	总脱氮率/%	98.83	99.51

注：总脱硫率和总脱氮率为国Ⅳ、国Ⅴ柴油标定期间的平均值。

表5 精制柴油产品性质

项目	国Ⅳ柴油标准	国Ⅴ柴油标准	技术附件中初期运转数据	标定结果(平均值) 09-18/09-20	09-21/09-22
密度(20℃)/(kg/m³)	820~845	800~850	844	844.4	841.5
馏程/℃					
50%	≤300	≤300	285	285.25	280
90%	≤355	≤355	347	343.25	338
95%	≤365	≤365	360	359	355
闪点/℃	≥55	≥55	—	>80.0	>80.0
硫/(μg/g)	<50	<10	45/9	26.98	8.2
多环芳烃/%	≤11	≤11	2.8*	10	9.3
十六烷值	≥49	≥51	52.5	50.25	50.4
十六烷指数	≥46	≥46	—	53.3	53.7
铜片腐蚀/级	≤1	≤1	合格	合格	合格
总氮/(mg/kg)	—	—	4	4.675	2
酸度/(mgKOH/100mL)	—	<7	—	0.4	0.6
凝固点/℃	<-10	<-10	—	-12	-12
比色	—	—	—	1	1
水分	≯痕迹	≯痕迹	—	27.5	44
胶质/(mg/100mL)	—	—	—	50.5	48

注：技术附件中不包括二环芳烃。

Ⅳ加氢装置在现最高负荷345t/h运行，其中常二线比例22.88%、常三线比例为35.30%、减一线比例为11.80%，催化柴油比例为12.62%，焦化柴油比例为17.41%，原料硫含量1.06%左右，反应入口温度在331.78℃，出口温度373.28℃，平均床层温度在358.88℃，氢油比为294.98，体积空速1.76h^{-1}，反应入口压力6.025MPa的条件下，能够生产出硫含量<50mg/kg的精制柴油，催化剂的脱硫率在98.81%，脱氮率在98.83%，密度降低值在17.4kg/m³，十六烷值提高值在3.5，多环芳烃降低值在10.8%，催化剂的温升达到41.94℃，说明该催化剂的活性较好，能够满足装置生产的需要。与国Ⅳ柴油标准相比，生产的精制柴油的硫含量、总氮、多环芳烃、酸度、95%馏点等均较低，产品性质较好。十六烷值提高值低于技术附件中4和4.5个单位的保证值，经过原料密度、芳烃、95%馏出点等性质校正后(校正到设计原料基准)，十六烷值提高幅度分别为4.5和4.7，达到了技术指标。十六烷指数提高幅度达到5.8和6.0。精制柴油中双环以及

以上的多环芳烃为9%~10%，满足国Ⅳ、国Ⅴ柴油指标要求，技术附件中规定的多环芳烃小于3.0%的保证值，三环及以上的多环芳烃，实际标定的该数据为1.0%，满足技术附件的要求。

在保证原料组成不变的情况下，提高反应器入口温度至340.43℃，出口温度380.08℃，反应器床层平均温度367.05℃，床层温升39.65℃(冷氢量增加)，氢油比299.8，体积空速1.75h^{-1}的条件下，能够生产出硫含量<10mg/kg的精制柴油，催化剂的脱硫率在99.78%，脱氮率99.51%，密度降低值17.7 kg/m^3，十六烷提高值3.8，多环芳烃降低值9.6%，与国Ⅴ柴油相比，十六烷值比国标要求的51低0.6单位，其他性质均满足指标要求，经过原料密度、芳烃、95%馏出点等性质校正后(校正到设计原料基准)，十六烷值提高幅度为4.7，达到了技术指标。十六烷指数提高幅度达到6.0。精制柴油中双环以及以上的多环芳烃为9%~10%，满足国Ⅳ、国Ⅴ柴油指标要求，三环及以上的多环芳烃数据为1.0%，也满足技术附件的要求。如要直接生产完全合格的国Ⅴ柴油，需要对原料进一步优化，或者增加第二个反应器，提高加氢能力。

从本次标定情况看，反应器温度分布均匀，除反应器一床层中间热偶外，其他床层热偶径向温差显示均在3之内，表明催化剂装填质量较好、反应器内构件的再分配效果良好。反应器一床层中间的热电偶径向温差最大，为4.75℃，分析主要原因是该热电偶正处于脱硅剂与主剂的交界处，可能是受到不同催化剂界面的影响而发生流体分配不均；二床层的各层径向温差较小，在3℃以内，装填质量总体较好。反应器内构件的预分配器和再分配效果良好。

4.4 存在的问题

反应器压降过高。装置当前最高负荷运行的情况下，反应器上床层压差为0.145~0.152MPa，反应器床层总压差约0.441~0.453MPa，高于上周期的最高0.43MPa，系统压降为1.271~1.310MPa，反应系统的总压降偏高，余地较小，主要原因是催化剂装填量大导致反应系统压降增加。

5 结语

(1) 镇海炼化Ⅳ套柴油加氢装置采用壳牌标准公司最新研发的DN-3636超深度加氢脱硫催化剂开工一次成功，开工过程操作平稳。

(2) 在设计原料组成的调节下，通过调整操作条件，在较为缓和的反应条件下，加氢精制柴油各项质量指标均能满足国Ⅳ柴油标准。通过提高反应温度，可以达到硫含量小于10mg/kg的精制柴油，与国Ⅴ柴油相比，十六烷值略低，其余各项指标均满足要求；经对原料进行校正后，精制柴油各项指标满足技术附件要求。

(3) 由于本次标定原料中二次柴油比例较高，如果需要进一步改善产品质量，使精制柴油各项指标全部达到国Ⅴ标准，需要稍微改善原料配比；另一方面考虑到长周期生产的需要，在国Ⅴ柴油生产工况下需要考虑增上一台反应器，降低反应器空速及初期反应温度，延长催化剂寿命。

(4) 在标定工况下，催化剂床层温度分布均匀，径向温差基本在3℃以内，装置能够生产出硫含量<10mg/kg的精制柴油，反应器内构件的再分配效果好，达到技术附件要求，能够满足装置生产的需要。

FN-2G 型 SCR 脱硝催化剂的研制和应用

王学海　李　勇　刘忠生

（中国石油化工股份有限公司抚顺石油化工研究院，辽宁抚顺　113001）

摘　要：介绍了 FN-2G 催化剂的研制，它是一种采用直接挤出成型方法制备，以纳米二氧化钛为载体，V、W 金属作为催化剂活性组分的均质催化剂。工业应用试验结果表明：采用 FN-2G 催化剂处理锅炉烟气，在反应温度 300~420℃，3700~4100 h^{-1} 空速下，净化烟气中的氮氧化物浓度远低于 $100mg/Nm^3$，符合国家及地方环保标准，装置运行稳定。

关键词：锅炉　SCR　脱硝　催化剂

1　前言

来自固定源(电厂、工业锅炉及炼厂)的氮氧化物(下称 NO_x，主要是 NO 和 NO_2)是大气主要污染物，它导致酸雨和光化学烟雾的形成，并对人体呼吸系统造成伤害。因此，世界各国都对 NO_x 的排放制定了严格的排放标准。我国在《国家环境保护“十二五”规划》中将 NO_x 减排纳入环境保护主要考核指标之一，到 2015 年，NO_x 排放总量比 2010 年要减少 10%。

固定源 NO_x 的控制可通过改进燃烧方式和烟气脱硝两种类型的技术。NH_3-SCR 是所有烟气脱硝技术中最成熟和应用最广泛的 NO_x 排放控制技术，它具有效率高、选择性好等优点[1,2]。NH_3-SCR 技术的核心是高活性、高选择性和稳定性的脱硝催化剂。商业催化剂主要有三种类型：蜂窝、板式和波纹板式。板式催化剂为非均质催化剂，以金属板为基材，涂覆 TiO_2、V_2O_5 和 WO_3 等活性物质，其表面被粉尘等磨蚀后，不能维持原有的催化活性。波纹板式催化剂也是非均质催化剂，加工工艺是先制作玻璃纤维加固的 TiO_2 基板，再浸渍上 V_2O_5 和 WO_3 等活性物质，其表面被粉尘等磨蚀后，也不能维持原有的催化活性。蜂窝式催化剂为均质催化剂，催化剂本体都具有活性，因此表面磨损后，仍然能维持原有的活性[3,4]。板式和波纹板式催化剂不能再生，蜂窝式催化剂可以再生。目前，从目前已投入运行的 SCR 装置看，75%的脱硝装置采用蜂窝式催化剂[5]。

国外掌握 NH_3-SCR 催化剂制备技术的公司有日本的日立、日立造船、日挥、住友化学，美国的 Conmetech、欧洲托普索、阿基隆、巴斯夫等大公司。国内的烟气脱硝治理技术起步较晚，近几年，我国通过引进国外脱硝催化剂生产技术已建设了多条生产线，如福建大拇指环保科技集团有限公司、江苏龙源催化剂有限公司、山东三融催化剂有限公司、重庆远达催化剂有限公司、成都东方凯特瑞环保催化剂有限公司、青岛华拓科技股份有限公司、浙江浙能催化剂技术有限公司和大唐南京环保科技有限公司等。但我国还缺乏具有自主知识产权的脱硝催化剂生产技术，国内许多家单位开展了烟气 NH_3-SCR 催化剂的研发工作，如山东工业陶瓷研究院、西安热工研究院、清华大学、华北电力大学、大连化学物理研究所等。

在中国石化的大力支持下，抚顺石油化工研究院开展了催化裂化(FCC)烟气 SCR 工艺及配套催化剂的研究工作，成功的开发出适用于催化裂化烟气脱硝的 FN-2G 型脱硝催化剂。

2　FN-2G 型锅炉烟气脱硝催化剂研制

2.1　锅炉烟气脱硝催化剂设计思路

催化剂是 NH_3-SCR 系统的核心，其成分组成、结构、活性及稳定性直接影响 NH_3-SCR 系统的脱硝效率及运行状况，催化剂需达到如下几点要求：

(1) 具有良好的活性、选择性和稳定性。

(2) 催化剂床层压降低、不易堵塞。正常工况下，燃煤锅炉烟气中含有 10~50 g/m^3 的粉尘颗粒。粉尘颗粒黏附在催化剂表面不仅造成床层压降升高，而且会造成孔道堵塞。

(3) 在较低的温度下和较宽的温度区间具有高的活性和选择性。

(4) 低 SO_2/SO_3 氧化率。NH_3-SCR 催化剂的活性组分主要是 V_2O_5，V_2O_5 亦对 SO_2 氧化 SO_3 的反应具有一定的活性。SO_3 容易和未反应的 NH_3 在反应器后的系统中生成硫酸铵和硫酸氢铵，造成设备的腐蚀和堵塞。因此，催化剂中的 V 含量不能过高。

(5) 具有较好的热稳定性。锅炉烟气温度受锅炉燃烧工况的影响，其温度有一定的波动。

(6) 具有良好的机械强度。机械强度体现了催化剂抵抗气流(含粉尘)产生的冲击力、摩擦力、耐受上层催化剂的负荷作用，它是保证催化剂长期稳定运行的重要指标。

因此，NH_3-SCR 催化剂主要设计思想如下：

(1) 加入强度助剂。TiO_2 本身的强度较差，在催化剂成型过程中需要添加强度助剂。

(2) 烟气粉尘量 20~30 g/Nm^3，确定催化剂节距为 7.2mm；粉尘量 45~50 g/Nm^3，确定催化剂节距为 8.2mm。

(3) 提高 V_2O_5 在载体表面上的分散度。

(4) 根据烟气温度、烟气中粉尘及 SO_2 浓度选择 V_2O_5 用量，降低其对 SO_2 的氧化作用。

(5) 成型过程中加入造孔剂，使催化剂具有适宜的孔径分布。

(6) 控制好捏合、练泥、挤出过程的条件，使蜂窝体容易成型。

(7) 优化蜂窝体的干燥及焙烧条件。

2.2 FN-2G 脱硝催化剂实验室研制

2.2.1 催化剂载体、活性组分及助剂的确定

许多种氧化物对 NH_3 选择性催化还原 NO_x 反应具有活性，顺序为：$CuO \sim Fe_2O_3 > V_2O_5 > Cr_2O_3 > MoO_3 \sim WO_3 > ZnO \sim CoO \sim SnO_2 \sim TiO_2 > NiO$，其中 CuO 的活性最高，但其抗水性能差，选择性较差，反应中有较多的 N_2O 生成；尽管 Fe_2O_3 的活性也很高，但在 SO_2 存在下，活性下降很快，使用寿命较短；Cr_2O_3 也会导致 N_2O 的生成。因此，目前 V_2O_5 仍然是使用最多的活性组分，它具有活性高和选择性好的优点。因此，FN-2G 催化剂也采用 V_2O_5 作为主要活性组分。

脱硝率和 SO_2/SO_3 转化率是脱硝催化剂的两个重要指标。催化剂活性组分 V_2O_5 对 SO_2 转化为 SO_3 的氧化反应也具有催化活性。在脱硝反应过程中，SO_2/SO_3 转化率是需要控制在一定的范围内，一般控制在 1%以内，SO_2/SO_3 转化率越低对系统长期稳定运行越有保证。因为生成的 SO_3 与反应逃逸的 NH_3、烟气中的水蒸气等反应生成硫酸铵盐，硫酸铵盐在催化剂表面及 SCR 反应器下游设备和管道上沉积，可引起堵塞、腐蚀和压降上升等问题。

由此可见，催化剂中 V_2O_5 含量的选择既要对 NH_3 选择性催化还原 NO_x 反应具有良好的活性，同时也要尽可能减少 SO_3 的生成。钒含量对催化剂性能的影响见图 1。由图可知，随着 V_2O_5 含量的增加，催化剂的活性迅速增加，但 SO_2/SO_3 转化率也随之增大。

由图 1 可知，当钒含量大于 0.5%时，脱硝率大于 80%；而当钒含量大于 0.6%时，脱硝率大于 90%，且随钒含量的增加，脱硝率增加不大。实际应用中，脱硝催化剂中的钒含量一般控制在 0.6%~1.2%范围，设计反应温度较高时，宜选用较低钒含量的催化剂；设计反应温度较低时，宜选用较高钒含量的催化剂。

V_2O_5 对 NH_3-SCR 反应具有良好的催化活性，在实际应用中通常将其负载于其他氧化物载体上。载体的性质对 NH_3-SCR 反应有着重要的影响，研究表明，V_2O_5 在载体表面有两种形式：一种是孤立的钒活性位，其对 NH_3-SCR 反应具有很好的催化活性；一种是聚集态的钒活性位，其对 SO_2 氧化为 SO_3 的反应具有高的催化活性。因此，在催化剂制备过程中，需控制 V_2O_5 在载体表面

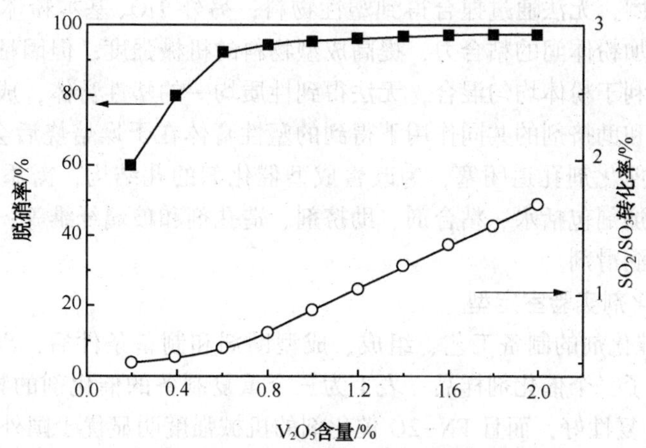

图 1　V_2O_5 含量对催化剂脱硝率的影响

（NO：650mg/m³，NO_2：50mg/m³，SO_2：900mg/m³，O_2：2.5%，H_2O：10%，NH_3/NO_x=1(摩尔比)，反应温度：350℃，SV：5000 h^{-1}）

上单层均匀分散。锐钛矿型 TiO_2 是普遍采用的 NH_3-SCR 催化剂的载体，其具有以下优点：1、V_2O_5 在 TiO_2 表面有很好的分散度；2、TiO_2 表面生成的硫酸盐的稳定性要比其他载体(如 Al_2O_3、SiO_2、ZrO_2 等)差。因此，在工业应用过程中不会因硫酸盐遮蔽表面活性位，同时这部分少量的硫酸盐还会增加反应的活性。

锐钛矿型 TiO_2 本身是不稳定的晶形，有形成热稳定性好的金红石型的趋势，导致比表面较大程度的下降。工业应用的 NH_3-SCR 催化剂，除了需要具有良好的活性和选择性外，还需要具有良好的机械强度、热稳定性和抗毒性，商业化的脱硝催化剂常常加入 WO_3 作为助剂来提高其这几方面的性能。WO_3 可提高 TiO_2 载体的热稳定性，抑制 TiO_2 的烧结和金红石化；可提高 V_2O_5/TiO_2 催化剂的活性，扩大活性温度窗口；WO_3 还可以抑制 SO_2 的氧化。

图 2 对比了催化剂 V_2O_5/TiO_2 和 $V_2O_5-WO_3/TiO_2$ 催化剂的活性温度窗口。由图中可知，WO_3 的添加明显增加了 V_2O_5/TiO_2 催化剂的低温活性和高温活性，扩大了催化剂的活性温度窗口。

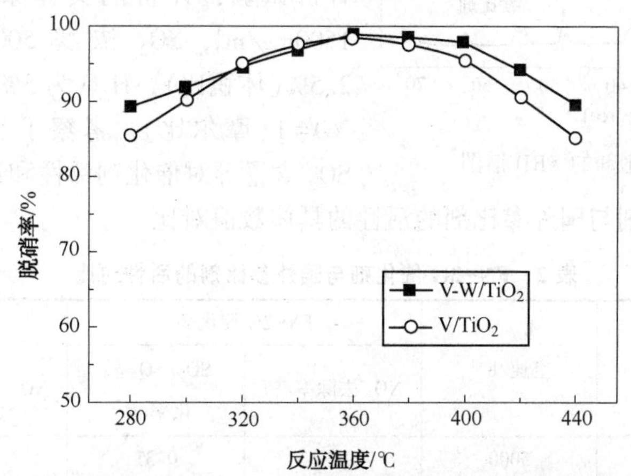

图 2　V_2O_5/TiO_2 和 $V_2O_5-WO_3/TiO_2$ 催化剂的活性温度窗口

（NO：650mg/m³，NO_2：50mg/m³，SO_2：900mg/m³，O_2：2.5%，H_2O：10%，NH_3/NO_x=1(摩尔比)，SV：5000 h^{-1}）

2.2.2　FN-2G 催化剂成型助剂及制备条件的考察

FN-2G 催化剂是以 TiO_2 粉体为基体，添加活性组分及助剂，与成型助剂等通过混合、捏合、挤出成型、干燥、焙烧等过程得到。以 TiO_2 为主体的催化剂物料属于瘠性物料，具有一定的水硬性，与水混合易集结成团，无法通过捏合得到塑性物料；另外 TiO_2 基本粉体比较松散，机械强度差，需添加粘合剂来增加粉体间的粘合力，提高成型物料的机械强度；但因粘合剂与水作用会形成粘性很强的胶状物，不利于粉体均匀混合，无法得到性质均一的塑性膏体，成型过程中还需添加适量的助挤剂；在粘合剂和助挤剂的共同作用下得到的塑性膏体在干燥焙烧后会具有一定机械强度，但捏合挤压会造成部分催化剂孔道闭塞，为改善成型催化剂的孔结构，需添加适量的造孔剂。因此，蜂窝状催化剂的添加剂包括水、粘合剂、助挤剂、造孔剂和玻璃纤维等；为避免塑性膏体与接触面的粘结，还需使用润滑剂。

2.2.3 FN-2G 催化剂实验室定型

在确定了 FN-2G 催化剂的制备工艺、组成、成型助剂和制备条件后，以钒含量 1%的催化剂为例在实验室重复制备了三个催化剂样品。表 1 为三个重复制备的催化剂的物化性质。结果表明，FN-2G 催化剂的制备重复性好，而且 FN-2G 催化剂的机械强度明显优于国外参比剂。

表 1 FN-2G 催化剂的主要物化性质

催化剂	01	02	03	国外参比剂	规格指标
V_2O_5 含量/%	0.94	1.07	0.96	1.1	1.0±0.1
WO_3 含量/%	4.87	4.94	5.01	4.5	5.0±0.5
强度(轴向)/MPa	2.4	2.2	2.3	1.6	≥1.5
强度(径向)/MPa	1.0	1.1	1.1	0.7	≥0.5

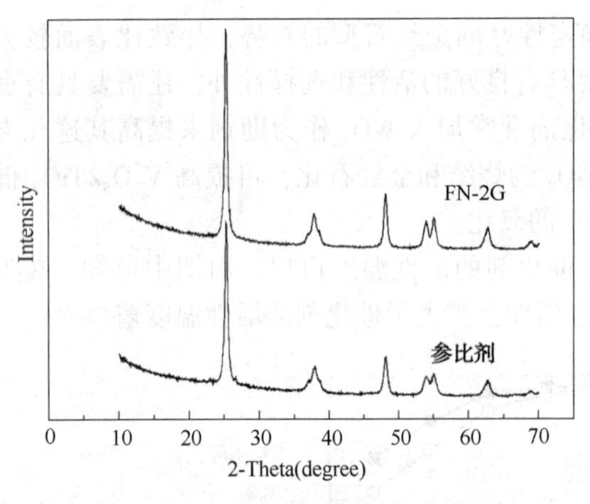

图 3 FN-2G 和参比剂的 XRD 谱图

图 3 是 FN-2G 催化剂和国外参比剂催化剂的 XRD 谱图。从 XRD 谱图可以看出，两个催化剂样品上都仅有锐钛矿型 TiO_2 的特征峰，未出现 V_2O_5 和 WO_3 的特征峰，表明金属组分在载体上具有很好的分散性。

在模拟烟气条件下，在 NH_3-SCR 催化剂小型实验装置上对 NH_3-SCR 催化剂和参比剂进行活性评价试验，评价的具体条件为：NO 浓度 500～1500mg/m³，SO_2 浓度 500～1500mg/m³，O_2 为 2.5%(体积比)，H_2O 为 5%～15%(体积比)，NH_3/NO=1(摩尔比)。考察了反应温度、空速、H_2O、SO_2 含量等对催化剂活性和选择性的影响。表 2 为 FN-2G 催化剂与国外参比剂的活性的具体数值对比。

表 2 FN-2G 催化剂与国外参比剂的活性对比

反应条件	温度/℃	空速/h^{-1}	FN-2G 催化剂		国外参比剂	
			NO_x 去除率/%	SO_2/SO_3 转化率/%	NO_x 去除率/%	SO_2/SO_3 转化率/%
温度的影响	300	5000	91.7	0.31	91.1	0.32
	340	5000	97.1	0.40	95.4	0.43
	400	5000	97.8	0.77	96.4	0.84
空速的影响	350	3000	97.2	—	96.4	—
	350	6000	96.1	—	94.1	—
	350	12000	92.2	—	91.4	—

通过以上试验的对比，可以看出 FN-2G 脱硝催化剂与国外参比剂的催化活性相当，达到了国

外参比剂的先进水平。

2.3 FN-2G 催化剂的工业放大

在实验室研制取得肯定结果的基础上，FN-2G 催化剂进行了工业放大。工业放大的主要工艺过程与实验室制备工艺过程基本相同，只是在捏合工序和挤出工序中间多了一个过滤工序。过滤工序主要是防止泥料中少量的硬颗粒在挤出过程中堵塞模具。放大共进行了 3 个批次，每次载体二氧化钛投料 400Kg，最终生产出催化剂成品 2.5 m^3，收率在 92%以上。工业放大 FN-2G 催化剂主要物化性质见表 3。由表 3 可见，工业放大的 FN-2G 催化剂质量稳定，物化性质重复了实验室小试结果，符合推荐指标要求。

表 3 工业放大 FN-2G 催化剂的主要物化性质

催化剂	FN-2G-A	FN-2G-B	FN-2G-C	规格指标/%
V_2O_5 含量/%	0.92	0.94	1.03	1.0±0.1
WO_3 含量/%	4.95	4.92	5.1	5.0±0.5
强度(轴向)/MPa	2.2	2.3	2.0	≧1.5
强度(径向)/MPa	1.2	1.0	1.1	≧0.5

表 4 对比了工业放大催化剂和实验室制备的催化剂活性比较。由表 4 可知工业放大催化剂的活性和选择性与实验室制备的催化剂基本一致，在反应温度 350℃，空速 4500 h^{-1} 条件下，NO_x 去除率大于 97%，SO_2/SO_3 转化率小于 0.6%。

表 4 工业放大 FN-2G 催化剂活性评价结果

催化剂	FN-2G-A	FN-2G-B	FN-2G-C	实验室	性能指标
反应温度/℃	350				
反应空速/h^{-1}	4500				
入口 NO 浓度/(mg/m^3)	700				
入口 SO_2 浓度/(mg/m^3)	900				
入口 H_2O 浓度/%(体)	10				
入口 O_2 浓度/%(体)	2.5				
NH_3/NO	1				
NO_x 转化率	97.5	97.1	96.8	97.4	≥90
SO_2/SO_3 转化率/%	0.51	0.54	0.48	0.52	≤1

3 FN-2G 催化剂的工业应用

为满足国家排放标准 GB 13223-2011(NO_x 排放小于 100mg/Nm^3)，中国石化南京化学工业有限公司动力部现有 3 台 220t/h 高压煤粉蒸汽锅炉进行脱硝改造，技术采用空气分级低氮燃烧+SCR 烟气脱硝组合工艺，空气分级低氮燃烧采用成熟技术，SCR 采用抚顺石油化工研究院和宁波技术研究院联合开发的“SCR 烟气脱硝工艺”。

1#锅炉脱硝单元于 2013 年 11 月初建成投产，11 月 6 日注氨，脱硝单元正式投用，目前已稳定运行 18 个月。在反应空速 3700~4100h^{-1}，反应温度 300~420℃，进口 NO_x 浓度 270~500mg/Nm^3，粉尘浓度 50g/Nm^3、SO_2 浓度 800~2000mg/Nm^3 条件下，经 SCR 脱硝处理后，出口 NO_x 浓度大多低于 50mg/Nm^3，平均 25.6mg/Nm^3，NO_x 去除率大多大于 90%，平均 92.9%，逃逸氨<2mg/Nm^3，符合国家和地方环保标准。图 4 为 SCR 脱硝装置连续运转数据。

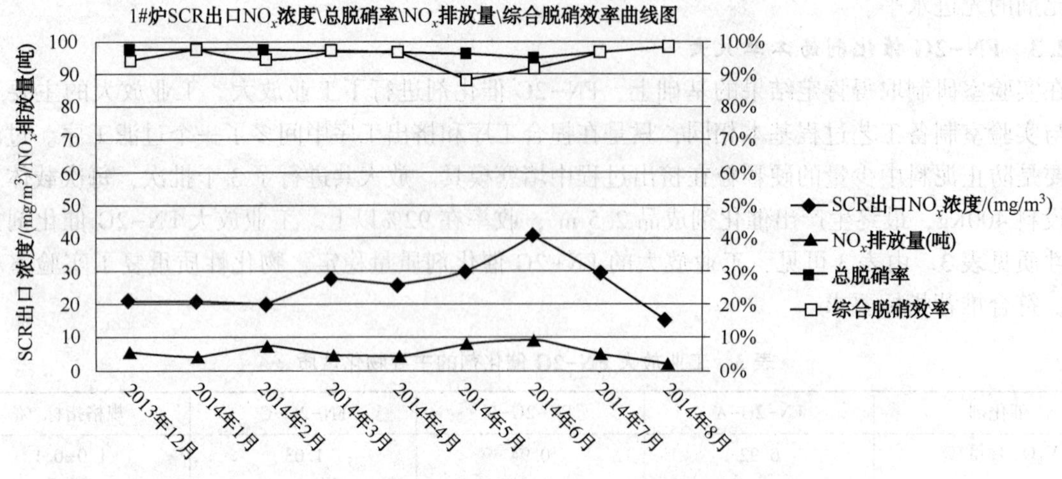

图4 工业化试验连续运转数据

4 结语

(1) FN-2G 催化剂是一种采用直接挤出成型方法制备，以纳米二氧化钛为载体，V、W 金属作为催化剂活性组分的均质催化剂，该催化剂强度明显优于国外参比剂，催化活性和选择性达到国外参比剂的先进水平。

(2) 工业应用试验结果表明：采用 FN-2G 催化剂处理锅炉烟气，在反应温度 300~420℃，3700~4100 h^{-1}空速下，净化烟气中的氮氧化物浓度远低于 100mg/Nm^3，符合国家及地方环保标准，装置运行稳定。

参 考 文 献

[1] Bssch H, Janssen F. Catalytic reduction of nitrogen oxides. A Review on the Fundamentals and Technology[J]. Catal. Today, 1988, 2: 369-532.

[2] Pio F. Environmental catalysis for stationary applications[J]. Catal. Today, 2000, 62: 51-65.

[3] Nakahjima F, Hamada I. The state-of-the-art technology of NO_x control[J]. Catal. Today, 1996, 29: 109-115.

[4] Ronald M. H. Catalytic abatement of nitrogen oxides-stationary applications[J]. Catal. Today, 1999, 53: 519-523.

[5] 段传和，夏怀祥 . 燃煤电站 SCR 烟气脱硝工程技术[M]. 北京：中国电力出版社 . 2009.

低焦炭重油催化裂化催化剂 LZR-30 的性能评价及工业应用

谭争国　潘志爽　张海涛　袁程远　李雪礼　段宏昌

（中国石油石油化工研究院兰州化工研究中心，兰州　730060）

摘　要：从实验室评价和工业应用对低焦炭 LZR-30 催化裂化催化剂的性能进行考察。实验室评价和工业应用结果表明，与装置在用剂相比，LZR-30 催化剂具有良好的焦炭选择性和重油转化能力，增加了催化装置操作弹性和对原料油的适应性，提高了高附加值目的产品收率。

关键词：催化裂化　重油　焦炭　催化剂　工业应用

1　前言

流化催化裂化技术（FCC）因投资相对较少、原料适应性强、操作简单，成为重质油二次加工的重要手段[1]。随着世界范围内优质、轻质原油资源的日趋枯竭[2]和焦化生产能力的提高，炼油企业为挖潜增效，在催化裂化装置中掺炼大比例的劣质原油，如渣油、焦化蜡油、脱沥青油等。由于劣质原料油可裂化性能差，导致 FCC 催化剂上积碳量增加[3]，焦炭吸附于催化剂酸性中心上不易脱附[4]，严重影响催化剂流化性能和高附加值目的产品分布。

众所周知，催化装置单程转化率的提高会引起焦炭产率的增加，一般认为调节催化剂酸性中心[5]和提高催化剂的中大孔比例[6]可以有效改善催化剂的重油转化能力和焦炭选择性的矛盾。中国石油开发的新型低焦炭重油催化裂化 LZR-30 催化剂采用了大孔基质材料和催化剂酸性优化控制组合技术，可以在提高催化剂重油转化能力的同时，改善催化剂的焦炭和气体选择性，提高轻质油品特别是汽油收率，最大化提高催化装置综合效益。本文主要从实验室中型装置和工业应用两个方面考察了该催化剂的综合反应性能。

2　实验部分

2.1　原料油性质

实验室评价以中国石油某炼厂重油催化裂化装置原料油为原料，该原料为减压渣油、直馏蜡油与焦化蜡油的混合原料，原料性质见表 1。从表 1 可知，原料的芳烃、胶质和残炭较高，且含有高的铁、镍、钙等重金属和氮含量。

表 1　实验室评价原料油性质

项　目		某炼厂重催原料油
分子量/(g/mol)		>500
残炭/%		5.43
元素分析	C/%	85.64
	H/%	12.32
	N/%	0.22
	S/%	/

续表

项　目		某炼厂重催原料油
重金属/(μg/g)	Fe	27.43
	Ni	15.44
	Ca	27.51
	Cu	0.12
	V	0.78
	Pb	<0.01
	Na	/
烃族组成/%	饱和烃	55.9
	芳烃	34.9
	胶质	9.2
	沥青质	/

2.2　实验室评价方法

ACE 反应评价：经 MCD 污染的催化剂，镍含量达 5000μg/g、钒含量达 3000μg/g，在 ACE (Advanced Cracking Evaluation) 评价装置上，反应温度为 530℃，m(催化剂)/m(原料油)(剂油比)为 3、4、5、6、7，考察 MCD 老化后催化剂不同转化率的产品分布。

3　LZR-30 催化剂实验室性能评价

图 1 为 LZR-30 催化剂与对比剂的重油 ACE 评价结果：与对比剂相比，在不同转化率条件下，LZR-30 催化剂显示出良好的焦炭选择性和高价值目的产品选择性，综合性能优于对比剂。

4　LZR-30 催化剂的工业应用

4.1　装置概况

LZR-30 催化剂在某炼厂 1.4Mt/a 重催装置进行了工业应用，该装置设计原料为直馏蜡油、减压渣油和焦化蜡油，2015 年 5 月以来该装置催化原料密度、残炭、重金属含量、胶质、沥青质含量大幅上升，原料性质的巨大波动，导致装置在用催化剂表面挂焦严重、再生剂定碳高达 0.6%，催化剂在提升管、再生器内流化异常，这加大了装置的操作难度，其中反应温度维持在 510~519℃左右，日加剂量 10 吨，严重影响了装置的平稳运行。为解决装置实际生产中遇到的问题，2015 年 9 月 20 日该装置开始试用中国石油石油化工研究院新开发的 LZR-30 催化裂化催化剂。

4.2　原料油性质

使用 LZR-30 催化剂前后原料油性质见表 2。由表 2 可见，使用 LZR-30 催化剂期间原料油性质较差，胶质、沥青质、碱氮含量高，加工难度增大；同时重金属钠远高于之前的含量，钠易吸附与催化剂酸性中心发生中和作用，降低催化剂的活性[7]，这对催化剂裂化性能提出更高的要求。

表 2　原料油性质

项　目	加 LZR-30 剂前原料性质	加 LZR-30 剂后原料性质
密度/(kg/m^3)	906.6	913.1
残炭/%	4.0	4.13
铁/(mg/kg)	9.202	9.206
镍/(mg/kg)	13.67	11.78
钙/(mg/kg)	61.96	69.11
钠/(mg/kg)	9.838	26.35

续表

项 目	加 LZR-30 剂前原料性质	加 LZR-30 剂后原料性质
钒/(mg/kg)	0.312	0.786
硫含量/%	0.212	0.136
碱氮/(μg/g)	1594	1742
饱和烃/%	54.6	54.8
芳烃/%	30.6	27.2
胶质/%	14.8	15.2
沥青质/%	<0.1	2.8

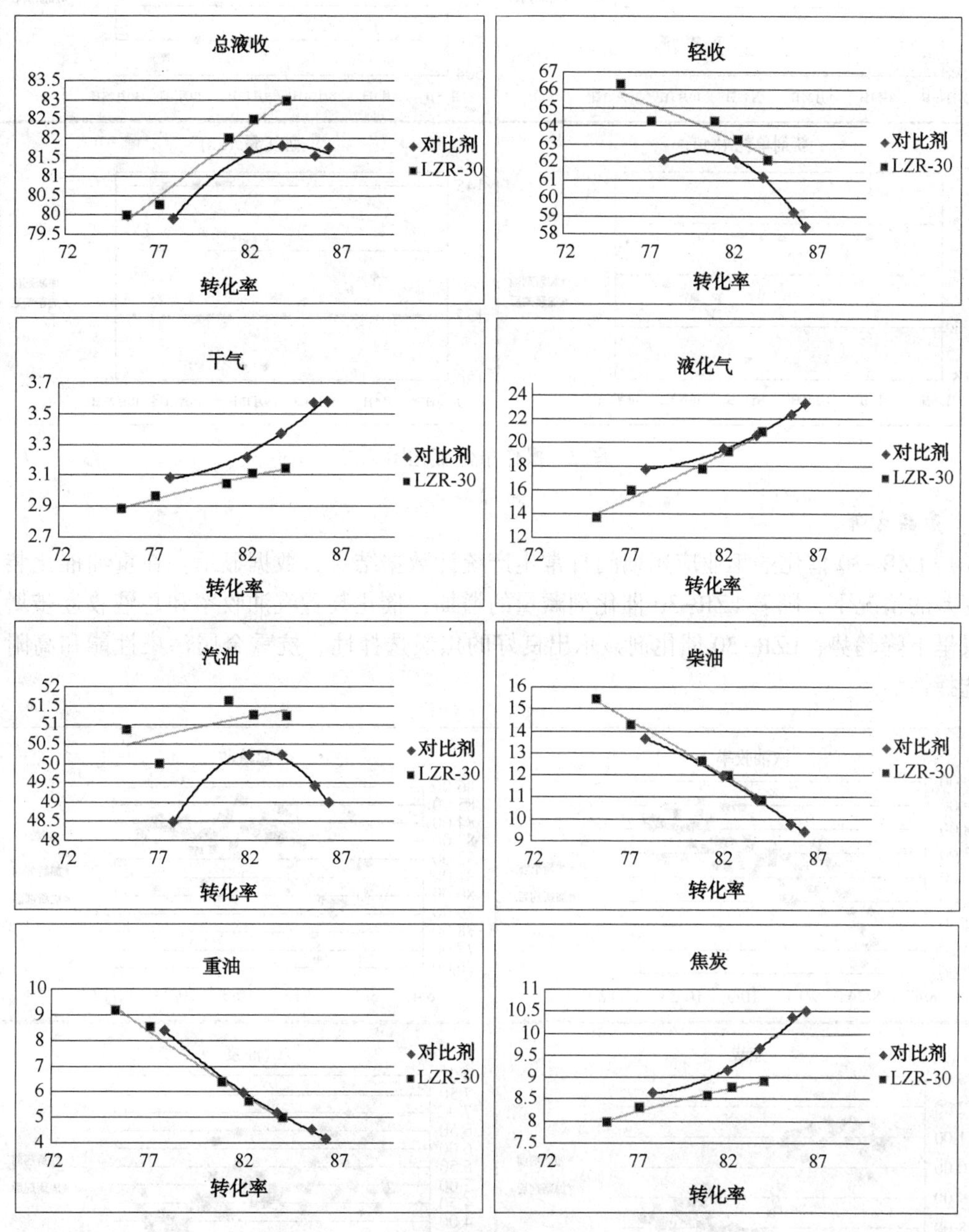

图 1 LZR-30 催化剂与对比剂反应性能评价

4.3 操作条件

加入 LZR-30 催化剂前后操作参数变化如图 2 所示。从图 2 可以看出，使用原有催化剂期间，由于原料油性质恶化，重油转化能力下降，导致回炼油液位较高。为了装置的平稳运行，该装置采取提高反应温度、提高催化剂单耗和降低加工量来提高重油单程转化；使用 LZR-30 催化剂后，装置加工量提高至 145t/h，反应温度从原来最高 519℃降低至 505℃，催化剂单耗从 2.1kg/t 降低至 1.4kg/t，目前该催化装置运行平稳，这表明 LZR-30 催化剂具有良好的焦炭选择性和重油转化能力，增加了装置的操作弹性和原料适应性。

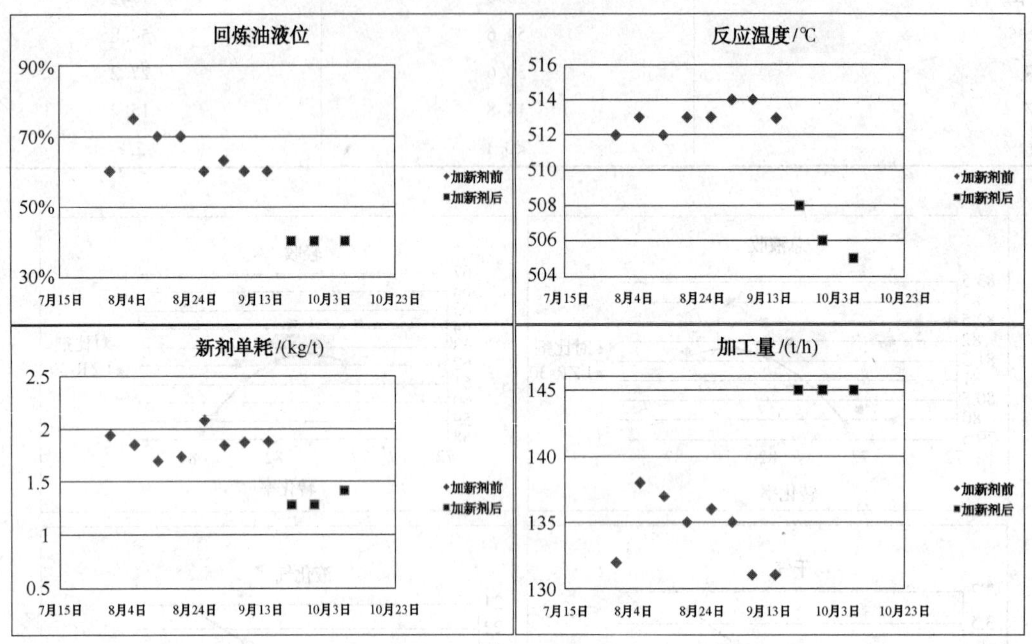

图 2　操作条件变化图

4.4　产品分布

图 3 是 LZR-30 催化剂工业应用期间日常生产统计数据结果，数据显示：在重油催化装置原料油性质变差的情况下，随着 LZR-30 催化剂藏量的增加，催化装置汽油收率和总液收逐步增加，重油和焦炭呈下降趋势；LZR-30 催化剂显示出良好的焦炭选择性、抗重金属污染性能和高附加值目的产品选择性。

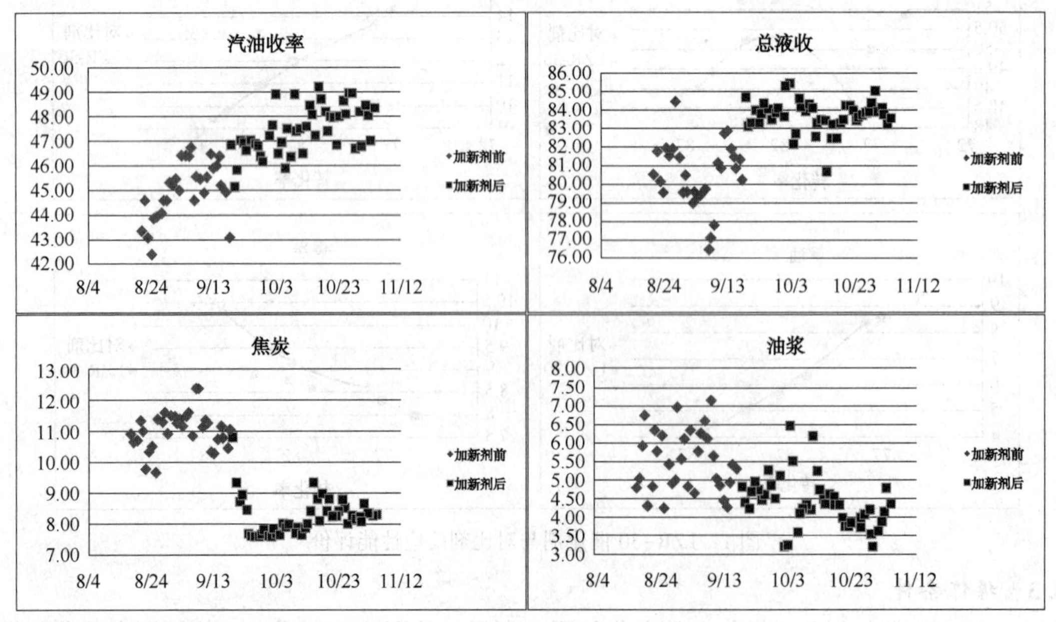

图 3　产品分布变化图

5 结语

实验室评价和工业应用结果表明，LZR-30 催化剂具有良好的焦炭选择性、抗重金属污染性能和高附加值目的产品选择性，可以显著改善催化装置操作弹性，增加了催化剂对催化原料的适应性；通过催化剂方案的微调优化，可以形成 LZR-30 系列催化剂产品，对加工不同性质的催化原料、改善装置目的产品分布具有积极意义。

参 考 文 献

[1] 刘从华，邓友全，高雄厚 . 酸改性高岭土基质 FCC 催化剂的反应性能[J]. 工业催化，2003，11(4)：49-53.

[2] 孙晓龙 . 世界炼油行业发展现状与趋势[J]. 中国化工贸易，2013，5(3)：270.

[3] 吴寒金 . FCC 催化剂上焦炭选择性及焦炭转化的研究[J]. 华东师范大学硕士学位论文，2014：3-4.

[4] 宋海涛，刘泽龙，陈蓓艳等 . FCC 催化剂组元上轻柴油裂化反应焦炭的结构组成[J]. 石油学报：石油加工，2004，20(5)：71-77.

[5] 李获，谭争国，张海涛 . FCC 催化剂酸性与孔结构对焦炭选择性的影响[J]. 工业催化，2013，21(4)：49-52.

[6] 陈蓓艳，蒋文斌，何鸣元等 . 催化裂化催化剂的设计对清洁汽油产生的影响[J]. 石油炼制与化工，2005，36(12)：33-36.

[7] 黄风林，辛星 . FCC 催化剂上金属污染及其钝化机理[J]. 现代化工，2009，29(10)：86-90.

EO催化剂反应异常波动分析处理

王　麟

(中国石油化工股份有限公司镇海炼化分公司烯烃部)

摘　要：介绍了环氧乙烷/乙二醇装置(EO/EG)环氧乙烷催化剂反应机理。从影响催化剂反应的影响因素入手，深入分析装置催化反应异常波动的主要原因，并提出有效解决措施。

关键词：催化剂　异常波动　促进剂

1　前言

环氧乙烷(EO)是重要的基本有机化工原料，在乙烯系列产品中，它是仅次于聚乙烯的第二大类产品。主要用于生产乙二醇，还可用于生产洗涤剂、芦花鸡、特种助剂等多种非表面活性剂和其他精细化工产品。目前，环氧乙烷是以乙烯和氧气为原料，在银催化剂上直接氧化制得。银催化剂的反应性能除主要取决于催化剂本身性能外，还与许多工艺条件有直接的关系，如乙烯、氧气、二氧化碳、致稳剂、抑制剂和促进剂等。

镇海炼化65万吨/年环氧乙烷/乙二醇装置采用美国陶氏化学(DOW)的METEOR环氧乙烷/乙二醇工艺技术专利。采用高选加高活的METEOR200银催化剂，以乙烯和氧气为原料，在致稳剂、抑制剂、促进剂存在下，在2.0MPa(G)左右的压力和230℃左右初始温度条件下，乙烯与氧气在列管式固定床反应器中直接反应生成环氧乙烷。

对装置实际运行过程中遇到的环氧乙烷催化剂反应工况异常波动处理进行了阐述，为环氧乙烷催化剂研究和工业生产提供一定的参考。

2　乙烯环氧化过程中的反应

银催化剂存在下，在一定压力、温度条件下，乙烯与氧气在列管式固定床反应器中直接反应生成环氧乙烷，同时生成副产物CO_2和水，以及其他副产物。主要化学反应如下：

$$C_2H_4+1/2O_2 = C_2H_4O+105.5kJ/mol \text{ 主反应} \quad (1)$$

$$C_2H_4+3O_2 = 2CO_2+2H_2O+1322.6kJ/mol \text{ 并行副反应} \quad (2)$$

$$C_2H_4O+5/2O_2 = 2CO_2+2H_2O+1316.4kJ/mol \text{ 串行副反应} \quad (3)$$

$$C_2H_4+1/2O_2 = CH_3CHO \quad (4)$$

$$C_2H_4+O_2 = 2HCHO \quad (5)$$

$$C_2H_4O = CH_3CHO \quad (6)$$

工业生产中，在银催化剂的作用下，反应产物主要是环氧乙烷、二氧化碳、水。还有极少量甲醛和更少量乙醛，主要由(6)生成。反应(2)和反应(3)是单独进行的，由EO生成的CO_2的量不会大于CO_2总量的25%[1,2]。EO生成CO_2和H_2O的过程，大部分经EO异构成乙醛，后者再氧化生成CO_2和H_2O。而甲醛、乙醛的量非常少，因此反应(4)、反应(5)、反应(6)可以忽略不计。

选择性、活性和稳定性是银催化剂反应性能的主要指标。

3　氧化反应过程中的波动分析处理

在各参数相对稳定的情况下，EO催化剂反应的活性和选择性相对稳定。活性波动范围一般在

±0.1kg/s，选择性波动范围一般在±0.05%。

某大型环氧乙烷/乙二醇装置在实际运行过程中出现了环氧乙烷催化剂反应工况异常波动，自4月份开始出现催化剂反应无规律异常波动，且越来越频繁。波动时，催化剂活性明显瞬间下降，伴随选择性瞬间上升；随后活性、选择性又重新恢复至原位，时间持续约1h。现象如图1所示。

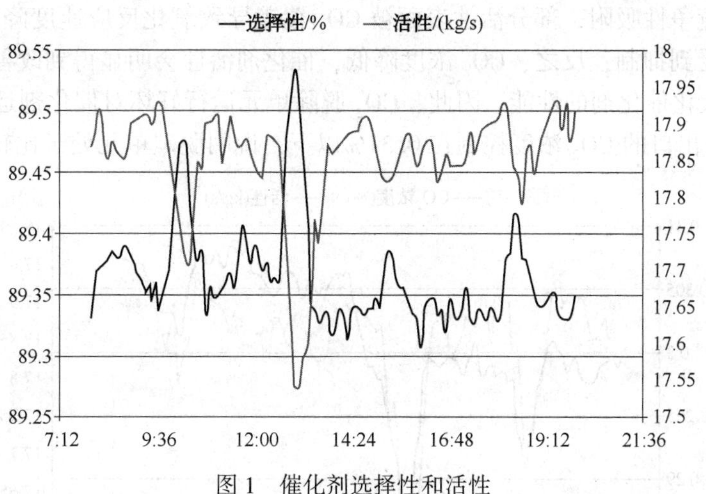

图1　催化剂选择性和活性

从图1可以看出，催化剂在当日出现多次波动，最大一次活性瞬间下降约0.4kg/s，选择性瞬间上升0.25%。

3.1　波动原因分析

引起EO催化剂活性瞬间下降的主要因素[3]有抑制剂过量、促进剂失量、脱碳单元效果差、EO吸收塔吸收效果下降、反应器部分列管失活、吸收水系统发泡、反应器带液、氧气进料量突然降低等。

实际生产过程中，EO吸收塔吸收效果下降、反应器部分列管失活、吸收水系统发泡、反应器带液、氧气进料量突然降低等问题现象明显，均可以通过运行参数和现场检查进行验证。经过验证，逐步排除了以上几种原因，下面重点针对抑制剂过量、促进剂失量、脱碳单元效果差3种原因进行分析。

3.1.1　抑制剂短时过量

抑制剂采用计量泵注入，自动流量控制，流量稳定。Z表示循环气系统内气相抑制剂有效组成的含量，其高低与催化剂表面有效抑制剂的含量相对应。Z的影响因素很多，主要有抑制剂注入流量、乙烷浓度、乙烯浓度、循环气放空损失等。

$$Z=(2EDC+ECL+VCL)/(0.01C_2H_4+C_2H_6) \tag{7}$$

注：EDC为二氯乙烷；ECL为氯乙烯；VCL为氯甲烷

正常约有80%的抑制剂在系统内循环，回收情况与解析再吸收塔C-6404A上塔(再吸收塔)运行好坏有紧密联系。补充量仅占20%，理论上不会出现总氯瞬间过量的情况，即便抑制剂出现短时过量，理论上也不会出现活性瞬间下降又再次恢复的可能。因此，可以判断，如果因抑制剂量变化导致催化剂波动，唯一的影响因素即C-6404A运行工况不佳。

鉴于装置Z和C-6404A塔床层差压确实出现了大幅波动的情况，且两者之间确实存在较强的相关性，因此，装置针对引起C-6404A塔床层差压波动的几个因素，进行了优化调整。

（1）通过提高下塔C-6404B解吸蒸汽和上塔C-6404A的再吸收水量，优化塔的气液相分配。

（2）鉴于C-6404A上塔两段填料恰好在合适的低EO浓度下易滋生细菌，按程序进行了在线杀菌。

（3）将Z改投串级控制，控制在11~11.5，进一步消除波动影响。

(4) 提高吸收水中的消泡剂注入量，避免系统发泡影响。

通过以上优化操作，Z逐步趋于平稳，但催化剂波动现象未得到消除。

3.1.2　脱碳效果下降

CO_2 对乙烯与氧气生成 EO 的氧化反应有抑制作用，抑制机理是 CO_2 与反应物乙烯和氧气在银催化剂表面上发生竞争性吸附，部分活性表面被 CO_2 覆盖导致氧化反应速度降低。CO_2 浓度升高，催化剂活性会明显受到抑制；反之，CO_2 浓度降低，催化剂活性会明显得到改善。降低反应器入口 CO_2 浓度有助于最大化催化剂的性能。因此，CO_2 脱除单元运行好坏对催化剂运行至关重要。从图2可以看出，吸收塔出口的 CO_2 浓度控制在 0.31%以下，说明脱碳单元处于比较好的运行状态。

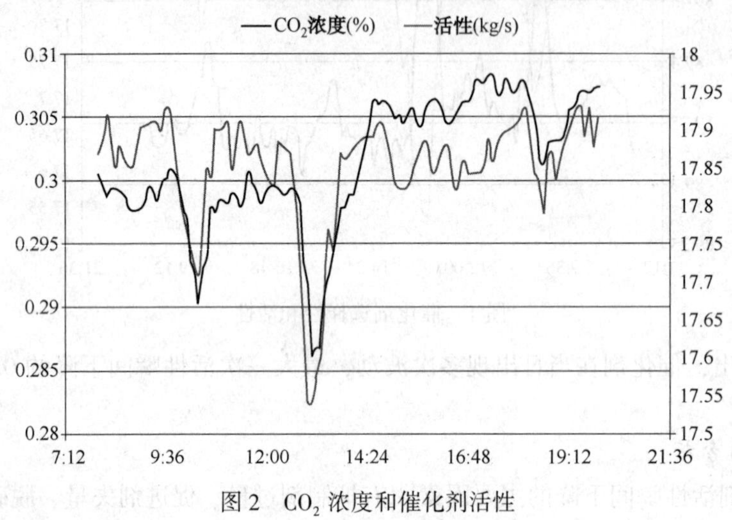

图2　CO_2 浓度和催化剂活性

从图2看，催化剂活性和 CO_2 浓度波动几乎同步，因此可以判断 CO_2 浓度波动是催化剂波动的结果。

3.1.3　促进剂流量下降

促进剂液氨在常温和平衡蒸汽压下储存，并通过膜片式促进剂计量泵(G-6606/6607)加入循环气回路。加入反应循环系统的促进剂流量由三个一组的冗余流量计(FT6135-71/72/73)测量，这些流量计可通过调节流量控制器(FC6135-71A/B)的设定值，进而调整 G-6606/6607 的冲程。

促进剂通过浓度串级控制计量泵注入，并由一股经过加热的循环气携带进入循环气系统，经过反应器参与反应转化，示意流程见图3。

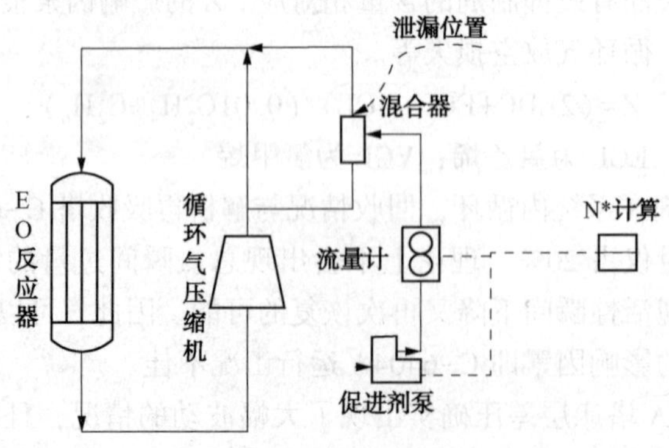

图3　促进剂加入示意图

DCS 根据循环气组成、压力、促进剂注入量等参数计算出促进剂在催化剂上的浓度，用 N 表示。可以通过改变 N 设定值来改变促进剂注入量。

$$N=(\text{inlet } NH_3,\ \text{ppm})\times(iP/23.45) \tag{9}$$

促进剂进入反应器后转化为氧化物参与反应，随后进入后系统继续反应生成硝酸盐、亚硝酸盐等各种盐类物质，不会再重新返回反应器，因此实际注入量的多少对催化剂有着直接影响。从前期实际生产经验看，因促进剂计量泵故障致使促进剂短时中断时，催化剂活性明显下降，促进剂恢复后，活性也随之恢复。因此判断，促进剂瞬间失量的可能性最大。

3.2 问题查找处理

针对问题，安排对促进剂注入相关流程、设备进行深入排查，最终发现促进剂混合器下游法兰焊接处存在4cm长的裂纹。裂纹产生的原因为管线存在震动，三通存在应力，造成焊缝位置疲劳开裂。因裂纹较长，介质压力高(2.1MPa)，在线铆不住；且循环气介质含有EO，无法进行动火作业。经过研究，决定采取对缺陷进行注胶，并对混合器前后法兰进行锁紧固定的处理方案。

从图4可以看出，经过处理后，催化剂反应很快趋于平稳，且活性有明显上升，催化剂波动问题得到有效解决。

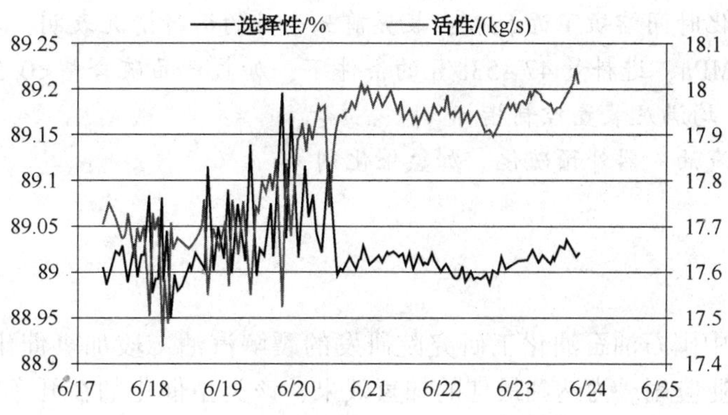

图4 处理前后催化剂选择性和活性变化

4 结语

(1) 促进剂能在催化剂表面产生辅助活性点，能够明显促进EO催化剂反应，其注入量多少直接影响催化剂活性好坏。

(2) 添加促进剂虽然有利于EO催化剂活性提高，但同时带来流程复杂，控制难度大，生成杂质盐类等问题。

(3) 择机对缺陷的混合器进行更换，彻底消除隐患。

(4) 希望尽快能够在装置中应用不需要添加促进剂的EO催化剂。

参考文献

[1] 李凤华. 乙烯氧化制环氧乙烷反应器操作参数的优化[J]. 石油化工，2002，(12).

[2] 金积铨，古彦丽. 反应气杂质对银催化剂催化氧化乙烯制环氧乙烷反应的影响[J]. 石油炼制与化工，1996，27(9)：25-30.

[3] 梁汝军，蒋文贞，金积铨等. 乙烯环氧化反应中各组分含量对催化剂性能的影响[J]. 石油化工，2003，32：365-367.

器外硫化态裂解汽油二段 LY-9802 催化剂在扬子巴斯夫的工业应用

王斌[1] 孙利民[1] 马好文[1] 高 勇[2] 胡晓丽[1] 郑云弟[1] 展学成[1]

(1. 中国石油兰州化工研究中心，甘肃兰州 730060；2. 扬子石化-巴斯夫有限责任公司，江苏南京 211500)

摘 要：2015 年，器外预硫化态 LY-9802 催化剂在扬子巴斯夫首次实现工业应用，活化过程较器内硫化时间缩短了近 50%；装置前五个月的运行情况表明，在入口温度 230 ~240℃，压力 2.6MPa，进料量 47~53t/h 的条件下，加氢产品硫含量<0.5mg/kg，溴价<0.05gBr_2/100g 油，均满足装置控制指标。

关键词：裂解汽油 器外预硫化 加氢催化剂

1 前言

LY-9802 催化剂是中国石油石油化工研究院研发的裂解汽油二段加氢催化剂，该催化剂已经在众多厂家成功进行工业应用。为达到最佳的加氢效果，该类型催化剂在开车前要进行硫化处理。目前普遍采用的是器内硫化，但器内预硫化存在开工现场需要专用硫化设备，硫化时间较长，容易产生催化剂床层温度陡升而造成催化剂活性暂时或永久损失和催化剂硫化不完全等缺点，影响其活性。新开发出的器外硫化态 LY-9802 催化剂不仅简化开工步骤、节省开工时间，而且降低金属氧化物被还原的可能性，确保催化剂充分硫化，避免了开工人员与有危害的硫化剂接触。

2015 年 5 月，器外硫化态裂解汽油二段加氢催化剂 LY-9802 在扬子巴斯夫首次实现工业应用，活化阶段无需注入硫化剂，大大降低了开工周期，一次投油成功，产品合格。投油后五个月的数据显示，产品各项指标均明显优于控制指标，装置运行平稳。

2 催化剂装填

器外预硫化态 LY-9802 催化剂装填方式和氧化态一样，可在空气中装填。装填数据和示意图分别见表 1 和图 1。

表 1 催化剂及瓷球装填情况表

项 目	代表意义	装填高度/mm	装填体积/m^3	质量/kg
瓷球	上部 Φ6	200	1.6	—
催化剂	LY-9802	6150	49.5	32620
瓷球	下部 Φ6	100	0.8	—
瓷球	下部 Φ13	100	0.8	—
瓷球	下部 Φ25	100	0.8	—
瓷球	下部 Φ50	—	—	—

3 催化剂制备

在氧化铝粉体中加入适量的生物大分子、黏合剂等进行捏合，待粉体捏合到一定程度后进行挤

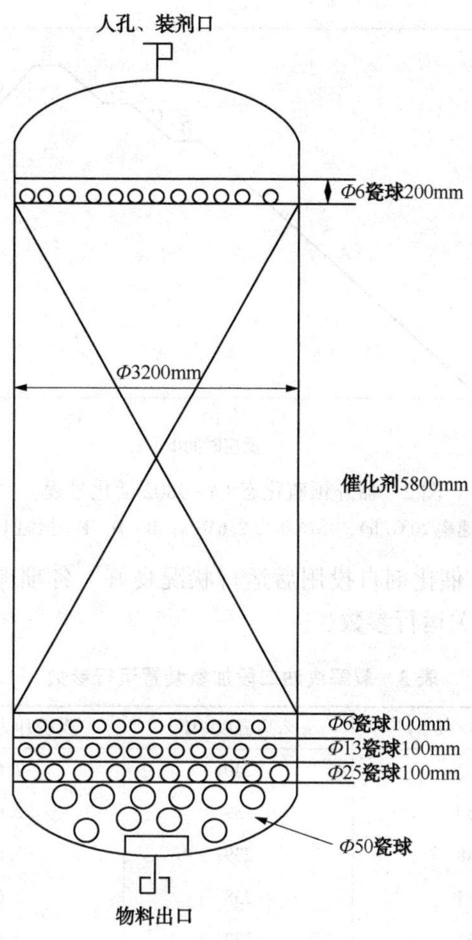

图1 催化剂及瓷球装填简图

条、烘干、物理处理、焙烧等相应工序制备成氧化铝载体备用。分别加入含有钴、钼、镍的盐制备成溶液，用氧化铝载体浸渍，后经老化、烘干、焙烧制成LY-9802催化剂[1]。LY-9802是Co-Mo-Ni型加氢催化剂，既有较高的活性，又能在一定程度上减少催化剂结焦，可对烯烃最大限度的加氢饱和、加氢脱硫[2]。LY-9802催化剂的物性见表2。

表2 LY-9802催化剂物性表

项目	合同指标	项目	合同指标
外观尺寸/mm	Φ1.1~1.3×3~20，三叶草条	侧压强度/(N/cm)	≥40
堆密度/(g/mL)	0.70±0.05	活性组分及载体	C_O-M_O-Ni/Al_2O_3
比表面积/(m^2/g)	240±20		

4 催化剂活化

器外预硫化态LY-9802催化剂采用硫化剂和烃类吸附填充催化剂孔道，形成活性金属的硫氧化物，并被有机聚合基质保护起来。开工时，在氢气存在条件下，在一个较宽的温度范围内进行活化处理，进一步转化成活性金属硫化物。整个活化过程装置现场无异味，床层温升≯12℃，耗时约20h，较氧化态催化剂器内硫化时间缩短了50%[3]，如图2所示。

5 催化剂的工业应用情况

2015年4月，完成催化剂的工业装填任务，氮气置换封存；同年5月，催化剂进行活化、开

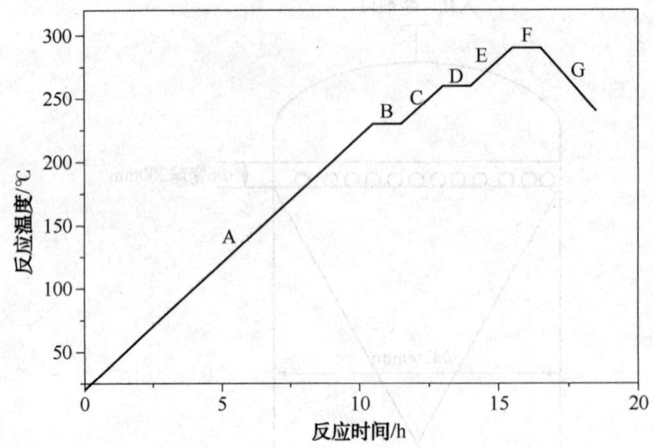

图 2 器外预硫化态 LY-9802 活化过程

A、C、E—升温(升温速率 20℃/h)，系统压力 2.6MPa；B、D、F—恒温 1h；G—降温预备投油

车投油。器外硫化态 LY-9802 催化剂自投用后运行状况良好，各项考核指标均达到厂家要求，目前已完成工业标定。表 3 为相关运行参数。

表 3 裂解汽油二段加氢装置运行参数

时间/M	进料量/(t/h)	入口温度/℃	反应压力/MPa	床层压差/kPa
1	53	240	2.6	13.1
2	50	239	2.6	12.9
3	48	239	2.6	12.7
4	47	238	2.6	11.9
5	51	232	2.6	12.6

从表 3 可知，装置稳定运行后，入口温度逐渐的降低、床层压差无明显增加，说明器外硫化态 LY-9802 催化剂运行良好。

5.1 反应器入口及出口温度

如图 3 所示，开车初期反应器入口温度为 240℃，加氢产品溴指数、硫含量、氮含量等指标均符合厂家要求，在经过一段时间的稳定运行后，入口温度已经降低至 230℃，产品质量稳定，表明该催化剂在反应初期具有高活性及低反应起始温度的优点。

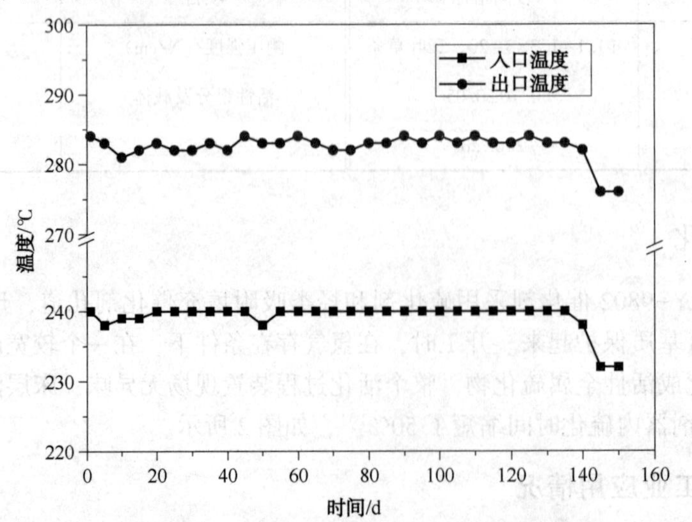

图 3 裂解汽油二段反应器入口、出口温度

5.2 原料产品硫含量

从图 4 可以发现，催化剂在前五个月的运行中，原料中硫含量波动幅度较大，但是加氢产品中硫含量一直控制在<0.5mg/kg；特别是当原料中的硫含量达到 120mg/kg 时，产品依然合格，器外硫化态 LY-9802 表现出优良的脱硫活性和稳定性。

5.3 原料产品溴价

从图 5 可知，加氢产品的溴价控制在<0.05gBr/100g 油，优于其他同类型催化剂[4]。表明器外硫化态 LY-9802 催化剂具有良好的烯烃加氢饱和性能，并且在长周期的运行中，能够保持稳定的加氢活性。

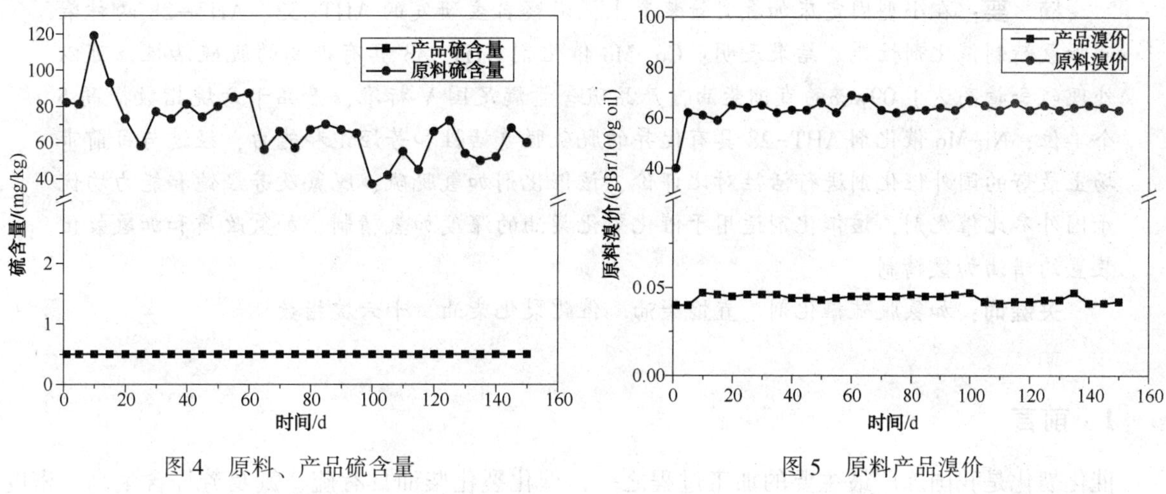

图 4　原料、产品硫含量　　图 5　原料产品溴价

6　结语

（1）器外硫化态 LY-9802 在扬子巴斯夫的工业应用表明，活化过程无需注入硫化物，而且活化过程无明显集中放热现象，温升较低，避免出现活性组分被还原的风险；相较于器内硫化，简化了开工步骤，缩短了开工周期，大大提高了开工效率。

（2）器外硫化态 LY-9802 催化剂开车运行后的五个月中，运行状况良好，入口温度稳中有降、加氢产品硫各项指标均满足技术要求、床层压差无明显变化，表现出优异的低温加氢脱硫活性、烯烃加氢饱和能力和加氢稳定性。

参　考　文　献

[1] 梁顺琴，吕龙刚，许东义等．一种选择性镍系加氢催化剂及其制备方法、应用：中国，200610000172.4［P］．2007-07-11.

[2] 王城威，苏君来，李亚男．LY-9702/LY-9802 型催化剂在裂解汽油二段加氢中的应用[J]．乙烯工业．2011.23（2）：60-63.

[3] 吴杰，王建红等．裂解汽油二段加氢催化剂 LY-9802 的工业应用[J]．化工进展．2012，31(11)：2574-2576.

[4] 蒋邦勇，梁顺琴，钱颖等．裂解汽油二段加氢 LY-9702 和 LY-9802 复合床催化剂的工业应用[J]．石化技术与应用．2008，26(5)：463-466.

柴油深度加氢脱硫催化剂的研究与开发

郭贵贵　白　玉　曲良龙

(北京安耐吉能源工程技术有限公司，北京　100190)

摘　要：在小型固定床加氢实验装置上，考察自主研发的 AHT-33、AHT-28 两种柴油加氢精制催化剂性能。结果表明：Co-Mo 催化剂 AHT-33 具有很高的脱硫活性，可以处理硫含量高达 1.09w%的直馏柴油，产品硫含量满足国 V 标准，产品十六烷指数提高 5 个单位；Ni-Mo 催化剂 AHT-28 具有优异的脱硫脱氮活性和芳烃饱和能力，经过与目前市场上最好的国外催化剂进行活性对比评价，该催化剂加氢脱硫、脱氮及芳烃饱和能力均优于国外参比催化剂，该催化剂适用于催化裂化柴油的深度加氢精制，加氢改质和加氢裂化装置的蜡油加氢精制。

关键词：加氢脱硫催化剂　直馏柴油　催化裂化柴油　十六烷指数

1　前言

催化裂化是我国炼厂最主要的加工过程之一，催化裂化柴油具有硫、氮及芳烃含量高、密度大、十六烷值低、稳定性差等特点，需要高苛刻度的深度加氢才能达到要求[1~2]，是炼厂最难加工的柴油馏分。根据国家油品升级战略，2017 年 1 月 1 日起，全国全面供应国 V 标准车用汽柴油，国 VI 排放标准征集意见稿已发布，预计 2020 年全国汽柴油达到国Ⅵ排放标准。伴随世界范围内原油劣质化和重质化程度的加剧，直馏柴油和催化裂化柴油性质愈发恶劣，对于加氢精制催化剂性能的要求越来越高。北京安耐吉能源工程技术有限公司针对这一市场现状，成功研发了两种加氢精制催化剂：以 Co-Mo 为主要活性组分的加氢精制催化剂 AHT-33 具有很高的脱硫活性，适用于高硫直馏柴油；以 Ni-Mo 为主要活性组分的加氢精制催化剂 AHT-28，拥有较高的脱硫脱氮活性和芳烃饱和能力，适用于处理劣质的催化裂化柴油。本文主要介绍两种精制催化剂在小型固定床加氢装置上的实验结果。

2　实验部分

2.1　原料油

实验使用原料油有两种：一种是中国石油化工股份有限公司某分公司的高硫直馏柴油；另一种是山东某地方炼厂的催化裂化柴油。原料性质见表 1 和表 2。

2.2　试验装置

试验装置为小型固定床加氢装置，采用单段一次通过流程，氢气不循环使用。工艺流程示意图见图 1。

原料油通过原料油泵增压输送，在反应器入口与氢气混合后进入等温反应器，反应产物进入高压分离器进行油气分离。高压分离器底部流出物在高压分离器液位控制下进入取样瓶；高压分离器顶部气相进入水洗罐，水洗后在高压分离器压力控制下，进入碱洗罐，碱洗后气体排放至放空管线。反应压力的控制精度为±0.01MPa，反应温度的控制精度为±1℃，氢气流量控制精度±1%，原料进料量控制精度±1g。

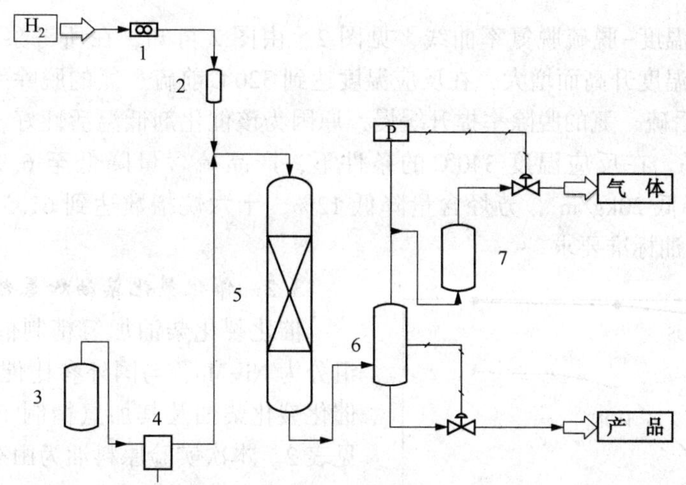

图 1 试验装置工艺流程示意图

1—氢气质量流量计；2—缓冲罐；3—原料油罐；4—原料油泵；5—反应器；6—高压分离器；7—水洗罐

3 结果与讨论

3.1 直馏柴油加氢精制反应结果

直馏柴油加氢精制使用 Co-Mo 加氢精制催化剂 AHT-33。直馏柴油及其加氢精制工艺条件和产品性质见表 1。其中，十六烷指数按 ASTM D4737 计算，十六烷指数提高值定义为产品十六烷指数与原料油十六烷指数的差值。

由表 1 可以看出，本次实验所使用的直馏柴油是一种典型的高硫直馏柴油，比较有代表性。实验过程中，保持反应压力 6.0MPa、氢油比 800、体积空速 1.5h^{-1}不变，考察反应温度对 HDS 和 HDN 的影响[3]。

表 1 直馏柴油及其精制反应产品性质

项 目	直馏柴油	条件Ⅰ	条件Ⅱ	条件Ⅲ
反应压力/MPa		6.0	6.0	6.0
反应温度/℃		320	330	340
体积空速/h^{-1}		1.5	1.5	1.5
氢油比/(Nm^3/m^3)		800	800	800
密度(20℃)/(kg/m^3)	836.0	820.2	818.5	815.6
$w(S)$/(μg/g)	10900	58.1	15.7	6.9
$w(N)$/(μg/g)	34.1	1.9	0.8	0.6
折光率	1.4678	1.4580	1.4566	1.4550
馏程(ASTM D-86)/℃				
初馏点	214	189	184	172
50%	280	272	271	268
90%	315	310	310	309
95%	326	320	320	319
十六烷指数	56.4	60.8	61.1	61.5
十六烷指数提高		4.4	4.7	5.1
芳烃含量/%	24.8	15.9	14.5	13.0
脱硫率/%		99.47	99.86	99.94
脱氮率/%		94.43	97.75	98.24

根据表1作反应温度-脱硫脱氮率曲线，见图2。由图2可知，在所考察的温度范围内，硫、氮的脱除率均随反应温度升高而增大，在反应温度达到320℃前硫、氮的脱除率提升速度较快，当反应温度超过320℃后硫、氮的脱除率提升缓慢，原因为该催化剂低温活性好，在较低温度下已将硫氮脱除到较低水平。在反应温度340℃的条件下，产品硫含量降低至6.9μg/g，脱硫率达到99.94%，柴油密度降低20kg/m^3，芳烃含量降低12%，十六烷指数达到61.5，提高5.1个单位，产品质量满足国V柴油标准要求。

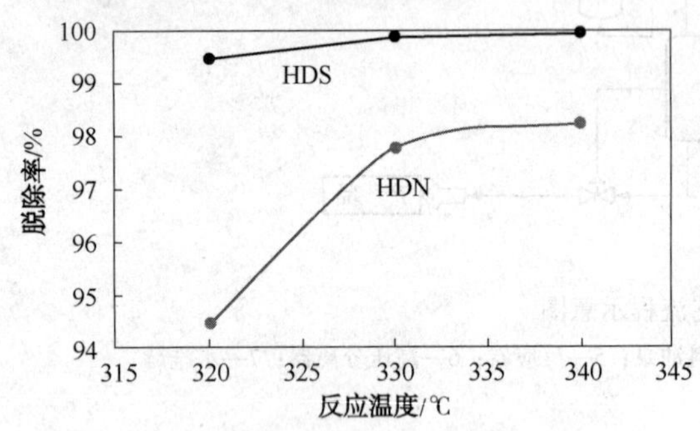

图2 反应温度对HDS和HDN的影响

3.2 催化裂化柴油加氢精制反应结果

催化裂化柴油加氢精制催化剂AHT-28活性组分为Ni-Mo，与国外参比催化剂进行对比评价。催化裂化柴油及其加氢精制工艺条件和产品性质见表2。本次实验原料油为山东某地炼催化裂化柴油，具有密度高、氮含量和芳烃含量高等特点，是一种比较典型的劣质催化裂化柴油。

根据表2作脱硫率、脱氮率对比曲线，见图3、图4。可以看出，AHT-28的脱硫活性和脱氮活性均高于国外参比剂。根据反应速率方程计算两个催化剂的相对脱硫、脱氮活性，可以得到AHT-28的相对脱硫活性、相对脱氮活性均高于国外参比剂，且在较低的反应温度下脱硫、脱氮活性远高于国外参比剂。在340℃时，AHT-28的相对脱硫活性是国外参比剂的184%、相对脱氮活性是国外参比剂的151%。从表2可以看到，AHT-28产品芳烃含量均低于国外参比剂。对表2中产品性质进行分析，在350℃下AHT-28产品硫含量28.4μg/g、脱硫率98.83%，氮含量6.6μg/g、脱氮率99.30%，芳烃含量50%，降低了18%，十六烷指数33.4，提高5.4个单位。由于反应压力低，难以脱除催柴中的少量最难脱除的二苯并噻吩类硫化物，硫含量难以达到国五标准要求，但总体性能已达到国际领先水平。

表2 催化裂化柴油及其精制反应产品性质

项目	催化裂化柴油	条件Ⅰ		条件Ⅱ		条件Ⅲ	
		国外参比剂	AHT-28	国外参比剂	AHT-28	国外参比剂	AHT-28
反应压力/MPa		6.0		6.0		6.0	
反应温度/℃		330		340		350	
体积空速/h^{-1}		1.5		1.5		1.5	
氢油比/(Nm^3/m^3)		800		800		800	
密度(20℃)/(kg/m^3)	925.3	898.2	897.0	896.7	895.4	894.9	893.4
S/(μg/g)	2425	188.2	110.6	130.5	58.8	39.1	28.4
N/(μg/g)	942	72.25	19.4	43.0	9.0	18.1	6.6
折光率	1.5382	1.5042	1.5041	1.5032	1.5021	1.5018	1.5015
馏程(ASTM D-86)/℃							
初馏点	196	192	192	191	190	184	182
50%	271	261	259	261	258	259	257
90%	345	337	334	338	333	336	333
95%	367	364	357	369	357	361	358
十六烷指数	28.0	33.0	32.89	33.3	33.1	33.7	33.4
十六烷指数提高		5.0	4.9	5.3	5.1	5.7	5.4

续表

项　目	催化裂化柴油	条件Ⅰ		条件Ⅱ		条件Ⅲ	
		国外参比剂	AHT-28	国外参比剂	AHT-28	国外参比剂	AHT-28
芳烃含量	68.0	51.7	51.6	51.1	50.4	50.2	50.0
脱硫率/%		92.24	95.44	94.62	97.58	98.39	98.83
脱氮率/%		92.33	97.94	95.44	99.04	98.08	99.30
相对脱硫活性		100	154	100	184	100	126
相对脱氮活性		100	151	100	151	100	125

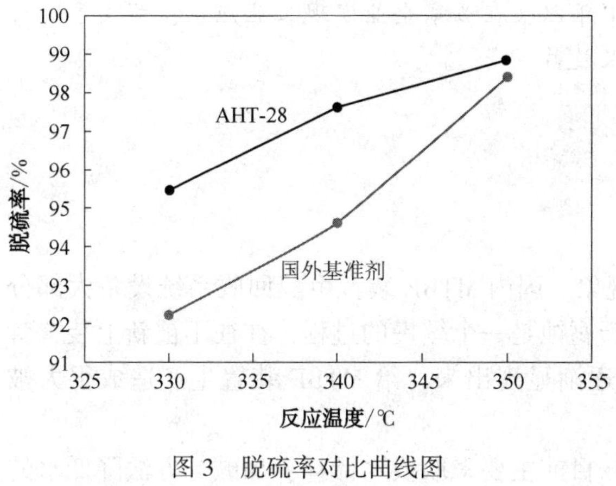

图 3　脱硫率对比曲线图

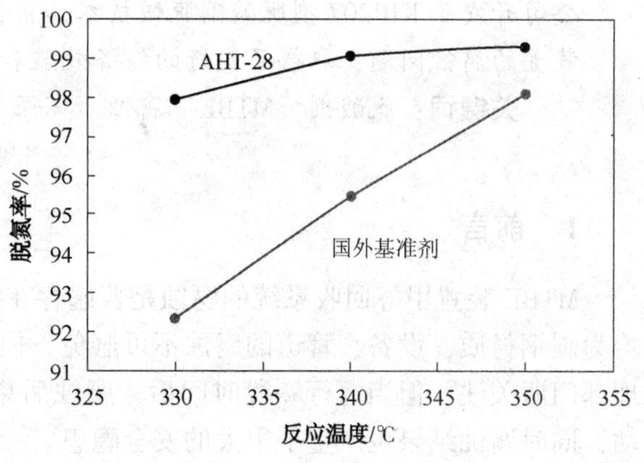

图 4　脱氮率对比曲线

综上所述，AHT-28 对于催化裂化柴油的脱硫、脱氮及芳烃饱和能力均高于国外参比剂。AHT-28 是一种具有高脱硫、脱氮及芳烃饱和能力的加氢精制催化剂，适用于催化裂化柴油的深度加氢精制，加氢改质/加氢裂化催化剂的加氢精制。

4　结语

（1）以 Co-Mo 作为活性组分的加氢精制催化剂 AHT-33 具有很高的加氢脱硫活性，可处理硫含量达 1.09%的高硫直馏柴油，脱硫率达 99.94%，产品硫含量 6.9μg/g，可满足国Ⅴ标准，同时十六烷指数提高 5.1 个单位。

（2）以 Ni-Mo 作为活性组分的加氢精制催化剂 AHT-28 具有很高的加氢脱硫、脱氮及芳烃饱和活性，脱硫活性是国外参比剂的 126%，脱氮活性是国外参比剂的 125%，产品十六烷指数提高 5.4 个单位，可以用于催化裂化柴油的深度加氢精制、加氢改质以及加氢裂化装置的原料加氢精制。

参 考 文 献

[1] Li Dadong. Crucial technologies supporting future development of petroleum refining industry [J]. Chinese Journal of Catalysis，2013，34(1)：48-60.

[2] 黄新露，曾榕辉．催化裂化柴油加工方案的探讨 [J]．中外能源，2012，17(7)：75-80.

[3] 郑仁垟，辛靖，张润强，等．加氢精制深度对催化裂化柴油性质的影响 [J]．石油炼制与化工，2014，45(10)：1-7.

KIP207 型脱酸剂应用总结

张 勇 刘文飞 宫业领

(凯瑞环保科技股份有限公司，河北沧州 061000)

摘 要：MTBE 装置甲醇回收系统的腐蚀是普遍存在的现象，凯瑞环保科技股份有限公司开发了 KIP207 型脱酸剂脱酸技术，自 2011 年以来在多家企业实现工业应用，解决了装置的腐蚀问题，取得了良好的经济效益和环保效益。

关键词：脱酸剂 MTBE 腐蚀 环保

1 前言

MTBE 装置甲醇回收系统的腐蚀是普遍存在的现象。国内 MTBE 装置甲醇回收系统设备大部分均为碳钢材质，设备、管道的腐蚀不可避免，但由于腐蚀是一个缓慢的过程，往往不被新上装置管理部门所关注，但当运行一段时间后，腐蚀后果就逐渐显现出来，给 MTBE 装置生产造成很大被动，同时腐蚀结果也产生了很大的安全隐患。

随着行业交流的增多，腐蚀问题逐渐得到重视，目前主要采取换水稀释、加碱等方法降低水的酸度，提高水的 pH 值以减小腐蚀，但存在着增加水耗和大量外排废水的缺点。

为此，凯瑞环保开发了 KIP207 型脱酸剂脱酸技术，该技术有效避免了上述缺点，同时运行管理及操作简单易行。该技术已申报国家专利(专利号 201110153952.3)，国内近几年新上 MTBE 装置已有多家采用了该技术，老装置也有很多家在实施和洽谈该技术，目前运行的有青岛石化、宁夏炼化、大庆石化、包头神华煤化工等十几家，取得了良好的效果，有效的解决了系统的腐蚀问题。

2 MTBE 装置甲醇回收系统腐蚀的原因

原料碳四和甲醇在依次通过离子净化器、预反应器、催化蒸馏塔后，在与催化剂接触的过程中，不仅发生了异丁烯和甲醇的醚化反应，而且碳四和甲醇中的金属离子和碱性物也与催化剂中的 H^+ 进行了离子交换，金属离子和碱性物被催化剂吸附，同时催化剂也释放出等摩尔的 H^+ 到碳四中。其反应式如下：

$$R{-}SO_3H + M^+ \!=\!=\!= R{-}SO_3M + H^+$$

这些 H^+ 随着反应后的碳四进入甲醇萃取塔，并与甲醇同时被萃取水吸收，由于萃取水是循环水，因此，H+在水中的浓度是不断累积和增加的，从而造成了甲醇回收系统设备管道的化学和电化学腐蚀。同时由于萃取水中大量有机物的存在，也造成了萃取水具有特殊的工况条件。

3 KIP207 型脱酸剂脱酸技术原理

KIP207 型脱酸技术是采用离子交换的原理脱除萃取水系统酸性物质，提高萃取循环水的 pH 值，从而减小甲醇回收系统的腐蚀。

KIP207 型脱酸剂是一种具有同时脱除阳阴离子的两性树脂，它具有很高的离子吸附容量和抗污染性。当甲醇萃取工艺水通过 KIP207 型脱酸剂时，工艺水中的 M^+ 阳离子和 A^- 阴离子和酸性物质即被吸附发生如下离子交换反应：

$$R{—}H + M^+ \!=\!=\!= R{—}M + H^+$$

$$R—OH + A^- \Longleftrightarrow R—A + OH^-$$

$$H^+ + OH^- \Longleftrightarrow H_2O$$

$$R—OH + H^+A^- \Longleftrightarrow R—A + H_2O$$

从而达到脱酸提高 pH 值的目的。

4 KIP207 型脱酸剂性能

4.1 KIP207 型脱酸剂理化性能指标

KIP207 型脱酸剂理化性能指标见表 1。

表 1 KIP207 型脱酸剂理化性能指标

项　目	指　标	项　目	指　标
质量全交换容量/(mmol/g)	≥5.00	范围粒度/%(粒径 0.40～1.250mm)	≥95.0
含水量/%	55.00～65.00	下限粒度/%(粒径 <0.40mm)	≤1.0
湿视密度/(g/mL)	0.65～0.75	耐磨率/%(m/m)	≥90.00
湿真密度/(g/mL)	1.05～1.15		

4.2 KIP207 型脱酸剂制造工艺特点

由于萃取水中酸性物质是不断累积的，同时萃取水中含有大量的有机物，要求脱酸剂要有较高的吸附容量和极强的抗有机物污染能力，KIP207 型脱酸剂为两性树脂，制作过程采用特殊的聚合工艺和配方，使产品既有很高的吸附容量，还具有适合的孔结构和比表面积，可在高有机物含量工况下不被污染。

4.3 性能保证

实施 KIP207 型脱酸剂脱酸技术，可控制甲醇回收系统萃取水的 pH 值≥6.5。

5 实施方案

KIP207 型脱酸剂装入脱酸反应器中。自甲醇萃取塔底流出的萃取水，经脱酸反应器脱酸提高 pH 值后，进入甲醇回收塔脱除甲醇后循环使用，由于脱酸反应器的阻力较小，因而不需增加加压泵等动力设施，KIP207 型脱酸剂可以设计成半年更换一次，更换脱酸剂时不需要停车，也不需增加额外的日常管理。

6 工业应用实例

6.1 青岛石化装置脱酸剂使用情况

青岛石化 70kt/a MTBE 装置，脱酸反应器 1 台、内径 1.2m，脱酸剂装填量 2.7m^2。运行数据表 2。

表 2 青岛石化装置运行数据

日期	pH 值	备注
2012/2/15	8.40	萃取水置换达标，进行脱酸剂投运
2012/2/16	7.42	脱酸剂装置投运后，检测装置内工艺水的相关数据。由初期的每天化验一次，逐步变为每周一次，然后变为每月一次
2012/2/17	7.96	
2012/2/20	7.95	
2012/2/27	7.58	
2012/3/5	6.63	
2012/3/12	7.09	
2012/3/19	7.09	
2012/4/9	7.17	

续表

日期	pH 值	备注
2012/5/2	7.18	
2012/6/1	6.86	
2012/6/6	6.95	加测一次
2012/7/3	7.16	
2012/8/16	6.95	从投运到 8 月中旬已运行 6 个月

青岛石化 KIP207 型脱酸剂自 2 月 15 日投用，在其后的 6 个月内，pH 值一直维持在 7.0 左右，符合 pH 值≥6.5 的要求。

6.2 宁夏石化装置脱酸剂使用情况

宁夏石化 70kt/a MTBE 装置，脱酸反应器 2 台、内径 1.2m，脱酸剂装填量 2m×3m。运行数据见表 3。

表 3 宁夏石化装置运行数据

日 期	1.11	2.17	2.27	3.11	3.15	4.22	5.29	6.5	6.12	6.19	6.26	7.3	7.10	7.17
萃取水 pH 值	7.68	7.90	7.86	8.41	8.43	7.54	8.40	7.55	8.12	7.28	8.03	7.47	7.82	8.47
备注	7 月 2 日切换脱酸反应器													
日期	7.24	7.31	8.7	8.14	8.21	9.4	9.25	10.2	10.9	10.16	10.30	11.6	12.27	
萃取水 pH 值	8.59	8.42	8.63	8.41	7.12	7.42	8.20	7.48	8.36	8.26	8.73	8.30	8.97	
备注	7 月 2 日切换脱酸反应器													

宁夏石化 KIP207 型脱酸剂，自 2012 年 1 月投运，从客户测得的数据可以看出，pH 值一直维持在 7.0 以上，pH 值平均值约为 8.2，运行正常。

6.3 大庆石化装置脱酸剂使用情况

大庆石化 120kt/a MTBE 装置，脱酸反应器 2 台、内径 1.2m，脱酸剂装填量 2m×5m。

使用情况：脱酸剂在 MTBE 投产 10 天后投入系统，投运日期 为 2012 年 9 月 5 日。自投运以来，pH 值控制在 7~8，运行正常。

6.4 神华包头装置脱酸剂使用情况

神华包头煤化工 MTBE/1-丁烯装置，脱酸反应器 2 台、内径 1.0m，脱酸剂装填量 2m×3.35m。

使用情况：脱酸剂在 MTBE 投产一个月后投入系统，投运日期 为 2012 年 9 月 10 日，自投运以来，控制萃取水 pH 值在 7.0 以上。

2013 年 1 月 10 日装置改造后开工再次投用净化器检测出口 pH 值为 7.4，至今使用正常。

6.5 镇海炼化装置使用情况

镇海炼化 MTBE 甲醇回收系统改造脱酸装置，最初通过招标采用某树脂厂家的普通水处理树脂用于萃取水脱酸，萃取水 pH 值根本没有得到改善，一经投用树脂便报废，于 2014 年 4 月采用了凯瑞环保的 KIP207 型脱酸剂，收到了良好的效果，至今还在运行。

6.6 投用状况分析

从以上几套装置运行情况可以看出，萃取水 pH 值可有效的控制在 6.5 以上，减小了系统的腐蚀，同时减免了 0.8~1.0t/h 的萃取循环水置换量，收到节能降耗的效果，也减轻了环保负担。

7 结语

工业装置运行情况表明：

(1) KIP207 型脱酸剂及脱酸技术能够提高甲醇萃取工艺水的 pH 值，可以减轻甲醇回收系统设备的腐蚀。

（2）KIP207 型脱酸剂及脱酸技术工艺简单易行，占地面积很小，对于老装置改进和新装置设计都是可行的。

（3）工业装置管理简单，运行稳定，不需要增加额外的燃动能耗。

综上所述，凯瑞环保科技股份有限公司开发的的 KIP207 型 MTBE 装置甲醇回收系统专用脱酸剂和脱酸技术，使用效果满足甲醇回收系统萃取水 pH 值≥6.5，满足设计要求，是目前性价比较高的萃取水脱酸技术。

管输原油添加剂技术的发展与应用

王一然　崔　迪　杨　辉　李　皓
(中石化管道储运有限公司管道科学研究院，徐州　221008)

摘　要：介绍了中石化管道储运有限公司管道科学研究院下属金桥石化管道技术有限公司在原油流动性改进剂(减阻剂、降凝剂)的研究及应用领域做出的成果。

关键词：流动性改进剂　流动性　减阻剂　降凝剂

1　前言

管道输送是世界五大输送形式之一，绝大部分的石油和天然气都选择了管道运输的方式。随着石油工业的发展，原油及成品油的管道运输量日益增加。管道运输也存在不足之处，表现在弹性输量相比于其他运输方式较低、管道长期使用后老化导致承压能力下降、部分原油物性数据不好影响输送等方面。要弥补这些不足，在输送的原油中加入各种化学添加剂以改进其流动性是一种经济又简捷的方法。广义上而言，对原油的流动性有改进作用的化学品即可称为原油流动性改进剂，包括减阻剂、降黏剂、降凝剂和防蜡剂等。现在在多条管道中应用广泛的主要是减阻剂和降凝剂。运输管道中添加减阻剂，既提高了输送量，又节约能源和资金，因此得到广泛使用。目前国内的石油多为高蜡型，特点是高凝点、高黏度，采集与运输过程经常出现流动性差、管输阻力大等问题，极易引起管道的安全事故，因此添加降凝剂以改善含蜡原油的低温流动问题也同样重要。

2　主要的原油添加剂组成

2.1　减阻剂的组成

当流体中含有某些特定物质时，其在湍流状态下的摩擦阻力会大大降低，这种现象称为减阻，能够实现减阻的添加剂称为减阻剂。减阻剂可分为水溶性减阻剂和油溶性减阻剂，油溶性减阻剂根据作用原理又分为两类：一类是有超高分子量的高柔性线型高分子，主要有烯烃均聚物或共聚物、聚甲基丙烯酸酯等；另一类是表面活性化合物。大量的研究和实践证明，减阻效果最佳、应用最广的是α-烯烃聚合物。

2.2　降凝剂的组成

在降凝剂研究的探索阶段，Davis合成了人类最早应用的降凝剂，成功后人们又研制出了含有氯化石蜡和酚的缩合物的降凝剂，包括聚异丁烯和聚甲基丙烯酸酯，在这一阶段主要的产物是均聚物。20世纪50~60年代，研究人员研制出了苯乙烯-马来酸酐共聚物，并在原油中进行了应用。60~80年代降凝剂的技术延伸到了不同产地不同性质的多种原油，并在长输管道上得到了应用。80年代以后，研究人员不止专注于开发新型降凝剂，还采取了复配或改性的方法在原有的产品基础上扩大降凝剂的适用范围，在多种高蜡原油上进行了成功应用。目前原油管输技术中降凝剂种类很多，应用效果较好的有表面活性剂型、降凝剂EVA及其改性物、丙烯酸酯系列、马来酸酐共聚物等。

3　流动性改进剂的作用机理

3.1　减阻剂的作用机理

减阻剂的减阻机理比较复杂，它涉及到流变学、流体动力学、聚合物的物理化学等学科。到目前为止出现的理论主要有湍流抑制说、粘弹说、湍流脉动解耦假说、表面随机更新等。

湍流抑制说：在湍流中，流体阻力主要取决于湍流漩涡和管壁之间的动量传递与不同尺寸的漩涡之间的动量传递。旋转的涡流线相遇会引起涡流延长，同时较大的涡流因为不断延长而形成较小的涡流，大漩涡的能量逐渐转化为越来越小的漩涡。由于较小的漩涡直径小，雷诺数 Re 较小，因此受黏度的影响较大，被粘滞力消弱，耗散成热能，因此最小的漩涡尺寸决定流动中黏度。当减阻剂加入到管道以后，减阻剂靠本身的粘弹性，分子长链顺流向自然拉伸，其微元直接影响流体微元的运动。来自流体微元的径向作用力作用在减阻剂微元上，使其发生扭曲，旋转变形。减阻剂分子间引力抵抗上述作用力并反作用于流体微元，改变了流体微元的作用力大小和方向，使一部分径向力转变为顺流向的轴向力，从而减少无用功的消耗，起到了减少摩阻损失的作用。层流中，流体受粘滞力作用，没有湍流那种漩涡耗散，因此加入减阻剂没有效果[1]。

粘弹说：粘弹说提出高聚物溶液的减阻作用是溶液粘弹性与湍流漩涡相互作用的结果，湍流漩涡的一部分动能被聚合物分子吸收，以弹性能的形式储存起来，使漩涡动能减少，漩涡耗散的能量也随之减少，减阻剂添加浓度的幅度将影响它在管道内形成弹性的厚度，浓度越大，弹性底层越厚，减阻效果越好。也就是说，减阻剂在管壁和管内流动液体之间起到了一种隔离作用，即减少了管壁的摩阻，起到了减阻的效果[2]。

3.2 降凝剂的作用机理

蜡晶形成后一般为针状或片状，但加降凝剂后蜡晶形态会变为菱形或圆柱形。经过近几十年的研究，目前多数研究者认可的原油降凝剂作用机理是吸附与共晶理论，通过改变蜡晶的尺寸和形状，阻止蜡晶形成三维空间网格结构。加入降凝剂后蜡晶的形成过程受到的影响大致有[3]：

(1) 晶核作用：降凝剂在高于原油浊点温度下结晶析出时，它起着晶核的作用，并成为蜡晶发育的中心，使原油中的小蜡晶增多，降低大蜡晶形成的概率。

(2) 吸附作用：降凝剂在略低于原油浊点的温度下析出时，它被吸附在已经析出的蜡晶晶核的活性中心，从而改变蜡晶的取向性，使其难于形成三维网目结构，同时减弱蜡晶间的黏附作用。

(3) 共晶作用：降凝剂在原油浊点温度下与蜡共同结晶析出，从而破坏蜡晶的结晶行为和取向性并减弱蜡晶继续发育的趋向。

降凝剂对原油的改性过程只涉及物理变化，因此原油的析蜡温度不会发生改变，但可有效地抑制管道内原油的结蜡现象，并溶解已存在的蜡层。但是油品中存在的一些胶质组成及结构会影响降凝剂的效果，需要通过一定量的实验，提高降凝剂与原油的配伍性。

4 流动性改进剂的作用

4.1 减阻剂的作用

在输油管道上应用减阻剂主要有以下几方面的积极意义：

(1) 大幅降低管道建设投资。管道的年输量是设计新管线的一个重要参考依据，但由于影响因素复杂多变，年输量无法精确预计。比如油田储量测算结果的准确程度、市场变化导致管道输油量和油品种类发生改变等因素都会造成管道年输量在较大范围内发生波动。针对这种情况，可以按照相对经济的条件进行设计，然后使用减阻剂来解决实际应用中超出设计范围的情况。这样一来，可以有效减小管道设计管径、调低泵站建设规模从而实现大幅降低管线建设投资的目的。

(2) 在维持现有管道设备条件的情况下，使用减阻剂提高输送效率。尤其是在瓶颈部位，使用减阻剂的效果非常明显，可以提高全管道的输送能力，达到多输快输的要求。

(3) 使用减阻剂可以减少长距离输送对泵站的需求，不仅可以降低输送能耗和操作成本，而且可以在不停输状态下对泵机组或泵站进行检修维护、更新改造，使得维修改造成本也有所下降。此外，使用减阻剂可以减少恶劣环境下的泵站建设数量，减少工作人员。

(4) 使用减阻剂可以在不影响输送效率的前提下降低管道工作压力，从而提高管道运营的安全可靠性。我国东部输油管网由于多年运行，管道内外腐蚀严重，管道耐压能力大幅下降，给运营安全造成了重大威胁。通过使用减阻剂，输送管道压力大幅减低，为系统运行安全提供了重要保障。

在现阶段，减阻剂主要作为一种临时的、应急性的或特殊用途的处理手段而应用于以下情况：

(1) 输油工作的季节性波动；

(2) 暂时性的输油高峰期；

(3) 因市场需求而临时增加的输送量(常见于国外情况)；

(4) 因短时间无法实现或不计划实施的管道扩建而导致的超限输送；

(5) 顺序输送多种油品时，为提高全管道输送效率，对某种油品实施减阻输送；

(6) 对管道瓶颈部位予以减阻或增输处理；

(7) 在沙漠、沼泽、高寒等地区，由于地质条件不适合管道施工，为减少泵站建设而采用减阻处理。有时海底管道为对比复线方案，也采用减阻措施；

(8) 军事领域中，油品的快速装填与运输；

(9) 其他可能采用减阻技术的情况。

4.2 降凝剂的作用

在输油管道上应用降凝剂主要有以下几方面的积极意义：

(1) 减少管道低输量运行的风险。添加降凝剂可以使停输再启动时间增长，放宽冷热油交替输送的温度条件限制。

(2) 节能减排。原油可以只进行一次降凝剂处理后，直接几百公里甚至上千公里的输送。这就是所谓的“常温输送”，要求改性后的原油凝点低于地温。或者改变加热站的进站温度，中途开少量几个加热站。两种方法均可减少加热炉的使用，节约煤炭能源，减少碳排放量。

5 流动性改进剂的研究及应用

5.1 流动性改进剂的研究

中石化管道储运公司输油管线目前使用的化学添加剂有原油流动性改性剂(降凝剂)和油品管道减阻剂两种，均为管道科学研究院金桥公司自行生产，型号为HG减阻剂和BEM降凝剂，降凝剂年产能力为100t，减阻剂年产200t。

HG减阻剂的聚合单体为C_5至C_{18}的α-烯烃，具有超高分子量，粘均分子量在300万以上。其外观为白色浆状液体，可溶解于有机溶剂中。基本特点为添加量小、减阻效果明显、在管输原油和成品油中有良好的溶解性、对下游用户无不良影响、使用时注入方便、不需特殊设备、产品本身无毒副作用等。BEM系列原油流动性改进剂(以下简称降凝剂)由乙烯-醋酸乙烯酯共聚物和聚丙烯酸高碳醇酯为主剂，复配非离子表面活性剂而成。通过与原油中的蜡晶的共晶和吸附作用，阻碍蜡晶网状结构的形成，可以显著降低含蜡量在10%~30%的含蜡原油的凝点和黏度，改善原油流动性能。目前主要系列产品有BEM-3、BEM-5P、BEM-6N和BEM-7H等。

管道科学研究院金桥公司从事减阻剂的研究生产已有十多年的历史。先后开展了《高效油基降粘剂的研制与应用》、《原油管输纳米降凝剂研制》、《原油管道第二代减阻剂技术》、《原油管道药剂开发与应用》、《成品油管输减阻剂研制及应用》等多项中石化科研项目。其中《高效油基降粘剂的研制与应用》和《成品油管输减阻剂研制及应用》获得中石化科技进步三等奖，拥有多项授权发明专利。

为保证产品的使用，由国家安全生产监督管理总局化学品登记中心、石油化工科学研究院分别对HG减阻剂和BEM降凝剂进行了鉴定。结果表明：BEM系列降凝剂和HG减阻剂均不属于危险化学品；降凝剂使用浓度在100mg/kg以下、减阻剂使用浓度在50mg/kg以下时，对原油的腐蚀性基本无影响，对原油破乳脱盐均无不利影响。

5.2 流动性改进剂的现场应用

5.2.1 HG减阻剂的现场应用

5.2.1.1 在原油管道中的应用情况

自2004年以来，HG减阻剂先后在临濮线、东黄线、河石线、洪荆线、临沧线、甬沪宁线、东临线、仪长线、津燕线和津沧线进行了应用和试验。由于减阻剂作用效果与雷诺数、输送油品性质、管线情况等因素密切相关，不同管线减阻增输效果有所不同。目前主要的加剂管线情况如下：

（1）仪长线为满足沿江5家炼厂增输需求，于2013年开始添加减阻剂增输运行。输送鲁宁油：仪长进口油=1∶1.5的混油时，仪长线前4站加剂15mg/L，在减阻10.40%的基础上，实际增输率为9.03%。

（2）2014年，公司根据总部安排在津沧线和津燕线进行了添加减阻剂增输试验。其中津沧线首站加剂30mg/L时，增输率达29.9%，增输效果良好；津燕线控制天津和廊坊两站总加剂45mg/L浓度时，增输率达15.6%，实现了年输量10Mt的试验目标。

部分原油管线加剂效果如表1所示。

表1 部分原油管线加剂效果

管线名称	加剂量/(mg/L)	增输率/%
临濮线	10	14.87
	20	28.9
河石线	25	15.8
	40	21.8
	80	23.2
洪荆线	45	15.9
东黄老线-广齐线	≤50	20.6
临沧线	40	20.4
甬沪宁	25	10
仪长线	15	9.03
塘燕复线	45	15.6
津沧线	30	29.9

5.2.1.2 成品油管道上的试验及应用情况

（1）洛郑驻成品油管道现场试验。在郑州至许昌段对输送的柴油加剂8mg/L运行，减阻率38.32%，增输率达26.95%；加剂10mg/L，减阻率为58.40%，增输率达30.06%。

（2）鲁皖成品油管道一期现场试验。枣庄至徐州段加剂10mg/L，减阻率为48.81%，增输率达到30.54%，减阻效果和增输效果较好。

（3）鲁皖二期管道的应用。汤阴至邯郸段加剂10mg/L，减阻率达54.4%，增输率达51.9%；邯郸至邢台段减阻率达34.3%，增输率达34.2%。

（4）娄孟成品油管线现场试验。青岛石化所属娄孟成品油管线，共有柴油和汽油两条管线，管线长度均为15.329km，管径均为ϕ219.1mm×6.4mm，站间运行时间不到2h。

汽油管线加剂量为15mg/L和20mg/L对应增输率分别为41.5%和55%。柴油管线直接加剂20mg/L和25mg/L对应增输率分别为16.5%和21.1%；采用新的分散列管加剂工艺，加剂量为20mg/L和25mg/L对应增输率分别为23.1%和33%。

青岛石化成品油管线加剂试验的成功，特别是新加剂工艺的采用，将有效解决短距离输油管道和油库、码头油品快速装卸和增输的难题，拓宽减阻剂的使用领域，进一步提高管输技术含量。部分成品油管线加剂效果如表2所示。

表 2　部分成品油管线加剂效果

管线名称	加剂量/(mg/L)	增输率/%
洛郑驻成品油管道	8	26.95
	10	30.06
鲁皖成品油管线一期	10	30.54
鲁皖二期管道	10	51.9 和 34.2
娄孟汽油管线	15	41.5
	20	55
娄孟柴油管线	20(直接加剂)	16.5
	25(直接加剂)	21.1
	20(分散列管加剂)	23.1
	25(分散列管加剂)	33

5.2.2　BEM 降凝剂的现场应用

BEM-3 降凝剂在鲁宁输油管线、东黄输油管线、东临老线、东临复线等长距离输油管线上均进行过长年应用，使胜利油凝点从 24℃降至 5℃。

BEM-5P 降凝剂在中洛输油管线、濮临输油管线等输油管线上进行过应用，使中原油凝点从 32℃降至 12℃。

BEM-6N 降凝剂在魏荆输油管线上长年应用，使南阳油凝点从 35℃降至 27℃，通过添加 BEM 降凝剂使魏荆线各站允许最低进站温度由 40℃降至了目前的 35℃，在降低了凝管等安全风险的同时，取得了良好的节能效果。

BEM-7H 降凝剂曾在洪荆输油管线上长年应用，其中西江油凝点从 36℃降至 24℃。

BEM-Q 降凝剂在黄青输油管线(黄岛油库至青岛石化，全长 68 公里，管径 377 mm，输送多种进口高凝原油)上长年应用，其中越南白虎油凝点从 35℃降至 23℃，陆比油凝点从 26℃降至 11℃，安哥拉卡宾达油凝点从 18℃降至-5℃。

BEM-9M 降凝剂在茂名石化公司所属湛茂输油管线(湛江至茂名石化，全长 104.1kg，管径 ϕ529 mm，设计年输量 7.5Mt，实际年输量约 2.5Mt，输送多种高凝海洋原油)长年应用，其中番禺油凝点从 33℃降至 22℃，涠洲油凝点从 29℃降至 13℃。

6　结语

目前，原油流动性改进剂的室内研究和现场应用均取得了较多的成果，但也存在改进剂效果不够理想或成本较高、适应面窄等问题。对现状进行分析，可推测未来的发展方向应该着重于开发兼有防蜡、降凝、降黏、缓蚀等作用的多功能改进剂，降低成本，简化工艺流程。在现有基础上开展进一步的原油流动性微观机理研究，结合不断发展的纳米技术，为开发复合、复配型新产品提供理论依据。可以利用现有计算机技术研究加剂原油流动性预测技术，以掌握管输过程中加剂原油的流动性变化。

参　考　文　献

[1] 李文瑞．高分子添加剂对原油的减阻效应及机理[J]．油田化学，1984(1)．

[2] 于慎卿．减阻技术在我国市有管道上的应用[J]．油气储运，1990，9(2)：16-22.

[3] 牟建海．降凝剂的研究进展[J]．化工科技市场，2001，(10)：8-10.

旋转体孔结构对催化剂成型过程的影响

郭红起　尹　喆

（中国石化催化剂有限公司齐鲁分公司，山东淄博　255300）

摘　要：通过改变压力式雾化器中旋转体的孔结构参数，研究了其在喷雾干燥过程中对催化裂化催化剂成型的影响及影响的内在机理。结果表明，通过对旋转体孔径、孔角度等旋转体孔结构参数的优化，催化剂产品的筛分集中度和圆球度等质量参数得到了较大改善，有利于提高催化剂的流化性能，减少催化剂在催化反应时的磨损，实现清洁生产，同时节约了生产成本，进一步提高产品的市场竞争力。

关键词：旋转体　孔结构　筛分质量　圆球度

1　前言

催化裂化(FCC)催化剂是粗细不均的颗粒混合体，细颗粒与粗颗粒相互夹杂可以起到润滑的作用，有利于流化，但是细颗粒过多或者粗细分布不集中反而会降低催化剂的流化性能，同时，会造成炼化装置催化剂消耗量的上升，增加污染物的排放，从而影响生产生活环境。圆球度及表面平整性不好，会加剧催化剂颗粒在催化反应过程中的磨损，降低催化剂的耐磨性能，导致催化剂的跑损，造成污染。因此，石油炼制企业为更好的承担自身的社会责任，持续进行装置结构合理化和产品燃料洁净化的同时，也对催化裂化催化剂的筛分质量和圆球度等质量参数提出了更加严格的要求。因此，作为催化裂化催化剂的生产企业在满足炼化用户对产品筛分质量要求的基础上，需要不断改进工艺流程，优化操作控制条件，逐步改善催化裂化催化剂的筛分集中度和颗粒圆球度，确保催化剂产品内、外在质量的全面提升。

喷雾干燥过程中，影响催化剂成型的因素有很多，如喷雾压力、旋转体及喷嘴的结构、其他干燥条件等。本文主要研究通过优化旋转体孔结参数，达到改善催化剂筛分质量及圆球度的目的。

2　实验部分

2.1　实验原理

喷雾成型的关键在于浆液雾化，液滴雾化的大小和均匀程度对最终产品的性质有较大影响。如果雾滴大小不均匀，就会出现大颗粒未干燥而小颗粒已过度干燥的现象；如果雾滴太大或太小，都会使产品粒度分布不合格。因此，雾化器是喷雾成型的关键设备，目前，工业生产中使用最普遍的是压力式雾化器。

压力式雾化器主要由旋转体、旋转室和喷嘴组成，高压泵使液体获得很高的压力，从旋转体切线入口进入旋转室中，液体在旋转室获得旋转运动，在喷嘴中央形成一股压力等于大气压的空气旋流，而液体则形成绕空气心旋转的环形薄膜，从喷嘴喷出，液膜伸长变薄，最后分裂成小液滴。液滴分散在喷雾干燥塔内的热空气中，使水分迅速蒸发，脱水成型，形成符合粒度分布的微球[1]。

2.2　实验方法

保持喷雾条件、喷嘴尺寸等条件不变，通过改变旋转体的孔结构参数研究其对催化剂成型过程的影响。

如图1的旋转体纵切面，α角为旋转体切线孔与旋转体水平面的夹角，俯瞰图中β角为旋转体

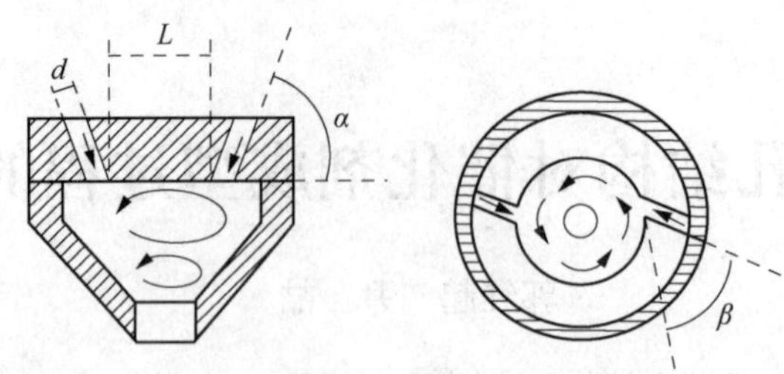

图1 雾化器内液体运动示意图

切线孔与旋转室切线的夹角，d 为旋转体的切线孔直径，L 为旋转体切线孔对孔的距离，选取(α，β，d，L)组合为旋转体Ⅰ，选取(α，β，$d+R$，L)组合为旋转体Ⅱ，选取旋转体($\alpha+A$，β，d，L)组合为旋转体Ⅲ，选取(α，$\beta+B$，d，L)组合为旋转体Ⅳ，选取旋转体(α，β，d，$L+C$)组合为旋转体Ⅴ。

分别使用旋转体Ⅰ、Ⅱ、Ⅲ、Ⅳ、Ⅴ进行三个班次的喷雾生产，用激光粒度仪分析其筛分组成，用电子扫描电镜分析其形貌、圆球度。

3 结果与讨论

3.1 旋转体切线孔直孔径对产品成型过程的影响

如表1数据所示，使用旋转体Ⅱ(α，β，$d+R$，L)进行喷雾实验时，产品筛分数据相比旋转体Ⅰ(α，β，d，L)，0~149μm 催化剂颗粒分布减少，筛分集中度变差，平均粒径增大。

表1 使用不同旋转体喷雾的产品筛分数据汇总

旋转体类型	0~20μm/%	0~40μm/%	0~80μm/%	0~105μm/%	0~149μm/%	平均粒径/μm
旋转体Ⅰ	1.3	15.5	54.6	73	90.8	73.7
	1.4	15.2	53.9	72.4	91.5	74.5
	1.1	14.9	54.6	73.3	91.1	73.9
旋转体Ⅱ	1.1	14.5	54.3	72.1	90.1	75.3
	1.6	15	52.9	71.4	89.8	75.8
	1.2	14.1	53.7	72.6	90.3	76

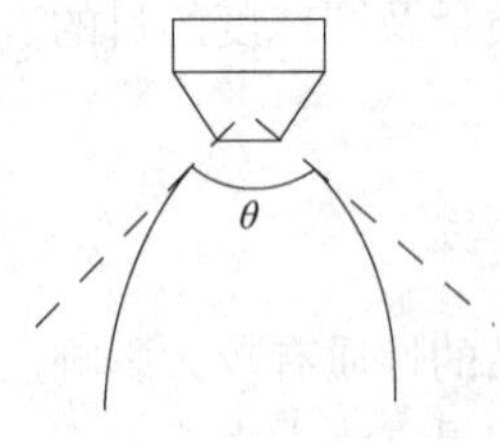

图2 喷雾雾锥示意图

分析其原因，其他喷雾条件保持不变情况下，旋转体切线孔直径 d 越大，进料率增加，旋转室内液膜变厚，液膜经喷嘴喷出，分裂成的液滴尺径变大，平均粒径变大，同时，旋转体切线孔直径越大，旋转室内浆液的切线速度就越小，雾锥角 θ(如图2)也就越小，筛分集中度变差。因此，适当降低旋转体的切线孔直径，有利于提高筛分集中度，且平均粒径会减小。

图3、图4分别为使用旋转体Ⅰ和旋转体Ⅱ喷雾产品的电扫描电镜照片，图中可以直观看出，大孔径的旋转体Ⅱ喷出的产品比旋转体Ⅰ平均粒径更粗，且粒度分布集中度较差。

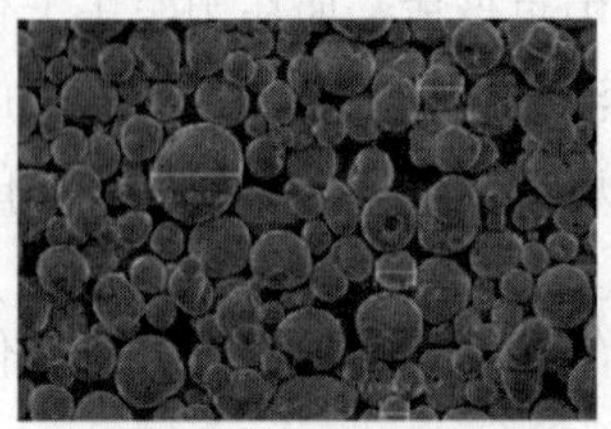

图3 旋转体Ⅰ喷雾产品扫描电镜照片

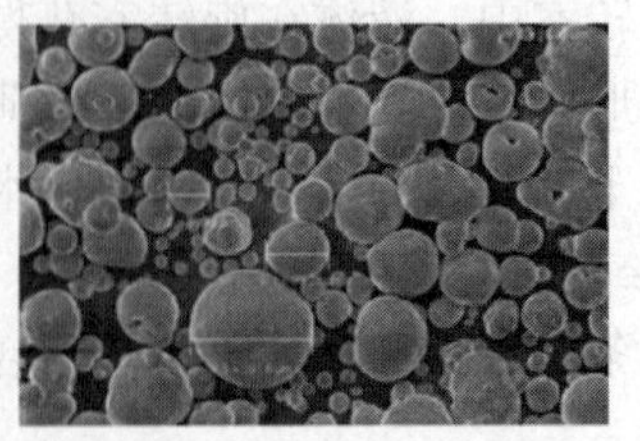

图4 旋转体Ⅱ喷雾产品扫描电镜照片

3.2 旋转体孔角度对催化剂成型过程的影响

使用旋转体Ⅲ进行喷雾实验时，产品筛分数据相比旋转体Ⅰ，0~149μm 的催化剂颗粒分布增加，筛分集中度较好，平均粒径变小，见表2。分析其原因，如图1所示，物料以相同的速度进入旋转室，旋转体Ⅲα 角比旋转体Ⅰ大，经旋转体Ⅲ进入旋转室，旋转室内切线速度越大，液体旋转越快，产生的雾锥雾化角 θ(如图2)越大，雾锥角度越大，雾锥锥底的横断面就越大[2]，越有利于液滴的分散，液滴分散越好，筛分集中度较好，平均粒径变小。

表2 使用不同旋转体喷雾的产品筛分数据汇总

旋转体类型	0~20μm/%	0~40μm/%	0~80μm/%	0~105μm/%	0~149μm/%	平均粒径/μm
旋转体Ⅰ	1.3	15.5	54.6	73	90.8	73.7
	1.4	15.2	53.9	72.4	91.5	74.5
	1.1	14.9	54.6	73.3	91.1	73.9
旋转体Ⅲ	1.5	17.2	57.8	76	92.7	71.5
	1.3	16.1	56.4	74.9	92.2	72.1
	1.0	15.6	56.2	74.8	92.2	72.4
旋转体Ⅳ	1.6	17.2	58.3	76.5	93	71.2
	1.0	15	56.9	76.1	93.1	72.8
	1.4	16.5	57.6	76	92.9	71.9

使用旋转体Ⅳ进行喷雾实验时，产品筛分数据相比旋转体Ⅰ，筛分集中度较好，平均粒径变小。旋转体Ⅳβ 角比旋转体Ⅰ大，经旋转体Ⅲ进入旋转室，旋转室内切线速度较大，雾锥角 θ 越大，同时液滴具有较大能量[3]，液滴分散较好，同时，平均粒径变小。

因此，适当增大旋转体孔的 α 角和 β 角，有利于提高筛分集中度，减小平均粒径。

图5、图6为分别使用旋转体Ⅲ和旋转体Ⅳ进行喷雾产品的扫描电镜照片。对比图3、图5、图6可以看出，和旋转体Ⅰ相比，使用旋转体Ⅲ、旋转体Ⅳ进行喷雾实验时，催化剂的圆球度较好，粒径分布较均匀，表面凹陷及粘连情况较少，这是因为使用旋转体Ⅲ和旋转体Ⅳ时，喷雾雾锥角度较大，雾锥锥底的横断面越大，液滴分散较为均匀[4]，减少了干燥过程中喷雾液滴之间的相互碰撞[5]，因此，表面破坏及粘连情况较少，粒径分布及圆球度都得到较好的改善。

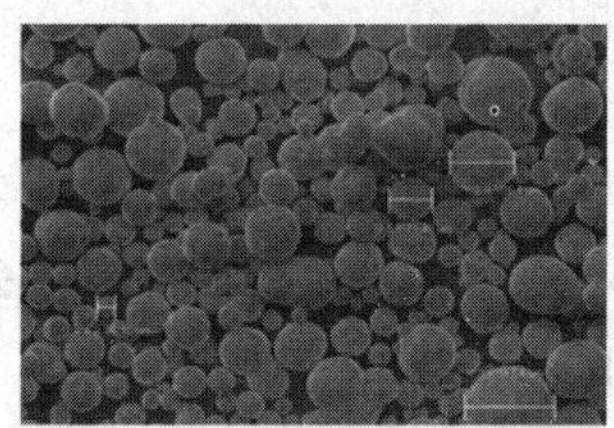

图5 旋转体Ⅲ喷雾产品扫描电镜照片

图6 旋转体Ⅳ喷雾产品扫描电镜照片

3.3 旋转体切线孔对孔距离对催化剂成型过程的影响

由表3数据可以看出，使用旋转体Ⅴ(α, β, d, $L+C$)进行喷雾实验时，产品筛分数据相比旋转体Ⅰ(α, β, d, L)，0~149μm 催化剂颗粒分布增加，筛分集中度较好，平均粒径减小，分析其原因如下。

表3 使用不同旋转体喷雾的产品筛分数据汇总

旋转体类型	0~20μm/%	0~40μm/%	0~80μm/%	0~105μm/%	0~149μm/%	平均粒径/μm
旋转体Ⅰ	1.3	15.5	54.6	73	90.8	73.7
	1.4	15.2	53.9	72.4	91.5	74.5
	1.1	14.9	54.6	73.3	91.1	73.9

续表

旋转体类型	0~20μm/%	0~40μm/%	0~80μm/%	0~105μm/%	0~149μm/%	平均粒径/μm
旋转体Ⅴ	1.1	16.5	57.3	75.1	92.1	72.3
	1.6	16.0	56.9	75.4	92.8	71.8
	1.0	16.1	56.7	74.6	93.3	72.5

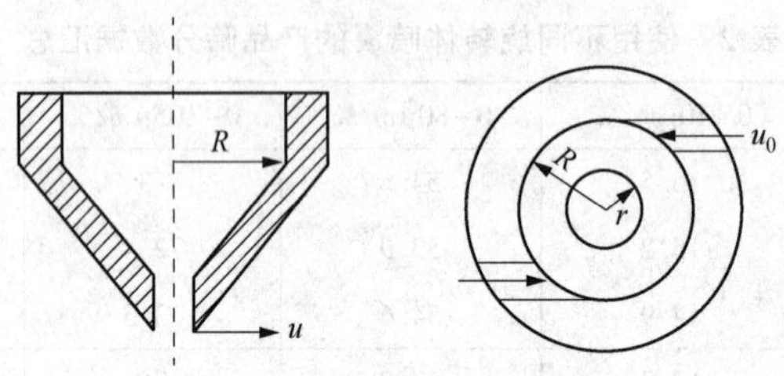

图7　液体在旋转体内流动示意图

如图7所示，R 为液体进入旋转室的旋转半径，u_0 为液体进入旋转室的切线速度，r 为喷嘴的半径，u 为液体在喷嘴处的横向速度。根据角动量方程式：

$$R \cdot u_0 = r \cdot u$$

液体进入旋转室切线速度 u_0 相同的情况下，液体进入旋转室的旋转半径 R 越大，在喷嘴半径 r 不变的条件下，液体在喷嘴处的横向速度也就越大，液体喷雾产生的雾锥角 θ 就越大，液滴分散更均匀，筛分集中度较好，同时，平均粒径会变细。旋转体Ⅴ由于切线孔对孔距离的增大，因此，液体经旋转体Ⅴ进入旋转室的旋转半径 R 较大[6]如图8所示。

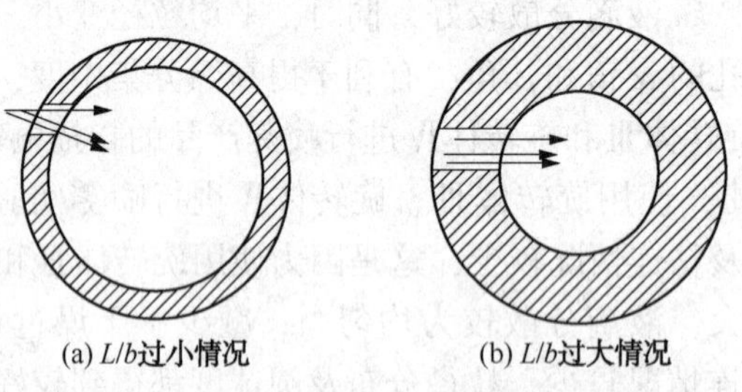

图8　L/b 对喷雾质量的影响

3.4　旋转体孔长宽比对产品质量的影响

旋转体的入口一般都与旋转室相切，是液体产生旋转运动，入口长度 L 和宽度 b 之比是旋转体一个重要的参数，L/b 对过大时，压头损失过大，L/b 过小时，液体进入旋转室后就会出现散乱流动[7]，对产品的筛分质量等会造成影响，因此，L/b 应控制在一定的范围。

3.5　旋转体孔结构研究在喷雾干燥过程中的应用

旋转体的孔径大小、孔角度等参数均会影响喷雾雾锥角的大小，在喷雾干燥塔内，雾锥角过大，会造成相邻两支喷枪雾锥的重叠，影响干燥效果，同时，雾锥重叠区域液滴相互碰撞，会造成催化剂颗粒粘连，影响产品的圆球度，另外，如果喷雾雾锥角过大，还可能造成物料粘壁的现象出现[8]；如果雾锥角较小，在干燥过程中多数雾滴存在于雾锥的中心，长时间被高湿度的大气所包围，导致干燥所需的时间延长，影响干燥效果。因此，结合喷雾干燥塔的结构，设计适合的旋转体，可以将喷雾雾锥角控制在适宜的范围，提高催化剂喷雾干燥成型过程的质量。

4　结语

本文通过改变旋转体的孔结构参数，研究了旋转体的孔结构对催化裂化催化剂筛分质量和圆球度的影响，结果表明：

(1) 旋转体孔径小有利于提高催化剂的筛分集中度，使催化剂粗细颗粒分布更均匀，在催化裂化反应时流化效果较好，提高反应活性。

(2) 旋转体孔与旋转室切线的角度(α, β)越小，液体进入旋转室的切向速度越大，喷雾形成的雾锥角也越大，越有利于液滴更好的分散，提高筛分集中度和圆球度，并且催化剂微球表面的凹陷及粘连情况也得到较好的改善，减少了催化剂在催化反应时的磨损，减少环境污染，实现清洁生产。

(3) 旋转体孔对孔距离 L_0 越大，液体进入旋转室的旋转半径越大，液体在喷嘴处的横向速度也就越大，液体喷雾产生的雾锥角 θ 就越大，液滴分散更均匀，筛分集中度较好。

(4) 旋转体的孔长宽比 L/b 应控制在一定的范围，过大或过小都会影响产品的质量。

参 考 文 献

[1] 潘永康，王喜忠．现代干燥技术[M]. 北京：化学工业出版社，1998：285-310.

[2] 李岳君，余立辉，刘志坚．炼油催化剂生产技术[M]. 北京：中国石化出版社，2007：103-106.

[3] 朱洪法，刘丽芝．石油化工催化剂基础知识[M]. 北京：中国石化出版社，2010：30-36.

[4] Mujumdar A S. Handbook of Industrial Drying[M]. New York and Basel：Marcel Dekker Inc，1995.

[5] 郭宜枯，王喜忠．喷雾干燥[M]. 北京：化学工业出版社，1983：512-85.

[6] 黄立新等．高速离心式雾化机力学性能研究[M]. 1993，454.

[7] 徐春明，杨朝合主编．石油炼制工程[M]. 北京：石油工业出版社，2009.

[8] 张继尧．催化剂制备过程技术[M]. 北京：中国石化出版社，2004.

装备技术与信息化

浆态床动态错流过滤技术的理论分析

陈　强　蔡连波　盛维武　李小婷　赵晓青

（中石化炼化工程（集团）股份有限公司洛阳技术研发中心，河南洛阳　471003）

摘　要： 着重介绍了近年来固液动态错流过滤技术的原理和方法，并通过理论分析认为，在费托合成浆态床反应器内采用梯级金属烧结粉末过滤管和动态错流过滤技术，可以实现合成油与催化剂油浆的连续有效分离。

关键词： 浆态床　错流过滤　梯级过滤管　滤饼

1　前言

费托合成技术是煤炭间接液化工艺过程中的核心技术。在费托合成工艺中，浆态床反应器因其传热传质效果好、压降低、投资低以及催化剂可在线装卸等特点而被广泛应用。铁基催化剂因其具有价格低廉、活性高、选择性好等特点，是最具工业价值的一类催化剂。由于所使用的铁基催化剂颗粒粒径介于1~200μm，主要集中在50μm左右[1]，在反应过程中因磨损导致了催化剂破碎，使得最终产品蜡中混杂了达到亚微米级的催化剂。另外，体系中浆液黏度高，200℃时费托蜡的黏度达到4~8cP，因此，很难将超细催化剂颗粒从费托合成蜡中分离出来。众多研究者针对费托合成蜡/催化剂固液分离的工艺和技术进行了大量的探索[2]，采用了包括沉降、过滤、旋流、磁分离等技术。截止目前几乎没有一种固液分离技术能高效地脱除费托合成产品中的细催化剂颗粒，但加压过滤依然是首选的固液分离方法[3]。本文回顾并总结了费托合成蜡/催化剂分离的过滤技术，提出了新的解决方案。

2　固液过滤分离技术

由于浆态床费托合成自身的工艺特点和技术优势，在生产高附加值费托蜡方面具有更加明显的优越性。但正常操作条件下，蜡以液态形式在反应器内积累，为保证正常操作的高转化率、尽量降低催化剂损失和失活，必须定期或连续地将费托蜡排出，同时催化剂颗粒要留在反应器内继续参与反应。

浆态床的蜡和催化剂分离分为器内分离和器外分离。其中，在反应器内部的分离采用过滤分离，外部分离主要包括重力沉降或离心分离与过滤分离相结合，主要还是依赖过滤分离，内外过滤的基本结构如图1所示。

过滤分离是提高分离效率的有效方法，反应器外过滤分离和器内过滤分离的原理相同，但普通的深层过滤理念和技术已经不适合与浆态床的固液分离。

死端过滤和错流过滤是过滤管过滤运行过程中采用的两种操作方式，图2为流程示意图。

死端过滤是将过滤管置于浆液中，在压力差的推动下，液体和小于过滤孔的颗粒透过过滤管，大于过滤孔的颗粒则被过滤管截留。形成压差的方式可以是在浆液侧加压，也可以是在滤出液侧抽真空。死端过滤随着过滤时间的延长，被截留颗粒将在过滤管表面形成滤饼，使过滤阻力增加，在操作压力不变的情况下，过滤管的过滤透过率将下降。因此，死端过滤只能间歇进行，必须周期性地清除过滤管表面的滤饼或更换过滤管。

错流过滤是将过滤管置于浆液中，液体流在过滤管表面均匀的流动，产生两个分力，一个是垂

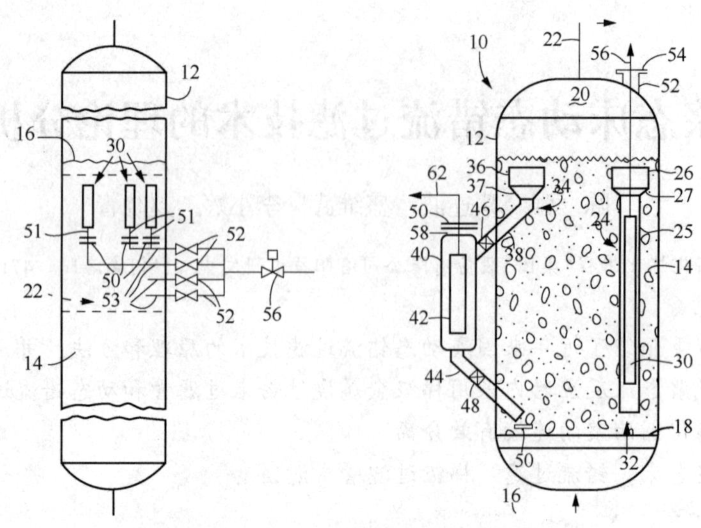

图 1　浆态床内过滤和外过滤结构示意图

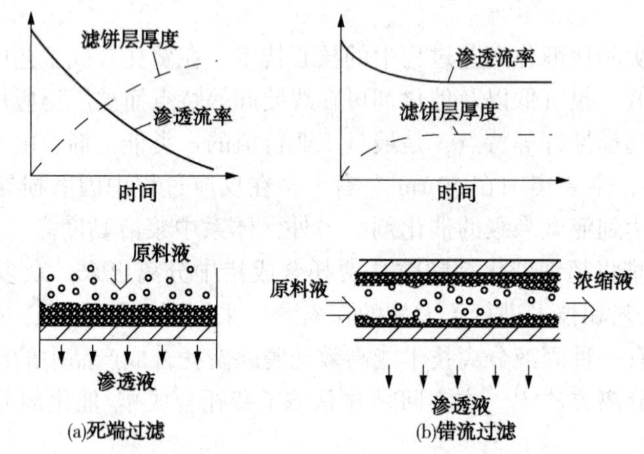

图 2　死端过滤和错流过滤流程示意图

直于过滤管表面的法向力，使液体透过过滤管，另一种是平行于过滤管表面的切向力，冲刷表面的截留物，滤饼形成一种动态平衡。错流过滤透过率下降时，只要设法降低过滤管表面的法向力、提高过滤管表面的切向力，就可以对过滤管表面进行有效清洗，使过滤管恢复原有性能。因此，错流过滤的过滤管表面不易产生浓差极化现象和结垢问题，过滤透过率衰减较慢。错流过滤的运行方式比较灵活，既可以间歇运行，又可以实现连续运行。

目前工业装置上浆态床反应器过滤分离基本是采用盲端过滤，或者接近错流过滤，但是都没有控制过滤管的外流场，滤饼厚度难以保证均匀和动态平衡，催化剂细颗粒仍然会堵塞滤芯，因此，还要设置自动反冲洗系统，甚至反冲洗的设计决定了过滤系统的性能。

3　SEGR 技术方案

传统的过滤研究，主要考察压降、温度、搅拌速度、固含率、过滤介质孔径、催化剂颗粒粒径对过滤速率及过滤效果的影响。存在的问题：(1) 现有大多过滤材料通量较小，压降较大，反冲洗间隔时间短；(2) 过滤流场的均匀性没有较好控制，错流技术没有应用好，滤饼不均匀，过滤效果不好。

中石化炼化工程(集团)股份有限公司洛阳技术研发中心(SEGR)近年来着重针对错流过滤进行了调研分析，提出从过滤材料和外流场错流特性进行过滤研究。

3.1 过滤管创新

提出开发浆态床体系的梯级金属粉末烧结过滤管或梯级金属烧结网过滤管，提高抗堵塞性能，降低压降。梯级金属过滤管可以开发分为双层或者多层结构，其中两层梯级金属粉末烧结管微观基本结构如图3所示。

图3 梯级金属粉末烧结过滤管微观结构

和普通的均质滤芯相比，只有滤芯的外表面是一层0.2mm厚的膜层。该膜层是采用二次烧结技术，将球形金属颗粒喷涂在已经烧结完成的强度支撑层外表面上。梯级结构有两个明显优势：

(1) 滤芯的过滤面的开孔率明显提高，以0.5μm滤芯为例，均质滤芯的开孔率为16%，而覆膜滤芯的开孔率是42%，将近是均质滤芯的3倍。也就是说液体在滤孔中的流速降低了近3倍，液体将固体颗粒向滤孔中拉动的力量也降低了2倍(不易堵塞)。普通均质滤芯上单位面积如果有2个孔，那么覆膜滤芯上就有5个孔。如果均质滤芯上有1个孔堵塞，就剩余1个孔了，覆膜滤芯如果有1个孔堵塞，那末还剩4个孔。

(2) 覆膜滤芯的反冲洗性能优异。图3右侧0.2mm厚度上是表面二次烧结的滤膜层，绿色和红色折线是在反冲洗时覆膜滤芯的断面上不同部位的压力情况。黄线是均质滤芯在反冲洗时断面不同部位的压力情况。可以看出，在反冲洗时，覆膜滤芯有60%的反冲洗压差可以直接作用到滤饼层上，而对于均质滤芯，90%的压力都损失在滤芯上，对滤饼的推动力很小。

3.2 过滤设备结构创新

通过合理的内构件控制调节过滤管外部浆液流速，实现均匀的流场下的错流过滤，一方面维持稳定的滤饼层，另一方面保证抽液和反冲洗的均匀性，避免局部位置或少数过滤管的过早失效。

SEGR近年来根据固液分离错流的基本原理和滤饼的特性，提出通过内构件控制过滤管外侧流场，形成两相过滤，保证过滤面外流场均匀，滤饼动态均匀，提高过滤效果，已申报了发明专利[8]，基本结构如图4所示。

上述结构在过滤管外侧增加双层循环套筒的目的有三个：(1) 通过套筒结构，可以控制过滤管外侧流场，使浆液流速保持在一个稳定的范围内；(2) 套筒结构可以使浆液沿过滤管表面向下流动，避免外流场混乱，浆液流速方向和渗透液流速方向垂直，错流效果好；(3) 通过套筒的折流，可以有效的降低套筒内部的气含率。因为在过滤体系中引入气泡虽可明显抑制滤饼层的增长，提高过滤管的渗透通量，但气泡易穿过过滤介质，导致过滤体系内的气含率发生变化，降低过滤过程的推动力，进而降低过滤效率。

动态错流过滤设备的基本特点：(1) 连续过滤，可获得大而稳定的流量，生产效率高；(2) 过滤效率高，动态薄饼过滤，过滤介质上不积聚厚滤饼，单位面积处理能力大；(3) 适应能力强，过

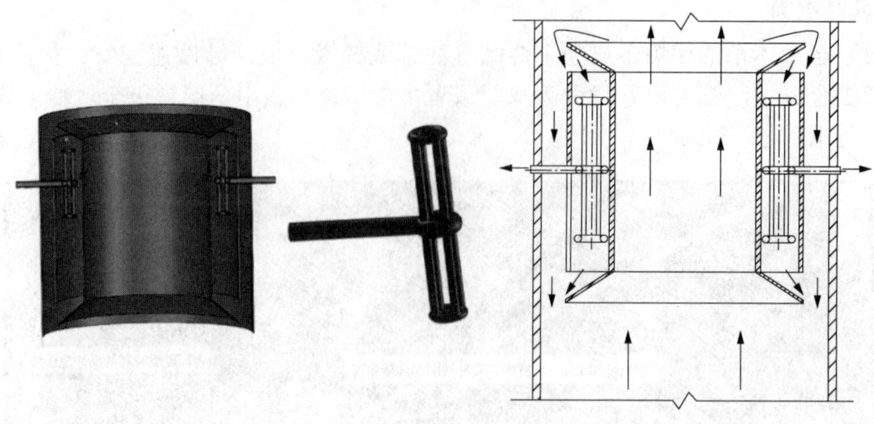

图4 过滤设备结构简图

滤效果好，对入料浓度的变化不敏感，在过滤之前无须对入料进行预处理，过滤的滤液澄清。

4 结语

浆态床反应器是目前费托合成工业反应器发展的方向，其中除反应器本身结构上的改进外，固液分离技术、传质传热性能的提高是关键。动态错流过滤发展至今，仍然没有在浆态床固液分离上很好地应用，分析其原因主要是错流过滤的基础研究较少，没有形成系统的过滤外流场流体力学理论，缺乏设计所需的基础数据。随着过滤新材料和错流过滤的新技术不断出现，使得动态错流过滤技术在以后的发展中会越来越受到人们的重视。随着企业和研究机构对动态错流过滤的不断研究，相信在不久的将来，动态错流过滤设备将会在浆态床固液分离上得到应用。

参 考 文 献

[1] 王国峰．气液两相及气液固三相鼓泡床流动特性的实验研究[D]．北京：北京化工大学，2006.

[2] 王智洁，王晶禹．国内外超细粉体液固分离技术的发展概况[J]．科技情报开发与经济，2006，16(15)：139-142.

[3] 梁鹏，程乐明，赵玉龙等．浆态床FT合成反应器中内部过滤操作研究[J]．化学工程，2004，32(4)：38-41.

[4] Schlesinger M D，Benson H E，Murphy E M，et a1. Chemicals from the Fischer-Tropsch synthesis[J]. IndEng Chem，1954，46(6)：1322-1326.

[5] Berend J. Process for producing liquid and，optionally gaseous products from gaseous reactants[P]. EP：0609079AL. 1994-03-08.

[6] Erling R，Petter L，Trond M. Sohd/liquid slurry treat-ment apparatus and catalytic multi-phase reactor[P]. WOP：9416807AL，1994-08-04.

[7] 徐国文，顾其威．气液固三相浆态搅拌反应器中管式内过滤器的过滤特性研究[J]．化学反应工程与工艺，1993，9(1)：56-61.

[8] 陈强，蔡连波，赵晓青等．一种浆态床反应器的过滤内构件：中国，CN104174338A [P]. 2014. 12. 03.

常压塔注剂注液喷嘴的研究及工业应用

王益明[1]　岳祥龙[1]　张　锋[2]

（1. 中国石油庆阳石化分公司，甘肃庆阳　745002；2. 洛阳德明石化设备有限公司，河南洛阳　471000）

摘　要：提出针对采用“一脱二注”及过流部件使用耐腐蚀材质的传统方法解决原油加工过程中存在的酸性腐蚀的方法，存在相关缓蚀剂剂耗较高、注水量过大等问题，为了解决此类问题采用洛阳德明的“DM 注液喷嘴”，使用后效果明显，在达到相同的抗腐蚀效果的同时大幅地降低了中和缓蚀剂用量和注水量，在降低生产成本，使装置长周期平稳运行方面取得了良好的效果，在炼油装置大规模使用具有良好的经济效益。

关键词：常压塔　注液喷嘴　防腐蚀　工业应用

1　前言

我国加工原油加速劣质化，经过电脱盐后仍含有微量的盐类组分，在生产过程中原料油中的盐类水解产生 Cl^+ 及有机硫化物高温分解产生 H_2S，这导致在常压塔顶及空冷器管线出现较为严重的点蚀、缝隙腐蚀，严重影响装置的长周期安全平稳运行。为解决出现的 $HCl—H_2S—H_2O$ 腐蚀，通常采用加强电脱盐操作、优化塔顶注水水质水量、优化中和缓蚀剂的注入量、过流部件使用耐腐蚀材质等方法；而常规的一脱三注（二注）具有较好的效果，但注剂、注水方式采用管道直接注入气相管道，气液混合效率低下导致剂耗较高、注水量过大等问题。为了解决此类问题，洛阳德明石化设备有限公司做了大量的研究，开发出“DM 注液喷嘴”，其在达到相同防腐蚀效果情况下对中和缓蚀剂用量和注水量均有大幅度的降低，在降低生产成本，使装置长周期平稳运行方面取得了良好的效果。

2　注液喷嘴的作用及特点

炼油厂为了达到防腐、洗涤、混合等生产要求，通常将一定量的液体注入气相当中。比较常见的是采用管道注入的形式，因为液体的密度远高于气体，导致液体经管道注入后，液、气的混合效率低，造成各类注入液体的浪费。有些液体比较昂贵，比如中和缓蚀剂等，增加了生产成本。

注入方式改成喷嘴后，可以将液体雾化成合适的形状，显著提高液、气的混合效果。在达到相同使用效果的情况下，采用喷嘴注入，可以明显降低各类注剂消耗量，进而降低生产成本。

洛阳德明石化“DM 型注液喷嘴”有如下几个特点：（1）抗堵塞；（2）抗磨损，喷嘴的磨损分为内磨损和外磨损，外部磨损主要是由于气相回流导致，通过大量实验，采用了最优的喷孔结构形式，保证在操作弹性范围内，喷孔射流引起的斡旋流动不能附着于喷头壁面，防止试剂对喷头的冲刷，喷头采用高温耐磨钢，提高喷头的整体耐磨性能；（3）抗腐蚀，采用的材料具有优良的抗腐蚀效果；（4）优化的喷雾形状，更好的满足工艺要求；（5）可维护性好。

3　“DM 注液喷嘴”作用原理

在塔顶干燥的气体状态下，HCl、H_2S 对管材基本不存在腐蚀，但在温度降低到露点时，酸性物质溶解到出现的少量冷凝水中，形成 pH 值很低的强腐蚀溶液，同时 H_2S 的溶解，促进氢的去极化腐蚀反应，H_2S 在溶液中分解成 HS^- 吸附在关闭表面，产生加速电化学腐蚀复合离子；此外在金属表面的防腐蚀膜会因 HCl 存在及液体的冲刷，导致防腐蚀膜的脱落，在多重因素的影响下造成腐蚀加速，严重影响装置长周期平稳安全运行。目前在分馏塔顶注入水及中和缓蚀剂的方案均是将助剂通过管道直接注入，因为液体的密度远高于气体，导致液体经管道注入后，液气的混合效率低下，造成各类注入助剂的大量浪费，增加了生产成本。通过使用注液喷嘴后，将添加的助剂、水等液体雾化成合适的形状，显著提高气液混合效果，在达到相同的使用效果的情况下，可以明显降低各类助剂的消耗量，进而大幅度降低生产成本。

常规注液方式，直接将缓蚀剂注入油气管道，其存在中和缓蚀剂与油气物质接触效率低，难与油气中的酸性物质进行中和反应。通过使用注液喷嘴可以显著强化中和剂的油气接触混合效率，提高助剂的使用率，注水方式的改变，使液态水穿过初凝区，快速稀释初凝区出现的强酸，同时能加强冲洗效果，均匀冲洗易结垢物质，防止垢下腐蚀出现局部穿孔。相关工艺流程图及"DM 注液喷嘴"效果和工业应用分别如图 1~图 3 所示。

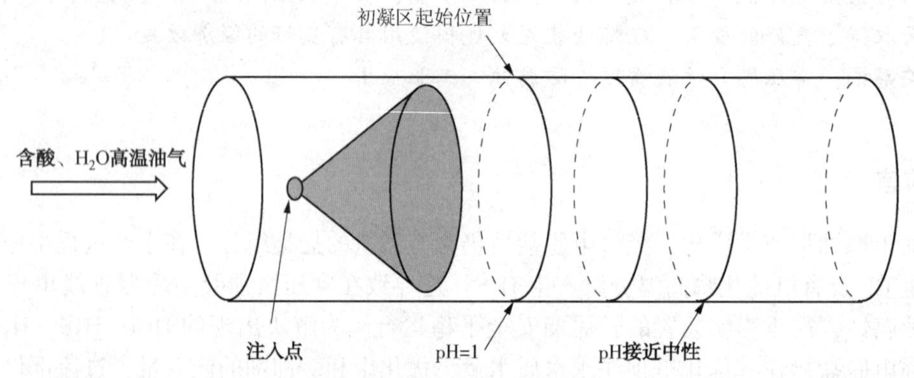

图 1　注液喷嘴流程示意图

图 2　"DM 注液喷嘴"效果示意图

图 3　"DM 注液喷嘴"工业应用安装图

4 "DM 注液喷嘴"工业应用

4.1　工业应用方案

(1) 目的　通过分析分馏塔顶铁离子含量，确定相关助剂、水的注入量降低幅度。

(2) 确定注水量降低极限值　在原有缓蚀剂添加量不变的情况下，将目前注水量 5.5T/H，逐步下降在 Fe 离子含量出现上升时，确定注水量降低极限值。

(3) 确定缓蚀剂降低极限值　根据注水量的降低情况，逐步降低缓蚀剂注入量直至相关 Fe 离子含量出现上升时，确定注剂量为降低极限值。

(4) 最佳工况确定　通过对上述两项添加量的确认，根据生产实际需要，同时调整注水量、注剂量确认最佳工况。

4.2　工业应用效果

注水量降低极限值记录见表 1。

表 1 注水量降低极限值记录

日期	时间	注水量（0.5t/h 降低幅度）	缓蚀剂注入量（不改变）/（μg/g）	Fe 离子含量/（μg/g）	备注
10 月 15 日	8：20	5.5	40	0.6	合格
10 月 16 日	8：20	5.0	40	0.6	合格
10 月 17 日	8：20	5.0	40	0.7	合格
10 月 18 日	8：20	5.0	40	0.6	合格
10 月 19 日	8：20	4.5	40	0.6	合格
10 月 20 日	8：20	4.5	40	0.7	合格
10 月 21 日	8：20	4.5	40	0.7	合格
10 月 22 日	8：20	4.0	40	0.7	合格
10 月 23 日	8：20	4.0	40	0.7	合格
10 月 24 日	8：20	4.0	40	0.8	合格
10 月 25 日	8：20	3.5	40	0.9	合格

注水量降低极限值记录见表 2。

表 2 注水量降低极限值记录

日期	时间	注水量（不改变）	缓蚀剂注入量/（μg/g）	Fe 离子含量/（μg/g）	备注
10 月 25 日	16：20	4.0	40	0.7	合格
10 月 26 日	16：20	4.0	35	0.7	合格
10 月 27 日	16：20	4.0	35	0.7	合格
10 月 28 日	16：20	4.0	35	0.8	合格
10 月 29 日	16：20	4.0	30	0.8	合格
10 月 30 日	16：20	4.0	30	0.8	合格
10 月 31 日	16：20	4.0	30	0.8	合格
11 月 1 日	16：20	4.0	25	0.9	合格

最佳工况确认记录见表 3。

表 3 最佳工况确认记录

日期	时间	注水量	缓蚀剂注入量/（μg/g）	Fe 离子含量/（μg/g）	备注
11 月 2 日~11 月 15 日	8：20	4.0	30	0.7~0.8	合格

5 经济效益分析

采用洛阳德明的“DM 注液喷嘴”后，注水和注剂量均有明显的降低，与使用“DM 注液喷嘴”之前对比，注水量降低幅度为 27%，缓蚀剂加剂量降低 25%并满足防腐率 100%合格，因使用“DM 注液喷嘴”节约成本如下：

（1）水费节约：5.5t/h×8000h×4.0 元/t×27%＝47520 元；

（2）注剂节约：3.5×10^6t×40μg/g×1.8 万元/t×25%＝630000 元。

综上所述，使用“DM 注液喷嘴”可直接节省相关生产成本 677520 元，并因使用注液喷嘴减少了注水量，相关的水处理成本也得到了降低。

6 结语

(1) 在使用注液喷嘴前，注水量为5.5t/h、缓蚀剂注剂量为40μg/g，Fe离子合格率为95%；

(2) 通过使用“DM注液喷嘴”，注水量降低为4.0t/h、缓蚀剂注剂量降低为30μg/g，Fe离子合格率为100%；

(3) 标定期间内，注水量降低幅度为27%，缓蚀剂加剂量降低25%并满足防腐率100%合格，由分析数据可知，使用注液喷嘴达到了工艺和生产要求，明显降低生产成本并提高了防腐蚀合格率，能有效保证装置平稳运行。

“DM注液喷嘴”在工业装置的应用具有良好的使用效果，可保证装置长周期平稳运行。其在满足防腐蚀要求的同时，节省了20%以上的助剂、工艺用水，在全厂推广使用具有良好的经济效益。

参考文献

[1] 闫广豪，石宝珍，仇性启．流化催化裂化进料喷嘴研究进展[J]．石油化工设备，2006，35(5)：45-48.
[2] 郑从武．BWJ40-II型喷嘴在蜡油催化装置上的应用[J]．广东化工，2004，31(5)：50-52.
[3] 焦伟周，刘耀宇．Optimix高效雾化喷嘴在重油催化裂化装置上的应用[J]．石油炼制与化工，2004，35(2)：48-50.
[4] 张敏健．喷嘴研究发展概述[J]．电站系统工程，200824(1)：17-18.

化工生产中转子流量计的使用与维护

米 娟

（中国石化天津分公司，天津 300270）

摘 要：针对转子流量计使用和维护中重点的注意事项进行阐述和说明。

关键词：转子流量计 转子 锥形管 导向轴

1 前言

转子流量计又称浮子流量计，是变面积式流量计的一种。主要是由一个自下而上逐渐扩大的椎管和一个能在椎管中自由上升和下降的转子组成。有时为了避免转子碰触到管壁，会在锥形管中心安装一根导向轴，保证转子沿导向轴上下运动。因为它结构简单、使用方便，特别是在测量流量时，压损小、检测范围大，兼容性强，所以在化工生产中应用非常广泛，尤其适用于测量低流速小流量的介质。同时转子流量计还具有工作可靠、维护量小，寿命长等优点，但是由于安装使用过程中的不当操作，往往会造成仪表元件的损坏。

2 测量原理

转子流量计进行流量测量时，被测流体从锥形管下端流入，流体的流动冲击着转子，并对它产生一个作用力既动压力(这个力的大小随流量大小而变化)；当流量足够大时，所产生的作用力将转子托起，并使之升高。同时，被测流体流经转子与锥形管壁间的环形断面，这时作用在转子上的力有三个：流体对转子的动压力、转子在流体中的浮力和转子自身的重力。流量计垂直安装时，转子重心与锥管管轴相重合，作用在转子上的三个力都平行于管轴方向。当这三个力达到平衡时，转子就平稳地浮在锥管内某一位置上。对于给定的转子流量计，转子大小和形状已经确定，因此它在流体中的浮力和自身重力都是已知的常量，唯有流体对浮子的动压力是随流速的大小而变化的，因此就可推算出流量。对于一台给定的转子流量计，转子在锥管中的位置与流体流经锥管时流量的大小成一一对应的关系。

转子流量计的测量基本误差在±1.5%；量程比达到(5:1)~(10:1)；压力损失≤3.5~4.5kPa。

3 使用与维护

3.1 安装要求

首先，转子流量计必须垂直安装于管路中，此举是为了保证转子受到的三个力的方向是严格平行的。其次，安装在工艺管道中的转子流量计为了避免脏污流体造成转子不能自由地上下移动，必须在入口处加装过滤器，如有条件可以设置冲洗配管或采用两台并联安装的方式。再次，为了不让流体冲击转子，保持流速平稳，流量计前后管道长度应保证不小于5倍管径，同时为了不在拆装时碰弯导向轴，流量计下部还要有可以和仪表同时拆装的直管段。最后，安装在不能断流的工艺管线上的流量计，要在前后管道上加装切断阀和旁路，容易逆流的管道还要在仪表后安装止回阀来保护流量计的管壁和转子不受冲击。

3.2 使用与维护

转子流量计在使用中最重要的一点是：必须要避免管道震动。因为管道震动会引起转子与导向轴或管壁的碰撞，有可能会损坏零件，使转子不能自由移动。在化工生产中，由于流体夹带等工艺特性，往往会造成管道不畅甚至堵塞，这时操作人员大多会采用敲击管线的方法，这种方法对于清理挂壁料来说最简单、最直接、最易行，效果也不错，但是对于流量计来说却有着致命的危害。第一，敲击管线会使管道震动，造成仪表的损坏；第二，阀门处是比较容易堵塞的地方，如果敲击流量计出口管线致使挂壁料掉落到流量计的椎管中，那么就只能拆下流量计进行清洗，特别是当挂壁料坚硬沉重时，流量计可能就被彻底毁坏；第三，敲击后管路突然变得通畅，流量骤然变大，短时间内达到峰值，此时有可能会超出流量计的测量范围，转子被冲击着撞向锥形管顶端设置的定位器，转子或是被定位器卡住或是直接将定位器撞坏。以上几种可能性，轻则造成测量不准，重则损毁仪表。要想解决问题，其实也不难，就是拆下流量计换上一段管道短节再敲击即可。

转子流量计的结构和转子的力平衡示意图分别见图 1、图 2。

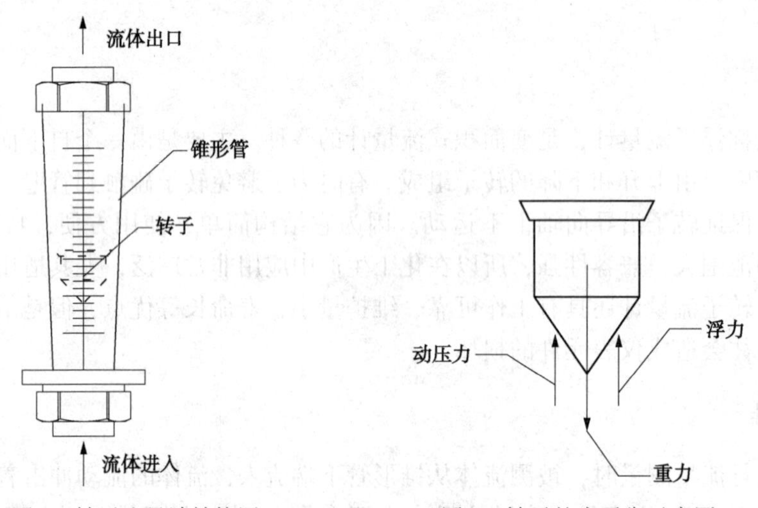

图 1　转子流量计结构图　　图 2　转子的力平衡示意图

转子流量计在投入运行的时候，要严格按照先开入口阀再开出口阀门的顺序，如果有旁路时，要先开旁路再开流量计的入出口阀门，最后再把旁路关闭。使用中仪表的入口阀门要全开，用出口阀门来调节流量，特别是用来测量气体和可能发生闪蒸的液体时更要严格按照要求来操作。这些操作无不是为了保护转子不被过分冲击，保证仪表的使用安全。

测量脏污流体时，要定期对仪表进行清洗；测量液体介质，必须将流量计锥形管中的气体排净，如果液体中含气泡过多，还要在流量计前设置消气器；如果流体的压力流速等波动过大时，最好在流量计前设置缓冲罐或阻尼器。

转子流量计在进行拆卸检修的过程中要注意以下几点：①拆卸时要避免碰弯比较纤细的导向轴；②大口径转子流量计在搬动时，应先将转子固定，防止碰撞椎管；③清洗时，要将锥形管内壁和转子上的附着物和杂质全面仔细地清理干净，保证转子自由移动。

4　结语

化工生产中常常出现物料夹带、流量波动、挂壁滞留等情况，为了避免造成过大的生产波动，在处理时操作人员大多会追求速度。比如快速地开关阀门、敲击管线、提高泵供量、升温冲洗管道等等一些对转子流量计会造成损害的方法就会被运用。这些方法不仅仅损害转子流量计，还会对其他在线安装的精密仪表造成伤害。理论上包括转子流量计等一些仪表的寿命是很长的，但在实际中却往往不能坚持使用一个检修周期，这与不按照仪表使用及维护要求野蛮操作是有直接关系的。职工在生产中按照要求使用仪表、爱护仪表，直接的效益体现在延长设备折旧时间、降低生产成本上，间接的效益体现在提高企业生存能力和竞争力上，造福于职工。

石化企业电力系统仿真技术新进展

钱志红　刘维功　李　琼　李　君　时振堂

（中国石油化工股份有限公司抚顺石油化工研究院，辽宁抚顺　113001）

摘　要：介绍了炼化企业电力系统仿真优化技术，主要包括静态安全分析、短路电流计算及开关校核、继电保护整定与校核、自动装置校核、电动机特性仿真等，通过科学系统的仿真手段，查找企业电网薄弱环节，提出优化措施，解决企业电气设备选型、电网优化调度、继电保护整定与校核、自动控制装置校核、大电机启动方式优化、电动机分批启动策略、降低电网损耗等问题。

关键词：石化企业　电力系统　仿真

1　前言

大型炼化企业，其电力系统提供了全部生产过程的20%~30%能量，生产装置对电力系统的安全可靠性要求极高，重要的装置控制系统和安全系统的供电中断，可能造成严重环境污染、大面积中毒和人身伤亡等重大恶性事故。

由于历史原因，多数企业经过多次扩建改造，电力系统主网结构薄弱，电网支撑能力不足，内部电网规模的扩大使控制决策的过程更为复杂，加上外部大电网运行特性升级变化，这些都会影响炼化企业电网的安全稳定运行，需要通过科学系统的仿真手段，对企业电网进行分析评价。

2　企业电网可靠供电面临的问题

炼化企业一般配套大型热电厂站和余热发电装置，形成了规模较小但环节完整的企业级电力系统。2005~2010年中国石化通过开展电气隐患治理，消除了重大系统隐患和设备隐患，供电可靠性得到了一定提升，然而随着炼化企业的发展，大型化、集约化装置运行周期长，对系统平稳运行要求越来越高，企业电网可靠供电面临下列问题：

（1）企业主网结构不合理，用电规模与现有系统不相适应。

（2）系统短路容量越来越大，部分在用开关遮断容量不足。

（3）自备热电站的电源支撑作用下降，运行模式需进一步研究。

（4）企业电网电源接入系统薄弱，外电网的影响越来越大。

（5）变电站快切等新技术的应用，电动机等设备的暂态特性带来的影响日益突显。

3　企业电力系统仿真优化技术

为提高石化企业供电可靠性，抚顺石油化工研究院开发了炼化企业电力系统仿真优化技术，以仿真为手段，查找企业电网薄弱环节，提出优化措施，解决企业电气设备选型、电网优化调度、继电保护整定与校核、自动控制装置校核、大电机启动优化、电动机分批启动策略、降低电网损耗等问题。

3.1　N-1校核

N-1安全准则是被广泛采用的电力系统安全可靠性评价的最为有效的手段。

N-1安全准则：正常运行方式下的电力系统中任一元件（如线路、发电机、变压器等）无故障或因故障断开，电力系统应能保持稳定运行和正常供电，其他元件不过负荷，电压和频率均在允许范围内。

该准则包含了两层含义：一是保证电网的稳定；二是保证用户得到符合质量要求的连续供电。对于石化企业，N-1 准则尤为重要，以负荷损失为指标进行仿真研究，分析评价企业电网的安全可靠性，即当电力系统出现波动或故障，不应对石化企业的装置生产造成波动和影响。

3.2 短路电流计算及开关校核

3.2.1 短路电流计算方法

短路电流计算是电力系统设计和运行中的重要环节[1]，是解决短路电流超标问题的分析基础。目前短路电流计算主要采用等效电压源法(IEC60909、GB/T15544)采用的方法[2]，其计算方法可以简述为短路电流 I''_k 等于短路点初始电压 U_N 除以短路点的系统阻抗 Z_k，C 为电压系数，具体如式(1) 所示。

$$I''_k = \frac{CU_N}{\sqrt{3}Z_k} \tag{1}$$

引入 C 的原因包括：(1) 系统中母线运行电压随时间和位置变化；(2) 变压器分接头位置变化；(3) 负荷和无功补偿变化；(4)发电机及感应电机的次暂态行为。国标中给出了各个元件的计算模型．规定了高、中、低压不同的初值条件，以及各种短路方式下对称短路电流初始值、短路电流峰值、短路电流非周期分量、对称开断电流和稳态电路的计算方法。

3.2.2 电动机对短路电流的影响

根据 IEC60909 标准，当系统发生三相对称短路时，异步电动机会向短路点馈送短路电流，低压电动机短路电流衰减很快(20~40ms 衰减 90%以上)，高压电动机衰减较慢(20~40ms 衰减 10%~20%)，在近端短路时需要考虑电动机反馈电流。

石化企业电网 95%以上的负荷为电动机负荷，以某石化 110kV 变电站为例，采用 IEC60909 标准，分别计算忽略电动机和考虑电动机时的短路电流初始值，如表 1 所示。

表 1 电动机对短路电流的影响

母线名称	忽略电动机/kA	考虑电动机/kA	增幅/%
110kV1 母线	7.47	7.67	2.68
110kV2 母线	11.11	11.63	4.68
6kV1 母线	65.38	79.61	21.77
6kV2 母线	34.14	45.41	33.01

仿真结果表明电动机对机群所在的 6kV 母线短路电流影响较大，短路电流初始值增幅可达到 20%~30%，电动机的反馈电流在 500ms 内基本衰减至 0，150ms 衰减约 60%，110kV 母线经过变压器隔离，电动机对短路电流的影响小于 5%，可忽略电动机反馈电流。

3.2.3 开关校核

开关的开断能力校核是电网安全性评价中很重要的一项，开关校核宜取开断时间(主保护动作时间与断路器固有分闸时间之和)的短路电流作为校核条件[3]。

6(10)kV 馈线传统保护配置采用限时速断+过电流保护，动作时限多在 0.3s 以上，可以不考虑异步电动机的反馈电流。随着技术发展，越来越多的企业采用光纤差动保护作为 6(10)kV 馈线主保护，动作时限多为 0s，因此不能忽略电动机的反馈电流。

目前国内微机型继电保护装置差动保护出口动作时间通常为 25ms 以内，真空断路器分闸时间通常在 30ms 以内，因此可以采用 $t=45$ms 的开断电流 $I_b=45$ms 进行开关校核。

3.3 继电保护校核

继电保护是电力系统的第一道防线，继电保护的任何不正确动作都将造成或扩大事故。企业电网规模越来越大，结构越来越复杂，继电保护日常管理工作也变得日益复杂，继电保护专责人员匮乏，同时由于设备管理权限不同，不同计算人员选取的整定原则存在差异，因此有必要从系统出发，校核继电保护定值是否准确合理。

运用计算机数字仿真技术来模拟电力系统故障，校核保护定值的合理与否，分析保护的动作行为，可以有效地解决整定计算定值无法通过实际故障来验证其选择性和灵敏度的问题，从而减少定值配合失误带来的各种事故，充分发挥继电保护装置性能，保证电网安全稳定运行[4]。

继电保护校核采用离线校核方法，获取系统的运行方式和保护定值信息，计算保护定值的灵敏度是否满足要求，采用时序仿真的方法校核各保护段是否满足选择性的要求，并通过图形闪烁、声音报警等多种形式提示系统存在事故隐患的区域，便于及时发现和修正，以保证系统运行的安全。

3.4 自动装置校核

近些年，快切技术在石化企业双电源供电系统中得到越来越多的应用。快速切换装置的优点是可避免备用电源电压与失电母线残压在相角、频率相差过大时合闸而对电机造成冲击，工作电源被切除时能及时投入另一电源，更重要的是立足于用户的生产流程不被破坏[5]。快切装置成功切换的影响因素很多，包括启动方式、负荷特性、定值设置、故障类型、开关特性等，因此需要对快切装置进行仿真校核。

利用 Digsilent 软件开发了快切装置的数字仿真模型，通过时序仿真的方法，设置多种条件对负荷断电过程及电源切换过程进行仿真，通过对比切换效果发现：

（1）馈线电动机旋转类负荷比例越高，快切装置完成切换历时越短，合闸时刻故障母线残压越高，合闸后对非故障母线的冲击越小。

（2）故障接地电阻越大，故障电气距离越远，故障母线合闸时刻残压越高。

（3）快速合闸的故障母线残压最高，同捕合闸的故障母线残压最低，同捕合闸对非故障母线冲击最小，残压合闸对非故障母线冲击最大。

（4）快切带发电机切换时，对非故障母线冲击时间较长，发电机扭矩有一定振荡，故障母线残压明显提高，非故障母线电压跌落幅值减小。

实际工程中，根据需要对特定电力用户建模，从故障母线残压、冲击电流、非故障母线电压的跌落、负荷损失情况、发电机组的扭矩等方面评价快切的切换效果，为科学合理地配置快切装置提供理论依据，使其更好地发挥作用。

3.5 电动机仿真

石化企业生产装置的单体加工能力越来越大，单机设备功率越来越大，大容量以及特大容量电动机陆续投入使用。大电机的起动问题成为企业内部电网的一大矛盾。电动机启动过程对电网的影响主要表现在两个方面，一是引起系统电压下降，二是冲击电流。电动机的容量越大，启动所带来的冲击也越大，安全引患将会愈发突出[6]，大容量异步电动机的启动特性关系到整个电力系统的稳定，因此，研究其启动特性对保证电网的稳定以及大容量电动机的安全运行十分必要。

大电机启动特性仿真目的：

（1）校核不同启动方式下系统的电压降，评估其造成的损失负荷风险。

（2）校核不同启动方式下的启动电流，评估其对电机及上下级设备的损坏程度，评估对继电保护的影响。

（3）选择合理的启动方式。

电动机比较常见的启动方式有直接启动和降压启动。随着我国电子技术的不断发展，软启动被广泛应用，特别是针对大容量异步电动机，降压启动法逐渐被软启动所取代。启动方式的选择不仅直接影响工程的一次投资大小，而且也影响到电力网本身的安全稳定运行。

电动机直接启动特性仿真如图 1 所示，图中曲线分别为机端电压幅值、启动电流幅值、电机转速、机械转矩和电气转矩、有功功率、无功功率随时间的变化。

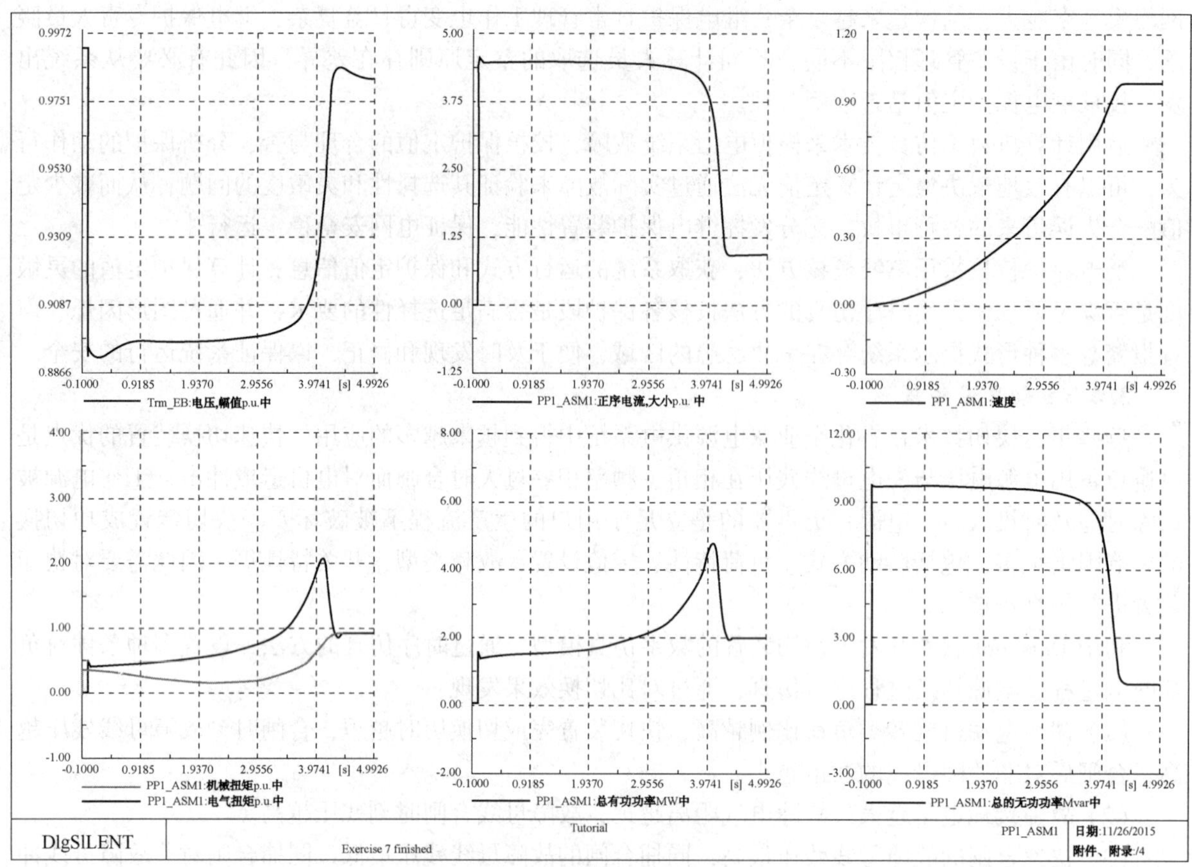

图 1　电动机直接启动特性

判断某种大电机启动方式合理可行的判据是：在系统最小运行方式下，大电机起动过渡过程中，电网内各个结点(母线)电压降小于 15%，电动机机端电压降小于 25%。从电压开始下降至恢复到正常电压水平的时间以不影响工艺生产为原则(一般控制在 10s 之内为好)；该启动方式下电动机启动电流不会超过电机定子线圈、转子线圈的额定载流量，不会引起过负荷保护及短路保护动作，不会对上下级设备造成损害。

通过比较大电机不同的启动方式，综合比较投资成本、对电网的影响等，可以得到最合理的启动方式，为大电机的启动方案提供参考。

4　结语

电力系统是企业生产、发展的基础，运用企业电力系统仿真优化技术，可以及时发现企业电力系统潜在隐患及风险，可以提高企业供电可靠性，减少投资，降低损耗，为企业电力系统安全稳定运行提供技术支撑。

参 考 文 献

[1] 姚淑玲，田华．基于 BPA 和 PSASP 程序的短路电流计算比对[J]．电力系统自动化，2011，35(14)：112-115.
[2] 三相交流系统短路电流计算 第 1 部分：电流计算．GB/T 15544. 1—2013).
[3] 导体和电器选择设计技术规定．DL 5222-2005.
[4] 王军，候佑华，刘斌．调度员动态仿真系统培训问题探讨[J]．中国电力，2004，37(4)：74-76.
[5] 段刚，余贻鑫，殷啓志，等．厂用电切换机电动态过程研究[J]．电网技术，1998，22(1)．
[6] 汤东，罗福强，夏基胜，等．柴油机燃烧过程及 NO_x 排放的试验研究[J]．农机化研究，2006(3)：134-136.

川气东送武汉隧道内双管安装技术

彭云超

（中国石化管道储运有限公司管道科学研究院，江苏徐州　221008）

摘　要：中国石化建设的川气东送管道属于国家重点工程，预计在2009年10月左右干线抵达上海。在武汉采用盾构隧道穿越长江，盾构横截面为圆形，直径为ϕ3080，需要同时安装两条ϕ1016×26.2规格的天然气管道。隧道内空间非常小，管道在就位状态下无法完成焊接作业。因此，需要先焊接好一条管道后，把这条管道推在一边，再焊接第二条管道。两条管道都焊接好了后，再分别就位。由于管道管径大，管壁厚，管道重量和刚度都很大，安装空间小，施工难度很大。本项目为受限空间下的管道安装提供了宝贵的经验。

关键词：隧道　输气管道　双管　安装

1　设计概况

1.1　工程概况

武汉长江穿越隧道位于湖北省武汉市，隧道水平长度1910m，隧道断面为圆形，盾构内径ϕ3080。始发井为13m×8m的方井，位于长江北岸武汉汉南区大咀北约3km。其井壁厚0.8m，地连墙厚0.6m，深15.3m。到达井为9.3×8m的方井，位于长江南岸江夏区金口镇中堉南。其井壁厚0.8m，地连墙厚1m，深32.8m。

隧道内管道全部安装在滑动支架上。隧道水平段内每间隔12m设置一个滑动支架，滑动支架满足承重和抗浮的要求。隧道竖井内每间隔5m设置支撑件，支撑件满足竖井内管道承重的要求，还应满足竖井内管道沿隧道方向的位移要求。管道横断面布置见图1。

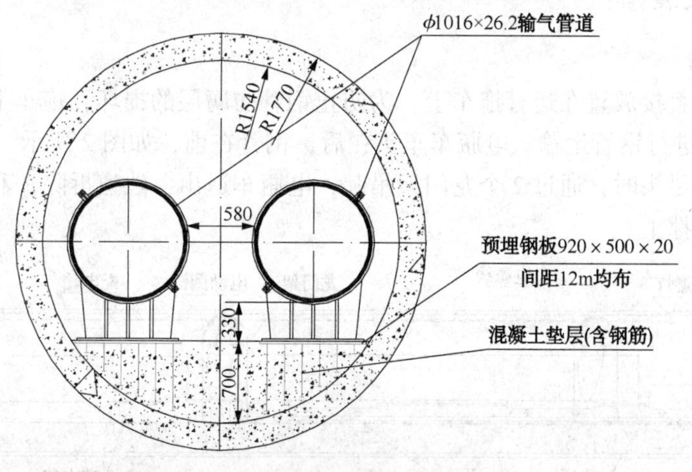

图1　管道横截面布置图

1.2　管道参数及焊接、防腐、试压和干燥

武汉盾构段采用ϕ1016×26.2×70直缝埋弧焊钢管，热煨弯管曲率半径Rh=6D，采用X70直缝埋弧焊钢管，规格为ϕ1016×30.4的钢管制作，管道外防腐采用加强级三层PE，补口采用带环氧底漆型三层热收缩套(带)防腐。

穿越段管道焊接采用半自动焊接，根焊采用 E6010 ϕ4.0mm 纤维素焊条，填充和盖面采用 E71T8-Ni1 ϕ2.0mm 自保护药芯焊丝。

探伤采用 100%射线探伤和 100%超声波探伤。射线检验应达到《石油天然气钢质管道无损检测》(SY/T 4109—2005)的要求，超声波检验和射线检验Ⅱ级为合格。

试压前应用临时清管器清管，清管次数不少于 2 次。强度试验压力为 15.0MPa，持续稳压时间不小于 4 小时。经检查，无异常变形、渗漏等问题后可降到严密性试验压力为 10MPa，稳压 24 小时，以无异常变形、无渗漏、压降不大于 0.1MPa 为合格。

水压试验合格后，应排净管内积水，清扫的污物应排到规定区域，清扫以不再排除游离水为合格，之后应进行输气管道的干燥，整个管道应干燥至水露点不高于 5℃。

1.3 主要施工内容

隧道内管道安装主要包括以下工作：

(1) 混凝土垫层浇筑

(2) 管道支架预制

(3) 隧道平巷管道安装

在正常情况下，安装两条 ϕ1016 管道，需要盾构内径应不小于 ϕ3800。本项目由于工期紧张，没有合适断面的盾构机，只有利用 ϕ3080 的盾构机。而狭小的施工空间，大刚度的管道，有此带来管道的安装难度很大。在设计前期通过多次专家反复论证，制定出了先焊接完一条管道，把已经焊好的管道推向隧道的一侧，留出足够的空间，再焊接第二条管道，待两条管道都焊接完了之后再分别就位的总体方案。

本部分为施工重点难点，第 3 部分详细说明。

(4) 竖井管道安装

本部分为施工重点难点，第 4 部分详细说明。

(5) 管道清管、测径、试压和干燥

本工程采用整体清管、试压方法，即平巷及两竖井管道整体试压和干燥。

(6) 隧道注水、地貌恢复

2 平巷管道安装

2.1 运管、布管

吊装下井的钢管直接放置在运管拖车上，为防止钢管防腐层的损坏，拖车上铺设橡胶板。拖车靠 10t 电瓶车的推力进行钢管运输，电瓶车车头在后，钢管在前，如图 2 所示。

钢管运输至轨道尽头时，通过 2 个龙门架吊起，电瓶车退出，轨道拆除，利用龙门架上的倒链将钢管放置在临时支撑上。

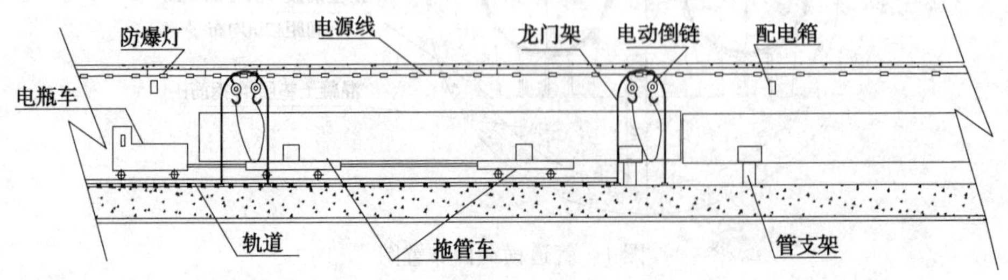

图 2 施工布管图

布置若干根管后安装管道支架(预先在管道支架下方纵向放置两根直钢筋，以便为调整左侧管道的横向位移做好准备)；用龙门架将钢管就位到支架上，使钢管与环片的距离大于 350mm，能够满足焊接要求。

布管 300m 后便开始进行焊接施工，同时布管工作继续进行，达到交叉流水作业。

2.2 平巷内管道组对、焊接

由于隧道内空间狭小，大型设备无法进入，需要采用体积较小的电焊机。为了便于焊机移动，需按照图 3 所示形式加工制作小车，以顺利完成第一条管道焊接。小车上面放置两台电焊机，在管道一侧垫层上移动，保证两名焊工能同时焊接一道口。

进行右侧(第二条)管道焊接时，隧道内两根 $\phi1016$ 管道中间已经不能满足焊机小车通过，故选择用槽钢做轨道，将槽钢固定在两条管道上方，电焊机小车可以在槽钢内移动。

2.3 左侧(第一条)管道位移

隧道内左侧管道焊接完成 300m，并且防腐补口完成并合格后，从管道端头开始横向位移，管道位移与焊接、补口补伤同步进行。

在图 4 中，利用 50t 电动千斤顶，在右侧管道的预埋件上焊接相应的槽钢或厚钢板作为千斤顶的底部支撑点，千斤顶前方顶住管道支架立板，对左侧管道进行整体横向位移。

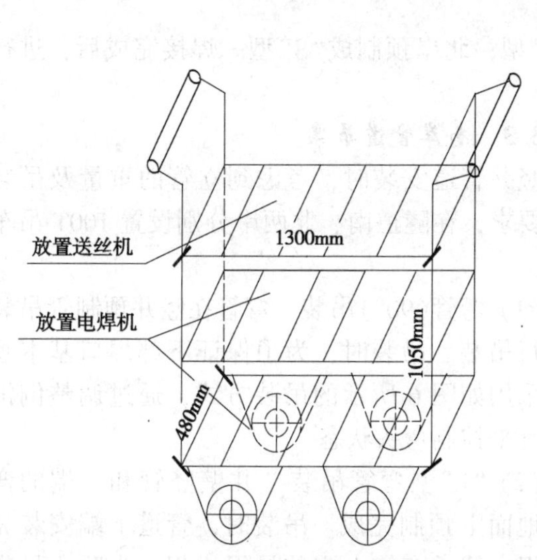

图 3 运载焊接设备小车

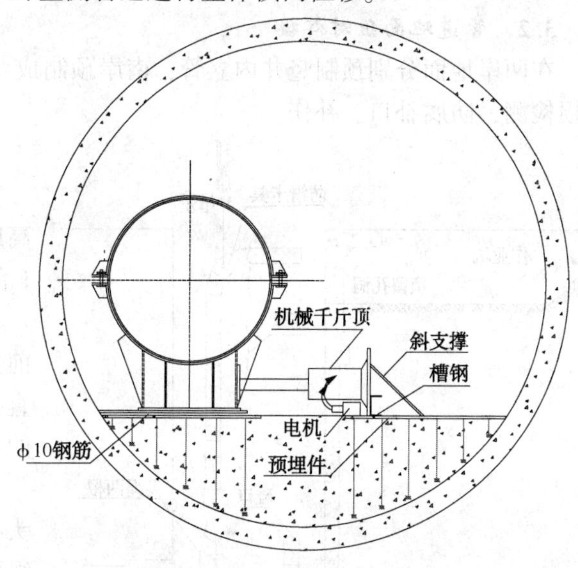

图 4 管道横向位移示意图

由于管道较长，必须从管道一端逐步进行位移，根据管道直径及重量，一般采取每一根钢管设置一次位移点，即按顺序将管道支架设置为位移点，可同时设置 4 个位移点。

设置以 300m 为一基本段，对管道进行位移，并且保证位移处和前方施工人员始终保持 300m，完成 300m 位移需移动 6 次。每 300m 管道位移后，在剩余空间铺设运送第二条管道的轨道，轨道铺设时应尽量远离左侧管道，避免对右侧管道运输造成影响。

依次往后，直至把整条管道位移至环片壁，整体轨道铺设完成。

2.4 右侧(第二条)管道安装及就位

左侧管道整体横向位移完成后，在另一侧最大空间为 1804mm(见图 5)，电瓶车宽度为 1110mm，剩余空间可进行右侧管道的运输。管道进行组对时，右侧管道放置在剩余空间的中间，管道两侧各有 394mm 空间，满足焊接要求。

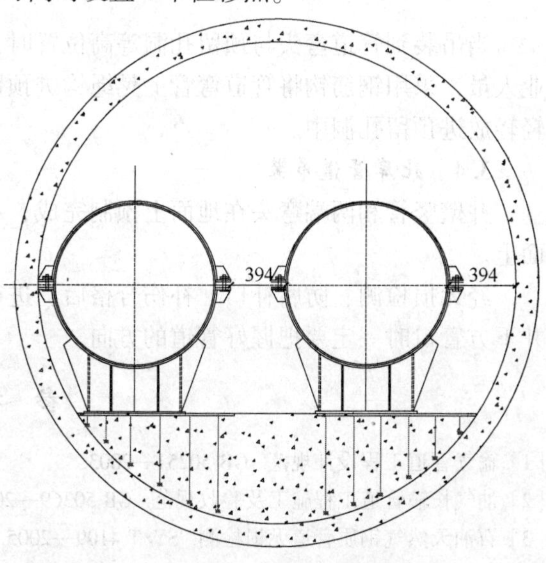

图 5 右侧管道焊接时的空间示意图

布管完成后组对焊接施工，同样设置300m为一基本位移段，位移290mm直接就位，位移方法同上述方法，位移完成后将右侧管道支座底部与预埋件点焊在一起。

2.5 左侧(第一条)管道就位

右侧管道及支座与预埋件点焊300m后，从两条管道的一端开始，利用电动倒链将两条管道支座底部连接在一起，依靠右侧管道的支座底部固定作用力，通过对电动倒链将左侧管道进行回位位移，使左侧管道中心位置符合设计要求。每并行两根钢管下设置一组电动倒链，最少设置4组，进行一次管道位移。这样依次进行，直到将两条管道全部回位，确保隧道平巷段内的管道安装施工全部完成。

3 竖井管道安装

3.1 竖井管道支架安装

将地面已预制好的井壁管道支架安装就位，由于竖井垂直落差大，在井壁上安装支架时需要高空吊篮辅助，将吊篮按需要随时固定在竖井壁上。

3.2 管道地面组对焊接

在两岸地面分别预制竖井内立管，南岸预制成“L”型，北岸预制成“S”型。焊接完成后，进行无损检测，防腐补口、补伤。

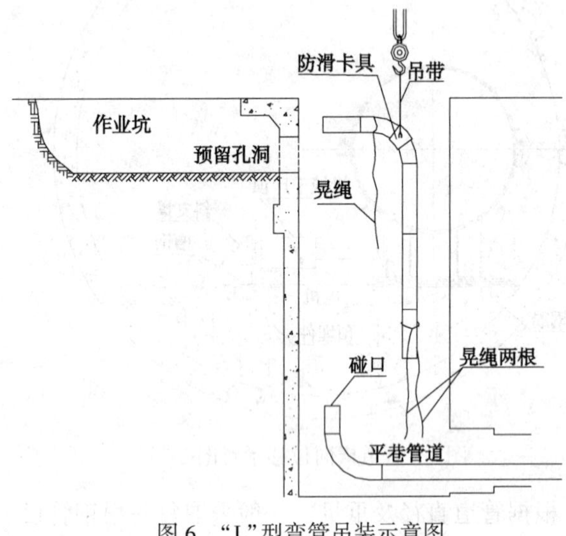

图6 “L”型弯管吊装示意图

3.3 南岸管道吊装

竖井管道安装时，考虑到立管的重量及吊装高度要求，在隧道南、北两岸分别设置100T吊车1台。

(1) 弯管(90°)吊装　弯管在竖井预制管吊装前先行吊装。吊装时，为了保证下部焊口基本垂直，采用如图6所示的吊装方式，通过调整倒链的长度来控制弯头状态。

(2) “L”型弯管吊装　井壁竖管和一端的弯头在地面上预制完成。吊装时，管道下端安装晃绳两根，管道弯管上安装晃绳1根，为防止吊带滑脱，在管道弯管及下端管头处安装防滑卡具各一套，卡具下面铺垫10mm橡胶板，并以2根ϕ12mm钢丝绳(单根长度50m)将卡具连接起来。

当吊装到管道弯头与预留孔洞等高位置时，吊车停止下放，吊臂缓慢摆动，在操作坑中设置作业人员，采用钢筋钩将管道弯管上晃绳钩进预留孔洞，并控制弯头指向。随着吊臂的摆动，将弯管轻轻放进预留孔洞中。

3.4 北岸管道吊装

井壁竖管和两端弯头在地面上预制完成，在焊接时进行准确测量，保证弯头两端处于同一水平面上。

经无损检测、防腐补口、补伤合格后，进行吊装。吊装方法同吊装“L”型弯管方法，在焊接竖井下方管口时一定要把握好管道的方向。

参考文献

[1] 输气管道工程设计规范. GB 50251—2003.
[2] 油气长输管道工程施工及验收规范. GB 50369—2006.
[3] 石油天然气钢质管道无损检测. SY/T 4109—2005.
[4] 钢质管道焊接及验收. SY/T 4103—2006.

定向钻穿越超厚卵石的设计与应用

彭云超

（中国石化管道储运有限公司管道科学研究院，江苏徐州 221008）

摘 要：中石化在河南建设洛阳至驻马店成品油管道，管道全长为425km。超厚卵石层的穿越一直是定向钻的禁区，而中石化在洛阳东南采用定向钻成功穿越超过30m厚的卵石层的黄河。本项目采用了两端加钢套管，用两台钻机在中间对接的穿越方案。实施过程中成功的解决了在卵石中倾斜顶进钢套管，以及在砂岩中对接管道的难题。本定向钻穿越于2006年3月20日正式开工，9月29日竣工。其穿越的成功，标志着在超厚卵石层的定向钻穿越方面有了较大的进展。

关键词：管道 定向钻 对接 穿越 卵石

1 前言

中国石化在河南建设洛阳至驻马店成品油管道，管道全长为425km。成品油管道在洛阳东南穿越黄河，穿越处管道规格为ϕ355.6×9.5。在合理的可经过区域，都需要穿越超过30m厚的卵石。在经过定向钻、跨越、盾构、顶管等多方案比选之后，选择了安全性、工期、维护量、经济性较好的定向钻穿越。

穿越卵石层一直是定向钻应用的难点，根据广泛的调研，国内定向钻穿越卵石层最厚为10m左右，且采用了入土端下套管，出土端大开挖的穿越方式。国内也有对定向钻穿越中的不超过10m厚的卵石采用灌浆固结的方法，实施效果不太好，仍旧有较大规模的塌孔(可能由于灌浆施工单位施工原因或者砂卵石中胶结程度的不均匀，造成高压水泥浆不能到达预期的注浆区域)。本次穿越在出入土点的卵石层厚度均超过30m，埋深超过40m，卵石层的通过方式是穿越成功的关键。对于30m厚卵石层，本穿越采用大角度出入土，加设套管的方案；水平段避开了卵石层，在较深的地层中穿越；由于两侧卵石层都很厚，需要采用定向钻河底对接的技术。本方案成功穿越1630m黄河，并同孔回拖ϕ121光缆套管，为相关地质下的定向钻穿越积累了宝贵经验。

2 穿越设计

2.1 地质情况

经勘探揭露，在勘察场地内地基土(岩)共分6层。①~③层为第四系全新统冲洪积形成的砂性土和碎石土，④层为第四系上更新统冲洪积形成的碎石土，⑤~⑥层为上第三系洛阳组沉积形成的粉砂岩、粉细砂岩。现自上而下分述如下：

(1) 粉土($Q4^{al+pl}$) 浅黄色。局部夹粉细砂薄层，孔隙不甚发育，稍湿~饱和。松散。该层层厚1.40~8.50m，层底标高106.14~112.55m。

(2) 中细砂($Q4^{al+pl}$) 褐黄色、灰黄色。矿物成分以石英、长石、云母为主。含有少量砾石。局部夹粉质粘土薄层，饱和，松散-稍密。该层层厚0.50~8.80m，层底标高99.45~109.78m。

(3) 卵石($Q4^{al+pl}$) 杂色。物质成分以石英岩、石英砂岩为主，次为安山岩、玄武岩等。磨圆较好，多呈亚圆形。一般粒径30~70mm，大者90~140mm，含零星漂石，卵石含量55%~60%，个别70%~80%。充填物为砂、小砾石及少量黏性土。饱和。中密。局部夹有砾石薄层。钻进中多有塌孔、漏浆现象。

该层层厚16.70~32.80m，层底标高73.30~86.20m，在勘察区域内普遍分布。

(4) 卵石($Q3^{al+pl}$)　杂色。物质成分以石英岩、石英砂岩为主，安山岩、玄武岩次之。磨圆较好，多呈亚圆形。一般粒径20~60mm，大者70~80mm，含零星漂石，卵石一般含量55%~65%。充填物为砂、小砾石及少量黏性土，饱和，中密~密实。局部夹有砾石薄层。钻进较困难。

该层钻孔揭穿部分层厚5.80~19.2m，层底标高63.15~74.79m，该层普遍分布。

(5) 粉砂岩(N)　浅黄色、褐黄色。矿物成分以石英、长石为主，含有灰绿色条带及黑色锰质成分。钙泥质微胶结，胶结较差。岩芯呈短柱状及散砂状。强度低。易风化碎裂。局部夹泥岩薄层。

该层层厚0.90~7.70m，层底标高56.71~70.05m，该层(含亚层)普遍分布。

(6) 粉细砂岩(N)　浅黄色、棕黄色。矿物成分以石英、长石为主，含有灰绿色条带及黑色锰质成分。钙泥质胶结，胶结一般，强度较低，局部胶结较好，强度较高。岩芯多呈短柱状及散砂状。局部夹有泥岩薄层。

该层未揭穿，揭露厚度为2.5~16.8m，层顶标高为54.70~68.05m。

2.2 设计方案

(1) 防洪要求　按照《洛阳-驻马店成品油管道穿黄工程　防洪影响评价报告》提供的数据，穿越断面处属于黄河游荡性河道河势及河床断面冲淤变化的复杂区域，天然条件下，1985年以来穿越断面处历年主流摆动达550m，预计今后一定时期内各种洪水条件下黄河主槽摆动范围可达1500m，主槽摆动范围内最大冲刷深度均为18m。主河槽管道必须位于冲刷线以下。

(2) 技术方案　根据地质情况，现场实际情况，施工单位设备配备等，制定以下技术方案：

① 黄河管理部门不允许穿越黄河大堤，由于主河道偏向北岸，北岸没有足够的管道预制场地，因此确定以北岸为入土点，南岸为出土点。

② 穿越的出土端和入土端均要经过卵石层，超过30m深度的卵石层穿越没有经验可以借鉴。本设计考虑卵石层穿越采取下辅助套管的措施，套管选用ϕ820钢套管。入土点处套管长约144m，其中卵石段套管长约107m；出土点选用ϕ711钢套管，套管长约190m，其中卵石段套管长约146m。(实际穿越时入土点处套管长约106m，其中卵石段套管长约71m；出土点处套管长约127m，其中卵石段套管长约101m。)套管穿越卵石层时，套管的方向和直线度控制，是保证卵石层的能够成功穿越关键措施。

③ 为减少卵石层的穿越长度，入土角取16°，出土角取13.5°，管线回拖时需要采取措施确保管线处于弹性状态，曲率半径不应小于1500D，以利于管道的顺利回拖。(实际施工时，既要保证穿越满足防洪评价的要求，又尽量减少卵石层的穿越长度，还要克服套管上漂移问题，因此选取入土角为22°，出土角为22°。)

④ 由于两侧敷设钢套管，由于钢套管对采用磁场导向有影响，很难直接用一台钻机进入出土侧的套管中。因此，需要在出土点设置辅助钻机，在河底对接管道，保证导向孔穿越顺利进行。

⑤ 在有保护套管的情况下，输油管道与光缆套管同孔回拖难度不大，而另外单穿光缆套管的难度较大，因此，本穿越采用同孔回拖方案。

⑥ 为减少穿越难度，水平段选择在地质条件相对稳定的第⑥层粉细砂岩层中，穿越深度约为62m。在此深度下，管道所受应力较大，经计算需增加管道壁厚至9.5mm。

穿越设计曲线见图1。

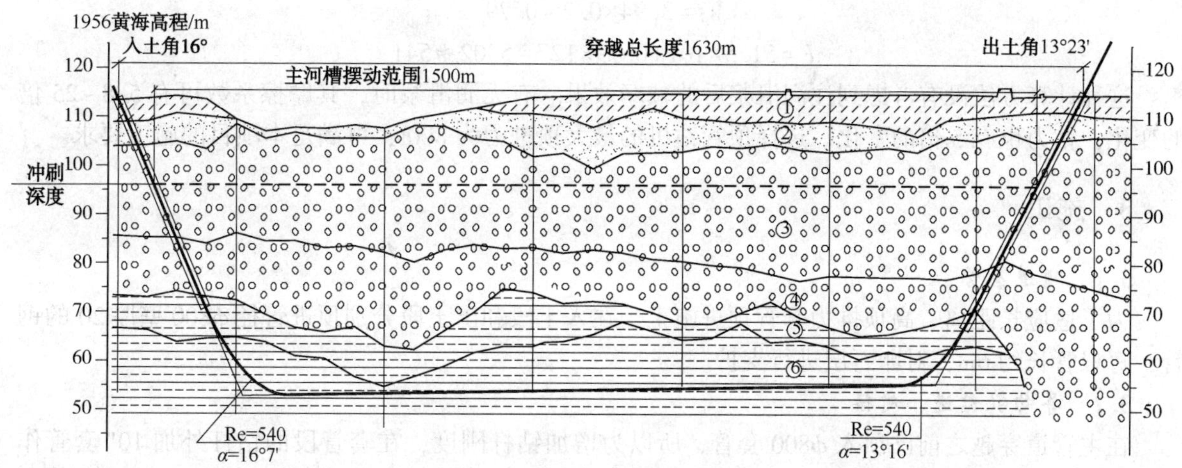

图1 穿越设计纵断面图

2.3 主要计算

(1) 定向钻回拖力计算 根据穿越的长度、入土角、出土角、曲率半径、以及管材的管径、壁厚，在有套管的情况下，回拖力计算相对简单。利用经验公式计算最大回拖力为109t。

(2) 阻力计算 按照不利情况计算：入土段顶进距离较出土段短，只对出土段顶进阻力进行计算，取钢套管外径820mm，壁厚20mm。

顶入角度：22°；

出土段总顶进长度：127m；

其中，粉土、粉砂段长约26m；

卵石段长约101m；

总顶管阻力计算公式：

$$F=F_0+f_0L$$

式中 F——总阻力，kN；

F_0——初始阻力，kN；

f_0——每米管子与土层之间的综合摩擦阻力，kN/m；

L——推进长度，m。

管前端采用具有一定超挖量的钻头，忽略初始阻力，即 $F_0=0$。

顶管阻力主要是管壁的摩擦阻力，在卵石段：

$$f_0=RS+Wf$$

式中 R——卵石综合摩擦阻力(不含重力)，kPa；

S——管外周长，m；

W——每米管子的重力，kN/m；

f——管子重力在土中的摩擦系数，$f=0.2$。

R 的求法可参照表1。

表1 R 的数据表

土质	粉砂夹砂	砂层	砂砾	黏土
R/kPa	5~10	7~16	8~20	5~30

参照砂砾进行 R 的取值，取最大值20kPa

总顶管阻力为粉土、粉砂段顶管阻力与卵石段阻力之和

$$RS=20\times3.14\times0.82=51.5$$

$$Wf=3.94\times0.2=0.79$$

$$F=51.5\times101+0.79\times127=5302\approx541$$

这种计算方法没有考虑到注润滑浆后的减摩效果。有无润滑浆时，其摩擦系数可有 5.8~25 倍的变化，粘力也有 5 倍的变化。选择顶管钻机的最大顶进力为 800t，可满足本项目的施工要求。

3 施工

3.1 顶进套管

为了适应长距离、高顶推力套管顶进施工，在入土段和出土段分别顶进管径 $\phi800$ 壁厚 20 的钢管，每根管长约 6m，对卵石层进行支护。

3.2 导向孔钻进、对接

在主管道穿越之前已顶入 $\phi800$ 套管，所以为增加钻杆刚度，在套管段的钻杆外加 10" 套管作为钻杆加强稳定套管。

按照上述方法在出、入土段卵石层中安装套管后，对钻导向孔。钻具连接形式为：钻杆—加强钻杆—无磁钻铤—泥浆马达—牙轮钻头。

主钻机在入土点向出土点钻进约 800m，等待与出土点的钻机向入土点钻进的钻头进行对接。对接在水平段进行，在接近过程中，由主钻头发射信号，辅助钻头接收信号，然后对所接收的数据进行处理，并计算出两个钻头的相对位置偏差，钻头的姿态由各自的导向系统直接测得，这些数据全部反映到专门的对接数据信息处理系统中，由系统计算出钻头的下一步行进路线，从而调整好对接导向钻头的位置和姿态，使主钻头逐步进入辅钻头的导向孔内，实现导向孔对接。

实现对接后，主钻头沿辅钻头钻出的导向孔前进，最终从辅钻机的入土点出土。

对接示意图见图 2，对接局部放大图见图 3。

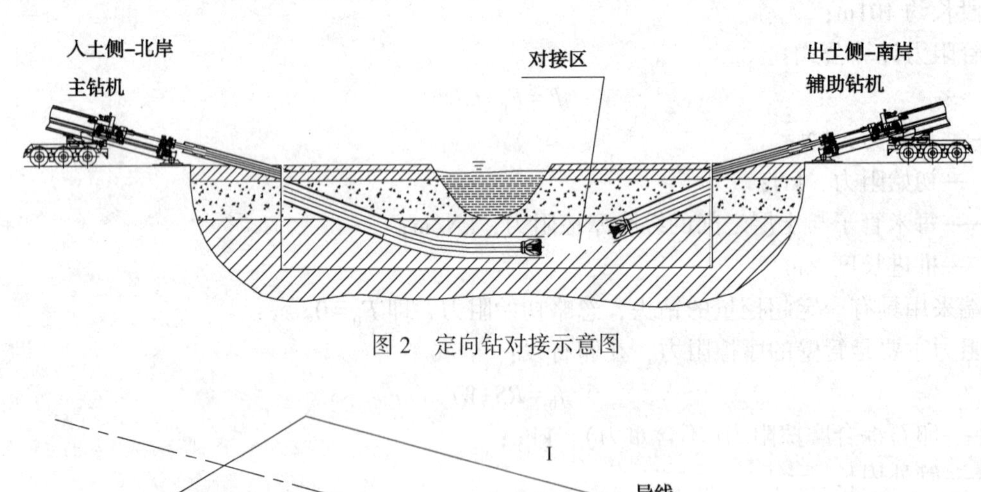

图 2 定向钻对接示意图

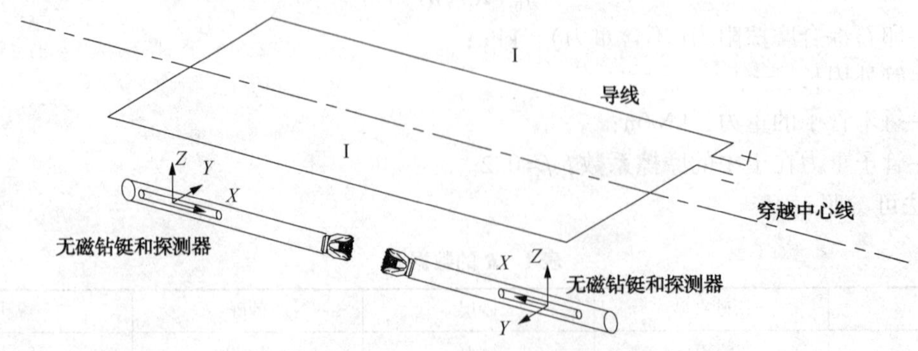

图 3 定向钻对接监控局部放大图

3.3 扩孔、洗孔

为了增大环形空间的有效尺寸，减小回拖拉力，确保回拖成功，采取四次预扩孔和两次洗孔，

最终成孔直径 ϕ750mm；第一级采用 ϕ400mm 岩石扩孔器扩孔；第二级采用 ϕ550mm 岩石扩孔器扩孔；第三级采用 ϕ650mm 岩石扩孔器，而后用 ϕ650mm 梭形清孔器洗孔；第四级采用 ϕ750mm 岩石扩孔器，而后用 ϕ750mm 梭形清孔器洗孔，最终使管线回拖的环形空间达到 ϕ750mm。完成扩孔及洗孔后采用 ϕ600mm 板式扩孔器带工作管线进行回拖。

在扩孔作业时严格控制钻压，将扭矩控制在钻具允许的扭力范围之内。使用黏度在 60S 以上，流量约为 2000L/min 的泥浆，使孔洞中的钻屑良好排出。

穿越管道主要经过的⑥层粉细砂岩，胶结差，钻探取芯多呈散粒状，扩孔时，适当调整泥浆的比重、黏度和泥浆量，使孔内充满具有一定压力的泥浆，防止塌孔。

4 穿越经验

4.1 必须要保证定向钻的精确对接

在入土段和出土段均需要采取安装套管的方法穿过卵石层，由于定向钻穿越使用的导向系统是靠地磁来确定穿越方向的，而套管属于铁磁性物质，对周围地磁场影响非常大。这样，钻头在接近出土段的套管时，导向系统将无法正确导向，致使钻头很难从出土段的套管内钻出。

所以，必须在砂岩层内完成导向孔对接，使主钻头沿辅助钻头在入土段钻出的导向孔出土。

在砂岩层内对接导向孔的技术难度在于：

(1) 导向孔对接的定位对接系统的研制。

(2) 在砂岩层中，无法对出现偏差的导向孔进行修正。导向孔一旦出现偏差，只能重新钻孔。

(3) 对接导向孔的夹角必须控制在允许范围内，如果导向孔夹角过大，可能导致管道回拖过程失败。

4.2 套管施工中的上移问题

初始顶管中，发现无论采取什么措施，均存在套管上移问题。这是由于较大卵石，尤其是扁平卵石，经河水冲刷，在重力作用下是平躺，对 20°左右角度的倾斜套管，其上抬作用明显。在套管顶进过程中，采用了建立数学模型的方法模拟套管顶进的路径，求得试顶套管的经验公式为

$$y=2.01\times10^{-6}x^3+1.98\times10^{-4}x^2-0.2924x$$

将所求方程的结果与实际的曲线对比，与实际曲线较为吻合(此公式与此处的地层参数、设备参数等有关，在不同地方顶进时，需要根据顶进实验确定常数)。根据此曲线方程预测，试顶套管在穿透卵石层之前，管头角度将渐变为 0 度，无法穿透卵石层，见图 4。

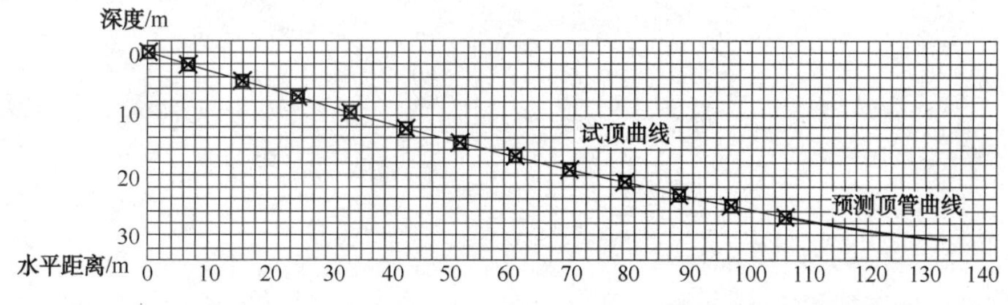

图 4　预测曲线图

根据实际工程情况对 x 项的系数 c 进行调整，确定采用 22°的入土角进行卵石层套管顶进，套管的顶进曲线方程为 $y=2.01\times10^{-6}x^3+1.98\times10^{-4}x^2-0.4245x$，经过实际工程验证，采用 22°(倾角为 68°)入土角顶管后，套管在穿透卵石层后的管头倾角为 74°，角度变化量为 6°。符合预测曲线。

4.3 防止定向钻在钻孔时呈现“S”形的措施

为确保钻进曲线圆滑，防止钻孔出现“S”形，每根钻杆所改变的角度要进行严格控制，控向过

程中要严格按照设计曲线控向，如发生偏离原设计曲线，要及时作出调整；所谓钻孔出现"S"形是由于控向过程中没能调整好单根钻杆的所要调整的角度而造成的，所以只要控制好单根钻杆所调整的角度就能使钻孔圆滑。如果单根钻杆改变的角度过大，及时抽回本根钻杆，重新钻进以达到钻进设计的需要。

参考文献

[1] 输油管道工程设计规范. GB 50253—2003.
[2] 油气输送管道穿越工程设计规范. GB 50423—2007.
[3] 油气长输管道工程施工及验收规范. GB 50369—2006.

新型清洗技术在原油储罐清洗的应用

徐　驰　肖瑞金

(徐州实华管道特种作业有限公司，徐州　221006)

摘　要：在原油储罐的清洗中，逐渐用机械清洗代替了人工清洗，而近几年采用的新型 COWS 机械清洗设备，逐渐替换了传统清洗设备，从清洗流程、操作难易程度、清洗质量、等方面，结合具体施工，予以详细讲述和分析新型清洗技术的特点和操作过程。

关键词：储罐　机械清洗　COWS

1　原油储罐的清洗技术

目前对于大型原油储罐均采用新型的 COWS(Crude Oil Washing)机械清洗技术，主要是利用临时敷设的管道，将 COWS 装置、要清洗油罐及清洁原油罐连接成一个密闭的系统，用设置在清洗油罐上的清洗机，喷射清洁油罐所供给的有一定温度、压力和流量的清洗油来溶解淤渣，分解后抽取得渣油经过滤后，再将其送回清洁油罐中，最后用温水进行循环清洗，分离出的原油也送回清洁油罐。通过机械清洗，可以直接达到动火维修条件。

2　机械清洗具备条件

(1) 具备配合回油罐、借油罐(根据现场施工条件可为同一油罐)。其中回油罐需要留存足够的库容，需大于待洗油罐的残油的 1.5 倍，借油罐能够提供轻质清洁原油。

(2) 设备周围需提供满足 200kW，空开负载 400A 的有线电源。

(3) 提供持续稳定的清洁水和压力在 0.35MPa 以上的纯净蒸汽。

以上为清洗施工的开工必备的条件。下面以黄岛油库清洗 6015#罐(容积 50000m^3)为例，详述新型机械清洗技术的具体操作和特点。

3　机械清洗流程和实施

3.1　工程特点

清洗施工周期短、库区场地小、提供油罐少、罐体结构特殊，施工作业面相对集中，因此需要合理进行场地规划，保证循环系统的压力能正常运行。

3.2　清洗施工程序

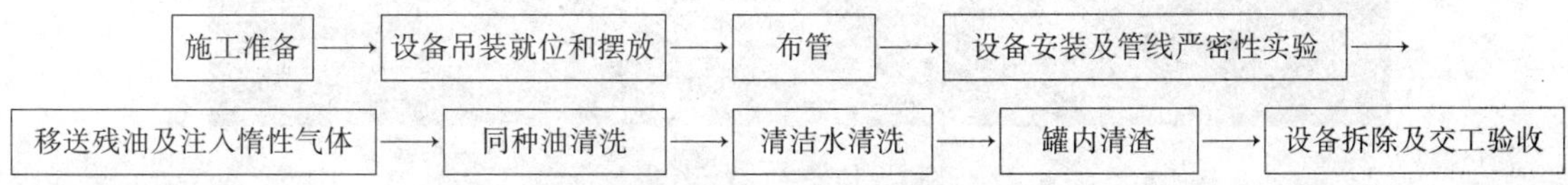

3.3　施工准备

施工前认真研究本次清洗的具体施工环境，编制可行、有效的清洗方案，并且按照方案对作业人员进行安全技术交底，确认 6015#和 6016#罐退出运行，(确认能满足施工需要当同种油清洗过程中，出现从借油罐引来的清洗油黏度过高，而不适合作为清洗油时，需另提供其他油罐提供轻质、低黏度的清洗油保证清洗效果)，且保证 6016#罐罐位在 8~13m(确保借油压力同时给回油留一定空间)，确认周围最近的蒸汽、水、点的连接点，确认各种相关安全、施工手续齐全。

3.4 设备吊装就位和摆放

设备摆放遵循方便车辆进出，主回收泵尽量靠近6015[#]罐，保证回收压力和效果，设备摆放整齐、水平，在施工过程中方便人员走动、操作。设备摆放等示意图如图1~图3所示。

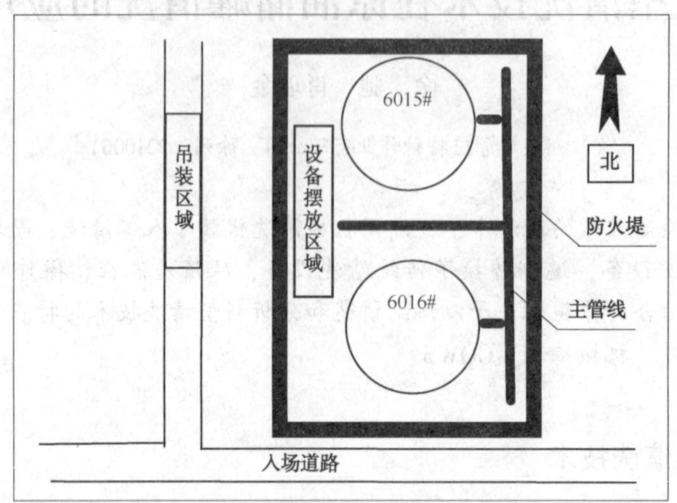

图1 6015[#]罐清洗施工设备摆放示意图

图2 新式COWS设备

图3 传统COW设备

3.5 布管

在设备摆放就位后，先进行布管。临时管道包括回收管道、移送管道、清洗管道、罐顶管道、蒸汽管道、清洁水管道和气体取样管道等。临时管道应以最短距离敷设，与输油设备的连接处，应使用挠性软管，其后安装阀门。靠近回收装置且便于清扫的场所应设置原油过滤器。

6015[#]的油罐抽吸口为2个，位于靠近油罐外周的均匀位置上，在布管时要等距离分布。移送管道在靠近回收油罐处应安装临时阀门和止回阀。其中要求清洗线、回收线采用 *DN*150 管件，蒸汽管线采用 *DN*100 管件，水管线采用消防软管即可。清洗管线由于运行压力较大，可以达到 1.2MPa，禁止采用复合软管，可采用金属软管，回收管线基本为负压，且压力在 0.8MPa 以下，可以采用复合软管。为保证压力所有管线均遵循少弯取直的原则，尽量避免 90°弯头的使用。

3.5.1　设备安装和管线试压

设备安装包括 COWS 主体设备与油水分离器的安装，惰性气体发生器的安装，清洗机的安装。主体设备和各分体设备之间的安装主要以管线和阀门连接为主，根据实际情况合理选择的管件和阀门即可。所有的临时工艺管道安装完毕后，应进行整体严密性试验，试验压力不低于管线最大工作压力。

清洗机的安装一般利用罐浮船支柱口，6015#罐取出的立柱数量为 21 根(不应超出立柱总数的 20%，且均匀分布)。其中清洗机设置的原则：以清洗机的有效作业半径为基准进行布置。首先以距壁板 5~8m 位置上的支柱为起点，确定圆周部位清洗机的配置，再次确定中央部位的位置，最后绘制出清洗机布置图。清洗机在安装前，应检查其完好性；清洗机的喷嘴口距罐底板约 0.5~0.8m，调整喷嘴角度进行 360°圆周旋转和 140°上下运动，确认整个过程中没有任何障碍再固定清洗机；清洗机与罐顶管道用软管连接，并留有余量；清洗机安装后应进行顺序编号。黄岛油库 6015#罐顶管道和清洗机配置如图 4 所示。

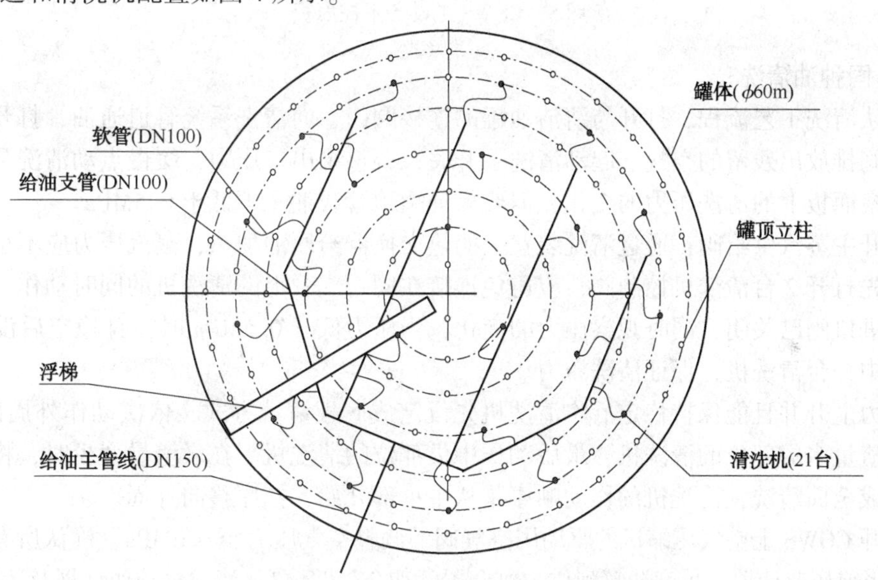

图 4　黄岛油库 6015#罐顶管道和清洗机配置图

3.5.2　残油移送及注入惰性气体

(1) 按顺序打开移送管道的各个阀门，启动主控面板，启动真空泵投入运行，点动慢慢打开回收电磁阀，使抽吸装置吸油。同时时刻观察 COWS 上液晶液位显示仪，回收泵投入运行，待压力稳定后(约 0.4MPa)，点动打开回收泵的电磁出口阀，向移送管道进油，确认各设备运行正常后，再根据需要调整回收泵的出口阀。(注残油移送过程中，由于加热盘管还浸在油中，所以可以清洗罐内加热盘管，应确保罐内的环境温度高于该油品凝固点 10℃以上。)

(2) 如果浮船立柱未着底，残油移送作业期间应在罐顶设专人监视浮顶的升降过程，若有不均匀升降或卡死现象发生，应立即通知地面操作人员停止作业。

(3) 抽油时，应先利用油罐的排污阀或脱水阀，待液面下降到人孔的下缘时，再打开人孔，更换临时人孔盖(带 L 形清底弯管)，最大限度地抽净罐内残油。

(4) 降罐位期间，当罐内油品表面与浮顶内顶板之间出现超过 100mm 的气相空间距离之前，应开始点燃惰性气体发生器向清洗罐内注入惰性气体。往油罐内的气层部注入惰性气体，将氧气浓度保持在 8%以下的惰性环境。由于 COWS 设备的氧含量的实时监测数据一同显示在控制面板，此时观察罐内氧含量的监测数值，在开始阶段应控制在6%左右即可。COWS主设备主控面板如图5所示。

图5　COWS主设备主控面板

3.5.3　同种油清洗

(1) 确认清洗工艺流程，打开与清洁油罐的连接阀门，向清洗系统管道通油，打开过滤器及清洗泵的排气阀排放出残留的空气。起动清洗泵开关，调整泵出口压力，缓慢点动清洗泵的出口电磁阀，时刻观察面板上的清洗压力的变化，但要保证罐顶管线油压不低于0.5MPa。

(2) 打开主蒸汽供给阀，通过清洗装置上的热交换器给原油加热，蒸汽压力应不小于0.4MPa。

(3) 首先打开2台清洗机控制阀，应避免连接在同一支管上的清洗机的同时动作，要确认其他清洗机的油进口阀已关闭，同时观察压力的变化，当压力低于0.5MPa时，且稳定后没有上升的趋势，关闭其中一台清洗机，保证清洗压力。

(4) 压力上升并且能保持稳定后将清洗机先设定成底板清洗方式，依次动作外周部的清洗机。然后动作淤渣量多的部位的清洗机，最后动作中央部位的清洗机。在淤渣量变少时，将清洗机的清洗方式转换成全面清洗，清洗机的作动顺序是从中央部开始，依序移向外周。

(5) 打开COWS上空气压缩机的驱动用空气阀，调整空气压力至0.6MPa，确认所有清洗机的清洗方式符合当前作业计划，角度调整到位，离合器已啮合，并填写《清洗机动作计划及运转记录》。

(6) 设备运行中应注意观察电流、电压、真空等仪表参数是否正常，有无异常声响和气味，过滤器应定期打开清理。原油清洗工艺参数控制：给油温度：50～70℃，清洗机处油压：0.5～0.7MPa，清洗机压缩空气压力0.5MPa，见表1。

表1　清洗机运行要求

清洗方式	喷嘴角度	时间
底板方式R	45°～100°	≥2h
全面方式A	0°～140°	≥3h
顶板方式R	100°～140°	≥2h

3.5.4　清洁水清洗

同种油清洗结束后，进行清洁清洗。先油水分离器中注入一定量的水，边循环边加热边清洗，油水混合物经过油水分离器将原油回收到回收罐，清洁循环利用。清洁水清洗工艺参数控制：给水温度50～80℃，清洗机处水压0.5～0.7MPa，清洗机压缩空气压力0.5MPa。

(1) 清洗方位：先洗罐底板，再全方位清洗。

(2) 清洁水清洗完成的判断标准为：油水分离槽的浮油变少；循环温水中的取样油分基本上没有；通过人孔、立柱孔、通气孔、罐壁均匀布置检尺等方式探查罐内已无含油渣物；油罐内的可燃气体浓度下降，且没有上升趋势。

3.5.5 罐内清渣

(1) 清洁水清洗完成后，打开所有人孔进行强制通风换气。利用罐壁人孔和罐顶人孔的高低差的通风原理进行自然换气，换气时间不少于48h。同时应采用在罐壁人孔处放置防爆轴流风机等方式进行强制换气。

(2) 人员进入油罐内部清扫作业前，应先办理《进入受限空间作业许可证》，经过业主安全人员现场检测罐内的氧气含量和有毒可燃气体含量达到合格标准，确认清洗油罐进出口管线已隔断后，才能进罐作业。但是无需采取特殊防护的罐内作业环境条件必须同时符合以下要求：氧气体积浓度为19.5%~23.5%；可燃气体体积浓度不大于爆炸下限的10%；硫化氢浓度不大于10mg/m^3。

3.5.6 设备拆除和交工验收

(1) 在所有设备拆除前，所有的临时工艺管线在解体前应用蒸汽扫线，应清理干净油水分离槽、真空罐、过滤器等内留存的淤渣。排尽回收泵、清洗泵、真空泵、气水分离罐、冷却水罐、惰性气体发生器等设备中的残留油水。

(2) 设备及电气设施须盖上防护罩，做好防水、防潮、防尘措施。清扫施工作业现场，保持环境整洁。

(3) 设备在拆除过程中应充分考虑设备的吊装的方便性。

(4) 原油储罐机械清洗交工验收要符合以下要求：

原油储罐外部无油污。原油储罐罐底板上表面及附件、浮船以下罐壁板、浮船下表面应无油污，罐内无积水、废渣及其他杂物。交工验收前，罐内应保持通风并进行可燃气体浓度检测合格，达到工业用火的条件。清罐施工中对6015#、6016#罐拆除的油罐附件，蒸汽管线，水管线等应恢复或已完整移交业主。

原油储罐机械清洗交工验收要求：在储罐机械清洗完工后，应向黄岛油库提交中交或竣工验收申请报告。黄岛油库接到验收申请报告后，组织进行交工验收工作。验收时应对罐内可燃气体浓度进行检测和复查，确认合格并达到能够工业用火的条件。工程交工验收后，将竣工资料装订成册，按规定交黄岛油库档案室存档。

3.5.7 总结

近几年采用的新型COWS清洗技术在黄岛油库6015#罐的机械清洗过程中可以看出，对比相对老式设备体积更加小巧，在设备摆放时能够较好的摆脱库区场地的限制，在操作过程中可以明显的体会到其集成化、自动化程度更高，操作人员能够很直观的看到类似瞬间流量，回收、清洗的流量实时变化，从而能够很好的判断罐内清洗情况，机动、灵活的采取定点清洗模式，较大程度上提高了清洗的效率和质量。

参考文献

[1] 中华人民共和国安全生产行业标准. 外浮顶原油储罐机械清洗安全作业要求(AQ/T 3042—2013). 北京：中国标准出版社，2013.

[2] 中华人民共和国石油天然气行业标准. 储罐机械清洗作业规范(SY/T 6696—2007). 北京：石油工业出版社，2007.

[3] 中华人民共和国石油天然气行业标准. 立式圆筒型钢制焊接油罐操作维护修理规程(SY/T 5921—2011). 北京：石油工业出版社，2012.

[4] 中国石油天然气股份有限公司企业标准. 油罐人工清洗作业规程(Q/SY 165—2006). 廊坊.

[5] 过程装备控制技术及其应用[M]. 北京：化学工业出版社，2005.

[6] 机械清罐技术推广及其应用[M]. 北京：油气地面工程，2003.

原油储罐技术进展

孙成德　董有智　王　文

(中国石化管道储运有限公司管道科学研究院，江苏徐州　221008)

摘　要：从储罐管理、储罐建设、储罐检测、储罐防雷、储罐标准、密封技术等方面介绍了公司近五年来储罐方面的新技术、新经验和新工艺。新的技术或工艺的应用对提升储罐管理水平和储罐发展都有着重要的意义。

关键词：原油储罐　建设　检测　防雷　标准　密封

1　前言

随着近几年原油储罐的不断建设，储罐的安全运行是管道储运有限公司面临的新的挑战。为进一步提高对大型原油储罐的管理水平，开展了储罐完整性、储罐对标、密封技术等研究工作，并引进了地下水封洞库、防雷、三维激光扫描等先进技术，为储罐的安全运行管理提供了支撑和保障。

2　储罐管理-大型原油储罐完整性管理技术在岚山商储库的应用

完整性管理提出了以数据采集、风险评价、完整性评价、决策响应及效能评价为主要步骤的储罐完整性管理流程，构建了以日常检查、全面检查、技术性检测和开罐检测相结合的完整性检测体系以及储全面检查的指标体系。综合考虑储罐原油周转率以及罐底密封、原油成分、罐底排水等因素，建立了储罐泄漏的风险评价模型，制定了储罐基础沉降量的可接受的标准以及储罐沉降分析的有限元模型。

2011~2012 年，储罐完整性管理技术在宁波镇海岚山商储库开展了应用。完成了岚山商储库 38 座原油储罐的全面完整性检查，评定了储罐的完整性等级，提出了每座储罐存在的问题，为储罐实施分级管理提供了依据。完成了 38 座储罐的风险评价，进行了储罐的风险排序，并预测了储罐的风险发展趋势，为开展基于风险的储罐的检修提供了指导意见。通过对比研究国内外储罐基础沉降控制的主要标准，了解相关标准在储罐基础控制方面的差异，并建立了基础沉降储罐有限元模型，分析了储罐的受力和变形，评价了储罐的安全状况。通过完整性管理工作的开展，识别出油罐运行的主要危害与缺陷，并提出了相关建议。项目的实施提高了岚山商储库储罐运行的安全性，对降低企业安全风险、提高经济效益起到了积极的作用。

3　储罐建设-地下水封洞库

黄岛地下水封洞库，位于青岛市黄岛区规划的重石化工业区内，东距黄岛电厂和黄岛石油码头约 13 公里，北距黄岛国家地上储备油库约 10 公里。2011 年 10 月开工，2014 年 3 月 26 完成中交。2015 年 5 月投油。2016 年 1 月 13 日该技术通过了总部技术鉴定。

黄岛国家石油储备地下水封洞库工程是国家石油储备二期工程项目之一，是国内第一个大型地下水封石洞油库工程，设计总库容量为 300 万立方米。工程由地下工程和地上工程两个单项工程组成。地下工程为原油洞罐区，在地下花岗片麻岩上开挖形成，主要包括储油主洞室、水幕巷道、工艺竖井，还有施工巷道、通风巷道和通风竖井。9 个储油主洞室的横断面宽 20m，高 30m，采用直边墙圆拱洞型，相邻 3 个主洞室通过巷道相连组成一个洞罐，共 3 个洞罐。为保证储油洞室具有良好的密封性，在主洞室拱顶上方 25m 设置了水幕巷道和水幕孔进行水封保护。地下工程开挖总长度 16128 米，开挖总方量 373.21 万立方米。经施工标定与法定标定，总装载库容为 318.19 万立方米。地上工程为原油洞罐的配套工程，有工艺热力管网、供电、自控、供排水、消防、油气回收、污水处理、制氮等单元，还有与市政工程相连的外供电线路、给排水管线、消防道路等工程。

4 储罐检测-三维激光扫描技术

2014 年，三维激光扫描技术在公司各站库等到了较好的应用。徕卡 ScanStation P20 是一款脉冲式三维激光扫描仪，可以对罐体的几何尺寸进行检测，也可用于储罐容积的标定。根据 IEC60825 激光标准使用 1 类安全激光，采用源自海克斯康的波形数值技术获取测程。可测范围 0.1~120m。水平和垂直角度均为 8 秒，线性误差小于等于 1mm。

徕卡三维扫描技术的优势：

(1) 徕卡扫描仪扫描的点云质量最高，速度最快，精度最高。

(2) 徕卡扫描仪的性能最好，可在油罐内部有油污及油脂结晶的情况下正常工作。

(3) 徕卡油罐扫描软件全中文，操作简单，容易掌握. 是目前唯一的完全符合现有国家规范的软件

(4) 徕卡油罐扫描系统结合了现有的全站仪测油罐的方法和软件，系统结合好，软件配套好.

5 储罐防雷

5.1 蜂窝布局雷电预警系统

公司大部分油库都已安装各种品牌的雷电预警系统，如黄岛国储库、岚山油库、大榭岛油库、册子岛油库、白沙湾油库、塘沽油库和仪征站安装了猎雷者Ⅱ雷电预警系统，曹妃甸商储库、大港油库安装了 LWS MkⅢ雷电预警系统，日照油库安装了 ATSTORM 雷电预警系统，各系统在实际生产应用中起到了一定的预警作用。但雷电预警系统多为单点设置，不能获得雷暴的运动轨迹和趋势，预报精度受到限制，部分系统存在误报率高、设备损毁严重、后期维护成本高等实际问题。因系统不同和兼容问题，无法将雷电预警信息远传至徐州调度中心，给雷电天气下生产调度指挥带来不便。

针对现在预警系统探头和探测精度存在的问题，青岛安工院研制了一种价格低、稳定性好、免维护、防爆的新型电子调制固态雷电预警探头。基于无线传输及移动互联技术，研制了无线传输蜂窝布局雷电预警系统，实现了雷暴云预计到达位置和时间的预警，提高了雷电预警系统的预警精度。公司安全处与青岛安工院合作，共同承担蜂窝布局雷电预警系统课题研究任务，无线传输蜂窝布局雷电预警系统 2014 年已在黄岛油库进行试验，经运行效果看，该系统能够有效实现雷电预警，更好的提供雷暴预警信息。

蜂窝布局雷电预警系统主要由新型电子调制固态雷电预警探头、系统软件和数据接收终端组成。工作电源电压采用 AC 220V 或太阳能电池板，功耗为 0.5W(无数据通信)和 2W(有数据通信)，可探测到-100~+100kV/m 的电场强度，对 8~15km 范围内进行监测预警，预警探头和控制主机分别达到了 IP67 和 IP20 的防尘防水等级，基本满足站场严酷的工作环境。预警系统客户端软件具有预警信息报警提醒、历史雷电预警发生信息查询、实施电场波形显示、预警设备维护方式、时间定时提醒设置、维护日志、历史数据生成报表、多预警设备数据实时比对等功能，并能查询显示湿度、温度、风速、风向。按照使用权限和针对用户不同，分为专业客户端和移动客户端两种(如图 1)。

以公司各大型油库和输油站作为基点，安装雷电预警系统。相近的几个站库或库容较大的站库安装 4 个雷电预警探头，组成小区域雷电预警网，库容较小的站库安装 2 个雷电预警探头。根据区域划分，14 个大型原油库区将组成天津、曹妃甸、宁波、黄岛、日照、湛江等区域网(目前已基本

安装完成)。最终，将所有探头进行二次组网，构建成覆盖管道公司所有油库和输油站的雷电预警网。

5.2 可伸缩接地装置

可伸缩接地装置已在公司部分站库内使用，但现场应用效果不理想。浮顶罐伸缩式接地装置RGF连接浮顶罐罐壁和浮盘，实现低阻抗的电气连接，有助于抑制罐壁和浮盘边缘板之间的瞬时过电压，成数量级的降低可燃气体被点燃的概率。使用伸缩式接地装置RGF可以快速疏导雷击在浮盘和储存介质上的雷电流和束缚电荷。伸缩式接地装置提供低阻抗通道接地并缩短放电时间常数。将可燃气体中发生发生火花的可能性减少到最低程度(如图2)。

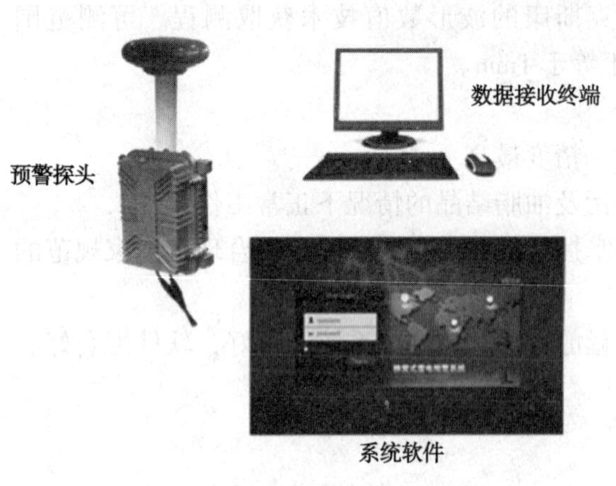

图1 雷电预警系统组成

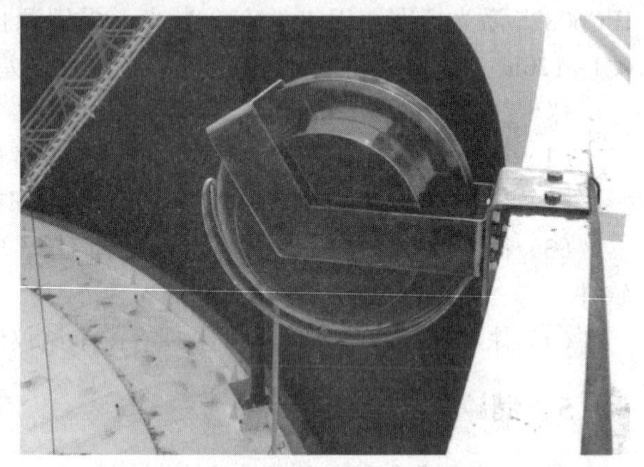
图2 RGF-50C-S伸缩式接地装置本体

通过安装支架固定在浮顶罐罐壁顶部角钢上，伸缩式连接导线固定在浮盘泡沫挡板上，成为罐壁和浮盘之间的低阻抗连接。

无论浮盘在任何位置，伸缩式接地装置的导线总处于最小伸出状态，从而具有最小的电感，及时有效的将雷电流和束缚电荷导入大地，抑制浮盘和罐壁之间的瞬时过电压，防止密封环形间距出现闪络(电弧)，消除引起浮顶罐火灾的引火源。浮盘在最高液位时，遭遇直击雷的概率增高，此时伸缩式接地装置导线伸出长度最短，交流阻抗最小，可以将雷电流旁路接地，保护密封环形间距不会产生电弧。无论浮盘在任何位置，伸缩式接地装置的导线总处于最小伸出状态，从而具有最小的电阻，减小浮盘对罐体电容放电的时间常数$\tau=RC$，加快电流释放速率，抑制电弧发生。

中国石化青岛安全工程研究院国家安全生产青岛石油化工检测检验中心对伸缩式接地装置的实验和结论：“我们在雷电高压实验室对可伸缩接地装置和25mm^{2}软铜编织电缆线进行了直击雷(10/350)、感应雷(8/20)模拟对比实验。试验结果得出：在雷击情况下，多套可伸缩接地装置和两根导电线相比，数量级上降低了浮盘瞬间压降，有效减少产生火花放电的可能性。”

“可伸缩接地装置提供了浮顶罐浮盘与罐壁之间的电气连接，实现了可靠的等电位连接，在数量级上降低了浮盘瞬间压降，提供了低阻抗通道泄放雷电电荷和静电电荷，同时降低雷电流频率下的趋肤效应，将电火花产生的可能性降至最低。直击雷时可以将大电流旁路，也可在附近雷击放电时，最大限度的减少闪络和电弧的初始值。因此，在浮盘与罐壁之间沿罐壁四周均匀加装可伸缩接地装置，可以大大减少浮顶储罐由于雷击闪络引起的着火事故。”

6 储罐标准-原油罐区标准对比研究

为了进一步完善原油储罐相关标准规范，提高大型原油储罐建设和运行管理水平，开展了原油储罐相关标准对比研究工作。结合建设和生产运行过程中发现的问题，并认真研究了GB 50341—2004、GB 50737—2011、GB 50074—2014、建标119—2009等近十个与原油储罐相关的标准规范，从储罐本体、附件及库区设计等方面提出修订建议四十余条，并且邀请了集团公司总部相关部门、国内石油石化行业的相关专家召开了专题研讨会，我公司根据会议意见又进行了多次修改和完善，目前已编制完成了《原油罐区相关标准修订建议》并报总部工程部。

7 密封技术——“气囊式一次密封装置”项目的研发和试用

储罐所与设备处合作研究开发“气囊式一次密封装置”项目，成功申报一项实用新型专利。气囊式一次密封装置采用分段环形布置的气囊主体，每段气囊主体设置气门嘴，气囊主体外部包有气囊包缚带，气囊包缚带将分段的气囊主体包成一个整体。在储罐密封处各部位环形间隙空间的尺寸不同的条件下，气囊式一次密封装置也能与罐壁紧密接触，实现对储罐的密封。囊式密封装置，具有对储罐罐壁与浮顶间的环形间隙变化适用范围大、对罐壁形状公差要求低、与罐壁接触面积大、密封效果好的特点。

长距离、岩石层油气管道定向钻穿越施工技术

陈兴明

(徐州实华管道特种作业有限公司，江苏徐州　221008)

摘　要：结合徐州实华管道特种作业有限公司穿越工程处长期的定向钻穿越实践，通过对长距离、岩石层定向钻穿越施工技术难点的分析，并针对施工技术难点总结了相应的施工技术措施，为在复杂地质区域长距离水平定向钻穿越岩石层施工提供一些参考。

关键词：长距离　岩石层　定向钻穿越　施工技术

1　前言

水平定向钻穿越是采用水平定向钻机将穿越管段按照设计轨迹通过障碍物的一种非开挖管道安装施工方法。利用水平定向钻穿越实施管道施工，由于路由选择，有时不可避免要穿越岩石层，这不仅需要保证穿越施工的工期、质量和安全，还需有效解决岩石层穿越中带来的一系列难题。徐州实华管道特种作业有限公司在十几年的工程建设中，先后成功实施了仪长原油管道洪湖长江、九江长江、川气东送管道江西支线九江长江穿越工程和仪长复线九江长江定向钻穿越工程，该类工程均采用水平定向钻穿越长距离岩石层，地质条件复杂，并形成了水平定向钻穿越长距离岩石层的施工技术，其在处理大口径、长距离岩石层穿越，以及软硬交错地层等条件穿越中效果良好。

2　施工技术难点

(1) 控向难度大：a)此类穿越一般地质条件复杂，易出现大范围软硬不均的地层，且穿越距离长、穿越深度较大，准确控向难度大；b)此类穿越一般难以大范围布置 Trutrack 地面信标系统，准确控向难度很大；c)岩石层导孔必须使用泥浆马达，钻头至信号棒间距离将加长 15~16m，进一步加大了准确控向的难度。

(2) 泥浆工艺要求高：a)穿越出入土点附近如遇软地层穿越要求泥浆的固壁性能要好，需防止泥浆漏失和塌孔；b)岩石层穿越需要泥浆的悬浮、携屑性能强，保证钻屑的顺利排出，对泥浆的性能要求高；c)岩石层穿越施工各阶段均需要大排量的泥浆。

(3) 司钻及钻进工艺技术难点：a)软、硬地层结合地段，从软地层到岩石层、从软岩到硬岩的过渡穿越技术要求高；b)长距离岩石穿越，需要克服钻机扭矩大的难题，尤其是第一级扩孔阶段，相比导向孔，扩孔直径跨度大，孔洞小，岩屑易堆积；c)穿越地质条件复杂，长距离岩石层穿越在预扩孔阶段的修孔能力差，如何保证导向孔曲线的圆滑过渡是关键，以预防扩孔和回拖期间卡钻事故的发生；d)如果入土侧软地层承载力较低，对出土侧钻头“抬头”时钻杆推力的传递影响较大，势必会造成“抬头”难的问题。

3　施工技术措施

3.1　定向钻施工工艺流程(见图1)

3.2　技术措施

3.2.1　钻导向孔

导向孔的钻进是整个定向钻施工的关键，开钻前做好钻机的安装和调试等一切准备工作，确定

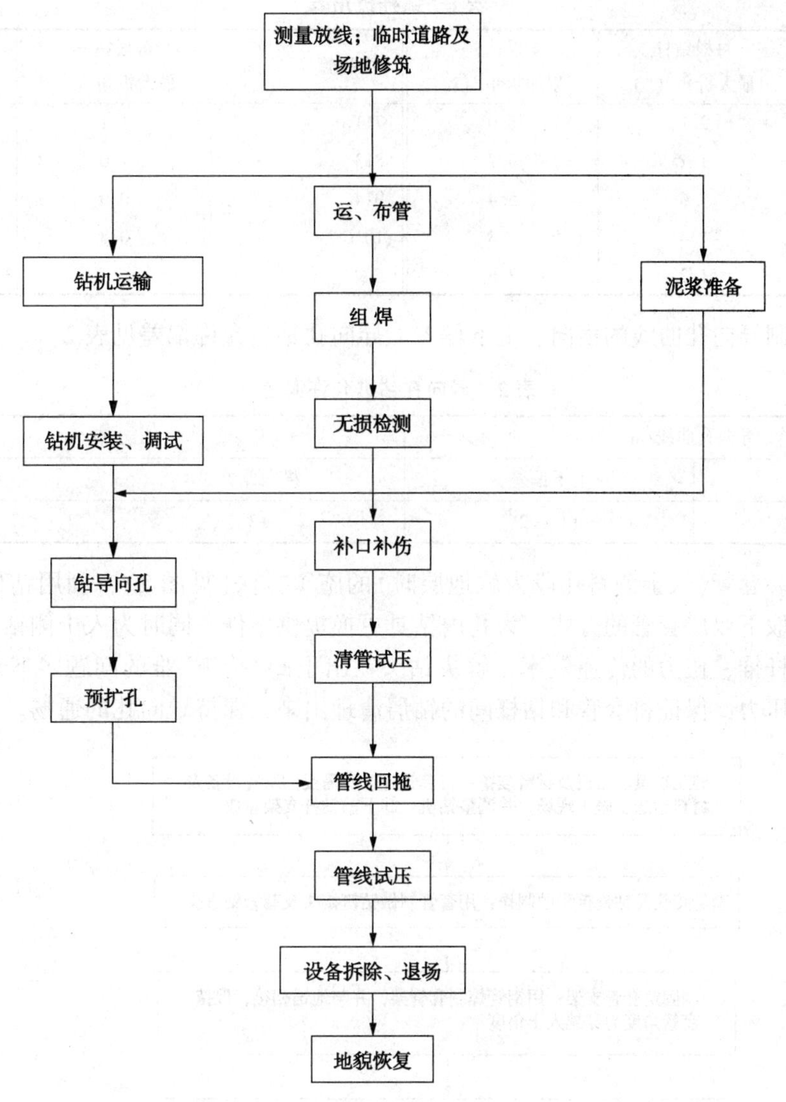

图1　定向钻施工工艺流程

系统运转正常、钻杆和钻头清扫完毕，严格按照设计图纸和施工验收规范进行试钻，钻进1–2根钻杆后检查各部位运行情况，各种参数正常后按次序钻进。在钻孔期间，建立穿越曲线数据库，采集在控向过程中由控向系统的计算机自动生成的有关数据。

开钻前仔细分析地质资料，确定控向方案，泥浆与司钻做好每一个环节，认真分析各项参数，互相配合钻出符合设计要求的导向孔，钻导向孔要随时对照地质资料及仪表参数分析成孔情况，达到出土准确，成孔良好。

施工中的具体要求有如下几点：

（1）开钻前找出穿越中心线准确的大地磁方位角，以此为基准控制导向孔的左右偏差。

（2）钻导向孔使用1.75°泥浆马达。

（3）钻导向孔阶段钻具连接时采用两根无磁钻铤。

（4）布置地面信标系统，精确测量地下钻头的位置。

（5）岩石段穿越增加信号测量频率，每钻进2～5m测量一次。每钻进一根钻杆宜采集一次数据，根据采集的控向数据，及时调整，使穿越曲线符合设计要求。

（6）钻导向孔时，钻杆折角宜符合表1的要求。

表1　钻杆折角表

穿越管径 φ/mm	每根钻杆最大折角/(°)	4根钻杆累加折角/(°)	穿越管径 φ/mm	每根钻杆最大折角/(°)	4根钻杆累加折角/(°)
<325	2.1	6.0	711	1.1	3.0
377	1.7	5.7	813	1.0	2.6
406	1.6	5.4	914	0.9	2.4
508	1.4	4.3	1016	0.8	2.2
610	1.2	3.6			

(7) 严格控制导向孔曲线的横向、上下偏差，导向孔钻进允许偏差见表2。

表2　导向孔钻进允许偏差

导向孔曲线/m		出土点/m	
横向偏差	上下偏差	横向偏差	纵向偏差
±3	+1～-2	±3	+9～-3

(8) 采取安装套管(入土侧斜孔段为软地层时)的施工方法(见图2)，利用钻机安装套管至岩石层，必要时采取下双层套管的方式，为孔内钻具更换提供条件，同时为入土侧钻杆提供支护，提高长距离穿越钻杆推、扭力的传递效率，解决钻头在出土侧“抬头”难的问题。下套管时应控制好钻进速度和泥浆压力，保证将套管和钻杆间的钻屑清理出来，保持导向孔的通畅。

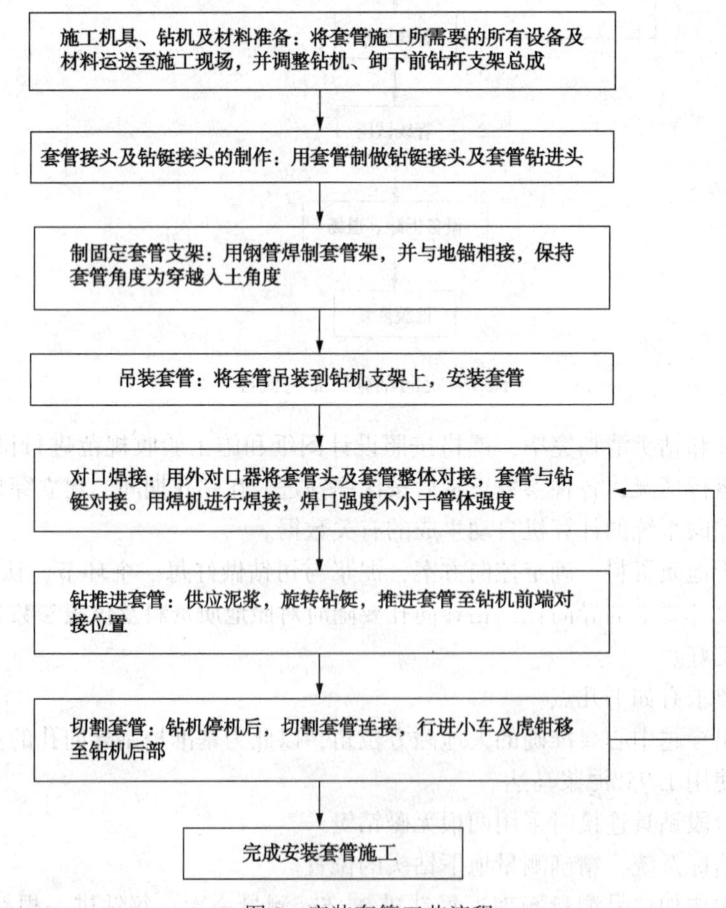

图2　安装套管工艺流程

(9) 司钻要时刻掌握方位角、倾角的变化，根据穿越进尺及地质情况，调整泥浆压力，保证泥浆马达的正常旋转切削。导孔钻进岩石层，因孔壁不光滑、岩屑多、颗粒大，不易排出，应进行一次或多次洗孔。

(10) 从软地层到岩石层、从软岩到硬岩过渡穿越，先放慢钻进速度，减小钻进推力，调低钻机的旋转速度，待钻头进入硬地层一定距离后，再加大钻进推力，调整钻机的旋转速度，避免钻进速度过快造成曲线偏离目标。

3.2.2 预扩孔

完成导向孔工作后，开始进行预扩孔，根据工程情况和水平定向钻穿越施工技术要求，管线扩孔分级进行，依次选用从低到高多级别的岩石扩孔器，最终扩孔直径应根据不同的管径、穿越长度、地质条件和钻机能力确定，一般情况下，最小扩孔直径与穿越管径的关系应符合表3的规定。完成扩孔后再用低于最后一遍扩孔级别的岩石扩孔器清孔一次。

表3 最小扩孔直径与穿越管径关系 mm

穿越管段直径	最小扩孔直径
<219	管径+100
219~610	1.5倍管径
>610	5管径+300

注：管径小于400mm的管线，在钻机能力许可的情况下，可直接扩孔回拖。

(1) 典型岩石扩孔器的适用范围 水平定向钻岩石扩孔器按其结构不同可分为滚刀型、低扭矩型和对开式岩石扩孔器三大类。滚刀型岩石扩孔器适应地层为软岩~中硬岩[硬度在1500~12000psi(1psi=6.895kPa)]的穿越。低扭矩岩石扩孔器其适用地层为软岩~中硬岩(岩石硬度1500~12000psi)，穿越岩石长度不宜超过500m。对开式岩石扩孔器根据其使用钻头体牙轮的不同又可分为MT对开式、TCI对开式和HDX对开式岩石扩孔器三大类。MT对开式岩石扩孔器其适用地层主要为软岩，岩石硬度1500~8000psi。TCI对开式岩石扩孔器适用地层为软岩~硬岩，其中岩石硬度在8000~12000psi的地层时，宜选择凿齿状碳化钨合金齿，齿高和齿距可适当放大，以提高钻进效率。对岩石硬度在12000psi以上的地层时，应选择圆锥形碳化钨合金齿，齿高和齿距均应变小，选择的齿型还应结合穿越的长度而定。HDX岩石扩孔器极适合于长距离硬岩层的穿越。

(2) 岩石扩孔器的选择及操作控制要点：

① 根据穿越地层的类型选择岩石扩孔器 软岩地层扩孔时允许使用更大直径的扩孔器和更少的扩孔次数，相邻两级扩孔器的尺寸差距也可以更大。硬岩地层扩孔时要求的扩孔直径变化不能太大，并采取多次扩孔的方式，以达到最佳的扩孔效率及钻屑的顺利排出。

② 岩石扩孔器的操作控制要点 岩石扩孔器操作控制的主要参数是钻机施加给扩孔器的推拉力(反向扩孔时为拉力，正向扩孔时为推力)或称钻压、转速以及扩孔期间泥浆的泵送量。其控制要点如下：

A. 不同直径和不同形式的岩石扩孔器对钻压的要求也各不相同，在长距离岩石层扩孔期间，一定要控制钻压规定的数值范围之内，以避免扩孔器的过度磨损造成严重后果。

B. 转速的调整主要与岩石的硬度有关。硬岩钻进时，转速应相应减小。过低的转速会降低扩孔效率；过高的转速会引起扩孔器的非正常磨损，甚至造成扩孔事故。

C. 岩石扩孔需破碎的岩石越硬，需要的钻压就越大，要求的钻速也就越低。同时应注意，相同的钻机钻速条件下，直径不同的扩孔器产生的效果是不相同的，扩孔器直径越大，外边缘的线速度也就越大，磨损也越严重。

D. 泥浆的实际泵送量应根据每级扩孔产生的钻屑量和泥浆的携带能力进行计算后确定，一般不应低于1m/min。

E. 扩孔器进岩石层的施工方法：当岩石扩孔器从软土层进入岩石层或从软岩层进入硬岩层时，操作要点是首先放慢扩孔速度，降低钻压，待扩孔器本体完全进入岩石层或硬岩层后再加大钻压。

F. 进行分级扩孔时，不宜选择直径太相近(级差小于4″)的岩石扩孔器进行分级扩孔。

(3) 预扩孔阶段使用比上一级孔径小1½″-2″的中心扶正器，中心定位器主要是为保证扩孔的圆心度，完成扩孔后防止形成椭圆形孔洞。

(4) 扩孔期间对钻机扭矩、拖力变化的观察，特别注意扩孔过程中的各种数据变化，控制好扩孔速度和泥浆流量。在扩孔过程中，针对易出现的卡钻现象，采取的措施是：当扭矩波动较大时，减小推拉力、降低钻速，减少泥浆压力和排量，使得钻头减轻振动，并通过自行找正以修理接触面。

(5) 根据不同地层条件，采用复合泥浆配比技术，使用定向钻专用膨润土配出基浆，再按比例加入各种泥浆添加剂，同时调整施工过程泥浆性能，满足穿越地层对泥浆的高性能要求。施工过程泥浆性能调整如下：(1)软土层穿越段：为保证钻屑携带和孔眼清洁，控制泥浆的失水，防止塌孔，需增大固壁剂、增粘剂含量；(2)岩石穿越段：为保证钻屑携带和孔眼清洁，要及时提高清屑剂和润滑剂剂量，保证泥浆的流变性能良好，使钻屑顺利返出地面，同时增强泥浆的润滑性，减小钻具与地层的摩擦力。泥浆的配比随地层不同而随之变化。同时现场采用2套泥浆混配加料系统，同时配备两套高压泥浆泵，使泥浆泵送能力不小于$3m^3$/mim。

3.2.3　回拖成品管线

(1) 穿越管段预制完后，在管端焊上回拖头，沿管线中线挖发送沟或架管道发送架。

(2) 管线下沟后，在管沟内注水，尽量使预制管线漂浮起来，以减少回拖阻力和保护防腐层；局部地段不便开挖发送沟时，管线回拖采用管道发送架发送。

(3) 管线和钻具的连接：钻杆+岩石扩孔器+旋转接头+U型环+回拖头和管线，总体连接完成一起回拖。

(4) 一切准备工作就绪后开始回拖，回拖时应一气呵成，中间不得停顿，直至成品管线在钻机侧出土为止。

3.2.4　定向钻穿越施工工艺的改进

(1) 改进控向信号线安装工艺，施工前进行不同国产信号线及进口信号线的抗张强度、延伸率的对比测试，选择绝缘层强度更高、耐磨性能更好的信号线，并合理加大线卡设置密度，改进接线用热收缩套安装工艺，保证控向信号的准确传递，有效解决控向信号线被高压泥浆冲断的隐患。

(2) 泥浆配方充分考虑岩石层穿越的难点，增强泥浆的携屑性能，保证穿越孔道的清洁。

(3) 改进长距离、岩石层大口径扩孔工艺，二级以上扩孔全部采用6⅝″高强度钻杆，保证钻机扭矩的有效传递，同时严格控制钻进参数，实现单次扩孔不更换钻具，降低穿越施工风险。

参 考 文 献

[1] 中华人民共和国国家标准. 油气输送管道穿越工程施工规范(GB 50424—2015). 北京：中国计划出版社，2016.
[2] 康新生，陈雪华，金健. 世界最长距离的定向钻穿越施工技术[J]. 非开挖技术，2006.01.
[3] 陈雪华，刘伟. 水平定向钻用岩石扩孔器的选择及操作控制技术[J]. 非开挖技术，2007，24(5).

长输油气管道和输油设备检测技术概况

袁龙春　钟　良　马云修　梁会军

（中石化长输油气管道检测有限公司，江苏徐州　221008）

摘　要：长输油气管道和输油设备检测是一个系统性工程，主要涉及长输油气管道内检测、阴极保护、管道外检测、站场工艺管道检测、储罐检测、输油设备检测以及集所有检测技术进行综合评价的完整性管理技术等几个方面，除了传统的超声检测技术和射线检测技术之外，还包括管道漏磁检测技术、磁层析检测技术、声发射检测技术、超声导波检测技术、电磁检测技术、激光扫描技术、阴极保护检测技术、杂散电流检测技术等以及完整性管理技术，通过诸多检测技术的应用，为输油管道和输油设备的安全运行提供可靠的技术支持。

关键词：管道　输油设备　检测

1　前言

油气长输管道、储罐及输油设备在长期服役之后，由于腐蚀、自然灾害和第三方破坏对管道造成损害，对管道的安全运行造成很大的影响。特别是在高风险区发生泄漏、燃烧、爆炸等事故，不仅将造成巨大的生命财产损失，还将造成极大的社会影响。为了保障输油管道和设备的安全运行，利用国内外成熟先进的多种检测技术对油气管道及设备的现状进行检测，找出尽可能多的缺陷和判明缺陷的严重程度，从而分析判断油气管道和设备的安全状况，为管道的维修提供指导意见，进而消除安全隐患，保证输油管道和设备的安全运行。

2　工程中常用检测技术

工程中常用的检测技术包括射线检测、超声检测、磁粉检测、渗透检测、涡流检测等，随着技术的发展，特别是数字信息技术的发展，也带动了常用检测技术的发展，特别是全数字超声波和数字成像射线检测技术。

2.1　全数字超声检测

2.1.1　超声探伤原理

超声波探伤是利用材料及其缺陷的声学性能差异对超声波传播波形反射情况和穿透时间的能量变化来检验材料内部缺陷的无损检测方法。

超声探伤主要采用脉冲反射法，脉冲反射法在垂直探伤时用纵波，在斜射探伤时用横波。在超声波仪器示波屏上，以横坐标代表声波的传播时间，以纵坐标表示回波信号幅度。对于同一均匀介质，脉冲波的传播时间与声程成正比。因此可由缺陷回波信号的出现判断缺陷的存在；又可由回波信号出现的位置来确定缺陷距探测面的距离，实现缺陷定位；通过回波幅度来判断缺陷的当量大小。

2.1.2　全数字超声检测仪

数字式超声波探伤通常是对被测物体发射超声，然后利用其反射、多普勒效应、透射等来获取被测物体内部的信息并经过处理形成图像，具有以下特点：

（1）数字式超声波探伤仪可自动检测、计算、记录，有些还能自动进行深度补偿和自动设置灵敏度，因此检测速度快、效率高。

(2) 数字式超声波探伤仪对模拟信号进行高速数据采集、量化、计算和判别，其检测精度可高于传统仪器检测结果。

(3) 数字式超声波探伤仪可以提供检测记录直至缺陷图像。

(4) 数字式超声波探伤仪可全面、客观地采集和存储数据，并对采集到的数据进行实时处理或后处理，对信号进行时域、频域或图像分析，还可通过模式识别对工件质量进行分级，减少了人为因素的影响，提高了检索的可靠性和稳定性。

2.2 射线数字成像检测

2.2.1 射线探伤原理

射线探伤是利用 X 射线或 γ 射线在穿透被检物各部分时强度衰减的不同，检测被检物中缺陷的一种无损检测方法。

被测物体各部分的厚度或密度因缺陷的存在而有所不同。当 X 射线或 γ 射线在穿透被检物时，射线被吸收的程度也将不同。若射线的原始强度为 I_0，通过线吸收系数为 μ、厚度为 t 的材料后，强度因被吸收而衰减为 I，其关系为 $I=I_0e^{-\mu t}$。若将受到不同程度吸收的射线投射在胶片上，经显影后可得到显示物体厚度变化和内部缺陷情况的照片这种方法称为射线照相法。如用荧光屏代替胶片直接观察被检物体，称为透视法。如用光敏元件逐点测定透过后的射线强度而加以记录或显示，则称为仪器测定法。

2.2.2 射线数字成像检测

数字射线检测技术是获得数字检测图像的射线检测技术。它与胶片射线照相检验技术的不同有二个方面：一是用探测器替代胶片探测射线检测信号；二是采用了图像数字化技术。图像数字化理论是数字射线检测技术的基本理论。数字射线检测技术系统由探测器系统、透照技术、图像数字化技术、图像显示与评定和技术稳定性控制构成。

3 管道内检测

管道内检测是目前长输油气管道检测最有效的方式，可有效的定位缺陷的位置坐标、管方位和缺陷大小，为管道的安全状况判定提供最直接的依据。

3.1 漏磁检测原理

将被测铁磁材料磁化后，若材料内部材质连续、均匀，材料中的磁感应线会被约束在材料中，磁通平行于材料表面，被检材料表面几乎没有磁场；如果被磁化材料有缺陷，其磁导率很小、磁阻很大，使磁路中的磁通发生畸变，其感应线会发生变化，部分磁通直接通过缺陷或从材料内部绕过缺陷，还有部分磁通会泄漏到材料表面的空间中，从而在材料表面缺陷处形成漏磁场。利用磁感应传感器(如霍尔传感器)获取漏磁场信号，然后送入计算机进行信号处理，对漏磁场磁通密度分量进行分析能进一步了解相应缺陷特征比如宽度、深度。

3.2 管道内检测技术

管道内检测是一套系统技术，包括智能清管器、变径检测器、漏磁检测器以及后期的检测数据处理分析，可对不同管径、不同运行工况的长输管道的管体缺陷、管壁变化、材质变化、管道特征(法兰、阀门、管箍、套管、补疤、焊缝、熔焊点、弯头、三通等)识别的在线检测，实现了高的检测精度(腐蚀深度精度小于 1 个等级，长度和宽度精度±5mm)和缺陷定位精度(位置精度±1mm，周向偏差±10°，置信度≥90)，实现了清管、通球和检测的定位跟踪；管道内检测技术已处于国际先进水平；建立了长输管道安全评价体系和缺陷定位技术，为管道运行、维护、安全、评价提供了科学依据。编写了分析评价软件，实现了智能化判伤，研究和建立了缺陷定位技术标准。

3.3 海底管道内检测技术

海底管道内检测技术是在长输油气管道内检测技术的基础上进一步研发的，一是完成了检测器可靠性研究，保证检测过程绝对安全可靠，不对管道造成任何影响，杜绝堵塞管道的事情发生；二是克服海底管道动态漂移和地理坐标参数对检测结果的影响；三是提高了内检测设备抗损坏技术如检测探头抗损坏能力；四是研发超高清晰度检测数据处理技术；五是提高了大口径检测设备通过能力，设计了耐压机构和耐磨结构。

3.4 内检测管道缺陷信号特征

通过制作管道特征模型，建立长输油气管道内检测的各种缺陷模型的信息数据库，涵盖全部型号的长输油气管道内检测型号，搭建了管道特征模拟试验平台，并通过实验数据改进检测器的各项参数，标定所有检测器的检测精度和置信度。

3.5 输油管道盗油孔检测

进行了输油管道盗油孔剩磁内检测技术研发。完成了对微弱剩磁磁场变化反应明显且具有自校正功能的传感器技术研究；完成了盗油孔漏磁场分布变化规律总结和采集的信号处理、分析判断盗油孔位置技术研究；完成了检测器跟踪定位技术研究。管道盗油孔内检测系统的研制成功，可准确检测长输管道盗采点及其分布情况，为管道的安全治理提供参考依据。

3.6 长输气管道内检测器驱动技术

完成了输气管道在线内检测器的非封堵式驱动系统的结构设计，实现非截流封堵在线检测的要求；完成了检测器运行速度控制装置设计，解决了输气管道内检测器在管道内的移动速度控制问题，实现了变滑动摩擦为滚动摩擦，减小了对输气管道内涂层的损坏；建立了天然气管道内检测器运行系统的结构模拟试验台，为管道内检测的设计开发提供试验支持，填补了我国输气管道内检测技术方面的空白；建立了检测器运行的力学模型，解决了检测器在复杂地形条件和起伏管段平稳运行的问题。为有效开展输气管道的内检测奠定基础。

3.7 应用情况

管道内检测技术已全面投入工业应用，现已检测了鲁宁线、中洛线、甬沪宁线、仪长线、塘燕复线、东黄复线、临濮线等 18 条管线，涉及管线规格有 ϕ914mm、ϕ813mm、ϕ762mm、ϕ720mm、ϕ611mm、ϕ426mm 等 11 种规格，总长度 3654 公里，共检测出金属损失缺陷数量 86355 个、焊缝缺陷数量 11189 个、管线变形($\geq$5%)缺陷数量 520 处、及其他种类缺陷数量 13131 个。

4 阴极保护

现役长输管道的保护方式为防腐层加阴极保护的方式，阴极保护达不到效果或管道防腐层损坏，将使管道丧失保护手段，加速管道的腐蚀。因此，检测管道阴极保护覆盖率和涂层的完好率，找到破坏点并加以修复，可保障管道的安全运行。

4.1 阴极保护原理和方法

阴极保护是根据金属腐蚀的电化学原理，依靠从外部流入阴极极化电流使金属的电位负移，从而降低其腐蚀速度的防腐蚀方法。由于净电流的流入或流出而在电极上引起的电位的变化，电位变化的方向总是反抗平衡的移动。阴极电位向负的方向偏离，阳极电位向正的方向偏离，使得阴极和阳极之间的电位差减小，如果电池的电阻不发生变化，电压的减小会使电流减弱。

阴极保护的方法牺牲阳极阴极保护和强制电流阴极保护两种。其中牺牲阳极阴极保护是将被保护金属和电位更负的牺牲阳极相连，使被保护金属阴极极化以降低腐蚀速率的方法，优点是不需外部电源，维护简单，对邻近建筑物影响较小。而强制电流是将被保护金属与外加电源负极相连，电源正极与辅助阳极相连，由外部电源提供保护电流；优点是驱动电压高，输出电流大，并可进行连续调整，有效保护范围广，不受土壤电阻率的限制，保护装置使用寿命长。

4.2 阴极保护效果

阴极保护的效果常按照保护对象达到的电位来判定；地下管道通电时的电位应达到-0.85V 或更负，这是指相对于铜—饱和硫酸铜参比电极而言；或者通电时的电位较自然腐蚀电位负移大于

300mV。不过，保护电位也不能过负，否则金属上会发生显著的析氢反应。这有可能导致涂层剥离和材料氢脆，是应该避免的。对于有涂层的地下管道，规定保护电位最负取-1.5V。

4.3 长输管道阴极保护

阴极保护检测主要包括了参比电极、电位测量、电阻测量和杂散电流干扰测量这几个部分，以期达到如下控制指标：阴极保护率100%，恒电位仪开机率大于98%，保护度大于85%，保护电位满足要求。

2014年开始，公司针对在阴极保护中出现的问题，进行了针对性的技术创新：一是管道阴极保护系统研发；开发了在线阴极保护管理平台，研究并建立站场区域阴极保护系统喝研发区域阴极保护智能多路输出电源系统，确保管线长期安全运营。二是阴极保护数据智能采集终端研发；研制阴极保护数据智能采集设备，保障采集数据传输准确性，避免设备对阴极保护、杂散电流干扰，实现数据无线通讯和远程控制，分析比较控制采集数据误差，防护外界电气干扰，保证智能采集终端的可靠应用。

4.4 储罐阴极保护

原油储罐内的沉积水对储罐具有较强的腐蚀性，特别是原油中的硫化物溶于沉积水中后，将加速储罐底板的腐蚀。而目前国内大部分原油储罐都没有施加阴极保护系统，为了验证储罐阴极保护的有效性，进行了针对性研究；用于评价储罐现有阴极保护系统保护效果的有效性，筛选已有储罐补加阴极保护方法中最为有效的方法，研究常用牺牲阳极在典型沉积水中的服役性能、分析牺牲阳极效率，从而开发储罐内底板在线监测与分析技术，实现阴极保护效果及腐蚀速率在线监测、牺牲阳极寿命预测。

5 管道外检测

阴极保护加防腐层是目前外管道腐蚀防护的最常用和最有效的手段，不管是阴极保护还是防腐层局部失效都将加速外管道的腐蚀速度。进行外管道检测，一是原始资料审查，收集外管道的立项、设计、施工、维修、历次检测等信息资料；二是宏观检查，检查管道的位置与走向、地面装置、管道沿线防护带、地面泄漏情况、穿跨越段情况、水工保护设施情况等；三是腐蚀环境调查，主要测试土壤电阻率、管地电位、土壤质地和腐蚀性、杂散电流干扰源、直流干扰、交流干扰；四是埋地管线外防腐层状况检测，防腐层检测是管道外检测的主要项目，包括防腐层整体不开挖检测、破损点检测和开挖检验等，方法有防腐层电阻率(Rg值)、电流衰减率(Y值)、破损点密度(P值)、外观检查、露点检测、厚度检测、粘结力检测、多频管中电流衰减发(CIPS)、交直流电位梯度法(ACVG/DCVG)、变频选频法等；五是阴极保护有效性检测评价；六是腐蚀防护系统综合评价；七是开挖直接检测。

除此之外，管道外检测还可以使用管道磁层析检测技术检测，实现非开挖条件下对管道裂纹、变形、严重腐蚀和其他应力缺陷的快速检测，分析研究缺陷信号特征，积累检测信号，建立数据库，提高定位精度和准确率。

2015年以来，共检测了津燕线、日仪线、东黄复线等11条管线2300余千米。

6 工艺站场检测

输油管道工艺站场中的工艺管道和输油设备作为工艺管道需要进行定期检验，包括在线检验和全面检验，需要对压缩机及泵的出口部位、补偿器及三通等死角部位、支吊架部位的焊接接头等部位、曾经出现过安全问题的部位等，检查的内容包括泄漏检测、绝热层及防腐层检测、振动检测、位置与变形检测、支吊架检测、阀门及法兰检查、阴极保护装置检查、管道组件检查、焊接接头检查等，检查方法包括表面无损检测、射线及超声检测、化学成分分析和金相分析、硬度测定、厚度测量、耐压强度校验、应力分析、压力试验等。

上面的检测多为点的检测，特别是超声和射线检测，效率低下、成本高，可以采用超声导波技术进行检测。超声导波检测技术主要用于在线管道检测，产生机理是兰姆波由于在空间有限的介质内多次往复反射并进一步产生复杂的叠加干涉以及几何弥散形成的。超声导波检测的优点是能传播长距离而衰减很小，在一个位置固定脉冲回波阵列就可一次性对管壁进行长距离大范围的100%快速检测(100%覆盖管道壁厚)，检测过程简单，不只需要剥离一小块防腐层以放置探头环即可进行检测，特别是对于地下埋管不开挖状态下的长距离检测更具有独特的优势。特别是实现了大直径、螺旋焊缝管的长距离检测，提高了检测灵敏度，建立缺陷信号幅值与壁厚减薄的对应关系，大大的提高了使用可靠性。也可以采用磁层析技术进行检测，不需剥离保温层和防腐层，也能极大提高检测速度。

阀门是站内工艺管道的重要设备，关闭不严将影响管道设备的使用和维护。检测阀门内漏多采用声学检测的方法，通过阀综合采用理论分析、数值模拟和实验，找出阀门内漏声学信号与内漏量得关系，研制智能型检测仪器，从而检测阀门是否内漏。

7　储罐检测

原油储罐是原油储运的重要设备，不论是中国石化还是中国石油发生的多次大火中很大一部分都是由储罐泄漏引起的。同时，储罐开罐检测和维修费用高、周期长，检测工作劳动强度大，不利于日常的原油储运工作。因此，采用不开罐检测方法是今后储罐检测的主要方式，并为储罐的开罐维修提供了理论依据。

作为新的无损检测技术，TOFD 较超声检测能够检测出更多、更细小的缺陷，并且能够更容易实现自动化，减轻劳动强度，可用于新罐检测，也可用于旧罐检测。为此，公司完成了 TOFD 在储罐上的应用研究，验证了 TOFD 检测技术在储罐现场检测应用的可行性，并提高了缺陷的检出和定位精度，建立了缺陷评判方法，并制定了检测工艺。

通过多次开罐检测积累的经验，储罐的腐蚀主要发生在罐底板，根据国内外的经验来看，利用声信号检测储罐底板的活性缺陷，判定储罐底板的腐蚀程度和风险是可行的。为此，利用 AE 检测技术进行在线检测，分析判定检测数据，建立声发射检测数据库，并与开罐储罐底板漏磁检测相互验证，建立储罐寿命预测方法，编制了储罐安全性评价、寿命预测及维修决策系统，实现了数据库优化管理。

为保证储罐的安全运行，新建储罐和大修储罐需要进行变形检测，而常规检测方法工作量大，数据多。为此，3D 激光扫描检测技术也被用于储罐的几何形体检测，并根据检测结果，分析储罐变形的影响因素，提出变形储罐的适用性评价方法，为大型储罐结构变形检测评价提供技术手段。

电磁超声也可用于储罐底板免开罐检测，利用电磁超声检测系统，无需清空储罐内石油，对在役石油储罐底板缺陷腐蚀变化进行检测，并进行检测结果可靠性研究，为安全储油提供了依据。

2014 年全面检测了曹妃甸油库、黄岛油库等 14 个站库、商储 248 座，2015 年全面检测了塘沽油库等 9 个站库油罐 49 座，并对黄岛油库等 6 个站库中 29 座油罐进行了声发射免开罐检测。

8　完整性管理

完整性是指管道或设备始终处于完全可靠的服役状态，包括 3 个方面的内涵：在物理上和功能上是完整的；始终处于受控状态；运营商已经并仍将不断采取措施防止失效事故发生。而完整性管理是指管道或设备运营商持续地对潜在的风险因素进行识别和评价，并采取相应的风险控制对策，将管道或设备运行的风险水平始终控制在合理的和可接受的范围之内。换言之，完整性管理是对影响管道或设备完整性的各种潜在因素进行综合的、一体化的管理。完整管理的内容包括提出完整性管理的技术流程、GIS 和数据库、风险评价、基于风险检测、适用性评价、管道地质灾害评估、管道维护决策及应急响应等关键技术。因此，所有的检测技术都是为输油管道和输油设备的完整性管理服务，检测数据应纳入完整性管理数据库，为综合评价管道的安全性提供数据支撑。在当前阶段，主要进行了长输油气管道和储罐的完整性管理进行了技术研究。

针对长期服役的油气管道安全运行中面临的安全管理基础薄弱、安全隐患突出、法规规范不完善等关键问题，开展技术科技攻关。解决中石化油气管道基础数据的完整性收集与分析方法的关键问题，提出了适合中石化油气管道的数据收集表单、数据分析方法、数据评判合格准则；建立油气管道基于介质扩散性的高后果识别与评价方法体系；建立安全距离、第三方破坏等安全隐患的风险评估方法与准则，进而提出油气管道基于风险的安全隐患分类分级方法；建立不同级别油气管道的防护和修复方法体系；最终为中石化建立所属油气管道的完整性管理体系与安全运行策略，为长期服役埋地管道安全运行提供技术支撑和保障。

综合考虑中国石化储罐管理运行现状，建立储罐全面检查方法、分级方法及管理对策，开发储罐风险评价方法，建立储罐完整性数据库和储罐完整性管理体系、检测、评价、维护的成套技术，开发储罐完整性管理系统平台。包括四个主题内容：储罐完整性管理体系、储罐综合评价方法、储罐底板腐蚀检测与评价、完整性软件平台。

同时，对老旧管线技术状况进行研究与评价。对在役老旧管线腐蚀缺陷、焊缝缺陷、凹陷等数据分类分析；利用在役管道大修理改造替换下来的管段，开展理化试验研究，包括化学成分分析、金相组织、力学性能试验等，获得替换管段的技术状况；分析管段变形引起的受力情况等因素对管道腐蚀的影响，研究管道缺陷形成的原因；基于机械性能试验，研究管段力学机械性能的变化趋势；建立计算模型，分析、计算、评价缺陷危害程度，确定管道剩余强度和管道承压能力，预测管道剩余寿命，提供修复建议，为管道安全运行提供技术支撑。

9 结语

任何技术都是飞速发展的，新的检测技术和检测方法将不断出现，现有的检测技术将不断取得突破，特别是高清检测技术、机器人技术和智能技术的不断进步，将带动检测技术、检测设备和检测方法的不断升级，势必会带动长输管道和输油设备检测向自动化、简便化方向发展。因此，我们要紧跟技术发展的步伐，利用新的检测技术为输油生产服务。

TC30 型液氮泵机械密封国产化改造

崔明昊

（仪征化纤股份有限公司动力生产中心，江苏仪征　211900）

摘　要：通过提高优化运行，充分预冷及对空分装置 TC30 型液氮泵机械密封密封副材料及整体结构优化改造，大幅提高了低温工况下机械密封使用寿命，节约了维护成本，还提高了设备使用效率。

关键词：液氮泵　机械密封　国产化

1　前言

某公司空分装置的液氮泵，型号为 TC30，由 ACD 生产（参数见表 1）在空分流程中的作用：将液氮储罐里的液氮充装到液氮槽车。液氮泵出口通过连接的金属软管将液氮增压充装到移动槽车。提高充装效率，减少充装时间。作为空分装置末端产品充装用泵，运行是否稳定直接影响空分系统负荷，及液氮产品外供产量，如果发生故障，不但影响销售量，还影响整个空分生产负荷。由于液氮的特性，该泵运行中有低温介质（液氮-190 以下），机泵运行启停频繁等特点，因此常温（25℃）与低温（-197℃）变化频繁，并且周期短；因此，低温工况条件对于液氮泵机械密封要求较高，据该公司相关人员介绍，自从 2009 年 9 月 18 日投运至 2014 年 5 月 8 日，单台液氮泵累计更换机械密封 18 次，平均每运行三个月更换一次机械密封，机封更换工序复杂，难度高，易损件消耗大。操作运行中，经过修改作业指导书提高预冷时间等操作，提高了机械密封使用周期，但是使用周期没有明显增加，平均下来使用周期仍然接近三个月左右。

在空分系统低温工况下，一般的低温泵机械密封使用寿命都平均在 3~4 个月不等，因此，改液氮泵机械密封有改进空间。

表 1　液氮泵参数表

参数名称	参数值	参数名称	参数值
工作介质	液氮	转速	2950RPM
工作温度	-197℃	流量	180L/Min
工作压力	0.6MPa	数量	2 台

2　机械密封的工况及结构

2.1　机械密封的工况条件

TC30 型液氮泵主机安装在露天环境，间歇性运行。从液氮泵机封的工况参数表（表 1）可以看到：电机额定的转速为 2950RPM，为高转速工况；工作温度-197℃，采用氮气作为机封密封气进行吹除；液氮泵出口额定压力为 0.8MPa。由于该泵用于充装液氮槽车，受槽车充装时间不确定性影响，同时每台槽车容量不同，启动及停止频繁，每次充装时间约 40 分钟（根据不同容量槽车，充装时间不同，统计时按照标况下充装容量为 $30m^3$ 液氮充装时间进行计算）。低温状态与常温状态周期不确定的情况下相互转换，因此，在液氮泵开车阶段的工况对泵的机械密封磨损影响较大。液氮泵充装介质：液氮，特性：沸点：-195.8℃，密度：$0.81g/cm^3$，无化学腐蚀性，无固体颗粒等杂质，容易气化。

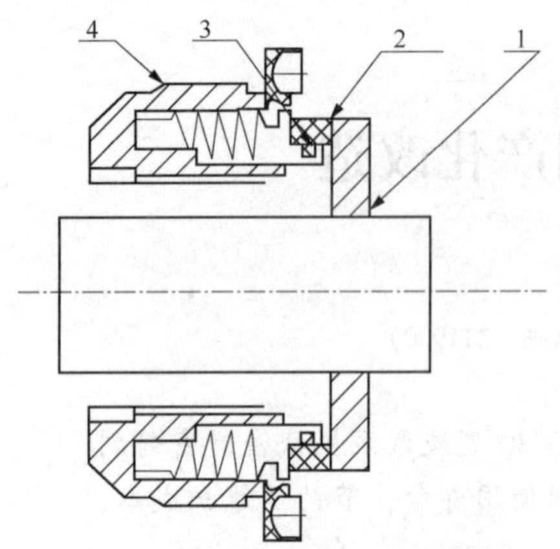

图1 改进前的机封装配示意图

1—动环密封；2—静环密封；

3—波纹管；4—静环座

2.2 进口机械密封的结构原理

从该泵的机封结构示意图(图1)可以看出：该液氮泵机械密封是单端面外装形式低温密封，与一般形式机械密封不同，机封座作为静环，机封静环座与泵体之间用“O”圈压紧密封，静环座与泵本体靠螺纹锁紧，压紧“O”圈进行密封。动环依靠叶轮端面受径向力压紧到静环密封面。动/静密封副之间采用滑动摩擦副形式。据供货说明书说明，该机封采用金属波纹管作为弹性元件进行弹力补偿，压缩量为5mm，补偿追随性好。

3 机械密封的失效分析

3.1 故障特征

3.1.1 由于液体产品客户较多，低温液体泵使用频繁，目前液体低温泵均使用配套进口机封，这些机封的使用寿命基本在3个月左右。每次液氮泵机封在运行过程中的失效过程都大致表现为：首先在大气侧有轻微的液体气化现象，仔细观察会发现，这些气化气体是由于机封的轴间隙处渗出液体所致。开始时很小；随着运行时间的延长，泄漏量越来越大，最后会伴随轻微的气化声音，每分钟20滴左右。

3.1.2 通过对失效后的机封进行拆解，发现几乎每次失效机封都具有非常相似的故障特征，主要表现为：机封的静环密封面已经磨损进2/3，机封动环密封面存在环形深沟磨痕，见图2、图3。

图2 磨损后动环

图3 磨损后静环

3.2 故障分析

3.2.1 频繁启动，造成密封面的磨损

液氮泵启动时，需要充分预冷，使机封各处温度降低到使用温度，但是，在启动的一瞬间，密封副之间存在干摩擦，会加速磨损。加之液氮泵起动比较频繁，温差变化大，机封各部件受到冷热应力产生形变量大，因此磨损量较大。低温状态对密封面材料要求非常高。往往在低温状态下，材料性能发生变化，加速材料的磨损。

3.2.2 介质气化加速密封面磨损

由于液氮沸点较低，常温下为液态，那么机封大气侧常温状态就能够使液氮气化。机泵运行过程中，液氮泵机封密封面相对摩擦产生热量，造成液氮气同时，机封大气侧温度远高于介质侧温度，温度差在机封密封面处变化值最大，因此，液氮气化造成端面间一层极薄的液体膜分布不均匀，不但降低了密封面润滑，还造成密封面受力不均匀，产生磨损。若果密封面发生磨损，就会造成更大程度的分布不均匀，加速密封面的损害。

3.2.3　机封的“O”形圈变形，造成静密封泄漏

静环与泵体蜗壳之间用“O”形圈密封，静环用螺纹连接将“O”形圈压紧在泵体蜗壳直角槽内，压紧面与泵体角度为30°，（见图4）这样有两点不足之处：①压紧面与泵体角度过小，安装时候容易造成“O”形圈同心度不准确，可能导致“O”形圈圆周方向压紧程度不同，导致泄漏。②压紧面与泵体角度过小，导致机封压紧力过大，“O”形圈，形变量过大，容易弹性失效，造成静密封泄漏。

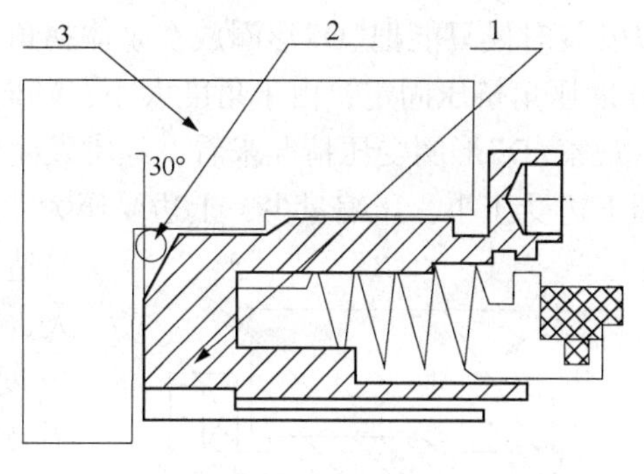

图4　“O”形圈密封

1—静环；2—“O”形圈；3—泵体

4　改进方案

4.1　改进密封面材料

动环采用平环设计，通过轴向力压紧，动环的材质选择不锈钢加表面喷涂钛合金材质，钛合金在低温和超低温下，仍能保持其力学性能。低温性能好，间隙元素极低的钛合金，如TA7，在-253℃下还能保持一定的特性。因此，钛合金是一种重要的低温抗磨材料。

动环母材材质与轴的材质一致，线膨胀系数一样，这样在同等温度状态下，收缩或者膨胀保持同步，轴径向收缩量：

$$L_1=0.025\times(-190-20)℃\times19\times10^{-4}=0.09\text{mm}$$

动环径向收缩量：

$$L_2=0.032\times(-190-20)℃\times19\times10^{-4}=0.12\text{mm}$$

因为相同材质线性膨胀系数相同，因此$L_1<L_2$恒定，这就确保了静环始终锁紧在泵轴上，保证了密封同时还能更好的保证动环与泵轴旋转的同步性。

为降低动环泄漏风险。静环材质选用四氟加填充耐磨材料，综合而成的整体密封环，在运行时，随着温度的降低，材料同步平稳收缩，不会因线性膨胀系数不同而产生间隙，这样就达到了延长使用寿命要求。

4.2　增加密封面面积

改型后的机封的动环与静环接触面径向尺寸由原来2.8mm(图5)增加至4.0mm(图6)。通过计算得到，接触面积增加了189mm^2，经过计算，动环与静环的摩擦力增量很小，不会对液氮泵的运行造成影响。增加机械密封动环与静环的密封面径向接触面积，在压紧力不变的情况下，提高了动环与静环抗磨损能力，提高了使用寿命，同时增加接触面积也最大程度的促进液体膜分布均匀性，减少因液体气化产生液体膜不均匀造成的影响。这样就降低了液体气化对密封面的损坏，提高了机封使用寿命。

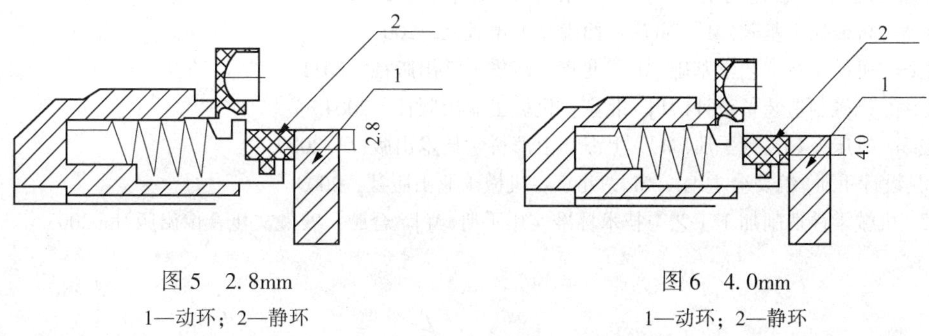

图5　2.8mm

1—动环；2—静环

图6　4.0mm

1—动环；2—静环

4.3　改变“O”形圈受压角度

静环密“O”形圈封口设计在静环与泵体夹角处，原静环压角成30度，“O”形圈无固定槽，所

以安装时候只能把“O”形圈放在泵体拐角处，然后旋转静环，进行压紧，“O”形圈的位置依靠静环30度压角挤压固定，由于角度太小，轴向压紧力往往大于“O”形圈定位的径向力，通过几次拆卸后观察“O”形圈受压情况来看，经常发生“O”形圈上下受压不均匀，由于重力影响，往往是“O”形圈下边受压小，压缩量少，上边受压大，压缩量大。由于运行后低温状态，“O”形圈遇冷收缩，容易造成密封泄漏。压角过小，还会造成“O”形圈受压变形过大，弹性失效，产生静密封泄漏。据此，将压紧面与泵体角度30度增加至45度，见图7，这样“O”形圈不但在安装过程中不易被切割，而且在压紧的同时能够使“O”形圈产生径向移动，使各个方向上分布均匀，也均匀受压，更好保证“O”形圈安装周向的同心度，“O”形圈受压均匀，保证密封效果。压紧面与泵体角度45度，还能提高静环与泵体压紧量的可调性，不至于使“O”形圈受压严重而失效。通过几次试验下来，次改进不但提高了安装效率，同时还能够保证安装质量，在理论及实际使用中都是可行的。

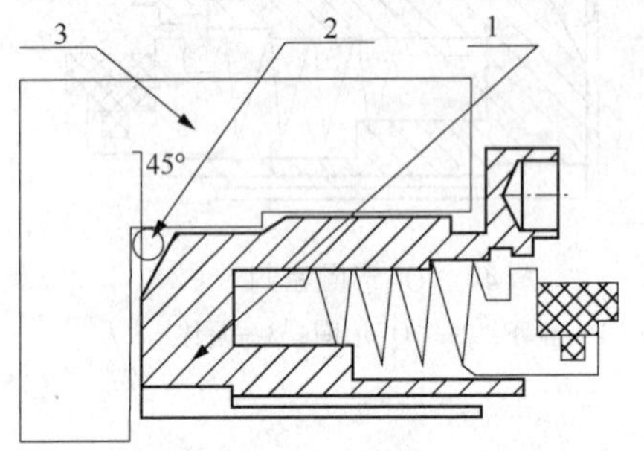

图7　改变“O”形圈受压角度

1—静环；2—“O”形圈；3—泵体

5　结论

5.1　在实际生产运行过程中，影响机封使用寿命的因素很多。不同的充装介质条件下都会遇到不同的情况，那么，从本次改进来看，要从实际着手，采用各个因素排除的方法更能提高改进效果。特别是在机封国产化改型过程中，尤其要审慎，确保机封的选型结构必须满足机封的运行工况要求。对于工作温度较低的工况，一定要选用合适的机械密封结构及材料。

5.2　在本次国产化过程中，进行了多次材料和机封局部结构的改进，本次液氮泵机械密封材料的选型成功与前面多次的考察、试验、计算等前期工作不可分割，是通过每次小改进，数次实际试验，与操作人员交流，查阅相关技术资料等各方面的工作而得来的成果。

5.3　在安装过程中，要注意，根据实际的压缩量调整垫片的增减，不要认为增加压缩量，而加速磨损。在安装过程中，每次都要核对动环处的轴跳度，轴的跳度一般控制在0.06~0.11mm之间，尽量减少轴跳带动动环径向跳动而在摩擦面上存在径向滑动摩擦，与正常摩擦副之间的圆周向滑动摩擦不同，径向滑动摩擦能够使摩擦副表面产生分力，而加速磨损。

5.4　要正确地按照机封供货商提供要求，使用专用工具进行拆。要及时更换易损件。

5.5　由于深冷设备的特殊工况，不同于高温、高腐蚀性的介质，不存在化学腐蚀性。因此，在操作过程中一定要考虑预冷是否充分，判定标准等，最大程度的消除低温对转动设备的损害。

参　考　文　献

[1] 范崇洛主编. 机械加工工艺学[M]. 南京：东南大学出版社，2009.

[2] 胡兆国主编. 机械加工基础[M]. 重庆：西南交大出版社，2007.

[3] 傅水根主编. 机械制造工艺学基础[M]. 北京：清华大学出版社，2011.

[4] 冯辛安主编. 机械制造装备设计[M]. 北京：机械工业出版社，2004.

[5] 王春福主编. 机床夹具设计手册[M]. 上海：上海科学技术出版社，2000.

[6]《机床夹具设计手册》编委会主编. [M]. 北京：机械工业出版社，2009.

[7] 冯道主编. 机械零件切削加工工艺与技术标准实用手册[M]. 合肥：安徽文化音像出版社. 2003.

HV804 型打包机转箱螺栓断裂原因分析与对策

朱钦杰

（中国石化仪征化纤股份有限公司，江苏仪征 211900）

摘　要：通过对 HV804 型打包机转箱螺栓剪切断裂临界值的理论计算，找出螺栓受剪断裂的影响因素。根据装配数据和设备运行特点，分析出螺栓断裂的原因，并探寻可实施的对策。

关键词：HV804　打包机　断裂　螺栓　转箱

1　前言

HV804 型打包机在涤纶行业应用广泛，布置于涤纶短纤维后处理生产线的最末端，聚酯熔体经纺丝-上油-牵伸-定型-切断等流程后，经打包机堆积并压缩为外形规格一致的纤维包。HV804 型化纤打包机是转箱、提箱式打包机，动作复杂。转箱螺栓是指中心立柱上用于连接齿轮和立柱的螺栓，承受转箱动作时的剪切载荷，断裂频发，经常造成生产线的整体停车。本文依据螺栓的断裂机理研究和现场实际运行和维护状况，分析打包机转箱螺栓断裂的原因，并提出解决对策。

2　HV804 型打包机的结构

打包机及其转箱部分结构如图 1 所示。

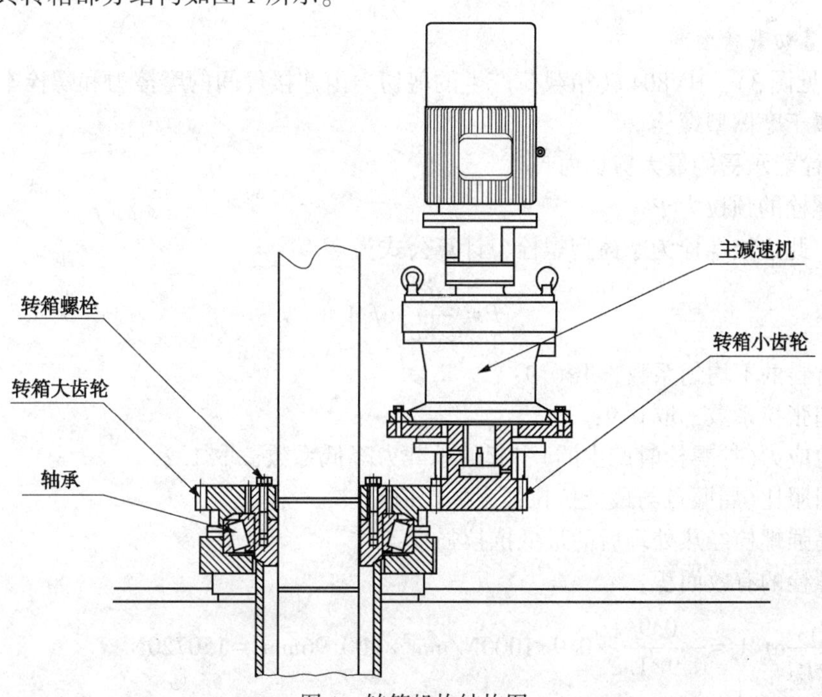

图 1　转箱机构结构图

打包机除了铺放包布、包装、穿带、捆包外，其他动作均为自动。HV804 型化纤打包机的转箱部分由中心立柱、转台、驱动电机、传动齿轮及其附件组成。转台回转传动装置安装在顶横梁的中部，由减速器、力矩电机、齿轮和中心立柱外面的套筒组成。当转台及压缩箱被转台提升油缸抬起后，回转传动装置动作使转台及压缩箱顺时针或逆时针回转 180°，将装满纤维的预压侧的压缩箱转到主压侧，准备接受最终压缩，同时将主压侧的空箱转到预压侧。

转箱螺栓为高强螺栓，图纸标注为：M20×85，GB5783，10.9 级。

3 断口分析

断裂螺栓的宏观图形见图 2。

图 2 断裂螺栓外形

断裂发生在两个连接件的连接处附近，断裂面比较平坦、断面上无氧化、无色差，是新断裂面(断面有少量拆卸时附着的油污黑线)，多个断裂螺栓的断裂面貌一致。HV804 转箱系统动作前有液压油缸顶起，垂直方向的重力载荷由与转箱立柱外面套筒的连接件承担，转箱螺栓本身不承担额外的拉伸力。综合分析判断，断裂原因为剪切断裂。

检测螺栓尺寸为 M20×85，10.9 级半螺纹高强螺栓，但是螺栓端部无倒角，检测加工精度为 C 级螺栓，与图纸标注不符。

4 原因分析

4.1 螺栓剪切载荷分析

根据结构(见图 3)，HV804 转箱载荷产生的剪切力由连接件间的摩擦力和螺栓本身的抗剪力承担，故此螺栓属于摩擦型螺栓。

4.1.1 螺栓能承受的最大剪切力

(1) 单只螺栓的预拉力 P

根据结构，此连接螺栓为摩擦型螺栓，计算公式为：

$$P=\frac{\mu_1}{\mu_2\times\mu_3}\alpha f_u A_e$$

式中 μ_1——材料的不均匀系数，取 0.9；

μ_2——超张拉系数，取 0.9；

μ_3——剪应力(拧螺栓时产生的)引起的承载力降低系数，取 1.2；

α——屈服比(屈服点与最低抗拉强度的比值)；

f_u——高强螺栓经热处理后的最低抗拉强度；

A_e——螺栓的有效面积。

即，$P=\frac{\mu_1}{\mu_2\times\mu_3}\alpha f_u A_e=\frac{0.9}{0.9\times1.2}\times0.9\times1000\text{N/mm}^2\times200.96\text{mm}^2=150720\text{N}$

(2) 单只螺栓承受的最大剪切力 N_v^b

$$N_v^b=k\cdot n_f\cdot u\cdot P$$

式中 k——系数，普通钢结构取 0.9；

n_f——摩擦面数量，取 2；

u——摩擦面抗滑移系数，根据表 1，取 0.30(表 1)；

P——高强螺栓预拉力。

得出

$$N_v^b = k \cdot n_f \cdot u \cdot P = 0.9\times2\times0.3\times151\text{kN} = 81\text{kN}$$

表 1　摩擦面抗滑移系数

连接处接触面的处理方式	构件钢号		
	Q235	Q345	Q420
喷砂(丸)	0.45	0.50	0.50
喷砂(丸)后无机富锌底漆	0.35	0.40	0.40
喷砂(丸)后生赤锈	0.45	0.50	0.50
净轧制表面	0.30	0.35	0.40

(3) 螺栓所能承受的剪切力

转箱齿轮上共有 8 只连接螺栓，理论上，总抗剪切力应为单颗螺栓最大抗剪切力的 8 倍。总抗剪切力为：

$$N = n\times N_v^b = 8\times81\text{kN}\times0.7 = 453.6\text{kN}$$

4.1.2　负载分析

由图 1，HV804 型转箱过程中，顶箱油缸将转台以上部分顶起，后电机开始运转，带动齿轮产生驱动力，负载开始低速运行。运行至加速检测开关动作后，电机电流频率增高，负载在 0.5S 内加速到高速状态。减速过程与之相反。

整个转箱过程中，螺栓在加、减速过程中承受速度变化引起的剪切力。

(1) 载荷产生阻力计算

公式如下：

$$F = \sum m\times a$$

式中　a——运动过程的加速度；

$\sum m$——转动部件的质量，根据资料，转动部件主要有棉箱 2 件($m_1 = 2500\text{kg}$)、转台 1 一件($m_2 = 1500\text{kg}$)、中心立柱套筒 1 件($m_3 = 1400\text{kg}$)、成品纤维包($m_4 = 300\text{kg}$)、其他附件若干($m_5 = 1000\text{kg}$)。

$$\sum m = m_1+m_2+m_3+m_4+m_5 = 2500+1500+1400+300+1000 = 6700(\text{kg})$$

得出：$F = 6700\text{a}$

(2) 螺栓受剪切力断裂的临界加速度

根据力矩平衡原理，若单纯因为载荷致使螺栓断裂，载荷力矩将达到或大于螺栓能承受的最大力矩，即

$$FL_1 \geqslant NL_2$$

式中　L_1——载荷力臂，$L_1 = 1.5\text{m}$；

L_2——转箱螺栓力臂，$L_2 = 0.13\text{m}$。

得出

$$a \geqslant \frac{NL_2}{6700L_1} = \frac{453.6\times10^3\times0.13}{6700\times1.5} = 5.8\text{m/s}^2$$

即，当加速度接近 5.8m/s^2 时螺栓极容易发生断裂。

4.1.3　计算公式总结及分析

(1) 通过以上计算，可总结出螺栓断裂时的临界加速度的计算公式

$$a \geqslant \frac{nkn_f u\mu_1 \alpha f_u A_e L_2}{\mu_2 \mu_3 L_1 \sum m} = \frac{0.4 n f_u A_e L_2}{L_1 \sum m}$$

式中 n——螺栓数量；

f_u——高强螺栓经热处理后的最低抗拉强度；

A_e——螺栓的有效面积；

L_1——负载的力臂；

L_2——连接螺栓的力臂；

$\sum m$——载荷质量的总和。

(2) 剪切载荷分析

根据临界加速度计算公式，螺栓剪切断裂的临界加速度与负载、螺栓选型及其数量、设备规格直接相关。

HV804 型打包机转箱时速度分为低速和高速两种状态，整个转箱过程有四次加、减速，通过实际观察统计，低速和高速的切换加速度较大。

低速和高速对应的电机频率分别为 10Hz 和 40Hz。转箱低速速度为 0.22m/s，高速速度为 0.61m/s，低速向高速的过渡时间为 0.5s，得出低速向高速过渡的加速度为 0.78m/s^2。与加速度接近 5.8m/s^2 相比，此数值不足以引起螺栓断裂。

但是，若箱体在低速(0.22m/s)时与框架发生撞击，此撞击可认为是完全弹性碰撞，根据动量定理：

$$Ft = mv_1 - mv_2$$

由此可得出瞬时加速度为：

$$a = \frac{2mv}{mt} = \frac{2v}{t} = \frac{2 \times 0.22}{t} = \frac{0.44}{t}$$

由此可见，当撞击速度较为剧烈，如撞击时间<0.1s 时，瞬时加速度将超过 4.4m/s^2。若连接件表面同时被油脂污染时或某根螺栓出现问题时，螺栓承受的剪切力将达到或超过临界值，则会引起螺栓断裂。目前，多数 HV804 打包机设置了缓冲气缸，防止碰撞，保持气缸的完好性至关重要。

4.2 栓孔间隙分析

根据断裂螺栓的观察测量，螺栓为 M20×85，10.9 级，半螺纹螺栓，但螺栓端部无倒角，检测加工精度为 C 级螺栓，与图纸标注不符(A/B 级)。A/B 级属于精制螺栓，加工精度高，栓孔配合间隙小。与 A/B 级螺栓相比，C 级螺栓的加工精度低，栓孔间隙大。

测量未经使用过的 C 级螺栓大径见表 2。

表 2 未经使用过的 C 级螺栓大径测量数据

试件编号	1	2	3	4	5	6	7	8
螺纹大径/mm	19.682	19.670	19.656	19.642	19.654	19.668	19.672	19.674
超出尺寸/mm	0.028	0.046	0.068	0.086	0.066	0.042	0.038	0.036
超出均值/mm	0.051							

M20×85，10.9 级 A/B 级螺栓的螺纹大径范围为 19.710~19.950mm，表 2 中“超出尺寸”表示现场使用的 C 级螺栓大径超出 A/B 级螺栓大径范围的数值。由表 2 可见，现场使用的 C 级螺栓，尺寸均小于 A/B 级螺栓大径的最小值 19.710mm，且的平均偏差达 0.051mm。

根据前期研究[1]，当螺栓的栓孔配合间隙增大时，螺栓的最大受剪强度显著降低，当栓孔间隙较典型间隙增大 0.025mm 时，螺栓的最大受剪强度降低 30%左右。此处使用的 C 级螺栓与 B 级螺栓的尺寸偏差均值已经大幅超过上值，加之 B 级螺栓本身尚存在栓孔间隙，8 只螺栓所能承受的最大剪切力可能不足理论值的 40%(由于干扰因素较多，无法精确计算)。

按此衰减值计算，临界加速度值也将降低至 40%，即 3.32m/s^2。

若螺栓断裂的临界加速度值仅在 3m/s^2 左右，考虑到运行撞击、螺栓松动、螺栓预紧力不一致或维护不佳等因素，安全裕量明显不足。

即，使用螺栓的精度降低，导致栓孔配合间隙增大，严重影响了安全裕量。

4.3 其他因素分析

(1) HV804 型打包机出包频率约 6min/次，每天打包约 200 包，每包螺栓的载荷发生两次变化，即转向螺栓受径向载荷日均 400 次。螺栓受交复的径向载荷，容易造成螺栓松动，做好放松措施也能提高螺栓可靠性。

(2) 根据生产线负荷的不同和产品种类的不同，打包机的出包频率也随之变化。当出包频率提高时，转箱所需要的加速度增加，即螺栓负载增加。

(3) 齿轮啮合间隙过大，电机得电瞬间大、小齿轮相互撞击，力量直接作用在转箱螺栓上。转箱速度差偏大也会使转向螺栓所受载荷增大。

5 结论

5.1 螺栓的选型与使用

(1) 根据公式螺栓断裂的临界加速度公式：

$$a \geqslant \frac{nkn_f u\mu_1 \alpha f_u A_e L_2}{\mu_2 \mu_3 L_1 \sum m} = \frac{0.4nf_u A_e L_2}{L_1 \sum m}$$

HV804 型打包机转箱螺栓承受的剪切力与螺栓选型、可靠螺栓数量和转箱动作的平稳性息息相关。

(2) 根据螺栓尺寸的测量和栓孔间隙对剪切力的影响分析，HV804 打包机选用 B 型螺栓所能承受的剪切力是 C 型螺栓的 3 倍，甚至更高。选用 C 级螺栓会造成栓孔配合间隙过大，使螺栓的最大受剪力显著降低，选用加工精度更高的 A/B 级螺栓则会有较充足的安全裕量。

目前使用的 C 型螺栓，其载荷可满足正常运行的需要，但是运行出现突发状况，或维保出现失误时，螺栓断裂的可能性大幅上升。

故，HV804 型打包机转箱螺栓应选用制造精度更高的 A/B 级螺栓，强度 8.8 级以上。

5.2 设备维护要点

(1) HV804 型转箱螺栓属于摩擦型螺栓，连接件的摩擦面抗滑移系数降低将导致螺栓受力增大。在转箱机构检修时，应将连接件上的润滑脂擦拭干净，转箱平面轴承添加润滑脂时要做好防护措施，保持连接件间干燥。

(2) 根据以上分析，按照现有的连接方式，运行发生的冲击会大幅提高螺栓断裂的可能性，故保证转箱动作的平稳性至关重要。首先，要做好转箱缓冲气缸的日常维护，减少箱体撞击。其次，要保证转箱大、小齿轮的啮合间隙和啮合点，减少加、减速过程中来自驱动力的冲击。

(3) 由于螺栓受交复的径向载荷，容易导致螺栓松动。采用六角头带孔螺栓用铁丝串联的放松方式可减轻松动。同时应做好栓孔的检测和螺栓的定期检查。

(4) 在满足转箱载荷的前提下，适当降低速度差(高速与低速的电流频率差)可增加加速时间，减小剪切力。

参 考 文 献

[1] 徐建新，魏志毅. 栓孔配合间隙对剪切刚度和疲劳寿命的影响[J]. 中国民航学院学报，2000，18(6)：8-12.

[2] 张海峰，王春芬. 高强度螺栓断裂原因分析[J]. 热加工工艺，2007，36(20)：85-87.

[3] 肖子恒，李维荣. 由振动引起的螺栓连接预紧力松脱的数学模型[J]. 机电产品开发与创新，2011，24(4)7-9.

CFD数值模拟方法在焦化炉炉型设计中的应用

李 月 董 罡

(中国石油工程建设公司华东设计分公司，山东青岛 266071)

摘 要：通过CFD数值模拟方法，以某炼厂加热炉设计项目中的焦化炉为模型，改变其侧墙倾斜角度，来分析相同工艺条件下不同侧墙倾斜角度的炉膛内的燃烧情况有何变化。结果表明：对于附墙燃烧，单阶梯型焦化加热炉的炉膛烟气流动、温度分布比普通侧墙垂直的焦化炉效果更好；对于附墙燃烧单阶梯型焦化加热炉，侧墙的倾斜程度会影响炉膛内的烟气流动、温度分布；本文的分析结果可应用于其他规模相近的焦化炉，而分析方法对于焦化炉的结构优化设计也有着实际的意义。

关键词：CFD数值模拟 单阶梯型焦化加热炉 燃烧 传热 烟气流动

1 前言

在石油化工行业中，延迟焦化装置是实现重油轻质化的重要装置，延迟焦化炉是其核心设备。根据延迟焦化工艺流程的特点，要求焦化炉具有快速加热原料、低结焦、长周期运行的性能，因此在设计焦化炉时，要保证炉膛内温度场均匀分布，使炉管受热均匀，使管内原料介质具有稳定的温升梯度，是实现焦化炉良好运行的重要因素之一。

延迟焦化炉的基本炉型为中间排管双面辐射箱式炉。近年来国外越来越多采用阶梯型炉型(单阶梯)，即加热炉侧墙具有一定的向内倾斜的角度的炉型，这种炉型结合附墙燃烧器能达到相对较好的燃烧效果。国内也越来越有倾向于使用这种炉型的趋势，但倾斜角度的确定大多是凭借经验或参考国外的例子。那么到底什么样的倾斜角度最为理想，可以得到炉膛内最为稳定均匀的温度场，笔者以实际设计工作中所遇到的一台焦化炉为模型，利用近年来飞速发展的CFD数值模拟方法，对这台焦化炉的炉膛内燃烧、辐射及对流传热过程进行了数值模拟，通过在相同的工艺条件下改变侧墙的倾斜角度，分析不同的侧墙倾斜角度对炉膛传热效果的影响，为焦化炉的优化设计提供指导性的建议，并且，也在最终设计这台焦化炉时采用了本文的分析结果。

2 物理模型

众所周知焦化炉辐射室的吸热量占整个焦化炉总吸热量的65%~75%，并且对流室的结构基本是固定的，因此本文以辐射室的结构作为分析对象，建设物理模型(中间排管双面辐射箱式炉物理模型)。将侧墙垂直的箱式焦化炉作为基准工况，将侧墙有三个倾斜角度(相对炉底平面分别倾斜87°、84°、80°)的工况作为另三种对比工况(分别定义为工况a、b、c)，对辐射室内的燃烧和传热进行数值模拟，比较这几种工况炉膛内烟气流动状态与温度场情况，来判断最有利于炉膛燃烧的结构。

此焦化炉为四个辐射对流单元并列结构，总负荷32.4MW，辐射室内衬尺寸为长23.5m×宽3.2m×高7m，燃烧器为附墙底烧式共112个。由于四个辐射对流单元的结构相同，且炉膛结构在长度和宽度方向上对称，因此取一个辐射对流单元的1/4辐射室为计算模型以减小计算量，火嘴及炉膛取实际尺寸建模，炉管布置按照实际结构建模。

四种工况计算域的物理模型见图1(侧视图)

炉膛网格采用六面体网格，结合燃烧器处四面体网格，共计网格数 2 百万。

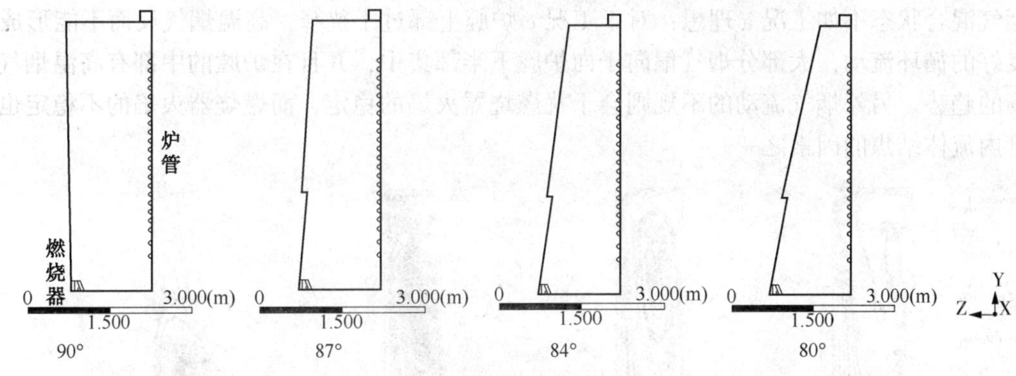

图 1 焦化炉简图侧视图

3 计算模型及边界条件

本次计算模拟的炉内燃烧、传热及流动的过程，主要由气体燃烧基本控制方程组来描述，包括连续性方程、动能方程、动量方程及组分质量方程，再由标准 $k-e$ 湍流模型，非预混燃烧模型，P1 高温辐射模型来封闭。

燃料量按焦化炉实际运行所需燃料量 887Nm/h 计算，过剩空气系数 1.2，各种工况取相同燃料量，比较不同的炉型变化下炉膛的燃烧情况。进出口边界条件见图 2。

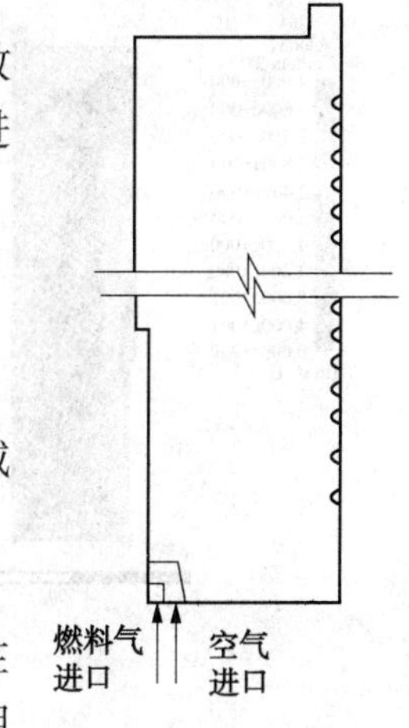

图 2 边界条件

4 模拟结果分析及讨论

4.1 典型截面

在炉膛中间处取沿宽度方向截面作为典型截面，如图 3 为工况 a 计算域中的典型截面。三种工况和基准工况的典型截面相对位置相同。

4.2 每种工况典型截面上的流动场与速度场

如图 4 和图 5 所示，由流动场和速度场所示的烟气流动状态可见，在燃料气流速相同条件下对于工况 a，附墙燃烧与侧墙倾斜的共同作用下，相对于基准工况更有利于炉膛烟气的均匀分布，烟气沿炉壁由下而上再向炉膛内成循环形搅动，高温烟气与底部的低温烟气可以更充分的混合使炉膛温度趋于平均，从而有利于加热炉管的均匀传热，改善管内受热不均的情况；而对于工况 b 倾斜角度加大，高温烟气一部分

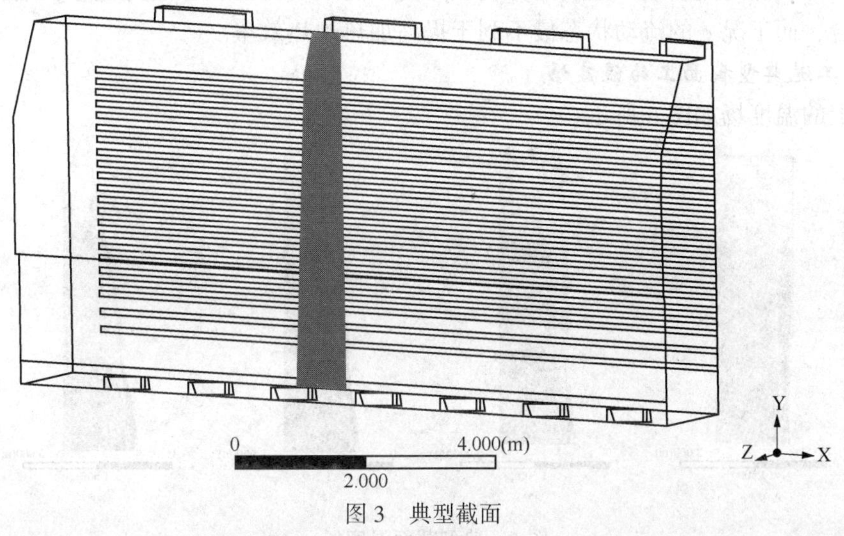

图 3 典型截面

在辐射室中循环，而另一部分且很大部分烟气在侧墙的引导下直接排出，造成了能量的浪费，整体流动场烟气混合状态不如工况 a 理想；对于工况 c 炉膛上部过于狭窄，高温烟气反而不能形成整个炉膛内良好的循环流动，大部分烟气偏向于向炉膛下半部集中，并且在炉膛的中部有高温烟气直接冲刷炉管的趋势。另外烟气流动的不规则会干扰燃烧器火焰的稳定，而燃烧器火焰的不稳定也是造成炉管管内流体结焦的因素之一。

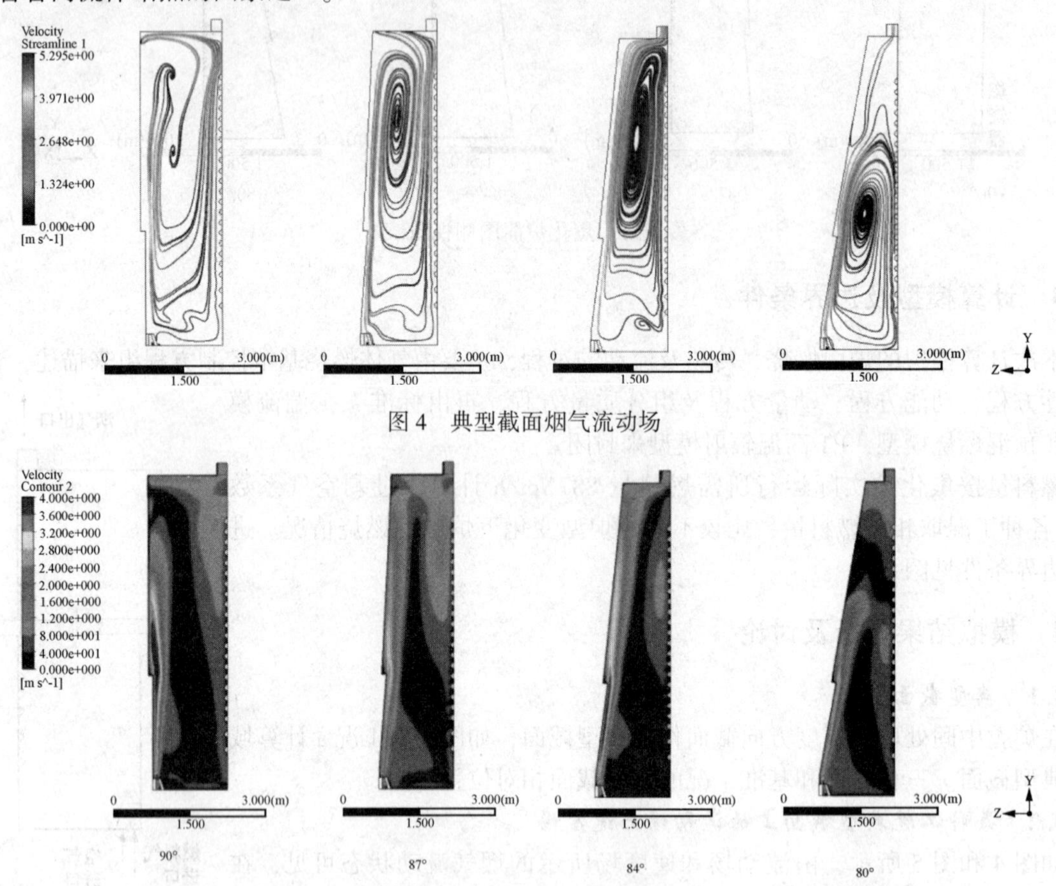

图 4　典型截面烟气流动场

图 5　典型截面烟气流速场

另外，工况 a 的烟气湍流程度要大于另两种工况，烟气湍流程度可影响炉膛内的对流换热，炉膛对流换热占整体炉膛热负荷的 10%~20%，亦可提高加热炉热效率。

根据以上三种工况的流动场和速度场分析，工况 a 的烟气流动状态最为理想，最有利于炉膛内烟气的均匀混合，而工况 c 的流动状态最不利于提高加热炉热效率。

4.3　每种工况典型截面上的温度场

典型截面上的温度场如图 6 所示：

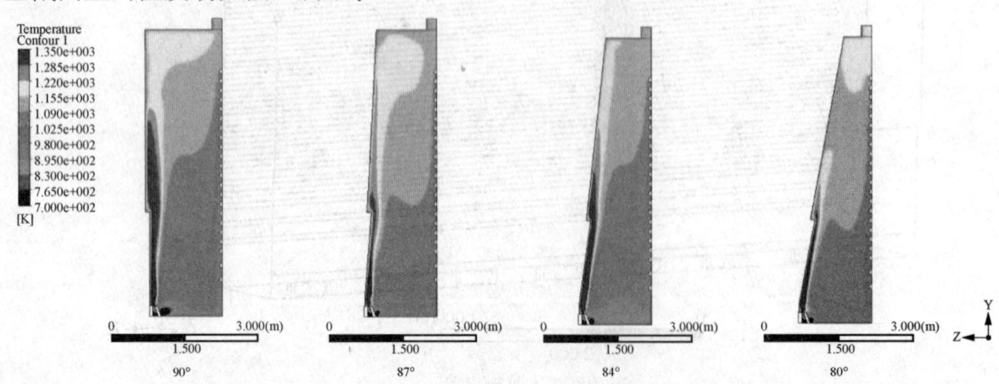

图 6　典型截面温度场

由三种工况典型截面上温度场可以看出，在相同流量的燃料量情况下，工况 a 的温度场沿高度方向上稳态上升，温度上升梯度为 50~70℃，与现场实际监测的温度相符。并且工况 a 的燃烧器火焰在高度方向上可以最大限度地延伸。

由上文的烟气流动场得知，烟气是随着由下而上由外及内的循环形流动场流动，燃烧器喷出的高温烟气在沿着炉管管排向下流动时经过了与管内介质的换热和炉膛底部低温烟气的混合后由此形成了图 6 所示温度场。整个温度场的平均温度在 800℃左右，基本符合焦化炉炉膛实际温度。

工况 b 的整个温度场梯度也基本平均，平均温度也在 800℃左右。但高温区偏向于炉膛上部，靠近炉管的周围可以看出高温烟气的温度相对工况 a 较低，整个温度场的平均温度相对于工况 a 也要低一些，这点与烟气流动场的情况互为吻合，可以说明工况 b 的炉膛辐射热传导状态不如工况 a 理想。

工况 c 的炉膛平均温度相对其他两种工况和基准工况较高，但燃烧器火焰在高度方向上不能最大限度地延伸，反而抵消了附墙燃烧器的优点。

由此温度场可以看出，工况 a 的温度场的分布最为理想。

4.4 火焰形状

由上文温度场可知工况 a 和工况 b 的燃烧器火焰高度较为接近，因此比较工况 a 和工况 b 的燃烧器火焰形状，见图 7。

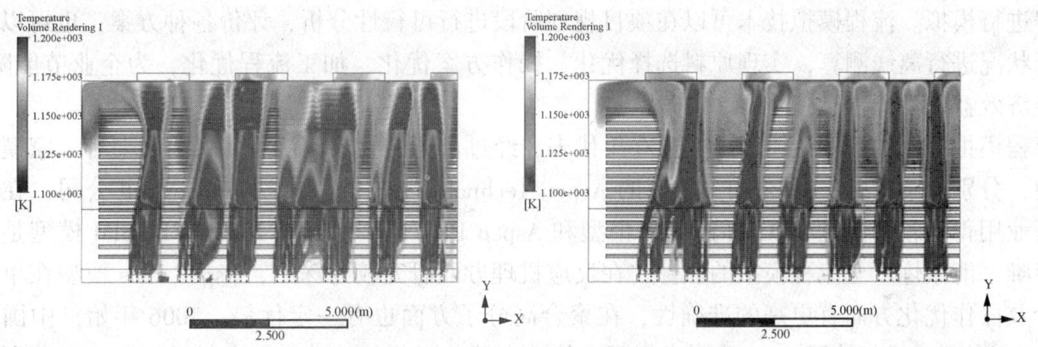

图 7　燃烧器火焰分布

由图 7 燃烧器火焰分布(火焰温度 1200℃以下的形状分布)可见，附墙燃烧非常有利于火焰沿炉膛高度方向上的延伸和炉膛长度方向上的横向扩散，将高温区最大程度上扩大，可使炉膛内热量更有效地被利用和炉膛温度分布更均匀。从工况 a 和工况 b 的比较情况来看，工况 a 的火焰分布较工况 b 更为均匀一些。

5　结语

本文针对焦化加热炉不同的炉型变化情况，在对相同燃料流量下，对炉膛内的燃烧和传热进行了数值模拟，得出如下结论：

(1) 对于附墙燃烧，单阶梯型焦化加热炉的炉膛烟气流动、温度分布比普通侧墙垂直的焦化炉效果更好，能够更大限度地突出附墙燃烧器的优势，从而提高炉膛传热效率，改善炉管受热不均，减少炉管结焦。

(2) 对于附墙燃烧单阶梯型焦化加热炉，侧墙的倾斜程度会影响炉膛内的烟气流动、温度分布。在本此分析中，87°的侧墙倾斜角度是最理想的。倾斜程度过大反而不利于炉膛内热量的传递。

(3) 通常在工程实例中，焦化炉炉型大多结构类似，本文的分析结果可应用于其他规模相近的焦化炉，而本文的分析方法对于焦化炉的结构优化设计也有着实际的意义。

炼油全流程优化 R-SIM 模型在原油优化中的作用

朱 渝 周厚双 高玉延

(中国石化上海石油化工股份有限公司,上海 200540)

摘 要:介绍了英国 KBC 公司 R-SIM 全厂流程模拟软件在上海石化原油选择方面的应用情况。

关键词:R-SIM 软件 原油 优化 应用

1 前言

流程模拟是一种采用数学模型的方法来描述过程的静态/动态特性,通过计算机应用过程工程理论、系统工程理论、计算数学理论进行物料平衡、热平衡、化学平衡、压力平衡等计算,对生产全过程进行模拟。流程模拟技术可以在项目规划阶段进行可行性分析,评价各种方案;也可以对生产运行状况进行离线测算,实现原料选择优化、操作方案优化、加工流程优化,为企业节能降耗,提高经济效益。

流程模拟系统的开发始于20世纪50年代末,经过市场的大浪淘沙后,目前主要有三家模型软件公司,分别为英国的 KBC 公司、美国的 Aspen Technology 公司、日本的 Honeywell 公司,在国内石化行业用得比较多的是 KBC 的 R-SIM 模型和 Aspen Plus 模型。其中 KBC 的 R-SIM 模型是目前全世界唯一能做炼厂全流程模拟的软件,在反应机理方面研究较为深刻,Aspen Plus 模型在单元工程设计及操作优化方面有更高的准确性,在聚合高分子方面也有一定优势。2006 年始,中国石化投资 1100 多万美元与英国 KBC 公司进行了合作,在消化吸收的基础上,进行了完善,充分利用模型软件进行优化工作,取得了显著的经济效益。

2 R-SIM 模型介绍

R-SIM 模型,是建立在化学反应机理、反应动力学基础上,并融合了专家经验的模型,其复杂度、准确度和可用度符合实际工业应用需求。它是把图形化的过程模拟器和 KBC 先进的工业技术以及严格的炼厂过程模型结合起来基于 HYSYS. Refinery 界面的先进模拟工具。

R-SIM 模型是基于物料平衡的动力学模型,收集炼厂多组实际生产数据,利用模块化的模型工具建立实际炼厂模拟流程,在装置与装置之间实现物料数量和性质的传递,且精度达到要求。可以通过调整物料走向、反应条件等因素预测产品分布的变化,在保证产品合格的前提下,查看产品最终的收率,再通过各个产品的价格,测算出经济效益,为实际生产提供优化依据。

2006 年中国石化首先在燕山、镇海分公司与 KBC 公司进行了炼油利润增效(简称 PIP)项目试点。目的是通过对总体流程及公用工程系统平衡的优化、设备维护成本的降低、改善生产计划的编制、产品质量升级等手段,以最低成本尽快找出提高利润的最有效办法。要建立上述的增效评价体系,首先需要建立以机理模型为基础的 Petro-SIM 离线模型。

在消化、吸收了国外咨询公司的先进理念和软件工具的基础上,为了做优做强炼油板块,率先达到世界一流水平,从 2008 年开始,中石化炼油事业部就积极组织了一批自己的技术骨干,通过“培训、建模、应用”三个抓手,经过 5 年的艰苦努力,在下属 29 家炼油企业应用 Petro-SIM 软件建立了全厂流程优化模拟模型(R-SIM),培养了上百名优化工程师,掌握了模型的搭建和应用方法，并实现了创新。据不完全统计，从 2010 年应用模型开展优化工作以来，20 家炼油企业，累计增效 28.55 亿元，R-SIM 模型软件已成为日常生产优化的最有力工具，显示了勃勃的生机！

3 原油优化

在炼厂成本构成中，原油成本占到了 70%~90%，因此原油采购选择是优化工作的重中之重。目前在中石化系统内主要是用 Aspen 公司的 PIMS 软件进行计划优选，该软件的突出优势是可以设定限制条件，线性优选功能强、速度快！模型基础来源于 Delta-Base 树状数据库，但缺点是软件不带机理模型，而是默认当进料性质在一定范围内波动时，对收率的影响是线性的。而且产品收率随进料性质的变化量 Delta 数据较少更新，是造成准确性差的主要原因，有时甚至会影响趋势的判断。Petro-SIM 软件则带机理模型，模型准确性大大提高，而且能够实现上下游装置之间物流数量和性质的传递，缺点是运算时间较长，无法自动优选，模型只能测算：在某一基础工况模型条件下，改变工况后，在条件全开放情况下预测炼厂产品收率、性质、能耗等的变化情况，无法设定约束条件，工况改变较大时，还需要人工调整物料走向和各装置负荷。

两种软件各有优缺点，也都有应用。本文主要介绍 R-SIM 软件在原油选择优化方面的应用情况。目前主要有两种测算方法：增量法和替代法。

3.1 增量法

当前炼厂原油加工基本上是两个甚至是多个原油按照一定比例混配后加工，增量法测算时，是在全厂基础加工油种 R-SIM 模型工况下，增加某种原油加工量，增加的效益与基础工况持平时，该油种可接受的成本价。以此类推，可较为方便、省时地测算出不同油种的成本价，由于是与统一的基础工况相比，因此能够承受最高成本价的油种效益最好，应当优选，再与此原油当期的到厂价比较，可以得到各油种效益排序的趋势图。该方法可以较好的模拟原油加工时，渣油不同路线加工下的效益差别，但不能较好的模拟出原油加工的具体成本，可以方便地比较哪种原油效益更优，具体的效益数值并不十分可靠，但各种原油排序的趋势是可靠的，尤其是它能给出每种原油更适合的渣油加工路线，是一种省时方便的原油选择测算方式。

3.2 替代法

替代法能够较好的模拟计算出原油加工的具体成本价，但是只能在特定原油下，渣油加工路线比较单一时，才能模拟准确，对于大多数原油，渣油的加工路线不能全部涵盖。对于单一方向的炼厂，替代法优于增量法，但对于混合型炼厂，增量法比替代法更接近于实际。在计算炼厂原油高低硫平衡差价时较为准确。

3.3 上海石化 R-SIM 模型原油优化测算方式的选择

在充分研究验证了两种测算方法的区别后，我们选择了增量法作为每月原油选择的依据，并进行固化，可以方便快速地选择效益较好的原油，当原油高低硫差价波动较大时，则用替代法进行核算。

4 应用结果与讨论

4.1 原油评价数据的选择

KBC 模型 2013 年以前自带 BP 公司的原油评价数据库，且每季度更新一次。后改为了雪弗龙公司的原油评价数据，每半年进行一次更新。如果与 KBC 公司签订合同在服务期内的，可以免费使用最新的原油数据库数据，合同服务期以外则不再提供新的原油评价数据。中石化当时并未购买原油数据包，针对这一情况，上海石化采取了自我更新的方式，我公司质检中心或中石化原油计划信息管理系统中有了新的原油评价数据，则立即对模型中原有数据进行更新，以保证原油评价数据的实时有效。

4.2 上海石化基础模型的建立

上海石化目前有2套常减压、2套加氢裂化、3套重整、1套渣油加氢、1套航煤加氢、1套汽柴油混合加氢、2套柴油加氢、1套催化、1套S-Zorb、2套焦化、1套溶脱、3套制氢、2套MTBE、3套酸性水汽提、3套硫黄、以及配套的干气、液化气脱硫系统。全厂R-SIM模型搭建如图1所示。

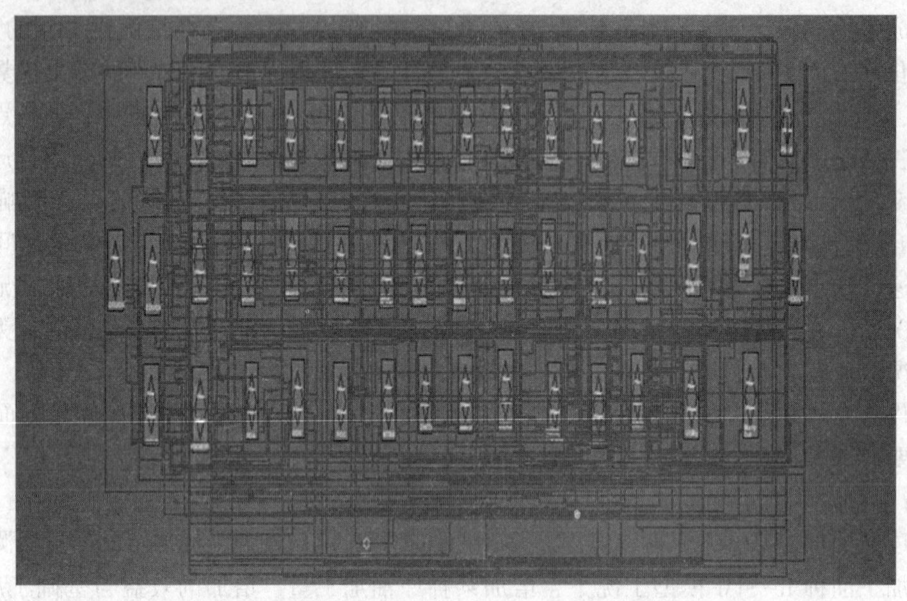

图1 上海石化全厂R-SIM模型

上海石化全厂R-SIM模型，原则上每季度更新一次，若无重大生产流程及操作调整，则沿用之前模型，以此作为原油采购优化的基础模型。

4.3 原油优选测算

4.3.1 每月原油优选——增量法测算

每月的原油优选测算采取增量法，各商品价格采用上月财务部结算价格，原油价格则取中石化当月到岸价。针对上海石化加工流程实际情况，分渣油的不同加工路线进行测算，分别有焦化、溶脱和渣油加氢路线，同时3#常减压还可以直拔沥青。以沙中原油的测算为例：

(1) 增加10t/h沙中原油进3#常减压加工，蜡油走向按照2016年2月份加工走向，增产渣油走焦化路线。通过模型测算全厂物料商品量变化如下：

项　目	增量/(t/h)	不含税价/(元/t)	增利/(万元/a)
天然气	0.12	3621.00	-374.65
制氢干气	0.06	2994.37	145.47
干气	0.25	2994.37	631.74
液化气送乙烯	0.35	2678.61	793.61
商品液化气	0.01	2678.61	24.37
93#汽油	0.09	3011.10	224.81
0#车用柴油	4.70	2657.48	10481.19
送乙烯石脑油	0.37	1920.00	596.92
轻石脑油	1.05	1728.00	1522.98
加裂尾油	0.78	1766.40	1161.78
石油焦	1.06	470.00	417.24
氨水	0.01	1367.52	6.41
硫化氢	0.17	558.03	78.77

续表

项　目	增量/(t/h)	不含税价/(元/t)	增利/(万元/a)
苯	0.06	3677.27	186.84
甲苯	0.24	3830.00	762.43
混合 C_8	0.90	3590.62	2703.00
现金操作费用	1432.87	1.00	-1203.61
毛利/(万元/a)			18161.69

如果效益为零，渣油走焦化路线，则沙中原油可承受成本价为：18161.69/8400×10000/10=2162.11 元/t。

(2) 增加 10t/h 沙中原油进 3#常减压加工，蜡油走向按照 2016 年 2 月份加工走向，增产渣油走溶脱路线。

项　目	增量/(t/h)	不含税价/(元/t)	增利/(万元/a)
天然气	-0.01	3621.00	45.09
制氢干气	-0.01	2994.37	-17.36
干气	0.22	2994.37	563.42
液化气送乙烯	0.29	2678.61	646.75
丙烯	0.01	3900.00	41.75
丙烷	0.01	2812.54	34.75
商品液化气	0.03	2678.61	74.81
93#汽油	0.41	3011.10	1038.06
0#车用柴油	4.85	2657.48	10834.17
石脑油	0.21	1920.00	333.89
轻石脑油	1.04	1728.00	1503.41
加裂尾油	0.78	1766.40	1163.00
石油焦	0.92	470.00	361.31
氨水	0.01	1367.52	8.89
硫化氢	0.04	558.03	19.73
苯	0.06	3677.27	187.66
甲苯	0.22	3830.00	723.50
混合 C_8	0.91	3590.62	2752.60
现金操作费用	1558.21	1.00	-1308.90
毛利/(万元/a)			18960.14

如果效益为零，渣油走溶脱路线，则沙中原油可承受的成本价为：18960.14/8400×10000/10=2257.16 元/t。

(3) 增加 10t/h 沙中原油进 2#常减压加工，蜡油走向按照 2016 年 2 月份加工走向，渣油走加氢路线。

项　目	增量/(t/h)	不含税价/(元/t)	增利/(万元/a)
天然气	0.03	3621.00	-85.70
制氢干气	0.01	2994.37	33.36
干气	0.21	2994.37	528.40
液化气送乙烯	0.28	2678.61	625.62
富乙烯气	0.01	3000.00	18.89

续表

项　目	增量/(t/h)	不含税价/(元/t)	增利/(万元/a)
丙烯	-0.01	3900.00	-19.37
丙烷	0.02	2812.54	47.99
商品液化气	-0.02	2678.61	-49.75
93#汽油	0.89	3011.10	2248.48
0#车用柴油	5.51	2657.48	12293.74
石脑油	0.09	1920.00	151.91
轻石脑油	0.90	1728.00	1306.54
加裂尾油	0.73	1766.40	1088.21
石油焦	0.12	470.00	46.78
氨水	-0.01	1367.52	-9.11
硫化氢	0.02	558.03	9.97
苯	0.02	3677.27	51.93
苯	0.07	3677.27	208.05
甲苯	0.22	3830.00	699.77
混合 C_8	0.78	3590.62	2356.86
现金操作费用	1710.84	1.00	-1437.11
毛利/(万元/a)			20104.36

如果效益为零，渣油走加氢路线，则沙中原油可承受的成本价为：20104.36/8400×10000/10=2393.38 元/t。

由此，通过在基础模型工况下，增加 10t/h 的沙中原油，渣油按三种不同的加工路线，得到了不同的沙中原油的成本价。以此类推，可以测算出其他原油不同渣油加工路线下的成本价，制成 excel 表格。再与当期的原油实际挂牌到岸价比较，则可得出每月效益比较趋势线，如图 2 所示。

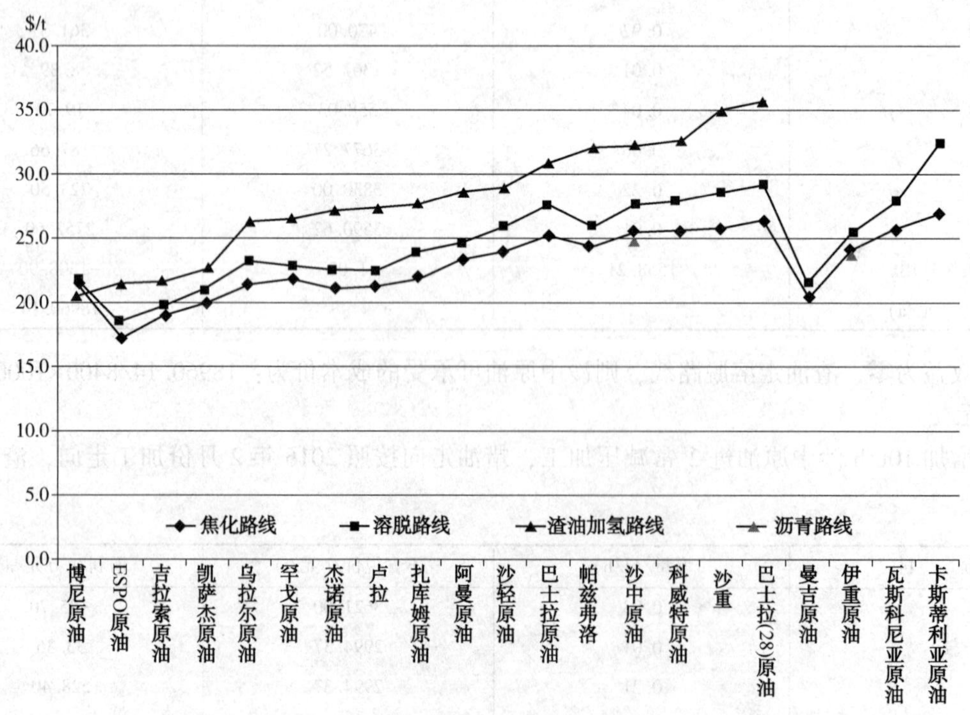

图 2　2016 年 2 月上海石化各原油加工按渣油加氢效益升序排列

4.3.2　特殊工况——替代法测算

根据 2016 年 2 月份上海石化装置实际数据建立模型，模型包括芳烃抽提装置，未包含 PX 装置，选取沙中原油和乌拉尔原油作为代表油种，乌拉尔原油为含硫中间基原油，硫含量 1.25%，氮含量 0.19%，°API31.2，金属含量中镍、钒含量分别为 16.23μg/g、55.16μg/g；沙中原油为高硫中间基原油，硫含量 2.45%，氮含量 0.06%，°API30.94，金属含量中镍、钒含量分别为 10.3μg/g、32.4μg/g。

3#常减压负荷按照 22000t/d，2#常减压 250 系列负荷按照 8500t/d，2#常减压 350 系列负荷按照 11500t/d 安排，其他二次加工装置根据各侧线流量调整负荷。

各产品价格采用 2016 年 3 月初最新价格，沙中原油为基础工况，乌拉尔替代沙中原油后，效益变化情况测算如下：

项　目	增量/(t/h)	不含税价/(元/t)	增利/(万元/a)
甲醇	0.07	1782.41	-103.36
天然气	-7.56	3621.00	22988.51
制氢干气	-3.59	2994.37	-9029.49
干气	-4.16	2994.37	-10475.37
液化气送乙烯	27.26	2678.61	61343.18
富乙烯气	-0.45	3000.00	-1127.81
丙烯	1.51	3900.00	4933.94
丙烷	0.68	2812.54	1597.82
商品液化气	2.04	2678.61	4580.75
加裂丙烷	0.02	2812.54	42.48
重整 C_5	-0.35	1843.20	-544.82
93#汽油	8.39	3011.10	21217.04
航空煤油	-0.47	2160.00	-845.74
0#车用柴油	11.58	2657.48	25842.69
送乙烯石脑油	-34.61	1920.00	-55811.75
中压尾油	10.00	1766.40	14836.47
高压尾油	0.14	1881.60	215.60
石油焦	-24.52	470.00	-9678.84
氨水	0.98	1367.52	1121.83
硫化氢	-15.41	558.03	-7223.82
苯	3.09	3677.27	9533.00
甲苯	3.48	3830.00	11184.59
混合 C_8	7.63	3590.62	22999.23
现金操作费用	-2778.90	1.00	2334.28
毛利/(万元/a)			111053.45

考虑装置操作变动成本下，原油加工量为 1750t/h，吨油利润为：111053.45/8400/1750×10000 = 75.55 元，计算乌拉尔和沙中原油价差在 75.55 元/t 时(1.62 美元/桶)，加工效益相同，当价差大于 75.55 元/t 时，沙中原油加工效益优于乌拉尔原油。由于两种原油硫含量相差 1 个百分点，API 接近，馏分收率直馏汽油与柴油互补，蜡油与渣油互补，差异在 2%~3%，金属含量沙中略高，但均在装置承受范围内，忽略这些差异，可以粗略地认为在目前低油价情况下，上海石化硫的平衡差价近似为 1.62 美元/桶左右。

5 结语

在炼厂日常的原油优选工作中，利用 KBC 的 R-SIM 模型，用增量法导出的 excel 表格数据可以较为准确、快速地进行原油效益测算，对于加工混合原油的企业具有很好的趋势判断指导性。但由于 R-SIM 模型无法设定约束条件，故最大的掺炼比例还需详细测算，或根据实际经验。

替代法可以非常准确地判别相比较原油加工情况的差异性，但如果比较油种(也可混合油种)侧线馏分收率差异较大的情况下，炼厂各装置的加工负荷及物料走向就需要人为调节，直至平衡，对复杂炼厂来讲会非常耗时。

硫差的计算，由于我们无法找到除了硫含量不同，而其他性质几乎一致的两种原油，故只能选择相对接近的油种进行比较。

有了 KBC 的 R-SIM 桌面炼厂模拟模型后，对炼厂生产工况的改变，我们不再茫然未知，可以很好地利用模型进行预测、判断、择优。上海石化建立了这套原油选择测算方法后，极大地提升了炼油板块的盈利能力，为力争成为世界一流企业打下了良好的基础，今后我们还将积极建立芳烃板块模型，为实现企业效益最大化而努力!

参 考 文 献

[1] 曹湘洪. 石油化工流程模拟技术进展与应用[M]. 北京：中国石化出版社，2010.
[2] 陆恩赐，张慧娟. 化工过程模拟——原理与应用[M]. 北京：化学工业出版社，2011.
[3] 邵之江，方学毅，王可心，等. 复杂流程系统的实时模拟与优化. 北京：科学出版社，2014.
[4] 杨友麒，段伟. 炼油化工生产过程能量系统优化技术概论[M]. 北京：石油工业出版社，2014.
[5] 杨友麒，项曙光. 化工过程模拟与优化[M]. 北京：化学工业出版社，2006.

应用氢气网络优化技术提升炼厂氢资源利用率

吴 青

（中海石油炼化有限责任公司，北京 100029）

摘 要：在炼化企业进行技术改造中，同步开展项目的氢气系统优化工作，对炼厂用氢装置的氢气质量需求、各个用氢环节和整个用氢网络进行合理地优化，就能够明显提高各炼厂氢资源的利用效率，从生产源头实现节能减排、减污增效，实现企业可持续、高效发展。

关键词：氢气 网络优化 提升资源利用率

1 前言

随着原油资源劣质化程度的不断加深，欲生产更高价值的石油产品，就必须进行油品的深度加工，这就需要更多的氢气资源。而氢气作为炼厂高价格的消耗品，其稳定可靠且低成本的氢源，对炼化企业降本增效、生产清洁燃料至关重要。在炼化企业进行的技术改造中，同步开展对企业的用氢装置氢气质量需求、各个用氢环节和整个用氢网络进行合理优化，提高炼厂氢资源利用效率，降低成品油的加工成本，降低制氢装置负荷，减少含硫污水、含氨污水、二氧化硫、二氧化碳等污染物排放，从生产的源头实现节能减排、减污增效，实现企业可持续、高效发展。

2 氢气网络优化技术简介

炼厂氢资源优化利用主要有二种策略：采用氢气系统优化方法、改造现有氢气提纯装置或新增提纯能力。该文将从优化方法的角度对炼厂氢资源利用进行优化，其中优化方法主要有以下两种方法。

2.1 氢夹点分析技术

氢网络中的夹点就是网络所需要的最小新氢用量。进行氢夹点分析，首先要建立氢源和氢阱概念。氢源是指在氢网络中可以给网络提供氢气的流股。氢源的氢气浓度一般是固定的；氢源类似于能量网络中的热源。氢阱是指在氢网络中耗氢的过程。为了维持耗氢装置的运行，反应器入口处的氢气必须满足一定流量和浓度；氢阱类似于能量网络中的热阱。根据夹点理论，夹点之上的氢源只能与氢肼匹配，夹点之上的氢源不能送至燃气系统，夹点之下的氢肼不能消耗氢气管网新氢，只能与夹点之下的氢源匹配的三条准则，只有提纯原料浓度在夹点下方（低于 85%）、提纯产品纯度在夹点上方（高于 85%）才能改变氢夹点的位置和减少制氢氢气的需要量。因此，如果纯度大于 85%的富氢气体如脱硫低分气等提纯不但没有意义，反而会损失 10%以上的纯氢，造成制氢氢气需要量的增加。

氢夹点分析技术以图形法为基础，简明易懂，在工业上应用广泛。

2.2 氢气网络优化技术

网络优化法是通过绘制较详尽的氢气网络图，包括压力等级、纯度等级，建立网络超结构，采用数学优化方法，以确定最小氢气目标及从何处改进氢气网络，从而通过减少氢气消耗量降低炼厂操作成本和制氢能力。

Hallale 和 Liu 在 2001 年提出了基于超结构的数学模型将网络中的压力条件及压缩机配置纳入氢气系统设计的优化模型。其主要特点是将各台压缩机也作为氢源和氢阱，即压缩机进口为氢阱，出口为氢源，而超结构的含义是数学模型中包含所有现有和潜在的网络连接，由优化算法对所有的设计方案进行筛选选，达到最终的最优简化网络。氢网络优化超结构模型示意图见图1所示。

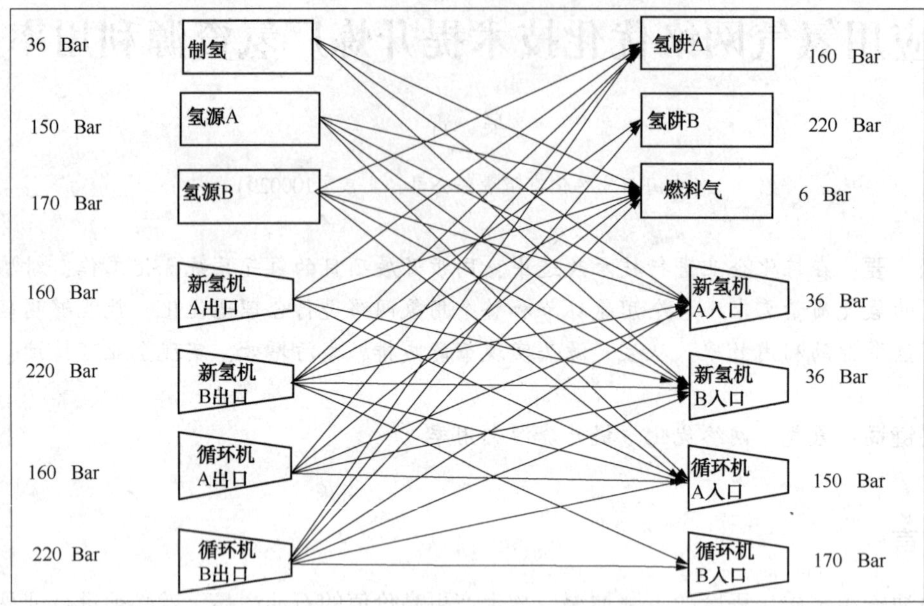

图1 氢网络优化超结构模型示意图

炼厂氢网络优化技术主要分为两类：一是基于图形分析方式的夹点分析方法；二是基于数学模型的线性或非线性规划算法。夹点分析方法可迅速诊断氢系统关键位置，确定系统最小用氢目标；而各种数学算法则可设计实际可行的流程方案。两类方法都有各自的优势和局限性。因此，在实际氢网络设计和改造项目中将两方面技术相结合应是非常必要的。

3 氢气网络优化技术在某企业改扩建项目中的应用

某炼厂改扩建项目的设计中，通过收集目前氢气系统的实际使用情况并进行详细分析，再通过氢气网络物料平衡图和氢夹点图，对炼厂技术改造后整体产用氢的情况进行详细调研。最后分析每个排氢流股的氢气及轻烃回收潜力，优化后的经济效益十分可观，网络技术优化系统的氢气数据见表1。

表1 氢源和氢阱数据

设 备	氢 源	
	流量/(Nm^3/h)	纯度(vfrac)
乙烯氢产品	26000	0.950
乙烯返催化干气产品	22331	0.432
二期催化重整产品	89485	0.920
初常顶产品	24183	0.406
常减压减顶产品	857	0.030
煤制氢PSA解析气产品	34071	0.483
重整干气产品	1000	0.294
二期柴油加氢低分	6580	0.685
二期柴油加氢干气	2986	0.703
二期汽油加氢干气	3241	0.430
二期沸腾床加氢低分	9666	0.604
二期沸腾床加氢干气	5082	0.416
二期渣油加氢低分	9947	0.704

续表

氢 源		
设 备	流量/(Nm³/h)	纯度(vfrac)
二期渣油加氢干气	3926	0.280
二期航煤加氢干气	2600	0.500
二期蜡油加氢低分	14129	0.514
二期蜡油加氢干气	2848	0.237
二期重整预加氢	301	0.877
二期重整预加氢低分	1200	0.275
二期低分气和重整氢 PSA 产品	96122	0.999
二期低分气和重整氢 PSA 解析气	20693	0.404
二期轻烃回收产品	17318	0.549
1#管网产品	97022	0.999
3#氢气管网产品	97022	0.999
二期低分气脱硫产品	200000	1.000
二期干气脱硫塔产品	11950	0.736
煤制氢产品	200000	1.000
二期柴油加氢反应器入口	34001	0.999
二期汽油加氢反应器入口	6942	0.999
二期沸腾床加氢反应器入口	82101	1.000
二期渣油加氢反应器入口	117001	1.000
二期硫黄回收反应器入口	266	0.999
二期航煤加氢反应器入口	2774	0.920
二期蜡油加氢反应器入口	37188	0.999
二期重整预加氢反应器入口	897	0.920
二期低分气和重整氢 PSA 入口	117415	0.894
二期轻烃回收入口	25040	0.383
1#管网入口	97547	0.999
3#氢气管网入口	200000	1.000
二期低分气脱硫入口	30656	0.612
二期干气脱硫塔入口	17318	0.549
2#氢管网入口	18400	0.950
一期耗氢装置入口	19154	0.999
沸腾床低分去一期 PSA	9666	0.600

3.1 系统夹点分析

优化匹配的主要原则为:

(1) 夹点之上的氢源不能输送至燃气系统;

(2) 夹点之下的氢阱不能消耗氢公用工程;

(3) 不能有跨越夹点的氢源与氢阱匹配;

(4) 尽量用一股氢源满足一个氢阱的全部需求;

(5) 考虑各氢阱对杂质约束条件;

(6) 考虑氢源与氢阱之间的压力等级匹配;

(7) 当其他条件满足时,若仅压力约束不满足时,可以考虑增加氢气压缩机以满足匹配的需要;

(8) 尽量使氢网络的原有结构改动最少。

由全厂氢源和氢阱数据得到的氢剩余曲线如图 2 所示。

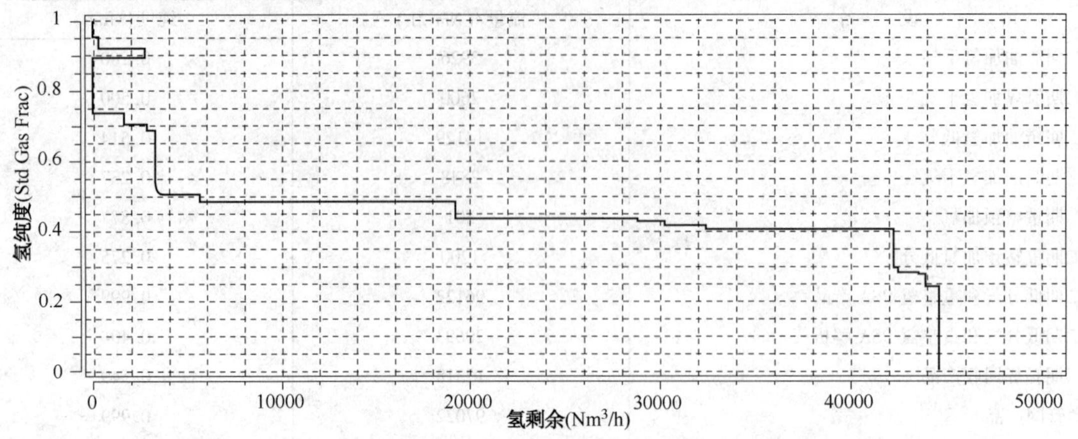

图 2　基础工况平衡后的氢剩余曲线

从图上看出，氢夹点处的纯度为 89.36%(体积分数)，为二期低分和重整 PSA 入口处的氢纯度。排向燃料气管网的纯氢量为 43562Nm³/h。考虑乙烯返催化干气部分，二期总产氢量为 342132Nm³/h，化学耗氢量为 292021Nm³/h，其用氢效率为 87%。系统主要的排氢流股如表 2 所示。

表 2　排氢流股

来　源	流量/(Nm³/h)	纯度/%(体)	备　注
二期低分气和重整氢 PSA 解析气	24183	40.57	
轻烃回收饱和干气	11950	73.78	轻烃回收原料包含：沸腾床干气、渣油加氢干气、蜡油加氢干气、柴油加氢干气、汽油加氢干气、航煤加氢干气、常减压三塔塔顶气、二期催化重整的干气
乙烯返催化干气	22331	43.21	
二期煤制氢 PSA 解析气	31647	48.3	
汇总	90111		43562(纯氢)

3.2　系统夹点上方排氢回收分析

由于不考虑其他耗氢单元的入口氢纯度的优化，夹点上方的排氢除重整氢外，其他流股均不考虑。

重整氢纯度为 92%(体积分数)左右，位于夹点之上，重整氢总产氢量为 89485Nm³/h，目前送往重整 PSA，部分氢气损失于解析气中。理论上重整氢可全部送入氢阱在夹点以下的耗氢装置，但是其全部难于被直接利用。考虑到耗氢装置的操作要求，若其他耗氢单元(航煤加氢和重整预加氢已经是直接利用重整氢)能直接利用重整氢，或者利用重整氢与高纯氢的混合氢，适当考虑改变耗氢装置的氢分压，则可提高重整氢一次利用率及总用氢效率。

3.3　系统夹点下方排氢回收分析

和夹点上方排氢相比，夹点下方氢气排放量要大很多，但是一般而言，夹点下方的排氢大部分氢气纯度并不是很高，而且流股中都含有一定量的杂质，因此如何合理回收夹点下方的氢气对于提高整个系统的氢气利用率有着极大的意义。

通常夹点下方的排氢根据氢气纯度、杂质含量可以分为四大类：一类是氢气纯度相对比较高，比如耗氢装置的低分气，可以直接做提纯装置原料的流股，此类流股的回收一般比较容易；第二类是氢气纯度比较低，其他主要成分是轻烃类物质，往往不能直接送往提纯装置，比如耗氢装置的干气以及重整氢经过 PSA 之后的解析气等，此类流股中由于含有比较多的高价值的 C_3^+轻烃，可以将氢气和轻烃的回收综合考虑；第三类是氢气纯度比较低，同时组分中含有一些对催化剂有毒的组成，比如催焦化干气，此类流股中往往含有价值比较高的烯烃类组成，而且含量也比较高，此类流股如果能综合回收烯烃以及氢气将会带来比较大的效益；第四类是制氢厂PSA解析气，之所以单独将此类分为一类，主要是因为比较普遍，而且流量比较大，虽然纯度比较小，但是绝对纯氢量比较大，同时流股中含有的杂质为CO和CO_2，而且含量非常高，如果能采取适当的措施将PSA解析气回收和常规本菲尔液脱碳技术结合，将会很大程度上提高氢气产率和氢气回收率，副产高纯度食品级二氧化碳，减少温室气体。

第一类流股在二期系统中主要为：

（1）二期轻烃回收塔顶气，其流量为11950Nm^3/h，氢气纯度为74%(体)，约占排氢20%；

（2）乙烯返催化干气，流量为22331Nm^3/h，氢气纯度为22%(体)，约占排氢19%。

第二类流股为二期低分和重整PSA解析气，其排放氢气量为9811Nm^3/h，占总排放氢的23%，同时排放轻烃为8.09t/h，有较大的回收潜力。

对于第三类流股，目前二期排氢气体中没有。

对于第四类流股二期煤制氢解析气，由于经过了脱碳处理，其PSA解析气，氢纯度为48%(体)，流量为31647Nm^3/h，约占排氢35%，可以考虑回收。

综上所述，二期当前设计条件下，排氢流股的总排氢量为43562Nm^3/h，轻烃排放量为8.1t/h。

3.4 排氢流股潜力分析

为了定量比较流股回收潜力大小，通过表3中的价格以及外购天然气的价格，计算出回收氢气和轻烃的效益。其中“当作燃料气价格”是是指回收完氢气或者轻烃后，需要往系统中补充相同热值的燃料气，这部分燃料气的价值就是氢气作为燃料气的价格。将氢气折算为标立，其回收单价为0.265元/Nm^3。对轻烃回收时，由于回收的轻烃用于乙烯原料，相对于LPG作为乙烯原料，轻烃回收的价值差为1127元/t。

表3 经济价格数据

项　目	价格/(元/t)	当作燃料价格/(元/t)	价值差距/(元/t)
天然气	4645		
轻石脑油			1127
液化气			1127
氢气	14442	11479	2963

假设四个流股中，所有氢气和轻烃都完全回收，则回收效益如表4所示。

表4 排氢流股回收价值

回收量/(kg/h)	轻烃回收饱和干气	煤制氢PSA解析气	重整PSA解析气	乙烯返催化干气
H_2	793	1376	883	868
C_3+C_4	463	0	6356	113
C_5^+	124	0	1730	0
回收价值(元/h)				
H_2	2351	4076	2616	2573
C_3+C_4	600	0	8244	147
C_5^+	161	0	2244	0
总计/(元/h)	3112	4076	13105	2720

从表中的数据可以看出，四个气体的回收潜力都较大，特别是重整PSA解析气，含有大量轻烃，可以考虑先进行轻烃回收之后，再回收其中的氢气。

4 优化成果

经过优化比选，最终选定的方案是采用轻烃回收装置的产品重石脑油为吸收剂，先对重整PSA

解析气进行轻烃回收，吸收塔塔顶气与其他三个压缩后的气体送到PSA进行氢气回收，PSA产品氢气送到氢管网，解析气加压后送到燃料气管网。吸收塔塔底富石脑油首先经过减压后进入脱吸塔，塔顶气返回到轻烃回收PSA，塔底重石脑油进入轻烃回收产品换热器，与其他石脑油混合后经过换热后出装置。

方案的收益来自于氢气和轻烃两部分，氢气的收益主要来自于PSA产品，通过模拟计算可得到回收的氢气的量，如表5所示。

表5　氢气收益

项　目	数　据	项　目	数　据
新建PSA回收率	0.89	当作燃料价格/(元/t)	11479
氢气回收氢量/(kmol/h)	1739	氢气与燃料气价值差/(元/t)	2963
质量/(t/h)	3.51	氢气回收价值/(万元/a)	8728
氢气价格/(元/t)	14442		

轻烃的回收量由两部分组成，首先是脱吸塔塔顶气进入轻烃回收，按照轻烃回收效率为0.9计算；第二部分是石脑油的损失量，也就是进入的石脑油量与流出石脑油量的差值，这部分为损失的石脑油的量。轻烃的收益计算如表6所示。

表6　轻烃收益

项　目	数　据	项　目	数　据
脱吸塔塔顶C_3^+/(kg/h)	5974.78	石脑油损失量/(kg/h)	893.21
轻烃回收率	0.90	石脑油损失价格/(元/t)	2155.00
轻烃总回收量/(kg/h)	5377.30	石脑油损失价值/(元/t)	1924.86
轻烃回收价格/(元/t)	1297.00	回收价值/(万元/a)	5030
轻烃回收价值/(元/h)	6974.4		

该优化中，考虑脱吸塔塔顶的C_3^+轻烃，进入轻烃回收后，轻烃的回收率为90%，回收价格为这部分轻烃作为燃料气和作为乙烯料的价格差。石脑油的损失量为进入吸收塔的石脑油的量减去脱吸塔塔底石脑油的量；石脑油损失价格为石脑油的市场价(6800元/t)与其作为燃料的价格(4645元/t)的价格差。

由表5和表6可知，优化产生的总收益为13778万元/a。

综上所述，采用先进的氢气网络优化技术，通过先进的系统管理方法对氢气网络进行问题诊断，找出现有氢网问题及用氢关键装置，并通过数学规划计算方法对现有网络进行统筹规划和安排，以期氢气网络达到最佳运行状态。在炼厂技术改造中，氢气资源优化与全厂总流程优化相结合，在优化炼厂总流程的基础上进行供用氢平衡计算，并开展供氢和用氢匹配的系统优化设计工作，制定合理的用氢优化方案，可以达到减少炼厂氢气消耗，实现节能增效，大幅提升炼化企业的经济效益。

参 考 文 献

[1] 张毅，阳永荣，刘军，等. 炼油厂氢气网络的集成管理[J]. 石油学报(石油加工)，2004，20(1)：59-61.
[2] 孙恒慧. 炼油厂氢气网络的窄点分析[J]. 炼油设计，2001，31(10)：38-41.
[3] 刘永忠，张超，彭春来，等. 氢网络公用工程消耗量与流股配数的优化[J]. 石油学报(石油加工)，2007，23(5)：78-83.

利用 KBC 模拟软件优化富吸收油在催化装置中的回炼流程

张宪宝

（中国石化齐鲁分公司胜利炼油厂，山东淄博 255434）

摘　要：由于干气制乙烯装置吸收油中含有较高的液化气组分（C_3、C_4），质量含量达到 26.74%，直接送至 S Zorb 装置后造成该部分组分难以有效回收利用，大大增加了装置的加工损失。为了优化加工流程，降低加工损失，本文利用 KBC 软件建立催化装置的计算模型，模拟干气制乙烯装置汽油进一催化装置吸收稳定系统进行回炼，优化回炼流程，既保证富吸收油中的 C_3、C_4 组分得到充分的回收，又最大限度的降低对装置正常操作带来的影响，明确调整方向，确定最为优化合理的操作条件，减少繁琐的人工计算工作以及装置反复摸索调整操作，指导实际生产操作。

关键词：KBC 软件　催化　吸收稳定　方案优化　产品质量

1　前言

胜利炼油厂第一催化裂化装置于 1977 年建成投产，1990 年经过改造后加工能力为 1.4Mt/a，采用外置式提升管，前置烧焦罐完全再生的高低并列式常规催化裂化型式。

本次为了回收干气制乙烯装置吸收油中液化气组分，降低全厂加工损失，考虑将该部分吸收油改进第一催化裂化装置吸收稳定系统进行回炼。目前吸收稳定系统处于满负荷生产状态，操作弹性很小，需要根据目前装置的实际结构条件，首先需要明确富吸收油的进料位置，以保证满足现有操作条件的前提下，既可以保证回收富吸收油中 C_3、C_4 组分的效果，又可以保证吸收稳定系统的正常操作以及产品质量合格。

依据装置目前的操作条件，及富吸收汽油的组成性质，利用炼油全流程优化模拟软件 KBC 模拟建立催化裂化单装置模型，利用软件模型模拟了该部分汽油分别改进一催化装置解析塔 22#、24# 塔盘进料口以及吸收塔前分液罐 V301（现场最为合适的三个进料位置）三种情况下，对装置产品质量、产品收率、装置操作条件等影响，以及为保证该部分汽油改进一催化进行回炼后，保证装置产品质量合格，通过软件模拟装置的操作调整及装置限制，为实际流程动改及优化操作提供指导。

2　装置近期操作情况简述

（1）近期一催化装置反应部分操作情况为：处理量按照 165t/h 控制，其中，渣油量 50~55t/h，焦化蜡油量 55t/h，加氢裂化尾油 29t/h；反应温度按照 506℃控制，系统平衡剂活性按照 65%控制（注：本次软件模拟均按照以上基本参数进行）。

装置实际操作情况如图 1 所示。

（2）近期一催化装置分馏系统操作情况如图 2 所示。

（3）近期一催化装置吸收稳定系统操作情况如图 3 所示。

稳定塔底温度 TIC302 控制 171℃，解析塔 1#塔盘温度 TIC301 控制 88℃，在吸收塔顶压力 PIC301 控制 0.84MPa，补充吸收剂量 FIC304 按照 70t/h 控制，吸收塔顶温度 TI303/1 为 33℃，再吸收塔顶温度 TI306/1 为 39℃。

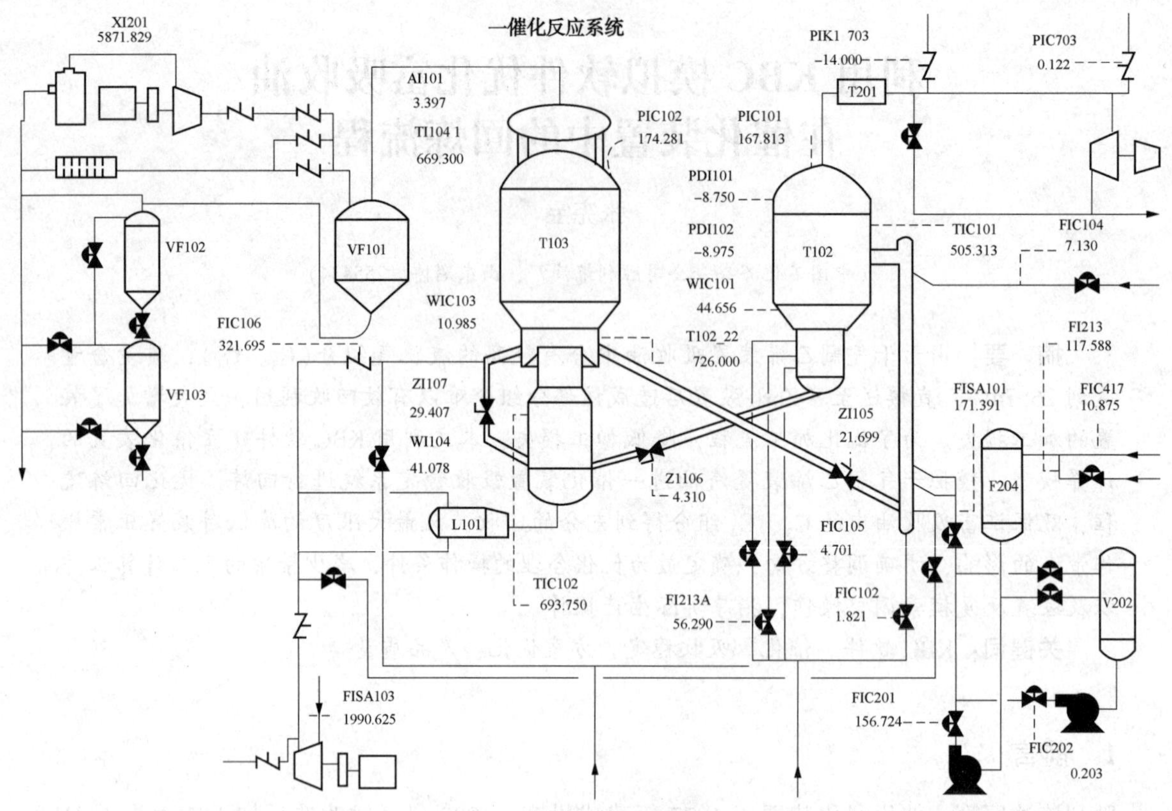

图 1　装置实际操作图

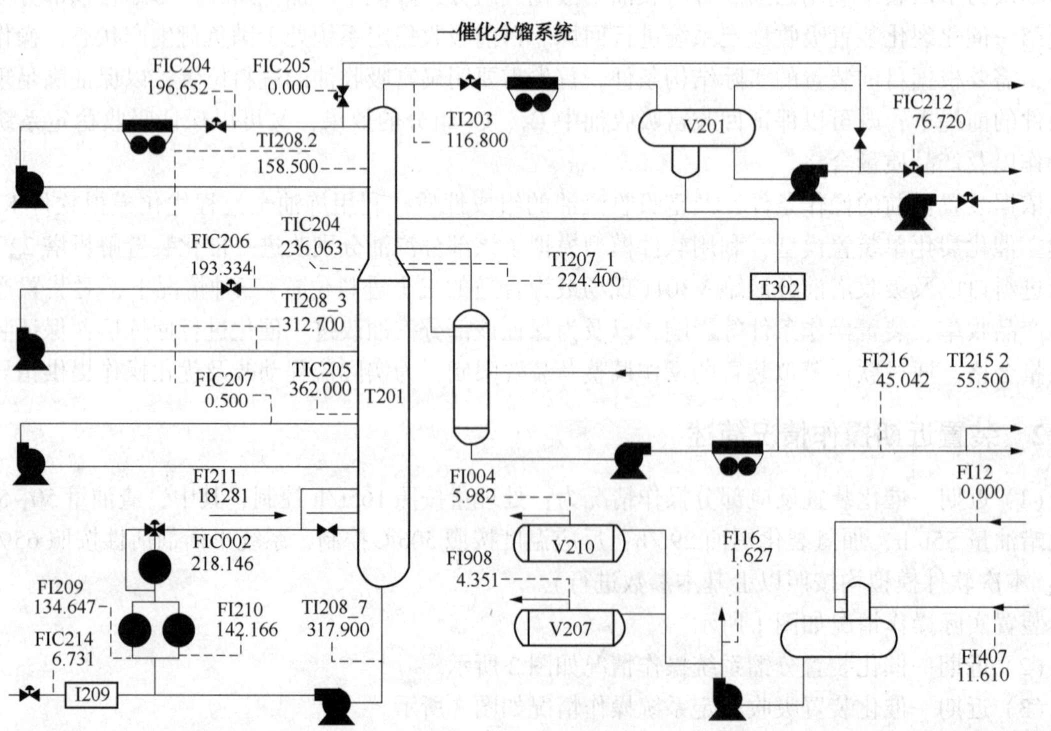

图 2　分馏系统

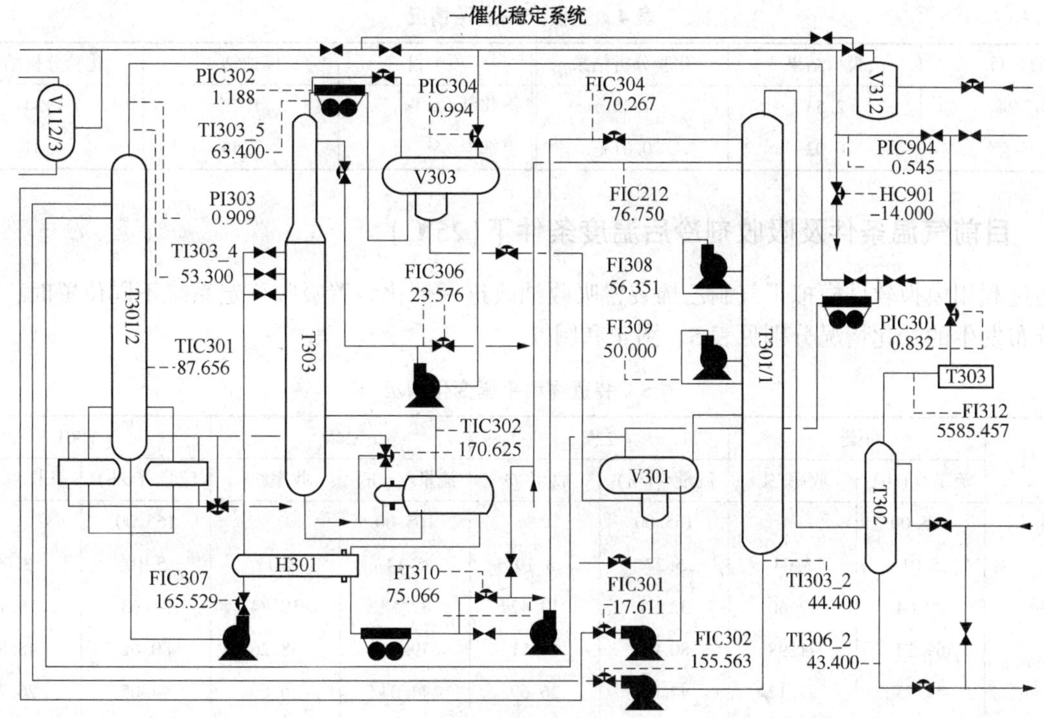

图 3　吸收稳定系统

3　软件模拟干气制乙烯装置吸收油改进一催化装置解析塔 301/2 情况

（1）干气制乙烯装置吸收油性质如表 1 所示。

表 1　干气制乙烯装置吸收油性质

组成	含量/%(体)	组成	含量/%(体)
C_1	11.86	H_2	18.89
C_2	14.47	N_2	13.44
C_3	2.75	O_2	15.5
C_4	26.48	CO_x	2.2

由表 1 数据可以看出，吸收油中 C_4 组分含量高达 26.48%。

（2）目前气温条件及吸收剂冷后温度条件下（25℃），吸收油不进一催化装置时，装置操作情况模拟见表 2~表 4。

表 2　吸收稳定系统目前的操作条件

操作条件	位　号	数　量	操作条件	位　号	数　量
解析塔 1#温度	TIC301	84℃	补充吸收剂量	FIC304	70t/h
稳定塔底温度	TIC3O2	175℃	吸收剂等冷后温度	25℃	

注：反应分馏操作条件不变。

表 3　物料平衡情况

项　目	流量/(t/h)	收率/%	项　目	流量/(t/h)	收率/%
进料	165.00	100	汽油	69.27	41.98
干气	5.01	3.04	柴油	44.75	27.12
液化气	29.04	17.60	油浆	6.26	3.80

表 4　主要产品质量情况

项　目	模拟结果	化验分析结果	项　目	模拟结果	化验分析结果
干气 C_3^+/%	2.53	1.45	液化气 C_5/%	1.52	1.34
液化气 C_2/%	0.02	0.01	汽油 C_4/%	7.54	4.37

4　目前气温条件及吸收剂冷后温度条件下(25℃)

通过利用模拟软件模拟干气制乙烯装置吸收油改进一催化装置吸收稳定系统不同位置时，装置产品分布发生的变化情况分别见表 5、图 4 和图 5。

表 5　装置物料平衡变化情况

项　目	不进		22#		24#		V301	
	流量/(t/h)	收率/%	流量/(t/h)	收率/%	流量/(t/h)	收率/%	流量/(t/h)	收率/%
总进料	165.00		165.00		165.00		165.00	
干气	5.01	3.04	5.27	3.19	5.14	3.11	5.10	3.09
液化气	29.04	17.60	32.04	19.42	32.58	19.74	31.63	19.17
汽油	69.27	41.98	80.05	48.51	79.63	48.26	80.62	48.86
柴油	44.75	27.12	44.04	26.69	44.04	26.69	44.05	26.70
油浆	6.26	3.80	6.32	3.83	6.32	3.83	6.32	3.83

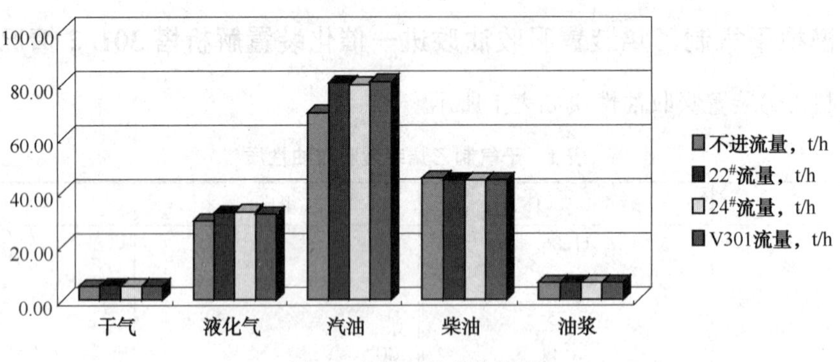

图 4　产品产量变化情况

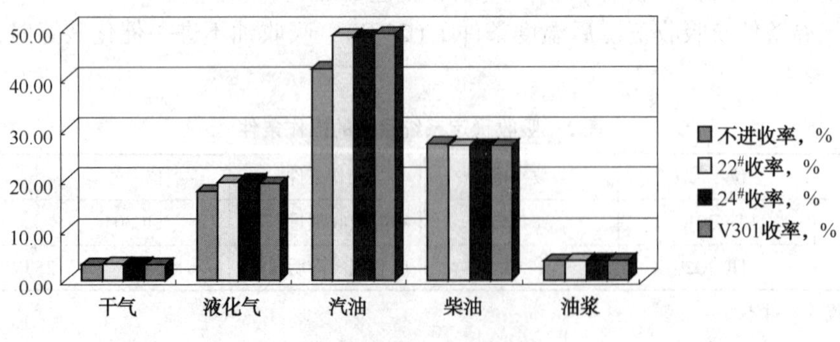

图 5　产品收率变化情况

由表 5、图 4、图 5 可以看出，吸收油改进 V301 时，汽油的收率增加幅度相对稍大，增加了 0.35%~0.6%；改进解析塔 24#塔盘时液化气收率增加幅度相对稍大，增加了 0.32%~0.57%。增加的主要原因为产品组成的变化，汽油中油中气、液化气中 C_2、C_5 组分发生了变化，具体如下面所述。

5 吸收油进解析塔 24#塔盘时，装置的产品组成分布变化及操作变化情况说明

（1）不同温度下吸收油改进解析塔 24#塔盘时，操作情况模拟对比如表 6 所示。

表 6 操作情况模拟

项 目	吸收油不进解析塔	吸收油改进解析塔 24#塔盘 13t/h				
吸收油温度的影响/℃	—	5	20	30	40	50
稳定塔底温度/℃	175	174	174	174	174	174
解析塔底温度/℃	84	86	86	86	86	86
补充吸收剂量/(t/h)	70	73	73	73	73	73
干气中 C_3 及以上含量/%	2.53	2.55	2.55	2.55	2.55	2.54
液化气中 C_5 含量/%	1.52	2.52	2.52	2.52	2.51	2.51
液化气中 C_2 含量/%	0.02	0.00	0.00	0.00	0.00	0.00
稳定汽油中油中气含量/%	7.54	8.25	8.25	8.24	8.24	8.24

由表 6 数据可以看出，吸收油改进解析塔 301/2 第 24#塔盘时，利用模拟软件进行模拟进料温度由 5℃提高至 50℃的过程中，在装置不做任何调整的情况下，干气中 C_3^+、液化气中 C_2、C_5 含量基本没有变化，C_5 含量增加明显。可见 12t/h 吸收油改进解析塔 301/2 第 24 层塔盘后，进料温度的变化对吸收稳定系统操作的影响并不明显，可以忽略温度的影响。

由表 6 数据，以及根据软件模拟运算情况，干气制乙烯装置吸收油改进一催化装置后，稳定塔底温度 TIC302 需要提高 2℃才能保证液化气中 C_2 含量<0.3%，干气中 C_3^+含量<3%，补充吸收剂量需要进一步提大；液化气中 C_5 含量升高较为明显，达到 2.5%。

（2）吸收油改进解析塔顶 22#及 24#时，需要增加的热量情况说明如表 7 所示。

表 7 需增加热量情况

塔 301/2	温度及热量		增加幅度
温度/℃	84	86	2
热量/(kJ/h)	3.65×10^7	4.10×10^7	12.30%

目前装置的处理量较大，分馏一中回流在 190~200t/h，通过计算提供的热量在 4.2×10^7~4.5×10^7kJ/h 左右，车间通过实际调整分馏一中回流量及抽出温度后，可以满足吸收油改进解析塔时热量的需要。

（3）吸收油流量对产品质量的影响见表 8。

表 8 吸收油流量对产品质量的影响

项 目	吸收油的流量的影响			
30℃的流量影响/(t/h)	8	10	13	15
稳定塔底温度 TIC302/℃	174	174	174	174
解析塔底温度 TIC301/℃	86	86	86	86
补充吸收剂量 FIC304/(t/h)	73	73	73	73
干气中 C_3 及以上含量/%	2.65	2.62	2.55	2.49
液化气中 C_5 含量/%	1.8	2.09	2.52	2.85
液化气中 C_2 含量/%	0.00	0.00	0.00	0.01
稳定汽油中油中气含量/%	8.10	8.15	8.24	8.29

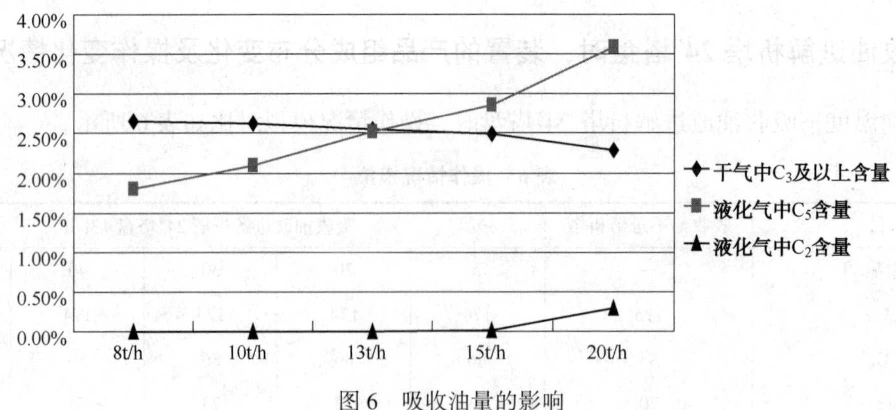

图 6　吸收油量的影响

由上表、图数据可以看出，随着吸收油量不断增大，干气中 C_3^+ 及液化气中 C_2 含量增加明显，吸收油流量对产品质量影响很大，并且在利用软件进行模拟调整时，模型较难收敛，运算困难，模拟调整效果不好。

(4) 气温变化影响到空冷水冷冷却效果后，对产品质量的影响见表 9 和图 7。

表 9　气温变化影响

项　目	汽油不进解析塔	气温变化的影响			相应调整后结果	
吸收油温度的影响	—	25℃	30℃	35℃	30℃调整后	35℃调整后
稳定塔底温度 TIC302/℃	175	174	174	174	174	175
解析塔底温度 TIC301/℃	84	86	86	86	86	87
补充吸收剂量 FIC304/(t/h)	70	73	73	73	73	73
干气中 C_3 及以上含量/%	2.53	2.74	3.01	3.82	2.84	3.38
液化气中 C_5 含量/%	1.52	2.46	3.73	3.67	2.63	2.65
液化气中 C_2 含量/%	0.02	0.07	0.19	0.35	0.20	0.42
稳定汽油中油中气含量/%	7.54	8.25	8.64	8.63	8.29	7.78

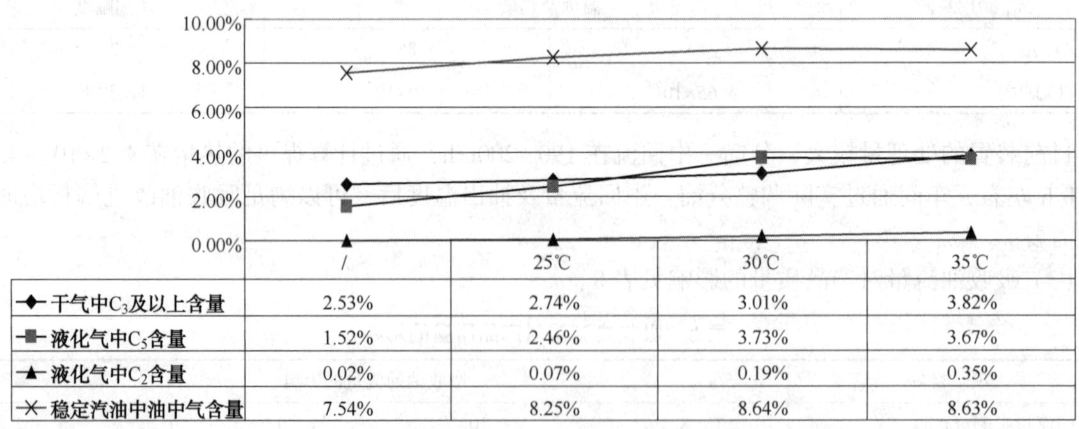

图 7　气温变化的影响

随着气温的升高，干气中 C_3^+、液化气中 C_5、C_2 均呈现上升的趋势，气温越高，增加幅度越大。在气温 30℃时，经过调整稳定塔顶回流量等因素可以实现产品质量的合格，但当温度继续升高至 35℃时，模拟操作变得很难调整，产品质量的调整变得很困难。

6　吸收油改进一催化装置解析塔 22#塔盘时，操作情况模拟对比

(1) 不同进料温度下吸收油进解析塔 22#塔盘时，对产品质量的影响见表 10。

表 10 吸收油进塔 22#温度变化的影响

项　目	汽油不进解析塔	吸收油进塔 22#温度变化的影响			
吸收油温度的影响/℃	—	25	30	35	40
稳定塔底温度 TIC302/℃	175	172	174	174	174
解析塔底温度 TIC301/℃	84	87	87	87	87
补充吸收剂量 FIC304/(t/h)	70	73	73	73	73
干气中 C_3 及以上含量/%	2.53	2.90	2.92	2.90	2.89
液化气中 C_5 含量/%	1.52	2.32	2.32	2.32	2.29
液化气中 C_2 含量/%	0.02	0.11	0.12	0.13	0.14
稳定汽油中油中气含量/%	7.54	8.18	8.18	8.18	8.18

由表 10 数据可以看出，吸收油进塔 301/2 温度的变化，对操作影响不大。

（2）不同气温条件下，吸收油改进塔 301/2 对产品质量的影响见表 11。

表 11 吸收油改进塔 301/2 对产品质量的影响

项　目	汽油不进解析塔	吸收油改进塔 301/2 对产品质量的影响				
吸收油温度的影响	—	25℃	30℃	35℃	30℃调整后	35℃调整后
稳定塔底温度 TIC302/℃	175	173	173	173	173	175
解析塔底温度 TIC301/℃	84	87	87	87	87	87
补充吸收剂量 FIC304/(t/h)	70	74	74	74	75	75
干气中 C_3 及以上含量/%	2.53	2.83	3.40	4.11	3.00	3.54
液化气中 C_5 含量/%	1.52	2.52	2.46	2.39	2.89	2.84
液化气中 C_2 含量/%	0.02	0.02	0.03	0.07	0.04	0.12
稳定汽油中油中气含量/%	7.54	8.73	8.72	8.70	7.83	7.81

由表 11 数据可以看出，随着气温的升高，空冷及水冷冷却效果变差，吸收塔吸收剂温度升高，吸收效果变差，干气中 C_3^+、液化气中 C_5 含量升高明显。

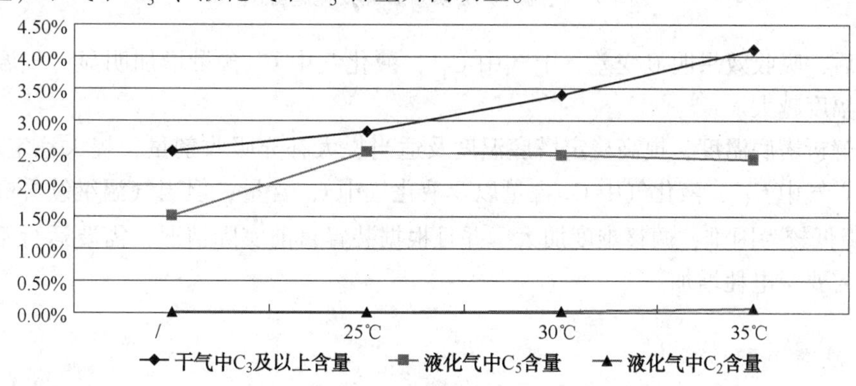

图 8 气温对产品质量的影响

气温升高，冷后温度 30℃时，经过调整后，产品质量容易合格，气温继续升高至 35℃时，干气中 C_3 含量升高比较快，而且调整较困难，说明温度越高，吸收效果越差，并且由于受到装置自身结构条件以及塔盘效率偏低等因素的影响，装置的操作难度随之加大。

7 吸收油改进一催化装置 V301 时，操作情况模拟对比

吸收油改进一催化装置 V301 时，操作情况模拟对比见表 12。

表 12　改进一催化装置 V301 时，操作情况模拟对比

项目	汽油不进解析塔	气温变化的影响			相应调整后结果	
吸收油温度的影响	—	25℃	30℃	35℃	30℃调整后	35℃调整后
稳定塔底温度 TIC302/℃	175	174	174	174	174	175
解析塔底温度 TIC301/℃	84	86	86	86	86	87
补充吸收剂量 FIC304/(t/h)	70	73	73	73	75	75
干气中 C_3 及以上含量/%	2.53	2.52	2.82	3.55	2.82	3.20
液化气中 C_5 含量/%	1.52	2.76	2.71	2.66	2.71	2.62
液化气中 C_2 含量/%	0.02	0.01	0.15	0.35	0.15	0.02

由表 12 数据可以看出，随着气温不断升高，富气及吸收油进 V301 冷后温度不断升高，吸收塔 301/1 的吸收剂及补充吸收剂温度不断升高后，吸收效果明显变差，干气中 C_3^+ 及液化气中 C_2、C_5 含量增加明显，具体如图 9 所示。

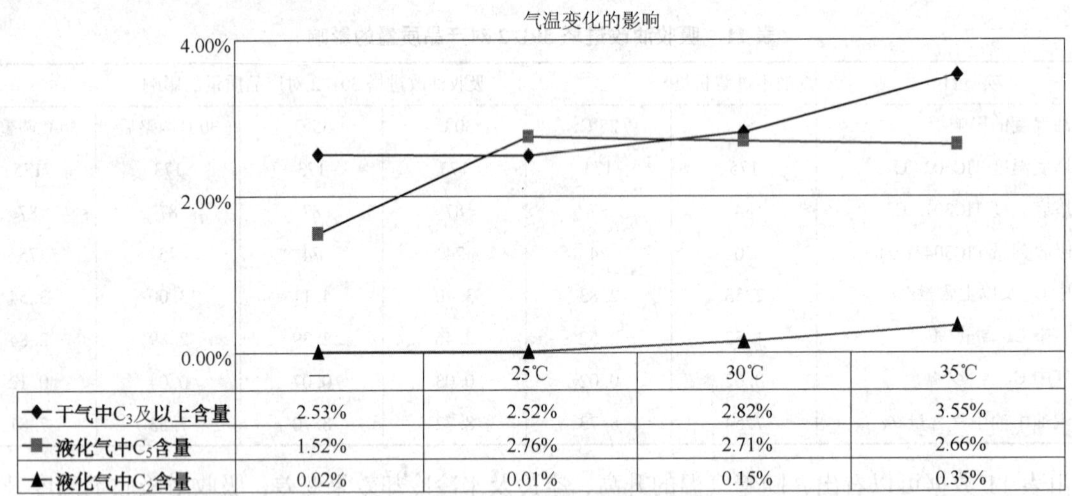

图 9　气温对产品质量影响变化趋势图

气温升高后，吸收效果明显变差，干气中 C_3^+，液化气中 C_2 含量增加明显，气温越高，升高越明显，增加幅度越大。

通过提高解析塔底温度，提高稳定塔底温度及适当提大补充吸收剂量，提大稳定塔顶回流量，可以尽量降低干气中 C_3^+，液化气中 C_2 含量以及液化气中 C_5 含量；但当气温继续升高后，尤其干气中 C_3^+ 含量降低较为困难，调整难度加大。并且根据装置目前实际情况，需要运行两台凝缩油泵才能满足流量需要，电耗增加。

8　结语

干气制乙烯装置吸收油分别改进一催化装置吸收稳定系统不同位置时，对产品质量及对操作调整的影响对比说明如下：

(1) 由以上分析数据可以看出，干气制乙烯装置吸收油改进一催化装置解析塔 301/2 第 24# 塔盘时，对装置的干气中 C_3 及液化气中 C_2、C_5 含量的影响最大，并且通过模型模拟调整时，调整难度较大。

(2) 进解析塔 301/2 第 22# 塔盘时，对装置干气中 C_3 及液化气中 C_2、C_5 含量的影响与进 24# 塔盘时相比稍小，并且通过模型模拟调整时，调整余地相对较大，相比进 24# 塔盘时较易调整。

装置最终选定将吸收油改进解析塔 22# 塔盘，并且通过装置实际操作验证，达到了预期的

效果。

(3) 进 V301 时，对装置产品质量影响最小，并且模拟调整余地较大；但是直接进 V301 后造成装置的凝缩油量增加 10t/h 左右，使 V301 总的凝缩油量增加至 35~40t/h，需要同时运行 B301/1.2 两台泵，增大了装置电耗。

干气制乙烯装置吸收油改进一催化装置吸收稳定系统解析塔 301/2 顶部 22#、24#塔盘及改进富气进稳定前油气分离罐 V301 时，均能实现产品质量的合格，并且在装置目前处理量较大的情况下，均不需要新增加热源；但是随着气温的升高，空冷及水冷冷后温度升高，以及其他操作条件发生变化后，装置的操作难度及产品质量调整难度呈现出不同，通过模拟预测对比，最终确定了最为合理的进料位置。

本次通过利用 KBC 软件建立催化装置计算模型的方式，模拟装置解析塔富吸收油的进料位置变化后，预测装置操作条件变化及产品质量变化趋势，从而实现了指导生产操作调整的目的，大大降低了装置操作调整的难度，并且与以往通过人工计算甚至是经验摸索等方法相比较，更加的简便、准确、可靠、省时、高效，能够提供大量的数据及变化趋势支持，更为直观明确，并且大大降低了设计及施工改造成本，为装置分析问题和解决问题提供了更为可靠的依据及技术支持。

参 考 文 献

[1] 陈俊武. 催化裂化工艺与工程[M]. 北京：中国石化出版社，2005.
[2] 张韩，等. 催化裂化装置操作指南[M]. 北京：中国石化出版社，2003.
[3] 曹汉昌，等. 催化裂化工艺计算与技术分析[M]. 北京：石油工业出版社，2000.

GROMS 显著提升计划优化应用水平和经济效益

易　军

（北京市银河天鸿科技有限公司，北京　100011）

摘　要：从20世纪70年代前的手工模型开始，资源计划优化模型系统目前已经发展到第五代。本文在总结现有炼化企业计划模型常见问题的基础上，介绍第五代产品GROMS在模型技术上的进步和效果。

关键词：计划优化　模型　分步递归　GROMS　PIMS　LINGO

1　GROMS 技术定位：第五代通用模型系统(表1)

表1　资源优化模型系统技术级别

级别	分级依据	模型存储	模型管理			数学特征		
		主要载体	模型录入	代码生成	矩阵生成	线性	整数	非线性 (汇流)
第一代 (1970~1980年)	原始手编模型	文本文件	手工			Y	Y	
第二代 (1980~1990年)	表格化模型	Lotus123等表格	手工		手工+程序	Y	Y	
第三代 (1990~2000年)	非线性增强	EXCEL等表格	手工		手工+程序	Y	Y	Y
		数据库表格	手工+程序		手工+程序	Y	Y	Y
第四代 (2000~2010年)	专业化模型增强 (如：流程图建模等)	数据库图表	手工+程序		手工+程序	Y	Y	Y
第五代 (2010年至今)	通用模型系统 (业务即模型) 支持超大规模 多企业、多周期、多业务、 多目标MINLP模型应用 三次元分步递归算法 (收敛精度1.0e-6) (收敛目标值改进)	数据库动态模型	通过程序 菜单和列表 选择录入	程序	程序	Y	Y	Y

2　GROMS 概述

GROMS采用数据库模型体系，用户以菜单方式按照物流或业务关系建模，业务即模型。

GROMS可建立超大规模"多周期、多企业、多业务、多目标"资源计划和物流调度模型，模型变量和方程均由系统自动生成，无需人工编写变量和方程。GROMS根据业务模型自动生成标准的MPS文件，调用通用解题器求解，报表可以由用户自定义。

GROMS 采用独特的三次元分步递归方法解决汇流所产生的非线性问题，递归收敛精度达到1.0e-6，在计算较复杂模型时，通常都能够获得比常规分步递归算法更好的优解目标值(更好的经济效益)。

3 GROMS 技术验证

GROMS 技术验证模型共 135 例。其中：各行业通用 LP/MILP 模型（60 例）、油品调合模型（15 例）、炼油化工计划模型（15 例）、炼油调度模型（10 例）、炼化企业测试模型（35 例）。

全部测试模型均采用 PIMS、LINGO 或其他标准算法与 GROMS 进行对比测试，全部模型均通过技术验证。

上述【炼化企业测试模型(35 例)】，测试数据均来源于企业实际模型，设定全部物性为质量调合，无 Delta-Base 结构。详细测试情况见表 2。

表 2　炼化企业测试模型(357 例)

测试模型	全物性				纯物流			
	PIMS	GROMS	绝对差值	相对差值	PIMS	GROMS	绝对差值	相对差值
胜利	367130.44	367130.91	0.47	1.29E-06	367130.44	367130.91	0.47	1.29E-06
杭州	430979.75	430979.78	0.03	6.54E-08	430979.75	430979.78	0.03	6.54E-08
泰州	111205.53	111205.44	-0.09	-8.53E-07	111205.53	111205.44	-0.09	-8.53E-07
塔河	262917.06	262917.13	0.07	2.65E-07	262917.06	262917.13	0.07	2.65E-07
西安	737947.25	737947.14	-0.11	-1.47E-07	737947.25	737947.14	-0.11	-1.47E-07
扬州	96389.91	96389.96	0.05	5.56E-07	96389.91	96389.96	0.05	5.56E-07
清江	218246.83	218246.98	0.15	6.87E-07	218246.83	218246.98	0.15	6.87E-07
河南	112634.85	112635.14	0.29	2.54E-06	112634.85	112635.14	0.29	2.54E-06
中原	146724.45	146724.48	0.03	2.05E-07	146724.45	146724.48	0.03	2.05E-07
巴陵	384619.38	384619.91	0.53	1.39E-06	384619.38	384619.91	0.53	1.39E-06
长岭	16027.56	16027.56	0.00	-2.50E-08	29464.72	29464.74	0.02	7.02E-07
青石化	150432.91	150432.95	0.04	2.87E-07	210270.31	210270.39	0.08	3.77E-07
东兴	278006.69	278006.74	0.06	2.04E-07	341790.50	341789.83	-0.67	-1.95E-06
荆门	203088.02	203087.95	-0.06	-3.10E-07	209864.97	209864.94	-0.03	-1.46E-07
海南	703995.38	703995.47	0.09	1.32E-07	744313.19	744313.58	0.39	5.25E-07
齐鲁	225705.44	225705.34	-0.09	-4.15E-07	261679.41	261679.18	-0.22	-8.57E-07
茂名	167417.47	167417.64	0.17	1.03E-06	227907.13	227907.40	0.28	1.21E-06
镇海	1521505.00	1521505.39	0.39	2.60E-07	1663522.50	1663522.92	0.42	2.55E-07
广州	792181.19	792181.64	0.45	5.73E-07	940252.19	940251.11	-1.08	-1.15E-06
金陵	242547.03	242546.33	-0.70	-2.89E-06	267243.50	267242.81	-0.69	-2.57E-06
九江	630590.56	630589.80	-0.76	-1.21E-06	633344.13	633343.36	-0.76	-1.20E-06
石家庄	516093.09	516093.86	0.77	1.49E-06	600160.06	600160.53	0.46	7.71E-07
武汉	917166.31	917165.53	-0.78	-8.51E-07	985135.38	985134.14	-1.23	-1.25E-06
高桥	1036748.94	1036749.73	0.79	7.62E-07	1133859.25	1133859.70	0.45	4.01E-07
济南	492908.13	492908.98	0.85	1.73E-06	534844.19	534845.19	1.00	1.87E-06

续表

测试模型	全物性				纯物流			
	PIMS	GROMS	绝对差值	相对差值	PIMS	GROMS	绝对差值	相对差值
洛阳	714532.75	714533.66	0.91	1.28E-06	751310.38	751311.01	0.63	8.45E-07
天津	729313.94	729312.94	-1.00	-1.37E-06	864088.00	864092.32	4.32	5.00E-06
安庆	437126.97	437128.03	1.06	2.42E-06	528853.00	528854.06	1.06	2.01E-06
沧州	157675.59	157676.69	1.10	6.96E-06	176524.39	176525.30	0.91	5.17E-06
北海	320632.63	320633.84	1.21	3.78E-06	428756.41	428757.67	1.26	2.94E-06
福建	1118884.75	1118886.61	1.86	1.66E-06	1189035.75	1189037.01	1.26	1.06E-06
扬子	477447.25	477449.67	2.42	5.07E-06	501146.19	501148.22	2.03	4.05E-06
燕山	1014808.25	1014805.66	-2.59	-2.56E-06	1051119.63	1051116.58	-3.05	-2.90E-06
青炼化	588956.56	588959.38	2.81	4.78E-06	700553.44	700556.62	3.18	4.54E-06
金山	814384.56	814381.72	-2.84	-3.49E-06	836924.00	836926.55	2.55	3.04E-06

注：① GROMS 与 PIMS 对比的相对误差，均在 1.0e-6 至 1.0e-7 数量级，属于计算精度误差。

② 除前 10 家企业模型外，其余 25 家均为汇流物性非线性模型。

③ 测试表明：GROMS 与 PIMS 在企业模型(质量调合、无 Delta-Base 结构)应用方面具有高度的一致性。

4 炼化企业相关模型的常见问题

4.1 Delta_ Base 结构导致加工装置组分【收率】为负

4.1.1 问题描述

Delta_ Base 结构用于反映装置收率随进料物性变化而变化的情况。相关企业模型中 Delta-Base 结构导致组分【产出量为负】的情形，常见于多方案 Delta-Base 结构的装置(如：汽柴油加氢装置 SHF1 等)。

4.1.2 分析与评价

(1) 模型求解只是一个数学计算过程，列变量当作一个自由变量处理，并没有判断收率是否为负。因此，如果是几个 Delta 变量叠加，则组分或产品的量可能为负。

(2) 在模型生成时，系统未将多方案的同名输出组分视为不同物流变量，直接做物流量汇总合计，是导致该错误的内在原因。

(3) 从用户建立模型的角度讲，如果将每个方案都建立单独的模型，则上述错误就不会发生。但这样建模的工作量是【多方案并行表达结构】的 N 倍。因为，所有多方案装置输出组分的对应变量将成倍增加，后续流程中物流关系的复杂性也成倍增加。

4.2 同名输出组分的【物流、物性】传递限制或错误

4.2.1 问题描述

以某企业的 SH2F、SFCC、SFCT、SDGU、SDGP 装置及相关 PCALC 表为例，存在以下四类问题：

(1) 模型中用方程行将列变量组成物流平衡方程，未将多个同名输出组分视为不同物流，直接做物流量合计。

(2) 不同装置产出同名组分时，PCALC 表只定义某一个装置进料对出料的衰减，并未区分不同装置产出的同名组分的物性。

(3) 同一装置多方案产出多个同名组分，PCALC 表只定义某一方案进料对出料的物性传递，未考虑不同方案进料及工艺上的区别。

(4) 模型在 PCALC 定义 SGG 对 DKG 的硫含量传递系数，而 SGG 只是汇流装置 SDGP 中 SKG

的一个组分，SKG 在装置 SDGU 经过性质衰减将硫含量传递到 DKG。这种跨【流程】的物性传递定义，合理性值得商榷。

4.2.2 分析与评价

（1）上述四类模型错误，都是简化建模造成的。如果不采用简化结构，建模时可以使用不同代码，然后汇流避免。

（2）技术上的原因是：基于变量由用户自定义的原则，系统在生成数学模型时，不能将不同装置或者相同装置不同方案的同名组分识别为各自独立的不同物流而产生不同的模型代码，也就不能细分各物流项的物性传递关系。变量逻辑上的错误导致模型物理上的错误。

4.3 多方案并行表达的结构缺陷

多方案并行结构，大致分为三种情况：

（1）某物理装置(如常减压)，在同一时间段内，多种原料(原油)混炼的结构表达。

（2）某物理装置，在不同时间段内，多种原料(进料)依序加工的结构表达。

（3）配合整数约束，在某物理装置的 M 个可选方案中，优先 N 种方案进行生产。

无论上述哪种结构，不同方案都必然对应不同输出组分，及其收率和物性的区别。因此，在多方案中：

（1）相同名称的任一物流项，收率小于 0，是错误的。因为，物流的质量(重量)不可能为负。

（2）不区分物性，直接合并相同名称的不同物流，是错误的。因为，不同物流具有不同的性质。

（3）将合并后物流的物性，以多方案中某一个方案进料为物性来源，进行物性传递，是错误的。因为，不同进料的物性必然不同。

综上可知，基于组分代码一致而自动处理为相同物性物流的多方案表达，在数学上和物理学上都是错误的，属于明显的结构缺陷或矩阵生成机制错误。此外，对于上述第 2 种多方案结构，强制的汇流，也可能是错误的。因为各物流属于不同的时空，且库容是有限的。

4.4 调合组分表的物性估值合理性值得商榷

4.4.1 问题描述

某企业模型中调合汽油的组分 R9N、TOP 等，都在表中人工给定了 SUL、RON、DON 等性质，这些与生产方案和原料物性都无关联性的物性估值，或许能够帮助模型收敛，但合理性值得商榷。

4.4.2 分析与评价

（1）基于多方案结构的缺陷导致物性传递中断或不能保证物性传递的唯一性，估值常数成为模型必须采用的物性定义补救措施。

（2）建模时可以建立组分性质与进料性质、操作条件等的递归关联关系，从而反应生产方案和进料物性的变化，但实际生产中这部分变化可能很小或可以忽略时，采用给定定值的方法处理。当装置进料比例及原料物性比较固定时，这种表达方式具有一定的合理性。

（3）从工艺角度，调合组分的物性都应该来源于上一级物流的物性传递。这类与生产方案和原料物性都无关联性的输出组分的物性估值，必然导致模型获得【超前优解】或【退化优解】，并降低模型与生产过程实际的拟合度。

（4）当调合组分物性是可以通过传递获得时，这种估值设置，对模型而言是没有必要的。

（5）当调合组分物性不可以通过传递获得时，这种估值设置，掩盖了物性传递过程的错误。

4.5 体积调合物性传递和方程的合理性问题

4.5.1 问题描述

某企业模型以 weight 设定后，常减压、二次加工装置中都是以重量进行性质的递归与传递，在产品物性调合中，受 WSPECS 影响，存在问题如下：

(1) 某些调合产品的物性控制指标是体积(测定)物性，物性在常减压、二次加工装置传递过程中是按照重量传递的(不考虑密度的变化)，但在调合时却按照体积物性调合，这种传递方式前后矛盾，会造成调合后产品物性不达标或盈余。

(2) 基于上述矛盾，调合模型中体积平衡方程的正确性也值得商榷。因为，质量是守恒的，体积是不守恒的。

4.5.2　分析与评价

(1) 在产品调合前，体积物性按照重量方式传递，毫无疑问，其合理性值得商榷。

(2) 产品的体积调合，是指调合得到的产品满足物性体积指标约束，并不是要求按照物流(组分)的体积来进行体积调合。

(3) 基于上述理解，产品体积物性调合的物料平衡方程，仍然应该是各组分与产品达成重量平衡，而不是各组分与产品达成体积平衡。因此，调合模型中的体积平衡方程，是一种错误的业务表达。

(4) 对于同时存在质量调合与体积调合的模型，由于物料的质量平衡和体积平衡方程同时存在且相互矛盾，必然导致模型获得【超前优解】或【退化优解】，并降低模型与生产过程实际的拟合度。

4.6　收敛精度影响计算结果

4.6.1　问题描述

部分模型的收敛精度设置，影响分布递归的收敛性和目标值。收敛精度一般只能达到 1.0e-3，难于满足高精度模型的需要。

4.6.2　分析与评价

(1) 从模型应用角度出发，为了平衡收敛性与结果准确性，允许对收敛精度进行设置，收敛精度越高，结果虽然准确了，但收敛时间、可收敛性会变差；因此，在满足要求前提下适当放宽收敛精度，可改善模型收敛性，减少求解时间。

(2) 从计算技术角度出发，模型的收敛精度应该与解题器的计算精度是一致的。否则，一定是模型及其收敛算法存在缺陷。

4.7　叠加模型与单一模型的收敛性问题

4.7.1　问题描述

(1) 在建立多厂(多周期)模型时，假设多个子模型完全一致(使用相同模型叠加)，模型的收敛性与叠加前的子模型可能不一致。

(2) 模型的收敛结果不能回归验证。某模型收敛后，将其部分结果作为初值导入模型重新计算，则可能无法收敛到原结果集。

4.7.2　分析与评价

(1) 上述问题都必然是模型及其收敛算法的缺陷所致。

(2) 由于多次递归之后，无法知道是哪一个企业或哪一个周期的模型收敛到了相对较小或较大的目标值，必将导致计划执行上的困难。

(3) 由于模型结果集的正确性不能回归验证而不能判断该优化结果的可用性，对模型及其结果的评价也成为不确定性事件。

5　GROMS 模型技术的先进性

5.1　GROMS 支持大规模线性与混合整数模型(以进口原油船期计划模型为例)

进口原油远洋油轮船期优化(含滞期费和运费)，属于大宗物流调运优化问题。中国石化一个月的船期优化模型规模大致是 50000 行、70000 列、250000 个非零元素，6000 个整数变量。基于以下原因，常规建模系统不适合该类模型应用：

（1）人工定义变量和录入数据的方式，不可能完成上述规模的建模任务。

（2）6000个整数变量，涉及大量整数约束方程。手工编写复杂和繁琐的整数约束方程是高难度的数学艺术，非专业人士不能胜任。

（3）即使具有高超数学艺术的用户，由于规模大及整数约束的链式特点和复杂性，手工建立一个月船期优化模型，工作量不会少于一个人年，而一个月船期计划建模和优化的许可时间只有2周左右。

（4）由于每个月的船期计划都必须建立新的船期模型，如果再考虑多月模型之间的滚动衔接，就形成了一个多周期的物流调运模型，其规模和复杂性将成倍增加，人工建模更加不可能。

综上所述，常规建模系统不适合该类模型应用，目前只有 GROMS 提供了较好的解决方案。从2015年以来，GROMS 在进口原油船期优化模型应用中效果明显。

5.2 GROMS 支持超大模型规模（以中国石化集团一体化模型为例）

中国石化集团公司一体化优化模型，是一个多企业、多周期、多业务、多目标的超大规模非线性混合整数规划模型（MINLP）。大致规模是：1200000 行，1600000 列，2800000 非零元素，10000 个整数变量。基于以下原因，常规建模系统不适合该类模型应用：

（1）人工定义变量和录入数据的方式，不可能完成上述规模的建模任务。

（2）即使能够采用外部程序建模，由于没有强大的 MIP 模型机制，也不可能建立涉及约10000个整数变量的 MINLP 模型。

（3）多业务集成的一体化模型，如果不具有很好的【业务可读性】，则无法正常调试和运行。对于超大规模的优化应用，【业务】即【模型】是最基本的要求。因为，精确解读和实时维护（含增加）约1600000个模型变量的代码字典，本身就是一个不可完成的任务。

（4）对于超大规模 MINLP 模型，常规建模系统的一位字符企业代码和三位字符列代码都明显不够用。

综上所述，常规建模系统不适合该类模型应用，目前只有 GROMS 提供了较好的解决方案。

5.3 GROMS 对 Delta_ Base 结构模型目标值的改进

以某企业测试模型 Delta_ Base 残炭为例，如表3所示。

表3　全部18种物性均为质量调合

Delta_ Base 残炭装置（延迟焦化2）	某 XXMS 常规分步递归算法		GROMS 三次元分步递归算法		（某 XXMS-GROMS）	
	目标值/万元	K2F 性质	目标值	K2F 性质	目标值差	K2F 性质差
① 无 DELTA_ BASE	1521505.0000		1521505.3949		-0.3949	
② 有 DELTA_ BASE（不约束 K2F 物性）	1577351.0000	14.3220	1578902.8348	14.1670	-1551.8348	0.1550
③ 有 DELTA_ BASE（交换约束 K2F 物性）	1578901.3190	14.1670	1577370.6603	14.3220	1530.6587	-0.1550

注：① 当无 DELTA_ BASE 时，某 XXMS 和 GROMS 的计算结果高度一致。

② 当有 DELTA_ BASE，不约束进料 K2F 物性（残炭）时，某 XXMS 比 GROMS 计算结果小 1551.8348 万元。

③ 在交换约束 K2F 物性的测试中，某 XXMS 重现了 GROMS 的优解结果，GROMS 重现了某 XXMS 陷入的局部优解。

④ 在上述两项测试中，进料 K2F 物性（残炭）的差值都是 0.1550。该测试结构验证了两套模型的一致性

⑤ 鉴于目标差值 1551.8348 万元，明显超出计算精度影响的范围。该测试证明 GROMS 对模型目标值的改进非常明显。

5.4 GROMS 对混油比例优化模型目标值的改进（以管网区域模型为例）

为了利用原【单企业模型】进行管网内【多企业区域优化】，多种原油按照一定的比例混合后通过管道输送，在进各炼厂时又需要按照等比例还原。因此，以单企业模型为基础的区域优化，实际上是：单企业加工优化 + 管输原油混合比例优化（含管网多次混油）见表4。

表 4　GROMS 对混油比例优化模型目标值的改进

<table>
<tr><td colspan="6">单厂及多厂区域优化模型目标值/万元</td></tr>
<tr><td colspan="2">模型</td><td>GROMS</td><td>某 XXMS(1)</td><td>某 XXMS(2)</td><td>备注</td></tr>
<tr><td colspan="2">多厂模型</td><td>2027530.4592</td><td>2016164.2500</td><td>2016164.2500</td><td rowspan="8">① 某 XXMS(1)中，SJZ 炼化不约束奇卡原油，导致非常明显的局部优解。
② 某 XXMS(2)中，增加相应约束后有改进，仍是明显的局部优解。
③ GROMS 优解目标值比某 XXMS 大约 17313 万元。
④ 该测试说明：GROMS 对模型目标值的改进非常明显</td></tr>
<tr><td rowspan="4">单厂模型</td><td>CZ 炼化</td><td>196717.8418</td><td>195395.2167</td><td>195395.2167</td></tr>
<tr><td>LY 炼厂</td><td>734909.9838</td><td>733744.6229</td><td>733744.6229</td></tr>
<tr><td>SJZ 炼化</td><td>566645.5618</td><td>552083.9771</td><td>557990.8395</td></tr>
<tr><td>JN 炼厂</td><td>529261.5318</td><td>528997.8827</td><td>528997.8827</td></tr>
<tr><td colspan="2">四厂合计</td><td>2027534.9192</td><td>2010221.6994</td><td>2016128.5618</td></tr>
<tr><td colspan="2">目标值(多厂-单厂)</td><td>(4.4600)</td><td>5942.5506</td><td>35.6882</td></tr>
<tr><td colspan="6">局部优解验证：优解结果互换约束后的模型目标值/万元</td></tr>
<tr><td colspan="2">模型</td><td>某 XXMS(2)结果约束到 GROMS</td><td>GROMS 结果约束到 某 XXMS</td><td colspan="2">备注</td></tr>
<tr><td rowspan="4">单厂模型</td><td>CZ 炼化</td><td>195395.5187</td><td>196717.5325</td><td colspan="2" rowspan="5">① 某 XXMS 重现了 GROMS 的优解结果。
② GROMS 重现了某 XXMS 陷入的局部优解。
以上测试，验证了两套模型的一致性。
③ 在没有进行互换约束时，某 XXMS 多厂模型求得的目标值比 GROMS 的目标值小 17313 万元，明显超出计算精度影响的范围。
④ 该测试说明：GROMS 在区域优化模型应用中有非常明显的优势</td></tr>
<tr><td>LY 炼厂</td><td>733745.9958</td><td>734908.9800</td></tr>
<tr><td>SJZ 炼化</td><td>557991.1746</td><td>566644.4112</td></tr>
<tr><td>JN 炼厂</td><td>528998.5153</td><td>529262.3201</td></tr>
<tr><td colspan="2">四厂合计</td><td>2016131.2043</td><td>2027533.2438</td></tr>
</table>

5.5　GROMS 对体积调合(关联密度)模型目标值的改进

(1) 炼油产品的密度，直接与产品的体积物性指标关联。因此，密度直接影响分步递归算法的收敛性。

(2) 炼油企业以重量为单位计价，物性以体积指标标定，密度通过物性和体积构成对产品量的约束及经济效益的直接影响。

(3) 在通常情况下(如汽油辛烷值调合)，只要产品密度在许可范围内，则产品密度越大企业效益越好。(伴随原油采购成本降低)

(4) 由于常规分步递归算法只适合处理 Z=F(X * Y)模型，不适合 Z=F(X * Y * SPG)模型。因此，常规算法不能保证企业体积调合模型获得较好的经济效益。

表 5 测试表明：GROMS 三次元分步递归算法提供了较好的解决方案，能够为企业带来更好的经济效益。

表 5　GROMS 对体积调合(关联密度)模型目标值的改进

<table>
<tr><td rowspan="3">某企业测试模型</td><td rowspan="2">物性组合(体积调合)</td><td colspan="3">优解目标值/万元</td><td>备注</td></tr>
<tr><td>某 XXMS</td><td>GROMS</td><td>(某 XXMS-GROMS)</td><td rowspan="3">① GROMS 约 40000000 以上的目标值改进，明显不是计算误差；
② 与常规算法相比，三次元分步递归算法的优势非常明显</td></tr>
<tr><td>密度 + 辛烷值</td><td>1641747.442</td><td>1646076.613</td><td>-4329.171</td></tr>
<tr><td></td><td>密度 + 十六烷值</td><td>1603971.284</td><td>1607969.844</td><td>-3998.56</td></tr>
</table>

5.6　GROMS 三次元分步递归算法的稳定性验证

以炼化企业 35 家测试模型为基础，叠加生成单周期集团模型(35 家)、多周期集团模型(70 家)进行测试，见表 6。

表 6　第 1 项测试

序号	模型	目标值	绝对误差	相对误差
A	35 家单企业模型	17137650. 5671	—	—
B	单周期集团模型(35 家企业)	17137650. 5690	0. 0019	1. 1087E-10
C	多周期集团模型(70 家企业)	34275301. 1360	0. 0018	1. 0667E-10

以单企业镇海测试模型为基础，逐步生成为 2-10 个叠加模型进行测试：18 种物性均为质量调合，见表 7。

表 7　第 2 项测试

次序 (N)	模型	目标值(OBJ)	比例(A)	绝对误差(B)	相对误差(C)
			(OBJ/Z01)	(OBJ-N * Z01)/N	(B/Z01)
1	镇海 Z01	1521505. 3949	1. 000000000000		
2	镇海 Z02	3043010. 7899	2. 000000000066	0. 000050	3. 286229E-11
3	镇海 Z03	4564516. 1848	3. 000000000066	0. 000033	2. 190809E-11
4	镇海 Z04	6086021. 5798	4. 000000000131	0. 000050	3. 286229E-11
5	镇海 Z05	7607526. 9747	5. 000000000131	0. 000040	2. 628983E-11
6	镇海 Z06	9129032. 3697	6. 000000000197	0. 000050	3. 286213E-11
7	镇海 Z07	10650537. 7650	7. 000000000460	0. 000100	6. 572444E-11
8	镇海 Z08	12172043. 1600	8. 000000000526	0. 000100	6. 572442E-11
9	镇海 Z09	13693548. 5540	8. 999999999934	-0. 000011	-7. 302697E-12
10	镇海 Z10	15215053. 9490	10. 000000000000	0. 000000	0. 000000E+00

以下测试表明：

（1）第 1 项测试：GROMS 能够保证不同模型组成的集团模型的收敛性及其子模型的可回归验证性。

（2）第 2 项测试：GROMS 能够保证相同模型组成的叠加模型的收敛性及其子模型的可回归验证性。

（3）GROMS 收敛精度设定从 1. 0e-3 至 1. 0e-6，精度设定不影响收敛性。

（4）GROMS 在收敛精度 1. 0e-6 时，能够保证叠加模型收敛的一致性，且模型的收敛结果能够回归验证。

（5）经过多次类似的测试，目前尚未发现其他模型系统能够通过上述四类项测试。

6　结语

GROMS 开发周期长达 15 年，采用第五代通用模型技术，是目前唯一能够以【业务即模型】方式支持超大规模 MINLP 多企业、多周期、多业务、多目标模型的建模系统。GROMS 能够显著提升企业计划优化应用水平和经济效益。

GROMS 按照物流或业务规则建模，无需用户管理代码、变量和方程，从体系结构上解决了炼化企业模型存在的常见问题，并为用户提供了所有业务或物流项的结果集，更无需用户设置系统参数和物性初值等，熟悉业务的用户就能够方便地使用系统。

GROMS 三次元分步递归算法对复杂模型目标值的改进效果明显，收敛精度达到 1. 0e-6，并保证结果集可回归验证。

GROMS 在资源优化领域具有超前 1~2 代的技术优势和超低的用户门槛，是国内外第五代通用模型技术的领跑者。

装置运行与管理

汽油吸附脱硫 S Zorb 装置长周期运行的影响因素和技术措施

齐万松　刘可非

（中国石油化工股份有限公司洛阳分公司，洛阳　471012）

摘　要：洛阳石化在应用第二代国产化 S Zorb 装置技术中，开展了长周期运行攻关，摸索反应器顶过滤器、闭锁料斗、进料换热器 E101 及反应器接收器收料的等主要影响环节，针对原料特点和装置存在问题，优化运行模式，提高吸附剂载硫量、保持较低活性，适当降低藏量和保持高质量空速的运行参数，装置运行考核表明产品质量得到良好控制。通过加热炉优化，降低排烟温度，节约蒸汽使用，使装置能耗处于较好水平。

关键词：汽油吸附脱硫　S Zorb　长周期运行　技术分析　改善措施

1　装置技术概述

S Zorb(催化汽油吸附脱硫)技术是美国康菲石油公司针对生产超低硫清洁汽油而开发的新技术。与其他选择性加氢脱硫工艺相比，该技术具有脱硫率高、能耗低、辛烷值损失小等优点。中国石化于 2005 年引进 S Zorb 技术，由 Conoco Phillips 公司提供基础设计工艺包，由 SEI 进行工程设计，在中石化燕山分公司建成了第一套 1.2Mt/a 的工业装置。2007 年中国石化整体收购了该项技术，经过科技攻关进一步完善，实现了整套技术国产化，并先后有 7 套国产化装置建设和开工。中石化洛阳分公司(以下简称洛阳石化)为了完成汽油国Ⅳ并兼顾汽油国Ⅴ质量标准升级，于 2012 年 11 月开始建设一套 1.5Mt/a 装置，2013 年 10 月投入生产运行。

洛阳石化 S Zorb 催化汽油吸附脱硫采用第二代国产化技术，装置规模为 1.5Mt/a，主要设备反应器顶过滤器、闭锁料斗程控阀及吸附剂均实现国产化，装置占地面积 0.4 公顷，装置由进料系统、吸附反应及吸附剂再生、产品稳定、辅助工程及配套部分等五个部分组成。加工来自两套催化裂化装置的汽油原料，这两套催化裂化均为蜡油并掺渣为原料的装置，混合汽油硫含量在 150~300mg/kg，RON 辛烷值为 91~92，烯烃体积含量为 21%~29%，可生产硫含量符合国Ⅳ或国Ⅴ质量标准的汽油组分。

生产原理是：含硫汽油经缓冲升压与循环氢混合与反应后产物换热，混氢原料经加热，从脱硫反应器(R-101)底部进入进行吸附脱硫反应，反应器内吸附剂使汽油完成脱硫及烯烃饱和等反应，混氢物料自下而上流入反应器顶部过滤器(ME-101)，将反应产物中携带的吸附剂粉尘进行过滤。混氢产物经换热后进入气液分离罐后，液体进行稳定塔分离为液体产物及罐顶气，气体及新氢混合后经循环压缩机升压循环使用。吸附剂分离及再生过程在再生单元实现，加热空气与待生吸附剂发生氧化反应后，烟气中的粉尘得到回收，烟气中的 SO_2 进入下一步回收系统回收其中硫黄等产品。

2　影响装置长周期运行因素

中国石化第一批引进 7 套 S Zorb 后，2012 年以后规划设计 10 套装置全部实现了国产化，比如吸附剂、过滤器等主要技术。而在实现国产化过程中，装置运行也存在一些问题，主要有反应器顶过滤器、闭锁料斗、原料换热器 E101 运行及反应器接收器收料等方面的问题，本节结合洛阳石化运行实际加以论述。

2.1 反应器顶过滤器

反应器顶过滤器 ME101 是 S-Zorb 装置的核心设备。近年来，由于设计普遍采用了国产吸附剂，受吸附剂强度等方面影响致使反应器顶部细粉积聚问题较为集中，过滤器滤芯堵塞加快使得反应过滤器 ME101 差压增高，缩短了装置长周期运行周期。除此以外，该过滤器法兰泄漏也有相关报告，甚至影响装置负荷达产；也有企业反应器结构问题没有安装进料防冲伞帽，导致吸附剂直接冲击 ME101 滤芯，在增加过滤器保护设施后得以解决。

洛阳石化在保证 ME101 运行状态的体会是：以关注和调控差压作为主要生产管理所在。其措施一方面是保持反吹系统正常运行，控制反吹氢温度在 235~245℃、反吹氢压比在 2.0 左右；另一方面是维持原料性质、装置加工负荷稳定、产品质量合格的前提下，适当提高反应器质量空速，严密监控系统吸附剂 0~20μm 细粉含量(在 3%左右)，保持较低的进料温度，保证反应器压力、温度的稳定，切忌大幅波动等。对于 ME101 过滤器的更换周期，我们的做法是：提前六个月以上备好滤芯，通过降低反应器进料量等措施，在过滤器最大差压不超过 135kPa 择机更换。

据了解，影响 ME101 运行最大的因素是反应器内气速，气速越大 ME101 负荷越大，实践中应参照设计气速参照执行。另外，吸附剂的细粉含量对 ME101 运行影响较大。正常生产中，待生吸附剂 0~20μm 细粉含量一般控制在 5%以下为宜。

2.2 闭锁料斗

闭锁料斗是实现吸附剂完成反应过程与再生过程交替的设备组合单元。程控阀是实现吸附剂输送和阻隔的基本组件，通过这些组件的开关控制使得反应过程实现连续运转。该系统运行的主要问题是程控球阀故障多，通常球阀故障主要有内漏、开关不及时和盘根损坏等几种，磨损造成内漏的阀门多集中在靠近闭锁料斗侧的吸附剂截断阀。除此之外，该系统出现故障较多的还有闭锁料斗底部通气盘等，某企业曾出现通气盘滤芯断裂导致闭锁料斗氢气系统被吸附剂污染的故障，使过滤器 ME102 受到严重影响。

洛阳分公司在提高闭锁料斗运行可靠性方面的体会是：一是适当增加备阀种类和数量，借鉴同类装置运行经验，对于靠近闭锁料斗附近的易故障阀门采取一用一备保证随坏随换；二是结合进料和产品汽油硫差较小、产品出厂按国Ⅳ标准控制的特点，吸附剂循环采取“小循环、高硫差”运行模式，这样也减缓了吸附剂高活性引起的烯烃饱和反应程度，实际运行中将待生与再生剂硫差提高到 5%以上；三是采取提前寿命检修的措施，结合反应器顶部过滤器的更换周期计划检修问题阀门，虽所需投入较大但对装置保护效果十分明显。

2.3 进料换热器 E101

进料换热器 E101 是混氢原料与反应产物换热器，按照设计，被加热混料自管程需从 71℃的提至 372℃，壳程热反应产物则从 439℃冷却到 144℃，该设备采用两组并联的方式。洛阳石化 150 万吨/年汽油吸附脱硫装置每组设置 3 台换热器，为 U 型管换热器，由于在每列最后一组管束内进料发生相变，将气液混合物完全升温为气相。进一步分析偏流结焦原因，主要是原料性质发生变化而未及时做出调整，对换热器管板端面积垢进行分析，发现其中 26%是可燃物、74%是燃烧残余物。换热器阻塞程度与原料性质变差、进料过滤器的切换频次有着对应关系，因为每次切换清洗时，设备内残存的水分和杂质都会进入后部的换热器、加热炉，随着物料升温，在温度较低的换热器管束内以结垢的形式附着在管壁内；在温度较高、发生汽化相变的每列最后一个换热器 E101C/F 内，其中的机械颗粒、污油、胶质最终以积炭的形式附着在管板端面。

两列进料换热器 E101ABC 及 E101DEF 出现结焦积炭堵塞，是由于换热器偏流、管程压差升高及出口温差变大所导致的，这与原料性质波动及负荷频繁调整密切相关。一方面，原料带水带污油带杂质，使进料中的油气混合物在 E101C、E101F 换热器管束中不能完全升温汽化，变为焦垢前驱物集聚于换热器管束；此外，反应器总进料及两列换热器的负荷运行工况不稳定、频繁调整波动，加速了换热器堵塞偏流失效。对此问题的体会是：需要从日常原料管理、工艺操作调整、检修质量等方面综合治理：(1)强化 S Zorb 进料性质的日常监控和管理；(2)强化精心操作、安全平稳意识，保证反应器进料、压力、循环氢、反应深度等与换热器运行工况有关参数的稳定，切忌频繁波动调整。(3)加强对换热器工况及关键运行参数的监控，随时掌握换热器结焦堵塞偏流情况，发现异常，尽早判断调整，延缓失效。(4)高度重视换热器管束清洗疏通效果。

2.4 反应器接收器收料

反应器接收器 D105 收料问题影响了吸附剂循环，甚至对再生系统的稳定产生影响。在前期技术国产化工程实践中，SEI 技术人员针对这一缺陷进行了多方面的改善，但情况不甚理想。实际运行尽管采用闭锁料斗 1.2 步下料时间延长等措施，但据了解，中石化国产设计的第一代七家公司的 S Zorb 装置，D105 收料均不顺畅，有的装置采取全部走底部提升线来维持吸附剂循环，造成再生过程十分艰难。生产运行中通常减少横管下料时间的主要手段有：提高反应器气速、增加反应器吸附剂藏量、提高横管下料时吸附剂输送管线差压。之后建设的装置有的在反应器中部增加向 D105 输送吸附剂专线，有的增加了 D105 顶部气相返回线，有的将横管改为斜管利于吸附剂流动或将横管距离缩短等。

针对上述问题，洛阳石化 S Zorb 装置设计中采取的改进措施有：反应器接收器(D-105)溢流横管标高降低了 2 米，增加了反应器接收器到反应器的气相返回线，在反应器中下部设置了抽出斗并设计了相应的提升措施；装置开工生产后，吸附剂循环始终走 D105 横管正常收料模式；一般除停工卸剂外，公司规程要求不用底部或中部转剂线，这样即便是 125t/h 的低负荷、反应器 20t 的藏量下，反应器接收器 D105 仍然能够正常收料。

3 技术应用及效果

洛阳石化 S Zorb 装置设计为 150 万吨/年，2013 年 10 月开工，2015 年 9~10 月随炼油装置同步检修，累计运行天数超过 820 天。期间，混合催化汽油原料硫含量为 150~300mg/kg，生产硫含量符合国Ⅳ质量标准的普通汽油及乙醇调和基础油，产品汽油硫含量为 36~48mg/kg，产品烯烃含量为 20~24m%，产品 RON 辛烷值损失大致为 0.4~0.8 个单位，生产主要指标控制见表 1。

经过生产探索和实践，我们的主要做法是针对原料负荷和性质调优生产参数，吸附剂循环保持“小循环、高硫差”模式，同时保持产品低辛烷值的低损失状态。2014 年，统计辛烷值 RON 损失为在 0.6 个单位以下，在中国石化全部的 19 套同类装置排名中名列最佳。

表 1 洛阳石化 S Zorb 装置运行主要参数

项 目	运行数据	项 目	运行数据
原料性质		运行参数	
硫/(μg/g)	150~300	反应温度/℃	400~418
RON 辛烷值	91~92	再生器温度/℃	485~510
烯烃/%(体)	21~29	反应空速 WHSV/h^{-1}	5~8
产品性质		吸附剂单耗/(kg/t)	0.04
硫/(μg/g)	36~48	待/再生吸附剂硫差/%	5
RON 辛烷值	90.5~91.6	吸附剂 0~20μm 细粉	≯3
烯烃/%(体)	20~24	氢耗/%	0.22

3.1 实现产品辛烷值降损

吸附剂循环保持“小循环、高硫差”。在满足脱硫率前提下，维持反应器中吸附剂的高载硫量和较低活性，待生剂与再生剂硫差从 1.5~2.0%提高到 3%~5%，减缓吸附剂高活性引起的烯烃饱和反应程度，反应器总温升从 9~15℃降低到 7~10℃，从而减少产品中烯烃饱和程度，降低产品汽油辛烷值损失(如精制汽油硫含量按满足国Ⅴ标准的 10μg/g 要求控制，预计 RON 辛烷值损失为 0.8~1.0)。

3.2 反应器藏量和空速控制

结合装置负荷和产品控制需要，尽可能降低反应器中的吸附剂低藏量并降低剂油比和提高质量空速，反应器藏量在20~22t，质量空速在8.0左右；再生器藏量为1.8~2.1吨及低料，适当增加操作弹性，再生器温度控制为485~510℃，烟气氧含量不大于2%(v/v)。另外，控制还原器温度不大于260℃，以降低再生剂中氧化镍还原为镍的倾向。

3.3 产品收率和加工损失

经统计，装置汽油收率标定数据为99.39%，与可研设计值99.3%相当，优于基础设计的99.1%。这与实际生产中，为降低辛烷值损失将氢油比从设计的0.29降至0.21，因而减少了氢气消耗有一定贡献；另外调整优化了C201顶底温、蒸汽流量，在保证精制汽油蒸汽压合格的情况下，降低了塔顶气排放量，也对降低加工损失起到作用。

3.4 降低装置运行能耗

装置可研设计能耗为7.702kgEO/t原料，2014年标定实际能耗为4.75kgEO/t原料(含低温热利用)。这一能耗是较为先进的，在实际生产中通过以下措施实现：一是优化加热炉运行，排烟温度由设计的150℃逐步降低至120℃，提高炉效率约0.5~0.8个单位；二是保持较高的炉出口温度和反应温度，从而提高了E101原料换热后温度；三是优化C201系统运行，停用了一台稳定塔底重沸器，投用了D202和关闭补压蒸汽，降低了蒸汽消耗，见表2。

表2 洛阳石化S Zorb装置能耗设计和运行统计表

序号	项目	设计能耗/(kgEO/t)	2014年实际		
			消耗单位	消耗数值	kgEO/t
1	电	1.556	kW	1142.34	1.38
2	新鲜水	0.003	t/h	3	0
3	循环水	0.119	t/h	212.387	0.17
4	除氧水	0.041	t/h	0.79	0.02
6	凝结水	-0.16	t/h	-3.73	-0.05
7	燃料气	4.15	kg/h	722.82	2.63
8	蒸汽(0.35MPa)	-0.407	t/h	-1.1	-0.22
9	蒸汽(1.0MPa)	1.749	t/h	4.11	1.59
10	净化风	0.128	Nm^3/h	600	
11	氮气	0.362	Nm^3/h	431	
12	原料热进料	0.161			-0.78
	合计	7.702	kgEO/t		4.75

从表2统计数据可以看出，除循环水、0.35MPa蒸汽消耗略有差距外，其他能运消耗均优于设计值。

4 结束语

(1) 在S Zorb装置国产化工程设计和生产运行中，反应器顶过滤器、闭锁料斗、原料换热器E101运行及反应器接收器收料等方面的问题，应引起高度关注和妥善解决。

(2) 洛阳石化采取高载硫和低活性的吸附剂运行模式，吸附剂低藏量和高质量空速的运行控制取得一定收效，可参考借鉴。通过加热炉优化，降低排烟温度，节约蒸汽使用，为降低装置能耗奠定基础。

200kt/a LLDPE 装置长周期运行的安全管理策略

胡安云

（中石化广州分公司，广东广州　510726）

摘　要：分析了制约装置长周期运行的不利因素，通过采取设备专业维护、工艺技术攻关、3E 强化措施等方面的管理策略，有效地控制消除了制约因素，为同类装置生产的长周期运行提供借鉴。

关键词：LLDPE 装置　长周期　安全策略

1　前言

广州分公司化工区 LLDPE 装置是一套主体和关键装置，是裂解下游装置中最主要的乙烯消耗用户。采用美国联合碳化物公司（UCC）的 Unipol 低压气相流化床专利技术，由日本东洋工程公司（TEC）作总承包商，装置于 1997 年 4 月建成投产。使用 Cr 系和 Ti 系三种类型的催化剂（M、F、S），反应压力为 2.4MPa（G），反应温度为 80～115℃，单程转化率为 2%～3%，可以生产密度为 0.917～0.963g/cm^3，熔融指数为 0.1～125g/10min 的均聚、共聚产品，专利技术提供了 72 种基础树脂，共 108 种产品牌号。2003 年，装置进行了改扩建，重点对原料、排放气回收、聚合反应撤热、排料系统、造粒系统、风送等系统进行改造，同时应用诱导冷凝技术，年产量由原来的 10 万吨提升至 20 万吨。

2　装置长周期运行纪录

Unipol 低压气相工艺专利建议装置运行一年左右时间，进行计划停车小修，主要对反应器分布板及换热器等设备进行清理，装置在 2008 年以前，一般按此周期主动安排检修。自 2009 年 6 月 30 日开车到 2010 年 5 月 24 日，装置安全平稳运行 335 天，创造了装置安全平稳运行的第一次最长纪录；从 2011 年 4 月 4 日一次性开车成功至 2012 月 4 月 23 日，装置平稳运行 384 天，远超当时同行业 280～300 天的平均水平；从 2013 年 1 月 22 日到 2014 年 3 月 27 日装置再创造了 428 天的运行纪录；自 2014 年 6 月 25 日截止到 2015 年 12 月 28 日 15∶58 分，聚乙烯装置实现安全稳定长周期运行 522 天，为历史最长运行纪录。

3　制约装置长周期运行因素

3.1　设备设施现状

装置自建成投产运行已近 20 年，设备设施的工作寿命周期已进入耗损失效期，发生故障的零件和元器件需要及时更换。2015 年是大修运行中第四个年份，接近大修周期运行末期，现场设备设施及电气、仪表元件等故障波动不可预估，干扰了装置平稳运行。依据设备失效率浴盆曲线，对系统来说，在工作过程中失效率一般随着时间的变化而分阶段属于三种类型，设备失效的浴盆曲线如图 1。

由于设备磨损、疲劳、老化、腐蚀等因素，发现维修不及时故障就会发生。设备单系统运行的制约，浆液催化剂加料系统，进料机泵及控制系统均为单系统运行，因长年使用故障率逐年增多而维护又困难，常出现反应器催化剂加入不稳情况，造成反应控制波动。

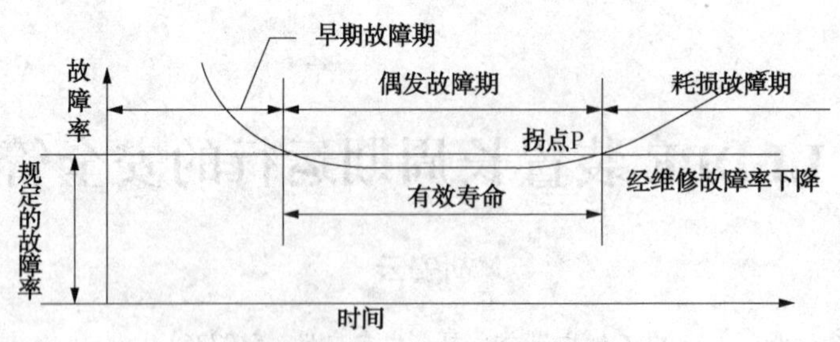

图1　设备故障浴盆曲线

设备隐患的存在，造粒新线振动筛 Y-5012X 在生产流动性差的专用料过程中，易出现积料和跑料现象，在线清理频次达 1 次/h，且设备所在位置为 5 米高处平台，在线清理存在安全隐患。

3.2　工艺生产因素

原料纯度的干扰，气相法聚乙烯装置对原料杂质敏感，专利技术对乙烯原料纯度要求达到 ppm 级别，一旦杂质含量超标除造成催化剂中毒失活外，很容易产生静电导致结片；因排放气回收系统换热器泄漏，将水带入反应系统，造成反应温度出现波动，静电偏高等现象。2015 年 8 月，股份公司有 4 套气相法聚乙烯装置在开停车及生产过程出现较大波动，其中 2 套装置受原料纯度影响。

催化剂因素制约，2015 年优化使用国产浆液催化剂 2 种，完成国产浆液催化剂在诱导冷凝条件下生产 PE-L M2320 的科研课题，装置在 PE-LM2320 牌号产品需切换催化剂避免后系统下料不畅或堵塞，影响造粒系统正常运行，装置使用几家催化剂厂商供货，催化剂活性等关键性能指标的变化，对维持反应系统的平稳运行面临考验。

化工塑料产品市场价格因素影响，装置排产计划不确定因素制约，产品切换频次多，2015 年装置切换产品牌号达 32 次，尤其在生产 DNDA-2020，需退出冷凝操作，且熔指、密度、黏度等技术指标控制难度大，稍有不慎极易对生产造成波动。

3.3　人操作的不可靠性

操作人员的操作可靠性，是由信息输入、判断决策、操作处理等因素决定的，构成了操作人员的基本可靠度。一方面装置操作人员趋向于“老龄化”，在拥有经验的同时，对信息判断处理存在不敏感性误区，操作环节中人的危险程度，判断决策及操作处理等因素的可靠度下降，相反地增加了操作人员的不可靠度，引起装置生产波动。

3.4　“双边”工程维修

装置正常生产期间“双边”工程施工多，统计 2015 年大修前录入管理系统的施工类作业达 343 项，涉及到仪表、电气等专业的项目，一旦在监管方面出现纰漏，极易对生产构成隐患。2015 年 11 月在仪表专业安排的管线防腐作业中，施工人员误将催化剂加料器的反吹阀碰触，造成短时间生产波动，操作人员及时进行处置，避免了出现次生问题。

4　长周期运行安全管理策略

4.1　设备专业策略

4.1.1　实施技改技措

进行反应循环气压缩机密封改造。结合密封技术的发展和同系列机组，在使用浮环密封暴露的一系列问题，对反应循环系统心脏设备压缩机 K-4003G，进行适时地技术改造，用干气密封(见图 2)替代原来的浮环密封，解决了浮环密封所暴露的本身存在泄漏、控制系统庞大、油气压差易波动且操作条件苛刻、运行不稳定和操作不稳定等问题，对装置长周期运行发挥了重要作用。

消除浆液系统长周期运行瓶颈。浆液催化剂系统经过升级改造后，新加了催化剂进料泵 G-4051A 及 DC 进料泵 G-4053A、T3 进料泵 G-4054A 泵，实现了浆液催化剂进料泵 G-4051 和 G-4051A 泵可以单独运行，也可并联运行；DC 泵和 T3 泵一备一用的目的，改变催化剂泵的运行模式，消除了单泵运行制约。

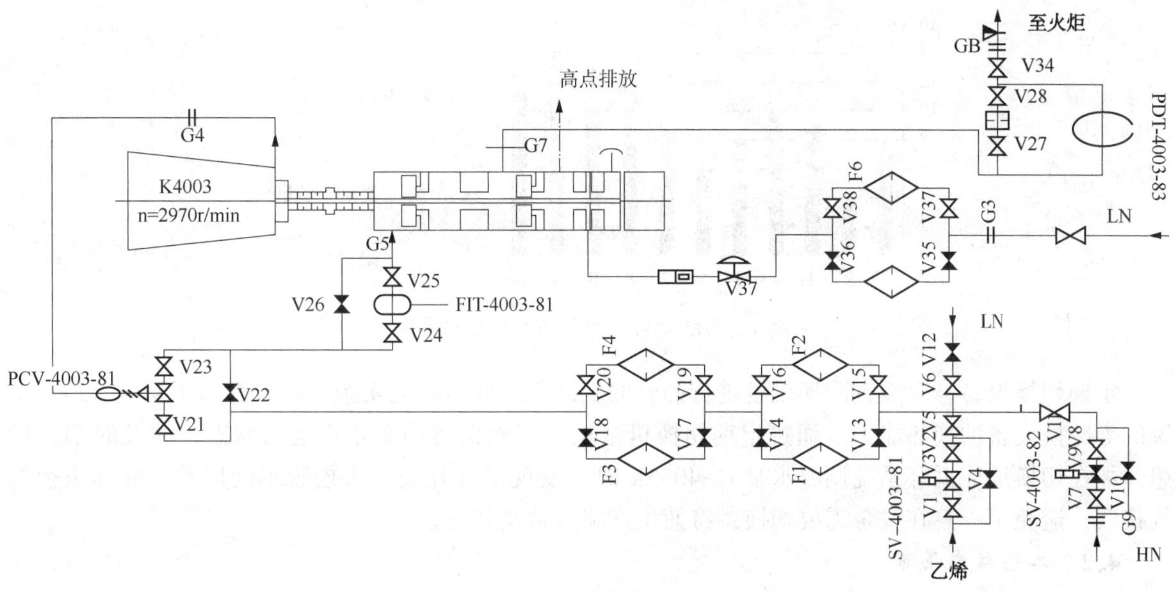

图 2　干气密封 P&I 图

推进技改治理生产隐患。针对振动筛 Y-5012X 存在的生产瓶颈，通过实施技术改造，拆除旧系统将清理维护设备安装在地面一楼，改善了振动筛 Y-5012X 对生产特殊牌号的适应性的同时，为装置的新产品开发稳定运行创造有利条件。

4.1.2　进行关键机组状态监测

反应循环气压缩机是聚合反应的心脏设备，装置加强对其运行状态的监控，除要求操作人员进行定时测温、测振、记录反吹气流量、压差等关键参数外，还在 DCS 操作界面专门指定一台电脑显示该设备运行状态(见图 3 压缩机监控画面)，以便操作人员及时发现跟踪处理异常状态变化。另对压缩机机组轴承箱和驱动电机润滑油系统各项指标，每季度取样检测分析，确保辅助系统运行正常。

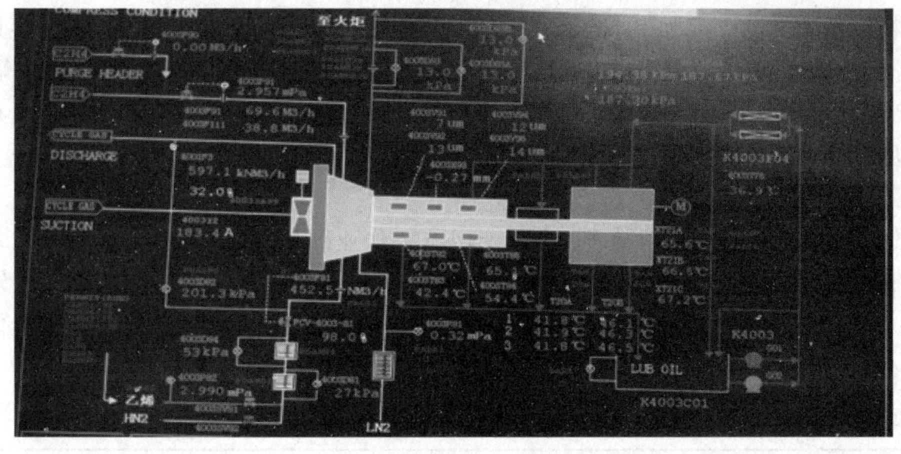

图 3　压缩机 K-4003 状态参数监控

4.1.3　采取预防性检维修策略

开展预防性检维修工作，利用装置退出冷凝操作时，对设备进行日常检修、维护、保养工作，2015 年装置安排压缩机、机泵等维修 46 项(见图 4)，如造粒机组及系统设备的检查、排料系统阀门维护等，有效降低设备故障率，提升设备运行的可靠性。

组织机电仪等专业联合检查，重点是反应排料系统气缸阀、关键机组等状态运行，通过每月联合巡检，各专业共同会诊，发现消除小隐患小毛病，在现场决定解决问题措施并落实到人，主动进行维护，提前发现消除设备隐患。

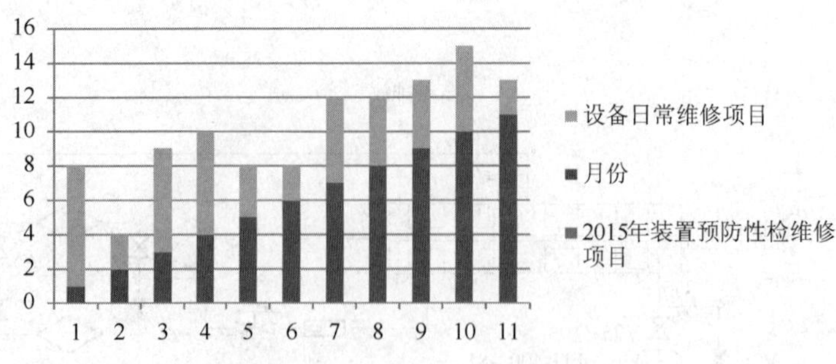

图4 2015年装置月预防性检维修情况

定期切换设备。对装置冷换设备进行彻底的反冲洗，此措施的实施，有效提高了反应、造粒系统的等冷换设备的换热能力。通过定期切换机泵运行，确保备用泵正常运行状态，并及时消除隐患，如在切换反应循环系统调温水泵 G-4005X 时，发现电气开关接头松脱不能启动，立即更换电气接线，避免了一旦在线泵需要切换，将使生产陷入被动状态。

4.2 工艺技术策略

4.2.1 攻克关键技术难题

组织技术人员，从催化剂选择、聚合反应参数调整做了有效的调整，攻克新产品 DNDA-2020、专用料 PE-L M2320 生产过程的关键技术难题，减轻了新产品和专用料在生产过程中对聚合反应、循环气压缩机、排料系统、造粒下料、产品质量方面的影响，提高了装置的整体适应性。

在 DNDA-2020 的生产过程中，有效改善树脂发粘情况，造粒负荷可以与聚合反应负荷持平。装置通过分析过去 DNDA-2020 在生产过程中存在的问题，制定详细的生产方案，对聚合反应、造粒参数进行了大幅度调整。

在 PE-L M2320 生产过程中，通过优化方案，安排当月尾与下月初一次性生产使产量达到计划量，减少了产品切换的次数，有效避免了牌号切换的变更危害，有利于装置的长周期运行。

4.2.2 加强原料管理

依据原料精制床层设计能力和原料质量，监控床层运行状况，制定严格的定期再生计划。为防止原料质量波动冲击，避免精制床层“穿透”、“失效“，要求每月至少 2 次对乙烯、丁烯-1、异戊烷精制床进出口原料取样进行全分析；并定期对排放气回收系统物料成分含水量进行分析，避免由于杂质诱发反应静电结片的发生。

4.2.3 严格操作管理

对装置运行参数的报警值进行梳理，划分分公司、作业部及装置级报警三个级别，从源头着手第一时间控制装置级报警，将装置 45 个工艺、设备等参数报警信号，通过短信形式通知到三大员以上的管理人员(如表 1)，便于及时了解跟踪装置的生产情况，下达准确的指令协助督促班组对报警进行处置，并出台无报警交班相关措施，确保了装置平稳运行。

表1 装置级预警情况说明

预警时间	预警位号	位号名称	预警值	上限	下限	预警原因	措施
2015-07-09 20：08：01.20962	PE.4001T25C.PV	聚乙烯反应器扩大段温度	54.9985	110	55	下大雨，雨水冲刷影响反应器壁温	无
2015-07-09 22：07：56.38150	PE.4001T25D.PV	聚乙烯反应器扩大段温度	54.4213	110	55	下大雨，雨水冲刷影响反应器壁温	无
2015-07-21 10：36：32.57962	PE.4001T25B.PV	聚乙烯反应器扩大段温度	54.2012	110	55	下大雨，雨水冲刷影响反应器壁温	无
2015-07-27 12：47：28.87137	PE.4001T25B.PV	聚乙烯反应器扩大段温度	54.2846	110	55	下大雨，雨水冲刷影响反应器壁温	无

4.3 “3E”管理策略

4.3.1 工程技术控制

从技术本源上入手，对变更管理进行充分风险评估，评价风险提出具体的控制措施，对工艺操作类及施工作业类，分别由负责人组织相应人员进行风险辨识，提前分析评价作业过程风险，提出具体的控制措施。通过在装置全员中推行自主的风险识别，预先制定采取技术措施，管控了作业环节的不安全因素。

4.3.2 学习培训措施

主抓员工的学习培训，通过建立系统化的培训结构，从基本操作规程、原理结构以及相关专业知识，使人员清楚掌握安全操作的详细操作参数和极限值，同时熟悉应急技能处理措施，将工作中的经验及时制作一点课，进行技术分享(如对浆液系统故障处置、冰机启动注意事项等)，从知识技能上让操作人员能够安全进行常规及非常规工作的操作和维护活动。

4.3.3 作业强化管理

针对作业过程的中责任心不强，人为失误可能造成的危害，从组织管理上采取措施，实施标准化作业表单，对作业步骤进行确认制，即将作业制成表格，每完成一项操作逐条确认，规避作业失误与遗漏，实现按流程顺序的正常操作。另对现场施工严格执行工作表单，进行流程化管控措施，堵塞施工管理漏洞。

5 结语

目前200kt/a 的聚乙烯在运行装置不具大规模竞争优势，但装置的长周期平稳运行，关系到全厂上下游物料的平衡，也是制约裂解装置高负荷的运行的关键因素。近几年装置技术人员不断进行管理、技术等方面的攻关，克服催化剂、设备、产品等诸多不利因素，不断创新长周期运行纪录，实现提质增效的目标。

参 考 文 献

[1] 中国石油化工集团公司安全环保局. 石油化工安全技术[M]. 北京：中国石化出版社，2012.

离子交换技术在胺液净化中的精细化操作

王 岑

(中国石化青岛石油化工有限责任公司，青岛 266043)

摘 要：青岛石化共有两套乙醇胺再生系统，分别为催化裂化装置双脱胺液再生系统和硫黄回收装置胺液再生系统，乙醇胺系统中热稳态盐(HSS)含量较高，对装置平稳运行产生很多不利影响，现引用“乙醇胺净化”成套设备对两套乙醇胺再生系统进行净化处理。此项净化技术对乙醇胺中热稳态盐含量的单次循环脱除率高达90%以上，通过连续循环净化处理后，极大程度降低了乙醇胺系统中的热稳态盐含量，针对运行过程中存在问题进行优化调整，在保持热稳态盐含量低于1.0%的同时实现了效益最大化。

关键词：热稳态盐 乙醇胺 净化

1 前言

中国石化青岛石油化工有限责任公司(简称青岛石化)共有两套胺液再生系统，分别为催化裂化装置双脱胺液再生系统和硫黄回收装置胺液再生系统，催化裂化装置精制干气、液化气脱硫单独使用一套胺液再生系统；硫黄回收装置再生单元原料为焦化双脱、气柜瓦斯脱硫、硫黄尾气脱硫所用的富胺液，两套装置的基本情况见表1。

表1 胺液再生系统数据表

装 置	催化装置双脱胺液再生系统	硫黄回收装置胺液再生系统
胺溶剂种类	MDEA	MDEA
胺浓度	25%(按MDEA)	35%(按MDEA)
胺液总储量/t	100	300
设计小时循环量/(t/h)	60	90
实际小时循环量/(t/h)	50	90
胺液年补充量/t	110	
热稳态盐HSS含量	3%~5%	
胺液过滤精度	无过滤	10μm
贫胺液负荷	约1g/L(H_2S+CO_2)	约1g/L(H_2S+CO_2)

该公司现两套再生装置热稳态盐含量均为3%~5%，为提高再生系统乙醇胺品质，降低热稳态盐含量，确定采用浙江海牛环境科技有限公司(原杭州金枫叶科技有限公司)提供的胺液净化成套技术，两套再生系统共有一套净化装置，该装置于2014年5月建设完成，并一次投产成功。

2 热稳态盐来源、种类及其危害

随着生产的持续进行，胺溶液普遍存在劣化现象，主要表现在溶液中的颗粒物、悬浮物以及在使用胺液去除硫化氢和二氧化碳过程中生成的副产物热稳态盐的积累，常见的热稳态盐有甲酸盐、草酸盐、乙酸盐、硫氰酸盐、乙醇酸盐、丙二酸盐、琥珀酸盐、硫酸盐与氯化物等[1]。

热稳定性盐的生成及积攒是影响MDEA质量问题的关键因素，究其来源，从来源路径上分，可分为反应物携带和外来物携带，反应物携带主要包括 MDEA 的氧化产物与醇胺形成的盐以及硫化氢的氧化产物与醇胺形成的盐；外来携带物主要是指通过外部的补充水混入系统内的盐类。

两套再生装置热稳态盐(HSS)含量在 3%～5%，浓度偏高，HSS 浓度的增加会对装置产生以下不利影响：

(1) 加剧装置设备和管线的腐蚀，增加相关设备的维修费用并提高其操作难度，严重时造成装置非计划停工；

(2) 导致胺溶液发泡，影响工艺操作，严重时还可能造成冲塔；

(3) 产生工艺介质携带胺溶液现象，从而增加胺溶液的跑损，增加胺溶液补充成本；

(4) 再生蒸汽消耗增加；

(5) 降低脱硫效率，产品质量波动；

综上所述，为了保证乙醇胺良好品质，达到最佳的脱硫效果，同时减少设备及管线腐蚀，平稳工艺操作，达到生产装置平稳安全的运行的目的，必须清除乙醇胺中的热稳态盐。

3 乙醇胺净化系统工艺原理及特点

3.1 工艺原理

胺液净化技术的核心是通过浅层床高效离子交换工艺去除贫胺液中的热稳态盐[2]，净化后的胺液返回胺系统。设备关键操作为胺液净化去除热稳态盐和采用氢氧化钠溶液对树脂再生，过程总共由树脂再生，碱液回收，冲洗排放，水回收，胺液净化，净化冲洗，冲洗回收，加碱等步骤组成。运行模式分为“高盐”、“中盐”和“低盐”，根据乙醇胺中热稳态盐含量的情况进行模式选择。

3.2 技术特点

3.2.1 胺液净化系统

该系统由胺液净化设备和胺液过滤设备组成，其中胺液净化设备为滤芯式保安过滤器、浅层床高效树脂柱、配碱系统、含胺水循环系统、含碱水循环系统以及 PLC 控制系统等六部分撬装组合，由 PLC 自控系统自动操作。

浅层床高效树脂床通过特殊的树脂装填方式和净化专用树脂(型号 RDHSS-I102)脱除热稳态盐，释放出更多的自由胺，减少的更换胺液的费用，同时改善了由热稳态盐的存在带来的危害。

3.2.2 水循环系统

主要目的在于克服脱除溶剂中热稳态盐时再生冲洗废液排放过大的缺点，提供一种回用部分冲洗液，减少冲洗水的用量及排放废液的方法。此方法提供有两套循环系统，即碱液的回用、减少废液排放量的碱液循环系统和减少带入胺液中水、减少除盐水用量的水循环系统。

树脂进行再生后，为了减少碱液的排放，用除盐水将再生后残余在树脂床内新鲜的碱液冲回碱回收系统。在胺液净化前，通过胺液将树脂床内的少量水回收到增加的水罐中，减少了水带入到胺液系统。同时，贫液通过树脂床时，在每个运行周期内都会有少量的胺液会黏附在树脂表面，为减少胺损必须用除盐水进行冲洗。增设水循环系统为了减少胺损，降低除盐水水的用量，同时减少带入系统的水量。

3.2.3 胺液过滤系统

贫液过滤器是胺液脱硫系统保持清洁和连续运行的重要组成部分[3]。硫黄装置贫液再生系统中存在焦化装置来的乙醇胺富液，为了更好的进行固体杂质的过滤，避免焦粉等悬浮固体颗粒堵塞树脂床，成套设备在净化前增设三级过滤系统。

一级精密过滤器过滤器采用褶皱式滤芯，精度达到 10μm，除去胺液中较大颗粒的悬浮物，以消除悬浮物对胺液性能的影响。

二级活性炭过滤器，去除胺液中的各种有机物和胺液中凝析油，消除对溶剂发泡及树脂的中毒影响。

三级精密滤芯过滤器，过滤精度分别可达到 5μm，滤芯采用褶皱式高纳污容量的特种材料制造，除去胺液中较小颗粒的悬浮物，以消除悬浮物对胺液性能的影响。

4 工艺流程概述

胺液净化设备安装在贫胺液泵出口线的支线上，两套装置的贫胺液经过贫液过滤器、精密三级过滤器及安保过滤器后，进入离子交换树脂床去除热稳态盐，净化后的贫液返回至各自胺液系统。净化后树脂床冲洗产生的碱渣送至碱渣系统，产生的废水排至污水井。

为了减少粘附于树脂表面的胺液损耗，需用除盐水冲洗，这样就有部分水带入胺液系统，为使带入的水量降到最低，特增设了含胺水罐，下一循环冲洗步骤中重复利用。树脂经过稀释碱液再生后，用水冲洗树脂中残余的新鲜碱液至设备自设碱罐回用，这样减少再生废液的排放。

工艺流程见图 1。

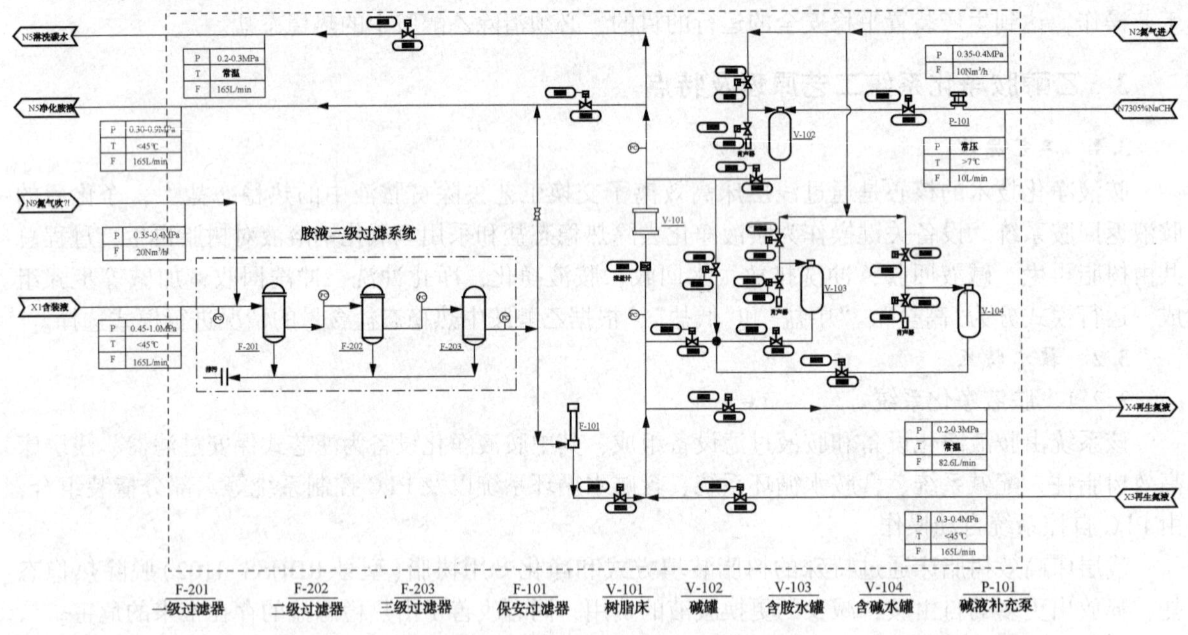

图 1 乙醇胺净化系统工艺流程

5 设备运行步骤

步骤一：碱液置换水。氮气将碱液从碱罐压出，通过树脂床时将上一步残存在树脂床中的水压回含碱水罐，碱罐液位控制。

步骤二：树脂再生。氮气将碱罐中的碱液压出，进入树脂床再生树脂，再生后的废碱液排放，碱罐液位控制。

步骤三：碱液回收。氮气将含碱水罐中的水压出，进入树脂床，将残存在树脂床中的碱液顶回碱罐，碱罐液位控制。

步骤四：再生冲洗。氮气将含碱水罐中多余的水压出，经过树脂床，将残留的碱液压出，作为淋洗废水排放，含碱水罐液位控制。

步骤五：管道冲洗。除盐水冲洗管道，废水排出，流量计控制。

步骤六：再生深度冲洗。除盐水进一步冲洗树脂床，废水排放，流量计控制。

步骤七：含碱水罐补水。除盐水经过树脂床进含碱水罐，含碱水罐液位控制。

步骤八：胺液置换水。胺进料经过树脂床，将树脂床中残存的水压出进含碱水罐，含碱水罐液位控制。

步骤九：胺液净化。胺液经过树脂床脱除热稳态盐，流量计控制。

步骤十：净化回收。含胺水罐中水将树脂床中的胺液顶回系统，含胺水罐液位控制。

步骤十一：净化冲洗。除盐水将树脂床中残留的胺顶回含胺水罐，含胺水罐液位控制。

步骤十二：净化深度冲洗。除盐水进一步冲洗树脂床，废水排放(或冲洗进系统)，流量计控制。

步骤十三：加碱(该步骤从第四步开始)。碱罐液位液位控制。

步骤十四：暂停。

6 乙醇胺净化运行效果

6.1 乙醇胺净化系统脱盐能力标定

2014 年 5 月乙醇胺净化系统运行初期，对胺液净化设施高盐模式的脱盐效果进行实际评估标定，期间对经过设备净化前后的胺液中热稳态盐含量进行采样分析，从分析数据看，净化前胺液中 HSS 含量约为 3%～5%，净化后 HSS 含量范围月在 0.31%～0.4%，设备每小时脱除 HSS 量能达到 31kg 左右，优于协议规定的 30kg/h，设备投入正常运行，6 月初通过了设备性能标定，见表 2 数据。

表 2 乙醇胺净化系统脱盐能力数据表

日 期	净化系统进口 HSS 含量/%	净化系统进口 HSS 含量/%	脱盐能力/%
5.22	4.36	0.35	91.9
5.25	4.12	0.39	90.5
5.30	4.06	0.41	89.9
6.1	4.02	0.31	92.2
6.2	3.97	0.38	90.3

6.2 净化效果

乙醇胺净化系统设备见图 2。该设施投用后效果明显，乙醇胺贫液系统热稳态盐含量情况见表 3，投用净化前后情况对比见表 4 和图 3，贫液系统腐蚀情况见表 5。

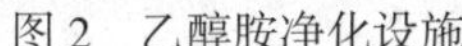

图 2 乙醇胺净化设施

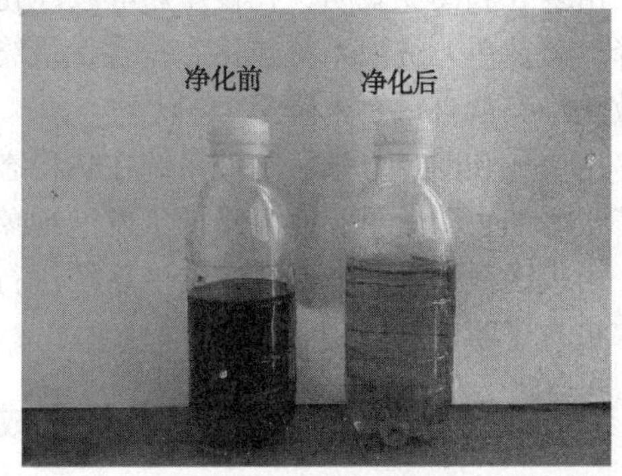

图 3 净化前后乙醇胺

表 3 乙醇胺贫液热稳态盐含量

时 间	催化再生系统热稳态盐含量/%	2#硫黄再生系统热稳态盐含量/%
2015.5.1	5.12	4.06
2015.5.6	5.24	3.75
2015.5.13	5.02	3.25
2015.5.15	4.95	2.98
2015.5.22	4.75	2.47
2015.6.5	4.27	2.95

续表

时　间	催化再生系统热稳态盐含量/%	2#硫黄再生系统热稳态盐含量/%
2015.6.12	4.04	2.48
2015.6.19	3.84	2.33
2015.6.26	3.57	2.04
2015.7.10	3.68	2.22
2015.7.15	3.35	2.04
2015.7.24	2.98	1.58
2015.7.31	2.45	1.62
2015.8.7	2.36	1.25
2015.8.14	2.13	0.98

表4　胺液净化设备投用前后对比

项　目	投用净化设备前	投用净化设备后
外观颜色	深棕色	橙黄色
颗粒情况/(mg/kg)	267	33.9
消泡时间/s	15	4
泡沫高度/cm	17	3.2

表5　贫液系统腐蚀速率

时　间	贫液系统腐蚀速率/(mm/a)	
	催化单元贫液系统	硫黄单元贫液系统
2015.4	0.22	0.31
2015.5	0.20	0.28
2015.6	0.19	0.22
2015.7	0.15	0.18
2015.8	0.14	0.15

(1) 由表3和图3表明，在投用乙醇胺净化系统后，两套单元的贫液系统中热稳态盐含量有了明显下降，硫黄单元贫液系统热稳态盐含量最终降低至1%以下，由于催化单元贫液系统净化时间较短，故热稳态盐含量暂未降至1%以下。

(2) 由表4和图4可知，贫液系统在热稳态盐含量降低的同时，净化系统对胺液中的固体杂质也起到了很好的去除效果，明显降低了发泡现象的发生。

(3) 由表5数据表明，对两套贫液系统进行腐蚀检测，由于热稳态盐含量有了明显的降低，其腐蚀速率也有了明显下降。

7　装置改造措施、存在问题及优化成果

7.1　装置改造措施

(1) 2#硫黄装置用于再生的乙醇胺中有很大一部分是焦化富液，其胺液中会携带大量的焦粉，很容易对设备及树脂床造成堵塞。为了避免焦粉堵塞树脂床，对现有流程进行优化改造，在净化设施自带的三台精密过滤器前串联一套贫液过滤器(2台机械过滤器、1台活性炭过滤器和1台袋式过滤器)，并定期清理或滤芯更换，极大程度的对焦粉进行过滤。

(2) 胺液净化系统需要用到氢氧化钠碱液，为防止冬季冻凝现象的发生，并考虑到蒸汽伴热易发生碱脆，需对收碱罐及碱液系统进行伴热流程优化，将原设计伴热介质由蒸汽改为热媒水，起到了最佳伴热效果。

(3) 原设计中胺液净化系统产生的淋洗废水和废碱渣一同送至焦化碱渣线管网，因淋洗废水排

放量很大，碱渣处理能力有限，淋洗废水经化验分析合格后可实现直排，对淋洗废水流程进行优化，增设地下管线流程直排至就近污油井中，化验结果如表7。

表6 淋洗废水排放情况

采样时间	COD/(mg/L)	碱度(以 $CaCO_3$ 计)/(mg/L)
2014-5-15	1368.0	3340.9
2014-5-16	1123.0	3120.8
2014-5-17	1257.5	3212.4

（4）为避免树脂床堵塞，定期对树脂床进行手动清洗，将操作系统切至手动控制，调节流程利用除盐水对树脂床进行反冲洗，冲洗时间一般控制为3min左右。

7.2 存在问题及优化成果

7.2.1 存在问题

（1）经取样分析，清洗树脂床产生的碱渣会携带部分乙醇胺外排，乙醇胺的损失严重，造成经济浪费，分析数据如下表。

采样时间	采样名称	COD/(mg/L)	乙醇胺/(mg/L)
2014-5-12	再生废液(碱渣水)	10000	5460.5
2014-5-20	再生废液(碱渣水)	9684	5534.7

（2）冲洗树脂床时会将水带入胺液系统中(带入水量由表2说明)，贫液浓度明显下降，进行再生塔顶酸性水外送控制其浓度，也会有胺液跑损情况发生，既影响胺液品质，又增加了胺液使用成本，损失巨大，分析数据如下表。

采样时间	采样名称	硫化物/(mg/L)	乙醇胺/(mg/L)
2014-8-8	再生塔顶回流罐	715.52	8059.52
2014-8-10	再生塔顶回流罐	695.67	8231.28

（3）在进行催化胺液净化过程中，因管线较长约1000米，且经过多个龙门架，会出现后路憋压的情况，造成胺液出口压力高，胺液回送不畅通，经常报警，装置无法正常运行。

（4）树脂床设计压力为1.2MPa，当系统憋压，树脂床压力高于设计压力，树脂床中胺液会携带着树脂大量外漏，造成胺液损失及树脂的浪费，单次填充树脂费用约20万元，运行成本大大增加，见图4、图5。

图4 运行前树脂床内部情况

图5 树脂跑损后树脂床内部情况

（5）装置运行过程中，外部装置处理碱渣能力有限，给净化系统的连续运行带来限制。

7.2.2 优化措施及成果

（1）根据胺液中热稳态盐含量变化，及时调节运行模式，同时通过降低除盐水冲洗树脂床的流量以及外排碱渣流量，进而降低胺液损失，获得巨大经济效益。

净化系统优化前后参数对比见表8。

表7　净化装置物料设计操作参数

物料名称	净化装置各模式参数			进出口状态
	低　盐	中　盐	高　盐	
除盐水/(L/h)	617.5	1235	2254	进
再生废液/(L/h)	150.3	300.6	564.4	出
淋洗废水/(L/h)	304.3	608.6	1140	出
带入胺液中水/(L/h)	176.4	352.4	705.6	出
30%浓碱用量/(L/h)	13.5	27	45	进
每小时循环数/个	6	12	24	
脱盐能力/(kg/h)	7.5	15	30	
每小时循环数范围	1~27			

表8　参数优化调节情况及成果(1)

物料名称	净化装置各模式参数		
	低　盐	中　盐	高　盐
再生废液量/(L/h)(原设计参数)	150.3	300.6	564.4
胺液损失量/(mg/L)	3250	4300	5500
再生废液流量/(L/h)(优化参数)	100	180	275
胺液损失量/(mg/L)	1240	1930	2640
节省胺液损失费用/(元/h)	7.3	18.9	47.56
备注	单价按2万元/t计算		

从表8可见，通过优化操作最多节省乙醇胺损失费用为47.56元/h，每月至少降低胺液损失费用3.5万元，经济效益明显。

(2)适当调节净化回收冲洗树脂床水流量，降低单循环带入系统水量，从而降低外送酸性水的次数，降低胺液跑损量，同时减少胺液的补充费用。

净化系统优化前后参数对比见表9。

表9　优化调节情况及成果(2)

物料名称	净化装置各模式参数		
	低　盐	中　盐	高　盐
带入胺液系统水量/(L/h)(原设计参数)	176.4	352.4	705.6
带入胺液系统水量/(L/h)(优化参数)	112.3	223.2	402.4
节省胺液损失费用/(元/h)	10.33	20.83	48.87
节省除盐水损失费用/(元/h)	0.65	1.3	3
备注	乙醇胺单价2万元/t，除盐水10元/t		

从表9可见，通过优化操作最多节省乙醇胺损失费用为48.87元/h，每月节省胺液损失3.5万元，节省除盐水损失2160元，降低季度补充胺液量30t，直接效益60万元，节省巨额消耗成本。

(3)定期进行后路管线贯通吹扫或拆除单向阀进行疏通，确保管线畅通，措施实施后，再未进行树脂填充，降低高成本的树脂消耗量，每季度节省费用15万元，将运行成本降至最低，同时保证胺液质量。

（4）为了缓解碱渣处理的压力，对净化装置外排碱渣量进行优化控制，合理降低循环次数，确保碱渣量低于0.2t/h。

① 装置改为低盐模式运行；

② 贫液进入树脂床瞬时流量调节：由瞬时流量由230L/h降至100L/h；

③ 进装置除盐水流量调节：有之前瞬时流量617L/h降至120L/h；

④ 通过对各物质进料量的调节改变整个系统的循环时间，将低盐模式的循环时长由600s加长至900s；

⑤ 延长暂停步骤的时长，延长单循环时间，减少碱渣排放总量。

8 结语

（1）利用浅床层离子交换技术，对催化单元和硫黄单元两套胺液再生系统进行净化处理，降低热稳态盐含量进而缓解胺液发泡和设备腐蚀现象的发生，提高乙醇胺质量，增强胺液吸收效果，为乙醇胺再生系统的平稳运行和环保效益做出了突出贡献。

（2）对净化设施进行现场流程优化和操作优化，很大程度的解决了实际生产中出现的问题，确保了净化设施的连续运行。

（3）重点在于实施优化措施，通过多种不同手段降低运行过程中造成的乙醇胺跑损及树脂跑损等问题，极大程度的降低了各项运行成本约386万元/年，取得了非常大的经济效益。

参考文献

[1] 颜晓琴，李静，彭子成，等. 热稳定盐对MDEA溶液脱硫脱碳性能的影响[J]. 石油与天然气化工，2010，39(4)：294-296，303.

[2] 陈赓良，常宏岗. 配方型溶剂的应用与气体净化工艺的发展动向(第二版)[M]. 北京：石油工业出版社，2009.

[3] 张莉霞. 快速浅层床离子交换技术在胺液净化中的应用[J]. 广州化工，2010，38(7)：209-211.

泉州 3.3Mt/a 渣油加氢装置的设计及运行

蹇江海

(中国石化工程建设有限公司，北京 100101)

摘 要：对中化泉州石化有限公司 3.3Mt/a 渣油加氢装置的工程设计及工业运转进行总结，简要介绍其工艺及工程技术特点，对装置的工业运转标定结果作了简要分析，并与中石化系统内其他 10 套渣油加氢装置在 2015 年的运行情况做了汇总对比。结果表明，该渣油加氢装置的工艺技术先进，工程设计成功，产品质量好，能耗达到国内先进水平。

关键词：渣油加氢装置 工程设计 运行 标定

渣油加氢技术始于 20 世纪 50 年代，60 年代开始迅速发展[1]。固定床渣油加氢技术开始主要应用在生产低硫燃料油，90 年代以后渣油加氢技术主要应用于为催化裂化装置提供低硫原料。随着原油劣质化，炼厂提高对轻油收率要求以及日益严格的环保要求，渣油加氢处理技术已成为 21 世纪炼油厂的核心技术。中化泉州石化有限公司新建设的 3.3Mt/a 渣油加氢装置是 12Mt/a 炼油项目中重油加工的核心装置，由中国石化工程建设有限公司(SEI)进行 EPC 总承包。该装置采用 CLG 公司的固定床渣油加氢脱硫工艺技术，主要处理常、减压渣油，为催化裂化装置提供优质原料。自 2014 年 6 月 18 日投料开车一次成功始，装置一直运行良好。2014 年 9 月 29 日至 30 日装置进行了 24h 满负荷运转考核标定。

1 概况

该渣油加氢装置由反应、分馏两部分组成。装置公称规模 3.3Mt/a，按年开工 8400 小时设计。反应部分为双系列，每个系列可以单独开停工，分馏部分合并为一个系列，设计操作弹性为 50%～105%。该装置采用 CLG 公司开发的 ICR 系列催化剂的渣油加氢脱硫工艺技术，处理常压渣油、减压渣油、减压重蜡油、焦化轻蜡油、焦化重蜡油的混合原料，经过催化加氢反应，脱除硫、氮、金属等杂质，降低残炭含量，为重油催化裂化装置提供优质原料，同时副产少量汽、柴油馏分，其反应压力约为 18.2MPa。该装置主要设备共有 190 台(套)，其中包括反应器 10 台、塔 5 台、容器 42 台、换热器 48 台、空冷器 31 片、压缩机 5 台、泵 41 台、液力透平 2 台、加热炉 3 座、过滤器 2 套、膜分离系统 1 套。装置的工艺流程示意见图 1，其有以下特点：

(1) 装置采用 CLG 公司的上流式反应器(UFR)+固定床反应器的渣油加氢脱硫工艺技术；

(2) 反应部分设置两个独立的反应系列，两个系列可以实现单开单停，使该装置换剂时对全厂其他装置造成的波动和经济损失降到最低；

(3) 反应产物分离采用热高分方案；

(4) 设置循环氢脱硫塔，并设置一套液力透平回收循环氢脱硫塔富胺液至闪蒸罐的能量；

(5) 分馏部分采用硫化氢汽提塔+常压塔的双塔流程方案。

2 设计与标定结果对比分析

2.1 原料油

设计原料油为以加工科威特原油的 23.8%常压渣油、46.4%减压渣油、21%减压重蜡油、5.4%焦化轻蜡油和 3.5%焦化重蜡油的混合油。标定期间为卡宾达、刚果和沙中混合原油的混合渣油进料，减压渣油+常压渣油的比例为 75%，高于设计值的 70.2%。原料性质见表 1。

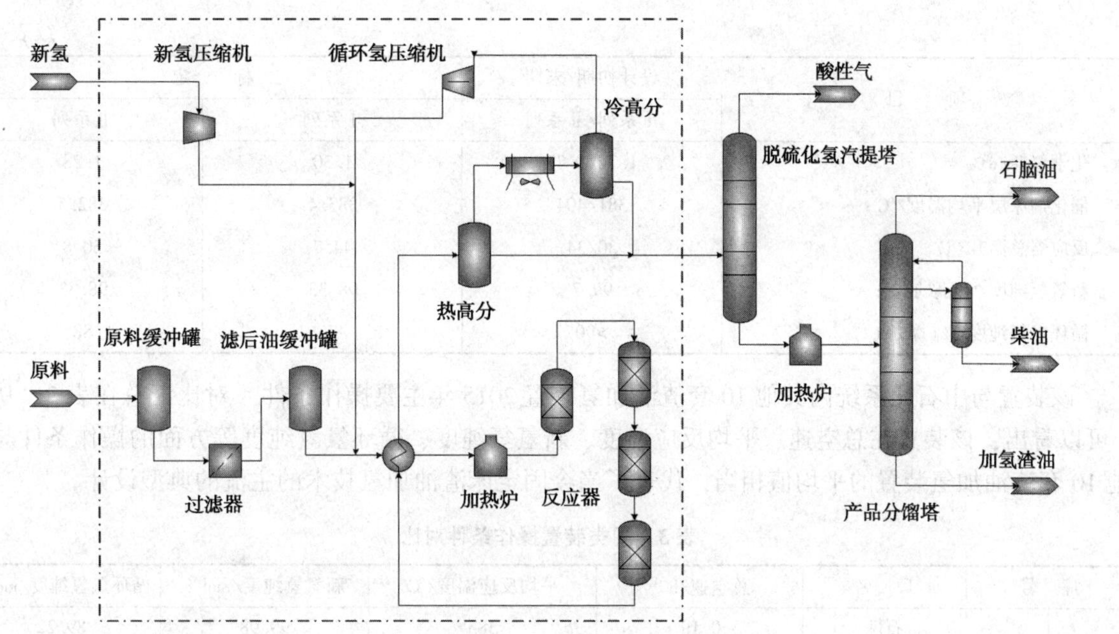

图 1　泉州渣油加氢工艺流程示意图(虚线内为双系列)

表 1　设计和标定原料性质

项　　目	设计混合原料	标定混合原料
处理量/(t/h)	392.8	413.6
密度(20℃)/(g/cm^3)	1.0	0.97
硫/%	5.08	2
氮/(μg/g)	3176	2043
残炭/%	13.7	10.4
沥青质/%	4	2.5
Ni+V/(μg/g)	110.7	60.7

从表 1 数据可以看出，标定原料从密度到金属含量各项指标均优于设计原料，但处理量已超过 105%的水力学设计上限，说明装置设计满足水力学上限的要求。

2.2　反应操作条件

设计和标定的反应条件汇总见表 2。从表 2 反应数据可以看出，标定期间反应压力低于设计压力，而反应温升比设计值高，说明催化剂初期活性较高。另外标定原料中含有反应放热量较大的催化柴油也会使反应温升变高。由于标定原料杂质含量低于设计原料，因此化学耗氢低于设计值。由于开工阶段受下游装置的影响，排放的废氢少，因此循环氢的氢纯度偏低，但不影响整个装置操作和产品质量。

表 2　设计反应条件与标定反应条件对比

项　　目	设计初期/末期	标　　定	
	Ⅰ系列/Ⅱ系列	Ⅰ系列	Ⅱ系列
总体积空速/h^{-1}	0.233	—	—
上流式反应器入口压力/MPa(g)	18.09/18.53	17.3	17.0
上流式反应器压降/MPa	0.2	0.167	0.17
四台固定床反应器压降/MPa	1.6/2	1.24	1.16
总压降/MPa	1.8/2.2	1.407	1.33

续表

项目	设计初期/末期	标定	
	Ⅰ系列/Ⅱ系列	Ⅰ系列	Ⅱ系列
化学氢耗/w%	1.72/1.87	1.30	1.28
催化剂床层平均温度/℃	381/404	383.4	382.5
反应器总温升/℃	30/34	44.7	50.8
新氢氢纯度/%(摩尔)	99.7	98.33	98.33
循环氢氢纯度/%(摩尔)	>90	87	88

该装置与中石化系统内其他10套渣油加氢装置2015年主要操作条件[2]对比汇总在表3。从表3可以看出，该装置在总空速、平均反应温度、新氢氢纯度、循环氢氢纯度等方面的操作条件与其他10套渣油加氢装置的平均值相当，代表了当今固定床渣油加氢技术的主流的典型设计。

表3 同类装置操作条件对比

序号	厂名	总空速/h^{-1}	平均反应温度/℃	新氢氢纯度/mol%	循环氢氢纯度/mol%
1	石炼	0.19	385	99.98	89.22
2	齐鲁	0.17	385	99.37	90.08
3	安庆	0.23	381	99.21	83.5
4	九江	0.22	359	99.56	95.49
5	长岭	0.22	397	99.9	90.2
6	金陵	0.2	369	95.46	82.5
7	扬子	0.2	383	99.2	82.2
8	上海	0.87	374.1	98.04	91.9
9	茂名	0.21	386.5	99.65	82.97
10	海南	0.43	385	99.9	91.8
11	平均	0.38	380.5	98.92	87.97
12	本装置	0.233	383	98.33	87.5

2.3 反应器床层温度分布

反应器床层温度分布标定值见表4。从表4中标定数据分布可以看出，催化剂床层温度分布比较均匀，4个温度点之间相差很小，大部分误差都在1℃左右，说明催化剂装填均匀、气液混合好、分配均匀，反应器入口分配盘设计合理。仅在上流式反应器第一和第二床层入口径向温差较大。据后来现场操作调整发现，如果原料中混入较多的催化柴油，会导致径向温差较大，减少催化柴油的混入量后，这一现象缓解，分析可能是由于催化柴油反应放热导致局部产生热点。

表4 反应器床层温度分布标定值

反应器床层	Ⅰ系列				Ⅱ系列			
上流式反应器床层								
一床层下/℃	384.8	384.3	385.6	384.6	376.4	375.5	374.9	383.0
一床层上/℃	388.8	388.0	388.6	388.4	378.6	379	379.4	379
二床层下/℃	384.9	385.8	386.5	387.6	386.9	380.8	379.2	385.3
二床层上/℃	388.9	389.0	388.5	389.2	388.5	389.7	389.6	388.8
固定床反应器1床层								
上/℃	377.9	378.2	378.2	378.5	377.7	378.3	376.7	376.9
下/℃	388.6	387.9	386.8	387.6	386.9	387.0	387.1	387.5

续表

反应器床层	Ⅰ系列				Ⅱ系列			
固定床反应器 2 床层								
上/℃	384.7	384.2	384.9	384.3	384.1	383.9	383.4	383.4
下/℃	390.4	390.4	390.8	389.8	390.0	390.2	390.8	391.3
固定床反应器 3 床层								
上/℃	388.2	388.2	387.5	387.8	385.7	386.1	386.3	385.8
下/℃	398.0	398.9	398.3	398.7	399.1	398.7	397.9	398.9
固定床反应器 4 床层								
上/℃	386.7	387.2	387.7	387.9	387.2	387.2	387.9	386.9
下/℃	399.3	400.4	400.5	399.7	401.4	402.4	400.3	399.5

2.4 渣油产品性质

该装置主要给催化裂化装置提供原料，石脑油和柴油馏分为副产品，需送到下游装置进一步加工，因此表 5 只对比了加氢渣油产品性质。从表 5 标定结果看，加氢渣油产品各项指标均小于设计目标值，满足做催化裂化原料的性质要求。

表 5 加氢渣油产品性质对比

性 质	设计值(初期/末期)	标定值
相对密度	0.9394/0.9378	0.9378
硫含量/%	≤0.48	0.27
氮含量/(μg/g)	≤2000	1714
残炭含量/%	≤6.0	5.7
镍含量/(μg/g)	—	7.9
钒含量/(μg/g)	—	4.4
镍+钒含量/(μg/g)	≤19	12.3

通过原料和渣油产品性质计算该装置的脱硫率、脱氮率、脱残炭率及脱金属率与中石化系统内其他 10 套渣油加氢装置 2015 年的数据[2]对比见表 6。从表 6 可以看出，该装置的脱硫率和脱残炭率较高，脱氮率较低；归因于上流式反应器的应用优势，脱金属率比其他装置都高。

表 6 脱硫率、脱氮率、脱残炭率及脱金属率对比表

序 号	厂 名	脱硫率/%	脱氮率/%	脱残炭率/%	脱金属率/%
1	石炼	84.5	23.2	48.5	77
2	齐鲁	85.8	43.6	62.8	82
3	安庆	85.4	34.6	44.1	70.3
4	九江	86.83	31.03	47.54	77.23
5	长岭	90.06	37.48	50.5	56.56
6	金陵	88	47	57	77
7	扬子	86.67	50.3	57.5	78.59
8	上海	82.34	44.9	49.95	69.28
9	茂名	85.96	34.52	54.2	79.43
10	海南	78.2	33.24	45.67	62.13
11	平均	84.49	37.96	51.64	71.77
12	本装置	88.6	28.9	53.5	82.8

2.5 产品分布

标定期间的物料平衡和设计时模拟用的产品分布见表7。从表7物料平衡看，催化剂选择性较好，渣油收率高于设计值，轻产品收率低于设计值。

表7 装置设计物料平衡与标定物料平衡对比 %

产品分布	设计(初期/末期)	标定
入方		
原料油	100	100
氢气	1.71/1.86	1.28
合计	101.71/101.86	101.28
出方		
H_2S+NH_3	5.31/5.34	2.0
气体	0.66/2.73	1.9
石脑油馏分	2.56/3.43	1.6
柴油馏分	13.38/16.86	8.0
加氢渣油	79.8/73.5	84.8
损失	—	2.98
合计	101.71/101.86	101.28

2.6 能耗对比

装置设计能耗和标定能耗对比见表8。可以看出该装置运行能耗远低于设计值。

表8 装置设计能耗与标定能耗对比 kgEO/t

序号	项目	设计能耗	标定能耗
1	电	11.88	9.86
2	燃料气	4.93	3.6
3	3.5MPa 蒸汽	18.38	12.38
4	1.0MPa 蒸汽	-1.63	-1.41
5	0.4MPa 蒸汽	-15.62	-12.61
6	脱氧水	1.34	0.85
7	除盐水	0.38	0.32
8	循环水	0.53	0.34
9	净化风	0.06	0.04
10	氮气	0.07	0.1
合计		20.32	13.47

与中国石化其他10套渣油加氢装置2015年统计的能耗[2]比较见表9，从表9对比可知，虽然该装置的标定能耗排在第四位，但该装置掺炼渣油的比例高，因此能耗达到了国内先进水平。

表9 同类装置能耗比较

序号	厂名	规模/(Mt/a)	掺蜡油比例/%	原料性质				渣油收率/%	能耗/(kgEO/t)
				Ni+V/(μg/g)	S/%	N/%	残炭/%		
1	茂名	2.0	43	77.2	2.92	0.27	12.2	85.89	10.61
2	海南	3.1	0	29.4	1.63	0.34	8.9	91.08	11.82
3	长岭	1.7	43	79.1	1.4	0.75	13	88.61	13.25
4	本装置	3.3	25	60.7	2	0.2	10.4	84.8	13.47

续表

序号	厂名	规模/(Mt/a)	掺蜡油比例/%	原料性质				渣油收率/%	能耗/(kgEO/t)
				Ni+V/(μg/g)	S/%	N/%	残炭/%		
5	金陵	1.8	31	55.6	3.12	0.13	9.9	83.6	13.7
6	石炼	1.5	39	59.2	1.87	0.4	11.1	86.57	14.6
7	扬子	2.0	37	73.5	3	0.33	11.3	87.02	15.37
8	上海	3.9	27	79	3.36	0.21	10.9	85.49	15.93
9	安庆	2.0	31	33	0.92	0.56	9.3	90.52	16.32
10	九江	1.7	41	37.6	1.18	0.34	8.7	92.82	22.38
11	齐鲁	1.5	41	38.2	2	0.65	9	91.3	25.28

3 结语

从该装置的标定结果看：设计的水力学弹性满足设计的上限要求；反应器内件设计先进，气液分配均匀。标定数据与设计数据对比看：催化剂选择性好，轻产品收率低，加氢渣油质量好；装置操作能耗远低于设计值。与中石化系统内同类装置 2015 年操作数据对比看：上流式反应器的应用使脱金属率高于同类装置；装置操作能耗达到国内先进水平。综上所述，该装置工艺技术先进，工程设计、施工和工业应用都是成功的。

参 考 文 献

[1] 李大东主编. 加氢处理工艺与工程[M]. 北京：中国石化出版社，2004：63.

MTBE 装置单反应器长周期运行探讨

谭明凤　姚登雄　李　勇

（岳阳兴长石化股份有限公司，414012）

摘　要：简要介绍了岳阳兴长石化股份有限公司 60kt/a MTBE 装置生产工艺，针对本装置加工负荷低、产品杂质含量高、能耗高的运行现状，通过采取单反应器长周期运行模式，在实际生产中取得了良好的效果，对同类装置有一定的借鉴作用。

关键词：MTBE　催化剂　节能

1　前言

甲基叔丁基醚，英文缩写为 MTBE。是一种高辛烷值含氧汽油组分。主要用作汽油添加剂可获得高辛烷值无铅汽油。它不仅能有效提高汽油辛烷值，而且还能改善汽车性能，降低尾气中 CO 含量，同时降低汽油生产成本。MTBE 除作为良好的汽油添加剂外，还可作为生产高纯度异丁烯的原料，用于生产丁基橡胶、聚异丁烯等高附加值产品[1]。

岳阳兴长石化股份有限公司 60kt/a MTBE 装置于 2011 年 1 月建成投产，2014 年 6 月首次大检修后开工，由于受上游装置原料限制，本装置一直处于低负荷运行状态。开工初期采用预反应器 R601B+主反应器 R602 串联运行的模式，单位产品加工能耗居高不下，并且由于采用预反+主反串联低负荷运行，物料在催化剂床层的停留时间过长，副反应增多，MTBE 产品质量出现波动。针对这种现状，我们提出了预反应器单台反应器运行的设想，以提高产品质量，节能降耗。

2　工艺简述

2.1　MTBE 生产原理

本装置采用上游 1#气分装置与炼油二部气分装置混合 C_4 馏分和甲醇为原料，采用 D006 大孔径强酸性阳离子交换树脂作催化剂，通过醚化反应生成 MTBE。反应生成部分采用低醇烯比、混相床生产工艺，异丁烯转化率可达 90%~95%，然后在催化蒸馏塔反应段进行深度转化，使异丁烯转化率达到 99.5%以上。除了主反应外，还存在以下副反应，异丁烯与原料中水分反应生成叔丁醇(TBA)；正丁烯与甲醇反应生成甲基仲丁基醚(MSBE)；异丁烯自聚生成 2，4，4-三甲基-2-戊烯(DIB)；甲醇缩合生成二甲醚(DME)。

主反应方程式如下：

$$\mathrm{CH_3OH}+\begin{array}{l}\mathrm{CH_3}\\ \mid\\ \mathrm{C{-}CH_3}\\ \|\\ \mathrm{CH_3}\end{array} \rightleftharpoons \mathrm{CH_3{-}O{-}}\begin{array}{c}\mathrm{CH_3}\\ \mid\\ \mathrm{C}\\ \mid\\ \mathrm{CH_3}\end{array}\mathrm{{-}CH_3}$$

甲醇　异丁烯　　　甲基叔丁基醚

副反应方程式如下：

$$\begin{array}{l}\mathrm{CH_3}\\ \mid\\ \mathrm{C{-}CH_3}\\ \|\\ \mathrm{CH_3}\end{array} + \mathrm{H_2O} \longrightarrow \mathrm{H_3C{-}}\begin{array}{c}\mathrm{CH_3}\\ \mid\\ \mathrm{C}\\ \mid\\ \mathrm{CH_3}\end{array}\mathrm{{-}OH}$$

异丁烯　　水　　　叔丁醇

$$CH_3OH+H_2C{=}CHCH_2CH_3 \rightleftharpoons H_3C{-}O{-}CH(CH_3)CH_2CH_3$$

甲醇　　　正丁烯　　　甲基叔仲基醚

$$(CH_3)_2C{=}CH_2 + (CH_3)_2C{=}CH_2 \longrightarrow H_3C{-}C(CH_3){=}CH{-}C(CH_3)_3$$

异丁烯　　异丁烯　　　2，4，4-三甲基-2-戊烯

$$CH_3OH+CH_3OH \longrightarrow CH_3OCH_3+H_2O$$

甲醇　　甲醇　　　二甲醚　　水

2.2　生产工艺简介

本装置共有塔 3 座，反应器 3 台，冷换设备 18 台，容器 10 台，机泵 20 台。碳四与甲醇原料混合后，设计工艺是预反应器(R601AB)和主反应器(R602)串联运行进行醚化反应生成 MTBE，其中预反应器一台运行一台备用，经技术改造后可实现预反应器(R601AB)单台反应器运行或者主反应器(R602)单台反应器运行。未反应碳四及甲醇和生成的 MTBE 进入催化蒸馏塔(T601)中部，异丁烯与甲醇在反应段继续反应，MTBE 不断从塔底分离出去，实现异丁烯深度转化。剩余碳四和甲醇共沸物先后进入萃取塔(T602)和甲醇回收塔(T603)分离。本装置流程示意图如图 1 所示。

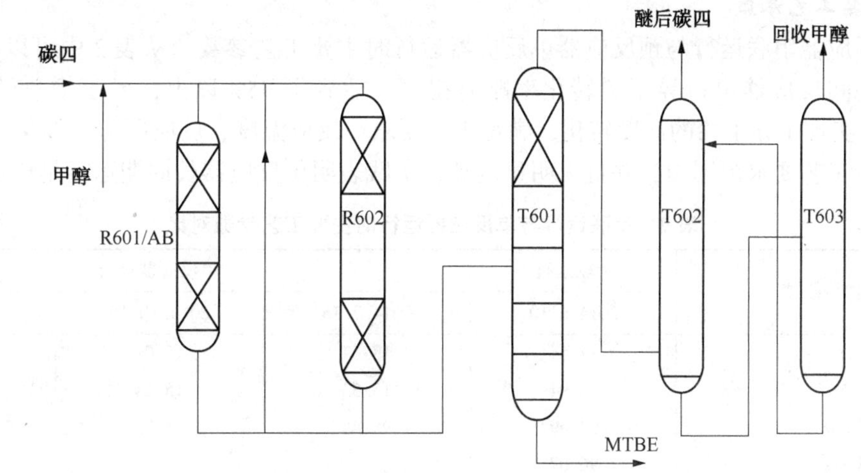

图 1　MTBE 装置流程示意图

3　单反应器运行必要性

2014 年 6 月，本装置首次大检修后开工采用 R601B 与 R602 串联运行，受上游装置原料量的限制，加工负荷仅为设计负荷 60%，空速低，副产物多，导致产品质量不合格。在此期间，R601B 出口异丁烯转化率已达到了 94%，单台反应器运行已能满足生产要求，可避免主反应器内催化剂的浪费，降低加工成本。因单台反应器运行时，反应器出口物料温度比两台反应器串联运行时高，催化蒸馏塔进料温度提高，还可以降低催化蒸馏塔重沸器(E605)蒸汽消耗。所以实现单反应器长周期运行将有利于提高产品质量和节能降耗，为公司创造经济效益。

4　单反应器运行状况

我装置 2014 年 6 月 16 日将 R602 切出系统，采用 R601B 单反应器运行。为了探索 R602 单反应器运行情况，2015 年 2 月 26 日切换 R601B 和 R602 运行，采用 R602 单反应器运行。R601B 单反应器运行共计 256 天，在此期间，装置运行正常，醚化反应副产物减少，产品质量提升，转化率未见明显降低，E605 蒸汽消耗量降低，取得了良好的效果。

4.1 产品纯度

表1为反应器串联运行与预反应器单反应器运行时产品质量分析数据。从表1可以看出，单反应器运行后，MTBE产品中副产物MSBE、DIB大幅下降，产品质量明显提高，随着运行周期延长产品质量仍然保持相对稳定。

表1 串联运行与单反应器运行时MTBE产品质量 %(体)

组 分	串联运行	单反应器运行		
	2014.6.10	2014.7.15	2014.10.15	2015.1.15
MeOH	0.14	0.04	0.02	0.01
TBA	0.49	0.18	0.09	0.48
MTBE	97.37	98.9	99.42	99.24
MSBE	1.35	0.76	0.44	0.23
DIB	0.62	0.05	0.01	0.03
C_4	0.03	0.06	0.02	0.01
C_5		0.01		
MTBE+TBA	97.86	99.08	99.51	99.7

注：产品质量标准：MTBE+TBA≥98.5%，MeOH≤1%，C_4≤0.5%。

4.2 主要工艺参数

表2为反应器串联运行与预反应器单反应器运行时主要工艺参数。从表2中可以看出R601单反应器运行期间反应器出口异丁烯转化率略有提高，达到了95%以上，异丁烯总转化率保持在99.5%左右，实现了异丁烯的深度转化，满足生产要求。反应温度、反应压力、催化蒸馏塔压力等工艺参数均在工艺要求范围内，并且无明显波动，实践表明单反应器长周期运行是成功的。

表2 串联运行与单反应器运行时主要工艺参数对比

工艺参数	串联运行	单反应器运行		
	2014.6.10	2014.7.15	2014.10.15	2015.1.15
碳四加工量/(t/h)	17.54	18.34	17.01	17.21
异丁烯含量/%(体)	15.94	15.53	15.24	15.86
R601出口转化率/%	94.69	95.46	95.85	95.32
R602出口转化率/%	96.67	—	—	—
R601压力/MPa	0.75	0.71	0.63	0.66
R601温度/℃	68.4	66.5	63.5	63.5
R602压力/MPa	0.72	—	—	—
R602温度/℃	55.5	—	—	—
醚后碳四异丁烯含量/%(体)	0.07	0.06	0.02	0.08
异丁烯总转化率/%	99.53	99.5	99.56	99.51
T601顶压力/MPa	0.59	0.6	0.53	0.53
E605蒸汽/(t/h)	4.25	3.71	3.55	3.66

4.3 E605蒸汽消耗量

单反应器运行时R601出口反应物料比反应器串联运行时R602出口反应物料温度高约13℃，T601进料温度提高，显然E605的蒸汽耗量会有所降低。从表2可以看出，在同等加工负荷下，单反应器运行时E605可节约蒸汽约0.6t/h，具有良好的经济效益。

5 单反应器运行效益分析

5.1 减少蒸汽消耗

R601单反应器运行时，可节约蒸汽约0.6t/h，全年以开工8400h计，每年可节约蒸汽5040t，蒸汽按 146 元/t 计算，全年可节约成本 73.6 万元。

5.2 减少催化剂消耗

反应器串联运行时，R602 中催化剂按惯例每个生产周期更换一次，将 R602 切出系统后，避免了 R602 中催化剂的消耗，至少可以减少更换催化剂一次。R602 中催化剂装填量约 18t，催化剂按 1.6 万元/t 计，一个生产周期内可节约成本 28.8 万元。

5.3 减少催化剂装卸及废催化剂处理费用

卸催化剂前需用蒸汽吹扫置换反应器，蒸汽费用约需 2 万元；更换催化剂支撑 316L 的金属丝网、不锈钢螺栓 50 套，材料费支出约 2 万元；更换催化剂时人工费及吊车机械台班费 1 万元；废催化剂处理费按 0.7 万元/t 计，可节约成本 12.6 万元；一共可节约成本 17.6 万元。

5.4 社会效益

废催化剂不可避免的会对环境造成一定的污染，随着人们环保意识不断加强，环保要求越来越严格，减少催化剂的消耗不仅能降低装置运行成本，还可减少废催化剂对环境的污染，提高人们生活质量，具有良好的社会效益。

6 结语

通过在本装置的实际应用，在较低负荷下，单反应器长周期运行成功实现，有利于提高产品质量，降低能耗物耗，具有显著的经济效益和社会效益。同时单反应器运行成功，给 MTBE 装置提供了多种工艺优化方案，可根据催化剂活性变化或者加工负荷的变化，灵活选择预反应器单反运行、主反应器单反运行、两台反应器串联运行模式，实现装置效益最大化，为同类装置节能降耗、挖潜增效提供了新的思路。

参考文献

[1] 李文波，付静. 我国汽油添加剂的现状与发展趋势[J]. 齐鲁石油化工，2002，30(2)：59-62.

原油管道抢维修应急处置技术进展

王　庆　刘佳南　张　静

(中石化管道储运公司抢维修中心，徐州　221006)

摘　要：原油管道抢维修应急处置技术是保障管道安全运行的重要保障，针对钢质管道渗漏、凹陷、腐蚀、外力损伤、断管、打孔盗油、水上溢油等事件(安全隐患或事故)在应急状态下，本文进行了原油管道修复技术的汇总，展现近几年来原油管道抢维修技术发展的多样性和成熟性。

关键词：原油管道　抢维修　应急处置　技术进展

1　前言

原油管道因腐蚀、外力损伤、施工缺陷、材料质量缺陷、操作不当、凝管、自然灾害等因素导致管道不正常停输，造成企业经济损失，严重的会影响国家能源供应安全；大量的油气泄漏，不但存在大气、土壤、水体环境污染的隐患，而且还存在着火灾、爆炸、人员中毒的风险；特别在人口稠密地区，爆炸冲击波易对人民生命财产安全造成很大破坏。通过对管体缺陷修复技术和管道应急抢修技术的研究和实践，掌握并成功应用了原油管道抢维修应急处置系列技术，对管道损坏泄漏问题及其潜在的风险形成了科学的解决方案。

2　管道运行风险因素

2.1　腐蚀

腐蚀会导致材料壁厚减薄，引发穿孔和开裂，是造成管道泄漏事故的主要原因之一，主要包括电化学腐蚀、应力腐蚀、环境自然腐蚀等。多发生在管子的焊道、管道穿(跨)越处、锚固及防腐层补口处的管段上。

2.2　外力损伤

由于外部的活动，如道路建设、爆破、土方开挖、船舶抛锚、河道疏浚、管道施工、违章建筑占压管道等引起的意外损坏；或者是第三方恶意损坏，如打孔盗油、恐怖破坏等。

2.3　施工缺陷

如焊接缺陷(裂纹、夹渣、气孔、未熔合等)、防腐层补口补伤缺陷、管沟回填质量问题、管道震动磨损等。

2.4　材料质量缺陷

如材料加工制作缺陷、砂眼、疲劳损伤等质量问题。

2.5　操作不当

包括人员的误操作和设备的误动作，如流程切换错误造成的管道憋压、超压、水击爆管等。

2.6　管道凝管

对于输送高凝点介质的原油管道，由于操作规程执行不严、工艺措施不当、低输量、清管不及时等不利因素易造成管道凝管事故。

2.7　自然灾害

主要是由于地震、塌方、泥石流、洪水、河流冲刷、雷击、地质沉降等造成的管道裸漏、悬空、漂管、变形、断裂等损坏。

3 原油管道应急处置技术

3.1 管体缺陷修复技术

3.1.1 打磨修复

适用于外部机械损伤的管道，包括管壁的凿口、凹槽、电弧烧痕及裂纹等。打磨区域深度不超过管道公称壁厚的8%，且打磨区域宜有一个平滑的过渡，以避免形成凹痕。打磨宜使用角向磨光机，打磨角度宜不大于45°，打磨时应防止管体过热。

打磨修复完成后，应用渗透或磁粉对打磨的表面进行无损检测，表面应无裂纹。

3.1.2 补焊修复

补焊和堆焊是直接在管道缺陷上进行焊接的一种管道修复技术，适用于管道外部腐蚀造成的金属损失缺陷修复，不适用于焊缝及裂纹类缺陷。并且，有下列情形之一的也不应采用本方法：

① 剩余壁厚在3.2mm以下的；

② 金属损失区域轴向或环向长度超过外径的一半以上的；

③ 对于脆性断裂敏感的管线。

焊接完成后，应使用磁粉检测或超声波检测方法对补焊处进行检测，表面应无裂纹、气孔、夹渣等焊接缺陷。

技术要求：

a. 在焊接前，应将管体腐蚀区域清理干净，焊接部位不应存在氧化物、锈皮、涂层、水分和其他污染物，清理缺陷应保证最小壁厚不小于3.2mm；进行必要的打磨，以形成合适的剖面。

b. 补焊区域的最终厚度应不低于原管壁厚。补焊作业时，为防止管道焊穿和氢致裂纹产生，应制定合格的返修焊接工艺，明确焊缝熔敷区的最小允许剩余壁厚和管子内允许输送液体的压力值，控制焊接热输入，减小热影响区的范围。

c. 沿需修复缺陷的外沿以直焊道焊一圈，圈外不允许焊接；

d. 在圈内以直焊道熔敷第一层，使用焊接工艺规程规定的较小的热输入以防止熔穿；后续熔敷层可以使用较大的热输入，确保回火效果；

e. 持续堆焊到预定的维修厚度。为方便检测，补焊表面可打磨平整；

f. 打磨补焊区域最外沿焊道，使其与管道本体保持平滑过渡，打磨深度不允许低于母材。

3.1.3 补板(即补丁或瓦片)修复

适用于表面金属腐蚀损失缺陷、孔洞(包括盗油孔)、裂纹的修复，焊缝缺陷不应采用补丁修复。补板宜采用与母材相类似的材质，设计强度应等于或大于管道的强度。焊接完成后，应使用磁粉或渗透方法对角焊缝进行检测，表面应无裂纹、气孔、夹渣等焊接缺陷。配套材料工具包括：耐高温密封胶垫、链钳等，如图1所示。

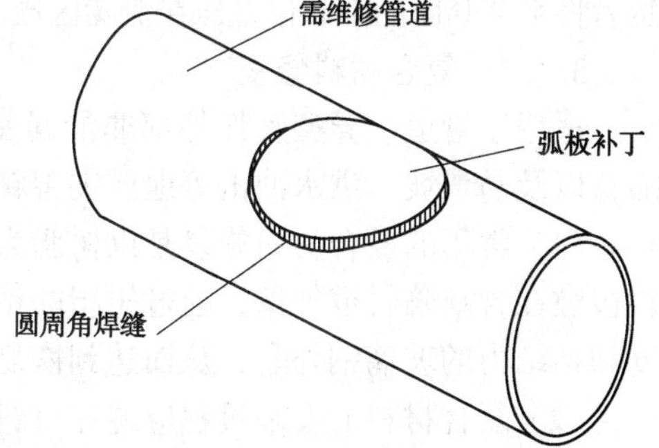

图1 补板修复

技术要求：

a. 补板焊接前，应使用超声波检测仪检测将进行填角焊接处的管体，确保该处管体不存在夹层。

b. 补板形状宜为圆形或椭圆形(受力均匀，应力缺陷小)，如采用矩形或方形的补板应对边角进行圆角处理，以减少应力集中，补板与管体角焊连接。

c. 补板壁厚应不低于管道设计壁厚。

d. 补板尺寸应覆盖金属损失区域外50mm，内弧长度与轴线长度不应超过管道外径的一半(不明确，落实一下)；补板与管壁应贴合紧密，组对间隙应不大于3mm。

e. 补板不应横跨环焊缝，补板间距、补板与环焊缝间距应大于50mm。

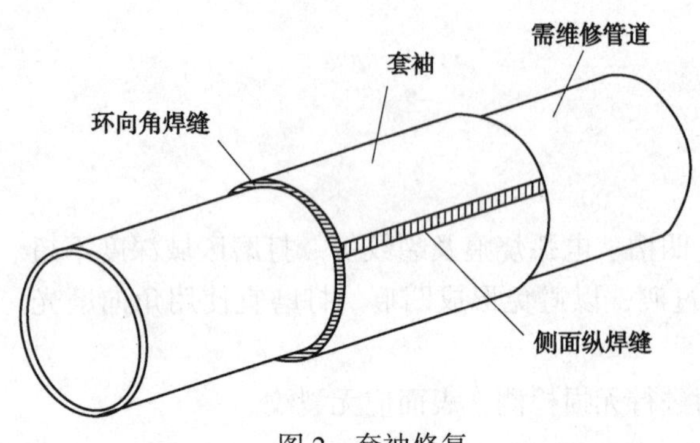

图2 套袖修复

3.1.4 套袖修复

适用于外表面金属损失、焊缝缺陷的维修。半管套袖壁厚必须和输送管道的直径相同，单个套袖长度不满足管道修复长度时，可在套袖串联部位安装一环形垫板，使用对焊的方法连接两个套袖，如图2所示。

① 套袖制作要求：

a. 所取用钢管的公称壁厚和材料等级应不低于修复管道的公称壁厚和材料等级。

b. 如果套袖由冷加工钢板制成，则钢板厚度和钢板材料的规定最小屈服强度至少应等于修复管道的公称壁厚和规定最小屈服强度。

c. 套袖纵向对接焊缝位置内侧应预加垫板，采用单面V形对接焊接，防止焊到管壁上；套袖两端应垂直切割，使用角焊方式与管道连接。

d. 环向角焊缝焊脚尺寸为套袖壁厚与组对间隙之和；套袖壁厚大于1.4倍管道壁厚时，焊脚尺寸不小于1.4倍管道壁厚。

e. 套袖长度不应小于150mm，且套袖末端距离缺陷边缘不应小于50mm。

② 技术要求：

a. 安装前应对安装区域进行清理，对安装位置椭圆度和壁厚进行测量，应满足安装和焊接工艺要求；对安装区域内影响安装的焊道可打磨至与母材平齐。

b. 套袖安装后环向角焊缝和原有环焊缝间隔宜不小于管道外径一倍的距离，且不小于150mm；

c. 当套袖长度大于4倍管径时，修复时应对被修复管道采取临时支撑措施。

d. 套袖扣在管道上时，缺陷最严重部位应对准半个套袖的中心位置。修复管道泄漏时，泄漏孔应对准半个套袖的中心位置。

e. 套袖安装时，应使用机械(或液压)链钳固定：用一条链条套在套筒下半部上，链条有一定松弛度。在套筒下半部与链条之间应垫上木块，木块应放置在套筒下半部的中心位置，使用螺栓顶丝或液压千斤顶顶在链条和木块之间，使套筒与管道尽可能地配合紧密。

f. 使用套袖修复泄漏时，如果泄漏孔的尺寸和泄漏速度均比较小，可使用密封胶皮堵住泄漏孔，然后将半个套筒的中心位置压在泄漏区域上。通过加载对泄漏孔进行完全密封，然后进行套袖焊接。

3.1.5 复合材料修复

适用于管道、异型管件外部非泄漏腐蚀凹坑等表面缺陷的补强，不适用于裂纹、内腐蚀等缺陷，以及易滑坡、洪水冲击等地质灾害频发区域。

(1) 常用的复合材料修复是以树脂为粘结剂，以玻璃纤维、碳纤维、凯夫拉纤维等作为增强材料包敷在含缺陷管道外壁，通过树脂的粘结和固化作用，在管道表面形成具有较高的抗压、抗拉强度和粘结力的玻璃钢外套，从而达到恢复甚至超过管道设计运行压力的目的。

(2) 复合材料的安装过程应遵守材料厂商的安装说明和管道运营方的要求，作业人员应经过充分培训。

(3) 采用复合材料进行的维抢修，宜在其两端安装定位钢带，以便于以后内检测的定位。

注：对于焊缝缺陷补强也可选用：环氧钢套筒和凯夫拉修复相结合技术修复工艺。

3.1.6 换管修复

主要应用于输油管道动火连头、工艺改造、局部裂缝、变形、断管等管段维修。换管修复可采用停输换管和不停输换管。停输换管包括封堵、局部隔离等方法；不停输换管包括架设旁通、封堵、局部隔离等方法。

根据工作原理的不同，主要分为：

(1) 盘式封堵　适用于各种介质高压管道的停输或不停输封堵换管;

(2) 筒式封堵　适用于中低压管道封堵;

(3) 折叠封堵　适用于大口径、低压力的管道封堵，开孔直径一般仅为管径的三分之二;

(4) 低压囊式封堵　适用于停输状态下的低压管道封堵。由于胶囊承压低，作业安全风险大，一般不独立使用，常用于与高压盘式封堵配合作业，快速密封、隔离油气，实现安全动火作业。

技术要求：

a. 应使用冷切割方式切割含有油气的密闭管道;

b. 断管后，应对管口进行清理，并采取气囊、黄油墙等隔离措施;

c. 为防止隔离管段内压力积聚，应在隔离管段上开排气孔(或利用平衡孔)，并在动火作业过程中持续检查;

d. 动火作业期间，如检测到可燃气体，应停止动火作业，去除可燃气体，重新检测现场环境，合格后方可继续动火作业;

e. 更换管段强度应不低于原管道设计要求，长度宜不小于管道直径的一半;

f. 严格执行焊接工艺规程，对于磁偏吹现象严重的管线，应采取消磁措施。

3.2　管道应急抢修技术

应急抢修的原则是：反应迅速、措施得当、安全高效。要采取有效控制措施，使漏点有大漏变小漏、有小漏变渗漏、有渗漏变不漏，带压堵漏要采取引流泄压、机械或液压顶压措施。

3.2.1　引流式补板卡具修复

适用于腐蚀穿孔、外力损伤、局部撕裂、打孔盗油等造成的泄漏抢修，主要材料包括：弧板、木塞、密封垫等，如图 3 所示。

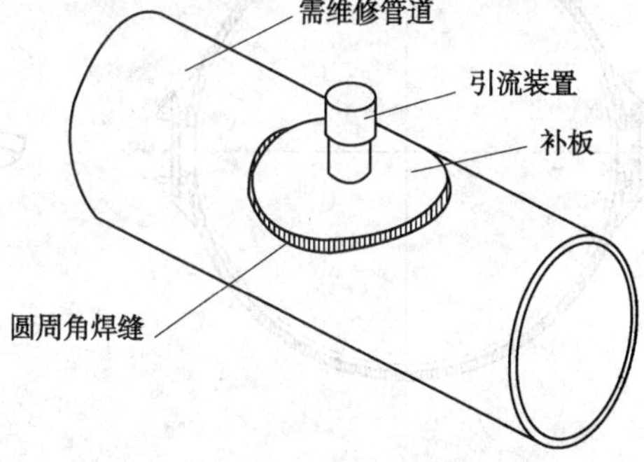

图 3　引流式补板卡具修复

技术要求：

a. 在管道上安装链式补强板抢修夹具前，将管线压力降至 2MPa 以下;

b. 除去管道表面的防腐层、铁锈等异物;

c. 测量焊接补板与管线本体连接部位的壁厚值，判断是否满足焊接要求;

d. 将夹具安放在抢修管线上，将丝杠—链条组合放在补强板上，顺时针均匀紧固，使补强板与管线沿相贯线接触至无缝隙;

e. 确认无泄漏后，实施焊接。打底封焊时，应使用小电流，避免局部温度过高，密封垫失效;

f. 焊接完成后，应将引流孔封堵;

g. 全部作业完成后，应对所有焊道采用磁粉检测或渗透检测等进行无损检测，表面应无裂纹、气孔、夹渣等焊接缺陷。

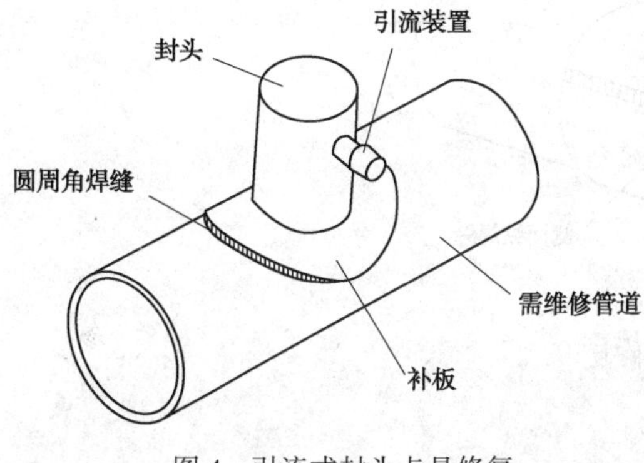

图 4　引流式封头卡具修复

3.2.2　引流式封头卡具修复

适用于管道上带有突出物、不规则泄漏孔、不能采用带压摘阀补板的盗油阀泄漏应急堵漏抢修，是目前各种形式的盗油阀(焊接式、粘接式等)在线抢修的常规方法(为避免腐蚀和应力集中缺陷，在条件允许的情况下，尽可能采用补板方式修复)，如图 4 所示。

技术要求：

a. 安装前应将管线压力降至 2MPa 以下，除去管道表面的防腐层、铁锈等异物;

b. 在引流口处安装泄压球阀，另一端连接引流油管。打开泄压球阀，使卡具处于引流状态，并将卡具置于管道上泄漏阀门中心；

c. 将丝杠—链条组合放在链座左、右两槽内，两端顺时针均匀紧固，使卡具外套与管线沿相贯线接触、密封；

d. 确认无泄漏后，实施焊接，焊接时不要让密封垫过热，应依次焊接不同部位，避免热量集中；

e. 在现场焊接中，卡具处于引流状态，应定时扭紧丝杠—链条组合，因为焊接可能引起松动；

f. 焊接后，可切下链座，然后用手动砂轮打磨焊渣。并根据管线压力等级及封头尺寸进行加强圈补强。

g. 最后，关闭球阀，卸下引流管，焊接封头。

h. 全部作业完成后，应对所有焊道采用磁粉检测或渗透检测等进行无损检测，表面应无裂纹、气孔、夹渣等焊接缺陷。

3.2.3 顶针式卡具修复

适用于管道腐蚀穿孔泄漏缺陷的快速抢修。利用导针引导锥尖进入泄漏的凹洞中，再用扳手拧动加力螺丝，将锥尖压入漏孔中将漏点堵死，如图 5.1、图 5.2 所示。

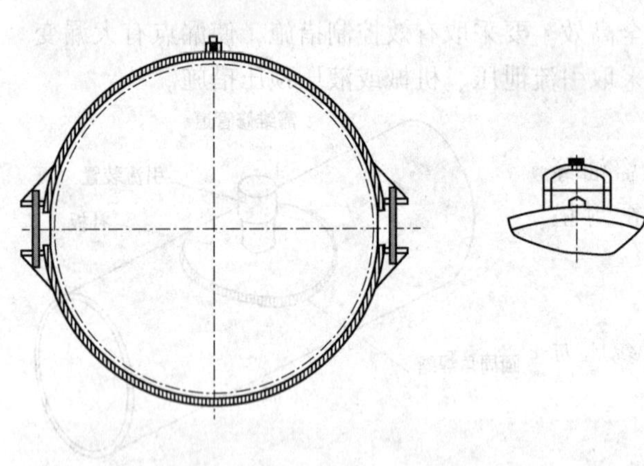

图 5.1 顶针式卡具修复

图 5.2 实物

3.2.4 引流式补强套袖修复

适用于管道大面积泄漏、外力损伤、焊缝缺陷的抢修。利用链钳等机具将套袖上下护板固定在待修复管线上，在压力引流的状态下，完成焊接作业，最后再将引流孔封堵，实现带压应急堵漏，如图 6 所示。

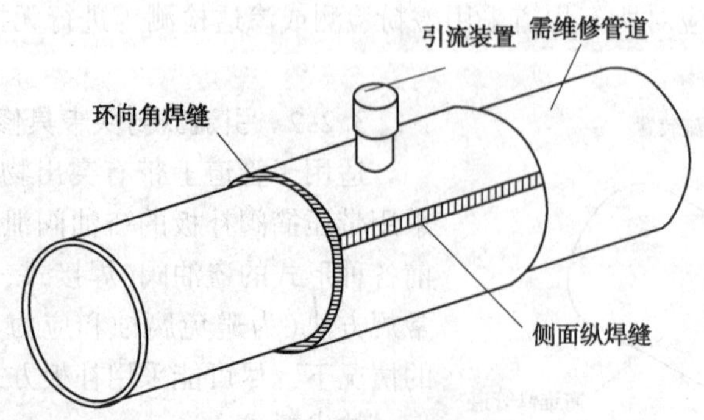

图 6 引流式补强套袖修复

3.2.5 带压机械夹具密封修复

适用于管道出现裂纹、大面积腐蚀、穿孔等造成的泄漏抢修。可采用机械式对开夹具、弯头夹具等方法。利用夹具内部的密封胶条使夹具体内壁与管线外壁之间形成一个密封腔，在夹具的顶部设有引流孔，将管线泄漏的介质排出，从而达到抢修的目的。带压密封安装后应持续监护，发现泄漏则应重新紧固、加压，如图 7.1、图 7.2 所示。

图 7.1　带压机械夹具密封修复　　　　图 7.2　实物

技术要求：

a. 在安装前应去除管道表面的防腐层，安装前将密封胶圈涂上润滑剂；

b. 把夹具的两半松弛地套在管道泄漏处的一侧，再将组合起来的夹具移到泄漏处，交叉、均匀地拧紧所有螺栓接近规定的扭矩值；

c. 拧紧过程中，先用长紧固螺栓定位，然后再安装短螺栓，安装后应保证胶条的密封性能可靠；

d. 如果需要永久地焊接安装，应在确认夹具无泄漏后，再实施焊接(焊接顺序：两端部角焊缝→两侧密封焊→螺母底部密封焊→将高于螺母的螺栓端部烧掉，使之与螺母相平，并进行密封焊)；

e. 焊接应在管线运行时进行，依次焊接不同的部位，避免热量集中，焊接的同时必须定时扭紧螺栓、螺母。

3.2.6　带压注剂堵漏修复

在介质处于流动条件下，将具有热塑性、热固化的密封剂用大于管道系统内介质压力的外部推力，使其注入并充满由专用夹具与泄漏部位外表面构成的密闭空间，堵塞管道泄漏空隙和通道。注入的密封剂延滞一定时间、获得一定温度后，先变成可塑体，然后迅速固化，在泄漏部位建立起一个固定的新密封结构与泄漏介质平衡，从而彻底消除管内介质泄漏，如图 8.1 所示。

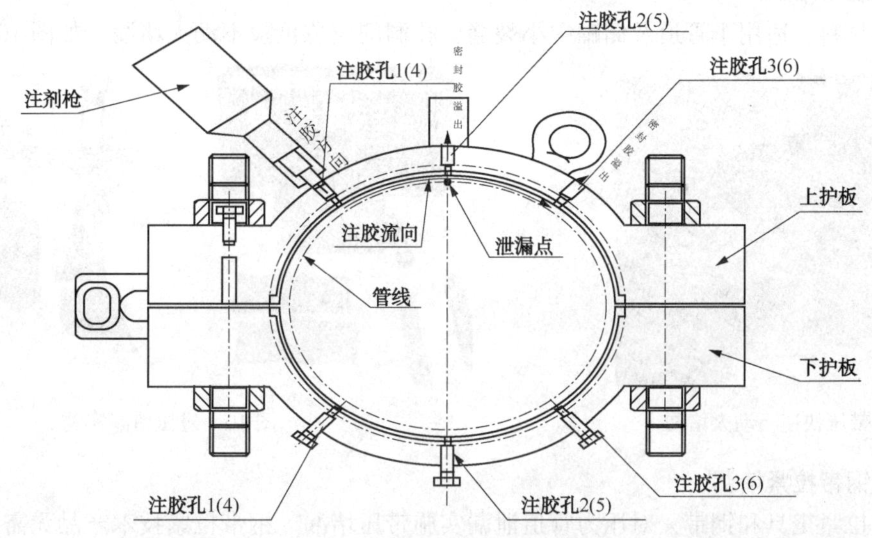

图 8.1　.带压注剂堵漏修复

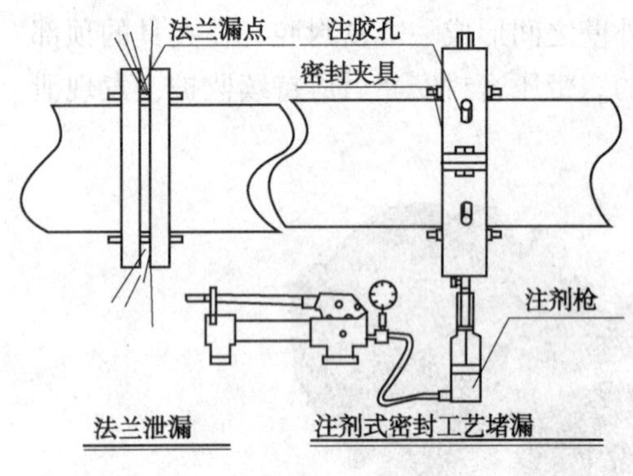

图 8.2　注剂式密封

注剂式密封技术适用于管道、法兰、阀门等不同压力等级、不同泄漏位置、不同泄漏介质的泄漏治理。主要工机具包括：夹具(需要根据管线及管件规格制作)、密封注剂、高压注剂枪、注剂阀，如图 8.2 所示。

3.2.7　带压粘接堵漏

带压粘接堵漏是一种冷焊修复技术，适用于不具备焊接的现场管道因腐蚀、砂眼、应力裂纹等造成的泄漏应急抢修。由于黏合剂与金属的粘接是晶界之间的相互渗透，所以粘接强度高。

常用的粘接堵漏方法：

a. 直接粘堵：对于压力介质及泄漏量小的砂眼部位，可先把泄漏点周围打磨出金属光泽，选用热熔胶，快固胶，迅速堵住泄漏的介质，外部配合机械顶压、强磁贴片、缠绕、捆扎等固化凝胶措施。

b. 先止漏后粘堵：采用带锥度的销塞(材料如铅、铝、橡胶或木塞等)对准泄漏点，以适当的力度打入，使泄漏明显减少或暂时性封堵。利用胶粘剂固化速度快的特点，及时地将销塞周围涂满胶粘剂，成立一个新的固体密封结构，达到止漏的目的。

c. 导流粘堵：在金属板上作一规则小孔并攻丝，用胶粘剂粘在本体泄漏处，让介质从小孔里导出，待胶粘剂固化后，再用螺丝封堵小孔，用胶粘剂加固。

d. 缠绕粘堵：用玻璃丝布、尼龙带、铁丝等浸透胶粘剂缠绕在泄漏处堵漏。

3.2.8　气囊堵漏

适用于管道直管段、T 形接头、弯头处的应急堵漏。当管道因穿孔或小裂缝破坏而出现跑油漏油时，用缠绕式堵漏带将管道漏油处缠绕(或在漏点插入堵漏软塞)，再将气瓶或脚踏充气泵、减压阀、输气控制阀、输气管同堵漏工具连接后再向其内充气，这样堵漏带(或软胶塞)可以将破裂处有效封闭，实现堵漏。

3.2.9　柔性带压快速不动火堵漏

采用柔性高强度材料，适用于管道直管段、弯头、焊缝、变径等部位应急不动火堵漏，如图 9 所示。

3.2.10　磁压堵漏

采用强磁材料，适用于管道及储罐中小裂缝，孔洞的应急抢险不动火堵漏，如图 10 所示。

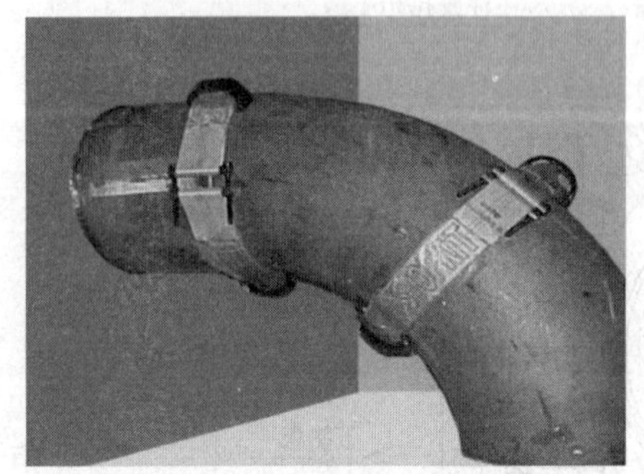

图 9　柔性带压快速不动火堵漏

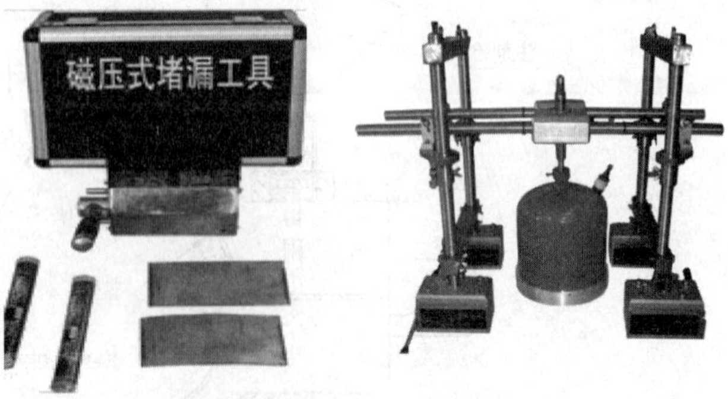

图 10　磁压堵漏实物

3.2.11　钢带拉紧堵漏

利用钢带拉紧工具和钢带，对压力管道泄漏实施带压堵漏。钢带拉紧技术产品无需预制，克服了卡箍预制时间长的缺陷，适用于直管、异径管、三通、法兰焊缝、弯头、阀体等各个位置。主要工具及材料包括：钢带拉紧器、钢带扣、钢带自封垫、补丁，如图 11.1、图 11.2 所示。

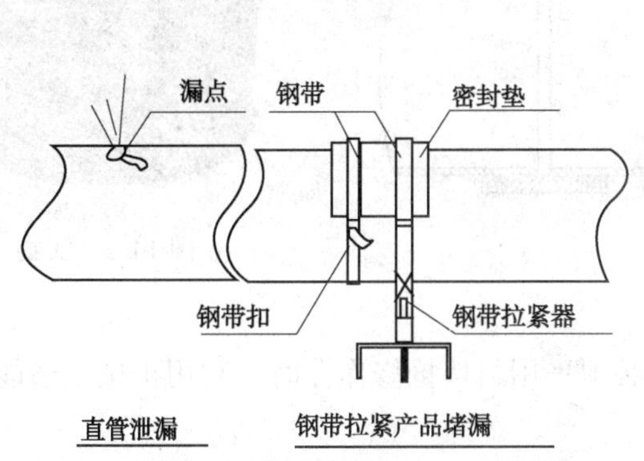

图 11.1　钢带拉紧堵漏

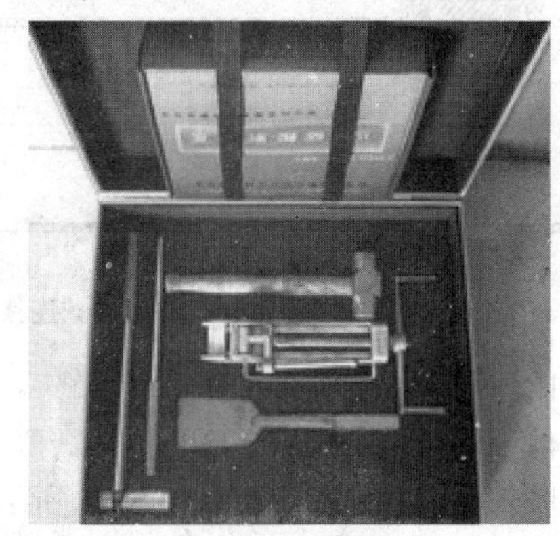

图 11.2　实物

3.2.12　錾堵法堵漏

利用防爆扁铲等工具锤击漏点周围的金属，使砂眼、裂缝因金属延展而机械闭合。适用于气孔、裂纹等渗漏焊接处理，不适用于内腐蚀或大面积外腐蚀渗漏焊接处理。

3.2.13　堵漏钳焊接堵漏

适用于小管径、低压力管道应急堵漏。主要材料：补板、密封胶板、堵漏钳，如图 12 所示。

3.2.14　木塞堵漏

适用于管道孔洞的应急堵漏，一般不独立使用，需要与其他堵漏方式配合使用，如图 13 所示。

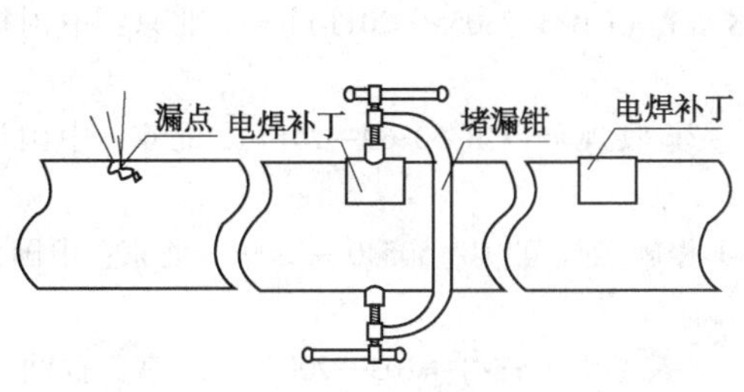

图 12　堵漏钳焊接堵漏

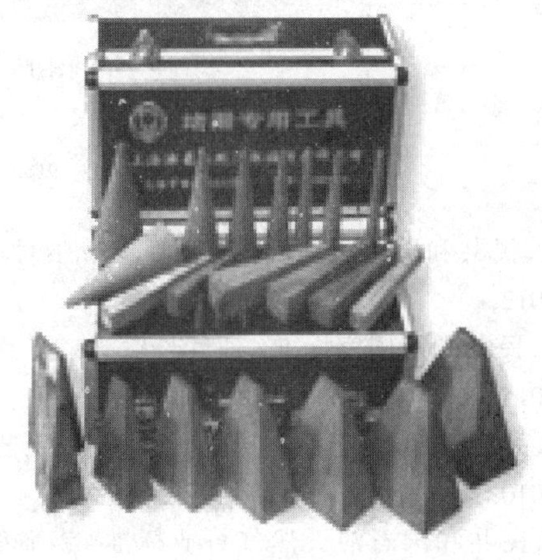

图 13　木塞堵漏实物

3.2.15　逆向焊接堵漏

利用焊缝收缩的原理，将泄漏裂缝分段逆向逐一焊补，使其裂缝收缩止漏的堵漏方法，适用于管道微小裂缝的堵漏。

3.2.16　引流补板堵漏

在补板上加装引流装置，补板焊接完毕后，用螺栓封堵，必要时在螺栓外焊接罩帽，最终实现抢修焊接的一种应急方法。主要用于管线压强相对较高、泄漏量不大且无法封堵的情况下采用。

3.2.17　管道机械连接

当管道因各种原因出现断裂，或者需要更换掉某段管道时，需要将管道连接。常规焊接能彻底排除险情，但缺点是作业时间长，需要动火，危险性大。采用机械方式连接管道时，连接管子无须任何特殊管端加工，只要把管子切下来，再套上这种管道连接套，拧紧螺栓，两段管子就连接起来了，同时起到防漏密封的作用，这种连接器既可以作为临时装置也可以永久性的焊接在管道上，是一种经济的管道应急抢修装备，如图 14.1、图 14.2 所示。

图 14.1　管道机械连接

图 14.2　实物

3.2.18　利用快装机械三通封堵抢修

如其他抢修措施不能满足应急抢修需要，又必须采用封堵抢修作业时，利用机械三通能减少三通焊接程序，可实现快速安装，如图 15 所示。

图 15　快装机械三通

参 考 文 献

[1] 中华人民共和国国家标准. 钢质管道带压封堵技术规范(GB/T 28055—2011)[S]. 北京：中国标准出版社，2012.

[2] 中华人民共和国国家标准. 油气长输管道工程施工及验收规范(GB 50369—2014). 北京：中国计划出版社，2015.

[3] 中华人民共和国国家标准. 石油天然气站内工艺管道工程施工规范(GB 50540—2009). 北京：中国计划出版社，2010.

[4] 中华人民共和国石油天然气行业标准. 钢质管道焊接及验收(SY/T 4103—2006). 北京：石油工业出版社，2007.

[5] 中华人民共和国石油天然气行业标准. 钢制管道封堵技术规程(SY/T 6150.1—2011). 北京：石油工业出版社，2011.

[6] 石油天然气行业标准. 石油工业带压开孔作业安全规范(SY 6554—2011). 北京：石油工业出版社，2011.

[7] 中华人民共和国石油天然气行业标准. 原油、液化石油气及成品油管道维修推荐作法(SY/T 6649—2006). 北京：石油工业出版社，2007.

[8] 中华人民共和国石油天然气行业标准. 输油站场管道和储罐泄漏的风险管理(SY/T 6830—2011). 北京：石油工业出版社，2011.

[9] 中华人民共和国石油天然气行业标准. 石油天然气管道安全规程(SY 6186—2007). 北京：石油工业出版社，2008.

连续重整装置再生系统差压高的原因及解决措施

马存功

（中国石化齐鲁分公司胜利炼油厂，淄博　255400）

摘　要：介绍了齐鲁连续重整装置再生循环机K301出口压力升高后，车间人员通过近期来再生负荷加重、重整处理量提高以及反应可刻度增加等方面进行判断，最后通过优化流程来测量各设备出入口差压的方法，查找出压力升高的原因，并成功处理E301结焦问题进行了详细的介绍和总结。

关键词：连续重整　再生　循环机　压力高

1　前言

600kt/a连续重整装置，是齐鲁石化公司加工进口原油优化乙烯原料改扩建工程的配套装置。由北京设计院设计，中石化第二建设公司负责施工安装。于1997年完成可行性研究，1998年完成施工图设计，1998年3月31日开工建设，2000年11月23日完工实现中间交接，2001年3月5日重整反应部分投料一次成功并产出合格产品，3月18日催化剂再生部分开始烧焦，整个装置全面开工正常。

根据中石化齐鲁分公司加工高硫高酸原油适应性改造项目的可行性报告，需将齐鲁分公司现有的600kt/a连续重整装置扩能改造至800kt/a，并以二常、四常的直馏石脑油与加氢裂化、SSOT、VRDS的石脑油为原料，采用连续重整技术，生产富含芳烃的汽油馏分，同时副产含氢气体，轻石脑油，戊烷，液化气和燃料气。

2014年11月26日，再生循环压缩机K301出口压力从2014年10月初的0.6MPa升高至0.73MPa。当重整装置满负荷运行时，K301出口压力可以达到0.82MPa，已经接近K301出口安全阀的定压值，给装置的安全生产带来了严重的隐患。因此，找出K301出口压力高的原因，并及时解决，才能保证装置的安全、满负荷运行。

2　问题的分析与查找过程

再生循环增压机K301出口压力升高，与后路设备出现堵塞以及后路系统压力高有关，通过分析每一台设备是否存在前后差压过高、后路压力改变后K301出口压力是否改变等方面，从源头开始，发掘问题的根源，逐次排除，查找出最终制约K301出口压力高的最根本原因。图1为再生循环气流程图。

2.1　K301出口除油器检查

K301出口目前有两台除油器，为CK301A/B。K301出口压力升高后，由于CK301位于K301出口，因此首先将CK301进行检查确认。

现场观察CK301A/B罐体的压力表为0.81MPa/0.82MPa，与K301出口压力相差无几。然后将CK301切除，K301出口气直接经过CK301副线，发现其出口压力仍为0.8MPa，因此判定压力降并不集中在CK301处。

2.2　降低再生循环气量，降低反应系统的压力，使R301压力降低

为了保证正常提升，R301的压力要与反应系统第一反应器R201的压力存在0.07MPa的差压。

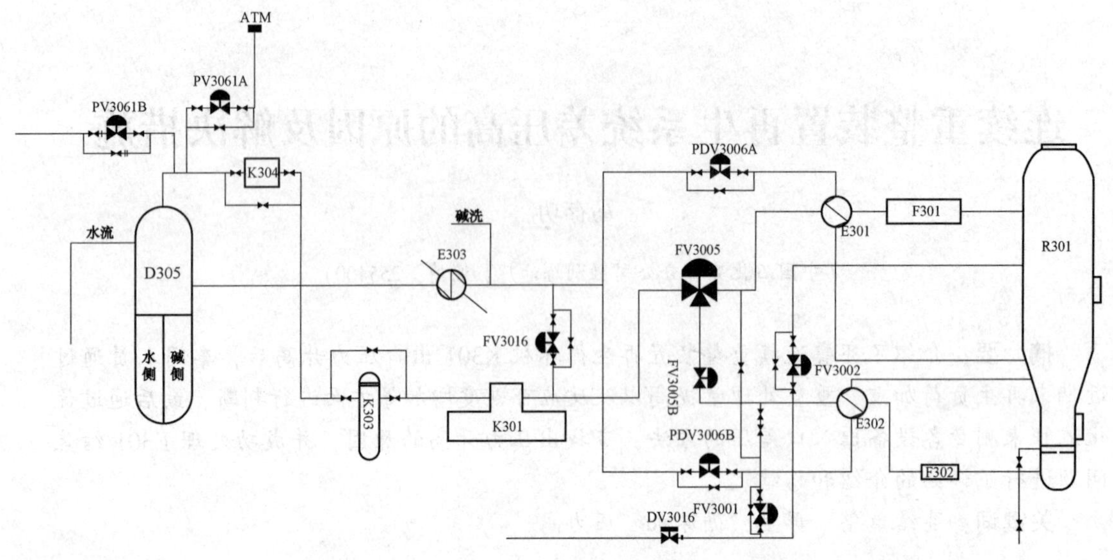

图 1　再生循环气流程图

当重整处理量满负荷时，R201 的压力将会达到 0.44MPa，R301 的压力为 0.51MPa，此时 K301 出口压力为 0.82MPa。通过调整反应系统的压力，将反应系统压力降低 0.03MPa，K301 出口压力降低至 0.8MPa。

同时，为了保证 K301 的正常运行，将再生循环气由 9500Nm^3/h 降至 8500Nm^3/h，使再生循环气较少进入烧焦和焙烧系统中。这样虽然 K301 出口压力降低至 0.78MPa，但仍无法解其出口压力高的问题。

2.3　测量各设备前后差压，查找最终压力降的位置

由于进入烧焦段的循环气量要比进入焙烧段的气量要大许多，约为 11 倍的比例关系，因此首先重点分析进入烧焦段上各设备之间的压力降。

2.3.1　可监测位置分析

鉴于部分设备出入口没有安装压力表，因此先将带有压力表的的设备进行排除。表 1 为现场数据测量以及室内 DCS 上显示数据。

表 1　R301 烧焦段差压测量

测量位置	K301 出口/MPa	一段入口/MPa	二段入口/MPa	烧焦段出口/MPa	PDI3020/kPa	PDI3023/kPa
测量数值	0.78	0.49	0.48	0.46	14	10

注：①PDI3020 为烧焦段总差压；②PDI3023 为二段出入口差压；③PDI3020 与 PDI3023 经过仪表校正后为准确数值。

通过上表可以得出，R301 烧焦段的压力降在正常范围之内，此处的压力降不会导致 K301 的出口压力达到 0.82MPa，如果 R301 烧焦内网出现泄漏或者表面堵塞，K301 出口压力会上升，通过烧焦段的循环气量也会相应降低。通过现场测量一段入口、二段入口以及烧焦段出口的压力，以及 DCS 上烧焦段循环气差压，判断出烧焦段不是导致 K301 出口压力高的最根本原因；同时，经过测量后发现，K301 出口至一段入口存在 0.29MPa 的压力降，接下来要对此段进行分析。

2.3.2　不可监测位置测量

此段流程包含了 FV3005、F301、E301 壳程四台设备。由于 E301 前后没有压力监测的位置，需采取措施对其检查。经过汇报机械动力部并得到许可后，利用 E301 之前一个管线放空阀，焊接短节安装压力表，以确定 FV3005 是否故障。然后在 F301 与 E301 之间带压打空安装压力表，以确定 F301 和 E301 是否存在问题，带压打空完毕后，安装上新的压力表，将 E301 前后的压力现场测量出来。表 2 为现场测量结果。

表 2　带压打孔后测量数值

测量位置	K301 出口/MPa	FV3005 后/MPa	E301 壳程出口/MPa	F301 出口/MPa
测量数值	0.82	0.81	0.55	0.51

由表 2 可以看出，FV3005 前后的差压为 0.01MPa，此处的压力降不是 K301 出口压力高的原因；E301 前后的差压达到 0.26MPa，是导致 K301 出口压力高的最根本原因。

3　问题的处理过程

3.1　底部带压打空排除润滑油形成油封

结合再生开工黑烧线上有存油放出，而且 E301 是直立放置，首先是排除 E301 内部是否有大量润滑油沉积。经厂部同意，在 E301 壳程放空盲盖处带压打空，并加装阀门短节排油。阀门安装好后，开阀发现仅有少量润滑油排除，可以判断出不是油封导致其前后差压高。图 2 为 E301 介质流向示意图。

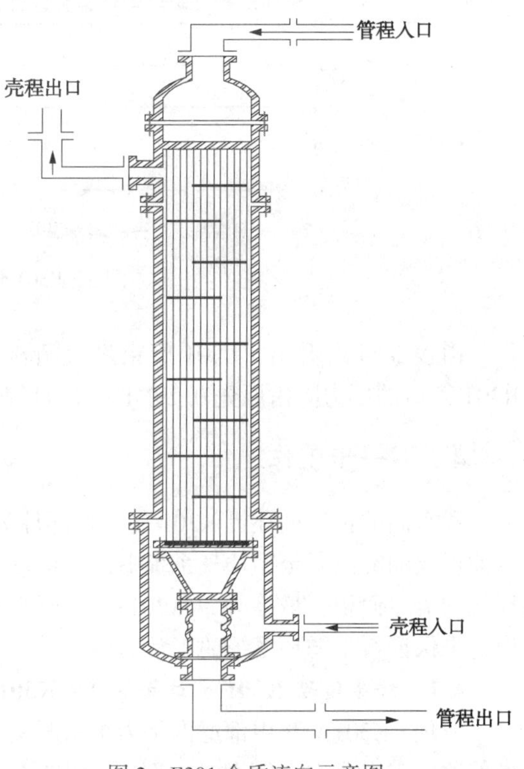

图 2　E301 介质流向示意图

3.2　E301 管束抽出做出最终判断

E-301 壳体温度跨度 110~420℃，根据润滑油结焦温度，判断可能在管束的一段出现结焦，因换热器设计较大，少量的结焦、占总换热面积比例没有到达临界点，出现了结焦影响差压而暂时没有影响换热系数的现象。图 3 为抽出后的管束。图 4 为 E301 管束表面结焦情况。

通过图 3 可以看出，E301 管束一端 1/3 处结焦严重，一端 2/3 非常干净。由于设计裕量大，虽然结焦导致了 E301 前后差压高，使 K301 出口压力变大，但是并没有影响到 E301 的换热效果。图 5 为 E301 管壳程进出口温差趋势图。

通过图 5 可以看出 E301 各温度从曲线上看非常平稳，换热器换热效果没有下降。

最终，判断出 E301 管束润滑油结焦是导致 K301 出口压力高的最根本原因。然后对 E301 管束结焦处进行清洗处理，完毕后回装，再生开工正常，各项数据也恢复正常。表 3 为再生系统开工正常后的压力。

图 3　E301 内部管束

图 4　E301 管束表面结焦

表 3　再生开工正常后各点压力

测量位置	K301 出口/MPa	FV3005 后/MPa	E301 壳程出口/MPa	F301 出口/MPa
测量数值	0.58	0.57	0.51	0.47

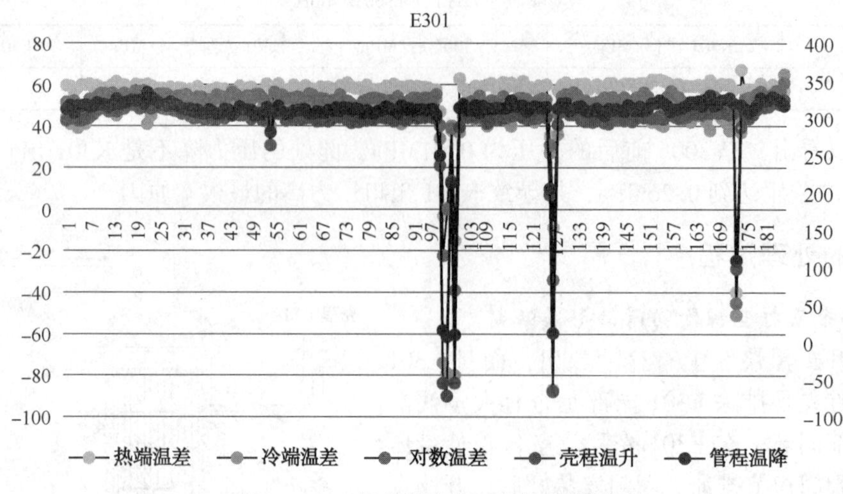

图5 E301管壳程进出口温差趋势图

由表3可以看出，E301管束经过清洗后，K301出口压力已经降至0.58MPa。K301出口至R301入口的压力降由原先0.29MPa将为目前的0.11MPa。

4 下一步工作

我车间的再生循环机K301的工作部件为注油润滑形式。由于设备长期运行，其中会有少量润滑油形成油雾泄漏至循环气系统中，日积月累，最终导致了E301底部管束表面的结焦，影响了循环气的流通面积，最终导致K301出口压力升高。根据这次处理的情况，我们下一步将做如下工作，来保证再生循环系统的正常运行。

4.1 检查清理K301出口除油器CK301A/B内部滤网

清理CK301A/B内部滤网是为了从源头上采取防护措施，保证油气在此出能够较多分离出来，目前这项工作我们已经做完，图6、图7分别为更换前后的滤网。同时，还将CK301A/B一起排油，使进入系统中的油气降至最低量。

图6 清理前CK301内部滤网

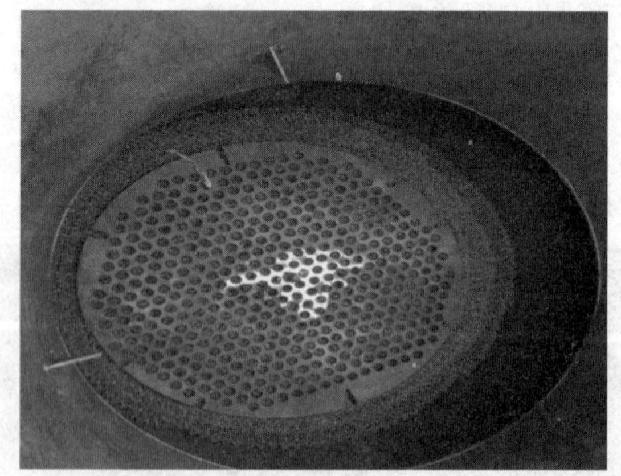

图7 CK301内部更换新的滤网

4.2 K301润滑形式的改造

这次处理E301管束结焦，不仅解决了K301出口压力高的问题，同时也为同类连续重整装置提供了借鉴。通过在兄弟单位的学习，了解到其再生循环机采用的是无油润滑的形式，我们这次E301管束的结焦也为循环机采用无油润滑形式提供了事实依据。按照厂部要求，将对K301的润滑形式改为无油润滑，从根本上解决循环气中带有油气的问题。

4.3 加强对 E302 的特护

由于 E302 与 E301 所走介质相同，虽然循环气量要小很多，但其中的条件与 E301 也相差无几，因此也会存在管束结焦的可能。下一步我们做好对 E302 的监护工作，等到再生停工或者大检修的时机，对 E302 管束进行清理。

5 结语

目前齐鲁 IFP 二代超低压连续重整装置已经运行 14 年，这次 K301 出口压力高是经过 2013 年重整装置扩能改造后出现的新问题，如不能及时查明原因作出处理将严重制约着重整的满负荷运行。该换热器异常的顺利发现及解决，保证了重整装置满负荷运行，通过近五个月的观察，系统运行平稳。解决了装置运行的瓶颈，连续重整装置的效益得以最大限度的发挥。

该问题的发现，为下一步装置的运行和建设提供了明确思路。目前重整装置在短期内需加强压缩机出口除油器的运行监控；同时，为新建连续重整装置提供了借鉴，再生气循环机应选择无油润滑；该问题的发现和解决也为同类装置提供了借鉴。

参 考 文 献

[1] 谭天恩，麦本熙，丁惠华. 化工原理[M]. 北京：化学工业出版社，1990.
[2] 李成栋. 催化重整装置技术问答[M]. 北京：中国石化出版社，2010.

分子筛温度曲线及常见故障分析

叶成赞

(中国石化仪征化纤动力生产中心，江苏仪征 211900)

摘 要：介绍吸附剂吸附和解析机理，结合装置的分子筛纯化器设备和运行介绍目前主流的分子筛纯化器结构，分析分子筛纯化器在吸附和再生过程中典型的温度变化所形成的曲线，及形成各种形状的原因，并对常见的故障原因进行分析，总结故障处理措施。

关键词：吸附解析机理 纯化器 温度曲线 故障分析

1 前言

目前主流的空分装置重要特点是采用吸附法净化空气中的水分、二氧化碳、乙炔和其他碳氢化合物。吸附法就是用活性氧化铝、分子筛等吸附剂在高压、常温(或低温)下将空气中所含的水分、二氧化碳等大颗粒的吸附质吸附在其表面上(无化学反应)，加热或低压再生时利用吸附剂高温和低压下吸附容量减小的特性，再把吸附质解析出来，从而达到连续净化空气的目的。

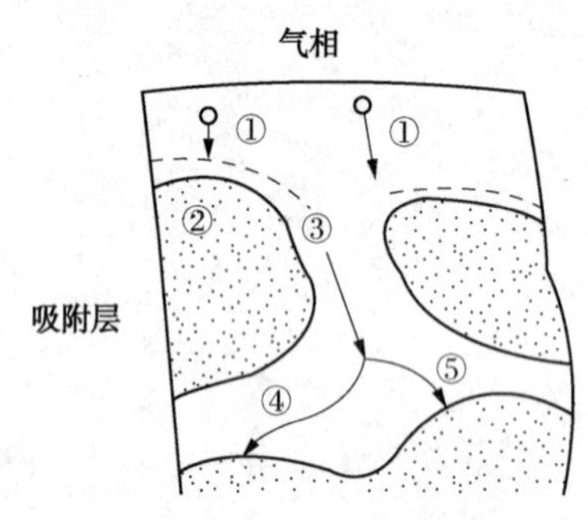

图 1 分子筛吸附原理示意图
①—外扩散；②—外表面吸附；
③—表面扩散；④—孔扩散；⑤—表面吸附

吸附可分为两个阶段。第一阶段为外扩散(外表面吸附)，即吸附质从气体主流通过吸附剂颗粒周围的气膜到颗粒表面，而后发生吸附。第二阶段为内扩散(内表面吸附)，即吸附质分子从颗粒外表面未被吸附而进入颗粒内部。而内扩散还分为表面扩散和孔扩散。表面扩散是吸附质分子沿着粒内的孔壁向深处扩散；孔扩散是分子向其他孔中扩散。吸附质分子扩散的示意图见图 1 分子吸附过程按顺序进行，先外扩散再内扩散而后吸附，脱附(或再生)时逆向进行。吸附是一个传质过程，传质能力的大小与扩散系数高、低密切相关。

活性氧化铝是碱(或酸)从铝盐溶液中沉淀出水合氧化铝，然后经过工艺处理得到氧化铝，具有较好的化学稳定性和机械性能。

分子筛是结晶硅铝酸盐，普通化学式为 $Me_{x/n}[(AlO_2)_x(SiO_2)_y] \cdot mH_2O$，Me 表示阳离子，可为 Ca^{2+}、Na^+、K^+。阳离子和带负电荷的硅铝氧骨架本身就带有极性。阳离子给出强的正电场，吸引极性分子的负极中心，或是通过静电诱导使可极化的分子极化。极性越强的或越易被极化的分子，也就越容易被分子筛吸附[1]。

2 分子筛纯化器结构

分子筛床层主要有单层床和双层床两种。双层床结构的纯化器是空气进纯化器后先经过活性氧化铝除去大部分水分，在经过分子筛去除二氧化碳和残余的水蒸气[2]。双层床结构的纯化器要比只填装分子筛单层床纯化器具有增强吸附效果、延长使用时间、降低再生能耗、延长使用寿命的特点。具体分析如下：活性氧化铝对于含水量较高的空气，吸附容量比较大，而且对水分的吸附热也比分子筛小，其大量吸附水分后使空气温升较小，有利于后部分分子筛对二氧化碳的吸附，而且双层床纯化器净化空气的程度比单层床更高，空气的干燥程度可以由原来露点的 -60℃ 降到 -66 ~

-70℃，净化后空气中的二氧化碳含量也更低；采用双层吸附床，可以延长纯化器的使用时间，经试验得出：双层床结构的分子筛纯化器比单床层结构的有效工作时间可延长25%~30%[3]；活性氧化铝解吸水分容易，而分子筛较为困难，分子筛再生时其冷吹峰值需要达到120℃以上才能保证其再生完善，而活性氧化铝只需要达到80℃左右即可，这样一来就可以降低整个系统的再生温度，从而节省了再生能耗(对于双层床结构的分子筛纯化器一般将冷吹峰值控制在100℃以上，作为其再生完善的主要标志)；活性氧化铝颗粒较大，且坚硬，机械强度较高，吸水不龟裂、粉化，所以双层床的活性氧化铝可以减少分子筛粉化，延长分子筛寿命，活性氧化铝处于加工空气入口处，还可以起到均匀分配空气的作用；铝胶还具有抗酸性，对分子筛能起到保护作用。

纯化器结构主要有卧式纯化器，立式轴向流纯化器和立式径向流纯化器三种。纯化器结构如图2~图4所示。传统的卧式纯化器，存在床层厚、阻力大、能耗高占地面积大等缺点，一旦床层不平或气流不均匀就有可能造成气流短路，使部分分子筛颗粒呈流化态，导致分子筛粉碎。立式径向流纯化器一般应用于较大型的空分设备中，能够有效增大气体流通面积，大大降低床层阻力，因而可节约能耗。

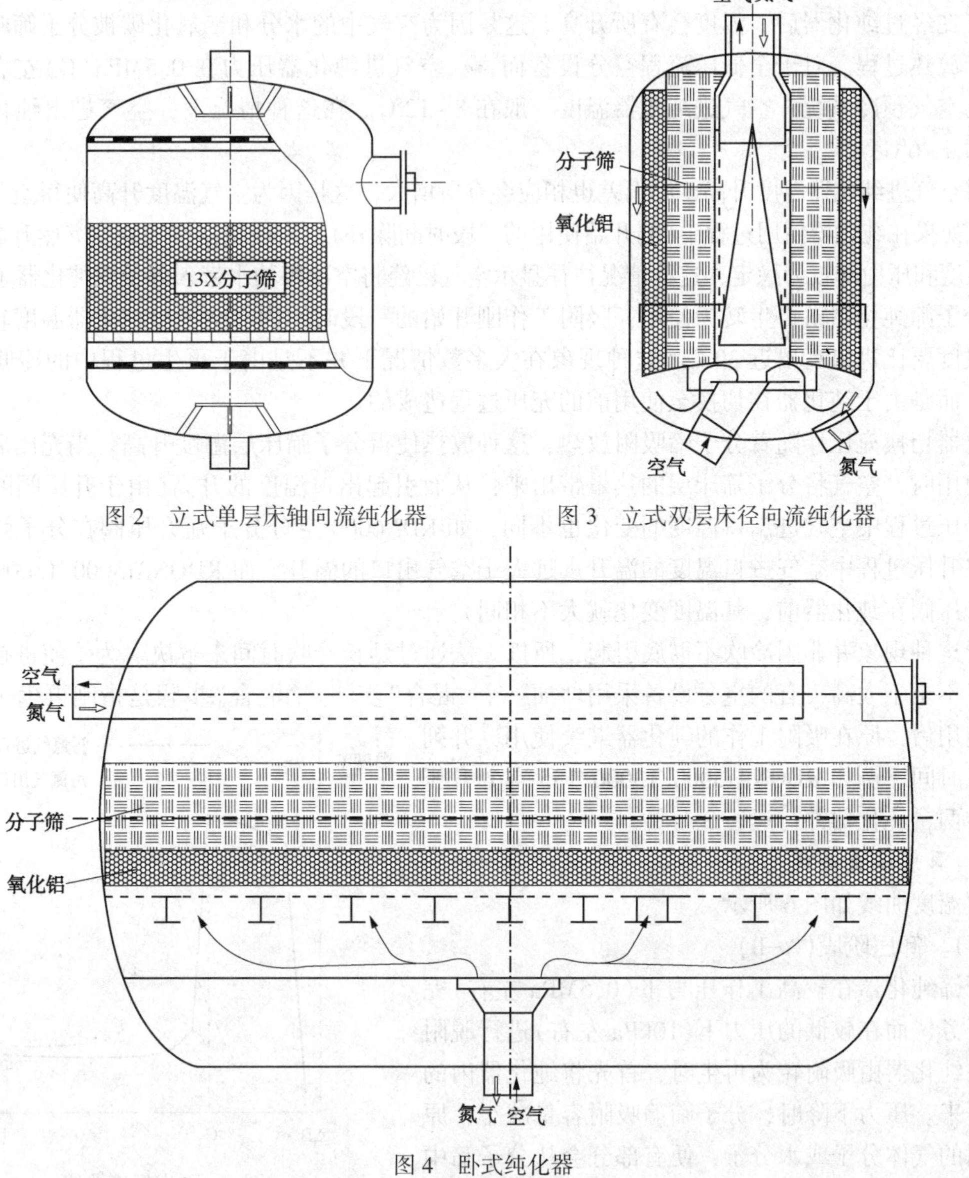

图2 立式单层床轴向流纯化器　　图3 立式双层床径向流纯化器

图4 卧式纯化器

3　分子筛温度曲线分析

分子筛纯化器大部分采用的是“变温吸附”工艺来达到连续净化空气的目的。分子筛纯化器在使用过程中，需要对其进出口温度加以监控。在吸附过程中，由空气进出纯化器温度的变化所形成的两条曲线被称为“吸附温度曲线”；在再生过程中，由污氮气进出纯化器温度的变化所形成的两条曲线被称为“再生温度曲线”。

分子筛纯化器运行的好坏，都会在其温度曲线上有所体现。因而，在分子筛纯化器的运行过程中，认真检查和分析温度曲线，具有很重要的实际意义。

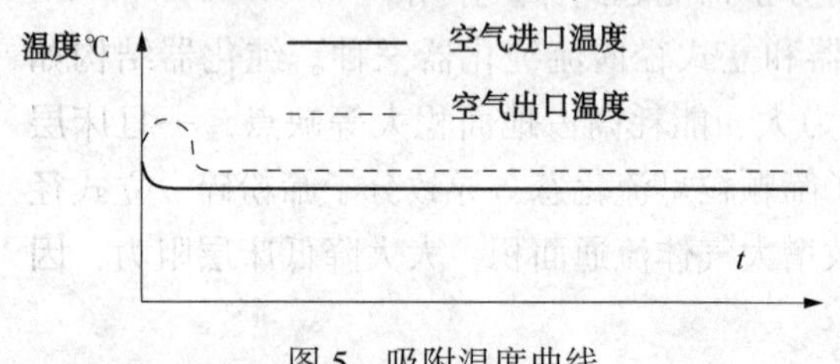

图5　吸附温度曲线

3.1　吸附温度曲线

典型的吸附温度曲线如图5所示。一般情况下，只要空气预冷系统正常，空气进纯化器温度就不会变化，因而温度曲线是一条水平的直线。而空气出纯化器温度除刚开始的一段时间较高外，以后变化也极小，因而也近似是一条直线。

空气在经过纯化器后，温度会有所升高。这是因为空气中的水分和二氧化碳被分子筛吸附，而吸附是个放热过程。对于全低压流程空分设备而言，空气进纯化器压力在0.5MPa(G)左右。配有冷冻机的空气预冷系统，空气进纯化器温度一般在8~12℃。在这种情况下，空气进出纯化器温度之差约为4~6℃。

如果空气进纯化器温度升高，则温差也相应会有所增大，这是因为空气温度升高使得空气中水含量增多。如果在纯化器使用过程中(刚开始使用的一段时间除外)，出纯化器空气温度突然升高，而进纯化器温度和压力却较为稳定，这种情况往往显示空气已经将空冷塔的水带入分子筛纯化器了。

在分子筛纯化器由再生转为使用，吸附工作刚开始的一段时间内，空气出纯化器温度较高，这时出口温度要比进口高出近30℃。这种现象在大多数情况下并不是由于再生过程中的冷吹不彻底造成的，而是由于纯化器在切换至使用前的充压过程造成的。

纯化器切换充压伴随着分子筛吸附放热，这种放热使得分子筛床层温度升高。当充压后的纯化器转为使用时，空气将分子筛床层的热量带出来，从而引起出口温度的升高(由于升压阀的位置不同，故升压过程中空气进出口温度的变化也不同，如KDN6000空分分子筛升压阀在分子筛纯化器后，故在升压过程中空气进口温度的温升远远大于空气出口的温升。而KDONAr5000/13000/155空分因为升压阀在纯化器前，其温度变化就大不相同)。

由于这种现象并非因冷吹不彻底引起，所以无法通过延长冷吹时间来解决。为了使进换热器的空气温度不至于太高，有的空分设备采用增加一个“混合”步骤。“混合”步骤是指刚再生过的纯化器投入使用后，原在吸附工作的纯化器继续使用，并列运行一段时间。例如KDONAr5000/13000/155空分升压结束后，两台纯化器并行运行3分钟。

3.2　再生温度曲线

再生温度曲线如图6所示。

3.2.1　卸压阶段(A-B)

分子筛纯化器在较高工作压力下(0.5MPa左右)完成吸附任务，而在较低的压力下(10kPa左右)进行脱附再生。在纯化器由吸附转为再生时，首先将纯化器内的压力降下来。压力下降时，分子筛静吸附容量减小，原来被吸附的气体分子或水分子，便有部分会从分子筛中解吸出来。

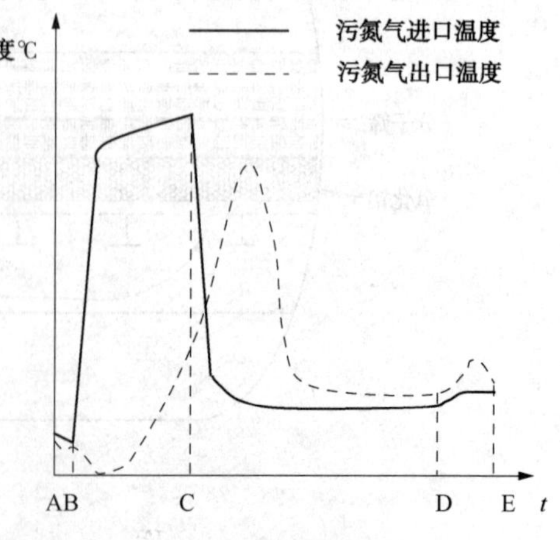

图6　再生温度曲线

与吸附的过程的放热相反，脱附再生过程是个吸热的过程。所以在卸压阶段，脱附所需热量只能来自于分子筛床层本身，因而使得床层温度下降。受此影响，空气进口(污氮气出口)和空气出口(污氮气入口)温度已开始下降。

3.2.2 加热阶段(B–C)

加热阶段开始后，虽然污氮气进口温度迅速升高，但出口温度还会继续下降，一直可达到0℃以下，然后才会逐渐升高。经再生加热器加热过的高温污氮气，在由上而下通过分子筛床层时，首先使得床层上部的分子筛温度升高并对上部的分子筛进行再生。在此过程中，污氮气的热量一方面传递给了上部的分子筛，另一方面被解析出来的二氧化碳和水分带走了，故污氮气本身的温度迅速下降，所以污氮气出口温度不会很快升高。

加热阶段需要监控的主要参数是污氮气进口温度，它和污氮气流量、加热时间等一起体现了带入纯化器中的热量的多少。污氮气进口温度主要由加热蒸汽的压力和温度以及污氮气的流量等因素所决定。有时，加热器后的疏水器出现故障(电加热器不存在此问题)，冷凝水不能及时排出，因此加热器内的有效换热面积减少，污氮气进纯化器温度就会下降。

一般来说，加热阶段主要解析的是分子筛床层的中上部，并且将热量储存在分子筛床层中。

3.2.3 冷吹阶段(C–D)

在冷吹阶段，一方面利用加热阶段储存在分子筛床层中的热量对下步分子筛继续解吸，另一方面将床层中的热量带出来，从而为再次投入使用作准备。冷吹开始后，污氮气进口温度迅速下降，但出口温度还会继续上升，一直达到某个最高点后，才会逐渐下降。

冷吹曲线上的最高温度点称为“冷吹峰值”，它是再生过程是否彻底的主要标志。床层中的分子筛在再生过程中温度自上而下是递减的，所以最底层的吸附剂总是再生得最不彻底。如果冷吹峰值达到160℃，则说明纯化器内的所有分子筛都已在此温度之上再生过(靠近筒体的边缘区因存在散热问题除外)。

影响冷吹峰值的因素主要是加热阶段进纯化器污氮气的温度高低、流量大小以及加热时间的长短等。此外，如果在上一个使用周期中分子筛吸附了更多的水分和二氧化碳，则冷吹峰值会下降。如果分子筛进水，冷吹峰值会显著下降。

有时，冷吹曲线上会出现两个峰值甚至多个峰值，我们称这为“二次峰值”现象，如图7所示。根据经验，这种“二次峰值”现象是分子筛床层不平整的典型特征[4]。

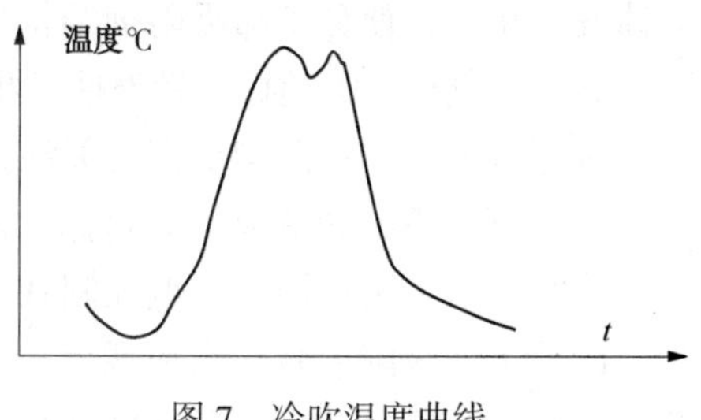

图7 冷吹温度曲线

当分子筛床层厚薄不均匀时，较薄处分子筛量少而流过的气量多，分子筛温度变化得就比较快，而较厚处情况正好相反。这样最底层的各处不是同时达到峰值，综合成的波形曲线中就有可能出现两个甚至三个峰值。一般来说，分子筛床层不平整时，冷吹曲线的形状也会变得“矮”和“胖”一些。

冷吹结束时的污氮气出纯化器温度是另一个需要加以控制的指标，它主要由冷吹时间、再生气流量以及加热过程中带入热量多少等因素决定。一般来说，分子筛床层不平整时，冷吹到指定温度需要更长的时间。

3.2.4 充压阶段(D–E)

充压阶段的纯化器内压力是增加的，前面已经叙述，这是空气中杂质被分子筛吸附，而床层温度升高的过程。受床层温度身高以及保温层中残余热量的，污氮气进出口温度都会上升。

4 常见故障分析与处理

4.1 分子筛纯化系统带水事故分析

(1) 预冷系统冷却泵、冷冻泵循环水量太大，造成空冷塔布水器处理水量超限，即布水器液面太高淹没气体通道，水以气液夹带进入分子筛吸附器。特点：带水快，一般几分钟就有大量水带入，由于水量大使分子筛表面粉化，强度降低，分子筛微孔大量堵塞，吸附容量减小。靠再生已无法使分子筛吸吸附效率达出厂标准。需更换工作中的全部分子筛。

(2) 循环水加药不当造成雾沫夹带，雾沫使得空冷塔顶部除雾器失效，水逐渐以气液夹带进入分子筛吸附器。结果和带水事故一基本相同。2010 年 KDONAr5000/13000/155 型空分因循环水加药，没有得到通知切换成生产水，导致分子筛带水，更换分子筛。

(3) 空冷塔下部液面计失灵(大部分出在液面计正压管堵塞)，实际液面远高于 DCS 上显示液面，操作人员又没有及时发现，使液面漫过空冷塔气体管道，水逐渐以气液夹带进入分子筛吸附器。处理和带水事故一基本相同。要求在运行时，加强空冷塔阻力，现场液位计的检查，异常时及时查明原因。

(4) 预冷系统冷却泵、冷冻泵启停频繁或冷却水、冷冻水调节幅度太大，使空冷塔内形成液悬。水以气液夹带进入分子筛吸附器。处理和带水事故一基本相近。

(5) 空冷塔上部冷冻水水量过小，布水器水道通气使水雾化，水以雾状进入分子筛吸附器。特点：带水速度较慢，发现时一般带水量不是太大，再生两三个周期，分子筛吸附剂还可以使用，但分子筛吸附剂寿命已降低。

(6) 预冷系统冷水机组出现故障，冷冻水温度升高，使空冷塔出口空气温度升高，当温度大于15℃时，饱和空气含湿量大于分子筛吸附剂处理能力，水慢慢地在分子筛吸附器聚集。处理和带水事故五基本相同。

(7) 空压机压力波动大且频繁造成空冷塔处理空气量忽的忽小，流速也忽大忽小，空冷塔内冷却水受到气流冲击，将水带入分子筛吸附器内，处理和带水事故五基本相同。

4.2 分子筛纯化系统 CO_2 超标

(1) 分子筛带水 CO_2 超标。

(2) 恶劣环境造成 CO_2 超标，厂区空气中含有大量的酸性气体，如：硫化氢、氧化硫、氧化氮等，或总循环水成酸性导致进分子筛纯化器的气体成酸性，在吸附过程中分子筛吸附剂与水和酸性气体发生反应，使分子筛吸附剂结构发生不可逆的改变，俗称分子筛“中毒”，降低吸附容积，导致出分子筛气体 CO_2 超标。针对此类事故，分析岗位要定期对大气环境进行检测，在吸入口附近明火，有毒有害气体泄漏均要密切关注，及时消除这类隐患。

(3) 再生不彻底造成 CO_2 超标。根据分子筛吸附器结构的不同、分子筛吸附剂床层厚度的不同，冷吹峰值也不相同，一般控制在 130℃ 以上为最佳。再生温度过低时，被吸组分不能完全解吸，即分子筛吸附剂微孔内还残留一部分被吸附组分未被赶走，再进行吸附时，吸附容积就会降低，造成 CO_2 超标。所以当再生温度低时，要及时分析查找原因，检查蒸汽加热器、电加热器，污氮控制阀们开度，必要时延长再生时间。

(4) 由于操作人员失误，操作时分子筛吸附剂床层受到气流冲击，床层表面凸凹不平，气体短路，吸附容积降低造成 CO_2 超标。

(5) 分子筛使用时间过长，部分分子筛吸附剂粉化，床层降低，或分子筛吸附器床层破损，分子筛吸附剂泄漏，使吸附容积降低造成 CO_2 超标。

4.3 分子筛纯化系统阀门故障

(1) 切换阀门故障，此类故障主要表现在切换阀关不严，漏气，造成纯化器升压和卸压故障，分子筛无法按照程序的设定进行。遇到此类情况需要及时判断故障阀门，必要时临时停车检修。

(2) 污氮气切换阀门故障，具体表现在加温或冷吹污氮气流量不足，此类故障一般阀门卡涩，动作不灵敏，操作工需要监控污氮气加温温度和冷吹峰值，必要时延长加温、冷吹时间或者手动控制阀门开度增加气量，在线检修阀门控制机构。

5 结语

分子筛纯化系统运行正常与否直接关系到空分设备的运行周期机安全问题，所以要对其严密监控，以确保在第一时间发现故障并将其排除。通过对分子筛吸附解析机理和分子筛纯化器运行形成的吸附和解析温度曲线的研究和分析，结合装置生产故障以及分子筛纯化器运行可能存在的问题进行分析，笔者加深了对分子筛纯化系统的了解，积累故障处理经验，希望能对同行的生产有借鉴意义。

参 考 文 献

[1] J Tobis. The wall near chandelling effect on isothermal constain-pattern adsorption[J]. Chemical Engineering Science, 1988, 43(6): 1363-1369.

[2] 林秀娜，夏红丽，卢杰. 60000m^3/h 空分设备分子筛吸附器的开发与设计[J]. 深冷技术，2009，3：37-39.

[3] 汤学忠，顾福民. 新编制氧工问答[M]. 北京：冶金工业出版社，2014.

[4] 孙全海. 分子筛纯化器温度曲线的观察与分析[J]. 深冷技术，2009，4.

降低化工装置吸收塔雾沫夹带的方法

杨如慧[1]　王金堂[2]　朱兴松[2]　王余伟[2]　张金峰[2]

(1. 中国石化仪征化纤股份有限公司 BDO 生产中心，江苏仪征　211900

2. 中国石化仪征化纤股份有限公司研究院，江苏仪征　211900)

摘　要：介绍了雾沫夹带形成机理及四种计算方法，通过对比计算公式的适用范围，选择最适宜方法来确定吸收塔雾沫夹带量，并介绍降低雾沫夹带量的方法。

关键词：塔雾沫夹带　丝网除沫器

1　雾沫夹带形成机理

在精馏、吸收、解吸、增(减)湿等气(汽)液传质、传热单元操作中，无论是采用填料塔还是板式塔，都是通过两相的密切接触和分离以促进相间组分的传递，达到液体或气体提纯、增(减)湿等目的。气体在以上几种单元操作中必夹带一定数量、大小不等的液滴或液沫，在随后的冷却、冷凝过程中，还会形成悬浮于气相的微小粒子。当所处理的物系比较复杂时，组分间的化学反应亦可能生成更小的颗粒[1]。

2　雾沫夹带的计算方法

一般工程上定义每公斤气体带着 0.1kg 的液体时就称为雾沫夹带液泛。液层若是在喷射状态操作时(一般在减压塔)，雾沫夹带量就大，气体就可夹带较大的液滴(>1000μm)。而在液流量小、气速也小的乳化状态、泡沫层状态时，随着气泡的破碎，气体夹带着液滴上升，雾沫夹带量就小[2]。由于筛板塔发展历史较为长久，计算筛板塔雾沫夹带的公式较多，而针对浮阀塔板的雾沫夹带发表的公式不多，一般计算浮阀塔的雾沫夹带仍采用筛板塔的计算公式。由于筛板塔的特性，气体是直接向上的运动带走液滴更容易，特别是在喷射状态时，雾沫夹带更大。因此由筛板塔的公式计算的结果对于浮阀塔来说应该是较保守的。

2.1　吸收塔雾沫夹带量的计算

各种塔板上雾沫夹带规律及其计算关联式的研究工作很多。由于理论分析及测试技术上的困难，是各种关联式的观点及计算结果上是互有分歧，而与实测值的误差则常达 10%~20%甚至更大。关联方式的基本类型如下：

2.1.1　Fair 法

利用相对的泛点百分率来关联雾沫夹带，如 Fair 法。Fair[3] 于 1961 年发表的论文中通过依据泛点率的百分数 PCF 以及板上的气液负荷动能因子 F_{LV} 来计算雾沫夹带分率 φ，再由 φ 值计算雾沫夹带量 e。

Fair 关联式

$$\varphi=\exp[-(6.692+1.956PCF)F_{LV}{}^{(-0.132+0.654PCF)}] \tag{1}$$

$$e=\frac{\varphi F_{LV}}{1-\varphi}\sqrt{\frac{\rho_L}{\rho_V}} \tag{2}$$

式中　F_{LV}——塔板的气液负荷动能因子；

PCF——泛点率百分数；

φ——雾沫夹带分率；

ρ_L——气相密度，kg/m^3；

ρ_V——气相密度，kg/m^3。

2.1.2 Hunt 法

Sounders 和 Brown[4] 在估计塔的最大允许气速时是以雾沫夹带作为限制因素的。他们假设雾沫夹带为大小均匀的球形液滴，其带出速度服从牛顿定律。Eld[5] 则提出了喷射模型，以蒸汽自塔板开孔喷出的动能损失作为关联雾沫夹带规律的基础。而在工程上，较为普遍使用的是 Hunt[6] 的半经验关联式的形式：

$$e_v = K_5 0.22\left(\frac{73}{\sigma}\right)\left(\frac{U_N}{H_T-2.5h_L}\right)^{3.2} \tag{3}$$

式中 K_5——单位转换系数；

σ——表面张力；

U_N——有效面积上空塔气速，m/s；

H_T——塔板有效板间距，mm；

h_L——鼓泡液层高度，mm。

2.1.3 Kister& Hass 法

Kister& Hass[7] 与 1986 年对于从泡沫到喷射状态的塔板操作情况下的雾沫夹带给出了如下公式：

$$e_v = 4.742^{(10/\sqrt{\sigma})^{1.64}} X^{(10/\sqrt{\sigma})} \tag{4}$$

$$X = 872\left(\frac{U_B h_L}{\sqrt{d_H H_T}}\right)^4\left(\frac{\rho_V}{Q_L\rho_L}\right)\left(\frac{\rho_L-\rho_V}{\sigma}\right)^{0.25} \tag{5}$$

式中 σ——表面张力；

U_B——基于塔板有效面积的气速，m/s；

H_T——板间距，m；

h_L——鼓泡液层压降，mm；

d_H——表观阀体直径，mm；

Q_L——单位长度出口堰上的液体负荷，m^3/(h·m)；

ρ_L——气相密度，kg/m^3；

ρ_V——气相密度，kg/m^3。

2.1.4 路秀林法

关于 F1 型浮阀，李倩英、路秀林[8] 与 1990 年对实验数据进行了关联，获得计算浮阀塔板雾沫夹带的关联式。路秀林法：

$$e_v = \frac{2.14\,(\varepsilon c)^{3.42}}{\varphi^{0.73}K^{1.56}}\left(\frac{0.073}{\sigma}\right)^{0.20} \tag{6}$$

$$c = \mu\sqrt{\frac{\rho_V}{\Delta\rho}} \tag{7}$$

$$K = [H_T - 5(h_{ow}+0.35h_w)](h_{ow}+0.35h_w) \tag{8}$$

式中 e_v——雾沫夹带量，kg 夹带/kg 气体；

H_T——板间距，m；

h_w——堰高，m；

h_{ow}——堰上清液层高度，m；

u——空塔气速，m/s；

ε——空塔界截面积与有效空塔截面积之比；

ρ_V——气相密度，kg/m^3；

$\Delta\rho$——气液相密度差，kg/m^3；

σ——表面张力；

φ——以塔截面积为基准的塔板开孔率,%。

2.2 几种计算方法对比及选择

由于化工装置吸收塔板间距、开孔率、液流高度、出口堰高、液体表面张力等影响因素已经确定，只有通过分析在不同气相负荷下对雾沫夹带量的影响确定适合吸收塔的雾沫夹带计算公式。

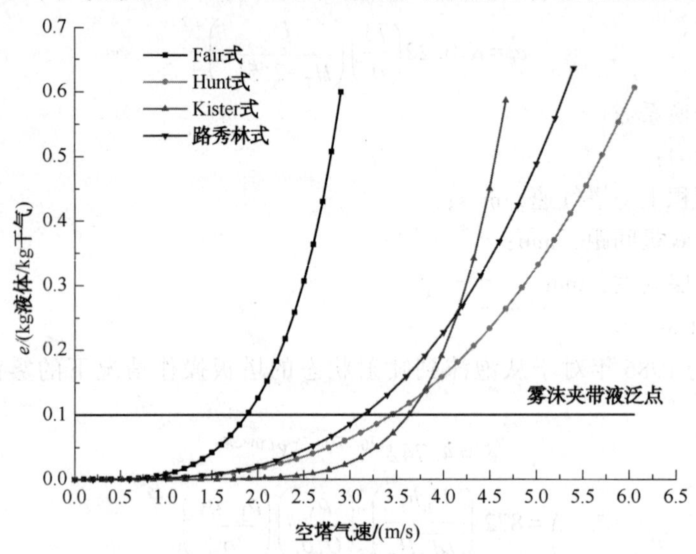

图1 空塔气速与雾沫夹带量的关系

以化工装置吸收塔实际板间距对四种计算公式进行不同空塔气速下的雾沫夹带情况。从图1可以看出，当吸收塔气速小于1m/s时，四种计算公式计算值较为接近；随着气速逐渐提高，Fair法计算值超过其他公式；Kister法在计算低气速时其计算值为四种方法里最小，但随着气速升高，其计算值逐渐向Fair法接近；Hunt法与路秀林法计算值较为接近。

通过对比四种计算公式计算原理，选择在合适的范围内使用正确的计算公式，对比如表1所示。

表1 四种计算公式比较及其适用方向

公 式	优 点	不 足	适用条件
Fair式	利用泛点率百分数计算雾沫夹带量，当泛点率小于80%时，即可默认雾沫夹带量未超过0.1kg夹带/kg气体	利用泛点率来计算雾沫夹带，部分影响因素未考虑进公式，从而导致其计算值偏大	原用于筛板，扩展用于浮阀塔
Hunt式	使用较为方便，便于快速估算雾沫夹带量	忽略密度差的影响，使得加压操作下的计算结果偏大；公式与表面张力成反比，导致σ影响偏大	原用于筛板，扩展用于浮阀塔
Kister式	将压力、气速、密度差、浮阀直径、从泡沫转变为喷射时清液层高度、鼓泡层压降、板间距、液流强度代入公式计算；较Hunt式比，将σ倒数的次方做为影响因素，减少σ影响	计算前提为从泡沫状态转为喷射状态，使得其在低气速下的计算值偏低	文中指出用于筛板，用于浮阀误差可能大
路式	与Kister式一样，将所有因素代入公式中，计算较为全面；利用F1型浮阀实验数据拟合得到的公式，计算较为准确	所需数据较多，实际测量难以保证准确性；以F1型浮阀数据拟合，针对微分浮阀可能存在一定的误差	F1浮阀

综上所述，Fair 法可通过泛点率百分数直接判断是否发生雾沫夹带液泛，但其雾沫夹带量计算值为四种公式中最大的，不适用于设计型计算；Kister 式计算方法有一个前提是计算从泡沫状态转化为喷射状态时的雾沫夹带量，当吸收塔处在泡沫状态时，该公式计算存在较大的误差，所以该式在低气速下时，雾沫夹带量为最小值，且当气速升高后，计算值逐渐与其他公式计算值接近；Hunt 式和路秀林式在低气速下计算值较为接近，当高气速时，Hunt 式的气速次方小于路式，从而使得路式在高气速下雾沫夹带量高于 Hunt 式。通过比对，建议在低气速下使用 Hunt 式或路秀林式计算雾沫夹带，在高气速下使用 Kister 式计算雾沫夹带较为准确。

2.3 吸收塔雾沫夹带量

气体负荷为 444181kg/h，利用以上四种公式，对实际工况，计算得到的结果如表 2。

表 2 不同计算方法下的雾沫夹带情况

方 法	雾沫夹带量 e/(kg 夹带/kg 干气)	雾沫夹带量/(kg/h)
1	0.07	31080
2	0.013	5676
3	0.007	3100
4	0.014	6512

不同工况计算结果有明显区别。Fair 法由于是通过泛点率百分数计算雾沫夹带量，与其他公式计算值相差较大。其他三种计算结果较为接近，由此可推断化工装置吸收塔雾沫夹带量在 3100~6512kg/h。

从数据上看，各计算方法得出的雾沫夹带量均未超过 0.1kg 夹带/kg 气体，表明吸收塔内部未达到雾沫夹带液泛，对塔本身操作影响较小，但化工装置吸收塔气相负荷较大，经气相夹带出去的液滴的量也较大，这会对下游设备的产生一定的影响，因此需要通过减少液体夹带量来保证下游设备的稳定运行。

3 减少雾沫夹带量的方法

通过上述计算方法，确定了化工装置装置雾沫夹带量，为了减少吸收塔雾沫夹带，本文针对装置实际情况，提出以下几点方法。

3.1 操作型控制

在精馏塔中，通过减少液相进料来来控制塔板上液流强度，从而达到降低雾沫夹带量的目的。但是在吸收塔中，液相进料量是作为吸收推动力的一个主要因素，降低液相进料量会影响化工装置来的收率，且液相进料量的降低会导致塔顶温度波动，从而影响化工装置收率。相比而言，通过控制液相进料量实现降低化工装置吸收塔雾沫夹带量的方法不可取。而通过降低塔釜温度来减少气相蒸发量，使得气速降低，达到降低雾沫夹带量的目的。但是化工装置吸收塔中，塔釜温度不可控，塔釜温度受到到反应器气速及气体温度的影响，而气速主要是由反应器决定的，开车之后气速一般保持稳定，所以通过降低塔釜温度无法实现化工装置吸收塔降低雾沫夹带的目的。

3.2 加装除沫器

丝网除沫器的工作原理是利用液滴在丝网上撞击、汇聚成大的液滴，然后靠重力作用进行沉降，如图 2 所示。

本文通过计算北京泽华公司丝网型号为 8P、丝网厚度为 100mm 的除沫器除沫效率，分析化工装置吸收塔在加装除沫器后雾沫夹带量的变化情况。

丝网除沫原理为通过计算某一直径的液滴在有效除沫区域内撞击丝网的分率，并通过撞击分率和惯性参数计算该直径下液滴的除沫效率。主要计算公式如下[9]：

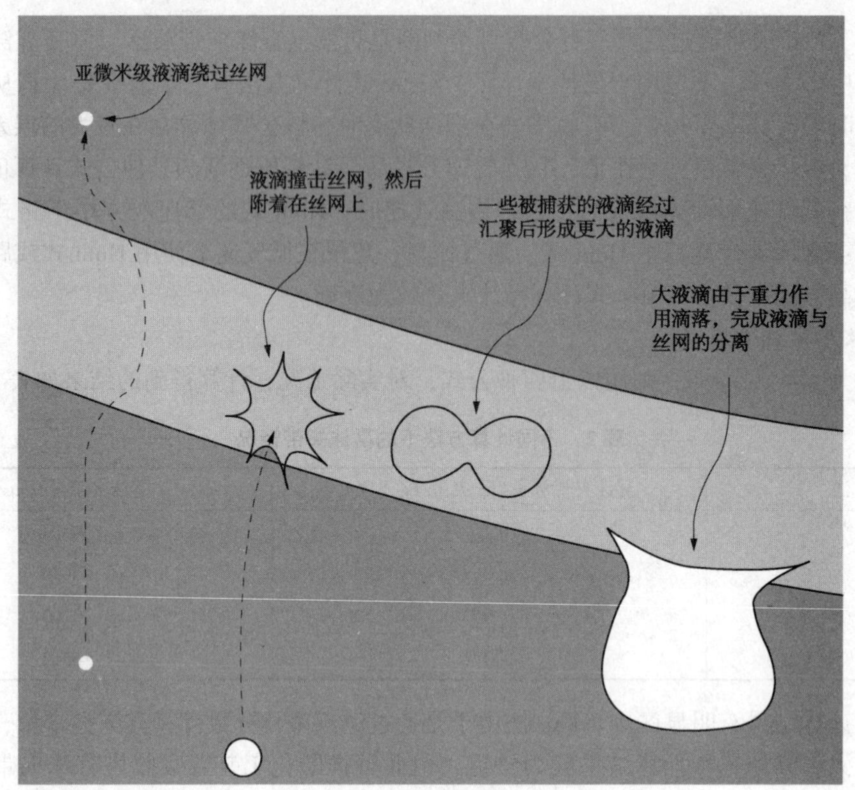

图 2　丝网除沫器除沫原理图

$$V_{\mathrm{ideal}}=k[(\rho_{\mathrm{L}}-\rho_{\mathrm{V}})/\rho_{\mathrm{V}}]^{1/2} \tag{9}$$

$$Area=\frac{V_{\mathrm{flow}}}{V_{\mathrm{ideal}}} \tag{10}$$

$$K=1.49\frac{(\rho_{\mathrm{L}}-\rho_{\mathrm{V}})Vd^2}{9\mu D} \tag{11}$$

$$SO=SSA\times 1/\pi\times Thickness(m)\times 0.2 \tag{12}$$

$$E_{\mathrm{X\mu m}}=100-\frac{100}{e^{E\times SO/0.3}} \tag{13}$$

式中　ρ_{V}——气相密度，kg/m^3；

ρ_{L}——液相密度，kg/m^3；

V_{ideal}——设计气速，m/s；

V_{flow}——液相流量，m^3/s；

K——惯性参数；

d——液滴直径，m；

μ——气体黏度，mPa·s；

D——丝网直径，m；

SSA——比表面积，m^2/m^3；

SO——收集区比表面积，m^2/m^3；

E——撞击效率；

$E_{\mathrm{X\mu m}}$——针对某一直径液滴的除沫效率，%。

惯性参数 K 与撞击效率分率的关系如图 3 所示。

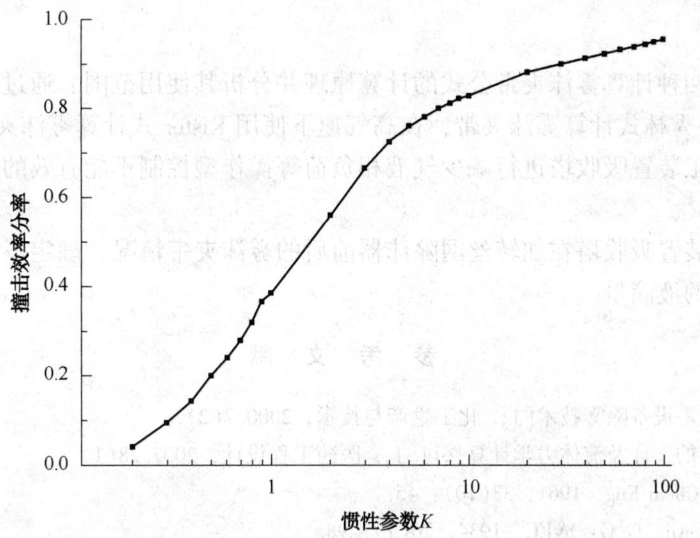

图 3 惯性参数与撞击分率的关系

通过效率公式计算不同直径下液滴的丝网除沫效率，可得到如图 4 所示趋势图。

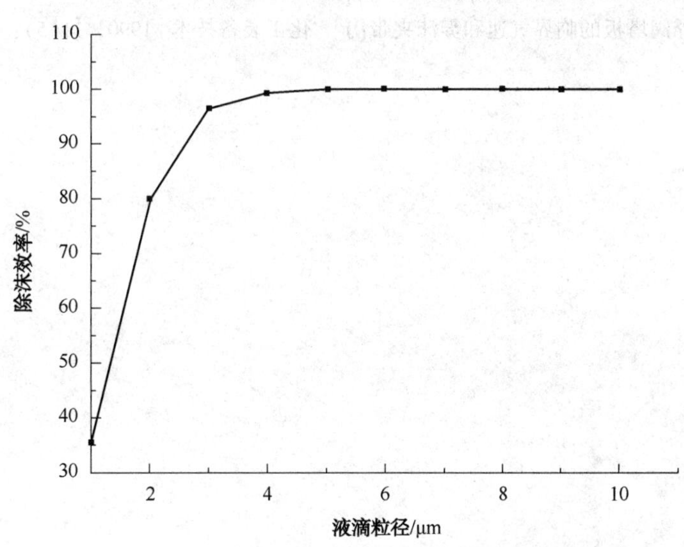

图 4 不同液滴直径下的丝网除沫器除沫效率

对于一般的精馏、吸收和蒸发过程，其夹带产生的液滴直径一般在 3～300μm，绝大部分在 5μm 以上，由图上可看出除沫效率能够达到 95%。

表 3 使用丝网除沫器后某化工装置吸收塔夹带量

方法	雾沫夹带量/(kg/h)	除沫量/(kg/h)	带出量/(kg/h)
1	31080	30458	622
2	5676	5562	114
3	3100	3040	60
4	6512	6381	131

由表 3 可看出，经过丝网除沫器后，被气体带出的液滴量明显降低。带出量仅为原来的 5%，降低了对下游设备的影响，达到预期的除沫指标。

4 结语

(1) 简单阐述四种计算雾沫夹带公式的计算原理并分析其使用范围。通过对比确定了在低气速下使用 Hunt 式或路秀林式计算雾沫夹带，在高气速下使用 Kister 式计算雾沫夹带的方法。

(2) 通过对化工装置吸收塔进行减少气液相负荷等操作型控制不能有效的降低去下游设备雾沫夹带量。

(3) 计算化工装置吸收塔在加转丝网除沫器前后的雾沫夹带情况，确定了丝网除沫器可以有效的减少进下游工序的液滴量。

参 考 文 献

[1] 董谊仁，孙凤珍. 塔设备除雾技术[J]. 化工生产与技术，2000. 7(2).
[2] 齐福来. 浮阀塔板的设计及流体力学计算探讨[J]. 医药工程设计，2007. 28(1).
[3] Fair，J. R.，Petr/Chem Eng，1961，33(10)：45.
[4] Sounders，M.，Brown，G. G：I&EC，1934，26(1)：98.
[5] Eld，A. C.：Pet. Ref.，1953，5(132)：157.
[6] Hunt，C. D. A.；Hason，D，N.；Wilke，C，R.. A. I. CH. E. Journal，1995，4：441-451.
[7] Kister，H. Z. & J. R. Hass" I. Chem. E. Symp. Ser. 104" ppA483，1987.
[8] 李倩英，路秀林. 浮阀塔板的临界气速和雾沫夹带[J]. 化工装备技术. 1990，11(5)：1-6.

马来酸酐装置吸收塔降低马来酸酐损耗的方法

张 威[1] 朱兴松[2] 王金堂[2] 王余伟[2] 张金峰[2]

(1. 中国石化仪征化纤有限责任公司 BDO 生产中心，江苏仪征 211900

2. 中国石化仪征化纤有限责任公司研究院，江苏省高性能纤维重点实验室，江苏仪征 211900)

摘 要：通过对马来酸酐装置吸收塔操作性能的研究，确定了影响吸收塔马来酸酐吸收效率的几个主要因素，探讨了有效降低马来酸酐损失的措施。

关键词：马来酸酐 吸收塔 贫油 吸收效率

1 前言

马来酸酐(顺酐，顺丁烯二酸酐，Maleic anhydride，MAH)是一种重要的有机化工原料，其最大用途是生产不饱和聚酯树脂(UPR)和1,4-丁二醇(BDO)。MAH的生产工艺路线，按其原料可分为苯酐副产法、苯氧化法、C_4烯烃氧化法和正丁烷氧化法4种[1]。正丁烷氧化法于1974年由Monsanto(现Huntsman公司)实现工业化，以正丁烷为原料，正丁烷与压缩空气均匀混合后进入固定床反应器，在V_2O_5-P_2O_5系催化剂上气相选择性催化氧化生成马来酸酐。反应生成气主要是N_2，O_2，CO和CO_2，水，其中MAH的摩尔分率约为1.0%。反应气经冷却器冷却到一定程度利用压差从吸收塔底部进入并上升，大部分MAH气体被自塔顶喷下的溶剂和补充的新鲜溶剂冷却吸收。吸收塔顶排出的含未被吸收的少量MAH的废气被送入余热锅炉焚烧。正丁烷氧化法工艺多选用邻苯二甲酸正丁酯(DBP)作为溶剂，吸收效果很好。实际运行过程中吸收效率与期望值还有一些差距。本文通过对吸收塔进行建模计算并分析，讨论如何进一步提高吸收塔的操作性能，提高MAH的收率从而降低吸收塔塔顶MAH损耗。

2 工艺流程介绍

某化工装置的马来酸酐吸收塔为浮阀塔，在塔内用吸收溶剂DBP对反应气体中的马来酸酐组分进行最大程度的吸收，减少马来酸酐组分损失[2]。主要工艺流程如图1所示。

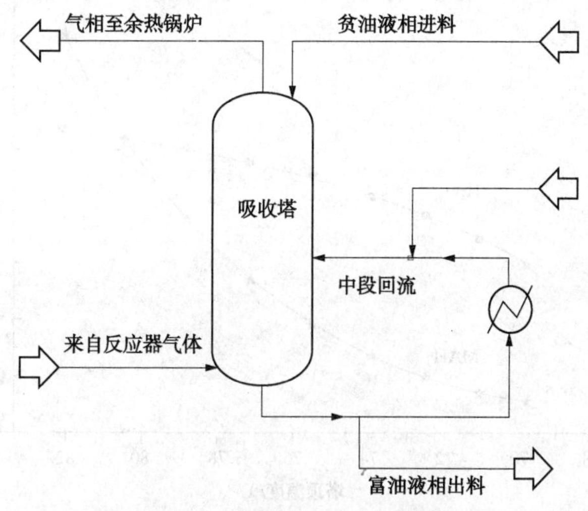

图1 马来酸酐吸收塔工艺简图

如图所示，由反应器产生反应尾气由塔顶去余热锅炉。贫油在吸收塔塔顶上方进料，主要用于吸收气相中的马来酸酐，塔釜部分液相出料经换热器返回中间块板形成中段回流，部分液相出料进下一道工序。

3 建立工艺模型

应用 Aspen Plus 流程模拟软件[3]，依照 MAH 吸收塔工艺流程，建立了吸收塔工艺模型，并用模型计算了 PFD 设计数据。，模拟结果见表 1。

表 1 模型结果对比

项目	期望值		模拟值	
	塔顶气相	塔釜液相	塔顶气相	塔釜液相
温度/℃	72	109.9	72.4	111.4
压力/bar	1.29	—	1.29	1.42
流量/(kg/h)	444181	370206	444166	369286
部分组分/%				
H_2O	5.68	0.13	5.68	0.14
MAH	0.02	16.49	0.02	16.51
其他	—	0.61	—	0.57
DBP	0.01	81.49	0	81.48

注：1bar=100kPa。

由表 1 数据可以看出，通过模型计算结果与 PFD 数据基本吻合，模型计算结果有效。

4 工艺参数讨论与分析

通过塔顶温度、塔顶压力、贫油进料水含量、贫油进料量四个主要影响因素对吸收塔塔顶、塔釜分离效果的分析，确定减少塔顶 MAH 损耗，提高塔釜 MAH 收率的方法。图 2 中 θ 代表塔顶组分的损失率，η 代表塔釜组分中的吸收率。

4.1 塔顶温度对分离效果的影响

现场装置通过改变回流量的大小来控制塔顶温度，塔顶温度变化范围为 67.5~82℃。

4.1.1 对塔顶分离效果的影响

分析塔顶分离效果与塔顶温度之间的关系。

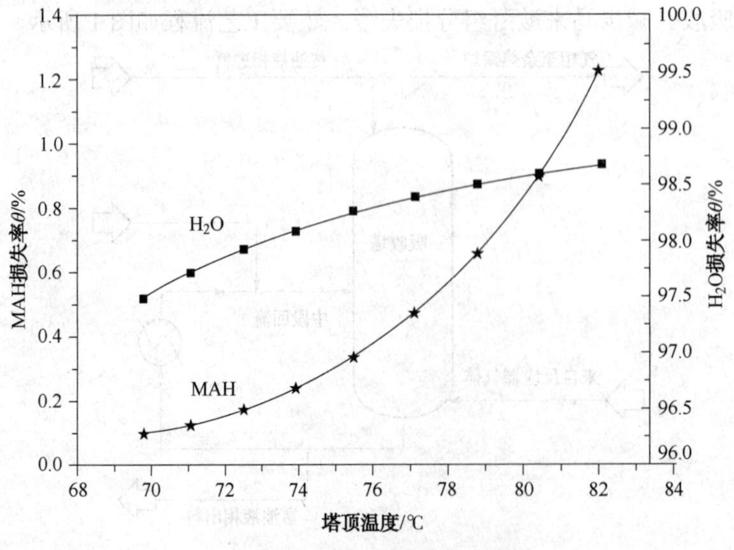

图 2 塔顶温度对损失率的影响

由图 2 可知，随着塔顶温度从 72℃升至 82℃，塔顶组分中 MAH 的损耗率升高导致 MAH 的损失提高 6.9 倍，损失较为明显。

4.1.2　对塔釜分离效果的影响

分析塔釜分离效果与塔顶温度之间的关系。

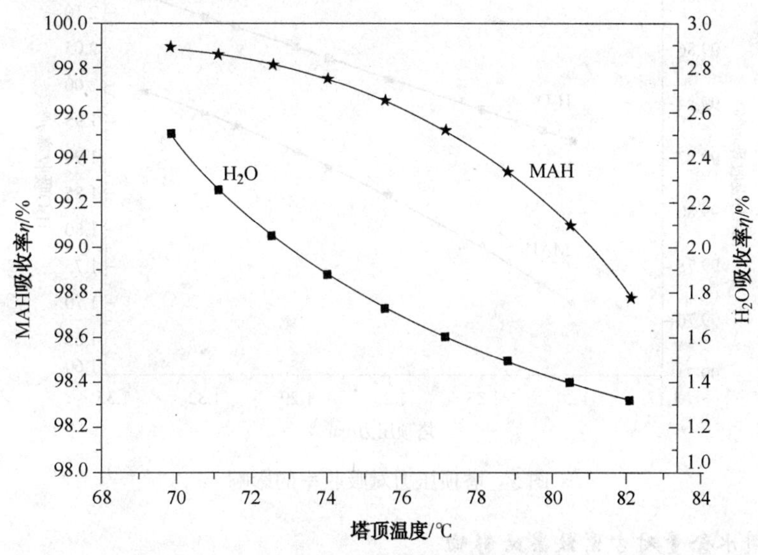

图 3　塔顶温度对吸收率的影响

由图 3 可知，塔顶温度的升高会导致塔釜温度也随之升高，使得 MAH 在液相中的溶解度减小，吸收效率降低，影响塔釜液相 MAH 吸收效率；塔釜液相组分中 H_2O 收率随温度变化较为明显，降低幅度接近 50%，水含量的降低可提高后道装置富马酸分离机的分离效率。

4.2　塔顶压力对分离效果的影响

4.2.1　对塔顶分离效果的影响

从图 4 可以看出，提高吸收塔的压力有利于增大 MAH 的溶解度，提高吸收推动力，减少塔顶 MAH 损耗。

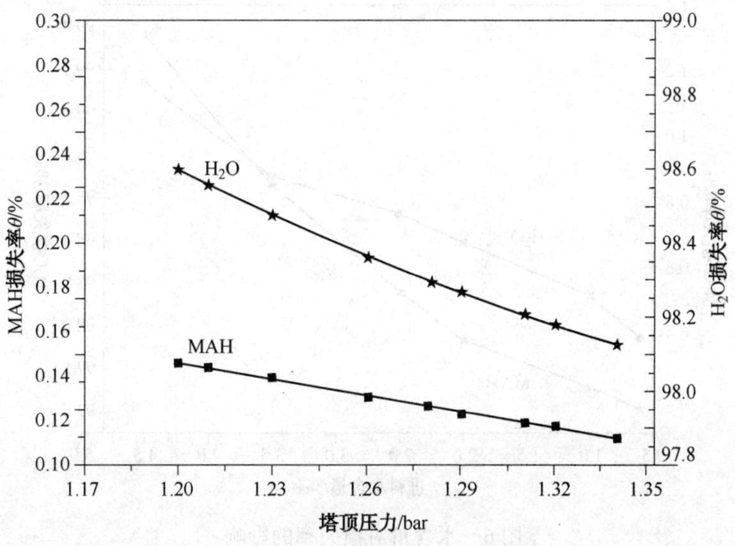

图 4　塔顶压力对损失率的影响

4.2.2　对塔釜分离效果的影响

从图 5 可以看出，塔顶压力的变化对塔釜液相中 MAH 吸收率的影响较小。但塔釜液相中 H_2O

收率逐渐升高，影响后道工序的运行。因此塔顶压力不宜过高，保持塔顶压力在 1. 29bar，既可以降低塔顶 MAH 损耗，又可抑制塔釜 H_2O 的升高。

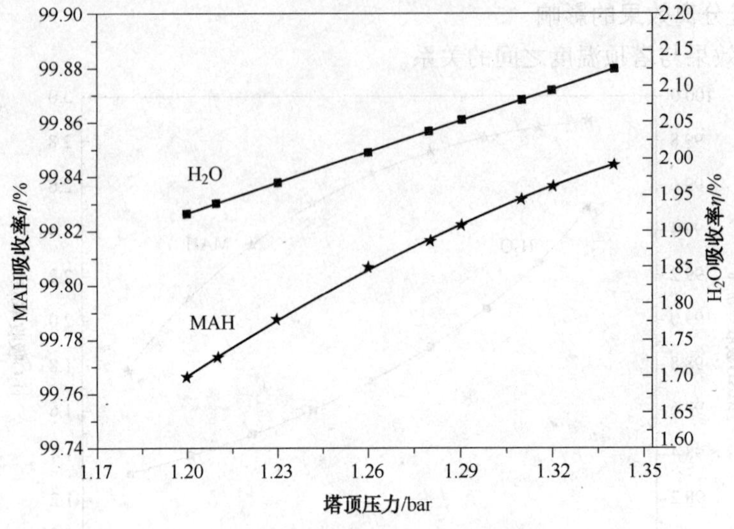

图5　塔顶压力对吸收率的影响

4.3　贫油进料水含量对分离效果的影响

受到装置运行波动的影响，贫油进料中的水含量从 1%～8%变化，分析水含量的变化对 MAH 的影响。

4.3.1　对塔顶分离效果的影响

通过改变回流量保持塔顶温度为 72.5℃，通过改变塔顶贫油进料中水含量，分析塔顶组分损失率。

从图 6 可知，由于水的热容值较大，随着塔顶贫油水含量的增加需要减少中段回流量来保持塔顶温度恒定，回流量的减少会降低吸收推动力，使得塔顶气相中 MAH 损耗上升，增加了塔顶 MAH 的损失量。

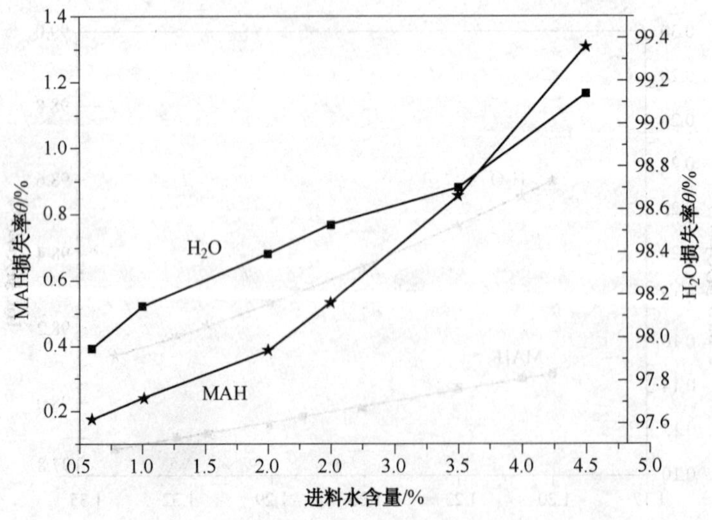

图6　水含量对损失率的影响

4.3.2　对塔釜分离效果的影响

保持塔顶温度为 72.5℃，通过改变塔顶贫油进料中水含量，分析塔釜组分吸收率。

从图 7 可以看出，随着贫油进料水含量的增加，大部分水从塔顶被采出，而中段回流量的减少会降低吸收推动力，吸收塔分离能力降低，导致塔釜中 H_2O 和 MAH 吸收率逐渐减少。

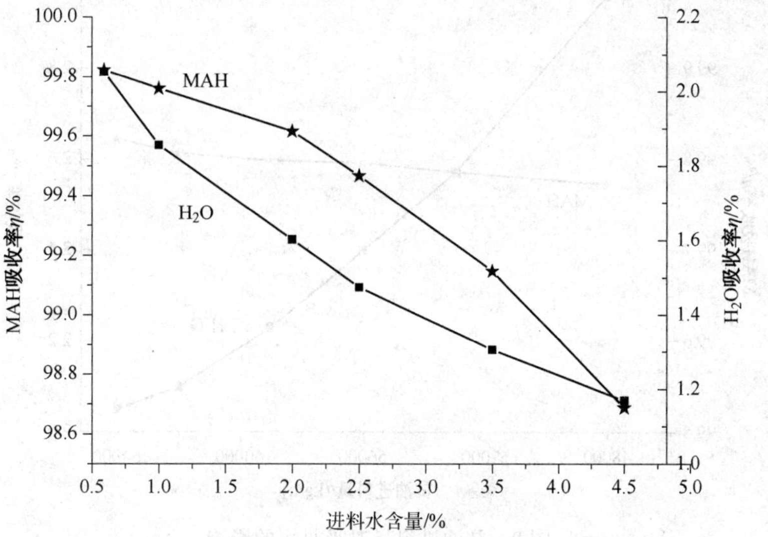

图 7　水含量对吸收率的影响

4.4　贫油进料量对组分的影响

4.4.1　对塔顶分离效果的影响

通过改变中段回流量维持塔顶温度在 72.5℃，分析贫油进料量对损失率的影响。

从图 8 可知，贫油进料量的增加提高了吸收塔上部的吸收推动力，使塔顶 MAH 吸收效率提高，减少了去余热锅炉的 MAH 量。

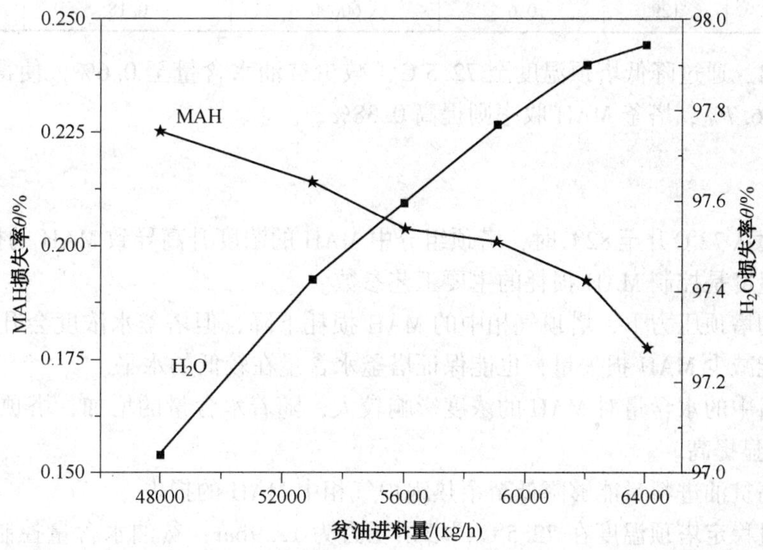

图 8　贫油进料量对损失率的影响

4.4.2　对塔釜分离效果的影响

通过改变中段回流量维持塔顶温度在 72.5℃，分析贫油进料量对吸收率的影响。

从图 9 可看出，随着贫油进料的增加，为了维持塔顶温度恒定，中段回流量则随之减少，导致吸收塔下部的吸收推动力降低，使得塔釜组分中 H_2O 的吸收率降低，塔釜 H_2O 含量升高。因此，合理的控制贫油进料量既可减少塔顶 MAH 损失，又能降低塔釜中 H_2O 的含量。

4.5　不同工艺参数下分离效果对比

通过以上塔顶温度、塔顶压力、贫油进料水含量、贫油进料量这四个影响因素对马来酸酐吸收

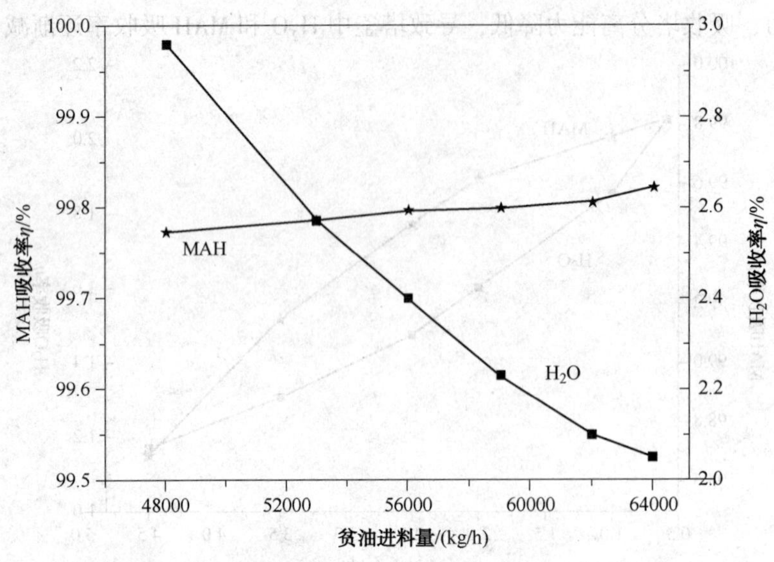

图9 贫油进料量对吸收率的影响

塔分离性能的分析，确定优化后吸收塔的操作参数并与优化前的现场实际生产操作参数对比，发现优化后的吸收塔塔顶损失率降低明显，具体数据见表2。

表2 优化前后结果对比

项目	温度/℃	压力/kPa	贫油水含量/%	贫油进料量/(kg/h)	塔顶MAH损失率/%	塔釜MAH吸收率/%
优化前	73.9	128	2	60000	0.56	99.44
优化后	72.5	129	0.6	60000	0.18	99.82

由上表可看出，通过降低塔顶温度至72.5℃，减少贫油水含量至0.6%，使得塔顶MAH的损耗较优化前减少66.7%，塔釜MAH收率则提高0.38%。

5 结语

(1) 塔顶温度从72℃升至82℃时，塔顶组分中MAH的浓度升高导致MAH的损失提高6.9倍，损失较为明显，温度是控制MAH损耗的主要工艺参数。

(2) 在较高的塔顶压力下，塔顶气相中的MAH损耗下降，但塔釜水浓度会升高。维持在合适的压力下，不仅能减少MAH损失量，也能保证塔釜水含量在较低的水平。

(3) 贫油进料中的水含量对MAH的浓度影响较大，随着水含量的增加，塔顶气相至余热锅炉的MAH损失量明显提高。

(4) 适当提高贫油进料量能够降低至余热锅炉气相中MAH的损失。

(5) 装置通过稳定塔顶温度在72.5℃，塔顶压力为1.29bar，贫油水含量控制在0.6%可使吸收塔塔顶MAH损耗降低至0.18%，塔釜MAH收率提高至99.82%左右。

参 考 文 献

[1] 陈真真. 正丁烷氧化制取顺酐的Huntsman工艺技术进展[J]. 化学工程，2011，11.
[2] 杭君强. BDO装置降低贫油消耗的方法[J]. 合成技术与应用，2013，28(3)：40-43.
[3] William L Luyben，Distillation Design and Control Using Aspen Simulation[M]. Canada：JOHN WILEY & SONS，INC. 2006：27-85.
[4] 陈敏恒. 化工原理-下册[M]. 北京：化学工业出版社，2006：105-126.
[5] 杨友麟，项曙光. 化工过程模拟与优化[M]. 北京：化学工业出版社，2006：81-109.

热稳定盐对 MDEA 溶剂脱硫装置运行影响分析

王仕伟

（中海石油惠州炼化分公司，广东惠州　516086）

摘　要：本文对脱硫装置溶剂再生塔操作和产品质量不达标问题的原因进行分析，采取 MDEA 溶液在线净化方法脱除系统胺液热稳定盐（HSS）的对策，系统胺液热稳定盐含量从 2.5%降低到 0.83%。热稳定盐含量降低后，不仅再生塔的运行变得平稳，净化产品质量合格大幅度提升，而且降低了 MDEA 溶剂、碱液消耗量和减少了 SO_2、碱渣、污水 COD 的排放。根据惠炼的操作实践，建议 MDEA 热稳定盐含量控制在 1.0%以下，对装置平稳运行、减少助剂消耗和节能减排都十分有利。

关键词：热稳定盐　MDEA　脱硫　溶剂再生

1　概述

惠炼脱硫装置由干气脱硫、液态烃脱硫及溶剂再生单元组成。干气脱硫包括加氢干气、加氢低分气和催化焦化混合干气脱硫，液化气脱硫包括加氢液化气、焦化液化气和催化液化气脱硫。干气脱硫和液化气脱硫均采用 MDEA 胺洗吸收工艺，所有吸收 H_2S 后的 MDEA 溶液（简称富胺液）进入再生塔集中再生，解吸出富含 H_2S 的酸性气后富液变成含 H_2S 较低 MDEA 溶液（简称贫胺液）。再生后的贫胺液分三股进入胺液储罐，其中一股贫胺液直接进入胺液储罐，另外两股分别经过三级过滤单元脱除机械杂质和胺液净化单元脱除胺液中的热稳定盐后回到胺液储罐，胺液储罐的贫胺液连续输送至各脱硫塔循环使用。装置于 2009 年底建成首次开工运行，因首次设计脱硫能力不足，于 2011 年、2014 年两次进行溶剂再生系统扩能改造，溶剂再生能力最初为 100t/h，2011 年扩到 150t/h，2014 年扩到 200t/h，历次改造工艺流程未改变。脱硫装置工艺流程简如图 1 所示。

2　问题及分析

2.1　脱硫效果差

2015 年 1 月对装置运行情况进行标定，装置负荷、操作参数都在设计范围的情况下，净化加氢干气、净化催化焦化干气合格率低，再生贫液中 CO_2、H_2S 总含量高。从表 1 数据可知，干气、液化气进料 H_2S 含量都低于设计值，其中加氢液化气进料 H_2S 含量略低于设计值，其他 5 股进料 H_2S 含量不到设计值得 50%。从表 2 数据可知，净化产品 H_2S 含量波动较大，同时监控到贫液 CO_2、H_2S 总含量高于设计值。

表 1　操作参数与设计参数对比

物料名称	项目	设计参数	操作参数
加氢液化气	贫胺液/(t/h)	23.7	22.7
	原料中硫化氢含量/(μg/g)	6000	5111
	进塔原料流量/(t/h)	49	28

续表

物料名称	项目	设计参数	操作参数
焦化液化气	贫胺液/(t/h)	11.5	11.2
	原料中硫化氢含量/(μg/g)	8000	782
	进塔原料流量/(t/h)	28	27.7
催化液化气	贫胺液/(t/h)	16.5	17
	原料中硫化氢含量/(μg/g)	8000	2780
	进塔原料流量/(t/h)	36	27.2
加氢干气	贫胺液/(t/h)	25.7	23
	原料中硫化氢含量/(μg/g)	80000	31785
	进塔原料流量/(t/h)	9.5	5.3
催化焦化干气	贫胺液/(t/h)	50.4	46
	原料中硫化氢含量/(μg/g)	35000	42124
	进塔原料流量/(t/h)	38	28
加氢低分气	贫胺液/(t/h)	8.4	11.2
	原料中硫化氢含量/(μg/g)	20000	4578
	进塔原料流量/(t/h)	12	8.3
酸性气/(t/h)		3.8	2.5

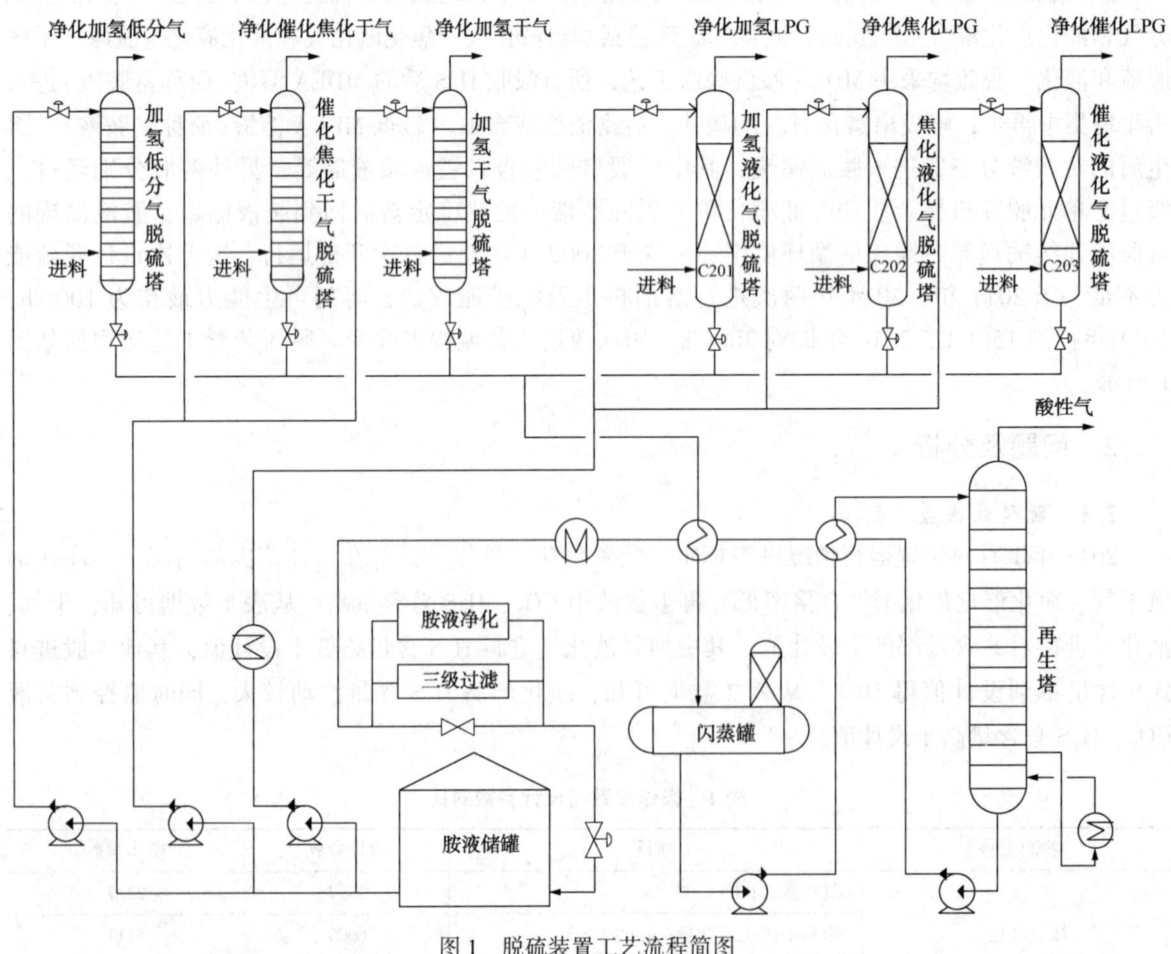

图1　脱硫装置工艺流程简图

表 2　净化产品、贫液监控数据

项　　目	1 月 21 日	1 月 22 日	1 月 23 日	质量指标
净化加氢干气 H_2S 含量/(μg/g)	40*	0	30*	≤26
净化加氢低分气 H_2S 含量/(μg/g)	5	5	18	≤32
催化焦化干气 H_2S 含量/(μg/g)	50*	20	38*	≤32
净化加氢液化气 H_2S 含量/(μg/g)	5	1	4	≤20
净化焦化液化气 H_2S 含量/(μg/g)	10	5	10	≤20
净化催化液化气 H_2S 含量/(μg/g)	0	14.2	0	≤20
贫液(CO_2+H_2S)含量/(g/L)	1.1*	2.2*	0.6	≤1

注：带“*”的数据为不合格项。

2.2　热稳定盐含量高

石油炼制过程的添加剂和石油本身携带的一些杂质，在干气、液化气脱硫塔与胺液接触的过程，对胺液造成污染。因此在胺液中存在无机、有机阴离子和氨基酸离子(含氮化合物降解的产物)与烷醇胺结合而形成的醇胺盐，由于它们在再生过程中无法除掉，因此被称为热稳定盐(HSS)[1]。热稳定盐在胺液系统中不断积累，如果不及时采取措施控制热稳定盐含量，会对装置生产造成多方面的危害。常见的热稳定盐有盐酸盐、硫酸盐、甲酸盐、乙酸盐、草酸盐、氰化物、硫氰酸盐和硫代亚硫酸盐。国内多数认为热稳定盐含量不得超过溶液总重量的 0.5%~1.0%，过多的热稳定盐含量使胺液易发泡，直接导致胺液损失，造成胺液脱硫能力和效率下降[2]。

惠炼脱硫装置使用的胺液为复合型 MDEA 溶剂，主要组分为 MDEA，其中添加了抗降解、抗发泡等添加剂。复合 MDEA 溶剂具有 H_2S 脱除率高、选择性好、性质稳定、不易降解、不易发泡、酸性气负荷高、低能耗、对设备腐蚀性小等特点。2009 年开工至今，系统胺液使用时间已经达到 7 年，2015 年 1 月对系统胺液进行性能检测，虽然胺液外观清澈透明，静置后极少沉淀、无分层，但是发泡高度、消泡时间、有效载荷及热稳定盐均不达标，其中热稳定盐含量达到 2.5%，是影响装置平稳运行和产品质量控制的关键因素。

表 3　脱硫 MDEA 贫液性能参数

项　　目	发泡高度(40℃)/cm	消泡时间(40℃)/s	有效载荷/(mol/mol)	热稳定盐/%	外　　观
装置胺液检测数据	4.5	4.3	0.39	2.5	清澈透明，静置后极少沉淀、无分层
厂控指标	<3.0	<3.0	≥0.42	<1.0	外观清澈，静置无沉淀、无分层

3　对策及效果分析

3.1　除热稳定盐

2015 年 5 月，委托济南惠成达科技有限公司使用撬装离子交换树脂成套设备，对溶剂再生系统 MDEA 溶液在线净化脱除热稳定盐。经过 30 天的胺液在线净化作业，系统胺液的热稳定盐含量从 2.5%降至 0.83%，其发泡高度、消泡时间、有效载荷等性能都有明显改善(见表 4)。

表 4　在线净化前后胺液性能参数

项　　目	发泡高度(40℃)/cm	消泡时间(40℃)/s	有效载荷/(mol/mol)	热稳定盐/%	外　　观
在线净化后胺液性能数据	2	1.8	0.43	0.83	外观清澈，静置无沉淀、无分层

3.2 效果分析

3.2.1 胺液脱硫效率改善

从净化干气产品 H_2S 含量趋势图(图 2)可以看出，2015 年 5 月起，随着 MDEA 溶液热稳定盐含量降低，所有净化干气产品中 H_2S 明显降低，胺液中热稳定盐降低和净化产品 H_2S 含量降低的趋势完全吻合。在胺液热稳定盐含量降低后，溶剂再生塔操作平稳，改善了胺液再生效果和胺液性能，胺液脱硫效率提高了。

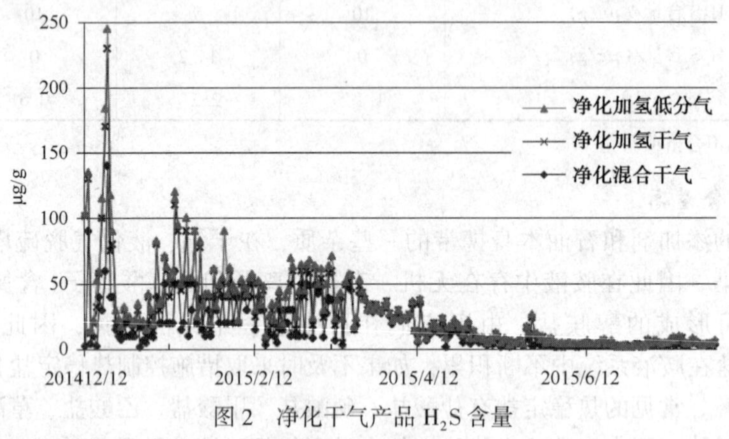

图 2 净化干气产品 H_2S 含量

3.2.2 胺液损耗减少

从图 3 可以看出，2015 年 1 月～10 月，MDEA 溶剂消耗量随着系统 MDEA 溶液热稳定盐含量降低而降低，系统胺液浓 MDEA 度随着热稳定盐含量降低而升高；2015 年 11 月～2016 年 3 月，MDEA 溶剂消耗量随着系统 MDEA 溶液热稳定盐含量升高而升高，系统胺液 MDEA 浓度随着热稳定盐含量升高而降低。因此，说明 MDEA 溶液热稳定盐含量降低后，不仅使再生塔操作平稳，改善了 MDEA 溶液再生效果，提高了产品合格率，而且明显减少了 MDEA 溶液损失，降低了新 MDEA 溶剂的消耗量。当 MDEA 溶液中热稳定盐含量降低到 1.0%以下，在维持系统 MDEA 溶液浓度恒定的前提下，MDEA 溶剂原液消耗量比净化前减少 6t/月。

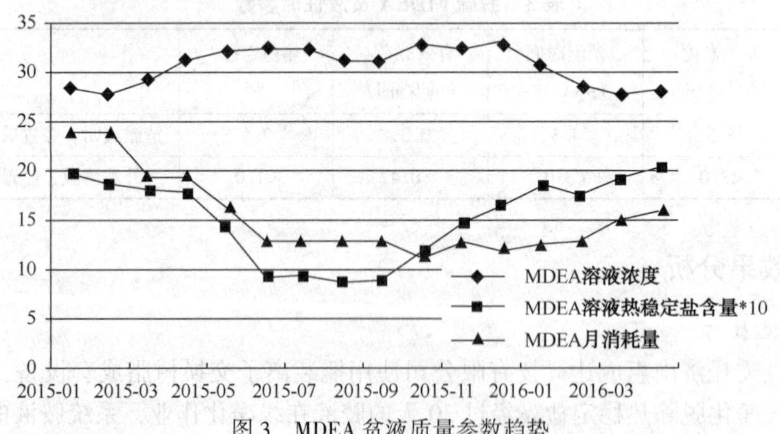

图 3 MDEA 贫液质量参数趋势

3.2.3 污水 COD 降低

MDEA 溶液损失主要途径是干气、液化气携带，干气、液化气携带的 MDEA 溶液经过分液、脱液，最终还是进入污水处理场。MDEA 溶液热稳定盐含量降低后，每月减少 MDEA 溶剂(MDEA 浓度 96%(m/m)的原液)损耗 6t，相当于每月减少排放 1200 吨 COD 为 5780mg/L 污水[3]。污水排放对 COD 指标有严格要求，惠炼外排污水指标要求 COD≤60mg/L，因此胺液损耗降低也节省了污水处理费用。从加氢液化气水洗水 COD 监控数据(见表 5)可以看出，在 2015 年 5 月，MDEA 溶液热稳定盐含量降低后，MDEA 溶剂损耗量下降的同时，加氢液化气水洗水的 COD 明显大幅降低，说明液化气中携带的 MEDA 溶液减少。

表 5　加氢液化气水洗水 COD　　mg/L

时间	加氢液化气水洗水 COD	时间	加氢液化气水洗水 COD	时间	加氢液化气水洗水 COD
2011/12/15	32800	2014/4/15	61000	2015/6/12	3610
2011/12/18	48800	2015/6/11	3900		

3.2.4　减少尾气 SO_2 排放

自 2015 年 5 月起，净化催化焦化干气中 H_2S 含量平均降低 40μg/g，产品减少的 H_2S 全部被 MDEA 吸收，最终进入到硫黄回收装置制硫。惠炼催化焦化干气进料按照 30t/h 计算，每年多回收 11 吨 H_2S，同时减少了 20t SO_2 排放。实际生产中，还有加氢干气、低分气及液化气净化产品的 H_2S 含量均大幅度降低，减排的 SO_2 应该远远高于 20 吨/年。另外，净化后的干气作为全厂加热炉的燃料进入瓦斯管网，加热炉烟气中 SO_2 含量减少了，必然会减少 SO_2 对炉子的腐蚀，节省大量检修和设备更新费用。

3.2.5　胺液再生塔运行平稳

2015 年 5 月前，胺液热稳定盐含量一直高于 1.5%，最高时达到 2.5%。胺液再生塔频发波动，为了维持操作平稳，只能将再生塔胺液处理能力从设计的 200t/h 降到 150t/h，每周向胺液中添加 10kg 消泡剂。溶剂再生塔仍然经常出现胺液发泡，导致再生塔压降增大(塔顶压力低，塔底压力高)，再生塔压降升高时，必须立即减少重沸器的蒸汽量，遏制操作继续恶化冲塔。频繁调整重沸器蒸汽量，再生塔操作参数剧烈波动，造成胺液再生效果差，最终影响产品质量控制。胺液在线净化完成，热稳定盐降低到 0.83%后，在设计处理能力和操作条件下胺液再生塔运行稳定，不再需要添加消泡剂，而且产品质量十分稳定。

4　结论与建议

从惠州炼化脱硫装置操作运行情况来看，热稳定盐对胺液性能和脱硫效率影响较大，当热稳定盐含量降低到 1.0%以下，装置平稳操作、产品质量有明显的改善，对减少能耗、碱耗降低胺液损失十分有利。对于 MDEA 溶液中总的热稳定盐含量要求，国外有报道要求低于溶液总量的 2.5%，而国内多数认为不得超过溶液总量的 0.5%~1.0%，通过惠炼脱硫装置的生产实践证明，热稳定盐含量控制不高于 1.0%对稳定生产、节能减排有利。

参　考　文　献

[1] 罗芳. 胺法气体脱硫胺液中热稳态盐离子的组成分析[J]. 石油炼制与化工，2006，36(3)：88-91.
[2] 聂崇斌. 醇胺脱硫溶液的降解和复活[J]. 石油与天然气化工，2012，41(2)：164-166.
[3] 吕三雕. 炼油溶剂对污水处理的影响及改进措施[J]. 石油化工安全环保技术，2015，31(1)：32-33.

理论配比燃烧控制方案在加热炉上的应用

王金龙

(中国石油化工股份有限公司镇海炼化分公司炼油五部，浙江宁波　315207)

摘　要：为了进一步提升对二甲苯装置加热炉的控制精度，优化加热炉运行，设计了具有自动控制功能的理论配比燃烧控制方案，利用监测烟气中 CO 含量监测加热炉的燃烧状况，根据燃烧曲线自动调节进炉的空气量，以保持加热炉各火嘴在接近理论的空燃比下安全燃烧，从而改善了加热炉的燃烧效果。实际工业应用表明该燃烧控制方案投用后提升加热炉热效率 0.6%，降低氮氧化物排放量 43.48%，每小时节电 72kW，各项指标优于传统的手动调节和常规燃烧控制方案。

关键词：加热炉　理论配比燃烧　热效率

1　前言

加热炉是石化企业重要的耗能设备，同时也是二氧化碳、氮氧化物等气体排放的主要来源之一。近些年，随着节能环保压力的增大，加热炉的节能减排工作成为大家关注的重点。所以，加热炉的优化、节能控制对整个装置平稳、长周期运行以及节能有着十分重要的意义[1]。工厂通常采用提升加热炉热效率的方法来实现加热炉的节能减排。排烟损失是影响加热炉热效率的关键因素，降低排烟温度、尽量减少过剩空气成为降低排烟损失的重要措施[2]。为了在相同排烟温度下，控制合适烟气氧气含量减少过剩空气，以某炼化公司 PX 装置加热炉 F401 为背景，研究开发出了理论配比燃烧控制方案。实际工业应用表明，该技术可以精确控制燃料和空气的理论配比燃烧，使得加热炉的火嘴在燃烧时能一直处于较低的氧含量状态下从而减少排烟损失提高加热炉热效率，在满足装置安全运行要求的同时还能在燃烧过程中产生最少的排放物，从源头上减少排放，实现加热炉的节能、环保、安全运行。

2　加热炉 F401 原有燃烧控制方案

加热炉 F401 为立式炉，燃料以燃料气为主，燃料油为辅，强制供风，设有烟气余热回收系统。图 1 为 F401 流程示意图。其供风/烟气系统主要控制指标有炉膛压力及炉膛上部烟气的氧含量，主要的控制手段为各风道控制阀、鼓风机转速和引烟机转速。燃烧所需空气采用手动控制，通过加热炉炉膛上部烟气的 O_2 含量来手动调整各路风道控制阀开度和鼓风机变频保证燃烧的空气。加热炉的炉膛压力使用手动调整引烟机变频开度来调整。实际运行过程中影响炉膛烟气氧含量的扰动较多，如燃料流量、热值变化，进风量、温度变化，二甲苯再蒸馏塔底物料流量变化，炉出口温度变化等，因此为确保手动控制下加热炉安全运行一般需要提供过量的燃烧用风，此时炉膛烟气的氧含量一般控制在 3%～3.5%。另外加热炉的燃烧无法自动控制需要操作人员频繁干预，控制精度低，控制效果差还无形中增加了操作人员的劳动强度。为了克服原燃烧控制方案无法保证加热炉最佳燃烧的缺陷，设计了理论配比燃烧控制方案来代替常规控制，实现加热炉在低氧含量下的优化操作。

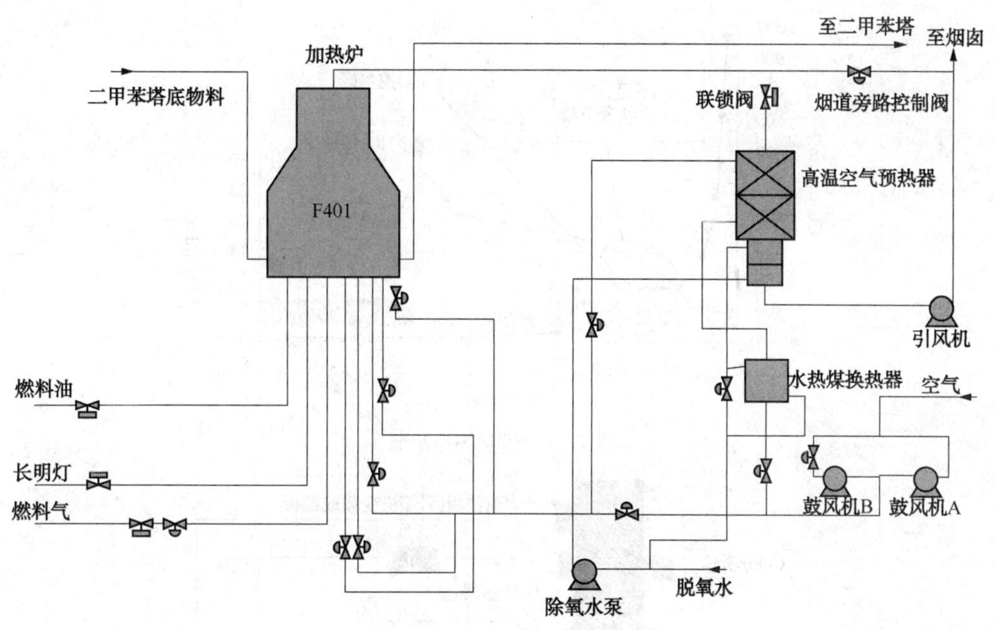

图 1　F401 流程

3　理论配比燃烧控制方案

3.1　方案原理

以甲烷燃烧为例，理论配比燃烧的方程式为：

$$CH_4+2O_2 = CO_2+2H_2O$$

当甲烷与氧气按照 1∶2 的配比进行反应时，燃烧产物只有 CO_2和 H_2O。即所有燃料被消耗干净，没有未燃烧组分和过剩空气留在燃烧室内。这就是理论上最理想的燃烧状态即理论配比燃烧[3]。此时燃烧过程产生的排放物最少，加热炉的热效率最高。但是，在实际生产过程中要达到理论配比燃烧是非常困难的。传统的 O_2含量控制方案为保证操作安全必须预留一定的 O_2余量，使加热炉在空气过量的状态下燃烧，加热炉热效率下降[4]，从而导致加热炉的能耗增加，污染物排放增多。

当燃烧空气缺乏，氧含量不足以使甲烷完全燃烧转化成 CO_2时，就会产生一些 CO，此时燃烧方程式为：

$$CH_4+2O_2 = CO_2+H_2O+CO$$

CO 是燃烧的关键变量，能直接表征燃烧的效果。通过对 CO 的控制可以实现加热炉接近理论配比状态下燃烧。

从 $CO/O_2/NO_x$燃烧关系图(图 2)中可以看到，通过将 CO 控制在一定的范围内，能够使实际燃烧接近理论配比燃烧状态[5]。可以提高加热炉的热效率，节省燃料的使用，也减少 CO_2的生成，从而减少了 CO_2的排放。同时轻微的 O_2缺乏，使 N_2很难在有效时间内找到 O_2生成 NO_x，从而减少 NO_x的排放。

3.2　方案设计

随着检测技术的发展，可以实现对加热炉烟气中 CO 含量的快速检测分析，在现有加热炉的控制系统中加入理论配比燃烧控制策略和控制变量，由控制 CO 含量来实现对燃料和空气的最佳配比，如图 3 所示。

CO 在线监测的精度达到 10^{-6}级，是普通燃烧分析仪灵敏度的 10~50 倍(普通燃烧分析仪的灵敏度是 0~1%或者 0~5%)，因此有较高的辨识度，可以保证准确测量加热炉的燃烧情况。

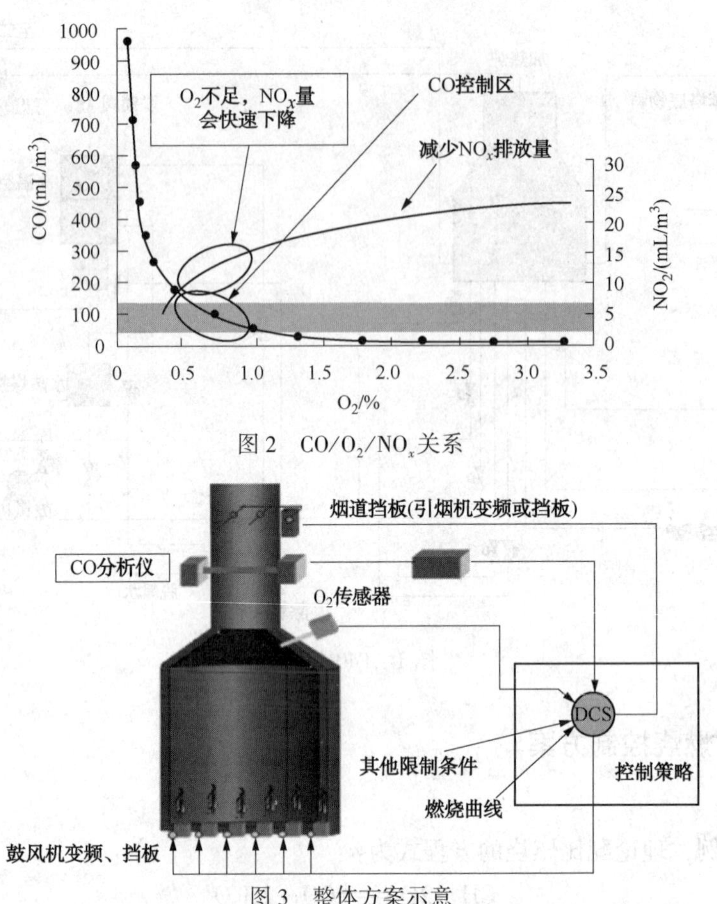

图 2　$CO/O_2/NO_x$关系

图 3　整体方案示意

4　实际工业应用

4.1　理论配比燃烧控制方案实施

2014 年 11 月在 F401 加热炉上安装了测量烟气中 CO 含量的在线分析仪，该在线监测仪采用技术成熟可靠的快速 CO 光束分析仪。分析仪的精度达到 10^{-6}级，光束分析仪反应时间非常快(0.15 秒/次)，完全满足控制系统对分析仪器响应时间的要求。分析仪的安装位置在空气预热器烟道入口，在烟道上水平对开孔安装 CO 分析仪的发射、接收装置，现场安装控制器，引至 DCS 控制。

F401 控制系统采用的是横河公司 Cent um CS3000 分散型控制系统，在原 DCS 控制系统中增加理论配比燃烧控制器即烟气的 CO 控制模块，当 CO 含量升高，控制器提高鼓风机的变频增大燃烧供风；CO 含量降低，控制器降低鼓风机的变频减少燃烧供风。在原有的鼓风机控制模块增加了一个控制切换，实现无干扰切换。操作人员能按照实际情况随时选用模式：(1) 自动 CO 控制；(2) 原有手动控制。CO 控制的设定值为 50~100mL/m^3。

在实际应用过程中应考虑以下工程技术问题：

(1) CO 分析仪产生一个动态信号，该信号波动大，可以在系统中采用延迟报警策略而不过滤，这是为了让控制器对燃料配制和燃烧反应的改变做出最快的调整反应。

(2) CO 控制器要实现无干扰切换，自动控制模块和手动控制模块之间有个鼓风机变频设点追踪功能。此功能将在切换模式的时候把设点带到被切换的模式上。

(3) CO 控制器考虑安全措施控制策略，以 CO 分析仪故障信息并结合 O_2及各设备实际运行状况，提供报警提示并完成 CO 自动控制的切入/切出；另外，对 O_2以及其他变量的上下限进行设置。

(4) 实施项目前需确保各火嘴一二次风门、各风道控制阀、鼓风机引风机变频控制器完好并能够满足自动调节的精度。

4.2 工业应用

在完成 CO 分析仪安装及控制器的安装、组态、调试，经过一段时间的在线跟踪，确认 CO 在线分析仪检测数据正确、CO 控制器输出操作变量的方向和幅度基本合理后，理论配比燃烧控制方案得以投运实施。2015 年 1 月 26 日 11 点至 1 月 30 日 11 点对 F401 理论配比燃烧控制技术方案进行了标定，标定分为两个阶段，前两天是第一阶段为常态工况下运行，后两天是第二阶段为理论配比燃烧控制方案工况下运行。标定期间，理论配比燃烧控制方案投用前后 F401 操作工况及热效率对比见表 1，烟气组分对比数据见表 2。

表 1 理论配比燃烧控制方案投用前后 F401 操作工况及热效率

项　目	投用前	投用后
F401 燃料气流量/(m^3/h)	11412	11116
F401 燃烧空气量/(m^3/h)	197962	180710
F401 炉膛平均氧含量/%	2.60	0.54
T401 进料量/(t/h)	242.1	244.1
T401 气化率/kPa	27.77	27.59
F401 加热炉热效率/%	92.4	93.0
F401 加热炉排烟温度/℃	128	128
鼓风机变频开度/%	84	81
引风机变频开度/%	52.5	40

表 2 理论配比燃烧控制方案投用前后 F401 烟气组成分析均值

烟气组分	投用前烟气分析		投用后烟气分析	
	预热器前	预热器后	预热器前	预热器后
CO/(mL/m^3)	2.5	0	50	60
O_2/%	3.37	3.60	0.87	0.87
CO_2/%	9	8.9	9.3	9.7
NO_x/(mL/m^3)	23	21	13	10
NO_2/(mL/m^3)	0.2	0.5	0.3	0.2
SO_2/(mL/m^3)	0	0	0	0
F401 加热炉排烟温度/℃	365	128	357	128

从实时运行数据看，投用理论配比燃烧控制方案后五个加热炉炉膛烟气氧含量波动有所减小。从现场运行状况来看，加热炉火嘴燃烧状态良好，火嘴燃烧形态前后无明显变化；但加热炉火嘴在炉膛氧含量较低的状态下燃烧时炉膛偏暗。经过半年运行观察发现不影响加热炉安全平稳运行。

从理论配比燃烧控制方案投运前后的运行结果对比来看，效果较为明显。理论配比燃烧控制方案投运前，加热炉炉膛烟气氧含量控制在 2.6%，以至于加热炉处于空气过量的燃烧状态，无法达到最佳热效率。理论配比燃烧控制方案投运后，烟气中的氧含量仅有 0.54%，燃料和空气基本达到了理论配比，加热炉的热效率提高了 0.6%，加热炉瓦斯用量减少 296Nm^3/h 左右，烟气中的氮氧化物降低了 10mL/m^3，减排 43.48%。此外理论配比燃烧控制方案投用后，F401 鼓风机和引风机变频开度都有不同幅度的降低，体现为鼓风机电流从投用前的 25A 降低至投用后的 17A，引风机电流从投用前的 10A 降低至投用后的 6A，风机每小时节电 72kW。理论配比燃烧控制方案投用后 F401 节能减排明显。

5 结语

针对对二甲苯装置加热炉原有燃烧控制方案控制精度差、空气富裕量大无法使加热炉达到最佳燃烧状态的缺点，设计了具有自动控制功能的理论配比燃烧控制方案，该燃烧控制方案可以在加热炉操作工况变化时，自动调节进炉的空气量及炉膛负压，以保持加热炉各火嘴在接近理论的空燃比下安全燃烧，使氧含量基本维持在最佳燃烧状态范围内而且波动小，从而提高加热炉热效率0.6%、每小时节约用电72kW、减少氮氧化合物排放43.48%，在节能、减排方面均具有较好效果，为企业带来了良好的经济、环境效益。

参 考 文 献

[1] 刘兴军，李励洁，张伯祥. 加热炉的节能控制[J]. 当代石油化工，2001，9(6)：37-39.

[2] 蒋国芳. 过剩空气系数对加热炉的影响[J]. 石油化工设备技术，2002，23(5)：29-31.

[3] 李方运. 天然气燃烧及应用技术[M]. 北京：石油工业出版社，2001：35-62.

[4] 张玫，卓争辉，陈战. 石油化工工艺加热炉监测分析及节能措施[J]. 石油石化节能，2013，(7)：44-46.

[5] 张立华，谭德宽，王兵. 加热炉基于CO控制的燃烧优化技术的应用[J]. 石油化工安全环保技术，2013，29(3)：1-3.

重整生成油全馏分 FITS 加氢脱烯烃技术的应用

谢清峰　夏登刚　姚　峰　陈国兴　张瑞丰

（中国石化长岭分公司，湖南岳阳　414012）

摘　要：介绍了 FITS 加氢技术在长岭分公司 700kt/a 连续重整装置工业应用情况，包括开工、标定和正常运行等工艺参数，并探讨了该技术在重整生成油加氢装置长周期运行方案。FITS 加氢技术自 2012 年 7 月首次应用于重整全馏分生成油脱烯烃以来，实现了与重整装置同步长周期运行，取代了二甲苯的白土精制工艺，白土消耗量为 0，且二甲苯产品的溴指数能持续稳定的小于 10mgBr/100g 油，同时消除了白土精制工艺的瓶颈与环境保护问题。该技术在连续重整装置成功应用，取得了良好的经济效益。

关键词：FITS　加氢　应用

1　前言

重整生成油富含芳烃组分，既可作为高辛烷值汽油调合组分，也是生产苯、甲苯、二甲苯和戊烷油发泡剂、植物抽提溶剂油、120#溶剂油的原料。随着连续重整技术反应苛刻度的提高，重整生成油中的烯烃含量增加，烯烃影响产品质量。重整生成油脱烯烃的工艺主要有：全馏油后加氢、C_5组分低温加氢、苯抽提+苯白土精制+C_8^+白土精制、C_6~C_7组分低温选择性加氢+二甲苯白土精制等，长岭分公司原采用“C_6~C_7组分低温选择性加氢精制+C_8^+白土精制”工艺。C_6~C_7组分低温选择性加氢循环氢量达到 10000Nm^3/h，体积空速为 4.0h^{-1}，白土吸附塔白土装量 2×20t，处理C_8及C_8^+组分，白土精制后二甲苯溴指数 50~180mgBr/100g 油。2012 年 1~6 月，在保持C_8^+组分 15~18t/h（约占C_8^+组分总量的 50%）情况下，白土精制消耗量约 20t/罐·月。白土精制加工负荷小，部分 C8+组分直接调汽油，二甲苯回收率低；白土更换劳动强度大且效率低，同时产生废剂填埋的环保问题。2012 年 7 月，新型的 FITS 加氢技术应用于重整生成油全馏脱烯烃过程，成功地取代了常规的“低温选择性加氢精制+白土精制”工艺，生产的苯、甲苯、二甲苯和戊烷油发泡剂、植物抽提溶剂油、120#溶剂油等产品溴指数合格，同时大幅度降低了白土的用量。

2　重整生成油全馏 FITS 技术加氢脱烯烃工艺

2.1　FITS 加氢技术原理

FITS 加氢技术，是利用微孔分散技术，在反应器入口进行高效油气混合，部分氢气迅速溶于原料油中，剩余的过剩氢被分散成微气泡悬浮于原料油中，及时补充液相在反应过程中消耗的溶解氢，并可以通过精确控制氢气加入量来控制加氢反应进程；采用液相反应模式，反应物料自下向上流经催化剂床层，催化剂的有效利用率提高；使用管式反应器，以平推流反应模式减小返混，提高了反应效率，实现了一次通过的液相反应模式。FITS 加氢技术，取消了常规加氢工艺中复杂的循环氢或循环油系统，与现有加氢工艺相比具有氢油比低、空速高、加氢选择性高等优点，且流程简单、反应器制造安装简便、投资费用和运行费用均较低。FITS 加氢技术的基本流程如图 1，主要特点：可单组运行、可多组并联运行，加工负荷灵活。

2.2 FITS技术加氢脱烯烃工艺流程

重整生成油全馏FITS技术加氢工艺相嵌在脱戊塔与进料换热器之间，如图2所示。图2中虚线框内为FITS技术加氢工艺，由四根反应管并列组成，反应器底部设有高效气液混合装置。设计空速$12h^{-1}$，氢油比(体积)4：1。

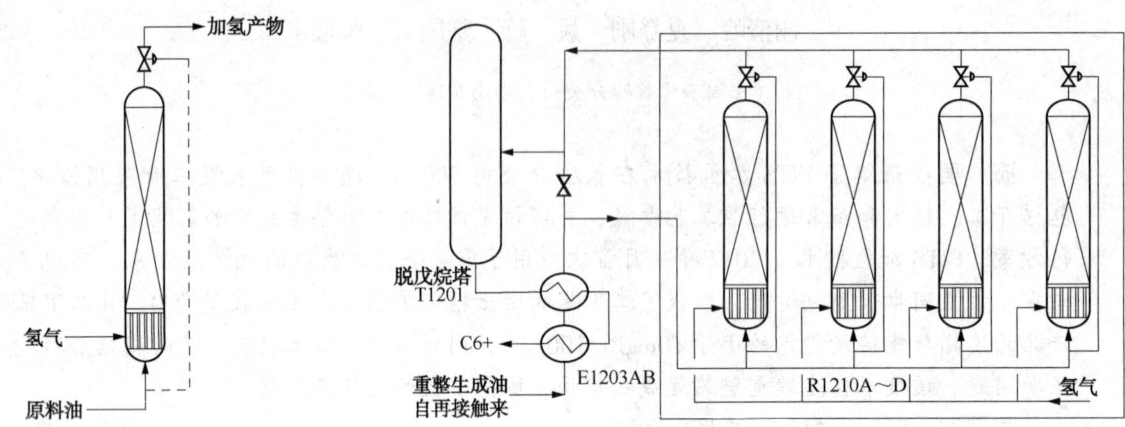

图1 FITS加氢技术基本流程图　　图2 重整生成油FITS加氢工艺原则流程图

主要技术特点：

a）重整生成油实现全馏分加氢，满足了苯、溶剂油、发泡剂等不同产品的溴指数要求，取代白土精制或催化吸附精制；

b）利用了物料的温度、压力等操作条件，工艺流程简单；

c）操作灵活性强，根据生产负荷不同，可二组、三组或四组运行；

d）采用成熟的低温加氢催化剂，空速高，催化剂用量少，占地面积小，投资少；

3 工业应用情况

3.1 装置首次开工试运情况

2012年7月3日，重整生成油全馏FITS技术加氢装置完成施工建设，012年7月9~11日，装置完成水冲洗、吹扫、气密试压，13日，装置中交，7月14~16日系统干燥，7月19日，催化剂装填；7月20~22日，系统0.5Ma、1.5MPa氮气气密，1.9MPa氢气气密，系统置换；7月23日，催化剂干燥、还原；7月24日，催化剂硫化，切换原料、调整操作。

3.1.1 催化剂装填情况

反应管直径Φ600mm，催化剂有效装填高度8100mm。单台反应器装填HDO-18催化剂1.6t，体积约为$2.3m^3$，装填密度约为$700kg/m^3$，四根反应管催化剂装填总量6.4t。

3.1.2 催化剂硫化

根据HDO-18催化剂生产厂家提供的预硫化方案进行湿式预硫化，以6#溶剂油为硫化基础油，硫化结束后，转入正常生产。硫化条件为：

硫化剂：CS_2；预硫化量按0.3~0.35%(对催化剂)控制，共注硫化剂18kg；

硫化温度：160~165℃；反应器压力：1.0MPa；硫化油量：8~12t/h；硫化时间：1h。

3.1.3 开工初期运行情况

2012年7月24日，重整生成油液相加氢项目投入系统运行，经开工初期的操作调整和化验分析方法的校正，装置的操作条件和化验分析数据趋于稳定、正常。2012年8月16日10时，将R1210D切出系统，液相加氢反应器由四台并列运行改为三台并列运行。加氢反应条件如表1，芳烃加氢饱和损失情况如表2，液相加氢前后的颜色变化如图3。

表 1　重整生成油液相加氢项目主要参数

时间 2012 年	进料温度/℃	压力/MPa	进料量/(t/h)	氢油比(体积比)	空速(v)/h^{-1}	原料溴值/(gBr/100g)	产物溴指数/(mgBr/100g)
8 月 6 日	143.70	1.54	65.40	2.99	10.16	2.75	12.00
8 月 8 日	140.70	1.61	66.83	2.98	10.38	2.83	14.00
8 月 10 日	140.30	1.62	67.56	2.80	10.49	2.82	11.00
8 月 14 日	140.20	1.68	64.52	2.13	10.02	2.88	30.00
8 月 16 日	138.90	1.56	66.00	2.48	13.66	2.86	41.00
8 月 21 日	139.30	1.57	62.10	2.55	12.86	2.92	16.00
8 月 23 日	140.10	1.56	61.39	2.47	12.71	2.75	16.00
8 月 28 日	138.20	1.69	63.80	2.92	13.21	2.86	18.00
9 月 3 日	139.10	1.64	63.02	2.25	13.05	2.64	19.00
9 月 6 日	141.10	1.62	63.20	2.26	13.08	2.88	25.00
9 月 10 日	138.60	1.62	63.00	2.07	13.04	3.02	26.00
9 月 17 日	136.60	1.62	63.50	2.37	13.24	3.07	36.00
9 月 24 日	138.40	1.65	66.00	2.51	13.64	3.09	27.00
10 月 1 日	138.20	1.69	66.00	2.42	10.14	3.03	22.00
10 月 10 日	139.20	1.69	68.00	2.52	10.52	2.82	37.00

从表 1 中看出：

(1) 反应入口温度 137～145℃、压力 1.54～1.68MPa、氢油比(V)2.1～3.0，体积空速 10～13.4h^{-1}条件下，全馏分重整生成油的溴值在 2.6～3.1gBr/100g，经 FITS 加氢后，溴指数降至 50mgBr/100g 以下；

(2) 体积空速由 10h^{-1}提高至 13h^{-1}时，反应后产物的溴指数变化不明显。

图 3　全馏分重整生产油通过液相加氢后的颜色变化图

从图 3 中看出：全馏分重整生产油经 FITS 技术加氢反应后，颜色发生了较大变化。

表 2　液相加氢操作条件与芳烃损失率对照表

时　　间	8 月 9 日	8 月 14 日	8 月 16 日	8 月 30 日	9 月 4 日
总进料量/(t/h)	65.82	64.52	67.16	63.10	64.6
总进料温度/℃	140.90	140.20	137.60	139.1	139.3
压力/MPa	1.61	1.68	1.60	1.64	1.63
总氢油比(体积比)	2.97	2.13	2.39	2.25	2.21
总空速/h^{-1}	10.22	10.02	10.43	13.06	13.37
R1210 入口芳含/%	72.62	72.53	70.36	68.50	70.92
R1210 出口芳含/%	72.5	72.28	70.24	68.19	70.63
R1210 出入口芳差△/%	-0.12	-0.23	-0.12	-0.31	-0.29

从表2中看出：

(1) 反应空速10~13h^{-1}时，反应前后芳含差值小于0.4%，且对芳含的损失影响较小；

(2) 氢油比(v)在2~3的范围内，对芳含的损失影响较小。

3.2 技术标定情况

2012年10月17日8：00~10月19日16：00，对全馏分重整生产油经FITS技术加氢单元进行了标定。标定期间设置了投用4管反应器(工况1)和3管反应器(工况2)两种工况，以考察不同空速条件下该工艺能否满足产品质量的要求。

3.2.1 装置标定期间的主要操作条件

标定期间，原C_6~C_8组分低温选择性加氢装置停运，C_8^+重芳烃仍通过白土罐(温度压力不变)。FITS加氢单元进的主要的操作条件，如表3所示。

表3 标定期间R1210的操作条件

项目	工况一(10月18日)				工况二(10月19日)			
重整进料/(t/h)	72				72			
R1210ABCD进料形式	四列				三列(R1210B停运)			
	A	B	C	D	A	B	C	D
R1210总进料量/(t/h)	67.62				67.65			
各列进料量/(t/h)	16.51	15.6	17.11	17.25	22.4	0	22.25	21.54
各列进料温度/℃	138.72	138.72	138.72	138.72	138.47	0	138.47	138.47
各列床层温度(下)/℃	144.76	142.52	141.4	142.19	142.26	0	144.22	140.9
各列床层温度(中)/℃	146.39	146.02	145.43	147.61	145.72	0	145.58	147.02
各列床层温度(上)/℃	147.76	145.2	146.36	148.61	147.21	0	148.13	147.92
各列床层温升△T	9.04	6.48	7.58	9.89	8.74	0	9.66	9.45
各列压力/MPa	1.69	1.69	1.69	1.69	1.62	0	1.62	1.62
各列氢油比(体)	2.61	2.84	2.57	2.4	2.37	0	2.37	2.6
各列空速v/h^{-1}	10.25	9.69	10.63	10.71	13.91	0	13.82	13.38
R1210总进料温度/℃	138.47				138.72			
R1210压力/MPa	1.69				1.62			
床层温升△T	3.8				4.65			
总氢油比(体)	2.55				2.39			
总空速v/h^{-1}	10.51				13.81			

注：工况一为投用R1210A/B/C/D四列反应器，工况二为投用R1210A/C/D三列反应。

3.2.2 装置标定期间的产品质量

根据不同的反应条件，在标定期间对反应器出入口溴指数以及各种产品的溴指数进行了分析，标定期间装置出口和各产品溴指数如表4所示。

表4 标定期间装置出口和各产品溴指数表

项目	工况一 10月18日		工况二 10月19日		FITS投用前溴指数
	9：00	14：00	9：00	14：00	
重整进料/(t/h)	72		72		72
FITS反应器入口油溴值/(gBr/100g)	3.14	3.10	3.24	3.06	3.25
FITS反应器出口油溴指数/(mgBr/100g)	28	/	34	/	
烯烃脱除率/%	99.11	98.95			
重整脱戊烷油(C_6^+)溴指数/(mgBr/100g)	31	36	41	39	2620
C_6~C_8芳烃抽提组分溴值/(gBr/100g)	0.06	0.05	0.06	0.05	3070

续表

项　目	工况一 10 月 18 日		工况二 10 月 19 日		FITS 投用前溴指数
	9：00	14：00	9：00	14：00	
C_8^+重芳烃组分溴指数/(mgBr/100g)	52	51	53	52	2140
植物抽提溶剂油溴指数/(mgBr/100g)	6	/	6	/	
120#溶剂油溴值/(gBr/100g)	0.04	0.06	0.05	0.07	
芳烃抽提苯溴指数/(mgBr/100g)	5	5	5	5	
芳烃抽提二甲苯溴指数/(mgBr/100g)	6	8	7	8	
C_8塔分离的二甲苯/(mgBr/100g)	5	5	5	5	

从表 4 中看出：

(1) 全馏重整生成油经过 FITS 加氢反应器后，油品的溴值从 3.0~3.3gBr/100g 油降低至溴指数小于 50mgBr/100g 油；

(2) 在较高反应空速的条件下，FITS 加氢技术保证了较高的脱烯烃效率。空速为 $10h^{-1}$时，脱烯烃率达到 99.11%，空速达到 $14h^{-1}$时，脱烯烃率仍达到了 98.95%。

(3) 重整脱戊烷油(C_6^+)溴指数小于 50mgBr/100g 油，FITS 加氢投用前为 2620mgBr/100g 油。C_6~C_8芳烃抽提组分溴值小于 0.06gBr/100g 油，FITS 加氢投用前为 3070mgBr/100g 油。

(4) 植物抽提溶剂油、苯、二甲苯溴指数均小于 10mgBr/100g 油；120#溶剂油溴值小于 1.0gBr/100g 油。

3.3　完善改造情况

装置在运行过程中出现空速高，反应器压降大等问题，2014 年 4 月期间，进行了以下消缺完善改在：

(1) 更新放大四个反应器中的 R1210B 和 R1210D 反应器，管式反应器管径由 ϕ600mm 扩径至 ϕ800mm；在空速不变的情况下，降低油品通过反应管床层的线速度，减缓偏流现象发生；

(2) 完善自控方案，反应管出口增设控制阀，实现增压和流量的自动调节；

(3) 反应器出口集合管由 150mm 扩径至 200mm，且采用“步步高”的方式进脱戊烷塔，减少反应管出口的气体对分配的影响；

(4) 增设催化热氢汽提、再生流程，可实现催化剂在线轮流再生。

3.4　长周期运行情况

全馏重整生成油 FITS 加氢脱烯烃项目自 2012 年 7 月 24 日投入运行以来，至 2015 年 8 月，已运行了三年。其中 2012 年 10 月 24 日~11 月 24 日和 2014 年 3 月 20 日至 2014 年 5 月 30 日重整装置检修，FITS 加氢脱烯烃项目同步停工，2014 年 7 月~11 月，重整装置四反中心筒故障催化剂跑损影响了 FITS 加氢脱烯烃项目的运行。FITS 加氢脱烯烃项目累计运行 900 多天，实现长周期运行。

3.4.1　白土使用情况

2012 年 1~6 月，全馏重整生成油 FITS 加氢脱烯烃项目未投用前，芳烃分离装置生产的二甲苯需要白土吸附精制，在保持C_8^+组分 15~18t/h(约占 $C8^+$组分总量的 50%)情况下，白土精制消耗量约 20t/罐·月，共更换白土 100t。

重整生成油 FITS 加氢脱烯烃项目投入运行后，2012 年 7 月 24 日~2014 年 3 月 20 日，未更换过一次白土精制罐，白土精制消耗量为 0，且重整的 C_8^+重组分(30~34t/h)全部一通过白土精制罐。

2014 年 7 月~10 月，因重整装置四反中心筒故障催化剂跑损，FITS 加氢脱烯烃项目停运行，C_8^+重组分间断经白土精制处理，消耗白土精 50t。

2014 年 11 月~2015 年 8 月，FITS 加氢脱烯烃项目运行正常，白土没有更换。

3.4.2 空速情况

重整生成油加氢空速情况见图表4，装置在第一个运行周期中，反应器体积空速基本维持在10.5h^{-1}左右，最高达到13.4h^{-1}，2013年5月随着重整处理处理提升，体积空速长期高于11h^{-1}，2014年4月重整生成油加氢装置进行消缺完善改造后，催化剂装填增加至7.5t，重整装置在正常处理量下，生成油加氢反应器空速维持在9h^{-1}至10h^{-1}，期间受重整处理量变化，有空速较大变化的情况。

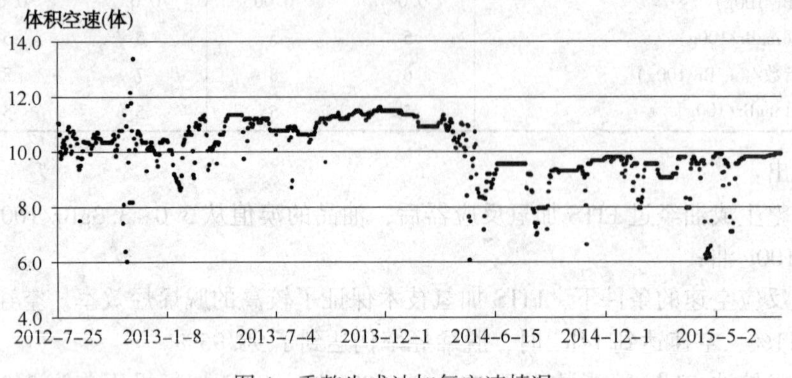

图4 重整生成油加氢空速情况

3.4.3 氢油比情况

R1210四个反应器的平均氢油比，见图5。2012年7月~2013年5月，氢油比(体积比)在2~4，2013年5月以后，氢油比在2.5以下。

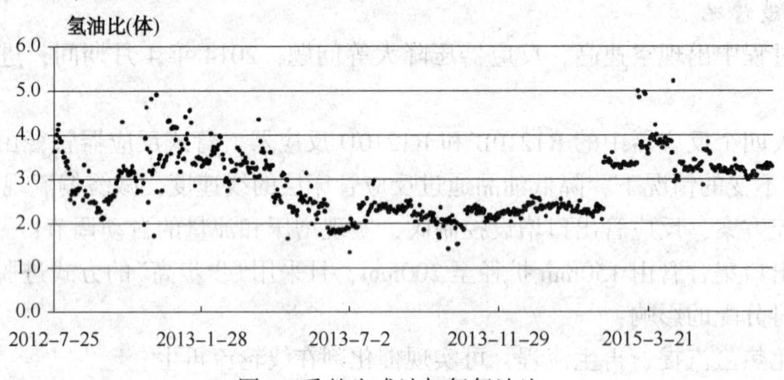

图5 重整生成油加氢氢油比

3.4.3 反应温度情况

R1210床层平均反应温度，如图6。2012年10月24日前，床层平均反应低于150℃，2012年12月1日~1月21日，床层平均反应在160~170℃。2012年2月以后，床层平均反应低于155℃运行。

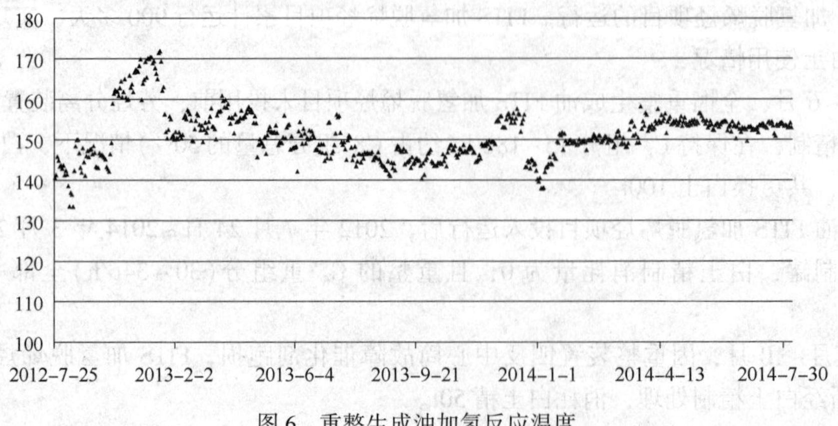

图6 重整生成油加氢反应温度

3.4.4 FITS加氢后全馏分重整生成油效果

FITS加氢后全馏分重整生成油产品溴值见图7。

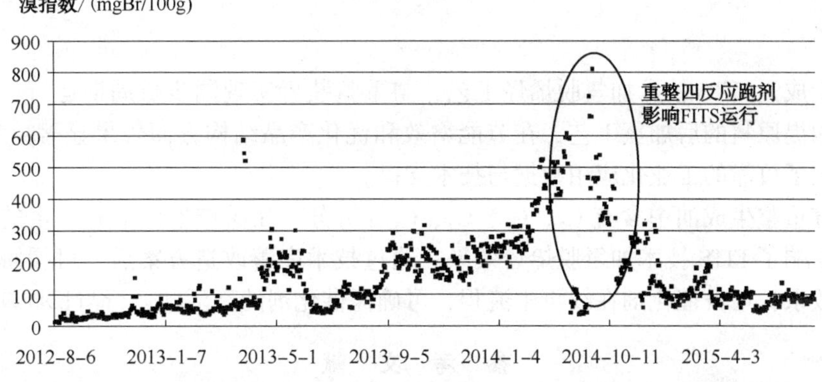

图7 FITS加氢后全馏分重整生成油产品溴值

从图7中看出：

(1) 装置开工初期至2013年4月10日前重整生成油加氢后溴指数小于100mgBr$_2$/100g油；2014年9月份重整更换反应器中心筒，生成油加氢装置催化剂卸剂过筛后，产品溴指数逐渐恢复正常，重整生成油全馏分加氢后指数在100mgBr$_2$/100g油以下。

(2) 2013年3月26日，因催化剂硫中毒，加氢后指数为586mgBr$_2$/100g油；

(3) 2013年6月11~8月25日，加工脱戊烷油，加氢后指数在100mgBr$_2$/100g油上下波动；

(4) 2013年9月至2014年3月，因为反应管偏流，生成油加氢后指数在250mgBr$_2$/100g油上下波动；

(5) 2014年4月进行消缺完善改造后，5月底开工后重整生成油全馏分加氢后指数在100mgBr$_2$/100g油以下；

(6) 2014年6月底重整反应器跑剂，重整催化剂细粉进入生成油加氢反应器压降大，重整生成油全馏分加氢后指数在300~600mgBr$_2$/100g油上下波动；

3.4.5 二甲苯产品的溴指数情况

重整全馏分生成油FITS加氢脱烯烃技术投入工业应用以后，二甲苯的溴指数变化情况，如图8。

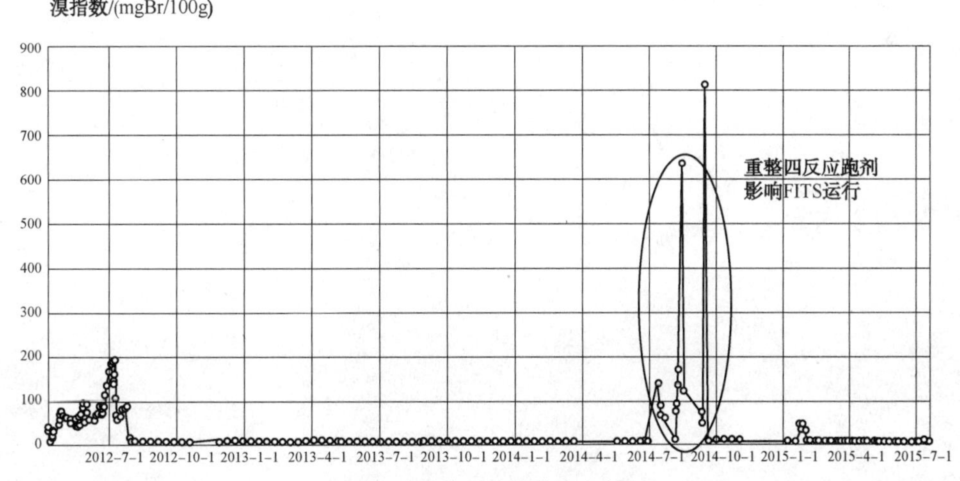

图8 二甲苯的溴指数变化情况

从图8中看出：

(1) FITS加氢脱烯烃技术前，二甲苯的溴指数在50~200mgBr/100g油；

(2) FITS 加氢脱烯烃技术后，二甲苯的溴指数小于 10mgBr/100g 油，且稳定；

(3) 重整四反应跑剂期，影响 FITS 加氢部分的运行，二甲苯的溴指数大幅度上升。

4 结语

(1) 重整生成油 FITS 技术加氢脱烯烃工艺，与重整装置实现同步长周期运行，取代了重芳烃的白土精制和抽提原料的后加氢工艺，在节能增效和优化产品结构方面效果显著；为 FITS 技术的推广应用，提供了可靠的工业化应用数据与技术支撑。

(2) 全馏分重整生成油中含有 C_2、C_3、C_4、C_5等组分，在操作条件下有一定的汽化率，造成反应管偏流，影响了 FITS 技术加氢脱烯烃效果；通过技术完善改造方案后，可缓解偏流现象，提高加氢脱烯烃效果，增设催化剂在线再生流程，可确保催化剂的高活性运行与长周期运行。

参 考 文 献

[1] 徐承恩. 催化重整与工艺[M]. 北京：中国石化出版社，2006.

[2] 曹祥. 重整生成油选择加氢脱烯烃[J]. 炼油技术与工程，2010，40(1)，18-21.

[3] 樊红青. HDO-18 选择性加氢催化剂的工业应用[J]. 当代化工，2010，39(1)，51-54.

[4] 叶小舟，顾国璋，徐柏福，等. HDO-18 选择性加氢催化剂的工业应用[J]. 石油炼制与化工，2004，35(8)，26-29.

[5] 陈玉琢，徐远国，杨占全. HDO-18 选择性加氢催化剂的使用性能[J]. 当代化工，2007，36(1)，44-52.

[6] 南军，柴永明，李彦鹏，刘晨光. UDO-01 重整生成油选择性加氢催化剂的研制[J]. 石油炼制与化工，2007，38(1)，28-33.

安全环保

炼油装置冬季安全管理的探讨

李再刚　陈　振　常志斌　鞠传东

（华锦集团炼化分公司，辽宁盘锦　124000）

摘　要：基于北方地区炼油装置，在冬季生产过程中经常发生冻凝、泄漏等问题，容易造成火灾、爆炸等事故。应用系统的安全管理方法，提高本质安全，通过培训同行业事故及法律法规，查改隐患，开展无缝巡检，保温伴热改造，实战培训应急预案，奖罚并举，杜绝了“人的不安全行为、物的不安全状态、环境的危险因素”。

关键词：安全培训　报警测试　无缝巡检　伴热改造　考核奖罚　应急管理

1　背景和现状

北方华锦集团炼化分公司地处中国东北，本地区极端最低气温达到-28.2℃，冬季最冷月平均气温-15.7℃。华锦集团乙烯原料工程5Mt/a炼油工程项目由常减压、焦化、裂化、重整、芳烃、制氢、硫黄、产品精制、柴油加氢、储运十套装置组成。以给乙烯装置提供优质原料为目的，副产柴油、液化气、氢气、三苯等产品。为一级危险化学品重大危险源。联合装置于2009年12月开车，经历过2010年小修、2012年优化节能改造和2015年大修，已经平稳运行6年多。虽然取得了很多的成绩，但是也暴露了很多问题。

炼化分公司属于大型联合石油加工装置，生产过程中可能出现爆炸、火灾、中毒、灼烫等事故。严冬季节，防冻措施不到位，会威胁装置的安全运行。炼化分公司发生的几起安全事故均在冬季生产操作过程中发生，如2012年1月加氢裂化车间空冷器管束冻坏，导致物料泄漏流淌到高温管道引发火灾的事故；2010年12月延迟焦化车间高温蜡油泵出口取样器冻凝，为取样用高温蒸汽吹取样口，造成泄漏引发火灾事故等。

2　安全管理方法和措施

炼化分公司安全管理人员通过对本单位和同行业在冬季发生的各类事故进行分析、总结和论证，提出了符合化工企业的安全管理措施：强化安全知识培训，分类查找隐患，细化检查，奖惩并举，加强技术改造等方法。

2.1　加强安全教育　吸取冬季同类事故教训提高安全意识

强化培训，从提高人的安全意识入手。公司安环处将近年来国内同行业生产单位冬季生产事故汇编成册，组织全体职工学习，要求每一名对每一起事故进行分析，结合自身岗位特点总结事故发生的原因，从中吸取经验教训。如：山东新泰联合化工份有限公司“11·19”重大爆燃事故；兰州石化分公司“1·7”爆炸火灾事故；华锦炼化分公司“1·15”空冷器火灾事故等。利用班后学习时间，将班组成员组织在一起，观看事故视频，并组织研讨如何防止冬季同类事故发生，结合自身实际，切实做好安全生产工作，坚决防范和杜绝各类安全生产事故发生。

组织考试，从提高人的法律意识入手。2015年年初，以国家颁布和实施的新版《安全生产法》和《环境保护法》为契机，公司决定在全员范围内开展一次法律、法规的培训。使职工知法、懂法、守法。安全处统一编制培训提纲，由各车间安全员组织为期2~3周的全员学习。然后，在车间主任、技术员、班长、操作工随机各抽出一人进行闭卷考试。并且分公司每月定期开展全员安全考试，试题内容涵盖安全知识、法律法规。将成绩前 10 名的优秀职工成绩予以公布，并进行奖励。此举充分调动了职工学习安全知识的积极性，在广大职工中形成了浓厚的安全学习氛围，从被动型的“要我安全”转变为主动型的“我要安全”的安全文化。

2.2 加强检查 深挖隐患 提高本质安全

深入辨识冬季安全管理工作中存在的漏洞和死角，检查安全防护设施和作业环境是否存在不安全状态，现场作业人员是否符合安全规范，设备、设施运行是否符合操作规程。

企业的任何生产过程都会伴随一定的不安全因素。为减少生产安全事故的发生，就必须预测可能发生事故的各种不安全因素，针对这些不安全因素，制订防范措施。而安全检查及检查使用的安全检查表就是发现不安全因素的手段和工具，是最基础、最简便的识别不安全因素的方法之一。根据不同的安全检查形式，制定不同的检查表内容，有针对性的进行安全检查，并对检查出的问题和安全隐患建立台账，制定整改措施，安全管理做到了有策划、有运行、有评价、有改进。循环封闭管理。

2.3 对报警信息敏感度测验 开展无缝隙巡检 严格落实奖惩制度

开展“报警信息不敏感，事故灾害必发生”活动回顾，分公司安全环保处不定期对现场的有毒、可燃气体报警器及火灾报警系统进行测试，并且量化打分，对于 3min 内到达现场确认的人员给予奖励，共计 5 人次，每次 200 元，对 10min 内未到达现场的人员进行处罚 200 元/次，共计 3 人次，并广为宣传，以此来培养各车间操作人员良好的操作习惯。

2014~2015 年，分公司创新巡检形式，开展无缝巡检。通过合理设置巡检路线，在保证巡检时间前提下，采用交叉补位方法，保证现场 24h 无缝巡检，同时通过班长大巡检解决现场巡检死角，保证巡检无缝隙。做到每天 24h 有人进行不间断巡检。通过无缝巡检，对发现和解决装置重大隐患起到了至关重要的作用。

序号	巡检人员	巡检频次	时间/min	内容
1	班组长	2h/次	40~120	重点设备
2	再生外操人员	1h/次	30	硫黄装置
3	制硫外操人员	1h/次	30	硫黄装置

以硫黄装置为例，无缝隙巡检，0 分钟开始，为制硫外操按照线路进行巡检及触点，30min 开始为再生外操按照巡检线路进行巡检及触点。

重点设备	巡检内容
再生塔	有无跑冒滴漏现象；出入口调节阀运行情况
燃烧炉、在线炉、焚烧炉	炉膛燃烧情况、炉壁温度情况
贫液外送泵	轴封系统，油杯视镜，电流，温度，震动情况
鼓风机	油站视镜及风机运行情况
汽提、再生罐区	现场储罐运行情况，有无跑冒滴漏

2014 年 1 月 30 日 10：00，加氢异构制氢操作工对转化炉 F-101 进行巡查时。当巡检到风道上方平台时，听到有气流声，经排查发现北数第二排、东数第九根猪尾管有气体泄漏，防止了炼化分公司联合装置运行的重大事故，为长周期运行做出了重大贡献。公司通过一事一奖活动，对该班奖励 5000 元。

2.4 提高设备设施防冻能力 保温伴热设备进行改造升级

如何从源头防止设备设施被冻坏一直是炼化分公司管理人员心头一件大事；通过几年的防冻工作经验，炼化分公司经过详细计算，并通过技术处、生产处、安全处等相关处室分析讨论，确定将特定装置的蒸汽伴热，改低温水伴热方案是可行的，在 2014 年经过公司技改会议讨论确定：在

2015 年 7 月，对重整装置进行伴热改造试点。

本次改造利用原有的蒸汽伴热站和凝液站，将蒸汽伴热站与低温热来水管线相连，将凝液站与低温热回水管线相连。对原蒸汽伴热较长的伴热线从中间截断，将一根伴热线变为两根伴热线。

增加设备	数量(台)	增加设备	数量(台)
伴热站	9	DN50 管线	70m
DN20 管线	350m	DN100 管线	300m

此改造项目于 2015 年 10 月上旬投用，对此项目经济效益分析估算：利用低温热水对装置进行伴热，去除投用热水伴热热损耗，可节约蒸汽 2t/h，每年(按投用伴热 5 个月)可节约蒸汽 7200t，按每吨蒸汽 180 元计算，每年可节省伴热蒸汽费用约 130 万元。投用方法方便，伴热效果良好，达到装置现场管道伴热条件，且减少了蒸汽疏水器的更换、维护及冻堵，提高了设备设施冬季防冻能力，如图 1、图 2 所示。

图 1　新增热水伴热站

图 2　原蒸汽伴热站

2.5　实战演练　强化风险防范意识　提高应急处理能力

通过培训，培养员工在紧急情况下的应急处理能力，强化员工个人的防护意识。炼化分公司针对不同岗位特点进行相应内容的安全应急能力培训，如对储运车间操作人员进行雨淋系统和泡沫系统的操作知识培训，利用氨罐的雨淋系统进行了现场实际操作培训。对新入厂和转岗员工，进行各装置生产特点和应急器材的培训，使得每一名新入厂员工都能够了解本单位安全生产特点、主要危险因素和职业危害，并知道在紧急情况下如何进行防范，提高了新入厂和转岗职工的应急处理能力。

通过演练提高员工对危化品突发事故应急处置和自救互救能力，在“11.9 活动月”活动期间，分公司所有车间有选择性的开展了事故专项应急救援演练或消防演练。如：芳烃装置氨压机泄漏应急处置演练、加氢异构装置 C-102B 入口缓冲罐法兰泄漏演练、原油罐泄漏等应急演练。

其中，原油泄漏演练升级为集团级应急演练，分公司领导积极组织各部门做好演练工作：培训 24 课时，编写 10000 余字的演练方案，并进行多次桌面演练。通过实际演练，提高了分公司应急响应、指挥、救援能力。所有参演人员的风险防范意识得到了加强，提高了消防设施使用的熟练程度，加强了炼化分公司应急处理能力。

3　阶段性成果

通过加强培训、伴热改造升级以及开展无缝巡检，应急培训等管理方法和措施的运用，炼化分公司在近几年冬季防冻、隐患治理等工作取得了阶段性提高。如：隐患查改数量上逐年提高，管线冻堵米数显著减少。

序　号	年份/年	隐患查改数量	管线冻堵数/m
1	2013	25	500
2	2014	35	330
3	2015	47	50

对炼化分公司近几年冬季事故发生数量进行统计，如图3所示。可以看出，通过采用系统的管理方法和技术改造措施，炼化分公司在冬季事故预防工作上，有了明显的提升。证明：通过以上管理方法和技术改造措施，可以有效的保障分公司装置平稳过冬。

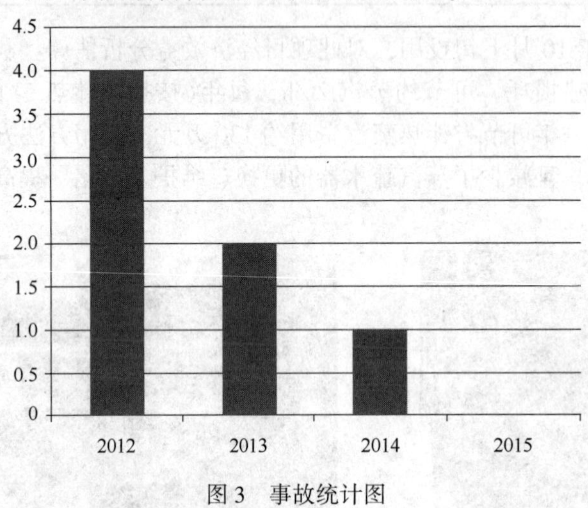

图3　事故统计图

4　结语

通过对炼化分公司采用的安全管理方法和技术措施，得出以下结论：在冬季安全管理工作中，要强化安全培训教育，从杜绝“人的不安全行为”上，将隐患初期苗头抓住。从伴热保温改造上，将“物的不安全状态”克服掉。从强化管理及应急处置上将“环境的危险因素”扼制住。

催化燃烧技术在含油污水处理装置废气治理中的应用

梁　坡

（中国石化上海石油化工股份有限公司环保水务部，上海　200540）

摘　要：介绍了催化燃烧技术在上海石化含油污水处理装置废气治理中的应用情况。应用结果表明，进行了脱硫优化的催化燃烧技术适用于处理石化含油污水处理装置气浮单元、污油池、浮渣池等散发的废气，处理效果良好。催化燃烧技术治理含油废气在上海石化的成功应用，对同类型炼化装置将起到借鉴作用。

关键词：催化燃烧　含油污水废气　脱硫优化

1　背景与现状分析

1.1　废气处理背景

石化企业含油污水处理装置散发到大气中的废气主要有挥发性有机物、硫化氢、有机硫化物、氨等。随污染物散发源不同，挥发性有机物浓度从几十到数万 mg/m^3时，硫化氢、有机硫化物、氨则从几个到几十 mg/m^3。这些物质，嗅觉闭值低，对人体危害大，极易产生恶臭。人类长期活动在被这些物质污染的环境中，可能引发呼吸道、消化系统、生殖系统等疾病；污染严重时，会使人头痛、恶心、呕吐、甚至死亡。

中国石化上海石油化工股份有限公司（以下简称上海石化）含油污水处理装置由于位于上海与浙江的交界地带，地理位置较为敏感。装置在对含油污水进行处理中所产生的废气一旦治理不当，所产生的大气污染较易受到职工、居民、行人的环保投诉。未进行含油废气治理工作的企业职工，在进行例行巡检时需要携带防毒器械；未对废气进行有效治理的企业，有时甚至会因此而受到政府环保部门的督查，严重损害了企业形象。因此，对含油污水处理装置进行废气治理，实现废气的达标排放对于石化企业来说十分必要。

1.2　含油污水处理装置简介

上海石化含油污水处理装置位于环保水务部湿式氧化车间，共有两套，分别为 1# 含油污水处理装置及 2# 含油污水处理装置。两套含油污水处理装置的总设计处理能力为 $1600m^3/h$。两套装置工艺虽略有区别，但基本类似。现以 2# 含油污水处理装置为例对装置进行下简要介绍。2# 含油污水处理装置是中国石化上海石油化工股份公司 16Mt/a 炼油改造工程中配套环保设施之一，主要任务是将来自该炼油改造工程的新增废水进行集中处理，使处理后的污水水质达到排入环保水务部污水处理装置的进水要求。设计处理能力 $400m^3/h$。

经上海石化各事业收集后的含油污水，被送入装置的调节罐。在调节罐内设浮油收集和排泥设施，分离出的污油重力流至污油池，污泥重力流至污泥池。经调节和初步除油的污水经进入气浮单元进行进一步除油处理。处理合格后的含油污水由泵提升至环保水务部污水处理装置进行生化处理（图 1）。

1.3　废气主要来源及其成分

从含油污水处理装置的工艺流程中，我们可以看出装置废气主要来自气浮设备、污油池、污泥池、集水池、出水池等设备及构筑物。含油污水处理装置的废气成份很复杂，取决于污水中污染物的成分、浓度、废气抽取量、气候等因素，存在不确定性。一般含有烯烃、苯、甲苯、挥发酚、

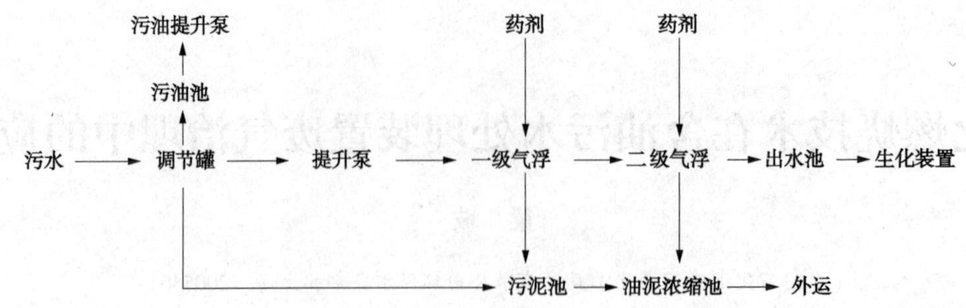

图1　含油污水处理装置工艺流程

氨、硫化物等，含量范围见表1。

表1　废气成分与浓度

废气主要成分	进气浓度/(mg/m^3)	废气主要成分	进气浓度/(mg/m^3)
总烃	1000~20000	挥发酚	≤50
硫化氢	≤500	苯乙烯	≤500
氨	≤50	臭气浓度(无量纲)	≤30000

2　含油污水处理装置废气治理技术简介

我国对含油污水处理装置的废气治理起步较晚，废气治理方案主要有分散收集、集中处理和就地分散处理两种。分敞收集、集中处理，是将各构筑物中臭气统一收集，送到除臭系统集中处理；就地分散处理是根据各构筑物中恶臭浓度不同、成分不同，分别采用不同原理的除臭装置加以处理；处理技术主要有吸附法、吸收法、冷凝法、生物脱臭法、直接氧化法、热力氧化法、催化氧化法等。对于石油石化行业含油污水处理装置废气的治理，目前得到成熟应用且经济可行的仅有催化氧化法和生物脱臭法两种。

2.1　催化氧化法

催化氧化法是通过催化剂的作用，在较低的温度下将废气中的有机物氧化为CO_2和H_2O。由于操作温度较低，不会产生NO。等二次污染，其基本的反应式为：

催化剂

$$C_mH_n+(m+n/4)O_2 \longrightarrow mCO_2+n/2H_2O$$

在经过催化剂床层时，废气中的有机组分因气体扩散作用而移至催化剂表面，进而被催化剂表面吸附，氧化反应则发生于这些活性位置上。反应过后的净化气，通常会先经由废热回收设备回收热能后排放[1]。

2.2　生物脱臭法

生物脱臭技术适用于含VOC<$100mg/m^3$的低浓度废气处理。主要的处理方式是在常温常压下，利用微生物将污染物氧化分解成CO_2、H_2O、无害的盐类等，并同时以污染物的碳源作为能量来源。其基本的生化反应式为：

$$\text{污染物质}+O_2 \longrightarrow \text{细胞物质}+CO_2+H_2O$$

根据生物床层的设置不同，生物处理法又可分为生物滤床法和生物滴滤塔法[2]。

3　催化燃烧技术在上海石化的应用

3.1　含油废气处理装置设计标准及工艺流程

因含油污水处理装置中所散发的废气中含有挥发性有机物、硫化物、有机硫等，尤以气浮单元等污水处理设施散发的废气中总烃含量较高，综合考虑各种处理方法的优缺点及调研结果，上海石化采用了催化燃烧法建设了 2# 含油废气处理装置，对含油污水处理装置废气进行治理。

3.1.1 废气处理装置设计标准

上海石化 2# 含油废气处理装置设计处理废气气量按含油污水处理装置设备及构筑物产生废气换气量 3 次计算，设计处理能力为 5000Nm³/h。装置废气排放标准采用国家《恶臭污染物排放标准》(GB 14554—1993)厂界二级标准值(新改扩)及《大气污染物综合排放标准》(GB 16297—1996)二级标准的要求，各指标如表 2 所示。装置排放废气尾气经大于 15m 高的排气筒排大气。

表 2 废气排放要求

废气主要成分	排放浓度/(mg/m³)	排放速率(15m 排气筒)/(kg/h)	厂界浓度/(mg/m³)
硫化氢	—	≤0.33	≤0.06
氨	—	≤4.9	≤1.5
臭气浓度(无量纲)	—	≤2000	≤20
非甲烷总烃	≤120	≤10	≤4.0
苯乙烯		≤6.5	≤5.0
苯	≤12	≤0.5	≤0.4
甲苯	≤40	≤3.1	≤2.4
二甲苯	≤70	≤1.0	≤1.2

3.1.2 废气处理装置主要工艺流程

针对含油污水处理装置气浮单元、污泥池、污油池等部位挥发产生的恶臭废气含烃类较高的特点，上海石化 2# 含油废气处理装置采用“强化脱硫—脱硫及总烃浓度均化—催化燃烧”联合处理工艺(见图 2)。

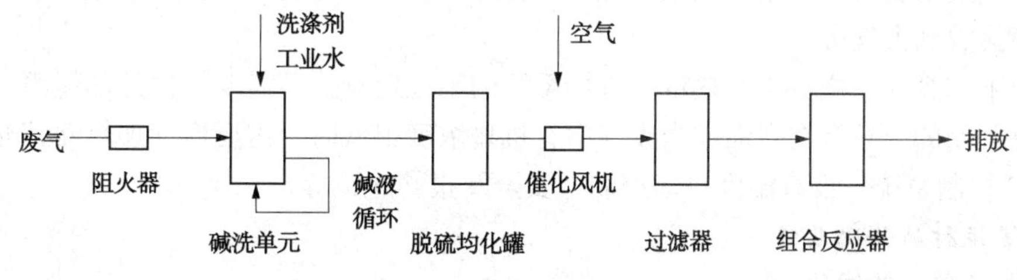

图 2 废气系统工艺流程

本装置以催化燃烧反应器为核心设备，在 200~400℃温度环境中和催化剂作用下，烃与氧发生氧化反应，反应方程如下：

$$C_mH_n+(m+n/4)O_2 = mCO_2+n/2H_2O$$

由反应方程看出，烃类气体反应后，生成水和二氧化碳。这类气体，可直接通过排气筒排放到大气中。

废气中的有机硫和 H_2S 等组分，可以通过脱硫预处理去除。使脱硫及总烃浓度均化罐进口废气总硫浓度小于 50mg/m³，避免催化剂中毒，确保处理装置的长期稳定运转。

废气首先由引风机从封闭好的含油污水处理装置气浮设备、污油池、污泥池、集水池和出水池等引出，经过输送管路进入阻火器，再进入碱洗塔，废气中的大部分 H_2S 和有机硫被脱除，废气再经过脱硫及总烃浓度均化罐进行脱硫和均化。废气所携带的水气，在气体输送管路段、脱硫及总烃浓度均化罐下部的除雾段被脱除。在脱硫及总烃浓度均化剂的作用下，废气中上一单元(碱洗单元)未脱除的 H_2S 和有机硫被脱除，在此过程同时完成废气总烃浓度的均化。然后废气经过引风机、过滤器进入加热—换热—反应单元，废气中的有机物在适宜的温度和催化燃烧催化剂作用下，与氧气发生氧化反应，生成 H_2O 和 CO_2，并释放出大量的反应热。处理后的气体携带大量的热量，通过换热器进行热能回收，对原料气进行加热，处理后达标废气通过排气筒排放到大气中。

(1) 阻火器 用来防止在意外情况下，下游管道中的火焰回流到含油污水处理装置气浮设备、污油池、污泥池、集水池和出水池等。

(2) 碱洗单元　由于废气中硫化氢浓度较高，废气首先经过碱洗塔进行预脱硫处理，减轻脱硫及总烃浓度均化罐的负荷，降低装置的操作费用，延长脱硫及总烃浓度均化剂及催化燃烧单元催化剂的使用寿命，确保装置长期稳定运行。

碱洗塔吸收液采用 NaOH 溶液加水配制成 8%~10%的稀碱液，吸收液经过塔上部的分散器分散，沿填料流下润湿填料表面，废气自塔底向上通过填料缝隙中的自由空间与吸收液作逆向流动，在填料塔中废气与吸收液充分接触，废气中的含硫污染物被吸收，从而使废气的含硫量大大降低。洗涤脱硫后的废气通过塔顶部的除雾段去除所含的水分，然后进入脱硫及总烃浓度均化罐，进一步处理。

(3) 脱硫均化罐　罐内装填脱硫及总烃浓度均化剂，通过化学吸附、氧化转化等途径脱除硫化氢和有机硫化物，防止催化燃烧催化剂急性中毒；同时通过吸附-解吸作用，降低废气中总烃浓度的波动幅度，使总烃浓度维持在较稳定的水平，保持催化燃烧反应器的稳定运行。

(4) 催化风机　为整套废气处理装置提供动力。

(5) 废气过滤器　用于滤除废气或空气中的浮尘，大于 20μm 的颗粒去除率 99.9%，常温操作。

(6) 组合反应器　由换热器、加热器、催化燃烧反应器三个部分组成。废气在换热器内与催化燃烧反应器出口的高温净化气进行热量交换，废气温度得到提高后，进入加热器，进一步加热到所需要的反应温度，再进入催化燃烧反应器。在催化燃烧反应器中，废气中的有机物在催化燃烧催化剂作用下，与氧气发生氧化反应，生成 H_2O 和 CO_2，并释放出大量的反应热。处理后的气体携带大量的热量，通过换热器将热量传给处理前的废气，使废气加热；处理后的气体经充分回收热量后，经排气筒排放到大气中。

一般情况下，废气燃烧放出的热量可维持系统的平稳运行，不需要提供外部能源。在正常条件下，加热器是关闭的，只有在启动或当废气中有机物浓度很低时，需要启动加热器补充热量。整套装置采用 PLC 控制系统，设有温度自动控制、安全及报警连锁等。

3.2　装置运行的优化改进

3.2.1　脱硫单元的优化

3.2.1.1　运行问题

2#含油废气处理装置于 2012 年底建成投用后，在装置投用初期，该废气装置的废气处理效果能够满足设计及环保要求。但随着装置运转时间的增加，催化燃烧出口温度长时间低于进口温度，废气经过催化燃烧组合反应器无明显升温，存在着排放不能稳定达标的问题。

通过采样分析发现，含油污水处理场废气中硫化物的组成和浓度与最初设计时发生了很大变化(见表 3)可以看出，装置废气中硫化氢浓度有所降低，而有机硫化物含硫大幅增加，特别是甲硫醇和二甲二硫的含量。

表 3　硫化物分析数据

mg/m^3

采样时间	硫化氢	羰基硫	甲硫醇	乙硫醇	甲硫醚	丙硫醇	二甲二硫	甲乙二硫	二硫醚*
2010.12	29.5	0.50	1.30	—	—	—	—	—	—
	2.60	0.60	—	—	—	—	—	—	—
2014.2	—	—	15.1	—	—	—	52.0	2.5	1.3
	—	—	14.4	—	—	—	52.0	2.6	1.4

注：*以二甲二硫计。

原废气处理工艺中，碱洗预处理使用的 NaOH 碱液，对于硫化氢的吸收效果很好，但是基本无法去除有机硫化物，特别是二甲二硫。有机硫化物的脱除依靠脱硫及总烃浓度均化罐中装填的脱硫及总烃浓度均化剂。脱硫及总烃浓度均化剂在较高硫化物浓度下，很快饱和，达到了使用寿命。由于分析条件的限制，对于脱硫及总烃浓度均化罐出口废气的硫化物尤其是有机硫浓度不能及时监测，导致大量的硫化物进入催化燃烧反应器中，很快造成催化剂的中毒。如果催化剂短期接触硫化物中毒，尚可通过活化恢复活性，但是如果长时间暴露在高于毒性指标浓度的硫化物中，会导致催化剂的永久性失活，活性难以恢复。

3.2.1.2 优化措施

由于运行中发现原有装填的脱硫及总烃浓度均化剂已经达到饱和，需要对其更换。为确保硫化物(特别是有机硫化物)不会进入催化燃烧反应器，2#含油废气处理装置对废气脱硫工艺进行了调整优化，在均化罐内装填了脱硫性能更强，吸附硫容更高的活性炭脱硫剂，来代替原先的脱硫及总烃浓度均化剂。通过直接将活性炭脱硫剂装填在脱硫及总烃浓度均化罐内，较好的强化了该套废气处理装置对于有机硫的处理效果。通过优化调整，避免了催化燃烧单元催化剂受到有机硫化物的污染而产生中毒现象，提升了废气处理装置的处理效果。

3.2.2 催化单元的优化

催化单元的优化措施主要在于催化剂装填方法的优化。催化燃烧单元原有催化剂为整块装填。由于安装时对催化剂装填后的密封性把控较难、可能存在沟流(漏风)造成超标的问题。

针对此问题2#含油废气处理装置在2015年进行催化剂更换装填时由整块装填调整为组合装填，在靠近催化反应器的外围区域装填了被切割为小块的催化剂单元，以便于更紧密的贴合缝隙。同时在每层催化剂装填时，在下层催化剂的块装催化剂的缝隙处的上方装填了较为完整的催化剂，较好地避免了沟流问题的发生。

3.3 废气处理效果评价与分析

3.3.1 非甲烷总烃

废气处理装置进入稳定运行阶段之后，为了验证该装置对废气的处理效果，分别在碱洗塔进口和反应器出口设置2个采样点对非甲烷总烃进行分析。监测结果见表4。

表4 非甲烷总烃去除效果评价

采样时间	碱洗塔进口/(mg/m^3)	反应器出口/(mg/m^3)	排放标准/(mg/m^3)
2015-10-15	24.36	7.15	≤120
2015-12-10	125.5	4.84	
2016-3-4	101.6	0.918	

从表4可以看出：从非甲烷总烃排放浓度来看，装置稳定运行后，处理效果良好，能够良好的满足装置设计排放标准中对非甲烷总烃质量浓度不大于120mg/m^{3}的要求。

3.3.2 硫化氢

因本装置工艺设计上，主要由通过碱洗塔单元来去除硫化氢，因此我们在碱洗塔进口及均化罐出口设置了采样点，来对本装置对于硫化氢的去除能力进行分析。监测结果见表5。

表5 硫化氢去除效果评价

采样时间	碱洗塔进口/(mg/m^3)	均化罐出口/(mg/m^3)	排放标准/(mg/m^3)
2015-10-15	0.553	0.0098	≤0.06(厂界)
2015-12-10	0.45	0.007	
2016-3-4	0.358	<0.006	

从表5中可以看出：2#含油废气废气处理装置进口的硫化氢浓度始终处于较低的水平范围内，通过碱洗单元的稳定运行，使得废气出口的硫化氢浓度可以长期保持在微量范围内。

3.3.3 苯系物

在3.1.1.1对于设计标准的描述中，苯、甲苯、二甲苯等苯系物在2#含油废气处理装置的废气排放标准中也有着严格要求，装置进出口废气中苯系物的浓度监测数据如表6所示。

表6 苯系物去除效果评价

废气成分	碱洗塔进口/(mg/m³)	反应器出口/(mg/m³)	排放标准/(mg/m³)
苯	90.54	0.759	≤12
甲苯	8.17	0.376	≤40
二甲苯	<0.02	<0.02	≤70

从表6中可以看出：2#含油废气处理装置对于苯系物有着较好的处理效果，苯、甲苯、二甲苯排放浓度均远低于装置设计排放标准。

4 应用结论

4.1 总体结论

上海石化2#含油废气处理装置运行后，对废气各污染物成分均有着良好的去除效果。经过处理后的排放废气，非甲烷总烃浓度、硫化氢、苯系物均能够满足国家排放标准及设计规范的相关要求。催化燃烧技术在上海石化含油废气处理装置上的成功应用，将对石化行业同类型装置中进行推广将起到较好的借鉴作用。

4.2 当前仍存在的问题及优化建议

在肯定催化燃烧技术在含油废气处理应用上良好效果的同时，也应该看到目前该技术在装置运行上仍存在着若干问题。

4.2.1 碱洗单元在低温时较易堵塞

在装置的长时间运行中，碱洗单元在低温时容易出现堵塞现象。在冬季低温时，通过喷淋洗涤去除废气中硫化氢的碱液，形成了较多的碱结晶。这就导致碱洗单元的碱液循环泵、碱液回流管线等处容易因低温碱结晶出现堵塞。在加重设备管线检修维护工作量的同时，也不利于保持装置的平稳运行。

因碱液结晶是造成碱洗单元堵塞的主要原因，同时废气中硫化氢的含量长期较低，所以可以考虑在运行中逐渐调整降低洗涤碱液的浓度，以减少在低温时碱结晶形成的可能性，逐步降低碱洗单元堵塞的频率。

4.2.2 去除有机硫仍需进一步优化

在3.2.1节中提到，2#含油废气装置已根据当前废气成分的变化情况，对脱硫单元做出了一定的优化，在均化罐内装填了去除有机硫效果更佳的脱硫剂。但是因均化罐体积及脱硫剂吸附能力限制，脱硫剂的吸附硫容有限，仅可保证一定周期内对于有机硫的去除效果。为了确保废气装置后续催化燃烧单元催化剂的使用寿命，装置必须定期停车来完成脱硫剂的更换。这在一定程度上限制了装置的长周期稳定运行能力。同时因为废气处理设施是含油污水处理装置极为重要的环保附属装置，一旦装置停车，必然会给湿式氧化车间区域带来较为明显的环保隐患。

为解决此问题，在研究机构研发出耐硫性能更强或更行之有效的脱硫工艺之前，可考虑在2#含油废气处理装置增设一个脱硫均化罐，作为备用脱硫单元与原有均换罐并联运行。在更换脱硫剂时，通过管线阀门切换，将废气引入备用脱硫设施中，以提高废气处理装置长期稳定优质的运行能力。

参 考 文 献

[1] 刘忠生等. 催化燃烧法处理炼油厂隔油池废气[J]. 化工环保，2001，21(3)：152.
[2] 刘涛. 石油化工污水处理场恶臭气体治理方案选择[J]. 广东化工，2011，38(5)：153-154.

上海石化外排污水深度处理技术的应用

田　彬

（中国石化上海石油化工股份有限公司环保水务部，上海　200540）

摘　要：上海石化环保水务部1#生化处理装置后序增设深度处理装置，采用气浮(DAF)-臭氧氧化(Ozone)-曝气生物滤池(BAF)作为深度处理工艺。经过深度处理后，装置出水能够稳定达到《上海市污水综合排放标准(DB 31/199—2009)》一级水质标准。

关键词：深度处理　高效气浮　臭氧氧化　曝气生物滤池

1　污水处理现状

中国石化上海石油化工股份有限公司环保水务部(以下简称上海石化)负责上海石化(包括生活区)的排水及污水处理，共有污水处理装置11套，其中污水预处理装置8套，分别为氧化废水处理装置、聚酯废水处理装置、油剂废水处理装置、乙二醇废水处理装置、PVA废水处理装置、腈纶废水处理装置、含油污水处理装置、废碱液处理装置，二级生化处理装置3套，1#生化处理装置、2#生化处理装置、3#生化处理装置，日处理能力为188.8kt。2014年12月上海石化外排污水深度处理及回用二期项目建成，3#生化处理装置后序三级生化处理装置MBR系统投用，回用水量日产水能力为24kt。

由于上海石化外排污水目前执行《上海市污水综合排放标准》规定的二级标准，现要求达到一级标准，因此在原有工艺条件下出水COD、总氮、总磷以及色度等指标均不能达到达标，需要通过整体优化改造和增加深度处理来实现出水水质的提高。2015年12月上海石化外排污水提标改造项目建成，1#生化处理装置增设了深度处理装置，日处理能力为60kt。

1.1　污水处理工艺流程

1.1.1　改造前污水处理工艺流程

1#生化处理装置采用二段活性污泥法。一段装置采用鼓风曝气法，二段装置为三槽式氧化沟，见图1。

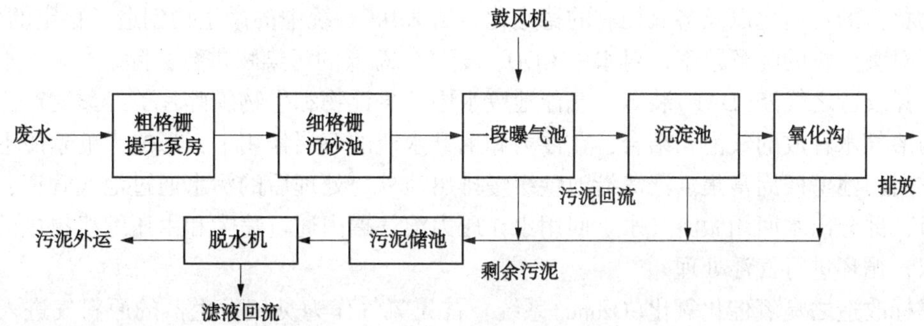

图1　1#生化处理装置工艺流程

(1)一段活性污泥处理(鼓风曝气)　在较高的有机负荷条件下，微生物在好氧情况下，通过吸附或部分降解有机物，使污水得到初步的净化。一段曝气池(普通活性污泥法工艺)采用的是20世纪70年代传统推流曝气工艺，存在氧传递效率低，故障率高，检修复杂、抗冲击能力差、出水效果不稳定等问题；且一段曝气池没有脱氮工艺段，仅对有机物有一定处理效果，大量易降解的有机物被氧化成二氧化碳和水，总氮去除率较低，造成后续的处理工艺在脱氮时碳氮比失调，影响脱氮尤其是脱除总氮的效果及经济运行。

(2) 二段活性污泥处理(转刷曝气——三槽式氧化沟)　一段污水处理装置处理后的污水进入三槽式氧化沟，经在微生物存在下的氧化沟曝气处理后，污水按运行方式流入作为沉淀槽运行的侧沟进行泥水分离，净化后的水由出水堰流出。剩余污泥通过排泥泵从沟内排至污泥处理系统。三槽式氧化沟可根据工艺要求选择多种运行方式。

1.1.2　改造后污水处理工艺流程

一段曝气池采用高效低氧生物处理系统(EBIS)工艺进行改造。提标改造工艺采用：新增深度处理装置采用气浮(DAF)-臭氧氧化(Ozone)-曝气生物滤池(BAF)作为深度处理工艺，最终1#生化处理装置工艺流程如图2所示。

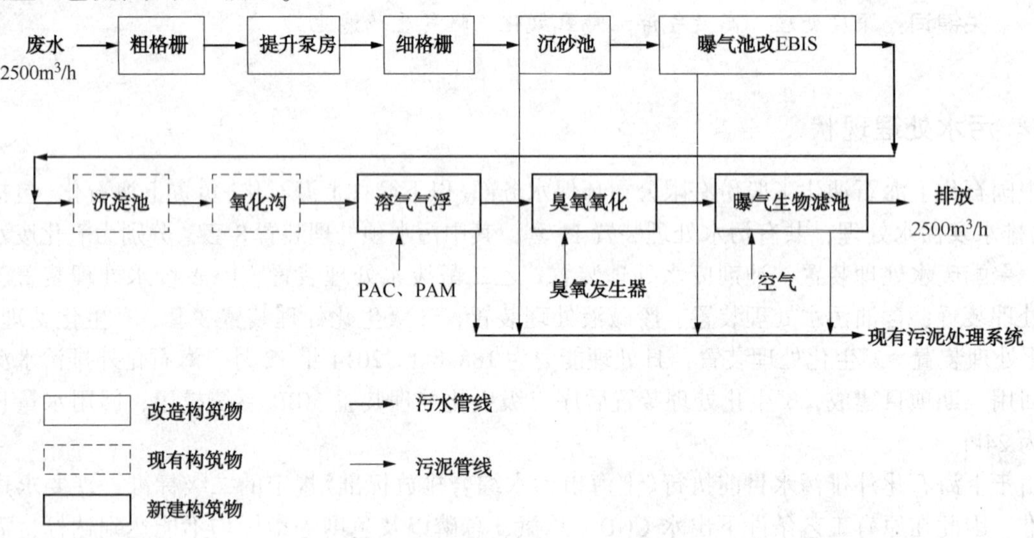

图2　改造后1#生化处理装置工艺流程

(1) 提标改造之高效低氧生物处理系统(EBIS)　利用原有曝气池改造为两套EBIS生化处理系统，改造后池体主要包括空气推流区、曝气区及缓冲区三部分，有效容积约为8150m^3，水力停留时间约为6.5h。在EBIS生化处理系统中，通过空气推流系统实现大比例混合液内循环，对进水进行大比例稀释，系统中进水端和出水端的污染物浓度梯度小，污染物负荷在系统内平均化，也使得曝气区的任何单位面积上对氧的需求量相差很小，使得曝气区溶氧的控制在低位水平上变得简单可行，污染物负荷的均衡化以及溶氧控制的稳定化，给EBIS系统中的微生物创造了稳定的生长环境，有效提高了对微生物的降解效率，对水中COD、氨氮、总氮的污染物进行去除。

(2) 提标改造之气浮(DAF)装置　气浮池废水中的悬浮物和生物膜碎片等经絮凝产生的矾花逐步长大并与溶气水释放的气泡相结合，在浮力和上升水流的双层作用下，形成大的絮团上升至水面并随水流方向向池壁四周富集。浮渣沿池壁缓慢排出池外。处理后的污水通过池底管道，进入下一个处理环节，部分出水回用做溶气水。回用水在压力溶气罐内通过喷嘴和由压缩机提供的压缩空气形成溶气水，循环进行气浮处理。

(3) 提标改造之臭氧催化氧化(Ozone)系统　首先氧气作为臭氧发生器的原料气进入臭氧发生器，原料气流经绝缘体之间以及高压电极与绝缘体之间的环状狭小间隙，其中高压电极端接高电压，臭氧发生器的壳体接地，两个环状间隙之间的高压电场以无声放电的方式(低温等离子体)将原料气中的氧气转化为臭氧。由臭氧发生器出来的臭氧通过管道输送到臭氧氧化池底部，以底部曝气的方式释放臭氧，从而对水中的有机物进行氧化，臭氧池内填充催化剂填料，进一步促进氧化作用，起到开环断链的作用，改善了废水的可生化性，同时对水中的色度也具有较好的去除效果。

(4) 提标改造之工程菌-曝气生物滤池(EM-BAF)　在曝气生物滤池中主要完成对有机物的降解，同时进一步截留固体悬浮物 SS。曝气生物滤池中填装了球型轻质多孔生物滤料，运行时通过鼓风曝气，利用滤料上生长、附着的微生物的繁殖代谢作用，好氧吸附、降解污水中的有机物和氨氮。由于陶粒滤料粒径小、比表面积高，所以吸附和生长的微生物量大，故能够承较高的有机负荷，抗冲击负荷能力强，且有很好的处理效果和较短的水力停留时间，其空塔水力停留时间设为 2 小时左右。

1.2　污水处理进出水水质要求

各污水处理工艺水质水量见表 1，COD_{Cr}、TN、TP 的污染物浓度以及色度的稀释倍数能够达到一级排放标准。

表 1　污水处理工艺水质水量

污染物项目	提标升级改造后排放水质	污染物项目	提标升级改造后排放水质
pH 值	6~9	化学需氧量(COD_{Cr})/(mg/L)	60
色度(稀释倍数)	50	氨氮(NH_3-N)/(mg/L)	10
悬浮物(SS)/(mg/L)	60	总氮(TN)/(mg/L)	25
生化需氧量(BOD_5)/(mg/L)	20	总磷(TP)/(mg/L)	0.5

本项目提标改造采用一段曝气池改为高效低氧生物处理系统(EBIS)工艺，增设深度处理装置采用气浮(DAF)-臭氧氧化(Ozone)-曝气生物滤池(BAF)作为深度处理工艺。能够实现出水 $SS \leq$ 60mg/L，$COD \leq$ 60mg/L，$BOD \leq$ 20mg/L，氨氮≤10mg/L，总氮≤25mg/L，总磷≤0.5mg/L，满足《上海市污水综合排放标准(DB31/199—2009)》一级水质标准。

2　装置调试中的难点及解决措施

2.1　确定气浮回流比、溶气罐压力及液位

本装置采用气浮池为圆形，气浮池在二楼，设备间设在气浮池下方，溶气罐为管式溶气罐，如图 3 所示，气浮池为中间套筒进水，四周均匀布置十个出水口，出水口上设置挡板，通过压力骤降及挡板改变水流方向的设计，整个气浮池产生紊流，从而促进气泡和污泥絮体的均匀分布和强烈混合。

在调试过程中，确保气浮装置能在加压下，使空气充分溶解在水中，同时在减压时，能生成微细的气泡，使絮体附着在气泡上。根据观察加压水的喷出情况是否均匀，上浮至池面的微小气泡是否为乳白色，是否有大气泡，鉴于本气浮设备的特殊设计，最终确定本装置的回流比为 10%，溶气罐液位为 90cm，溶气罐压力为 0.45~0.55MPa。

2.2　气浮效果变差

气浮效果差的主要因素及解决措施为：

药剂的投加量不足或进水量过大，需及时根据进水水质及水量调节药剂量。

释放器有所堵塞，导致出现大气泡，破坏气浮稳定性和冲击浮渣，造成浮渣失去稳定从而产水变得浑浊，此时需及时对释放器进行冲洗疏通。

刮渣机刮渣时移动速度过快，使下层浮渣破碎随出水流出，同样不及时刮渣导致浮渣下沉，同样会导致出水水质变差。根据进出水水质调节刮渣速度及频率。

气浮回流比不足。根据气泡及进出水情况，调整气浮回流比。

2.3　确认反冲洗频率

本装置的臭氧催化氧化池内设置多相催化氧化剂，池内本身不会产泥，但为防止前端来泥及水质中含有易结板阳离子影响催化剂的效率，臭氧催化氧化池设置“气洗+水洗”反冲系统，反洗为手

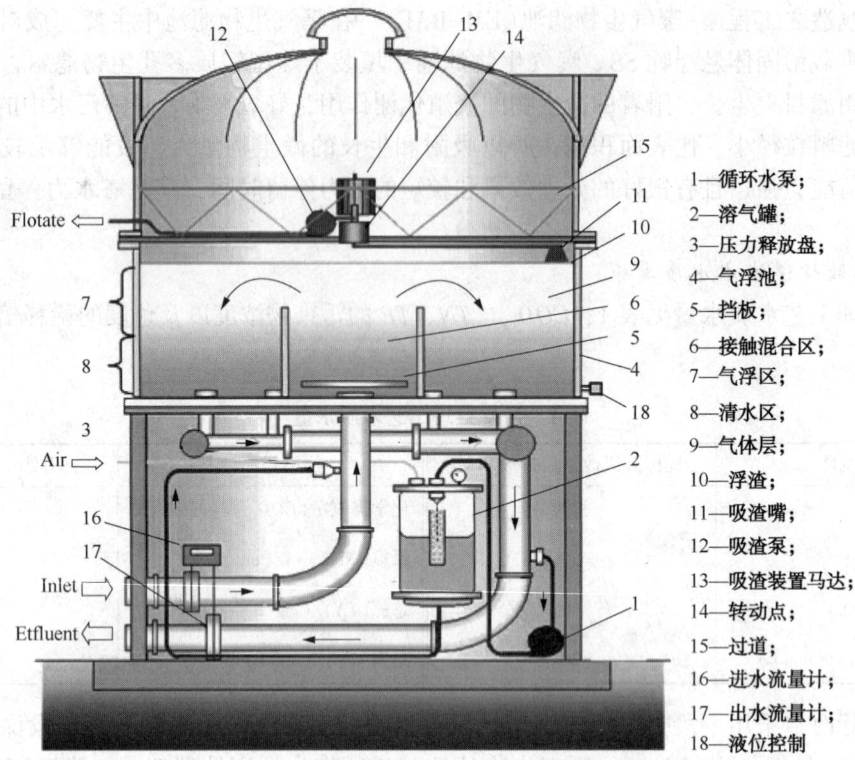

图3 气浮池构造

动操作，反冲洗频率根据进出水水质进行调整，目前按照每25d反冲1次的频率进行反冲洗。

曝气生物滤池共设置16组并联，每组设3级生物滤池串联，池内采用轻质填料，曝气生物滤池设置"气洗"反冲自动系统，根据目前装置进出水情况，设置每12h对一组池子进行反冲，每8d完成一个反冲周期，循环清洗。

3 装置运行效果分析

现在装置处于调试阶段，工程菌量为设计用量的1/3，装置处理量为2000m^3/h，根据目前进水水质情况，高效气浮PAC(浓度为4%)投加量为3mg/L，PAM(浓度为8%)投加量为1mg/L，臭氧投加量为10mg/L，曝气生物滤池曝气量为2520m^3/h。

2016年3月1日至3月22日装置的统计数据见表2。

表2 装置各单元进出水水质

项目/(mg/L)	1#生化进水	氧化沟进水	深度处理装置进水	深度处理装置出水	标准1	标准2
COD	486.49	146.08	55.06	37.85	60	50
BOD	253.37	78.52	6.18	5.05	20	10
氨氮	21.43	17.17	0.83	0.53	10	5
总氮	38.89	31	20.46	20.05	25	30
总磷	1.15	—	0.30	0.1	0.5	0.5
色度	—	—	10	4	50	—
悬浮物	33.33	—	13	4.83	60	50

注：标准1为《上海市污水综合排放标准(DB 31/199—2009)》一级水质标准；标准2为《石油化学工业污染物排放标准(GB 31571—2015)》开发密度高的地域执行的标准。

各单元污染物去除率如表3。

表3 污染物去除率

去除率/%	1#生化(EBIS+沉淀池)	氧化沟	深度处理
COD	69.97	62.31	31.26
BOD	69.01	92.13	18.28
氨氮	19.88	95.17	36.14
总氮	20.29	34.00	2.00
总磷	74.09		66.44
悬浮物	61.00		62.85

深度处理装置进出水COD、进出水氨氮、进出水总磷、进出水悬浮物的变化如图4~图7。

由表2可看出装置出水水质能够满足标准要求，由表3可看出深度处理装置对总氮的去除效果不大，但由于二级生化工艺流程的设置，总氮已可在氧化沟处理合格达标。由图4~图7中可看出深度装置进水水质较稳定的情况下，装置出水合格率为100%。目前装置处于调试阶段，运行人员还需再摸索不同进水状况下的药剂、臭氧投加量及反冲洗频率，对污染物去除率的影响。

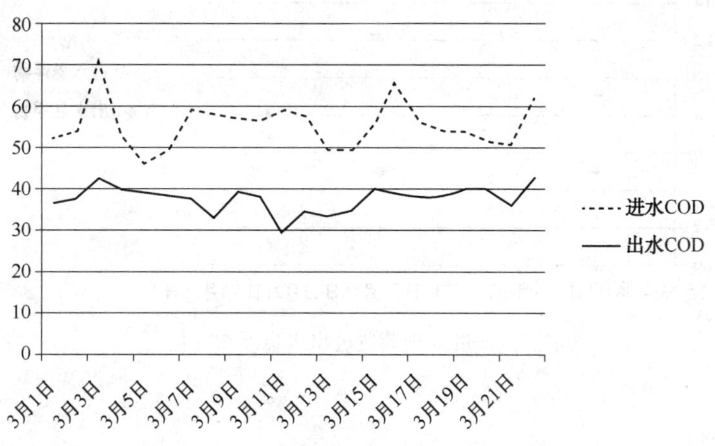

图4 深度处理装置进出水COD变化

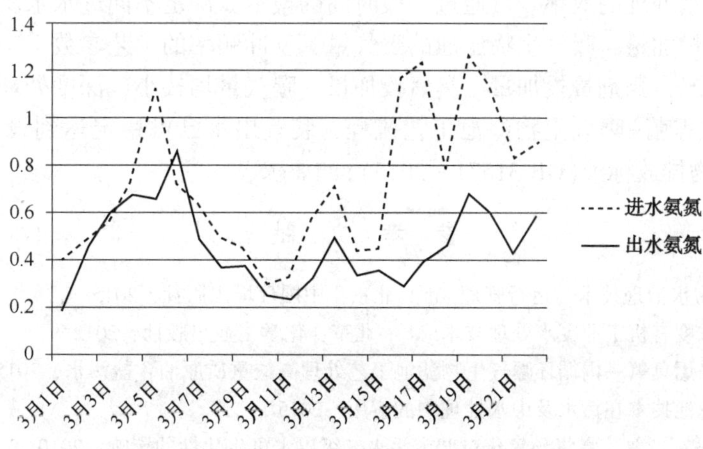

图5 深度处理装置进出水氨氮变化

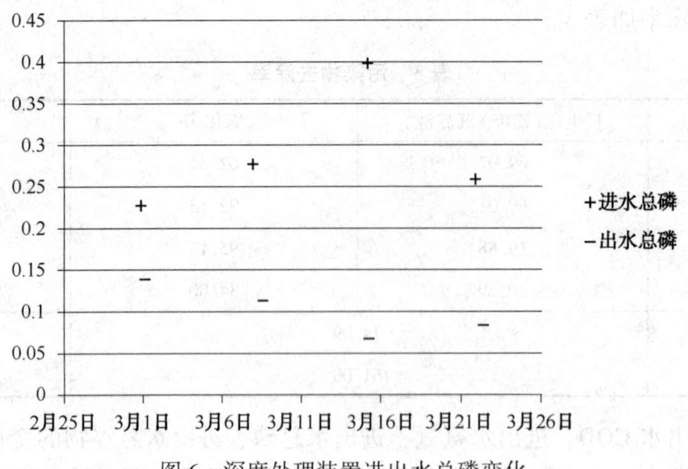

图6　深度处理装置进出水总磷变化

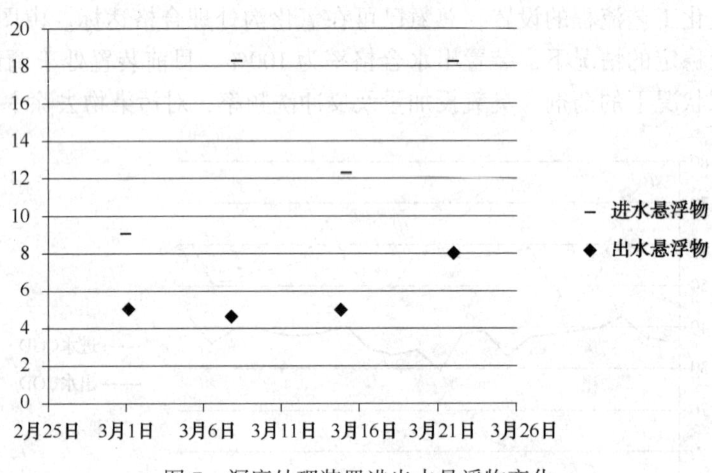

图7　深度处理装置进出水悬浮物变化

4　结语

目前装置还在调试过程中，为了保证装置污染物的去除效果，相关工作人员需要做好运行参数的设定工作，提高污水处理的效率。可通过一段时间的摸索，确定不同进水水质下，高效气浮药剂用量及回流比、臭氧投加量、曝气生物滤池的曝气量、反冲频率的工艺参数。

根据现在运行情况，药剂量投加量、臭氧投加量、曝气量均较小，深度处理技术采用的高效气浮+臭氧催化氧化+工程菌-曝气生物滤池工艺流程，装置出水已可稳定达到设计标准，并可达到《石油化学工业污染物排放标准(GB 31571—2015)》的要求。

参　考　文　献

[1] 王仲旭，毛应淮．污水治理技术与运行管理[M]. 北京：中国环境出版社，2015.

[2] 任南琪，丁杰. 高浓度有机工业废水处理技术[M]. 北京：化学工业出版社，2012.

[3] 龚朝兵，肖立光. 采用臭氧一内循环曝气生物滤池工艺处理高酸重质原油含盐污水，2015.

[4] 李小军. 曝气生物滤池技术在污水及中水处理中的应用，2015.

[5] 王树涛，张立珠，马军，等，臭氧预氧化对城市污水二级出水可生化性的影响，2010.

石化废水采用活性砂滤技术脱氮除磷应用研究

史丹妮　石蓉芸

（中国石化上海石油化工股份有限公司环保水务部，上海　200540）

摘　要：介绍了石化废水采用活性砂滤技术脱氮除磷应用研究试验情况。结果表明，在处理水量4~6m^3/h、pH值6.22~7.97、温度15~37℃、硝化砂滤容积负荷0.15kgNH_3-N/m^3/d、反硝化砂滤容积负荷2.37kgNO_3^--N/m^3/d等工艺条件下，出水总氮≤15mg/L、总磷≤0.5mg/L、氨氮≤5mg/L、TSS≤20mg/L，达到上海市《污水综合排放标准》(DB 31/199—2009)中一级指标(总氮≤25mg/L，总磷≤0.5mg/L)排放标准。

关键词：石化废水　活性砂滤　脱氮除磷　应用研究

1　前言

近年来，随着工业化进程的加快和城市化程度的提高，城市污水和工业污水中氮磷的大量排入，促使我国的水体污染中氮、磷已经逐渐上升为主要污染物。然而长期以来，污水处理以去除有机物BOD和悬浮物SS为主要目的，仅有10%~20%氮、磷被去除，大部分氮、磷仍存在处理水中，排入水体造成污染，所以污水处理不仅应该去除BOD和SS，而且还应进行脱氮除磷处理。

同时，越来越多的国家和地区制定日趋严格的污水氮磷排放标准。我国于1996年颁布了国家《污水综合排放标准》(GB 8978—1996)及2002年《城镇污水处理厂污染物排放标准》(GB 18918—2002)均明确规定了较为严格的磷酸盐和氨氮排放标准，上海市污水综合排放标准(DB 31/199—2009)中对氨氮、总氮、总磷都提出明确的排放标准限值，这便意味着绝大多数城市污水和工业废水处理设施都要考虑对氮和磷的脱除。

随着上海某石化企业新一轮炼油改造项目投入生产，高硫含酸原油炼制比例逐渐增加，污水的水质逐渐变差，废水脱氮除磷处理难度增加。企业面临着很大的脱氮除磷压力，急需研究新的技术解决方案，确保完成总量控制目标，提升污水处理水平。

活性砂滤技术采用生物脱氮与化学除磷相结合的方法，不仅可以实现废水脱氮除磷，而且在整个脱氮除磷的过程中，活性滤砂的连续自清洗作用还可以将砂滤出水悬浮物和浊度控制在很低的水平，已成功应用于工业、市政等行业多个废水处理项目的深度处理中。为了满足在政府部门提高的氨氮和总磷污水排放标准，本次试验采用了活性砂滤技术对生化污水进行试验应用研究。

2　废水来源与水质

2.1　废水来源

化处理装置出水包括1#生化装置出水和2#生化装置出水。

1#生化装置设计污水处理能力约为112kt/d。工艺流程见图1。

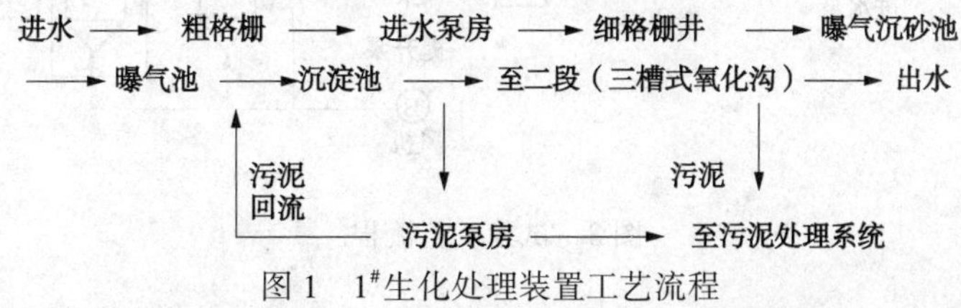

图1　1#生化处理装置工艺流程

$2^{\#}$生化装置设计污水处理能力为50kt/d。工艺流程见图2。

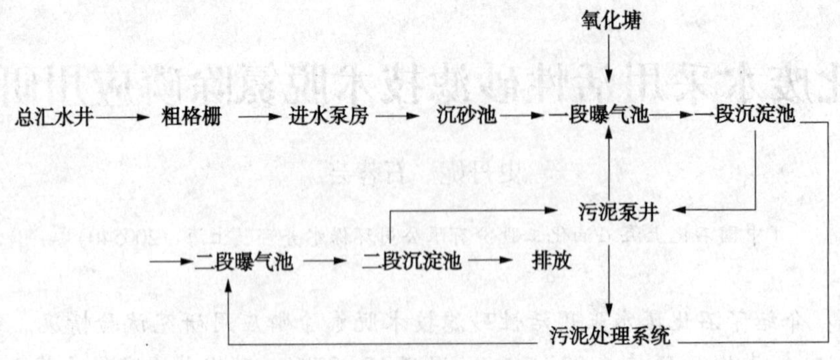

图2 $2^{\#}$生化处理装置工艺流程

2.2 水质

进水指标参照生化装置近年来的出水数据，具体见表1。

表1 试验进水指标

项 目	进水指标	项 目	进水指标
总氮/(mg/L)	20~35	pH值	6~9
总磷/(mg/L)	1~3	*TSS*/(mg/L)	30
氨氮/(mg/L)	10~20		

出水指标以上海市DB 31/199—2009《污水综合排放标准》中的一级排放标准为基础提出，具体见表2。

表2 试验出水指标

项 目	出水指标	项 目	出水指标
总氮/(mg/L)	≤15	pH值	6~9
总磷/(mg/L)	≤0.5	*TSS*/(mg/L)	≤20
氨氮/(mg/L)	≤5		

3 试验工艺流程

试验工艺流程见图3。$1^{\#}/2^{\#}$生化装置出水通过进水泵送至进水池，通过进水池内潜水泵打入集装箱内进水罐，通过进水池和进水罐的调节作用，通过砂滤供料泵将进水较为连续、均匀地送至硝化罐和反硝化罐内进行脱氮除磷深度处理，砂滤出水通过重力自流至出水池。同时，根据试验装置特点，在反硝化脱氮工艺前端投加一定量的碳源(甲醇)和混凝剂(聚合氯化铝铁)对氮、磷进行去除。

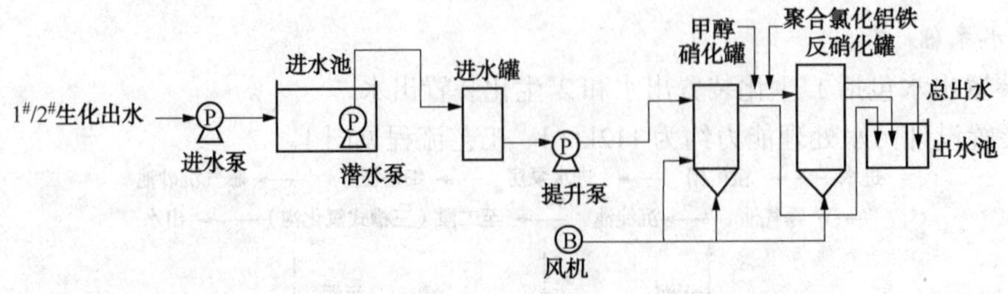

图3 试验工艺流程

4 试验过程

包括 $1^{\#}$、$2^{\#}$生化处理装置出水脱氮、除磷深度处理试验，同时去除 SS。

4.1 驯化调试

脱氮除磷中试装置于 2013 年 5 月完成中试设备的安装与单机调试，开始进水运行，由于初始调试期间装置进水氨氮浓度持续较低，不适宜硝化罐挂膜启动，因此先进行了反硝化罐的滤砂挂膜驯化，即装置进水经砂滤供料泵后不经硝化罐过水，通过超越管直接进入反硝化罐。

反硝化挂膜试验完成后，6 月 18 日中试装置硝化罐开始投入运行，砂滤进料泵进水取消超越，进水首先进入硝化罐而后自流入反硝化罐，装置全流程运行。硝化罐挂膜驯化方式也采用接种挂膜方式启动。

4.2 应用研究试验

6 月 29 日，脱氮除磷应用试验装置完成了硝化罐、反硝化罐的挂膜驯化及相关的工艺运行参数调试。试验装置进入稳定运行阶段，稳定运行期间，现场试验人员利用装置开展了硝化工艺选择、脱氮碳氮比优化、除磷药剂比例优化、负荷试验等一系列研究内容。

5 试验结果

5.1 调试和驯化

活性砂滤过滤器初始调试期间装置进水($1^{\#}$生化装置出水)氨氮浓度持续较低，不适宜硝化罐挂膜启动，因此先进行了反硝化罐的滤砂挂膜驯化。首先，装置在日处理水量 $60m^3$ 条件下，分批次采用好氧污泥对反硝化砂滤进行污泥接种，为保证反硝化菌生长碳源充足，甲醇投加量与进水硝酸盐氮比例控制在 4∶1 左右。连续运行一周后，上调试验装置处理水量至 $100m^3/d$，同时上调甲醇投加量，维持甲醇投加量与进水硝酸盐氮比例在 4∶1 左右。观察发现，反硝化砂滤出水清澈，水面出现越来越多的气泡(反硝化产生的 N_2)，出水 NO_3^--N、TN 浓度明显下降，溶解氧低于 0.3mg/L，而洗砂水越来越浑浊，取洗砂水进行镜检，有明显的活性污泥菌胶团以及钟虫、表壳虫等原动物(见图 4)，表明不断有生物活性污泥从滤砂表面脱落并随洗砂水洗出，也说明在反硝化砂滤内部，适宜的环境(兼氧、中温、中性偏碱)以及碳源和硝基氮充足的条件下，反硝化细菌已开始在滤砂表面拓殖。随后进行了硝化罐挂膜驯化，驯化过程与反硝化相同，驯化结果见图 5。运行一个月后，活性砂滤装置进入稳定脱氮除磷试验阶段。

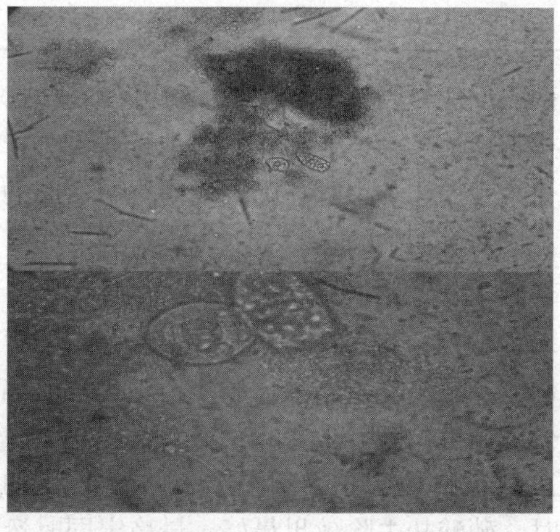

图 4 反硝化砂滤出水与洗砂水生物相

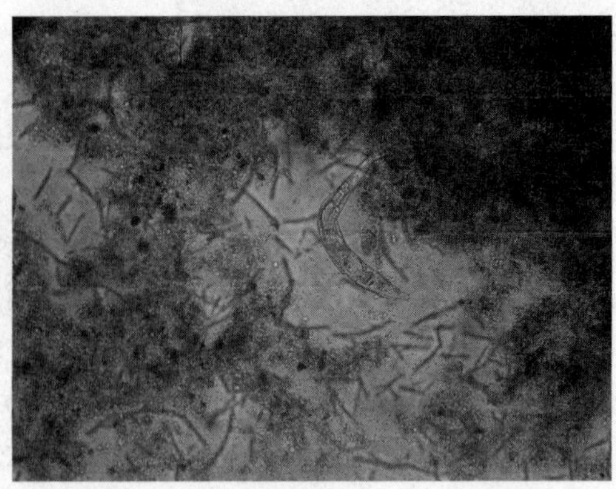

图5 硝化砂滤出水与洗砂水生物相

经过调试和驯化，确定了硝化罐最佳运行参数(提砂气量 15 L/min，洗砂水量为硝化砂滤出水水量的5%~9%)和反硝化罐最佳运行参数(提砂气量 10~12L/min，洗砂水量为反硝化砂滤出水水量的9%)。

5.2 应用研究试验

5.2.1 脱氮试验

脱氮试验分为硝化试验、反硝化试验两大部分。

硝化反应是利用水中残留的污染物(如 NH_4^+-N，NO_3^--N)作为食物，微生物在滤砂的表面生长和拓殖，形成生物挂膜，可以在去除固性悬浮物的同时，将废水中的BOD、氨氮、硝基氮等污染物转化去除，从而更进一步净化水质。通过硝化试验，确定试验装置在处理水量 4~6m³/h、pH6.22~7.97、温度 15~37℃，提砂气量 15L/min，洗砂水量 0.2~0.3m³/h、溶解氧大于 2.0mg/L 条件下，氨氮进水浓度较低且波动；出水浓度均非常低，大大优于项目排放标准 15mg/L；去除率随着浓度的升高而提高；随着处理量的提升，硝化段氨氮去除率逐渐降低，出水浓度仍然很好，见表3。

表3 不同处理量下硝化段氨氮处理效果

处理量/(m³/h)	进水浓度/(mg/L)	出水浓度/(mg/L)	平均去除率/%
4	0.782~8.300	0.340~1.570	63.13
5	0.370~15.800	0.280~9.570	24.85
6	0.200~0.895	0.150~0.718	24.24

反硝化反应是利用废水中的COD将硝酸盐类还原成氮气，反硝化细菌是异样性细菌，它们依赖于有机物质而生存，对生化污水进行成份分析发现，污水中内碳源：硝酸氮比例偏低，因此需要在反硝化进水中添加甲醇作为其反硝化菌反应的有机物来源。本实验采用适当的碳源甲醇，以满足反硝化反应对碳源的需求。

根据 McCarty 等人实验测得结果，本试验反硝化进水溶解氧以 3mg/L 计，NO_2-N 较低忽略不计，按完全进行反硝化计，同时考虑还原废水中溶解氧，甲醇需加比例约为4.8左右。但考虑到废水中的硝酸盐氮不需要完全反硝化，则要总氮达到项目设定指标(优于上海市 DB 31/199—2009《污水综合排放标准》)即可，同时废水中溶解氧也不要完全还原，达到小于 0.5mg/L 即可，因此，甲醇投加比例需综合考虑反硝化效果、成本以及的达标等因素，经过现场投加试验确定甲醇投加比例为2.9时，硝酸盐去除效果最好、最稳定同时运行成本最低。通过反硝化试验，确定试验装置在甲醇投加比例为2.9、处理水量4~6m³/h、pH值6.22~7.97、温度15~37℃，提砂气量 12L/min、洗砂水量 0.2~0.54m³/h、滤溶解氧小于 0.5mg/L 条件下，反硝化段硝酸盐氮进水浓度范围 12.00~37.10mg/L，出水浓度范围 0.09~14.80mg/L，随着反硝化段硝酸盐氮容积负荷的提升，硝酸盐氮的平均去除率逐渐降低，但去除率均达到82%以上，见表4。

表4 不同处理量条件下反硝化硝酸盐氮处理效果

反硝化段硝酸盐氮容积负荷 $kgNO_3^- - N/(m^3/d)$	进水浓度/(mg/L)	出水浓度/(mg/L)	平均去除率/%
1.58	12.00~31.20	0.92~14.80	88.38
1.97	16.30~37.10	1.16~12.70	82.93
2.37	12.70~22.80	0.09~10.80	82.89

5.2.2 除磷试验

试验通过在反硝化段投加聚合氯化铝铁药剂去除废水中溶解性的磷。去除磷有两个途径：一是吸附进入细胞，成为生物菌的一部分，（达到细胞质重量的3%）；二是与 Fe^{3+}，Al^{3+} 结合，形成难溶性的 $FePO_4$，$AlPO_4$ 过滤而出，但同时伴生 $Fe(OH)_3$ 或 $Al(OH)_3$ 污泥产生。

试验分为两个步骤，首先在实验室选用不同投加比例的聚合氯化铝铁混合液，进行搅拌试验，选出最佳投加比例；然后，根据实验室选出最佳投加比例结果在现场装置运行投加，确定比例实际效果。本次试验选择投加比例为4时，总磷的去除率最高，同时运行成本最低。通过除磷试验，确定试验装置在聚合氯化铝铁投加比例4、处理水量4~6m³/h、pH6.22~7.97、温度15~37℃，提砂气量12L/min、洗砂水量0.2~0.54m³/h、滤溶解氧小于0.5mg/L条件下，随着处理量的提升，总磷的平均去除率逐渐降低，处理量为4m³/h时，出水浓度范围0.09~0.35mg/L，反硝化段总磷去除率可达61.71%；处理量为5m³/h时，出水浓度范围0.12~0.49mg/L，反硝化段总磷去除率可达56.11%；处理量为6m³/h时，出水浓度范围0.19~0.49mg/L，反硝化段总磷平均去除率为44.01%，见表5。

表5 不同负荷条件下总磷处理效果

处理量/(m³/h)	进水浓度/(mg/L)	出水浓度/(mg/L)	平均去除率/%
4	0.43~0.79	0.09~0.35	61.71
5	0.31~0.80	0.12~0.49	56.11
6	0.46~0.65	0.19~0.49	44.01

5.2.3 脱氮除磷试验

脱氮除磷试验是在确定甲醇投加比例2.9和聚合氯化铝铁投加比例4基础上，同步考虑进行脱氮、除磷试验。试验主要考察T-N、T-P、氨氮、SS和COD等水质参数的变化及达标情况。

通过脱氮除磷试验，得出试验装置在甲醇投加比例为2.9、聚合氯化铝铁投加比例4、处理水量4~6m³/h、pH6.22~7.97、温度15~37℃等条件下，总氮的进水浓度范围15.30~52.10mg/L，出水浓度范围1.73~13.70mg/L，平均去除率为75.59%，出水合格率100%；总磷的进水浓度范围0.33~1.08mg/L，出水浓度范围0.09~0.49mg/L，平均去除率62.61%，出水合格率100%；氨氮的平均去除率50.65%，出水合格率100%；SS的平均去除率48.47%，出水合格率100%；COD的平均去除率9.01%，结果表明同步脱氮除磷试验可以稳定达到脱氮、除磷的效果，见表6。

表6 脱氮除磷试验处理效果

监测项目	进水浓度/(mg/L)	出水浓度/(mg/L)	平均去除率/%	出水合格率/%
T-N	15.30~52.10	1.73~13.70	75.59	100
T-P	0.33~1.08	0.09~0.49	62.61	100
NH_3-N	0.20~8.30	0.16~1.03	50.65	100
TSS	7.50~24.00	5.00~12.00	48.47	100
COD	72.00~103.00	61.70~99.50	9.01	—

5.2.4 验证试验

由于$2^{\#}$生化处理装置出水为本次试验原水之一，在通过前面$1^{\#}$生化处理装置出水试验基础上，用$2^{\#}$生化处理装置出水进行试验结果的验证。$2^{\#}$验证试验主要考察$2^{\#}$生化处理装置出水通过活性砂滤后T-N、T-P、氨氮、SS和COD等水质参数的变化及达标情况。

通过脱氮除磷试验，得出试验装置在甲醇投加比例为2.9、聚合氯化铝铁投加比例4、处理水量$4m^3/h$、pH值6.22~7.97、温度15~37℃等条件下，总氮进水浓度范围19.70~35.90mg/L，出水浓度平均值8.32mg/L，平均去除率为65.34%，出水达标率100%；总磷进水浓度范围0.67~1.12mg/L，出水浓度平均值0.25mg/L，平均去除率为70%，出水达标率100%；氨氮平均去除率为21.89%，出水达标率100%；TSS平均去除率为36.35%，出水达标率100%；COD平均去除率为14.06%，结果表明，$2^{\#}$污水装置出水应用活性砂滤技术可以达到同步脱氮除磷效果，见表7。

表7 $2^{\#}$验证试验处理效果

监测项目	进水浓度/(mg/L)	出水浓度/(mg/L)	平均去除率/%	出水合格率/%
T-N	19.70~35.90	3.96~11.00	65.34	100
T-P	0.67~1.12	0.07~0.42	70.00	100
NH_3-N	0.70~3.02	0.56~1.32	21.89	100
TSS	9.00~20.00	5.80~13.00	36.35	100
COD	84.00~102.00	70.80~81.80	14.06	—

6 成本分析

运行成本主要分析活性砂滤试验装置的能耗与药剂费用。

在反硝化过程中，按照$100m^3/d$水量，反硝化进水NO_3^--NN浓度23mg/L计，需要投加的甲醇的量(按甲醇投加量：进水NO_3^--N量比例为2.9)计算，为6.67kg/d，甲醇单价3.5元/kg，每日的费用为23.345元；处理每立方水药剂费用为0.23元。

在化学除磷过程中，按照$100m^3/d$水量，水中含有1mg/L的T-P(以试验阶段进水T-P检测值计)，需要投加聚合氯化铝铁(10.1%，以$FeCl_3 \cdot AlCl_3$计，按投加聚合氯化铝铁量：T-P量比例为4计)的消耗量为14.13kg/d，液态聚合氯化铝铁单价0.8元/kg，每日的费用为11.30元；处理每立方水药剂费用为0.11元。

主要动设备的运行功率为0.70kW，按系数$k=1.2$估算，中试装置运行功率为0.84kW，每日的电耗是20kW·h；按电价0.6元/(kW·h)，每日的费用为12.10元；处理每立方水的费用为0.12元。

试验装置的能耗与药剂费用为0.46元/m^3。

7 结语

(1) 污水处理采用活性砂滤技术脱氮除磷试验工艺流程为：$1^{\#}$生化处理装置/$2^{\#}$生化处理装置出水→进水池→活性砂滤硝化罐→活性砂滤反硝化罐→出水。经现场试验证明该工艺技术具有集生物脱氮、化学除磷与自动清洗于一体，经济、高效、省地、易操作等特点。在处理水量4~$6m^3/h$、pH值6.22~7.97、温度15~37℃等工艺条件下，出水水质均达到指标要求，其中，总氮浓度平均7.18mg/L，最低达1.73mg/L；总磷浓度平均为0.26mg/L，最低达0.09mg/L；氨氮浓度平均为0.50mg/L，最低达0.16mg/L；TSS浓度平均为7.79mg/L，最低达5.00mg/L；COD浓度平均为76.30mg/L，最低达61.70mg/L。也优于《上海市污水综合排放标准(DB 31/199—2009)》中一级指标(总氮≤25mg/L，总磷≤0.5mg/L)排放要求。

(2) 试验取得的最佳运行参数为：活性砂滤硝化罐提砂气量、洗砂水量、溶解氧分别是15L/min、

0.2~0.3m^3/h、2.0mg/L，容积负荷0.15kgNH_3-N/m^3/d；活性砂滤反硝化罐提砂气量、洗砂水量、溶解氧分别是12L/min、0.2~0.54m^3/h、0.5mg/L，容积负荷可达2.37kgNO_3^--N/m^3/d；

（3）试验取得的最佳药剂投加比例为：反硝化砂滤甲醇最佳投加值为2.9(甲醇量：反硝化硝基氮量)，除磷药剂聚合氯化铝铁最佳投加值为4.0(聚合氯化铝铁溶液量：总磷量)，出水总氮、总磷稳定均达到小于15mg/L与0.5mg/L要求，且药剂消耗最少。

（4）活性砂滤脱氮除磷试验运行成本为0.46元/m^3，其中甲醇0.23元/m^3，聚合氯化铝铁0.11元/m^3，电耗0.12元/m^3。

含盐废水深度脱盐技术

李宝忠　张　鹏　马和旭　马　宁

（中国石化抚顺石油化工研究院，辽宁抚顺　113001）

摘　要：详细介绍了抚顺石油化工研究院在对石化、煤化工行业高含盐废水的水质特点分析基础上，对现有废水脱盐技术进行整合及优化，通过技术与经济的最佳结而提出的含盐废水深度处理及零排放系统解决技术和方案。

关键词：废水　脱盐　技术

1　前言

随着我国环保问题的不断凸显，水污染排放控制标准必将更为严格。目前，部分重点流域、水资源短缺地区增加了对企业外排污水盐度的限值指标，这就使企业将不得不面对含盐废水的深度处理及零排放问题。而我国浓盐水处理技术起步较晚，相关产业发展相对滞后，与国外污水“零排放”或“趋零排放”的先进水平相比还存在较大差距。基于此，抚顺石油化工研究院在对石化、煤化工行业高含盐废水的水质特点分析基础上，对现有废水脱盐技术进行整合及优化，通过技术与经济的最佳结，提出了含盐废水深度处理及零排放系统解决技术和方案。

2　国内、外相关产业和技术现状、发展趋势

高含盐废水指总含盐质量分数≥1%的废水，属于难降解废水之一。特别是工业浓盐水，其含有高浓度的无机盐分以及大量的难降解性有机物或有毒物质，此类废水如果未经处理直接排入天然水体，必然会对水体生物、生活饮用水和工农业生产用水产生极大的危害，将给生态环境造成巨大的压力。

国际上处理工业浓盐水的技术工艺主要采用了膜法与热法蒸馏，其中“UF+RO”双膜工艺已为目前深度除盐的主导技术，有些国家对工业高浓盐水进行了淡水与盐类的回收处理，真正实现了污水“零排放”或“趋零排放”。浓盐水处理技术的发展趋势是开发出浓缩新技术，提高纯水产率和浓缩回收率等。

我国浓盐水处理技术起步较晚，相关产业发展相对滞后。当前，将反渗透膜技术大规模应用于高浓度含盐污水处理，多在海水淡化领域。近年来，随着我国经济发展和工业进程的加快，水资源短缺和企业用水加剧的矛盾日益突出，越来越多的污水深度处理与回用技术被企业所采用，特别是膜浓缩技术得到了较快的发展，在缓解企业用水紧张状况、减少污水排放与保护环境等方面取得明显成效。然而，与国外污水“零排放”或“趋零排放”的先进水平相比还存在较大差距。在污水处理末端仍有15%~30%的浓盐水由于缺乏技术经济可行的回收利用方法而稀释外排，并未真正实现污染物排放强度的降低，同时造成了水资源与盐类资源的浪费。

3　含盐废水深度脱盐处理及零排放技术工艺

高浓度含盐污水深度处理包括预处理、减量化和蒸发结晶三个系统。预处理首先通过添加药剂使高含盐污水中的二价阳离子例如钙、镁、钡、锶等和二氧化硅形成沉淀物，斜管沉淀良好的固液分离效果可以有效去除易导致反渗透结垢的成分，以便保证后续装置保持良好运行工况和高回收

率。高密池出水进入超级反渗透单元，基于膜两侧浓度差通过外加压力实现盐的进一步浓缩，超级反渗透浓盐水 TDS 至 50000mg/L 实现减量化，产生浓盐水进入正渗透 MBC 系统将盐进一步浓缩至 200000mg/L 左右后进入结晶系统，凝结水进入化学水站或循环水站，固体杂盐单独处理。

工艺流程见图 1。

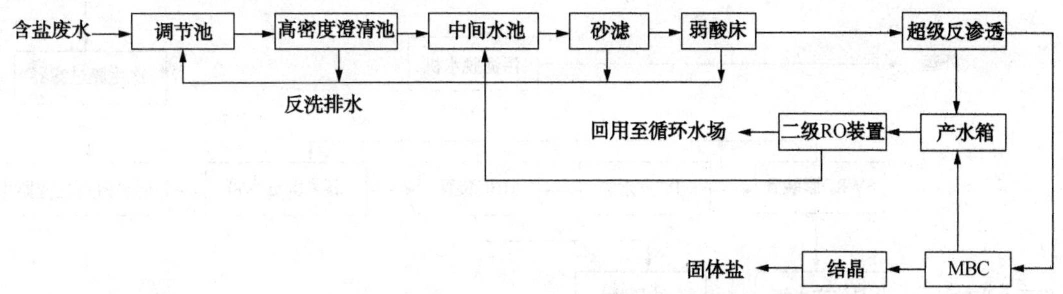

图 1　含盐废水深度脱盐处理工艺流程框图

3.1　预处理系统

预处理系统包括调节池、高密澄清池及软化剂投加系统、砂滤系统、弱酸床。

高含盐污水经过管廊用管道送至本装置内的均质调节池，在均质调节池内对来水的水量波动和对来水中水质进行调节、均和，为后续工艺的稳定运行创造良好条件，为了避免水中污泥沉积，在池内设置了搅拌器。为了满足后续处理流程对水力高程的要求，调节池内的水通过调节池提升泵提升至高密池内，同时通过混凝剂 PAC 投加成套系统、纯碱投加成套系统、烧碱投加成套新系统、助凝剂 PAM 投加成套系统向池内投加 PAC、Na_2CO_3、NaOH、PAM 将水中的 Ca^{2+}、Mg^{2+}转化为难溶化合物通过沉淀池使其沉淀出来，使水质得以软化，部分重金属也随之沉淀。同时，实现混凝、絮凝作用，可使原水中的悬浮物、有机物、胶体等物质凝聚成较大的絮凝物，以便于有效的沉淀去除，有效降低来水的有机物、悬浮物及浊度，为后续砂滤及弱酸床装置的稳定运行创造良好条件。高密池出水自流进入后絮凝池，再次精确投加后絮凝剂 PAC，保证残留的高密池出水中的絮体进一步长大，通过后面的砂滤及弱酸床进一步截留悬浮物、胶体、微生物和非溶解性 COD，由于高密池出水呈碱性，需在后絮凝池中投加硫酸来调节 pH 值。高密池设置污泥循环泵，将 5%~10%的污泥进行循环，间断性地将富余的污泥经过污泥排放泵排泥到污泥浓缩池，通过污泥输送泵送至污泥脱水系统。经过 pH 调节过的后絮凝出水浊度将达到<15NTU，自流并通过成套次氯酸钠投加装置投加次氯酸钠，控制水中的微生物，进入配水渠。砂滤和弱酸床产水送入超级反渗透装置。

3.2　减量化系统

减量化系统包括超级反渗透(GTR3 膜装置+VF 深度软化过滤系统+GTR4 膜装置、二级反渗透装置)、MBC(预处理+正渗透膜+汲取液回收+浓盐水脱氨)、相关的加药、清洗系统和储水池等。

超级反渗透系统工艺流程框图见图 2。正渗透 MBC 系统工艺流程框图见图 3。

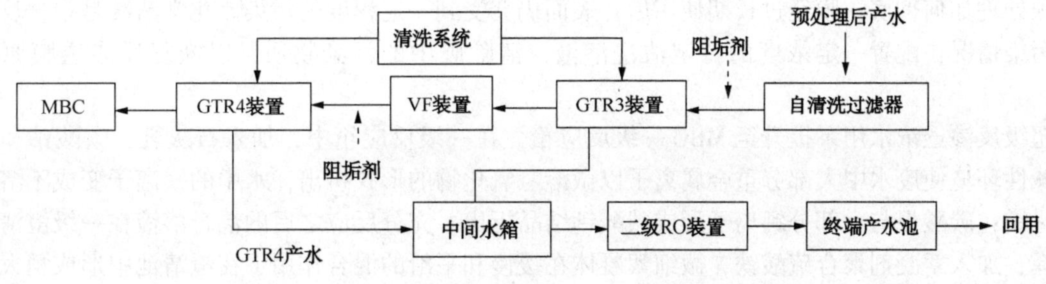

图 2　超级反渗透系统工艺流程框图

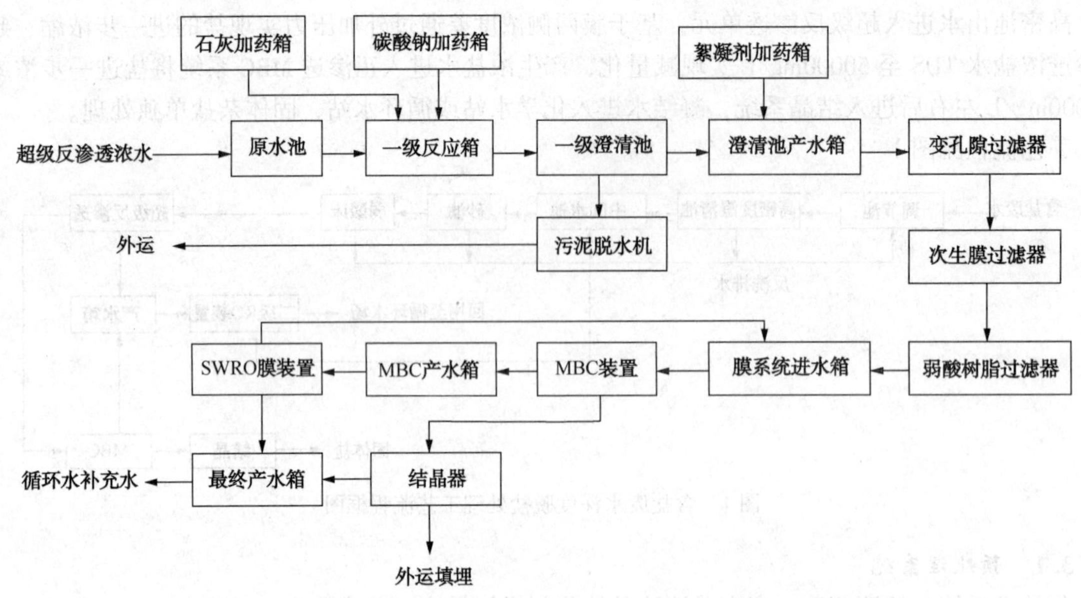

图 3　MBC 系统工艺流程框图

清水泵出水带压进入自清洗滤器，由于 GTR3 的特殊结构，自清洗过滤器可截留水中大于 75μm 的颗粒，以防止其经高压泵加压后进入膜系统击穿膜组件，造成 GTR3 的进水通道的堵塞。在进入自清洗过滤器之前，加入还原剂还原前级处理工艺中存在的余氯，以防止氧化剂对膜化学结构的破坏，造成 GTR3 性能的衰减，例如引起 GTR3 脱盐率的下降。投加高效专用阻垢剂，以防止 GTR3 膜装置浓水侧产生结垢。

自清洗过滤器出水通过 GTR3 高压泵提升进入两段式 GTR3 膜装置，GTR3 的第一段浓水送至第二段，GTR3 第一段和第二段的产水进入中间产水池，GTR3 的浓水进入 GTR3 浓水池。

VF 增压泵从 GTR3 浓水池中抽取 GTR3 浓水，送至 VF 软化过滤系统，VF 深度软化过滤系统出水送至高压膜装置，在高压泵之前投加高效专用阻垢剂，以防止高压膜浓水侧产生结垢，含有阻垢剂的进水经 GTR4 高压泵加压后进入 GTR4 膜装置第一段，第一段的浓水送至能量透平回收装置做为从动源来弥补渗透压升高所造成的推动力下降，能量透平回收装置的从动源出水进入 GTR4 膜装置第二段，第二段的浓水送至能量透平回收装置，做为主动源，二段的浓水经过能量透平回收装置后送至 GTR4 浓水池。GTR3 膜装置产水，GTR4 膜装置的产水送到中间产水池，二级 RO 增压泵从中间产水池中抽取 GTR3、GTR4 膜装置的产水，经过保安过滤器后送至二级 RO 装置，在保安滤器前投加阻垢剂和 NaOH 加碱调节，二级 RO 的浓水回流至清水池，做为 GTR3 膜装置的进水，产水送至终端产水池，经外供泵送至界区外。

膜系统配套设施还包括化学清洗系统。膜化学清洗系统的作用是为膜定期提供化学清洗服务，无论预处理如何彻底，膜经过长期使用后，表面仍会受到一定程度的污染。化学清洗是根据反渗透膜的污染情况，配置一定浓度的特定清洗溶液，清除膜中的污染物质，以恢复反渗透膜原有的特性。

超级反渗透浓水用泵提升至 MBC 一级反应箱。在一级反应箱中，加入石灰乳、碳酸钠和絮凝剂，碱性环境使废水中大部分重金属离子以微溶氢氧化物的形式析出，水中的镁离子变成不溶解的氢氧化镁；碳酸根与大部分钙离子形成碳酸钙结晶析出。充分反应之后的混合溶液在一级澄清池进行沉降，加入絮凝剂聚合硫酸铁，微细絮凝体在缓慢和平滑的混合作用下在澄清池中形成稍大的絮凝体，在澄清浓缩分离池中絮凝体和水分离。经过反应沉淀澄清的澄清池产水，经泵输送至变孔隙过滤器、次生膜过滤器和弱酸树脂过滤器，去除水中残余的悬浮物、大分子颗粒、残余钙镁等杂质后，作为后续膜法浓缩系统的进水。

预处理后产水与 Oasys 的高性能正渗透膜接触后被浓缩。汲取液进入膜壳后以相反的方向流过(对流)膜堆并且被从原水侧透过的水稀释。稀释汲取液泵入到精馏塔内，氨气和二氧化碳气体随着水蒸汽从溶液中被分解出来。离开精馏塔塔顶的气体混合物与旁路过来的稀释汲取液进行混合，然后通过热交换器进行完全冷凝和吸收。从塔底流出的 FO 产水被收集起来并送到中间水箱，与预浓缩系统产生的淡水混合后进入精处理系统脱盐以生产更高品质的产水。精处理系统产生的浓水被循环送回预浓缩系统。

在正渗透系统中，汲取液中的一些氨气和二氧化碳会透过正渗透膜(与水的渗透方向相反)进入原水中，这个过程称为反向扩散。为了维持 MBC 系统的汲取液系统以闭路循环方式反复利用，需要将反向扩散到浓水中的这部分浓度相对较低的氨和二氧化碳回收。在回收浓水中的汲取液溶质过程中，浓水中的 TDS 浓度被进一步的提高。

3.3 结晶系统

结晶系统采用强制循环结晶器单元制备杂盐，采用单效结晶器来实现所需的蒸发量和获得高品质冷凝液。为了优化投资和操作成本，将装置设计成用热力蒸汽压缩技术(TVC)的单效蒸发结晶器。最终制成含水率小于 15%的杂盐后外运。

采用强制循环结晶器，能够得到大小合适的晶粒，并且能够避免因结垢造成的停机。单个强制循环结晶器的运行方式比较一致，均为进料液通过预热器后进入结晶器内循环。在结晶器的外循环管路上设计和布置了一台轴流循环泵，以确保装置始终在无机盐的介稳区内操作，避免发生一次成核；一次成核会导致晶体粒径过小，给后续的晶体分离带来困难。在外循环中配置了一台加热器，用以提供结晶系统所需的热能，达到给定的水蒸发量。在蒸发浓缩过程中，废水中的无机盐将形成晶体。每套单元中配置一台热力蒸汽压缩机(TVC)来压缩二次蒸汽，可以有效降低新鲜蒸汽耗量。压缩的二次蒸汽将用作加热器的热媒，而产生的冷凝液会在系统内的一台板式换热器中预热废水进水。产生的晶浆首先被泵送至一台水力旋流器来提高晶浆浓度，接着进入离心机。在离心机中，盐水中的晶体被分离出。而离心机的滤清液汇集到收集罐中，并返回到结晶系统中，以调节系统中的晶浆浓度。

4 结语

含盐废水深度处理及零排放是一套十分复杂的组合技术工艺，对整体工艺进行优化设计，保证每个技术工艺单元的良好衔接，实现整套系统的平稳运行，最大化的降低运行风险与成本系关键所在。因此，积极开展高含盐污水处理技术及其资源化利用新工艺，将成为今后环保科研的重中之重。

参考文献

[1] 卢少红，施明清．液体零排放技术在工业水处理领域的应用[J]．环境科学导刊．2013(02)．

[2] 薛建良，赵东风，李石，安慧，欧阳振宇．炼化企业含盐废水处理的研究进展[J]．工业水处理．2011(07)．

[3] 鲁风芹，隋冰冰．加载絮凝沉降技术处理炼油含盐废水研究[J]．环境科学与管理．2010(08)．

[4] 臻荣科技研发强制循环蒸发器蒸发结晶工艺实现高效节能[J]．装备制造．2015(12)．

[5] 张觅，许振良，游文婷，董哲勤．海水淡化浓盐水处理方法的研讨[A]．北京国际海水淡化高层论坛论文集[C]．2012．

[6] 张健，王娜，陈德珍．高含盐废水蒸发回收蒸馏水过程中的阻垢与水质问题[J]．工业用水与废水．2015(05)．

废水生物脱总氮技术

张　鹏　郭宏山　张　蕾　余　稽

(中国石化抚顺石油化工研究院，辽宁抚顺　113001)

摘　要：详细介绍了抚顺石油化工研究院开发的“特种反硝化菌+后置反硝化深床滤池(TDBDF)”生物脱总氮技术工艺，并重点介绍了现场中试试验的运行效果。中试试验结果表明：该技术可以对废水中的总氮污染物进行有效去除，总氮去除率达80%以上，出水总氮小于15mg/L，处理后水质满足最新的污染物排放标准。

关键词：废水　生物　脱总氮

1　前言

我国2015年颁布实施《石油炼制工业污染物排放标准》和《石油化学工业污染物排放标准》明确提出了石化行业污水排放总氮控制指标(≤30mg/L)，某些地方(京津、辽宁)污水排放标准对总氮控制则更为严格(≤15mg/L)。污水排放总氮达标已成为中石化炼化企业环保治理的主要问题之一。中国石化部分炼化企业现有污水处理工艺流程中没有去处总氮的技术单元，整体工艺无总氮去除效果，总氮达标排放难以实现。基于此，抚研院开发了“特种菌+后置反硝化深床滤池(TDBDF)”生物脱总氮技术工艺，针对石化企业外排污水中出水的总氮污染物进行有效去除，以彻底解决石化企业污水总氮达标排放问题。

2　特种反硝化菌+TDBDF工艺介绍

特种菌+TDBDF是利用生物脱氮的基本原理，采用后置反硝化滤池的形式，辅以经人工筛选出的具有高效反硝化脱氮能力的生物菌剂，专用于总氮提标改造工程的生物脱总氮技术工艺。其突出特点是总氮去除率高、启动速度快、无堵塞免维护、出水水质稳定达标、自动化程度高、运行费用及造价较低。

2.1　特种反硝化菌

反硝化细菌大多属于异养菌，具有生物多样性并且对环境条件适应性强。目前为止已分离出60多种反硝化菌，主要分布于假单胞属(Pseudomonas)、产碱杆菌属(Alcaligeneas)、泛养硫球菌属(Thiosphera pantotroph)、动胶菌属(Zoogloeas)和芽孢杆菌属(Bacillus)等，大多数为兼性厌氧菌。

抚研院通过驯化、富集培养、分离等方式已成功筛选到节杆菌、水氏黄杆菌、脱氮副球菌、甲基杆菌、考沼泽克氏菌和科氏葡萄球菌六种脱氮菌株，并复配成具有高效脱氮性能的脱氮菌剂，并通过了中国石化总部的技术评议和成果鉴定。

2.2　TDBDF反应器

TDBDF(Deep Bed Denitrification Filter，反硝化深床生物滤池)是在生物滤池和普通快滤池的基础上发展起来的集生物脱氮及吸附过滤脱氮合二为一的一体化处理设备。通过反应器内填料负载的生物膜中微生物的氧化分解作用、填料及生物膜的吸附截留作用和食物链分级捕食作用及生物膜内部微环境和厌氧段的反硝化作用来对污水进行深度处理。

TDBDF深床反硝化反应器主要由级配滤料(主体反应区)、布水系统、反冲洗系统、混合清水区、自动控制系统组成，见图1。

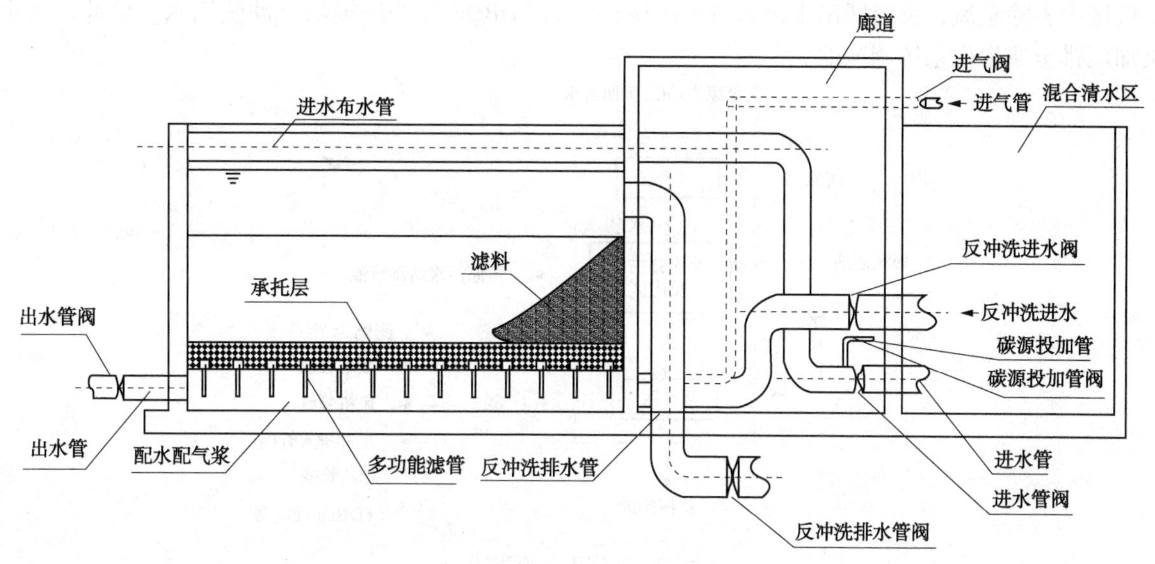

图1　TDBDF 构造示意图

(1) 反应器构造　根据使用情况和水量等参数，反应器可采用钢筋混凝土结构或者碳钢防腐结构。

(2) 级配滤料　滤料必须具备过滤吸附性和易反洗相结合的特性，同时保证在反冲洗的过程中全面积接触摩擦，完全去除表面的污染物质，但生物膜却不至于完全破坏。TDBDF 中的滤料为天然多孔级配滤料，分为承托层和过滤层。

(3) 布水系统　布水系统的主要作用是保持水流均匀分布，使设备反应区物料和微生物分布均匀，容积得到充分利用。多数重力流反硝化滤池变水位控制，进水溢流过进水堰槽瀑流进入滤池，此方式会增加不必要的进水的 DO，影响了反硝化效果，同时增加了碳源的投加量。本布水系统采用浮动式漫流布水方式，布水均匀且与空气接触时间很短，有效的减少水中溶解氧的增加，从而减少了碳源的投加量，降低了运行成本。

(4) 反冲洗系统/氮气驱除系统　设备定期需要反冲洗，反冲洗通常包括反冲洗气源和水源，进行气水反冲洗。反硝化过程将硝酸盐转化为氮气，并吸附在滤料上，长期积累造成水流阻力增大，阻隔微生物膜与污水接触，因此累积的氮气需要定期排除。

(5) 混合清水区　混合原污水与药剂，使水质均匀；暂时储存反应器出水，供反冲洗用水。

(6) 自动控制系统　TDBDF 控制系统包括水反冲、空气供应和氮气释放的系统控制。

2.3　特种反硝化菌+TDBDF 工艺的优点

特种反硝化菌+TDBDF 应用于废水总氮提标改造工程具有不可比拟的优点，主要包括：反应器高度整合各系统，使得结构紧凑，设计合理，占地面积小；脱氮效率高，进水水质在设计范围内时总氮去除率高达 80%以上；采用特种反硝化菌种，启动快速，处理效果高效稳定；对悬浮物具有良好的去除能力，稳定在 $SS<10$mg/L，浊度<5NTU，无需再后续设置终沉池或过滤器；无滤料流失和损失，终生无需添加或更换；反冲洗水量少，通常为处理水量的 2%～3%；通过过程参数的监测及对外加碳源的精确控制，实现高效、稳定、可靠运行。反应器出水和反冲洗排水不混合：TDBDF 反硝化反应器采用的是下向流进水，且进水管与反冲洗排水管分别单独设置，与常规滤池相比，减少了过滤出水与反冲洗废水的混合风险，使出水水质更优质。

2.4　特种菌+TDBDF 典型工艺流程

如图 2 所示工艺流程为：含氮废水(二沉池出水)自流至 TDBDF 反应器，根据进水水质在混合区适量投加碳源，为反硝化提供营养物质；混合区同时作为反应器主体反应区的提升水池。在启动初期，将脱氮菌剂一次性投加到反应器主体中，缩短挂膜周期，提高处理负荷。污水在 TDBDF 主反应区中去除总氮；反应区出水进入清水区储存，为 TDBDF 反冲洗提供反冲洗用水。反冲出水由泵加压排至原生化系统调节池。

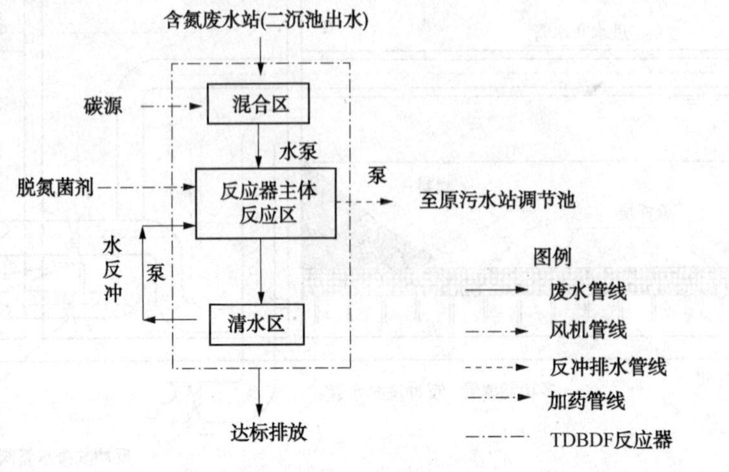

图 2　典型工艺流程图

3　现场中试试验

3.1　设计规模和水质

设计处理水量：1.0m³/h；

试验进水水质：来自某石化企业污水处理场外排水，水质分析数据见表 1。

表 1　污水处理场监控池出水

指　标	分析数据	分析方法
COD/(mg/L)	≤90	GB 11914—1989
NH_3-N/(mg/L)	≤5	GB 7479—1987
总氮/(mg/L)	≤90	GB 11894—1989

设计出水水质：总氮≤15mg/L，其他指标不变。

3.2　机理与方法

中试试验采用特种反硝化菌剂+后置反硝化 TDBDF 技术工艺，具体试验方法：启动初期将高效反硝化生物菌剂投加到 TDBDF 反应器主体中，与填料充分混合，通过投加营养物质及污水内循环等方式实现填料挂膜。填料完成生物挂膜后，污水通过布水装置连续、均匀地进入滤床，在重力作用下以波状薄膜的形式向下渗流，一部分污水、污染物和细菌附着在滤料表面上，微生物在滤料表面大量繁殖，形成生物膜，反硝化滤池将反硝化反应与吸附过滤两种处理过程在一个设施内完成。中试实施过程分为：启动、水质冲击和正式运行三个阶段来完成。

3.3　结果与讨论

3.3.1　COD_{cr}数据分析(碳源投加量按 C：N=3.5：1 投加)

由图 3 可以看出，投加的碳源量随进水总氮的变化而变化，且幅度较大，而出口 CODcr 变化幅度较小且比进水数值略有下降，说明投加的碳源完全被反硝化细菌利用，进水中原有的难降解有机物在厌氧环境中也有很少量被厌氧微生物利用得以分解。

3.3.2　总氮数据分析

图 4 中连续 18 天总氮去除率在 85%左右，处理后出水总氮小于 15mg/L，并且在进水总氮 80mg/L 以下时基本不受进水总氮负荷变化的影响，表明设备中反硝化细菌成为优势菌种，且具备一定的抗冲击负荷能力。

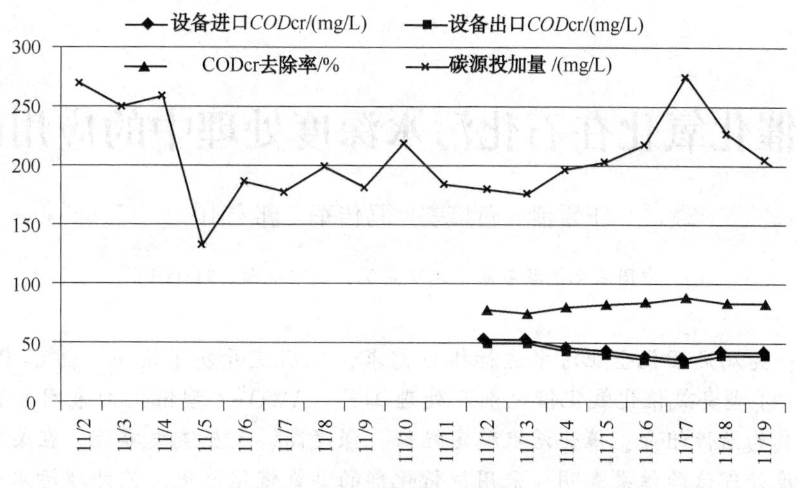

图 3　正常运行阶段 COD 变化曲线

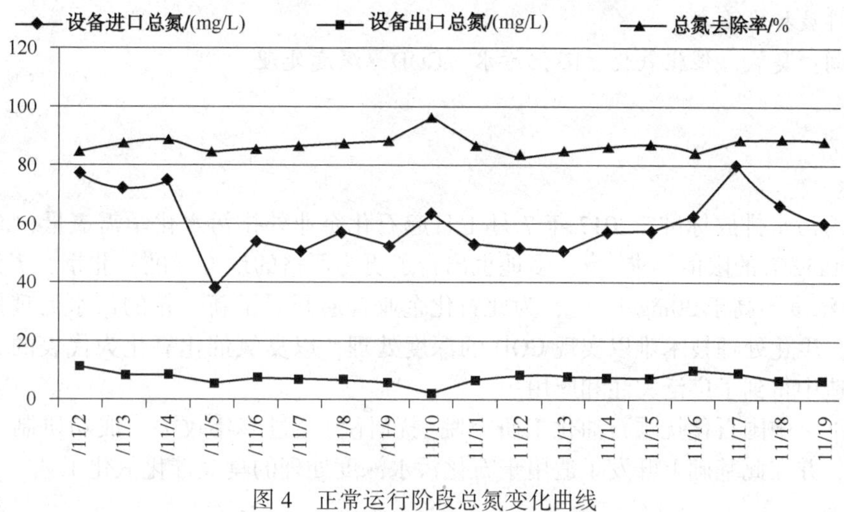

图 4　正常运行阶段总氮变化曲线

4　结语

（1）特种反硝化生物菌剂的投加能够有效缩短生物挂膜周期，最快 7 天可实现挂膜，系统容积负荷明显提高，总氮处理效果得到强化。

（2）TDBDF 深床滤池具有过滤与脱除总氮的双重功能，出水浊度≤5NTU，出水总氮≤15mg/L，总氮去除率可达到 85%以上。

（3）特种菌+TDBDF 工艺用于石化废水总氮提标效果良好，系统运行稳定，最佳水力停留时间是 0.8h，总氮容积负荷是≥0.8kg/(m^3·d)，在保证总氮有效去除的同时，水中的 COD 没有增加，该工艺可以有效解决石化企业污水排放总氮的提标问题。

参考文献

[1] GB 31570. 石油炼制工业污染物排放标准[S]. 环境保护部，国家质量监督检验检疫总局，2015.

[2] GB 31571. 石油化学工业污染物排放标准[S]. 环境保护部，国家质量监督检验检疫总局，2015.

[3] DB 11/307. 水污染物综合排放标准[S]. 北京市环境保护局，北京市质量技术监督局，2013.

[4] 支霞辉，丁峰，等. 常温条件下短程硝化反硝化生物脱氮影响因素的研究. 环境污染与治理，2006，28(4)：254-256.

[5] 陈旭良，郑平，等. pH 和碱度对生物硝化影响的探讨. 浙江大学学报，2005，31(6)：755-759.

[6] 高会杰，张全，等. 含氨废水生物处理研究，当代化工，2008，37(2)：113-115.

臭氧催化氧化在石化污水深度处理中的应用研究

王雪清　蒋广安　马传军　郭宏山

(中国石化抚顺石油化工研究院，辽宁抚顺　113001)

摘　要：为满足石化企业污水达标排放需求，抚研院开发了适用于污水中COD深度脱除的AWO-1型臭氧催化氧化催化剂及处理工艺。AWO-1型催化剂采用复合载体，以多种过渡金属为活性组分，催化活性稳定性好、强度高、金属流失率低。在某石化企业进行的污水深度处理试验结果表明，采用该催化剂的臭氧催化氧化工艺处理污水处理场生化出水，在进水*COD*浓度32~68mg/L时，处理后出水COD浓度11~28mg/L，满足目前最为严格的排放标准要求。

关键词：臭氧　催化氧化　石化污水　COD　深度处理

1　前言

按照最新的污水排放标准，2017年7月1日起石化企业外排污水化学需氧量(COD)浓度将执行60mg/L或50mg/L的限值要求[1,2]，多地也出台了更为严格的地方标准，北京、天津等地的标准更是要求COD浓度不高于30mg/L[3,4]，为此石化企业普遍开展了新一轮的污水处理提标改造。由于常规的物化、生化处理技术难以实现COD的深度处理，以臭氧催化氧化为代表的高级氧化技术在此轮提标改造中得到了广泛关注和应用。

在此背景下，中国石化抚顺石油化工研究院(抚研院)经过多年攻关，成功研制了高效臭氧催化氧化催化剂，并在此基础上开发了适用于石化污水深度处理的臭氧催化氧化工艺。

2　臭氧催化氧化机理

臭氧的氧化电位为2.07V[5]，是一种强氧化剂，常用于饮用水消毒、污水脱色、有机污染物氧化去除等。但臭氧与有机物的直接反应具有较强的选择性，对于具有不饱和键的有机物氧化速率较快，而对于某些难降解有机污染物氧化反应速率慢。如果采用直接臭氧氧化对污水进行深度处理，效果往往不理想。

当有催化剂存在时，在活性金属的催化作用下，臭氧可分解为羟基自由基[6]。羟基自由基的氧化电位为2.80V，氧化性强于臭氧，是仅次于氟的强氧化剂，其氧化降解有机物的反应无选择性，且反应速率远高于臭氧直接氧化。因此臭氧催化氧化技术可以有效去除污水中的难降解有机物，实现COD的深度脱除。

3　催化剂研制

催化剂是臭氧催化氧化技术的关键。目前常用的催化剂主要有陶粒型、活性炭型和活性氧化铝型催化剂。陶粒型催化剂也称无机材料负载型催化剂，以陶土烧结制成，机械强度高，金属流失率低，但是比表面积小，催化活性差；活性炭型催化剂比表面积大，有机物吸附性能好，但机械强度低、耐磨性差，负载金属易流失；活性氧化铝型催化剂比表面积、机械强度及金属流失率介于上述两者之间，但是原材料成本高，限制了其大规模应用[7]。

抚研院催化剂研发人员以活性炭为主要载体组分，通过辅助载体组分筛选及两者匹配性能研究、催化剂载体成型研究、活性金属筛选及添加方式研究、催化剂整体制备技术研究等，研制出了

“活性炭-辅助组分”复合型载体，并在此基础上开发了 AWO-1 型臭氧催化氧化催化剂。该催化剂综合了活性炭比表面积大、吸附性能强以及辅助载体组分机械强度高、耐磨性能好的特点，以优选的多种过渡金属为活性组分，具有催化活性和稳定性好、强度高、金属流失率低等优点。AWO-1 型臭氧催化氧化催化剂已经于 2016 年 3 月通过了中国石化科技部的评议。

4 臭氧催化氧化现场试验

为验证 AWO-1 型催化剂的性能，在中国石化某分公司进行了污水处理场出水臭氧催化氧化深度处理现场试验。该企业所处地区环保管理较为严格，按照企业要求，本次试验出水目标值为 COD≤30mg/L。

4.1 试验进水水质

试验进水为该分公司污水处理场生化出水，主要水质指标见表 1。

表 1 臭氧催化氧化试验进水水质(单位 mg/L，pH 除外)

项 目	COD	BOD_5	悬浮物	pH 值
进水水质	40~70	2~5	20~70	7~8

4.2 处理流程和工艺条件

臭氧催化氧化试验采用固定床处理工艺。来水先经滤布过滤去除大部分悬浮物，防止堵塞催化剂床层，滤后水从反应器下方进入反应器；臭氧发生器产生的含臭氧气体通过反应器底部的曝气盘进入反应器。气液两相在催化剂床层经过充分接触反应后，从反应器上方排出。现场试验装置见图 1。

图 1 臭氧催化氧化现场实验装置

臭氧催化氧化工艺条件为：处理水量 5L/h，催化反应体积空速 $1h^{-1}$，实际水力停留时间 1h，臭氧投加量 40~100mg/L(根据进水 COD 浓度调整)。臭氧发生器以纯氧为气源，现场制备含臭氧气体。

此外，还进行了三种条件下的对照实验：①直接臭氧氧化，反应器为空柱；②直接臭氧氧化，反应器中装填惰性填料(瓷球)；③参比催化剂臭氧催化氧化，反应器中装填购自国内某公司的催化剂。

4.3 试验结果

4.3.1 臭氧催化氧化试验结果

现场试验共运行 40 余天，期间进水 COD 浓度 32~68mg/L，波动较大，平均值为 49.1mg/L；通过适时调整臭氧投加量，出水 COD 浓度 11~28mg/L，皆满足 COD≤30mg/L 的要求，平均值为 17.0mg/L。详见图 2。

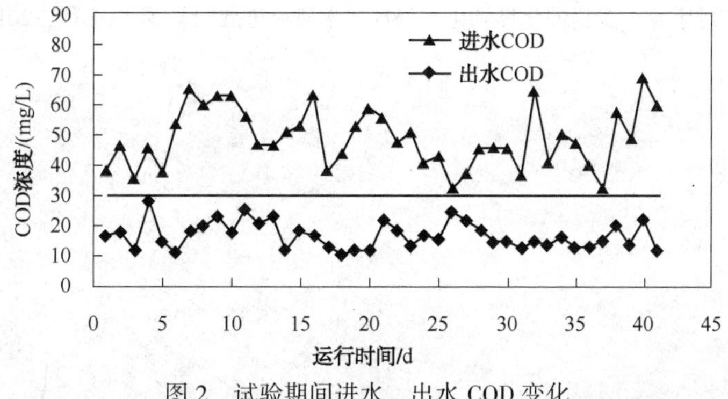

图 2 试验期间进水、出水 COD 变化

4.3.2　对照实验结果

在同样的处理水量、臭氧投加量等反应条件下，进行了臭氧催化氧化与4.2中所述三种条件下的对照实验。不同条件下的COD去除效果见表2。

表2　对照试验COD去除效果

反应条件	COD平均值/(mg/L)		COD去除率/%
	进水	出水	
AWO-1催化剂	45.8	14.3	68.8
直接臭氧氧化	49.5	39.3	20.8
惰性填料	62.0	48.5	21.7
参比催化剂	42.5	25.0	41.2

由对照实验结果可以看出，直接臭氧氧化对此类污水中COD的去除效果较差，去除率仅为20.8%。与直接臭氧氧化相比，使用AWO-1催化剂的COD去除效果有大幅提升；反应器中装填惰性填料的作用不明显，说明其对气液传质的改善作用有限；参比催化剂的COD去除率虽然较直接臭氧氧化和惰性填料有一定提升，但仍明显低于AWO-1催化剂。

以上试验结果都表明AWO-1催化剂具有优良的催化活性和稳定性，采用该催化剂的臭氧催化氧化工艺处理现有污水处理场出水，能够实现COD的进深度脱除，满足目前最为严格的排放标准要求。

5　结语

(1) 抚研院开发的AWO-1型复合载体臭氧催化氧化催化剂综合了活性炭比表面积大、吸附性能强以及辅助载体组分机械强度高、耐磨性能好的特点，具有催化活性和稳定性好、强度高、金属流失率低等优点。

(2) 现场试验结果表明，采用AWO-1催化剂的臭氧催化氧化工艺处理某石化企业污水处理生化出水，可实现COD≤30mg/L，满足目前最严格的环保要求。

参　考　文　献

[1] GB 31570. 石油炼制工业污染物排放标准[S]. 环境保护部，国家质量监督检验检疫总局，2015.

[2] GB 31571. 石油化学工业污染物排放标准[S]. 环境保护部，国家质量监督检验检疫总局，2015.

[3] DB11/307. 水污染物综合排放标准[S]. 北京市环境保护局，北京市质量技术监督局，2013.

[4] DB12/599. 天津市城镇污水处理厂污染物排放标准[S]. 天津市环境保护局，天津市市场和质量监督管理委员会，2015.

[5] 李风亭，张冰如，张善发等译. 水和废水臭氧氧化[M]. 北京：中国建筑工业出版社，2004.

[6] 邓凤霞，邱珊，岳秀丽等. 非均相催化臭氧氧化深度处理炼油废水[J]. 浙江大学学报(工学版)，2015，49(3)：555-563.

[7] 游洋洋，卢学强，许丹宇等. 多相催化臭氧化水处理技术研究进展[J]. 环境工程，2014，32(1)：37-41.

一种新型高效净水剂+COBR组合工艺处理炼化含盐污水的研究

凌二锁　吴盼盼　乐淑荣

（苏州科环环保科技有限公司，江苏昆山　215300）

摘　要：针对目前炼化含盐污水深度处理臭氧催化氧化工艺过程中的实际问题，开发一种新型高效复合净水剂，作为臭氧催化氧化的预处理手段。当投加300μg/L高效净水剂时，惠州炼化MBR出水*COD*由平均*COD*为96.9mg/L降至67.5mg/L，*COD*平均去除率达30.4%，高效复合净水剂对MBR含盐出水有较好的处理效果。对比PAC处理效果，净水剂有明显优势。净水剂预处理出水连续进行IRBAF生化处理，得知净水剂预处理出水不会对IRBAF生化系统造成冲击。通过现有与改进工艺对比，得知改进后工艺生化处理与臭氧处理水平均有所提升，且出水平均*COD*为27.3mg/L，远达到规定排放指标。

关键词：高效复合净水剂　含盐污水　臭氧催化氧化　内循环曝气生物滤池

1　前言

在石油化工行业中，生产过程中采用汽提、注水、精制水洗、冷凝冷却等工艺将原材料加工成石油、化肥、工业原料以及生活用品等产品，产生了大量的废水。其中，石化企业生产废水中的含盐废水，具有含盐量高、有机物含量高、浓度波动大、危害性强等特点，对污水处理系统产生较大的冲击，降低石化企业的污水处理效率。因此，含盐废水的合理处理已成为当务之急。

本研究针对中海石油惠州炼油分公司的含盐废水开展研究。目前，惠炼含盐污水深度处理流程为：MBR出水→臭氧活性炭塔→IRBAF生化池→臭氧催化氧化池→外排监控池→排放；由于惠州炼化含盐污水MBR出水中的部分有机物在氧化过程中会发生缩聚反应，形成长链烷烃类物质，吸附在催化剂表面，影响臭氧催化氧化处理效果；同时MBR出水析出部分胶体及粘泥，影响后续IRBAF及臭氧催化氧化装置的处理效果，这些因素已严重影响了污水达标排放。鉴于此，臭氧催化氧化技术的应用有必要增加相应的预处理工艺对其进行改进。

本文结合惠炼含盐污水深度处理实际情况，最终开发出了简单易行、效果明显、运行稳定的臭氧催化氧化预处理办法——高效复合净水剂（KHGX-01），该净水剂兼具絮凝和氧化的作用。本文试验该高效复合净水剂在惠炼含盐污水中的应用效果，为高效复合净水剂+臭氧催化氧化组合工艺在含盐污水的应用方面提供依据。

2　材料与方法

2.1　水质来源及分析方法

试验中废水均来自中海惠炼MBR含盐出水。水质指标COD采用快速消解测定法（水质测定仪DR6000，哈希公司）进行测定；pH值采用玻璃电极法（PHS-3E，上海雷磁）进行测定。

2.2　试验工艺

中海惠炼MBR含盐出水→加药预处理（300μg/g）→IRBAF（HRT=3h）→臭氧催化氧化（HRT=2h）→出水

工艺说明：MBR 出水首先进复合净水剂氧化处理，依靠净水剂本身的高效絮凝及强氧化作用去除 MBR 出水中残留的胶体、悬浮物及部分大分子有机物，同时改善污水的可生化性；混凝沉淀上清液经蠕动泵提升进入小试曝气生物滤池(IRBAF)装置，在 IRBAF 生物氧化、生物吸附、物理过滤作用下，去除混凝出水中的可生化污染物及部分残留悬浮物；BAF 出水自留进入臭氧催化氧化装置，在臭氧催化产生的羟基强氧化作用下，进一步去除污水中残留的污染物，最终出水达标排放。

臭氧催化氧化试验中，利用气体流量计控制臭氧投加量，BAF 出水自流进入氧化柱中进行催化氧化。控制调节不同臭氧投加量，催化氧化过程中间歇取样测定 *COD* 等数据，考察催化氧化效果。

3 结果与讨论

3.1 高效复合净水剂预处理

3.1.1 高效复合净水剂对 MBR 出水 *COD* 的影响

采用苏州科环环保科技有限公司新研发的高效复合净水剂对 MBR 含盐出水进行预处理。投加 300mg/kg 高效复合净水剂进行快速(150r/min)搅拌 2min，慢速(50r/min)搅拌 15min，静置 1h 后，取上清液测其 *COD* 及 pH 值，并作为 BAF 进水备用。试验结果见图 1。

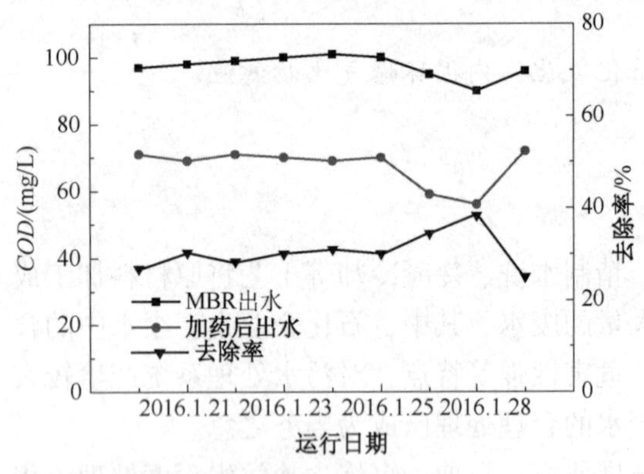

图 1 加药前后 *COD* 去除效果

由图 1 可以看出，在药剂投加量为 300mg/kg 时，进水平均 *COD* 为 96.9mg/L，出水平均 *COD* 为 67.5mg/L，*COD* 平均去除率达 30.4%，高效复合净水剂对 MBR 含盐出水的 *COD* 去除效果明显。这是由于净水剂中无机组分和有机组分以共价键结合，具有良好的稳定性。净水剂加入废水后，在水中产生非常活泼的羟基自由基 ·OH，其氧化能力(2.80v)仅次于氟(2.87v)，它作为反应的中间产物，可诱发后面的链反应。该高效复合净水剂能高效去除传统絮凝剂难以去除的分子量小于 500 的溶解性污染物。

3.1.2 高效复合净水剂与 PAC 的对比试验

对试验原水分别投加高效复合净水剂和 PAC(10%)药剂进行快速(150r/min)搅拌 2min，对 PAC 药剂再添加助凝剂用量均为 0.5mL/L，慢速(50r/min)搅拌 15min，静置 30min 后，取上清液测其 *COD*。其中 PAC 浓度为 10%，PAM 浓度 0.5‰。

表 1 复合净水剂与 PAC 对比试验

药剂投加量/(mL/L)	助凝剂投加量/(mL/L)	*COD*/(mg/L)
0.3(高效复合净水剂)	无	94
0.5(10%PAC)	0.5	122
1(10%PAC)		116
2(10%PAC)		123
3(10%PAC)		120

由表 1 结果可见：高效复合净水剂出水效果更佳，出水 COD 为 94mg/L；PAC 在投加量 100mg/L 时，效果最佳，出水 COD 为 116mg/L。

3.1.3 高效复合净水剂出水对生化系统的影响

MBR出水投加净水剂混凝沉淀处理后，长周期连续进入IRBAF进行生化处理(运行9天)，以观察长周期运行投加药剂对生化系统的影响。IRBAF停留时间为3h。

由以上结果可以看出，在长周期连续运行情况下，IRBAF的处理效果稳定，出水*COD*平均值为82.9mg/L，平均去除率在22.3%，出水*COD*值并未出现明显的波动。投加复合净水剂可提高IRBAF的生化效果，而不会对其运行造成冲击，如图2所示。

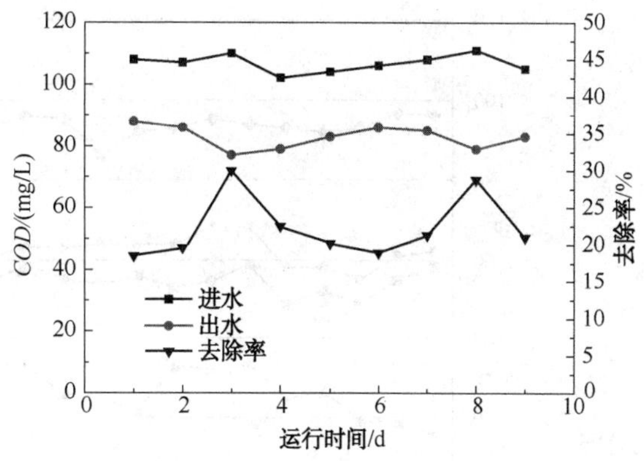

图2 投加净水剂后对IRBAF生化系统的影响

3.2 工艺改进前后对比

3.2.1 现有工艺处理效果

中海惠炼含盐废水现有深度处理工艺为：MBR出水→IRBAF(HRT=3h)→臭氧催化氧化(HRT=2h)→出水，根据现有工艺取各工艺节点的出水，处理效果见图3。

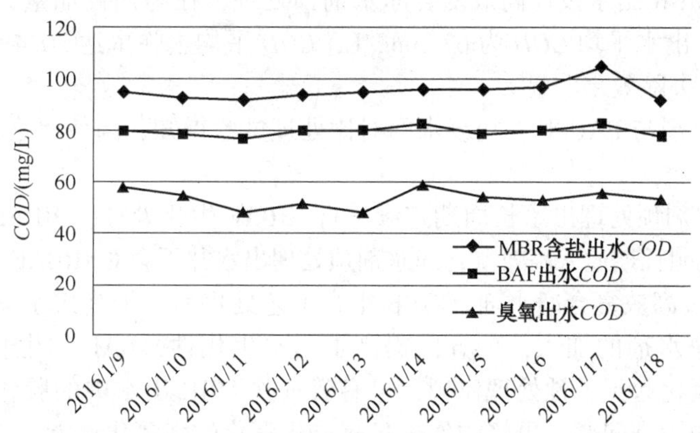

图3 现有工艺各工艺节点处理效果

惠炼含盐废水MBR出水*COD*平均为95.5mg/L，经过内循环生物滤池的生化处理，水力停留时间为3h，出水稳定在80mg/L，去除率达16.2%；生化出水经过臭氧催化氧化池，出水在50mg/L以上，*COD*总去除率43.6%。臭氧催化氧化效率较低，这可能是由于污水中的大分子长链有机物以及催化氧化开环断链过程中断键处重新组合形成的低聚物附着在催化剂表面，阻隔了臭氧与催化剂的接触，造成臭氧催化过程中断，最终导致臭氧催化氧化效果较低。为了充分发挥臭氧催化氧化的功效，必须对臭氧催化氧化增加预处理工艺进行改进。

3.2.2 改进工艺处理效果

针对现有工艺处理中存在的问题，研究了一种新型高效复合净水剂对MBR含盐出水进行预处理，改进后工艺各节点出水效果见图4。

由图4可以看出，在药剂投加量为300μg/g时，进水平均*COD*为92.0mg/L，混凝出水平均*COD*为57.0mg/L，*COD*去除率达38.0%，混凝沉淀处理效果明显；IRBAF出水平均*COD*为52.9mg/L，*COD*去除率为7.2%；臭氧催化氧化出水平均*COD*为27.3mg/L，*COD*去除率达48.4%，臭氧催化氧化处理效果超出预期；*COD*总平均去除率高达70.3%，试验整体的处理效果得到了较好的改善，出水平均*COD*为27.3mg/L，远低于50mg/L的排放指标。

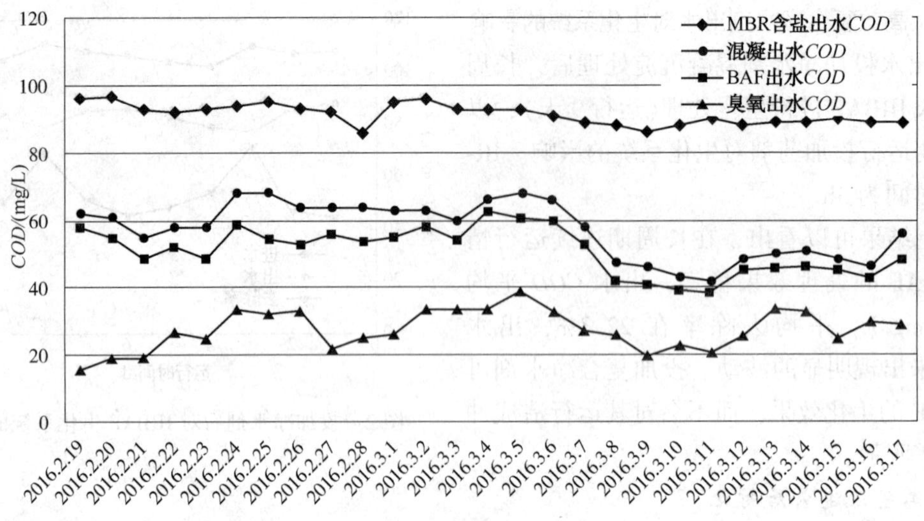

图4 改进后工艺各工艺节点处理效果

4 结语

(1) 通过对惠炼 MBR 出水投加高效复合净水剂预处理，在药剂投加量为 300μg/g 时，进水平均 *COD* 为 96.9mg/L，出水平均 *COD* 为 67.5mg/L，*COD* 平均去除率达 30.4%，高效复合净水剂对 MBR 含盐出水的 *COD* 去除效果明显。

(2) 高效复合净水剂与 PAC 对含盐废水的对比处理试验得知，高效复合净水剂的出水 *COD* 更低，效果更佳。

(3) 高效复合净水剂预处理出水长周期连续进行 IRBAF 生化处理，IRBAF 出水 *COD* 保持稳定，并未出现明显波动，说明长期通入高效复合净水剂预处理出水并不会对 IRBAF 生化系统造成冲击。

(4) MBR 出水经过高效复合净水剂+COBR 组合工艺处理后，最终出水完全能够达到达标排放处理要求，同时复合净水剂的加入，一方面提高了污水生化性，BAF 的生化作用的到更好发挥，另一方面对臭氧催化氧化起到了预处理作用，可有效去除 MBR 出水中的胶体及大分子有机物，避免催化剂长期运行中的污染问题，更好的发挥臭氧催化氧化的强氧化性能。

参 考 文 献

[1] 卢欣，李兴春，白瑶，闫萍，张晓飞，冯成亮，林朋飞．石化企业含盐废水处理技术应用进展[J]．油气田环境保护．2015(05)

[2] 余宗学，严学亿，安立超．耐盐微生物的培养与高含盐废水处理的研究[J]．工业安全与环保，2008，34(12).

[3] Rajesh D，Sunil C，Lalita R，et al. Impact assessment of soils treated with refinery effluent[J]. European Journal of Soil Biology，2009，45(5/6).

[4] Lefebvre O，Moletta R. Treatment of organic pollution in industrial saline wastewater：a literature review [J]. Water Research，2006，40(20).

[5] 中国石油化工集团公司安全环保局．石油石化环境保护技术[M]．中国石化出版社，2006.

[6] Moore R，Quarmby J，Stephenson T. The effects of media size on the performance of biological aerated filters[J]. Water Research，2001，35(10).

[7] 尹小梅，王炜．炼油废水再生回用于循环冷却水系统技术研究[J]．工业用水与废水．2009(01).

[8] 信欣，王焰新，叶芝祥，羊依金，张雪乔．生物强化技术处理高盐有机废水[J]．水处理技术．2008(08).

[9] Pak A，Mohammadi T. Wastewater treatment of desalting units. Desalination. 2008.

[10] Wake H. Oil refineries：a review of their ecological impacts on the aquatic environment[J]. Estuarine Coastal and Shelf Science. 2005.

[11] 刘璞，王丽娜，张垒，刘尚超，付本全．臭氧催化氧化深度处理焦化废水的实验研究[J]．资源节约与环保. 2015(04).

氰化物对生化处理影响研究进展

崔 源

（中国石油化工股份有限公司齐鲁分公司腈纶厂，山东淄博 255000）

摘 要：总结了国外文献中氰化物对生化处理影响的研究进展，发现氰化物对硝化的抑制作用比对反硝化的抑制作用强，连续式反应器比间歇式反应器更耐氰化物的抑制，向好氧池中投加活性炭可以降低氰化物的抑制作用。

关键词：丙烯腈废水 氰化物 生化处理

1 前言

丙烯腈是重要的化工原料，目前主要用它生产聚丙烯腈纤维(商品名叫“腈纶”)，其次用于生产ABS树脂(丙烯腈-丁二烯-苯乙烯的共聚物)，和合成橡胶(丙烯腈-丁二烯共聚物)。丙烯腈水解所得的丙烯酸是合成丙烯酸树脂的单体。丙烯腈电解加氢，偶联制得的己二腈，是生产尼龙-66的原料。丙烯腈也用于其他有机合成和医药工业中，并用作谷类熏蒸剂等。丙烯腈是一种易挥发、高毒的有机化合物，美国环保局和我国相继将其列入了优先控制污染物名单。

中国石化齐鲁分公司腈纶厂2009年对丙烯腈装置区污水处理场进行了扩能改造，主要处理丙烯腈装置四效蒸发后的废水，主要含有丙烯酸、丙烯腈、丙烯醛、丙烯醇、丙烯酸甲脂、乙腈、丙酮氰醇、乙酰胺、NH_3-N等污染物，采用的生化处理工艺为“前置反硝化A/O活性污泥法”。氰化物是丙烯腈生产废水的特征污染物，是影响丙烯腈生产废水生化处理的关键因素，氰化物对生化系统的影响研究国内资料较少。在处理工艺选择阶段，我们与设计单位进行了多次的工艺技术谈论和实验，并参考了大量的国内外科研单位对氰化物的研究进展。本文所提供的就是我们在项目改造过程中收集总结的国外资料中有关氰化物对生化处理的抑制及氰化物的生物降解数据，以期为更好的处理丙烯腈废水提供参考。

2 氰化物对硝化的抑制作用

2011年，Kim等[1]对间歇式反应器和连续式反应器中氰化物的抑制作用进行了比较。间歇式反应器为250mL摇瓶，内含100mL混合液(硝化：NH_4-N50mg/L；反硝化：NO_3-N50mg/L)MLSS和MLVSS分别为2.5~2.7和2.0~2.16g/L，置于30℃恒温摇床中200r/min振荡器中，pH控制在8.0。连续流反应器有效容积为5L，MLSS和MLVSS分别为2.7和2.025g/L，HRT约30h。分别进行硝化和反硝化试验：硝化时进水为100mg/L NH_4-N，从反应器底部进行曝气混合；反硝化时进水为100mg/L NO_3-N，池内进行搅拌。均在运行稳定后，进水氰化物浓度从0.1增加至20mg/L。结果显示，在间歇式反应器中，0.2mg/L的游离氰化物使活性污泥中的硝化产生了明显的停滞期(8h)，0.5mg/L的游离氰化物对反硝化仅稍有抑制，说明氰化物对硝化的抑制作用比对反硝化的强；在间歇式反应器中，经过多次相同浓度氰化物抑制后，对硝化和反硝化的抑制作用均增强；在连续式反应器中进行硝化试验时，当进水氰化物浓度增加至6mg/L时，出水硝酸盐降低(从90降至25mg/L)，亚硝酸盐浓度增加至74mg/L，但氨氮浓度没有升高，Kim等认为氰化物对亚硝酸盐氧化菌(NOB)的抑制作用比氨氧化菌(AOB)的强，当连续式反应器中进水氰化物浓度增加至10mg/L时，出水氰化物浓度高于1.0mg/L，反应器中硝化和反硝化均受到抑制，Kim等认为此连续式反应器中氰化物浓度应低于10mg/L，此浓度为间歇式反应器的100倍；在连续式反应器中进行反硝化试验时，Kim等发现氰化物在厌氧条件下的去除效率比在好氧条件下的低，且反硝化菌可以在一定程度上适应氰化物，氰化物对反硝化的抑制作用是可以恢复的，反硝化菌对氰化物的敏感度比硝化菌低，反硝化菌对氰化物的抵抗能力比硝化菌强。

2011年，Kim等[2]接种焦化厂活性污泥(SS3.5-4g/L)，采用A-O连续反应器考察氰化物对生物脱碳和脱氮效果的影响，并采用T-RFLP和qPCR分析好氧池内AOB和NOB种群的变化。A池和O池体积分别为8L和16L，A池和O池内活性污泥分别取自焦化厂A池和O池。总HRT16.7h，硝化液回流比为5。试验用水是在焦化厂废水的基础上添加氰化钾，焦化废水水质如下：*COD*1950~2325mg/L，苯酚190~229mg/L，TN186~218mg/L，NH_3-N103~119mg/L，SCN^-405~486mg/L，CN^-15~50mg/L，pH8.9~9.4。结果显示，氰化物对焦化废水中苯酚的生物降解没有抑制作用；氰化物抑制SCN^-的生物降解，使出水TOC和COD浓度升高；当好氧池进水氰化物浓度大于1.0mg/L时，NH_3-N、NO_2^-积累，抑制硝化，此时好氧池出水氰化物浓度为0.05mg/L，但此时NO_2^-积累现象强于NH_3-N积累，Kim等认为CN^-对NOB的毒性强于对AOB的毒性；当进水CN^-浓度降为0后，SCN^-的去除、硝化、反硝化恢复率高于98%。当进水CN^-浓度升高至30~50mg/L时，AOB种群发生明显变化，主要菌株为*Nitrosospira* sp.，NOB中Nitrobacter的丰度大于Nitrospira。

3 氰化物的生物降解

3.1 纯菌对氰化物的降解

2010年，Huertas等[3]采用*Pseudomonas pseudoalcaligenes* CECT5344在碱性条件下降解氰化物，考察pH对氰化物降解的影响。采用5L圆柱形玻璃密封反应器；通过电磁阀控制曝气量，进而控制反应器内溶解氧含量；采用搅拌混合；通过水浴控制反应器温度稳定在30℃。反应器接种基质(含有50mM醋酸钠和2mM氯化铵)后，再接种5mL *P. pseudoalcaligenes*，当反应器内氨完全降解后，加入NaCN，使反应器内氰化物浓度为45mg/L。结果显示，当初始pH为10，后续反应不控制pH时，氰化物降解速率平均为2.81mgCN^-·L^{-1}·O.D.$^{-1}$·h^{-1}；溶解氧和pH随时间逐渐降低，并分别稳定在18%和7.5左右；在氰化物开始降解约35h(由45mg/L降至约33mg/L)后，菌量才开始逐渐增加。当反应过程中控制pH稳定在10时，氰化物仅降解约28.9%(由45mg/L降至约32mg/L)，不能继续降解；菌量基本保持稳定，溶解氧略有波动(70%~90%)；当不再控制pH后，氰化物开始降解，菌量逐渐增加。当pH控制稳定在9.5时，溶解氧控制在10%(防止HCN挥发)，此时氰化物逐渐降解，菌量逐渐增加且无停滞期，氰化物平均降解速率为2.31mgCN^-·L^{-1}·O.D.$^{-1}$·h^{-1}。

2009年，Gurbuz等[4]采用250mL锥形瓶研究*Scenedesmus obliquus*(藻类)对金矿氰化工艺废水的生物降解，锥形瓶内含200mL 72mgCN·L^{-1}含氰废水，在室温下曝气，每周期(24h)内采用日光灯照亮12h、熄灭12h。研究结果显示，*Scenedesmus obliquus*可以适应高pH(10.3)，降解氰化物速率为0.217mgCN^-·μg^{-1}chlorophyll a·h^{-1}；在氰化物降解过程中，部分金属离子浓度也有所降低：Zn浓度逐渐降低，降低了50%(2.9~1.4mg/L)；Fe浓度(3.854mg/L)经48h后降至1.5mg/L，随后的24h内铁氰化物分解释放出Fe，Fe浓度升高至2.4mg/L，随后又由于吸附或沉淀作用降至1.8mg/L；Cu浓度没有降低。研究结果还显示，氰化物在初始pH为10.3的条件下，仍存在HCN挥发(在77h内，由78mg/L降至62.5mg/L，降低了19.8%)。

3.2 活性污泥中添加纯菌对氰化物进行生物处理

2009年，Kaewkannetra等[5]采用*Azotobacter vinelandii*TISTR 1094(固氮菌)与混合微生物群在活性污泥系统中去除木薯磨厂废水中的氰化物。废水水质为：COD 16000mg/L，NH_3-N 37mg/L，TKN 350mg/L，氰化物86mg/L。采用锥形瓶(含100mL无氮蔗糖培养基和300mL木薯废水，初始pH值为7~8.5)考察*A. vinelandii*对氰化物的降解能力，结果显示：*A. vinelandii*可以在废水中生长，并降解废水中的氰化物；细胞在静止期(6~30h)氰化物去除能力比在对数期(>36h)的强，认为氰化物的降解与 *A. vinelandii* 的代谢有关；*A. vinelandii* 降解速率氰化物随初始氰化物浓度的升高而升高，氰化物浓度由 50 升高至 150mg/L 时，氰降解速率由 0.4(细胞量 2.25×10^8 cells/mL)升高至 1.5mg/(L·h)(细胞量 2×10^8 cells/mL)。Kaewkannetra 等还采用活性污泥系统(20L 玻璃容器，包括好氧池和沉淀池，好氧池 MLSS 2.5~3.0g，进水流速 20L·d^{-1})，添加 *A. vinelandii*(记作 E-AS)，对该系统中氰降解能力和不添加 *A. vinelandii* 的活性污泥系统(记作 C-AS)的氰降解能力进行比较。结果显示：两个活性污泥系统对 COD 去除均在 74.5%，但氰化物去除率分别约为 70%(C-AS，出水 26mgCN/L)和 90%(E-AS，出水 8mgCN/L)，推测 C-AS 中的氰化物去除率是由 HCN 挥发和(或)经氰化物驯化后，活性污泥出现降解氰化物微生物。

4 活性污泥系统处理含氰废水

2008 年，Kim 等[6]在实验室内采用缺氧-好氧连续反应器模拟焦化废水处理工程，考察 HRT 对焦化废水中污染物生物降解效率的影响。焦化废水水质(mg/L)：*COD*1500~2600，TN179~278，NH_4-N 82~128，苯酚 167~267，SCN^- 353~628，总氰 9.7~19.8，游离氰 0.5~1.4。pH=7.9~8.9。实验室内缺氧-好氧连续反应器采用自流式，A 池、O 池分别为 8L 和 16L，A 池中采用磁力搅拌器使混合液悬浮，O 池中采用压缩空气进行曝气和混合，O 池出水自流入沉淀池，沉淀池底污泥回流至 A 池。反应器中 MLSS3.5~4.0g/L，与实际工程中污泥浓度一致。结果显示，当 HRT>11.9h 时，可以去除~100% 苯酚，~100% 游离氰化物，~100% SCN^-，97% NH_4-N，85% COD，84%TOC 和 83%TN；HRT 对 COD、苯酚、SCN^- 的去除效率没有影响；铁氰化物降解速率慢，减少 HRT，铁氰化物无法降解完全，总氰去除效率降低；减少 HRT，NH_4-N 负荷升高，硝化速率升高；游离氰和部分总氰在缺氧池内被去除，而硫氰酸盐是在好氧反应器中被去除。

2009 年，Papadimitriou 等[7]对 CSTR(完全混合反应器)和 SBR(间歇式反应器)中含氰和苯酚废水的处理效果进行比较。两个反应器中的活性污泥均来自市政污水厂，先用市政污水驯化一段时间，再用配水代替市政污水作为进水，最后添加苯酚和氰化物。两个反应器运行 260d 后，投加粉末活性炭(浓度为 1g/L)，运行 140d。粉末活性炭会随出水悬浮固体流失，因此在运行过程中不断补加，使好氧池中粉末活性炭浓度保持恒定。两个反应器的水力停留时间均为 30h，无剩余污泥，污泥停留时间约为 26d。除了测定运行过程中的物化数据，Papadimitriou 等还采用两种生物(海洋发光细菌 *Vibrio fischeri* 和纤毛虫原生动物 *Tetrahymena thermophila*)检测系统进出水的毒性，计算系统中毒性的降低率。结果显示，进水 COD 4750mg/L，SBR 出水 COD 平均为 360mg/L，去除率达 93%，CSTR 出水 COD 平均高于 600mg/L，去除率 63%~92% 范围内波动；NH_3-N 进水 150mg/L，SBR 出水 2~23mg/L，去除率 93%~99%，CSTR 出水 25~91mg/L，去除率 83%~95%；进水 CN^- 由 75mg/L 增加至 275mg/L，SBR 出水低于 10mg/L，CSTR 出水 10~35mg/L，说明 SBR 对 COD、NH_3-N、苯酚、氰化物的去除能力均强于 CSTR。反应器进水对这两种生物的毒性都很大，几乎完全抑制两种生物的生长，SBR 出水对 *Tetrahymena thermophila* 和 *Vibrio fischeri* 的抑制率分别为 5%~15% 和 15%~20%，CSTR 出水对 *Tetrahymena thermophila* 和 *Vibrio fischeri* 的抑制率分别为 60%~68% 和70%~75%，说明 SBR 对进水毒性的降低能力也强于 CSTR。向好氧池中投加活性炭均可以强化 SBR 和 CSTR 的去除效果，降低对两种生物的抑制作用，这是由于活性炭吸附和生物降解同时进行。

5 结语

氰化物是丙烯腈废水的生化处理的关键因素，氰化物对生化处理的抑制浓度、反应器的选型、微生物的培养、氰化物生物抑制的解决办法等是工艺设计和操作运行需要考虑的重要方面，只有在充分研究的基础上才能找到合适的丙烯腈废水处理的解决办法。

经过设计选型，考虑到改造项目所接收的污水组成，最终选定了“前置反硝化 A/O 活性污泥法”这一处理工艺。在实际的运行过程中，我们结合资料文献中提供的控制要点，着重加强了工艺控制，特别是控制进水组成以及营养的投加，最终取得了良好的运行效果。

参 考 文 献

[1] Kim Y M, Cho H U, Lee D S, et al. Comparative Study of Free Cyanide Inhibition on Nitrification and Denitrification in Batch and Continuous Flow Systems[J]. Desalination, 2011, 279: 439-444.

[2] Kim Y M, Lee D S, Park C, et al. Effects of Free Cyanide on Microbial Communities and Biological Carbon and Nitrogen Removal Performance in the Industrial Activated Sludge Process[J]. Water Research, 2011, 45: 1267-1279.

[3] Huertas M J, Sáez L P, Roldán M D, et al. Alkaline Cyanide Degradation by *Pseudomonas Pseudoalcaligenes* Cect5344 in a Batch Reactor. Influence of Ph[J]. Journal of Hazardous Materials, 2010, 179(1-3): 72-78.

[4] Gurbuz F, Ciftci H, Akcil A. Biodegradation of Cyanide Containing Effluents by *Scenedesmus Obliquus*[J]. Journal of Hazardous Materials, 2009, 162(1): 74-79.

[5] Kaewkannetra P, Imai T, Garcia-Garcia F, et al. Cyanide Removal from Cassava Mill Wastewater Using Azotobacter Vinelandii Tistr 1094 with Mixed Microorganisms in Activated Sludge Treatment System[J]. Journal of Hazardous Materials, 2009, 172(1): 224-228.

[6] Kim Y M, Park D, Jeon C O, et al. Effect of Hrt on the Biological Pre-Denitrification Process for the Simultaneous Removal of Toxic Pollutants from Cokes Wastewater[J]. Bioresource Technology, 2008, 99(18): 8824-8832.

[7] Papadimitriou C, Samaras P, Sakellaropoulos G. Comparative Study of Phenol and Cyanide Containing Wastewater in Cstr and Sbr Activated Sludge Reactors[J]. Bioresource Technology, 2009, 100(1): 31-37.

直燃式焚烧炉在污水废气处理中的应用

姚 力

（中国石化上海石油化工股份有限公司环保水务部，上海 200540）

摘 要：利用直燃式焚烧炉对废碱液处理装置的生产废气和废碱液储罐罐顶气、含油污水储罐、污油脱水罐罐顶气进行了处理，减少挥发性有机化合物的排放，改善周边环境。

关键词：焚烧炉 污水废气处理 燃烧器 废碱液 罐顶气

1 污水废气处理现状

随着工业的不断进步，越来越多的挥发性有机化合物伴随着工业废气被排放到大气中，现在已成为仅次于颗粒污染物的又一大类污染物。它们往往带有恶臭，不仅对人体的各种器官有刺激作用，而且具有一定的毒性，对人体和环境产生极大的危害。

污水在经管网输送和污水厂内的机械、化学、生物处理单元处理过程中，一些污染物会转化为有气味的物质。目前污水处理厂的废气处理设施使用较广泛的为生物滤池、催化氧化焚烧炉及直燃式焚烧炉。

1.1 生物滤池

生物滤池内装有生物填料，生物填料上附着有大量的生物种群，对废气中的有机成分进行生物降解，生物填料不仅是微生物的附着的载体，而且还为微生物提供营养，维持微生物的生物活性。废气中的各种恶臭物质通过吸附、传质和微生物降解等过程，分解为 CO_2、H_2O 和其他盐类，从而达到净化废气的目的。

1.2 催化氧化焚烧炉

催化氧化加热炉是集加热、换热、催化燃烧反应于一体的整体装置。废气经换热（或加热）后，进入催化燃烧反应器，反应器内装填催化燃烧催化剂。在反应器入口气体温度250~300℃，的条件下，将废气中的有机物氧化为 CO_2 和 H_2O，并释放出大量的反应热。处理后的气体携带大量的热量，通过换热单元将热量传给处理前的废气，使废气加热；处理后的气体经充分回收热量后，经排气筒达标排放。

1.3 直燃式焚烧炉

直燃式废气焚烧炉，是利用辅助燃料燃烧所发生热量，把可燃的有害气体的温度提高到反应温度，从而发生氧化分解。直燃式废气焚烧炉，适用于喷涂和烘干设备的废气处理，及石油化工、医药等行业散发的有害气体净化。对有机废气中含水溶性或粘性物质及高分子物质的气体净化更显示出其优点。

2 直燃式焚烧炉废气处理工艺流程

中国石化上海石油化工股份有限公司（以下简称上海石化）环保水务部的直燃式焚烧炉主要是处理废碱液处理装置的生产废气及废碱液储罐、含油污水储罐的罐顶气。

2.1 废碱液处理装置工艺流程

废碱液处理装置采用德国LINDEAD公司的低温低压湿式氧化工艺。废碱液进入两个废碱液储罐，在均衡水质的同时使废碱液中的低聚物及重质碳氢化合物得到进一步分离；废碱液在热交换器中被氧化反应器中出来的氧化后的废碱液预热，预热后的废碱液在碱/空气/蒸汽混合器中与蒸汽和空气混合；废碱液进入氧化反应器，将废碱液中的硫化钠被空气氧化成硫代硫酸钠，并进一步氧化成硫酸钠的过程。废碱液在反应器中的停留时间为8h，反应器中的温度约120℃，反应压力为0.8MPa。经氧化后的废碱液离开反应器，在进/出料热交换器中被输送来的废碱液冷却后进入中和罐，废水进入下游二级生化处理，废气至直燃式焚烧炉处理后排放。处理工艺及废气收集流程见图1。

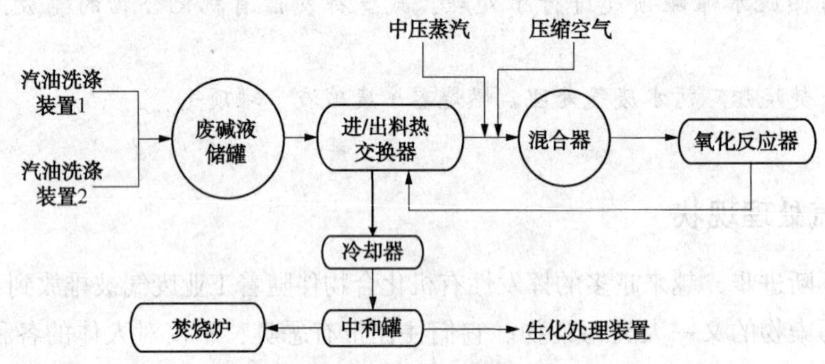

图1 废碱液处理装置工艺流程

2.2 废气处理系统

2.2.1 废气处理系统工艺流程

根据湿式氧化车间提供的工艺参数统计或计算得出：废碱液处理装置排放气2000Nm³/h，储罐呼吸排气最大约900Nm³/h，合计2900Nm³/h，新增废气焚烧炉按3000Nm³/h处理能力设计。

废气处理工艺流程如图2所示。由储罐装置罐顶产生的废气和自湿式氧化装置管网来的废气进入焚烧炉进行焚烧。由于废气热值较低，不能自身维持稳定燃烧，因此需要使用燃料气作为补充热源。燃料气为甲烷氢。甲烷氢管路分为主燃料管路和点火管路。通过甲烷氢对焚烧介质进行伴烧，使炉膛温度达到900℃，确保所有废气完全焚烧。点火方式为电点火，高能点火器先发火，点燃燃料气，由燃料气点燃主燃料气，通过燃烧燃料气使焚烧炉逐渐升温，当焚烧炉温度达到900℃之后投入废气。两股废气经阻火器后进入焚烧炉内与过量的空气混合后在伴燃烧嘴火焰下完成氧化焚烧过程。燃烧产生的高温烟气与冷却风混兑后达到600℃，经烟囱排向大气。

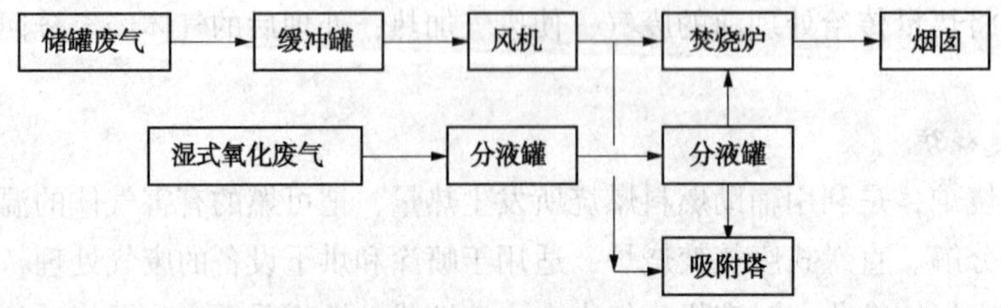

图2 废气处理工艺流程

当焚烧炉短时间检修时，废气切换至活性炭罐进行处理。

2.2.2 储罐罐顶气收集系统工艺流程

储罐罐顶气收集系统工艺流程见图3。

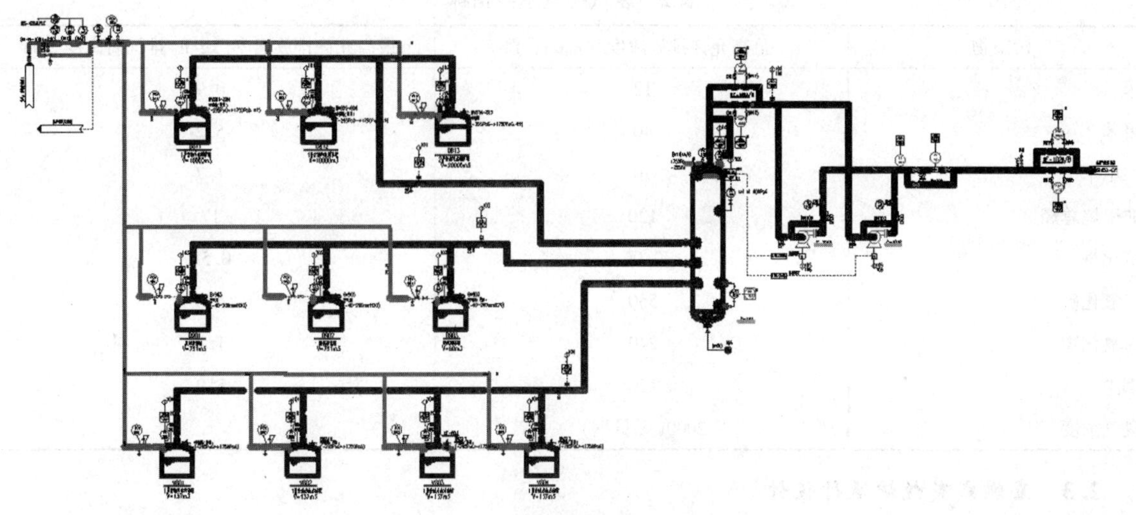

图 3　储罐罐顶气收集系统

图 3 中粗管线为废气管线，细管线为氮气管线。10 台储罐罐顶气收集分为三路主管汇入缓冲罐，即三个废碱液储罐为一路，三个含油污水处理管为一路，四个污油脱水罐为一路。同类储罐的废气汇合至一根主管，每个储罐废气排出点设阻火器和切断阀。各路主管设置一压力气动阀，开关动作由废气收集范围内的储罐罐顶压力变送器控制。

每个储罐设压力变送器，各储罐补氮压力开关值设置在 1250Pa(G)，主路气动阀的开启值设定在 1500Pa(G)，关闭值设定于 1270Pa(G)。呼吸阀启动压力最低为-295Pa(G)，最高为 1750Pa(G)，每个储罐罐顶设紧急泄压人孔，泄压压力为 1960Pa(G)。通过压力的层层设置，确保储罐的安全，避免发生胀罐憋罐现象。

三路废气送至缓冲罐进行汇合，缓冲罐出口设置气动阀及罗茨风机。当缓冲罐压力大于 800Pa(G)时，气动阀及风机自动开启将废气输送至焚烧炉，当缓冲罐压力小于 100Pa(G)时，气动阀及风机自动关闭停止废气输送。为了确保输送废气管线的安全性，缓冲罐设置在线氧分析仪监测氧含量，当废气中的氧含量大于 1%，停止输送，需要对氮封管线等进行检查。

2.2.3　焚烧炉进气主要指标

焚烧炉废气进气主要指标如表 1。

表 1　废气进气主要指标

污染物	进气浓度/(mg/m^3)	备　注
苯	50~500	与废碱液装置废气混合后的估值
甲苯	10~200	
二甲苯	10~200	
非甲烷总烃	1000~20000	
硫化氢	0~50	
臭气浓度	2000~10000(无量纲)	

2.2.4　焚烧炉排放气主要指标

经焚烧处理后，排放气执行《恶臭污染物排放标准》GB 14554—1993 及《大气污染物综合排放标准》GB 16297—1996 中的二级标准，见表 2。

表 2　废气排气主要指标

污染物	最高允许排放浓度/(mg/m^3)	最高允许排放速率(kg/h)排气筒高度 20m
苯	12	0.9
甲苯	40	5.2
二甲苯	70	1.7
非甲烷总烃	120	17
硫化氢	0.06	0.58
二氧化硫	550	4.3
氮氧化物	240	1.3
烟尘	120	5.9
臭气浓度	2000(无量纲)	

2.3　直燃式焚烧炉运行设计

2.3.1　工艺设计

此焚烧炉为负压焚烧炉，烟囱上设置压力挡板确保炉内为负压，温度设计为 900℃，废气系统设助燃风机，为反应提供氧气，废气停留时间为 1.5s，废气在高温下与氧气反应生成 CO_2、NO、和 NO_2等，设置混兑风机，降低排气温度至 600℃左右。

焚烧炉流程见图 4。

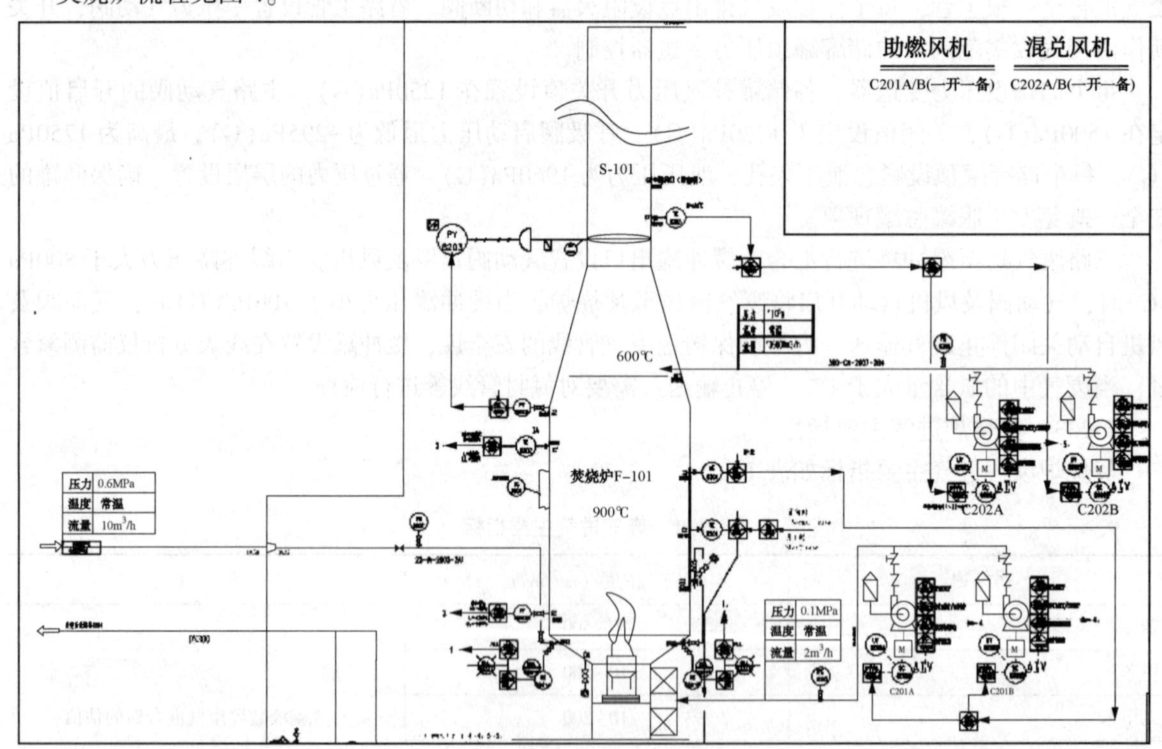

图 4　焚烧炉流程示意

此焚烧炉为立式圆筒形，燃烧室和烟囱为一体式。强制通风的燃烧器安装在焚烧炉底部，火焰竖直向上燃烧。燃烧室提供废气氧化充足的停留时间，燃烧后的高温烟气直接进入烟囱部分。采用废气从焚烧炉底部进入，通过保证焚烧炉合适的长径比、烟气高温区合适停留时间，使得反应更充分，满足环保要求。

焚烧炉燃烧器可用来焚烧多种不同组分的废气和补充燃料气。配备紫外线防爆火焰探测器、电点火器等。工作弹性宽，运行平稳：火焰燃烧稳定，充满度好，燃烧效率高；操作简便、安全，确保整个装置稳定运行，炉体上的测量仪表及防腐材料等符合相关设计规范的要求。

焚烧炉炉体衬里采用一层耐火衬里+隔热衬里+隔热衬里构成，衬里总厚 200mm，外壁温度 85～100℃，保证较低的散热量。

2.3.2 调节回路设计

该装置设置 4 个调节回路：

(1) 炉膛温度对燃料量的调节控制：为保证焚烧炉能安全、高效的实现对废气的氧化焚烧，必须保证焚烧炉的炉膛温度稳定在 900℃以上。为此而设置炉膛温度对主燃料气调节阀的控制，以最少的燃料保证废气的燃尽，提高焚烧效率。

(2) 炉膛压力对烟道挡板开度的调节控制：为保证焚烧炉及人员安全，必须保证焚烧炉炉膛在一定的负压上运行。为此而设置炉膛顶部压力对焚烧炉烟道挡板的开度控制，以保证炉膛负压。

(3) 炉膛含氧量对助燃风流量调节控制：为保证焚烧炉废气和伴燃甲烷氢能充分燃烧又能维持焚烧温度不会降低，必须保证焚烧炉的燃烧有合适的助燃风量。为此而设置炉膛烟气含氧量对助燃风流量的调节控制(具体通过调节变频器控制助燃风机的转速实现调节)，以最少的燃料和助燃风保证废气的燃尽，提高焚烧效率。

(4) 烟囱排烟温度对混兑冷风流量的调节控制：为保证焚烧炉烟囱等设施能长期安全运行，必须保证焚烧炉的排烟温度能稳定在 600℃以下。为此而设置了排烟温度调节器对混兑冷风流量的调节控制(具体通过变频器控制混兑风机的转速实现调节)，以保证排烟温度能稳定在 600℃以下。

3 装置调试中的难点及解决措施

3.1 装置调试方案

焚烧炉有两路进气，一路为废碱液装置的生产废气，为连续性废气，另一路为各储罐罐顶气，为间断性废气，焚烧路先投入连续性废气，待运行稳定后再投入罐顶气。

3.1.1 开车前检查

点火前需检查系统需满足以下几个条件：

(1) 确认各阀门状态；

(2) 点火前必须将管线吹扫干净；

(3) 燃料必须清洁，严防堵塞喷枪孔；

(4) 燃料气中绝不可带残液操作；

(5) 助燃风机已运行、各仪表可正常运行；

(6) 点火前，手动设定挡板在一定开度。

3.1.2 自动点火

置“手动/自动”开关于自动位置，按下“点火”按钮，所有工序均显示在炉前控制盘操作屏上，按预定点火程序进行，直到点火完成。系统首先进行炉膛大风吹扫(助燃风机转速调至最大)，吹扫至预定时间 1min 后，系统重新返回点火状态，待平稳后，点火枪工作，点火燃料气电磁阀打开，两者同时工作 30s 后，关闭点火枪。如果看火孔看不到有火，则点火失败，执行停车程序，如果看火孔看到有火，则打开主燃料气阀，点燃主燃料气，点火完成，同时火焰投入连锁，然后可把点火/自控开关置于自控位置，此时可根据需要控制燃料气量的多少，从而控制炉内温升，按升温曲线进行炉膛升温。

3.1.3 烘炉

在开工烘炉过程中恒温是非常重要的，也是必不可少的，恒温过程是衬里的排水过程。一般衬里烘干的曲线如图 5。

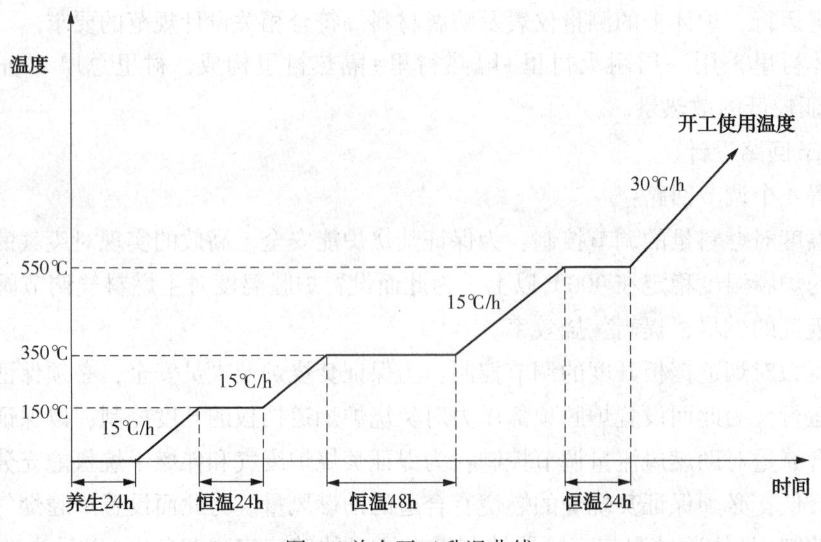

图5 首次开工升温曲线

从常温起以每小时 10~15℃的速度升至 110~150℃，恒温 24h，这一阶段排出的是层间水。以每小时 15~20℃的速度升至 350℃，恒温 24~48h，这一阶段排出的是结晶水。以每小时 15~20℃的速度升至 500~550℃，恒温 24~48h 这一阶段排出的是结构水。所以保证恒温温度的相对平稳和足够的恒温时间是确保衬里烘干质量的必要条件。根据温度的变化适时调整燃料气和风量的大小来确保温度的相对平稳。同时也要控制好前后的温差。

3.1.4 投入废气运行

炉温升至 600℃以上时，炉子可以以每小时 30~40℃的速度升温，当炉温达到 700℃时，可以通入废气，同时根据炉温变化逐步调整燃料气，同时调整助燃空气量，使炉出口焚烧后的烟气氧含量控制在 3%左右，直至最终炉膛温度稳定在设计温度。

3.2 装置调试难点及解决措施

3.2.1 焚烧炉氧分析仪问题

(1) 问题 生产调试过程中，发现焚烧炉装置氧含量分析仪数据有时会出现异常，数据突然降为负值，助燃风机与调节阀也随之突然加大频率开度(见图 6~图 8)。

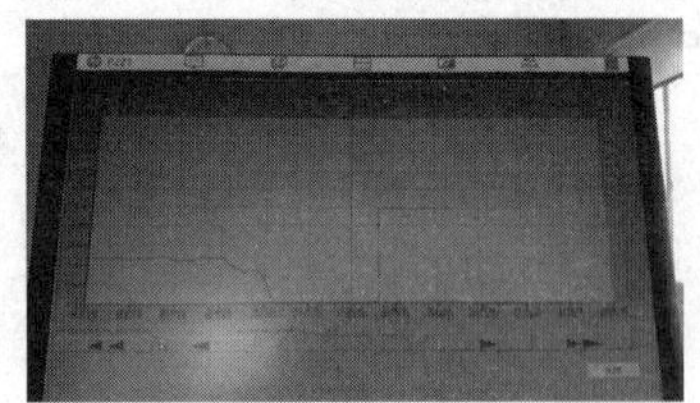

图6 氧含量分析仪变化

图7 助燃风机转速变化

图8 调节阀开度变化

(2) 原因分析 氧含量分析仪主机支架安装在焚烧炉炉体上，安装位置周围环境温度偏高，造成电容瞬间放电。

间歇性短暂的波动不会影响焚烧炉的正常运行，除仪表本身外，不会对系统性能指标产生影响和安全问题。

长时间环境温度超出使用温度，可导致氧分析仪主机内部电路损坏，进而影响焚烧炉正常运行。

(3) 解决措施 将氧分析仪主机移至距离炉壁 1m 以上的平台外侧，若有需要增加防护罩，做隔热处理。

3.2.2 罐顶气收集系统问题

(1) 问题 调试前，将各废气管均用氮气进行了吹扫置换，调试过程中仍发现缓冲罐氧含量大于1%。

(2) 原因分析　储罐罐顶紧急泄压人孔或呼吸阀漏气，管线漏气。原储罐内空气未排净，当储罐液位升高时，罐内压力增加，将储罐内的空气排至废气管中，从而导致氧含量增加。

(3) 解决措施　储罐罐顶紧急泄压人孔或呼吸阀重新进行校验，对废气管线进行捉漏消漏。运行时先将储罐处于高液位状态，开启氮封，然后增加装置污水处理量，减低储罐液位，使氮气补充至储罐内。往复几次，将储罐内空气用氮气置换。

4　装置运行效果分析

本焚烧炉是按照3T原则(Temperature-热分解温度；Time-停留时间；Turbulence-气体在炉内的湍流)进行设计和制造的。在运行温度900℃，停留时间1.5s，良好的烟气湍流设计的条件下，烟气中CO的浓度低于80mg/Nm^3，非甲烷总烃的浓度低于120mg/Nm^3。

燃烧过程中形成的NO_x分为三类：燃料型NO_x、热力型NO_x和瞬时NO_x。在本项目中，燃料气为甲烷氢，其中中含N很少，燃料型NO_x会很少。焚烧炉的操作温度为900℃，在1000℃以上时，热力型NO_x才会显著生成。瞬时NO_x是在低温火焰中生成，其生成量远小于燃料型和热力型NO_x的值。此焚烧炉排放的NO_x低于180mg/Nm^3。

5　结语

直燃式焚烧炉膛通过燃烧器维持900℃的高温，当废气通过燃烧器进入焚烧炉膛后将直接被高温氧化焚尽，然后通过烟囱排出，由于废气不和空气中的氧气预混，不存在爆炸极限的顾虑，该形式的焚烧系统适用于极大范围的废气浓度变化。

生物滤池由于是微生物处理，当废气种类及浓度变化时，对处理效果可能产生一定的影响。催化氧化焚烧炉当废气中还有硫化物等物质时，催化剂存在中毒的可能，将可能会影响处理效果。直燃式焚烧炉可适应极大范围的废气浓度变化，不受废气浓度及废气种类变化的影响，只是根据不同的废气燃烧热值自动调整燃料气的用量，确保焚烧温度。

直燃式焚烧炉自动化程度高，控制系统、监控系统、联锁系统设置全面，可适用于多种组分废气的处理，装置处理效果稳定。

参考文献

[1] 徐磊，黄学敏，曹晓强．生物法在处理有机废气中的研究现状及展望[J]. 2007.
[2] 曾光龙．可以同时处理废气与有机废液的自由式RTO焚烧炉[J]. 工业技术创新，2014.

油气回收与达标治理技术工业应用

廖昌建　王海波　刘忠生　朴　勇　李经纬　戴金玲

（中国石化抚顺石油化工研究院，辽宁抚顺　113001）

摘　要：介绍了VOCs治理的相关排放标准及治理技术，酸性水罐排放气采用“低温柴油吸收-碱液脱硫-催化氧化”技术处理后，排放净化气中非甲烷总烃浓度小于80mg/m^3；氧化脱硫尾气采用“低温柴油吸收-碱液脱硫-焚烧”技术处理后，排放烟气中非甲烷总烃浓度小于20mg/m^3；污水处理场废气采用“脱硫及总烃浓度均化-催化氧化”技术处理后，排放净化气中非甲烷总烃浓度小于80mg/m^3。

关键词：VOCs　治理技术　达标排放

1　前言

在炼油厂，恶臭和VOCs污染物排放废气主要包括设备和管阀件等泄漏排气、储罐排放气、油品装卸作业排放气、污水集输和处理系统逸散气体、循环水系统排气、停工检修吹扫气、突发性事故和生产工艺排放气等。排放的大气污染物有甲烷、丙烯、丁烷、丁烯、戊烷、戊烯、甲硫醇、乙硫醇、甲硫醚、二甲二硫、噻吩及重硫化物、硫化氢、氨等[1]。一座千万吨级炼油厂的油气年排放量可达到数千吨，硫化氢、有机硫化物、氨的合计年排放量也达数百吨。污染物的排放不仅引起严重的环境问题，而且也是炼油加工损失的重要部分[2]。

我国炼油企业早已开始对恶臭和VOCs污染物进行治理[3]。VOCs达标治理的技术主要有回收技术和破坏技术。回收技术是通过物理的方法，改变温度、压力或采用选择性吸附剂和选择性渗透膜等方法来富集分离VOCs的方法，主要包括吸附技术、吸收技术、冷凝技术及膜分离技术等。回收的挥发性有机物可以直接或经过简单纯化后返回工艺过程再利用，以减少原料的消耗，或者用于有机溶剂质量要求较低的生产工艺，或者集中进行分离提纯。破坏技术是通过化学或生化反应，用热、光、催化剂或微生物等将有机化合物转变成为二氧化碳和水等无毒害无机小分子化合物的方法，主要包括高温焚烧、催化氧化、生物氧化、低温等离子体破坏和光催化氧化技术等[4,5]。

以某炼油厂恶臭和VOCs无组织排放源为实例，本文主要介绍酸性水罐区、脱硫醇尾气、污水处理场排放废气达标治理技术。

2　VOCs排放相关标准

石油炼制工业执行《石油炼制工业污染物排放标准》(GB 31570—2015)，特别排放限值要求污水处理场非甲烷总烃≤120mg/m^3，苯≤4mg/m^3、甲苯≤15mg/m^3，二甲苯≤20mg/m^3；有机废气排放口非甲烷总烃去除效率≥97%等。

北京市《炼油与石油化学工业大气污染物排放标准》DB11 47—2015要求有机工艺尾气应回收利用，不能或不完全回收利用的，应采用工艺加热炉、焚烧炉予以焚烧，或采用吸收、吸附、冷凝等非焚烧法予以处理。对于焚烧法，净化气中非甲烷总烃浓度排放限值应小于20mg/m^3；非焚烧处理，净化气中非甲烷总烃浓度排放限值应小于100mg/m^3；且要求处理效果大于97%。

天津市《工业企业挥发性有机物排放控制标准》DB12/ 524—2014要求新建企业VOCs采用焚烧法时，净化气中非甲烷总烃浓度排放限值应小于20mg/m^3；非焚烧处理时，净化气中非甲烷总烃浓度排放限值应小于 80mg/m^3。

3 VOCs 治理技术

3.1 VOCs 回收技术

3.1.1 吸附法

VOCs 气体吸附剂有活性炭、硅胶、分子筛等，应用最多的是活性炭，吸附设备有固定床、移动床(含转轮)等，饱和吸附剂再生方式有惰性气热再生(如水蒸气再生、热氮气再生等)和抽真空再生等。吸附法对浓度和气量变化适应性强，VOCs 去除率高，在 VOCs 处理上广泛应用。缺点是沸点较高的 VOCs 需要热再生，而热再生费用较高，且在某些场合活性炭吸附有自燃风险。采用活性炭吸附-真空解吸技术回收汽油油气，回收率可达 98%以上，净化气中非甲烷总烃可小于 3000mg/m^3。

3.1.2 吸收法

VOCs 气体吸收剂可选用水、溶剂油、碱液等，例如，醛、醇气体可用水吸收，汽油油气、炼油厂含硫油气等可用低温柴油吸收，有机酸气体可用碱液吸收。吸收设备有填料塔、板式塔、喷淋塔、文丘里洗涤器等。吸收液处理方法有：作为废水、废液处理，通过汽提、精馏回收有机物，或作为其他生产工艺的原料。吸收法工艺、设备简单，投资小，操作费用低，适用于大、小气量和复杂组分处理，在水溶性 VOCs 气体处理和含硫化物油气回收上有广泛应用。缺点是受气液相平衡限制，难以获得非常高的 VOCs 去除率。

3.1.3 冷凝法

冷凝法是利用物质在不同温度下具有不同饱和蒸汽压的性质使混合气体得以分离的方法。冷却剂可以是水、低温盐水、空气、液氮、液氨、制冷剂等，冷凝器形式可分为直接接触式冷凝器和表面换热式冷凝器，冷凝级数有一级、二级(约-30℃)、三级(约-70℃)、四级(约-110℃)等。多用于高沸点或高浓度 VOCs 气体回收。缺点是受气液相平衡限制，难以获得非常高的 VOCs 去除率；三级、四级冷凝能耗大，设备故障率高。

3.1.4 膜分离法

VOCs 气体分离膜常用无孔膜，例如硅橡胶(聚二甲基硅氧烷)。将膜与原料气接触，在膜两侧压力差驱动下，利用不同气体分子透过膜的能力差异而使不同气体在膜两侧富集并实现分离。膜分离属于新兴技术，目前的油气分离膜较贵，膜单位面积的油气通量较小。

3.2 VOCs 破坏技术

3.2.1 直接燃烧法

直接燃烧法用于 VOCs 浓度大于爆炸上限的废气处理，实际应用较少，主要用于炼油厂、石油化工厂瓦斯火炬，以及油气田放空气体火炬等特殊情况。

3.2.2 热力燃烧法

当废气中 VOCs 浓度较低，不能依靠自身热值来维持燃烧，需要使用辅助燃料来燃烧净化时称为热力燃烧。常见热力燃烧设备是焚烧炉，它结构简单，投资小，气体净化效率高，缺点是能耗高、可能产生 NO_x 二次污染物。炼油厂氧化沥青尾气焚烧炉、克劳斯尾气焚烧炉都属于废气热力燃烧处理装置；国外也有将少量低浓度 VOCs 废气作为二次风引入加热炉处理的案例，国内抚顺石油化工研究院在青岛石化完成了油气低温柴油吸收装置尾气进加热炉、CO 锅炉、克劳斯尾气焚烧炉处理工业试验。净化气中非甲烷总烃可小于 20mg/m^3。

利用现有加热炉等处理低浓度 VOCs 废气，投资小，去除率高，但存在安全风险、可能干扰加热炉正常运行，因此，一定要通过预处理稳定 VOCs 废气流量和浓度，采取周密的安全控制措施应对 VOCs 废气或加热炉可能出现的异常工况。

3.2.3 催化氧化法

催化氧化又称无焰燃烧或催化燃烧，它在200~450℃，利用固体催化剂和氧气将有机物转化为二氧化碳和水。催化氧化比直接燃烧的温度低很多，过程安全、有机物去除率高、能耗低，不产生NO_x二次污染物，因此获得了广泛应用。净化气中苯、甲苯、二甲苯可小于2mg/m^3。

有机废气催化氧化催化剂有两大类，Pt、Pd等贵金属催化剂，铜、铬、钴、锰以及稀土元素氧化物催化剂，其中，贵金属催化剂由于活性高、寿命长、适用于各种有机物处理而在市场上占据主导地位。

3.2.4 蓄热燃烧法

燃烧燃烧又称蓄热氧化(RTO)。蓄热燃烧装置由气体切换阀门、蓄热室、燃烧室、燃烧器、控制系统等组成，蓄热室通常有三个，内装蓄热体，多为陶瓷材料。燃烧器安装在燃烧室内，可用油或天然气等作为燃料。燃烧室温度可达800~900℃，可将VOCs氧化为二氧化碳和水。正常工作时，废气不断变换通过蓄热室的流向，实现废气被蓄热体加热升温和将燃烧热传导给蓄热体。

在破坏法VOCs气体处理上，RTO有广泛应用，它几乎可以处理各种有机物废气，处理气量大，适用浓度低，可处理含少量灰尘和固体颗粒的气体，热效率可达95%以上，废气VOCs浓度>2~3g/m^{3}即可实现自供热操作，三室VOCs去除率>99%，净化气中非甲烷总烃可小于20mg/m^3。缺点是常压操作、占地大，有频繁切换阀组、故障率较高。

3.3 VOCs控制技术选择和发展趋势

VOCs控制技术要根据废气组成、气量大小、污染物浓度、建设空间、处理标准要求、环境影响、投资费用和运行费用等因素选定，组成复杂、VOCs浓度高的废气常选用组合工艺处理，包括吸收-吸附法，吸收-燃烧(氧化)法，吸附-燃烧(氧化)法等。随着VOCs排放控制越来越严，燃烧(氧化)法应用将越来越广泛。

在石化企业有众多的恶臭和VOCs废气排放源，特别是一些无组织排放源被封闭收集后其废气排放量很小，将相邻的多股同种类小排放量废气集中在一起处理，投资小、运行费用低、易于操作管理，便于高空排放。因此，集中处理、“近零”排放、高空排放是石化无组织VOCs废气治理技术的发展趋势。

4 恶臭和VOCs污染物治理技术工业应用

4.1 酸性水罐排气恶臭和VOCs污染物治理技术

某炼油厂有3个5000m^{3}的酸性水拱顶罐，罐的最大排气量为150m^3/h。排气采用“低温柴油吸收-碱液脱硫-催化氧化”技术进行治理，工艺流程见图1。油气回收-脱硫单元(吸收单元)的操作条件：柴油吸收温度为6~15℃，吸收压力0.1~0.2MPa，脱硫碱液浓度为15%。排气经油气回收-脱硫单元处理后的效果见表1、表2，排气经过吸收后，净化气中总烃排放浓度小于25g/m^3，硫化氢排放浓度小于10mg/m^3，油气回收率达95%。吸收单元的尾气再经过空气稀释后，进入催化氧化单元净化，排放净化气中非甲烷总烃浓度小于80mg/m^3。

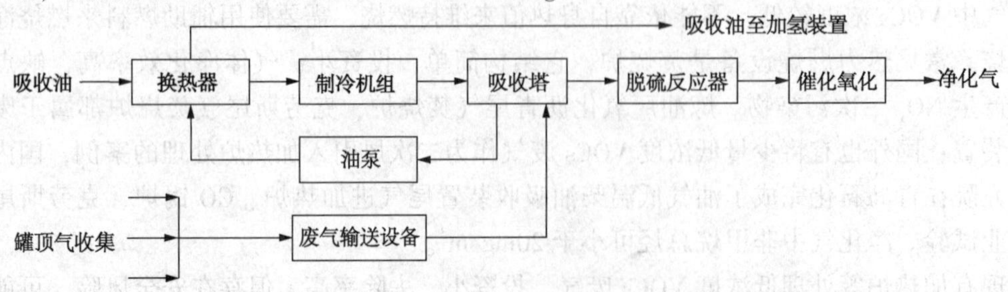

图1 酸性水罐排放气治理工艺流程

表 1 吸收单元酸性水罐排气中总烃的净化效果

序号	进口总烃/(mg/m³)	出口总烃/(mg/m³)	烃回收率/%
1	3.68×10^5	1.66×10^4	95.5
2	4.88×10^5	2.30×10^4	95.3
3	4.17×10^5	1.90×10^4	95.4
4	3.81×10^5	2.23×10^4	94.1
5	4.56×10^5	2.17×10^4	95.2

表 2 吸收单元酸性水罐排放气中硫化氢的治理效果

序号	进口浓度/(mg/m³)	出口浓度/(mg/m³)	去除率/%
1	467	未检出	>99
2	1.50×10^5	6.0	>99
3	7.00×10^3	2.92	>99

4.2 脱硫醇尾气恶臭和VOCs污染物治理技术

某炼油厂液态烃氧化脱硫醇装置尾气的排放速率为150m³/h。尾气采用“低温柴油吸收-碱液脱硫-焚烧”技术进行治理，工艺流程见图2。油气回收-脱硫单元(吸收单元)的操作条件：柴油油气吸收温度为8~15℃，吸收压力0.1MPa，脱硫碱液浓度为15%。尾气治理效果见表3、表4。吸收单元的尾气与硫黄尾气混合再进入硫黄尾气焚烧炉焚烧，排放烟气中非甲烷总烃浓度小于20mg/m³。

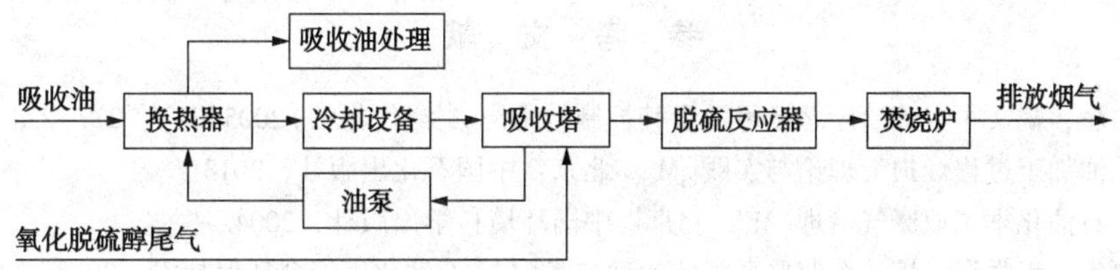

图 2 氧化脱硫醇尾气治理工艺流程

表 3 脱硫醇尾气中总烃处理效果

序号	进口总烃/(mg/m³)	出口总烃/(mg/m³)	烃回收率/%
1	4.41×10^5	1.35×10^4	97.4
2	4.25×10^5	1.451×10^4	97.1
3	4.06×10^5	1.27×10^4	97.3
4	4.30×10^5	1.76×10^4	96.5
5	4.25×10^5	1.50×10^4	97.0

表 4 脱硫醇尾气中硫化物处理效果

检测组分	入口浓度/(mg/m³)	出口浓度/(mg/m³)	去除率/%	检测限
硫化氢	2~900	未检出	大于99	0.04
甲硫醇	未检出	未检出		0.06
甲硫醚	未检出	未检出		0.07
乙硫醇	未检出	未检出		0.06
乙硫醚	未检出	未检出		0.1
二甲二硫	19.1	未检出	大于99	0.07
噻吩	7.3	未检出	大于99	0.1
重硫化物	1326.4	未检出	大于99	0.1

4.3 污水处理场废气治理技术

某炼油厂均质池(罐)、隔油池、浮选池排放的废气中非甲烷总烃浓度3000~8000mg/m³，硫化氢、有机硫化物浓度5~50mg/m³，臭气浓度10000以上，排放废气采用“脱硫及总烃浓度均化-催化氧化”技术进行处理，工艺流程见图3。净化排放气中非甲烷总烃浓度小于80mg/m³，SO_2浓度小于50mg/m³，硫化氢、有机硫化物基本上检不出，臭气浓度小于50。

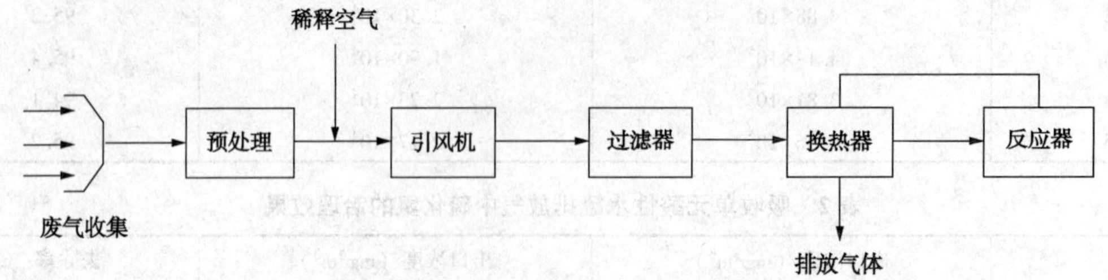

图3　污水处理场废气治理工艺流程

5　结语

炼油厂含恶臭和VOCs污染物排放源主要包括设备和管阀件等泄漏、储罐、油品装卸作业、污水集输和处理系统、循环水系统、停工检修吹扫、突发性事故和生产工艺排放等。污染物的排放不仅引起严重的环境问题，而且浪费大量的油气资源。文中介绍了VOCs治理的相关排放标准及治理技术，并以某炼厂酸性水罐排放气、氧化脱硫尾气及污水处理场废气治理为例，说明了各技术的实际处理效果，各污染物经过治理后均能达标排放。

参　考　文　献

[1] 刘忠生，方向晨，戴文军．炼油厂恶臭污染及其控制技术[J]．当代化工．2005(34)：217-224.

[2] 李鹏．降低原油加工过程烃损失理论与实践[M]．北京：中国石化出版社，2013.

[3] 国家环保局．石油化学工业废气治理[M]．北京：中国环境科学出版社，2004.

[4] 方向晨，刘忠生，王学海．炼油企业恶臭气体治理技术[J]．石油化工安全环保技术，2008，5(24)：48-50.

[5] 李守信，宋剑飞，李立清等．挥发性有机化合物处理技术的研究进展[J]．化工环保，2008，28(1)：1-7.

浅谈废气催化氧化处理技术应用实践和分析

黄文杰

（中国石化上海石油化工股份有限公司芳烃部，上海 200540）

摘　要：具体介绍了催化氧化技术在治理罐区呼吸废气及污水池废气治理等领域的应用情况，实现废气达标排放。

关键词：催化氧化　挥发性有机物　废气

1　前言

挥发性有机物(VOC)的来源广泛且参与大气光化学反应，是光化学污染物的主要前体物，而且还是直接或间接影响城市和区域大气质量的重要污染物。近年来，VOC废气污染日益受到公众的关注，日趋严重的各类废气污染也给人类的生存环境和生活质量带来了一定的影响。本文通过对某化工厂在“实现现场环境无异味”的环境整治工作中应用合适的废气治理技术，来缓解和消除厂区的异味问题，改善化工生产装置现场的环境空气质量的实践活动进行回顾和分析。

该化工厂为生产芳烃系列初级化工化工原料的企业，拥有加氢裂化、重整、芳烃抽提、吸附分离等多套生产装置和配套的储罐区域。按照原设计，这些生产装置生产排放的含油污水通过地下管网汇集后至区域的含油污水池，利用机泵外送至企业设置污水处理厂进行废水的处理。由于在未进入污水处理工序时污水池携带大量的成分复杂的污油，而污水池在设计时未加盖或不密闭。其中大量的轻油气随着气压变化通过敞口污水池释放至地面环境中，由于释放点处于地面，造成的现场环境油气污染情况比较突出。另外，该化工厂还拥有各类芳烃原料、产品、中间储罐20多个，总罐容约$6\times10^4m^3$，储存物料包含芳烃、汽油、柴油、有机溶剂等介质。各罐在进料时大呼吸呼出的油气及随着环境温度/气压变化引起的小呼吸呼出的油气也是造成厂区环境废气污染的重要来源之一。因此，对含油污水池释放气及储罐呼吸废气的综合治理将有效降低该企业的现场环境气味，为改善环境空气质量作出贡献。

2　废气治理技术的选择

美国ASTM D 3960—1998标准将挥发性有机物(VOC)定义为任何能参加大气光化学反应的有机化合物。目前，国内外对挥发性有机物和恶臭气体的处理技术主要有吸附法、吸收法、冷凝法、生物脱臭法、直接燃烧法、热力氧化法、催化氧化法等。其中能够使被处理有机废气一步达标的技术主要是吸附法、直接燃烧、热力氧化和催化氧化。

吸附法可回收有机溶剂，处理效率高，适于处理低浓度废气，可做为后处理设备(焚化、冷凝)的浓缩器。但不适于处理高浓度废气或低分子量成份，对于含粒状物废气需前处理，吸附剂再生或置换成本高；失活碳需处置。

洗涤法可回收有机溶剂，可处理混合成份废气。但需要外来的洗涤介质气流中若含有粒状物，填料易堵或结垢，对于低浓度废气处理效率不高，回收混合物时，需进一步分离。

冷凝法可回收有机溶剂，可处理混合成份废气，适于处理高浓度废气。不适于处理低沸点物质，不适于处理低浓度废气，易因粒状物累积产生结垢，处理效率不高(50%~90%)，产生的冷凝液及废水常需进一步处理。

生物处理法适于处理低浓度废气。不适于处理高浓度废气，空间需求大，生物滤床进气需降温、调湿。

直接氧化法处理效率高，适于处理流量高浓度废气或紧急性排气。可能有氧化不完全的产物及 NO_x、SO_x 二次污染，助燃燃料消耗较大。

热力氧化法处理效率高，可回收废热。但需要辅助燃料，可能有 NO_x、SO_x二次污染。

催化氧化，处理效率高，可处理浓度及流量变动的废气，可回收废热，氧化温度较低，操作成本较低(不需要辅助燃料)。

针对该企业罐区呼吸废气及污水池废气的特点，通过调研抚顺石油化工研究院废气治理技术研究成果和应用的成功经验，决定选用“有机废气催化氧化”处理技术，通过废气的收集和处理，将可以使这部分废气经处理后做到达标排放。

3 “催化氧化”处理技术特点

催化氧化是处理挥发性有机废气(VOC)的一种有效技术手段。催化氧化技术与常规氧化技术的最大不同在于操作温度低(一般在600℃以下)，从而节省了能源，提高了氧化效率。因而催化氧化技术是当前 VOCs 处理技术中最受关注的领域。

催化氧化法可以在较低的温度(250~450℃)下，通过催化剂的作用，将废气(含空气)中的可燃组分氧化为 CO_2和 H_2O，从而达到净化气体的目的。与其他有机废气处理方法比较，催化氧化法具有操作温度低、处理效率高、能耗低以及操作安全等优点。

在催化氧化反应器中，废气中的有机物在催化剂作用下，与氧气发生氧化反应，生成 CO_2 和 H_2O，并释放出大量的反应热。各组分在反应器内发生氧化反应的反应式如下：

$$C_nH_m+(n+m/4)O_2=nCO_2+(m/2)H_2O+Q \text{ 反应热}$$

由反应方程看出，废气中的烃类经催化氧化反应后，生成水和二氧化碳，故经过催化氧化反应的气体可直接通过排气筒排放到大气中。

反应过程中产生的反应热用于预热反应器进口的待处理废气，以实现装置的能量自给。

按照技术提供方承诺的效果保证：废气经催化氧化装置处理后，总烃浓度将降至 120mg/Nm^3 以下，非甲烷总烃等浓度指标满足我国《大气污染物综合排放标准》(GB 16297—1996)的规定要求，具体指标如表1。

表1 净化气中污染物排放保证值

污染物	最高允许排放浓度	污染物	最高允许排放浓度
苯	12	二甲苯	70
甲苯	40	非甲烷总烃	120

4 催化氧化装置建设情况及效果

4.1 装置建设情况

本废气处理装置于 2011 年 3 月 28 日召开方案讨论会并通过，4 月 28 日完成与中石化抚顺院协商技术转让、工艺包交流，10 月起进入现场施工阶段，2012 年 5 月底完成施工及设备调试和生产准备，进入试运行。

考虑适当操作弹性，催化氧化处理装置的设计规模为 7000Nm^3/h。

4.2 运行效果

在装置进入试运行后，我们分别在 2012 年 6 月 4 日、6 月 25 日及 2013 年 1 月 9 日对催化氧化装置尾气进行了采样分析，监测数据表明在 6 月 4 日的检测结果中除苯略微超标(为 31.75mg/m^3)外，其他监测项目均达标；在进行工艺参数的调整后，在随后的两次监测中所有检测项目均达标。

5 催化氧化装置运行情况探讨

5.1 催化氧化装置尾气的稳定达标

在催化氧化装置试运行初期，我们发现在首次检测中苯略微超标，此时反应器进口温度为250~260℃，反应器出口温度为390~400℃，总烃在线分析仪显示浓度0.80%左右；在进行工艺参数的调整后，在我们随后进行的两次监测中表明所有废气检测项目均能满足目前国家的排放要求，也达到的技术提供方抚顺院承诺的净化气中污染物排放保证值(详见表2)，此时反应器进口温度为260~275℃，反应器出口温度为400~410℃，此时总烃在线分析仪显示浓度0.85%左右。

表2 催化氧化装置处理尾气监测数据

检测项目	检测数据(mg/m^3)				
	2012年6月4日				
	样品1	样品2	样品3	平均值	最高允许排放浓度*
苯	29.81	33.68		31.75	12
甲苯	9.48	12.28		10.88	40
二甲苯	2.84	4.01		3.425	70
非甲烷总烃	49.27	26.55	25.48	33.77	120
检测项目	2012年6月25日				
	样品1	样品2	样品3	平均值	最高允许排放浓度*
苯	13.29	4.12		8.705	12
甲苯	3.43	0.97		2.2	40
二甲苯	0.497	<0.01		0.497	70
非甲烷总烃	14.04	13.04	13.08	13.39	120
检测项目	2013年12月10日				
	样品1	样品2	样品3	平均值	最高允许排放浓度*
苯	86.16	49.22		67.69	12
甲苯	118.1	78.78		98.44	40
二甲苯	27.37	22.46		24.915	70
非甲烷总烃	未测				120
检测项目	2014年3月24日				
	样品1	样品2	样品3	平均值	最高允许排放浓度*
苯	4.71	5.61		5.16	12
甲苯	7.06	4.84		5.95	40
二甲苯	<0.02	<0.02		<0.02	70
非甲烷总烃	6.31	6.62		6.465	120
检测项目	2015年1月31日				
	样品1	样品2	样品3	平均值	最高允许排放浓度*
苯	0.336	0.128		0.232	12
甲苯	0.623	0.359		0.491	40
二甲苯	2.33	1.16		1.745	70
非甲烷总烃	2.81	2.59		2.7	120

续表

检测项目	2015年6月3日				
	样品1	样品2	样品3	平均值	最高允许排放浓度*
苯	0.715	<0.02		0.3675	12
甲苯	2.6	0.648		1.624	40
二甲苯	7.49	1.3		4.395	70
非甲烷总烃	3.85	1.8		2.825	120
检测项目	2015年11月18日				
	样品1	样品2	样品3	平均值	最高允许排放浓度*
苯	<0.02	<0.02		<0.02	12
甲苯	<0.02	<0.02		<0.02	40
二甲苯	1.09	<0.02		0.555	70
非甲烷总烃	0.271	2.87		1.571	120

*排放标准为该项目技术方案中抚顺院承诺的排放值。

通过不同工况下的采样分析数据的对比，发现通过提高反应器进出口温度可以有效的降低各烃组分含量，并在6月25日的采样数据中各烃类指标平均值均达到了最高允许排放浓度要求，达到了开车预期的效果，这也要求在日常工作将进出口温度保持在一个较高的温度上，即进口温度维持在260℃以上、出口温度维持在400℃以上，以保持良好的反应效果。

5.2 运行的安全性论证

储罐的安全运行：为确保储罐原有安全呼吸系统——包括呼吸阀呼气、吸气及低压补氮系统正常工作，做到新增废气收集处理系统不影响储罐安全，同时在安全的前提下实现环保要求，各路储罐管路压力系统在设计时考虑了与原有压力系统的协调。

各单独压力控制储罐压力波动范围在300~1700Pa，且均低于储罐呼吸阀开启压力，做到新增压力控制系统不影响储罐安全泄放。

管线的选材：废气收集管材质选用碳钢，与玻璃钢相比，有造价低的优势。同时由于储罐废气主要成分为轻油气，选用碳钢可通过管道静电接地以消除长距离输送静电累积，从而降低安全隐患。

废气安全浓度：为确保各股收集废气处于安全爆炸极限以下，在进入催化氧化处理前，需补充氮气进行稀释，参照《涂装作业安全规程有机废气净化装置安全技术规定》GB 20101—2006：进入净化装置的有机废气的浓度应低于其爆炸极限下限的25%。为此，系统设计时选用了在线的总烃分析仪，由分析数据通过调节稀释氮气的用量来随时调整废气的总烃浓度并低于安全浓度，保证装置的安全运行。

6 结语

(1) 催化氧化技术适于处理含VOC废气，可使废气达标排放，具有能耗较低，安全可靠，无二次污染等优点。

(2) 在采用催化氧化技术处理含VOC废气时，需要根据废气组成、浓度、排放规律的不同，采用合适的预处理方式或稀释方式，控制总烃浓度，保证装置的安稳运行。

炼油厂污油罐废气有机胺脱硫技术研究

祝月全　郭兵兵　刘　洋　刘忠生　朴　勇　廖昌建
（中国石油化工股份有限公司抚顺石油化工研究院，辽宁抚顺　113001）

摘　要：针对炼油厂污油罐罐顶废气的组成，结合炼油厂生产工况特点，探讨了炼油厂污油罐废气有机胺脱硫技术路线。并结合污油罐废气有机胺脱硫工业应用案例，分析了有机胺脱硫效果及受影响因素，论证了采用有机胺对炼油厂污油罐废气进行脱硫的可行性及有效性。

1　前言

随着石油化工行业加工原油硫含量的逐渐增加，炼油装置区各种储罐中硫化物、油气等恶臭组分浓度越来越高，罐顶逸散废气对周边环境的污染也越来越重，已有的环保治理装置和设施已经不能完全满足人们对环境的要求。作为储存介质复杂、含硫量和轻烃含量较高的污油罐，对周围环境造成的恶臭影响较大，污染治理迫在眉睫。

中国石油化工股份有限公司抚顺石油化工研究院（下称抚研院）多年来一直致力于改善炼油厂环境治理，对污油罐罐顶废气中硫化物的治理进行了深入的技术研究，并结合炼油厂工艺生产特点，开发形成了污油罐废气有机胺脱硫技术。

2　污油罐罐顶逸散废气污染源分析

经验表明，该类储罐罐顶逸散废气中含有大量的油气、硫化氢和有机硫化物等污染物。其中总烃浓度可达 $1.0\times10^6 mg/m^3$，硫化氢浓度可达 $1.5\times10^5 mg/m^3$，有机硫化物浓度可达 $400mg/m^3$[1]。由此可见，污油罐罐顶废气排放不仅浪费了大量的油气资源，而且严重污染了环境，造成恶臭影响较大。

3　污油罐罐顶废气治理技术路线探讨

由于污油罐罐顶废气中除了硫化氢浓度较高外，同时还有大量的烃类和有机硫化物。为了最大限度地确保脱硫效果，通常应在硫化氢治理前端增加脱烃工艺段，并尽可能去除有机硫化物。

针对储罐罐顶废气中硫化氢的治理技术，主要有碱液吸收法、吸附法和氧化法。吸附法的净化原理是通过活性炭、负载金属离子的脱硫剂或改性活性炭对组分进行净化，适合低浓度小气量的污染组分，但吸附容量有限，不适用烃类浓度和硫化氢浓度均较高的污油罐罐顶废气治理。氧化剂吸收法对硫化氢、硫醚等组分有较强的净化作用，但对于污油罐罐顶废气而言，同样面临试剂消耗量较大的问题[2]。因此，目前碱液吸收法在污油罐罐顶废气脱硫治理中得到广泛应用，并由此形成了一系列设备开发。但针对硫化氢浓度较高的污油罐罐顶废气而言，采用碱液吸收法同样会产生大量的废碱液，对于不具备废碱液处理能力的企业来说，这相当于二次污染，处理难度较大。

为此，抚研院结合炼油厂的工艺特点，开发了有机胺脱硫技术。该技术特点在于，充分利用炼油厂的有机胺生产工艺特点，既可以连续稳定地脱除硫化氢，又不产生次生污染，同时几乎不消耗吸收剂(有机胺)。

4 污油罐废气有机胺脱硫原理

炼油厂可作为脱硫剂的有机胺主要为醇胺，醇胺化合物分子结构特点是其中至少有一个羟基和一个胺基。羟基可降低化合物的蒸气压，并能增加化合物在水中的溶解度，因而可配制成水溶液；而胺基则使化合物水溶液呈碱性，以促进其对酸性组分的吸收。化学吸收法中常用的醇胺化合物有伯醇胺(例如 MEA、DGA，含有伯胺基$-NH_2$)、仲醇胺(例如 DEA、DIPA，含有仲胺基$=NH$)和叔醇胺(例如 MDEA，含有叔胺基$\equiv N$)三类，可分别以 RNH_2、R_2NH 及 $R_2R'N$(或 R_3N)表示。

作为有机碱，上述三类醇胺均可与 H_2S 发生以下反应[3]：

$$2RNH_2(\text{或 } R_2NH，R_3N)+H_2S \rightleftharpoons (RNH_3)S[\text{或}(R_2NH_2)_2S，(R_3NH)_2S]$$

前述述几种醇胺的主要物化性质如表 1 所示。

表 1 几种醇胺的主要物化性质[4]

溶 剂	相对分子质量	相对密度	*pKa*	*Ks*
MEA	61.09	1.02(20/20℃)	9.6	275
DEA	105.14	1.09(30/20℃)	8.9	92
DIPA	133.19	0..99(45/20℃)	8.8	81.2
MDEA	119.17	1.04(20/20℃)	8.5	26

表中的 *pKa* 称为醇胺的质子化常数，其值愈大则醇胺的化学反应活性愈高；*Ks* 是醇胺与 H_2S 反应的平衡常数，其值愈大则与 H_2S 反应的推动力也愈大。从这 2 个热力学参数的数据可看出，醇胺吸收 H_2S 的反应活性依次为 MEA>DEA>DIPA>MDEA[4]。由此可见，采用醇胺作为脱硫剂，以 MEA 为最佳，MDEA 最差。

结合污油罐罐顶废气组成特点和炼油厂生产工艺，抚研院开发形成了有机胺脱硫技术，并和低温柴油吸收技术相组合，形成特有的技术路线，适用于炼油厂污油罐或其他组成复杂的轻质油品罐顶废气治理。该技术选用炼油厂自有醇胺作为吸收剂，可以实现连续稳定地脱除硫化氢。

5 污油罐罐顶废气有机胺脱硫工艺应用案例

我国在 1980 年后，甲基二乙醇胺(MDEA)开始逐渐广泛应用于气体净化。尤其在原料气中 CO_2/H_2S 比较高的情况下，能选择性脱除硫化氢，其意义更大[5]，该技术应用多见于天然气净化和烟气脱硫。由于污油罐罐顶废气组成复杂，除了硫化氢外，还有较高浓度的有机硫，如果采用单一的有机胺工艺作为吸收剂，对硫化物的净化并不理想。

某炼油厂污油罐区罐顶废气采用了抚研院“低温柴油吸收-有机胺脱硫”组合技术路线。该套装置于 2015 年正式投运，运行工况稳定。

5.1 治理技术工艺描述

当污油罐区罐顶废气收集总管线压力增大到一定值时，启动液环压缩机引气。废气经压缩机提压至 0.1MPa 后进入低温柴油吸收塔，与 5~15℃的粗柴油进行逆流吸收，回收大部分油气和全部有机硫化物，并去除部分硫化氢；处理后的废气经过有机胺吸收塔继续吸收净化废气中剩余的硫化氢，净化后的废气经排气筒排空。工艺流程如图 1 所示。

5.2 主要操作条件

柴油吸收温度 8~12℃，胺液吸收温度 38~42℃，吸收压力 0.1MPa 左右。吸收胺液来自于该炼油厂生产装置胺液再生液罐。装置设计处理废气进气规模为 $300m^3/h$。

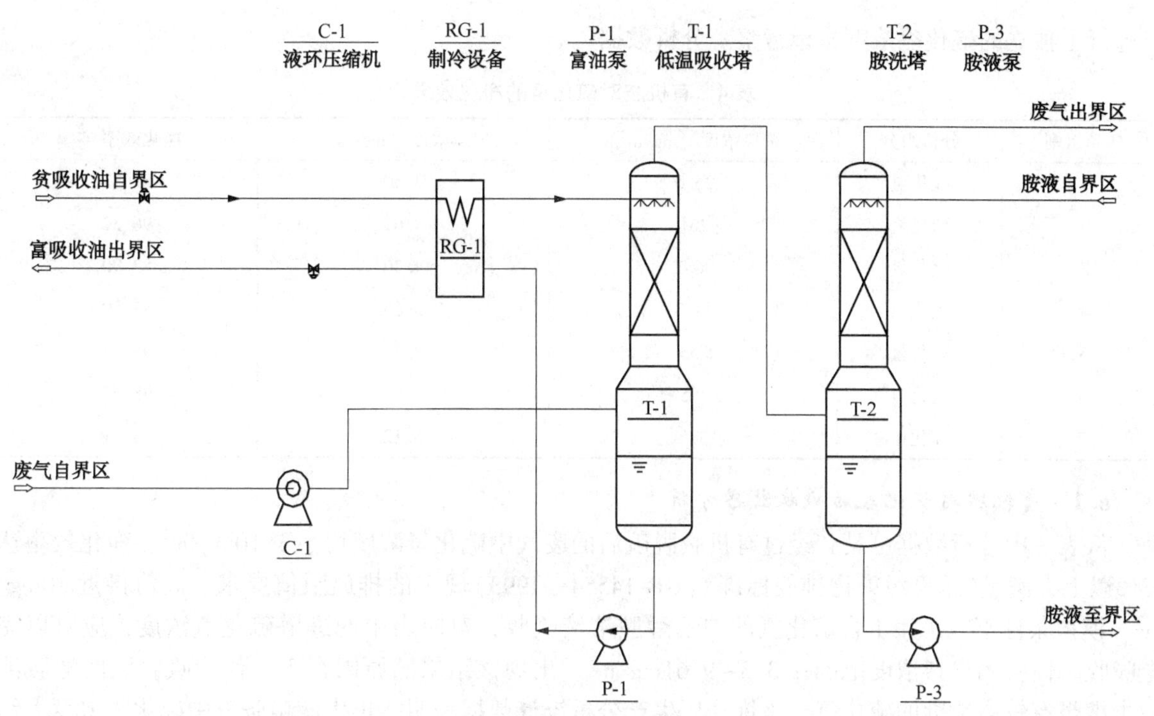

图 1　污油罐罐顶废气治理工艺流程

5.3　装置脱硫效果分析

装置对污油罐的脱硫效果见表 2。

表 2　废气处理装置对硫化物净化效果

样品组别	分析组分	总进口浓度/(mg/m³)	总出口浓度/(mg/m³)	净化效率
1	硫化氢	4.64×10^3	3.30	99.93%
2	硫化氢	7.89×10^3	9.61	99.88%
3	硫化氢	832	4.30	99.48%
4	硫化氢	978	5.66	99.42%
5	硫化氢	2.47×10^3	9.57	99.61%
6	硫化氢	4.89×10^3	6.57	99.87%
7	硫化氢	3.14×10^3	6.12	99.81%

从表 1 中分析数据看，废气总进口硫化氢浓度为 832~7.89×10^3mg/m³，出口浓度均小于 10mg/m³；总出口甲硫醇和甲硫醚在总出口均未检出；硫化物的净化效果达到 99%以上。

从处理效果看，出口硫化氢浓度均小于 10mg/m³，远小于《恶臭污染物排放标准》(GB 14554—1993)中规定的排放要求，见表 3。

表 3　《恶臭污染物排放标准》(GB 14554—1993)

序号	控制项目	排气筒高度/m	排放量/(kg/h)
1	硫化氢	15	0.33
2	甲硫醇	15	0.04
3	甲硫醚	15	0.33
4	二甲二硫醚	15	0.43

6　有机胺脱硫效果分析

为了考察有机胺吸收脱硫技术对污油罐罐区废气的脱硫效果，对前述应用的有机胺吸收塔进出口进行了独立的硫化氢浓度指标考察。分析数据见表4。

表4　有机胺对硫化氢的净化效果

样品组别	分析组分	进口浓度/(mg/m³)	出口浓度/(mg/m³)	净化效率/%
1	硫化氢	26.0	3.30	87.31
2	硫化氢	261	9.61	96.32
3	硫化氢	26.7	4.30	83.90
4	硫化氢	34.3	5.66	83.50
5	硫化氢	753	9.57	98.73
6	硫化氢	495	6.57	98.67
7	硫化氢	385	6.12	98.41

6.1　有机胺对硫化氢的吸收效果分析

从表3中分析数据可见，经过有机胺脱硫后的废气中硫化氢浓度均小于10mg/m³，净化效率达83%以上，满足《恶臭污染物排放标准》(GB 14554—1993)规定的排放限值要求。高值接近10mg/m³。模拟条件下，采用不含硫化氢的二乙醇胺溶液吸收，对应表中的进塔硫化氢浓度，应可以完全吸收。但实测出口浓度范围在3.3~9.61mg/m³，出现该结果的原因在于，作为吸收液的醇胺溶液中携带有较高浓度的硫化氢。该炼油厂生产分析统计数据表明，再生液罐胺液中硫化氢浓度大约在1.5g/L左右波动。

综上所述，有机胺胺液脱硫效果较好，但受自带硫化氢含量影响较大。在控制好胺液中自带的硫化氢浓度条件下，完全可以实现硫化氢达标排放，工艺路线切实可行。

6.2　影响有机胺脱硫效果的因素分析

影响有机胺吸收脱硫效果的因素较多，除有机胺自身含硫量外，还包括吸收胺液的流量、温度和吸收压力等。一般来说，有机胺吸收流量越大，吸收温度越低，吸收压力越高，则吸收效果越好。受炼油厂生产工况限制，有机胺液中含硫量往往比较稳定。设计阶段，可以通过设定压力和吸收温度来控制吸收效果。实际操作中，吸收效果一般可通过调节有机胺的吸收流量来控制。

7　结语

(1) 采用有机胺吸收工艺对污油罐罐顶废气进行脱硫，技术路线可行，且不产生二次污染源。

(2) 在控制有机胺吸收液中自带硫化氢含量的条件下，可以实现净化气中的硫化氢达标排放，满足《恶臭污染物排放标准》(GB 14554—1993)中规定的排放限值要求。

(3) 炼油厂污油罐罐顶废气组成中，除了硫化氢外，还有较高浓度的油气和有机硫化物。在有机胺脱硫工艺前，应增设油气回收和有机硫净化设施，以便回收资源回收并降低有机胺工艺段的处理负荷，实现硫化物的彻底净化。

参考文献

[1] 郭兵兵，等．低温油品吸收法储罐呼吸气综合治理及回收技术[J]．当代化工，2012，7.

[2] 郭兵兵，等．炼油厂废气综合治理技术的研究(I酸性水罐区轻质油品中间罐区废气治理技术)[J]．石油炼制与化工，2014，9.

[3] 武君琪，等．醇胺法脱硫技术在永坪炼油厂的应用[J]．广州化工，2011，11.

[4] 陈赓良．醇胺法脱硫脱碳工艺的回顾与展望[J]．石油与天然气化工，2003，3.

[5] 韩江则，等．有机醇胺溶液脱除硫化氢气体的研究进展[J]．化学中间体，2010，5.

炼厂脱硫醇尾气及酸性水罐排放气集中治理技术

刘　洋　郭兵兵　祝月全　刘忠生

（中国石油化工股份有限公司抚顺石油化工研究院，辽宁抚顺　113001）

摘　要：介绍了柴油低温临界吸收-碱液脱硫工艺在某炼油厂脱硫醇尾气及酸性水罐排放气集中治理工业装置上的成功应用。该炼厂脱硫醇尾气及酸性水罐排放气中总烃质量浓度高达1.0×10^6mg/m^3，有机硫化物质量浓度达1000mg/m^3以上，废气含烃浓度高、污染性强、恶臭气味大，废气治理装置规模为300m^3/h。废气经过柴油低温临界吸收-吸收脱硫工艺净化后，排气中油气质量浓度小于15g/m^3，有机硫化物去除率近100%，废气净化装置的油气回收率达96%以上，每年油气回收量约为916t，达到了油气回收和恶臭治理效果，具有明显的环保效益和经济效益。

关键词：脱硫醇　柴油低温临界吸收　脱硫　酸性水罐

1　前言

目前，炼油厂内无组织排放源较多，排放污染物各异，酸性水罐等各类储罐区罐顶排放气、污水处理场等开放空间逸散的废气、脱硫醇尾气以及装车装船逸散废气等是主要的污染源[1]。如果上述废气直接排放，易发生硫化物气体中毒事件，产生恶臭污染，且浪费油气资源。炼厂中此类废气通常是引入焚烧炉进行焚烧处理，由于脱硫醇尾气为碱性[2]，将造成焚烧炉衬里腐蚀损坏，并且废气中氧含量的波动等原因会导致焚烧炉经常熄火，同时浪费油气资源。

针对此类含有高浓度烃类、有机硫化物等污染物的废气，中国石化抚顺石油化工研究院开发了“柴油低温临界吸收-吸收脱硫”工艺对其进行回收治理，目前已在多个炼化企业成功工业应用[3-6]。采用该工艺不仅能有效控制VOCs的排放并将其回收利用，节约资源的同时也带来经济效益。本文将介绍某炼厂采用“柴油低温临界吸收-吸收脱硫”工艺对脱硫醇尾气及酸性水罐排放气进行集中治理的实际工业应用情况。

2　脱硫醇尾气及酸性水罐区逸散废气治理技术现状

目前炼化企业无组织排放废气的治理方法主要有将废气引入焚烧炉或低压瓦斯管网、生物法及吸附法等。由于炼厂中酸性水罐区及脱硫醇尾气中氧含量波动大，采用焚烧法治理此种废气，会造成焚烧炉经常熄火，且焚烧炉属于工艺设备，熄火后会造成炼厂生产波动，影响该厂的正常生产运行；由于酸性水罐及脱硫醇尾气氧含量过高，低压瓦斯管网进气条件限制废气中氧含量为3%以下，因此，该方法不适用于处理此类型废气；生物法是利用微生物的生命过程把废气中的污染物分解转化成少量甚至无害的物质，而待处理废气中烃类和硫化物的浓度较高，不适宜微生物生存，因此生物法不适用[7,8]；吸附法是利用吸附剂的物理吸附能力或化学吸附能力对污染物进行净化处理，但对于炼厂含有高浓度的烃类及硫化物的废气处理，受吸附剂的吸附容量及活性限制，会造成吸附剂频繁再生，以及吸附剂失活，因此也不适用。

针对炼厂高浓度VOCs废气治理，抚顺石油化工研究院专门开发了“柴油低温临界吸收-吸收脱硫”工艺对其进行回收治理，并且已在二十多家炼厂广泛工业应用，因此，某炼厂脱硫醇尾气及酸性水罐区逸散废气集中治理采用此种工艺对其进行处理。

3 废气治理装置情况

3.1 脱硫醇尾气及酸性水罐区逸散废气排放的基本情况

某炼厂酸性水罐区罐顶排放废气排放量为150m³/h，废气中油气质量浓度为$1\times10^5\sim1\times10^6$mg/m³、有机硫化物的质量浓度为200～500mg/m³；其脱硫醇装置尾气的排放量为108.14m³/h，尾气中污染物二硫化物体积分数≤0.7%，氧气体积分数为7.5%～20%，氮气体积分数为91.6%，轻烃体积分数为0.05%，水分体积分数为0.15%。如果两股废气分开治理，建设两套治理装置，将存在装置投资费用大，运行维护费用增加，并且带来了装置管理的负担，因此，将两股废气汇总在一起，建设一套治理装置，废气治理装置规模为300m³/h。

3.2 工艺流程

柴油低温临界吸收-碱液脱硫工艺流程见图1。装置启动时，先建立吸收塔液位稳定系统。来自界区外的粗柴油通过流量控制阀控制流量后进入处理装置，在低温柴油吸收塔塔底达到正常控制液位后，通过富柴油泵输送出装置(返回外部冷水机组)。最后柴油通过管道外输到下游装置处理，待吸收柴油形成稳定的进出流量后，装置进入正常等待工作状态。

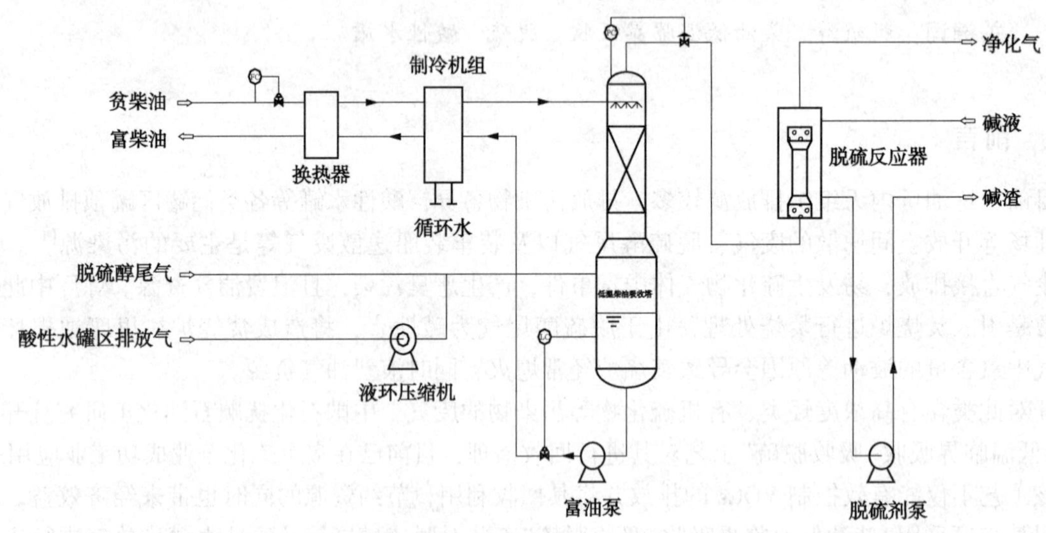

图1 柴油低温临界吸收-碱液脱硫工艺流程

正常工作时，酸性水罐排放气先经过液环压缩机提压后，与脱硫醇尾气一起进入低温柴油吸收塔进行柴油低温临界吸收，酸性水罐区废气汇总管设置止回阀，当罐区晚上不排气时，关闭阀门。在柴油温度10～15℃，吸收压力为0.1MPa条件下，恶臭气体中的绝大部分有机硫和95%以上的油气被柴油吸收去除。被吸收后的尾气进入脱硫反应器，在脱硫反应器内经过碱液吸收脱除硫化氢，最后达标净化气体由排气筒排放到大气。

吸收粗柴油选用该炼厂常减压装置的粗柴油，温度约60℃，经换热后，富柴油进入下游装置进一步加工。

3.3 工艺设备

脱硫醇尾气及酸性水罐区逸散废气集中治理工艺中的主要设备如下：

(1) 低温柴油吸收塔：304不锈钢材质的高效传质填料塔；

(2) 脱硫反应器：采用抚顺石油化工研究院开发的专利产品—自吸式内循环脱硫反应器，该反应器占地面积小，传质效率高；

(3) 制冷机组：根据该工艺路线专门研发的制冷机组，采用环保型R22制冷剂，机组的电机功率为37kW，通过优化换热流程，设有冷量回收控制旁路，在夏季回收全部冷量，冬季可以部分回收冷量，既可以节约能量，同时又实现了低温柴油的降温，实现了环保和节能双目标；

(4) 液环压缩机：过流材质为304不锈钢，出口压力为0.1MPa，电机功率为18.5kW。

3.4 仪表控制

3.4.1 贫油进塔温度控制

根据贫油进塔温度的检测值决定加载或减载。正常操作时，贫油进塔温度的控制范围为6~10℃，加载减载的上限、下限可在线修改。

3.4.2 制冷机组贫油进口温度控制

制冷机组贫油进口设置温度检测，通过调节富吸收油换热器旁路阀门的开度，使制冷机组贫油进口温度保持稳定。

3.4.3 吸收塔压力控制

吸收塔顶设置压力检测，通过调节塔顶气出口阀门的开度，使吸收塔压力保持稳定。

3.4.4 废气入口压力控制

液环压缩机废气入口设置压力检测，通过调节液环压缩机回流量，使压缩机入口压力保持稳定。

3.4.5 贫油流量控制

贫吸收油入口管道设置流量检测，通过改变贫吸收油入口调节阀的开度，改变贫吸收油的进料量。

3.4.6 吸收塔液位控制

吸收塔设置液位检测，通过调节富油泵出口阀门的开度，改变富油外排量，使吸收塔液位保持稳定。

3.4.7 环压缩机液位控制

根据液位的高低控制补液阀的开关。

当分液罐排液时，排液泵也需要按照操作员的选择进行自动启/停，程序中需要设置延时程序，保证排液泵在排液阀打开之后运行，关闭之前停止。

3.5 废气治理装置处理效果

废气治理装置废气净化效果见表1及表2。气样分析仪器为德国JUM3-900总烃分析仪，硫化物采用硫化学分光检测气相色谱法来测定，采样袋材质为聚氟乙烯，在采样前需先用待采气体清洗三次后取样。

表1 废气治理装置总烃处理效果

编号	入口总烃质量浓度/(mg/m^3)	出口总烃质量浓度/(mg/m^3)	总脱除率/%
1	3.45×10^5	7.22×10^3	97.9
2	3.22×10^5	1.27×10^4	96.1
3	4.12×10^5	1.07×10^4	97.4
4	4.24×10^5	1.50×10^4	97.0

表2 废气治理装置硫化物处理情况

编号	分析组分	总进口浓度/(mg/m^3)	总出口浓度/(mg/m^3)	净化效率/%	检出限
1	硫化氢	4.42×10^4	5.89	~100	0.05
	甲硫醇	206	—	~100	0.05
	乙硫醇	302	—	~100	0.06
	丙硫醇	123	—	~100	0.07
	噻吩	219	1.2	99.5	0.1

续表

编号	分析组分	总进口浓度/(mg/m³)	总出口浓度/(mg/m³)	净化效率/%	检出限
2	硫化氢	2.18×10^4	3.14	~100	0.05
	甲硫醇	454	—	~100	0.05
	乙硫醇	653	—	~100	0.06
	丙硫醇	255	—	~100	0.07
	噻吩	266	2.5	99.1	0.1
	异丙硫醇	380	—	~100	0.07
3	硫化氢	2.65×10^4	0.87	~100	0.05
	甲硫醇	352	—	~100	0.05
	乙硫醇	530	—	~100	0.06
	丙硫醇	230	—	~100	0.07
	噻吩	286	2.8	99.0	0.1
	异丙硫醇	316	—	~100	0.07

由表1及表2可知，脱硫醇尾气及酸性水罐区逸散废气经废气治理装置处理后，油气回收率达到96%以上，净化气油气浓度小于15g/m³，硫化物去除率达到99%以上，基本上被完全去除。

3.6 污染物削减量及经济效益分析

脱硫醇尾气及酸性水罐区逸散废气经过治理后，污染物浓度按表1及表2计算，废气排放量300m³/h计算，装置运行时间为4000h/a，废气进口总烃平均质量浓度3.75×10^5mg/m³，出口总烃平均质量浓度1.14×10^4mg/m³，每年油气回收量约为436t，油气按6000元/t计算，可创造效益261.6万元/a；

进口硫化氢浓度按均值3.08×10^4mg/m³计算，出口硫化氢浓度按均值3.3mg/m³计算，每年硫化氢的削减量为37t；有机硫化物入口浓度平均值954.35mg/m³，有机硫化物出口浓度均值2.17mg/m³，每年有机硫化物的削减量为1.14t。

废气经过处理后，每年油气回收量约为436t，硫化氢的削减量为37t/a，有机硫化物的削减量为1.14t/a，罐区及脱硫醇尾气装置区污染明显减轻，周边环境得到明显改善，有益于职工的身心健康。

4 结语

(1) 针对脱硫醇尾气和酸性水罐排放气的特点，采用“柴油低温临界吸收-吸收脱硫”工艺处理后，废气在吸收温度8~11℃，吸收压力0.1MPa的条件下，油气回收率达到96%以上，净化气油气浓度小于15g/m³，硫化物去除率近100%，基本上被完全去除装置运行稳定；

(2) 按照装置运行时间为4000h/a计算，每年油气回收量约为916t，可创造效益261.6万元/年，硫化氢的削减量为37t/a，有机硫化物的削减量为1.14t/a，消除了酸性水罐罐顶废气和脱硫醇尾气的污染，周边环境有明显的改善，具有良好的经济效益和环保效益。

参 考 文 献

[1] 李凌波，韩丛碧，郭兵兵等．炼油厂恶臭污染源综合监测与评价Ⅰ．污染源监测[J]．石油炼制与化工，2013，44(1)：95-101.

[2] 赵建荣，张桂花，何志鹏等．4000吨/年硫黄回收装置焚烧系统技术改造[J]．广州化工，2012，40(14)：185-186.

[3] 郭兵兵，刘璐，刘忠生等．炼油企业储罐排放气综合治理及回收技术[J]．安全、健康和环境，2012，12(8)：31-33.

[4] 郭兵兵，朴勇，华秀凤等．高温蜡油罐区废气综合治理技术[J]．当代化工，2014，43(9)：1879-1882.
[5] 廖昌建，王筱喃，刘洋等．炼油厂氧化脱硫醇尾气治理技术工业应用[J]．炼油技术与工程，2014，44(4)：62-64.
[6] 刘忠生，廖昌建，方向晨等．柴油低温临界吸收油气回收技术的应用[J]．石油炼制与化工，2013，44(8)：37-40.
[7] 郭兵兵，王毓仁，何凤友等．生物法净化石化企业污水处理场恶臭废气的中型试验[J]．石油炼制与化工，2005，36(5)：66-70.
[8] 许亮，王喜，翟增秀等．VOCs 恶臭污染治理技术探讨[A]．恶臭污染控制与技术标准会议论文集[C].2009：193-201.

催化氧化技术处理石化行业 VOCs 废气的应用进展

刘志禹　王海波　赵　磊　王　新　刘忠生

(中国石油化工股份有限公司抚顺石油化工研究院，辽宁抚顺　113001)

摘　要：介绍了针对石化行业 VOCs 废气的特点开发的催化氧化系列技术，并概述了该系列技术在石化行业的应用情况。针对不同 VOCs 废气的特点，开发了适应性较强的催化氧化系列工艺技术，包括高浓度 VOCs 废气催化氧化治理技术、低浓度 VOCs 废气催化氧化治理技术、利用余热副产蒸汽的催化氧化技术、带粉尘废气催化氧化处理技术、低温柴油吸收+催化氧化技术、双系列催化氧化处理技术等治理典型石化工业 VOC 废气的深度净化处理工艺，利用上述技术已建成多套 VOCs 废气热氧化处理装置，废气经过处理，净化气满足国家及地方相关排放标准。

关键词：挥发性有机物(VOCs)　废气　催化氧化　深度净化

1　前言

挥发性有机物(volatile organic compounds，VOCs)是指在常温下饱和蒸气压大于 70Pa，常压下沸点在 260℃以下的有机化合物，包括烷烃、芳香烃、芳烃类、烯烃、醇类、醛类、酮类、卤代烃等[1]。VOCs 的控制和治理已经成为国家环境保护工作的重点工作之一。国务院 2013 年下发了《大气污染防治行动计划》，据此，制定了《石化行业挥发性有机物综合整治方案》，为 VOCs 减排计划实现提供了具体的措施要求。随着《石油化学工业污染物排放标准》(GB 31571—2015)和《石油炼制工业污染物排放标准》(GB 31570—2015)颁布，我国石化行业的 VOCs 治理开始进入攻坚阶段。

目前，在 VOCs 深度治理技术中，催化氧化技术可以在远低于直接燃烧温度条件下处理 VOCs 气体，具有净化效率高、无二次污染、能耗低的特点，是商业上处理 VOCs 应用最有效的处理方法之一[2]。本文将结合抚研院催化氧化技术的研究成果，着重于对近十年来催化氧化在石油化工领域 VOCs 治理的应用进展进行综述。

2　催化氧化技术简介

其工作原理是 VOCs 在 250~450℃温度的环境中和催化剂的作用下，与氧发生氧化反应，生成水和二氧化碳，达到破坏治理的目的。采用的催化剂有贵金属催化剂，如蜂窝状 Pt/Pd 贵金属催化剂(WSH-1 型、WSH-1F、WSH-2 型、HBFW-1 型等)，优点是活性高、稳定性好，操作温度低，处理效率高，能耗低，操作安全稳定，不会产生 NO_x 二次污染。VOCs 废气催化氧化处理的基本工艺见图 1，VOC 废气依次经过换热器、加热器、反应器后排放。在催化氧化反应器内，VOC 被彻底氧化为 CO_2和 H_2O。

然而，石化 VOCs 废气复杂多样，组成和浓度变化大，常含硫化物和粉尘等，治理难度大，用传统催化氧化技术处理，存在去除率低、易发生床层“飞温”引发事故、能耗高、难以长期稳定达标运行等问题。这些制约了催化氧化技术的应用范围和效果。抚研院针对不同石化 VOCs 废气的特点，进行了处理工艺的开发，解决了传统催化氧化存在的问题。该技术适合用于石化行业排放的含 VOCs 的有机废气，包括烃、醛、酮、醇、酸等，目前，应用于石化企业污水处理场废气、苯储罐

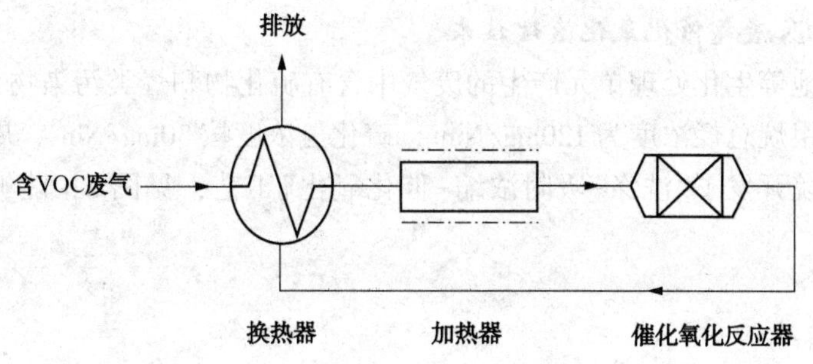

图 1　催化氧化的基本工艺

逸散废气、PO/SM 废气、橡胶尾气、聚醚废气、化学品装船废气、HP/PO 废气、苯胺硝基苯废气等净化治理，在石化企业已经投用二十余套。也有使用其他催化剂的工艺，如非贵金属氧化物催化剂、复氧化物催化剂等，虽然价格便宜，但选择性和活性均较差。经过催化氧化设施，净化气污染物浓度可满足《石油炼制工业污染物排放标准》(GB 31570—2015)和《石油化学工业污染物排放标准》(GB 31571—2015)中规定的限值，即非甲烷总烃处理效率≥97%，苯浓度≤4mg/m^3；甲苯浓度≤15mg/m^3；二甲苯浓度≤20mg/m^3，非甲烷总烃浓度≤100mg/m^3。

3　VOCs 废气催化氧化治理技术及应用进展

抚顺石油化工研究院(后简称抚研院)长期从事石化行业废气治理研究，以石化行业排放的典型 VOCs 废气为处理对象，以催化氧化为核心技术，进行了废气处理成套技术开发，并建成投用了一批工业应用装置，为 VOCs 减排做出了贡献。

3.1　高浓度 VOCs 废气催化氧化治理技术

炼油污水处理场隔油池、浮选池等构筑物一直是炼厂重要的恶臭源，其散发的废气中含有烃类、硫化物、氨等污染物，气量和浓度波动大，硫化物易造成催化剂中毒。抚研院开发的“脱硫及总烃浓度均化-催化氧化”工艺见图 2[3]，能够有效的治理炼化企业污水处理场散发废气。

来自隔油池等 VOC 废气，依次通过脱硫及总烃浓度均化罐、换热-加热-催化氧化反应单元处理后达标排放。脱硫及总烃浓度均化罐内装填脱硫及总烃浓度均化剂，它主要功能有：(1)吸附脱除硫化氢和有机硫化物，防止催化剂中毒；(2)通过 VOCs 在活性炭材料的吸附与解吸作用，使波动的 VOCs 浓度得到均化处理，防止反应器温度剧烈波动。换热-加热-催化氧化反应单元是整个装置的核心单元设备，在催化氧化反应器内装填催化剂，在反应器入口温度 240~350℃的条件下，将 VOCs 氧化为 CO_2 和 H_2O。

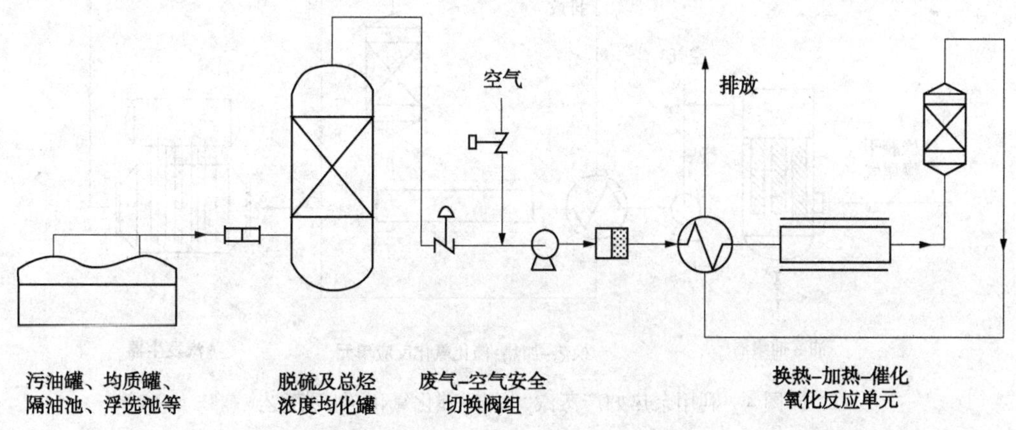

图 2　炼油污水处理场高浓度废气“脱硫及总烃浓度均化-催化氧化”工艺

3.2 低浓度 VOCs 废气催化氧化治理技术

某石化企业曝气池等生化处理单元产生的废气中含有硫化物和烃类污染物，对周围环境造成了污染。此废气中，非甲烷总烃浓度为 120mg/Nm^3，硫化氢浓度按 30mg/Nm^3，属低浓度 VOCs 废气。针对此股废气，抚研院开发了“洗涤-吸附浓缩-催化氧化”工艺，见图 3，能够有效的治理此股低浓度 VOCs 废气。

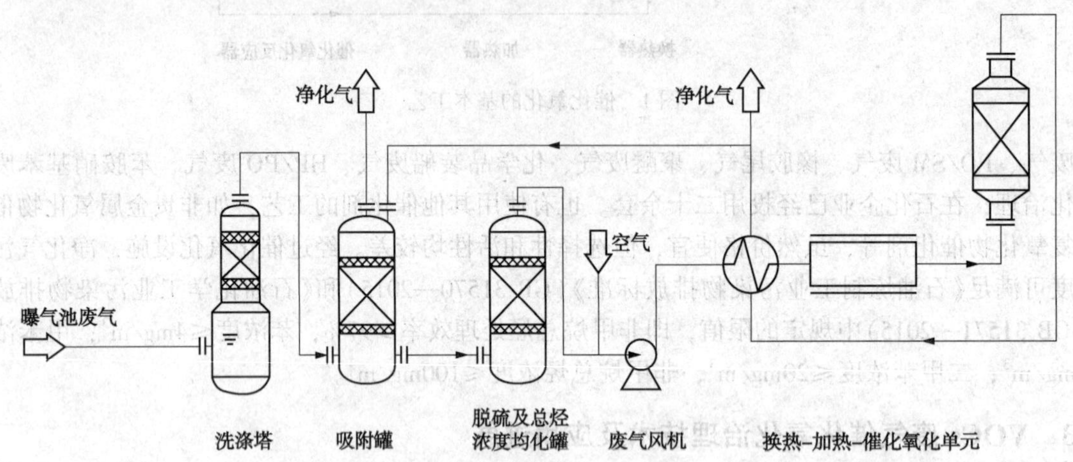

图 3　生化曝气池低浓度废气“洗涤-吸附浓缩-催化氧化”工艺

曝气池等生化单元废气气量大，但废气中非甲烷总烃浓度一般在几十至几百 mg/Nm^3，污染物组分以烃类和硫化物为主，还含有少量氨类、酚类等。该装置设计处理规模 23000Nm^3/h，由洗涤塔、洗涤液循环泵、吸附罐、曝气池引风机和再生风机等设备组成。当活性炭吸附罐吸附穿透后，采用催化燃烧单元排放的高温净化气进行解吸，产生的浓缩废气再进入催化氧化进行处理。经本工艺处理后的废气，满足我国《石油炼制工业污染物排放标准（GB 31570—2015）和《恶臭污染物排放标准》（GB 14554—93）的规定要求。

3.3 利用余热副产蒸汽的催化氧化技术

某企业 2014 年建成投用一套 70000Nm^3/h 的顺丁橡胶废气 CO 处理装置，利用抚研院开发的利用余热副产蒸汽的“除雾-催化氧化”处理工艺，工艺流程见图 4。其排放气的非甲烷总烃浓度低于 20mg/m^3，同时利用反应热产生 0.8MPa 水蒸汽 1.4t/h，得到企业和地方环保部门的好评。

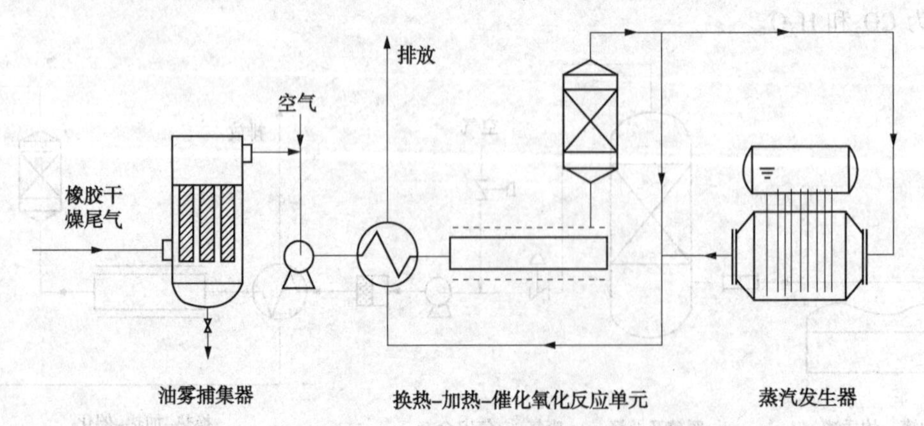

图 4　利用余热妇产蒸汽“除雾-催化氧化”处理工艺

3.4 带粉尘废气催化氧化处理技术

沥青生产过程中，产生大量沥青废气，沥青废气中可能含有沥青烟和苯并芘等有毒有害气体，其中硫化氢、有机硫、苯并芘等气体，对人体的危害极大。这类气体的排放，在很低浓度下，就可以对人体感官产生刺激和不适，同时还危害人体的健康。尤其是在罐区工作的职工，长期呼吸这些有害气体可导致很多疾病发生，直接危害人体健康。

沥青烟中的高分子有机物如果直接进入催化氧化装置，对催化剂造成污染，并堵塞催化床层，极大影响装置运行的稳定性；同时沥青烟中硫化氢含量较高，对催化氧化催化剂造成极大的影响。针对此问题，抚研院开发了"水洗-脱硫均化-催化氧化"工艺，旨在对进入催化氧化单元的沥青废气进行除尘脱硫处理，保证催化氧化装置的稳定运行。

某石化企业A级沥青装置需要配套建设尾气处理装置，利用抚研院开发的"水洗-脱硫均化-催化氧化"工艺，其流程见图，沥青废气经过处理后，净化气符合《石油炼制工业污染物排放标准》(GB 31570—2015)要求，其中沥青烟≤20mg/m^3，苯并芘≤0.0003mg/m^3，非甲烷总烃≤120mg/m^3，非甲烷总烃去除率95%以上，见图5。

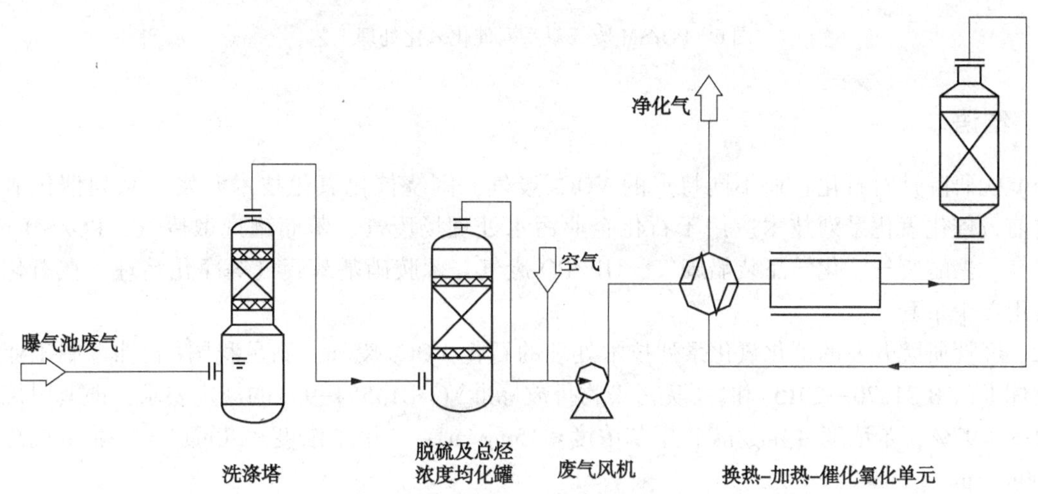

图5　含尘废气"水洗-脱硫均化-催化氧化"工艺

3.5　低温柴油吸收+催化氧化技术

某石化企业中间油品罐区废气排放量500Nm^3/h总烃浓度小于4×10^5mg/m^3、有机硫20～20000mg/m^3、硫化氢小于2000mg/m^3，需对此股废气进行深度治理，废气经处理后非甲烷总烃等浓度指标需满足我国《大气污染物综合排放标准》(GB 16297—1996)的规定要求，单项硫化物排放符合《恶臭污染物排放标准》(GB 14554—93)相关限值。

针对此股废气的非甲烷总烃、有机硫和硫化氢浓度较高的特点并结合处理深度要求，抚研院开发了"低温柴油吸收+催化氧化技术"，该技术通过低温柴油吸收将超高浓度的有机废气中油气浓度降低到25g/Nm^3、有机硫含量降低到小于20mg/Nm^3、硫化氢含量降低到小于10mg/Nm^{3}后，通过安全的引气及稀释技术，将低温柴油吸收后的废气通入催化氧化装置进行深度治理，实现废气的达标排放。

3.6　双系列催化氧化处理技术

PO/SM(环氧丙烷/苯乙烯)装置是某炼化企业100万吨/年乙烯的一套主体生产装置，生产过程中排放含环氧丙烷、苯乙烯、乙苯、乙醛等10多种VOC的尾气。

抚研院研究开发了具有自主知识产权的PO/SM废气双系列催化氧化工艺[4,5]，见图6。

双系列的处理装置符合最先进的环保设计理念，每个系列能将尾气100%处理；双系列切换操作，确保装置即使在意外停车或检维修时也不会排放污染。

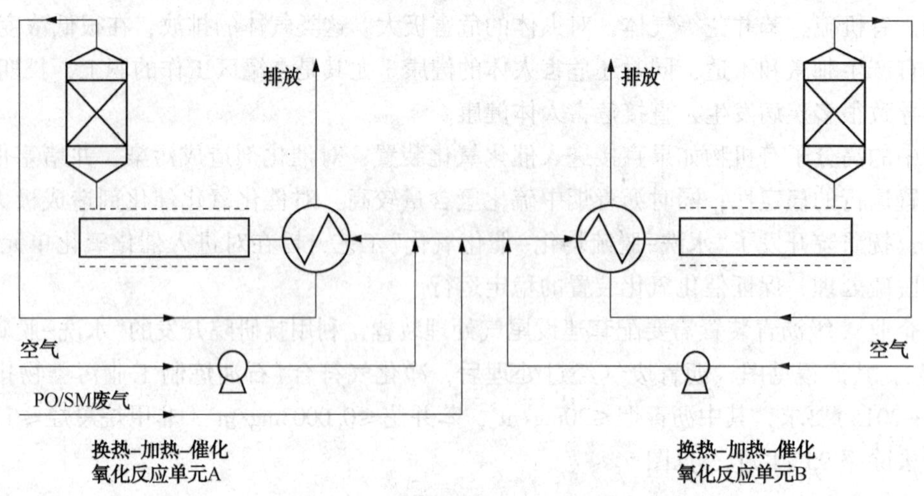

图 6　PO/SM 废气双系列催化氧化处理工艺

4　结语

(1) 抚研院针对石化企业不同特点的 VOCs 废气，围绕催化氧化技术开发一系列催化氧化技术。目前，催化氧化系列技术应用于石化企业污水处理场废气、苯储罐逸散废气、PO/SM 废气、橡胶尾气、聚醚废气、化学品装船废气、HP/PO 废气、苯胺硝基苯废气等净化治理，在石化企业已经投用二十余套。

(2) 经抚研院开发的催化氧化系列技术处理的石化 VOCs 废气，满足我国《石油炼制工业污染物排放标准(GB 31570—2015)和《恶臭污染物排放标准》(GB14554-93)的规定要求，即非甲烷总烃处理效率≥97%，苯浓度≤4mg/m^3；甲苯浓度≤15mg/m^3；二甲苯浓度≤20mg/m^3，非甲烷总烃浓度≤100mg/m^3。

(3) 催化氧化系列技术适用性强，还可用于多种有机废气的治理，同时，可与其他工艺相结合，提高有机废气的治理深度，具有广阔的应用前景。

参　考　文　献

[1] Li，W. B.；Wang，J. X.；Gong，H. Catal. Today，2009，148：811.

[2] Li，W. B.；Chu，W. B.；Zhuang，M.；Hua，J. Catal. Today，2004，93-95：205.

[3] 刘忠生，王新，陈玉香，等．石化污水处理场有机废气催化燃烧处理技术的研究[J]．石油炼制与化工，2002，33(7)：68-70.

[4] 蔡永奇，王飞，郝晓霞，等．PO/SM 废气催化氧化处理技术的工业应用[J]．石油炼制与化工，2013，44(9)：73-78.

[5] 王新，陈玉香，王学海，等．WSH-2 型催化剂在环氧丙烷/苯乙烯装置废气处理中的工业应用[J]．化工环保，2014，34(3)：240-244.

VOC 废气热氧化技术及其在石化行业的工业应用

赵　磊　王　新　王筱喃　刘忠生

（中国石油化工股份有限公司　抚顺石油化工研究院，辽宁抚顺　113001）

摘　要：介绍了 VOC 废气热氧化处理技术及其在石化工业的应用情况。针对各种不同 VOC 废气的组成特点，开发了适宜的热氧化技术以及配套处理设施，包括石化污水处理场散发废气“脱硫及总烃浓度均化-催化氧化”、苯橡胶生产尾气“冷凝-除雾-催化氧化”、环氧丙烷/苯乙烯(PO/SM)废气双系列催化氧化等典型石化工业 VOC 废气的深度净化处理工艺。已建成多套 VOC 废气热氧化处理装置。废气经过处理，净化气满足国家及地方相关排放标准。

关键词：挥发性有机物(VOC)　废气　热氧化　深度净化

1　前言

近几年，我国华北、华中、长三角等地区都出现了大面积的雾霾天气，“区域内空气重污染现象大范围同时出现的频次日益增多，严重制约社会经济的可持续发展，威胁人民群众身体健康”(国家《重点区域大气污染防治“十二五”规划》)。作为雾霾天气的“元凶”之一，PM2.5 引起了全社会的高度重视，对 PM2.5 主要前体物——挥发性有机物(VOC)的控制已成为现阶段我国大气环境治理领域中的热点，“十三五”规划将 VOC 纳入总量控制范围。

目前，在 VOC 深度治理技术中，燃烧(氧化)法无疑是最彻底的 VOC 处理方法，它们可以将 VOC 彻底氧化，排放浓度可达 20mg/m^{3}以下。热氧化技术对 VOC 的去除率高，适宜处理的 VOC 范围宽，几乎可以处理所有的 VOC 污染物。

热氧化技术主要有 5 种，包括直接燃烧氧化、热力燃烧氧化、蓄热燃烧氧化、催化氧化、蓄热催化燃烧氧化等。其中，直接燃烧技术一般是作为一种安全控制手段而不是环保手段来使用，仅适用于浓度超高可直接点燃的 VOC 废气处理，是或者适用于剧毒污染物的处理，文中不再介绍。

2　热氧化技术 VOC 废气治理技术

2.1　热力燃烧氧化法(Thermal Oxidation 简称 TO)

TO 通过添加辅助燃料在高温下将 VOC 燃烧脱除，操作温度一般为 800~1000℃，净化率高，适应性强；但能耗过高，不适应间歇排放废气的处理，该技术还存在明火，需要一定的安全防护距离，而且高温焚烧会产生 NO_x 造成二次污染。

TO 技术在应用中一般有两种形式，进加热炉处理或设置独立的焚烧炉处理。

2.2　蓄热式热力燃烧氧化法(Regenerative Thermal Oxidation 简称 RTO)

RTO 具有 TO 的优点，但是能耗低于 TO。操作温度 750~950℃，适于处理废气的 VOC 浓度较催化氧化低。

RTO 回收热量采用蓄热体热传递的方式，有机废气和净化后的排放气交替循环，通过切换阀组间歇地改变气流流向，用蓄热床吸收和释放热量，对废气进行预热。热回收率可达 95%，VOC 的脱除率可达 96%~99%。常见的三床结构的 RTO 处理基本工艺如图 1 所示，废气与高温净化气通过切换阀组在三个蓄热床层之间切换。但是由于切换阀组在高温下容易发生故障，因此 RTO 装置故障率高于催化氧化。当切换阀组泄漏或蓄热轮盘密封泄漏时，会使废气掺入净化气中，影响处理效果。

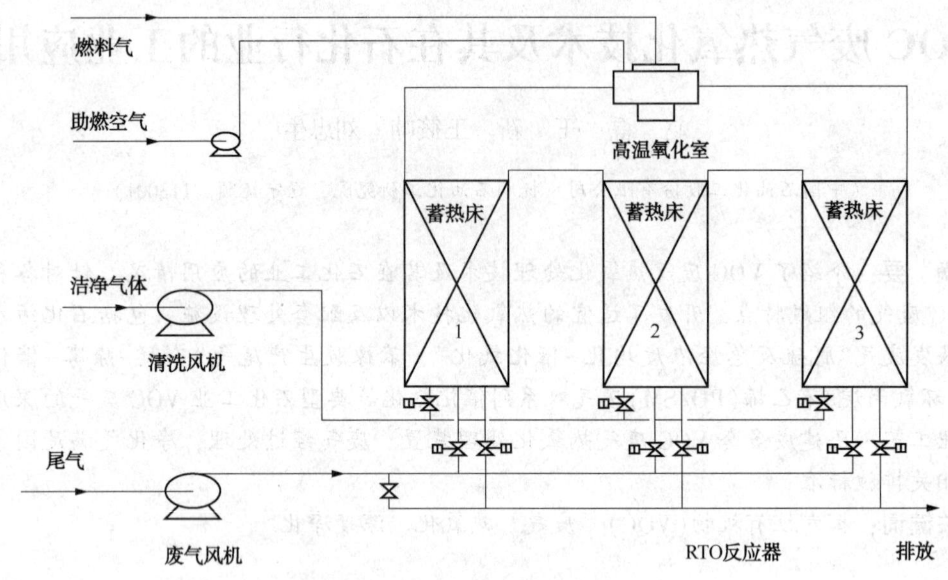

图 1　RTO 的基本工艺(三床结构)

2.3　催化氧化法(Catalytic Oxidation 简称 CO)

CO 采用催化剂降低了反应温度，使得 VOC 的氧化可以在低温下进行。净化率高，操作温度为 200~500℃。由于工作温度低，所以能耗比 TO 低，不会产生 NO_x 等二次污染，能够适应 VOC 浓度在一定范围内的波动。

VOC 废气 CO 处理的基本工艺见图 2，VOC 废气依次经过换热器、加热器、反应器后排放。在催化氧化反应器内，VOC 被彻底氧化为 CO_2和 H_2O。

CO 一般采用铂、钯等贵金属催化剂或过渡金属催化剂，由于催化剂的作用，工作温度较热力燃烧明显降低，停留时间也大为缩短，通常为 0.1~0.3s，大大降低了设备费用和操作费用。但当废气中含有容易导致催化剂中毒的组分时，如硫化物、重金属、粉尘等，会造成催化剂中毒，使得处理效果下降，需要对废气进行适当的预处理。

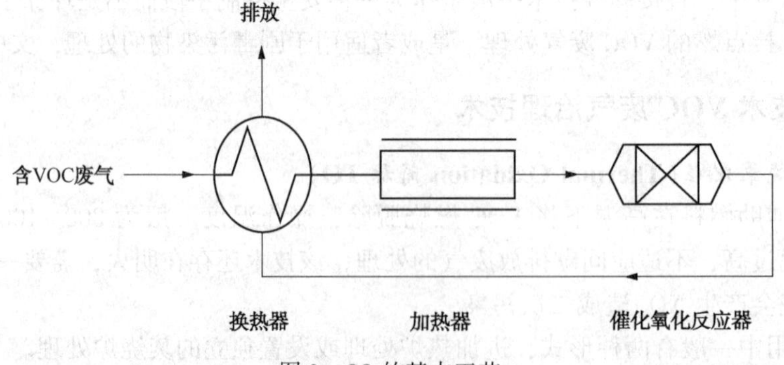

图 2　CO 的基本工艺

CO 技术的操作能耗与废气中的可燃物浓度关系较大。当废气中的 VOC 浓度较低时，如果直接采用 CO 技术处理能耗较大。此时一般采用“吸附-浓缩-催化氧化”技术，以提高 VOC 浓度。吸附浓缩可以采用几个吸附罐切换进行，也可以采用一个沸石蜂窝轮来实现，见图 3。

2.4　蓄热式催化燃烧法(Regenerative Catalytic Oxidation 简称 RCO)

RCO 技术是 RTO 与 CO 技术的集成。其流程与 RTO 相同，但是将蓄热体床层部分蓄热体(靠近燃烧室)更换为催化剂，从而使得它的操作温度较 RTO 大大降低。床层操作温度一般在 400~600℃。

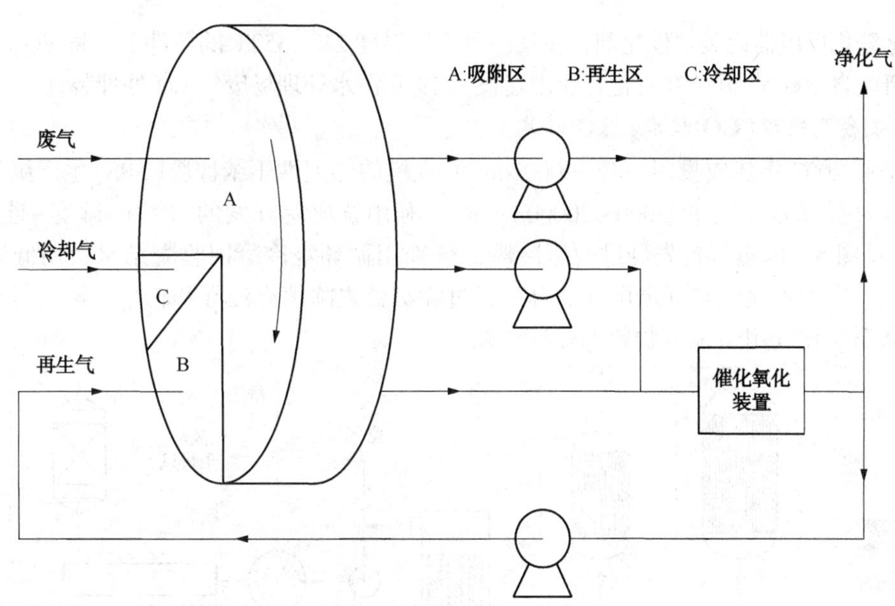

图 3　沸石蜂窝轮吸附-浓缩-CO 处理工艺

RCO 综合了 RTO 技术高效回收能量和 CO 技术低温操作的优点，其热回收率高达 95%，VOC 净化率 96%~99.5%；同时，RCO 是低碳烃废气的适宜处理技术。但是 RCO 技术与 RTO 技术一样，也存在阀组损坏泄漏导致的净化气超标的情况。

3　热氧化技术在石化系行业的工业应用

抚顺石油化工研究院(后简称抚研院)长期从事石化行业废气治理研究，以石化行业排放的典型 VOC 废气为处理对象，以热氧化为核心技术，进行了废气处理成套技术开发，并建成投用了一批工业应用装置，为 VOC 减排做出了贡献。

3.1　污水处理场废气处理(CO 技术)

炼油污水处理场隔油池、浮选池等构筑物一直是炼厂重要的恶臭源，其散发的废气中含有烃类、硫化物、氨等污染物，气量和浓度波动大，硫化物易造成催化剂中毒。抚研院开发的“脱硫及总烃浓度均化-催化氧化”工艺见图 4[2]，能够有效的治理炼化企业污水处理场散发废气。

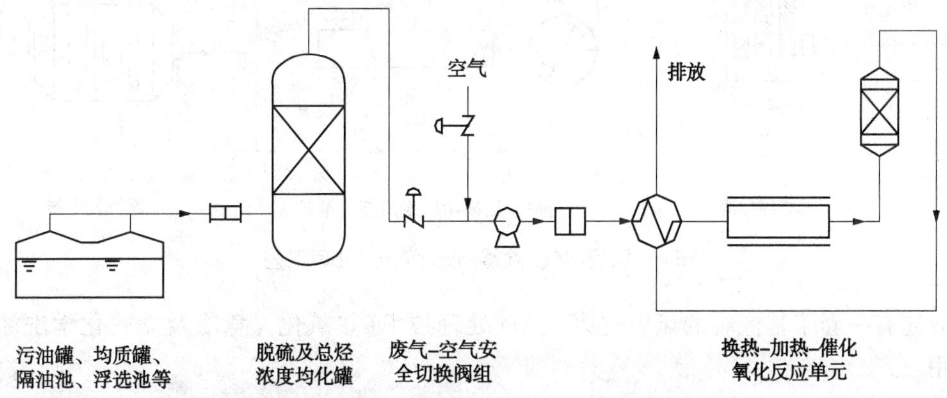

图 4　炼油污水处理场废气“脱硫及总烃浓度均化-催化氧化”工艺

来自隔油池等 VOC 废气，依次通过脱硫及总烃浓度均化罐、换热-加热-催化氧化反应单元处理后达标排放。脱硫及总烃浓度均化罐内装填脱硫及总烃浓度均化剂，它主要功能有：(1)吸附脱除硫化氢和有机硫化物，防止催化剂中毒；(2)通过 VOC 在活性炭材料的吸附与解吸作用，使波动的 VOC 浓度得到均化处理，防止反应器温度剧烈波动。换热-加热-催化氧化反应单元是整个装置的核心单元设备，在催化氧化反应器内装填催化剂，在反应器入口温度240~350℃的条件下，将VOC氧化为CO_2和H_2O。抚研院自2003年开始在石化行业内建设了19套污水处理场废气CO处理装置。

3.2 橡胶废气处理(CO技术、TO技术)

某石化企业2007年建成投用一套30000Nm^3/h规模的热塑性丁苯橡胶(SBS)生产尾气排放废气CO处理装置，尾气的总烃浓度5000~20000mg/m^3。利用抚研院开发的“冷凝-除雾-催化氧化”处理工艺[3,4]，见图5。闪蒸气首先经过两级冷凝，分别用循环水冷凝回收凝结水、用低温盐水冷凝回收环己烷，产生的不凝气与其余尾气混合，经过除雾器去除填充油雾和粉尘后再进行催化氧化处理。产生的高温净化气用于SBS物料的热风干燥。

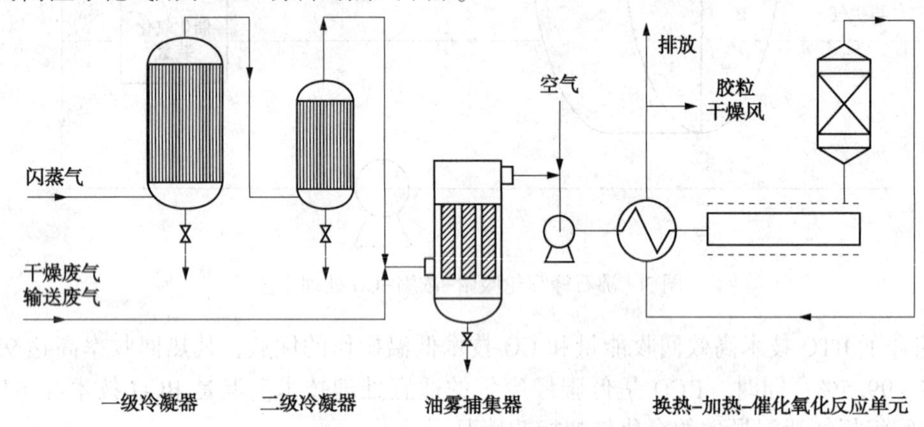

图5 橡胶尾气“冷凝-除雾-催化氧化”处理工艺

该企业2014年建成投用一套70000Nm^3/h的顺丁橡胶废气CO处理装置，利用抚研院开发的利用余热副产蒸汽的“除雾-催化氧化”处理工艺，工艺流程见图6。其排放气的非甲烷总烃浓度低于20mg/m^3，同时利用反应热产生0.8MPa水蒸汽1.4t/h，得到企业和地方环保部门的好评。

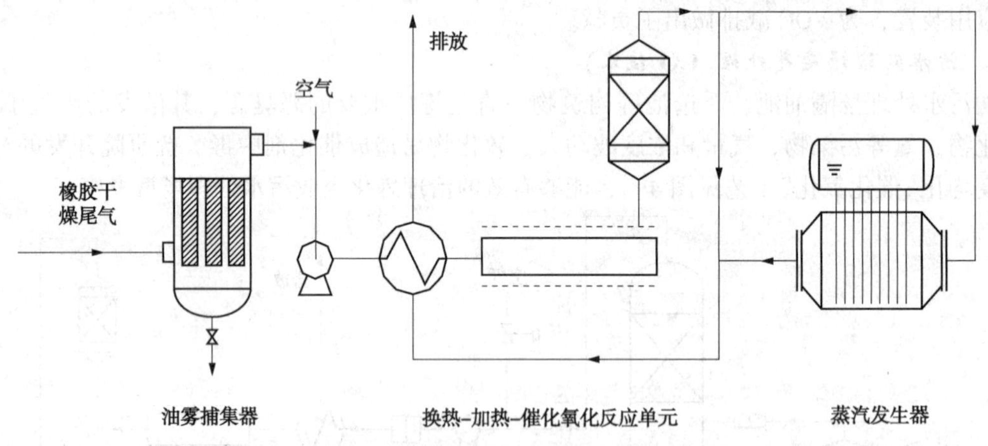

图6 橡胶尾气“除雾-催化氧化”处理工艺

该企业还有一套丁基橡胶的氯甲烷废气TO处理技术(热氧化、急冷及立式化学洗涤塔)2014年年底投用。

3.3 环氧丙烷/苯乙烯(PO/SM)废气处理(CO技术)

2010年在某石化企业的PO/SM装置尾气处理采用了抚研院开发的PO/SM废气双系列催化氧化工艺[5,6]，工艺流程见图7，PO/SM(环氧丙烷/苯乙烯)装置是该炼化企业100万吨/年乙烯的一套主体生产装置，生产过程中排放含环氧丙烷、苯乙烯、乙苯、乙醛等10多种VOC的尾气。废气处理装置规模86000Nm^3/h，处理后废气中的非甲烷总烃浓度低于120mg/m^3，苯、甲苯、二甲苯分别低于12mg/m^3、40mg/m^3、70mg/m^3。

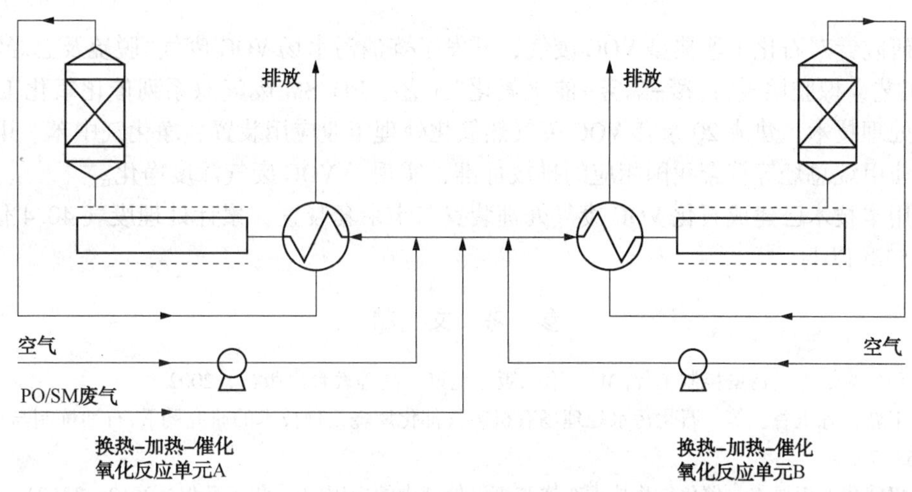

图 7　PO/SM 废气双系列催化氧化处理工艺

双系列的处理装置符合最先进的环保设计理念，每个系列能将尾气 100%处理。通过双系列切换操作，确保装置即使在意外停车或检维修时也不会造成生产废气超标准排放。

3.4　PO/SM 装置中间罐区呼吸气处理(TO)

某石化企业采用 TO 技术处理环氧丙烷(PO)储罐(有氮封)、苯乙烯(SM)储罐产生的呼吸气。净化气非甲烷总烃浓度符合排放标准。

采用液化石油气或者丙烷作为辅助燃料喷入燃烧室，使燃烧室预热以达到废气通入所需的温度(800℃)，废气进入燃烧室后使主火焰燃烧更剧烈。一旦废气被点燃，运行温度(875℃)由控制装置调整辅助燃料量使炉内温度维持稳定。助燃空气由专用的风机来供应。

3.5　苯储罐呼吸气处理(CO 技术)

2012 年某企业芳烃部采用抚研院开发的 CO 技术建设了一套苯罐区呼吸气处理装置，主要用于处理芳烃部罐区呼吸气和污水池废气，处理后气体符合国家排放标准。处理过程中通过总烃浓度在线监测和氮气对高浓度罐区呼吸气进行安全控制，以保证废气处理过程的安全。

3.6　氯碱生产装置尾气处理(RTO 技术)

2015 年某化工企业氯碱生产装置真空泵排放有机尾气采用抚研院开发的 RTO 成套技术进行达标治理，废气中的主要污染组分为氯苯和苯。装置设计规模为 15000Nm^3/h，设计 RTO 在温度(850~950℃)下，将废气中的氯苯、苯等有机组分氧化为 CO_2，H_2O 和 HCl 等气体，氧化尾气可通过碱液吸收脱除 HCl 及活性炭吸附，使废气得到深度净化处理，具有处理效率高、能耗低、处理效果稳定可靠等优点。

4　结语

(1) 热氧化技术是处理 VOC 废气行之有效的方法，通过适当的工艺组合，能够解决绝大多数 VOC 废气的污染问题。常见热氧化技术比较如表 1。

表 1　常见热氧化技术比较

技术比较	TO	RTO	CO	RCO
适宜的 VOC 浓度/(mg/m^3)	高浓度	1000~4000	2000~8000	1000~4000
操作温度/℃	800~1000	750~850	200~500	400~600
是否使用催化剂	无	无	有	有
是否需要补充燃料	是	否	否	否
有无 NO_x 二次污染	有	有	无	无
操作能耗	最高	一般	一般	一般
安全性	较低	高	高	高

(2) 抚研院针对石化工业典型VOC废气，开发了炼油污水场VOC废气“脱硫及总烃浓度均化-催化氧化”工艺、橡胶尾气“冷凝-除雾-催化氧化”工艺、PO/SM废气双系列催化氧化工艺等VOC废气热氧化处理技术。建成20余套VOC废气热氧化处理工业应用装置，净化气中苯、甲苯、二甲苯、乙醛、非甲烷总烃等符合我国相应的排放标准，实现了VOC废气深度净化。

(3) 采用本技术已建成石化VOC废气处理装置二十余套装置，累计处理废气40.4亿m^3以上，减排VOC12528t以上。

参考文献

[1] 郝吉明，马广大．大气污染控制工程[M]．第二版．北京：高等教育出版社，2002.

[2] 刘忠生，王新，陈玉香，等．石化污水处理场有机废气催化燃烧处理技术的研究[J]．石油炼制与化工，2002，33(7)：68-70.

[3] 程文红，袁晓华，田凤杰．催化氧化技术在橡胶废气处理中的应用[J]．化工环保，2012，32(2)：156-159.

[4] 王新，方向晨，刘忠生，等．橡胶废气催化燃烧处理技术[J]．当代化工，2009，38(2)：191-193.

[5] 蔡永奇，王飞，郝晓霞，等．PO/SM废气催化氧化处理技术的工业应用[J]．石油炼制与化工，2013，44(9)：73-78.

[6] 王新，陈玉香，王学海，等．WSH-2型催化剂在环氧丙烷/苯乙烯装置废气处理中的工业应用[J]．化工环保，2014，34(3)：240-244.

管道盘式封堵抢维修技术措施与 HSE 管理

宋龙进　韦　军　梅海林

（徐州实华管道特种作业有限公司，江苏徐州　221008）

摘　要：针对管道储运公司十多年来的管道高压盘式封堵抢维修作业的实际，从诸多封堵抢维修的工程实例中进行总结，介绍了管道盘式封堵的工艺原理和管道封堵方式的选择类型及依据，以主要施工工序为主线介绍了管道封堵抢维修作业过程的技术措施，分析列举了封堵作业过程中可能出现的问题及解决方法，同时提出了管道封堵抢维修作业现场的 HSE 管理要求。

关键词：盘式封堵　封堵方式　技术措施　HSE 管理

1　前言

在油气长输管道运行中除了进行有计划的维修和改造外，也避免不了突发性事故的抢修。对管道进行抢维修的一般情况有：一是根据外界环境、输油工艺等因素的需要对管道进行改线、工艺改造；二是经智能检测后发现问题隐患，经评估确认必须及时采取修补、或者更换管段等措施，以便消除事故隐患；三是管道发生突发事故，必须尽快进行抢修，以便最大限度减少事故造成的损失，特别是给环境造成的严重危害[1]。为了保证输油生产的安全平稳运行，这些都要求在管道运行过程中对其进行维修，以管道盘式封堵为主导的管道封堵技术就是解决在役管道抢维修任务的有效手段。

2　管道高压盘式封堵工艺原理（以管道停输封堵为例）

2.1　管道盘式封堵作业原理

在管线需要动火位置的两侧各焊接一个封堵三通，三通上安装夹板阀、开孔机，然后利用液压驱动进行全密闭开孔，随机带出切割下的鞍型板。拆除开孔机后，在夹板阀上安装封堵器。管线停输后，打开夹板阀，以机械手段按规程将封堵头推进管线内，使动火点两侧与老管线隔离。然后进行抽油、割管、砌筑黄油墙、换管连头、动火作业完成后，再按照规程解除封堵。

2.2　管道盘式封堵工艺原理图（图 1）

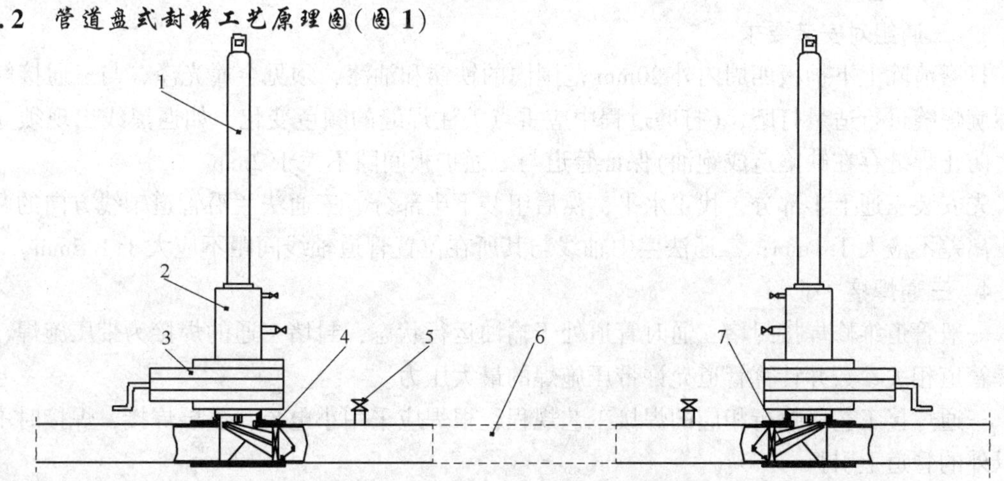

图 1　管道封堵工艺原理图（以停输封堵为例）

1—封堵器；2—封堵结合器；3—夹板阀；4—封堵三通；5—压力平衡阀；6—抢维修改造管段；7—封堵头

2.3 管道封堵作业程序

封堵作业准备—安装、焊接封堵三通—检测或试压—管道开孔—管道封堵—排油及割管—管道动火安装—解除封堵—现场恢复。

2.4 管道封堵方式的选择

封堵方式的选应根据不同的现场条件，管道内油品介质，抢维修改造段管道的距离，运销部门的生产运行情况等，综合安全、技术及经济等因素，选择最恰当的方式进行换管施工可有效提高抢维修效率，节约施工成本。表1是抢维修中心管道封堵抢维修工程选例。

表1 抢维修中心管道封堵抢维修工程选例

序号	工程名称	封堵方式	封堵距离	油品介质	生产情况
1	东临复线鞠家站管线连头	双侧单封(旁通)	120m	原油	不停输
2	鲁宁线淮河穿越封堵连头	双侧双封(盘式、囊式结合)	6km	原油	停输
3	江西成品油共青城改线封堵连头	双侧单封(盘式、囊式结合)	3.5km	成品油	停输
4	鲁宁线穿越京沪铁路改线连头	双侧单封	180m	原油	停输
5	鲁宁线隐患整治滕州外管线改造(计划)	双侧双封	20km	原油	停输

3 管道盘式封堵技术措施

3.1 安装、焊接封堵三通

3.1.1 准备工作

(1) 三通管件、管材、焊材等的材质、规格和型号必须符合设计规范要求，压力等级不低于原管线设计压力，外观检查完好，具有质量证明文件。

(2) 检查三通活塞倒角、密封圈、中心弹子应完好，锁环进退应灵活、到位，三通护板上下规格应对应一致。

3.1.2 三通安装作业点的选取

(1) 开孔、封堵作业点应选择在直管段上，开孔部位尽量避开管道焊缝，无法避开时，对开孔刀切削部位的焊道宜适量打磨，且中心钻不应落在焊缝上。

(2) 用测厚仪测量施焊部位的管道壁厚，如遇管道腐蚀严重，应适当调整作业点。

(3) 三通安装完成后，底部应采取临时支撑措施，防止封堵设备安装后管道受压变形(尤其对762管径以上的管道)。

3.1.3 三通组对安装要求

(1) 打磨清除上下护板四周内外20mm范围内的铁锈和油漆，须见金属光泽，与三通接触部分的管道螺旋焊缝进行适量打磨，(打磨过程中应重点关注焊缝的颜色变化，如遇黑线出现须立即停止打磨，防止焊缝存在缺陷造成跑油)保证管道与三通护板间隙不大于2mm。

(2) 先安装三通上半部分，找正水平，然后组装下半部分。三通法兰沿管道轴线方向的两端到管顶的距离差不应大于1mm；三通法兰中轴线与其所在位置管道轴线间距不应大于1.5mm。

3.1.4 三通焊接

(1) 一般管道维修焊接封堵三通时管道处于输油运行状态，封堵三通的焊接为带压施焊，焊接前须掌握管道相关参数并计算管道允许带压施焊的最大压力。

(2) 三通焊接工艺应执行相应的焊接工艺规程，根焊应采用小电流，多层焊接，焊接时不允许在坡口以外的管道上引弧。

(3) 应先同时焊接两侧的对接纵向直焊缝，再焊接环向角焊缝。焊缝的高度和宽度应符合规范要求。

3.1.5　平衡孔、抽油孔短节的安装

(1) 平衡孔短节应安装在封堵管段的管顶，距离三通端部一般 300~500mm，抽油孔短节应选择在封堵段的低点位置，如管段长，适当增加抽油孔数量。

(2) 焊接根焊应采用小电流、多层焊接牢固；

3.2　检测或试压

(1) 开孔前应对封堵三通、平衡短节进行无损检测，同时对夹板阀和开孔设备用氮气进行整体严密性试验。

(2) 在开孔联箱的放空阀处连接氮气管，关闭放油阀，充入氮气，试验压力宜等于管道运行压力，最高不应超过运行压力的 1.1 倍，稳压时间不少于 30 分钟。

(3) 试验过程中，在三通焊缝表面、连接密封面上、三通锁环口等部位处涂抹肥皂水，检查应无渗漏，联箱压力表不泄压。

(4) 整体严密性试验合格才能进行管道开孔作业；若不合格，应根据检查情况，采取相应的处理措施，直到合格后，方可转入下道工序。

3.3　管道开孔

(1) 开孔前检查筒刀的筒体尺寸、椭圆度，检查筒刀和中心钻的刀齿应完好、无断齿，中心钻上的防掉环应转动灵活、无伤痕。关于筒刀尺寸应根据管道壁厚进行合理选配，以免开孔不符合要求对后续管道封堵造成影响。

(2) 开孔前，应采用注水、充氮气等方式，以保证联箱内筒刀及中心钻的润滑、冷却，排除开孔时联箱内形成可燃混合气。

(3) 开孔过程须严格执行管道高压盘式封堵开孔机操作规程，准确测量并计算相关开孔数据，以便对开孔全程进行精确控制。

3.4　管道封堵

(1) 封堵作业期间，管道内的介质压力应在封堵设备的允许工作压力之内，不能随意变更输油工艺，要保持管道管理部门和作业方的信息沟通畅通、准确无误。

(2) 安装封堵器前应检查封堵密封皮碗的规格、唇口及内外密封面无飞边、毛刺、凹坑和裂纹等缺陷。关于封堵皮碗的选择应根据管道壁厚进行合理选配，以达到最佳封堵效果。

(3) 管道封堵前，必须先对封堵联箱和干线进行压力平衡，以减轻封堵阻力。通过压力表观测封堵段管道压力，在确认管道压力无波动后，方可实施封堵作业。对盘式封堵作业，下封堵时应先下下游封堵头，后下上游封堵头。

(4) 上游封堵完成后，应对封堵效果(即封堵严密性)进行检查，半小时内封堵段无压力波动，则封堵合格；否则，应重新下堵或更换皮碗后再封堵。直到封堵合格后，才能进行下道工序。

3.5　排油及割管

(1) 封堵管内的原油应用防爆泵打入油罐车或采取其他方式连续回收，抽油时应打开进气孔(平衡阀)，并检查油位变化情况。

(2) 封堵管段完成排油后，方可采用机械方式进行断管作业，切割过程中，要对刀口进行连续冷却降温，防止温度过高及产生火花。切割的管段两边应同时最后断管，防止管线应力变形夹刀。

3.6　管道动火安装

(1) 砌筑黄油泥墙

清理管口外侧内外管壁上的原油及其他杂质，并在管口两侧各打一道黄油墙(滑石粉与黄油掺和比一般为 3∶1)，并根据黄油泥性能和季节温度变化而调整配合比例，应软硬适度。先把黄油泥做成砖块状，然后堆砌在距管口 300mm 处，砌成底大上小梯形状，上部宽度应不低于 300mm，保证密实不透气，外部再用黄油抹面密封。

(2) 动火点油气浓度检测

清除干净作业坑内的落地油，消除现场一切油气泄漏源，防止油气挥发。动火点及周围5米范围内的动火区域，必须经安全人员用至少2只可燃气体测爆仪进行现场检测，待检测合格后，现场办理动火作业票，再实施动火作业。

(3) 管道动火连头

按照设计规范及相应的管道焊接工艺规程，完成管道动火连头作业。

3.7 管道解除封堵

(1) 在完成既定的抢维修任务后实施解除封堵作业。

(2) 解除封堵前，应首先进行干线压力平衡，以减轻提封堵头的阻力；在确认封堵点两侧压力平衡后，提出封堵头，关闭夹板阀，拆除封堵器。

(3) 最后把开孔割下的鞍型板安装在塞堵上，塞堵密封圈上应涂抹黄油润滑，调整鞍型板与联箱的相对位置，确认塞堵下的鞍型板与管道方向一致。根据计算好的尺寸，利用开孔机下放堵塞，确认堵塞完全被锁环螺栓锁紧后，拆除开孔机。

(4) 安装三通法兰盲板盖　安装前要对法兰和盲板的密封面、高压金属缠绕垫片进行外观检查，不应有滑痕、松散等质量缺陷，密封面的杂物、灰尘应清除干净，然后方可安装，连接螺栓应均匀紧固。安装平衡孔塞堵，并拧紧塞堵盲盖，恢复正常输油。

3.8 现场恢复

封堵作业完成后，将更换的管道、管件等按设计及规范要求进行防腐保温处理；对于埋地管件，应先用细土垫实悬空管线，再按要求进行土方回填、恢复地貌。全部作业结束后，应做好封堵点定位信息记录，相关资料要及时整理归档。

4 问题与解决方法

4.1 三通焊接问题

常规情况下的三通焊接为带压施焊，执行相关带压焊接的标准即可。当管道由于破损(有空气进入管道内部，形成混合可燃气)或者管道处于停输状态(非满管、有气相空间)抢修，焊接作业前须判断管道允许焊接条件，确定焊接的安全性。

现阶段较为常规的做法是在焊接三通前，在管线上方焊接(焊接时通过小电流、断续焊等工艺控制焊接温度)*DN*50的手动开孔短节并实施手动开孔，通过*DN*50的观察孔判断管线内的油气状态，为下一步焊接三通提供判断依据。

目前，我们对该工艺进行了改进研究，采用免焊接金属修补粘接技术取得了一定的应用成果，其中洛德(Lord)环氧胶粘剂对经处理过的金属管道表面粘接效果和可操作性较为突出。

4.2 开孔故障

(1) 开孔过程中可能会出现开孔机动力不足，无法正常进给。主要原因为液压系统故障，液压站注塞泵的排量较小，液压站液压油不足，液压胶管或零件损坏，快速接头未连接好，出现泄压。解决方法：关闭液压站，观察液压站液压油油位情况，不足须及时添加，调节柱塞泵的排量至合适的格数并锁紧，溢流阀完全卸荷，检查液压胶管或零件是否损坏，快速接头是否连接好，排除故障。对于采用液压动力打开的夹板阀有时会出现无法打开的情况，分析原因可能是夹板阀液压缸内油封老化、损坏，应及时维修更换。

(2) 管道开孔过程中易发生卡刀现象，分析原因主要有：管道自身的应力很高、筒刀筒体的椭圆度过大或刀齿受损。在开孔机开孔过程中，鞍形板一旦松动，就会有力施加到筒刀上，筒刀可能被卡住，此时刀具切削声音异常。

事前控制措施：首先在掉板位置焊接加强圈，并且在操作时适时多次提刀，切削膨胀部分，便可解决因应力膨胀而造成的卡刀。其次，筒刀筒体椭圆的长径大于筒刀外齿的直径或者筒刀刀齿受损伤，就会发生卡阻。筒刀安装前应仔细测量筒刀筒体的椭圆度并仔细观察刀齿受损情况，如果筒刀筒体椭圆的长径大于筒刀外齿的直径或刀齿受损严重，则放弃这把筒刀，换用合格的筒刀。再次，安装封堵三通时，开孔位置距离焊缝不小于 100mm，因为焊缝及其热影响区的硬度远高于母材，极易碰伤筒刀刀齿，造成卡刀。

开孔过程中的控制措施：停车摘除离合器，用手动摇柄收回几圈，同时调节调速阀及溢流阀，增大工作压力，降低转速，重新挂档，扳动手柄，直至消除异常，重新切割开孔。

(3) 开孔机与连箱内孔或夹板阀同心度不够，筒刀接触联箱、夹板阀或封堵三通内壁，出现扫膛现象，无法正常进刀。解决方法：拆卸开孔机和开孔联箱，重新安装。安装时注意筒刀与连箱内孔、夹板阀的同心度，选定与所开孔径一致的联箱，清理其密封面，对正开孔机下的法兰，均匀紧固连接螺栓。

(4) 掉板掉落也是管道开孔作业过程中遇到过的主要问题之一。主要是提刀过量剐断中心钻挂钩或者中心钻挂钩失灵造成的。解决方法：为了防止掉板掉落管内，开孔前仔细测量、计算、校对开孔数据，确保开孔数据的准确性。开孔作业过程要严格遵守操作规程，适时提刀，严禁提刀过量。中心钻安装前，认真检查中心钻挂钩旋转是否自如，若有阻力，立即更换挂钩，保证其运动自如；还应检查挂钩是否完全置于沟槽内，如果不在沟槽内，仔细修复，使其完全置于沟槽内，防止中心钻向下运行时剐断挂钩。对于掉板打捞技术，我们研究也取得了一定进展，成功实施了个别管径的掉板打捞工厂试验。

4.3 封堵故障

4.3.1 封堵头无法送到位

液压站正常启动后，液压缸推动封堵头向下运动，如果控制杆在没有到达入位总距离尺寸之前停止，检查观测孔的数字，若其与计算出的封堵头入位总距离不符，则可使主轴在 50mm 范围内上、下移动几次，以达到封堵位置。若主轴无法向下移动，则有以下几种可能：①三通焊接偏离管道中心或封堵头安装中心不正，导致封堵头在联箱或夹板阀处卡死，或夹板阀未完全开启。解决方法：重新安装封堵头，试验使封堵头上下不接触联箱等内壁；检查夹板阀，使夹板阀完全开启；重新检查封堵头和皮碗是否损坏，以保证密封效果。②连接封堵联箱和管道平衡管路上的平衡阀未开启，导致封堵头前后压力不均，出现憋压的情况，使封堵头无法到位。解决方法：打开平衡阀，平衡压力，重新下封堵头。③由于导向轮正对焊缝或连接转销卡死，封堵器堵头不拐弯，无法送达封堵位置。解决方法：重做一个小规格导向轮，检查连接转销，使弯板活动灵活[2]。

4.3.2 封堵头密封泄漏

封堵头确定下到位后，通过封堵严密性试验观察有泄漏，此时需要提出封堵头检查故障并重新封堵。可能原因包括：①皮碗受压变形或损坏。提出封堵头，首先检查密封皮碗有无变形或损坏，耐压强度不够可能导致皮碗变形，管道开孔过程中产生铁屑落入管道内，可能割破密封皮碗，在下堵过程中皮碗被机械损伤出现泄漏点，使其无法密封。解决方法：更换耐压强度满足标准要求的封堵皮碗重新进行封堵，需要注意避免在下封堵头的过程中对皮碗造成机械损伤。②皮碗压板倾斜。若封堵头上的皮碗压板倾斜，导致封堵头送到位后，密封皮碗平面与管壁形成一定的角度，无法与管壁紧密接触达到密封的目的，出现泄漏点。解决方法：提出封堵头，调整皮碗压板上的连接螺栓并均匀紧固，使密封皮碗与弯板前端平行，重新封堵。③由于管道内壁焊缝出现内凹情况，或皮碗位置局部出现腐蚀坑。解决方法：如果渗漏不严重可实施引流，在管道内部围堰，采用机械钻孔或防爆自吸泵抽取渗漏原油。如果渗漏严重则须重新选取封堵点进行封堵。

5 HSE 管理措施

(1) 作业前应对全体作业人员进行安全教育，作业人员应清楚本岗位的作业内容，应进行风险识别、评价、告知，应制定风险消减措施和应急处置方案。

(2) 封堵抢修现场应划分安全作业区域，设置警戒线、警示牌、风向标。进入作业场地的人员应穿戴劳动防护用品，焊工作业应配备焊工服、面罩、绝缘鞋等，并做好焊接保护措施，与作业无关的人员严禁进入警戒区。

(3) 现场应配备应急药品，夏季作业人员应有防暑降温措施；冬季应有防寒保温措施。

(4) 现场应配备足够的干粉灭火器、灭火毯，保证消防车到位、消防通道畅通。

(5) 现场应使用防爆电气、防爆工器具，电气设备应有良好的接地，安装符合规范要求。

(6) 管道施焊前，应对焊点及周围可燃气体的浓度进行检测，若采用强制通风措施，其风向应与自然风向一致。现场环境气体检测合格，在开具动火作业许可证后，方可进行焊接作业。焊接作业期间，应对动火点及周围区域和可能出现的泄漏进行全过程跟踪检查和监测。

(7) 封堵抢修作业时，管道内的介质压力应在封堵设备的允许工作压力之内，不能随意变更输油工艺，要保持业主和作业方的信息沟通畅通、准确无误。

(8) 管道抢修作业坑应能满足施工人员的操作和施工机具的安装及使用，现场应采取措施控制作业坑塌方、跑油污染环境等危害。作业坑底部应设积油坑，并安装好备用防爆抽油泵。作业坑与地面之间应有至少 2 条不同方向的阶梯式安全逃生通道，安全逃生通道应设置在动火点的上风向，并设置至少 2 条阻燃带节救生绳。地下水位较高时，应采取降水措施；边坡不稳时，应采取防塌方措施等。

(9) 动火和断管作业不应同时进行，管线对口和焊接时，严禁敲击管线。

(10) 现场应做好根焊过程黄油泥严密性的检测，对砌筑黄油墙部位应采取降温措施；检查黄油墙到封堵头中间的隔离管段，应确认无渗油、无压力波动。

(11) 现场吊装、焊接、临时用电等作业应执行相应的安全管理制度。

(12) 对输送含高硫原油介质的管线，应做好现场人员的个体防护和有毒有害气体的实时检测。

(13) 发生大面积油气泄漏，应及时通知相关方，做好周围无关人员疏散和明火管制，发生火情应及时报警。

(14) 作业完成后，应清理作业现场，将废弃物进行分类处理，做好落地油回收，防止发生环境污染和次生灾害。

参 考 文 献

[1] 孙华，等. 大口径、高压力输气管道的不停输开孔封堵[J]. 化工设备与防腐蚀，2004，06：27-29.

[2] 陈瑞，等. 盘式封堵器在管道抢险作业中的故障处理[J]. 油气储运，2012，06：463-465，469.

炼油行业脱硝技术应用研究

薛 焱 洪 挺 代永强 张 旭

（北京宏庚环保科技有限公司，北京 100095）

摘 要：介绍了炼油行业氮氧化物的危害，国内外对氮氧化物采取的控制标准，烟气条件等，并对现有的加氢精制、SCR技术、SNCR技术、氧化法、添加助剂法等技术的应用进行分析，明确炼油行业脱硝的发展趋势。

关键词：炼油 催化裂化 脱硝 SCR

1 前言

近几年严重的雾霾问题给人们正常工作、生活造成极大的危害，其主要污染物二氧化硫、氮氧化物（NO_x）如何治理问题引起了各行业的高度关注。数据表明，随着SO_2控制工作的顺利开展，我国的酸雨污染由硫酸型转为硫酸和硝酸复合型，硝酸根所占比例由1/10上升到1/3[1,2]。这些NO_x排放10%来源于石化炼油行业，虽然比例不是很大，但是这些集中排放的烟气，同样会给大气造成严重的危害[3,4]。自2013年以来，国家对炼油行业给予高度重视，先后发布了一系列环保政策、排放标准等，其中《大气污染防治行动计划》对炼油行业提出重点要求：加快炼油行业脱硫、脱硝、除尘改造工程建设，因此如何控制炼油行业NO_x排放量成为环境保护的工作重点[5,6]。

2 氮氧化物排放现状

2.1 国外排放限值标准

美国和欧盟对氮氧化物的控制，不仅考虑到NO_x本身，而且包括NO_x转化涉及的多种二次污染物，对此他们采取系统防控措施：①综合管理多种指标；②制定相应标准体系；③实施区域共同防控；④经济激励政策；⑤披露企业污染排放等办法，并取得较好效果。

各国对NO_x排放控制都有自己的相关标准。美国标准规定，炼油企业催化裂化（FCC）再生烟气中NO_x7天滚动平均值不大于80ppm；热负荷大于4千万MMBtu/h工艺加热炉，其烟气中NO_x24h平均滚动值不大于40ppm。日本规定NO_x排放标准：大型燃气60ppm、燃油130ppm和煤电站200ppm。欧盟对大型燃烧企业NO_x排放标准为固体燃料200mg/m^3，气体燃料100mg/m^3[7]。

2.2 国内排放限值标准

2015年4月16日GB 31570—2015《石油炼制工业污染物排放标准》首次发布，规定新建企业自2015年7月1日起，现有企业自2017年7月1日起，执行该标准。标准中规定工艺加热炉排放限值为150mg/m^3，催化裂化再生烟气排放限值200mg/m^3。其中对于一些生态脆弱的特别保护地区，规定有特别排放限值，工艺加热炉排放限值为100mg/m^3，催化裂化再生烟气排放限值100mg/m^3。

2017年7月1日前现有企业主要执行GB 16297—1996《大气污染物综合排放标准》。该标准对氮氧化物排放浓度和排放速率均给出最高限值，最大允许排放浓度为240mg/m^3，不同排气筒高度有相应的最大排放速率限值，如表1所示。

表1 氮氧化物最高允许排放速率

排气筒高度/m	15	20	30	40	50	60	70	80	90	100
最大排放速率/(kg/h)	0.77	1.3	4.4	7.5	12	16	23	31	40	52

2.3 氮氧化物来源及烟气条件

大气中氮氧化物 NO_x 生成机理认为主要有三种：燃料型、热力型和快速型。炼化企业 NO_x 排放源主要来自：①FCC 装置再生烟气；②工艺加热炉烟气；③酸性气回收装置废气。其中 FCC 装置再生烟气和酸性气回收装置废气 NO_x 属于燃料性 NO_x。加热炉采用燃料气作为燃料时，NO_x 生成主要为热力型和快速型，燃料油作为燃料时，NO_x 生成以燃料型为主。由于 FCC 再生烟气 NO_x 排放量在炼油行业占有较大比重，表2为整理的典型 FCC 装置再生烟气排放情况[8]，从表格内数据分析，FCC 装置产能相近，烟气量接近的情况下，NO_x 排放浓度仍会有很大差别，范围从 245~4267mg/m^3，尤其是高排放浓度 4267mg/m^3 烟气，及同一烟气 NO_x 浓度大范围浮动(596~1191mg/m^3)，此外 FCC 再生烟气通常具有：①低温，正常温度 180~230℃；②硫含量较高，SO_2 浓度一般为 700~4500mg/m^3；③粉尘硬度大，大部分为 Al_2O_3 等较硬颗粒。所有这些都对所选用的脱硝技术提出很高要求。

表2 FCC 装置再生烟气排放情况

装置	产能/(Mt/a)	烟气流量/(Nm^3/h)	NO_x 浓度/(mg/m^3)
大庆石化二催	1.4	160570	245~326
大庆石化一重催	1.0	105000	596~1191
独山子石化重催	0.8	47083	1300~1400
锦西石化一重催	1.0	112960	2806
锦西石化二重催	1.8	—	4267
呼和浩特石化重催	0.9	120000	369

3 氮氧化物脱除技术

3.1 催化裂化再生烟气脱硝技术

FCC 再生过程产生 NO_x 占整个炼油厂 NO_x 排放总量的比例高达 50%，排放废气中 NO_x 浓度一般为 300~4500μg/g，与原料含氮量和操作条件有关。[9] 因此脱硝技术主要有催化剂加氢脱氮和烟气脱硝，其中烟气脱硝主要采用氧化法、还原法和添加助剂法等。

3.1.1 原料加氢脱氮

原料加氢脱氮主要是通过加氢精制，降低原料中氮含量，减弱 FCC 过程中对催化活性和选择性造成的不利影响，提高油品的抗氧化稳定性。但由于加氢脱氮工艺条件苛刻，耗能大，费用高，且原料加氢脱氮主要为达到油品要求，获得更好的经济效益，对整个过程中 NO_x 控制效果不明显。[9]

3.1.2 氧化法

氧化法是利用强氧化剂，如臭氧、双氧水、次氯酸钠等，把烟气中不易溶于水的 NO_x 转化为易溶于水的 N_2O_5，并利用后续的碱液吸收处理。氧化法中尤以臭氧作为氧化剂应用最广泛，其反应机理如下：

$$NO+O_3 = NO_2+O_2$$

$$2NO+3O_3 = N_2O_5+3O_2$$

$$2NO_2+O_3 = N_2O_5+O_2$$

$$N_2O_5+H_2O = 2HNO_3$$

生成的硝酸与后续碱液快速反应得到相应的硝酸盐。

美国 Belco 公司的 LoTOx 工艺就是基于臭氧氧化，该技术在国外有一些应用，国内应用案例不多[10,11]。主要原因是液相中硝酸盐带来的二次污染问题，以及氧化剂臭氧高昂的制备成本，这些在很大程度上限制了该工艺的广泛应用[12]。

3.1.3 还原法

3.1.3.1 选择性催化还原(SCR)

SCR 技术是指还原剂在催化剂作用下，把污染性气体 NO_x 还原为无污染的氮气和水。其中还原剂多选用氨气、液氨、尿素，也可选用 CO，H_2，还可以用小分子烷烃类[13,14]。其中氨基还原剂反应机理如下：

$$4NO+4NH_3+O_2 = 4N_2+6H_2O$$

$$2NO_2+4NH_3+O_2 = 3N_2+6H_2O$$

$$6NO_2+8NH_3 = 7N_2+12H_2O$$

SCR 工艺脱硝效率高达 95%以上，是脱硝减排效率最高的技术。目前所用催化剂多以 TiO_2 为载体，V_2O_5 为主要活性组分，WO_3 或 MoO_3 为活性助剂。催化剂主要分蜂窝、板式、波纹三种。其中传统的板式催化剂优势在于抗堵灰，抗砷中毒，较低的 SO_2 转化率等。基于以上优势，通过对催化剂性能改良，使得 SCR 工艺：①适用温度拓宽至 200～420℃，在 200℃时，脱硝效率仍可以达到 70%以上；②很高的氮氧化物浓度适应性，即使是 NO_x 浓度达到 2000ppm，催化剂仍能保持很高的脱硝效率(85%以上)，实现 NO_x 稳定达标排放。北京宏庚环保科技有限公司一直从事板式催化剂改良研究，并在这方面取得一定成果，研究的催化剂产品可以完美解决前面提到的脱硝效率，低温、NO_x 浓度适应性、抗硫、抗磨损等问题。

在 FCC 再生烟气脱硝行业内，已有超过 20 套的 SCR 装置，其中美国有 11 套，日本有 8 套。日本的 MPS 公司作为 FCC 再生烟气 SCR 脱硝技术先驱，采用的典型操作参数：烟气处理量 7.5 万～53 万 Nm^3/h，温度区间 288～399℃，烟气中氧含量 0.7%～3.4%，粉尘和 SO_2 耐受能力为 $700mg/m^3$ 和 $1050mg/m^3$，脱硝率高达 94%，氨逃逸 5～$20mg/m^3$。国内已投用 SCR 脱硝装置主要包括镇海、海南和安庆等催化裂化装置。

优秀的催化剂产品，顺利投用的 SCR 脱硝装置，SCR 在炼油行业的广泛应用前景很好。

3.1.3.2 选择性非催化还原(SNCR)

SNCR 技术是还原剂在无催化剂条件下，把 NO_x 转化为氮气和水的工艺。烟气温度一般在 850～1100℃，反应机理同 SCR 技术。

该技术适用温度太高；脱硝效率很低，只有 30%～40%，不能满足排放标准要求，且氨逃逸高时，和硫生成大量硫酸盐，腐蚀、堵塞后续设备。

3.1.4 添加助剂法

添加助剂法指在 FCC 催化剂中加入一定量低 NO_x 燃烧促进剂或 NO_x 还原添加剂，从而实现控制 NO_x 排放的技术。

国外和国内都有对该技术的研究和使用，虽然该技术一直在做改进，但是助剂的主要活性组分还是 Pt 等贵金属，考虑到需要持续添加，损耗量大，成本太高；该技术由于脱硝效率的限制，只能应用于 NO_x 浓度不高的装置，且助剂的适用性差，在不同装置上应用效果差别很大。

3.1.5 氧等离子法

氧等离子技术是由 Shell GS 和 Praxair 公司共同开发的脱硝技术。该工艺是通过在烟气中注入高速热氧，破坏 NO_x 前驱物，从而控制 NO_x 产生。热氧中含有的高浓度自由基 O、H 和 OH 具有极高活性，它们同 NO_x 前驱物 NH_3 和 HCN 快速反应生成 N_2。

此技术作为新技术，具有占地小，成本低优势，但是脱硝效率只有 40%～60%，且只适用于不完全再生 FCC 装置，有很大局限性。

3.2 工艺加热炉烟气脱硝

目前燃气加热炉，低 NO_x 气体燃烧器应用较多，基本达到 NO_x 排放标准；而对于燃油加热炉，低 NO_x 重油燃烧器技术尚不成熟，难以达到排放标准要求，烟气脱硝技术成为主要脱硝途径[15]。

考虑到石化行业加热炉辐射室出口温度只有 800℃左右，且需要较高的脱硝效率，所以 SNCR 不适用，一般选择 SCR 技术。部分高温加热炉可以采用 SCR+SNCR 组合式。

SCR 技术在工艺加热炉已实现成功应用。2003 年瑞典 Preen 炼油厂在加热炉上应用 SCR 技术后，脱除了 90%的 NO_x。2004 年美国加利福尼亚炼厂依法执行环保排放标准，加热炉安装 SCR 装置，NO_x 排放浓度降至 5×10^{-6}vd[16]。

应用 SCR 技术时催化剂需要根据具体烟气条件选择，不易结垢的烟气优先选用板式催化剂[17]。

3.3 酸性装置回收气废气脱硝

炼油厂酸性气回收装置烟气中 NO_x 含量与酸性水汽提装置工艺有关。采用侧线出氨的水汽提工艺能够很大程度上减少 NO_x 产生，18也是目前主要的解决办法。

目前对与酸性装置回收废气脱硝研究很少，从技术角度分析 SCR 技术是不错的选择。

4 结语

随着人们对洁净空气的呼声越来越高，国家对烟气排放的标准也越来越严格，一种适用于炼油行业并能保证烟气稳定达标排放的技术是我们一直在寻找的，通过前面几种技术介绍、分析，鉴于技术优势、成功应用案例，SCR 技术在炼油行业已经是一个发展趋势，有很好的前景。

参 考 文 献

[1] 韩爱菊，徐伟，公克．浅谈石化行业脱硝技术的现状及发展[J]．中国环境管理干部学院学报．2013，2：40-42.

[2] Wang Gang，Wen Yaoshun，Fan Jingxin，Xu Chunming，and Gao Jinshen[J]．Industrial & engineering chemistry research. 2011，50：12449-12459.

[3] 李军，罗国华，魏飞．催化裂化再生过程脱硝技术[J]．化工学报．2014，65：2426-2436.

[4] 李海．控制催化裂化再生烟气中 NO_x 排放的技术[J]．化工学报．上海节能．2015，11：619-623.

[5] 庞江竹，宋爱萍，缪超．近年我国炼油行业相关政策及其导向[J]．炼化广角．2015，5：27-33.

[6] Cerqueira H S，Caeiro G，Costa L，Ribeiro F R. Deactivation of FCC catalysts[J]．Journal of Molecular Catalysis A-Chemical. 2008，292：1-13.

[7] 刘晋东．炼油厂氮氧化物系统性减排措施研究[D]．青岛：青岛理工大学，2014：8-12.

[8] 马红敏．炼化企 NO_x 排放及防治技术研究进展[J]．广州化工．2015. 43：52-57.

[9] Rana M S，Samano V，Ancheyta J，Diaz J A. A review of recent advances on process technologies for upgrading of heavy oils and residua[J]. Fuel. 2007，86：1216-1231.

[10] 江盛阳．催化裂化再生烟气脱硝技术对比[J]．化工管理．2015. 201-202.

[11] 王刻文，胡敏，郭宏昶，朱雷鸣．催化烟气脱硝工艺选择探讨[J]．山东化工．2013. 42：23-217.

[12] 邓旭亮，刘鹏，王淑梅，杜龙弟，王薇．催化裂化再生烟气脱硝技术应用进展[J]．油气田环境保护. 2014. 24：56-57.

[13] Zhao Q S，Xiang J M，Yin Q D，Hu S，Sun L S. Selective catalytic reduction of NO by NH_3 over sol-gel-derived CuO/gamma-Al_2O_3 catalyst/Proceedings of the 6th International Symposium on Coal Combustion[C]. 2007：322-328.

[14] Li Jun，Wang Shan，Zhou Li，Luo Guohua，Wei Fei. NO reduction by CO over a Fe-based catalyst in FCC regenerator conditions[J]. Chemical engineering journal. 2014，255：126-133.

[15] 李文辉．燃油加热炉烟气的污染及其防治[J]．中外能源．2010，15：93-98.

[16] 蔡丽萍，郭国义，江志彬．烟气脱硝技术应用与展望[J]．工业炉．2013，35：13-18.

[17] 李绍明，张铁峰．石化加热炉烟气脱硝技术应用探讨[J]．炼油技术与工程．2011，41：1-5.

[18] 涂联，陈新殿，张法良，李刚等．酸性水汽提装置技术改造[J]．山东化工．2011，40：68-69.

轻烃深度脱硫及碱渣尾气零排放技术

郝天臻　李艳珍　卢志远

（河北精致科技有限公司，河北沧州　061000）

摘　要：液态烃深度脱硫技术强化了梅洛克斯法两步反应过程，使液化气及后序化工原料、MTBE 产品总硫降至理论极限水平；节能 60~140MJ/t 液化气；碱渣减少 3/4，且成分单一，有害物来源可查。在此基础上，本着从源头开始，预防与治理相结合的原则，通过分析工艺过程，排除生成碱渣的因素，将污染物最大可能地资源化，以较少的投入和运行代价，实现脱硫醇尾气、碱渣的零排放，达到用碱不排渣、用气不排废的清洁化生产条件。

关键词：液化气　脱硫　碱渣　尾气　零排放

1　前言

随着油品质量升级和加工工艺的改进，汽油、柴油和航煤的碱精制逐渐消失，目前，大部分炼油企业仅剩液化气脱硫醇一种碱渣。碱渣是产品精制过程产生的含多种有机物废弃碱液的总称，其中含生物毒性物质、高浓度 COD 极难降解物和强碱，是公认的最难处理废液之一，处理费高，其后勉强进污水处理，对水回用影响严重。

另外，含过剩氧、硫化物、微量烃及碱液的脱硫醇再生尾气对安全和环保构成影响，虽然按比例注瓦斯送加热炉作燃料缓解了后处理问题，但有企业发现加热炉炉管、炉壁、烟道挡板等局部腐蚀稍显加重，烟气 SO_2浓度也有所升高。混瓦斯的尾气与燃料气组成、压力差别较大，以一个火嘴集中燃烧，带来加热炉的偏烧和温度调节困难；另一种尾气的处理措施包括升压、冷冻机组、冷柴油吸收及膜分离等，不仅投资与操作费高，而且即使工艺如此复杂，尾气烃含量还是达不到直排指标，仍需再焚烧处理。

近年来，我公司一种可深度脱除总硫的液态烃脱硫醇专利技术（ZL200910250279.8，简称液态烃深度脱硫）广泛应用，采用功能强化助剂、三相混合氧化再生、固定床再生催化剂等工艺措施，将催化液化气总硫降到 5μg/g 以下，实际运行<3μg/g；焦化液化气总硫降到 50μg/g 以下，实际<10μg/g；以此为原料分离出混合碳四，生产的 MTBE 产品总硫<30μg/g，甚至 20μg/g 以下，达到理论极限水平。同时，节能 60~140MJ/t 液化气，碱渣排放降低 3/4，且尾气和碱渣的成分相对单一，有害物来源可查。深度脱硫三相措施都与溶剂的功效紧密相连，该技术成果为碱渣尾气零排放创造了条件。

本着从源头开始、预防与治理相结合的原则，凭借深厚的研发条件和实践经验，在液态烃深度脱硫基础上开发碱渣/尾气零排放技术，通过分析工艺过程，逐条排除可生成碱渣的因素，将污染物最大可能地资源化，以较少的投入和运行代价，实现脱硫醇尾气、碱渣零排放，达到用碱不排渣、用气不排废、并且略有盈利的清洁化生产条件。

2　不可再生与极难处理碱渣的形成因素

脱硫醇溶剂累积的有机物主要包括：RSNa、有机胺、乳化油、助剂和催化剂降解物。随着精制过程进行，碱浓度损失和盐析效应导致抽提效果下降，由此形成的无机盐主要包括：Na_2CO_3、Na_2S、Na_2SO_3、$Na_2S_2O_3$；其中，Na_2CO_3因为碱液溶解和氧化空气带入了 CO_2；而 Na_2S、Na_2SO_3、$Na_2S_2O_3$是 NaOH 与原料中微量 H_2S 反应的生成物。

一般预碱洗碱渣的主要成分为：RSNa 含量 2%~4%；Na_2S 含量 1%~3%；有机胺含量 0.5%~3%；NaOH 含量 2%~10%；液化气深度脱硫技术循环剂碱渣的主要成分为：

(1) 因反抽提良好，乳化油含量很少，一般在 100~300mg/L；

(2) 因再生良好，RSNa 含量很少，硫醇硫含量 100mg/L 左右；

(3) Na_2CO_3没得到控制成为主要杂质之一，占 1%~2%；硫化物(包括 Na_2S、Na_2SO_3、$Na_2S_2O_3$、Na_2SO_4)在 1%~2%；NaOH 含量较高，浓度在 5%~8%；

(4) 助溶添加剂主要成分为植物酮醌类及醇类，含量 5%~10%。

其中，RSNa、Na_2S 是生化处理中引起微生物中毒的主要成分；有机胺、助溶添加剂、催化剂及其降解物是 COD 极难降解物质；碱渣中还含有大量的 NaOH，中和后成为可溶性盐，影响中水回用效率。这些都是不可再生和极难处理碱渣的形成因素。

3 碱渣/尾气零排放的高效治理措施

(1) 控制有机胺进入碱渣。液化气经胺脱后溶解约 300μg/g 胺液，增加液化气水洗设施，这样既回收了胺液，又减轻了后续碱渣处理难度。用水量在 2%左右，采用先进的烃/水接触设备，确保很少的水量将液化气带胺量控制到 2μg/g 以下。

(2) 控制 H_2S、硫化物进入脱硫醇溶剂系统。将液化气预碱洗改为低温吸附精脱硫工艺，彻底消除含有生物毒性、恶臭和极难处理的预碱洗碱渣。

(3) 采用高纯 KOH 取代 NaOH 做抽提剂，既提高脱硫醇能力、又减轻盐析效应和生成 Na_2CO_3 的因素，由助剂厂家在氮封环境下实现 KOH 的净化与活性匹配，直接提供。

(4) 脱硫醇剂/碱再生实际耗氧量非常少，尾气中的氧含量几乎与空气相同。因此，采用液环压缩机对尾气升压后循环使用，以氧气和氮气替代空气，消除带入 CO_2的因素，需要增上氧气在线分析仪，用氧气保持尾气中氧含量，用氮气保持系统压力，既保持了再生条件不变，又实现了极难处理尾气的安全零排放。

(5) 增上脱硫醇循环溶剂在线净化设施。脱硫醇溶剂积累的无机盐和有机胺被控制直至消除后，无需再切换，像胺脱溶剂一样稍许补加，实现了零切渣。考虑到长期运行难免积累少量无机盐、助剂或催化剂变质导致有机酸盐和微量乳化油积累，在反抽提油中加入强化抽提剂，增强其对二硫化物、降解有机物的溶解；同时采用高效反抽提设备，以很少的反抽提油(0.1%左右)实现较高溶剂净化度；同时设浅苛化设施，按比例定期加苛化剂进行沉淀反应，使溶剂中无机盐和有机盐始终保持在较低的浓度范围。

综上所述，该项技术在液化气深度脱硫基础上继续改进，由碱液深度氧化再生、脱硫醇溶剂升级、溶剂脱氧/反抽提脱有机杂质/浅苛化沉淀脱无机盐、尾气循环使用、液态烃水洗脱胺/固体吸附脱 H_2S 等措施组成。工艺流程示意见图 1。

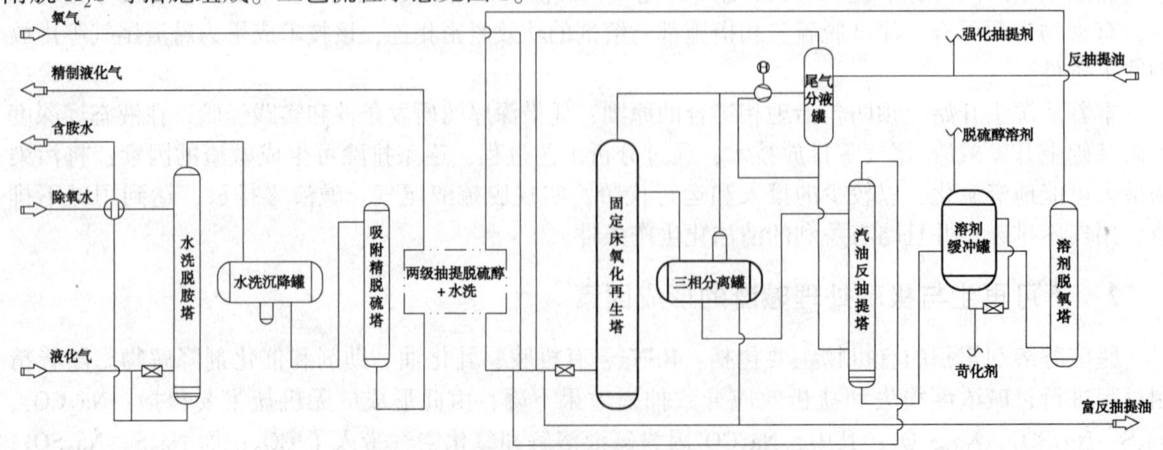

图 1 液化气深度脱硫及尾气碱渣零排放流程示意图

4 技术优势

(1) 脱硫醇溶剂升级和消除失效因素等措施，克服了定期排渣的老传统；

(2) 水洗脱胺，避免了极难处理的有机胺带入碱渣和废水；

(3) 尾气循环消除了油品损失和环境污染。

表1 改造前后费用对比表

项	目	单耗	单价(元)	费用(元/tLPG)
改造前	40%碱液/(kg/t)	0.34	0.94	0.32
	碱渣排放/(kg/t)	1.36	2	2.72
	除臭精制液/(kg/t)	0.08	19	1.52
	尾气夹带汽油损失/(kg/t)	0.37	5	1.85
	合计			6.41
改造后	脱硫醇溶剂/(kg/t)	0.2	10	2
	强化抽提剂/(kg/t)	0.4	15-5=10	4
	固定床催化剂/(kg/t)	0.034	33	1.12
	吸附精脱硫剂/(kg/t)	0.048	30	1.44
	新增电耗/(kW·h/t)	0.89	0.67	0.6
	水洗回收胺/(kg/t)	-0.3	15	-4.5
	合计			4.66

注：改造前单耗数据为焦化和催化液化气加权平均值，分别取自某企业焦化液化气脱硫醇装置。2014年1至7月消耗数据，和催化液化气脱硫醇装置2011年8月消耗数据。

5 结语

为了满足产品质量升级以及“碧水蓝天”清洁生产要求，在提高轻烃脱硫效果的同时实现尾气及碱渣零排放，是炼油企业高度负责的必然选择、轻烃脱硫醇和环保减排工艺技术的重大升级。液态烃深度脱硫与碱渣/尾气零排放所有措施均为工业成熟技术，效果可靠，在实现零排放的同时，本工序略有效益，下游‘三废’处理费用归零，化工碳四硫含量及加工成本大大降低，成为值得推广的清洁化生产新工艺技术。

船加油作业过程职业病危害评价与预防

杨 杨

(中国石化燃料油销售有限公司，北京 100029)

摘 要：为全面掌握船加油作业过程中职业健康风险，解决加油作业过程机动性强，时间跨度大及各类环境风险等因素引发的人身伤害问题，本文研究评价船供油作业过程的职业病危害状态，提出预防方案，降低作业现场的职业危害，防止急(慢)性职业中毒及物理损伤等现象的发生。

关键词：船加油 职业健康风险 危害评价 预防

1 前言

随着国际贸易的发展，海上运输业也随之发展壮大起来，世界各港口的加油量不断上升，船供油成为了港口配套服务的重要组成部分。船供油过程机动性较强，时间跨度大，现场作业人员面临各项风险，如何保障供油作业员工职业健康安全成为船供油公司面临的问题，中国石化燃料油销售有限公司从船供油作业过程的职业病危害现壮评价入手，以降低作业现场的职业危害程度，提高职业卫生管理工作水平为目的，提出最大限度防止急(慢)性职业中毒及物理损伤现象的发生方案。

2 船加油作业概况与调查方法

2.1 作业流程

中国石化燃料油销售有限公司成立于2010年，是中国石化销售有限公司的全资子公司，是从事以船供油为核心业务的专业公司，保税油经营网络在中国港口网点覆盖率超过90%，每月为400余艘国际航行船舶提供加油服务。日常船加油业务流程如下：

收到供油订单后，跟踪受油船舶动态，确认船期和靠泊泊位，在了解气象和海况的情况下，制定船供油作业计划，派出供油代表进行作业。申报船装油及作业手续后，首先进行装油作业，驶向受油船。靠近受油船后，驳船船员连接两船的输油管线，同时供油代表佩戴个人防护用品进行供油前的安全防污染检查，对货油舱进行泵前计量，开始输油作业。供油代表全程监控供油作业，达到预定供油量后，最后进行扫线，再次对货油舱进行泵后计量。最后双方确认供油数据，无误后拆分两船输油管线，驳船驶离受油船。本次研究以中国石化燃料油销售有限公司山东青岛分公司为例。驳船甲板府视简图如图1所示。

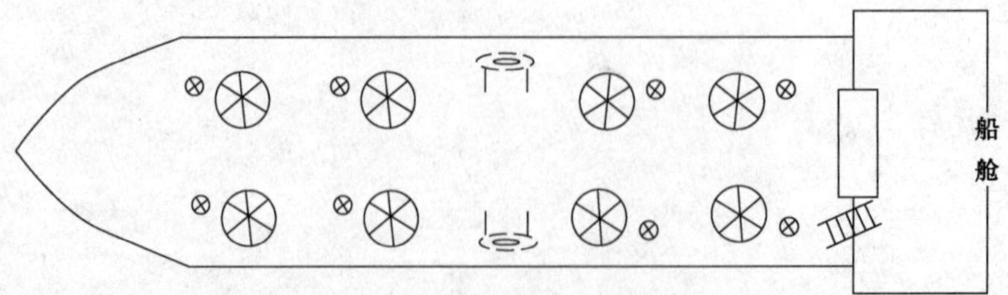

图1 驳船甲板俯视简图

—油舱及相应的检尺口；—驳船与受油船连接软管处的输油口

2.2 调查方法

根据该作业职业病危害的特点，对作业人员的职业病危害因素接触水平及职业健康影响进行调查评价，并对采用的职业病危害防护设施的防护效果进行调查评价。主要采用工作写实调查、职业卫生检测及综合分析法。

2.3 调查程序

收集和研读有关资料，开展初步现场调查和工程分析，编制控制效果评价方案并对方案进行技术审核，确定质量控制原则及要点等。

依据评价方案进行工程分析、职业卫生现场调查，并测定工作场所职业病危害因素的浓度(强度)，检查现场职业病危害防护设施的使用情况，并判断其防护效果。

汇总、分析前两阶段所得的资料、数据，通过分析和评价得出结论，提出职业病危害补充措施和建议。

3 职业病危害因素识别、检测与评价

3.1 职业病危害因素识别

3.1.1 职业病危害因素分布情况

在供油代表穿加油作业工作过程中，主要存在职业病危害因素为溶剂汽油和噪声。溶剂汽油主要存在于各油舱口、检尺口以及输油口。尤其在检尺计量、打开法兰连接软管时接触更直接。噪声主要存在于供油作业开泵后并持续一段时间。

3.1.2 运行环境及劳动过程中的职业病危害因素

受油船在供油同时通常所在停靠码头进行卸船作业，由于卸船作业为敞开式作业，根据受油船装载货物不同，当卸粉尘类或化学品货物时，考虑到粉尘类或化学品类的飘散或扩散性，它们也会对供油代表造成职业危害。

船供油作业同时受供油环境温度等不良气象条件的影响。供油代表要克服恶劣天气进行作业，在天气炎热时，船甲板上温度可高达60℃；冬季船舶夹板无屏障，非常寒冷。

供油代表在整个供油作业过程中，需要在两船间往返以保供油作业正常运行(通常受油船相比驳船要高出7m或30m不等)，在通过软梯、线网等方式登上或爬下受油船时，两船高度差不但存在登高坠落风险，还会使供油代表的心理会产生紧张情绪。

由于受油船属不同国籍，船员来自不同国家，各自有着不同的风俗、习惯及语言，为供油代表正常开展工作造成较大心理压力。船舶及船员素质也存在不确定性，有着较大差异，例如在埃博拉病毒传播时，供油代表有接触来自疫区船舶或者船员的风险。

持续时间长也是船供油作业的主要特点。供油代表从申报作业手续到完成一次船供油作业的时间要依据供油量、供油地点等诸多因素决定；通常完成一次船供油作业工作时间在7至9小时不等，供油至深夜甚至凌晨。

另外，船供油作业都是在海上进行，由此可能产生晕船等不适症。

3.2 职业病危害因素检测与评价

3.2.1 职业病危害因素检测

通过对该作业的现场调查，确定职业病危害因素检测项目为溶剂汽油、噪声。检测方法如下：

(1)《工作场所空气中有害物质监测的采样规范》(GBZ/T 159—2004)；

(2)采样：《工作场所空气中有害物质监测的采样规范》(GBZ 159—2004)；

(3)化学毒物：《工作场所空气中有毒物质测定混合烃类化合物》(GBZ/T 160.40—2004)；

(4)噪声：《工作场所物理因素测量第8部分：噪声》(GBZ/T 189.8—2007)。

3.2.2 职业病危害因素检测结果与评价

(1) 溶剂汽油检测结果与评价

溶剂汽油职业接触限值详见表1。溶剂汽油职业接触限值检测结果如表2所示。

表1 溶剂汽油职业接触限值

项目	MAC(mg/m^3)	PC-TWA(mg/m^3)	PC-STEL(mg/m^3)	超限倍数
溶剂汽油	—	300	—	1.5

表2 溶剂汽油职业接触限值检测结果

岗位	检测项目	检测地点	C_{STEL}		接触时间(h)	C_{TWA}	单项判定
供油代表	溶剂汽油	检尺口	9.11	11.0	0.5	3.26	符合
		驳船输油口	2.41	2.59	4		
		受油船输油口	2.68	2.84	4		

由化学毒物定点检测结果以及计算后 C_{TWA} 可以看出工作场所化学毒物浓度和作业人员实际接触到的毒物浓度远低于国家职业接触限值。说明在供油工作过程中，虽然存在化学毒物，但是其浓度不高。

(2) 噪声检测结果与评价

《工作场所有害因素职业接触限值第2部分：物理因素》(GB Z2.2—2007)规定的噪声声级限值表3。工作场所噪声职业接触限值检测结果见表4。

表3 工作场所噪声职业接触限值

接触时间	接触限值/dB(A)	备注
5d/w，=8h/d	85	非稳态噪声计算8h等效声级
5d/w，≠8h/d	85	计算8h等效声级
≠5d/w	85	计算40h等效声级

表4 工作场所噪声职业接触限值检测结果

岗位	检测地点	检测结果/dB(A)			接触时间/h	8h等效声级/dB(A)	单项判定
供油代表	驳船泵房门口	80.3	81.6	80.7	0.1	73.2	符合
	船舱	60.3	60.9	61.4	6.5		符合

噪声主要来源于供油时驳船泵房传出的噪声。从噪声定点检测结果可以看出在开泵输油时驳船泵房噪声强度较高，但是考虑到供油代表几乎不在驳船泵房内停留，只是在监护供油过程时时而经过泵房门口，计算下来供油代表完成一次供油作业8h等效声级符合国家职业接触限值的要求。

4 个人职业病防护用品调查与评价

4.1 防护用品配备情况调查

目前共有代表配备的防护用品包括冬、夏工装、登高防坠器、救生衣、救生包、防滑鞋、安全帽、麻布手套、耳塞、护目镜等。

4.2 劳动防护用品评价

船加油作业能够针对作业人员接触的职业病危害因素，配发防护服、登高防坠器、救生衣、救生包、防滑鞋、安全帽、麻布手套、耳塞等个体防护用品，并定期进行更换，防护用品防护性能均符合《劳动防护用品监督管理规定》(国家安全生产监督管理总局令第1号)的要求。但在进行供油作业的同时可能出现粉尘类、化学类职业病危害因素(视受油船载货及装卸时间而定)，应随时跟进相关劳动防护用品配发。

5 应急救援调查与评价

5.1 应急救援调查

现有《中国石化燃料油销售有限公司应急预案》，其中公共卫生篇明确了职业病危害事故应急救援指挥组织与处置原则。同时，为供油代表随身配备有个人救生包，包括救生绳、信号工具等。

5.2 应急救援评价

该公司制定的《中国石化燃料油销售有限公司应急预案》中，涵盖了多种突发事故的应急救援方案和处置方法，分工明确，但预案中未涉及预案演练的内容。

6 职业卫生管理调查与评价

6.1 职业病防治规划、实施方案及执行情况

中国石化燃料油销售有限公司制定有职业卫生长期管理目标，将职业卫生管理列入日常业务管理内容中，制定了年度职业病防治工作计划和实施方案，将职业病防治的目标、任务逐层分解。同时，将职业卫生经费纳入年初的财务预算，为各项职业卫生业务的顺利开展提供了资金保障，完备相关制度建设及其档案管理，配备专(兼)职的职业健康管理人员。

6.2 职业卫生管理评价

中国石化燃料油销售有限公司制定有职业健康管理细则，定期对作业人员进行职业健康培训和健康监护，委托具有职业健康检查资质的体检机构对员工进行上岗前、在岗期间和离岗时的职业健康体检，为员工建立了职业健康监护档案。但《职业健康管理细则》中并未对职业健康的合格率等做出明确要求。

7 结语

根据管理情况及现场检测数据，得出结论如下：

(1) 职业病危害风险分类

依据国家安全监管总局《关于公布建设项目职业病危害风险分类管理目录(2012 年版)的通知》(安监总安健〔2012〕第 73 号)，本作业属于“四、交通运输、仓储业-(二)管道运输业”，属于职业病危害一般的建设项目。

(2) 关键控制点

从整体作业来看，职业病危害关键控制点为供油作业期间的溶剂汽油浓度，同时还有供油代表在两船间的登高作业。

(3) 小结

① 该作业过程中存在的主要职业病危害因素有溶剂汽油、噪声等。检测结果表明，工作场所化学毒物的浓度均在国家职业卫生接触限值之内。

② 本作业制定了防护用品管理规定和领用管理台账，为供油代表配备有个人防护用品，配备的防护用品性能基本符合《个人防护装备选用规范》(GB/T 11651—2008)、《中国石化个体防护用品管理规定》等相关法律、法规、规定的要求。

③ 公司制定了职业卫生管理制度，设置了职业卫生管理机构与人员，建立了职业卫生档案，履行了告知义务，组织了职业卫生培训，落实了职业病防治经费。基本符合《职业病防治法》等相关法律、法规、标准的要求。

通过现场职业卫生调查及工作场所职业病危害因素检测，确定整个供油作业职业病危害程度一般，现场职业病危害因素对供油代表健康影响不大；但复杂的作业外部环境，极易给供油代表带来较大身心压力，因此在进行登高作业、遇到恶劣天气作业、遇到有疾病疫情船舶时，应注意人身健康安全。

(4) 改进措施

① 为供油代表增加配备有防尘、防毒口罩，当工作场所存在此类职业危害因素时可减少其对健康的影响。考虑到60多个港口的多样性，可依据现场具体情况发放个人防护用品。

② 加强在用劳动防护用品监督检测，如防坠器、救生包等，或按规定使用期限进行更换，确保所有再用防护用品安全性能可靠。

③ 完成一次供油作业工作时间较长，合理制定员工调休制度，保证员工的休息时间。同时，关注供油代表健康体检结果，当出现血压异常、贫血等问题时，及时了解情况，采取措施。

参 考 文 献

[1] 郭建新．加油(气)站安全技术与管理[M]．北京：中国石化出版社，2007.
[2] 罗云，裴晶晶．风险分析与安全评价[M]．北京：化学工业出版社，2016.
[3] 陈全．职业健康安全风险管理[M]．北京：中国标准出版社，2011.
[4] 於军．航运服务管理[M]．北京：经济科学出版社，2014.
[5] 中国石化集团公司安全环保局，中国石化集团公司职业病防治中心．石油化工有害物质防护手册[M]．北京：中国石化出版社，2011.

膜强化传质技术及工业应用

杨　建

（长岭炼化岳阳工程设计有限公司，湖南岳阳　414000）

摘　要：简要综述当前原油脱盐脱水现状。介绍了膜强化传质技术的工作原理和技术特性。以中国石化长岭分公司8Mt/a常减压装置为例，介绍了膜强化传质技术的工程应用情况。原油膜强化传质预处理工艺与电脱盐工艺相比，取消了破乳剂注入和外加电场，运行费用大幅降低；脱后原油盐含量明显低于电脱盐工艺，环保效益显著。

关键词：原油　脱盐　脱水　膜强化传质技术　工业应用

1　前言

油田开采的原油中不可避免地含有一部分盐和水，且原油产地、油田处理过程、开采工艺方法及运输方式的不同，原油中盐的种类、含量以及水分的含量也有很大的差异。盐类和水对原油后续加工过程的危害极大[1,2]，具体表现在：①对设备管线的腐蚀和结垢；②增加装置的能耗；③影响常减压塔的拔出率和产品质量等；④导致催化剂失活、中毒。因此，原油进入常减压装置进行加工前必须先进行脱盐脱水处理。

炼厂原油预处理的方法有电脱盐技术、沉降脱盐法、过滤法脱盐、微波辐射法、声化学法脱盐、旋流分离法、生物法脱盐等。其中电脱盐技术是目前工业上应用最为广泛的脱盐脱水方法[3]。即通过向原油中注入含氯低的新鲜水，溶解原油中的结晶盐并稀释原油盐水，经充分混合，原油与水形成W/O型乳状液，其中的盐类溶在水中。再进入电脱盐装置，乳状液在电场与破乳剂的双重作用下，使小水滴聚结成为大水滴，然后在重力场作用下依靠油水密度差将水从原油中分离出来。

但随着原油重质化、劣质化趋势越来越明显，原油脱盐脱水的作用越来越重要，同时难度也增加。具体表现在：①原油性质波动较大，油水混合过程中乳化严重，导致电脱盐电流升高，能耗增大。②原油乳化严重，导致破乳剂用量增大，原油预处理成本增加；③切水含油合格率较低，平均值大于1000μg/g，最大时超过了40000μg/g，增大污油回收费用、污水处理成本和污水处理难度，不利于环保。④脱后原油金属含量波动较大，合格率较低，对后续装置长周期运行带来不利影响。例如，在中石化长岭分公司8Mt/a常减压装置，脱前原油金属含量（Fe、Ca等）较高，Fe含量普遍大于12μg/g，比该装置设计参数5.1μg/g大一倍以上，Ca含量普遍大于45μg/g，是该装置设计参数29.8μg/g的50%以上，而现有的脱钙剂脱金属效果不理想，无明显脱铁效果。

针对电脱盐工艺处理原油过程存在的不足，中石化长岭分公司与湖南长岭石化科技开发有限公司联合开发了原油膜强化传质预处理技术。2014年5月，该技术已应用于中石化长岭分公司800万吨/年常减压工业装置。

2　膜强化传质技术简介

膜强化传质技术是一种新型的传质技术，两相在膜反应器内的接触方式不是常规的混合分散式液滴之间的球面接触，而是特殊的非分散式液膜之间的平面接触。原油膜接触器内装有大量一定直径的金属或非金属纤维，当原油和去离子水从反应器顶部流入时，由于毛细作用和两相在纤维上的表面张力不同，两相在纤维之间形成顺向流动的液膜。水相在纤维丝表面形成很细的液膜，使其表面得以扩展。由于两相的流速不同，两相间的摩擦力将液膜拉得非常薄，为两相传质提供了最大的接触面积。在传质过程中，水中的脱金属剂与原油中的金属离子反应生成水溶性的化合物溶入水相，两相始终保持没有分散，传质完成后，密度较大的水相沿着纤维直接流到罐底，而密度较轻的油相则浮在上面，两相得以分离。从根本上避免了常规电脱盐工艺中出现的乳化和夹带现象[4]。原油膜强化传质预处理技术与常规电脱盐工艺技术对比如表1所示。

表1 膜强化传质技术与电脱盐工艺技术特点比较

电脱盐技术	膜强化传质技术	电脱盐技术	膜强化传质技术
乳化现象	无乳化和夹带现象	需要电场、能耗大	无需电场
需要破乳剂	无需破乳剂	切水油含量高，污水处理难度大	切水油含量<100mg/L

3 工艺流程简述

原油自原油换热器(E-130)来，从混合器前引出，自原油膜接触器(R-101)顶部进入原油膜接触器(R-101)，含有脱金属剂的一级注水从原油膜接触器(R-101)顶端侧面进入，经原油膜接触器处理后的油、水从油水分离罐(V-101A利旧)封头上的人孔进入油水分离罐(V-101A)，油水在罐中沉降分离。水从罐底排出，油从罐顶流出。一级注水可使用新鲜的脱硫净化水或二级切水，新鲜的脱硫净化水自管SAD20203来，二级切水自泵P-122A/B来。一级处理后原油从油水分离罐(V-101A)罐顶流出，从原油膜接触器(R-102)顶部进入原油膜接触器(R-102)，脱金属剂注入二级注水(三级切水)中，含有脱金属剂的水从原油膜接触器(R-102)顶端侧面进入原油膜接触器(R-102)，经原油膜接触器处理后的油、水从油水分离罐(V-101B利旧)封头上的人孔进入油水分离罐(V-101B)，油水在罐中沉降分离。水从罐底排出，油从罐顶流出。二级处理后原油从油水分离罐(V-101B)罐顶流出，从原油膜接触器(R-103)顶部进入膜接触器(R-103)，脱金属剂注入新的脱硫净化水中，含有脱金属剂的水从原油膜接触器(R-103)顶端侧面进入膜接触器R-103，经原油膜接触器处理后的油、水从油水分离罐(V-101C利旧)封头上的人孔进入油水分离罐(V-101C)，油水在罐中沉降分离，油从罐顶流出，进入下一道工序。水从罐底排出经泵(P-121A/B)循环使用。如果原油膜接触器其中一台需要检修，通过油水分离罐间的跨线可以切换，如图1所示。

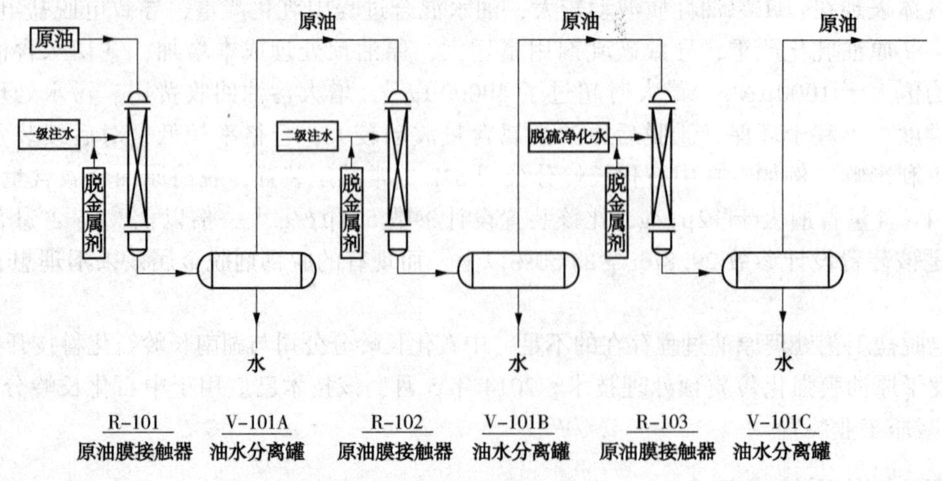

图1 工艺流程简图

4 原料性质及产品指标

原油为仪长管输原油，其主要性质见表2。

表2 仪长管输原油性质

项 目	数 据	项 目	数 据
密度(20℃)/(kg/m^3)	882.5~901.9	水含量/%	0.15~1.8
运动黏度(50℃)/(mm^2/s)	17.50~20.14	盐含量/(mgNaCl/L)	18.4~316.9

预处理后原油、切水工业生产指标及分析方法见表3。

表3 预处理后原油、切水工业生产指标及分析方法

项 目	生产指标	分析方法
原油水含量/%	<0.2	GB/T 260-77(88)
原油盐含量/(mgNaCl/L)	<3.0	SY/T 0536—2008
切水油含量/(mg/L)	<300	GB/T 16488—1996

4 膜强化传质技术在中国石化长岭分公司的应用效果

中国石化长岭分公司常减压装置原油加工能力为8Mt/a，现采用膜强化传质技术进行原油脱盐脱水。将原有电脱盐罐作为油水沉降分离罐，并对电脱盐罐进行一定的改造，使在压力1.0MPa，注水量8%，脱金属剂用量150ppm，原油空速50h^{-1}，原油温度120~130℃条件下进行原油脱盐脱水。

由表4所知，对比电脱盐技术和膜强化传质技术，可得到以下结论：

① 一般随着脱前原油盐含量的增加，脱盐率有所降低。在脱前原油盐含量较高的情况下，膜强化传质法的脱盐率高于电脱盐法的脱盐率，说明膜强化传质技术在原油脱盐方面要优于原油电脱盐法。

② 在盐含量为85.13mg/L时，脱后原油的水分含量为0.2%，达到了生产指标。

③ 电脱盐切水含油量均大于4000mg/L，而采用膜强化传质技术后，电脱盐切水含油量均低于3000mg/L。

④ 膜强化传质技术的切水合格率要高于电脱盐技术的切水合格率。

表4 两种脱盐技术的比较

脱盐脱水方法	序号	脱前原油		脱后原油			切水	
		盐含量/(mgNaCl/L)	水分/%	盐含量/(mgNaCl/L)	水分/%	脱盐率/%	石油类/(mg/L)	切水合格率/%
电脱盐技术	1	90.52	0.38	1.96	0.28	97.83	4511.25	47.62
	2	70.74	0.32	2.61	0.49	96.31	5674.07	17.65
	3	69.60	0.30	1.64	0.49	97.64	4159.12	33.33
膜强化传质技术	4	94.57	0.33	1.78	0.43	98.12	2615.77	56.25
	5	85.13	0.34	1.53	0.20	98.2	2928.37	61.90
	6	57.85	0.25	1.76	0.26	96.96	1031.43	71.43

5 结语

综上所述，膜强化传质技术具有流程简单、无需外加电场和破乳剂、环保节能、脱水脱盐效

果良好等优点，将会成为原油脱盐脱水的主流发展方向。

参 考 文 献

[1] 苑世明．原油脱盐工艺研究[D]．石油大学(华东)硕士学位论文，2003.
[2] 张站军，吴世奎，于洪颖等．原油中氯的来源、危害及其防护措施[J]．广东石油化工学院学报，2013(23)：1-3.
[3] 周森．原油脱盐脱水方法进展[J]．内蒙古石油化工，2013(11)：101-103.
[4] 汪实彬．高速电脱盐技术的特点探讨[J]．石油化工腐蚀与防护，2009：131-133.

节能减排

FDFCC-Ⅲ装置烟气脱硝脱硫运行状况分析

林春阳　谢晨亮　隋亭先　侯和乾

（中国石化济南分公司一催化车间，山东济南　250101）

摘　要：介绍中国石化济南分公司烟气脱硝脱硫项目投运状况分析，烟气中 SO_2、NO_x、粉尘的脱除率分别达到99.14%、87.26%、92.42%，外排烟气中 SO_x、NO_x 和颗粒物的平均浓度降至3.0mg/Nm^3、28.1mg/Nm^3、17.5mg/Nm^3，废水的COD、SS等指标实现达标排放，且达到设计值要求。本文对几种不同工况的运行参数进行了统计分析，总结了运行存在的问题及目前采取的优化措施，着重对4种不同的生产方案进行了经济核算及优缺点的比较。

关键词：重油催化裂化　烟气脱硝脱硫　减排　废水处理

1　前言

重油催化裂化装置的再生烟气中的 SO_x、NO_x 和颗粒物，已成为炼厂主要的空气污染源。尤其是随着原油高硫化、劣质化，催化装置烟气中 SO_x、NO_x 浓度超标的问题日益突出。为履行与济南市政府的环保协议，在中国石化公司总部统一部署下，中国石化济南分公司800kt/aFDFCC-Ⅲ装置（以下简称“一催化装置”）烟气脱硝脱硫项目于2014年04月30日破土动工，其中烟气脱硫及废水处理系统于2014年12月28日投用，烟气脱硝系统于2015年4月23日并入运行。

2　工艺技术概述

本烟气脱硝脱硫装置分为烟气脱硝、烟气洗涤吸收和脱硫废水处理三部分，设计处理量为13.33×10^{4}Nm^3/h，操作弹性为79950～135650Nm^3/h。烟气脱硝系统采用中国石化宁波工程公司与中国石化抚顺石油化工研究院联合开发的SCR技术；烟气洗涤吸收系统采用美国杜邦贝尔格公司（BELCO®）提供的EDV®湿法洗涤烟气脱硫工艺技术；脱硫废水处理系统采用中国石化宁波技术研究院提供的工艺技术。

2.1　脱硝系统

图1为脱硝SCR反应器示意图。烟气由余热锅炉的高温强制蒸发段引出后进入脱硝反应器，先与来自氨/空气混合器的含氨风相遇（含氨风经喷氨格栅喷出与烟气均匀混合），再流经导流格栅和整流格栅进入SCR反应床，在300～350℃及SCR脱硝催化剂作用下，氨气与烟气中的 NO_x 发生氧化还原反应，生成 N_2 和 H_2O，净化后的烟气回到余热锅炉低温强制蒸发段。

脱硝反应机理：将氨基还原剂喷入含 NO_x 的烟气中，在脱硝催化剂作用下，反应温度300～350℃，NH_3 与 NO_x 发生催化还原反应，反应产物为 N_2 和 H_2O。主要反应式如下：

$$4NH_3+4NO+O_2 \longrightarrow 4N_2+6H_2O$$

$$8NH_3+6NO_2 \longrightarrow 7N_2+12H_2O$$

主要副反应式如下：

$$2SO_2+O_2 \longrightarrow 2SO_3$$

$$2NH_3+SO_3+H_2O \longrightarrow (NH_4)_2SO_4$$

$$NH_3+SO_3+H_2O \longrightarrow NH_4HSO_4$$

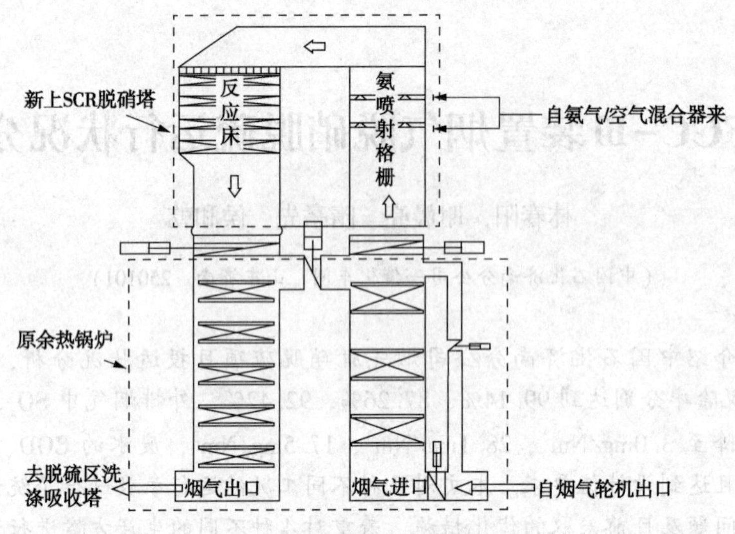

图 1　脱硝 SCR 反应器示意图

2.2　脱硫除尘系统

脱硫除尘系统和废水处理系统联合流程见图 2。烟气脱硫的主要设备是洗涤吸收塔。烟气先进入洗涤塔的急冷段，在此立即被激冷到饱和温度，而后烟气到达洗涤段与含有碱液的浆液液滴接触，催化剂颗粒物和 SO_x 被洗涤吸收。饱和烟气离开洗涤段后直接进入滤清模块，滤清模块上部的喷嘴喷洒出浆液，除去过饱和烟气中的细小颗粒。滤清模块上部设有液滴分离器，用于进一步将烟气中的细微液滴脱除。为控制循环吸收液中的氯离子、盐含量等指标不超标，循环系统需要排放部分吸收液，补充新鲜水，以保证脱硫效果，减少设备腐蚀。

脱硫反应机理：NaOH 的脱硫机理是以碱性物质与二氧化硫溶于水生成的亚硫酸溶液进行酸碱中和反应，并通过调节氢氧化钠的加入量来调剂循环浆液的 pH 值。在洗涤器内发生用于吸收 SO_x 的化学反应。

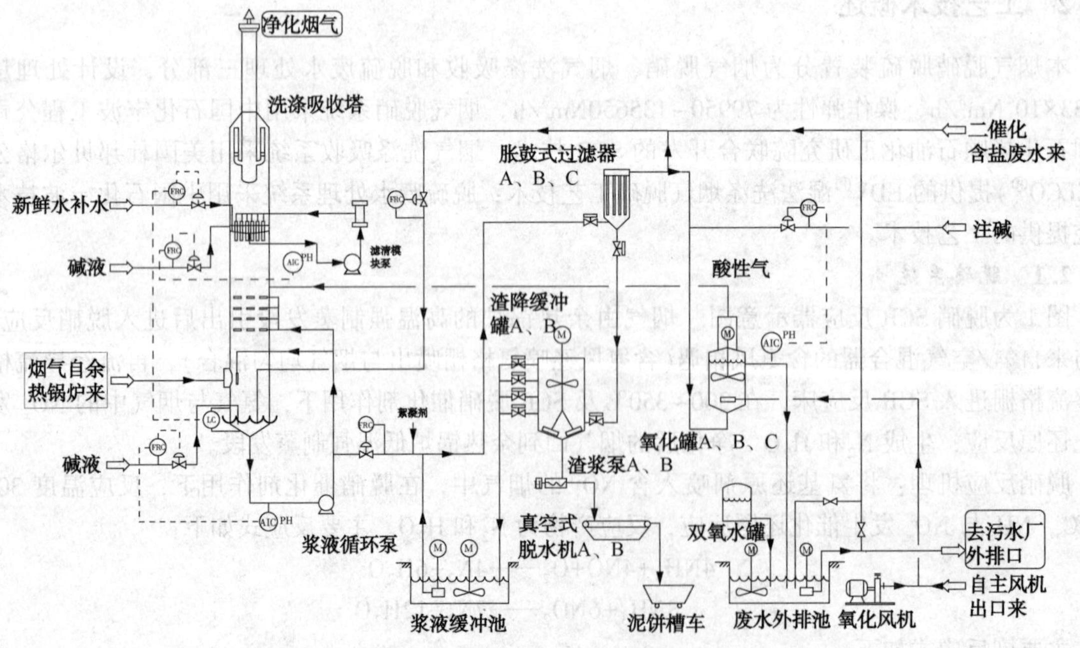

图 2　脱硫除尘系统和废水处理系统联合流程示意图

2.3　废水处理系统

废水处理系统的工艺流程为：烟气脱硫洗涤塔底甩出部分循环浆液进入脱硫废水处理系统，循环浆液先与絮凝剂混合后在胀鼓式过滤器内经膜分离，清液在胀鼓上层汇集后进入氧化罐，用压缩空气对上清液进行氧化后进入装置内的排液池，检测合格后送至外排口排放。留在胀鼓式过滤器滤袋上的浓浆，定期排到渣浆浓缩缓冲罐再次沉降浓缩后，排到真空带式脱水机。经真空带式脱水机过滤后，含水量约40%的泥饼用汽车运出厂外处理。

3 运行参数、效果及分析对比

3.1 运行参数

在烟气脱硝脱硫项目开工之前，一催化装置通过向反再系统加入三效(脱硫、脱氮、助燃)助剂来控制烟气中的SO_2、NO_x含量，当时的烟气分析数据(除烟气粉尘含量)实现了达标排放。

一催化装置烟气脱硝脱硫项目自2014年12月底投用(初始工况)以来，运行状况有过4项较大的变化：

一是从2015年2月底开始，因二催化烟气脱硫的废水处理单元运行出现问题，二催化含盐废水(平均流量6.3m^3/h，悬浮物含量100mg/L，COD为196mg/L，含盐量4.26%)进一催化废水处理系统进行二次处理；二是2015年4月底脱硝系统并入后，停加三效助剂，并执行深度脱硝方案，将烟气中NO_x浓度降低到30mg/Nm^3以下；三是为防止氨过量导致锅炉后段炉管结盐，保证脱硝系统长周期运行，2015年5月初开始执行保守脱硝方案，控制烟气排放口的NO_x浓度降至100mg/Nm^3以下；四是为了解决烟气脱硝开工后烟气中SO_3含量增加，加剧烟囱腐蚀的问题，6月底开始每天向催化再生器加入TDS-1硫转移助剂来控制原烟气中的硫含量。

根据这4个节点，可大致将脱硝脱硫的运行工况分为5段，详见表1。

表1 一催化装置脱硝脱硫项目实际运行参数

项目	工况1(三效助剂+湿法脱硫除尘)	工况2(三效助剂+湿法脱硫除尘+处理二催废水)	工况3(深度脱硝+湿法脱硫除尘+处理二催废水)	工况4(SCR脱硝+湿法脱硫除尘+处理二催废水)	工况5(硫转移助剂降硫+SCR脱硝+洗涤脱尘+处理二催废水)
脱硝脱硫总压降/kPa	2.02	2.07	3.3	3.3	3.4
脱硝系统					
脱硝总压降/kPa	—	—	1.2	1.2	1.3
注氨流量/(m^3/h)	—	—	9.6	7.6	12.0
脱硝前烟气温度/℃	—	—	322.1	322.3	323.9
脱硝后烟气温度/℃	—	—	307.9	315.1	306.6
脱硫系统					
吸收区浆液pH值	7.5	7.2	7.2	6.9	6.8
滤清模块pH值	7.5	7.5	8.5	8.5	7.2
吸收塔注碱流量/(L/h)	110	100	160	160	40
脱硫前烟气温度/℃	160	160	158.6	158.45	162
排烟温度/℃	54	54	56.3	56.4	55.7
补充水流量/(m^3/h)	8.4	10	11.0	10.5	10.6
废水处理系统					
胀鼓式过滤器流量/(m^3/h)	35	34	29	31	20
胀鼓上清液返塔/(m^3/h)	3	24	16.5	18.5	11
外排池返滤清/(m^3/h)	28	2	2	2	2
外排含盐废水/(m^3/h)	3	9	11	10	7
烟气分析					
烟气入口流量/(Nm^3/h)	113601	114591	116544	118543	115742

续表

项　目	工况 1（三效助剂+湿法脱硫除尘）	工况 2（三效助剂+湿法脱硫除尘+处理二催废水）	工况 3（深度脱硝+湿法脱硫除尘+处理二催废水）	工况 4（SCR 脱硝+湿法脱硫除尘+处理二催废水）	工况 5（硫转移助剂降硫+SCR 脱硝+洗涤脱尘+处理二催废水）
原烟气 SO_2浓度/(mg/Nm^3)	183.66	189	348.1	268.5	156.3
外排烟气 SO_2浓度/(mg/Nm^3)	3	3	3	3	3
原烟气粉尘浓度/(mg/Nm^3)	235.9	234	231.0	232.0	241.5
外排烟气粉尘/(mg/Nm^3)	20.2	22.6	17.5	18.1	14.6
原烟气 NO_x浓度/(mg/Nm^3)	108	135	220.5	240.0	255.5
外排烟气 NO_x浓度/(mg/Nm^3)	85.5	112.5	28.1	74.6	110.1
废水分析					
pH 值	8.1	8.0	9.0	8.9	8.9
COD/(mg/L)	22	33.6	39.5	43	27
悬浮物 SS/(mg/L)	20.5	51.2	47.7	40	45.5
氨氮/(mg/L)	<0.2	<0.2	0.5	<0.2	<0.2
含盐量(TDS)/%	1.2	4.4	3.0	3.6	2.4

因三效助剂的作用，工况 1、2 的原烟气中 SO_2、NO_x 含量较低，因此脱硫除尘系统低负荷运行，注碱量较低。在工况 1 时，废水处理系统氧化罐停止鼓风，外排池不必加注双氧水，外排废水的 COD 仍能达标。

工况 2 的差别在于二催化含盐废水进一催化烟气脱硫进行二次处理。原因是二催化烟气脱硫装置的废水处理单元运行存在问题，二催化含盐废水的 COD、悬浮物等排放指标不合格。二催化含盐废水进装引起废水处理的负荷提高，具体表现是絮凝剂的加注量、氧化罐的鼓风量升高，开始加注双氧水。同时因为脱硫系统盐的输入量增加，装置减少了废水回用流量，提高了补充的新鲜水用量。

向洗涤塔回注经过处理的含盐废水，既能降低循环吸收液的颗粒物浓度，又能节约新鲜水。理想的补充水流程是先补充滤清模块液面，然后通过溢流补充塔底，有利于建立不同浓度梯度的洗涤效果。脱硫除尘系统和废水处理系统水的大循环见图 3。原设计的废水回注流程是图 3 中的①，车间优化为②，将新鲜水补水降低到 8.5m^3/h 以下(因烟气携带和外排废水流量，无法再降)。工况 2、3、4 的新鲜水补充量提高，一是因为二催化含盐废水进系统进行二次处理后，系统水中的盐含量升高，需增加外排和置换；二是因为废水处理系统负荷升高，外排废水的盐含量、COD、SS 都升高，不再适合进入滤清模块对烟气进行二次洗涤，废水回注的流程改为①、③，滤清模块注水全用新鲜水。

工况 3、4 停用三效助剂运行，原烟气 SO_2、NO_x 含量升高，脱硝系统投用。工况 3、4 与工况 1、2 的运行比较，除氨、碱的使用量增加外，补充新鲜水流量、外排废水的盐、COD、氨氮含量也略有升高。

再对比工况 3 与 4 的不同，可以发现提高脱硝反应器的注氨流量后，烟气中的 NO_x 脱除效果变强。但其风险在于，未被反应的氨的逃逸量也随之增加，同时会造成含盐废水中的氨氮含量上升。

为保证脱硝反应器入口烟气温度达到设计要求的 320℃，锅炉过热段烟气旁路阀稍开，3.5MPa 自发汽因此减少 0.5t/h。严格控制反应温度和氨注入量，是为了避免发生副反应，生成 NH_4HSO_4 盐。在余热锅炉后半段烟气温度降低后，NH_4HSO_4 盐极易在炉管上结晶析出，影响换热效率和系统压降，还会引起锅炉省煤器泄漏，最终造成停炉检修。

工况 5 的目的是解决烟气排放尾部拖“蓝烟”现象和烟囱腐蚀泄漏问题。因为 TDS-1 硫转移助剂的使用降低了烟气中 SO_x 的含量，洗涤吸收塔的注碱量由 160L/h 降至 40L/h。SCR 烟气脱硝工艺缺点之一就是含硫烟气经过脱硝反应器后 SO_3 含量增加，进入烟气脱硫塔后加剧了烟囱的腐蚀。结合其他厂的经验教训，在烟气脱硝开工后密切注意烟气排放的变化，结果发现烟囱口烟气尾部存

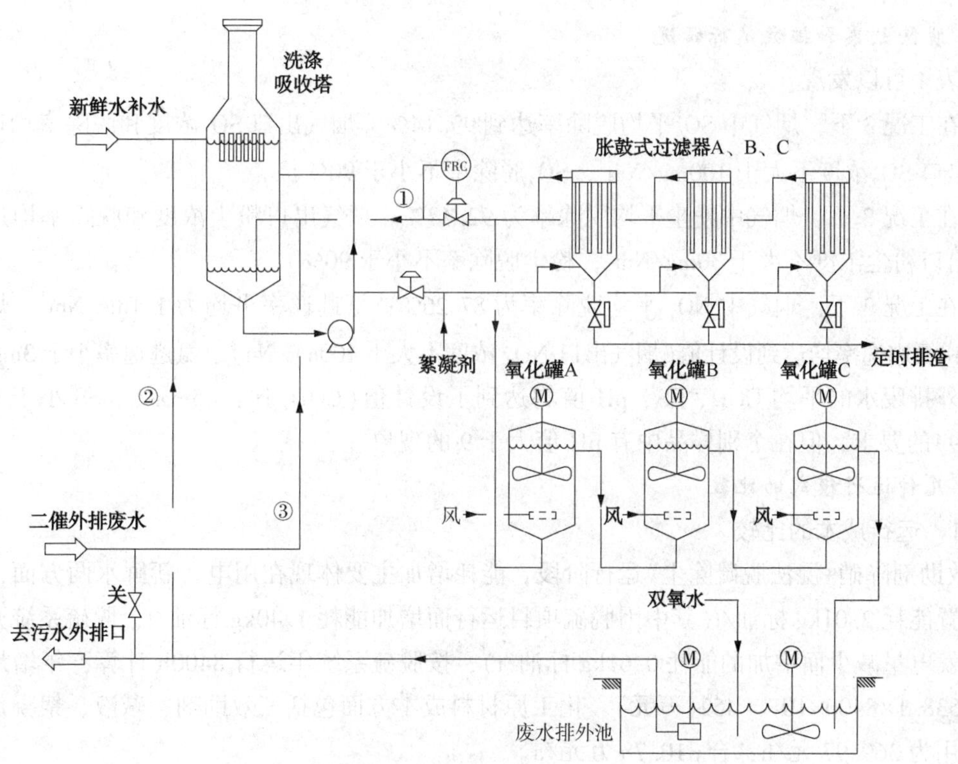

图 3 脱硫除尘系统和废水处理系统水的大循环简图

在严重的拖“蓝烟”现象，这正是 SO_3 含量过高的标志。

为解决这一问题，先是尝试加大滤清模块对 SO_3 吸收力度的方法，方法是控制滤清模块 pH 值在 8.5 左右[2]。运行一段时间后发现，碱性环境可能造成 CO_2 过度吸收，加剧设备的结垢堵塞。因此又尝试通过每天向催化装置的再生器平衡加入 TDS-1 硫转移助剂来控制原烟气中的硫含量，从根源上减少 SO_3 的产生量，以减小设备腐蚀。通过烟囱的变化可以发现，实施效果显著。

要保证含盐废水的外排达标，关键在于废水处理系统对 COD 和悬浮物的处理，这两者在很大程度上取决于胀鼓式过滤器和氧化罐的运行效果。本项目的胀鼓式过滤器原设计为二开一备，每台设计能力为 $15m^3/h$。开工后优化为三台全开，总进料维持在 $30m^3/h$ 左右。这有利于循环吸收液保持较低的颗粒物浓度(塔底浆液 1300mg/L，滤清模块 420mg/L)，也避免了高负荷运行对胀鼓滤袋的损伤，延长滤袋的使用寿命。目前三台胀鼓式过滤器运行状况良好，含盐废水的平均悬浮物含量为 37mg/L。

三台氧化罐为串联操作，总氧化风量约 $1000Nm^3/h$。当前处理量下，罐 A 的氧化效果最佳，罐 B 发挥的氧化效果较少，罐 C 已基本不起作用。原因是接近 90% 的 $SO_3{}^{2-}$ 在氧化罐 A 已经转化为 $SO_4{}^{2-}$，水中剩余的耗氧物质，氧化罐已经无能为力[1]。在外排池加注双氧水后，废水中的 COD 控制在排放标准之下。废水处理系统各部位含盐废水分析数据见表 2。

表 2 废水处理系统各部位含盐废水分析数据(2015-05-22)

分析项目	洗涤塔底循环浆液	胀鼓过滤器上清液	氧化罐 A 入口	氧化罐 A 出口	氧化罐 B 出口	氧化罐 C 出口	外排废水
SO_4^{2-}/(g/L)	—	—	23410	26420	26420	26420	—
SO_3^{2-}/(mg/L)	—	—	360.3	40.03	40.03	40.03	—
pH 值	7.2	7.39	7.53	8.7	8.85	9.06	8.94
COD/(mg/L)	195	176.00	161	86	84	84	38
COD(扣除 SO_3^{2-})/(mg/L)	—	—	89	78	76	76	—
悬浮物/(mg/L)	638.1	10.30	—	—	—	—	40

注：“—”表示未进行检测或计算。

3.2 脱除效果和排放达标情况

对照表1可以发现：

(1) 在工况3下，烟气中SO_2平均脱除率达到99.14%。烟气出口SO_2浓度和脱除率均达到设计值(烟气出口SO_2浓度不大于100mg/Nm^3，SO_2脱除率不小于90%)。

(2) 在工况3下，烟气中粉尘平均脱除率为92.42%。烟气出口粉尘浓度和脱除率均达到设计值(烟气出口粉尘浓度不大于30mg/Nm^3，粉尘脱除率不小于90%)。

(3) 在工况3下，烟气中NO_x平均脱除率为87.26%；氨逃逸率平均为1.1mg/Nm^3。烟气出口NO_x浓度和氨逃逸率均达到设计值(烟气出口NO_x浓度不大于100mg/Nm^3，氨逃逸率小于3mg/Nm^3)。

(4) 外排废水的平均COD、SS、pH值均达到了设计值(COD小于45mg/L、SS小于60mg/L、pH值6~9)的要求，但在个别样品中有pH值大于9的现象。

3.3 几种运行模式的比较

3.3.1 运行成本的比较

“三效助剂降硝+湿法脱硫除尘”运行阶段，能耗增加主要体现在用电、新鲜水两方面，平均增加催化装置能耗2.01kg标油/t(其中因脱硫项目运行而增加能耗1.40kg标油/t，脱硫系统开工引起的四机组发电量减少而增加的能耗0.61kg标油/t)，按脱硫系统年运行8400h计算，年增加能耗成本费用：$538.1\times8400\times10^{-4}=452$(万元)。化工原材料成本方面包括三效助剂、碱液、絮凝剂、双氧水等，费用为369.97元/h，合310.78万元/a。

“SCR脱硝+湿法脱硫除尘”运行阶段，平均增加催化装置能耗2.52kg标油/t(其中因脱硝脱硫项目运行而增加能耗1.42kg标油/t，脱硝脱硫系统开工引起的锅炉产汽量、四机组发电量减少而增加的能耗1.10kg标油/t)，年增加能耗成本费用：$707.0\times8400\times10^{-4}=593.88$(万元)。化工原材料成本方面增加了液氨，费用为198.04元/h，合166.36万元/a。但这其中未包括更换脱硝催化剂床层的费用。

“硫转移剂降硫+SCR脱硝+湿法脱硫除尘”运行阶段，平均增加催化装置能耗2.52kg标油/t。化工原材料成本方面包括TDS-1硫转移助剂、液氨、碱液、絮凝剂、双氧水等，费用为314.3元/h，合279.97万元/a。

3.3.2 脱除能力等优缺点的比较

一催化使用过的4种烟气脱硝脱硫生产方案的优缺点对比见表3。

表3 一催化使用过的4种烟气脱硝脱硫生产方案的优缺点对比

项目	4种不同的运行模式			
	三效助剂降硫降硝	三效助剂降硫降硝+湿法脱硫除尘	SCR反应器脱硝+湿法脱硫除尘	硫转移剂降硫+SCR反应器脱硝+湿法脱硫除尘
原烟气与脱后烟气分析数据/(mg/Nm^3)				
SO_2浓度	122	脱前189 脱后3	脱前348.1 脱后3	脱前156.3 脱后3
NO_x浓度	79	脱前135 脱后112.5	脱前220.5 脱后28.1	脱前255.5 脱后110.1
颗粒物浓度	239	脱前234 脱后22.6	脱前231 脱后17.5	脱前241.5 脱后14.6

续表

项　目	4种不同的运行模式			
	三效助剂降硫降硝	三效助剂降硫降硝+湿法脱硫除尘	SCR反应器脱硝+湿法脱硫除尘	硫转移剂降硫+SCR反应器脱硝+湿法脱硫除尘
优点	(1)不需要定期更换价格高昂的固定床脱硝催化剂。 (2)能耗最低。 (3)人工操作量最少	(1)不需要定期更换价格高昂的固定床脱硝催化剂。 (2)能耗相对较低。 (3)人工操作量较少。 (4)生成的盐少	(1)有能力将烟气中NO_x含量降至30mg/Nm³以下，能适应未来山东省更严格的环保排放标准。 (2)即使是劣质原料仍能保证催化烟气NO_x达标排放。 (3)日常化工原材料费用可节约144.42万元/a	(1)有能力将烟气中NO_x含量降至30mg/Nm³以下，能适应未来山东省更严格的环保排放标准。 (2)即使是劣质原料仍能保证催化烟气NO_x达标排放。 (3)解决了烟气尾部拖蓝烟的问题，利于脱硫塔长周期运行。 (4)每年少生成900t盐
缺点	(1)催化反-再单元原料中N的含量不能过高，操作弹性小。 (2)分馏、稳定单元的硫、氨氮含量升高。 (3)烟气颗粒物浓度超标	(1)催化反-再单元原料中N的含量不能过高，操作弹性小。 (2)分馏、稳定单元的硫、氨氮含量升高	(1)装置界区内储存液氨，增加了危险源。 (2)一旦SCR反应器有氨逃逸，易造成炉管结盐、废水氨氮超标。 (3)一旦炉管结盐严重或需更换反应床脱硝催化剂，锅炉系统就要停炉。 (4)烟气中SO_3含量上涨明显，设备腐蚀	(1)装置界区内储存液氨，增加了危险源。 (2)一旦SCR反应器有氨逃逸，易造成炉管结盐、废水氨氮超标。 (3)一旦炉管结盐严重或需更换反应床脱硝催化剂，锅炉系统就要停炉。 (4)人工操作量最大，化工原材料与能耗都高

4 问题及优化措施

4.1 增加联动程序解决颗粒物浓度升高问题

问题：开工初期，洗涤塔循环吸收液中的颗粒物浓度不断升高，引起烟气的颗粒物浓度上升甚至超标。经过现场采样、化验分析证明，渣浆缓冲罐和真空脱水机将大量混杂着渣浆的水排进浆液缓冲池，这些渣浆又会被泵送回洗涤塔。渣降缓冲罐和真空脱水机排水流程见图4。

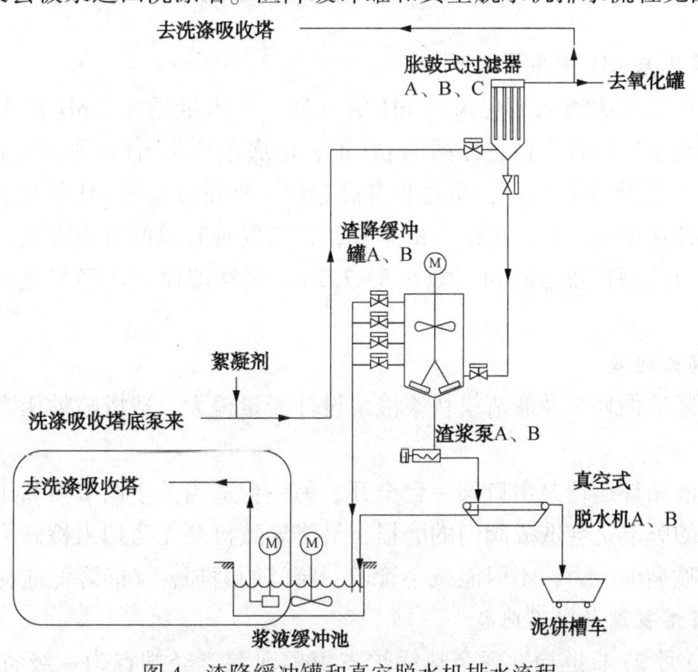

图4　渣降缓冲罐和真空脱水机排水流程

原因分析：3 台胀鼓式过滤器平均每 60min 向渣浆缓冲罐排渣一次，罐底沉积的渣泥容易被排渣水流冲起，溢流至浆液缓冲池，造成渣浆罐对渣泥的沉降浓缩效果变差。真空脱水机工作状态不良的主要原因也是渣浆罐排料太“稀”，滤布上形成的泥饼厚度不够，无法被刮泥板刮净，后又随着滤布冲洗水冲至缓冲池。

措施：与设计院共同提出了废水处理单元的胀鼓式过滤器-渣浆缓冲罐联动“自动收料-沉降-排上层液-等待收料”程序(图 5)。增加程序后，3 台胀鼓式过滤器和 1 台渣浆罐所有阀门在程序控制下开关，可实现渣浆缓冲罐从收料、沉降、排上层清液再到等待收料的自动化。程序投用后，循环吸收液的颗粒物浓度，塔底从 4890mg/L 下降到 1300mg/L，滤清模块从 860mg/L 下降到 420mg/L；烟气排放口的颗粒物浓度从 33.9mg/Nm^3下降到 19.6mg/Nm^3。随着渣浆罐浓缩效果提高，脱水机运行次数减少为 3 次/周，减少了密封水、冲洗水的消耗。

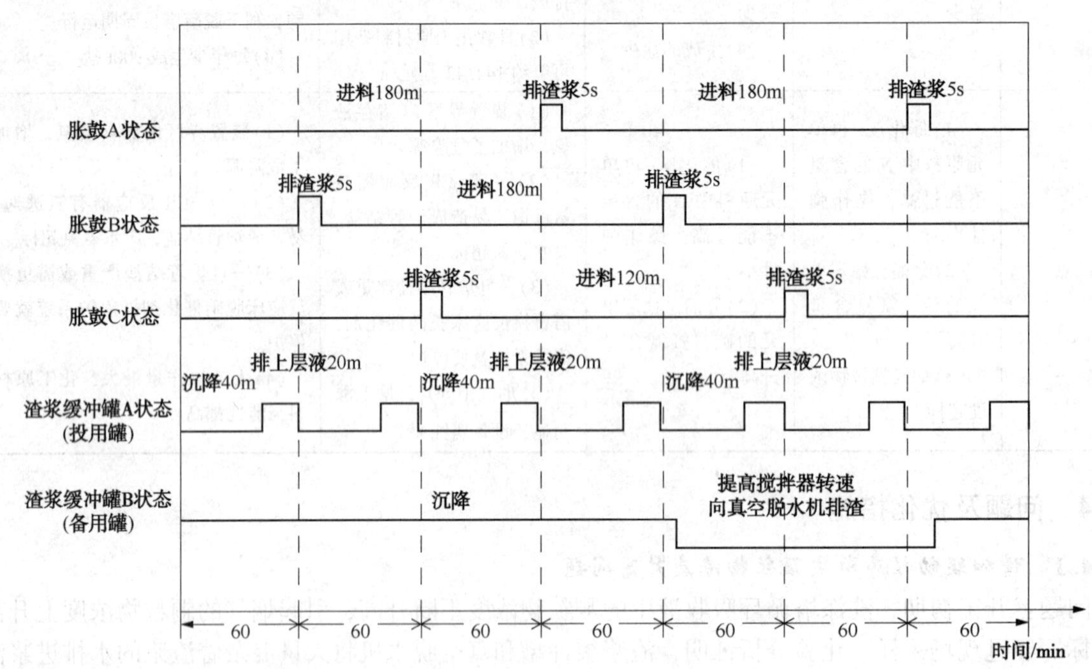

图 5 胀鼓式过滤器-渣降缓冲罐控制程序

4.2 含盐废水通风后 pH 值异常上升

问题：含盐废水在氧化罐通入氧化风后 pH 值升高，且风量越大，pH 值上升越快。对比表 2 中的数据，可以发现废水处理各个位置样品的 pH 值，塔底循环泵出口<胀鼓式过滤器出口<氧化罐 A 出口<氧化罐 B 出口<氧化罐 C 出口，呈逐步升高趋势。外排废水的 pH 值接近甚至超过 9。

措施：目前对这种现象还没有一个统一的解释，也未发现有效的解决方法。目前能采取的措施是，将塔底循环吸收液控制在较低的 pH 值(6.8~7.2)，这样即使废水经氧化后 pH 值升高也不超过 9。

4.3 机泵能力偏大问题

问题：洗涤塔底浆液循环泵及滤清模块浆液泵设计流量偏大，造成喷嘴压力比设计压力高，影响到喷嘴长期运行。

措施：目前将浆液循环运行泵出口阀一台全开，另一台适当关小调节喷嘴压力，控制喷嘴压力达到设计值。这样做的弊端是会造成阀门的磨损，最终导致机泵无法切出检修。建议增上电机变频器，用电机转速控制喷嘴前压力，不但能减小管道、阀门的磨损，又能降低能耗。

4.4 余热锅炉省煤器腐蚀泄漏问题

问题：2015 年 10 月 27 日巡检发现余热锅炉省煤器泄漏，经排查为一级省煤器管束。本项目烟气脱硝采用的SCR工艺极易发生副反应，生成NH_4HSO_4盐。在余热锅炉后半段烟气温度降低后，NH_4HSO_4盐在炉管上结晶析出，引起锅炉的省煤器发生泄漏。

措施：因现在不具备停炉检修条件，泄漏的一级省煤器管束只能暂时切出。这造成了锅炉蒸汽发生量的减少和排烟温度的升高。

4.5 玻璃钢管线材质问题

本项目的脱硫和废水处理的管线多采用玻璃钢管线，优点是耐酸碱和盐的腐蚀，缺点是材料脆性大、弹性小，冬季防冻凝难度大，一旦泄漏不能用补焊等手段快速处理。特别是浆液循环泵及滤清循环泵出入口管线均采用玻璃钢材质，工程设计及施工过程中未充分考虑到玻璃钢的受力膨胀变形的程度，致使装置试运行时出现管线接口脱裂及多处泄漏情况。

4.6 一些节能优化措施

一是增加了四机组主风跨稀释风机出口、氧化风机出口、密封风机出口跨线，停运了稀释风机、密封风机、氧化风机等几台大功率电机；

二是在新鲜水管道加压泵出入口增设一条跨线，烟气洗涤塔运行时在不启用新鲜水管道加压泵的情况下，直接应用新鲜水跨线就能够满足洗涤塔上水及机泵密封冲洗的要求；

三是在机泵和脱水机密封、冲洗水等用水点加装限流孔板等。

经过一系列节能措施的实施，烟气脱硝脱硫项目的新鲜水用量由设计的$27m^3/h$降至$8\sim12m^3/h$，用电由设计的764kW降至418kW。

4.7 运行中存在的其他问题

胀鼓式过滤器滤袋使用寿命短、氨逃逸、烟气粉尘、废水COD等在线仪表和部分雷达测位计测量不准，含盐废水管线易结垢堵塞等。

5 结语

中国石化济南分公司一催化装置采用SCR反应器脱硝、BELCO公司的EDV湿法洗涤烟气脱硫和中国石化宁波技术研究院提供的废水处理技术，在开工后各项参数能实现平稳运行。经过一段时间的操作优化，所有烟气、废水实现达标排放。

(1) 烟气中SO_2、NO_x、粉尘的脱除率分别达到99.14%、87.26%、92.42%，烟气排放口分析数据和脱除率均达到设计值要求。

(2)相比而言，“三效助剂降硫降硝+湿法脱硫除尘”的运行方式是更加安全、节能的方案，但不能适应于高含氮的原料；“硫转移剂降硫+SCR反应器脱硝+湿法脱硫除尘”的运行方式的脱硝能力更强、对脱硫系统设备有利，原料适用广泛。

(3) 运行中还存在废水pH值异常升高、管线泄漏等问题，需要继续优化。

参考文献

[1] 李海良，李文海．3.5Mt/aFCCU烟气脱硫脱硝装置运行状况分析[J]．石油化工安全环保技术，2014，30(3)：48-50，64.

[2] 胡敏．催化裂化烟气钠法脱硫技术问题分析与对策[J]．炼油技术与工程，2014，44(8)：6-12.

液化气深度脱硫技术(LDS)的工业应用

胡雪生　董卫刚　李　潇　范　明　高　飞

(中国石油石油化工研究院，北京　102206)

摘　要：中国石油石油化工研究院自主开发的液化气深度脱硫技术(LDS)，在中国石油庆阳石化公司300kt/a催化液化气脱硫醇装置上首次实现工业应用。脱硫醇循环碱液采用超重力法再生，再生碱液质量稳定，二硫化物含量≯10mg/kg，硫醇钠含量≯0.01%。再生后的循环碱液保持了良好的抽提能力，下游产品质量实现了低硫化，精制后液化气总硫≯15mg/Nm^3，MTBE总硫≯15mg/kg，满足了庆阳石化国Ⅴ汽油调合的要求。同时实现了16个月连续运行期间碱渣的零排放。

关键词：液化气　MTBE　循环碱液　超重力

1　前言

随着我国汽油质量升级步伐加快，2017年1月我国将全面实施国Ⅴ汽油标准。MTBE作为汽油高辛烷值调和组分[1]，在我国汽油池中的平均占比约为5%，仅次于催化汽油和重整汽油所占的比重[2]。目前国内大多数炼厂的MTBE装置的产品硫含量在50~200mg/kg，直接进入国Ⅴ汽油池调合较为困难，MTBE硫含量超标的问题亟待解决。

国内MTBE的加工流程一般是液化气经"胺洗"脱硫化氢，"碱洗"脱硫醇后进气分装置，脱丙烷后的混合碳四作为醚化原料。研究发现MTBE中的硫化物主要来自液化气脱硫醇过程，包括碱洗残余的甲硫醇与异丁烯在醚化过程中生成的甲基叔丁基硫醚和循环碱液中的二硫化物在抽提环节被反抽提至液化气中[3]。根据物料平衡和硫化物性质，一般MTBE总硫是碱洗后液化气总硫的4~6倍[4]。

MTBE深度脱硫技术主要有两类[5]：一类是前脱硫技术，常采用强化液化气碱洗的方法，在抽提过程提高硫醇硫的抽提效率，在碱液再生过程减少二硫化物的反抽提，通过降低液化气的硫含量进而实现MTBE的深度脱硫；另一类是MTBE后脱硫技术，采用萃取精馏的方法将MTBE中高沸点的硫化物除去。随着新环保法的实施，炼化企业环保压力逐渐增大，强化碱洗技术因能大幅度降低碱渣排放，又能实现MTBE深度脱硫，正逐渐受到重视。

中国石油庆阳石化公司MTBE装置产量为40kt/a，MTBE硫含量长期处于70~100mg/kg，不能直接作为国Ⅴ汽油的调合组分，对庆阳石化生产国Ⅴ汽油构成较大影响。同时300kt/a的液化气脱硫醇装置碱液的消耗量大，年排碱渣700~800t，碱渣无害化处理费用高，环保压力大。

2014年庆阳石化公司采用中国石油石油化工研究院自主开发的液化气深度脱硫技术(LDS)对300kt/a的液化气脱硫醇装置进行改造，将原有的碱液不再生工艺改为超重力法再生工艺，2014年12月开车成功，2015年4月完成了标定。标定结果表明液化气深度脱硫技术(LDS)可靠，关键设备运行稳定，产品质量优异。其中再生碱液二硫化物含量≯10mg/kg，硫醇钠含量≯0.01%，精制后液化气总硫≯15mg/Nm^3，MTBE总硫≯15mg/kg，满足了庆阳石化国Ⅴ汽油调合的要求。同时新碱消耗比原工艺降低90%以上，并实现了16个月连续运行期间碱渣的零排放。

2　工艺流程

庆阳石化公司300kt/a液化气脱硫醇装置改造后的原则流程图如图1所示，胺洗后液化气经纤维膜碱洗后去气分装置，碱液从纤维膜装置送至超重力碱液再生装置，再生后的碱液经脱氧处理后返回纤维膜抽提系统。从风机来的非净化风(空气)与含有磺化酞菁钴催化剂的碱液在超重力反应器内进行氧化反应，碱液中的硫醇钠转化成二硫化物，并进入尾气。氧化尾气经过碱液捕集后与催化烟气混合，尾气中的二硫化物经催化余热锅炉分解后，由烟气脱硫装置脱除。超重力反应器采用北京化工大学研制的旋转填充床。庆阳石化 LDS 装置现场如图 2 所示。

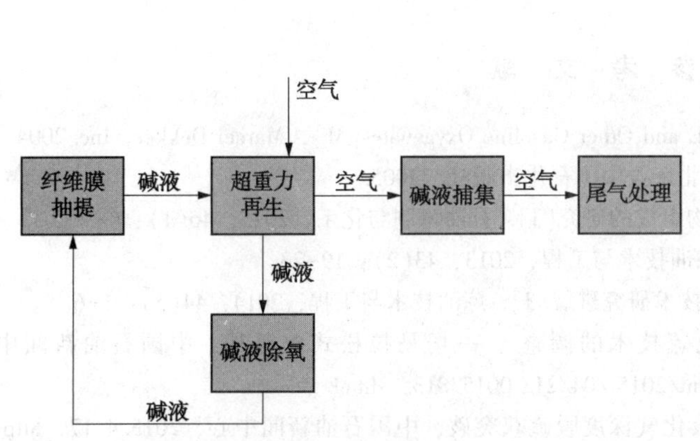

图 1　庆阳石化 300kt/a 液化气脱硫醇装置原则流程图

图 2　庆阳石化 LDS 装置现场图

3　LDS 技术在庆阳石化的应用

3.1　开车情况

庆阳石化 300kt/a 液化气脱硫醇碱液再生装置引入原工艺的碱液 2 日后产出硫含量≯20.0mg/Nm^{3}的液化气、7 日后生产出满足国 V 标准的 MTBE，装置开工取得圆满成功。

3.2　标定情况

装置平稳运行 4 个月后进行了标定，标定期间原料胺洗后液化气处理量 30~35t/h，总硫 140~160mg/Nm^3，碱液处理量 8~12t/h，非净化风 3000~3400Nm^3/h，超重机转速 300~450r/min，均满足设计要求。产品再生碱液二硫化物平均值 5mg/kg，精制液化气总硫平均值 13mg/Nm^3，MTBE 总硫平均值 15mg/kg，均低于设计值。

标定结果表明，以胺洗后液化气为原料(硫含量 100~200mg/Nm^3)，通过使用 LDS 技术再生后的碱液进行抽提，精制后液化气总硫≯15mg/Nm^3，混合碳四生产出的 MTBE 总硫≯15mg/kg，满足了庆阳石化国Ⅴ汽油调和的要求。同时标定结果表明 LDS 技术碱液再生效果好，二硫化物含量≯10mg/kg，硫醇钠含量≯0.01%。

经过 16 个月的长周期运转，关键设备超重力反应器运行稳定，新碱消耗约 50 吨，比原工艺降低 90%以上，并实现了碱渣的零排放。

4　存在的问题与对策

由于现有设计的碱液捕集器距离碱液再生装置较远，捕集后的碱液约 1 吨/天，无法返回超重力反应器，只能以废水形式排放。此过程造成需定期向系统补充新碱和水，平均新碱消耗约每月 3t，补除盐水约每天 1t。

建议在下一步装置改造时，缩短碱液捕集器与超重力反应器的距离，并将捕集后的碱液实时送回再生系统。预计新碱消耗量和除盐水补充量将进一步降低。

5 结语

液化气深度脱硫技术(LDS)在中国石油庆阳石化的成功应用标志着世界上首套超重力法循环碱液再生技术的开发成功。该工艺技术可靠，关键设备运行稳定，产品质量优异，是实现液化气及其下游产品深度脱硫的又一利器。

LDS技术不仅解决了长期困扰Merox碱洗过程中二硫化物反抽提的技术瓶颈，而且实现了国V汽油关键组分MTBE的深度脱硫，并且实现了碱渣的大幅减排，对提升炼化企业经济效益和降低环保压力将起到推动作用[6,7]。

参 考 文 献

[1] Halim H, Mohammad A. A. Handbook of MTBE and Other Gasoline Oxygenates[M], Marcel Dekker, Inc. 2004.

[2] 高步良．高辛烷值汽油组分生产技术[M]. 北京：中国石化出版社，2005.

[3] 吴明清，常春艳，李涛，等．MTBE中硫化物组成的研究[J]. 石油炼制与化工，2015，46(1)：6-9.

[4] 李网章. MTBE降硫与国V汽油生产[J]. 炼油技术与工程，2013，43(2)：19-23.

[5] 卢会霞，高启宝，王中平，MTBE深度脱硫技术研究进展[J]. 炼油技术与工程，2014，44(5)：1-6.

[6] 中国石油自主开发零碱渣液化气深度脱硫技术的调查：一场马拉松式攻坚战，中国石油新闻中心，2015.4.21，http：//news.cnpc.com.cn/system/2015/04/21/001538135.shtml.

[7] 中国石油自主技术攻克环保难题：零碱渣液化气深度脱硫获突破，中国石油新闻中心，2015.4.17，http：//news.cnpc.com.cn/system/2015/04/17/001537661.shtml.

S Zorb 工业装置用能分析与节能优化

申仁俊

（中国石化镇海炼化分公司，浙江宁波 315207）

摘 要：根据中国石油化工股份有限公司镇海炼化分公司0.9Mt/a S Zorb 装置2015 年1至10 月份平均能耗统计表进行用能分析，结合装置的实际生产情况，得出工业装置节能降耗的方向。通过降低再生空气电加热器出口温度，节省装置电耗；利用 RSIM 流程模拟软件，对S Zorb 装置的进料与脱硫反应部分和产品稳定部分进行了模拟，通过改变装置进料温度和换热网络的措施来考察装置的用能变化情况。

关键词：S Zorb 流程模拟 用能分析 节能优化

1 前言

随着国家对环境保护要求的不断提高，汽油硫含量的指标日渐严格[1]，浙江省计划于2016 年1月1日起在全省范围内开始实施国Ⅴ标准，要求硫质量分数不大于10mg/kg。为满足浙江省汽油质量升级的需要，中国石油化工股份有限公司镇海炼化分公司(简称中国石化镇海炼化)于2014 年8月建成投产第二套S Zorb 装置。该装置总体设计单位为中国石化工程建设公司(SEI)，系统配套由镇海石化工程股份有限公司设计，南京工程公司承担装置建设施工。装置设计规模0.9Mt/a，年开工时间8400h，采用S Zorb 催化裂化汽油吸附脱硫技术，具有脱硫率高、辛烷值损失小和操作费用低的特点，设计以Ⅰ、Ⅱ套催化裂化直供的稳定汽油为原料，产品为硫质量分数低于10mg/kg的超低硫清洁汽油。装置由进料与脱硫反应、吸附剂再生、吸附剂循环和产品稳定四个部分组成。

装置在设计时采取了一些节能措施，但在实际生产中发现，仍存在较大的节能潜力。本课题通过降低再生空气电加热器出口温度，节省装置电耗；利用RSIM 流程模拟软件，对S Zorb 装置的进料与脱硫反应部分和产品稳定部分进行了模拟，通过改变装置进料温度和换热网络的措施来考察装置的用能变化情况。

2 装置设计中已采取的节能措施

2.1 加热炉余热回收系统

进料加热炉设置余热回收系统，降低烟气排放温度，提高加热炉热效率。余热回收系统的核心是热管式空气预热器，它由热管、隔板、外壳组成。工作时热烟气在隔板下侧与热管接触换热，热管将烟气中的热量传给隔板上侧的空气，热空气用于助燃，从而提高加热炉热效率。热管式空气预热器适合于烟气排放温度低于350℃的加热炉。热管技术应用后，与无余热回收措施的加热炉相比，热效率一般可以提高5%~12%[2]。

2.2 凝结水低温热利用

充分利用稳定塔底重沸器1.0MPa 蒸汽凝结水的热能，加热冷产物分离器去稳定塔上部进料口的汽油，使汽油的温度由原来的32℃升高至50℃，汽油的平均流量为12t/h。依据热量计算公式：

$$
\begin{aligned}
Q &= c\times m\times(t_2-t_1)\\
&= 2.22\times10^3\times12\times1000\times(50-32)\\
&= 4.8\times10^5(\mathrm{kJ/h})
\end{aligned}
$$

汽油比热容 $c=2.22\times10^3$ J/kg·℃，此节能措施可回收热量约 4.8×10^5 kJ/h。

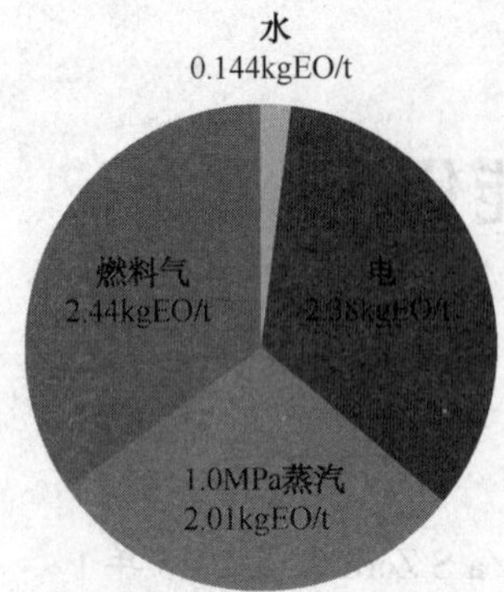

图1 2015年1~10月份平均用能统计

3 装置用能分析

S Zorb装置消耗的能源主要有电、1.0MPa蒸汽、燃料气等。其中，电力主要用于泵、往复式压缩机、空冷和电加热器等设备的驱动。1.0MPa蒸汽主要用于稳定塔底重沸器。燃料气作为原料加热炉燃料，主要来自本装置稳定塔顶不凝气，塔顶不凝气不足时，补充全厂的高压瓦斯。图1为S Zorb装置2015年1至10月份平均用能统计图。

从图1的能耗数据可以看出，装置97.94%的能耗集中于电、1.0MPa蒸汽和燃料气的消耗。由此可见，降低电、1.0MPa蒸汽和燃料气的耗能成为S Zorb装置节能降耗的关键。

4 装置节能优化

4.1 降低再生空气电加热器出口温度

再生空气电加热器的作用为再生器开工初期，提供吸附剂上的硫和碳燃烧的初始温度，当吸附剂上的硫和碳正常燃烧后，硫和碳燃烧所释放的热量足以满足再生器的温度控制。此时可以将再生空气电加热器保持在一个较低的负荷。实际生产中，再生空气电加热器的功率约50kW/h，出口温度约430℃。若将再生空气电加热器的功率降至25kW/h，出口温度则降至约330℃，再生器的操作温度仍能维持正常生产要求。由此每月大概可以节约15000kW的电耗，有利于装置节能降耗，节省装置运行成本。当闭锁料斗和再生系统出现异常时，可及时提高再生空气电加热器的负荷，维持再生器的温度。

4.2 进料温度优化

4.2.1 提高进料温度

SZorb装置的原料是由上游Ⅰ、Ⅱ催化装置直供，不经过罐区，提高本装置进料温度，既降低了上游装置的冷却负荷，又减少了本装置的加热负荷，是实现节能降耗的重要途径[3]。利用RSIM流程模拟软件，对S Zorb装置的进料与脱硫反应部分和产品稳定部分进行了模拟，如图2所示，主要考察改变装置进料温度，对装置的整体能耗的影响。模型主要参数见表1。

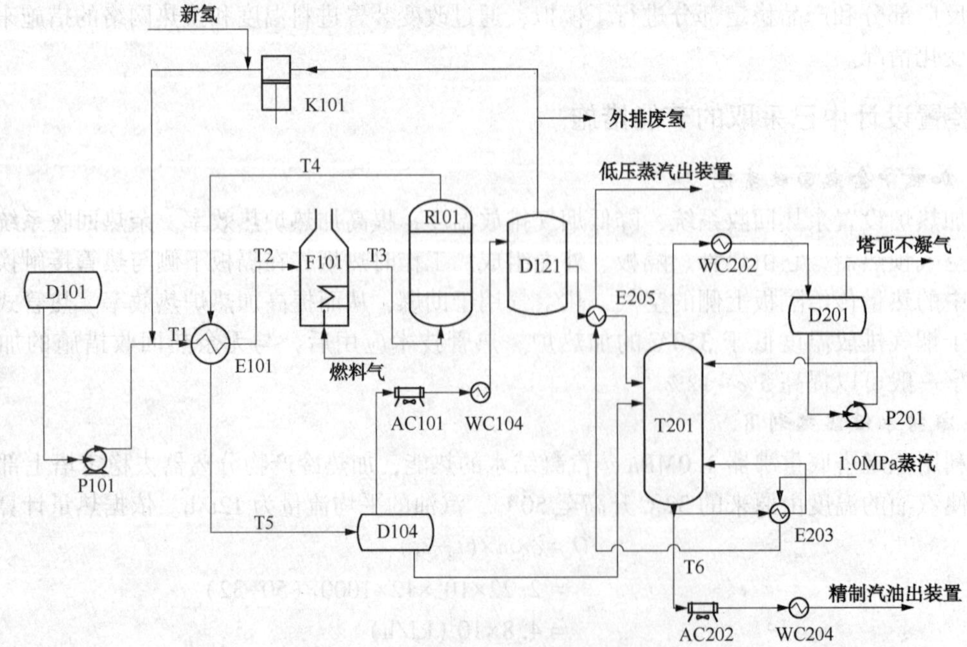

图2 S Zorb装置局部工艺换热流程图

表 1　模型主要参数

项　目	模拟流程给定参数	项　目	模拟流程给定参数
进料量/(t/h)	104	炉出口温度(T_3)/℃	410
循环氢量/(Nm^3/h)	8300	反应器出口温度(T_4)/℃	431
系统压力/MPa	2.5	塔底温度(T_6)/℃	131

流程图 2 简介：(1)进料与脱硫反应部分：上游催化装置来的含硫汽油进入原料缓冲罐 D101 后，经吸附反应进料泵 P101 升压并与循环氢混合后通过换热器 E101 管程与反应器 R101 顶部高温产物进行换热，然后再通过加热炉 F101 加热到预定的温度后进入反应器 R101，反应器 R101 内以气相流化床的形式进行吸附脱硫反应。(2)产品稳定部分：反应器 R101 顶部高温产物通过 E101 壳程与混氢原料换热之后进入热产物分离器 D104，之后液相去稳定塔 T201，气相经空冷器 AC101 和水冷器 WC104 冷却之后去冷产物分离器 D121，冷产物分离器气相产物大部分经循环氢压缩机 K101 升压后与新氢混合，进入反应系统中循环使用，少部分作为废氢外排，冷产物分离器液相产物通过换热器 E205 壳程与稳定塔底蒸汽凝结水换热后进入稳定塔上部进料口，最终在稳定塔中分离去除轻组分，塔底等到产品精制汽油。

模型给定原料温度由 50℃提高至 105℃，利用 RSIM 流程模拟软件计算出各原料温度下的主要参数，如图 3 和图 4 所示。

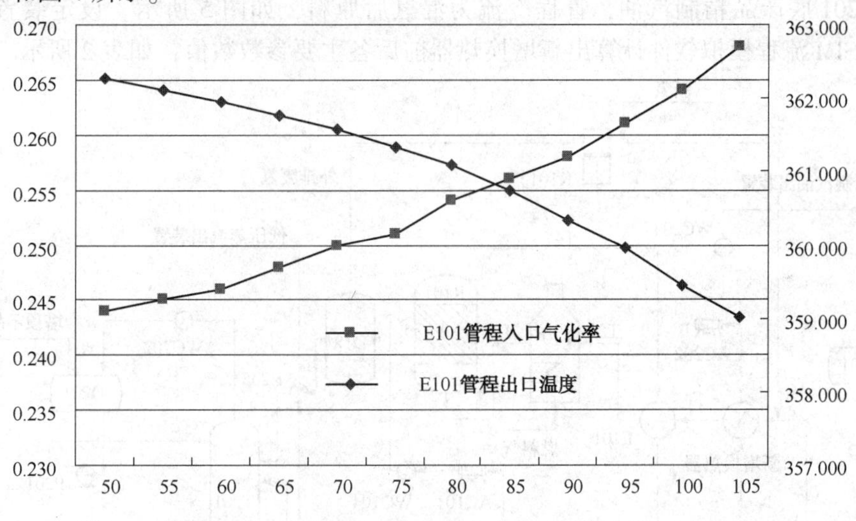

图 3　进料温度、E101 管程入口气化率、E101 管程出口温度的关系

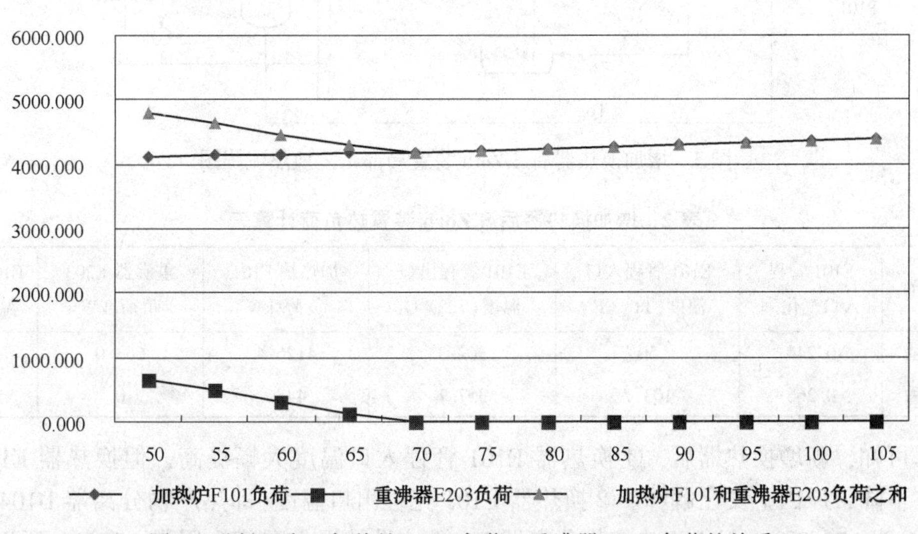

图 4　进料温度、加热炉 F101 负荷、重沸器 E203 负荷的关系

由图 3 可知，随着装置进料温度的提高，换热器 E101 管程出口温度不但没有上升，反而略有下降，主要是因为伴随着装置进料温度的提高，换热器 E101 管程入口温度也不断地提高，换热器 E101 管程油气气化率不断增加，换热器 E101 的有效换热面积不断减少，从而导致换热器 E101 换热效率逐步下降，所以装置进料温度提高后，换热器 E101 管程出口温度不升反降。

由图 4 可知，装置进料温度为 70℃时，加热炉 F101 和重沸器 E203 负荷之和最低，装置整体能耗最低，但考虑到进料泵 P101 的汽蚀问题(进料泵 P101 的设计操作温度是 70℃)，装置进料温度若控制在 65℃，节能效果也比较好。

由图 4 可知，装置进料温度为 50℃时，加热炉 F101 负荷和重沸器 E203 负荷之和为 4789. 4kW。若进料温度提高至 65℃，由 RSIM 流程模拟软件计算可知：加热炉 F101 负荷由 4126. 4kW 提高至 4168. 4kW，重沸器 E203 负荷由 663. 0kW 下降至 118. 2kW。加热炉 F101 负荷和重沸器 E203 负荷之和可下降 4126. 4+663. 0-4168. 4-118. 2＝502. 8kW，降幅约 10. 5%，装置整体节能效果显著。

4. 2. 2　增加换热器，低温热联合

S Zorb 装置原设计为稳定塔 T201 底精制汽油经过空冷器 AC202，再经过水冷器 WC204 冷却至 40℃以下出装置。稳定塔 T201 底精制汽油温度约 131℃，为了充分利用这部分低温余热，优化装置的换热网络，利用 RSIM 流程模拟软件，新增一台 BFU900-4. 26-311-7/19-2I 换热器，壳程热流为稳定塔 T201 底产品精制汽油，管程冷流为混氢后原料，如图 5 所示。设定装置进料温度为 50℃，利用 RSIM 流程模拟软件计算出新增换热器前后各主要参数数值，如表 2 所示。

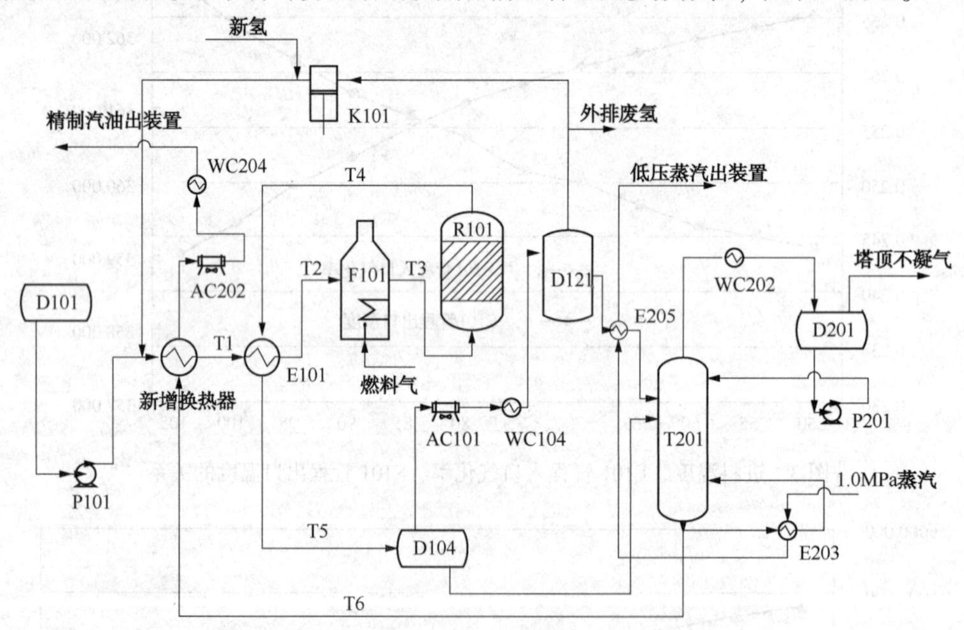

图 5　增加换热器后 S Zorb 装置局部工艺换热流程图

表 2　增加换热器后 S Zorb 装置热负荷计算表

进料温度 50℃	E101 管程入口气化率	E101 管程入口温度(T1)/℃	E101 管程出口温度(T2)/℃	加热炉 F101 负荷/kW	重沸器 E203 负荷/kW	E101 壳程出口温度(T5)/℃
增加换热器前	0. 244	50	362. 3	4126. 4	663. 0	124. 5
增加换热器后	0. 266	103. 7	357. 7	4486	0	173. 9

由表 2 可知，新增换热器后，①换热器 E101 管程入口温度大幅提高，但换热器 E101 管程出口温度却在下降，原因上文已解释。②换热器 E101 壳程出口温度(即热产物分离器 D104 反应油气温度)较高，为 173. 9℃，但由于热产物分离器 D104 的设计操作温度上限是 150℃，所以，在实际

操作中需要打开新增换热器跨线，控制换热器 E101 管程入口温度，从而保证热产物分离器 D104 反应油气温度在设计允许范围之内。③加热炉 F101 负荷和重沸器 E203 负荷之和下降 4126. 4+663. 0-4486=303. 4kW，由于实际生产中需要控制热产物分离器 D104 反应汽油温度，新增换热器跨线需要打开，所以新增换热器后，装置实际节省负荷肯定小于 303. 4kW。

4.3 降低装置能耗的其他建议

（1）适当降低再生器接收器 D110 的温度，可以减少还原器冷氢的开度，使得更多的还原氢气走加热炉对流室正线，增加对流室的取热量，降低加热炉排烟温度，提高加热炉热效率。

（2）提高加工量可最大限度的利用存量资产，发挥装置规模效益优势，同时由于装置的能源介质消耗并不随着运行负荷增加而线性提高，在装置操作弹性允许的范围内，提高装置运行负荷可有效降低装置能耗[4]。

5 结语

通过对装置用能的分析和研究，得出装置节能降耗的方向。采用降低再生空气电加热器出口温度来降低装置电耗，每月大概可以节约 15000kW 电耗。

新增换热器投资成本较大，但节能效果远不如直接提高进料温度好。提高本装置进料温度，既降低了上游装置的冷却负荷，又减少了本装置的加热负荷，可谓一举两得。经过综合考察得出：原料温度控制在 65℃时，装置整体能耗较低。

S Zorb 装置内部无法充分回收利用稳定塔底精制汽油的低温余热，需与其他装置一起优化换热流程，充分利用好这部分低温余热，最大限度地提供外供热，是本装置能耗进一步降低的发展方向。

参考文献

[1] 薛超，冯霄，王彧斐 . S Zorb 装置用能与优化[J]. 石油炼制与化工，2015，07.
[2] 解红军，余绩庆，刘富余 . 加热炉余热回收技术综述[J]. 石油规划设计，2011，06.
[3] 张苡源，张成，常培廷 . 2. 9Mt/a 蜡油催化裂化装置能耗分析与节能措施[J]. 石油炼制与化工，2013，09.
[4] 吕浩 . 3. 2Mt/a 加氢处理装置能耗分析与节能措施[J]. 石油炼制与化工，2012，02.

指示剂树脂在阳离子交换器再生过程中的应用

柳旭国

(中国石化北京北化院燕山分院，中国石化水处理药剂评定中心，北京 102500)

摘 要：为了解决阳离子交换器再生过程的酸再生液用量终点控制难的问题，对SQ-601BS型指示剂树脂交换柱和在线pH计两种指示阳离子交换器再生过程的酸再生液用量终点的方式进行了对比动态实验。实验结果表明，与在线pH计法相比，指示剂树脂颜色反应灵敏可靠，可长期使用直至指示剂树脂颜色反应失灵更换新的指示剂树脂，基本无需进行日常维护，可以采用阴离子交换器的再生过程排放废液进行再生，SQ-601BS型指示剂树脂可以作为阳离子交换柱再生过程的酸再生液用量终点控制的方式。

关键词：阳离子交换器 再生过程 指示剂树脂 终点控制

1 前言

目前，化学水处理系统中离子交换器再生过程的酸碱再生液用量终点控制难的问题一直是化学水处理系统降本增效的重点与难点问题，也是化学水处理系统生产操作人员与分析化验人员工作量较大的工序，究其原因，绝大多数企业没有安装用于离子交换器再生过程的排放废液质量监测与控制的装置。

指示剂树脂也称变色树脂，是一种在不同离子型态表现出明显颜色变化的树脂，如SQ-601BS型阳床变色指示剂离子交换树脂，氢型树脂颜色为紫色，氨型为绿色，钠型、钙型、镁型为黄绿色，当然在实际应用中根据水质环境不同颜色表现会有一定差别，同一型态树脂在交换器内的堆积状态不同表现出来的颜色也会有一定差别。

作为离子交换器再生过程的酸碱再生液用量终点监控设施，首先要求能及时反映再生过程排放废液的pH值变化情况，其次要求尽可能准确反映再生过程排放废液的pH变化情况。阳离子交换器再生过程的再生液浓度通常为2%~5%[1]，再生液流速通常为4~6m/h[1]，再生液与树脂接触时间为30~60min，再生过程排放废液在采样管内流动时间通常在2min之内，监控设施能在5min之内反映出阳离子交换器再生过程排放废液的pH值变化情况，即可有效控制阳离子交换器再生过程的酸再生液用量。

为了解决化学水处理系统中阳离子交换器再生过程的酸再生液用量终点控制难的问题，对阳离子交换器再生过程采取了SQ-601BS型指示剂树脂交换柱和在线pH计两种方式进行了对比监测动态实验。

2 实验部分

2.1 实验方案

阳离子交换器再生过程采取了SQ-601BS型指示剂树脂交换柱和在线pH计两种方式进行了并联监测对比实验，即阳离子交换器再生过程排放的部分废液分别经过内径34mm的指示剂树脂交换柱和在线pH计进行监测，并调节两路废液流量基本相同，指示剂树脂交换柱内装填绿色SQ-

601BS 型树脂层高度 130mm，阳离子交换器再生过程排放的部分废液自下向上流经指示剂树脂交换柱，指示剂树脂交换柱的运行状态通过固定摄像头将图像传送至操作室内多通道监控计算机或监控电视进行监控。

实验对阳离子交换器的再生过程进行监测。

指示剂树脂交换柱采用阴离子交换器再生过程排出的废液进行再生。

实验装置流程如图 1 所示。

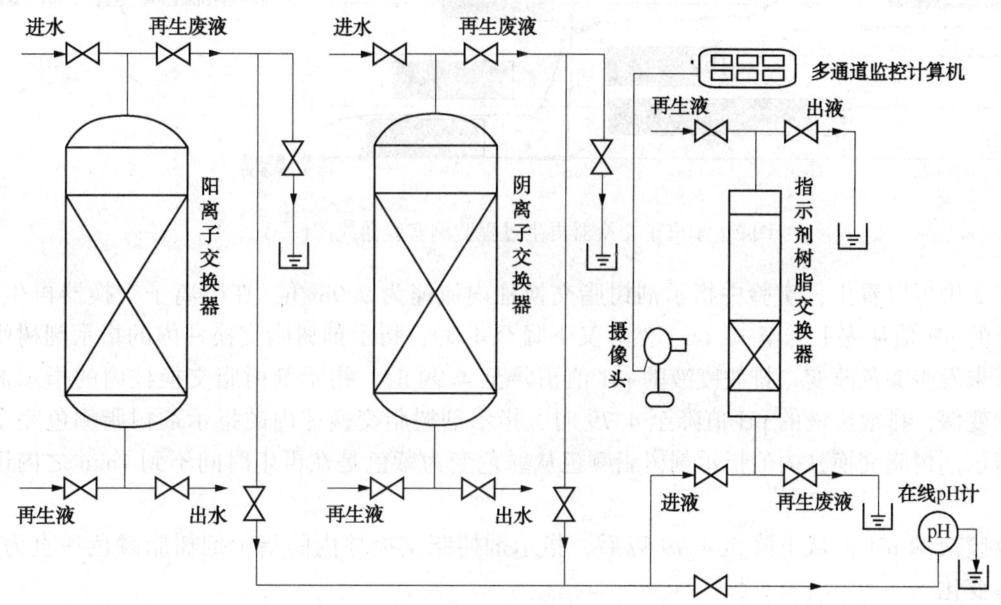

图 1　离子交换器再生过程监测实验装置流程图

2.2　实验仪器设备

指示剂树脂交换柱：内径 34mm，净高度 500mm；

阳离子交换器：内径 34mm，净高度 980mm；

阳离子交换器：内径 80mm，净高度 790mm；

阳离子交换器：内径 150mm，净高度 975mm；

阴离子交换器：内径 34mm，净高度 980mm；

阴离子交换器：内径 80mm，净高度 1286mm；

阴离子交换器：内径 150mm，净高度 975mm；

pHS-3C 型精密 pH 计；

JMW10/0.4 型隔膜泵：流量 10L/h，压力 0.4MPa；

JMW 型隔膜泵：流量 30L/h，压力 0.3MPa。

3　结果与讨论

根据实验方案，采用不同的指示剂树脂交换柱内流速进行了动态实验，并采用阴离子交换器再生过程排出的废液对指示剂树脂交换柱进行了再生实验，获得了大量的实验数据。

3.1　阳离子交换器再生过程的监测情况分析

阳离子交换器再生过程中的指示剂树脂颜色状态变化情况与排放废液 pH 值变化情况如图 2～图 4 所示。

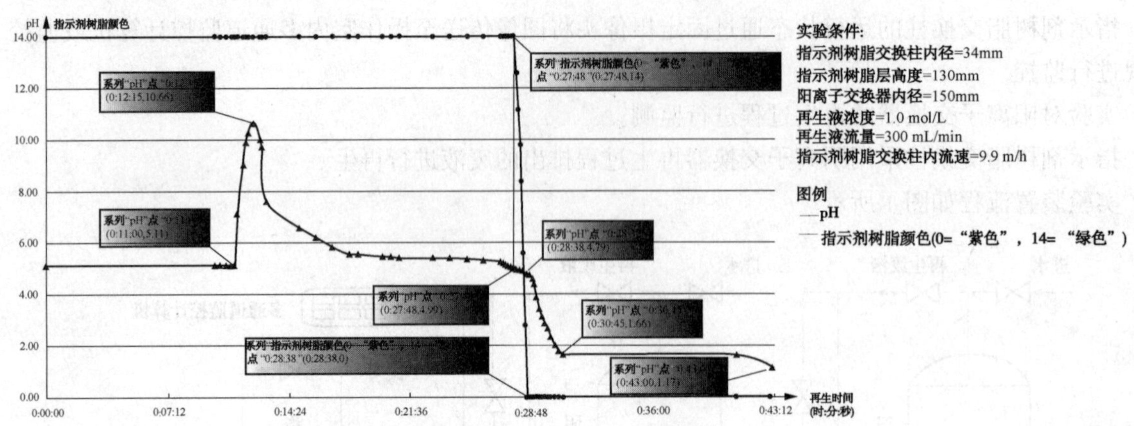

图2　阳离子交换器再生过程监测实验曲线图(一)

从图2中可以看出，实验中指示剂树脂交换柱内流速为9.9m/h，在阳离子交换器再生初期，排放废液的pH值从先上升至10.66，然后又下降至4.99，指示剂树脂交换柱内的指示剂树脂始终为绿色，未发生颜色改变。排放废液的pH值下降至4.99时，指示剂树脂交换柱内的指示剂树脂颜色开始变深，排放废液的pH值降至4.79时，指示剂树脂交换柱内的指示剂树脂颜色完全变为紫色。指示剂树脂交换柱内的指示剂树脂颜色从绿色变为紫色是在再生时间不到1min之内迅速完成的。

排放废液的pH值从下降至4.79以后，指示剂树脂交换柱内的指示剂树脂颜色一直为紫色，未再发生变化。

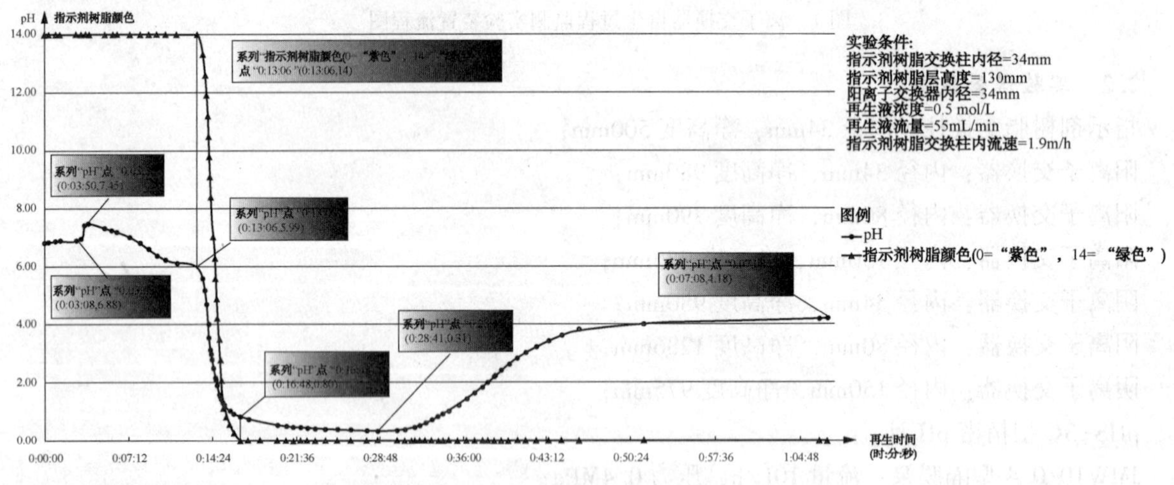

图3　阳离子交换器再生过程监测实验曲线图(二)

从图3中可以看出，实验中指示剂树脂交换柱内流速为1.9m/h，在阳离子交换器再生初期，排放废液的pH值从先上升至7.45，然后又下降至5.99时，指示剂树脂交换柱内的指示剂树脂颜色开始变深，排放废液的pH值降至0.80时，指示剂树脂交换柱内的指示剂树脂颜色完全变为紫色。指示剂树脂交换柱内的指示剂树脂颜色从绿色变为紫色是在再生时间不到4min之内迅速完成的。

排放废液的pH值从下降至0.80以后，指示剂树脂交换柱内的指示剂树脂颜色一直为紫色，未再发生变化。

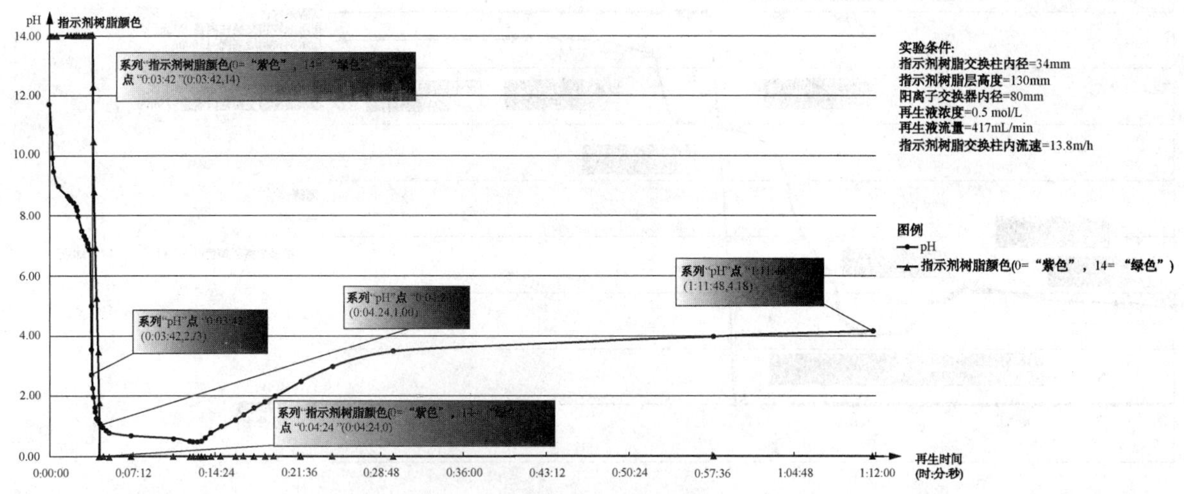

图 4　阳离子交换器再生过程监测实验曲线图(一)

从图 4 中可以看出，实验中指示剂树脂交换柱内流速为 13.8m/h，在阳离子交换器再生初期，排放废液的 pH 值下降至 2.73 时，指示剂树脂交换柱内的指示剂树脂颜色开始变深，排放废液的 pH 值降至 1.00 时，指示剂树脂交换柱内的指示剂树脂颜色完全变为紫色。指示剂树脂交换柱内的指示剂树脂颜色从绿色变为紫色是在再生时间不到 1min 之内迅速完成的。

排放废液的 pH 值从下降至 1.00 以后，指示剂树脂交换柱内的指示剂树脂颜色一直为紫色，未再发生变化。

从图 2~图 4 中还可以看出，指示剂树脂交换柱内流量越大，指示剂树脂从绿色变到紫色所需时间越短，在几次实验中指示剂树脂从绿色变到紫色所需时间都是在 4min 之内完成的，没超过 5min。虽然在实验中指示剂树脂的变色反应与排放废液的 pH 值变化不是一一对应关系，但是指示剂树脂的变色反应都是在排放废液从碱性向酸性迅速变化的过程中发生的，这是由于指示剂树脂的变色速度与指示剂树脂交换柱内流速有关，指示剂树脂交换柱内流速越大，单位时间内进入指示剂树脂交换柱的离子越多，指示剂树脂的离子交换进行地越快，指示剂树脂的颜色变化越快，当指示剂树脂全部变成氢型时，指示剂树脂颜色也就全部变成了紫色。在生产实际中，阳离子交换器的再生废液流量通常达到每小时几十立方米，即每分钟几百升，而指示剂树脂交换柱内流量只需每分钟 0.5 升即可实现指示剂树脂的颜色从绿色变到紫色在 5min 之内完成。

综上所述，当指示剂树脂交换柱内的指示剂树脂颜色由绿色完全变为紫色时，阳离子交换柱内的阳树脂已再生完全，可以作为阳离子交换柱再生过程再生步骤终点停止进酸再生液的控制监测措施，同时作为阳离子交换柱再生过程置换步骤开始的依据。

3.2　指示剂树脂交换柱的再生情况分析

指示剂树脂交换柱内的指示剂树脂的再生可采用阴离子交换器的再生过程排放废液进行，也可采用阳离子交换器进水按从下而上方式进行再生直至指示剂树脂完全变为绿色为止，无需单独再生。如有必要，可按浮床再生方式进行正常的酸碱再生。

指示剂树脂交换柱内的指示剂树脂可长期使用直至指示剂树脂颜色反应失灵更换新的指示剂树脂，基本无需进行日常维护，与在线 pH 计相比具有明显优势。

采用阴离子交换器再生过程排放的废液进行指示剂树脂交换柱的再生，指示剂树脂颜色状态变化情况与排放废液 pH 值变化情况如图 5 所示。

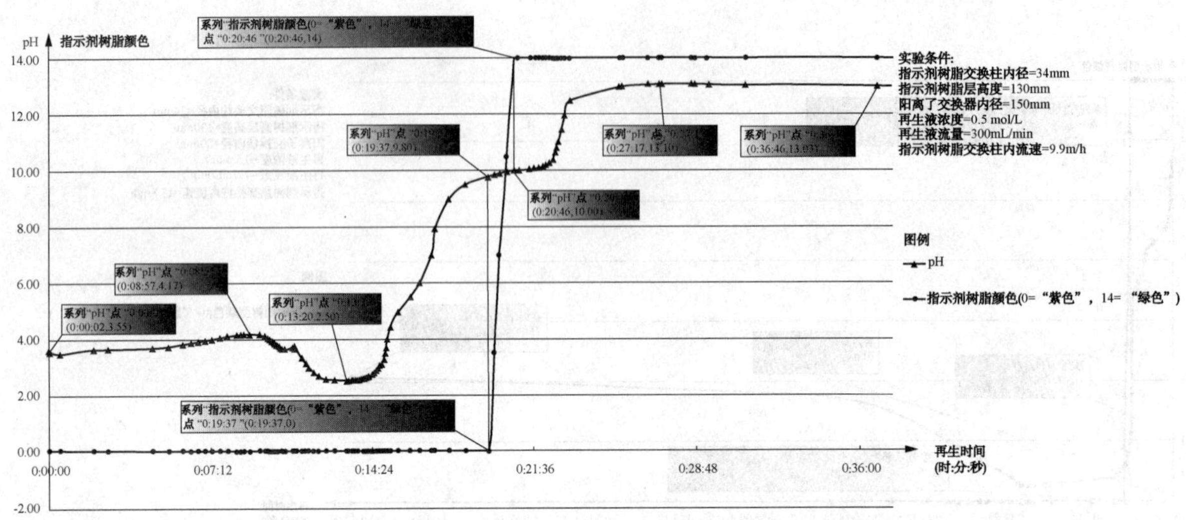

图5　阳离子交换器再生废液再生指示剂树脂实验曲线图

从图5中可以看出，实验中阴离子交换器排放废液的pH值从开始的3.55上升至4.17然后下降至2.50时，指示剂树脂交换柱内的指示剂树脂颜色一直为紫色未发生变化。当排放废液的pH值上升至9.80时，指示剂树脂交换柱内的指示剂树脂颜色开始发生变化，出现部分绿色，当排放废液的pH值上升至10.00时，指示剂树脂交换柱内的指示剂树脂颜色全部变为绿色，直至排放废液的pH值上升至13.10后又下降至置换结束，指示剂树脂颜色全部为绿色未发生变化。指示剂树脂交换柱内的指示剂树脂颜色从紫色变为绿色是在不到2min的时间内迅速完成的。

由此可见，指示剂树脂交换柱内的指示剂树脂的再生完全可以采用阴离子交换器的再生过程排放废液进行。

从实验录像中可以看出，排放废液的pH值从下降至2.50后开始上升，同时水流带动部分紫色树脂颗粒上浮，当排放废液的pH值上升至9.00时，紫色树脂颗粒上浮现象消失，这是由于在阴离子交换器再生后期产生碳酸氢根等阴离子与指示剂树脂交换柱内的指示剂树脂释放的氢离子发生反应生成部分气体导致的。

3.3　再生过程的远程监控

通过视频传输，可以在操作室内利用多通道监控计算机或监控电视对阳离子交换器的再生过程的再生步骤进行监控。

4　结语

(1) 可以采用绿色SQ-601BS型树脂层高度130mm、内径34mm的指示剂树脂交换柱作为对阳离子交换器再生过程的酸再生液用量终点的控制监测措施。

(2) 可以采用阴离子交换器再生过程排放的废液对指示剂树脂交换柱进行再生。

参考文献

[1] 周本省．工业水处理技术[M]．北京：化学工业出版社，2002：344.

多轴驱动节能技术在牵引单元中的应用

严冠豪

（中国石油化工股份有限公司洛阳分公司，河南洛阳　471012）

摘　要： 牵引系统是涤纶短纤维生产线的核心设备，2015 年大检修期间对 PLC 和驱动系统进行了升级改造，本次改造的主要内容是将变频系统由 6SE70 系列更新为 S120 系列，采用了多轴驱动节能技术，利用一条直流母线的结构回收利用电机运行在第 2 或第 4 象限处在制动发电状态所再生的电能。本文主要介绍多轴驱动节能原理、硬件配置、软件组态、网络拓扑结构等方面的内容，并对系统优化的措施进行了总结。

关键词： 多轴驱动　S7-300PLC　PROFINET　S120 变频器

1　工艺介绍

牵引单元分牵引喂入和往复横动两个部分。如图 1 所示，牵引单元的七辊牵引机由永磁式转子型交流电动机驱动，为纺丝丝束提供牵引拉伸的动力，使丝束保持一定的张力。往复横动系统按功能划分为入桶区、往复区和出桶区三个区域，横动装置主要由小型伺服同步电机驱动，伺服电机通过动态定位和精确的运动控制将卷绕丝束按照工艺要求均匀铺到盛丝桶中。

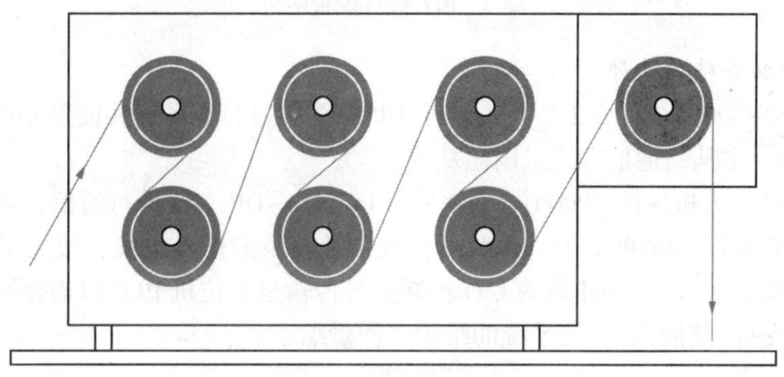

图 1　七辊牵引机示意图

2　多轴驱动节能技术原理

如图 2 所示，多轴驱动系统与常规的交-直-交系统相比，它采用了公共直流母线布置。多轴驱动系统原理是：当变频器驱动的一台或多台电机工作在第 2、4 象限（制动发电状态）工作时，电机所产生的再生电能被回馈到直流母线上，其他处于电动状态的耗能电机可以吸收利用该电能，从而达到既节约电能又能处理回馈电能的效果。

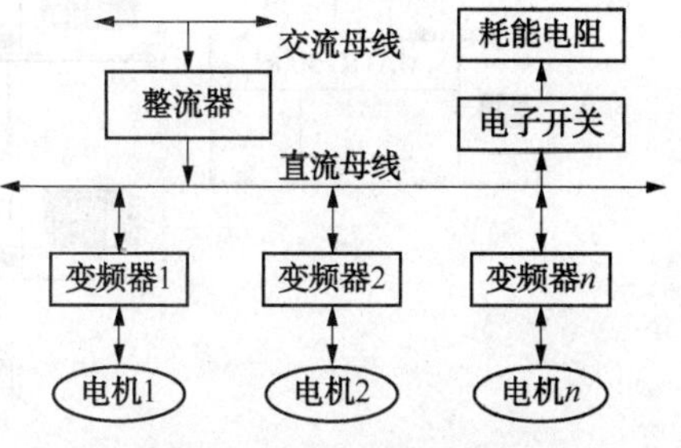

图 2　多轴驱动系统框图

系统运行时，当处在制动发电状态电机再生电能功率大于处在耗能状态电机耗能功率时，直流母线电压升高，会造成逆变器保险烧毁停机故障。为了避免上述现象，本系统在直流母线上设计了一个电子开关并联耗能电阻，当母线电压大于设定值时，电子开关闭合通过耗能电阻消耗制动电机再生的电能，限制母线电压升高，保证设备安全运行。

3 控制系统硬件设计

3.1 PLC 系统硬件设计

如图 3 所示，PLC 硬件配置采用 STEP7 软件硬件组态功能进行配置，本控制系统采用主从式的网络拓扑结构，往复横动系统与上游的七辊牵引机均由主站的西门子 CPU315 型 PLC 控制，实现了纺丝工艺的集中管理与分散控制，硬件组态效率高。PLC 主站包括 FM350 计数模块、模拟量与数字量 I/O 模块、通信接口 CP 模块等三大类，系统从站主要由西门子 CU320 单元、CU310 单元、ET200M、操作面板 TP900 等构成。ET200M 主要连接了从站的接近开关、电机联锁保护信号以及多种智能仪表。

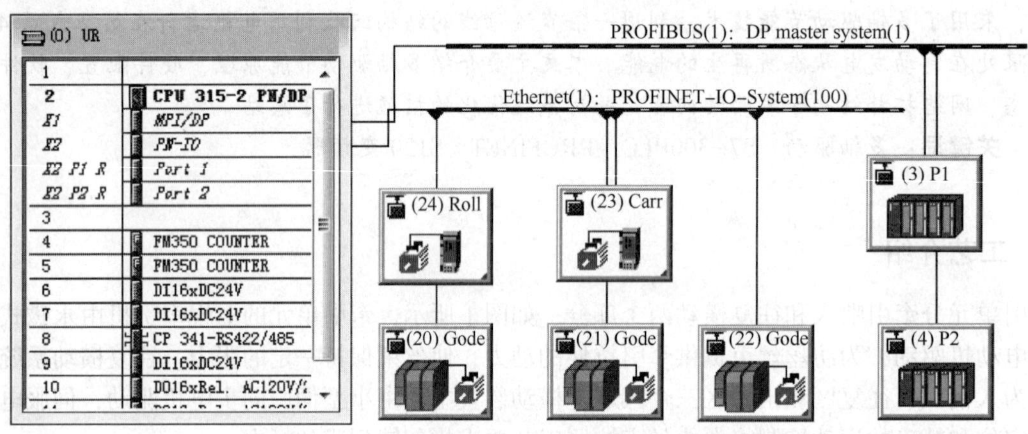

图 3 PLC 硬件配置图

3.2 系统网络拓扑结构设计

如图 4 所示，S7-300PLC 集成 2 个 PN、1 个 DP 总线接口，本系统共设置 Profinet 总线和 Profibus-DP 总线各一条。主从站通信方式采用主从式。

其中 ET200 从站、人机界面 TP900 与主站采用 Profibus-DP 总线进行通信，实现了分布式自动控制。采用分布式的布置，Profibus 总线取代了传统错综复杂的信号电缆，极大了提高了系统的稳定性，降低了设备故障率。ET200M 站的 I/O 控制信号传输至上位机 PLC 仅需要毫秒级的时间，而且从站 I/O 小卡件支持“热插拔”，使系统的维护工作量缩小。

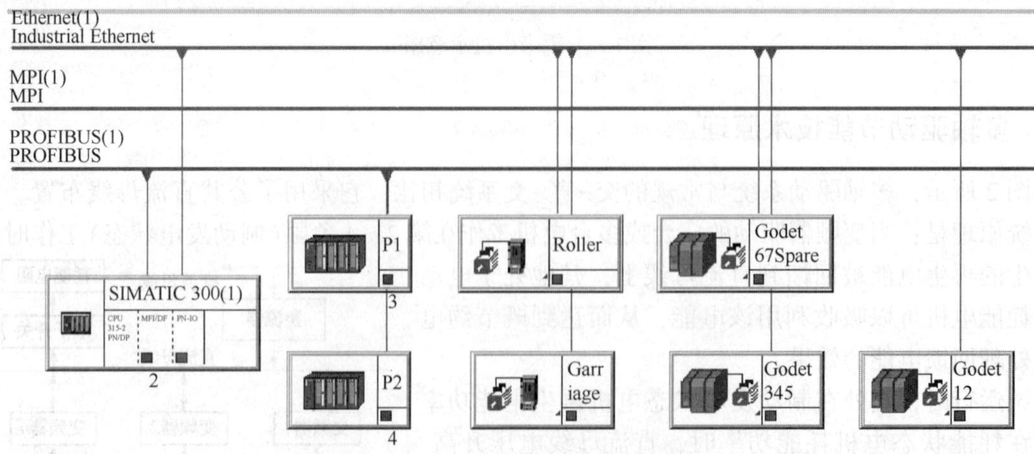

图 4 系统网络拓扑结构图

从站 CU320 单元、CU310 单元通过交换机与主站 PLC 进行 Profinet 网络通信，Profinet 总线具有良好的抗干扰性能，可有效降低逆变器产生的谐波(尤其是高次谐波)对系统的干扰，大幅降低总线的 EMC 治理难度。从站 IP 地址的设定方法：在硬件组态画面中点击 PLC→Ethernet→Edit Ethernet nodes，点击 Browse 寻找可访问的设备，然后分别对设备名称以及 IP 地址进行组态。

3.3 变频系统硬件配置

变频驱动的主要组成部分有：

(1) 整流单元：整流单元通过 DRIVE-CLIQ 与上级 CU320 单元通信。整流单元将进线电压转换为直流电压，通过电压源直流母线向电机模块供电。电网供电电压：AC3 380V 50Hz。回路输出电压：DC 510V。

(2) 直流母线：由于七辊牵引机的牵伸工艺使得各个单元通过丝束耦合，有些单元处于电动状态而有的单元处于发电状态。例如一个电机模块正在产生电能(发电机模式)，另一个电机模块可以使用该电能(电动模式)，实现了能量的交互，因此系统的实际能耗远远低于设备额定总功率。

(3) 控制单元：如图 5 所示，S120 系列的控制单元通过 DRIVE-CLIQ 对各驱动单元进行控制，取代了现场总线来实现周期性数据交换。CU310 控制单元主要用于控制单驱动，CU320 控制单元用于控制多驱动。通过 CU 控制单元，可以对整流或逆变单元进行管理，例如发送指令、修改参数、读取状态等。

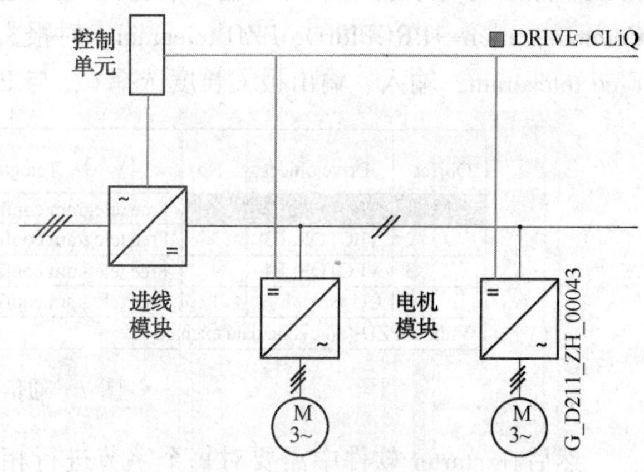

图 5　DRIVE-CLIQ 拓扑图

(4) 功率单元：如图 6 所示，功率模块用于变频驱动各个电机。功率单元通过 DRIVE-CLIQ 电缆与 CU320 控制单元通讯，功率单元需要外供 24V 控制电。

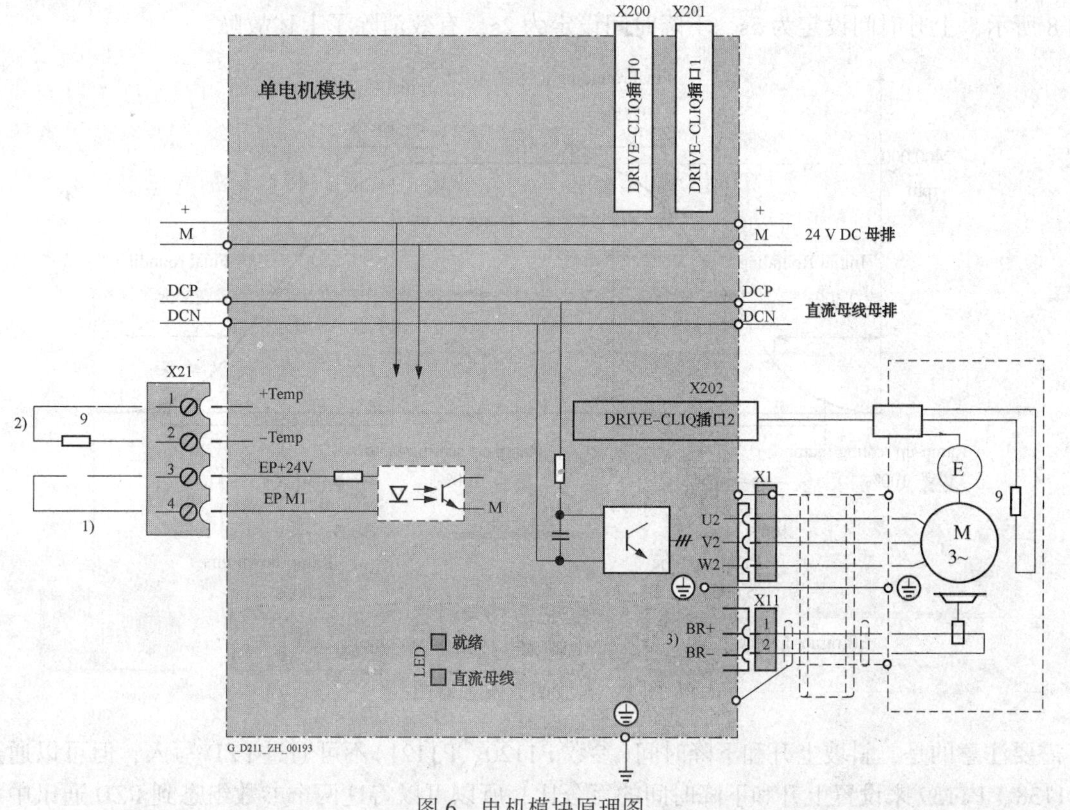

图 6　电机模块原理图

4 控制系统软件组态

4.1 PLC与变频器的通信

PLC与变频器通过相互约定好的报文进行通信，因此报文组态的准确性至关重要。报文分为标准报文和自由报文两种，本控制系统使用自由报文进行通信。以3、4、5辊控制单元报文配置为例：

首先在Step7软件中为CU320组态报文，双击object→telegrams→free telegram，选定自由报文协议。然后对每个功率单元的输入、输出字节进行相应的定义。然后在STARTER软件中，点击Communication→PROFIdrive PZD telegram，对报文进行相应的组态。如图7所示，报文类型均选择Free telegeram，输入、输出报文长度选择6，与PLC进行对应。

Object	Drive object	-No.	Telegram type	Input data Length	Output data Length
1	VECTOR_02	2	Free telegram configuration with BICO	6	6
2	VECTOR_03	3	Free telegram configuration with BICO	6	6
3	VECTOR_04	4	Free telegram configuration with BICO	6	6
4	CU_S	1	Free telegram configuration with BICO	0	0
Without PZDs(no cyclic data exchange)					

图7 通信报文组态图

然后在starter软件中需要对每个字节进行相应的定义，以VECTOR-02为例：Input中组态来自PLC的启动信号、停止信号、复位信号以及转速设定值，在Output中需要组态送往PLC的变频器准备信号、运行状态字、故障信号、电机实际转速、实际电流等信号。

4.2 斜坡函数发生器

本系统在带负荷调试过程中，在系统正常停车时，变频器频繁过电流报警，因此启用了S120内部的斜坡函数发生器功能，它由变频器内部的PID调节，使得电机升速和降速过程更为平滑。如图8所示，上升时间设定为5s，下降时间设定为2s，有效消除了上述故障。

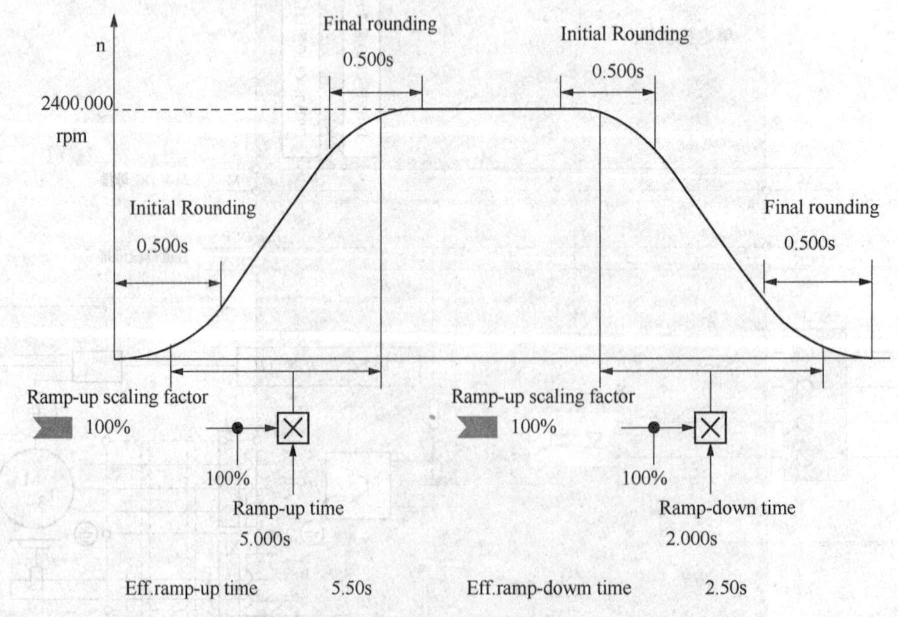

图8 斜坡函数发生器图

需要注意的是，斜坡上升和下降时间(参数P1120、P1121)不可通过PZD写入，但可以通过参数P1138、P1139来设置上升和下降时间的百分比，所以可以将这两个参数组态到PZD通讯中。

5 永磁式伺服同步电机的双闭环控制分析

永磁式伺服同步电机在变频器的作用下，初始低频率下定子三相电流所产生的旋转磁场转速很慢，定、转子磁场间能产生一定的平均电磁转距。逐渐升高频率后，转子转速随定子旋转磁场的速度逐渐上升而同步上升，完成启动。它的自控式变频调速系统功能图如图 9 所示：该系统把来自测速机的信号进行分析，判明同步电机转子的真实位置和转速后，控制变频器输出三相电压、电流的频率，幅值和初始相位，达到同步转速跟踪转子转速的目的。

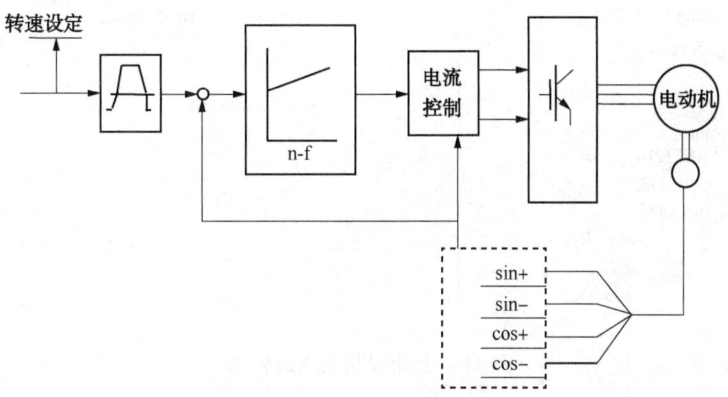

图 9 同步电机变频调速功能图

测速电机的结构如图 10 所示，测速机的转子与同步电机的转子同轴连结，定子上激磁线圈上施加 10V(2-10KZ)的电源，二组输出线圈的信号分别称作为 sinφ、cosφ 信号，两者即时值的正切值即为同步电机转子的真实位置反映。

西门子 S120 系列小型交-直-交变频器 CU310 单元上选用了 SMC10 模块，该模板收集测速出的转速值与输入速度值比较放大作为给定值；测量计算出的转子机的两组信号，经分析、计算，直接作用于速度、电流双闭环的调速系统中。计算位置瞬间值作用于电流环三相电流的瞬间相位值给定。

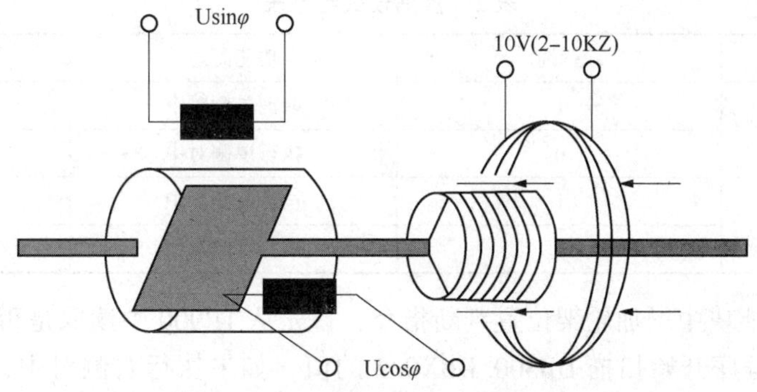

图 10 同步电机测速示意图

6 控制系统优化

6.1 增加与上油变频系统联锁

短纤维前纺工艺为连续性生产性质，七辊牵引机主要为纺丝丝束提供牵引力，当七辊牵引机由于变频器故障、缠丝检测器动作等原因停机时，丝束瞬间失去牵引力，如果这时上油辊变频器处于运转状态，将会导致上油辊间隙中缠入废丝，增大维护工作量，因此在两套控制系统中增加联锁点消除上述现象。

实现方法：如图 11 所示，将牵引辊的实际运转速度(正常 1500)与 400 进行比较，如果实际值低于 400 时，M301.0 上升沿指令触发，T121 定时器输出 5s 的一个脉冲，将这个脉冲信号串入上油辊变频器的启动回路中，即可触发变频器联锁停车。

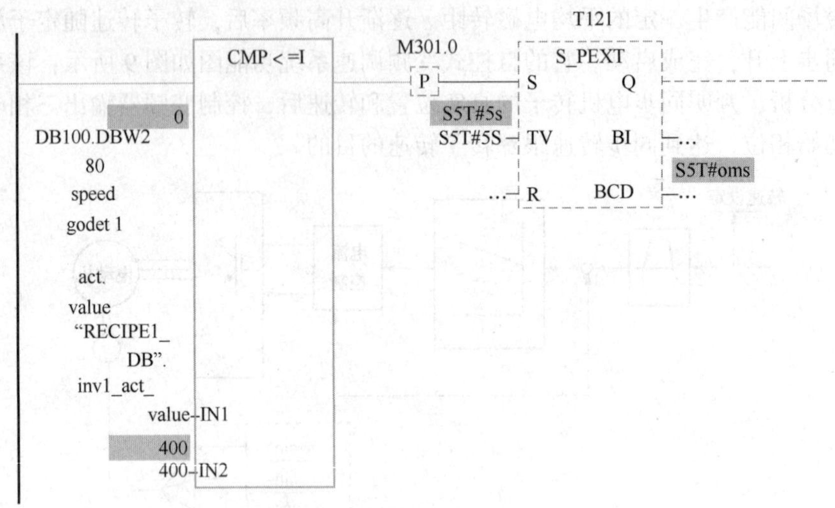

图 11　上油辊联锁点逻辑图

6.2　优化横动换桶对中模式

横动系统的换桶控制在逻辑功能块 FB61 中组态，FB61 应用了 GRAPH 编程方式，实现了对小车及辊子的顺序控制。

原程序控制逻辑：横动装置在定时模式状态下，当落桶累计时间达到设定值时，程序自动跳入 FB61 执行 Graph 换桶步进程序。对中方向不同将会造成入桶区空桶和轮架沿边误差超限。

程序优化步骤：

(1) 在人机界面 TP900 中增加换桶模式组态画面，设置左侧对中、右侧对中、自由对中三种模式。其中逻辑点组态如表 1 所示。

表 1　换桶模式组态表

地址名称	逻辑值	功能简述	备注
DB300. DBX0. 2	1	取消单侧对中	
	0	执行单侧对中	
DB300. DBX0. 3	1	执行右侧对中	<-25cm
	0	执行左侧对中	>25cm

(2) 在 FC190 功能块中增加轮架位置判断指令，首先从 TP900 中读取是否选择单侧换桶程序，如果执行单侧对中，程序开始扫描 DB300. DBX0. 3 的值，如果执行右侧对中，程序跳入 M882(判断轮架位置<-25cm)，如果执行左侧对中，程序跳入 M881(判断轮架位置>25cm)，当达到设定的逻辑条件时，允许换桶标志位 M901. 0 置 1，程序才允许执行 FB61。

6.3　实现与 Honeywell DCS 数据交换

TPS-3000 系统与该 PLC 系统采用标准的 RS485 总线进行通信，S7-300 作为从站，DCS 实时监控牵引单元的设备运行状态及工艺参数，为工艺优化调整创造便利条件。实现方法如下：

硬件组态：PLC 主站选用串行通讯卡件 CP341，安装 PtP 软件包，在 Parameters 中配置通信波特率、奇偶校验、字符延时时间等参数，完成硬件组态。

软件组态：双击 OB1，从库 Libraries→CP PtP→CP340 中调用发送功能块 FB3 P-SEND，并为其分配背景数据块 DB3，将块参数 LADDR 设为硬件组态中 CP340 模块的起始逻辑地址 256。图 12

所示，依次将牵引辊实际转速、实际运行电流、轮架转速、横动换桶时间、报警信息等内容发送至DCS，高效完成数据实时交换。

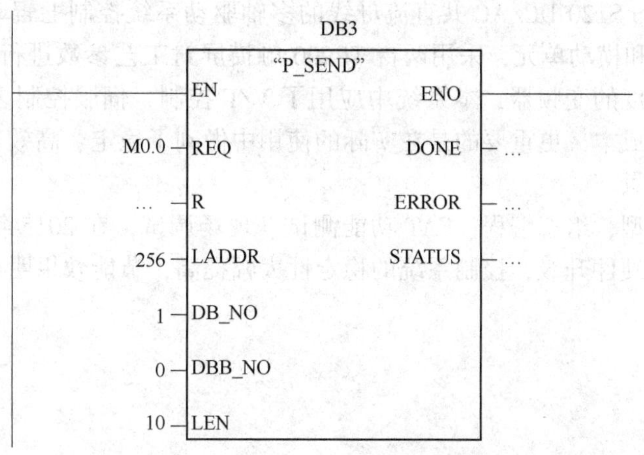

图 12　CP341 发送数据功能块

6.4　人机界面中组态牵引辊历史趋势

牵引辊转速会影响原丝纤度、断裂强度等多项指标，电机电流是反映电机运行工况的关键参数，因此在 Portal 开发平台中，重新组态设计了牵引机速度、电流共 8 个历史趋势画面，为工艺参数调整以及设备故障分析提供依据。下面以 1#牵引辊转速组态为例说明：

1#牵引辊速度在 PLC 内部寄存器中分配的地址是：DB100. DBW280。首先在 Portal 软件中，点击 TP900 项目下的历史数据进入组态画面，将 DB100. DBW280 变量导入，设置记录名称、记录方法(设置为循环记录)、存储位置、记录周期等参数，完成数据归档。然后打开画面编辑器，在右侧的控件中将趋势视图拖入组态画面中，在属性列表中对曲线的样式、按钮设置进行组态，保存编译后如图 13 所示。

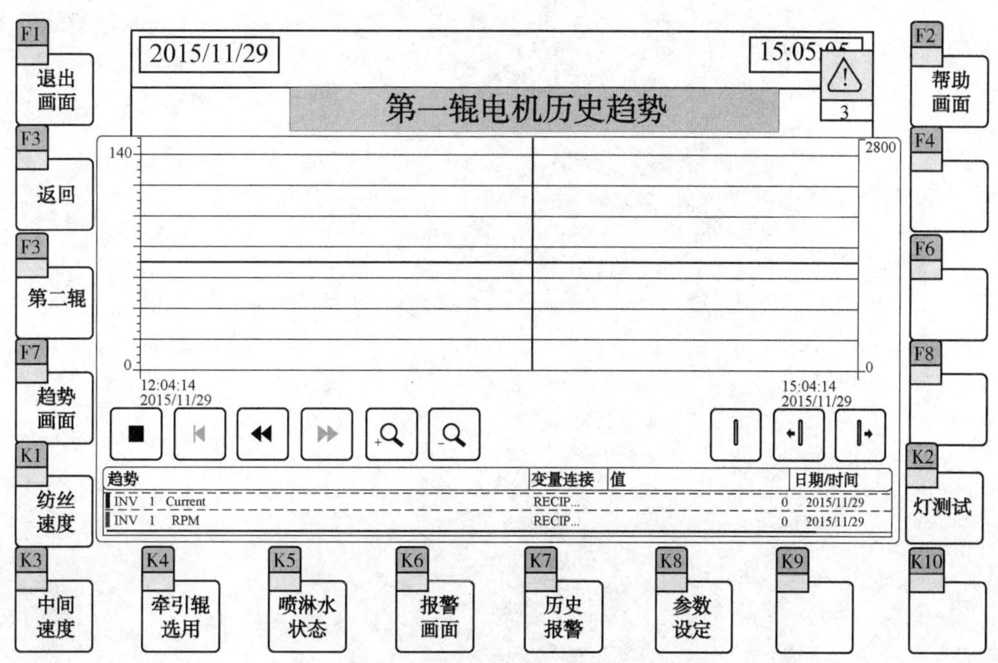

图 13　1#牵引辊历史趋势画面

7 结语

本文采用 SINAMICS S120 DC/AC 共直流母线的多轴驱动系统控制七辊牵引机，采用一台 S7-300 PLC 集中控制牵引和横动单元，采用两台 TP900 触摸屏对工艺参数进行操作。西门子 S120 系列是一种高性能、高精度的变频器，本系统中应用了 V/F 控制、伺服控制多种方式，不仅可以使厂家在上项目初期节约成本，更重要的是在实际的使用中做到了稳定、高效、节能，因此这种控制方式具有广泛的应用前景。

经过系统的设计选型、组态编程、FAT 功能测试、现场调试，在 2015 年 11 月 22 日实现了开车一次成功。经过本次硬件升级，控制系统的稳定性大幅提高，节能效果明显，保障了装置的长周期运行。

往复式压缩机无级调量系统移位改造节能应用

全乐兵　司纪强

（中国石油化工股份有限公司齐鲁分公司胜利炼油厂连续重整车间，山东淄博　255434）

摘　要：为了节能降耗，往复式压缩机大多采用贺尔碧格公司开发的液压式无级气量调节系统，但由于机组设计等存在异常，并不是所有机型安装无级调量系统后均能有效节能。本文主要结合齐鲁石化胜利炼油厂加氢裂化装置新氢压缩机无级调量系统的运行情况，提出无级调量系统的移位技术改造方法。

关键词：往复式压缩机　无级调量系统　移位　节能

1　前言

齐鲁石化胜利炼油厂 1.4Mt/a 加氢裂化装置高压加氢压缩机选用三台往复式压缩机，K401A 和 K401B 为 Dresser-Rand 的机组（机组结构简图见图 1），K401C 选用沈阳石化气体压缩机厂的 4M50 联合往复式压缩机（机组结构简图见图 2），标准流量 30000Nm^3/h，轴功率 2900kW。

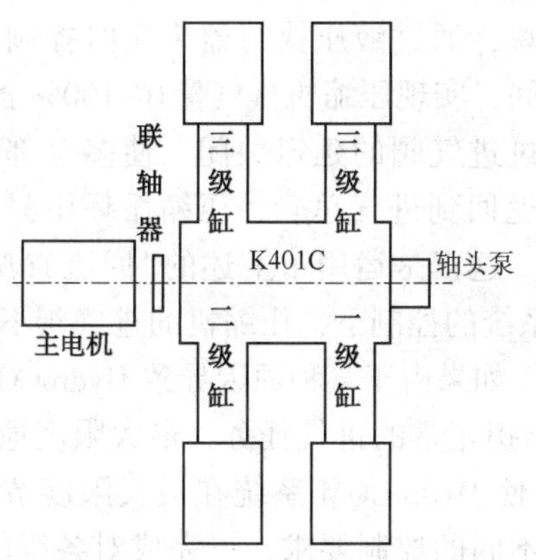

图 1　K401C 机组结构简图

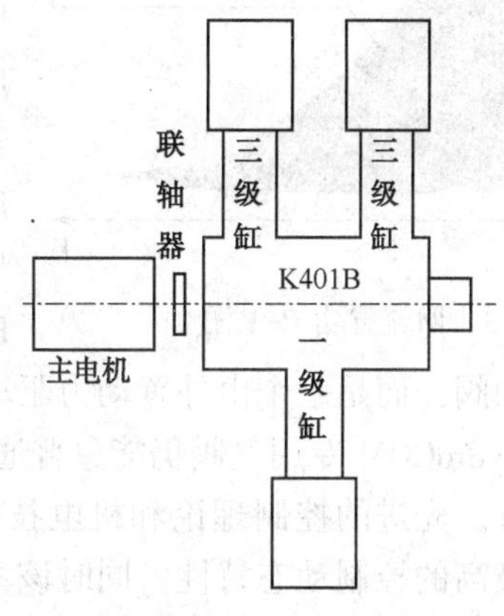

图 2　K401B 机组结构简图

三台压缩机组流量调节方式为三返一回流调节，利用自动控制系统优化稳定压缩机的出、入口压力．在装置正常负荷情况下系统需将富余的压缩终了气体通过旁通调节阀回流到进气总管，这样虽然可以达到调节控制的要求，但造成了能源（电能）的较大浪费。特别在装置正常负荷条件下，系统要求压缩机的处理量达到 50000Nm^3/h 时，除一台压缩机 100%满负荷运行外，另外一台就必须回流 40%左右，不但浪费大量能源，也极大地影响装置的正常安全生产。

为了更便捷、准确、可靠地调节压缩机的实际处理量以满足系统的实际生产需要，并同时满足对压缩机各级进气压力进行精确控制，车间在考虑改造成本的前提下，对 K401C 增加一套贺尔碧格公司生产的 HydroCOM 无级气量调节系统，从而达到节能降耗，减亏增效的目的。

K401C 增上无级气量调节系统后虽然从负荷上可以看出降低了机组的运行电流，但是该机在运行期间出口排气温度较高（一般在 145℃以上），三级排气阀使用时间较短，受入口氢气管网压力波动，该系统经常自动切除，投用时间短，这一些问题一直影响该节能系统不能良好使用。

为推进装置的节能降耗工作，并减少维修费用，建议在原有基础上将该节能调节系统移位至

K401B 使用。

2 无级调量系统工作原理

如图 1 所示，随着活塞在压缩机气缸中的往复运动，每个气缸侧的一个正常工作循环包括：a. 余隙容积中残留高压气体的膨胀过程，如图示 $A-B$ 曲线，此时压缩机的进气阀和排气阀均处于正常的关闭状态；b. 进气过程，如 $B-C$ 曲线，此时进气阀在气缸内外压差的作用下开启，进气管线中的气体通过进气阀进入气缸，至 C 点完成相当于气缸 100%容积流量的进气量，进气阀关闭；c. $C-D$ 为压缩曲线，气缸内的气体在活塞的作用下压缩达到排气压力；d. $D-A$ 为排气过程，排气阀打开，被压缩的气体经过排气阀进入下一级过程。如果在进气过程到达 C 后，进气阀在执行机构作用下仍被强制地保持开启状态，那么压缩过程并不能沿原压缩曲线由位置 C 到位置 D，而是先由位置 C 到达位置 C_r，此时原吸入气缸中的部分气体通过被顶开的进气阀回流到进气管而不被压缩；待活塞运动到特定的位置 C_r(对应所要求的气量)时，执行机构使顶开进气阀片的强制外力消失，进气阀片回落到阀座上而关闭，气缸内剩余的气体开始被压缩，压缩过程开始沿着位置 C_r 到达位置 D_r，气体达到额定排气压力后从排气阀排出，容积流量减少。这种调节方法的优点是压缩机的指示功消耗与实际容积流量成正比，是一种简单高效的压缩机流量调节方式。这就是压缩机的“回流省功”原理[1]。

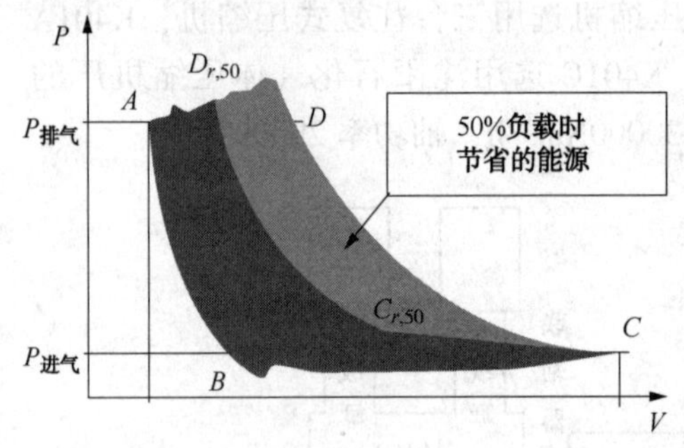

图 3 回流省功 $P-V$ 图

贺尔碧格公司专门为往复式压缩机开发的液压式无级气量调节系统。它的主要工作原理是计算机即时处理压缩机运行过程中的状态数据，并将信号反馈至执行机构内电子模块，通过液压执行器来实时控制进气阀的开启与关闭时间，实现压缩机排气量 0~100%全行程范围无级调节。通过进气阀的延迟关闭，使多余部分气体未经压缩而重新返回到进气总管，压缩循环中只压缩了需要压缩的气量。这正是运用了上述的“回流省功”原理。在 HydroCOM 系统的控制下，压缩机的进气阀不再是依靠压差工作的自动阀，而是一个由外置动力驱动的强制阀。如果由于某种原因导致 HydroCOM 系统无法正常工作，HydroCOM 专用气阀仍能象普通气阀一样承担正常的进气任务，最大限度地保证生产装置的安全运行。先进的控制理论和机电技术的结合，使 HydroCOM 系统在最大限度节省能源的同时，还拥有极高的控制动态特性。同时该系统可根据不同的控制要求，可完成对各级的状态参数，如压力、流量等的精确控制[2]。

3 无级调量系统移位

3.1 移位前准备工作

3.1.1 控制方案确定

由于本次移位改造只是在两台机组间进行，且两台机组处于同一位置，因袭控制方案不进行调整，主要内容如下：

(1) 改造后 HydroCOM 系统的功能与原控制系统功能相同，即：维持 K401 机组出口压力和级间压力的稳定，同时在当氢气系统管网压力过低时减少装置补氢量。控制所需压缩机入口压力、总出口压力、二级入口压力和三级入口压力(级间压力)分别取自压缩机出入口和级间分离罐上原有压力变送器信号(该四个信号已经引入装置现有 DCS 控制系统中)，以上四个压力信号分别通过 PID 控制模块运算后计算出压缩机的负荷百分值(对应 4~20mA 电流)，控制信号输出至 HydroCOM 控制系统中，HydroCOM 系统进行计算转换后通过现场总线驱动液压执行器来实时控制进气阀的开启与关闭时间，实现压缩机排气量 0~100%全行程范围无级调节。

（2）在 HydroCOM 系统正常时，由 PID 模块控制 HydroCOM 系统，当 HydroCOM 系统出现故障后，原有 PIC-4111（压缩机出口压力）和 PIC4112（压缩机入口压力）两个控制器恢复控制其原来控制的旁通阀。

3.1.2　改造内容确定

由于 K401C 与 K401B 结构型式差异较大，移位改造前控制系统、液压系统、执行机构及 DCS 扩容问题。

（1）执行机构部分　现有 K401C 压缩机组的设计为 4 个气缸，一、二级各有一个气缸，三级有两个气缸，每个气缸有 2 个进气阀（每个缸侧 1 个进气阀），而 K401B 压缩机组设计为 3 个气缸，一、二、三级各有一个气缸，一级气缸有 6 个进气阀（每个缸侧 3 个进气阀）、二级气缸有 4 个进气阀（每个缸侧 2 个进气阀）、三级气缸有 2 个进气阀（每个缸侧 1 个进气阀）。为达到控制目的，需增加 6 套 HydroCOM 专用的进气阀和液压执行器。

（2）HydroCOM 控制系统　这部分包括 HydroCOM 系统的中间接口设备、电源和各类传感器附件，除现场传感器外，其他部分设备仪表均安装在装置操作室内现有机柜内，同时由于该部分的卡件接口均设置有备用端口，因此不需要增加电源等仪表设备。

（3）液压装置部分　液压系统向液压执行机构提供液压动力。为了保证各个气阀动作统一，需要从液压装置至各液压执行机构的距离尽量相等，且管径相同，这样保证当液压执行机构需要的油压变化统一，各气阀动作同步。

（4）DCS 扩容部分　因本次改造 HydroCOM 系统控制部分及液压部分利旧，因此不需增加 DCS 容量，利旧原引入 DCS 内部指示信号，并将其取压点位号改为 K401B 相应位置的压力点及温度点即可。

3.2　无级调量系统移位期间主要工作

因机组在移位改造期间需要利旧部分无级调量系统执行机构及液压控制系统，因此先对 K401C 进行了改造，改造期间主要工作顺序如下：

（1）提前对 K401C 进气阀进行测量，由专业厂家制作气阀（带卸荷器），共计 8 件；

（2）选择装置平稳运行时，将 K401C 切除放空进行氮气置换，出入口加盲板隔离；

（3）停用机组无级调量系统液压油泵并进行撤压；

（4）断开并拆除液压油泵至控制系统管线、管件，并将液压油泵移至与 K401B 一二三级进气阀距离基本相等的位置并固定；

（5）将进气阀 8 件执行机构拆除，并依次拆除压筒、气阀、进气封盖部件；

（6）将保护性拆除仪表线，控制系统、蓄能器、执行机构接管等部件；

（7）安装新制作的进气封盖、气阀、压筒，安装执行机构等，并调整卸荷间隙至正常值；

（8）气量调节控制器至卸荷器质检管线重新配管，并根据实际使用时卸荷器载荷（有风载荷或无风载荷）情况调整；

（9）修改机组联锁条件及机组开机条件；

（10）机组试车。

当检查机组运行正常后，对 K401B 进行安装无级调量系统，主要工作如下：

（1）提前对 K401B 进气阀进行测量，由专业厂家制作专用气阀（带卸荷器），共计 6 件；

（2）选择装置平稳运行时，将 K401B 切除放空进行氮气置换，出入口加盲板隔离；

（3）拆除 K401B 一二三级进气阀卸荷器、进气封盖、气阀压筒、气阀；

（4）安装新制作的进气封盖、专用进气阀、气阀压筒，安装执行机构等，并调整卸荷间隙至正常值；

（5）重新铺设液压油泵至控制系统管线、管件，并安装液压系统蓄能器及其至执行机构分支管线；

(6) 安装无级调量系统转速探头，并调整零点位置；

(7) 将原有控制系统至室内仪表线进行回装，并增加相应六件执行机构的安装位置及仪表线位置；

(8) 安装完毕后，室内外调整控制室与室外的执行机构地址，确保正常运行；

(9) 修改机组联锁及开机条件；

(10) 机组联锁试验并试车运行。

4 移位后运行状况分析

本次无级调量系统移位后，K401B 运行正常，入口压力在 1.75～2.15MPa 波动时，控制系统可以正常进行调整，比起 K401C 运行期间对入口压力有了更为宽的调整范围，且机组因负荷降低，机组轴向力等大大减小，同时也延长了部分易损件的使用寿命，对 K401C 来说，引起长期处于100%负荷运行，机组出口温度下降至 130℃左右，出口排气阀使用时间有原来不足 60 天调高至 200 天以上，大大降低了机组的故障率，提高了装置运行的安全性。

节能效果统计分析：

K401B 改造前运行电流为 285A 左右，改造后运行电流为 230A 左右，按照电机功率因数 0.85，每小时节电为：

$$P_{时}==1.732\times6000V\times(285A-230A)\times0.85=485826W$$

按照年运行 7000 小时计算：

$$P_{年}=485826W\times7000h\div1000=3400782kW/h=3400782\text{ 度}$$

按照电费 0.6 元/度计算，K401B 节能改造后年可节省费用为：

$$¥=3400782\text{ 度}\times0.6\text{ 元/度}=2040469.2\text{ 元}\approx200\text{ 万元}$$

5 结语

HydroCOM 系统移位后大大改善了压缩机的可操控性，除可满足复杂多变的工艺需求外，还能最大限度地节省能源。从安全角度上看，该系统移位后能够实现对压缩机出入口和级间压力的自动控制，降低超驰控制系统回流带来的负面影响，降低级间冷却器负荷，并能够平稳实现压缩机的启动、加载、切换和停机，从而提高压缩机可靠性和安全性，为装置平稳长周期运行提供了保证；从经济上看，该机无级调量系统运行后大大降低了机组的运行电流，节能效果客观，效果较好。

参 考 文 献

[1] 安定纲，往复式压缩机技术问答[M]. 北京：中国石化出版社，2005.

[2] 金德浩，刘建晖，申涛，催化裂化装置技术问答[M]. 北京：中国石化出版社，2006.

MTBE 萃取蒸馏降硫与低温节能技术

郝天臻　李艳珍　尚金博

（河北精致科技有限公司，河北沧州　061000）

摘　要："一种低含硫甲基叔丁基醚的生产方法"，通过对含硫 MTBE 萃取精馏，得到硫含量≤5μg/g 的 MTBE 产品，加入的萃取防胶剂有效遏止了塔底副产物在高温下缩聚和结焦，同时成为塔底主要汽化物，减少硫化物的汽化，降低塔板数和回流比。其中高沸点抽硫组分吸附低沸点硫化物向塔底富集，保证了硫含量指标。进而开发的双塔蒸馏降硫技术将精馏塔底温降到 80℃以下，可充分利用低温热源，每吨 MTBE 蒸汽用量由 240kg 降到 40kg，能耗由单塔 18kgEO/t 降到 10kgEO/t 以下，节省加工成本 30 元/tMTBE 以上。

关键词：MTBE　蒸馏降硫　萃取防焦　双塔蒸馏　低温热利用　节能

1　前言

工业上主要以炼油或化工混合碳四为原料，与甲醇作用生产甲基叔丁基醚(MTBE)。由于炼油碳四中有含硫化合物，以此为原料生产的 MTBE 总硫较高，低的 60~200μg/g，高的甚至 1000μg/g 以上。MTBE 作为高辛烷值清洁汽油调和组分，加入量一般在 10%~20%，而车用汽油国Ⅴ标准要求硫含量≤10μg/g，高硫 MTBE 影响调和；作为化工原料硫含量标准更严，需要≤5μg/g，开发便捷有效的 MTBE 降硫技术非常必要。

本文介绍的"一种低含硫甲基叔丁基醚的生产方法"专利技术(ZL 201110397611.0，简称 MTBE 萃取蒸馏)，能耗低、流程短、技术可靠，一经推出，迅速被五十多家企业选用，已开工的企业运行平稳，硫含量可控在≤5μg/g。在此基础上进一步研发的'一种含硫甲基叔丁基醚产品的脱硫装置'专利技术(ZL 201420873941.1，简称 MTBE 双塔低温蒸馏)，将精馏塔塔底温度降到 80℃以下，可充分利用低温热源，吨 MTBE 蒸汽量由 240kg 降到 40kg，能耗由单塔 18kg 标油/t 降到 10kg 标油/t 以下，又节省加工成本 30 元/t MTBE 以上。两项专利的经济技术指标均处于行业领先水平。

2　技术原理

2.1　MTBE 中硫化物的来源及形态

MTBE 是由碳四原料中异丁烯与甲醇在阳离子交换树脂催化剂作用下合成的，所以，MTBE 中的硫化物分别来源于甲醇、混合碳四和树脂催化剂。

一般化工碳四生产的 MTBE 含硫很低，大部分<10μg/g，而炼厂碳四生产的 MTBE 含硫较高，一般 60~200μg/g，高的可达 2000~3000μg/g，可见，MTBE 硫化物主要来源于混合碳四。由此推断，MTBE 中应含有甲硫醇、乙硫醇、甲硫醚和二硫化物，实际分析发现除二硫化物以外，其他硫化物很少，这是因为甲、乙硫醇活泼，在 MTBE 合成环境中很容易与异丁烯反应，形成沸点高的甲基叔丁硫醚和乙基叔丁硫醚；其他没有转化的甲、乙硫醇和甲硫醚因沸点较低，在 MTBE 与醚后碳四蒸馏分离时大部分进入醚后碳四。

此外，MTBE 中还发现羰基硫、异丁硫醇及其他不明形态硫化物，羰基硫主要来源于甲醇原料；异丁硫醇是在 MTBE 反应条件下，由甲醇中的硫化氢和羰基硫与异丁烯合成形成；甲醇硫含量一般很低，只有个别含较多的硫化氢和羰基硫，导致硫含量高达 50μg/g。正常情况下甲醇含硫<5μg/g，给 MTBE 硫的贡献<2μg/g，所以，甲醇硫含量不是影响 MTBE 含硫高的主要因素，可以通

过控制甲醇原料的质量得到解决。

不明形态硫化物中还含有催化剂脱落的磺酸基类产物。阳离子交换树脂由简式为 $R-SO_3H$ 的两个基本部分组成，R 为具有交联网状结构的聚合物母体，SO_3H 是具有催化作用的磺酸基团，温度大于或等于 80℃时磺酸基团会发生脱落。将树脂催化剂装入圆底烧瓶，用异丙醇常压煮沸，温度为 82.5℃±2.5℃，500h 后取样品测交换容量，磺酸基团脱落速率为 0.00024mmol/g·h。如按催化剂质量空速 $1h^{-1}$计，磺酸基脱落造成 MTBE 产品硫的增加约 7.7 mg/kg。在正常操作条件下磺酸基团脱落速率远低于此值，造成硫含量的增加一般≯5μg/g，也不是 MTBE 总硫高的主要因素。

MTBE 中的硫主要来源于混合碳四，在生产过程中，产品与剩余的碳四分离，相比碳四烃，MTBE 对硫化物有更高的溶解性，而且绝大部分硫化物的沸点较碳四高，分离时被富集到 MTBE 产品之中，导致 MTBE 产品比碳四原料高出 4~6 倍。

2.2 MTBE 降硫技术路线选择

降低 MTBE 硫含量的技术路线可以有多种，比如：降低液化气硫含量(简称前脱硫)、降低原料碳四硫含量(碳四脱硫)和降低 MTBE 产品的硫含量(后脱硫)。

前脱硫可降低 MTBE 总硫。我公司液化气深度脱硫技术将催化液化气总硫降到 5μg/g 以下，焦化液化气<50μg/g(大部分<30μg/g)，混合液化气分离碳四生产的 MTBE 总硫<50μg/g，纯催化液化气生产的 MTBE 总硫<20μg/g，成为本行业最高水平。但达到≤10μg/g 的指标，液化气总硫需降到 1μg/g 以下，工业难度大，费用太高。

混合碳四精馏也降低总硫，利用二硫化物与碳四沸点差很大的特点，通过蒸馏降低碳四的硫含量。达到 MTBE 所需的总硫≤10μg/g，轻碳四总硫必须<2μg/g，塔顶回流比和能耗很大，尤其当进料硫醇含量高时，降硫效果十分不稳定。随着重碳四的切割还会损失一部分异丁烯。混合碳四平均沸点-4.1℃，与 MTBE 蒸馏比较，操作压力高，处理量增大 4~6 倍，所有这些造成设备投资、操作费用与占地面积成倍增加。

无疑，MTBE 产品降硫具有许多优势。在 MTBE 催化合成或共沸蒸馏中，原料中的一部分硫醇可以转化成沸点较高的硫醚；剩余的甲硫醇沸点 5.9℃，共沸蒸馏后被分离到醚后碳四中；MTBE 沸点 55.3℃，远远低于残留在其中的丁硫醇以及二硫化物沸点，很容易以蒸馏的方式脱除。可见，MTBE 萃取再蒸馏技术虽然只有脱重硫组分的一次分离，却同时拥有拔头去尾的双重效果，大大优于混合碳四蒸馏。

近几年，MTBE 产品蒸馏推出了催化蒸馏、吸附蒸馏和络合法等技术，我公司 MTBE 萃取再蒸馏降硫专利技术，以流程简短、技术可靠、能耗与运行费很低被众多企业广泛采纳，脱后硫含量可控在≤5μg/g，既可用于国Ⅴ清洁汽油调合，也可以满足化工原料对硫含量的要求。尤其液化气深度脱硫与该项技术结合，不仅降低脱硫工序运行费，而且 MTBE 中基本不含与其沸点接近的小分子硫醇，硫化物以高沸点二硫化物和丁硫醇为主，回流比降到 0.2~0.3，萃取防胶剂加入量、单位能耗及损失进一步降低。在此基础上推出的双塔蒸馏低温节能技术，将能耗降到 10kg 标油/t 以下，又节省加工成本 30 元/t MTBE 以上。两项专利经济技术指标均处于行业领先水平，目前市场占有率>80%。

2.3 萃取蒸馏降硫工艺技术

根据硫形态分布规律，炼油液化气中有机硫主要以硫醇为主；常规精制后总硫偏高，主要是二硫化物和硫醇硫，实施液化气深度脱硫技术使烷基化产品总硫降到 10μg/g 以下；MTBE 产品总硫 20μg/g 以下。即使 MTBE 硫含量超过 500μg/g，也大部分为高于 MTBE 沸点的二硫化物，为萃取蒸馏建立了很好的条件。

对 MTBE 实施萃取精馏，含硫 MTBE 从原出装置产品冷却器入口前引出，注入微量萃取防胶剂后从萃取蒸馏塔中部进料，低硫 MTBE 从塔顶蒸出，经冷凝器冷却后一部分作塔顶回流，大部分作为精 MTBE 送出装置，产品的收率可达 99.5%以上；高硫组分在塔底循环，高度富集了含硫化合物的副产物部分从塔底抽出，可作为加氢装置原料，如图 1 所示。

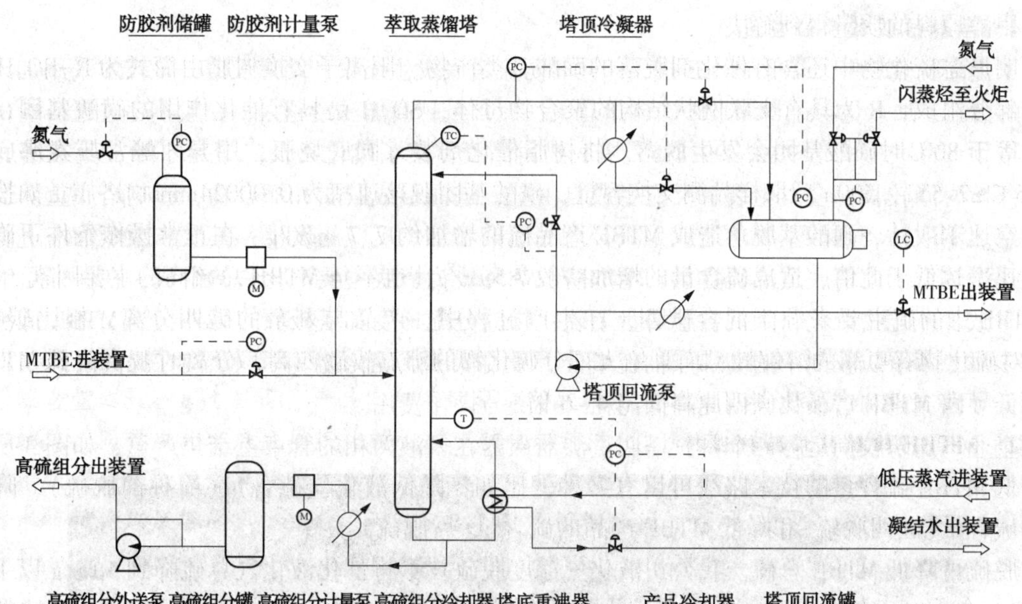

图 1　MTBE 萃取蒸馏降硫工艺流程(单塔)

为了提高脱硫效果，降低 MTBE 的损失，防止长期运行后塔底发生缩聚和结焦反应，该技术采用少量加入萃取防胶剂的方式，提高再蒸馏效果，得到了满意的成效和应用数据。萃取防胶剂的用量很少，一般<1000μg/g 进料，随塔底副产物一起处置。

能耗及副产品产率是影响 MTBE 蒸馏脱硫经济性的主要因素，为此，我公司最近又推出了'一种含硫甲基叔丁基醚产品的脱硫装置'专利技术(ZL 201420873941. 1，简称双塔低温蒸馏)，物料大部分从精馏塔切出，塔底温度低于 80℃，可利用低温余热；少部分去提馏塔。与单塔比较，吨 MTBE 蒸汽用量由 240kg 降低到 40kg，能耗由 18kg 标油/t 降低到 10kg 标油/t 以下，仅此一项节省加工成本 30 元/t MTBE 以上。由于提馏段决定副产品产率，可充分发挥提馏段优势，进一步降低副产品的产率，又将单位加工成本降低了 20 元/t MTBE。流程示意见图 2。

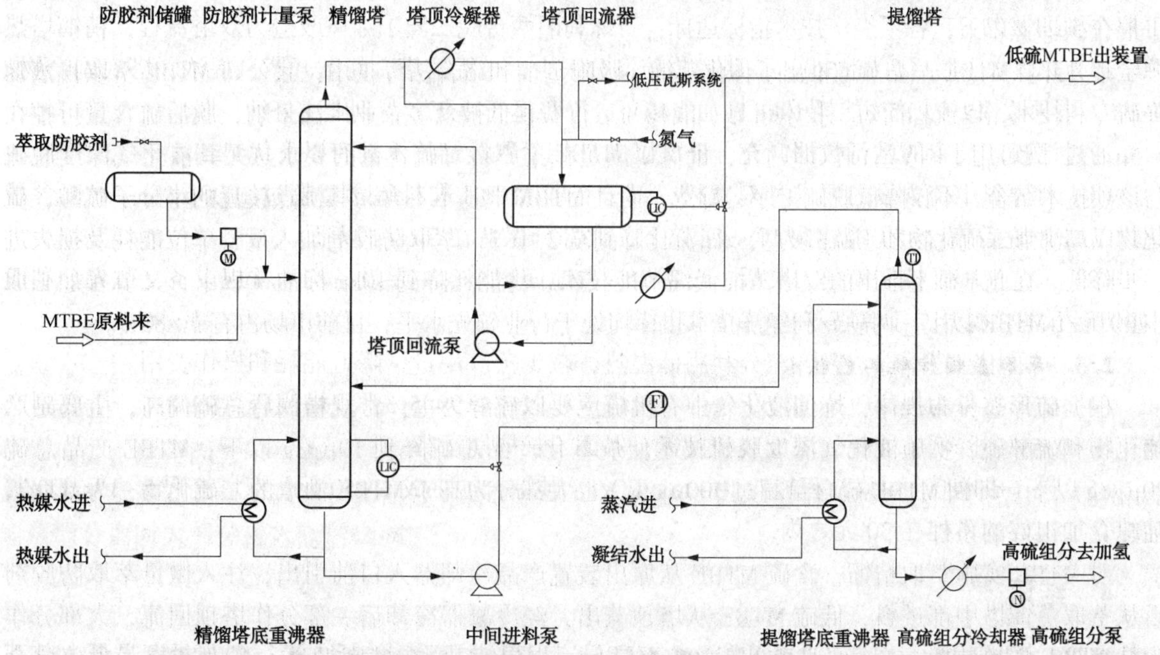

图 2　MTBE 低温萃取蒸馏降硫工艺流程(双塔)

2.4 萃取防胶技术的应用

为了提高脱硫效果，降低 MTBE 损失，同时防止塔底发生缩聚和结焦反应，该技术采用加入萃取防胶剂的措施，加入量与进料 MTBE 硫含量有关，硫含量越高加注量越大，一般不超过进料量 0.1%。

因塔顶产品收率高达 99%~99.8%，塔底物料高度富集了硫化物及二聚异丁烯，其在塔底高温环境下停留时间较长，会发生裂解反应生成自由基，进而形成胶质和缩合物，影响塔底重沸器效率甚至堵塞。萃取防胶剂的主要功能就是减轻塔底缩聚和结焦反应的发生；其次，因蒸馏塔进料及回流的汽化潜热全部由塔底重沸器提供，萃取防胶剂可成为塔底主要汽化物的组成，在保证足够气化率的同时减少硫化物汽化，降低各层塔盘上硫化物的分配梯度和塔板数。另外，当 MTBE 低沸点硫化物较多时，萃取防胶剂中的高沸点抽硫组分可吸附低沸点硫化物。萃取蒸馏在提高降硫精度的同时，降低了回流比和塔板数，由此降低能耗、投资与操作费用。

某企业不加防胶剂运行一个月，塔底重沸器裸露在气液两相的管束上结焦严重，如图 3 所示。

图 3　不加防胶剂一个月塔底重沸器局部照片

3　应用效果与技术优势

车用汽油国Ⅴ质量升级刚开始在北上广试行，我公司就迅速推出了 MTBE 萃取蒸馏和双塔低温萃取蒸馏两项专利技术，因为工艺简捷灵活、投资小、能耗低、产品收率高、脱硫效果稳定可靠，短短两年建立了丰硕的业绩，目前，采纳该技术的企业超过 50 家，31 家已成功投用，总硫均<10μg/g，可控在 5μg/g 以下，各项经济技术指标达标；石炼利旧两台脱二异丁烯塔改造为双塔流程，精馏塔热源全部为热媒水，脱后总硫<5μg/g，塔底富硫馏分很少，送提馏塔，间歇开蒸汽提浓，塔底副产物<0.2%，塔顶收率≥99.85%能耗 10kg 标油/t 以下，平稳运行一年，得到业主好评。

通过已投产装置的运行数据，充分证实了 MTBE 萃取蒸馏技术具有以下优势：

（1）对原料中硫含量的要求相对宽松，部分企业 MTBE 进料硫含量超过 1000μg/g，碳五含量超过 10%，脱后硫含量仍能达到 10μg/g 以下，大部分保持在 5μg/g 以下。

（2）工艺流程及控制简捷、灵活、设备少、占地面积小。主要设备均为常规设备，可充分利旧（如切碳五塔、脱异二丁烯塔等），节省工程投资。

（3）可采用双塔萃取蒸馏，充分利用低温热，减少蒸汽用量，降低能耗和操作费用。

（4）防焦技术为提高收率创造了条件，单塔流程收率≥99.5%；双塔流程≥99.8%，塔底副产物产率<0.5%，降低了能耗、塔板数和投资，保证了长周期运行。

（5）操作成本低。单塔流程能耗 10~18kgEO/t，吨综合加工成本<50 元；双塔流程 5~10kgEO/t，吨综合加工成本可控在 30 元之内。

4　结语

MTBE 萃取蒸馏技术降硫效果可靠，收率高，流程简洁灵活，能耗、运行费与投资最低，其萃取防焦技术有效保证了运行周期，满足油品质量升级及化工原料的需求。

250kt/a 气体分馏装置流程模拟及优化

谭明凤

（岳阳兴长石化股份有限公司，湖南岳阳 414012）

摘 要：以岳阳兴长石化股份有限公司 250kt/a 气体分馏装置为研究对象，运用 Aspen plus 流程模拟软件建立气体分馏装置模型并进行模拟，计算结果与实际参数吻合度高。在此基础上，分析各工艺参数在不同条件下的关系，在保证产品质量前提下，以降低能耗为目标，重点分析脱丙烷塔灵敏度。通过在环境温度较低情况下脱丙烷塔降压操作，低回流操作可降低装置能耗，每年可节约蒸汽 8kt，节约成本 131.2 万元。同时分析脱异丁烷塔运行情况，通过控制塔底抽出量，降低有效组分异丁烯跑损，每年可增产 MTBE 产品 231t，创效 56.92 万元。

关键词：气体分馏　流程模拟　质量回流比　降压　MTBE

1 简介

岳阳兴长石化股份有限公司气体分馏装置设计加工能力 250kt/a，最大加工能力可达 300kt/a，采用脱丙烷塔、脱乙烷塔、丙烯塔、脱异丁烷塔五塔流程，工艺流程见图 1。以催化装置液化气为原料，液化石油气常见组成见表 1。经分馏后获得纯度(体积分数)大于 99.2%的精丙烯、丙烷等产品，并为 MTBE 装置提供碳四原料。本文采用 Aspen plus 流程模拟软件建立了气分装置模型，对装置操作条件提出优化建议，以求进一步降低能耗，控制加工成本，提高企业经济效益。

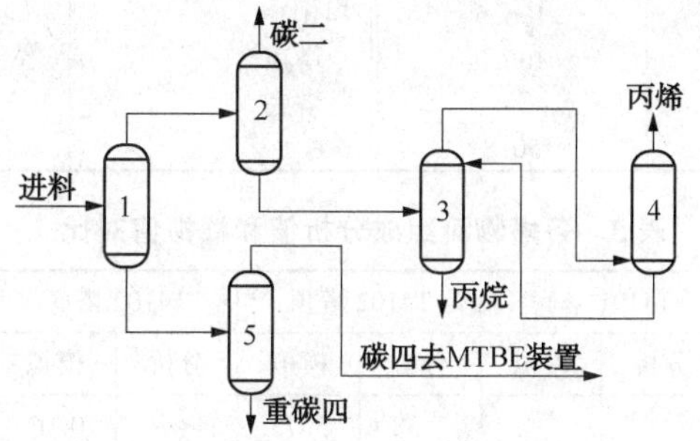

图 1　250kt/a 气体分馏装置原则流程示意

1—脱丙烷塔 T4101；2—脱乙烷塔 T4102；3—丙烯精制塔下塔 T4103A；
4—丙烯精制塔上塔 T4103B；5—脱异丁烷塔 T4104

表 1　原料组成　　%(体)

组分分子式	进料组成	组分分子式	进料组成
C_2H_4	0.01	tC_4H_8	6.96
C_2H_6	0.06	nC_4H_8	7.48
C_3H_6	35.35	iC_4H_8	7.80
C_3H_8	13.72	cC_4H_8	4.67
iC_4H_{10}	17.00	C_5	0.22
nC_4H_{10}	6.73		

2　基本工况模拟

250kt/a 气体分馏装置模拟流程如图 2 所示。模型采用四塔流程，T4104 因掺炼炼油二部碳四，进料量波动大，塔超负荷等原因，单独进行模拟核算。各塔均采用 Rad frac 模型，塔底均选择热虹吸再沸器，T4101 和丙烯塔顶均选择全凝器，脱乙烷塔选择部分气相冷凝器[1,2]。三塔中均引入塔板 Murphree 效率来拟合理论板与真实板之间的差异，模型中用 Redlich-Kwong-Soave 方程计算热力学性质[1,2]。各塔工艺控制参数以及物料组成模拟计算值和实际值的对比结果见表 2、表 3。

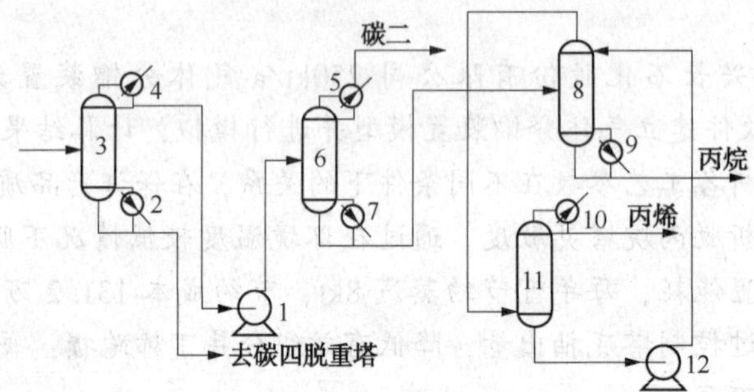

图 2　250kt/a 气体分馏装置流程模拟模型示意

1—T4102 进料泵；2—T4101 再沸器；3—T4101；4—T4101 冷凝器；5—T4102 冷凝器；6—T4102；7—T4102 再沸器；8—T4103A；9—丙烯精制塔再沸器；10—丙烯精制塔冷凝器；11—T4103B；12—丙烯精制塔内回流泵

表 2　各塔温度的实际值和模拟值对比

项　目	温度/℃		项　目	温度/℃	
	实际值	模拟值		实际值	模拟值
T4101			塔底	58.0	58.3
进料	70.0	给定	T4103A		
塔顶	50.5	48.8	塔顶	53.2	49.3
55 层板	104.1	104.4	塔底	58.7	59.5
69 层板	106.6	106.5	T4103B		
塔底	107.3	106.9	塔顶	48.2	45.3
T4102			塔底	51.5	53.3
塔顶	51.2	50.8			

表 3　各塔物流组成分析值和模拟值对比　　%(体)

项　目	T4101 塔顶		T4101 塔底		T4102 塔顶		T4102 塔底		T4103A 塔底		4103B 塔顶	
	分析	模拟	分析	模拟	分析	模拟	分析	模拟	分析	模拟	分析	模拟
$C_2H_4+C_2H_6$	0.19	0.32			7.38	5.73		0.02				0.01
C_3H_6	72.14	73.02			81.06	83.02	71.14	73.25	0.12	1.13	99.56	99.34
C_3H_8	27.67	25.61			11.56	11.25	28.86	25.73	99.88	95.46	0.44	0.65
IC_4H_{10}		0.80	38.70	34.92				0.78		2.65		
NC_4H_{10}			12.33	12.53								
TC_4H_8			11.21	13.07								
NC_4H_8		0.25	14.35	15.06				0.22		0.76		
IC_4H_8			15.67	15.79								
CC_4H_8			7.51	8.39								
C_5			0.23	0.24								

从表 2 和表 3 看出，各塔工艺条件的模拟值和实测值基本相符，各塔物流组成数据计算结果与分析值基本吻合，模型能较好反映装置的实际操作情况，可以为进一步优化分析提供依据。

3 模型分析

3.1 T4101 塔顶压力与再沸器、冷凝器热负荷的关系

在给定质量回流比，并保证塔顶、塔底质量指标的前提下，以 T4101 压力为变量，对 T4101 再沸器及冷凝器负荷做灵敏度分析，模拟分析结果如图 3 所示。

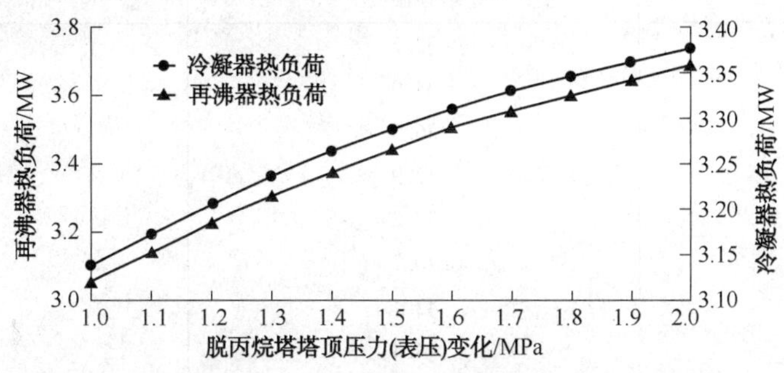

图 3 T4101 压力与再沸器、冷凝器负荷的关系

图 3 模拟结果表明，T4101 塔底热负荷和塔顶冷凝器负荷成近似正比关系，随 T4101 压力下降而下降。因此，降压操作有利于精馏塔的节能。但是，当压力下降至 1.54MPa 时，塔顶温度小于 40℃，塔顶冷凝器难以达到，故降压幅度决定于塔顶冷却负荷。

3.2 T4101 质量回流比对塔顶(底)热负荷、塔顶(底)质量指标的影响

改变 T4101 操作质量回流比，观察质量回流比与塔顶(底)产品质量以及再沸器、冷凝器负荷的关系，模拟结果见图 4~图 6。由模拟结果发现，在现有操作压力下，质量回流比达到 2.2 即可满足质量要求，当质量回流比达到 2.4 以上时，塔顶碳四和塔底碳三含量已基本没有变化，再提高质量回流比只能增加热负荷。气分装置 T4101 目前的操作质量回流比为 2.7~3.0，质量回流比过剩，存在进一步优化空间。

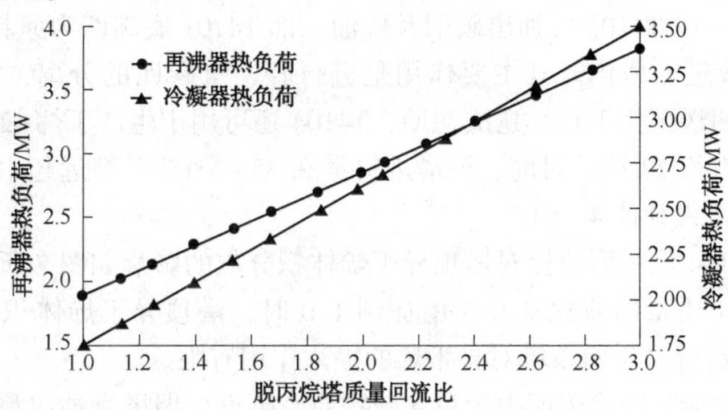

图 4 T4101 质量回流比对塔顶(底)热负荷灵敏度分析

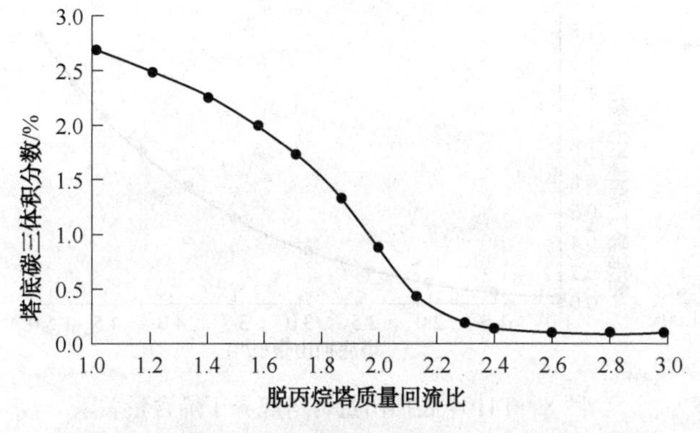

图 5 T4101 质量回流比对塔底质量灵敏度分析

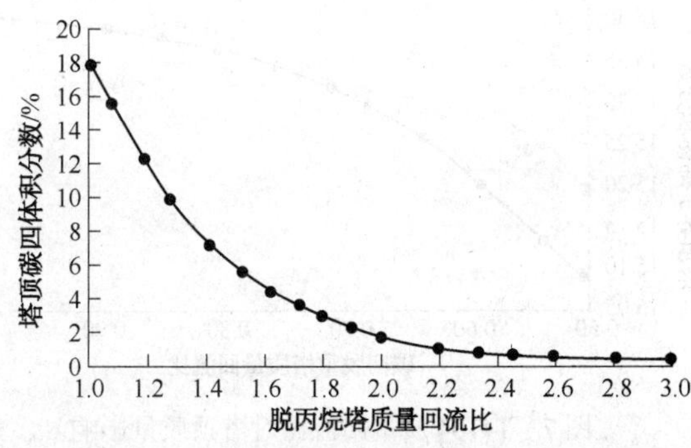

图 6 T4101 质量回流比对塔顶质量灵敏度分析

3.3 T4101 低温低压模拟分析

在模拟计算中，规定塔顶碳四体积分数不大于 1.5%，塔底碳三体积分数不大于 0.3%，以塔顶压力为变量变化对 T4101 塔顶(底)温度做灵敏度分析，结果见表 4。

表 4 T4101 低温低压操作模拟数据 ℃

塔顶压力/MPa	塔顶温度	塔底温度
1.30	33.2	89.4
1.35	34.9	91.2
1.40	36.5	92.9
1.45	37.9	94.5
1.50	39.2	96.3
1.55	40.7	97.7
1.60	42.1	99.1
1.65	44.4	102.0
1.70	45.6	103.1
1.75	46.2	104.8
1.80	48.3	105.6
1.85	49.9	107.3
1.90	50.8	108.7

由表 4 可知，在满足产品质量要求的前提下，T4101 可以采取低温低压操作，关键制约因素是塔顶冷却负荷。根据装置实际情况，塔压可控制在 1.45~1.65MPa，塔底温度控制在 94.5~100℃，比原来低约 10℃，可以减少塔底热源蒸汽的消耗。

4 T4104 运行情况分析

气体分馏装置 T4104 以 T4101 底抽出碳四及炼油二部 T4101 底碳四为原料，2 股物料在进料口处混合后从第 51 块塔板进入塔内。其主要作用是进行轻、重碳四的分离，塔顶轻碳四送至 2 套 MTBE 装置，塔底重碳四送至化工料。建成初期，T4104 还可用于生产丁烯-2 产品，现已不做此用途。T4104 设计处理能力约 20t/h，目前，该塔进料量在 35~55t/h 已远超出其处理能力，质量回流比约 0.5~1.0，远低于设计值 4~10。

通过模拟核算，T4104 质量回流比对塔顶异丁烯体积分数的影响如图 7 所示。

从图 7 可知，T4104 质量回流比从 0.5 增加到 1.0 时，塔顶异丁烯体积分数变化不到 0.1%，这与生产实际情况基本符合。说明该塔对异丁烯的提浓作用有限。

目前，T4104 主要功能是脱除碳四中微量含硫物质及碳五，但塔底抽出量的大小直接影响塔底异丁烯的含量，图 8 为 T4104 塔底抽出量与异丁烯含量关系。

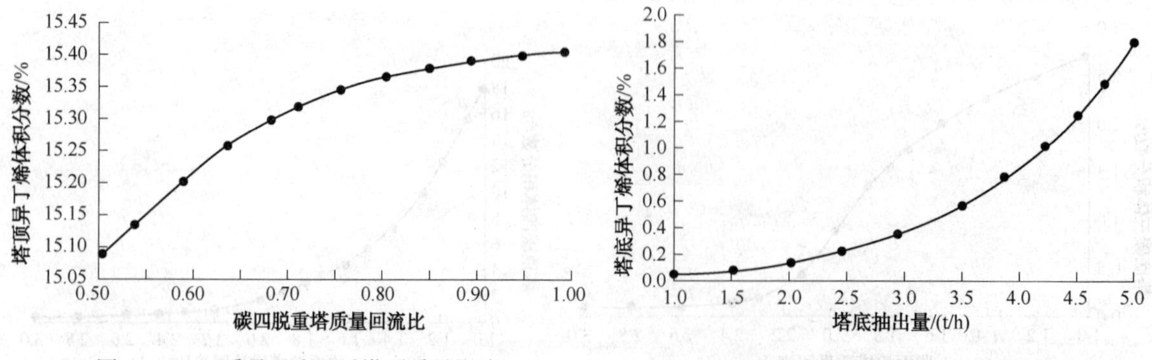

图 7 T4104 质量回流比对塔顶质量影响

图 8 T4104 底抽出量与塔底异丁烯含量关系

由图 8 可知，塔底异丁烯含量随抽出量增加而增大。塔底异丁烯含量高直接导致有效组分异丁烯的跑损。2013 年 T4104 处理量约 35t/h，塔底抽出量约 4t/h，异丁烯平均含量(体积分数)约 1.0%，全年生产 365d，跑损异丁烯约 350t。降低异丁烯跑损的主要途径是减小 T4104 塔底抽出量并降低塔底异丁烯含量。表 5 为在不同进料量下，保持塔底异丁烯含量(体积分数)在 0.7%以下时，计算所得塔底最大抽出量。2013 年 T4104 处理量约 35t/h，按表 5 控制，全年异丁烯跑损约 202t，少跑损 148t。

表 5　T4104 不同进料量下，塔底异丁烯体积分数在 0.7%以下时最大抽出量

进料量/(t/h)	塔底抽出量/(t/h)	塔底异丁烯体积分数/%
30	2.8	≤0.7
35	3.3	≤0.7
40	3.9	≤0.7
45	4.4	≤0.7
50	5.0	≤0.7

5　经济效益分析

目前，T4101 热源以焦化柴油为主，1.0MPa 蒸汽为辅，焦化柴油不够时，蒸汽耗量为 1t/h 左右。根据模拟数据，当操作压力降至 1.65MPa，塔顶、塔底温度分别为 44.4℃和 102.0℃，在实际操作中不使用蒸汽可以达到。以 1h 减少 1t 蒸汽计，年开工 8000h，可节省蒸汽 8000t，蒸汽价格按 164 元/t 计算，每年节约成本 131.2 万元。

通过控制 T4104 塔底抽出量降低有效组分跑损，全年可减少异丁烯跑损量 148t，减少液化气产量 148t，异丁烯转化率按 99.5%计，可多产 MTBE 产品 231t，消耗甲醇 84t。以如下价格核算，MTBE：6400 元/t，甲醇：2120 元/t，液化气：4550 元/t，加工费：250 元/t 产品，则 6400×231-4550×148-250×231-2120×84=56.92(万元)。

综上所述，全年可创效 188.12 万元。

6　结语

(1) 模拟结果显示，T4101 顶产品采出量和质量一定时，塔顶压力与热负荷呈近似正比关系。采用低压操作有利于节能降耗。

(2) 目前气体分馏装置操作压力在 1.86MPa 左右，冬季塔顶冷却能力足够时可适当降低 T4101 操作压力，减少蒸汽消耗。

(3) 模型分析表明，T4101 质量回流比达 2.4 以后，塔顶碳三和塔底碳四含量已基本无变化，且能满足质量要求。装置目前操作条件下，质量回流比控制在 2.7~3.0，与模拟结果相比，质量回流比过剩，增加了塔的热负荷。

(4) 根据模型分析及实际操作，T4101 质量回流比可控制在 2.4 左右，一方面可以降低能耗；另一方面，鉴于 T4101 热源不稳，可以在质量回流比不小于 2.4 的前提下，适当调整回流量控制温度，增加一种操作手段。

(5) T4101 降压操作需考虑冷凝器冷却能力，降压要适当。同时应加强冷凝器在线清洗和反冲，提高换热效率，增加冷却效果，降低装置能耗。

(6) 通过对 T4104 运行情况进行分析及核算，降低塔底抽出量可有效降低异丁烯跑损，增产 MTBE 产品。

参　考　文　献

[1] 赵贵征，王建平. 气体分馏装置的流程模拟与优化[J]. 中外能源，2011，16(3)：88-92.

[2] 徐福滨，张晓辉. 荆门石化气体分馏装置的流程模拟技术应用[J]. 中外能源，2011，16(s1)：61-63.

《炼油与石化工业技术进展》由中国工程院院士徐承恩、胡永康任技术顾问，我国炼油与石化领域的专家、学者组成编委会。该书得到中国石化、中国石油、中海石油三大石油公司的大力支持，由中国石化出版社编辑出版。作为炼油和石化行业权威性的官方刊物，是见证我国石化工业发展成长的文集，并以此书为依托，召开年度“中国炼油与石化工业技术进展交流会”。图书的出版和炼化会议的召开得到石化领域专家和相关设备、技术供应厂商的广泛好评，为推进我国炼油与石化行业的技术发展起到了积极的作用。

第八届（2017）炼油与石化工业技术进展交流会

拟于2017年9月召开！

◆历届会议现场：

◆历届会议召开时间、地点：

第一届2010年温州召开　第二届2011年桂林召开　第三届2012青岛召开　第四届2013西安召开

第五届2014长沙召开　第六届2015成都召开　第七届2016银川召开

◆论文投稿及广告宣传事宜请与编辑部联系：

联系人：田曦　伏文林　史涛　电话：010-84289921　010-58608370（可传真）

E-mail: tianxi@sinopec.com　sinopec8370@sina.com

◆历届赞助单位（部分）：

aspectai

节能增效在线分析整体解决方案

AI-60 实时在线分析仪器

用于炼油生产工艺优化控制

工艺生产收益

- 稳定工艺
- **保证产品质量达标**
- **优化生产单元装置产出、能耗和原材料**
- 适应原料频繁更换
- 为运行控制提供工具

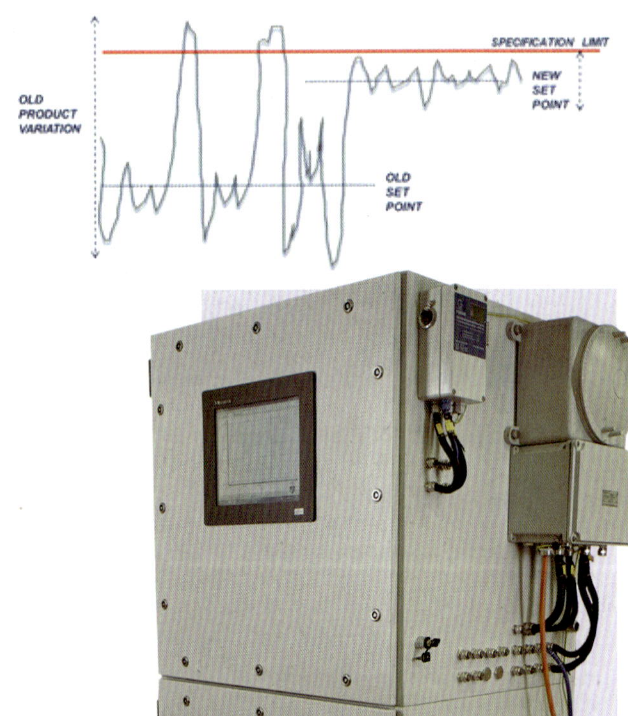

AI-60在线分析仪器优势

- 实时，对连续 流动介质分析
- 能对粘稠和不透明介质分析
- 直接检测分子
- 全谱线性响应
- 样品处理简单
- 低维护，检测器内部无任何移动部件
- 直接分析，多物性分析
- 样品不需脱水
- 单台仪器多物流、多参数分析

ASPECT AI-60在线分析仪器解决方案

- 防爆机柜：ATEX II 2G Eex pdem [ib] IIC T4
- 多物流样品切换系统和样品处理系统
- 工程服务
- 报警
  - 数字输入报警
  - 内置于用户组态的报警逻辑
- 通讯
  - Modbus (RS485或者TCP/IP)
- 专用分析小屋

投资回报周期ROI：1到6个月
(数据来源于用户评价)

1. 原油调和

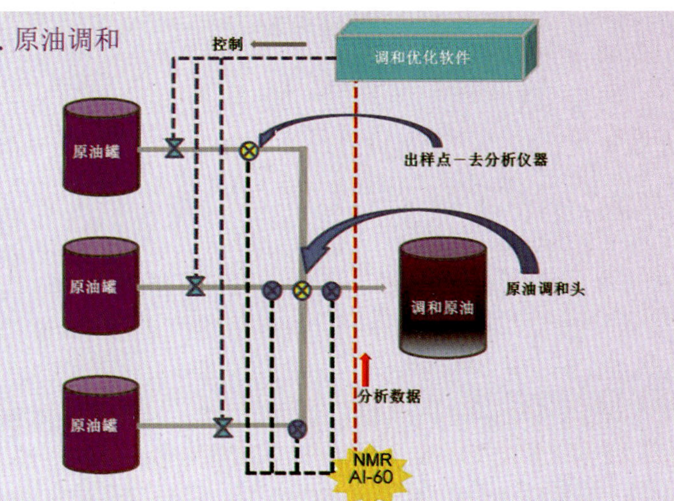

主要分析参数:

API
水含量
总碳含量
胶质含量
实沸点wt%38°c
实沸点wt%165°c
实沸点wt%565°c
硫含量
TAN
总氢含量
沥青质含量
实沸点wt%105°c
实沸点wt%365°c
其它实沸点收率

2. 常减压蒸馏装置

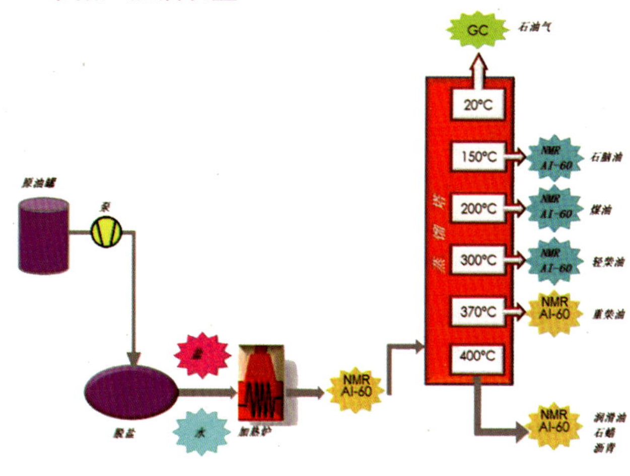

主要分析参数:

原油-API
原油-硫含量
原油-酸值
原油-水含量
原油-实沸点收率

煤油 - IBP
煤油 - T10%
煤油 - T50%
煤油 - T90%
煤油- FBP
煤油 - 浊点
煤油 - 冰点
煤油 - 闪点
柴油 - 闪点
柴油 - 粘度

柴油 - API
柴油- IBP
柴油 - T10%
柴油 - T50%
柴油 - T90%
柴油- FBP
柴油 - 浊点
柴油 - 凝固点

AGO - API
AGO - 硫含量
AGO - T10%
AGO - T50%
AGO - T90%

3. 延迟焦化

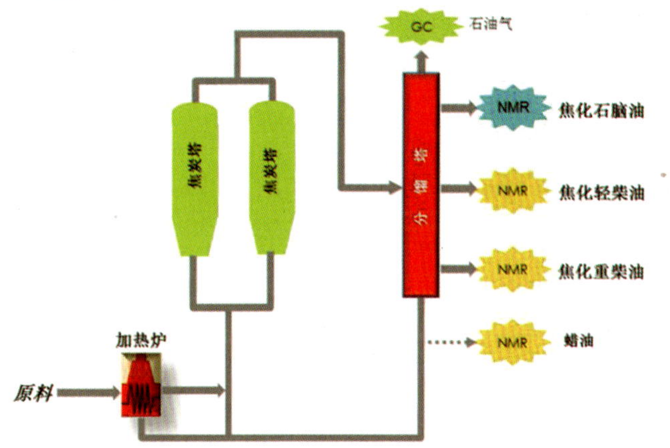

主要分析参数:

HVGO - API
HVGO - 硫含量
HVGO - T10%
HVGO - T50%
HVGO - T90%

4. 催化/加氢裂化装置

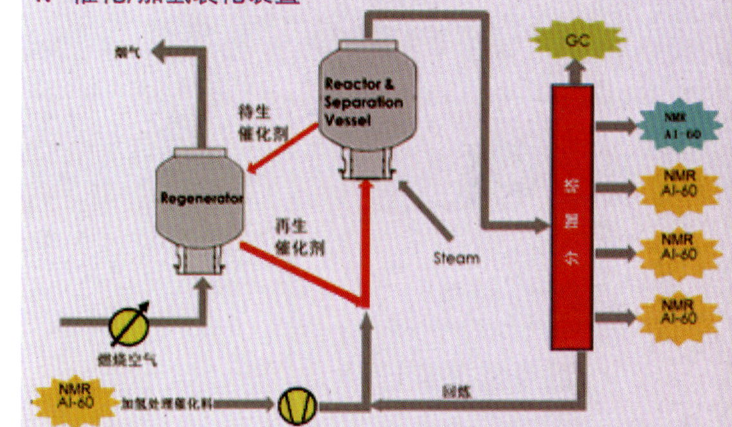

主要分析参数:

FCC料 -API
FCC料 -硫含量
FCC料 - T10%
FCC料 - T50%
FCC料 - T90%
FCC料 - IBP
FCC料- FBP
FCC料 - 粘度

催化汽油 - T10%
催化汽油 - T50%
催化汽油 - T90%
催化汽油- FBP
催化汽油 - 芳烃含量
催化汽油 - 苯含量
催化汽油 - RVP
催化汽油 - MON
催化汽油 - RON
催化柴油 - API

催化柴油 - T10%
催化柴油 - T50%
催化柴油 - T90%
催化柴油 - FBP
催化柴油 - IBP
催化柴油 - 粘度
催化柴油 - 十六烷值指数
催化柴油 - 倾点
催化柴油 - 浊点

节约发展

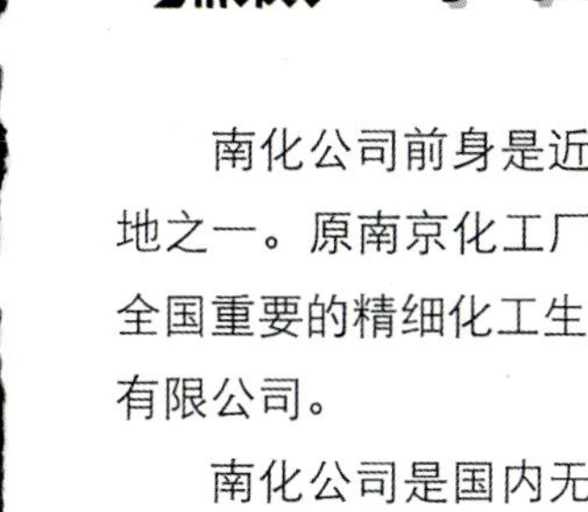

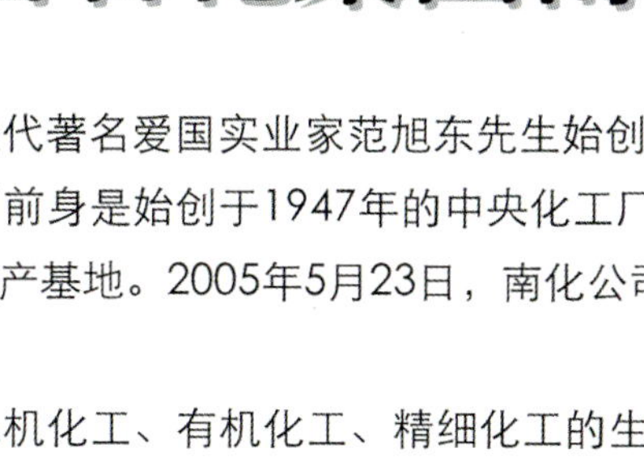

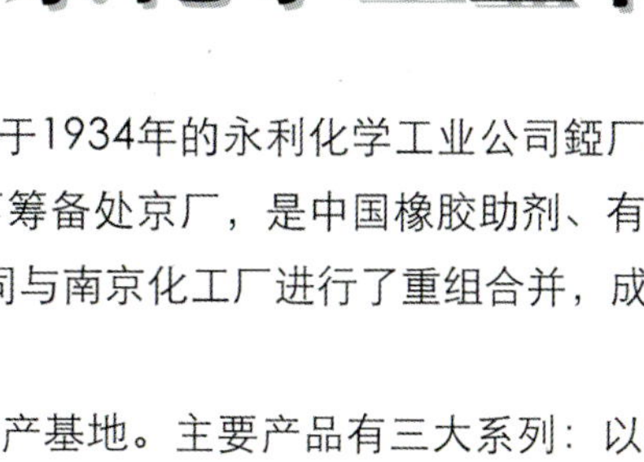

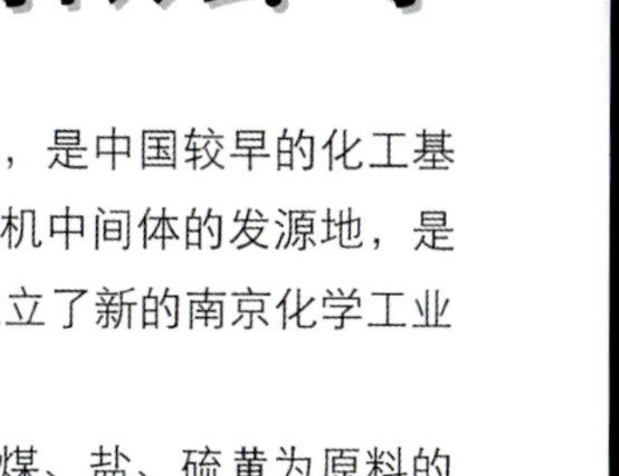